LES MONUMENS
DE
LA MONARCHIE
FRANÇOISE,
QUI COMPRENNENT
L'HISTOIRE DE FRANCE

TOME PREMIER.

LES MONUMENS
DE
LA MONARCHIE
FRANÇOISE,
QUI COMPRENNENT
L'HISTOIRE DE FRANCE,
AVEC LES FIGURES DE CHAQUE REGNE
QUE L'INJURE DES TEMS A EPARGNE'ES.

TOME PREMIER.

L'origine des François, & la suite des Rois jusqu'à PHILIPPE I.
inclusivement.

Par le R. P. Dom **BERNARD DE MONTFAUCON**,
Religieux Benedictin de la Congregation de Saint Maur.

A PARIS,

Chez { JULIEN-MICHEL GANDOUIN, Quai de Conti, aux trois Vertus;
ET
PIERRE-FRANÇOIS GIFFART, ruë S. Jacques, à Sainte Therese.

M. DCC. XXIX.
AVEC PRIVILEGE DU ROI.

Louis Quinze

AU ROI.

IRE,

Le seul titre de cet Ouvrage est un engagement pour l'Auteur de le dédier

EPITRE.

à *VOTRE MAJESTE*; il n'a point à balancer sur le choix. A qui peut-on consacrer les Monumens de la Monarchie Françoise qu'au Monarque de la France? C'est donc un devoir dont je m'acquitte aujourd'hui d'autant plus volontiers, que le sujet est fort interessant, & que lorsque j'en montrai le plan à *VOTRE MAJESTE*, Elle voulut bien agréer qu'il parût sous ses auspices.

Ce premier plan est un peu changé. L'Histoire de France s'y trouve jointe aux Monumens de chaque regne. Ce surcroît de travail a été jugé necessaire pour la perfection de l'ouvrage.

EPITRE.

On voit ici cette longue suite de Rois : leur vie, leurs actions, leurs bonnes & mauvaises qualitez. Le Lecteur s'appercevra d'abord, SIRE, que vous marchez sur les traces de ceux qui ont mérité l'approbation publique, que vous réünissez en Vous les vertus qui les distinguent, & que vous les surpassez tous dans celle qui caracterise les plus grands Princes, qui est de veiller à la félicité de leurs Sujets. Toute la France sent si bien cet avantage, qu'elle s'allarme dès qu'elle voit quelque alteration dans une santé aussi précieuse que la Vôtre, & qu'elle éclate en ré-

EPITRE.

joüissances dès que sa crainte est dissipée. Je joins ici mes vœux à ceux du Public pour la conservation de *VOTRE MAJESTE'*, dont j'ai l'honneur d'être avec le plus respectueux attachement,

SIRE,

Le très-humble, très-obéïssant & très-fidéle sujet,
Fr. BERNARD DE MONTFAUCON,
Religieux Benedictin de la Congregation
de Saint Maur.

PRÉFACE.

ET Ouvrage a été annoncé il y a plus de deux ans par des plans imprimez & répandus dans tout le Roiaume, où j'expliquois le dessein general, & les parties qui le composent. Depuis ce tems, la reflexion & l'avis de personnes habiles, m'ont obligé d'y faire quelque changement, dont je dois rendre raison au Lecteur.

Selon le premier plan ces Monumens devoient être détachez & comme isolez. On auroit passé de l'un à l'autre en sautant de grands vuides qui se trouvent souvent entre eux. On y auroit vû des Rois, des Princes, des Officiers de la Couronne, des actions, des combats, sans y voir la suite de l'histoire. L'inspection de ces Monumens auroit sans doute porté plusieurs des Lecteurs à s'en instruire, & ils auroient été obligez d'interrompre cette lecture pour aller chercher ailleurs dequoi se satisfaire.

J'ai donc jugé à propos de mettre avec les Monumens l'histoire entiere de chaque Regne. L'entreprise paroissoit difficile à executer en si peu de tems. Elle l'auroit été davantage si j'avois été moins versé dans la lecture de nos anciens Historiens. Mais comme il y

PRÆFATIO.

HUIUS suscepti operis ratio jam explanata fuit ab annis plusquam duobus in binis Prospectibus quaquaversum missis, ubi & argumentum totum & partes ejus explicabantur. Deinde autem re accuratius perpensa, suadentibusque eruditis viris, in suscepto illo opere aliquid immutavimus, ut jam Lectori exponendum est.

In primo Prospectu enunciatum fuerat, hæc Monumenta separatim ponenda esse, intacta gestorum serie, quæ longa sæpe inter illa intercedit. Reges, Principes, Ministri Regii, acta & prœlia videnda erant sine ulla præcedentium & sequentium mentione. Ipsa Monumenta Lectores multos ad ea dispicienda & ediscenda invitassent, quæ intermissa lectione alibi quærenda erant.

Consultum ergo putavi cum Monumentis historiam integram singulorum Regum afferre. Rem tam brevi tempore perficere difficile videbatur esse: major certe difficultas fuisset, si minus in veterum historiæ nostræ Scriptorum lectione versatus fuissem; sed quia a diuturno jam tempore il-

a long-tems que je m'y applique, il m'en a moins couté qu'à un autre, qui n'auroit pas eu cette avance. Je ne prétens point au reste donner l'Histoire de France dans toute son étendue : mais elle sera plus détaillée que tous les abregez, & elle aura cet avantage sur les autres, qu'elle representera un très-grand nombre de figures tirées des originaux du tems, qui apprendront bien des choses ci-devant inconnuës, tant sur l'Histoire que sur les habits, les armes & une infinité d'autres sujets. Je compte qu'un habile Lecteur y en découvrira encore plusieurs qui m'auront échappé.

Les deux premieres races, & les premiers Rois de la troisiéme, n'en fournissent pas un si grand nombre. Ce n'est pas qu'on n'ait fait en ces tems-là des statuës, des bas-reliefs & des tableaux dont la conservation auroit beaucoup servi à éclaircir l'Histoire & les Usages de ces premiers Regnes. Mais leur grossiereté a fait que nos ayeux qui ne connoissoient pas la conséquence de ces Monumens, en ont laissé périr la plûpart. Ce n'est que dans ces derniers tems qu'on s'est apperçû que tout grossiers qu'ils sont, ils instruisent sur bien des choses qu'on ne peut trouver ailleurs : ce different goût de sculpture & de peinture en divers siecles, peut même être compté parmi les faits historiques. Il y a lieu d'esperer qu'on aura plus de soin de conserver ceux qui se découvriront à l'avenir, & qu'on ne manquera pas de les mettre en usage. Quoique nous ayons principalement recherché les Monumens faits dans les tems mêmes de ces anciens Rois, nous n'avons pas cru devoir omettre ceux qui ont été faits dans des siecles posterieurs. D'habiles gens que nous avons consultez, nous ont conseillé de les donner avec les autres.

Depuis saint Louis ces Monumens se trouvent en beaucoup plus grand nombre : & cela augmente toujours dans les Regnes suivans

---

lis legendis & explorandis do operam, facilior mihi res fuit, quam alteri fuisset hac ope destituto. Neque tamen in proposito habeo Francorum historiam longa serie describere ; hîc tamen minutatim texetur & fusius quam in Compendiis, eamque illa præ aliis omnibus Francorum historiis prærogativam habebit, quod schematum ingentem numerum exhibeat, ex priscis Monumentis exceptum, ubi multa hactenus ignota edisci poterunt, tam circa historiam, quam circa vestes, arma & cætera bene multa. In his vero plurima Lector eruditus haud dubie deteget, quæ mihi in mentem non venerant.

Duæ priores Regum nostrorum stirpes, primique tertiæ stirpis Reges, non magnam Monumentorum copiam suppeditant ; etsi enim illorum ævo statuæ, anaglypha sculpta, & tabulæ depictæ fuerint, quarum conservatio multum contulisset ad historiam & ad priscos usus cognoscendos : at rudem illam supellectilem avi nostri neglexerunt, & pessumdederunt, quasi rem nullius precii : postremo tamen tempore deprehensum fuit illa licet rudia opera, res plurimas docere, quas alibi frustra quæras. Modus etiam ille sculpendi atque pingendi, qui diversis temporibus in usu fuit, inter res historicas censeri potest. Sperandum autem majorem in posterum fore Monumentorum hujusmodi curam, quæ haud dubie ad verum usum revocabuntur. Etsi illa præcipue Monumenta perquisierimus, quæ Reges sui temporis repræsentabant ; non putavimus tamen omittenda ea esse, quæ posterioribus emissa sunt sæculis ; qua in re sagacium consilium sequuti sumus.

A sancti Ludovici ævo longe frequentiora sunt hæc Monumenta, quæ etiam nu-

PRÉFACE.

jusqu'à Henri IV. où l'ouvrage finira. Il se rencontre quelquefois dans un seul Regne plus de cent figures qui regardent des années differentes. C'est là principalement qu'on sent la necessité qu'il y avoit de faire une histoire de chaque Regne. La suite des affaires éclaircit souvent les faits representez dans les Monumens, & aide à connoître les Princes & les Seigneurs, dont la Peinture & la Sculpture nous ont conservé les images.

On jugera sans doute que ce surcroit de travail demande plus de tems pour l'impression de tout cet Ouvrage, que je n'en avois fixé dans mon plan imprimé. J'esperois pouvoir donner dans tout le courant de cette année 1729, les cinq volumes où sont contenus ces Monumens. Mais cette nouvelle entreprise jointe à la grande quantité de figures qui me viennent de tous côtez, en ont rendu l'execution impossible en si peu de tems : il faut necessairement prolonger ce terme. Je ne croi pas abuser de la patience des Souscripteurs, si je prens au-delà du tems marqué toute l'année 1730, pour donner tout l'Ouvrage au public. Ils auront même gagné par ce retardement ; car au lieu des quatre volumes promis dans les plans imprimez, il y en aura cinq, tous à peu près de la grosseur de ce premier, & enrichis de quantité de planches.

J'ai composé cette histoire sur les originaux mêmes, en citant toujours à la marge du Latin les Auteurs & les Cronologues desquels je me suis servi, & emploiant souvent leurs propres termes, sur tout lorsqu'ils ne s'énoncent pas clairement, & qu'ils sont susceptibles de plusieurs sens, afin que le Lecteur habile puisse juger si j'ai pris le veritable. Ma principale attention est de rapporter les faits exactement & simplement comme ils sont dans les premiers Auteurs. J'y mêle quelquefois des reflexions courtes, & de la solidité desquelles le Lecteur

mero augentur sub sequentibus Regibus usque ad Henricum IV. cujus tempore hoc Opus desinet. Occurrunt aliquando plusquam centum schemata sub uno Rege, quæ ad diversos annos pertinent. Istic maxime dignoscitur quam necessarium fuerit historiam cujusque Regni describere. Rerum quippe series sæpe Monumentis lucem affert, & Principum, Nobiliumque quorum Pictores vel Sculptores nobis imagines transmiserunt, mores, gesta formamque describit.

Jam quisque intellecturus est, tantum laboris augmentum plus temporis expetere, ut totum opus in publicum proferam, quam in Prospectu meo statueram. Sperabam me toto hujus anni spatio 1729. posse quinque horumce Monumentorum tomos publici juris facere : sed novum illud susceptum opus, insuperque ingens schematum undique missorum accessio, diuturniorem operam ad rem perficiendam postulant. Neque puto me *Subscriptoribus* importunum esse, si statuto jam tempori totum annum 1730. adjiciam ad Opus absolvendum. Ex mora autem quidpiam lucri *Subscriptoribus* accidet. Aucta namque operis mole, non jam quatuor tomi, ut polliciti eramus, sed quinque justæ magnitudinis dabuntur, incisis tabulis referti.

Hanc porro historiam ex priscis Scriptoribus & Chronologis hausi, & ad marginem Latini editi loca annotavi ; sæpeque verba ipsorum apposui, maximeque quando illi obscure loquuntur, vel possunt diverso modo intelligi, ut Lector eruditus videat an veram Scriptoris mentem sim assequutus. Hoc præcipue satago, ut gesta accurate & simpliciter afferam sicut in priscis illis Scriptoribus habentur : si quandoque autem gradum sistam, ut quædam Lectori consideranda offeram, id breviter &

Tome I.   a ij

jugera. J'ai tâché d'éviter les défauts où sont tombez quelques Historiens de ces bas tems; qui ont souvent orné leur narration aux dépens de la verité, qui par des additions ou fausses ou de pure invention, par des transitions hazardées, des caracteres & des intrigues dont ils n'ont aucuns garans, défigurent tellement l'Histoire, que quand on remonte aux sources, on est surpris de trouver tant de difference entre ces Historiens modernes & les anciens, qui sont pourtant leurs originaux.

Cet Ouvrage contient donc l'Histoire de France avec tous les Monumens que l'injure du tems a épargnez, qui regardent les Rois, les Reines, les Princes du Sang, les Pairs de France, les Ducs ou Comtes qui avoient des Etats dans le Roiaume, la Maison du Roi, & les grands Officiers de la Couronne.

On y dépeint les marques de Roiauté, tant les plus anciennes, que celles des bas tems. On y voit les portraits des Rois & des Reines qui nous ont été transmis depuis Childeric I. jusqu'à Louis XV. heureusement regnant aujourd'hui. Il en manque beaucoup de la premiere race. On en a un plus grand nombre de la seconde. Pour ce qui est de la troisiéme, j'espere que nous les aurons tous, hors peut-être un ou deux que je n'ai point encore trouvez. On y verra plusieurs histoires des Rois que les Monumens nous ont fournis; des Sacres, des Couronnemens, des Lits de Justice, des Assemblées publiques où les Rois se trouvent, des hommages qui leur sont rendus, des Prestations de serment de fidelité, des Entrées publiques, des entrevûës des Rois & des Princes étrangers, des parties de Chasse, des Batailles où ils commandent en personne, & generalement toutes les actions où les Rois sont representez.

---

congruenter quantum possum præstare conor, semper cavens ne quorumdam infimi ævi historiæ Scriptorum exemplo abducar: qui cum veri dispendio seriem suam exornant; qui multa addunt nonnunquam falsa, sæpe temere adjecta, ab alio ad aliud transeundo res pro lubito efferunt, mores & consilia secretiora Principum sine duce vel auctore depingunt, atque ita veram historiam distorquent, ut si ad priscos Scriptores te conferas, mireris te tantum discriminis reperire recentiores inter & veteres, qui tamen fontes unici sunt, unde historiam isti haurire potuerunt.

Hoc itaque Opus Francorum historiam complectitur cum Monumentis omnibus, queis injuria temporum pepercit, quæque ad Reges spectant, ad Reginas, Principesque Regiæ stirpis, ad Pares Franciæ, ad Duces Comitesve, quorum ditiones in regno sitæ erant, ad Ministros omnes Regios.

Hic depinguntur etiam omnia ad Regiam dignitatem spectantia cujusvis generis tam vetustiora, quam infimi ævi; Regum item Reginarumque imagines, quæ nobis a Childerico I. ad Ludovicum XV. nunc feliciter regnantem, transmissæ sunt. Ex prima stirpe multæ desunt: ex secunda majore numero prostant; ex tertia vero omnes me assequuturum spero, exceptâ fortassis una vel altera, quas nondum reperi. Hic multæ Regum historiæ ex Monumentis eductæ aderunt: eorum videlicet Consecrationes, *Inaugurationes*, Regii Conventus, quos *Lectos Justitiæ* vocamus, & alii etiam præsentibus Regibus; *Hominia* & fidei sacramenta Regibus præstita, Adventus Regum in urbes; Regum item nostrorum cum aliis Regibus & Principibus congressus & colloquia, Regii Venatus, Pugnæ seu prælia, Regibus ipsis præsentibus: demum acta singula, quibus Reges interfuerunt.

PRÉFACE.

On y mettra de même les histoires & les portraits des Reines, des Princes du Sang, des Pairs de France, des autres Ducs ou Comtes qui avoient des Etats dans le Roiaume, de la Maison du Roi, des Grands Officiers de la Couronne. J'avois autrefois pensé à mettre les Chanceliers dans un autre Traité, à la tête des Gens de Justice : mais comme on les trouve souvent dans ces Monumens en la compagnie du Roi, ils tiendront leur rang ici comme les autres Grands Officiers.

Ces cinq volumes feront un corps considerable : ce seroit toujours un Ouvrage complet, quand même il ne seroit pas suivi des autres parties de ces Monumens. Ce n'est pas que je ne pense à les donner dans la suite, si Dieu me conserve la vie & la santé. Je les ai toujours en vûë, & elles augmentent sans cesse. La seconde partie qui contiendra tout ce qui regarde le culte exterieur de l'Eglise, tiendra deux volumes. La troisiéme partie renfermera les usages de la vie, les habits du commun, les maisons, les jeux, &c. & un Traité des Monnoies deux fois au moins plus ample que celui de M. le Blanc ; elle aura trois volumes : la quatriéme, de la Guerre & des Duels, deux volumes ; & la cinquiéme, des Funerailles, autant : ce qui fera neuf volumes en tout. A la fin de chacune de ces Parties, on mettra par forme de Supplement les Monumens qu'on aura découverts de nouveau sur la premiere Partie. Il ne faut point douter qu'on n'en découvre d'autres. Cet ouvrage apprendra à les connoître & à les estimer ce qu'ils valent.

Si l'on vient à une seconde édition, je ne souffrirai point qu'on y ajoute des Monumens, qui auront échappé aux premieres recherches. D'où il arriveroit que la nouvelle édition se trouvant plus ample que la premiere ; ceux qui auroient celle-ci, seroient obligez d'acheter la seconde pour avoir tout. J'espere qu'après moi mes Confreres auront

---

Similiterque aderunt Historiæ & Imagines Reginarum, Principum Regiæ stirpis, Parium Franciæ, Ducum, Comitum, quorum ditiones in hoc Regno sitæ erant; Aulæ Regiæ Ministrorum quorumlibet. Jam pridem animus erat Cancellarios in aliam Operis partem remittere, ut in Curiis exercendæ Justitiæ deputatis primas tenerent ; sed cum sæpe Cancellarii in Monumentis cum Regibus occurrant, ipsos inter præcipuos Aulæ Regiæ Ministros in hac parte accensere visum est.

Hi quinque Tomi Opus omnino completum & absolutum efficerent, etiamsi aliæ Monumentorum partes non sequerentur. Illas tamen sequenti tempore in publicum proferre animus est, si vitam Deus & valetudinem largiatur ; illis enim semper augendis operam & studium confero. Secunda pars cultum Ecclesiæ exteriorem spectabit, & duobus Tomis complebitur. Tertia quæ ad vitæ usum pertinent complectetur, Vestes vulgarium hominum, Domos, Ludos, &c. insuperque de re Monetaria duplo saltem ampliorem librum eo quem edidit D. *le Blanc* ; tribusque Tomis hæc pars absolvetur. Quartam de Bello & de Duellis duo Tomi explebunt, & totidem quintam de Funeribus : novem itaque Tomis partes sequentes exsequemur. In fine partium singularum, si quid ex Monumentis ad primam spectantibus novi emerserit, supplementi more adjicietur. Non dubito enim quin multa subinde reperiantur hactenus inobservata, intacta. In hoc enim Opere ediscetur quanti illa facienda sint.

Si secunda paranda sit Editio, semper cavebo ne quodpiam Monumentum post primos conatus repertum adjiciatur. Unde accideret ut ii qui primam Editionem haberent, quo omnia assequi possent, secundam emere cogerentur. Spero fore ut me defunc-

soin d'empêcher que les Libraires n'exercent cette espece de tyrannie sur le public. Ce qu'on trouvera de nouveau doit être donné en Supplément, comme nous venons de dire. Une autre précaution que l'on gardera, supposé qu'on fasse une seconde édition, c'est d'empêcher qu'on n'en tire trop d'exemplaires, comme on a fait de l'*Antiquité expliquée*, dont on tira un si prodigieux nombre, que cela tourna au desavantage & des Souscripteurs & du Livre même.

Le devoir & la reconnoissance m'obligent de faire mention de ceux qui m'ont prêté les secours necessaires pour cet Ouvrage ; le public sera peut-être bien-aise de savoir à qui il en est redevable. Les Recueils de feu M. DE GAIGNIERES mon ami, sont les premiers en date. Sans cette avance je n'aurois jamais pû faire une telle entreprise. Il m'a fraié le chemin en ramassant & faisant dessiner tout ce qu'il a pû trouver de Monumens dans Paris, autour de Paris, & dans les Provinces. Il y a emploié de grosses sommes. Je lui ai souvent donné des recommandations pour nos Abbayies, où il alloit faire ses recherches, menant toujours avec lui son Peintre. Je ne savois pas alors qu'en lui faisant plaisir, j'agissois pour moi : ce n'est que depuis sa mort, que j'ai formé le plan que j'execute aujourd'hui : & sans ce secours je n'aurois jamais pû fournir aux frais immenses qu'il auroit fallu faire pour dessiner tant de Monumens d'après les originaux, dont plusieurs sont fort éloignez de Paris. Ses porte-feüilles sont à la Bibliotheque du Roi, d'où par la faveur & la protection de M. l'Abbé BIGNON, j'ai tiré une bonne partie des pieces qui entrent dans cet Ouvrage. J'en ai encore trouvé de fort considerables dans celle de M. le COMTE DE SEIGNELAI, faite par M. COLBERT son grandpere, & dans celle de Monseigneur l'EVEQUE DE METS, autrefois de M. le Chancelier SEGUIER.

---

to, Sodales mei caveant ne Bibliopolæ hujusmodi tyrannidem in Publicum exerceant. Quidquid novi emerget, Supplementi more dandum est, ut modo dicebam. Aliud item cavebitur, si secunda prodeat Editio, ne videlicet nimia exemplarium copia apparetur, ut in *Antiquitate explanata* infeliciter accidit : cujus tam ingens exemplarium numerus prodiit, ut hinc dispendium & Suscriptoribus & ipsi Operi emerserit.

Officii ratio postulat ut illos commemorem qui mihi auxilium præstitere ad hoc Opus suscipiendum & exsequendum ; nec ingratum fore puto legentibus, si ediscant quibusnam hæc debeamus. Codices & picturæ τῶ μακαρίτυ D. DE GAIGNIERES, amici olim mei, primas tenent. Hac enim ope destitutus tantum negotii aggredi nunquam potuissem. Ille viam mihi monstravit dum Monumenta omnia quæ Lutetiæ, circa Lutetiam & in Provinciis exstabant sibi depingi curavit, eaque in re magnam pecuniæ vim impendit. Commendatitias sæpe literas ipsi dedi pro Monasteriis nostris, quo ille cum Pictore suo pergebat ut Monumenta perquireret. Tum ignorabam me dum illius augendæ supellectili operam darem, in meum commodum illud agere : nam nonnisi post ejus obitum ad hoc Opus aggrediendum animum appuli, qua destitutus ope tantos ferre sumtus non valuissem. Ejus Codices & Collectiones in Bibliotheca Regia sunt. Favente autem & protegente Viro Clarissimo D. Abbate BIGNONIO, inde magnam eorum quæ hîc proferimus partem excepimus. Multa etiam desumsi ex Bibliotheca Domini Comitis DE SEIGNELAI, quæ apparata fuit ab avo suo D. COLBERT, necnon ex Bibliotheca Excellentissimi Domini Metensis Episcopi, quæ olim a Domino SEGUIER collecta fuit.

PREFACE. vij

Monseigneur l'ELECTEUR DE MAYENCE nous a fait la grace de faire chercher dans son Diocèse & dans les Terres de son obéissance, ce qui pouvoit entrer dans cet Ouvrage. C'est par son ordre qu'on nous a envoié la figure du Roi Dagobert copiée d'après sa statuë, qui est aux portes de l'Eglise de saint Pierre & de saint Paul d'Erford, fondée par ce Prince, & plusieurs autres Monumens Ecclesiastiques.

M. l'ABBE' FAUVEL m'a aussi fourni plusieurs pieces qui entrent dans ce Recueil. J'ai trouvé la même facilité auprès de Messieurs de BOSE & LANCELOT, qui m'ont communiqué cette partie de l'histoire d'Harold & de Guillaume le Bâtard, piece des plus considerables de ce premier tome, qui fait quinze planches doubles. Cette peinture trouvée parmi les manuscrits de M. FOUCAUT, n'est qu'une petite partie de l'histoire de Guillaume le Conquerant. Aprés bien des recherches pour découvrir l'endroit où elle se trouve, j'ai enfin apris par une lettre de Dom Maurice l'Archer, Prieur de saint Vigor de notre Congregation, que c'est une vieille bande de tapisserie qui se voit aujourd'hui à la Cathedrale de Bayeux, & qui contient l'histoire de la conquête de l'Angleterre par Guillaume surnommé le Conquerant. Ce que nous en avons donné dans ce Tome ne fait qu'une petite partie de cette histoire. J'espere que nous aurons tout le reste avant la fin de cette année, & nous le mettrons en état d'être ajouté en forme de supplément à quelqu'un des Tomes suivans.

Je ne puis assez me louer de D. AMBROISE D'AUDEUX Benedictin, ci-devant Bibliotequaire de l'Abbayie de saint Vincent de Besançon, qui m'a envoié un grand nombre de Monumens tirez de plusieurs endroits. M. MELLIER General des Finances de Nantes, a aussi enrichi mon Recueil de pieces considerables. Et M. POQUET d'Angers

---

Serenissimus D. ARCHIEPISCOPUS ELECTOR MOGUNTINUS in Diœcesi & in terris ditionis suæ perquiri jussit omnia, quæ in hoc opere locum habere possent. Qui ad jussum exsequendum deputati erant, Dagoberti schema nobis transmiserunt; delineatum ex statua ejusdem Regis, quæ habetur in ostio Ecclesiæ sanctorum Petri & Pauli a Dagoberto fundatæ: alia quoque illi Monumenta misere nobis ad rem Ecclesiasticam pertinentia.

D. Abbas FAUVEL plurima mihi contulit ad hoc Opus spectantia. Eadem me cum humanitate exceperunt D. D. DE BOSE & LANCELOTIUS qui partem illam historiæ Haroldi & Willelmi nothi mecum communicarunt, in quindecim duplicibus Tabulis incisam & expressam. Quæ tabulæ inter præcipuas hujusce Tomi censendæ. Hæc in scriniis Viri Clarissimi D. FOUCAUT reperta, minima pars est historiæ Willelmi nothi. Nihil non egi, ut undenam hæc excepta fuissent edisceram; demumque ex literis D. Mauricii l'Archer Prioris sancti Vigoris Bajocensis comperi vetus aulæum esse quod hodie in Cathedrali Baiocensi asservatur, quodque subactæ a Guillelmo notho Angliæ historiam repræsentat. Quæ autem hoc primo Tomo in quindecim incisis Tabulis proferimus, partem quam minimam exhibent eorum quæ in toto aulæo continentur. Spero autem me antequam hic annus elabatur, totam illam historiam delineatam consequuturum esse, quam explicatam pro facultate in aliquem ex sequentibus Tomis conjiciemus.

Non possum debitam referre gratiam D. AMBROSIO D'AUDEUX Benedictino, nuper Monasterii S. Vincentii Vesontionensis Bibliothecario, qui multa mihi Monumenta transmisit, variis ex locis desumta. D. MELLIER apud Namnetas Rei ærariæ Præfectus non paucis suppellectilem meam auxit: & D. POQUET Andegavensis quid-

s'est fait aussi un plaisir de m'envoier tout ce qu'il a pû trouver de convenable à mon dessein.

Monsieur BON Premier Président en la Chambre des Comptes de Montpellier, n'a épargné ni soin ni dépense pour m'envoier tout ce qui pouvoit entrer dans mes Recueils. Comme il a un goût excellent, ce qu'il ramasse pour moi avec tant de generosité, est toujours utile. Messieurs D'AIGREFEUILLE pere & fils, Presidens en la même Cour, ont eu une grande attention à me fournir avec beaucoup de choix & sans rien épargner, ce qui peut avoir place dans ces Monumens.

C'est à M. DE MAZAUGUES Président au Parlement d'Aix, que je suis redevable de toutes les figures de Charlemagne, qui se trouvent à Aix-la Chapelle, & de plusieurs autres pieces tirées des Manuscrits de l'illustre M. DE PEIRESC: M. FOURNIER Religieux de S. Victor de Marseille, s'est donné tous les soins imaginables pour chercher dans ces Manuscrits tout ce qui pouvoit entrer dans cet Ouvrage, & me l'envoier.

Je ne dois pas oublier mon très-cher Confrere Dom JOSEPH DOUSSOT, qui m'a aidé dans cette édition de ses soins & de ses conseils, & qui me rend ces bons offices depuis fort long-tems.

AVANT que de finir cette Préface, j'avertis le Lecteur que je n'ai pas cru devoir suivre le nouveau système du P. Daniel sur les premiers Rois des François. Cet Auteur dans la longue Dissertation qu'il a mise à la tête de son Histoire de France, tâche de prouver, qu'aucun des quatre premiers Rois des François, Pharamond, Clodion, Merovée & Childeric, ne s'est établi dans les Gaules; qu'ils y faisoient des courses, mais qu'ils se retiroient ensuite

---

quid ad manum habuit, perhumaniter mihi transmisit.

Illustrissimus D. BON Montis-Peliensis Senatûs Princeps, operam totam & sumtus adhibuit ut omnia ad propositum meum spectantia mihi transmitteret. Cum autem gustu & peritiâ multum valeat ; quidquid ad usum meum colligit, semper utile est. Domini D'AIGREFEUILLE pater atque filius in eadem Curia Præsides, intenti semper sunt ut omnia Monumenta ad hoc Opus spectantia cum delectu, nec sumtibus parcentes, transmittant.

Illustrissimo Viro DE MAZAUGUES in Suprema Aquensi Curia Præsidi, debemus schemata omnia Caroli Magni quæ Aquisgrani habentur, necnon alia multa, quæ in MSS. Summi Viri PEIRESCII exstant. D. FOURNIER S. Victoris Massiliensis Monachus, summa cura Codices illos manuscriptos evolvit & multa exscripsit, ut mihi transmitteret.

Neque silentio præteribo carissimum Sodalem meum D. JOSEPHUM DOUSSOT, qui consilio & opera sua mihi semper adfuit, & a multo jam tempore hæc mihi officia præstat.

ANTEQUAM hanc absolvam Præfationem Lectorem monendum censui; me R.P. Danielis opinionem circa primos Francorum Reges sequutum non esse. Hic quippe Scriptor in longiori illa Dissertatione, quam historiæ suæ Francicæ præfixit, probare nititur, nullum ex quatuor primis Francorum Regibus, in Galliis sedes posuisse, non Pharamundum, nec Chlodionem vel Meroveum, neque Childericum. Illos quidem dicit Rhenum trajecisse, ut illam incursionibus devastarent; sed postea iterum trajecto au-delà

PRÉFACE.

au-delà du Rhin. Il avouë que Gregoire de Tours est opposé à ce systeme, & que selon cet Historien, Childeric étoit établi dans les Gaules, & avoit son Roiaume auprés de Soissons : il convient d'ailleurs que cet Auteur est sincere ; mais il prétend qu'il s'est trompé, & que ce qu'il rapporte de la fuite de Childeric & de son rappel, n'est qu'une fable & un conte fait à plaisir. Il accumule raison sur raison pour établir son sentiment ; avoüant pourtant de bonne foi qu'il a de fortes objections à combattre.

Je ne prétens point les suivre pas à pas, ni rapporter toutes ses raisons pour les refuter. Cela me meneroit trop loin : il ne me paroît pas même necessaire d'entrer dans un si grand détail, y aiant de trés-fortes objections contre ce systeme, devant lesquelles plusieurs petits témoignages d'Auteurs entassez s'évanoüissent.

Je demeure d'accord avec le P. Daniel, que Pharamond, dont Gregoire de Tours ne fait nulle mention, est un Prince dont on ne connoît que le nom ; qu'on ne sait pas qu'il ait jamais fixé sa demeure dans les Gaules, & qu'on ignore même s'il a jamais passé le Rhin. Pour ce qui est de Clodion, il est certain qu'aiant passé cette riviere, il se rendit maître de Cambrai & du payis voisin jusqu'à la Somme ; Gregoire de Tours n'en dit que cela : mais Prosper & Idace ajoutent qu'il fut depuis battu par Aece, & chassé du payis qu'il avoit conquis. Ces Historiens qui ne racontent cela qu'en deux mots, ne vont pas plus avant. M. de Valois & d'autres croient qu'aprés la retraite des Romains, Clodion reprit Cambrai : leur raison est, que dés le commencement du regne de Clovis, il y avoit un Roi François à Cambrai nommé Ragnacaire, parent du même Clovis, qui étoit apparemment un des descendans de Clodion. Cela a assez de vraisemblance.

Rheno, pristinas sedes repetiisse. Fatetur ille Gregorium Turonensem huic sententiæ contrarium esse, ac secundum ipsius historiæ seriem, Childericum & sedes & Regnum habuisse in Galliis prope Suessionas. Sincerum esse Scriptorem illum non negat : sed erravisse pugnat, & quod de fuga & de regressu Childerici narravit, inter fabellas amandat. Probationes probationibus adjicit ut suam firmet sententiam, fateturque tamen non levia objici sibi posse argumenta.

Non in proposito mihi est omnia ejus argumenta minutatim afferre & confutare. Longius enim excurreret oratio quam suscepti operis ratio ferat. Neque necesse videtur omnia sigillatim persequi : quandoquidem quædam sunt argumenta præcipua, quibus prolatis, ruunt objecta plurima Scriptorum loca.

Cum R. P. Daniele fateor Pharamundum, cujus ne meminit quidem Gregorius, solo nomine cognitum esse : atque prorsus ignorari utrum unquam in Galliis sedes fixerit ; imo nesciri an Rhenum transierit. Quod ad Chlodionem vero spectat, certum est illum, trajecto Rheno, Cameracum cepisse, & vicinam regionem usque ad Somonam fluvium occupasse. Illud tantum narrat Gregorius Turonensis ; verum addunt Prosper & Idatius, ipsum postea ab Aëtio devictum, & ex acquisita regione depulsum fuisse. Hæc illi paucissimis verbis narrant, neque ultra progrediuntur. Adrianus autem Valesius aliique putant, sub hæc postquam Romani recesserant, Chlodionem iterum Cameracum cepisse ; indeque ad hanc amplectendam opinionem adducuntur, quod in ipso regni Chlodovei initio, Ragnacharius Francus Chlodovei cognatus Cameraci regnaret, qui, ut videtur, Chlodionis nepos aut abnepos erat : id quod sane verosimile videtur.

Tome I. b

Quant à l'histoire de la fuite de Childeric, qui détruiroit absolument le syſtême du P. Daniel, il la rejette comme une fable qui choque toutes les vraiſemblances. La voici cette hiſtoire comme elle eſt rapportée par Gregoire de Tours. Childeric Prince trés-diſſolu, attente ſur la pudicité des filles Françoiſes : cela va juſqu'à un tel excés, que les François le dépoſent, & prennent reſolution de le tuer. Averti de cela il s'enfuit en Thuringe auprés du Roi Biſin, laiſſant parmi les François un ami fidele pour ramener peu à peu les eſprits en ſa faveur, & lui donnant la moitié d'une monnoie d'or caſſée en deux, dont il garda l'autre moitié, avec ordre de lui renvoier celle qu'il avoit, quand les François ſeroient bien diſpoſez à ſon égard, pour marque qu'il pouvoit revenir ſurement. Aprés la fuite de Childeric, les François éliſent pour Roi en ſa place Gilles qui commandoit pour les Romains à Soiſſons. Childeric eſt huit ans fugitif auprés du Roi de Thuringe. Cependant l'ami aiant par ſon adreſſe diſpoſé les François à remettre Childeric ſur le trône, il revient, & eſt rétabli. Baſine femme du Roi de Thuringe, épriſe de la bonne mine & des belles qualitez de Childeric, quitte ſon mari, vient joindre Childeric, & l'épouſe.

Il eſt à remarquer que ſelon D. Thierri Ruinard qui a donné le Gregoire de Tours, Childeric s'enfuit en Thuringe en 458. & qu'il revint de ſon exil huit ans aprés, c'eſt-à-dire l'an 466. Quand il y auroit dans ce calcul quelque petit mécompte d'années, l'argument que j'en tire n'auroit pas moins de force comme on verra. Gregoire de Tours vint au monde en 544, ſoixante-dix-huit ans aprés le rappel de Childeric. Il fut depuis Archevêque de Tours, & fut ſouvent à la Cour des Rois Chilperic, Gontran & Childebert; il connoiſſoit les plus grands Seigneurs François. Il a vû dans un âge mûr des centaines des fils de ces François qui avoient

---

Quod ſpectat fugam Childerici, quæ R. P. Danielis opinionem peſſumdaret, eam ille ut fabulam nihil veriſimilitudinis habentem rejicit. En illam hiſtoriam, ut narratur a Gregorio Turonenſi : *Childericus nimia in luxuria diſſolutus*, Francorum filias ſtupro corrumpere ſatagit ; quam rem non ferentes Franci, illum e ſolio dejiciunt & interficere volunt. Re comperta ille fugit in Thuringiam ad Biſinum Regem, apud Francos relinquens fidum ſibi hominem, fractoque aureo, partem ejus dedit amico, partem ſibi reſervavit ; præcipiens ipſi ut partem, quam ipſe retinebat, ſibi mitteret quando Franci erga ſe bene affecti eſſent, quod ſignum foret ſe tuto poſſe redire. Poſt Childerici fugam Franci ſibi Regem ſtatuerunt Ægidium *Magiſtrum militum* a Romanis miſſum, qui apud Sueſſionas ſedem habebat. Childericus octo annos apud Thuringiæ Regem manſit, demumque cum amicus ille Francorum animum erga Childericum mitigaſſet, redux ille in Regnum reſtitutus eſt. Baſina uxor Regis Thuringiæ & forma & virtute Childerici capta, relicto viro ſuo Childericum adiit, qui illam in conjugem accepit.

Notandum autem eſt ex calculo D. Theoderici Ruinardi, qui Gregorium edidit, Childericum in Thuringiam aufugiſſe anno 458. & poſt annos octo ab exſilio rediiſſe, anno 466. Etſi in hoc calculo duo treſve anni vel demendi vel addendi eſſent, non invalidius eſſet argumentum quo utor, ut mox videbitur. Gregorius vero Turonenſis natus eſt anno 544. id eſt annis 78. poſt revocatum Childericum. Poſtea vero Archiepiſcopus Turonenſis fuit : in ædibus Regiis Chilperici, Guntchramni & Childeberti Regum ſæpe verſatus eſt ; primoribus Francorum notus erat, illoſque frequentabat. Jam ætate maturus, innumeros pene

Greg. Tur. l. 2. n. 11. 12. & 27.

chassé & puis rappellé Childeric. Cette tradition étoit trop récente pour qu'on pût lui en impofer jufqu'à ce point que d'écrire un fait faux de cette conféquence, injurieux à Childeric, dont il avoit vû les petits-fils ; ce qu'il dit de la fuite & du rappel de Childeric doit donc paffer pour certain. Si quelqu'un s'avifoit aujourd'hui de nier le fiege de la Rochelle, nous n'aurions pas befoin de recourir aux Hiftoriens pour le refuter : il y a encore aujourd'hui des centaines de fils de ceux qui s'y trouverent : mon pere y étoit âgé de 30 ans; bien d'autres pourroient dire la même chofe. Prenons un fait plus femblable à celui de Childeric, & d'un tems plus reculé. Il y a plus de cent quarante ans; (c'étoit l'an 1588.) qu'Henri III. craignant de tomber entre les mains du Duc de Guife, & des Ligueurs, s'enfuit de Paris. Si quelqu'un nioit ce fait, la tradition eft encore affez récente pour le convaincre fans recourir aux Hiftoriens du tems. Bien des gens qui vivent encore ont vû M. le Maréchal d'Etrées pere du Cardinal de même nom. Ce Seigneur qui mourut environ l'an 1670, quoique fort jeune lorfque Henri III. s'enfuit, l'accompagna dans fa fuite. D'autres favent cela auffi furement, l'aiant appris de gens dont les peres avoient été témoins d'un fait fi memorable.

Revenons à Gregoire de Tours. Il avoit vingt-deux ans l'an 566, cent ans aprés que Childeric eût été rappellé de la Thuringe. Il a certainement vû plufieurs des enfans de ceux qui avoient contribué à fa fuite & à fon rétabliffement. Il alloit fouvent à la Cour, & voioit tous les jours les principaux de la Nation. Comment auroit-il pû écrire un fait de cette importance s'il n'eût été vrai, & le faire impunément, y aiant tant de gens qui fur des témoignages certains pouvoient attefter le contraire.

---

vidit illorum filios qui Childericum expulerant & poftea revocarant. Recentior hæc traditio erat, quam ut poffet eò erroris impelli, ut geftum hujufmodi falfum defcriberet, quod in dedecus vergebat Childerici, cujus ipfe nepotes viderat. Quod ergo dicit de fuga illa & reditu Chilperici Regis, certum & indubitatum haberi debet. Si quis hodie celebrem illam Rupellæ obfidionem negaret, non opus effet nobis hiftoriæ Scriptores adire, ut negantem confutaremus : funt hodieque centeni filii illorum qui obfidioni adfuere. Ipfi interfuit pater meus 30. annos natus : multi alii idipfum dicere poffunt. Aliud geftum revocemus vetuftius, & Childerici fugæ fimile. Ab annis plus centum quadraginta (anno fcilicet 1588.) Henricus III. ne in manus Guifii Ducis & Fœderatorum caderet, Lutetia aufugit. Si quis hodie id negaret; traditio adhuc recentior eft, quam ut neceffe fit ad hiftoriæ Scriptores ejus affe-

rendæ caufa recurrere. Non pauci adhuc fuperfunt, qui D. *Marefcallum* d'Eftrées viderunt patrem Cardinalis ejufdem nominis. Ille vero qui obiit anno circiter 1670. etfi admodum tunc juvenis fugientem Henricum III. comitatus eft. Alii non minus certo id norunt, quorum patres rem tam fingularem ab iis qui viderant edocti teftificari potuerunt.

Ad Gregorium Turonenfem redeamus. Viginti duorum annorum erat anno 566. tuncque centum anni elapfi erant a revocatione Childerici ex Thuringia. Quam plurimos fane vidit Gregorius filios eorum qui eum ad fugiendum compulerant, & poftea revocarant. Sæpe aulam Regiam frequentabat, & Francorum præcipuos quotidie videbat. Quomodo rem tantam fcribere potuiffet, nifi vera illa fuiffet ? Quo pacto id impune feciffet, cum tot fupereffent qui certis teftimoniis contra ftar offent?

Ce qui peut donner à cette histoire un air de ridicule, ce sont les fables que Fredegaire y a ajoutées en faisant l'Abregé de Gregoire de Tours. Le P. Daniel plus attentif à ramasser ce qui pouvoit établir son opinion, qu'à séparer ce que l'Abbreviateur avoit ajouté à son Auteur, a mêlé sans y penser l'un avec l'autre. Je suis trop persuadé de sa bonne foi pour croire qu'il l'ait fait à dessein. Ceux qui sont versez dans l'ancienne histoire de France, conviennent que Fredegaire en faisant cet Abregé, y a inseré plusieurs fables sur la naissance de Merovée, sur l'origine des François qu'il fait descendre des Troiens, sur la fuite & l'exil de Childeric, & sur quelques autres points d'histoire. Nous convenons que ce que Fredegaire a ajouté à son Auteur est fabuleux : & nous défendons Gregoire de Tours qui n'a dit de cette fuite de Childeric que ce que nous avons rapporté ci-dessus.

Qu'y a-t-il d'incroiable dans son histoire ? Cette piece de monnoye cassée en deux n'a rien que de plausible ; & d'ailleurs, quand cette particularité ne seroit pas vraie, cela ne feroit rien au fond de l'affaire. Le Pere Daniel se récrie encore contre l'histoire de Basine, qui quitta son mari pour venir épouser Childeric. Mais les mariages de nos premiers Rois, même depuis qu'ils eurent embrassé le Christianisme, étoient si peu stables, que je ne vois rien là qui choque la vraisemblance. Gregoire de Tours qui a vécu long-tems avec les Rois, petits-fils & arriere-petits-fils de Basine, n'a pû se méprendre sur un fait de cette importance. Ce fut apparemment pour faire honneur à la memoire de sa bisayeule que Chilperic donna à sa fille le nom de Basine.

Quelle apparence, poursuit le Pere Daniel, que les François aient pris pour leur Roi un Romain, & un Chrétien comme étoit Gilles ?

Verum utique est Fredegarium cum Gregorii historiam in compendium redegit, in Chilperici fuga multas adjecisse fabulas, quæ apud Auctorem suum non exstabant. R. vero P. Daniel, dum argumenta undique corraderet, queis suam fulciret opinionem, non advertit se Gregorii narrationi Fredegarii fabulas admiscere ; certum enim habeo ipsum non de industria id egisse. Quotquot veterem Francorum historiam tractare solent, fatentur Fredegarium in hanc epitomen ridiculas inseruisse fabellas, de natalibus Merovei, de Origine Francorum, quos ex Trojanis ortos dicit, de fuga & exsilio Childerici, deque aliis quibusdam. Nos quoque fabulosa illa additamenta rejicimus ; sed Gregorium defendimus, qui de fuga Childerici ea solum dixit, quæ supra retulimus.

Quid in hac ejus historia non fide dignum fuerit ? Nummus ille aureus duas in partes fractus nihil non probabile habet : alioquin vero etiamsi falsum illud esset, nihilo tamen minus vera esset illa tam celebris historia. Oppugnat Vir Cl. illam historiæ partem, qua dicitur Basina, relicto viro, Childericum adiisse, ipsique connubio junctam fuisse. At priscorum Regum Francorum connubia etiam postquam Christianam Religionem sunt amplexi, tam instabilia & parum firma erant, ut nihil hîc contra verisimilitudinem deprehendam. Gregorius Turonensis, qui tamdiu cum nepotibus & abnepotibus Basinæ vixit, non potuit in re tanti momenti labi : videturque Chilpericus in proaviæ suæ honorem filiæ suæ, Basinæ nomen indidisse.

Quis putet, pergit Daniel, Francos sibi Regem Romanum & Christianum adlegisse, qualis erat Ægidius ; nihil unquam simile

Mais c'est se donner trop de liberté que de juger ainsi des sentimens de gens si éloignez de nous. Où en serions-nous s'il étoit permis de nier des faits, sous prétexte qu'ils sont ou uniques ou extraordinaires ? Quelqu'un pourroit nier aussi que les Anglois ennemis jurez des François, & du Roi Philippe Auguste, aient élû son fils Louis pour leur Roi, à l'exclusion de Jean sans Terre & de ses enfans Anglois & du Sang Roial d'Angleterre. Cependant le fait est certain, & l'on s'écrieroit en vain, Quelle apparence y a-t-il ! D'ailleurs les François avoient été jusqu'à ce tems-là fort mêlez avec les Romains. Ils servoient sous les enseignes des Generaux de l'Empire : ils se trouvoient quelquefois en grand nombre dans la Cour des Empereurs, & y possedoient souvent les premieres Charges. On trouve des exemples de tout ceci dans l'ample recueil qu'a fait Dom Thierri Ruinard à la tête de son Gregoire de Tours, de tout ce que les Auteurs ont dit touchant les François.

Quant au Christianisme de Gilles il ne faut pas s'étonner s'il ne fut pas un obstacle à son élection ; puisque les François étoient si peu attachez à leur fausse Religion, que quand Clovis se fit baptiser, plus de trois mille d'entre eux se firent Chrétiens avec lui, & tous les autres suivirent peu après son exemple, sans qu'on voie nulle part que pas un ait fait la moindre resistance. Ces sortes de gens se soucioient fort peu de la Religion de Gilles, si d'ailleurs ils trouvoient leur compte à se soumettre à lui.

Un autre embarras que le Pere Daniel trouve, est à concilier le le tems de la mort de Gilles avec l'histoire rapportée par Gregoire de Tours. Mais cela n'arrêtera gueres ceux qui sont versez dans les difficultez Chronologiques. Ils savent qu'il y a une infinité de faits trés-certains, dont il est difficile & presque impossible de fixer le tems &

---

visum est ? Sed an fas est nobis animos tam remotæ vetustatis explorare ? An licet gesta negare quia unica vel singularia sunt ? Negabit fortasse quispiam Anglos Francis & Philippo Augusto infensissimos, ejus filium Ludovicum in Regem suum delegisse, exclusis Joanne *Sine Terra* dicto & filiis ejus ex sanguine Regio Anglicano ortis. Tamen res est certissima, frustraque clamaveris, Quis hoc credat ! Alioquin vero ad illud usque tempus Franci cum Romanis admodum mixti fuerant : sub Ducibus sæpe Romanis pro Imperio militaverant. Aliquando multi eorum simul in Imperatoria aula versabantur, primaque Imperii officia & ministeria gerebant. Hujusmodi exempla multa habes in ampla collectione eorum quæ ad Francos pertinent ex Scriptoribus excerpta, quæ Theodericus Ruinardus noster Editioni suæ Gregorii Turonensis præmisit.

Quod spectat autem Ægidii Christianismum ; quid mirum si non impedierit quominus Franci illum in Regem delegerint ? Certe Franci usque adeo falsæ suæ religioni non addicti erant, ut cum Chlodoveus Baptismum accepit, plusquam ter mille illorum Christianam Religionem sint amplexi. Reliqui omnes postea ejus exemplum sunt sequuti, neque uspiam legitur vel unum tantæ obstitisse mutationi. Sane illi Ægidii religionem parum curabant, si alioquin commodum sibi putarent Ægidio parere.

Aliam difficultatem objicit vir doctus, non posse scilicet conciliari mortis Ægidii annum cum hac Childerici fuga. Verum id parum afficiet eos qui in Chronologicis difficultatibus sunt exercitati : non ignorant enim multas res esse certissime gestas, quarum vix potest annus assignari. Hinc

l'année. Cela vient de ce que les Historiens, ou se sont trompez dans leur calcul, ou ont énoncé les choses d'une maniere obscure. Peutêtre a-t-on mis trop tôt la mort du Comte Gilles, ou trop tard la fuite de Childeric. C'est l'exercice continuel des Chronographes de placer en leur année des faits certains, mais mis par divers Auteurs en differens tems, sans que cela tire à conséquence contre les faits mêmes.

Je suis donc persuadé de la verité de cette histoire: d'où il s'ensuit que Childeric avoit un Etat dans les Gaules, qui n'étoit pas éloigné de Soissons, puisque les François ses sujets l'aiant obligé de s'enfuir, mirent en sa place le Comte Gilles, qui se tenant à Soissons, étoit à portée de leur commander. Je ne doute pas que Paris ne fut dans l'Etat de Childeric: il y a lieu de croire que c'étoit la ville de sa résidence. L'Auteur de la vie de sainte Geneviéve, presque contemporain de la Sainte, nous dit expressément que Childeric résidoit à Paris; & que quoique Gentil, il avoit une si grande veneration pour cette sainte Vierge, qu'aiant un jour resolu de faire tuer plusieurs captifs, il leur donna la vie à sa priere. Il demeuroit donc en cette Ville, où il étoit à portée de la voir souvent.

Cela quadre fort bien avec ce que dit Gregoire de Tours de Childeric: qu'après son rétablissement il porta la guerre à Orleans, & qu'il alla ensuite assieger & prendre Angers. Le Pere Daniel veut bien admettre cette expedition: mais il lui fait passer le Rhin pour venir faire la guerre à Orleans & puis à Angers. Voilà une furieuse traite: au lieu qu'étant à Paris, il pouvoit le faire aisément. Je crois aussi qu'il avoit reçû Paris de Merovée son pere, puisqu'il avoit dès sa jeunesse un Etat auprès de Soissons. Merovée avoit donc été le

---

autem provenit difficultas, vel quod historiæ Scriptores in computo suo erraverint, vel quod res obscure narraverint. Forte citius quam par esset Ægidii Comitis mors posita fuerit, vel tardius fuga Childerici. In hoc semper exercitio versantur Chronographi, ut rebus vere gestis annum assignent, quando a diversis Scriptoribus ad annos diversos relatæ sunt, quæ tamen Scriptorum varietas illorum veritati nihil officit.

Veram itaque existimo historiam illam ex qua sequitur Childericum in Galliis Regnum habuisse non procul Suessionibus: quandoquidem cum Franci ipsum ex finibus suis fugere compulissent, in ejus locum Ægidium substituerunt, qui cum apud Suessionas sedes haberet, commode poterat illis imperare. Puto quoque Lutetiam *Acta Sanctorum Bollandi men-* in Regno Childerici fuisse: in eaque urbe *se Januar.* illum ut plurimum habitasse. Auctor vitæ sanctæ Genovefæ illorum vicinus temporum, ita rem se habere suadet, cum ait Childericum Lutetiæ sedem habuisse, atque etsi *Paganum* usque adeo Sanctam illam Virginem veneratum esse, ut cum aliquando captivos quosdam neci tradere decrevisset, illa rogante, vitam ipsis concesserit: unde arguitur illum vere Lutetiæ sedes habuisse, ubi frequenter poterat illam invisere.

Optime quadrat hæc historia ad cætera quæ de Childerico narrat Gregorius Turonensis. Quod videlicet in Regnum restitutus apud Aurelianenses bellum gesserit, deindeque Andegavum ceperit. Expeditionem illam admittit R. P. Daniel; sed Rhenum trajecisse vult, ut apud Aurelianenses & Andegavos bellum gereret. Longissimam sane viam ipsi parat: quam brevior & facilior illa fuerit, si Lutetia profectus sit? Existimo etiam illum a Meroveo patre Lutetiam accepisse, quandoquidem juvenis Regnum prope Suessionas obtinebat. Mero-

premier Roi de Paris, & c'est apparemment pour cela que dès les plus anciens tems, les Rois des François de la premiere race étoient appellez Merovingiens.

Rien n'est plus opposé à ce systeme du Pere Daniel que les commencemens du regne de Clovis, rapportez par Gregoire de Tours. Voici ce qu'il en dit. *Après la mort de Childeric, Clovis son fils regna en sa place. La cinquiéme année de son regne, il fit la guerre à Siagre Roi, (c'est-à-dire, General) des Romains, qui tenoit son Siege à Soissons comme Gilles son pere. Il marcha contre lui avec Ragnacaire son parent, qui avoit un Roiaume comme lui.* Ce Roiaume étoit Cambrai, comme il le dit plus bas. Il appella aussi à son secours Cararic autre Roi François son parent, qui possedoit aussi un Roiaume dans les Gaules. Rignomer frere de Ragnacaire, regnoit au Mans, Sigebert à Cologne : & il y avoit encore d'autres petits Rois François dans les Gaules, parens de Clovis. C'est Gregoire de Tours qui rapporte tout ceci ; & à moins que de faire violence à son texte, il faut dire que Clovis a commencé à regner dans les Gaules, & que plusieurs autres Rois y étoient établis dans le même tems. Ce qui ruine absolument cette nouvelle opinion du Pere Daniel, qui prétend que Clovis est né au-delà du Rhin, & qu'il ne passa le Rhin pour entrer dans les Gaules, que lorsqu'il vint faire la guerre à Siagre auprès de Soissons.

---

veus primus Lutetiæ Parisiorum Rex fuerat, ideoque primæ stirpis Reges Merovingici jam a priscis temporibus appellati sunt.

Nihil validius R. P. Danielis sententiam oppugnat, quam ipsa verba Gregorii Turonensis Chlodovei initia describentis : *Mortuo Childerico regnavit Chlodovechus filius ejus pro eo. Anno autem quinto regni ejus Siagrius Romanorum Rex Ægidii filius, ad civitatem Suessionas, quam quondam supramemoratus Ægidius tenuerat, sedem habebat. Super quem Chlodovechus cum Ragnachario parente suo, quia & ipse Regnum tenebat, veniens, &c.* Regnum autem Ragnacharii Cameracum erat, ut infra dicit Gregorius. Chlodoveus in auxilium quoque evocavit Chararicum alium Francorum Regem cognatum suum, qui etiam Regnum in Gallia possidebat. Rignomeres item frater Ragnacharii apud Cenomanenses regnabat. Sigibertus Coloniæ Rex erat. Alii quoque Francorum Reges in Gallia erant Chlodovei cognati ; unde ruit hæc nova R. P. Danielis opinio, qui probare conatur Chlodoveum ultra Rhenum natum esse, & tunc primum transacto Rheno in Gallias intravisse, cum bellum Siagrio illaturus prope Suessionas venit.

DISCOURS PRÉLIMINAIRE

SUR L'INAUGURATION DES PREMIERS ROIS de France, le NIMBE où Cercle lumineux, les COURONNES & l'origine des FLEURS DE LIS, le TRONE, le SCEPTRE, la MAIN DE JUSTICE, les HABITS ROIAUX.

§. I.

L'Inauguration des premiers Rois.

'ACTION celebre de reconnoître un nouveau Roi, de le proclamer en cette qualité & de lui promettre obéïssance, s'est toujours faite dans toutes les Nations du monde avec beaucoup de solemnité. Les Germains & les peuples Septentrionaux élevoient celui qu'ils vouloient déclarer leur Prince ou leur Roi, sur un bouclier soutenu des principaux de la Nation : il étoit là exposé à la vûë des soldats & du peuple, qui par leurs acclamations lui temoignoient leur joie de son élévation, & lui souhaitoient de longues années de vie & de regne. Ainsi fut élevé un nommé Brinion par les Caninefates peuples Bataves, qui occupoient une partie de ce que nous appellons aujourd'hui Hollande. Cela se fit, dit Tacite, selon la coutume de la Nation. Ceux qui portoient ainsi ce Prince, soutenoient, dit-il, ce bouclier sur leurs épaules. Il paroît pourtant par les termes de Tacite, que Brinion ne fut pas élû Roi, mais seulement Chef de la Nation.

Les Gots élisoient aussi leurs Rois en la même maniere. Vitigés fut inauguré & mis sur un bouclier selon la coutume de ces peuples. Long-tems avant lui Julien l'Apostat fut ainsi déclaré Auguste à Paris par son armée. Il fut élevé

DISQUISITIO PRÆVIA

De INAUGURATIONE priscorum Regum Franciæ, de NIMBO, de CORONIS, ac de LILIORUM origine, de SOLIO, de SCEPTRO, de MANU JUSTITIAE, de VESTIBUS REGIIS.

§. I.

De Inauguratione priscorum Regum.

APUD Nationes omnes in more semper fuit, cum Regem quempiam deligerent & proclamarent, seseque illi subjicerent, id cum apparatu & celebritate magna peragere. Germani, gentesque Septentrionales, quem promulgare Principem vel Regem volebant, scuto impositum erigere solebant, sustentantibus primoribus. Illic vero omnium conspectui expositus, acclamationibus militum & populariam excipiebatur, gratulantium de delectu, & prospera ipsi multosque vitæ annos optantium. Sic delectus fuit Brinio quidam a Caninefatibus Bataviæ populus. Constitutus est, inquit Tacitus, *impositus scuto, more gentis, & sustinentium humeris vibratus*. Ex verbis tamen Taciti liquet illum non Regem, sed Ducem nationis electum fuisse. *Dux deligitur*, inquit ille.

Eodem quoque modo Reges suos Gothi promulgabant. Vitiges inauguratus fuit *scuto impositus, more gentis*; diuque antea Julianus Apostata Lutetiæ Parisiorum Augustus ab exercitu proclamatus fuit, im-

T.tit. hist l. 4.

Cassiod. l. 8. ep. 31 Ammian Marcell. l. 20.

sur

sur le bouclier d'un pieton pour être vû de plus loin. On se servit pour la ceremonie, du bouclier d'un pieton; parce qu'il étoit plus large que celui d'un cavalier, & que le Prince pouvoit s'y tenir debout plus commodement. Cette maniere d'inauguration n'étoit pas Romaine; elle avoit été introduite par les Germains & les nations du Nort, qui se trouvoient en ces tems-là en grand nombre dans les armées Romaines.

Gregoire de Tours raconte plusieurs inaugurations semblables, & fait voir que c'étoit un usage établi parmi les François & parmi nos Rois de la premiere race; usage qu'ils avoient sans doute apporté de de-là le Rhin. Il raconte que Clovis après avoir fait tuer Cloderic, meurtrier de Sigebert son propre pere Roi de Cologne, fut reçû par le peuple avec de grands applaudissemens, qu'ils exprimoient tant par leur voix, que par le son de leurs parmes, & que l'élevant sur un bouclier, ils l'établirent Roi du païs.

Le Roi Sigebert fils de Clotaire I. aiant conquis la portion de Regne de son oncle Childebert, s'y établit en la même maniere; il y fut élevé sur un bouclier, & declaré Roi par les gens du païs. Cette même ceremonie est décrite plus en détail dans l'inauguration de Gondebaud, qui se disoit fils de Clotaire I. & qui par la faction de Mommole fameux General de ces tems-là, fut declaré Roi à Brive, qu'on appelle aujourd'hui la Gaillarde. Il fut, dit-il, mis sur une parme; ceux qui le portoient firent trois tours en le tenant ainsi élevé: mais au troisiéme tour il tomba, ensorte que ceux qui l'accompagnoient purent à peine l'empêcher d'aller à terre. Cela fut d'un mauvais augure pour lui. Il perit en effet peu de tems après, & Mommole eut le même sort que lui.

La ceremonie de faire trois fois le tour en portant le nouveau Roi sur un bouclier, n'est exprimée qu'ici il peut se faire qu'elle étoit en usage ailleurs, & que la maniere courte & précise dont ces inaugurations sont décrites chez les Auteurs, a fait qu'on a omis ailleurs cette particularité. Peut-être aussi que la difficulté de se tenir debout sur un bouclier, dont la surface étoit creuse d'un côté, & en bosse de l'autre, obligeoit de se contenter pour l'ordinaire de montrer seulement le nouveau Roi sur un bouclier, sans que les porteurs changeassent de place. Il étoit en effet difficile que ceux qui soutenoient ce bouclier, s'ébranlassent pour marcher sans quelque péril que celui qui se tenoit debout

---

positus scuto pedestri sublatius eminens. Scuto pedestri nempe, quia latius erat clipeo equitis, in quo commodius stare poterat is qui inaugurabatur. Hic inaugurandi modus Romanus non erat; sed a Germanis & Septentrionalibus gentibus, quæ tunc in Romano exercitu magno numero erant, inductus fuerat.

Gregorius Turonensis quasdam hujusmodi inaugurationes memorat, moremque hujusmodi apud Francorum priscos Reges viguisse innuit, quem morem ipsi ex Transrhenanis sedibus in Gallias induxerant. Narrat autem Chlodoveum, post peremptum Chlodericum qui Sigibertum patrem suum Coloniæ Regem interfici curaverat, a subditis ejus exceptum fuisse cum magno plausu, quem & voce & parmarum scutorumque sonitu, clipeo impositum, Regem suum proclamarunt.

Sigibertus Rex Chlotarii I. filius, cum partem illam regni quam patruus ipsius Childebertus tenuerat, armis subegisset, in ea Rex eodem ipso more constitutus fuit: clipeo enim impositus & Rex proclamatus fuit a gente illa. Hic inaugurationis ritus pluribus describitur, cum de Gundovaldo agitur qui se filium Chlotarii I. dicebat, quique per Mummoli strenui Ducis factionemque Brivam Curretiam advenit: *ibique parma superpositus, Rex est levatus; sed cum tertiò cum eodem girarent, cecidisse fertur, ita ut vix manibus circumstantium sustentari potuisset:* id quod infaustum fuit auspicium: periit enim haud diu postea, & cum illo Mummolus.

Ritus ille, quo is, qui novum Regem sustentabant, in gyrum ter procedebant, hic solum exprimitur. Fortasse vero in aliis quoque inaugurationibus sic agebatur; scriptoresque compendio studentes id omiserunt; forteque etiam, quia is qui inaugurabatur, vix firmiter stare poterat in scuto, cujus altera superficies concava, altera convexa erat; novus Rex scuto impositus ut plurimum monstrabatur tantum, nec se loco movebant ii qui sustentabant. Difficile quippe erat, incedentibus iis qui onus gestabant, sine lapsu

Tome I. c

sur un plan si mal uni, ne tombât à terre, comme il seroit arrivé à Gondebaud, si ceux qui étoient auprès de lui ne l'avoient soutenu.

Il est à remarquer que les deux premieres inaugurations rapportées par Gregoire de Tours, se firent sur un bouclier, *super clipeo*, au lieu que dans la derniere de Gondebaud il fut mis sur une parme, *parmæ superpositus*. On pourroit peut-être croire que l'un se prend ici pour l'autre. Car quoique comme nous avons fait voir au quatriéme tome de l'Antiquité *p*. 50. il y eut quelque difference entre la parme & le bouclier qui s'appelle en Latin *Scutum*, ou *Clipeus*; ce qu'on appelloit *Parma* Parme, a eu differentes formes, dont quelques-unes approchoient du bouclier, & il peut bien se faire qu'on l'aura quelquefois confonduë avec le bouclier. Il paroît pourtant que Gregoire de Tours les distingue. Il décrit quelquefois la parme comme un fort grand bouclier leger duquel les soldats s'aidoient pour passer les rivieres à la nage; ce qui feroit croire que ces parmes étoient de quelque bois dur, ferme, creux, & fort grand, sur lequel ceux qui passoient ainsi les rivieres appuyoient une partie de leur corps pour nager plus facilement. Parlant de deux hommes qui s'enfuioient armez, & qui avoient échappé à leurs maîtres, il dit qu'ils passerent la Moselle en nageant sur leurs parmes; *enatantes super parmas positi amnem, in ulteriorem egressi sunt ripam*. L'armée de Sigebert aiant été défaite par les troupes de Gontran, il dit que les fuiards voulurent se sauver à Arles; mais que trouvant les portes fermées, ils furent obligez de passer le Rhône sur leurs parmes, que la violence du fleuve en emporta & submergea un grand nombre; & que ceux qui gagnerent l'autre bord se sauverent en nageant par le secours de leurs parmes.

Il y a donc apparence qu'on se sera servi de la parme pour l'inauguration de Gondebaud, parce qu'elle étoit plus grande que les boucliers ordinaires, & qu'un homme pouvoit s'y tenir debout plus aisément : de même que dans l'inauguration de Julien l'Apostat on se servit du bouclier d'un pieton, parce qu'il étoit plus grand que celui d'un cavalier.

Cette ceremonie pour l'inauguration passa à Constantinople, où nous voions souvent des Empereurs proclamez sur un bouclier, & quelquefois d'une maniere assez singuliere. Il paroît même qu'elle y étoit tout-à-fait établie, puisque Codin la rapporte dans le Ceremonial de la proclamation des nouveaux Empereurs. Voici comme cet Auteur décrit la ceremonie du bouclier.

---

periculo stare eum qui inaugurabatur, ut Gundovaldi ruentis exemplo comprobatur.

Observandum priores duas inaugurationes a Gregorio Turonensi recensitas *super clipeo* factas dici : in tertia vero ita narrari : *Ibique Parma superposita*, *Rex est elevatus*. Fortasse vero creditur alterum pro altero hic accipi. Etsi enim, ut in Antiquitate explanata tom. 4. p. 50. diximus, aliquid discriminis esset parmam inter & clipeum atque scutum ; parma tamen diversis expressa fuit formis, quarum quædam ad clipeum vel scutum accedunt, potuitque nonnunquam parma pro scuto vel clipeo poni. Videtur tamen Gregorius Turonensis clipeum & scutum a parma distinguere. Aliquando enim parmam describit quasi prægrande scutum leve, quo milites juvabantur ad fluvios natando trajiciendos. Unde fortasse arguatur has ce parmas ex ligno quodam durissimo & concavo ac prægrandi concinnatas fuisse ; illosque qui flumina natando trajicere volebant, partem corporis parma innixam habuisse ut facilius natarent. De viris duobus loquens, qui armis instructi fugiebant, & ab heri sui ædibus elapsi Mosellam trajecere, sic habet : *Enatantes super parmas positi amnem, in ulteriorem egressi sunt ripam*, itemque cum exercitus Sigiberti ab exercitu Guntchramni profligatus est ; in fugam versi milites Arelaten petebant ; sed cum clausæ essent portæ, in Rhodanum sese immittere sunt coacti : verum multi fluminis violentia abrepti submersi sunt. Qui vero oppositam attigere ripam, *parmarum adjuti adminiculo* evasere.

Verisimile igitur est parmam ad inaugurationem Gundovaldi adhibitam fuisse, quia illa clipeo latior erat, & Rex novus super illa commodius stare poterat : sicut etiam in Juliani Apostatæ inauguratione *scuto pedestri usi sunt*, quia latius erat clipeo equitis.

Hic inaugurandi ritus etiam Constantinopoli adhibebatur, ubi sæpe Imperatores videmus hoc modo, & singulari etiam ritu proclamari. Imo etiam videtur hunc ritum ibi prævaluisse, & confirmatum fuisse, quandoquidem Codinus de Officiis modum proclamandi novi Imperatoris ita refert.

DISCOURS PRELIMINAIRE. xix

« Après cela le nouvel Empereur s'assoit sur un bouclier, qu'on éleve en-
« suite, afin qu'il puisse être exposé aux yeux de la multitude qui est en bas.
« Le devant du bouclier est soutenu par l'Empereur pere de celui qu'il s'associe
« à l'Empire, s'il vit encore, & par le Patriarche ; les côtez & le derriere du
« bouclier, par les principaux Officiers de l'Empire, ou par des gens de la pre-
« miere qualité. Si le pere du nouvel Empereur est mort, c'est le plus honora-
« ble d'entre les Officiers ou d'entre les Princes, qui soutient avec le Patriar-
« che le devant du bouclier. Les côtez & le derriere sont soutenus à l'ordinaire.

C'étoit apparemment la difficulté de se tenir debout sur un bouclier creux, qui obligea enfin de faire asseoir sur ce même bouclier le nouvel Empereur. Ou peut-être aussi quelque accident semblable à celui de Gondebaud aura été la cause de ce changement.

Nous trouvons dans un beau manuscrit Grec de la Bibliotheque du Roi du PL. I. dixiéme siécle, une peinture où David est declaré Roi monté sur un bouclier soutenu par ses gens. C'est l'unique tableau ou figure de cette celebre ceremonie que j'aie jamais vû. Je croi que le Lecteur ne sera pas fâché de la trouver ici, d'autant plus qu'il y a quelques choses à observer que les Auteurs n'apprennent pas.

David élû Roi est debout sur un bouclier rond soutenu par quatre hommes. Il se tient sur le creux du bouclier à une extrêmité relevée sur le devant. Son habit court a été fait de la pure imagination du Peintre, de même que celui de la troupe qui l'environne. Le sceptre qu'il tient se termine en haut par une espece de fleur de lis, fort en usage à Constantinople, comme nous verrons plus bas. On en voit plusieurs bien formées dans ce tableau sur la plate forme d'une maison voisine, où des gens regardent par les fenêtres, & une autre de même sur le frontispice d'une Eglise ou d'un Temple qui est tout auprès. David est couronné par un jeune homme. La couronne qu'il lui met sur la tête est un cercle orné de plusieurs figures. Le jeune homme qui le couronne est lui-même couronné de laurier, & a autour de sa tête un nimbe ou cercle lumineux comme David. Celui qui le couronne est lui-même une Couronne personifiée ; mais comme στέφανος est du genre masculin, on l'a peint ici en jeune homme selon l'usage des Grecs depuis les plus anciens tems. Ils personifioient tout dans les statues, bas reliefs & peintures ; & si le nom de la chose personifiée étoit masculin, ils la representoient en homme ; si feminin,

Postea novus Imperator sedet in clipeo, qui deinde erigitur, ut multitudo infra posita ipsum videre possit. Pars clipei anterior sustentatur ab Imperatore patre, qui filium sibi Imperii socium declarat (si tamen in vivis sit;) necnon a Patriarcha. Latera & pars posterior sustinentur ab iis qui præcipua Imperii officia gerunt, vel a primoribus Imperii. Si novi Imperatoris pater obierit, qui in officiis vel inter optimates primas tenet, cum Patriarcha partem clipei anteriorem sustentat ; latera & pars posterior pro more tenentur.

Verisimile est ob difficultatem standi in clipeo concavo, provisum fuisse ut novus Imperator sederet. Vel fortasse ex casu quopiam Gundovaldi lapsui similii, mutata cerimonia fuerat.

In elegantissimo Codice Græco Bibliothecæ Regiæ decimi sæculi, depicta imago habetur, ubi David Rex promulgatur clipeo superpositus & a suis sustentatus : hanc unam hujuscerimoniæ imaginem vidi ; nec integrum Lectori puto fore si ea hic apponatur, cum maxime quædam hic observentur, quæ a Scriptoribus non referuntur.

David clipeo nixus stat a quatuor viris sustentatus. In concava autem clipei facie extremam illa partem occupat, quæ ibidem reflectitur. Breviore indutus est veste ex pictoris arbitrio facta, ut & alia circumstantium omnium vestimenta. Sceptrum ejus flore lilii terminatur, qui flores Constantinopoli ad ornatus varios in usu erant, ut infra dicetur. Multi etiam hujusmodi flores visuntur in plano tecto vicinarum ædium, ubi quidam per fenestras rem quæ agitur spectant. Flos lilii unus etiam conspicitur in frontispicio vicini Templi. David a juvene quopiam coronatur : corona est merus circulus figuris ornatus. Qui coronat illum juvenis, lauro & ipse coronatus est, & circa caput nimbum habet ut & David. Juvenis autem ipse Corona est, personæ more repræsentata : sed quia στέφανος generis est masculini, ideo ut adolescens exhibetur, secundum morem Græcorum jam a priscis temporibus observatum. Omnia quippe personarum more pingebant in statuis, anaglyphis & picturis : & si nomen rei, quam persona forma depingere volebant, masculinum esset, illam ut virum repræsentabant ; si fœmininum, ut fœminam,

Tome I. c ij

en femme. Ce n'est pas la premiere fois que j'ai vû στέφανος *la couronne* representée en jeune homme. Le Peintre Grec qui a fait cette image, a peint l'inauguration de David selon l'usage reçû alors à Constantinople, ignorant sans doute que cet usage étoit venu du Nort, & n'avoit jamais été connu en Judée, où David avoit été couronné.

§. II.

Le Nimbe ou le Cercle lumineux.

Il n'est point d'Art ni d'Usage dont on ne veuille découvrir l'origine; mais tout ce qu'on peut faire le plus souvent, est de trouver quel est le premier Auteur qui en ait parlé, ou le plus ancien monument qui l'ait representé. La même difficulté se rencontre à déterrer quand ont commencé ces cercles lumineux qu'on mettoit anciennement à la tête des Dieux & des Empereurs Romains, & qu'on a mis depuis les premiers siecles du Christianisme, à la tête de Notre Seigneur, des Anges & de tous les Saints.

A l'imitation des Empereurs Romains, nos Rois de la premiere race mirent cet ornement à leurs portraits & à leurs statuës. On le voit en un assez grand nombre de celles qui ont été conservées jusqu'à notre tems, & cela m'engage à en parler au commencement de mes recherches sur les monumens de la Monarchie Françoise.

Ce cercle lumineux s'appelloit en latin *nimbus*, mot fort usité dans les anciens Poëtes, & dans d'autres Auteurs, où il a differentes significations. On le prend souvent pour un vent impetueux, ou pour un vent accompagné de pluie. Par metaphore quelques-uns se servent de ce mot *nimbus* pour marquer tout ce qui tombe dru & avec rapidité; comme *nimbus florum* des fleurs jettées en grande quantité. Au même sens on dit, *nimbus saxorum*, *sagittarum*, & *nimbus equitum*, une troupe de Cavalerie qui fond sur l'ennemi : *nimbus numismatum* est encore une expression en usage pour marquer une largesse.

On prenoit aussi le nimbe pour une bandelette que les femmes mettoient à leur front pour en diminuer la largeur. Plaute en parle dans son Pœnulus : & long-tems après, Arnobe, *liv.* 2. & Servius Commentateur de Virgile, en con-

---

Vidi ego alibi στέφανον juvenis forma depictum. Qui hæc depinxit, Davidis inaugurationem exhibuit secundum morem tum Constantinopoli receptum, ignorans utique ritum hujusmodi ex Septentrione venisse, neque unquam agnitum fuisse in Judæa.

§. II.

De Nimbo.

Nulla ars, nulla consuetudo est, cujus origo & primordia non perquirantur; sed ea attingere & explorare difficile est. Illò tantum pervenimus plerumque, ut cognoscamus quis primus Scriptor illam memoraverit, vel quod antiquius monumentum illam repræsentaverit. Hanc ipsam difficultatem experimur dum perquirimus quandonam cœpere *Nimbi*, sive circuli illi lucidi, qui olim capita deorum, necnon Romanorum Imperatorum exornabant, quique a primis Ecclesiæ sæculis, Christi, Angelorum & sanctorum capitibus exornandis adhibiti sunt.

Imperatorum exemplo Reges Francorum primæ stirpis, nimbum in statuis & imaginibus suis apponi curarunt. In multis enim quæ ad nostra usque tempora pervenerunt, ornamentum illud visitur : ideoque initio hujusce operis accuratius rem illam disquirere operæ precium fuerit.

Circulus ille lucidus *Nimbus* vocabatur, quæ vox sæpe occurrit apud veteres Poëtas, aliosque Scriptores : sæpe ventum validum significat, vel ventum cum pluvia. Metaphorice apud quosdam Scriptores *Nimbus* dicitur quidquid confertim & rapide cadit; sic nimbus florum, flores nempe ubertim jacti, nimbus saxorum, sagittarum, nimbus equitum; id est, turma equitum hostem impetentium : nimbus numismatum; hoc est, numismata largiter effusa.

Nimbus etiam dicebatur fasciola, quam mulieres fronti apponebant, ut ejus latitudinem minuerent. De illa re Plautus in Pœnulo : Arnobius & Servius interpres Virgilii fasciolarum hujusmodi usum con-

INAUGURATION SUR UN BOUCLIER

DISCOURS PRELIMINAIRE.

firment l'uſage. Il paroît que les femmes de ces tems-là ſe flattoient qu'un front moins large contribuoit à les faire paroître plus belles.

Nimbus ſe prend auſſi fort ſouvent pour une nuée claire & lumineuſe, qui ſelon l'opinion des Idolâtres environnoit la tête des Dieux quand ils apparoiſſoient aux hommes, & qui ſe terminoit en cercle. *Nimbo effulgens*, dit Virgile parlant de Minerve. Servius ſon interprete explique ainſi ce nimbe: c'étoit, dit-il, une nuée divine autour de la tête des Dieux & des Déeſſes. En un autre endroit de l'Eneïde, Virgile repréſente la Lune dans un nimbe. Et Lucien dit que la tête de la Déeſſe Syrienne, étoit rayonnante, ἐπὶ τῇ κεφαλῇ ἀκτῖνας φορῖει. Les Romains avoient ſans doute pris des Grecs cette coutume, comme la plûpart des autres. Nous voions en effet dans Homere, liv. 4ᵉ de l'Iliade, que Pallas deſcendit de l'Olympe brillante comme une étoile: ce qu'il repete encore en un autre endroit parlant de la même Déeſſe.

La flaterie inſpira aux courtiſans des Empereurs Romains de mettre cet ornement divin à la tête de leurs ſtatuës: c'eſt ce que rapporte Servius expliquant un vers de l'Eneide. Le nimbe, dit-il, eſt proprement cette claire nuée qu'on ſuppoſe être autour de la tête des Dieux & des Empereurs. On voit, quoiqu'aſſez rarement, ce cercle qui renferme une nuée lumineuſe autour de la tête des Dieux dans les images, bas reliefs & ſtatuës, qui ſont venues juſqu'à nous. On y remarque plus ſouvent une couronne radiale, ſurtout aux têtes du Soleil.

Ce que Servius dit, que la claire nuée ſe mettoit à la tête des Empereurs, ſe trouve juſtifié par un bien plus grand nombre d'anciens monumens. Il eſt à remarquer que ces mots de Servius, *Imperantium capita quaſi clara nebula ambire fingitur*, ſemblent marquer qu'on ne le mettoit qu'aux images & jamais à la tête même des Empereurs. Nous trouvons le nimbe à un buſte de l'Empereur Claude, gravé au cinquiéme tome de l'Antiquité expliquée, *p.* 162. & ſur un bas relief, qui nous montre Trajan chaſſant à cheval. Cet Empereur y porte le nimbe exprimé par une ligne circulaire autour de ſa tête. On le remarque auſſi ſur un revers d'Antonin le Pieux. Cet ornement divin ſe voit encore autour de la tête de Valentinien II. dans le diſque d'argent trouvé depuis peu à Geneve, où ce Prince eſt repréſenté faiſant une largeſſe à ſes ſoldats après une victoire. Nous voions auſſi le nimbe ſur des médailles de

---

firmant. Hinc argui videtur mulieres illius ævi frontes anguſtiores venuſtati aliquid conferre putaviſſe.

Nimbus demum nubem claram lucidamque ſæpe ſignificat. Quæ ſecundum Idololatrarum opinionem, deorum caput ambibat, quando ſe hominibus conſpiciendos præbebant, quæque in circulum deſinebat. *Nimbo effulgens*, inquit Virgilius de Minerva loquens, quem nimbum ait Servius fuiſſe nubem divinam circum capita Deorum Dearumque. Alibi autem Virgilius & *Lunam in Nimbo* fuiſſe dicit. Lucianus de Dea Syria ait, ἐπὶ τῇ κεφαλῇ ἀκτῖνας φορῖει, *capite radios geſtat*. Romani hunc morem à Græcis mutuati fuerant, ut & cæterorum maximam partem. Apud Homerum utique, l. 4. Iliad. Palladem ex Olympo deſcendiſſe videmus, fulgentem quaſi ſtellam, quod de eadem ipſa dea alibi repetit.

Romanorum autem Imperatorum adulatores ſuaſere ipſis ut hunc divinum ornatum ſtatuarum ſuarum capitibus apponerent; id quod Servius ad hunc verſum Virgilii refert:

Et Lunam in nimbo nox intempeſta ferebat.

Propriè Nimbus eſt, inquit Servius, *qui deorum vel Imperantium capita quaſi clara nebula ambire fingitur*. Hujuſmodi lucidus circulus circum capita deorum in imaginibus, anaglyphis & ſtatuis eorum, etſi raro conſpicitur in Monumentis, quæ ad nos uſque venerunt; ſæpiuſque corona radiata exornantur, maximeque Solis capita.

Quod verò dicit Servius, claram illam nebulam Imperantium capitibus apponi, longe pluribus monumentis aſſeritur. Obſervandum porro eſt hæc Servii verba, *Imperantium capita quaſi clara nebula ambire fingitur*, illam imaginibus ſolum, non autem ipſis capitibus, apponi, ſignificare. Nimbum obſervamus in protome Imperatoris Claudii Antiquitatis explanatæ, tomo V. pag. 162. & in anaglypho Trajanum equitem venantem exhibente, ubi nimbum capite geſtat, circulari linea expreſſum. Obſervatur quoque nimbus in poſtica facie nummi Antonini Pii. Conſpicitur quoque nimbus circum caput Valentiniani II. in diſco argenteo, qui non ita pridem Genevæ repertus fuit, ubi repræſentatur poſt victoriam militibus largitionem faciens. Nimbum videmus quoque in

Justin & de Justinien, dans celles de Maurice & de Phocas, & dans d'autres médailles de tems posterieurs. Les peintures nous le representent plus parfaitement. On le trouve dans M. du Cange en ses familles Byzantines sur les portraits d'Eudocie, femme de Basile le Macedonien, & de ses deux fils Alexandre & Leon, p. 139. & sur ceux de Romain Diogene, & de l'Imperatrice Eudocia sa femme. Un manuscrit Grec de la Bibliotheque de M. l'Evêque de Metz, represente en peinture l'Empereur Nicephore Phocas & sa femme Marie avec le Nimbe. En un mot les Empereurs de Constantinople ont toujours mis le nimbe à leurs images jusques à la prise de cette ville par Mahomet II. qui arriva en 1453.

Les Chrétiens des premiers siecles appliquerent cet ornement aux images de Notre Seigneur, de la sainte Vierge & des autres Saints. Nous en voions des exemples dans les plus anciennes peintures qui se sont conservées à Rome jusqu'à notre tems, representées par le Bosio dans son *Roma subterranea* p. 29, 131, 133. & dans plusieurs autres endroits du même livre. On en remarque encore dans certains verres des plus anciens tems du Christianisme, qui montrent en peinture Notre Seigneur, les Apôtres & d'autres Saints. M. Buonaroti très-habile Antiquaire, descendant de Miquelange, les a donnez en figures dans son livre imprimé à Florence en 1716. On mettoit aussi le nimbe à la tête des Anges selon Isidore, *l. 19. c. 31.* où il s'exprime en ces termes: *Lumen quod circa Angelorum capita pingitur, nimbus vocatur.* Les premiers Chrétiens avoient peut-être pris des idolâtres cette coutume comme beaucoup d'autres, émanées du culte legitime des plus anciens tems, & qui n'étoient criminelles que dans l'application. Ils pouvoient aussi s'autoriser de l'Evangile, où Jesus-Christ aparoit dans sa transfiguration resplandissant comme le soleil, & les trois Apôtres qui l'accompagnoient, couverts d'une nuée lumineuse. Quoiqu'il en soit, cet usage a duré presque jusqu'à nos jours : nos anciens tableaux representent Jesus-Christ, la sainte Vierge, les Anges & les Saints, avec le nimbe ou le cercle lumineux.

Nos premiers Rois, qui depuis le grand Clovis se conformoient dans leurs ornemens roiaux à ceux des Empereurs Romains, mirent aussi le cercle lumineux à leurs statuës ou peintures. Clovis, dit Gregoire de Tours, aiant reçu de l'Empereur Anastase des Codiciles du Consulat, se revétit de la pourpre, prit la Chlamyde, mit le diadême à sa tête, fit des largesses d'or & d'argent, & depuis ce

Bibl. Cois-lin. p. 134.

nummis Justini & Justiniani, Mauricii item & Phocæ, in aliisque posteriorum temporum. In tabulis vero depictis clarius delineatur. In familiis Byzantinis Cangii nimbus habetur in tabula depicta Eudociæ uxoris Basilii Macedonis, filiorumque ejus Alexandri & Leonis, pag. 139. necnon Romani Diogenis & Eudociæ uxoris ejus. Codex Græcus Bibliothecæ D. Episcopi Metensis Nicephorum Phocam exhibet nimbo ornatum ut & uxorem ejus Mariam. Uno verbo Constantinopolitani Imperatores nimbo semper capita sua exornarunt usque ad captam urbem per Mahometem II. anno 1453.

Christiani primis Ecclesiæ sæculis hoc ornamentum apposuere imaginibus Christi, B. Mariæ Virginis & Sanctorum : cujus rei exempla conspicimus Romæ in antiquissimis picturis, quæ ad nostrum usque ævum devenerunt, &a Bosio allatæ sunt in Roma subterranea, pag. 29, 131, 133. inque aliis locis. Visuntur etiam in vitreis picturis priscorum Christianismi sæculorum, Christus, Apostoli aliique Sancti cum nimbo depicti. Vir cl. Bonarota ex celebri illo Michaele Angelo ortus, hæc erudite protulit in libro suo Florentiæ cuso anno 1716. Nimbus etiam circum caput Angelorum ponebatur teste Isidoro l. xix. c. 31. *Lumen quod circa Angelorum capita pingitur, nimbus vocatur.* Prisci Christiani hunc fortasse morem ex Idolatris accepere, ut & alias consuetudines, quæ nonnisi ex falso cultu malæ erant ; poterantque illi etiam Evangelii auctoritatem afferre, ubi Christus in Transfiguratione resplenduit sicut sol & tres Apostoli comites nube lucida obumbrati sunt. Ut ut res est, hic usus ad nostram pene ætatem pervenit. Veteres enim depictæ tabulæ Christum, B. Virginem, Angelos & Sanctos cum nimbo repræsentant.

Prisci Francorum Reges a Chlodoveo I. qui ornamenta Regia Imperatoriis similia assumebant, nimbum etiam in statuis suis & in depictis tabulis exprimere solebant. *Chlodoveus*, inquit Gregorius Turonensis, *codicillos de Consulatu ab Anastasio Imperatore L. 2. c. 1. accepit, & in Basilica sancti Martini tunica blattea indutus est & chlamyde, imponens vertici diadema. Tunc ascenso equite aurum argentumque populis manu propria*

tems-là il fut appellé Conſul & Auguſte. Il y apparence qu'il ſaiſit alors bien d'autres ornemens Impériaux, & que depuis cette eſpece d'inauguration lui & ſes ſucceſſeurs mirent le nimbe à leurs images. Ainſi les voions-nous à notre portail de l'Egliſe de ſaint Germain des Prez, portail pratiqué dans la grande tour qui reſta entiere de l'ancienne Egliſe lorſqu'elle fut brûlée par les Normans. Là ſont Clovis, ſes quatre fils, Thierri, Clodomir, Childebert & Clotaire; & deux Reines, Clotilde femme de Clovis, & Ultrogothe femme de Childebert Fondateur de l'Abbaye de ſaint Germain des Prez. Tous portent le nimbe hors Thierri qui ne l'a plus aujourd'hui; mais il l'a eu certainement autrefois, comme il eſt aiſé de juger par la diſtance vuide qui eſt entre ſa tête & le mur.

Je ſçai que quelqu'un a dit que ce portail n'étoit pas de la premiere fondation, & que les Rois ſont autres que Clovis & ſes enfans. Mais on croit pouvoir démontrer que la grande tour fut bâtie avec la premiere Egliſe, hors la pointe où ſont les cloches, qui fut ajoutée par l'Abbé Morard lorſqu'il rebâtit l'Egliſe au tems d'Hugues Capet & de Robert, comme on fera voir ailleurs plus amplement. Une preuve certaine que ces ſtatues ſont de Clovis & de ſes quatre fils, c'eſt que pluſieurs d'entr'eux tiennent des rouleaux où ſont écrits leurs noms en lettres Romaines, dont quelques-uns ſe liſent encore, quoiqu'avec aſſez de peine. Sur le rouleau déploié d'un de ces Rois, on lit CHLODMRIVS, c'eſt Clodomir. Sur celui d'un autre les lettres du milieu ſont effacées; mais on y lit encore CHLO...VS; c'eſt certainement CHLOTHARIVS. Ce ſont donc les Rois tels qu'on les a mis au tems de la premiere fondation. On y voit d'ailleurs le goût groſſier de la ſtatuaire du tems de la premiere race, où l'on faiſoit les ſtatuës tout-à-fait plates comme ſont toutes celles qui portent le nimbe, & qui ſe remarquent dans d'autres Egliſes. Du tems de Pepin & de Charlemagne on donnoit plus de rondeur aux ſtatuës comme nous dirons plus bas.

Une choſe à remarquer, & qui prouve que les ſtatuës du portail ont été faites du tems de Childebert, c'eſt que des cinq Rois, il n'y a que Clovis & lui qui aient un ſceptre, parce qu'il n'y avoit qu'eux deux qui euſſent juſqu'alors été Rois de Paris. Clotaire le fut depuis la mort de ſon frere Childebert. Si le portail

---

ſpargens, voluntate benigniſſima erogavit, & ab ea die tamquam Conſul aut Auguſtus eſt vocitatus. Veriſimile que eſt illum tunc alia quoque imperialia ornamenta aſſumpſiſſe, & poſt talem inaugurationem ipſum filioſque ac nepotes imaginibus ſuis nimbum appoſuiſſe. Hoc illos ornatu inſtructos videmus in majore oſtio Eccleſiæ noſtræ S. Germani à Pratis, quod oſtium in magna turri eſt. Hæc vero turris ſola penitus illæſa manſit quando Normanni veterem Eccleſiam combuſſerunt. In oſtio illo ſunt Chlodoveus, quatuor filii ipſius, Theodoricus, Chlodomeres, Childebertus, & Chlotarius, ac duæ Reginæ, Chlotildis uxor Chlodovei & Ultrogotha uxor Childeberti, qui Monaſterium S. Germani à Pratis fundavit. Omnes nimbum geſtant præter Theodoricum, qui non ultra illo ornatur; ſed eum olim certiſſime habuit, ut ex ſpatio vacuo inter murum & caput ipſius arguitur.

Scio dixiſſe quempiam hoc oſtium non primæ fundationis eſſe, Regeſque iſtos nec Chlodoveum nec filios eſſe. Verum demonſtrari poteſt turrim magnam cum priſca Eccleſia ſtructam fuiſſe præter apicem ubi campanæ ſunt, qui additus fuit ab Abbate Morardo, quando is Eccleſiam reædificavit tempore Hugonis Capeti & Roberti, ut infra pluribus commonſtrabitur. Hinc autem probatur haſce ſtatuas eſſe Chlodovei & quatuor filiorum ejus, quod aliqui ex illis rotulos teneant, in queis nomina eorum ſcripta erant, quorum quædam adhuc, etſi non ſine labore leguntur. Literis autem Romanis veteribus ſcripta ſunt. In rotulo unius legitur CHLODMRIVS. In altero mediæ literæ eraſæ ſunt: legitur tamen adhuc, CHLO...VS, eſtque certiſſime Chlotarius. Hi ergo Reges tempore fundationis Eccleſiæ hîc appoſiti ſunt. Hîc rudem artis ſtatuariæ rationem advertimus, qualis erat illa ſub prima Regum ſtirpe. Sunt enim ſtatuæ omnino planæ parvam habentes denſitatem, nullam rotunditatem. Hujuſmodi ſunt omnes illæ quas nimbum geſtant. Quæ etiam in Eccleſiis aliis comparent. Pipini & Caroli Magni tempore major rotunditas ſtatuis indebatur, ut infra dicemus.

Aliud obſervamus, quo probatur ſtatuas hujuſce oſtii factas fuiſſe tempore Childeberti. Ex quinque Regibus, Chlodoveus & Childebertus ſoli ſceptrum geſtant, quia tunc illi ſoli Reges Lutetiæ Pariſiorum fuerant. Chlotarius poſt mortem Childeberti fratris ſui tantum, Rex Lutetiæ Pariſiorum fuit. Si oſtium

avoit été fait ou du tems que Clotaire regnoit à Paris, ou après la mort de ce Prince, il auroit un sceptre comme les deux autres.

Dans la plus vieille partie de l'ancien cloître de S. Denis en France, dont differens côtez ont été faits en divers tems, on voit deux statuës de nos Rois fort semblables à celles du portail de S. Germain des Prez, & si plates qu'elles n'ont presque aucune rondeur ; ce qui donne lieu de croire qu'elles ont été faites du tems de la premiere race. Ces deux statuës portent aussi le nimbe, & seront representées avec les autres en leur place.

A l'Eglise de Notre-Dame de Paris, les statuës du troisiéme portail, qui est du côté de l'Archevêché, y ont sans doute été transportées là de l'ancienne Eglise. D'habiles gens qui les ont considerées avec moi, ont d'abord été de mon sentiment. Il est fort aisé de s'en convaincre par la forme de ces statuës, qui est fort plate, & tout-à-fait du goût & de la sculpture des précedentes. Il s'en faut bien qu'elles n'aient la rondeur des autres qu'on voit en grand nombre sur le haut du frontispice, ni de celles des deux autres portails. Une marque certaine qu'elles sont de l'ancienne Eglise, c'est que de tout ce grand nombre de statuës de Rois qu'on voit à ce frontispice, il n'y a que celles-ci qui ont le nimbe. Les autres qui ont cet ornement sont des statuës de Saints.

Au portail de l'Eglise Cathedrale de Chartres, dont M. l'Abbé Brillon Chanoine de la même Eglise, m'a communiqué le dessein, au bas du frontispice il y a huit figures avec le nimbe, du même goût que les précedentes. Ce sont les statuës de trois Saints, de deux Rois & de trois Reines, de ceux & celles sans doute, qui avoient orné cette Eglise de leurs bienfaits. Quoique je n'aie point examiné les choses sur les lieux, je crois qu'il peut bien se faire que de tout ce grand frontispice, il n'y a que ces huit figures d'enbas qui soient de la premiere Eglise. Ce qu'il y a de particulier à ce portail, c'est que les couronnes de ces Rois & Reines sont radiales ou à raions : ce qui s'observe aussi sur un sceau de Louis d'Outremer.

Il y a grande apparence que l'usage du nimbe établi vers le commencement de la Monarchie Françoise dans les Gaules, cessa avant la fin de la premiere race. Ce qui paroît certain, c'est que du tems de Pepin & de Charlemagne, on ne mettoit plus ce cercle lumineux aux images des Rois. Cela se voit au

---

factum fuisset, vel cum ipse Chlotarius Lutetiæ regnaret, vel post mortem illius, is haud dubie etiam sceptrum gestaret.

In vetustiore parte antiqui Claustri Monasterii sancti Dionysii in Francia, cujus diversæ partes diversis temporibus factæ sunt, duæ Regum statuæ visuntur admodum similes iis quæ sunt in ostio sancti Germani a Pratis, eadem omnino sculpturæ ratione factæ, quæ illæ priores, sine ulla pene rotunditate : crediturque illas sub prima stirpe sculptas fuisse. Nimbum porro gestant & suo loco depingentur.

In Cathedrali Ecclesia B. Mariæ Parisiensis, statuæ tertiæ portæ, qua itur ad Archiepiscopales ædes, ex veteri Ecclesia haud dubie istuc translatæ sunt. Viri quidam eruditi & perspicaces qui illas mecum explorarunt, statim in sententiam meam deflexerunt. Idipsum censebunt ii qui attentius illas dispiciunt : ita nempe tenues sunt & rotunditate carentes, ut illæ quas modo memoravimus. Aliæ autem quæ in suprema frontispicii parte & in aliis portis habentur rotundiores sunt. Hinc porro arguitur illas priores priscæ Ecclesiæ fuisse, quod ex magno illo statuarum Regum & aliorum numero, quæ in frontispicio & in aliis portis habentur, nulla nimbum habeat, præterquam eas quæ ad Sanctos pertinent.

In majori ostio Ecclesiæ Cathedralis Carnotensis, cujus delineationem concinne factam mecum communicavit Dominus Abbas Brillonius istius Ecclesiæ Canonicus, in ima Frontispicii parte octo statuæ sunt cum nimbo, eadem sculpturæ ratione factæ qua præcedentes. Sunt porro statuæ trium Sanctorum, duorum Regum & trium Reginarum, eorum videlicet qui ipsis dona vel beneficia contulerant. Etsi rem in ipso loco non exploraverim, certum habeo ex toto illo magno Frontispicio solas octo statuas hasce ex prisca Ecclesia esse. Illud autem hic singulare comparet, quod coronæ Regum Reginarumque radiatæ sint. Id etiam observatur in sigillo Ludovici Transmarini.

Verisimile omnino est, usum nimbi, qui sub initium Monarchiæ Franciæ in Gallias inductus est, ante finem primæ stirpis cessavisse : certum utique videtur tempore Pipini & Caroli Magni jam ab hac consuetudine cessatum fuisse ; id quod observatur in

portail

portail de l'Eglise de S. Denis, plus ancien de plus de quatre siecles que l'Eglise, qui fut bâtie & fort avancée du tems de l'Abbé Suger; mais qui ne fut totalement achevée que durant le regne de S. Louis. On laissa sur pied l'ancien portail, le frontispice & les clochers, qui paroissoient assez répondre à la beauté de la nouvelle Eglise. Ce portail avoit été bâti par l'Abbé Fulrad du tems de Pepin & de Charlemagne; comme l'ont fort bien prouvé par des Monumens surs Dom Mabillon & Dom Felibien. On voit en effet qu'il n'est pas de la même structure que le reste de l'Eglise. Aux trois portes sont seize statuës de Rois & quelques-unes de Reines, qui certainement ne peuvent être, du moins pour la plûpart, que de la premiere race, & pas une n'a le nimbe. Ces statuës, quoique d'un travail grossier, sont d'un goût tout different des précedentes. Elles ont toute leur rondeur. L'Abbé Fulrad leur aura fait mettre tous les ornemens qu'on donnoit alors aux figures des Rois. Il auroit sans doute fait orner leurs têtes du cercle lumineux, s'il n'eût été aboli par l'ordre des Souverains. Les premiers Rois avoient pris le nimbe à l'imitation des Empereurs Romains, qu'ils imitoient aussi dans la forme de leurs monnoies. Il est à croire que dans la suite des tems la reflexion, & peut-être aussi le scrupule, auront porté leurs successeurs à ne plus mettre à leurs statuës cet ornement qui sembloit ne convenir qu'à Notre Seigneur Jesus-Christ, à la Sainte Vierge, aux Anges & à tous les Saints.

Aux statuës & peintures de Charlemagne, dont les plus belles sont à Rome, on ne voit jamais le nimbe non plus qu'en celles d'Aix-la-Chapelle, ni en celles de Lotaire, de Charles le Chauve, & des autres Rois de la seconde & troisiéme race. Il y en a pourtant une d'un Roi, peut-être de Charles le Chauve, qui est representé montant au ciel avec un Ange qui le couronne. Cette peinture est dans un MS. de M. le Comte de Seignelai. Mais cela ne fait point exemple ici. Car qui monte au ciel & reçoit la couronne celeste, est compté parmi les Saints. Ce que nous venons de dire semble prouver qu'il n'y a que ceux de la premiere race qui l'ont porté; & que ceux de la seconde & de la troisiéme l'ont regardé comme un ornement qui n'appartenoit qu'à la Cour Celeste. Il paroit même certain que les derniers Rois de la premiere race ne mettoient plus de nimbe à leurs statuës, puisque celles du portail de S. Denis faites du tems de Pepin & de Charlemagne, ne l'ont point : à moins qu'on ne veuille

---

ostio majori Ecclesiæ sancti Dionysii in Francia, quod ostium annis plus quadringentis antiquius est Ecclesia, quam struxit Abbas Sugerius, sed opus non absolvit: perfecta enim fuit Ecclesia regnante sancto Ludovico. Cum autem Ecclesia nova ædificata fuit, antiquum ostium, frontispicium & duæ magnæ turres intacta relicta sunt, quia Ecclesiæ novæ pulchritudine digna censebantur. Hoc igitur ostium a Fulrado Abbate tempore Pipini & Caroli Magni structum fuit, ut ex certis monumentis probant Mabillonius & Felibenius nostri. Et vero vel ex conspectu liquet non esse ex eo structuræ genere quo Ecclesia. In portarum trium lateribus sunt sexdecim Reges & aliquot Reginæ, qui sane Reges vel omnes vel saltem maxima pars primæ stirpis sunt, nullusque eorum nimbum habet. Hæ porro statuæ etsi rudi opere concinnatæ, omnino diversam a præcedentibus sculpturæ formam referunt, sunt enim omnino rotundæ. Fulradus Abbas ornamenta omnia statuis apponi haud dubie curaverit, quæ tunc apponi solebant, nimboque capita ornari curavisset, nisi jussu Regum hoc ornamentum jam sublatum fuisset. Primi Reges nimbum adoptarant, exemplo Imperatorum Romanorum, quos etiam in re nummaria imitabantur. Verisimile autem est successores eorum, re attentius perpensa, religione forte ductos, noluisse statuis suis hoc apponi ornamentum, quod Christo Domino, B. Virgini, Angelis & Sanctis omnibus tantum competebat.

In statuis & picturis Caroli Magni, quarum elegantiores Romæ sunt, nimbus nusquam visitur, neque etiam in Aquisgranensibus, in tabulis item depictis Lotharii & Caroli Calvi, cæterorumque Regum secundæ & tertiæ stirpis nusquam nimbus observatur; una tantum excepta ubi Rex quispiam, forte Carolus Calvus, in cælum ascendere fingitur & ab Angelo coronari, quæ pictura in Codice quodam Colbertino habetur. Verum qui cælestem coronam accipit, inter Sanctos numerari censetur: inde probari videtur solos primæ stirpis Reges nimbum gestavisse, Reges vero secundæ & tertiæ stirpis ab hoc ornamento, ut Cælesti tantum aulæ proprio, abstinuisse. Certum quoque videtur postremos primæ stirpis Reges, nimbo usos non fuisse in statuis suis, quandoquidem in ostio San-dionysiano, Pipini & Caroli Magni tempore structo, statuæ nimbum non

dire, que c'est Pepin qui a aboli cette coutume par respect pour Notre Seigneur, les Anges & les Saints. Cela s'observe dans les Monumens publics, dans les Eglises & les bâtimens que j'ai vûs jusqu'à present. Ce qui n'a pas empêché que des particuliers n'en aient pû mettre depuis ces tems-là aux figures des Rois.

Lors même que dans la seconde & la troisiéme race on érigeoit des statuës aux Rois de la premiere, dont les images avoient de leur tems porté le nimbe, on ne l'y mettoit plus: comme on voit aux statuës du portail de S. Denis, aux trente-six images en relief qui se voient à la porte Septentrionale & collaterale de la même Eglise, qui n'ont point de cercle lumineux, non plus que la statuë du Roi Childebert, faite environ l'an 1236, qui se voit à la porte du Refectoir de l'Abbaye de S. Germain des Prez.

Il nous reste à parler du portail de l'Eglise de sainte Marie de Nesle Diocése de Troie. On ne sçait pas en quel tems elle a été fondée: quelques-uns prétendent qu'elle a été bâtie par la Reine Clotilde. Le Pere Mabillon après avoir rapporté plusieurs opinions, s'arrête à dire qu'elle étoit certainement fondée avant le neuviéme siecle. Le portail a six figures: celle de S. Pierre, la seule qui a le nimbe: celle d'un autre Evêque, celle de la Reine Pedauque, ou de la Reine au pied d'Oye, dont il est tant parlé, & que plusieurs croient être la Reine Clotilde, & trois autres statuës de Rois, que le Pere Mabillon conjecture pouvoir être, ou les trois fils de Clotilde, ou Clovis avec deux de ses fils. Une marque que ce portail fut fait au tems de la seconde race, ou tout au plûtôt vers la fin de la premiere; c'est que les Rois & la Reine Clotilde n'y ont point de nimbe, contre l'usage des premiers Rois. Une autre marque qu'elle est de ces tems, c'est cette Reine Pedauque dont la fable ne peut avoir été inventée, ce semble, que long-tems après la mort de Clotilde. Nous parlerons ailleurs de cette Reine Pedauque, si fameuse à Toulouse & dans le Languedoc.

Ce que j'ai dit au reste ne regarde que les peintures & les statuës de nos Rois qui se trouvent en France & Italie. Il y en a quelques-unes en Allemagne qui peuvent faire quelque difficulté. C'est de quoi nous parlerons en son lieu.

habent. Nisi forte dicatur Pipinum, religione movente, hanc consuetudinem abrogasse. Hoc observatur in Monumentis publicis, in Ecclesiis atque in ædificiis, quæ hactenus vidi. Quod forte non impediverit quominus quidam privati homines nimbum postea nonnullis Regum imaginibus apposuerint.

Etiamque secundæ & tertiæ stirpis tempore, cum statuæ erigebantur Regibus primæ stirpis, quorum imagines suo tempore nimbum gestaverant, nimbus non adhibebatur, ut conspicimus in statuis ostii majoris San-dionysiani, in triginta sex Regum figuris quæ in porta Septentrionali ejusdem Ecclesiæ conspiciuntur, quæ nimbum non habent, ut neque statua Childeberti Regis facta anno circiter 1236. quæ ad portam refectorii S. Germani a Pratis visitur.

Restat ut loquamur de ostio Ecclesiæ S. Mariæ Nigellæ in Diœcesi Trecensi. Nescitur autem quo tempore illa fundata fuerit. Quidam a Regina Chlotilde structam dicunt: verum Mabillonius noster postquam multorum sententias attulerat, illud tantum asserit fundatam nempe fuisse ante nonum sæculum.

In ostio sex statuæ sunt, S. Petri statua, quæ sola nimbum habet; alterius item Episcopi, Reginæ Anserino pede, cujus sæpe mentio habetur, quamquam plurimi putant esse Chlotildem Reginam; tresque aliæ Regum statuæ, quas conjicit Mabillonius esse vel tres Chlotildis filios, vel Chlodoveum cum duobus filiis suis. Hinc porro arguitur hoc ostium factum fuisse sub secunda stirpe, vel cum citius versus finem primæ, quod nec Reges nec Chlotildis nimbum habeant. Aliunde etiam indicatur esse posterioris ævi, ex anserino scilicet pede, quæ utique fabula nonnisi diu post mortem Chlotildis publicari potuit. De hac Regina Anserino pede, sive de Regina Pedauca, quæ Tolosæ & in Septimania admodum celebris est, alibi agetur.

Quod autem de Nimbo dixi, intelligendum est de statuis & figuris Regum nostrorum, quæ in Gallia & in Italia habentur. In Germania autem quædam sunt quæ aliquid habere difficultatis videntur. De iis vero agetur suo loco.

DISCOURS PRELIMINAIRE.

§. III.

Les couronnes des Rois de la premiere & de la seconde race.

Gregoire de Tours, Fredegaire & les autres Historiens de la premiere & de la seconde race de nos Rois, ne disent rien de la forme de leur couronne. Ce n'est que sur les Monumens qui nous restent que nous pouvons en parler surement. Nous n'avons rien de plus ancien que les statuës de notre portail de l'Eglise de saint Germain des Prez, où se voient cinq Rois, Clovis & ses quatre fils, Thierri, Clodomir, Childebert & Clotaire ; & deux Reines, Clotilde & Pl. II. Ultrogothe ; tous couronnez presque de même. Ces [1] sept couronnes font le premier rang de la Planche qui suit ; la plûpart sont surhaussées d'un trefle, que plusieurs veulent bien honorer du nom de fleur de lis. Il n'y en a que deux qui n'en ont pas.

[2] Les cinq premieres couronnes du second rang, sont tirées du troisiéme portail de Notre-Dame de Paris, où il y a des statuës de cinq Rois ou Reines, qui y ont été transportées de l'ancienne Eglise, comme nous avons prouvé ci-devant. Des cinq il n'y en a qu'une qui ait la fleur de lis ; ce qui fait voir combien cet ornement de la fleur de lis & du trefle étoit alors arbitraire. Cela paroît encore davantage dans les deux dernieres couronnes du même rang, tirées des statuës des Rois & Reines qu'on voit au portail de la Cathedrale de Chartres : toutes ces statuës ont des couronnes radiales, semblables aux deux que nous voyons ici : nous croyons que ces statuës sont faites long-tems avant le frontispice, de même que celles du troisiéme portail de Notre-Dame de Paris. Les couronnes radiales ont été fort en usage aux premiers siecles de l'Empire Romain. Nous ne les trouvons en France qu'ici & dans un sceau de Louis d'Outremer. Elles se voient aussi dans quelques monnoies.

[3] La premiere du troisiéme rang & la plus singuliere de toutes les couronnes, se trouve dans l'Eglise souterraine de S. Medard de Soissons, gravée sur la tombe de Clotaire I. avec la figure de ce Roi, & la même sur celle de Sigebert son fils enterré au même lieu. Cette couronne est ornée alternativement de deux étoiles l'une dans l'autre & du trefle. Ces tombes & ces figures furent refaites vers la fin du dixiéme siecle, lorsque le Monastere ruiné

---

§. III.
Coronæ Regum primæ & secundæ stirpis.

GREGORIUS Turonensis, Fredegarius & cæteri qui de prima & secunda stirpe scripsere, de forma Coronæ Regiæ nihil dixerunt. Ex Monumentis tantum possumus aliquid certum proferre. Nihil antiquius habemus statuis ostii Sangermanensis Ecclesiæ, ubi quinque Reges visuntur. Chlodoveus & filii ejus Theodericus, Chlodomeres, Childebertus & Chlotarius, duæque Reginæ, Chlotildis & Ultrogottha, qui omnes coronam fere similem habent. Hæ vero septem coronæ sequentis tabulæ primum ordinem seu lineam occupant, pleræque trifolio ornantur, quod plurimi lilii nomine insigniunt. Duæ tantum coronæ trifolio carent.

Secundæ lineæ priores quinque coronæ ex porta tertia Frontispicii B. Mariæ Parisiensis eductæ sunt, ubi quinque Regum Reginarumve statuæ habentur, quæ ex prisca Ecclesia illa translatæ sunt, ut modo probavimus. Ex quinque illis una dumtaxat lilium

sive trifolium habet, unde liquet ex mero arbitrio lilia sive trifolia coronis imposita fuisse, id quod etiam liquidius asseritur ex duabus postremis hujus lineæ coronis ex Carnotensis Cathedralis Ecclesiæ ostio eductis, ubi Reges omnes Reginæque radiatas coronas gestant similes duabus istis quas hic proferimus. Hasce porro statuas diu ante frontispicium factas arbitramur, ut diximus de iis quæ in tertia porta Cathedralis Parisiensis habentur. Coronæ autem radiatæ primis Imperii Romani sæculis in usu frequenti fuerunt. In Francia autem hîc tantum illas observamus, necnon in sigillo Ludovici Transmarini : etiamque visuntur in aliquot Regum Francorum nummis.

Prima lineæ tertiæ corona omnium singularissima, in Ecclesia subterranea S. Medardi Suessionensis habetur, sculpta in sepulcrali lapide Chlotarii I. Regis cum figura Regis ejusdem, eademque ipsa in lapide Sigiberti filii ejus eodem in loco sepulti. Hæc porro corona alternatim trifolio & duplici stella ornatur. Hi porro lapides sepulcrales & figuræ restitutæ sunt, ut putamus, sub finem decimi sæculi, quando Mo-

Tome I.   *d ij*

& brûlé par les Normans eut été rebâti. La seconde du même rang est de Fredegonde, incontestablement originale, comme nous ferons voir en son lieu. Elle a trois fleurs de lis. Les trois suivantes, c'est-à-dire la 3, 4, & 5, du troisiéme rang sont de Dagobert. La premiere qui est de sa statuë que nous croions faite de son tems, pourroit avoir été endommagée de même que la statuë, dont les bras ont été cassez. La suivante tirée d'un sceau, n'est qu'un bonnet surhaussé d'un globe. Celle d'après est du Dagobert de l'Eglise de S. Pierre & S. Paul d'Erford, que les gens du payis croient être originale & du tems même ; ce qui n'est pas hors de doute, comme nous dirons en son lieu.

Les trois dernieres couronnes du troisiéme rang ; les huit du quatriéme, & les quatre premieres du cinquiéme, qui font quinze en tout, sont du grand portail de saint Denis. De ces quinze, les cinq premieres 4 n'ont rien de nouveau ni qui mérite une description. La sixiéme n'est qu'un cercle, & les neuf suivantes sont des bonnets differemment ornez, 5 ou des couronnes à forme de bonnets. Donner raison de toutes ces varietez, c'est ce qui ne se peut. Nous n'avons d'autres memoires que les Monumens mêmes : les Historiens n'en disent rien. Il est vraisemblable qu'il n'y avoit aucune forme établie pour les couronnes, & que chaque Roi les faisoit à sa fantaisie. Ces couronnes & les statuës furent faites par l'Abbé Fulrad du tems de Pepin & de Charlemagne.

Les quatre dernieres couronnes du cinquiéme rang, sont celles de Charlemagne qu'on croit les plus originales & les plus remarquables. La premiere est celle de Patrice, tirée d'un Monument donné par Paul Petau. Nous prouvons en parlant des Monumens de Charlemagne, que le cercle d'or étoit la couronne des Patrices. A celle-ci on pourroit ajouter la couronne de fer, faite, à ce qu'on dit, d'un des clouds de la croix de Notre Seigneur. Elle a la forme d'un cercle comme celle des Patrices. C'est celle dont on couronnoit les Rois des Lombards ; & à ce que d'habiles gens prétendent, Charlemagne en fut couronné après qu'il eut conquis le Roiaume de Lombardie. On la conserve à Pavie.

La seconde est celle qu'on voit à Rome sur un sceau de Charlemagne de Monseigneur Bianchini, qui m'en a envoié le dessein. Elle est fort simple, & n'a pour ornement que des trefles. La troisiéme couronne de Charlemagne

---

nasterium, a Normannis dirutum & incensum, rædificatum fuit. Secunda ejusdem lineæ est Fredegundis, illius tempore facta, ut suo loco probamus: ea tribus liliis ornatur. Tres sequentes, nempe tertia, quarta & quinta ejusdem lineæ, sunt Dagoberti. Prima observatur in Dagoberti statua, quam illius tempore factam arbitramur: potuit autem aliquid damni accepisse, ut ipsa statua, cujus brachia fracta sunt. Sequens ex sigillo educta, pileus esse videtur, cui insidet globus: tertia est Dagoberti illius, qui in porta Ecclesiæ SS. Petri & Pauli Erfordiensis habetur. Putant Erfodienses statuam ipsius Dagoberti tempore factam fuisse, quod non dubio vacat, ut suo loco dicemus.

Tres ultimæ coronæ tertiæ lineæ, octo item quæ quartam lineam constituunt, et iamque quatuor priores quintæ lineæ, quæ omnes quindecim numero sunt, ex majori ostio San-dionysiano sunt eductæ. Quinque priores nihil novum vel singulare habent: sexta circulus tantum est: novem sequentes pilei sunt varie ornati, vel coronæ pileorum forma concinnatæ. Tot varietatum causam afferre nequimus. Monumenta sola adsunt, scriptores nihil hac de re habent. Verisimile autem est nullam tunc temporis coronarum formam assignatam fuisse, singulosque Reges pro arbitrio alias & alias induxisse. Ut vero jam diximus, hæ coronæ atque statuæ factæ sunt jussu Fulradi Abbatis, tempore Pipini & Caroli Magni.

Quatuor postremæ quinque lineæ coronæ sunt Caroli Magni ; eæ scilicet quæ illius tempore factæ putantur, notatuque digniores sunt. Prima est Patricii corona eruta ex Monumento Pauli Petavii. In monumentis Caroli Magni probamus circulum aureum coronam fuisse Patriciorum. Huic adjungi posset corona ferrea, facta, ut narrant, ex uno clavorum Crucifixi Domini. Ea circuli formam habet ut corona Patricorum. Illa coronabantur Langobardorum Reges : pugnant autem eruditi quidam viri illa coronatum fuisse Carolum Magnum postquam Langobardiæ regnum acquisierat. Servatur porro Ticini.

Secunda Caroli Magni corona, Romæ habetur in sigillo D. Blanchinii, qui mihi ejus ectypum misit. Ea simplex omnino est, & trifoliis tantum ornatur. Tertia corona Caroli Magni Imperialis est ; illa scili-

DISCOURS PRELIMINAIRE.

est l'Imperiale; c'est-à-dire, celle qu'il prit après qu'il eut été déclaré Empereur à Rome; telle qu'on la voit dans les peintures en Mosaïque de saint Jean de Latran, & qu'on la voioit dans celle de l'Eglise de sainte Susanne avant qu'elle fut rebâtie. Ces Mosaïques étoient incontestablement faites de son tems. La couronne Imperiale est fermée en haut comme un bonnet, semblable à celles que portoient en ces tems-là les Empereurs d'Orient. La quatriéme, est encore une couronne Imperiale, tirée d'une statuë d'Aix-la-Chapelle; elle est fermée par le haut, mais d'une figure très-differente de celle de Rome: un coup d'œil peut suppléer à une description.

⁶ Le sixiéme rang a trois couronnes. La premiere se trouve dans un manuscrit du neuviéme siecle, sur la tête d'un Roi: quelques-uns ont cru que c'étoit Pepin. Si ce n'est pas lui, c'est quelqu'un de ses fils ou petits-fils. Cette couronne qui fait un triangle avec quelques ornemens, pourroit bien être un caprice du Peintre. Comme nos Rois varioient alors beaucoup sur la forme des couronnes, les Peintres se seront peut-être donné la même liberté. Il semble qu'on soit obligé de le croire quand on voit les couronnes bizarres de Lotaire & de Charles le Chauve, qu'on a peine de croire qu'aucun Prince ait jamais portées. Ces deux couronnes sont les deux dernieres de ce sixiéme rang.

La couronne qui suit est celle de Lotaire & de son fils Louis, tirées d'une peinture faite de leur tems. Celle qui vient après est celle de la Reine Emme femme de Lotaire & mere de Louis, tirée de la même peinture. Après cela les deux couronnes de l'Empereur Lotaire & de Charles le Chauve, finissent la Planche.

On demande si la couronne fermée par le haut a jamais été en usage en France avant Charlemagne. S'il en faut croire au seau de Dagobert & à ce grand nombre de figures du portail de saint Denis, on n'en peut pas douter. Cette varieté dans la forme des couronnes, donne lieu de croire qu'ils auront emploié celle-là comme les autres. Les Empereurs de Constantinople étant hors d'état de les empêcher d'avoir comme eux la couronne fermée.

La couronne de laurier si en usage à Rome, se trouve assez souvent sur les seaux de la seconde race; on la voit aussi quelquefois sur les monnoies de la premiere.

Il y a plus d'uniformité dans les couronnes de la troisiéme race. On n'y re-

cet qua coronatus est cum Imperator Romæ declaratus fuit: qualis visitur in musivo S. Joannis Lateranensis, atque etiam conspiciebatur in musivo Ecclesiæ sanctæ Susannæ, antequam illa reædificaretur. Quæ musiva ipsius Caroli ævo haud dubie facta sunt. Corona illa Imperialis superne clauditur ut pileus, similisque est iis, quas tunc gestabant Imperatores Orientis. Quarta Imperialis corona, quæ in statua Caroli Magni Aquisgranensi habetur, est etiam superne clausa; sed longe diverso modo, ut oculis statim perspicitur.

Sexta linea tres coronas exhibet. Prima reperitur in Codice Manuscripto noni sæculi, ubi Rex quispiam gestat illam. Quidam putarunt esse Pipinum: vel ipse Pipinus est, vel quidam ex filiis aut nepotibus. Hæc corona trianguli more facta cum ornamentis quibusdam, ex Pictoris imaginatione proficisci potuit. Ut varias Reges sibi coronas pro aibitrio parabant, Pictores quoque idipsum præstiterint. Id utique facile credatur, cum coronæ Lotharii & Caroli Calvi adeo singulares & rudes sint, ut vix credatur illas unquam in usu fuisse. Illæ autem duæ coronæ postremæ in hac linea positæ sunt.

Corona sequens est Lotharii & filii ejus Ludovici, ex pictura quadam illius temporis excepta. Sequitur corona Emmæ uxoris Lotharii & matris Ludovici ex eadem pictura educta. Coronæ demum Lotharii Imperatoris & Caroli Calvi Tabulam terminant.

Quæritur porro num corona superne clausa ante Carolum Magnum apud Francos Reges in usu fuerit. Si fides sit habenda sigillo Dagoberti & tot aliis coronis quæ in ostio San-dionysiano visuntur, nihil dubii relinquitur quin corona superne clausa sub prima stirpe in usu fuerit. Alioquin vero illa tanta coronarum varietas, suadere videtur Reges illas quoque clausas coronas adhibuisse, ut alias tam multas.

Corona laurea apud Romanos tam frequens, sæpe in sigillis Regum secundæ stirpis observatur. In monetis etiam primæ stirpis aliquando corona laurea conspicitur.

In tertia vero stirpe non illa coronarum varietas occurrit; coronæ namque vel floribus illis quos

marque guere que des fleurons ou des fleurs de lis. Les couronnes à fleurons sont plus ordinaires jusqu'au quinziéme siecle. On se fixa enfin aux fleurs de lis, & depuis nos Rois remirent sur pied les couronnes fermées par le haut, comme nous verrons dans les tomes suivans.

§. IV.

Les Fleurs de Lis.

C'est une grande question, quand ont commencé en France les fleurs de lis. Les Auteurs ne conviennent pas là-dessus; ils disputent sur leur origine, sur leur forme, sur les changemens qui y sont survenus. La difference des sentimens est aussi fondée sur les symboles de l'ancienne Monarchie Françoise qu'on leur a attribuez, plûtôt selon l'opinion du vulgaire, que sur l'autorité de quelque ancien Auteur, ou de quelque monument sur. Une erreur populaire s'étoit répanduë que les premiers Rois de France avoient eu trois crapaux pour leurs armes, opinion qui regne encore parmi le bas peuple en certaines contrées des frontieres du Roiaume. Tous les Auteurs sensez rejettent cette fable qui n'a nul fondement. Quelques-uns ont cru que cette opinion avoit pû naître de ce que les fleurs de lis representées en bosse ont assez la forme de crapaux quand on les regarde d'un certain biais : je ne comprens pas bien cette ressemblance. D'autres s'étendent en des raisonnemens vagues qui ne menent à rien, & ne méritent pas qu'on s'y arrête.

Fauchet dans ses Origines L. 2. c. 2. dit qu'il est vraisemblable, que quand on a fait l'écu de France on y a mis des fleurs qui naissent dans les marais, & qui sont des petits lis, pour marquer que les Francs ont tiré leur origine des Sicambres qui ont habité jadis dans la Frise & vers la Hollande, païs marécageux. Mais ce sont des conjectures fondées uniquement dans l'imagination de l'Auteur.

D'autres ont dit que c'étoient des fers de piques ou de hallebardes : ils s'appuient sur ce passage d'Agathias, qui décrivant les hastes ou hallebardes des François, dit que la hampe étoit presque toute couverte de lames de fer, & qu'à droite & à gauche de la pointe ou de la lame d'enhaut il y avoit deux autres lames courbées dont la pointe regardoit en bas. Quelques Auteurs

---

vulgo *Fleurons* appellamus, vel liliis ornantur. Priores usque ad quintum decimum sæculum frequentius occurrunt. Tandem vero lilia tantum coronis Regiis adhibita fuere, & postea coronæ superne clausæ advectæ sunt, ut in tomis sequentibus videbitur.

§. IV.

De Liliis.

Magna movetur quæstio de Liliorum Francicorum primordiis. Disputant Scriptores de origine illorum, de forma, de mutatione. Opinionum discrimen ex priscis Monarchiæ Francicæ symbolis partim saltem ortum est. Quæ symbola magis ex opinione vulgi, quam ex Scriptorum veterum auctoritate, vel ex Monumentis quibusdam, priscis Regibus adscripta fuere. Ex populari errore dictum fuit priscos Francorum Reges trium bufonum insigne habuisse : quæ opinio adhuc in confiniis regni apud infimam plebem circumfertur. Hanc porro fabulam omnes qui judicio valent Scriptores ut ἀπροσδιόνυσον rejiciunt. Quidam porro inde natam opinionem putarunt, quod flores lilii in anaglypho exhibiti, ad bufonum formam accedant, si quodam modo dispiciantur : quam ego similitudinem non satis capio. Alii alia nugantur, quæ non morati debent ad alia properantem.

Fauchetius in Originibus verisimile esse ait, cum Franciæ scutum concinnaretur, appositos fuisse flores qui in paludibus nascuntur, parva nempe lilia, indicantia Francos originem duxisse ex Sicambris, qui olim in Frisia & in Baravia habitans erant. Verum hæc conjectura ex sola illius imaginatione profecta est.

Alii dixerunt hosce Francici scuti flores esse hastarum sive lancearum laminas : hoc Agathiæ testimonio nixi, qui Francorum hastas describens, ait hastile totum laminis ferreis opertum fuisse, atque ad dexteram & ad sinistram supernæ laminæ in acumen desinentis, aliam utrinque laminam fuisse, cujus acumen terram respiciebat. Quidam Franci Scriptores pu-

L

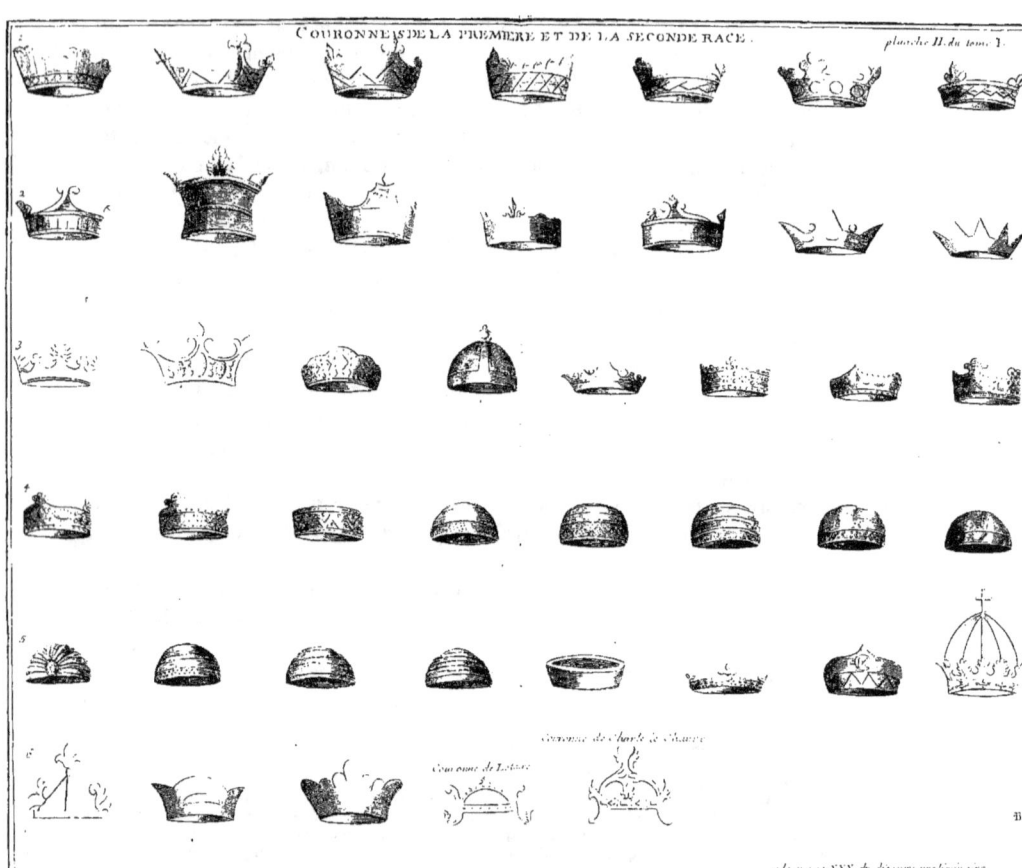

DISCOURS PRELIMINAIRE. xxxj

François ont crû que les anciens Rois portoient la forme de ces fers de pique gravée sur leur bouclier, & qu'à cause de la ressemblance on les a prises pour des fleurs de lis. Il est vrai que ces fers de pique ou de hallebarde ont assez de ressemblance avec les fleurs de lis des armes de nos Rois : mais dire qu'on les a appellées fleurs de lis à cause de la ressemblance avec la fleur de ce nom, c'est ce qui choque la raison & le témoignage des yeux. Un lis a aussi peu de ressemblance avec le fer d'une hallebarde, qu'avec les fleurs de lis de nos Rois d'aujourd'hui. On pourroit peut-être dire avec plus de vraisemblance, que cette espece de fleur qu'on voit dans les armoiries de France, & qu'il a plu à nos peres d'appeler fleurs de lis, étant fort ressemblante au fer d'une hallebarde, telle que la décrit Agathias, il peut se faire que ces fleurs mal nommées fleurs de lis, ont pris de là leur origine. Mais cela seroit fort hazardé, & ne seroit fondé sur l'autorité d'aucun Ecrivain de tems un peu reculez. Quand on conviendroit même que les fleurs de lis de France viennent de ces fers de pique ou de hallebarde, la question resteroit toujours, d'où vient qu'on leur a donné le nom d'une fleur à laquelle elles ressemblent si peu.

Jean-Jacques Chifflet croit que ces fleurs de lis de France étoient originairement des abeilles, fondé sur ce que le Roi Childeric avoit selon lui ce symbole, & que le harnois de son cheval en étoit tout garni. Il prétend que ni les Rois de la premiere, ni ceux de la seconde race, n'ont jamais eu des fleurs de lis pour symboles. Que dans la suite des tems on a pris ces abeilles pour des fleurs de lis à cause de la ressemblance qu'elles avoient avec ces fleurs. Que les abeilles trouvées au sepulcre de Childeric au nombre de plus de trois cent, étoient d'or, comme les fleurs de lis de l'écu de France sont du même métal ; que le champ des armes de France est d'azur, couleur celeste & étherée, & que les abeilles sont aussi appellées par quelques Auteurs, celestes & étherées. A ces convenances il en ajoute quelques autres aussi peu solides ; & il conclut de là que le changement des abeilles en fleurs de lis est certain. Il croit que c'est Philippe Auguste qui a le premier chargé son écu de fleurs de lis.

Mais ces petites pieces d'or qu'il a prises pour des abeilles, n'en ont nullement la forme, du moins pour la plûpart. Il les a fait graver dans son livre *p.* 141. & quoique dans la prévention où il étoit il n'ait rien omis pour les faire ressembler à des abeilles ; je ne crois pas qu'aucun homme exemt de préoccupation, y puisse jamais reconnoître ces abeilles. Il est pourtant vrai

---

tarunt priscos Francorum Reges hastarum hujusmodi aculeos seu laminas in scutis suis insculptas gestavisse, illasque ob similitudinem pro floribus lilii habitas fuisse. Verum quidem est hasce hastarum laminas liliis in scuto Regio depictis non esse dissimiles. Verum si dixeris lilia dictas fuisse, quod illis floribus similes sint, illud certe cum oculorum testimonio pugnat. Flos lilii perinde hastæ hujusmodi ferro & laminæ absimilis est, atque liliis in scuto Regum nostrorum hodierno depictis. Verisimilius fortasse diceretur, florem illum qui in Regiis insignibus conspicitur, & quem patribus nostris placuit florem lilii vocare, cum ferro hastæ, quale ab Agathia describitur, similis sit, inde originem sumsisse. Verum illud non ita certum videtur, nulliusque veteris Scriptoris testimonio nititur. Etsi vero fateremur flores lilii Francicos ex hujusmodi ferro hastæ originem duxisse, quæstio semper maneret, cur floris nomine donati sint, cui tam dissimiles sunt.

stasis Joannes Jacobus Chiffletius existimat Franciæ lilia priscis temporibus apes fuisse, ratus hoc fuisse symbolum Childerici Regis, quia in ephippio & in strato equi illius multæ apes ad ornatum positæ erant. Nec primæ nec secundæ stirpis Reges flores lilii pro symbolo habuisse pugnat. Postremis vero temporibus putat apes ob similitudinem in lilia mutatas fuisse. Apes autem in sepulcro Childerici repertas trecentas numero, aureas fuisse narrat, ut etiam lilia Francici scuti sunt aurea. *Campus* vero, ut vocant, ejusdem scuti cæruleus & cælestis est, & apes quoque a quibusdam Scriptoribus, cælestes & æthereæ vocantur. His alia nec magis congruentia adjicit. Putat vero Philippum Augustum primum in scuto suo flores lilii posuisse.

Childerici, p. 171. &. seqq.

At illæ aureæ figuræ quas apes putavit, paucissimis exceptis, apum formam non habent. Ipsas incidi curavit, p. 141. etsi vero nihil omiserit, ut apibus eas similes redderet ; non puto quempiam, hæc sine præjudicata opinione explorantem apes ibi agnoscere posse. Verum tamen est, præter tot illas auri figuras

qu'outre ce grand nombre de petites pieces d'or, il y en a un petit nombre d'autres plus grandes qui ont assez la forme d'abeilles; mais ce seroit deviner que de dire que c'étoit le symbole de nos anciens Rois, & deviner même contre la vraisemblance: car y a-t-il apparence que Childeric se servît de son symbole pour orner le harnois de son cheval?

Voilà bien des opinions hazardées, qui prouvent combien la question de l'origine des fleurs de lis de France a des difficultez. Pour traiter la matiere avec quelque ordre, nous allons parler de ces fleurs qu'on voit dans les plus anciens Monumens de la Monarchie Françoise; mais qui ont un peu varié dans les siecles suivans. Ces fleurs se voient ou à la couronne ou au bout du sceptre de nos Rois, & quelquefois, quoique plus rarement, en d'autres endroits. Il y en a qui approchent assez de la figure d'un trefle comme celles des couronnes des Rois du portail de l'Eglise de S. Germain des Prez; d'autres ont trois feüilles plus longues, moins larges & plus écartées, comme celles de la couronne de Fredegonde.

Ces mêmes fleurs que nous voyons à la couronne de nos Rois, & assez souvent au bout de leurs sceptres, ont été en usage à Constantinople, & en d'autres païs. Une fleur à trois feüilles, est une chose qui se presente aisément à l'imagination, quand on veut surhausser une couronne faite en cercle de quelque ornement qui la releve. On voit cette fleur semblable à nos fleurs de lis d'aujourd'hui, à la couronne de l'Imperatrice Placidie, dont la figure tirée d'anciens Diptyques m'a été communiquée par M. de Bose, telle qu'elle est representée au tome 3. de l'Antiquité expliquée. Une autre de l'Imperatrice Theodora, femme de l'Empereur Justinien I. a aussi sur sa couronne la fleur qu'on appelle aujourd'hui fleur de lis: cette peinture en Mosaïque est à Ravenne, & a été donnée par M. Ciampini: elle est très-certainement du tems même. Julienne Auguste dans le Manuscrit de Dioscoride de la Biblioteque de l'Empereur, écrit pour l'usage de cette Princesse, y est peinte aiant sur la tête cette fleur du trefle semblable à celles qu'on voit aux couronnes de plusieurs de nos plus anciens Rois. On peut voir cette image dans Lambec. Nous l'avons rapportée d'après lui p. 203. de la Paleographie Grecque. Ces fleurs étoient si communes dans les peintures de Constantinople, qu'on les mettoit souvent en usage pour l'ornement, comme on peut voir ci-dessus à la Planche de l'Inauguration sur un bouclier.

---

alias majores parvo numero esse, quæ apes satis referant; sed nonnisi divinando dicatur hæc priscorum Regum nostrorum esse symbola; imo vero verisimile non est Childericum symbolo suo equi stratum exornavisse.

En multas conjecturas sane levissimas, queis probatur, quam difficile sit Francicorum liliorum originem indagare. Ut vero cum ordine quopiam procedamus: agemus primo de floribus illis qui in antiquissimis Monarchiæ Francicæ monimentis comparent, quique sequentibus sæculis aliquam admisere varietatem. Flores illi vel ad ornandam coronam adhibentur, vel sceptrum Regium superne terminant: perraro alibi observantur. Sæpe trifolium referunt, ut in corona Regum qui in ostio Ecclesiæ nostræ Sangermanensis visuntur. Aliquando longiora, minus lata & diducta folia habent, ut in corona Fredegundis Reginæ.

Iidem porro ipsi flores, quos in coronis Regum nostrorum & in summitate sceptri eorum non raro conspicimus, Constantinopoli etiam, in aliisque regionibus in usu fuerunt. Trifolium enim facile imaginationi offertur, quando coronæ circuli more concinnatæ aliquid ornamenti superaddere volumus. Hujusmodi flos hodiernis Francicis liliis omnino similis in corona Placidiæ Augustæ visitur, cujus Imperatricis schema largiente viro clarissimo de Bose, *Antiq. n. in Antiquitate explanata protulimus. Corona item *plan. 100. Theodoræ Augustæ uxoris Justiniani I. Imperatoris, 3.p. 46. florem quem lilium vocamus exhibet in musivo opere Ravennatensi, quod publici juris fecit Ciampinus, quæ musiva pictura ipsius Augustæ ævo facta est. Juliana Augusta in Manuscripto Dioscoridis Bibliothecæ Imperatoriæ, qui Codex ad usum ipsius Julianæ descriptus fuit, depicta exhibetur ornata trifolio, quale in coronis priscorum Regum nostrorum conspicimus. Hæc imago visitur apud Lambecium & in Palæographia nostra, p. 203. Hi vero flores frequenter ad ornatum usurpabantur in picturis Constantinopolitanis, ut supra in tabula Inaugurationis videre est.

Un

DISCOURS PRELIMINAIRE.

Un bas-relief de Monza en Italie, fait à ce qu'on croit du tems des Rois Lombards, représente des Reines Lombardes, portant des couronnes ornées de trefles semblables à plusieurs de ceux que nous voions aux couronnes de nos premiers Rois. Ce bas-relief se voit gravé au tome premier du Recueil des Historiens d'Italie, par M. Muratori, à la *p.* 460. & plusieurs couronnes des Rois Lombards à la *p.* 509. sont avec des trefles de même forme que celles de nos premiers Rois.

Ces fleurs n'étoient pas si propres aux Rois de France, qu'on ne les voie aussi & même fort souvent aux couronnes & aux sceptres d'autres Princes d'Allemagne, de ceux même qui ne descendoient point de Charlemagne. Zyllesius dans sa défense de l'Abbayie Imperiale de saint Maximin près de Tréves, apporte des sceaux des premiers Ottons avec des fleurs de lis, tant au bout du sceptre qu'à la couronne. Le Roi Conrade s'y voit aussi avec le sceptre & la fleur de lis. Dans le sceau d'un titre de l'Abbayie de Remiremont donné l'an 1141, l'Empereur Conrade a à sa couronne des fleurs de lis fort bien faites, semblables à celles de nos Rois. Zyllesius représente aussi le Roi Henri avec la couronne fermée ornée de fleurs de lis.

Jacques II. Roi de Majorque a aussi des fleurs de lis à sa couronne, comme on peut voir dans Bollandus au tome 3. de Juin *p.* 1. Dans l'Histoire d'Angleterre de M. Toiras, on voit quelques Rois des plus anciens, qui ont ou à leur couronne, ou quelques fois au bout de leur sceptre, des fleurs de lis bien formées, semblables à celles de l'écu de France; & le Roi Edouard est représenté tiré d'une peinture du tems, à la Planche XXXVI. avec ces mêmes fleurs à sa couronne, très-bien formées.

On doit inferer de tout ce que nous venons de dire, que nos premiers Rois ont pris cet usage de ce qu'on appelle fleurs de lis, non comme un symbole qui leur fut propre, non comme une marque qui leur fut particulierement affectée, mais à l'imitation peut-être des Empereurs de Constantinople, ou des Rois d'autres nations, ils ont mis quelquefois ces fleurs à leurs couronnes & à leurs sceptres comme un simple ornement, & tout à fait arbitraire: ce qui paroît évidemment, en ce qu'un grand nombre de couronnes & de sceptres des premiers tems de la Monarchie, n'ont ni trefles ni fleurs de lis, ni rien qui en approche.

Monzæ in Italia anaglyphum visitur, tempore Langobardorum Regum factum; in eo Langobardorum Reginæ exhibentur, quarum coronæ trifoliis ornantur, quæ prorsus similia sunt iis quæ in coronis priscorum Regum nostrorum conspicimus. Anaglyphum porro illud expressum fuit tomo primo Historiæ Italicæ Scriptorum per Muratorium, p. 460. Multæ etiam coronæ Langobardorum Regum habentur ibidem, p. 509. cum trifoliis, quæ priscis Francicis similia sunt.

Isti flores non ita proprie ad Francorum Reges pertinebant; in aliis enim Germanorum Principum coronis ac sceptris perspiciuntur, etiam eorum, qui a Carolo Magno originem non ducebant. Zyllesius in defensione Abbatiæ Imperialis S. Maximini Trevirensis, sigilla affert primorum Otthonum cum lilii floribus tam in coronis, quam in sceptri summitate. Conradus quoque Rex cum sceptro & lilii flore repræsentatur. In sigillo chartæ cujusdam Monasterii Romarici montis anni 1141. Conradus Imperator coronam gestat liliis omnino Francicis ornatam: & ante illum Henricus Rex coronam habuit iisdem instructam floribus.

Jacobus secundus Rex Majoricæ flores lilii in corona habet, ut videas apud Bollandum, Tomo 3. Junii, p. 1. In historia Anglicana Thoirasii quidam veteres Reges visuntur, qui vel in sceptro vel in corona lilia gestant Francicis omnino similia. Rex item Eduardus exhibetur infra in Tab. xxxvi. eductus ex pictura suo ævo facta, cum liliis in corona sua, quæ Regum nostrorum lilia omnino referunt.

Ex illis porro omnibus quæ diximus, inferendum est priscos Francorum Reges lilia, ut vocare solemus, adhibuisse, non ut symbolum sibi proprium, non ut insigne quodpiam ad se proprie pertinens; sed exemplo fortassis Imperatorum Constantinopolitanorum, vel Regum aliarum gentium, aliquando tantum floribus illis coronas & sceptra sua exornarunt ex arbitrio suo; ut evidenter arguitur ex eo, quod multas eorum coronas, multa sceptra videamus in priscis Monarchiæ temporibus, ubi nec trifolia, nec lilia, nec quidpiam simile conspicitur.

Ce fut, à ce que croient tous les habiles, Louis VII. dit le Jeune, qui chargea l'écu de France de fleurs de lis sans nombre, & à son imitation les Seigneurs & les Gentilshommes du Roiaume prirent aussi des armoiries. Je n'oserois assurer que cet usage ait commencé en France; je reserve à en parler au second tome dans l'explication des Monumens.

§. V.

Le Sceptre.

Le Sceptre a été de tems immemorial une marque de commandement. C'étoit une verge, ou un bâton que portoient les Rois, les Princes, les Chefs de troupes. En Latin il s'appelle quelquefois *Virga* ou *Scipio*. Le mot Grec σκῆπτρον latinisé *Sceptrum* étoit déja en usage du tems de Ciceron, qui s'en sert en quelques endroits. Ce mot est consacré depuis long-tems pour marquer le bâton de commandement, que portent les Empereurs & les Rois. Les Consuls & les hommes Consulaires le portoient aussi, comme nous voions dans plusieurs diptyques. Ces Consuls tiennent donc le sceptre au bout duquel est une aigle Romaine. Stilicon dans le diptyque que nous avons représenté au 3. tome du Supplement à l'Antiquité, tient le sceptre surmonté d'une aigle, & par dessus cette aigle est la figure de l'Empereur, qui tient un globe d'une main & un sceptre de l'autre. Les Empereurs de Constantinople portent quelquefois le sceptre surmonté d'une aigle de même: mais bien plus souvent avec quelque autre marque comme une croix, une fleur, ou quelque ornement arbitraire.

Le plus ancien sceptre que nous voyions entre les mains de nos Rois, est celui que tient Clovis au portail de cette Abbayie de S. Germain des Prez; il est surmonté d'une aigle comme le bâton Consulaire: il l'aura sans doute pris quand il fut declaré Consul par l'Empereur Anastase. Il est à remarquer que sur la statuë originale, l'aigle a été cassée depuis peu de tems. Dom Mabillon & Dom Thierri qui l'ont vûë entiere, l'ont fait dessiner de même, & nous d'après eux. Le Roi Childebert qui est de l'autre côté du portail, a sur son sceptre une touffe de feüilles qui a presque la forme d'une pomme de pin.

Ludovicus VII. Junior dictus, ut fert eruditorum omnium opinio, scutum Francicum liliis sine numero insignivit: ejusque exemplo Primores & Nobiles Regni insignia gentilitia sumserunt; quæ insignia affirmare non ausim in Francia cœpisse. Qua de re in sequentis tomi Monumentis agemus.

§. V.

De Sceptro.

Cic. pro Sestio.

Sceptrum olim jam ab antiquissimis temporibus in usu fuit; erat autem virga seu baculus, quem gestabant Reges, Principes, Duces. Latine aliquando vocatur virga vel scipio. Vox Græca σκῆπτρον latine *sceptrum* scribitur, & jam in usu erat tempore Ciceronis, qui hac voce *sceptrum* nonnunquam utitur. A multo jam tempore hæc vox fere consecrata est, ad significandum scipionem illum Imperii signum, quem gestant Imperatores & Reges. Consules & viri Consulares etiam ipsum gestabant, ut videre est in Diptychis multis. Consules igitur sceptrum tenent, in cujus culmine est aquila. Stilico in Diptychis expressis in Tomo tertio Supplementi ad Antiquitatem explanatam, sceptrum tenet, cui insidet aquila. Supra Aquilam autem est Imperatoris figura tenentis altera manu globum, altera sceptrum. Imperatores Constantinopolitani aliquando sceptrum gestant cum aquila superne: at sæpius aliud signum adhibent, crucem nempe vel florem aut aliud quidpiam.

Sup. Tab.

Antiquissimum omnium sceptrorum, quæ in manibus Regum nostrorum visuntur, est Chlodovei in ostio Ecclesiæ nostræ Sangermanensis. Aquila superne terminatur, ut Consulare sceptrum, quo ille uti cœpit, ut putatur, quando ab Anastasio Imperatore Consul declaratus est. Observandum autem, Aquilam illam non ita pridem fractam fuisse. Mabillonius & Ruinardus noster, qui integram viderunt, sic delineari curarunt, & nos postea eodem typo & forma. Rex Childebertus qui in altero ostii latere est, in sceptri summitate addensata folia habet, quæ strobili pene formam referunt.

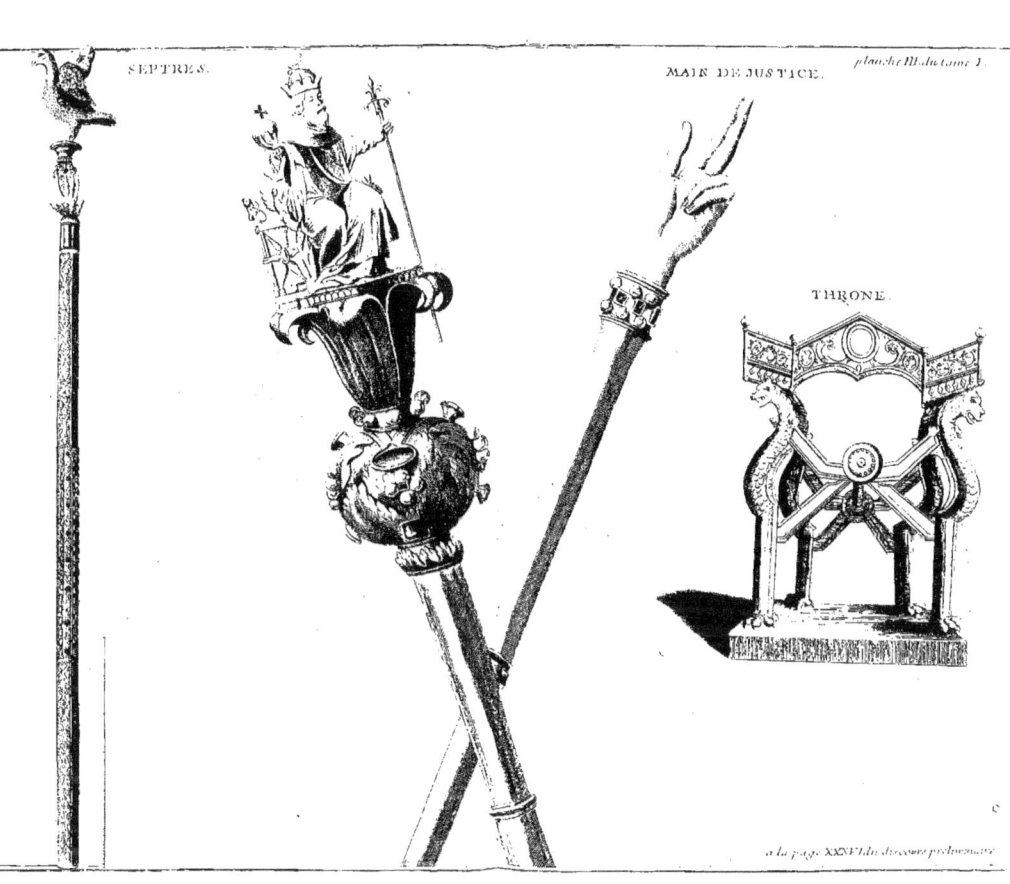

DISCOURS PRELIMINAIRE. xxxv

Depuis ce tems là cet ornement du sceptre a fort varié. Le plus ancien Pl. III. que nous voyions au Tresor de saint Denis, est celui qu'on appelle le Sceptre de Dagobert, dont nous donnons ici la figure. Il n'y a que le haut qui soit d'une antiquité fort reculée, le bas a été refait dans de plus bas siecles. Pour ce qui est de la principale partie qui termine le sceptre en haut, je suis persuadé qu'elle est des plus anciens tems de la Monarchie. Elle represente un homme assis sur une aigle qui vole. C'est une apotheose en la maniere qu'on la voit dans les Monumens Romains, mais d'un goût grossier & qui semble convenir à celui de la premiere race de nos Rois. C'est le seul sceptre que j'aie jamais vû de cette forme.

Il y a long-tems que ce sceptre ne sert plus dans le sacre de nos Rois; & ce qui paroît prouver sa grande ancienneté, c'est que celui qu'on lui a substitué, & qui sert encore aujourd'hui, paroît être fort ancien. Il est representé dans la Planche suivante auprès de l'autre. Sur un bâton fort long, couvert d'argent, s'eleve un globe d'où sort une fleur. Sur cette fleur est posé un thrône, sur lequel est assis un Empereur, reconnoissable par sa couronne fermée en haut, & surhaussée d'un globe. De sa main droite il tient un long sceptre qui a au bout une fleur de lis, & de l'autre un globe sur lequel est une croix. Je croirois volontiers que ce sceptre aura été donné par Charles le Chauve, un des plus grands bienfaicteurs de l'Abbayie de saint Denis, & qui venoit souvent à cette Abbayie. Il semble que cela lui convienne mieux qu'à son pere & à son grand-pere, qui à cause des grands mouvemens & des guerres de la Germanie, venoient très-rarement à Paris & à saint Denis. Quoiqu'il en soit, il y a toujours grande apparence que c'est un Empereur qui a mis là ce sceptre Imperial.

Les sceptres qu'on voit en grand nombre aux statuës & peintures des Rois que nous donnons dans tout cet ouvrage, varient fort dans la partie d'enhaut qui les termine. Celui de Childebert a, comme nous venons de dire, une touffe de feüilles qui approche de la forme d'une pomme de pin. Ceux de Louis le Debonnaire & de Louis le Jeune, sont à peu près de même.

La figure des Capitulaires qui represente ou Pepin, ou quelqu'un de ses descendans, montre un sceptre tout particulier, terminé en haut par une fleur de lis. Lotaire Empereur a un sceptre terminé par un globe. Charles

Ab illo tempore sceptri summitates variæ observantur. Quod antiquissimum in San-dionysiano thesauro visitur, sceptrum Dagoberti Regis vocatur, cujus in tabula sequenti formam referimus. Solum autem cacumen rudi opere vetustatis est, cætera inferioribus sæculis facta sunt. Præcipuam vero & supremam partem libenter crederem in usu fuisse vetustissimis Monarchiæ Francicæ temporibus: virum illa repræsentat aquilæ volanti insidentem. Apotheosis est, qualis conspicitur in Monumentis Romanis; sed admodum rudi opere; quod primæ Regum nostrorum stirpis ævo competit. Hoc solum sceptrum hac forma vidi.

A multo jam tempore hoc sceptrum in Regum nostrorum consecratione non adhibetur: ejus porro antiquitas inde probatur, quod sceptrum ad hunc usum deputatum, valde antiquum sit: in tabula autem eadem exhibetur. Oblongo baculo, quod argento obtegitur, superponitur globus: ex globo flos exit, flori insidet solium, solio Imperator, qui talis agnoscitur ex corona clausa, cui globus superponitur. Dextera ille longum sceptrum tenet, quod lilio terminatur; altera manu globum, cui crux superposita est. Verisimile est hoc sceptrum datum fuisse a Carolo Calvo, qui multa & maxima bona contulit Monasterio sancti Dionysii, quique sæpe Monasterium istud petere solebat. Id potius Carolo Calvo competere videatur, quam patri & avo, qui ob Germanica bella raro Lutetiam concedebant, & sancti Dionysii Monasterium non frequenter visebant. Ut ut res est, verisimile omnino est Imperatorem fuisse eum, qui Imperiale sceptrum in hujus Ecclesiæ thesauro posuit.

Sceptra, quæ in multis Regum statuis atque picturis in hoc opere visuntur, admodum variant in parte illa, quæ sceptrum superne terminat, Childeberti sceptrum, ut modo dicebamus, folia addensata habet, quæ strobilo pene similia sunt. Ludovici Pii & Ludovici Junioris sceptra ejusdem sunt formæ.

Schema ex Capitularibus desumptum, quod aut Pipinum aut aliquem ex filiis vel nepotibus ejus exhibet, Sceptrum effert singulare, quod lilii florem in culmine habet. Lothaii sceptrum globo superne ter-

Tome I. e ij

le Chauve en a un de même. Ces deux sceptres ressemblent à l'haste Romaine representée plusieurs fois dans l'Antiquité expliquée, comme nous faisons voir plus bas en parlant des Monumens de ces deux Empereurs. De deux autres images de Charles le Chauve, l'une a un sceptre tout different, l'autre en a un terminé par une fleur de lis. Les premiers Rois de la troisiéme race tiennent un bâton fort court, terminé aussi par une fleur de lis. Saint Louis dans son Sacre en tient un de chaque main d'une forme toute particuliere. En un mot, on remarque autant de varieté dans les sceptres que dans les couronnes.

§. VI.

Main de Justice.

La main de Justice emploiée au sacre de nos Rois, qui se conserve au Tresor de saint Denis, est representée sur la même Planche. Cette main se voit pour la premiere fois dans nos Monumens sur un sceau d'Hugues Capet. Je ne sai si la main descendant du ciel sur la tête de Charlemagne, dans le Monument qui le represente comme Patrice, n'auroit pas quelque rapport avec cette main de Justice. Cette main se voit encore descendant du ciel sur la tête de Charles le Chauve, dans deux images de cet Empereur, dans l'une desquelles quatre doigts de cette main envoient des raions vers la tête du Prince, comme pour l'éclairer dans ses fonctions & dans la Justice qu'il exerce sur ses sujets. Malgré la rareté des Monumens qui nous restent de Charlemagne & de ses descendans, en voila trois qui presentent cette main celeste; ce qui donne lieu de croire que cette representation étoit ordinaire en ces tems-là; & cela appuyie aussi la conjecture, que la main de Justice pourroit avoir rapport à ces mains celestes qu'on peignoit sur la tête de nos Rois. On voit aussi quelquefois des mains dans les médailles des Empereurs de Constantinople.

La main de Justice qu'on conserve au Tresor de S. Denis, & qui sert au Sacre de nos Rois, éleve trois doigts, le pouce, l'indice, & celui du milieu, & plie les deux autres; s'il y a là quelque mystere, je ne le comprens pas.

---

minatur, ut & aliud Caroli Calvi: hæc autem duo sceptra hastæ Romanæ omnino similia sunt, qualis sæpe repræsentatur in Antiquitate explanata, ut commonstratum est, ubi agitur de Monumentis horumce Imperatorum. In alia Caroli Calvi imagine sceptrum omnino singulare est: in alia flore lilii terminatur. Primi tertiæ stirpis Reges brevem scipionem tenent, florem lilii supernè habentem. Sanctus Ludovicus dum Rex consecratur & inungitur, sceptrum utraque manu tenet: quæ ambo singularia sunt. Ut summatim dicam, non minor varietas in sceptris, quam in coronis observatur.

§. VI.

De Manu Justitiæ.

MANUS Justitiæ, quæ in consecratione Regum nostrorum adhibetur, quæque in thesauro San-dionysiano observatur, in eadem ipsa tabula exhibetur. Hæc Justitiæ Manus in Monumentis nostris prima vice conspicitur in sigillo quodam Hugonis Capeti.

Nescio utrum manus illa de cælo descendens ad caput Caroli Magni Patricii in Monumento infra publicando, aliquid affinitatis habeat cum hac Justitiæ Manu. Manus istæc de cælo exiens, videtur etiam supra caput Caroli Calvi in duabus tabulis depictis, in quarum altera quatuor ejusdem manus digiti radios ad Principis caput immittunt, ut lucem asserant regenti & Justitiam exercenti. Etsi rara sint Caroli Magni & nepotum ejus Monumenta, ecce jam tria Manum illam cælestem monstrant, unde arguitur in more tunc positum fuisse, ut Manus illa supra caput Principis depingeretur; hincque videtur conjecturam illam confirmari, Manum scilicet Justitiæ cum manibus illis cælestibus ad caput Regum descendentibus aliquid affinitatis habere. Manus quoque interdum visuntur in nummis Imperatorum Constantinopolitanorum.

Manus Justitiæ, quæ in thesauro San-dionysiano servatur, quæque in Regum consecratione adhibetur tres digitos erigit, pollicem, indicem & medium, cæterosque duos demittit. Si quid arcani hìc significetur, me non capere fateor.

DISCOURS PRELIMINAIRE.

§. VII.

Le Thrône.

Le thrône qu'on appelle de Dagobert, se voit au Tresor de S. Denis. Il y a long-tems qu'on ne s'en est servi. Le siege approche assez pour la forme des chaises curules des anciens Romains. Les quatre appuis se terminent en haut en têtes de monstres. Un des grands sceaux de Louis le Gros, le represente assis sur un thrône qui a des têtes de monstre semblables à celles-ci. Un autre thrône de Louis le Gros & un de son fils Louis le Jeune, ont des têtes de lions. Les thrônes des Consuls dans les Diptyques de Bourges, de Liege, & dans un autre qui represente Stilicon, que nous avons donné dans le 3. tome du Supplement à l'Antiquité, *p.* 138. ont aussi des têtes de lion, qui tiennent de leur gueule un cercle.

§. VIII.

Les Habits de nos anciens Rois.

La chlamyde étoit à l'usage des Romains, qui la portoient à la campagne. Elle ne differoit de la toge Romaine qu'en ce qu'elle étoit beaucoup plus courte, & qu'elle s'attachoit à l'épaule droite avec une boucle qui joignoit un côté avec l'autre, en sorte que le bras droit se trouvoit libre, au lieu que le gauche étoit caché sous cette chlamyde, qu'on étoit obligé de relever pour agir. Clovis aiant reçû de l'Empereur Anastase les codiciles du Consulat, dit Gregoire de Tours, se revêtit d'une tunique de pourpre & d'une chlamyde. Il la porta depuis ce tems-là. On le voit avec la chlamyde au portail de notre Eglise. Les Rois ses successeurs la porterent de même. On ne sait pas si c'étoit seulement dans les ceremonies & dans les solemnitez qu'ils la portoient, ou si elle leur étoit aussi d'usage ordinaire. Ce qui est certain, c'est qu'on voit souvent des Rois dans les anciens tems, & jusqu'aux bas siecles, avec le manteau tout ouvert par devant, comme le portoient les nations Germaniques & du Nord, qu'on remarque quelquefois ainsi revêtues dans les colonnes

---

§. VII.
De Solio seu Throno.

SOLIUM seu Thronus Dagoberti, ut vocant, in thesauro item San-dionysiano servatur. A multo autem tempore in usu non fuit. Forma vero sat similis est sedi curuli veterum Romanorum. Quatuor Throni fulcra totidem monstrorum capitibus superne terminantur. Sigillum magnum Ludovici VI. illum in solio sedentem exhibet, quatuor capita monstrorum similia exhibentem. Aliud ejusdem, & Ludovici VII. unum, Leonum capita habent. Solia Consulum in *Diptychis* Bituricensi & Leodiensi, & in alio Stiliconis, quem dedimus tomo 3. Supplementi ad Antiquitatem explanatam, *p.* 138. capita leonum circulum ore tenentium habent.

§. VIII.
De veterum Regum Vestibus.

CHLAMYS in usu Romanis erat, qui illam dum rure versarentur gestabant. Ea in tantum chlamys a toga Romana differebat, quod longe brevior esset, & quod humero dextro fibula annecteretur; sicque orae chlamydis jungerentur, ita ut dextrum brachium omnino liberum esset, cum contra sinistrum sub chlamyde lateret, quam, ut libere agere posset, ipso brachio attollebat. Chlodoveus vero cum codicillos Consulatus ab Anastasio Imperatore accepisset, inquit Gregorius Turonensis, tunicam blatteam induit & chlamydem, quam ab illo tempore gestavit. Cum chlamyde visitur in ostio Ecclesiae nostrae: successores quoque illius Reges illam gestarunt. Nescitur porro an illa in cerimoniis tantum & solennitatibus amicirentur, an usus quotidiani esset. Certum etiam est Reges, a priscis temporibus ad usque saecula, in Monumentis saepe conspici cum pallio anterius aperto, quale gestabatur a nationibus Germanicis & Septentrionalibus, ut deprehenditur in columnis Trajana

Trajane & Antonine. C'étoit aussi la forme du manteau des anciens Grecs. On trouve même quelques-uns de ces plus anciens Rois qui portent le nimbe, couverts de ces manteaux ouverts sur le devant comme ceux qu'on porte aujourd'hui. Cependant la coutume de porter la chlamyde attachée à l'épaule droite, s'observe encore aujourd'hui au Sacre de nos Rois.

La tunique étoit l'habit de dessous d'ancien usage à Rome. Clovis la mit sous la chlamyde dans sa grande cérémonie du Consulat. Les anciens Romains la portoient assez courte : elle descendoit à peine jusqu'à la cheville ; les manches n'alloient que jusqu'au coude. Quand on passoit certaines mesures pour l'un ou pour l'autre, on s'exposoit à la critique des gens serieux. Voilà pourquoi Ciceron blâme les jeunes gens de la faction de Catilina, de ce qu'ils portoient des tuniques qui descendoient jusqu'aux talons, & à longues manches, & de ce que leurs toges étoient grandes comme des voiles de navire. Les tuniques de nos premiers Rois, qu'on voit au portail de S. Germain des Prez, sont fort longues & vont souvent jusqu'à terre. C'étoit, à ce que je crois, l'habit de ceremonie, n'y aiant nulle apparence qu'ils portassent à la chasse, à la guerre, & quand ils étoient dans l'action, un habit si incommode. Dans la peinture en Mosaïque de Rome Charlemagne est représenté avec une tunique qui va à peine jusqu'au genou. Cette sorte d'habit a fort varié dans les tems suivans, comme nous observerons plus bas.

Les premiers Rois portoient sur leur tunique des ceintures à bouts pendans, & cela a duré jusqu'à des siecles fort bas. Les Reines de la premiere & seconde race en portoient de très-riches, couvertes de pierreries, dont les bouts pendans descendoient fort bas, comme on peut voir sur Clotilde de notre portail, sur Fredegonde, & aussi sur celles du portail de S. Denis, faites du tems de l'Abbé Fulrad, sous Pepin & Charlemagne.

Quant à la chaussure, elle paroît dans les statuës qui nous restent fort approchante de celle d'aujourd'hui. Les Rois sont presque tous chaussez de même, hors quelques-uns, comme Clovis dont les souliers sont faits de telle maniere, que le dessus du pied est presque tout découvert, & Charles le Chauve, qui dans une peinture est chaussé fort extraordinairement.

& Antonina, quale etiam prisce gestabatur a Græcis. Quidam ex Regibus illis priscis, qui nimbo ornantur, hujusmodi pallia gestant, hodiernis affinia. Attamen mos gestandi chlamydem humero dextro annexam hodieque servatur in Regum consecrationibus.

Tunica, vestis interior, Romæ prisci usus erat: Chlodoveus in cerimonia Consulatus sui tunicam sub chlamyde induit. Brevem illam gestabant prisci Romani : vix ad malleolos usque defluebat, manicæ ad cubitum tantum pertingebant. Si mensura illa præteriretur, modestorum hominum censura timenda erat. Ideo Catilinariæ factionis adolescentes vituperat Cicero, quod tunicas talares & manicatas gestarent & togas velis similes. Tunicæ priscorum Regum, quæ in ostio Sangermanensi visuntur, admodum longæ sunt & ad terram usque defluunt. Ea erat, ut puto, cerimoniæ vestis : neque enim verisimile est illos in venatu, in bello, in aliisque exercitationibus tam incommoda veste usos esse. In musivo opere Romano Carolus Magnus cum tunica repræsentatur, quæ ad genu vix pertingit. Hoc genus vestis plurimas insequenti tempore admisit varietates, ut observabitur.

Prisci Reges supra tunicas cingula seu zonas habebant, quorum extrema anterius pendebant. Reginæ primæ secundæque stirpis gemmis decorata cingula gestabant, quorum extrema infra genua defluebant, ut in Chlotildis & Fredegundis imaginibus videre est, inque statuis ostii San-dionysiani, quæ jussu Fulradi Abbatis, regnantibus Pipino & Carolo Magno, sculptæ fuere.

Quod calceos spectat, non multum illi differunt ab hodiernis. Reges eodem pene modo calceati sunt, paucis exceptis, ut Chlodovco, cujus superna pedis superficies aperta est, nec tegitur calceo, & Carolo Calvo, qui in tabella quadam depicta, singulari prorsus modo calceatus est.

APPROBATION.

J'Ay lû par ordre de Monseigneur le Garde des Sceaux, un Manuscrit intitulé *les Monumens de la Monarchie Françoise*, composé par le R. P. Dom BERNARD DE MONTFAUCON, Religieux Benedictin de la Congregation de Saint Maur, dont on peut permettre l'impression. A Paris le 26 Janvier 1727.

CHERIER.

PERMISSION DU R. P. GENERAL.

Nous Frere Pierre Thibault, Superieur General de la Congregation de S. Maur, Ordre de S. Benoît, vû l'Approbation du Censeur Royal des Livres, avons permis & permettons à Dom Bernard de Montfaucon, Prêtre & Religieux du même Ordre & Congregation, de faire imprimer un Livre intitulé : *Les Monumens de la Monarchie Françoise, qui comprennent l'Histoire de France avec toutes les figures de chaque Regne.* A Paris dans l'Abbayie de S. Germain des Prez, ce vingt-troisiéme Avril 1729. sous notre seing, le sceau de notre Office, & le contre-seing de notre Secretaire.

Fr. PIERRE THIBAULT, Superieur General.

Par commandement du T. R. P. General,
LAPRADE, Secretaire.

PRIVILEGE DU ROY.

LOUIS, PAR LA GRACE DE DIEU, ROY DE FRANCE ET DE NAVARRE, à nos amez & feaux Conseillers, les Gens tenans nos Cours de Parlement, Maîtres des Requêtes ordinaires de notre Hôtel, Grand-Conseil, Prévôt de Paris, Baillifs, Sénéchaux, leurs Lieutenans Civils & autres nos Justiciers qu'il appartiendra, SALUT : Notre bien amé le Pere Dom Bernard de Montfaucon, Religieux Benedictin de la Congregation de S. Maur, Nous ayant fait remontrer qu'il desireroit faire imprimer & donner au public un ouvrage de sa composition, intitulé *Les Monumens de la Monarchie Françoise*, s'il Nous plaisoit lui accorder nos Lettres de Privilege sur ce nécessaires ; offrant pour cet effet de les faire imprimer en bon papier & en beaux caracteres, suivant la feüille imprimée & attachée pour modele sous le contre-scel des Presentes. A CES CAUSES, voulant traitter favorablement ledit Exposant, & reconnoître son zele, son application & son travail, à procurer des Ouvrages utiles au Public depuis plusieurs années : Nous lui avons permis & permettons par ces Presentes de faire imprimer ledit Livre ci-dessus specifié, en un ou plusieurs volumes, conjointement ou séparément, & autant de fois que bon lui semblera, sur papier & caracteres conformes à ladite feüille imprimée & attachée sous notredit contre-scel ; & de le faire vendre & debiter par tout notre Royaume pendant le tems de quinze années consecutives, à compter du jour de la date desdites Presentes : Faisons defenses à toutes sortes de personnes de quelque qualité & condition qu'elles soient, d'en introduire d'impression étrangere dans aucun lieu de notre obéïssance ; comme aussi à tous Libraires, Imprimeurs & autres, d'imprimer, faire imprimer, vendre, faire vendre, débiter, ni contrefaire ledit Livre ci-dessus exposé, en tout ni en partie, ni d'en faire aucuns extraits sous quelque prétexte que ce soit, d'augmentation ou correction, changement de titre ou autrement, sans la permission expresse & par écrit dudit Exposant ou de ceux qui auront droit de lui, à peine de confiscation des exemplaires contrefaits, de trois mille livres d'amende contre chacun des contrevenans ; dont un tiers à Nous, un tiers à l'Hôtel-Dieu de Paris, l'autre tiers audit Exposant, & de tous dépens, dommages & interêts : à la charge que ces Presentes seront enregistrées tout au long sur le Registre de la Communauté des Libraires & Imprimeurs de Paris dans trois mois de la date d'icelles ; que l'impression de ce Livre sera faite dans notre Royaume & non ailleurs ; & que l'Impetrant se conformera en tout aux Reglemens de la Librairie, & notamment à celui du dix Avril 1725. & qu'avant que de l'exposer en vente, le manuscrit ou imprimé qui aura servi de copie à l'impression dudit Livre, sera remis dans le même état où l'Approbation y aura été donnée, ès mains de notre très-cher & feal Chevalier Garde des Sceaux de France le sieur FLEURIAU D'ARMENONVILLE, Commandeur de nos Ordres; & qu'il en sera ensuite remis deux exemplaires dans notre Bibliotheque publique; un dans celle de notre Château du Louvre, & un dans celle de notre très-cher & feal Chevalier Garde des Sceaux de France le sieur FLEURIAU D'ARMENONVILLE, Commandeur de nos Ordres; le tout à peine de nullité des Presentes; Du contenu desquelles vous mandons & enjoignons de faire joüir l'Exposant ou ses ayans cause, pleinement & paisiblement, sans souffrir qu'il leur soit fait aucun trouble ou empêchement. Voulons que la copie desdites Presentes qui sera imprimée tout au long au commencement ou à la fin dudit Livre, soit tenuë pour dûment signifiée, & qu'aux copies collationnées par l'un de nos amez & feaux Conseillers & Secretaires, foi soit ajoûtée comme à l'original. Commandons au premier notre Huissier ou Sergent de faire pour l'execution d'icelles tous Actes requis & nécessaires, sans demander autre permission, & nonobstant clameur de Haro, Charte Normande & Lettres à ce contraires. Car tel est notre plaisir. Donné à Paris le treiziéme jour du mois de Fevrier l'an de Grace mil sept cent vingt-sept, & de notre Regne le douziéme. Par le Roi en son Conseil, DE SAINT-HILAIRE.

Regiſtré ſur le Regiſtre VI. de la Chambre Royale des Libraires & Imprimeurs de Paris, No 569. fol. 454, *conformément aux anciens Reglemens, confirmez par celui du 28. Fevrier 1723. A Paris le quatorze Fevrier 1727.*

BRUNET, Syndic.

J'ai cedé le present Privilege aux sieurs Pierre-François GIFFART & Julien-Michel GANDOUIN Libraires, ce 21 Avril 1729.

Fr. BERNARD DE MONTFALCON.

Regiſtré ſur le Regiſtre VII. de la Communauté des Libraires & Imprimeurs de Paris, page 297. conformément aux Reglemens, & notamment à l'Arrêt du Conſeil du 13. Aouſt 1703. A Paris le vingt-ſix Avril 1729.

COIGNARD, Syndic.

LES

LES MONUMENS
DE
LA MONARCHIE
FRANÇOISE,
QUI COMPRENNENT L'HISTOIRE DE FRANCE:
AVEC LES FIGURES DE CHAQUE REGNE,
que l'injure des tems a épargnées.

Origine des François, & leur Histoire avant la Fondation de la Monarchie.

ES nations Germaniques changeoient souvent de lieu : elles quittoient une contrée pour se saisir d'une autre. La seule raison de bienséance les portoit à envahir un payis, à en chasser les anciens habitans, ou à se joindre par quelque traité avec eux, si elles y trouvoient trop de résistance. Nous avons des exemples de l'un & de l'autre. On prétend que les Francs ou François ont de même changé de payis: mais on dispute quelle a été leur demeure avant qu'ils s'établissent sur le Rhin. Notre premier historien Gregoire de Tours, les fait venir de la Pannonie, & ne laisse pas moins de difficulté sur

---

MONUMENTA FRANCICÆ MONARCHIÆ
QUÆ FRANCIÆ HISTORIAM COMPLECTUNTUR:
cum iis cujusque Regni figuris quibus injuria temporum pepercit.

FRANCORUM ORIGO, ET HISTORIA
illorum usque ad fundatam Monarchiam.

GERMANICÆ gentes sedes mutare, & ab aliis in alia migrare loca tolebant ; nec alio quam proprii commodi jure alienos invadebant agros & terras, sive pulsis incolis, sive nonnunquam in societatem ex pacto inito admissis, si quidem validius illi obsisterent; utriusque modi exempla suppetunt. Ita quoque Franci in alias transmigrasse regiones narrantur. Verum de priscis illorum sedibus, antequam Rheni litora incolerent, disputatur. Historiæ nostræ primus Scriptor Gregorius Turonensis, Francos ex Pannonia migrasse narrat : at non minorem circa priscas

Tome I. A

le payis d'où il les fait partir, que sur la route qu'il leur fait tenir. *Plusieurs assurent*, dit-il, *que les François sont sortis de la Pannonie; qu'ils habiterent sur les bords du Rhin; & que depuis ayant passé cette riviere, ils se rendirent dans la Thuringe, où ils établirent dans les bourgs & dans les villes, des Rois à longue chevelure, tirez de la plus noble famille de leur nation.* Comment un peuple, dit-on, qui vient de l'orient de la Germanie sur les bords du Rhin, peut-il passer le Rhin pour aller de-là dans la Thuringe? Quelques-uns ont crû, qu'au lieu de la Thuringe il faut lire la Tongrie ou le payis de Tongres, & la Gaule Belgique : en effet les François sous Clodion passerent en ce payis-là, & y firent des conquêtes. D'autres prétendent, qu'au lieu du Rhin il faut lire le Mein ; ce qui leveroit toute la difficulté. Un autre dit que ce n'est pas le grand fleuve du Rhin dont Gregoire parle, mais une petite riviere presque de même nom qui coule dans la Franconie. Il me semble qu'on peut sauver le texte tel qu'il est, sans avoir recours à des explications forcées. Gregoire de Tours dit qu'ils occuperent les bords du Rhin, *litora Rheni* l'un & l'autre bord ; peut-être que la plus grande partie passa de l'autre côté du Rhin ; & il aura fallu sans doute qu'elle l'ait repassé pour aller dans la Thuringe.

On contredit aussi Gregoire de Tours sur la transmigration des François, de la Pannonie au Rhin. M. de Leibnits & M. Eccard, très habiles auteurs Allemans, croient qu'ils vinrent des bords de la mer Baltique vers l'embouchure de l'Elbe. Ils se fondent sur un passage de l'Anonyme de Ravenne, auteur du septiéme siecle, qui le dit quoique d'une maniere un peu enveloppée. Cette diversité d'opinions ne sert qu'à prouver l'incertitude du fait. Je ne m'arrêterai point au sentiment de ceux qui les font venir des Palus Meotides : encore moins à celui qui les fait descendre des anciens Troiens ; sentiment rapporté premierement par Fredegaire auteur du septiéme siecle, & par plusieurs autres écrivains de moien âge : ce qui nous fait juger que nos anciens François se glorifioient de cette origine fabuleuse. Quelques-uns même faisoient entrer Alexandre le grand dans cette genealogie. En ces tems d'ignorance chacun pouvoit impunément faire parade de ses ancêtres, tels qu'il plaisoit de les adopter.

Plusieurs auteurs de ces derniers tems, comme Bodin, Trivor, Forcatel, le P. Lacarri Jesuite, & le célebre P. de Tournemine de la même Compagnie, donnent à nos François une origine qui leur seroit glorieuse, en les faisant des-

---

Greg. Tur. l. 2. c. 9. illas sedes, quam circa itineris rationem, disceptandi ansam relinquit. *Tradunt enim multi*, inquit, *eosdem de Pannonia fuisse digressos. Et primum quidem litora Rheni amnis incoluisse : dehinc transacto Rheno, Thoringiam transmeasse ; ibique juxta pagos vel civitates, Reges crinitos super se creavisse, de prima, & ut ita dicam, nobiliori suorum familia.* Verum qui potuit, inquiunt, gens illa, ab orientali Germaniæ limite profecta, Rheni litora petere, & postea ut Thoringiam adiret Rhenum transmeasse? Sunt qui pro Thoringia, Tungriam legere volunt, seu Tungrorum regionem in Gallia Belgica ; alii pro Rheno Mœnum substituunt, quæ res omnem tolleret difficultatem : alius non de Rheno hic agi putat, sed de alio parvo fluvio pene cognomine, qui in Franconia fluit. At, ni fallor, missis illis opinionibus, quæ cum Gregorii verbis stare nequeunt, ipsa verba possunt intacta servari. *Rheni litora incoluisse*, inquit Gregorius ; nempe utrumque littus : forteque major Francorum pars Rhenum transmeaverit, & ut Thoringiam adiret Rhenum denuo transierit.

Nec minus obsistitur Gregorio Turonensi, cum dicit Francos a Pannonia ad Rhenum migrasse. Præstantissimi namque viri Leibnitius & Eccardus putant Francos ex litore maris Balthici, & ostiis Albis fluvii profectos esse ; Anonymi nempe Ravennatis testimonio nixi ; qui auctor, aiunt, 7º sæculo scripsit. Ille tamen, ut vere fatear, non ita clare rem explicat ; nec difficultate vacat. Ex opinionum varietate quam incerta res sit evincitur. Non attendo iis qui Francos ex palude Mœotica deducunt ; multoque minus iis, qui ex veteribus illis Trojanis Francos ortos dicebant, ut Fredegarius & multi alii post ipsum : & fortassis ipsi Franci hanc jactabant originem ; quidam etiam in hujusmodi genus Alexandrum inducebant Macedonem. In istis nempe ignorantiæ temporibus, quivis poterat majores sibi pro lubito & impune adoptare.

Plerique & nostro & patrum nostrorum ævo, ut Bodinus, Trivorius, Forcatelus, itemque Lacartius & non ita pridem clarissimus Turneminius, ex eadem ambo societate, eam Francis originem attribuerunt, quæ in honorem Gallicæ gentis vergeret ; dum ortos

V. Eccardum in sui notarum Ripuariorum.

Fredeg. Hist. 1 si tom. 6. 20.

ORIGINE DES FRANÇOIS.

cendre de ces anciens Gaulois Tectosages, qui selon le témoignage de Cesar, s'étoient établis dans la Germanie vers la Forêt Hercinie, & qui avoient, dit-il, en ce tems-là une grande reputation de justice & de valeur. Ils soutiennent que ces anciens Gaulois habitoient aux mêmes endroits que les Francs ou les François avant qu'ils passassent le Rhin pour entrer dans les Gaules, & qu'il y a lieu de croire qu'ils étoient descendus d'eux. A quoi l'on a repondu, que la forêt Hercinie occupant presque toute la longueur de la Germanie, & que Cesar n'ayant pas marqué en quel endroit les Tectosages habitoient ; c'est deviner que de les aller placer à cette partie occidentale de la forêt, qui étoit au voisinage du païs habité par les François. D'ailleurs il est sûr que les Francs qui passerent le Rhin parloient Teuton ; c'est une grande preuve qu'ils étoient Teutons & Germains d'origine.

Ce qui est certain & qui prouve encore que ces François n'étoient point descendus des Tectosages, c'est que sous le nom de Francs étoient compris plusieurs peuples Germains, dont voici la liste : les Bructeres, les Chamaves, les Chattes, les Chauces, les Cherusces, les Angrivariens, les Attuariens, les Ampsivariens, les Sicambres, les Saliens, les Tencteres, les Usipetes, & que tous ces peuples dont Tacite fait mention, furent depuis appellez d'un nom general Francs ou François. Ce grand nombre de nations Germaniques, qui du tems de Tacite étoient situées à peu-près aux mêmes païs qu'au tems dont nous parlons, me fait soupçonner que ce qu'on a dit de la transmigration des Francs pourroit être fabuleux. *Nations comprises sous le nom de François.*

Ce nom de François ne se trouve point avant le tems de l'Empereur Valerien : Mais depuis ce tems-là, ce fut de toutes les nations Germaniques la plus formidable à l'Empire Romain. Quoique toutes celles que nous venons de nommer fussent comprises sous le nom general de François, cela n'empêche pas que depuis cette union de plusieurs ensemble, il ne soit fait mention dans les Historiens, des nations particulieres qui passoient sous ce nom. Ils parlent souvent des Bructeres, des Chamaves, des Saliens. Les sentimens sont fort partagez sur la signification de ce mot *Franc* ; la plus commune opinion, sur tout chez les François, est qu'il avoit la même signification qu'il a aujourd'hui, *libre*, ou *droit*, *sincere*. M. de Leibnits n'en demeure pas d'accord. J'ai vû au Montcassin un dictionnaire manuscrit d'environ huit cens ans, où on lit à la lettre F. *Franci, a feritate : Ils prenoient ce nom de leur ferocité.* Ces étymologies se tirent comme *Signification du nom Franc.*

Cesar de Bell. Gall. l. 6. Francos dicunt ex Tectosagibus illis, qui Cæsare teste, loca circum Herciniam silvam occupaverant, & summam habebant justitiæ & bellicæ laudis opinionem. Putant autem Tectosagas illos in iisdem habitasse locis, in quibus Franci habitabant antequam Rhenum transirent, ut Gallias invaderent ; atque opinantur ex illis esse ortos. Sed hanc confutatum opinionem viri docti, qui dicunt Herciniam silvam totam fere Germaniæ latitudinem occupasse, & cum Cæsar non indicaverit qua in parte Herciniæ silvæ Tectosages illi sedes posuerint, nonnisi divinando illos in ista occidentali parte locari, in qua Franci habitabant. Alioquin vero certum est Francos illos qui Rhenum transierunt, Germanica seu Teutonica lingua loquutos esse, unde probatur Germanos fuisse.

Illud porro certum indubitatumque est ; unde etiam refellitur eorum opinio, qui Francos ex Tectosagibus illis ortos dicunt ; Francorum nomen multis Germanicis gentibus inditum fuisse ; Bructeris nempe, Chamavis, Chattis, Chaucis, Cheruscis, Angrivariis, Attuariis, Ampsivariis, Saliis, Sicambris, Tencteris, Usipetibus ; illosque omnes populos a Tacito memoratos, uno simul nomine Francos appellatos postea fuisse. Tantus ille Germanarum gentium numerus, quæ Taciti tempore vel easdem vel vicinas Francicis sedes occupabant, suspicionem mihi injicit, ea quæ a Gregorio Turonense & aliis de transmigratione Francorum dicuntur, fabulosa esse.

Francorum nomen non occurrit ante Valeriani Imperatoris tempora. Ab illo autem ævo, nulla natio magis Imperio Romano formidolosa fuit. Etsi vero omnes supra memoratæ gentes uno Francorum nomine vocarentur, quædam tamen ex illis subinde nomine suo appellatæ occurrunt, apud Scriptores, Bructeres videlicet, Chamavi, Salii. De hujus vocis *Franci* significatione disputatur : putarunt multi, præsertim que Franci, eamdem quam hodie significationem habuisse, *Francus* ; id est, *liber, sincerus, ingenuus*. Hanc refput significationem Leibnitius. In glossario quodam Cassinensi octingentorum annorum in litera F. hanc notam exscripsi : *Franci a feritate*. Etymologiæ hujusmodi pro lubito eruuntur. Si hæc accurata non sit,

Tome I. A ij

on veut : si celle-ci n'est pas juste, elle convenoit au moins à l'humeur de ces anciens François : *Les François, nation des plus feroces*, dit Nazaire dans le Panegyrique de Constantin.

Incursions des François.
Il n'y eut jamais de voisins plus fâcheux ; ils faisoient sous Valerien des incursions perpetuelles dans les Gaules ; ils entroient fort avant dans le païs, & ravageoient tout. Aurelien, Tribun de la legion sixiéme Gallicane, les y attaqua une fois, en tua sept cens qui faisoient des courses dans les Gaules, & prit trois cens prisonniers, qui furent vendus à l'encan. Ils se joignirent depuis à Postume, qui s'étant revolté contre Gallien, prit le titre d'Empereur dans les Gaules. Mais l'armée de Gallien étant enfin restée victorieuse, il en triompha dans Rome. Là furent menez les mains liées derriere le dos les prisonniers des peuples vaincus, les Goths, les Sarmates, les François, les Perses. Il n'y avoit pourtant nuls prisonniers de ces nations ; mais on en faisoit passer d'autres sous ces noms pour la gloire du Triomphe ; c'est ainsi qu'il faut entendre *simulatæ gentes* de Trebellius Pollion.

An. 255.
259.
264.

Les François se rendirent les maîtres de la Batavie ; ils s'y établirent ; & continuant leurs irruptions, ils eurent souvent les Romains à combattre ; & tantôt vainqueurs, tantôt vaincus, ils faisoient toujours leurs courses & leurs pilleries.

An. 265. Ce fut apparemment depuis leur établissement dans la Batavie qu'ils commencerent à faire des courses sur mer. Ils passerent le détroit de Gades ou Gibraltar, ravagerent Tarragone & toute la contrée.

An. 280. Une autre expedition navale plus remarquable des François, est celle que racontent Eumenius & Zosime, de certains captifs de cette nation, qui s'étant saisis dans le Pont Euxin de quelques navires, ravagerent les côtes de la Grece & de l'Asie, & qui s'étant ensuite jettez sur l'Afrique, après y avoir exercé leur piraterie, vinrent faire descente en Sicile, prirent Syracuse, la pillerent & la ruinerent ; & par le plus grand bonheur du monde, ils se retirerent sains & sauves chez eux. Cette expedition se fit sous l'Empereur Probus. Selon le texte de Zosime, ceux qui sortirent du Pont Euxin avoient été établis là par le même Empereur.

Sous les Empereurs suivans les François continuerent leurs courses & leurs ravages ; ils passoient souvent le Rhin ; on envoyoit des troupes pour les obliger à le repasser. Ils perdoient quelquefois des batailles, ils en gagnoient aussi. La guerre contre les François étoit toujours la plus serieuse que les Romains eussent en Europe. Cela dura ainsi depuis l'Empire de Valerien jusqu'à l'Empire de Valentinien III.

Francorum certe veterum indolem probe refert. Franci præter cæteros truces, inquit Nazarius in Panegyrico Constantini.

Zosimus l. 1.
Nulli unquam fuere molestiores vicini : Valeriano imperante in Gallias perpetuo excursiones faciebant, atque in interiores usque regiones penetrantes, omnia diripiebant. *Aurelianus tunc Tribunus legionis sextæ Gallicanæ, Francos irruentes cum vagarentur per totam Galliam ; sic afflixit, ut trecentos ex iis captos, septingentis interemtis, sub corona vendiderit.* Postumo deinde juncti sunt qui in Gallia Imperatoris nomen usurpavit, quique demum a Gallieni exercitu victus est : de qua victoria Gallienus triumphavit. Ibi captivi barbari manibus a tergo ligatis ducti sunt, Gothi, Sarmatæ, Franci, Persæ, sed *simulatæ gentes*, inquit Trebellius Pollio, nempe obvii quique, Gothorum, Francorum &c. nomine ad triumphi gloriam ducebantur.

Popiscus in Aureliano.

Trebellius Pollio in Gallieno.

Panegyrico l. c. 4.
Franci Bataviam invasêre, & sæpe excursiones fecêre, & cum Romanis manus conseruere, ac modo victores modo victi, a vastationibus nunquam desistebant.

Ex quo tempore, ut credere est, Bataviam invaserant, confensis navibus oras procul diripiebant. Ex Batavia igitur, ut quidem putatur, solventes, trajectis Gadibus, Tarraconem & Hispaniam quaquaversum populati sunt.

Vic. Gai.

Alteram eorum navalem expeditionem longe celebriorem narrant Eumenius atque Zosimus. Captivorum numerosa erat illa turba Francorum, qui correptis a Ponto navibus, Græciam Asiamque vastarunt, & Lybiæ littoribus appulsi, ipsas postremo Syracusas cepere, atque incredibili usi felicitate, nihilque detrimenti passi, domum se recepere. Ait porro Zosimus, Francos illos ibi, in Ponto haud dubie, sedes ab Imperatore Probo obtinuisse.

Eu Pa Co c. 1 Z l. 1

Imperatorum sequentium ævo Franci perpetuis excursionibus transfacto Rheno Gallias populabantur. Mittebantur Romani exercitus in prædones, qui modo victi modo victores, vastandi finem non faciebant. Bellum Francicum apud Romanos omnium in Europa gravissimum habebatur. Id vero a Valeriani ævo adusque Va-

où les François commencerent à s'établir dans les Gaules, & y fonderent une Monarchie puissante, dont les Rois furent depuis Empereurs d'Occident.

Les François avant leur établissement dans les Gaules avoient des Chefs qu'ils appelloient selon quelques-uns *Duces*, ou *Regales*, ou *Subreguli*. Après qu'ils furent venus, dit Gregoire de Tours, de la Pannonie sur le Rhin, & qu'ils eurent occupé quelque tems les bords de cette riviere, ils la passerent de nouveau pour aller dans la Thuringe où ils établirent dans les bourgs & dans les villes des Rois à longue chevelure; car c'est ainsi qu'il faut entendre *reges crinitos* du même Auteur.

Rois des François avant la fondation de la Monarchie.

Les deux premiers Rois des François qu'on trouve, sont Genobaude & Athec. ou, comme une autre leçon porte, Genobon & Esathec, qui furent établis Rois par Maximien, ou plutôt confirmez dans la Royauté, comme le marque Claude Mamertin dans son Panegyrique de Maximien, c. 10.

An. 288.

Ascaric & Regaïse Rois des François, furent pris & punis du dernier supplice par le Grand Constantin, pour avoir violé la foi donnée, & fait des incursions dans les terres de l'Empire.

306.

Mallobaude autre Roi des François, un des plus vaillans Princes de son tems, fut aussi Comte des Domestiques de l'Empire; il commanda dans une bataille contre les Allemans, remporta la victoire, & fit un grand carnage des ennemis.

378.

Theodemer Roi des François, fils de Richimer, fut tué avec sa mere Ascila. C'est tout ce que nous apprend de lui Gregoire de Tours.

415.

On compte plusieurs François qui ont occupé les premieres charges de l'Empire, comme Bonice & Silvain pere & fils, Carietton, Baudon, & Argobaste si fameux dans l'histoire, qui fit mourir l'Empereur Valentinien second.

Quant à l'origine & la suite de la premiere race de nos Rois, elle est fort obscure jusqu'à Merouée. La Chronique de Prosper met un Priam qui regna en France, c'est-à-dire, dans la France orientale au-delà du Rhin; M. de Leibnits prétend avec plusieurs Auteurs, que le nom de Priam s'est formé par corruption de Pharamond; ensorte que selon cette opinion il y auroit eu deux Pharamonds. Si Priam étoit le vrai nom, cela donneroit lieu de croire, que la fable de l'origine Troïenne étoit déja répanduë dès ce tems-là chez les François, puisqu'ils donnoient à leur Roi le nom d'un Roi de Troie.

---

lentinianum tertium perseveravit, quo tempore Franci in Galliis sedes ponere cœperunt, sensimque regnum fundavere potentissimum, cujus Reges postea ad imperium Occidentale pervenerunt.

Greg. l. 2. c. 9. Franci antequam in Galliis sedes ponerent, eos quorum imperio parebant, *Duces* appellabant, sive *Regales*, sive *Subregulos*, ita narrantibus quibusdam Scriptoribus, quos refert Gregorius Turonensis. Postquam ex Pannonia profecti Rheni littora occuparunt, inquit idem Scriptor in loco supra allato, transacto Rheno Thoringiam transmearunt; *ibique juxta pagos vel civitates Reges crinitos super se creaverunt*. Reges crinitos intellige longa instructos coma.

Claudius Mamert. in Panegyric. Maximiani, c. 10. Duo priores Francorum Reges qui apud Scriptores occurrunt, sunt Genobaudes & Athec, vel ut in alia fertur lectione, Genobon & Esathec, qui ab Imperatore Maximiano regnum acceperunt, vel fortasse in regno confirmati sunt.

Eumenius Paneg. Vet. c. 11. Ascaricus & Regaïsus reges Francorum, Constantini Magni jussu supplicio sunt affecti, violatae pacis & fidei causa, & quod Imperii Romani terras infestas reddidissent.

Mallobaudes, alius Francorum rex, inter bellicosos ac strenuos istius aevi clarissimus, fuit etiam Comes Domesticorum Imperii: dux fuit in praelio quodam contra Alamannos, victoriam reportavit, magnamque hostium stragem edidit.

Ammian. Marcellin. l. 31. c. 10.

Theodemeres Rex Francorum, filius Richimeris, & Aschila mater ejus gladio interfecti sunt. Hoc unum de Theodemere refert Gregotius Turonensis, l. 2. c. 9.

Franci bene multi praecipua Imperii officia obtinuere, inter quos Bonitius, Silvanus pater atque filius, Carietton, Baudon, & Arbogastes in historia memoratus, qui Valentinianum secundum Imperatorem peremit.

Quod spectat autem originem & seriem primae Regum nostrorum stirpis, ea obscurissima est usque ad Meroveum. Prosperi Chronicon Pithoeanum Priamum quempiam affert. *Priamus*, inquit, *regnat in Francia*, orientali scilicet. Hoc vero nomen putant quidam viri docti, inter quos Leibnitius, vitio quodam factum esse ex Pharamundo; ita ut si stet haec opinio, duo Pharamundi fuerint. Si Priamus verum esset illius nomen, hinc sane suaderetur Trojani originis fabulam jam nunc apud Francos vulgatem fuisse, qui Trojani Regis nomen Regi suo inderent.

A iij

Marcomir, selon l'Auteur des *Gesta Francorum*, étoit fils de ce Priam, & Sunnon étoit frere de Marcomir, selon M. de Valois, qui prétend que ces mots que Claudien dit de l'un & de l'autre, *ingenio scelerumque cupidine fratres*, supposent qu'ils étoient veritablement freres. Genebaud étoit frere des deux, dit le même Auteur des *Gesta Francorum*. Ces trois Chefs firent une irruption dans la Germanie où ils tuerent bien des gens, ravagerent tout, & porterent la terreur jusque dans Cologne. La nouvelle en étant venuë à Treves, où étoient Nannene & Quintin, Chefs de l'armée Romaine pour Maxime, ils s'avancerent avec leurs Troupes jusqu'à Cologne.

388.

Cependant les François qui avoient passé le Rhin, & pillé les provinces de deçà, repasserent le même fleuve chargez de dépouilles, & laisserent une partie des leurs pour continuer les pilleries. Les Romains tomberent sur ceux-ci, & les défirent. Après quoi les Chefs délibererent, s'ils passeroient le Rhin pour les attaquer dans leur pays. Nannene qui n'en fut pas d'avis, se retira à Mayence. Quintin les alla chercher au delà du fleuve, qu'il passa à Nuits; il y trouva des cabanes abandonnées, de grands bourgs deserts. Les François faisant semblant d'avoir peur, s'étoient retirez dans des forêts, & avoient fait de grands abbatis d'arbres aux extremitez. Quintin après avoir brûlé tous les bourgs & villages, s'avisa de les aller attaquer dans les bois : mais de ses soldats les uns s'égaroient dans des sentiers inconnus ; les autres étoient arrêtez par ces grands abbatis d'arbres. Alors l'Armée Romaine quittant les bois, s'alla mettre en bataille dans des champs voisins marécageux, où ils avoient peine de se tenir sur leurs pieds, & les François profitant de l'occasion, les accablerent de fleches empoisonnées par la pointe. Ils les tuoient impunément de dessus les arbres ; la difficulté du terrain empêchoit également la Cavalerie & l'Infanterie de faire les mouvemens nécessaires pour repousser l'ennemi ; en sorte que de toute cette armée il n'en échapa qu'un très-petit nombre, qui à la faveur de la nuit se sauverent par les bois : presque tous les Chefs y perirent.

Romains défaits par les François.

Marcomir & Sunnon soutinrent chez eux contre Arbogaste, François de nation & leur ennemi particulier, une guerre qui ne leur fut pas si favorable, & furent enfin défaits par Stilicon. Marcomir fut pris & envoyé en exil, & Sunnon fut tué par les siens dans un combat.

395.

Gest. Franc. initio.
Claudian. laudibus Stiliconis. l. 1.
Had. Vales. Hist. 5. 1. p.
Greg. l. 2. c. 9.

Marcomeres, si fides sit auctori libri de Gestis Francorum. Priami illius filius erat ; Sunno autem a Claudiano cum Marcomere memoratus, frater Marcomeris erat, secundum Had. Valesium, qui putat hæc Claudiani verba :

Ingenio scelerumque cupidine fratres

indicare ipsos & moribus & genere fratres fuisse. Genobaudus quoque, si Gestis Francorum credatur, amborum frater erat. Hi tres Francorum duces in Germaniam proruperæ, ubi, multis cæsis, pagosque depopulati, Coloniæ etiam metum incussere. Quod ubi Treviros perlatum est, Nannenus & Quintinus militiæ Magistri sub Maximo, collecto exercitu apud Agrippinam convenere. Interim Franci provinciarum opima depopulati, Rhenum transiere, parte suorum ad repetendam populationem relicta. Hos adorti Romani facile vicerunt, ferroque peremerunt. Consilio deinceps habito, an ultra Rhenum & in Francorum sedes transmittendus exercitus esset, abnuit Nannenus, & Moguntiacum reversus est. Quintinus vero cum exercitu Rhenum circa Nivisium transgressus, in Francorum agris casas habitatoribus vacuas, desertosque vicos offendit. Franci enim simulato metu sese in remotiores saltus receperant, arborumque dejectus per extrema silvarum fecerant. Vicis omnibus domibusque exustis Quintinus cum exercitu ingressus in saltus, Francos quærebat. Verum milites erroribus viarum abducti, vagabantur, ab aliis autem tramitibus dejectu arborum arcebantur. Demum phalanges in palustria effusæ, sese ad pugnam comparaverunt, ubi vix poterant in pedibus consistere. Tunc Franci in arborum truncis locati, sagittis eos veneno illitis impetebant, Equites simul peditesque in limo consistere, hostemque adire non valentes, undique conficiebantur. Sic totus ferme periit exercitus : *Paucis effugium tutum nox & latibula silvarum præstitere.* Pene omnes qui militibus præerant cæsi sunt.

Marcomeres & Sunno bello impetiti sunt in ipsa Francorum regione ab Arbogaste, item Franco & sibi infensissimo, qui clades ipsis intulit ; demumque a Stiligone profligati sunt. Marcomeres captus, in exsilium missus est. Sunno autem jacuit mucrone suorum, inquit Claudianus.

Greg. Tur. ibid. Claudian. de laud. Stilicon. l. 1.

PHARAMOND.

LE même Auteur qui nous dit que Marcomir étoit fils de Priam, nous dit aussi que Pharamond étoit fils de Marcomir. C'est ce Pharamond que les Chroniqueurs mettent le premier de nos Rois, & dont Gregoire de Tours ne fait nulle mention. On ne sait rien de sa vie ni de ses actions; on ignore même s'il a jamais passé le Rhin.

Si l'on pouvoit compter sur un manuscrit de Bruxelles cité par Jacques Chifflet, *Pharamond fut enterré à la maniere des Barbares dans le territoire de Rheims, du côté qui regarde la ville de Lân, sur une colline qu'on peut appeler Pyramide.* Cela sembleroit prouver que Pharamond s'étoit établi dans la Gaule Belgique : mais on n'oseroit faire fonds sur un tel Monument.

AN. 420.

CHLODION LE CHEVELU.

CHLODION, que Gregoire de Tours appelle Chlogio, d'autres Cloio, un autre Clodius, selon quelques-uns fils de Pharamond, étoit un Prince vaillant & entreprenant. Il habitoit dans un lieu nommé Dispargum aux confins de la Thuringe. Il envoya des espions à Cambrai, & s'en étant approché il défit les Romains, prit Cambrai & étendit ses conquêtes jusqu'à la Somme; mais Aetius & Majorien l'étant venu attaquer, il leur donna bataille, & le succès ne lui étant pas avantageux, il fut obligé d'abandonner ses conquêtes. Il laissa deux fils, dont l'aîné se mit sous la protection d'Attila, & le cadet sous celle d'Aetius. L'Auteur qui rapporte ceci, dit qu'il a vû ce second fils de Chlodion à Rome; qu'il étoit fort jeune & sans barbe; qu'il avoit une grande chevelure blonde, qui lui flottoit sur les épaules : qu'Aëtius l'adopta pour son fils : que lui & l'Empereur lui firent des presens, & le déclarerent en le renvoyant, ami & allié du Peuple Romain.

428.

437.

445.

Il n'est pas certain que Merouée fut un de ces deux fils de Chlodion; quelques Auteurs le croient. Gregoire de Tours dit seulement que Merouée étoit de la race de Clodion : *De hujus stirpe quidam Merovechum regem fuisse asserunt*. Quelques-uns

---

PHARAMUNDUS.

Greg. Franc. auth. Poster & ad an. 420.

IDem ipse qui dicit Marcomerem Priamo patre natum esse, Pharamundum Marcometis filium esse narrat. Hunc porro Pharamundum quem primum Francorum regem Chronographi statuunt, ne memorat quidem Gregorius Turonensis. Ejus vita pariter & gesta ignorantur : nec si Rhenum unquam transgressus sit uspiam traditur.

J. Ch. fl. Anasta. Child. l. 3.

Si fides esset Codici MS. cujus hunc locum affert Joan. Jac. Chiffletius, Pharamundus *sepultus est barbarico ritu, Rhemis extra urbem, Laudunum versus, in monticulo, qui latine Pyramis dici potest.* Hinc forte probari posset Pharamundum in Gallia Belgica sedes posuisse; sed unde constabit talis manuscripti auctoritas?

CHLODIO CRINITUS.

Greg. Tur. l. 2. c. 9.

CHlodio, hujus nomen sic effertur a Gregorio Turonensi, Chlogio, aliis Cloio, est etiam Clodius dictus apud Scriptorem quempiam. Sunt qui Pharamundi filium fuisse narrent; eratque vir strenuus & bellicosus. In castro cui nomen erat Dispargum habitabat in termino Thoringorum. Inde vero exploratores Cameracum misit, quos ipse sequutus, Romanos prœlio superavit, & urbe potitus, brevi postea usque ad Summam fluvium fines regni protulit. Verum Aëtius & Majorianus cum exercitu Romano illum aggressi, commissa pugna, eo deduxerunt illum, ut captas urbes & terras deserere, & priscas sedes repetere cogeretur. Fato postea functus, duos reliquit filios, quorum major natu Attilæ, minor vero Aëtii præsidium exquisivit. Is qui hæc scripsit se hunc juniorem Romæ vidisse testificatur, adhuc imberbem, flava coma adeoque promissa, *ut super humeros circumfusa esset.* Illum Aëtius in filium adoptavit, multisque tum ab ipso tum ab Imperatore ornatus muneribus, atque amicus sociusque populi Romani appellatus, dimissus est.

Priscus Rhetor in historia.

Non constat Meroveum unum ex his duobus Chlodionis filiis esse, etsi quidam eum Chlodione patre natum putent; Gregorius vero Turonensis hoc tantum dicit : *De hujus stirpe quidam Merovechum regem fuisse* l. 2. c. 9.

Greg. Tur.

croyent avec assez de probabilité que Chlodion après avoir été chassé de Cambrai par Aëtius & par Majorien, y revint, s'y retablit & laissa ses Etats à ses enfans ; & que Ragnacaire qui au commencement du regne de Clovis étoit Roi de Cambrai, fut un de ses descendans.

MEROUE'E.

448. CE Prince commença à regner environ l'an 448. Il suivit le parti d'Aetius dans la bataille qu'il donna à Attila, où les François contribuerent beaucoup à la victoire que les Romains remporterent sur les Huns. Gregoire de Tours, Sidoine Apollinaire, & Jornandés qui parlent de cette bataille, ne nomment point celui qui commandoit les François ; mais la plûpart de nos Auteurs sont persuadez que c'étoit Meroüée, & il y a bien de l'apparence. On croit qu'il se servit du désordre effroyable de l'Empire d'Occident, qui tendoit à sa ruine, pour établir sa domination dans les Gaules. Il paroît certain, selon Gregoire de Tours, que Childeric son fils avoit dès le commencement de son regne un Etat formé dans la Gaule Belgique.

CHILDERIC.

458. CHilderic étoit apparemment jeune quand il succeda à son pere. L'Historien dit d'abord qu'il étoit fort adonné aux femmes, & qu'il attentoit à la pudicité des filles Françoises ; ce qui alla si loin que les François resolurent de le tuer. Childeric ayant eu le vent de cette conspiration, s'enfuit dans la Thuringe. *Fuite de Childeric, & son rappel.* Il laissa dans le payis un ami de confiance, qui lui promit de tâcher de ramener les esprits en sa faveur, & de l'avertir quand les choses seroient disposées à son rétablissement. Ils partagerent ensemble une piece d'or, & garderent chacun sa moitié sous cette convention, que quand les dispositions seroient favorables, l'ami lui envoiroit sa moitié. Childeric arrivé en Thuringe, fut bien reçû du Roi Bisin ou Basin & de la Reine Basine. Les François après la fuite de leur Roi, élûrent pour son successeur, Gilles, Maître de la Milice Romaine. Huit ans après, l'ami

---

afferunt. Quidam existimant, estque res sane probabilis, Chlodionem Cameraco ejectum ab Aetio & Majoriano, illò rediisse, illamque urbem denuo occupavisse, & hujusmodi regnum filiis reliquisse, Ragnacariumque tempore Chlodovei regem Cameracensem ex ejus posteris fuisse.

MEROVEUS.

HUjus regnum cœpit circiter annum Christi 448. Aetii vero partes sequutus creditur Meroveus in pugna illa contra Attilam, ubi Franci Romanis auxiliati, magni fuere ad victoriam reportandam momenti. Gregorius Turonensis, Sidonius Apollinarius & Jornandes qui pugnam illam memorant, nomen tacent ejus qui Francis imperabat ; sed magna Scriptorum nostrorum pars putant Meroveum fuisse ; estque res admodum verisimilis. Putatur porro Meroveus, re Romana in Galliis & in Occidente labente & excidio proxima, hinc occasione sumta regnum sibi in Galliis paravisse. Ex Gregorii quippe Turonensis narratione arguitur, Childericum ejus filium ipso principatus sui initio, regnum jam firmatum in Gallia Belgica habuisse.

Greg. Tur. l. 2. c. 7. Sidon. Apol. Panegyris. Avit. 10 Aug.

CHILDERICUS.

VIdetur sane Childericus junior fuisse quando patri successit. Narrat statim Gregorius ipsum luxuriæ deditum Francorum filiabus pudicitiam eripere studuisse : quæ res eo usque processit, ut ad illum ejiciendum vel etiam occidendum Franci una conspirarent. Qua re comperta ille in Thuringiam aufugit. Apud Francos autem virum reliquit sibi fidum & amicum, qui conaretur iratos Francorum animos sensim lenire, seque moneri curaret, si quando res essent ad se restituendum compositæ. Tum rupto aureo alteram uterque partem secum retinuit, eo consilio ut cum placatos videret Francos amicus, suam fugitivo partem transmitteret. In Thuringia Childericus a Rege Bisino & uxore ejus Basina perhumaniter exceptus est. Fugato Childerico Franci Ægidium Magistrum militum sibi regem constituunt. Octavo post discessum Childerici anno, amicus ille cum arte sua

Greg. Tu. l. 2. c. 12.

fit

CHILDERIC.

fit si bien par ses menées, que les François peu contens du gouvernement présent, témoignerent enfin qu'ils remettroient volontiers Childeric sur le trône. L'ami ne manqua pas de lui envoyer la moitié de sa piece, avec l'assurance qu'il seroit bien reçû. Childeric revint donc & fut rétabli. Fredegaire & après lui Aimoin disent que cet ami de Childeric s'appelloit Viomade. Gregoire de Tours donne à entendre, que par le retour de Childeric, Gilles ne fut pas entierement destitué ; mais qu'il garda cette partie de ses Etats qu'il avoit auparavant.

An. 464.

Après le retour de Childeric, Basine quittant son mari, vint trouver son hôte qu'elle avoit pris en affection : Childeric la prit pour sa femme. C'est de ce mariage que nâquit le grand Clovis. Il paroît par ce que nous verrons dans la suite, que chez ces premiers François les mariages n'étoient guères stables. Fredegaire qui a fait un abregé de l'histoire de Gregoire de Tours, ajoûte ici bien des choses qui sentent la fable, & qui ne meritent nulle créance.

Depuis son rétablissement Childeric donna des preuves de son courage. Il fit la guerre du côté d'Orleans au même tems qu'Odoacre Roi des Saxons vint à Angers, & tira des ôtages tant de cette ville que d'autres lieux voisins. Childeric arriva à Angers le jour d'après ; & ayant tué le Comte Paul, il se rendit maître de la Ville. Ce Prince fit depuis un traité d'union avec Odoacre, & ayant joint leurs forces ensemble, ils défirent les Allemans, qui venoient de faire des courses dans une partie de l'Italie.

Le P. le Cointe & après lui Dom Thierry Ruinard croyent qu'en cet endroit de Gregoire de Tours, au lieu d'*Alamanosque, qui partem Italiæ pervaserant*, il faut lire, *Alanosque qui partem Galliæ pervaserant*. Ces Alains étoient établis auprès de la Loire ; ce qui fortifie cette conjecture, c'est que Thorismond, Roi des Gots dans les Gaules, défit les Alains, dit Gregoire de Tours, l. 2. c. 7. & que ces Alains sont appellez *Alamanni* dans quelques éditions précedentes.

Ce que nous venons de dire dans ce dernier article touchant Childeric, est un peu broüillé dans Gregoire de Tours ; c'est un stile entrecoupé, où il n'y a guères de liaison.

---

sedatos & bene affectos erga Childericum Francos perspiceret, nuncios illi misit cum parte illa nummi aurei. Redux autem Childericus a Francis pristinum in locum restitutus est. Fredegarius & postillum Aimoinus amicum illum Childerici vocant Viomadum ; Gregorius porro Turonensis subindicat Ægidium in reditu Childerici non fuisse prorsus destitutum, sed partem imperii tenuisse eam scilicet, quam ante habuerat. Ait quippe : *His ergo regnantibus simul, Basina ad Childericum venit.*

Post Childerici reditum Basina relicto viro, hospitem suum, cujus ardebat amore adiit. Illam Childericus in uxorem admisit, & ex illa Chlodoveum suscepit. Apud Francos olim, ut exemplis infra patebit, connubia non adeo firma fuere. Fredegarius vero qui Gregorii Turonensis historiam in epitomen redegit, multas in hac historia fabulas adjecit, res scilicet quæ, meo quidem judicio, nullam fidem merentur.

Childericus ita restitutus, strenuum sese bellatorem exhibuit, & apud Aurelianenses arma movit pugnasque habuit. Eodemque tempore Adoacrius Rex Saxonum ex Andegavo aliis vicinis locis obsides accepit. Childericus vero rex sequenti die Andegavum venit, peremptoque Paulo comite urbem illam obtinuit. Childericus postea cum Adoacrio fœdus iniit, amboque Alamannos, qui partes Italiæ pervaserant profligarunt.

Cointius & post illum Theodericus Ruinardus noster putant hoc loco, vice illius, *Alamanosque qui partem Italiæ pervaserant*, legendum esse, *Alanosque qui partem Galliæ pervaserant*. Alani porro illi prope Ligerim sedes habebant. Inde vero firmatur hæc conjectura, quod Thorismundus Rex Gothorum in Galliis Alanos domuerit, teste Gregorio Turonense ; quodque ibidem Alani in aliquot editis & MSS. Alamanni vocentur.

Quæ porro paulo ante de Childerici expeditionibus diximus, apud Gregorium Turonensem admodum intricata sunt ; ita ut vix intelligas quo pacto præcedentia cum sequentibus, sequentia cum præcedentibus hæreant.

Tome I. B

MONUMENS DU ROI CHILDERIC I.

481. CHILDERIC mourut apparemment à Tournai, où l'on trouva son Tombeau en 1653. C'est un monument des plus celebres qu'on ait découvert au dix-septiéme siecle. Je vais en faire la description, & en rapporter toutes les pieces representées dans les planches suivantes. Voici l'histoire de cette découverte, tirée du livre de Jean Jacques Chifflet, premier Medecin de l'Archiduc Leopold. Son livre imprimé à Anvers en 1655. a pour titre *Anastasis Childerici*.

Découverte du Tombeau de Childeric. L'an 1653. le 27. de May, dans la ville de Tournai près de la Paroisse de S. Brice, en creusant la terre à la profondeur d'environ sept piez, on trouva d'abord une boucle d'or, & une espece de nid pourri où il y avoit plus de cent monnoyes ou médailles d'or ; on y trouva aussi deux cens monnoyes ou médailles d'argent fort frustes, des pieces de fer roüillées ; deux cranes, dont l'un étoit plus grand que l'autre, un squelette étendu. Auprès de-là, une épée si gâtée de la roüille, qu'elle s'en alloit à pieces dèsqu'on la touchoit. Mais ce qui étoit plus considerable, le pommeau de cette épée, la poignée, le fourreau, des parties d'un baudrier, un instrument qu'on a pris pour un style à écrire, une petite tête de bœuf, tout cela d'or, plus de trois cent petites figures d'or que Jean Jacques Chifflet a pris pour des abeilles ; une aiguille, des boucles, un croc, de petits crochets, des cloux, des filamens, des bulles : tout cela d'or, & toutes ces pieces ornées d'un très-grand nombre de petites pierres précieuses. Il auroit été impossible de dire en quel tems tout cela avoit été mis là, & à qui ce trésor avoit appartenu, si l'on n'y avoit trouvé la bague d'or qui portoit une tête en creux avec l'inscription CHILDIRICI REGIS, & une autre bague. On y trouva aussi le fer de la hache qui étoit sous la tête de Childeric, & un des fers de son cheval. Des médailles ou monnoyes d'or qui furent trouvées, on en presenta à l'Archiduc un grand nombre de differens Empereurs : sept de Marcien : cinquante-six de Leon : quatorze de Zenon ; une de Basilisque, une autre de Basilisque & de Marc. On lui en offrit deux plus grandes de Valentinien, & une de Leon. Comme les ouvriers qui travailloient à mettre à bas un vieux édifice, ne pensoient à rien moins qu'à ce trésor caché ; il y eut bien des pieces qui le composoient, qui furent jettées avec les ruines & les decombres, & depuis cherchées

---

MONUMENTA CHILDERICI PRIMI.

CHILDERICUS ut videtur Tornaci mortuus est, ubi detectum fuit ejus sepulcrum anno 1653. Hoc porro monumentum inter ea quæ sæculo decimo septimo detecta sunt, præstantissimum est habendum. Hujus jam descriptionem aggredior, minutatim recensitis & explicatis omnibus quæ in sequentibus tabulis habentur. Ordior autem ab historia hujus detecti sepulcri, qualem retulit Joannes Jacobus Chiffletius, Archiducis Leopoldi Medicus. Liber ejus anno 1655. Antuerpiæ cusus sic inscribitur : *Anastasis Childerici.*

Anno igitur 1653. 27. Maii Tornaci prope parœciam S. Brixii, dum terra moveretur, egestaque humo fossa excavaretur altitudine 7. circiter pedum, inventa primo fuit fibula aurea, & quasi *nidus ex aluta putri*, in quo nummi aurei plus centum. Reperti sunt etiam circum argentei nummi circiter ducenti admodum detriti. Effossa sunt multa ferramenta vetustate exesa, calvariæ duæ, quarum altera grandior, cum ossibus jacentis humani *Skeleti*. Hinc inventus est gladius ita rubigine confectus, ut ad primum tactum in frustula iret ; ejus gladii capulus, manubrium & vagina, graphiarium (ut putabat Chiffletius) bubulum caput, figuræ modicæ aureæ plus quam trecentæ, quas apes putavit esse, acus una, fibulæ, unci, uncini, clavi, filamenta, bullæ ; hæc omnia ex auro, insertis insinito numero lapillis : etiamque caput equi effossum fuit. Cujus ævi essent, & ad quem pertinuissent hæc omnia quis unquam divinasset, nisi annulus aureus repertus fuisset, cui insculptum erat caput cum inscriptione CHILDIRICI REGIS ? Alter item annulus aureus effossus est sine inscriptione. Ad hæc vero ferrum securis quæ sub Childerici capite posita erat ; solea ferrea equi regii detrita. Ex nummis aureis Imperatorum ibidem repertis, multi Archiduci oblati sunt ; septem Marciani, quinquaginta sex Leonis, Zenonis quatuordecim, Basilisci unus, Basilisci & Marci unus. Majores vero nummi Valentiniani duo, Zenonis unus. Cum operæ diruendo ædificio deputatæ, nihil de thesauro hujusmodi cogitarent, multa hujusmodi cimelia cum ruderibus dejecta sunt, quæ à popu-

CHILDERIC I.

& ramassées par le menu peuple. Le fils de Jean Jacques Chifflet racheta plusieurs monnoyes ou médailles d'or, d'argent, & d'autres pieces, avec un fragment d'un vase d'Agathe.

Cette coutume de mettre dans les tombeaux des Princes & des Hommes illustres de l'or, de l'argent, des pierreries, des habits précieux & d'autres choses semblables, a regné chez plusieurs peuples en Orient & en Occident. De-là vint que plusieurs voleurs alloient foüiller la nuit dans ces tombeaux, pour enlever ce qu'ils y trouvoient de precieux. On les appelloit en Grec Τυμβώρυχοι, voleurs de tombeaux. S. Chrysostome & les autres Peres parlent souvent de ces sortes de gens. Il y avoit dans les Loix publiques des peines établies contre eux. Les anciens Rois de France étoient inhumez avec bien de l'or & de l'argent. On trouva dans le siecle passé le tombeau d'un autre Childeric II. du nom, d'où l'or & l'argent furent enlevez : on en parlera en son lieu. Non seulement les Rois, mais des personnes de marque enterroient quantité d'or & d'argent avec leurs défunts, même depuis le Christianisme. Parmi les Loix Saliques il s'en trouve plusieurs contre ceux qui dépoüillent les corps morts & les sépulcres. Une bonne partie des pieces trouvées dans le tombeau de Childeric, se voit aujourd'hui à la Bibliotheque du Roi.

Or & argent mis anciennement dans les Tombeaux.

La ¹ bague du Roi Childeric le represente nuë tête : ses cheveux fort longs flottent sur les épaules, à la maniere des anciens Rois de France qui les portoient de même, comme l'on voit souvent dans la suite de cette Histoire : cela passoit même pour une marque de Royauté. Il tient à la main une pique ou une *haste*, autre marque de Royauté. Quand Gontran déclara son neveu Childebert son successeur dans les Etats qu'il possedoit en France, il lui mit une *haste* à la main, comme une marque de dignité roiale. Cette bague est de la forme exprimée par *annuli sigillatorii*, des anneaux à sceller. Ceux de la premiere race étoient ordinairement fort petits, & à peu-près de la grandeur de celui-ci, comme on verra plus bas. Nous en donnons pourtant un de Dagobert premier, qui est fort grand. Mais ces sortes de choses ont été de tout tems fort sujettes à variation. L'anneau d'or rond qui est dessous est tout uni, & n'a ni sceau ni pierre.

Pl. IV. 1

Marques de Roïauté chez les anciens François.

La tête de bœuf d'or qui suit ² est percée du haut en bas. Chifflet prétend que c'étoit une idole que Childeric adoroit, de même que les Egyptiens adoroient

2

---

laribus deinde perquisita sunt, & reperta : quorumque plurima redemit Chiffletius, Scriptoris nostri filius, nummos videlicet aureos & argenteos, aliaque, nec non vasculi ex achate fragmentum.

Usus porro ille & consuetudo, deponendi aurum, argentum, gemmas, pretiosas vestes & alia in sepulcris procerum & principum apud nationes multas in oriente & occidente din viguit. Hinc fures multi olim sepulcra illa noctu aperiebant, ut pretiosa isthæc auferrent. Hi Græce vocabantur Τυμβώρυχοι, sepulcrorum effossores, quorum frequenter Chrysostomus aliique Patres meminere. Contra illos autem leges quædam positæ erant. Reges Francorum veteres, cum auro, argento &c. in tumulis deponebantur. Sæculo proximo ejusdem nominis Childericus secundus in tumulo detectus est cum auro multo, qua de re suo loco dicetur. Non modo Reges, sed etiam proceres & optimates, cum defunctis suis multum auri & argenti tumulabant, etiam postquam Franci Christianismum amplexi sunt. Inter leges Salicas quædam reperiuntur adversus eos qui sepulcra effodiunt, ut mortuos exspolient. Eorum quæ in sepulcro Childerici I.

Tit. XVII.
Tit. LVIII.

reperta sunt magna pars exstat hodieque in Bibliotheca regia.

Annulus ¹ Childerici regis nudo capite ipsum exhibet, promissa coma & ad humeros usque defluente, more veterum regum Francorum, qui multis in hac historia exemplis asseritur : signumque illud erat regiæ dignitatis. Manu hastam tenet, quæ erat item regiæ potestatis & generis tessera. Quando Guntramnus Childebertum Sigiberti fratris sui filium, sibi in ea, quam tenebat, regni portione successorem declaravit, hastam in manu ejus posuit quasi insigne regium. Data, inquit Gregorius, *in manus Childeberti hasta*, ait : *Hoc est indicium quod tibi nunc regnum meum tradidi.* Hic annulus ex eorum numero & forma est, qui vocantur annuli sigillatorii. In prima stirpe ut plurimum quam minimi erant, hac pene magnitudine, ut infra videbitur ; Dagoberti tamen sigillum amplissimum infra proferemus. Verum hæc plurimum variabant. Annulus alter aureus totus simplex est sine gemma vel sigillo.

Greg. Tur. l. 7. c. 33.

Bubulum ² caput aureum a summa parte ad imam perforatum, putat Chiffletius idolum regis Childerici

---

Tome I. B ij

le bœuf Apis. Il dit qu'un nommé Gilles Patte assura à l'Archiduc Leopold qu'il l'avoit tiré du chevetre qui s'étoit trouvé avec les autres pieces du monument; d'où Chifflet infere, qu'il le portoit comme une divinité qui l'accompagnoit dans ses expeditions. Nous savons que Childeric étoit idolâtre; mais comment savoir s'il mettoit sur la tête de son cheval cette tête de bœuf comme une divinité. Il y a plus d'apparence que ce n'étoit qu'un ornement.

3 Ces petites figures [3] qu'on voit là même au nombre de seize, & qui ont, ce semble, la forme d'une fleur, ont été prises par Chifflet pour des abeilles. Il avance cela comme certain, & prétend que nos fleurs de lis viennent de-là. Nous avons deja rejetté ce sentiment comme n'ayant ni preuve ni vrai-semblance. Il faut pourtant avouer qu'il y en a quelques-unes à l'autre bout de la planche plus grandes que les autres, qui ont la forme d'abeilles; mais dire qu'on les a prises dans la suite pour des fleurs de lis, c'est deviner contre toute apparence; car elles n'en ont nullement la forme. On en ramassa, dit Chifflet, de ces petites, plus de trois cent, mêlées avec les autres pieces du tombeau de Childeric. On en auroit bien trouvé davantage, si des particuliers n'en avoient emporté beaucoup. Cette si grande quantité de pieces d'or fait juger que ce ne pouvoit pas être un signe, un symbole, ou *tessera*; c'étoit peut-être un ornement du harnois du cheval.

4 L'instrument [4] d'or qui est représenté ensuite est, dit Chifflet, un style à écrire, ou *graphiarium* : je croirois plûtôt que c'est une boucle. J'ai donné un grand nombre de boucles, dont quelques-unes approchent de celle-ci. Bien des gens ont crû pendant long-tems que ces boucles étoient des styles ou des instrumens à écrire; mais on s'est enfin détrompé. Les styles étoient plus longs & plus forts. Jules César, quand il fut assassiné, se défendit avec son style, & perça d'outre en outre le bras de Casca : Chifflet lui-même apporte plusieurs exemples de gens qui ont été tuez à coups de styles. Il se trouve encore dans les Cabinets un grand nombre de ces sortes de styles : nous en avons donné plusieurs dans l'Antiquité à la fin du troisiéme Tome.

Une chose à remarquer dans cet instrument, c'est qu'à la surface du côté, il y a plusieurs petites croix bien formées, ce qui semble ne pouvoir convenir à Childeric qui étoit Gentil. Chifflet soupçonne que ce pourroit être un present que lui auroit fait Sainte Genevieve. Il se fonde sur ce qui est dit dans sa vie, donnée par Bollandus, que le Roi Childeric quoique Gentil, avoit pour Sainte

---

fuisse, quod ipse colebat ut Apin Ægyptii; aitque Ægidium Pattum quempiam Leopoldo Archiduci affirmavisse, caput istud se ex capistro equi in hoc tumulo sepulti extraxisse. Hinc infert Chiffletius caput istud numen quoddam Childerico fuisse, quod ipsum in expeditionibus comitaretur. Idololatram Childericum fuisse non ignoramus; sed qua arte scire possumus ipsum auream hanc figuram equi sui capiti quasi deum apposuisse. Verisimilius sane est eam ad ornatum tantum positam fuisse.

Quæ numero sexdecim [3] apes dicuntur a Chiffletio, flores potius referunt quam apes. Ille tamen apes esse affirmat, & hinc ex similitudine orta esse ait Lilia Gallica. Hanc opinionem jam rejecimus ut ne vel minima nixam veri similitudine. Fatemur tamen in extrema tabula in altero latere octo haberi majores imagines, quæ apes satis referant; sed illas pro liliis deinde habitas fuisse quis credat, quæ nullam lilii speciem habeant : Ex illis minoribus, plus quam trecentæ collectæ fuerunt, inquit Chiffletius, quæ aliis cimeliis in sepulcro permixtæ erant, longeque plures repertæ fuissent, nisi multas plebs abstulisset. Tantus vero illarum numerus indicabat ipsas non tesseram nec insigne quodpiam fuisse, sed ad equi stratum & ornatum fuisse adhibitas.

Instrumentum [4] aureum sequens est, inquit Chiffletius, graphiarium, sive stylus ad scribendum : libentius crederem esse fibulam. Fibularum olim magnum protuli numerum, quarum quædam huic similes sunt. Multi olim, etiam docti viri, putarunt hasce fibulas stylos esse; sed ab hoc errore omnes fere jam recessere. Styli longiores fortioresque erant. Julius Cæsar cum a conjuratis interimeretur, stylo suo sese defendit & Cascæ brachium trajecit. Ipse Chiffletius multorum exempla affert, qui stylis occisi sunt. In Museis hodieque styli non pauci habentur, quorum quosdam protulimus.

Quod est in hoc instrumento notandum, in una superficiei parte multæ cruces accurate repræsentatæ exhibentur; quod ad Childericum idololatram pertinere non posse videtur. Suspicatur Chiffletius, hoc fortasse munusculum esse Childerico a sancta Genovefa oblatum : nam, inquit, in vita S. Genovefæ apud Bollandum narratur, Childericum etsi idololatram,

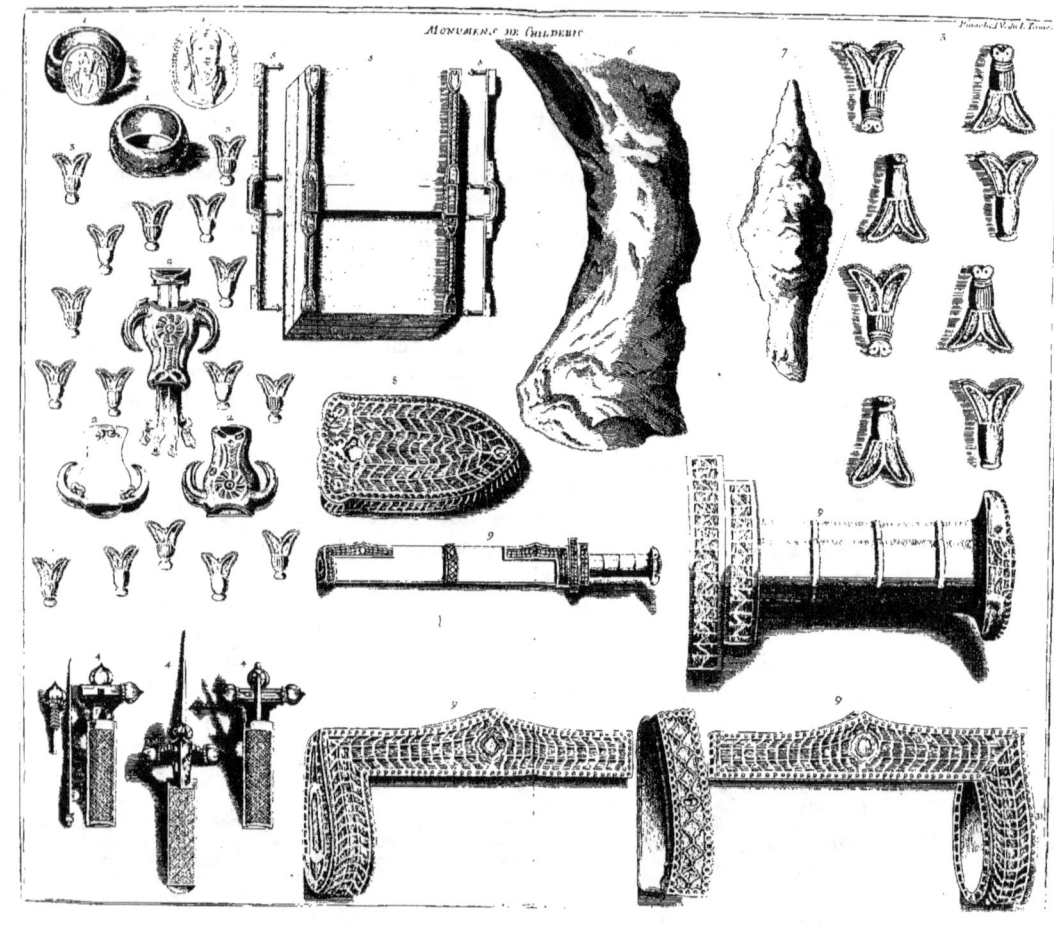

Genevieve une si grande veneration, qu'ayant un jour résolu de faire tuer plusieurs captifs, il leur donna la vie à sa consideration & à sa priere. Il y a bien plus d'apparence que Childeric qui étoit en guerre avec les Chretiens, Roi d'une nation accoûtumée au pillage, aura trouvé cette boucle entre les dépoüilles, ou que quelqu'un qui l'avoit euë en partage lui en aura fait present. Il pourroit bien se faire aussi que ces croix ne seroient pas une marque de Christianisme, mais un pur caprice de l'ouvrier, qui pour ne pas laisser les losanges vuides, aura mis pour les remplir cette figure qui paroît la plus propre à cela. Le grand nombre qui s'y voyent, fait croire que ce n'étoit qu'un simple ornement. Plus de cinq cens ans avant Jesus-Christ les Egyptiens avoient des croix dans leurs monumens.

Chifflet donne encore la forme des Tablettes 5 de Childeric. Ce n'est pas qu'on les ait trouvées dans le même tombeau: mais seulement deux bandes d'or qui étoient aux extremitez de la tablette d'yvoire. Chifflet n'a mis les tablettes que par conjecture.

Après vient la hache 6 d'armes ou la Francisque du Roi fort roüillée. Ces haches ou ces Francisques étoient en usage chez les François: c'est-delà, dit Isidore, que les Espagnols leur donnerent le nom de Francisques. Il y a pourtant ici une difficulté à résoudre. Ces premiers François se servoient pour la guerre de la hache à deux tranchans qu'on appelle en latin *bipennis*, & Agathias, livre 2. appelle ces haches Πελέκεις ἀμφιστόμους, des haches à deux tranchans. D'où vient donc que cette hache de Childeric ne tranche que d'un côté? On répond à cela qu'il pouvoit se faire qu'ils se servissent indifferemment de l'une & de l'autre, & que peut-être Gregoire de Tours entend par *bipennis* une hache simple; que Procope qui décrit les armes des François, dit qu'ils se servoient le plus souvent ἐς τὰ μάλιστα de la hache à deux tranchans, ce qui veut dire qu'ils se servoient aussi quelquefois de l'autre: cela est confirmé par cette hache d'armes de Childeric, qui n'a qu'un côté. Il est à remarquer que cette hache étoit sous le corps du Roi Childeric, ce qui revient à ce que nous avons dit au Tome V. de l'Antiquité, p. 195. touchant un Tombeau trouvé à 22. lieuës de Paris, où étoient enterrez environ 20 corps morts, qui avoient chacun une hache de pierre sous la tête.

Auprès de cette hache se voit le fer de 7 sa pique ou de sa haste fort roüillé. On a vû ci-devant dans la bague l'Haste que tient à la main le Roi Childeric, & nous avons prouvé là même que cette haste a passé dans la premiere race pour

6 Hache des François, appellée Francisque.

7

S. Genovefam in tanta habuisse veneratione, ut cum aliquando captivos plurimos interimere cogitaret, ejus rogatu a tali proposito abstinuerit. At longe verisimilius est Childericum qui contra Christianos bellum sæpe gerebat, & genti imperabat populationibus deditæ, hanc fibulam inter spolia reperisse, vel ab alio in donum accepisse. Verum fortasse aptius dicatur, hasce cruces non Christianismi signum esse, sed ex solo opificis arbitrio & imaginatione prodijsse, qui ut quadrata multa spatia impleret, hanc singulis figuram, ut his locis maxime idoneam adhibuit. Ille vero tantus numerus cruces hasce ad ornatum tantum adhibitas fuisse probat: annis ante Christum plus quingentis Ægyptii cruces habebant in monumentis suis.

Affert etiam Chiffletius tabellas 5 sive pugillaria Childerici. Non utique integra in tumulo reperta: sed inventi tantum *bacilli duo aurei quadrati & pyropis distincti*, fixi claviculis aureis adhuc exstantibus, qui eburneæ tabellæ crassitudinem ostendebant. Tabellam vero ex conjectura Chiffletius repræsentavit.

Hinc conspicitur securis sive Francisca 6 regis, rubigine adesa: quæ securis in usu admodum erant apud Francos; ideoque ex Isidoro illas Hispani Franciscas appellarunt. Hic tamen difficultatis quidpiam occurrit. Hi veteres Franci bipenni utrinque secante utebantur: Agathias vero secures hujusmodi vocat πελέκεις ἀμφιστόμους, secures bipennes. Cur ergo hæc Childerici securis unam tantum habet aciem? Verum fortassis utraque forma secures usurparunt Franci, & bipennis apud Gregorium Turonensem utroque forte modo accipitur. Certe Procopius Francorum arma describens ait usos fuisse bipenne, ἐς τὰ μάλιστα, quo significatur, non semper bipenni usos esse, sed aliquando simplici securi, id quod etiam ex hac Childerici secure confirmatur. Observatu dignum est hanc securim sub corpore Childerici regis fuisse: qui verus usus confirmatur ex iis quæ narravimus Tom. V. Antiq. explan. p. 195. ubi de sepulcro egimus, quod milliario sexagesimo ab hac urbe detectum, ossa viginti circiter defunctorum habebat, quorum singuli securim lapideam sub calvaria habebant.

Prope securim, hastæ ferrum 7 observatur rubigine exesum. In annulo supra Childericum vidimus hastam tenentem: ibidemque probatum fuit hastam hu-

Isid. l. 18. c. 6.

Agathias, l. 2, Greg. Tur. l. 2. c. 27.

8 une marque de Royauté. Chifflet croit que la piece d'or [8] ornée de pierreries, qui a un peu plus de deux pouces de long, & un pouce & demi de large, étoit l'extremité du baudrier de Childeric.

On y trouva aussi une épée qui ne tranchoit que d'un côté, & qu'on pourroit appeller sabre, dont la lame toute roüillée s'en alla en pieces dès qu'on l'eût levée de terre : en sorte qu'il ne resta rien, que l'or & les pierreries qui couvroient le fourreau & le pommeau, [9] les lames d'or qui couvroient la poignée & le bas de la poignée, qui étoit aussi d'or. Notre Auteur a crû pouvoir donner par conjecture la forme de l'épée dans son fourreau, telle que nous la representons après lui. Il a jugé de la forme du tout par ces parties qui lui ont passé entre les mains. Tout cet or pesoit onze onces & deux drachmes: ces parties qui restoient étoient ornées de quelques pierres précieuses.

Parmi les pieces que nous venons de décrire se trouverent aussi le crâne, la mâchoire & les dens du cheval de Childeric avec une partie du fer d'un pied, qui faisoit juger que ce cheval étoit assez petit. On voit souvent des chevaux de mediocre taille, qui pour la vigueur, la forme & la gentillesse, passent les plus grands. On y mit apparemment celui que Childeric aimoit le plus. La coutume de ces anciens peuples étoit d'enterrer avec les hommes les chevaux & les autres animaux qui étoient à leur usage, & qu'ils aimoient le plus. Cela s'observa dans le Tombeau qui fut déterré à Blois l'an 1710. où l'on trouva parmi les cendres des ossemens de cheval & de chien.

Un crâne qui fut découvert parmi tout cela, fit juger que l'Ecuyer ou le Palefrenier avoit été enseveli avec le Roi son maître, suivant la coutume de certains peuples barbares, dont parle Herodote, l. 4. qui enterroient avec le maître le cheval & l'Ecuyer.

PL. V.

Des autres pieces qui suivent, quelques-unes sont d'une forme dont il seroit difficile [1] de comprendre l'usage. On y voit deux pieces qui se ressemblent [2] qui pourroient avoir orné la bride du cheval des deux côtez, [3] quelques boucles, une aiguille, & au milieu de tout une piece d'or solide & massive, tournée presque en ovale [4], qui a toute la forme d'un bracelet, *armilla*, & je dirois que ç'en est absolument un, si je ne voyois qu'il est presque impossible de le mettre au bras. Il est aujourd'hui à la Bibliotheque du Roi. Parmi un grand nombre de médailles & monnoyes, il y en avoit quatre [5] qui étoient percées, une d'Ha-

---

jusmodi regalis potestatis tesseram fuisse. Putat Chiffletius prope securim positum aureum [1] instrumentum lapillis ornatum, plus quam duobus pollicibus longum, & uno, dimidioque pollice latum, extremam baltei Childerici regis partem ornavisse.

Ibidem quoque repertus fuit gladius ab uno solum latere secans, cujus lamina rubigine consumta statim atque educta fuit in frusta abiit, ita ut nihil superfuerit præter aurum & gemmas [2] quæ vaginam & pilam capuli ornabant, laminasque aureas quæ capulum operiebant, itemque infimam capuli partem auream. Ex his quæ supererant putavit Chiffletius se posse gladii in vagina positi formam referre, qualem hic repræsentamus. Aurum vero totum ad gladium & ad vaginam pertinens, undecim uncias duasque drachmas pendebat. Hæc vero quæ supererant, lapillis ornabantur.

Inter hæc omnia, quæ jamjam descripsimus, hæc quoque detecta sunt, cranium, maxilla, dentes equi Childerici, necnon solea ferrea exesa, ex qua arguebatur equum Childerici mediocris admodum staturæ fuisse. Sæpe accidit hujusmodi equos, alios majoris molis fortitudine agilitateque superare. Ut credere

est, is equus cum Childerico tumulatus est, quo ipse maxime delectabatur : mos enim erat vetus inter nationes illas cum viris etiam equos aliaque animalia quæ ipsis in usu fuerant tumulare ; id quod observatum fuit in sepulcro Blesis detecto anno 1710. ubi inter cineres ossa equi & canis reperta sunt.

Viri calvaria alia ibidem reperta suspicionem immisit, equisonem quoque regium cum Rege fuisse sepultum, ut mos erat apud barbaras nationes, quas memorat Herodotus, lib. 4. quæ cum hero equisonem tumulabant.

Ex aliis quæ in tabella sequenti exhibentur, non pauca talem formam referunt [1], ut vix intelligas cui fuerint usui deputata. Duæ aureæ [2] extremæ partes habenarum equi deprehendi hic putantur suo notatæ numero. Fibulæ [3] autem non paucæ sua se forma distinguendas offerunt, acus item [4], & in medio posita quasi armilla ex auro solido in ovatam pene formam contorta. Armillam audacter dicerem : nisi illam circa brachium poni non posse viderem : ea in Bibliotheca regia visitur. Inter numismata non ingenti numero reperta sunt, quatuor erant nummi [5] perforati, quem dicit Chiffletius Hadriani nummum, is

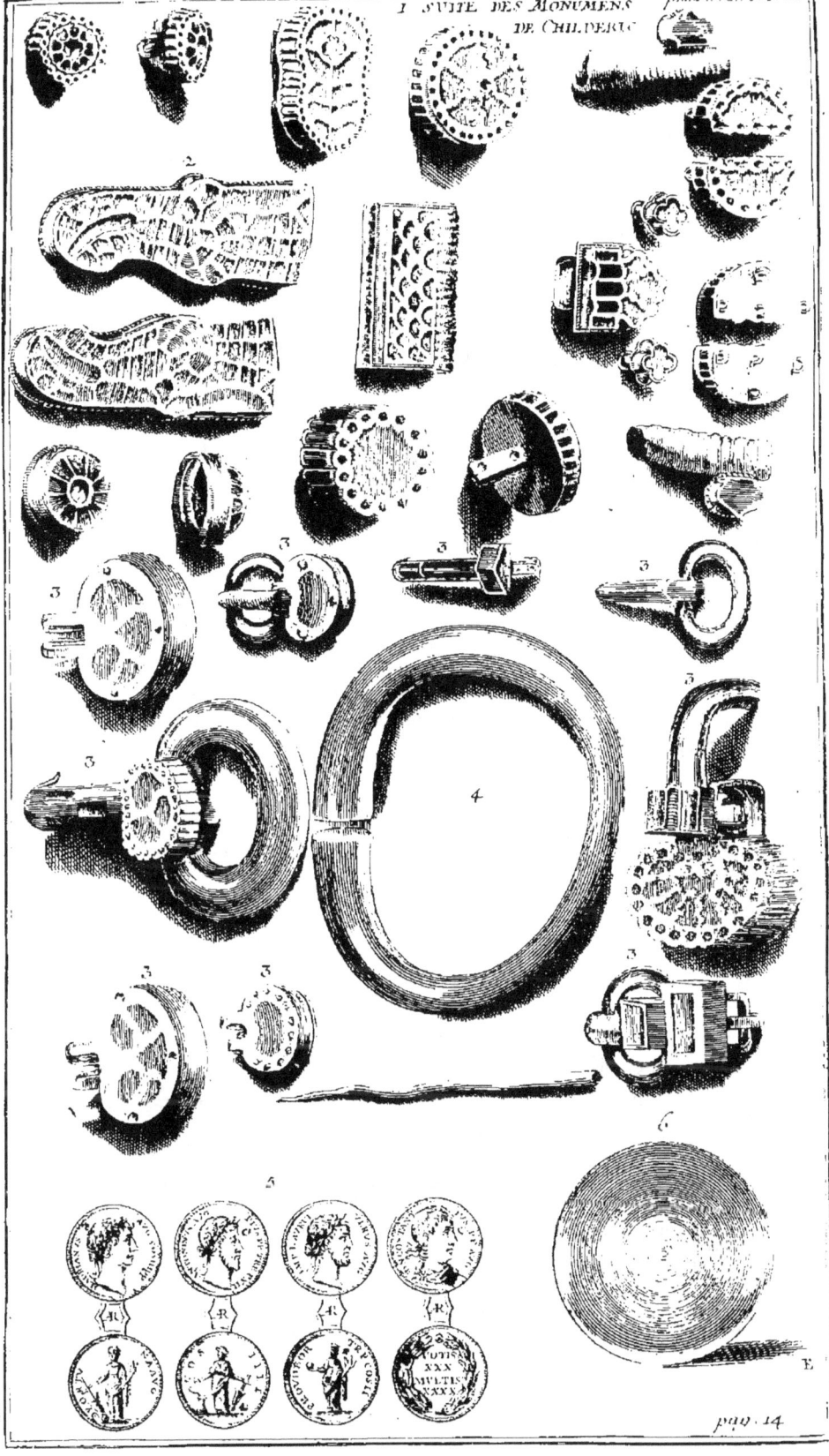

CHILDERIC I.

drien, dit Chifflet: elle est plûtôt de Trajan, les autres d'Antonin Pie, de Marc Aurele & de Constance.

Une chose assez singuliere dans ces monumens de Childeric, c'est ce globe de cryſtal, qu'on voit encore aujourd'hui à la Bibliotheque du Roi, & qui a un pouce & demi de diametre. Un globe de cristal dans un tombeau est une chose rare, mais elle n'est pas unique: j'en ai rapporté un exemple dans mon *Diarium Italicum*, que je vais mettre ici en peu de mots. Vers la fin du seiziéme siecle les Chanoines de S. Jean de Latran voulant faire quelque reparation à une maison qu'ils avoient hors des murs de la ville, y envoyerent des ouvriers avec ordre de casser & d'enlever deux grosses pierres qui étoient l'une sur l'autre & qui causoient de l'embarras. Les ouvriers casserent d'abord celle de dessus, & trouverent une urne d'albâtre avec son couvercle. Cette urne avoit été cachée entre ces deux pierres; on avoit fait à celle de dessus & à celle de dessous un trou qui la pouvoit contenir; en sorte qu'elle étoit enchassée dans ces deux pierres d'énorme grandeur. Les gens qui étoient là pour les Chanoines défendirent aux ouvriers d'ouvrir cette urne jusqu'à la venuë de leurs maîtres: mais les ouvriers, malgré cet ordre, ouvrirent l'urne, & y trouverent vingt globes de cryſtal, une bague d'or avec une pierre, une aiguille qu'on appelloit *acus discriminalis*, un peigne d'yvoire, & quelques petits brins d'or mêlez dans les cendres. L'aiguille étoit une marque certaine que c'étoit l'urne d'une Dame. Voilà des globes de cryſtal dans deux sepulcres; cela ne suffit pas pour découvrir quel rapport avoit ce cryſtal avec les défunts & les funerailles.

6 *Globes de cryſtal dans les sepulcres.*

La grande quantité de monnoye d'or des Empereurs, qu'on en tira, & particulierement de ceux qui avoient regné dans les derniers tems avant la mort de Childeric, prouve que cette monnoye avoit cours parmi les François, & apparemment aussi parmi les Bourguignons & les Gots. On y trouva encore quelques pieces d'argent barbares, de figure ovale [1], dont on donne ici la forme. Elles representent des hommes de differente attitude, des chevaux, d'autres animaux, des oiseaux, tout cela d'un goût des plus grossiers. Ce qui me surprend, c'est que j'y vois un [2] Escarbot, cet objet de la superſtition Egyptienne, qu'on trouve si souvent dans les monumens Egyptiens. Il y en a quatre ou cinq dans le Cabinet de cette Abbayie. Ces Escarbots auroient-ils passé de l'Egypte jusqu'à ces anciens François? En auroient-ils aussi fait l'objet de leur culte? [3] On voit encore dans une autre ovale la grenoüille, qui se trouve aussi assez souvent dans

PL. VI.
1
2
3

---

forte Trajani fuerit, & videtur male lecta inscriptio: alii sunt Antonini Pii, M. Aurelii, & Constantii.

Singularis certe res est globum 6 crystalli inter Childerici monumenta repertum esse. Globus ille qui hodieque in Bibliotheca regia visitur, diametrum habet pollicis unius & dimidii. Crystalli globus in sepulcro, id rarum est, sed non inauditum. Exemplum enim alterum attuli in Diario Italico, quod paucis hic repetam. Versus finem sæculi sexti-decimi Canonici Lateranenses cum in casa quadam sua extra muros urbis aliquid restaurare vellent, eo lithurgos misserant qui lapides duos ingentes perrumperent & amoverent. Cum porro lithurgi supernum lapidem confregissent, vas intus viderunt ex alabastrite flavo. Perforato namque superno & inferno lapide, vas in ambobus insertum fuerat, ut ibi lateret. Qui pro Canonicis ibi aderant, lithurgis edixerunt, ne vas illud aperiretur, donec advocati Canonici adessent. At lithurgi temperare non potuerunt a cupidine explorandæ rei; sed urnam aperuerunt, inveneruntque intus viginti crystalli globos, annulum aureum gemma instructum, acum discriminalem, pecten eburneum, & cineribus admixta quædam ramenta aurea. Acus vero discriminalis significabat monumentum esse muliebre. En globos crystallinos in duobus sepulcris, necdum intelligere possumus quid adfinitatis haberet crystallus cum defunctis & re funebri.

Diar. Ital. p. 120.

Tantus ille nummorum aureorum numerus, qui Imperatores, maxime eos qui paucis ante Childerici mortem annis regnaverant, repræsentabant, indicare videtur monetam hujusmodi in usu fuisse Francis, & ut credere est, etiam Burgundionibus ac Gothis. In hoc tumulo reperti sunt item quidam nummi barbari ovatæ figuræ, quorum specimina [2] hic dantur. In illis vero repræsentantur homines vario situ, & diversa agentes, equi etiam, aliaque animalia, aves. Omnia vero admodum rudis & barbaræ sunt figuræ. Quodque mirum videatur, hic [2] scarabæum video in Ægyptiorum cultu & monumentis frequentissimum. Quatuor vel quinque scarabæi inter monumenta Musei nostri Sanct-Germanensis visuntur. Num scarabæi illi ab Ægyptiis ad Francos manaverint? An scarabæos Francique coluerint? In alio item nummo [3] rana conspicitur, non infrequens & illa in monumentis Ægyptiis.

les monumens Egyptiens. L'une & l'autre piece est percée ici de part en part. Le fer du cheval de Childeric a été représenté ici tout entier, quoiqu'on n'en ait trouvé qu'une piece ; mais sur cette piece, il a été fort aisé de juger de la grandeur du tout. C'étoit un assez petit cheval, comme nous avons dit ci-devant.

CLOVIS I.

AN. 481.

Guerre de Clovis contre Siagre. 486.

APRES la mort de Childeric, Clovis son unique fils lui succeda, âgé seulement de quinze ans. Il fit bien-tôt paroître son inclination pour la guerre. La cinquiéme année de son regne âgé de vingt ans il attaqua Siagre, fils de ce Gilles, que les François avoient élû Roi en la place de son pere, lorsqu'ils'étoit enfui en Thuringe. Il y a apparence qu'un levain d'aigreur contre le fils de celui qui avoit occupé le trône de son pere, joint au desir qu'il avoit d'étendre les limites de son Royaume, le porta à lui faire la guerre. Il se joignit à Ragnacaire son cousin Roi de Cambrai, où les François étoient établis. Il pria aussi Chararic, autre petit Roi des François de venir à son secours : mais celui-ci ayant assemblé ses Troupes, se tint à l'écart pour juger des coups, & lier ensuite amitié avec celui qui seroit victorieux. Clovis alla presenter la bataille à Siagre, qui non sans crainte du succès, ne refusa point d'en venir aux mains. Ses Troupes n'ayant pû soûtenir le choc, & étant fort mal menées par les François, il prit la fuite, se rendit en grande diligence à Touloufe, & se refugia chez Alaric, Roi des Visigots qui regnoit en ce payis-là. Clovis mande à Alaric qu'il eût à lui livrer Siagre, faute de quoi il lui déclaroit la guerre. Alaric craignant de s'attirer ce redoutable adversaire ; car, dit Gregoire de Tours, les Gots sont fort sujets à s'épouvanter, livra Siagre lié aux Ambassadeurs de Clovis, qui le fit mettre en prison, s'empara des terres de sa domination, & puis le fit tuer secrettement.

Les François de l'armée de Clovis encore gentil, pillerent plusieurs Eglises. Ils enleverent de l'Eglise de Rheims un grand vase d'or d'une admirable beauté,

487.
Histoire du vase rendu à S. Remi.
& tous les autres ornemens. L'Evêque Remi envoya prier le Roi de lui faire rendre au moins le vase. Suivez-moi jusqu'à Soissons, dit le Roi à celui qui venoit de la part de Remi : c'est-là que tout le butin sera partagé ; & si ce vase m'échoit par le sort, je satisferai au desir de l'Evêque. S'étant rendu à Soissons, & le butin ayant été apporté au milieu de la troupe, le Roi pria qu'on lui donnât ce

maxime in Abraxeis. Uterque vero nummus hic a summo ad imum perforatur. Soleae ferrea equi regii hic rota repraesentatur, etsi pars ejus tantum reperta sit ; sed ex illa parte totius formam excipere haud difficile fuit. Modicae magnitudinis equus erat, ut jam diximus.

CHLODOVEUS I.

Greg. Tur.
l. 2. c. 27.

CHILDERICO defuncto successit Chlodoveus, unicus filius, quindecim annos natus, qui statim animi bella appetentis signa dedit. Anno regni sui 5°. aetatis 20°. primum adortus est Siagrium Ægidii illius, qui Childerico in Thuringiam profugo Francorum regnum occupavit, filium ; verisimileque est illum, tum quod haec cum quadam aegritudine animo versaret, tum quod Imperii fines extendere cuperet, hoc suscepisse bellum. Copias junxit cum Ragnachario Cameracensi Francorum rege ; a Chararico altero Francorum seu rege seu regulo auxilium postulavit. Ille vero copiis instructus advenit quidem, sed procul eventum praelii exspectavit, ut post exitum rei ad victoris partes accederet. Chlodoveus ad Siagrii conspectum castra movit, ad pugnandum paratus. Non sine metu periculi Siagrius manus conferere non distulit. Nec Francorum impetum sustinuere Siagriani : quod ut ille vidit, fuga sibi consuluit, & apud Alaricum Visigothorum regem se recepit. Mittit Chlodoveus ad Alaricum, interminaturque bellum, ni Siagrium reddat sibi. Perterritus ille, *ut Gothorum pavere mos est*, inquit Gregorius, Siagrium vinctum oratoribus tradit. Chlodoveus vero Siagrium in carcerem trusit ; quidquid terrarum & urbium possidebat sibi attribuit, illumque clam occidi jussit.

Franci vero, milites Chlodovei Regis, multis Ecclesiis direptis, ex Rhemensi Ecclesia ornamenta omnia & vasa abstulerant ; interque illa erat urceus mirae magnitudinis & pulcritudinis. Misit Remigius Episcopus Regi nuncium postulans sibi saltem urceum reddi. Tum Rex nuncio, sequere me, inquit ; Suessionas usque, ubi tota distribuenda praeda est, si vas mihi forte veniat, Episcopo reddam. Suessionas ubi ventum, praeda in medium adducta, rogavit Rex

beau

SUITE DES MONUMENS DE CHILDERIC.

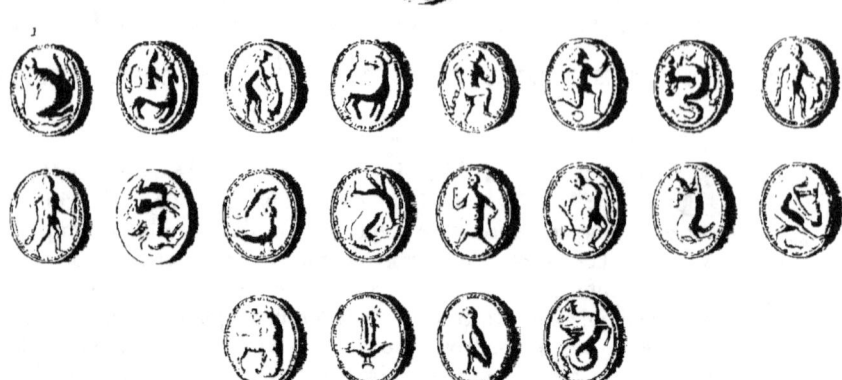

beau vase par dessus la part qui lui devoit échoir. Les plus honnêtes lui répondirent, qu'étant le maître de tout ce butin & de leurs personnes mêmes, il pouvoit prendre tout ce qu'il voudroit ; mais un de la troupe, brutal, hardi, envieux, frappant ce vase de sa hache, dit à haute voix : Vous n'emporterez d'ici rien que ce que le sort vous donnera. Le Roi surpris de cette insolence, dissimula, & en remit la punition à une autre fois. Il prit le vase, & le rendit à l'Ecclesiastique envoyé par Remi. L'an étant passé, il commanda que les Troupes vinssent au champ de Mars ; ainsi appelloit-on le lieu assigné pour faire la revûë, & examiner si les armes étoient en bon état. Il les considere lui-même, les regarde l'un après l'autre : venant enfin à celui qui avoit frappé le vase, & le querellant : Il n'y a personne, dit-il, dont les armes soient si negligées que les vôtres, l'haste, l'épée, la hache, tout est en fort mauvais état. Il prend alors sa hache & la jette à terre : l'autre s'inclinant pour la ramasser, le Roi lui déchargea un grand coup de la sienne sur la tête, & l'étendit mort sur la place, en lui disant : Ainsi traitas-tu le vase à Soissons : ce qui intimida les autres.

Il est à remarquer que le lieu destiné pour assembler les Troupes, s'appelloit chez les François, *Campus Martius*, le Champ de Mars : c'est ainsi qu'il est nommé dans nos anciens Auteurs. Ils avoient pris ce nom là des Romains, parce que les revuës se faisoient aux Kalendes de Mars. Dans la suite du tems, la revûë ayant été transferée au mois de Mai, ce lieu fut appellé *Campus Maius*, le Champ de Mai, & par corruption, *Campus Madius*.

Clovis fit plusieurs autres expeditions ; la victoire le suivoit par tout. La dixiéme année de son regne il fit la guerre aux Thuringiens, & subjugua cette nation ; mais ils se revolterent bien-tôt après, comme nous verrons. Il avoit vingt-cinq ans quand il conquit la Thuringe.

Guerre contre les Thuringiens. 491.

Peu de tems après il épousa Clotilde. En voici l'histoire. Gondioche, Roi des Bourguignons de la race d'Athanaric, laissa quatre fils, Gondebaud, Godegisele, Chilperic, & Godemar. Gondebaud tua son frere Chilperic, & noya sa femme. Ils avoient deux filles qu'il envoya en exil : l'aînée appellée Crone, se fit Religieuse ; la cadette s'appelloit Clotilde. Clovis envoyoit souvent des Ambassadeurs en Bourgogne, qui voyant cette Princesse & belle & sage, en parlerent avantageusement à leur Prince, qui la demanda en mariage à Gondebaud. Il n'osa la refuser ; ce qu'il n'auroit pas manqué de faire, s'il n'eût craint que Clovis ne se ressentît de ce refus. Nous donnons ici cette histoire dans sa simplicité, comme

493. Clovis épouse Clotilde.

cætum vas illud sibi ultra sortem suam dari. Annuentibus cæteris omnibus qui saniori mente erant, & se suaque Regis esse dicentibus, unus procax, trux & invidus, bipenni vas cædens : Nihil, inquit, hinc auferes, nisi quæ tibi forte cadent. Rex iram coërcens, servans tamen sub pectore vulnus, inquit Gregorius Tur. urceum accipit, & nuncio tradit referendum. Transacto autem anno jubet Chlodoveus exercitum in campum Martium se conferre, ut pro more & milites & arma lustraret. Omnes ille ordine dispicit, ubi vero ad urcei percussorem venit : Nullus, inquit, tam inculta arma gestat, hasta, gladius, securis æque sordent, & apprehensam securim ejus in terram dejecit. Inclinat ille se ad colligendum eam ; tum Rex securi sua, caput ejus diffindit, & caso dixit : Sic tu apud Suessionas urceo fecisti.

Observandum autem est, locum aggregando exercitui deputatum, apud Francos campum Martium vocatum fuisse. Sic apud veteres auctores nostros appellatur. Quod nomen a Romanis mutuati erant, apud quos Kalendis Martii lustrabantur exercitus. Postea vero, ubi illa recensio in Maium mensem translata fuit, Campus Maius, & corrupte Campus Madius vocatus est.

Expeditiones alias multas pari eventu suscepit Chlodoveus. In Thuringos movit ; illamque sibi nationem subdidit. Verum illi non diu postea jugum excusserunt. Viginti quinque autem annorum erat quando Thuringiam subegit.

Non diu postea Chlotildem duxit uxorem. En historiæ seriem. Gundeuchus Rex Burgundionum ex genere Athanarici quatuor reliquit filios, Gundobadum, Godegisclum, Chilpericum & Godomarum. Gundobadus vero Chilpericum interfecit, uxorem ejus aquis immersit, binasque duas filias in exsilium misit : quarum prior, mutata veste, Chrona, junior vero Chlotildis vocabatur. Chlodoveus porro Oratores sæpe in Burgundiam mittebat ; quorum quidam Chlotildem videntes elegantem & bene moratam, hæc Regi nunciaverunt, qui illam a Gundobado in uxorem petiit. Ille negare non ausus, vel invitus illam Oratoribus tradidit abducendam. Hanc historiam sincere ut a Gre-

Greg. Tur. l. 2. c. 28.

elle est dans Gregoire de Tours, Fredegaire dans son Epitome en fait un fort long détail qui a tout l'air d'une Fable.

Clovis avoit déja un fils d'une concubine, nommé Thierry. Il en eut bientôt un de Clotilde. La Reine, malgré la resistance de Clovis qui étoit Payen, le fit baptiser. Il fut appellé Ingomer, & mourut peu de tems après. Clovis regarda alors ce Batême comme la cause de la mort de l'enfant, & en fit des reproches à la Reine, qui sans s'étonner, fit encore baptiser le premier enfant qui lui vint, qu'elle appella Clodomir. L'enfant tombe malade, & Clovis gronde & crie croyant que le Baptême en étoit la cause; & craignant que celui-ci ne mourût comme l'autre. La Sainte Reine prévoyant les mauvais effets de la mort de ce second fils, eut recours à Dieu, & obtint le rétablissement de sa santé.

AN. 496.
Guerre contre les Allemans. Victoire de Clovis.

Elle ne cessoit d'exhorter son mari à quitter cette Religion folle du Paganisme, & à embrasser le Christianisme; tous ses efforts étoient inutiles : il fallut que le Ciel lui fournît encore ici des moyens pour venir à bout de ses desirs. La guerre contre les Allemans obligea Clovis d'aller à leur rencontre avec son Armée. Sigebert Roi de Cologne, François, & parent de Clovis, plus exposé que tout autre aux irruptions des Allemans, joignit ses Troupes à celles de Clovis. La bataille se donna à Tolbiac; & au commencement du combat, les François plioient sous l'effort des Allemans, qui en firent d'abord un grand carnage. Clovis voyant le risque où il étoit de perdre la bataille, invoqua premierement ses Dieux; mais ayant éprouvé que ses Dieux n'avoient nulle puissance, il se ressouvint de Jesus-Christ, Fils du Dieu vivant, que lui avoit tant de fois prêché Clotilde : il l'invoqua, lui demanda secours, & lui promit de se faire Chrétien, s'il lui faisoit remporter la victoire sur son ennemi. Après cette priere, les Allemans tournerent le dos; & voyant que leur Roi avoit été tué à la bataille, ils se rendirent à Clovis, & lui declarerent qu'ils se rangeoient sous son Empire. Une partie d'entre eux s'enfuit en Italie, & se refugia auprès de Theodoric Roi des Ostrogots. Sigebert, Roi de Cologne, qui combattoit avec Clovis, fut blessé au genou, & resta boiteux toute sa vie.

Clovis se fait Chrétien avec un grand nombre de François.

Clovis, revenu victorieux, raconta à la Reine ce qui s'étoit passé dans cette action, & lui avoüa qu'il devoit sa victoire à Jesus-Christ qu'il avoit invoqué dans le péril. La Reine profitant de l'occasion, fit appeller secretement Remi, Evêque de Rheims, qui employa les raisons les plus fortes pour porter Clovis

---

C. 29.

gorio narratur, attuli, misso Fredegario, qui longam fabulam texere mihi videtur.

Chlodoveus jam ex concubina filium habebat nomine Theodoricum. Ex Chlotilde vero regina filium suscepit, quem illa, reluctante licet Rege utpote idololatra, baptizari curavit. Puerulus Ingomeres vocatus est, & paulo post susceptum Baptismum obiit. Chlodoveus vero putans a suscepto Baptismo illatam puero mortem, Reginam asperius increpavit, quae nihil a proposito deflectens, alterum etiam quem postea enixa est filium, baptizari curavit, Chlodomeremque appellavit. Hic quoque in morbum incidit : Chlodoveus clamat, objurgat, a Baptismo putans invectam aegritudinem. Tum Chlotildis cernens quantum damni ex morte pueruli impenderet, ad Deum confugit, & bonam ipsi valetudinem impetravit.

C. 30.

Neque finem faciebat illa Regem monendi & hortandi : ut ab insulsa numinum religione discederet, ac Christianismum amplecteretur; sed in cassum omnia cessere donec omnium moderator Deus voti assequendi occasionem ipsi offerret. Instabat bellum contra Alamannos. Exercitum vero movit Chlodoveus, cui cum copiis adjunctus est Sigebertus rex Coloniae, Francus & Chlodovei cognatus, qui plusquam alii omnes Alamannorum incursionibus patebat. Tolbiaci autem commissa pugna fuit : initioque proelii cedebant Franci, Alamannis strenue irrumpentibus, innumerosque caedentibus. Periculum cernens Chlodoveus, ad deos primum suos confugit, subsidium petens; sed cum frequenter precatus, nihil hinc adjumenti sperari posse vidit, ad Deum vivum toto pectore vertitur, implorat auxilium, polliceturque se fore Christianum, si victor ex proelio discedat. His emissis precibus, Alamanni terga dederunt, Regemque suum in pugna caesum conspicientes, sese Chlodovei ditioni subjecerunt : pars tamen illorum superatis montibus, in Italiam trajecit, & ad Theodoricum Ostrogothorum regem confugit. Sigebertus porro rex Coloniae, accepto in genu vulnere, per totam deinde vitam claudicavit.

C. 31.

Redux Chlodoveus victor, pugnae eventum Reginae narravit, & se victoriam Christo debere fassus est, quem in auxilium evocarat. Hinc ansam Chlotildis arripiens, Remigium Rhemensem Episcopum clam

CLOVIS I.

à croire au seul vrai Dieu & à Jesus-Christ, en rejettant ses Idoles. Il lui témoigna qu'il étoit tout converti, mais qu'il avoit sous lui un Peuple qui ne quitteroit pas volontiers ses Dieux: qu'il alloit leur parler conformément à ce qu'il venoit de lui dire. Mais il fut agréablement surpris, lorsque se presentant à ce Peuple, il l'entendit crier: *Nous abandonnons ces Dieux mortels, ô Roi pieux, & nous sommes prêts de suivre ce Dieu immortel que Remi annonce.* Ces bonnes nouvelles sont portées à Remi: il en tressaillit de joye, & commanda qu'on preparât le bain sacré. Cela se fit avec beaucoup de ceremonie & de magnificence. Clovis vient aux fonds baptismaux. Le saint Prélat lui dit: *Baissez humblement la tête, ô Sicambre. Adorez ce que vous avez brûlé, & brûlez ce que vous avez adoré.* Clovis fut donc baptisé & oint du saint Crême. Outre le Roy, il y eut plus de trois mille hommes de son armée qui reçurent le Baptême ce jour-là. La sœur de Clovis, Alboflede, fut aussi baptisée, & mourut peu de tems après son Baptême. Son autre sœur Lanthilde, qui étoit Arienne, après avoir abjuré son erreur, reçût le saint Chrême.

Quelques Historiens modernes placent ici ce que Procope dit des Arboriques, dont on ne sauroit faire, à mon avis, un grand usage. Voici comme parle cet Historien.

« Le Rhône, le Rhin, & d'autres fleuves arrosent les Gaules. Le Rhône se jette dans la mer Tyrrhene, & le Rhin dans l'Ocean. Il y a en ces païs-là des marais, où habitoient jadis les Germains, gens barbares & peu considerables dans leur commencement: on les appelle aujourd'hui François. Leurs voisins étoient les Arboriques, autrefois soumis aux Romains, de même que toutes les Gaules & l'Espagne. Auprès d'eux, du côté du Levant, étoient les Thuringiens, peuples barbares, placez là par l'Empereur Auguste; un peu au-dessous de ceux-ci habitent les Bourguignons: & au-delà des Thuringiens, les Sueves & les Allemans, peuples courageux & puissans qui vivent sans dépendance.

« Dans la suite des tems, les Visigots envahirent l'Empire Romain, & se rendirent maîtres de l'Espagne & de cette partie des Gaules qui est au-delà du Rhône, qu'ils rendirent tributaires. Les Arboriques combattoient alors sous les Romains. Les Germains (c'est-à-dire les François) leurs voisins, voyant leur ancien état changé, voulurent les subjuguer, pillerent leur Païs, & les attaquerent puissamment. Les Arboriques montrerent là leur valeur, & leur attachement aux Romains. De sorte que les François ne pouvant les domter,

---

jussit evocari, qui validissimis usus argumentis, Chlodoveum hortatur, ut falsis abjectis numinibus, ad Deum verum & ad Christum convertatur.

Ille vero se jam conversum esse testificatur; sed populum ait sibi subditum habere, qui non libenter a diis suis recessurus esset; verum se, uti jam audierat, alloquuturum illos esse. At quod gratissimum illi fuit, ubi suos convenit, statim omnes quasi uno ore clamant: *Mortales Deos abjicimus, pie Rex, & Deum quem Remigius prædicat immortalem sequi parati sumus.* Hæc audienti Remigio gratissima fuere: lætus ille jubet lavacrum parari: omnia cum debito ritu & magnificentia peraguntur. Chlodoveus ad Baptismi fontem venit. Ait illi Remigius: *Mitis depone colla, Sicamber: adora quod incendisti, incende quod adorasti.* Chlodoveus ergo baptizatus & sacro unctus chrismate fuit. Præter Regem vero, de exercitu ejus plusquam tres mille baptizati sunt. Baptizata item soror ejus Alboflediś, quæ non diu postea ad Deum migravit. Lanthechildis vero altera soror ejus, quæ Ariana erat, abjurato errore suo, sanctum Chrisma recepit.

Quidam ex ævi nostri Scriptoribus hic locant ea quæ de Arboricis Procopius refert, quæ vix commode possunt ad historiam nostram aptari. En verba Procopii: *bello Goth:* l. 1. c. 12.

« Rhodanus & Rhenus aliaque flumina Gallias irrigant. Rhodanus in Tyrrhenum mare influit: Rhenus in Oceanum. In regionibus illis paludes sunt, ubi habitabant olim Germani, barbara gens, nec initio ita conspicua. Hi hodie Franci vocantur. Vicini eorum erant Arborici, Romanis olim subditi, ut Galliæ totæ, Hispaniæque. Juxta illos ab orientali latere Thuringi erant, barbati populi, qui istis in locis ab Augusto constituti sunt. Sub his penè habitant Burgundi, & ultra Thuringos, Suevi & Alamanni, strenuæ gentes, nemini subditæ.

« Insequenti tempore Visigothi Imperium Romanum invadentes, Hispaniam sibi subegerunt, necnon illam Galliarum partem quæ ultra Rhodanum est. Arborici tunc sub Romanis militabant. Germani eorum vicini, veterem illorum statum mutatum videntes, subjicere ipsos conati sunt, regionemque illorum depopulati, ipsos valide sunt adorti. Arborici vero strenue obstiterunt, Romanis addicti. Cum ergo illos Franci subigere non possent, societatem

Tome I. C ij

» s'associerent à eux, & les Arboriques y consentirent d'autant plus volontiers, » qu'ils étoient Chrétiens comme eux. Ils ne firent plus qu'un peuple qui devint » très-puissant par cette jonction. D'autres Troupes Romaines qui étoient à l'ex-» tremité des Gaules, ne pouvant plus retourner à Rome, & ne voulant pas se » joindre aux Ariens, s'unirent aux Arboriques & aux François.

Monsieur de Valois, Mezerai, le P. Lobineau, & plusieurs autres, prétendent que les Arboriques sont ici mis pour les Armoriques, ou les Armoriquains. En effet, où a-t-on jamais oüi parler des Arboriques dans les Gaules ou sur le Rhin. Il y a même grande apparence que celui qui a copié le Grec de Procope pour l'imprimer, aura lû Ἀρβόρυχοι pour Ἀρμόρυχοι. Depuis que les Grecs prirent l'usage de lier les lettres, il se fit un tel changement dans le β, qu'il devint fort semblable à l'μ, ensorte qu'on y est trompé si on n'y prend garde.

Ce que dit ici Procope de la situation des Arboriques, des Thuringiens, des Bourguignons, & des autres Peuples, est si peu exact, qu'on ne peut rien établir là-dessus. Il est vrai que les Armoriques; c'est-à-dire, les Bretons, furent joints aux François, ils furent leurs vassaux, & tributaires, mais bien malgré eux. Ils se revoltoient à toute occasion, faisoient des incursions sur les Terres voisines, & ne cedoient jamais qu'à la force.

AN. 498.
Guerre de Clovis contre les Bourguignons.

Une autre guerre s'éleva ensuite. Gondebaud & Godegisele, freres, oncles de Clotilde, occupoient le Royaume de Bourgogne qui s'étendoit sur la Saone & sur le Rhône. Godegisele, pour opprimer son frere, traita secretement avec Clovis, lui promettant que s'il l'aidoit à chasser ou à faire perir Gondebaud, il lui payeroit tous les ans tel tribut qu'il lui plairoit établir. Clovis marcha avec son armée contre Gondebaud, qui se voyant puissamment attaqué, & ne sachant rien du traité de son frere avec Clovis, le solicita de se joindre à lui, lui faisant entendre que la cause étoit commune, & que Clovis en vouloit à leur Etat; qu'après qu'il auroit domté l'un des freres, il ne manqueroit pas de tomber sur l'autre. Godegisele fit semblant d'acquiescer à ce que son frere lui disoit, & marcha avec son armée, comme pour combattre avec Gondebaud contre Clovis. Les armées se rencontrerent à Dijon, & la bataille se donna à la riviere d'Ousche. Là Godegisele se joignit à Clovis, & les deux armées donnant sur celle de Gondebaud, la mirent bien-tôt en déroute. Gondebaud s'enfuit, gagna le Rhône, & se rendit à Avignon. Godegisele, après cette victoire,

» cum illis inierunt, quam Arborici eo libentius am-» plexi sunt, quod illos Christianos viderent, ut & » ipsi erant. Unus vero ex duobus populus effectus est, » hac conjunctione potentissimus. Aliæ Romanorum » cohortes, quæ in extremis Galliis erant, cum nec » Romam repetere possent, nec cum Arianis conjungi » vellent, cum Arboricis & Francis sese junxere.

Hadr. Valesius, Mezeræus, Lobinæus, & alii, hic putant Arboricos pro Armoricis positos esse. Etenim ubinam legimus unquam Arboricos esse populos qui in Galliis aut ad Rhenum habitent. Imo verisimile omnino est eum qui Græca Procopii exscripsit ut typis mandaret, Ἀρβόρυχοι scripsisse pro Ἀρμόρυχοι. Ex quo enim tempore Græci, ab uncialibus literis deflectentes, literas mutuo colligarunt, in literam β tanta mutatio invecta est, ut literæ μ omnino similis effecta sit, & nisi caute agatur, alia pro alia facile scribatur.

Quod hic de Arboricorum situ profert Procopius, nec non quod de aliarum gentium Thuringorum, Burgundionum &c. sedibus adjicit, sine ulla accuratione dicitur, ut vix possis ex dictis ejus quidpiam certum statuere. Verum certe est Armoricos illos, quos Britonas dicunt, Francis junctos fuisse; sed subditi & vectigales erant, etsi admodum inviti. Quavis oblata occasione rebelles, vicinis suis infesti erant, nec nisi armis coacti cedebant.

Greg. l. 2. c. 3

Exortum deinde aliud bellum est Gundobadum inter & Godegiselum fratres, Chlotildis patruos, qui Burgundiæ regnum circa Ararim & Sequanam situm occupabant. Godegiselus ut fratrem opprimeret, clam cum Chlodoveo pacta iniit, ut si ope ejus fratrem aut regno pellere aut occidere posset, quotannis ipsi vectigal ad libitum solveret. Chlodoveus exercitum movet contra Gundobadum, qui de exitu metuens, & pacti a fratre initi nescius, rogat, ut, junctis ambo copiis, communem hostem propulsent, qui si alterum debellaret, alterum haud dubie aggressurus erat. Godegiselus se fratri morem gerere simulavit, & admotis copiis, prope stetit quasi contra Chlodoveum pugnaturus. Chlodoveus movit ad castrum cui Divio nomen. Pugna committitur super Oscatam fluvium. Tunc Godegiselus Chlodoveo jungitur, & ambo exercitum Gundobadi adorti, statim profligant. Gundobadus fuga Rhodanum petiit, indeque Avenionem pervenit. Post partam victoriam Godegi-

promit à Clovis de lui ceder certaine partie de ses Etats, & entra triomphant dans Vienne, se regardant comme l'unique possesseur du Royaume.

Clovis ayant augmenté ses Troupes, marcha contre Gondebaud, dans le dessein de le prendre avec sa Ville, & de le faire mourir. Gondebaud fort étonné, se voyant à deux doigts de sa perte, prit conseil d'un homme sage, éclairé & fidele, nommé Aridius, qui lui dit, qu'il n'y avoit point d'autre expedient à prendre, que d'adoucir Clovis, & de tâcher d'en obtenir quelque composition favorable. Ils concerterent ensemble qu'Aridius se rendroit auprès de Clovis, comme fugitif, & que là il épieroit l'occasion de tirer Gondebaud du péril où il se trouvoit. Clovis reçut humainement Aridius; & trouvant en lui un homme sage & prudent, capable de bien conseiller, il l'admet dans sa confiance. Le Siege tiroit en longueur, & la Ville étant forte & bien munie, pouvoit encore resister long-tems. Aridius prit de là occasion de representer à Clovis, que la place étant forte, il se morfondroit là long-tems; que cependant son armée ravageoit les campagnes voisines, & ruinoit tout; qu'il feroit bien mieux d'imposer à son ennemi un tribut pour toujours, de se retirer ensuite, & laisser cultiver les champs; & que si Gondebaud n'acceptoit pas ce parti, il le traiteroit à la derniere rigueur. Le Roi suivant ce conseil, en fit faire la proposition à Gondebaud, qui accepta volontiers cette condition, lui paya le tribut imposé, & promit de faire tous les ans de même. Clovis congedia alors ses Troupes, & se retira.

Dès que Gondebaud se vit libre, sans se mettre en peine d'executer ce traité, An. 499. que la necessité l'avoit obligé de faire, il ramassa des troupes, & alla assieger son frere dans Vienne. Godegisele voyant que le menu peuple fort nombreux auroit bien-tôt consumé les vivres, d'où s'ensuivroit la famine & sa perte, fit sortir toutes les bouches inutiles. Un Architecte qui avoit soin de l'aqueduc, Prise de Vienne fut mis dehors avec les autres. Indigné de se voir ainsi chassé, il alla découvrir à Gondebaud un moyen de se rendre bien-tôt maître de la Place, en faisant par Gondebaud. secretement entrer des gens par l'aqueduc, s'offrant de conduire l'entreprise. On accepte l'offre, il y introduit un grand nombre de soldats. Ceux qui tiroient des fleches de dessus les mûrs sur les assiégeans, virent derriere eux ces gens qui étoient entrez par une route inconnuë. On sonne le tocsin au milieu de Vienne. Ceux qui venoient d'entrer par l'aqueduc ouvrirent les portes, les troupes de

---

selus partem regni sui Chlodoveo promittit & triumphans Viennam ingreditur, quasi totum jam possideret regnum.

Chlodoveus porro auctis exercitûs copiis, contra Gundobadum movet, illum cum urbe Avenione capturus & interemturus. Gundobadus sibi metuens, sidum atque prudentem virum Aridium nomine ad consilium adhibet, qui nullam aliam sibi ad salutem viam superesse ait, quam si Chlodoveum emolliret, & ad quasdam salvo capite conditiones deduceret. Tunc suadente Aridio id inter ambos statuitur; ut Aridius simulata fuga Chlodoveum adiret, & Gundobadi ex periculo eruendi occasionem captaret. Aridius perhumaniter excipitur a Chlodoveo, qui virum esse sagacem advertens, ipsum ad consilium adhibuit. Obsidione jamdiu vallata urbs, admodum firma & necessariis munita rebus erat, diuque poterat resistere. Hinc ansam arripiens Aridius Chlodoveo dicit : ante urbem munitissimam ipsum diu tempus terere, dum exercitus agros popularetur omniaque perderet : meliusque consultum fore, si hosti tributum annuum imperaret, & exercitum ab obsidione amoveret, ut in posterum excolerentur agri ; has offerendas esse Gundobabo conditiones ; qui si abnueret, Rex in proposito pristino remanere posset. Placuit Chlodoveo consilium, & Gundobado conditionem proposuit, qui libentissime illam admisit ; tributum statim persolvit, & quotannis se soluturum promisit. Tunc Rex obsidionem solvens, exercitum dimisit.

Gundobadus metu solutus & liber, inita pacta ni- C. 33. hil curavit, & tributum pendere postea neglexit. Collecto autem exercitu Godegiselum Viennæ degentem obsedit. Ille videns futurum ut infimâ plebs alimenta cito consumeret, unde sequutura fames erat & sibi pernicies ; jussit expelli eam ab urbe. Cum cæteris ejectus est Architectus qui aquæductum curabat. Indignatus ille Gundobadum adit, docetque modum urbis expugnandæ, clam intromittendo per aquæductum armatos milites : seseque suscipiendæ rei ducem offert. Consilium illud admittitur, multosque ille milites sic inducit in urbem. Dum autem Godegiseli milites ex muris sagittas & tela mitterent, qui clam intromissi fuerant a tergo illorum comparent. Hinc buccina clangitur, portæ urbis aperiuntur: acer-

Gondebaud entrent. Il y eut un grand combat dans la Ville. Le peuple qui se trouva entre les deux partis, étoit taillé en pieces de tous côtez. Godegisele voyant ses affaires desesperées, se refugia dans l'Eglise, où il fut tué avec l'Evêque Arien. Les François qui se trouverent avec Godegisele, se retirerent dans une tour. Gondebaud ordonna qu'on ne leur fît aucun mal; mais qu'on les envoyât à Toulouse au Roi Alaric. Il fit mourir les Senateurs & les Bourguignons qui avoient suivi le parti de Godegisele. Il mit aussi toute la Bourgogne sous son obéïssance, & donna des Loix aux Bourguignons, par lesquelles il étoit défendu d'opprimer les Romains. Sous le nom de Romains, il comprenoit les Gaulois vieux habitans du Payis. Gregoire de Tours & les autres Historiens de ces tems là, prennent souvent le nom de Romains en ce sens.

500.

Procope raconte fort differemment cette guerre des Bourguignons. » Les » François, dit-il, s'associerent avec les Gots, c'est-à-dire, avec Theodoric, Roi » des Ostrogots en Italie, contre les Bourguignons; à cette condition, que si » ceux d'un parti n'aidoient point l'autre parti à faire cette conquête, ceux qui » n'auroient point fourni des troupes, donneroient une certaine quantité » d'or à ceux qui auroient combattu, & partageroient avec eux le payis conquis. » Suivant ce traité, les François attaquerent les Bourguignons avec une grande ar- » mée. Theodoric leva aussi des troupes de son côté : mais il commanda aux Chefs » d'aller lentement, de retarder leur marche pour donner le tems aux François » de combattre avant leur arrivée; & que si les François étoient vaincus, ils s'ar- » rêtassent, & n'allassent pas plus avant; s'ils étoient vainqueurs, qu'ils fissent » diligence pour les joindre. Suivant ces ordres, les Chefs attendant l'issuë, » retarderent tellement leur marche, que les François avant leur arrivée donne- » rent bataille aux Bourguignons : elle fut long-tems disputée; mais à la fin les » Bourguignons furent défaits & obligez de s'enfuir à l'extrêmité de leur payis, » où ils avoient quelques places fortes : tout le reste demeura aux François. Les » Ostrogots s'avancerent alors en diligence. Les François se plaignirent de leur » retardement. Mais ils s'excuserent sur la difficulté des chemins; & moyennant » une somme selon la convention, ils partagerent les terres conquises avec les François. »

Comment accorder cela avec la suite de l'histoire des Bourguignons & du succès de cette guerre? Mais on remarque que Procope n'est guere exact à raconter ce qui se passoit au-delà des Alpes & dans les Gaules.

rime pugnatur in urbe, populusque in medio pugnantium utrinque cæditur. Godegiselus nullam superesse spem cernens, in Ecclesiam confugit, ubi cum Episcopo Ariano occiditur. Franci qui cum Godegiselo erant, in unam se turrim receperunt. Jussit Gundobadus illæsos illos mitti Tolosam ad Alaricum regem, Senatores autem & Burgundiones, qui pro Godegisilo steterant, interfici curavit. Totam vero sibi Burgundiam subjecit, Burgundionibusque mitiores leges posuit, ut ne Romanos occiderent. Romanorum nomen etiam Gallos veteres complectitur, cum apud Gregorium Turonensem, tum apud alios etiam Scriptores.

Procop. de bello Goth. l. 1. c. 12.

Hoc Burgundicum bellum longe alio recenset modo Procopius. » Franci, inquit, cum Gothis, id est » cum Theodorico rege, societatem inierunt, ut bel- » lum contra Burgundiones gererent, ea scilicet con- » ditione, ut si alterutra ex partibus alteram non ar- » mis juvaret ad regionem bello subigendam, ea pars » quæ non copias dederat ad pugnam, auri summam » statutam pugnantibus daret. Hoc inito pacto Franci » exercitum movent in Burgundiones. Theodoricus quoque exercitum collegit : sed Ducibus præcepit ut lento gradu incederent morasque traherent, ut ante adventum suum Franci pugnarent: si vero Franci superarentur, ne ulterius incederent; sin victores essent, tunc diligenter illos adirent. Jussa exsequentes Duces moras traxerunt, exitum exspectantes; ita Franci ante adventum ipsorum adventum cum Burgundionibus commisere pugnam. Æquo marte, diu pugnatum est. At demum Burgundi in fugam acti ad extrema regionis suæ secedere coacti sunt, ubi aliquot munita præsidia habebant, cætera vero omnia oppida & loca Francis cesserunt. Tunc Ostrogothi Francos celeriter adeunt. Hi quod tam sero accederent objurgabant, Ostrogothi itinerum devia & ardua loca in sui purgationem obtendunt: & numerata auri summa, ut inter ipsos convenerat, subactam terram cum Francis diviserunt.

Hæc quomodo aptari possint ad veram historiam & ad belli hujus exitum? Sed solet Procopius res ultra Alpes & in Gallia gestas minus accurate referre.

CLOVIS I.

Gondebaud prit alors une loüable résolution: il quitta l'Arianisme, & reçut le chrême des mains de l'Evêque Catholique. Ce fut Saint Avite, qui instruisit le Roi; & comme il étoit fort éloquent, il lui donna de beaux preceptes touchant la conduite qu'il devoit tenir à l'égard de son peuple qui étoit Arien.

Alaric Roi des Gots, effrayé des victoires & des conquêtes de Clovis, lui fit dire par des Ambassadeurs, que pour le bien de la paix, il souhaitoit une entrevûë. Clovis y donna les mains, & se rendit à Amboise qui étoit dans le territoire de Tours. Alaric s'y rendit aussi; l'entrevûë se fit dans l'Isle de la Loire, où ils mangerent & burent ensemble, & s'entrepromirent foi & amitié. Mais cette paix ne dura gueres, comme nous allons voir. La plûpart des Gaulois anciens peuples du païs, souhaitoient fort d'être sous les François. Apparemment, parcequ'ils les voyoient plus puissans & plus en état de les défendre des incursions des autres peuples barbares.

AN. 503.

Entrevûë de Clovis & d'Alaric Roi des Gots.

Malgré la foi donnée à Alaric, Clovis voyoit à contre-cœur que des Ariens occupassent une bonne partie des Gaules. Si ce ne fut pas sa veritable raison pour faire la guerre au Roi des Visigots, Arien, c'en fut au moins le pretexte. Il communiqua son dessein à ceux de sa nation, qui lui applaudirent. Theodoric Roi des Ostrogots en Italie, fit tous les efforts possibles pour empêcher cette guerre. Il envoya des Ambassadeurs à Clovis pour l'en détourner; mais inutilement. Fredegaire donne à entendre que Clovis découvrit qu'Alaric usoit de fraude à son égard. Il marcha donc avec son armée vers Poitiers, où demeuroit alors Alaric. Il falloit passer par le territoire de Tours. Clovis devot à S. Martin, défendit à toute l'armée de rien prendre dans tout ce territoire, hors l'eau & l'herbe pour les chevaux, & punit de mort un François qui contrevint à la défense. Il envoya à la Basilique du même Saint, pour savoir s'il n'y auroit pas quelque presage de la victoire future. Ceux qui furent envoyez portoient des presens au Saint. En entrant dans l'Eglise ils entendirent cette Antienne: *Seigneur, vous m'avez revêtu de force pour la guerre; vous avez fait succomber devant moi, ceux qui s'élevoient contre moi: vous avez mis en fuite mes ennemis, & vous avez fait périr ceux qui me haïssoient*: Et ils rapporterent au Roi cette joyeuse nouvelle. On faisoit fort souvent en ces tems-là ces sortes d'épreuves.

Guerre contre Alaric, & sa défaite par Clovis.

L'armée étant arrivée au bord de la Vienne fort enflée par les pluies, Clovis pria Dieu la nuit suivante de lui montrer un passage sûr. Une grande biche qui

---

33. Recte autem Gundobadus post talem exitum belli ab Arianismo descivit, & ab Episcopo Catholico, Sancto nempe Avito, facto Chrismate unctus est. Is Regem pia imbuit doctrina, & quia facundia pollebat, præcepta dedit ei ad rem cum populo suo, qui Arianus erat, sagaciter prudenterque gerendam.

35. Alaricus Gothorum rex, tot tantilque Chlodovei victoriis haud dubie perterritus, Legatos ad illum misit, ut congressum sibi & una colloquium postularet ad pacem, amicitiamque confirmandam. Non abnuit Chlodoveus, veneruntque ambo Ambasiam in Ligeris insula, ubi simul convivati, mutuam sibi pacem & amicitiam promiserunt; sed pax hujusmodi non diuturna fuit. Maxima pars Gallorum qui natalem regionem incolebant Francorum ditioni se subdere cupiebant, quia nempe potentissimos illos videbant, qui possent se a reliquarum gentium barbararum incursionibus tueri.

36.

37. Etiam post datam Alarico fidem, Chlodoveus ægre videbat Arianos & Hæreticos non spernendam Galliarum partem occupare. Si hæc non vera inferendi belli causa fuit, hanc certe ille Francis obtendit; qui hæc cum plausu exceperunt. Theodoricus vero rex Ostrogothorum in Italia nihil non egit ut eum ab hujusce inferendi belli proposito averteret. Chlodoveo ea de re Oratores misit, sed incassum. Innuit Fredegarius Chlodoveum comperisse, secum ab Alarico actum esse fraudulenter. Chlodoveus ergo movit exercitum versus Pictavos, ubi tunc degebat Alaricus. Iter erat per Turones; Chlodoveus vero S. Martini cultui addictus, exercitui prohibuit, ne quid per Turonensium terras a quoquam auferretur præter aquam & herbam equis: & Francum, qui non paruerat, occidi jussit. In Basilicam S. Martini misit nuncios cum muneribus, qui experirentur num aliquod futuræ victoriæ signum haberi posset. Introeuntes autem illi in Ecclesiam hoc statim audierunt: *Præcinxisti me, Domine, virtute ad bellum: supplantasti insurgentes in me subtus me, & inimicos meos dedisti mihi dorsum, & odientes me disperdisti*: Id illi Regi læti retulerunt. Hoc genus augurii, ut ita dicam, in usu tunc erat.

Ubi ad Vigennam cum exercitu pervenit ex pluviis tumentem, insequenti nocte Deum precatus est, ut sibi transfundi viam ostenderet, sequenti die matutinis horis cerva miræ magnitudinis, quæ fluvium pertransi-

Tudor. q. 2.

passa le lendemain la riviere à gué, leur servit de guide. Quand Clovis approcha de Poitiers, il vit une grande flamme qui sortoit de la Basilique de S. Hilaire, & qui venoit vers lui, afin, dit l'Historien, qu'aidé de la lumiere de saint Hilaire, il affrontât avec plus de hardiesse les phalanges des Ariens, contre lesquels ce saint Prélat avoit souvent combattu. Il défendit encore ici de rien prendre sur ce territoire, comme il l'avoit défendu à Tours. La bataille se donna à Vouglé, à trois lieuës de Poitiers. Les François allerent attaquer les Gots, qui combattoient d'aussi loin qu'ils pouvoient. Ces Gots prirent bien-tôt la fuite, selon leur coutume, dit Gregoire de Tours. Alaric fut tué de la main du Roi Clovis. A la fin de la bataille, deux Gots armez de piques, vinrent sur Clovis pour le tuer; ils lui porterent deux coups sur les côtez. Mais la bonté de sa cuirasse, & la vitesse de son cheval, le garantirent. Il falloit qu'il fût loin de ses gens. Chloderic, fils de Sigebert, Roy de Cologne, parent de Clovis, se trouva à ce combat, où il périt un grand nombre d'Auvergnats qui y étoient venus sous la conduite d'Apollinaire, plusieurs des premiers Senateurs y furent tuez. Amalaric, fils d'Alaric, après la défaite, s'enfuit en Espagne, & se saisit du Royaume de son pere. Clovis envoya son fils Thierry pour s'emparer de Rhodes, d'Alby & de l'Auvergne: il marcha, subjugua ces Villes, & étendit ses conquêtes jusques au Royaume de Bourgogne. C'est apparemment ce même Thierry qui vint ensuite assieger Carcassonne; mais apprenant que Theodoric, Roi des Ostrogots, s'approchoit avec une grande armée pour lui faire lever le siege, & ne se sentant pas assez fort, il se retira. C'est ainsi, je crois, qu'il faut entendre Procope.

An. 508.

Clovis passa l'hyver à Bourdeaux, & s'en alla ensuite à Toulouse, d'où il enleva les tresors d'Alaric, sans qu'il paroisse qu'il ait trouvé de la resistance dans cette capitale des Visigots. Il vint de là pour se rendre maître d'Angoulême, & il arriva par une protection divine, dit l'Historien, que les murs tomberent d'eux-mêmes en sa presence. Il chassa les Gots de la Ville, & la rangea sous sa domination. Après tant de victoires il s'en retourna à Tours, & fit de grands presens à l'Eglise de S. Martin.

Clovis fait Consul par l'Empereur Anastase.

La renommée des batailles, des triomphes & des conquêtes de Clovis, vola jusqu'en Orient. L'Empereur Anastase, qui étoit souvent aux prises avec les Gots, charmé de la défaite d'Alaric, pour se concilier en Occident un aussi puissant confederé que Clovis, lui envoya, dit Gregoire de Tours, les codiciles du Consulat. Clovis, pour paroître en cette qualité, se revêtit dans l'Eglise de

---

vit, viæ dux fuit. Ubi in conspectu habuit Pictavorum urbem, flammam vidit Chlodoveus ex Basilica Sancti Hilarii egressam, quasi ad se venientem, inquit Gregorius, ut lumine Sancti Hilarii adjutus, Arianorum phalangas audacius aggrederetur, quibuscum Sanctus ille strenue decertarat. Prohibuit autem ne quid ibi diriperetur, ut in Sancti Martini agris fecerat. In Vogladensi campo, decimo ab urbe Pictavorum milliario, pugna commissa fuit. Eminus pugnantes Gothos, Franci cominus adorti sunt. Gothi vero terga verterunt *secundum consuetudinem*, inquit Gregorius Turonensis. Alaricus vero Chlodovei manu cecidit, quo occiso Gothi duo contis seu hastis utraque Regis latera feriunt, sed & loricæ, & velocis equi ope periculum evasit; remotus ergo à suis tunc Chlodoveus erat. Chlodericus Sigeberti Coloniæ regis filius huic certamini aderat; in quo ex Arvernis multi periere, qui Apollinario duce venerant, ex Senatoribus etiam Arvernis non pauci ceciderunt. Post cladem illam Amalaricus Alarici filius in Hispaniam fugit, regnumque patris occupavit. Chlodoveus porro Theodoricum filium suum cum exercitu misit qui Albigenses, Ruthenos, Arvernos subigeret. Ille vero urbes omnes usque ad Burgundionum regnum patris ditioni subjecit. Hic ipse Theodoricus, ut videtur, Carcassonem obsedit: Sed cum audisset Theodoricum Ostrogothorum regem cum exercitu magno accedere, ut militum numero longe impar, obsidionem solvit, & recessit. Sic intelligendum arbitror Procopium. Chlodoveus porro Burdegalæ hiemem egit. Inde Tolosam venit & thesauros Alarici abstulit, nec videtur hæc urbs sedes regum Gothorum obstitisse victori. Hinc Ecolismam venit, cujus muri divino nutu, inquit Gregorius, sponte corruerunt: exclusis Gothis urbs Chlodoveo cessit. Hinc Turones regressus, multa Basilicæ S. Martini munera obtulit.

Tot victoriarum triumphorumque fama in Orientem usque volavit. Anastasius vero Imperator, qui sæpe cum Gothis contendebat, Alarici clade lætus, ut sibi in Occidente talem bellatorem conciliaret, Chlodoveo codicillos de consulatu misit, qui ut tantum sibi collatum honorem publice efferret, in Ecclesiâ S. Martini,

Saint Martin, d'une tunique de pourpre & d'une *Chlamyde*, mit à sa tête un diadême, monta à cheval, & allant depuis l'Eglise de S. Martin jusqu'à l'Eglise de la Ville, il fit des largesses au peuple, lui jettant lui-même de l'or & de l'argent. Depuis ce tems-là il reçût des acclamations comme Consul & Auguste.

Ceci a besoin d'explication. La qualité de Consul que lui donne Anastase, n'est pas celle de Consul annuel, de cette Magistrature qui finissoit avec l'année; mais une qualité honoraire & permanente. M. de Valois croit que c'est le Patriciat, tel qu'il fut donné à Charlemagne & à plusieurs autres. Quant à la qualité d'Auguste, il n'y a guére d'apparence qu'Anastase la lui ait accordée. Il est plus vrai-semblable que le peuple dans ses acclamations, & ceux qui auront voulu gagner ses bonnes graces, l'auront appellé Consul & Auguste.

C'est vers cette année qu'il faut placer le Siege d'Arles, dont parle Cassiodore. Les François assiegerent cette Place, & la battoient rudement. Theodoric, Roi des Ostrogots, envoya une puissante armée pour leur faire lever le siege. Il se donna une sanglante bataille qui fut long-tems disputée: les François furent enfin mis en déroute; & s'il en faut croire Jornandès, ils laisserent trente mille des leurs sur la place, sans compter les prisonniers. Il est surprenant, que Gregoire de Tours n'ait pas dit un mot d'une si importante affaire: cela pourroit faire douter qu'elle ait été aussi considerable qu'on l'a faite. Ce fut alors apparemment que Theodoric se rendit maître d'une partie des Villes que Thierry fils de Clovis avoit prises. *Les François desfaits devant Arles.*

Clovis étant parti de Tours, vint à Paris, où il établit son Siege & sa demeure. Il fit dire en secret à Cloderic, fils de Sigebert, que si son pere qui étoit vieux & boiteux venoit à mourir, il contribueroit à le faire établir Roi en sa place. Cela enflâma la cupidité de Cloderic, jusqu'à le porter à faire tuer son pere lorsqu'il alloit vers la forêt Buchonie. Il le fit massacrer en effet, & fit d'abord avertir Clovis, que son pere étoit mort, & qu'il envoyât des gens pour prendre de ses tresors tout ce qu'il souhaiteroit. Clovis y envoya deux hommes, qui dans le tems que Cloderic montroit les coffres & les tresors de son pere, lui fendirent la tête d'un coup de hache. Clovis lui-même, s'étoit avancé jusqu'à l'Escaut, apparemment pour être plus à portée de se saisir du Royaume de Sigebert. Après sa mort il se rendit à Cologne, harangua le peuple, l'assurant qu'il n'avoit *An. 509. Cloderic fait tuer Sigebert son pere Roi de Cologne.*

---

sia S. Martini, tunicam blatteam induit & chlamydem: imponens vertici diadema, & equo vectus ab Ecclesia Sancti Martini ad Ecclesiam urbis concessit, aurum & argentum manu propria populo spargens in signum lætitiæ, *& ab illa die tanquam Consul & Augustus est vocitatus,* inquit Gregorius.

Hæc sic explicanda puto, Consulis dignitas Chlodoveo collata non annuum Consulatum spectabat, sed honorem & nomen Consulis permanens. Putatque Valesius Patriciatum esse, qualis Carolo Magno & aliis collatus est. Quod attinet autem ad Augusti nomen, non verisimile est illud Anastasium Chlodoveo contulisse: sed credam libenter, populum tantùm in acclamationibus Consulem & Augustum dixisse.

Hunc circiter annum consignamus obsidionem illam Arelatensem de qua Cassiodorus. Franci, inquit, Arelaten ab se obsessam urbem, tormentis bellicis acriter impetebant. Theodoricus vero Ostrogothorum rex exercitum misit magnum qui solveret obsidionem. Commissa pugna est in qua diu æquo marte pugnatum: sed Franci tandem cesserunt & in fugam versi sunt, ac, si fides sit Jornandi, triginta mille ex suis cæsos reliquerunt, iis non numeratis qui capti sunt. Mirum sane Gregorium Turonensem nihil de re hujusmodi scripsisse: unde forte suspicio nascatur non tantam fuisse cladem. Tunc haud dubie Theodoricus rex magnam oppidorum & urbium partem recepit, quas Theodoricus Chlodovei filius ceperat.

Chlodoveus e Turonibus profectus Lutetiam venit, quam sedem præcipuam sibi regni constituit. Hinc clam Chloderico Sigeberti Regis filio nuncium misit, qui diceret, si pater ipsius Sigebertus jam senex & claudus moreretur, curaturum se in locum ejus ipse constitueretur. Regnandi cupiditate incensus Chlodericus eo sceleris prorupit, ut patrem, dum in Buchoniam silvam iret, interfici curaret. Statimque ille patrismortem Chlodoveo nunciavit, partem, quam ipse optaret, thesaurorum ejus ipsi offerens, si quos mitteret accipiendi causa. Misit Chlodoveus viros qui dum illi inclinatus thesauros in arca positos ostentaret, bipenni caput & cerebrum ejus impetierunt, parricidamque trucidaverunt. Chlodoveus vero, qui interim ad Scaldim fluvium venerat, fortassis ut magis præsto esset ad regnum Sigeberti occupandum, Coloniam venit: populumque alloquens, se inscio hæc omnia

nulle part à tout ce qui s'étoit passé, & l'exhortant à se ranger sous sa puissance, puisqu'il étoit bien en état de les défendre. Cela fut reçû avec un applaudissement general, Clovis fut déclaré Roi & *inauguré* à la maniere des nations Septentrionales. Ils l'éleverent sur un bouclier, & avec les acclamations accoutumées en cette ceremonie, accompagnées du son de leurs pavois, ils le déclarerent leur Roi en la place de Sigebert défunt son parent. Cette sorte d'inauguration a été dépeinte ci-devant, tirée d'un original du dixiéme siecle. Gregoire de Tours donne assez clairement à entendre que Clovis poussa Cloderic à tuer son pere, & qu'il fut ainsi le premier auteur de cet horrible parricide. Mais ce qui est fort surprenant, c'est qu'à la fin de l'article il ajoûte cette reflexion: *C'est ainsi que Dieu humilioit tous les jours ses ennemis, & les reduisoit sous sa puissance, parce qu'il marchoit d'un cœur droit devant lui, & qu'il faisoit ce qui étoit agréable à ses yeux.*

Clovis fait tuer plusieurs petits Rois.

Après cela il chercha à se saisir de Cararic autre Roi François, qui regnoit dans quelque partie des Gaules; on ne sait quelle. Le pretexte qu'il prit pour chercher querelle à celui-ci, qui étoit son parent comme l'autre; c'est que lorsqu'il donna bataille à Siagre, Cararic vint avec une armée, se tint en presence des deux sans rien faire, les laissa battre sans donner secours à l'un ni à l'autre, & attendit l'évenement pour lier amitié avec le victorieux: mais il y avoit vingt-deux ans que cela étoit arrivé; d'ailleurs, il ne traita pas mieux ceux qui l'avoient secouru, comme Sigebert à la bataille de Tolbiac, & Ragnacaire à celle contre Siagre. Clovis ne donna point de combat contre Cararic, mais il lui tendit des embuches, & le fit prisonnier lui & son fils. Il les fit d'abord tondre, & fit faire le pere Prêtre & son fils Diacre. Cararic portoit impatiemment son infortune, & pleuroit son desastre. Son fils lui dit: *Ce ne sont que des branches coupées, l'arbre est vert, il en poussera bien-tôt d'autres: plût à Dieu que l'auteur de tout ceci périsse aussi-tôt.* Cela fut rapporté à Clovis, qui apprit aussi qu'ils laissoient croître leur chevelure, & qu'ils menaçoient de le tuer. Il leur fit aussi-tôt couper la tête, & s'empara de leur Royaume & de leur tresor.

510.
Ragnacaire, aussi parent de Clovis, regnoit à Cambrai. Sa vie desordonnée & sa débauche avec les femmes étoit outrée, il ne s'abstenoit pas même de ses plus proches parentes. Il avoit un favori nommé Farron fort adonné au même vice, & compagnon de tous ses plaisirs: en sorte que quand on lui faisoit

---

gesta fuisse testificatur, deindeque turbam hortatur ut se in ditionem suam referrent, cum posset illos contra cunctos tueri. Hæc illi grato animo accipiunt *plaudentes tam parmis quam vocibus, eumque clypeo evectum super se regem constituunt* in locum Sigeberti defuncti. Hunc inaugurationis ritum supra depictum exhibuimus ex manuscripto regio decimi sæculi desumtum. Satis declarat Gregorius Turonensis, movente Chlodoveo tam immane parricidium Chlbderico susceptum & patratum fuisse. Et tamen, quod summopere mirandum, historiam hujusmodi sic ille concludit de Chlodoveo loquens: *Prosternebat enim quotidie Deus hostes ejus sub manu ipsius, & augebat regnum ejus, eo quod ambularet recto corde coram eo, & faceret quæ placita erant in oculis ejus.*

C. 41. Sub hæc autem Chararicum aggreditur alium Francorum regem in alia, sed nusquam memorata, Galliæ parte. Querebatur autem Chlodoveus Chararicum & ipsum sibi cognatum, ad pugnam contra Siagrium advenisse, & eminus stetisse, dum exercitus manus consererent, ut post eventum cum victore societatem

iniret. Verum ab hoc prælio jam viginti duo anni elapsi erant, & alioquin non mitius egit Chlodoveus cum Sigiberto qui in Tolbiaca pugna, & cum Ragnachario qui in prælio contra Siagrium, in auxilium venerant. Non armis Chararicum aggressus est Chlodoveus, sed dolo circumventum cepit illum cum filio. Vinctos statim totondit, & patrem Presbyterum, filium Diaconum ordinari jussit. Talem fortunam ægre ferebat Chararicus, & sortem suam lacrymis deplorabat, cui filius: *In viridi*, inquit, *ligno hæ frondes succisæ sunt, nec omnino arescunt, sed velociter emergent ut crescere queant: utinam tam velociter qui hæc fecit, intereat.* His compertis Chlodoveus, cum didicisset etiam ipsos & comam alere & sibi comminari necem, ambos capite plecti jussit, atque regnum & opes eorum occupavit.

C. 42. Ragnacharius item Chlodovei cognatus Cameraci regnabat: impudicitiæ deditus, ut nec a cognatis sibi feminis abstineret. Is sibi familiarem habebat Farronem nomine, pari vitio addictum, intimumque Regis amicum; ita ut cum quidpiam sibi muneris affer-

quelque present, il difoit, c'eft affez pour moi & pour mon Farron. Les François fort indignez de tout cela, le fouffroient impatiemment. Clovis profitant de l'occafion en gagna plufieurs par des prefens, & les porta à confpirer contre Ragnacaire. Ces prefens étoient des bracelets & d'autres pieces qu'il donnoit comme de l'or pur, mais qui n'étoient que de cuivre doré. Clovis s'avança avec fon armée: Ragnacaire envoye des efpions, qui étant de la confpiration, ne lui rapportoient rien que pour l'amufer; & Clovis venant donner bataille, Ragnacaire qui vit que fon armée plioit, fe préparoit à prendre la fuite; mais fes troupes fe faifirent de lui, lui lierent les mains derriere le dos, & le menerent à Clovis lui & fon frere Ricaire. *Pourquoi*, lui dit Clovis, *avez-vous fouffert à la honte de notre race, qu'on vous liât ainfi? Ne valloit-il pas mieux mourir que d'endurer cela:* En difant ces mots il lui fendit la tête d'un coup de hache. Se tournant enfuite vers Ricaire: *Si vous aviez*, dit-il, *défendu votre frere, il n'auroit pas été lié comme il l'a été*; & il le tua de même. Après quoi les traîtres vinrent fe plaindre à Clovis que les pieces d'or qu'il leur avoit données étoient fauffes. *C'eft l'or*, dit Clovis, *que méritent les traîtres qui livrent leurs maîtres à la mort*; c'etoit affez donné à des fcelerats qui devroient périr dans les tourmens. Effrayez de ces paroles, ces traîtres s'eftimerent heureux qu'on les laiffât encore vivre. Un autre frere de Ragnacaire, nommé Rignomer, qui regnoit au Mans, fut auffi tué. Clovis fe faifit de leurs Etats & de leurs finances.

510.

Plufieurs autres petits Rois & fes parens furent dépêchez de même. Il fe rendit ainfi le maître & Souverain unique de toutes les Gaules. On raconte de lui que feignant d'être fâché de n'avoir plus de parens, il fe plaignoit qu'il reftoit feul entre des étrangers, & que s'il lui arrivoit quelque revers de fortune, il ne fe trouveroit pas un des fiens pour l'aider: ce qu'il difoit, non pas de regret d'en avoir tant tué & fait tuer; mais afin que s'il avoit quelque parent caché, il fe declarât fur cette parole, & qu'il pût s'en défaire comme des autres.

C'eft environ ce temps-ci que Nantes fut affiegé par une armée de François commandée par Chillon, fous les ordres fans doute du Roi Clovis. Le fiege dura deux mois: mais par la protection des Saints Martyrs Rogatien & Donatien, & d'un autre Saint appellé Similin, qui firent paroître à minuit un grand nombre de gens vétus de blanc, la terreur fe mit dans l'armée; elle prit la fuite, & Chillon, encore Payen, fe convertit à la foi Chrétienne. Il paroît

---

retur diceret: *Hoc fibi fuoque Farroni fufficere.* Quam rem Franci ægre ferentes indignabantur. Occafionem arripiens Chlodoveus, ex illis plurimos muneribus fibi conciliavit, armillas & alia quafi aurea dedit ipfis, quæ tantum æs tantum deauratum erant. Chlodoveus verfus Cameracum exercitum movet. Ragnacharius autem exploratores mittit, qui cum ex confpirantium numero effent, ea tantum referebant, quæ nihil ad rem pertinerent. Interimque Chlodoveus ad pugnam inftruit exercitum. Ragnacharius vero ut vidit fuos jam terga dare, & ipfe fugam arripere voluit; verum a fuis, ligatis a tergo manibus, cum Richario fratre fuo, Chlodoveo traditur, qui ftatim: Cur, inquit, ad dedecus generis noftri te vinciri paffus es? Annon mori fatius fuiffet? Et protinus fecurim capiti ejus defixit, & ad Richarium verfus: Si fratri, ait, fuppetias tuliffes, is vinctus non fuiffet: & hunc quoque fecuri percuffit. Tum ii qui ipfos prodiderant queftum venere, quod data munera vere aurea non effent. Rex autem, Tale aurum, inquit, merentur, qui dominos fuos tradunt perimendos. Hoc fceleftis fatis eft, qui deberent torti perire. Perterrefacti illi, fibi fatis effe duxerunt quod vivere concederentur. Alius item Ragnacharii frater Rignomeres dictus qui in Cenomanorum urbe erat, ibique ut puto regnabat, Chlodovei juffu peremtus eft.

Multi alii reguli Chlodovei confanguinei perinde fublati de medio funt; fibique ille fic totas pene Gallias fubegit. Fertur tamen illum fimulate aliquando queftum effe, quod nullus fibi fupereffet cognatus, quodque folus inter extraneos verfaretur, & fi quid fibi finiftri accideret, neminem e fuis fore qui ad opem ferendam veniret. Non quod de fublatis doleret; fed ut fi quis adhuc cognatus lateret, fefe oftendere non timeret, ut eum ftatim gladio perimeret.

Hoc circiter tempus, obfeffi Namnetes fuere a Francis duce Chillone, juffu haud dubie Chlodovei regis. Poftquam obfidio ad fexaginta ufque dies protracta fuerat, auxiliantibus fanctis Martyribus Rogatiano & Donatiano, itemque S. Similino, multi albis veftibus media nocte apparuerunt: tantufque terror exercitum invafit, ut omnes fugam facerent. Chillo autem Dux hactenus idololatra, ad fidem converfus eft.

cependant que Nantes étoit l'année d'après sous la puissance de Clovis, puisque son Evêque Epiphane assista l'année 511. au Concile d'Orleans.

Mort de Clovis. Clovis mourut à Paris, & fut enterré en l'Eglise des saints Apôtres, qu'il avoit bâtie conjointement avec Clotilde sa femme. C'est cette Eglise qu'on appelle aujourd'hui *Sainte Geneviéve*. Sa mort arriva cinq ans après la bataille de Vouglé, l'an 511. c'étoit la quarante-cinquiéme de sa vie, & trentiéme de son regne. La Reine Clotilde se retira à Tours, où elle passoit une bonne partie de son tems dans l'Eglise de saint Martin, priant, servant Dieu, & vivant très-saintement. Elle y demeura tout le reste de sa vie, & vint rarement à Paris.

CHILDEBERT, THIERRI, CLODOMIR, CLOTAIRE.

APrès la mort de Clovis, ses quatre fils partagerent le Royaume, dit Gregoire de Tours, leurs noms étoient Thierri, fils d'une Concubine; Clodomir, Childebert & Clotaire; ces trois derniers étoient fils de Clotilde, épouse de Clovis. Thierri eut l'Austrasie & le Rhin, son Siege étoit Metz, ou Rheims selon Roricon; Clodomir eut son Siege à Orleans, Childebert à Paris, Clotaire à Soissons, & chacun sa part du Royaume. Il est difficile d'établir en quoi consistoit chacune des parts, & d'en assigner les limites. Ce qui est certain, c'est que la part où étoit Paris avoit quelque prérogative sur les autres. De là vient, peut-être, qu'Agathias nommant les quatre fils de Clovis, commence par Childebert, & Jornandès de même, quoique celui-ci broüille tout.

Partage des Etats de Clovis entre ses enfans.

Les victoires & les conquêtes de Clovis ayant rendu la France très-puissante, elle faisoit un grand bruit dans l'Europe. Cela porta Amalaric, Roi d'Espagne, fils d'Alaric tué à la bataille de Vouglé, à demander aux quatre freres leur sœur Clotilde en mariage. Elle lui fut accordée, & fut envoyée en Espagne avec une dot considerable en richesses & ornemens, dit Gregoire de Tours.

An. 515. Evêché obtenu par presens. Quatre ans après la mort de Clovis, on commença de voir en France un grand desordre dans la collation des Evêchez. Appollinaire à la sollicitation de sa femme Alcime, & de sa sœur Placidine, vint à la Cour du Roy Thierri,

---

Videtur tamen Namnetensis civitas anno 511. sub Chlodovei ditione fuisse, quandoquidem illo anno Epiphanius Namnetensis Episcopus Aurelianensi Concilio interfuit.

G. 43. Chlodoveus Lutetiæ obiit sepultusque est in Ecclesia Sanctorum Apostolorum; quam ipse cum Chlotilde regina fundaverat, quæque hodie S. Genovefæ appellatur. Decessit autem quinto post Vogladensem pugnam anno: regnavit annis triginta, vixit quadraginta quinque. Chlotildis vero Regina post viri mortem Turonas se recepit, ubi magnam temporis partem in Ecclesia S. Martini transegit, precibus dans operam & omne virtutum genus exercens: ibique per totam fere vitam mansit, raro Lutetiam venit.

CHILDEBERTUS, THEODORICUS, CHLODOMERIS, CHLOTARIUS.

Greg. Tur. l. 3. c. 1. DEfuncto Chlodoveo ejus filii quatuor successerunt, regnumque ejus æqua lance diviserunt, inquit Gregorius Turonensis. Nomina filiorum erant, Theodoricus ex concubina natus, Chlodomeris, Childebertus, Chlotarius, qui tres postremi Chlotildis filii erant. Theodoricus Austrasiam sortitus est: hujus sedes erant Metæ vel Rhemi secundum Roriconem. Chlodomeris sedes Aurelianum erat; Childeberti Lutetia Parisiorum; Chlotarii Suessiones. Cujusque portionis regiones singularum limites assignari vix possunt. Id vero certum est: illam nempe partem in qua Lutetia Parisiorum erat, aliquid prærogativæ præ cæteris habuisse. Inde fortasse est quod Agathias *Agathias l. 1.* Chlodovei filiorum quatuor nomina referens à Childeberto incipiat: itemque Jornandes, etsi hic omnia misceat.

Chlodovei victoriis prolati admodum Francici Imperii fines erant. Bellicosi filii ejus eam famam per Europam augebant; inde factum ut Amalaricus Alarici, qui in pugna Vogladensi cecidit, filius, sororem Chlotildem a quatuor fratribus in uxorem postularet, quæ concessa ipsi fuit, & in Hispaniam missa est, *cum magnorum ornamentorum mole,* inquit Gregorius. *Greg. Tu. l. 3. c. 1.*

Elapsis quatuor post Chlodovei obitum annis, pessimum in Episcoporum collatione vitium exortum est. Apollinarius, urgentibus uxore Alcima & sorore Placi-

chargé de presens, demander l'Evêché de Clermont, vacant par le decès de S. Eufraise. Thierri lui accorda sa demande. Apollinaire se mit en possession, & ne joüit pas long-tems du fruit de son crime; car il mourut quatre mois après. Thierri nomma alors S. Quintien, qui avoit été chassé de Rhodez, parce qu'il favorisoit la domination Françoise. Il fut sacré par les Evêques du voisinage, & donna de grands exemples de vertu & de sainteté.

Environ ce même tems les Danois avec leur Roi Chlochilaïque, vinrent sur une flote faire une descente dans les Gaules, prirent un Bourg qui étoit dans la portion de Thierri, qu'ils pillerent, emmenant captifs tous les Habitans qu'ils mirent sur leurs vaisseaux avec le reste du butin, & se disposerent à faire voile pour s'en retourner chez eux. Leur Roi cependant demeuroit sur le bord, attendant que les vaisseaux fussent partis pour les suivre. Thierri en fut averti. Il falloit qu'il eût des vaisseaux prêts, car il envoia son fils Theodebert, qui donna bataille aux Danois, les défit, tua leur Roi, & reprit tout ce qu'ils avoient pillé. Quand on fait reflexion sur le tems où se fit cette action, il y a ici quelque chose qui surprend, & qui feroit peut-être craindre qu'il n'y eût faute dans le calcul des années. Clovis meurt âgé de quarante-cinq ans; la descente des Danois se fait quatre ou cinq ans après sa mort; il auroit eu alors quarante-neuf ou cinquante ans, & son petit-fils est envoyé à la tête d'une armée, à une expedition perilleuse qui demandoit du courage, de la sagacité, & même de l'experience. Comment concilier tout cela? On croit que Clovis eut Thierri à l'âge de dix-sept ans, & qu'à la mort de son pere il avoit vingt-huit ans. Supposé qu'il eut eu Theodebert au même âge de dix-sept ans, ce petit-fils seroit né la trente-quatriéme année de la vie de son grand-pere; & n'auroit eu que quinze ou seize ans lorsqu'il fit cette belle expedition contre les Danois. Peut-être que cette guerre est survenuë plus tard que Gregoire de Tours ne le marque.

Les Danois defaits par Theodebert.

Il y eut vers le même tems de grands mouvemens dans la Thuringe, causez par le partage de cet Etat entre trois freres: source infaillible de division & de guerres civiles. Le nom des trois freres étoit Baderic, Hermanfroi, & Berthaire. Hermanfroi tua Berthaire, qui laissa plusieurs enfans, & entr'autres une fille nommée Radegonde. Il restoit encore un frere; & Amalaberge femme d'Hermanfroi sollicitoit puissamment son mari de lui faire la guerre, & de se défaire

Guerre de Thuringe.

dina, Theodoricum regem adiit, muneribus onustus, Episcopatum Claromontanum per S. Eufrasii obitum vacantem petens, qui concessus ipsi fuit. Et sic ille sedem istam occupavit, nec diu tanti sceleris fructu potitus est: post quartum enim mensem decessit. Tunc Theodoricus S. Quintianum nominavit, qui ex Ruthena civitate, quod Francis faveret, a Gothis pulsus fuerat. A vicinis autem Episcopis ordinatus, magna virtutis sanctitatisque specimina dedit.

Hoc circiter tempus Dani duce Chlochilaïco rege, in oram Gallicam exscensum fecere, pagum in Theodorici regno expilarunt, captosque incolas cum spoliis in naves exportarunt, & jam solvere parabant, ut patriam repeterent. Rex tamen in littore manebat, ut post cæteras naves postremus solveret. His auditis Theodoricus, haud dubie navibus instructus, Theodebertum filium misit, qui commissa cum Danis pugna, victor Regem illorum interfecit; ac quæ direpta fuerant omnia recepit. Si tempus computavi quo hæc gesta sunt, errorem hic in calculo esse suspicabimur. Chlodoveus quadraginta quinque natus annos moritur; Danorum exscensus quatuor vel quinque post ejus obitum annis factus est. Si ergo tunc vixisset adhuc Chlodoveus, 49. vel 50. annorum fuisset tantum: & nepos ejus ad periculosam expeditionem dux mittitur, id quod & strenuum & sagacem, imo etiam expertum hominem postulabat. Hæc quo pacto quadiare possint? Putatur Chlodoveus anno vitæ suæ decimo septimo Theodoricum genuisse; ita ut hic moriente patre, viginti octo annorum fuerit. Si ponamus filium ejus Theodebertum anno patris sui decimo septimo natum, anno trigesimo quarto vitæ avi sui natus fuerit, & circiter quindecim sedecimve annorum fuerit, cum illam contra Danos expeditionem tam strenue exsequutus est. Fortasse tardius hoc bellum accidit, quam Gregorius referat.

Maximi tunc motus Thoringiam exagitabant, orti ex divisa inter tres fratres regione, unde solebant bella civilia oriri. Tres illi fratres erant, Badericus, Hermenefridus & Berthraius. Hermenefridus Bertharium interfecit, qui filios aliquot reliquit & filiam nomine Radegundem. Frater adhuc restabat Badericus: & Amalaberga uxor Hermenefridi virum solicite urgebat, ut bellum contra fratrem moveret, ipsumque de me-

CHILDEBERT, THIERRI,

de lui pour avoir le Royaume en entier. Cette Amalaberge étoit niece de Theodoric Roi d'Italie, & fort ambitieuse. Elle anima si bien Hermanfroi, qu'il envoya secretement prier Thierri de joindre ses forces aux siennes pour opprimer son frere, lui promettant de partager avec lui son Royaume. Les deux armées jointes n'eurent point de peine à accabler Baderic. Il fut défait & tué. Après quoi Thierri étant retourné chez lui, Hermanfroi ne tint point sa parole ; ce qui causa entre eux une grande inimitié, dont nous verrons bien-tôt les effets.

An. 522.
La Bourgogne donnoit aussi ses scenes. Gondebaud dont nous avons parlé sous Clovis, mourut vers ce tems-là. Sigismond son fils qui lui succeda, donna sa fille en mariage à Thierri Roi d'Austrasie. Sigismond étoit un Prince fort pieux qui rebâtit le Monastere d'Agaune. Après la mort de sa premiere femme, fille de Theodoric Roi d'Italie, de laquelle il avoit un fils nommé Sigeric, il épousa une autre femme, qui à la maniere des belles-meres, dit l'Historien, se mit à fort mal traiter ce fils du premier lit. Sigeric qui portoit impatiemment sa mauvaise humeur, la voyant un jour revêtuë des habits de sa mere, lui dit en colere : Il ne vous convient pas de vous revêtir des habits de votre maîtresse.

Sigismond Roi de Bourgogne étrangle son fils.
Elle en fureur, anima Sigismond contre son fils, l'assurant qu'il pensoit à se défaire de lui pour avoir son Royaume, & le joindre à celui de Theodoric son grand-pere, qui regnoit en Italie. Elle fit si bien son personnage, que Sigismond persuadé de ce que sa femme lui chantoit perpetuellement aux oreilles, prit la résolution de le faire mourir. Un jour que Sigeric ayant bû du vin plus qu'à l'ordinaire, dormoit profondement après midi, il l'étrangla aidé de deux domestiques. A peine eut-il fait le coup, que touché d'une vive repentance, il se jetta sur le corps du défunt qu'il arrosa de ses larmes. Un vieillard qui se trouva là lui fit une reprimande : C'est vous, dit-il, qui meritez d'être pleuré plûtot que cet innocent que vous venez d'étrangler. Cela mit le comble à son affliction. Accablé de douleur & de tristesse, il alla trouver les saints Religieux d'Agaune, où par ses jeûnes & par ses larmes il tâchoit d'obtenir le pardon de son crime, il institua là un chant perpetuel des Pseaumes, & s'en retourna à Lion.

523.
Clotilde souffroit impatiemment que le crime de Gondebaud demeurât impuni. Il avoit tué son pere, noyé sa mere, & ne les avoit épargnées elle & sa sœur, que parce qu'étant filles elles ne pouvoient prétendre à la Couronne. Elle

---

Procop. de Bello Goth. l. 1.
dio tolleret, ut unus ipse Rex Thoringiæ maneret. Erat Amalaberga filia Theodorici Italiæ regis, procax & ambitiosa : eoque compulit Hermenefridum, ut clam apud Theodoricum Francorum regem ageret, de fratre, conjunctis secum copiis opprimendo, atque perimendo, pollicitus Theodorico dimidiam Thoringiæ partem, si res pro voto cederet. Junctis sic duo exercitus, Badericum facile oppresserunt, qui & ipse interemtus est. Reverso autem in regnum suum Theodorico, de pacto servando nihil curavit Hermenefridus ; unde ortæ inter ambos inimicitiæ, quarum exitum infra videbimus.

C. 5.
Burgundia quoque sua spectacula offerebat. Gundobadus, de quo superius actum est, hoc circiter tempus defunctus, Sigismundum reliquit successorem, qui filiam suam cum Theodorico Austrasiæ rege connubio junxit. Erat Sigismundus admodum pius, Monasteriumque Agaunensium restauravit : defunctaque uxore sua filia Theodorici regis Italiæ, aliam duxit, quæ novercarum more Sigiricum ex priore conjuge natum aspere agebat. Sigiricus novercæ mores ægre ferens, cum quadam die illam matris suæ ornatam vestibus cerneret : Non digna eras, inquit, quæ Dominæ tuæ vestes indueres. Furens illa Sigismundum affatur, aitque se certo scire Sigiricum de patre suo interficiendo cogitare, ut regnum ipsius cum Theodorici avi sui regno conjungat. His & similibus, quæ perpetuo decantabat illa, deceptus Sigismundus, filium suum interficere decrevit. Quadam die cum hausto largius vino arctius dormiret, duobus juvantibus famulis, puerum strangulavit. Re vixdum perpetrata, facti adeo pœnituit, ut super cadaver exanime ruens, lacrymis illud rigaret. Tunc Senex quispiam : Tu potius, inquit, lacrymis dignus es, quam hic innocens, quem modo jugulasti. Hinc aucto dolore ad sanctos Agaunenses se contulit, & lacrymis, jejuniisque scelus expiare curabat. Ibi vero cantum Psalmorum perpetuum instituit, ac Lugdunum reversus est.

Interea Chlotildis ægre ferebat, quod Gundobadi scelus inultum maneret : ille namque patrem Chlotildis occiderat, matrem in aquis demerserat ; ipsi vero & sorori ideo tantum pepercerat, quod cum feminæ essent, non possent regnum Burgundiæ sibi vendicare.

follicitoit ses enfans de faire la guerre aux deux fils de Gondebaud, Sigismond & Godemer. Ils marcherent contre eux avec une armée, leur donnerent bataille, & les défirent. Godemer s'enfuit, & échappa aux vainqueurs. Sigismond qui fuioit vers les Saints d'Agaune, fut pris avec sa femme & ses enfans par Clodomir, & mis sous sure garde à Orleans. Les trois freres s'étant retirez, Godemer assembla de nouveau des troupes, & se rétablit dans son Royaume. Clodomir se mit en état de marcher contre lui, prit resolution de se défaire de Sigismond, & malgré la remonstrance du saint Abbé Avite, qui le detournoit de cet acte de cruauté, il le fit mourir lui, sa femme & ses enfans, & les fit jetter dans un puits. Clodomir marcha contre Godemer, & appella à son secours son frere Thierri, qui sans se ressentir de la mort de son beau-pere Sigismond, se joignit à lui. Ils donnerent bataille à Godemer, & mirent son armée en déroute. Clodomir poursuivant trop chaudement l'ennemi, ne prit pas garde qu'il s'éloignoit de ses gens. Les Bourguignons qui l'apperçûrent seul, lui crierent: Approchez, nous sommes à vous. Ne s'appercevant pas des embûches, il alla à bride abbattuë au milieu d'eux, & alors ils le prirent, lui couperent la tête, & la mirent au bout d'une pique. Fredegaire donne à entendre que Thierri ne donna point de secours à son frere; indigné peut-être, de ce qu'il avoit fait mourir cruellement Sigismond son beau-pere. Les François encore plus animez de la mort de leur Roi, mirent Godemer en fuite, défirent entierement les Bourguignons, & se rendirent maîtres de toute la Bourgogne. Cependant Godemer rentra bien-tôt après dans son Royaume. Clotilde mena un grand deüil de la mort de son premier fils Clodomir, & prit avec elle les trois fils du défunt, Theodoald, Gonthaire & Clodoald ou Cloud, pour les élever. Clotaire épousa sa veuve Gontheuce.

524. Clodomir fait tuer Sigismond & est après tué lui-même.

524.

Hoc illa stimulo filios suos ad bellum in Burgundiam movendum incitabat. His illi permoti, contra Sigismundum & Godomarum fratres exercitum movent, commissoque prœlio, utrumque fugant, Godomarus evasit; Sigismundus cum ad Sanctos Agaunenses fugeret, a Chlodomere captus est, & in custodia positus. Reversis a bello Francis Regibus, Godomarus, resumtis viribus, & collecto exercitu, Burgundiam iterum occupat. Chlodomeres vero exercitum in illum movere destinans, Sigismundum interficere voluit, ac monente licet S. Avito Abbate, & a tali proposito revocare studente, occidi tamen unaque uxorem & filios, atque in puteum conjici jussit. Dehinc in Burgundiam cum exercitu profectus, Theodoricum fratrem in auxilium evocavit, qui soceri sui mortem vindicare nihil curans, sese belli socium adjunxit. Amboque conserto cum Burgundionibus prælio, Godomarum & exercitum ejus in fugam vertunt. Chlodometis Burgundionum tergo ardentius insistens, longe a suis incaute semotus est. Quem cum Burgundiones solum cernerent, seex sociorum ejus numero esse simulantes clamant: *Huc huc convertere, tui enim sumus.* Ille nullas suspicatus insidias, citato cursu in medium illorum delatus est. Cujus illi caput amputatum conto affixerunt. Fredegarius Gregorii *Epitomator* paucis innuit Theodoricum Chlodomeri auxilium non præstitisse, indignarum quod socerum suum Sigismundum ille interfecisset. Franci vero cæsum Chlodomerem cernentes, resumtis animis, Godomarum fugarunt, Burgundiones oppresserunt, atque Burgundiam totam occuparunt; illam tamen denuo resumsit Godomarus. Chlodomerem filium admodum luxit Chlotildis Regina, filiosque ejus Theodovaldum, Guntharium & Chlodovaldum secum recepit. Guntheucam vero defuncti uxorem connubio sibi Chlotarius copulavit.

Fredeg. Epitom. t. 36.

CHILDEBERT, THIERRI, CLOTAIRE.

AN. 528.

THIERRI n'oublioit point qu'Hermanfroi l'avoit trompé, & que contre la foi donnée il avoit manqué de partager avec lui la Thuringe. Dans le dessein d'en tirer vengeance, il pria son frere Clotaire de le joindre avec ses troupes pour cette expedition, lui promettant une partie du butin, si Dieu leur donnoit la victoire. Il harangua son armée, lui representant la cruauté dont avoient autrefois usé les Thuringiens, & la maniere barbare dont ils avoient fait périr par des supplices énormes, les otages que les François leur avoient donnez. Il leur raconta encore la fraude d'Hermanfroi, qui n'avoit rien tenu de ce qu'il avoit promis. Les François animez par ses paroles, se montrerent prêts à aller porter la guerre dans leur païs. Thierri accompagné de son frere Clotaire, & de son fils Theodebert, se rendit dans la Thuringe. Les Thuringiens puissamment attaquez, s'aviserent d'un stratageme; ils firent des fosses, qu'ils couvrirent de gazons, en sorte que le tout paroissoit une campagne rase. Au commencement du combat, plusieurs Cavaliers François tomberent dans ces fosses, ce qui causa bien du desordre; mais ayant depuis connu la supercherie, ils s'en donnerent de garde, & poussèrent si vivement les ennemis, qu'ils prirent la fuite avec leur Roi Hermanfroi. Les François les poursuivirent jusqu'à la riviere d'Unstrudt; là ils en firent un si grand carnage, que la riviere fut remplie & comme comblée de corps morts, & que les vainqueurs passant sur eux comme sur un pont, arriverent à l'autre bord, & réduisirent tout ce païs en leur puissance. Clotaire emmena avec lui Radegonde, fille de Berthaire, & la prit pour femme. Il fit quelque tems après tuer inhumainement le propre frere de sa nouvelle épouse. Elle quitta depuis la Cour, se retira à Poitiers, y prit l'habit de Religieuse, & fonda un Monastere, où elle vécut avec une grande réputation de sainteté.

Guerre de Thuringe.

Les deux Rois étant encore dans la Thuringe, Thierri voulut faire tuer Clotaire; par là il gagnoit la part du butin qu'il lui avoit promise; & qui plus est, une des deux parts des Etats que Clotaire possedoit. La reconnoissance pour le secours donné, & la liaison du sang, tout cela étoit compté pour rien chez lui.

Thierri veut faire tuer Clotaire son frere.

CHILDEBERTUS, THEODORICUS, CHLOTARIUS.

Greg. Tur. l. 3. c. 7.

NON immemor Theodoricus perjurii Hermenefridi, qui Thoringiæ parte sibi promissa, fidem violarat, Chlotarium sibi fratrem belli socium adjungit, partem prædæ pollicitus, si quidem victoria potirentur. Hinc ad exercitum concionem habuit & immanitatem qua quondam Thoringi Francos exceperant, pluribus depinxit, quando scilicet obsides sibi a Francis datos plurimis suppliciis enecarant. Fraudem quoque Hermenefridi in medium attulit, qui nulli promissorum steterat. Indignati Franci se ad bellum Thoringis inferendum prompti exhibuere. Theodoricus igitur, socio fratre Chlotario assumto itemque Theodeberto filio, in Thoringiam movit. Thoringi vero se tanto impeti bello cernentes, dolis exercitui suo consulere student. In campo enim ubi committenda pugna erat, fossas parant, quarum ora cespite operiunt, ita ut tuta planities esse videretur. Initio prælii plurimi Franci equites in fossas inciderunt: quæ res perturbationem magnam statim attulit. At detecta fraude, ab iis sibi caverunt, & cum tanto impetu Thoringos sunt aggressi, ut terga darent una cum rege suo Hermenefrido. Franci vero fugientes insequuti sunt usque ad Unestrudem fluvium: ibique tanta cædes facta est, ut alveus fluminis cadaverum congerie repleretur, & Franci tali congerie quasi ponte uterentur, ut alteram ripam peterent; totamque regionem in potestatem suam redigerent. Chlotarius vero Radegundem Bertharii filiam secum abduxit, illamque in uxorem habuit. Sed non multum postea ipsum uxoris suæ fratrem occidi jussit. Radegundis vero sub hæc, relicta regia, ad Pictavos se recipit, ubi Monachalem vestem induit, Monasteriumque fundavit, in quo cum magna sanctitatis pietatisque fama vitam duxit.

Cum reges ambo Theodoricus & Chlotarius adhuc in Thoringia essent, Theodoricus Chlotarium fratrem occidere voluit: hinc porro duo sibi commoda accidebant; & partem prædæ promissam retinebat, & præterea partem alteram regni Chlotarii adipiscebatur. Non illum fraternus amor, non collati auxilii ratio detinebat; sed apud illum hæc omnia pro nihilo habebantur. Curavit ergo in conclavi quodam

Il fit donc tendre une tapisserie dans une salle, & fit cacher derriere des gens armez qui avoient ordre de le tuer. La tapisserie étant trop courte, les pieds de ces gens cachez paroissoient. Thierri fait appeller son frere : il vient; & voyant ces pieds, il comprend d'abord tout le mystere ; & appellant ses gens, il entre bien armé & bien accompagné. Thierri tout déconcerté ne sait quel langage tenir, il varie dans ses discours; & enfin pour appaiser son frere, il lui fait present d'un grand plat d'argent. Clotaire le remercie, & se rend à son armée: cependant Thierri fâché d'avoir perdu son plat, en fait ses plaintes à tous venans, & dit enfin à Theodebert son fils de l'aller redemander à son oncle. Il y va, & Clotaire rendit le plat, jugeant apparemment que l'affaire n'étoit point assez sérieuse, pour qu'il en coûtât un plat d'argent à son frere. Il fit bien-tôt voir lui-même peu de tems après, quel cas il faisoit de ces sortes de massacres.

Thierri fit encore un tour approchant de celui-ci. Il fit avertir Hermanfroi de le venir trouver sur sa foi & sur sa parole. Hermanfroi vint, & Thierri lui fit beaucoup de presens. Mais un jour qu'ils parloient ensemble sur les murs de Tolbiac, Hermanfroi fut précipité on ne sait par qui, du haut en bas, & mourut sur la place. Il n'étoit pas mal-aisé de deviner qui fut l'auteur du meurtre. Après sa mort, Amalaberge sa femme s'enfuit auprès de Theodahat Roi des Gots en Italie, emmenant ses enfans avec elle.

Il fait tuer Hermanfroi.

Pendant que Thierri étoit dans la Thuringe, le bruit courut en Auvergne qu'il avoit été tué. Arcadius un des Senateurs de la Province, vint avertir Childebert qu'il feroit bien de s'emparer de l'Auvergne. Il s'y rend, & arrive dans un tems fort nebuleux. Je voudrois bien, disoit-il, voir la Limagne, cette belle partie de l'Auvergne ; c'est-à-dire, qu'il souhaitoit de s'en rendre le maître : ce que Dieu ne lui accorda pas. Cependant s'étant approché de Clermont, Arcadius lui ouvrit une des portes de la Ville, & il y entra. Mais sur ces entrefaites, on apprit que Thierri étoit revenu de la Thuringe : ce qui rompit toutes leurs mesures.

536.

Childebert aïant quitté l'Auvergne, partit pour l'Espagne, resolu de venger sa sœur Clotilde. Elle étoit fort maltraitée par son mari Amalaric ; en sorte qu'en haine de la Religion Catholique qu'elle professoit, il ordonnoit qu'on lui jettât de la fiente & des ordures, quand elle alloit à l'Eglise. Il la battoit même violemment : elle envoya une fois à son frere un mouchoir tout teint de son sang. Childebert arriva donc à Narbonne avec son armée. Amalaric qui y

Guerre de Childebert contre Amalaric.

---

aulæum apponi : pone aulæum vero stabant armati milites quieum venientem trucidarent. Accidit porro ut cum aulæum brevius esset, pedes latentium comparerent. Evocat Chlotarium Theodoricus: venit ille ac pedes latentium videns, insidias suspicatur, & cum armatis militibus intrat. Theodoricus detectas videns insidias, *fabulam fingit, & alia ex aliis loquitur.* Denique ut fratrem deliniret, discum ei magnum argenteum obtulit. Chlotarius vero gratias agit ac vale dicit, ad suosque se recipit. Theodoricus de amisso disco dolet apud obvios, ac Theodeberto præcipit ut discum a patruo repetat. Is a patruo discum petit, qui statim ipsum reddit, putans haud dubie non tantam injuriam fuisse, ut disci jactura sarciri deberet. Ipse quippe non diu postea satis declaravit quanti hujusmodi parricidia faceret.

8.

Theodoricus rem alteram pene similem aggressus est. Hermenefridum moneri jussit ut se convenirent, data prius fide & securitate. Venit ille, & a Theodorico cum muneribus exceptus est. Sed quadam die cum supra muros Tolbiacenses ambo confabularentur, a nescio quo præceps actus Hermenefridus ex alto ruit, & contractus exspiravit. Nec difficile fuit au-

gurari quis tanti sceleris auctor esset. Post necem ejus Amalaberga uxor ejus cum filiis ad Theodahatum regem Gothorum se recepit.

Bello Goth. l. 1. c. 13.

Dum in Thoringia adhuc esset, rumore nuncio apud Arvernos perlatum est ipsum interfectum fuisse. Ex Senatoribus Arvernis quidam Arcadius Childeberto rem nunciat, ipsumque invitat ut provinciam illam occupet. Childebertus illo se confert nebuloso tunc aëre. *Vellem*, dicere solebat ille, *Arvernam Lemanem* tam jucundam regionem oculis cernere; id est, possidere. Interim ad Clarum-montem accessit, & urbis portam ipsi Arcadius aperuit, illumque intromisit. Inter hæc omnia nunciatur Theodoricum vivum de Thoringia fuisse regressum.

C. 9.

Childebertus porro ex Arvernis in Hispaniam, sive potius in Septimaniam profectus est, ut Chlotildem sororem ab illatis injuriis vindicaret. A conjuge enim Amalarico aspere nimis agebatur : in odium namque Catholicæ Religionis, quam illa profitebatur, cum Ecclesiam petebat, sæpe jussu Amalarici stercora in illam projiciebantur, eamque ipse frequenter percutiebat, ita ut semel sudarium sanguine suo tinctum fratri suo Childeberto mitteret. Childebertus itaque Nar-

C. 10.

étoit ne l'attendit pas là ; mais sachant qu'il étoit arrivé, il partit de la Ville pour se rendre par mer en Espagne. Comme il montoit sur un vaisseau, il se souvint qu'il avoit laissé dans la ville quantité de pierres précieuses ; il revenoit pour les emporter ; & trouvant les troupes de Childebert qui lui barroient le chemin, il courut vers une Eglise pour s'y réfugier : on le poursuivit ; & avant qu'il arrivât à l'Eglise, il fut tué d'un coup de lance. Childebert ramena sa sœur : mais on ne sait par quel accident elle mourut en chemin. Son corps transporté à Paris, fut inhumé auprès de celui de son pere. Childebert remporta de cette expedition de grands tresors, entre autres choses soixante calices, quinze patenes, vingt couvertures d'Evangiles, le tout d'or pur, orné de pierres précieuses. Il ne voulut pas souffrir qu'on fondît rien de tout cela, mais il en fit present aux Eglises, pour en faire usage dans le Ministere.

531.
La Bourgogne conquise par Childebert & Clotaire.

Après cette expedition, ces Princes belliqueux Childebert & Clotaire, qui ne pouvoient souffrir le repos, resolurent de porter la guerre en Bourgogne. Ils inviterent leur frere Thierri de se joindre à eux, il le refusa. Les François sujets de Thierri, qui vouloient la guerre de Bourgogne, prirent ce refus en mauvaise part, & le menacerent même de le quitter pour se joindre à ses freres. Il les amadoüa par de belles paroles. Il leur promit de les amener en Auvergne, de leur laisser piller cette Province, & de les rendre tous riches. Clotaire & Childebert entrerent dans la Bourgogne, assiegerent & prirent Autun, mirent en fuite Godemer, & se saisirent de tous ses Etats.

Auvergne désolé par Thierri.

Thierri de son côté entra dans l'Auvergne avec son armée, se campa au fauxbourg de Clermont, & desola toute la Province, pour tirer vengeance de ce que les Auvergnats s'étoient donnez à son frere. Arcadius, qui y avoit appellé Childebert, comme nous avons dit ci-devant, craignant que Thierri ne lui fît un mauvais parti, s'enfuit à Bourges, qui étoit sous la domination de Childebert. Placidine sa mere, & Alchime sœur de son pere, qui tomberent entre les mains de Thierri, furent dépoüillées de tout ce qu'elles avoient, & exilées à Cahors. Cependant l'armée de Thierri saccageoit tout sans aucun respect pour les saints lieux. Des soldats entrerent de force dans l'Eglise de S. Julien Martyr, y pillerent le bien des Pauvres qui s'y trouva, & y firent beaucoup de desordres : Mais la vengeance divine les suivit de près, ils furent possedez par les démons, & ils se mordoient les uns les autres comme des enragez : ils por-

---

bonam advenit. Qua re comperta Amalaricus ad navim quandam proficisci paravit ut Hispaniam peteret. Cum navim conscenderet, memor reliquisse se domi lapides preciosos bene multos : regressus ut assumeret, in Childeberti cohortes incidit, statimque in vicinam Ecclesiam confugere nititur ; sed lancea confossus occumbit. Childebertus assumtam sororem secum abducit. Verum accidit ut illa in via moreretur, cujus corpus Luteriam reductum juxta patrem Chlodoveum sepultum fuit. Ex hac expeditione Childebertus ingentem preciosamque prædam retulit ; interque alia sexaginta calices, quindecim patenas, viginti capsas, seu operimenta Evangeliorum, ex auro puro omnia, preciosis lapillis ac gemmis ornata. Ex hoc porro nihil vel frangi vel fundi passus est. Sed omnia Ecclesiis obtulit, & in ministerium tradidit.

C. 11.
Procop. l. 1. c. 3.

Post hanc expeditionem bellicosi fratres Childebertus atque Chlotarius, quietis impatientes in Burgundiam movent, fratremque Theodoricum compellant ut secum proficiscatur. Abnuit ille : Franci vero qui cum illo militabant, in Burgundos ire cupientes, ad illud bellum suscipiendum ipsum compellere conantur, minis etiam adhibitis, ituros se nempe velit

nolit ipse ; quos Theodoricus verbis & promissis delinire conatur : Ad Arvernos proficisci suadet, quam ipsis regionem depopulandam traditurum se pollicetur, unde multum auri, cæteraque omnia ad usum commoda abunde sint excepturi : quibus illi allecti profectionem parant. Chlotarius vero & Childebertus Burgundiam invadentes Augustodunum obsident & capiunt, Godemarum fugant, totamque Burgundiam subigunt.

C.

Theodoricus vero Arvernos cum exercitu petiit, & in suburbano civitatis castra posuit, regionemque illam totam depopulatus est, quod sese Arverni fratri suo dedissent. Arcadius autem qui Childebertum advocarat, Theodorici metu Bituricas aufugit, quæ tunc civitas in Childeberti ditione erat. Placidina vero mater, & Alchima soror patris ejus, omnibus spoliatæ rebus Cadurcum in exilium missæ sunt. Interim exercitus Theodorici omnia vastabat, nulla etiam habita sacrorum ratione : In Ecclesiam enim Sancti Juliani Martyris milites ingressi sunt, bona pauperum diripuerunt, multaque perpetrarunt mala. Verum ultio divina statim sequuta est : nam a spiritibus immundis correpti scelesti illi, sese morsibus la-

CHILDEBERT, THIERRI, CLOTAIRE. 35

terent ainsi la peine de leur temerité. Lovolautre qui passoit pour un lieu inexpugnable, fut pris par la trahison d'un serviteur du Prêtre Procule. Les troupes de Thierri y entrerent; & sans aucun respect pour les lieux saints, ils tuerent Procule au pied des Autels. Un autre lieu nommé Meroliac, (qu'on croit être le même qu'Oliergue), fut aussi pris par la malhabileté de ses habitans. Ce lieu étoit imprenable, & avoit dans son enceinte des terres & des eaux qui pouvoient nourrir tous ses habitans. Mais comme se fiant trop en leur forteresse, ils s'enhardissoient jusqu'à faire des sorties sur les troupes de Thierri, on leur dressa des embûches, & l'on en prit cinquante en une fois. On leur lia les mains derriere le dos; & à la vûë des assiegez, l'épée nuë, on les menaça de les tuer à l'instant s'ils ne donnoient satisfaction au Roi. Ils s'accorderent de donner au Roy une somme d'argent, moyennant laquelle on les laissa en paix. Thierri se retirant de l'Auvergne, y laissa pour Gouverneur Sigivald son parent.

Un autre qui se disoit aussi parent du Roi, nommé Munderic, se mit à trancher du souverain & du Roi à la maniere de ces tems-là, où tous ceux qui étoient de Sang Royal entroient en partage des Etats. Munderic assembloit bien des gens; & parlant avec mépris de Thierri, il disoit qu'il étoit Roi aussi-bien que lui. Thierri tâchoit au commencement de l'attirer par de belles paroles, lui promettant de lui donner une portion de son Royaume. Munderic n'avoit garde de s'y fier, & Thierri vit bien qu'il falloit faire marcher une armée pour le réduire. Munderic hors d'état de tenir la campagne contre tant de troupes, se retira avec ses gens dans une place nommée Vitri. L'armée l'assiegea; & après sept jours de siege, Thierri ayant appris que l'armée avançoit peu, & que l'affaire traineroit en longueur, envoya à Munderic un nommé Aregisile, pour l'attirer hors de la Place, en lui promettant par serment que le Roi ne le feroit point mourir s'il se rendoit à lui. Aregisile execute sa commission, & avertit ceux qui étoient devant la Place, qu'à un certain signal qu'il feroit, ils eussent à se jetter d'abord sur Munderic pour le tuer s'il sortoit avec lui. Aregisile persuada à Munderic de sortir, en lui jurant qu'il n'auroit point de mal. Dès qu'ils furent hors de la Place, Aregisile dit au peuple: Que regardez-vous, n'avez-vous jamais vû Munderic? C'étoit là le signal. Alors ils se jetterent sur Munderic. Celui-ci s'apperçût de la fraude. C'est donc là le signal que vous

Munderic se declare Roi & est tué.

---

c. 13. cerabant, impietatisque pœnas dabant. Lovolautrum castrum, quod inexpugnabile habebatur, proditione cujuspiam qui Proculi Presbyteri servus erat, in manus hostium venit, qui ipsum Proculum ad aram Ecclesiæ interficiunt. Castrum aliud obsident Meroliacum nomine, præruptum, rupibusque cinctum, in cujus ambitu agri & aquæ victui necessariæ suppeditabant; ideoque inexpugnabile erat. Sed incolarum stultitiâ captum est. Cum enim ad incursiones in exercitum Theodorici faciendas, prædasque abigendas erederentur, insidiis hostium, quinquaginta numero capti sunt. Hi vero ligatis a tergo manibus, stricto gladio in conspectu obsessorum adducti sunt: tunc minæ intentantur obsessis, occidendos captivos esse, nisi ipsi pareant. Obsessi porro ne illi interficerentur, *singulos triantes* dederunt; Theodoricus vero Sigivaldum quemdam sibi cognatum ad custodiam reliquit.

c. 14. Alius item qui se Regis cognatum dicebat Mundericus nomine, sese Regem esse jactitabat, secundum illius ævi morem, quo omnes qui generis regii erant, in partem regni admittebantur. Mundericus ergo populum sibi conciliabat, & se perinde atque Theodoricum regem esse dicebat. Initio Theodoricus simulatis verbis ipsum allicere, & ad se pertrahere tentabat partem regni pollicens; sed cum nullam iis fidem Mundericus haberet, exercitum misit Theodoricus. Videns porro Mundericus non posse se in aperto campo tot cohortibus obsistere, in castrum Victoriacum nomine cum suis se recepit. Ab exercitu obsessus ille, obsidentium assultus strenue propulsabat. Elapsis septem a posita obsidione diebus, ut vidit Theodoricus diuturnam fore obsidionem, Aregisilum quemdam misit, qui Munderico suaderet, ut se fidei suæ committeret, oblato etiam sacramento, ut sine vitæ periculo Regem adire posset. Jussa Regis exsequitur Aregisilus, & antequam castrum ingrederetur, signum obsidentibus dedit, ut cum ipse quædam verba proferret, sine mora in Mundericum insilirent, ipsumque interficerent. Aregisilus datis sacramentis Munderico suasit ut secum egrederetur. Egressis illis dixit adstantibus Aregisilus: Quid aspicitis? Nunquam-ne Mundericum vidistis? Hoc vero signum datum erat; statimque irruit populus in illum. Fraudem intellexit Mundericus; Hoccine signum, inquit, de-

Tome I.   E ij

avez donné; mais vous ne serez pas parjure impunement, dit-il, en le perçant de sa lance, & le faisant tomber mort sur la place. Après quoi Munderic & ceux de sa suite mirent l'épée à la main contre ces gens, & en firent un grand carnage. Munderic ne cessa point de tuer jusqu'à ce qu'il tomba mort lui-même. Ses biens furent adjugez au Fisc.

Démêlé de Thierri avec Childebert.

Gregoire de Tours qui passe quelquefois trop legerement sur les faits, ne nous dit pas à quelle occasion ni comment Thierri & Childebert firent en ce tems-ci un Traité ensemble, promettant par serment qu'ils ne feroient plus la guerre l'un à l'autre, il y a apparence que ce fut à cause de l'irruption de Childebert dans l'Auvergne qui appartenoit à Thierri. Et comme en ces tems-là les sermens n'étoient pas un gage bien sûr, ils s'entredonnerent des otages parmi lesquels il y avoit plusieurs fils de Senateurs. Cette précaution ne rendit pas la paix plus ferme: ils se broüillerent bien-tôt après; & ceux qui avoient été donnez pour otages, resterent de part & d'autre esclaves de ceux à qui on les avoit donnez en garde. Plusieurs se tirerent d'esclavage par la fuite, entr'autres Attale, neveu de saint Gregoire Evêque de Langres. Celui-ci fut délivré par l'adresse d'un nommé Leon, qui se rendit lui-même Esclave pour trouver moyen de délivrer Attale, & qui fut bien recompensé par le saint Prélat, après qu'il lui eut ramené son neveu.

Sigivald, parent du Roi Thierri, qui l'avoit laissé Gouverneur de l'Auvergne, faisoit des maux infinis dans ce Pays. Lui & ses esclaves ne cessoient de voler, de tuer, & de faire tous les crimes imaginables sans que personne osât se plaindre. Sigivald envahit une Terre que S. Tertrade avoit donnée à l'Eglise de S. Julien Martyr. Il entra dans la maison appartenante à cette Terre; & dès qu'il y fut entré, il fut pris d'une fiévre ardente, & devint furieux. Sa femme avertie par un Prêtre, le fit emporter dans une autre maison, où il revint d'abord de son mal, & guerit de sa fiévre: informé ensuite de ce qui s'étoit passé, il fit un vœu au S. Martyr, & rendit le double de ce qu'il avoit pris.

532.
D'autres mettent ceci quelques années devant.

En ce tems-ci, Paris vit un spectacle des plus horribles. Clotilde qui étoit alors en cette Ville, élevoit avec un grand soin les trois fils de Clodomir, Theodoald, Gonthaire & Clodoald. L'affection qu'elle leur portoit donna de la jalousie à Childebert. Il craignit que par la faveur de la Reine sa mere, ces jeunes Princes ne partageassent avec leurs oncles le Royaume de France: il man-

---

C. 15.

disti: Sed perjurus impune non eris: emissaque lancea in scapulas, confodit eum & interfecit; evaginatoque gladio cum suis magnam stragem edidit, neque finem occidendi fecit, donec ipse caderet mortuus. Res autem ejus fisco collatæ sunt.

Gregorius Turonensis qui nonnunquam perfunctorie gesta narrat, nec qua occasione, nec quo pacto dicit Theodoricum cum Childeberto fœdus iniisse, ac sacramento adhibito promisisse, nullum inter ambos fore bellum. Videtur porro pacti initi occasionem fuisse, supra memoratam Childeberti irruptionem in Arvernos, qui in regno Theodorici erant. Quia autem illo ævo sacramentis fœdera non ita firmari solebant; ad majorem securitatem obsides sibi mutuo dederant, inter quos multi erant Senatorum filii. At neque illa cautione adhibita, pax firmior fuit: non diu enim postea nova inter illos fuit dissensio. Tunc porro obsides servi manserunt eorum, quibus custodiendi traditi fuerant. Multi libertatem sibi fuga reddiderunt, interque alios Attalus quidam Sancti Gregorii Lingonensis Episcopi fratris filius, qui Leonis cujusdam opera & arte in libertatem est restitutus. Attalum ut reduceret Leo, sese ipsum servum obtu-

lit Attali hero, & ambo fuga inita evaserunt. Qua de causa S. Gregorius Attalum & libertate & prædio donavit.

Sigivaldus Theodorici cognatus, quem in Arvernis rex ad custodiam reliquerat, damna multa regioni inferebat; nam & ipse res multorum invadebat, & servi ejus non desistebant a furtis, homicidiis aliisque sceleribus, nec ullus mutire audebat. Sigivaldus vero ipse villam, quam Sanctus Tertradius Ecclesiæ Sancti Juliani Martyris dederat, invasit. In domum autem villæ ingressus, statim in febrim ardentem & in amentiam incidit. Uxor ejus per Sacerdotem admonita in aliam ipsum villam transtulit, ubi convaluit. Et cum omnia quæ sibi accidérant didicisset; erga Sanctum Martyrem sese voto obligavit, & duplum restituit.

C. 16 Greg. de gloria Martyr f. 14.

Hoc circiter tempus Lutetia Parisiorum spectaculum vidit horrendum, quale nusquam fortasse visum fuerat. Chlotildis quæ tunc in ista civitate degebat, summa cura tres Chlodomeris filios educabat Theodovaldum, Guntharium & Chlodovaldum. His conspectis Childebertus, invidia ductus, ac metuens ne favente Regina admitterentur in regnum,

C. 18

CHILDEBERT, THIERRI, CLOTAIRE. 37

de à son frere Clotaire de venir le joindre pour deliberer s'il falloit ou leur couper les cheveux pour les reduire à la condition commune, & les rendre inhabiles à la Couronne, ou les tuer, & partager ensuite la portion de leur frere. Il avoit fait courir le bruit que les freres s'assembloient pour faire regner leurs neveux. Ces deux Princes envoyerent demander leurs neveux à Clotilde pour les déclarer Rois, disoient-ils. Elle ravie de voir ses fils dans cette disposition, les leur envoya. Quand ils les tinrent, ils les séparerent de leurs Gouverneurs & de leurs domestiques, & envoierent à Clotilde Arcadius avec des cizeaux & une épée nuë, pour lui dire qu'à son choix, ou ils lui couperoient les cheveux, ou ils les égorgeroient. Effrayée d'une telle ambassade, le trouble ne lui permettant pas de mesurer ses paroles, elle répondit, qu'elle aimoit mieux les voir morts, que tondus & privez du Royaume. Arcadius sans se mettre en peine de developper les vrais sentimens de la Reine, vint dire aux deux freres qu'elle consentoit à leur mort. Dès-lors Clotaire prend Theodoald l'aîné, le jette contre terre, le perce à l'aîne de sa dague, & le tuë. Gontaire voyant cela, vient se jetter aux genoux de Childebert, & le prie, fondant en pleurs, de lui sauver la vie. Childebert attendri, prie son frere avec larmes de ne le point tuer. Vous qui êtes l'auteur de tout, vous changez si facilement d'avis, répondit Clotaire ; laissez-le moi tuer, ou je vous tuë vous-même. Childebert épouvanté, le laissa tuer Gontaire. Ensuite les deux freres massacrerent leurs Gouverneurs & leurs domestiques. Quelle barbarie ! Après cette expedition, Clotaire monta à cheval & s'en alla tranquillement comme s'il n'eut rien fait ; Childebert se retira dans les fauxbourgs. Clotilde mena un grand deüil de la mort de ses petits-fils, & les fit enterrer avec ceremonie dans la Basilique de Saint Pierre, auprès de Clovis. L'aîné avoit dix ans, & le second sept.

Massacre des enfans de Clodomir.

Clodoald, ou Cloud, troisiéme fils de Clodomir, fut delivré des mains de ses oncles par des hommes courageux, qui le leur enleverent. Il se coupa depuis les cheveux de sa propre main, fut ordonné & mourut Prêtre, ayant vécu si saintement, qu'il a été mis au catalogue des Saints. La Reine Clotilde, après cette disgrace, passa le reste de sa vie dans des exercices de la vertu la plus austere. Elle distribuoit largement l'aumône aux pauvres, passoit la nuit en veilles, donnoit des biens & des fonds de terre aux Eglises & aux lieux saints. Elle vivoit plûtôt en servante du Seigneur qu'en Reine, dit l'Auteur ; & négligeant

---

misit ad fratrem Chlotarium advocans illum Lutetiam, ut una ambo deliberarent, utrum incisa cæsarie ad vulgi conditionem redigendi, an occidendi essent, ut ambo ipsi regnum germani sui inter se dividerent. Rumorem vero sparserant ambos fratres una convenire, ut germani sui filios ad regnum eveherent. Matrem postea per nuncium rogarunt, nepotes suos mitteret, ut reges ab se constituerentur. Gaudens illa misit ; hos statim illi a nutritiis & servis suis abstraxerunt : tum Arcadium ad Reginam cum forcipe & stricto gladio miserunt, qui Chlotildi diceret, utrum mallet illorum incidi comam, an ipsos gladio jugulari. Exterrita illa nuncio, & perturbata quid diceret ignorans, malle se inquit illos mortuos videre, quam tonsos & regno privatos. Arcadius Reginæ animum & desiderium explorare non curans, fratribus refert, puerorum cædi consensum præbere matrem suam. Nec mora Chlotarius Theodovaldum majorem in terram dejectum infixo in axillam cultro perimit. Quo vociferante Gunthario frater ejus ad pedes Childeberti procumbit, ejusque apprehensis genibus precatur ut se cædi eripiat. Lacrymis perfusus Childebertus rogat fratrem a cæde hujus abstineat. Tu auctor rei, inquit Chlotarius, tam cito resilis ? aut ejice abs te, aut te cum illo confodiam. Metu perterritus Childebertus, Guntharium rejicit qui cum fratre peremptus est. Postea ambo servos cum nutritiis occiderunt. Quanta barbaries ! Posthæc Chlotarius equo domum reversus est tranquille, ac si nihil mali perigisset. Childebertus ad suburbana recessit. Chlotildis vero ingenti luctu ambos in Basilica S. Petri prope Chlodoveum sepeliri curavit. Major decennis, minor septennis erat.

Chlodovaldum vero, tertium Chlodomeris filium, eripuerunt quidam viri fortes, ne in manus patruorum caderet, seseque ille postea propriis manibus totondit : Presbyterque ordinatus tam sancte vixit, ut in Catalogo Sanctorum sit adscriptus. Chlotildis post illam ærumnam reliquum vitæ suæ tempus Christianis exercendis virtutibus insumsit. Pauperibus bona largiter effundebat, pernox precibus incumbebat, Ecclesiis & Monasteriis prædia tribuebat, ut ancilla Dei potius, quam ut Regina sese gereret ; & missis iis omnibus

tous les avantages de sa naissance, elle arriva, par son humilité, en un haut degré de grace.

533.
Expedition de Theodebert dans la Septimanie.

Thierri après avoir marié son fils Theodebert à Visigarde, fille de Vaccon Roi des Lombards, l'envoya avec une armée contre les Gots, pour reprendre plusieurs terres & places que Clovis avoit conquises, & dont ils s'étoient emparez depuis sa mort. Clotaire y envoya aussi pour le même sujet Gonthaire son fils aîné ; mais celui-ci s'étant avancé jusqu'en Rouergue, revint sans rien faire. Theodebert marcha vers Besiers, prit un lieu nommé Deas; & s'avançant ensuite vers Cabrieres, il envoya dire aux habitans, que s'ils ne se rendoient, il brûleroit ce lieu, & les emmeneroit tous captifs. Il y avoit dans ce Bourg une matrone nommée Deuterie, dont le mari étoit allé à Besiers, elle envoia dire au Prince, qu'on étoit tout prêt à le recevoir sans la moindre resistance; & trouvant un peuple fort soumis, il ne leur fit aucun mal. Deuterie vint à sa rencontre ; & comme elle étoit fort belle, il la prit pour sa concubine.

Sigivald, parent du Roi Thierri, qui l'avoit laissé ci-devant pour gouverner l'Auvergne, fut tué par son ordre ; peut-être que cette parenté fut la cause de sa mort; car l'exemple de Munderic donne à entendre que ceux qui étoient parens des Rois, prétendoient avoir part à leur Royaume. Sigivald avoit un fils nommé Givald, qui étoit alors avec Theodebert. Thierri mande secretement à son fils de le faire mourir aussi. Theodebert, Prince humain, qui avoit levé Givald des fonds du Baptême, lui montra la lettre de son pere, & lui dit de s'enfuir, & de ne point revenir que le Roi Thierri ne fut mort. Givald s'enfuit à Arles, & depuis pour plus grande sureté en Italie.

534.
Mort de Thierri.

Sur ces entrefaites Thierri tomba malade. On en donna promtement avis à Theodebert, afin qu'il vînt le voir avant sa mort, de peur que ses oncles ne l'exclussent de la succession. Theodebert partit d'abord, laissant Deuterie & sa fille à Clermont, & alla trouver son pere qui mourut peu de jours après, l'an vingt-troisiéme de son regne. Childebert & Clotaire voulurent exclure Theodebert de la succession, & peut-être lui auroient-ils fait le même traitement qu'aux enfans de Clodomir. Mais il gagna les Sujets de son pere par des presens; & comme il s'étoit déja rendu recommandable par des victoires, il fut soutenu & établi Roi. Il rappella après cela Deuterie qu'il avoit laissée à Clermont en Auvergne, & l'épousa.

---

quæ ad regale genus pertinebant, humilitate sua ad summum gratiæ gradum evecta est.

C. 20. 21. 22. Theodoricus postquam filium Theodebertum cum Wisigarde Wacconis Langobardorum regis filia connubio junxerat ; illum cum exercitu contra Gothos misit, ut terras & oppida multa quæ sibi Chlodoveus subegerat, quæque post ejus mortem Gothi ceperant, armis repeteret. Chlotarius quoque Guntharium filium suum eadem de causa illo direxit. Verum hic ad Ruthenos tantum usque profectus, nullo adhibito conatu reversus est. Theodebertus vero Biterras versus movit, & Deas castrum cepit, deindeque aliud castrum Capraciam nomine aggressus, Oratores misit qui edicerent, nisi deditionem facerent, se & castrum incensurum, & incolas omnes captivos abducturum esse. Erat ibi matrona nomine Deuteria, cujus vir Biterras concesserat, quæ Theoderto nunciari curavit, omnia esse ad illum recipiendum parata. Ingressus ergo, subditumque videns populum, nihil ipsi mali intulit. Deuteria vero ipsi obviam venit, quam utpote forma elegantem in concubinam accepit.

C. 23. Sigivaldus Theodorici cognatus, quem in Arvernis ad custodiam pridem reliquerat, ejus jussu interfectus est : ipsa forte cognatio necis ipsi causa fuit. Munderici quippe casus indicio est, eos qui Regum cognati essent, partem regni sibi deberi putavisse. Sigivaldo filius erat nomine Givaldus, qui tunc cum Theodeberto erat. Clam mittit filio Theodoricus ut hunc interficiat. Theodebertus perhumanus Princeps, qui etiam Givaldum de sacro fonte exceperat, patris epistolam ipsi ostendit, auctorque fuit ut fugeret nec ante Theodorici obitum rediret. Fugit Givaldus Arelaten, & postea majoris cautionis gratia in Italiam.

Inter hæc nunciatur Theodeberto patrem suum graviter ægrotare, moneturque quam velocissime veniat, ne a patruis suis excludatur. Ille Deuteria cum filia sua in Arvernis relicta, impigre iter capessit, & patrem adit, qui paucis post diebus obiit, anno regni sui vigesimotertio. Childebertus autem & Chlotarius ipsum regno pellere voluerunt, & fortassis ipsum ita excepissent, ut pridem Chlodomeris filios ; sed suos ipse muneribus sibi devinxit, cumque jam ex fortiter gestis clarus esset, Rex proclamatus fuit. Sub hæc Deuteriam accivit quam in Claro-Monte reliquerat, illamque sibi connubio junxit.

CHILDEBERT, CLOTAIRE,
THEODEBERT dans l'Austrasie.

CHILDEBERT voyant que Theodebert se soutenoit malgré ses efforts, changeant tout-à-fait de disposition, le fit venir auprès de lui : Je n'ai point d'enfant, lui dit-il, je veux vous regarder comme mon fils. Il lui fit tant de presens en habits, armes, meubles, chevaux, vaisselle, que tout le monde en fut surpris. Givald ayant apris que Theodebert regnoit en la place de son pere, revint de l'Italie, & l'alla trouver. Theodebert, joyeux de son arrivée, lui donna la troisiéme partie des presens, qu'il venoit de recevoir de son oncle, & lui fit rendre tous les biens de Sigivald son pere, que Thierri avoit confisquez à son profit. Ce Prince se rendit fort aimable par sa clemence & par son affabilité. Il étoit grand Justicier, honoroit les Evêques, faisoit de grands presens aux Eglises & aux pauvres, & gagnoit tout le monde par ses bienfaits. Il déchargea les Eglises d'Auvergne des tributs que son pere leur avoit imposez. D'autant plus estimable que les exemples tout contraires de son pere n'avoient en rien gâté son bon naturel. Belles qualitez de Theodebert.

Deuterie qui avoit une fille de son premier mari en âge nubile, craignant que Theodebert ne la prît en affection, la fit mettre sur un char tiré par des bœufs indomtez, & la fit precipiter du pont de Verdun dans la riviere. Ce fut apparemment ce crime qui la fit répudier, & qui porta les François, indignez de ce que Theodebert avoit laissé-là Visigarde, Princesse de Sang Royal, à lui en faire de grands reproches. Cela l'obligea de renvoyer Deuterie de laquelle il avoit un fils nommé Theodebald. Il prit Visigarde, qui mourut peu de tems après. Il en épousa alors une autre, & ne reprit plus Deuterie.

L'Historien ne marque pas la cause de la guerre de Childebert & de Theodebert contre Clotaire ; il nous dit seulement qu'ils unirent leurs forces ensemble pour le combattre. Clotaire ne se sentant pas assez fort pour resister à une si puissante armée, se retira dans une forêt, & fit de grands abbatis d'arbres pour se mettre en sureté ; & du reste se tournant vers Dieu, il mit en lui toute son esperance. Clotilde de son côté courut au sepulcre de S. Martin, où elle fit ses prieres pour éteindre cette guerre civile. Cependant les deux Princes assiegerent 537. Guerre de Childebert & de Theodebert contre Clotaire.

CHILDEBERTUS, CHLOTARIUS,
THEODEBERTUS in Austrasia.

CHILDEBERTUS ut vidit Theodebertum in regno firmatum, mutato in contrarium affectu, illum penes se evocavit. Mihi filius nullus est, inquit, te filii loco habere volo : insuperque tot illum muneribus ditavit, ut stuperent omnes. Arma scilicet obtulit, vestes, equos, vasa multa. Givaldus vero ut didicit Theodebertum patris loco regnare, ex Italia rediit, ipsumque convenit. Ille de adventu gratulatus, tertiam partem munerum quæ a patruo acceperat dedit ei, bonaque patris Sigivaldi restituit, quæ Theodoricus fisco addixerat. Sese porro clementia & affabilitate cunctis gratum reddidit : justitiæ cultor, Sacerdotibus honorem, Ecclesiis & pauperibus dona concedebat, omnesque beneficiis sibi conciliabat. Tributa a patre suo Ecclesiis Arvernorum imposita sustulit.

Deuteria quæ ex primo conjuge filiam habebat jam adultam, metuens ne illa Theodebertum in sui amorem excitaret, in lasterna duobus juncta bobus positam Viroduni a ponte præcipitem in fluvium agi curavit, Hinc, ut videtur, Franci indignati, quod Wisigardem regii generis conjugem in gratiam Deuteriæ reliquisset, ipsum objurgarunt. Quare dimissa Deuteria, ex qua filium habebat nomine Theodobaldum, Wisigardem duxit, quæ cum non diu postea, mortua esset, aliam accepit, missa omnino Deuteria. C. 26. 28.

Quæ causa fuerit cur Childebertus & Theodebertus bellum moverint contra Chlotarium, non dicit Gregorius ; narrat tantum illos junctis copiis, ipsum aggressos esse. Chlotarius autem impar viribus, & contra tantum exercitum stare non valens, in silvam confugit, & magno arborum dejectu in tuto se collocare nisus est : de reliquo autem Deo res suas commisit. Chlotildis vero regina, his auditis, sepulcrum Sancti Martini adiit, obnixeque precata est ut hoc bellum C. 28.

l'armée de Clotaire, & penſoient aux moyens de l'opprimer le lendemain & de le tuer. Mais par l'efficace des prieres de Clotilde, une tempête s'éleva dans l'air, qui renverſa les tentes : le tonerre, la foudre, une grêle de pierres tomba ſur les aggreſſeurs, la grêle entaſſée ſur terre faiſoit qu'ils ne pouvoient avancer un pas ſans gliſſer. Les pierres tomboient dru ſur leurs têtes, & les bleſſoient griévement. Ils ne pouvoient s'en défendre qu'en couvrant leurs têtes de leurs parmes. Cela les fit revenir à eux, & proſternez contre terre, ils demandoient pardon à Dieu d'avoir ainſi conſpiré contre leur propre ſang. Cependant ceux du parti de Clotaire n'eurent pas une goute de pluye, n'entendirent ni le tonerre, ni le moindre ſouffle de vent. Les deux Princes ſe hâterent d'envoyer des Ambaſſadeurs pour faire la paix, qui fut concluë d'abord, & chacun ſe retira chez ſoi. Voilà une des grandes merveilles qu'on ait jamais vû, & ce qui eſt plus ſurprenant, en faveur de Clotaire, un des plus ſanguinaires Princes qui furent jamais.

519. Nous avons vû Childebert & Clotaire liguez enſemble pour exclure Theodebert du Royaume de ſon pere ; & peu après Childebert & Theodebert, liguez pour dépoſſeder & tuer Clotaire. Voyons preſentement Childebert & Clotaire unis pour porter la guerre en Eſpagne. L'Hiſtorien tantôt diffus, tantôt fort concis, ne dit point s'ils trouverent quelque difficulté pour penetrer juſqu'à Sarragoſſe, qu'ils aſſiegerent. Ceux de la Ville ſe voyant inveſtis de tous côtez, eurent recours à Dieu, tâcherent de flêchir ſa miſericorde par des jeûnes ; & couverts de cilices, firent une proceſſion autour des murs, portant la tunique de S. Vincent, en chantant des Pſeaumes. Les femmes revêtuës d'habits noirs, les cheveux épars, & couverts de cendres, comme aux obſeques de leurs maris, fondant en larmes, venoient enſuite. On eût pris cela pour le jeûne des Ninivites. Les Aſſiegeans voiant cette ceremonie autour de la Ville, crurent d'abord que c'étoit quelque malefice. Ils prirent un Païſan, & lui demanderent ce que c'étoit. Il leur répondit qu'ils portoient la tunique de S. Vincent. Cela inſpira de la crainte aux François ; ils leverent le ſiege : & après avoir conquis une bonne partie de l'Eſpagne, ils s'en retournerent en France chargez de dépoüilles. Un Auteur ajoûte que Childebert fit appeller l'Evêque, qu'il lui demanda des Reliques de S. Vincent, que l'Evêque lui donna ſon étole ; & qu'après ſon retour à Paris, il fit bâtir l'Egliſe de S. Vincent pour y dépoſer ſans

Guerre de Childebert & Clotaire en Eſpagne.

---

civile ſedaretur. Interea ambo Reges exercitum Chlotarii obſederunt, cogitabantque quomodo illum die ſequenti opprimerent occiderentque. Verum precibus, ut putatur, Chlotildis matris impetratum eſt ut ingens tempeſtas oriretur, quæ tentoria disjecit. Hinc tonitru, fulmen, grando lapidum immittitur in eos qui bellum movebant : grandine opertam humum ſine lapſu calcare non poterant : lapides in capita ruentes graviter vulnerabant, nec niſi parmas capiti ſuperponentes poterant illos vitare. Tandem his prodigiis animo affecti ac reſipiſcentes, a Deo veniam precati ſunt, quod ita contra ſanguinem proprium conſpiraſſent. Interim vero Chlotarii exercitus, nec pluviam, nec ventum, nec tonitru ſenſit. Perterriti ambo Reges, ſtatim Legatos miſerunt ad pacem concedendam : qua peractà omnes abſceſſere. En maximum prodigium : quodque mirum eſt, in gratiam Chlotarii factum, qui inter ſanguinarios principes truculentiſſimos annumerari.

Vidimus Childebertum & Chlotarium junctos ut Theodebertum excluderent a regno : deindeque Childebertum & Theodebertum ad Chlotarium opprimendum conſpirantes ; jam videamus Childebertum & Chlotarium in Hiſpaniam una bellum inferentes. Gregorius qui modo fuſus, modo breviſſime res geſtas efferre ſolet, non dicit qua via, quo percepto labore Cæſarauguſtam pervenerint, quam & obſederunt. Oppidani ſe undique bello impetitos videntes, ad Deum confugerunt, ejuſque miſericordiam jejuniis, ciliciiſque flectere ſtuduerunt, itemque ordine circa civitatem procedentes, pſalmos canebant, ſancti Vincentii Martyris tunicam deferentes. Mulieres quoque atra veſte, paſſis cinereque conſperſis crinibus, ut in conjugum funere, poſtea veniebant : Ninivitarum jejunium eſſe dixiſſes. Franci hoc cernentes, ſtatim pro maleficio quopiam habuerunt. Tunc a quopiam ruſtico ſciſcitantes didicerunt S. Vincentii tunicam deferri. Franci vero religione ducti ac metuentes, obſidionem ſolvunt, & magna Hiſpaniæ parte acquiſita in Franciam ſpoliis onuſti redierunt. Addit Scriptor alius, Childebertum evocaſſe Epiſcopum, & ab illo S. Vincentii Reliquias poſtulaſſe, atque Epiſcopum ſtolam ejus ipſi obtuliſſe. Tum Childebertus, pergit idem Scriptor, Lutetiam reverſus Eccleſiam S. Vincentii conſtruxit, in qua ſtolam illam depoſuit. Hæc eſt Eccleſia S. Germani a Pratis, quam

Geſt. Fr. in Chil berti.

doute

doute cette Relique. C'est l'Eglise qui s'appelle aujourd'hui Saint Germain des Prez. Saint Gregoire de Tours dit plus bas que Childebert la fit bâtir. Ce fut environ l'an 546. près de douze ans avant sa mort.

Les affaires d'Italie mirent vers ce temps-ci nos Rois en mouvement, & sur tout Theodebert. Theodoric Roi des Ostrogots en Italie, mourut l'an 526, & laissa d'Anaflede, que d'autres appellent Audeflede, sa femme, sœur du grand Clovis, une fille nommée Amalasonte. Elle fut mariée à Eutharic du Sang Royal des Amales, & en eut un fils nommé Athanaric, qui regna sous la tutele de sa mere. Ce Prince étant mort en bas âge, Amalasonte s'associa au Royaume Theodahat Prince de Sang Royal, son proche parent, & le mit sur le Trône. Theodahat poussa l'ingratitude si loin, qu'il fit étrangler sa bienfactrice dans une Isle du Lac de Bolsena. Ce fut, dit Procope, à l'instigation de l'Imperatrice Theodora que Theodahat fit cette indigne action. Elle craignoit que pour raison d'Etat Justinien ne la répudiât pour épouser Amalasonte. Justinien indigné de cette perfidie, fit la guerre aux Gots; guerre qui après differens succès, fut terminée par la destruction du Royaume des Gots en Italie. Childebert & Clotaire, cousins germains d'Amalasonte, & Theodebert son proche parent, envoyerent menacer Theodahat de le détrôner s'il ne leur donnoit satisfaction. Il les appaisa moyennant cinquante mille pieces d'or, dit Gregoire de Tours. Childebert & Theodebert partagerent seuls cette somme; & Clotaire pour se dédommager, saisit les tresors du feu Roi Clodomir, d'où il tira une somme bien plus grosse que celle dont on l'avoit frustré. Ceci arriva l'an 534.

Theodahat ne joüit pas long tems du fruit de son iniquité; il fut tué par les Gots, qui élurent en sa place pour leur Roi, Vitigés. Celui-ci voyant combien il lui importoit de gagner les Rois de France, s'accommoda avec Childebert, Theodebert & Clotaire, en leur cedant ce que les Ostrogots avoient dans les Gaules; c'est-à-dire, la Provence, & leur donnant une grosse somme d'argent qu'ils partagerent entr'eux; moyennant quoi ils lui promirent de lui donner secours, non pas ouvertement, parce qu'ils avoient fait un traité avec Justinien, mais sous main. En conséquence de cet accord, Theodebert envoya depuis dix mille hommes à Vitigés, tous Bourguignons, qui avoient ordre de dire qu'ils venoient, non pas envoyez par Theodebert, mais

---

infra dicit Gregorius a Childeberto structam fuisse. Struxit autem anno circiter 546. antequam obiret 12.

Procop. de bello Goth. Quæ hoc circiter tempus in Italia acciderunt Francorum commovere Reges, præcipueque Theodebertum. Theodoricus Ostrogothorum rex obiit anno 526.

Greg. Tur. l. 6. 31. & ex conjuge Anaflede, quam alii Audefledem vocant, Chlodovei Magni sorore filiam reliquit, nomine Amalasuntham. Hæc nupsit Euthatico ex sanguine regio Amalorum, unde ortus est Athanaricus, qui sub tutela matris regnavit, & puer mortuus est. Amalasuntha vero socium regni sibi assumsit Theodahatum, regiæ stirpis, quem in solium regium evexit. Hic usque adeo erga eam bene de se meritam ingratus fuit, ut eam in lacûs Volsiniensis insula occidi jusserit.

Procop. hist. arcana. Illud vero factum, inquit Procopius, instigante Theodora Augusta. Timebat enim Theodora ne Justinianus ipsam repudiaret ut Amalasuntham duceret. Justinianus tantam perfidiam indigne ferens, bellum movit contra Gothos, quo bello post varios eventus, regnum Gothorum in Italia exstinctum fuit. Childebertus & Chlotarius atque Theodebertus cognationis vinculo Amalasunthæ juncti, minis adhibitis, per nuncios Theodahato edixerunt, se illum ex regno ejecturos esse, nisi satisfaceret sibi. Ille vero solutis quinquaginta aureorum millibus, illorum animum explevit. Childebertus & Theodebertus, excluso Chlotario, summam totam inter se diviserunt. Chlotarius autem abreptis Chlodomeris defuncti thesauris, longe majorem ea, quam per fraudem amiserat, summam percepit. Hæc conferenda in annum 534.

Theodahatus non diu iniquitatis fructu potitus, a Gothis occisus est, qui in locum ejus Vitigem in Regem delegerunt. Hic multum sibi interesse cognoscens, ut pacem cum Francorum regibus haberet, cum Childeberto, Theodeberto & Chlotario paciscitur: ipsisque quidquid Ostrogothi in Galliis habuerant, nempe Provinciam concessit, pecuniæque summam dedit, quam inter se diviserunt: Qua conditione Vitigi polliciti sunt se auxilium ipsi præstituros, non quidem aperte, quia cum Justiniano de pace convenerant, sed latenter. Sub hæc porro servandi promissi causa Theodebertus decem mille Burgundiones Vitigi misit, quibus jussum erat dicere se non a Theodeberto missos esse, sed sua sponte venisse, ne

Procop. de bello Goth. l. 1. c. 13.

Procop. l. 2. c. 12.

de leur franche volonté, de peur que l'Empereur ne prît cela comme une infraction du Traité.

Guerres de Theodebert en Italie.

Ce fut l'an 539, que Theodebert fit une expedition en Italie. Il conquit la Ligurie, & quelques places deça le Po. Mais la maladie s'étant mise dans son armée, il fut obligé de se retirer, emportant avec lui un grand butin. Gregoire de Tours ne dit que cela de cette grande expedition. Mais Procope la décrit plus au long en ces termes: » Les François ayant appris que cette
» guerre avoit épuisé les forces, tant des Gots que des Romains, & croyant
» qu'ils pourroient facilement se rendre maîtres d'une bonne partie de l'Italie,
» ne voulurent plus demeurer dans l'inaction, tandis que d'autres s'en disputoient
» la possession. Malgré les sermens donnés aux Romains & aux Gots ;
» car il n'est point de nation plus sujette qu'eux à violer la foi donnée ; ils
» entrerent au nombre de cent mille hommes en Italie, conduits par Theode-

Armes des François selon Procope.

» bert. Ils avoient peu de cavalerie, & les seuls Cavaliers portoient des lan-
» ces. Les Pietons, qui étoient en grand nombre, n'avoient ni arcs ni
» piques, mais chacun portoit une épée, un bouclier, & une hache pesante,
» qui tranchoit des deux côtez, dont le manche étoit fort court. Au premier
» signal ils jettent cette hache pour casser les boucliers des ennemis, & les per-
» cer ensuite de leurs épées. Ayant donc passé les Alpes, ils entrerent dans la
» Ligurie. Les Gots s'étoient plaints jusqu'alors de ce que malgré les terres
» qu'ils leur avoient cedées, malgré les sommes d'argent ou offertes (ou livrées)
» ils n'avoient point tenu leurs promesses ; mais quand ils apprirent que Theo-
» debert approchoit avec une grande armée, pleins de joye & de bonne esperan-
» ce, ils crurent qu'ils vaincroient leurs ennemis sans combattre. Les François,
» tandis qu'ils furent dans la Ligurie, ne firent aucun acte d'hostilité contre
» les Gots, de peur qu'ils ne leur disputassent le passage du Po. Lorsqu'ils furent
» arrivez à Pavie, où les anciens Romains avoient bâti un pont, ceux qui le
» gardoient leur firent toute l'honnêteté possible, & les laisserent passer. Arrivez
» à l'autre bord, ils massacrerent les enfans & les femmes des Gots, & les jet-
» terent dans la riviere, offrant cela comme un sacrifice & comme des premi-
» ces: car ces barbares, quoique Chrétiens, gardoient encore beaucoup de leurs
» anciennes superstitions. Ils sacrifioient des hommes & d'autres choses, & exer-
» çoient la divination. Les Gots épouvantez de tout ceci, prirent la fuite & se
» renfermerent dans leurs murailles. Après ce passage du Po, les François s'a-

---

Imperator illud pro violato pacto haberet.

Greg. Tur. l. 3. c. 33. Anno 539. Theodebertus expeditionem in Italiam fecit. Liguriam vero sibi acquisivit, & quædam Cispadana oppida: sed cum exercitus ejus cum morbis conflictaretur, magna onustus præda, regressus est. Hæc fere de illa in Italiam incursione dixit Gregorius.

Procop. de bello Goth. l. 2. c. 24. Verum Procopius illam pluribus describit hoc pacto: » Franci cum didicissent hoc bello tam Gothos, quam
» Romanos attritos esse, sperantes posse se facile Ita-
» liæ partem magnam occupare, noluerunt otiosi ma-
» nere, dum alii de ejus possessione digladiabantur.
» Nihil curantes sacramenta Romanis Gothisque da-
» ta: nulla quippe natio facilius inita pacta violat:
» Italiam ergo centum mille numero, Theodeberto
» duce, invaserunt. In hoc exercitu pauci equites
» erant, qui soli lanceas gestabant. Pedites qui ma-
» gno erant numero, nec arcubus nec hastis instructi
» erant, sed quisque gladium & scutum gestabat, se-
» cutimque gravem, utraque parte acutam, capulo
» brevi hærentem. Dato præliandi signo, secures illi
» jaciunt in scuta hostium, ut illa perrumpant, atque
» scutis nudatos gladiis feriant. Superatis ergo Alpi-
» bus in Liguriam ingressi sunt. Gothi vero qui hacte-
» nus conquesti fuerant, quod Franci post acceptas
» terras ipsis concessas, post oblatam ipsis pecuniæ
» summam, promissis non starent, ubi audierunt ad-
» ventare Theodebertum cum ingenti exercitu, læti-
» tia perfusi sperabant jam se vel sine prœlio supera-
» turos esse. Franci vero quamdiu in Liguria fuerunt,
» hostile nihil admisere adversus Gothos, ne se illi a
» Padi transitu arcerent. Ubi vero Ticinum pervene-
» runt, quo loco veteres Romani pontem struxerant,
» qui custodiæ pontis addicti erant, ipsos perhuma-
» niter exceperunt, & liberum illis per pontem tran-
» situm dederunt. Franci ubi alteram attigere ripam,
» infantes uxoresque Gothorum trucidarunt, atque
» in fluvium conjecerunt, hoc ceu sacrificium & pri-
» mitias offerentes. Barbari namque illi, etsi Christiani,
» multas adhuc veteres superstitiones servabant ; ho-
» mines & alia immolabant, divinationemque exer-
» cebant. Perterriti Gothi fugam faciunt, & intra
» muros urbis se recipiunt. Deinde Franci ad Gotho-

vancerent vers l'armée des Gots. Ils vinrent au commencement en petit nom- «
bre ; & les Gots croyant encore qu'ils venoient pour se joindre à eux, les re- «
gardoient tranquillement. Mais quand le gros de l'armée fut arrivé, ils les «
chargerent en jettant leurs haches ; les Gots s'enfuirent, & passant au travers «
du camp des Romains, ils tâchoient de gagner Ravenne. Les Romains les «
voyant fuir, crurent que Belisaire avoit forcé leur camp, & les avoit défaits. «
Pour se joindre à lui ils prirent les armes, & se mirent en marche ; mais forcez «
d'en venir aux mains par la rencontre de leurs ennemis, ils furent d'abord mis «
en déroute ; & ne pouvant regagner leur camp, ils s'enfuirent en Toscane, & «
raconterent à Belisaire tout ce qui s'étoit passé. Les François vainqueurs des «
Gots & des Romains de la maniere que nous venons de dire, pillerent les deux «
camps, & y trouverent une grande abondance de vivres. Mais cela fut bien-tôt «
consumé par une armée si nombreuse. Aprés quoi ils ne trouverent plus que des «
bœufs & l'eau du Po pour boire ; ce qui causa la dissenterie, & fit perir un «
tiers de l'armée. Cet accident empêcha les François d'aller plus avant. «

Belisaire, dit Procope, voyant la défaite de ce corps de Troupes commandé «
par Martin & Jean, & craignant pour toute son armée, & sur tout pour ceux «
qui assiegeoient Fiesoli plus voisins des François, écrivit à Theodebert une «
lettre où il lui reprochoit sa foi ainsi violée, & le menaçoit qu'il pourroit «
bien avoir sa revanche. Theodebert ne pouvant plus soutenir le murmure «
des François qui se plaignoient qu'il les faisoit perir dans un pays où ils man- «
quoient de tout, repassa bien-tôt les Alpes. «

Il y envoya depuis Bucelin, Aleman de nation, qui, selon Gregoire de Tours,
remporta plusieurs victoires contre Belisaire & contre Narsès, subjugua toute
l'Italie jusqu'à la mer, & envoya de grands tresors à Theodebert. Depuis il prit
la Sicile, & l'obligea de payer tribut à son Roi. Les Historiens Grecs ne conviennent pas de ceci. Ils racontent que Bucelin ou Butilin fut enfin défait à Casilin
auprès de Capouë, par Narsès, & qu'il ne resta de toute son armée que cinq
hommes : ce qui est certain, c'est que les François retirent peu de chose de
ces conquêtes. C'est apparemment à cause du mauvais succès de la premiere
guerre de Theodebert en Italie, que Justinien fut appellé *Alemanique*, *Francique*, *Germanique*, suivant l'usage des Empereurs Romains. Une Inscription Gre-

---

» rum exercitum tendunt, initioque pauci acce-
» debant. Gothi putantes ipsos opem ferendi causa
» accedere, se in tuto esse arbitrabantur. Verum ubi
» exercitus robur advenit, Franci projectis securi-
» bus in Gothos irruunt. Gothi vero terga vertunt, &
» fugiendo castra Romanorum trajiciunt, Raven-
» nam petere conantes. His conspectis Romani exi-
» stimantes Gothos a Belisario victos, eorumque ca-
» stra expugnata fuisse, ut sese illius exercitui junge-
» rent, armati iter capessunt ; sed Francis occurren-
» tes, confertis manibus, statim in fugam versi sunt,
» & cum castra repetere non possent, in Tusciam
» celeri cursu se receperunt, Belisarioque cuncta nar-
» rarunt. Franci victores Gothorum & Romanorum
» eo quo jam diximus modo, duo castra diripuerunt,
» commeatumque copiosum nacti sunt. Sed a tanto
» exercitu hæc brevi consumta fuere. Postea vero ni-
» hil aliud quam boves & aqua repertum ab ipsis est,
» quæ victus ratio ipsis dysenteriam induxit, quo
» morbo tertia pars exercitus periit. Id autem ne ulte-
» rius procederent præpedivit.

» Cernens Belisarius fugatas illas cohortes a Mar-
» tino & Joanne ductas, & toti timens exercitui,

maximeque iis qui Fesulum obsidebant, quique «
viciniores Francis erant, Theodeberto epistolam «
scripsit, qua de violata fide querebatur, & commi- «
nando dicebat, futurum aliquando ut vices ipsi re- «
penderet. Obmurmurantibus Francis adversus Theo- «
debertum, quod illos in ea regione detineret, ubi «
omnia ad victum necessaria deessent, Alpes denuo «
superavit, & in patriam reversus est. «

In Italiam postea Theodebertus Bucelinum misit *Greg. Tur.*
natione Alamannum, qui, si Gregorio fides sit, plu- *l. 2. c. 32.*
rimas retulit victorias contra Belisarium & contra Nar-
setem, totam Italiam usque ad mare subegit, ingen-
tesque thesauros Theodeberto misit ; posteaque Sici-
liam acquisivit, ac tributum Regi pendere coëgit.
Græci vero longe diverso modo rem efferunt, narrant-
que tandem Bucelinum, seu Butilinum, in Casilino
prope Capuam a Narsete victum fuisse, cum tanta
strage, ut quinque solum viri superfuerint. Illud vero certum est, Francos ex iis quæ acquisiverant pauca
retinuisse. Infaustus haud dubie exitus belli quod
Theodebertus ipse in Italiam intulerat, in causa fuit
cur Justinianus Imperator Alamanicus, Francicus, Germanicus, Romanorum more Imperatorum vocatus sit.

que de Trebifonde que feu M. de Tournefort rapporta de fon voyage, & que j'ai imprimée dans la Paleographie Greque, p. 174. lui donne toutes ces qualitez & bien d'autres. La voici.

Au Nom de notre Seigneur Jefus-Chrift notre Dieu. L'Empereur Cefar Fl. Juftinien Alemanique, Gothique, Francique, Germanique, Parthique, Alanique, Vandalique, Afriquain, pieux, fortuné, glorieux, chargé de trophées, a reftauré les bâtimens publics de cette Ville par les foins d'Uranius, &c.

Theodebert veut faire la guerre à Conftantinople.

Theodebert piqué de la vanité de Juftinien, qui mettoit les François entre les Nations dont il fe difoit vainqueur, refolut d'en tirer vengeance, & de porter la guerre, non pas en Italie, mais par la Pannonie, la Mefie, & la Thrace jufqu'à Conftantinople. Il envoya des Ambaffadeurs aux Rois des payis par où il devoit paffer, pour les porter à joindre leurs troupes aux fiennes. Il auroit fans doute mis l'Empire de Conftantinople dans un grand péril ; mais la mort le prévint, comme nous le dirons. Les Rois de France, felon Procope, étoient les feuls du tems de Juftinien qui avoient droit de battre monnoye.

Du tems de ces premiers Rois, les querelles des particuliers caufoient de grands defordres, des meurtres dans les Provinces, & jufqu'à la Cour même. Dans celle du Roi Theodebert, Afteriole & Secondin, étoient des premiers dans les bonnes graces du Prince. L'un & l'autre hommes d'efprit & lettrez. Secondin fut fouvent envoyé en Ambaffade à l'Empereur. Cela lui enfla le cœur. Il fe donnoit des airs qu'Afteriole fupportoit impatiemment. L'inimitié fe declara enfin, & ils en vinrent jufqu'à fe battre & fe frapper violemment. Le Roi appaifa la querelle ; mais elle fe renouvella bien-tôt. Le Roi prit le parti de Secondin, & lui livra Afteriole pour en faire ce qu'il voudroit. Celui-ci fut bien humilié : mais la Reine Vifigarde le protegea, & le fit rétablir. Elle vint à mourir, & Secondin profitant de l'occafion, tua fon ennemi. Afteriole laiffa un fils fort jeune, qui étant devenu grand, voulut venger la mort de fon pere. Il va chercher Secondin pour le tuer. Secondin s'enfuit en une maifon de campagne ; & pourfuivi d'une maifon à l'autre, voyant bien qu'il ne pouvoit échapper, il s'empoifonna enfin lui-même.

548.
Mort de Theodebert.

Theodebert faifoit toujours fes préparatifs pour porter la guerre à Conftantinople. Dans le tems qu'il s'appliquoit plus ferieufement à cette importante expedition, il tomba malade. La maladie tira en longueur, & l'emporta en-

---

Infcriptio Græca Trapezuntina quam D. de Tournefort ex Oriente retulit, quamque in Palæographia Græca edidi, p. 174. hujufmodi nominibus illum infignit, aliaque multa adjicit. En illam.

In nomine Domini noftri Jefu Chrifti Dei noftri, Imperator Cefar Fl. Juftinianus, Alamanicus, Gothicus, Francicus, Germanicus, Parthicus, Alanicus, Vandalicus, Africanus, pius, felix, gloriofus, tropais onuftus, hujus Urbis Ædificia publica reftauravit, Uranii opera, &c.

Agathias, de rebus Juftiniani. Du Chefne, f. 1. p. 243.

Theodebertus Juftiniani, qui inter victas gentes Francos poneret, jactantia commotus, bellum contra eum movere deftinabat ; nec jam in Italiam, fed in ipfam Conftantinopolim per Pannoniam, Mœfiam & Thraciam exercitum ducere parabat. Oratores vero mifit ad Reges in via pofitos, ab iis petens ut fe copiis fuis ad hanc expeditionem juvarent. Magnum certe hinc periculum Conftantinopolitano imperio imminebat ; fed morte præoccupatus eft Theodebertus, ut mox dicemus. Cæterum, ait Procopius tempore Juftiniani folos Francorum Reges jus cudendæ monetæ habuiffe.

Procop. Bell. Goth. l. 3. c. 33.

Sub his primæ ftirpis Regibus rixæ, quæ inter viros cujufvis generis oriebantur, magnum perturbationem afferebant ; hinc plerumque cædes per provincias, & quandoque in ipfa regia. Apud regem Theodebertum Afteriolus & Secundinus primas tenebant, ambo ingenio literifque clari. Secundinus vero fæpe ad Imperatorem Orator miffus fuerat: Hinc elatus ille arroganter fefe gerebat ; inde exorta lis eft inter illum & Afteriolum, atque eo ufque rixa proceffit, ut fefe mutuo pugnis impeterent. Litem Rex fedavit : verum redintegrata contentione, Rex in poteftatem Secundini Afteriolum dedidit ; at Wifigardis reginæ patrocinio reftitutus eft Afteriolus. Illa vero mortua, Secundinus Afteriolum occidit. Hujus filius tunc junior, cum adolevifset, cæfum patrem ulcifci paravit. Secundinus vero in villam aufugit. Infequente autem illum de villa in villam Afterioli filio, ubi vidit fe ultionem evadere non poffe, veneno fibi vitam eripuit.

Greg. l. 3. c. 33.

Theodebertus dum Conftantinopolitanam expeditionem appararet, in morbum incidit, diuturnaque tandem ægritudine confumtus interiit. Agathias vero

C. 36.
Du Chefne, f. 1. p. 244.

CHILDEBERT, CLOTAIRE, THEODEBALDE.

fin. Agathias raconte sa mort très-differemment. Il dit qu'étant à la chasse, il vit un buffle d'une grandeur extraordinaire qui s'élançoit sur lui: comme il se préparoit à lui porter un coup de lance, le buffle abbattit un arbre, dont une branche vint lui donner sur la tête si rudement, qu'il tomba de cheval; & transporté dans son palais, il mourut peu d'heures après. Gregoire de Tours, né en Auvergne du vivant de Theodebert, à qui ce payis appartenoit, est bien plus croyable que ce Grec. Après sa mort le peuple se jetta sur Parthenius, qui sous l'autorité du Roi, avoit imposé des tributs, & fait d'autres violences. Il s'alla cacher dans une Eglise à Treves, où il se mit dans un coffre: mais le peuple le tira de là, l'emmena hors de l'Eglise, & l'attacha à une colonne où il fut lapidé. C'étoit un homme fort vorace, qui pour se charger plus souvent de viandes, précipitoit la digestion en prenant de l'aloës.

CHILDEBERT, CLOTAIRE, THEODEBALDE en Austrasie.

THEODEBALDE succeda à son pere Theodebert sans qu'il paroisse que ses oncles y ayent mis aucune opposition. Vers le même tems, la Reine Clotilde termina sa sainte vie à Tours, dont Injuriosus étoit alors Evêque: Elle fut transportée à Paris, & ensevelie auprès de son mari Clovis dans l'Eglise de S. Pierre, aujourd'hui de Sainte Geneviéve. C'étoit Clotilde qui l'avoit bâtie.

Theodebalde succede à Theodebert. Mort de Clotilde.

Jusqu'ici ces premiers Rois avoient fort respecté l'Eglise: mais il paroît que Clotaire supportoit impatiemment qu'elle joüit de tant de biens. Il ordonna donc que toutes les Eglises de son Royaume lui donneroient le tiers de leurs revenus. Les autres Evêques, quoique bien malgré eux, souscrivirent par crainte à une Ordonnance si onereuse & si préjudiciable aux Eglises. Mais Injuriosus Evêque de Tours, y resista fortement; & refusant d'y souscrire, il dit au Roi: *Si vous enlevez le bien des pauvres, que vous devriez nourrir vous-même, Dieu vous enlevera votre Royaume:* & il se retira sans dire adieu au Roi, qui craignant la vertu de S. Martin, dit l'Historien, lui envoya des presens, cassa son Ordonnance, & le pria d'interceder pour lui auprès du Saint.

---

longe diverso modo mortem ejus describit. Venando, inquit, in miræ magnitudinis bubalum incidit, qui in ipsum irruit. Dum vero ille lancea feram impetere parat, bubalus arborem dejicit, cujus ramus grandior in caput Theodeberti delapsus, ipsum in terram devehit: hinc in ædes deportatus, post paucas horas interiit. Verum Gregorius Turonensis apud Arvernos, regnante Theodeberto, natus, quæ provincia ipsi subjecta erat, fide dignior illo Græco Scriptore videtur esse. Illo defuncto Franci in Parthenium irruerunt, qui auctoritate fultus regia, tributa imposuerat, aliaque facinora violenter admiserat. Ille timens Treviros se recepit, atque in Ecclesiam aufugiens in arca quadam latere studebat: verùm populus inde extractum miserum ad columnam ligatum lapidibus obruit. Vorax homo erat, qui ut frequentius ederet, aloen sumebat, quo digestionem præcipitaret.

CHILDEBERTUS, CHLOTARIUS, THEODEBALDUS in Austrasia.

THEODEBERTO sine ulla, ut videtur, a patruis mota controversia successit filius ejus Theodebaldus. Eodemque circiter tempore Chlotildis Regina vitam pie clausit Turonis, ubi tunc Episcopus erat Injuriosus. Inde Lutetiam translata prope conjugem Chlodoveum sepulta est in Ecclesia Sancti Petri, nunc Sanctæ Genovefæ, quam ipsa struxerat.

Greg. Tur. l. 4. 6. 1.

Antehac hi primi Reges Ecclesiam admodum venerati fuisse videntur. Verum hinc arguitur Chlotarium non æquo animo tulisse illam tot bonis ac prædiis frui, quod omnibus regni sui Ecclesiis tertiam proventuum partem sibi solvendam indixerit. Alii autem Episcopi etsi inviti huic jussui subscripsere. Injuriosus vero subscribere renuens, Regi insuper dixit: Si pauperum quos tu alere deberes, bona tollas, Deus regnum tuum auferet, & abiens Regi ne quidem vale dixit. Rex Sancti Martini virtutem metuens, jussum revocavit, Injuriosumque rogavit pro se apud sanctum Martinum intercederet.

C. 2.

46 CHILDEBERT, CLOTAIRE, THEODEBALDE.

Femmes & enfans de Clotaire.

Ce Prince eut plusieurs enfans de differentes femmes, qu'il gardoit en même tems; & violant toutes les loix, il épousa Aregonde sœur de sa femme Ingonde, & retint toutes les deux: voici comment. Ingonde qu'il aimoit fort, le pria de donner à sa sœur Aregonde, un mari de qualité & digne de la sœur d'une Reine. Sur cela Clotaire dont l'incontinence passoit toutes les bornes, devint amoureux de la sœur de sa femme, & l'épousa. J'ai fait ce que vous souhaitiez, dit-il ensuite à Ingonde; & ne trouvant point de mari qui convînt mieux à votre sœur que moi, je l'ai épousée. Ingonde répondit qu'elle étoit contente, pourvû qu'il la conservât toûjours elle-même dans ses bonnes graces. Il eut d'Ingonde, Gontaire, Childeric, Cherebert, Gontran, Sigebert, & une fille nommée Closinde; de Chunsene, il eut un fils nommé Cramne, & d'Aregonde Chilperic. Trois de ses fils, Gontaire, Cramne & Childeric moururent avant leur pere. Closinde fut mariée à Alboin Roi des Lombards.

An. 553. Canaon Comte des Bretons tuë trois de ses freres.

La maudite coutume des Rois de tuer, s'ils pouvoient, leurs freres, pour ne point partager leurs états avec eux, passa jusqu'aux petits Princes. Canaon Comte des Bretons, tua trois de ses freres. Il voulut aussi tuer le quatriéme, nommé Machliave, qui fut d'abord sauvé par Felix Evêque de Nantes, & depuis s'enfuit chez un autre Comte du même payis; & après s'être caché dans un sepulcre, il s'en vint à Vannes, où il fut tonsuré, & depuis fait Evêque de la même Ville. Depuis ce tems-là Canaon étant mort, il quitta l'Evêché, reprit sa femme, & se saisit de la Principauté de son frere. Mais il fut excommunié par les Evêques. Depuis la mort de Clovis, dit Gregoire de Tours, les Bretons furent toujours sous la domination des François, & leurs Princes furent appellez Comtes, & non Rois.

Theodebalde qui avoit succedé à son pere Theodebert, épousa Valdetrade ou Valdtrade. Il ne regna que sept ans. Il étoit craint & haï, parce qu'il étoit soupçonneux, & qu'il croioit être volé par ses Ministres. Il s'expliqua un jour sur ce sujet par cette fable. Un serpent, disoit-il, s'étant glissé dans une phiole, but tout le vin qui y étoit; & s'étant gonflé le corps par cette boisson, il n'en pouvoit plus sortir. Le maître qui le trouva faisant des efforts pour s'echapper, lui dit: Rends premierement ce que tu as pris, & puis tu sortiras. Ce fut de son tems que Bucelin fut défait & tué par Narsès, & que les François perdirent ce qu'ils avoient conquis en Italie. Justinien envoya en Ambassade au Roi

---

C. 3.

Chlotarius multos habuit filios ex diversis mulieribus, quarum etiam plures simul apud se servabat. Christianas nihil curans leges, Aregundem duxit Ingundis uxoris suæ sororem. Ingundis enim rogaviteum Aregundi sorori suæ conjugem daret sorore uxoris suæ dignum. Ille vero Aregundis amore incenditur, illamque etiam duxit uxorem. Tum Ingundi dixit: Quod postulabas feci, cumque nullum me digniorem invenirem, Aregundem tibi connubio junxi. Cui illa sibi satis esse dixit, dum se quoque in gratia sua servaret. Ex Ingundæ igitur suscepit Guntharium, Childericum, Cherebertum, Gunthramnum, Sigebertum, & Chlotsindam filiam. Ex Aregunde Chilpericum, ex Chunsena Chramnum. Guntharius, Chramnus & Childericus ante patrem suum mortui sunt. Chlosinda vero Alboino Langobardorum regi nupsit.

C. 4.

Consuetudo illa iniquissima Regum fratres occidendi si possent, ne ii in partem regni accederent, apud minores etiam Principes vigebat. Chanao Britonum Comes tres fratres interfecit, & quartum etiam Machliavum nomine de medio tollere voluit; sed hic Felicis Namnetensis Episcopi beneficio servatus, apud alium regionis illius Comitem confugit, & postquam in sepulcro latuisset, Venetias petiit, ibique tonsus & Episcopus ordinatus est. Mortuo autem Chanaone, Episcopatum reliquit, uxorem quam reliquerat resumsit, & in fratris locum Comes fuit: sed ab Episcopis excommunicatus est. Britones semper, inquit Gregorius Turonensis, sub Francorum potestate post obitum regis Chlodovei fuerunt, & Comites non Reges appellati sunt.

C. 5.

Theodebaldus qui Theodeberto patri successerat, Valdetradem duxit uxorem, annisque septem regnavit. Hic subditis timorem incussit, illosque in odium sui concitavit. Suspiciosus enim erat, & a Ministris sibi multa subripi arbitrabatur. Qua de re hæc ab illo dicta fabula fertur. Serpens, inquit, in ampullam vino plenam ingressus, totum ebibit, quo inflatus egredi nequibat. Supervenit is cujus erat vinum: serpenti autem exire nitenti, nec valenti ait: Evome prius quod ebibisti, & tunc poteris liber abscedere. Illo regnante Bucelinus a Narsete victus cæsusque est, & Franci ea quæ in Italia acquisierant amiserunt. Justinianus Oratorem misit Theodebaldo nomine Leon-

Procop. bell. Goth. l. 4. c. 24.

CHILDEBERT, CLOTAIRE,

Theodebalde un nommé Leonce, lui proposant de joindre ses troupes aux Imperiales pour faire la guerre aux Gots: mais Theodebalde s'excusa sur ce qu'il étoit lié d'amitié avec les Gots d'Italie. Après la mort de Theodebalde, Clotaire se saisit de son Royaume, & épousa sa femme Valdetrade. Mais les Evêques s'étant élevez contre des nôces si illegitimes, & en ayant fait une reprimande au Roi, il lui fit épouser le Duc Garivald: il alla d'abord faire la guerre aux Saxons, comme nous dirons bientôt.

AN. 555.

CHILDEBERT, CLOTAIRE.

CRAMNE envoyé par son pere Clotaire en Auvergne pour gouverner cette Province, y exerçoit tant de violences, qu'il s'attiroit les maledictions de tout le peuple. Il ne pouvoit souffrir le conseil des personnes sages, & s'abandonnoit à de jeunes gens du plus bas peuple, qui ne lui inspiroient que la débauche, & les actions les plus violentes: il enlevoit les filles des Senateurs à la face de leurs peres; il destitua le Comte Firmin, & subrogea en sa place Salluste fils d'Evodius. Firmin pour éviter l'exil, s'enfuit avec sa belle-mere à l'Eglise comme dans un azile. Mais Cramne, sans aucun respect pour l'Eglise, les fit enlever. Ils s'enfuirent de nouveau à l'Eglise de S. Julien, & furent ainsi délivrez de l'exil; mais leurs biens furent confisquez. Cramne se laissant aller toujours aux suggestions des plus méchans hommes, se saisit de plusieurs payis & villes de son pere, & se ligua contre lui avec son oncle Childebert, qui ne manquoit jamais d'occasion de prendre les armes contre son frere. Clotaire averti de cette revolte de Cramne, envoya contre lui deux de ses freres Cherebert & Gontran, qui s'avancerent avec une armée jusques dans le Limosin où ils le rencontrerent avec ses troupes. Ils se camperent auprès de lui, & l'envoyerent sommer de rendre à son pere les Villes & les Payis dont il s'étoit saisi, faute dequoi ils lui donneroient bataille. Lui faisant semblant de s'adoucir, répondit, qu'avec les bonnes graces de son pere il souhaitoit de retenir ce qu'il avoit en sa puissance. Les deux freres se disposent au combat; & les deux armées étoient prêtes à se battre: mais une tempête qui s'éleva subitement, accompagnée de tonnerres, empêcha qu'ils ne vinssent aux mains.

Histoire de Cramne.

Cramne répandit alors une fausse nouvelle, que Clotaire étoit mort au-de-

---

tium, qui invitaret eum, ut exercitum mitteret in Italiam contra Gothos cum suis copiis jungendum. Verum Theodebaldus non licere sibi dixit, qui cum Gothis Italiæ amicitiam haberet. Post Theobaldi mortem, Chlotarius ejus regnum occupavit, Valdetrademque uxorem ejus sibi junxit; sed reclamantibus Sacerdotibus, eam Garivaldo Duci in uxorem dedit; & ad Saxones domandos profectus est; qua de re infra.

CHILDEBERTUS, CHLOTARIUS.

CHRAMNUS a patre ad Arvernos missus ad eam regendam provinciam, tam aspere & violenter agebat, ut populi sibi maledicta conciliaret. Sapientium consilia non ferebat, & ex juvenum infimæ plebis consortio atque suasu, libidini ac violentiæ se dedebat. Senatorum filias in conspectu patrum abripiebat. Firminum Comitem destituit, & in ejus locum Sallustium Evodii filium subrogavit. Firminus ut exfilium vitaret, cum socru sua in Ecclesiæ asylum aufugit; sed Chramnus Ecclesiam nihil reveritus, ipsos inde extrahi jussit. Illi secundo in Ecclesiam Sancti Juliani confugerunt, & sic exsilium evasere: Chramnus vero illorum bona fisco addixit. Eorumdem semper consiliis usus, terras multas & oppida patris sui occupavit, seseque contra patrem junxit patruo Childeberto, qui nullam non occasionem arripiebat ut fratri noceret. Chlotarius audita illa Chramni rebellione, duos ex fratribus ejus Charibertum & Gunthramnum cum exercitu misit; qui ad Lemovicinum agrum ipsi occurrerunt & exercitui ejus. Ii castris ibi positis, per Legatos indixerunt ei, ut ea quæ male usurpaverat, restitueret; sin minus, rem fore prælio decernendam. Ille se patri obsequentem simulans, respondit secum bona patris gratia ea retinere cupere, quæ in sua erant potestate. Jam omnia ad pugnam parata erant; sed oborta tempestate cum tonitruis & fulguribus, ad castra fratres se receperunt.

C. 16.

Tum Chramnus rumorem spargit, Chlotarium dum

là du Rhin, où il faisoit la guerre contre les Saxons. Il en fit donner avis à ses freres, qui dans la crainte que cette nouvelle ne fût vraie, s'en retournerent promptement en Bourgogne. Cramne les suivit avec son armée, assiegea Châlon & le prit, & il approcha de Dijon où il n'entra point. Il se maria alors avec la fille de Viliacaire, & vint à Paris joindre son oncle Childebert, avec lequel il se lia plus fortement, en lui assurant avec serment qu'il étoit ennemi declaré de son pere. Alors Childebert qui avoit suscité les Saxons contre Clotaire, entra à main armée dans son Payis, ravagea toute la Champagne, pilla & brûla tout; & croyant que son frere avoit péri dans la guerre de Saxe, il tâchoit de se saisir de ses Etats. Peu de tems après il tomba malade & mourut, il fut enterré dans l'Eglise de S. Vincent qu'il avoit bâtie. Clotaire se rendit maître de ses Etats & de ses tresors, & réünit ainsi toute la Monarchie Françoise. Il envoya en exil Ultrogothe sa femme, & deux filles qu'il avoit.

Mort de Childebert. 558.

CLOTAIRE seul.

CRAMNE vint trouver son pere & se reconcilia avec lui. Mais cet esprit inquiet reprit bien-tôt les armes; & ne pouvant lui seul tenir contre son pere, il alla joindre Conobre Comte des Bretons. Clotaire irrité contre ce fils rebelle, le suivit avec son armée. Il lui donna bataille: Conobre y fut défait & tué. Cramne s'enfuit pour aller s'embarquer sur des navires qu'il avoit preparez; mais s'étant arrêté pour sauver sa femme & ses filles, il fut pris par les troupes de son pere. Clotaire ordonna qu'il fut brûlé avec sa femme, & ses filles. On l'étendit sur un banc, & on l'étrangla; ensuite on mit le feu à une chaumine où étoit le corps, avec ces pauvres créatures, & tout fut consumé par l'incendie. Cramne avoit sans doute merité la mort; mais brûler en même tems sa femme, & des petites filles en fort bas âge, cela sentoit la barbarie du Nord.

Mort de Cramne.

L'Histoire de Cramne nous a obligé de renvoyer ici celle de la guerre contre les Saxons qui se passa dans le même tems. Elle commença peu après la mort de Theodebalde. Clotaire s'étant saisi de ses Etats, les Saxons se revolterent. Clotaire marcha contre eux avec son armée, en fit une grande boucherie, &

Guerre de Clotaire contre les Saxons.

---

ultra Rhenum contra Saxones bellum gereret, interiisse, remque fratribus nunciari curavit. Illi metuentes ne res ita se haberet, celeriter in Burgundiam revertuntur; ipsos Chramnus cum exercitu sequitur, Cabilonem obsidet & capit, Divionem castrum adiit, nec eo ingreditur. Tunc vero Viliacharii filiam duxit uxorem: indeque Lutetiam venit ad Childebertum patruum, quicum amicitiam confirmavit, jurans se patri inimicum esse. Childebertus autem qui Saxones contra Chlotarium concitaverat, dum ille ultra Rhenum decertaret, Campaniam Rhemensem ferro vastavit, & cum audisset Chlotarium in bello periisse, regnum ejus occupare studebat. Paulo post autem in morbum incidit, obiitque & sepultus est in Ecclesia Sancti Vincentii, quam ipse construxerat. Ejus regnum & thesauros Chlotarius occupavit, totamque sic Monarchiam tenuit. Uxorem vero ejus Ultrogotham duasque filias in exsilium misit.

C. 17.
C. 18.

CHLOTARIUS solus.

CHRAMNUS patrem adiit, & cum illo reconciliatus est: sed ut erat rerum novarum cupidus, quamprimum arma resumsit; cumque non posset solus contra patrem stare, ad Chonobrem Britannorum Comitem confugit, copiasque cum illo junxit. Chlotarius in rebellem filium iratus, cum exercitu sequitur illum. Commisso prælio victus Chonobet occisus est. Chramnus vero fugiebat ut naves ab se paratas conscenderet; sed cum stetisset ut uxorem & filias adduceret, ab exercitu patris captus est. Jussit Chlotarius ipsum cum uxore & filiabus igne comburi. Chramnus super scamnum extensus orario strangulatus fuit, & casa in qua cadaver erat, cum uxore & filiabus ejus igne combusta est. Chramnus certe mortem meruerat; sed uxorem simul & insontes filiolas una comburere, id summæ barbariei fuit.

Chramni historiam ne interciperemus, bellum contra Saxones huc misimus; quod paulo post Theodebaldi mortem cœptum est. Cum regnum ejus Chlotarius occupavisset; rebellavere Saxones: Chlotarius

C. 19.

ravagea

ravagea toute la Thuringe, parceque les Thuringiens avoient prêté secours aux Saxons. Peu de tems après ces mêmes Peuples, suscitez par le Roi Childebert, indigné peut-être de ce que Clotaire avoit saisi le Royaume de Theodebald sans lui en faire part ; ces Peuples, dis-je, se revolterent, & refuserent de payer le tribut annuel. Clotaire s'avança vers eux avec son armée. Les Saxons le voyant si près de leurs confins, envoyerent lui demander la paix, lui offrant de payer le tribut ordinaire, & de l'augmenter même pour éviter les actes d'hostilité. Clotaire étoit d'avis d'accepter leur soumission ; mais les François s'y opposerent, disant, qu'après tant d'infidelitez on ne pouvoit se fier à leurs promesses. Les Saxons voyant qu'on rejettoit leurs offres, vinrent encore offrir de surplus la moitié de leurs biens. Malgré tous les efforts de Clotaire cette proposition fut encore rejettée. Les Saxons reviennent, & ajoûtent aux offres precedentes leurs habits & leurs bestiaux. Alors Clotaire parlant plus resolument, dit qu'il ne donneroit point de bataille ; & que s'ils s'obstinoient encore à vouloir combattre, ils iroient sans lui : après quoi il se retira dans sa tente. Les François vont alors comme des furieux, mettent sa tente en pieces, & le menacent de le tuer s'il ne les menoit à la bataille. Le Roi marcha malgré lui contre les Saxons, qui se battirent en desesperez, & firent un grand carnage des François. Après ce mauvais succès, Clotaire fit la paix avec eux, les assurant que c'étoit bien malgré lui qu'on étoit venu aux mains.

Ce fut après son retour de cette guerre, que Cramne périt de la maniere que nous avons dit. Depuis cela Clotaire sentant apparemment que le tems de sa mort approchoit, alla à Tours au tombeau de Saint Martin, le supplier humblement de lui obtenir de Dieu la remission des pechez qu'il avoit commis. Il y laissa beaucoup de presens. Après son retour comme il chassoit à la forêt de Cuise, la fievre le prit : il se rendit à son Palais de Compiegne ; & comme le mal augmentoit, il profera cette Sentence : *Ha ! combien puissant est ce Roi celeste qui fait mourir de si grands Rois.* Accablé de mal & de douleur, il mourut, & fut inhumé par ses quatre fils dans l'Eglise de S. Médard de Soissons. Sa mort arriva la cinquante-unième année de son regne, un an & un jour après qu'il eut fait tuer son fils Cramne.

561.

Mort de Clotaire.

---

vero cum exercitu superveniens, magnam illorum stragem fecit, totamque Thoringiam depopulatus est, quia nimirum Thoringi Saxonibus opem tulerant. Pauco postea elapso tempore iidem populi à Childeberto concitati, forte quia Chlotarius totum Theodebaldi regnum occupaverat, neque secum diviserat. Hi, inquam, populi iterum rebelles solita pendere tributa denegabant. Chlotarius vero cum exercitu ipsos debellaturus accessit. Saxones sibi Regem imminere cernentes, pacem petunt, tributa se soluturos promittunt, imo aucturos, ut hostilia omnia vitarent. Has admittere conditiones volebat Chlotarius : verum obstitere Franci, nullam habendam fidem dicentes viris qui toties promissis non steterant. Hæc rejici videntes Saxones, dimidium præterea bonorum obtulerunt. Verum invito licet Rege, hæc etiam repulsa sunt : iterum promissis addunt Saxones & vestes & armenta sua. Tunc porro Chlotarius se non ad pugnam iturum declaravit ; sed si vellent, irent soli, & hæc dicens in tentorium se recepit. Franci vero ceu furiosi, disciso tentorio Regem extrahunt, necemque interminantur, nisi ducat illos ad pugnam. Invitus Rex movet exercitum. Tunc Saxones ceu de salute desperantes, strenuissime pugnant, & magnam Francorum stragem edunt. Post tam infaustum exitum, cum illis pacem init Chlotarius, declarando se invitum ad tale committendum prœlium adductum esse.

Post reditum ex hoc Saxonum bello, Chramnus periit eo quo narravimus modo. Dehinc vero Chlotarius quasi sentiens & conjectans vitæ finem instare, ad Turones se contulit, & ad sepulcrum Sancti Martini, Sanctum rogavit sibi à Deo remissionem peccatorum impetraret ; multaque ibi obtulit munera. Reversus, dum venaretur in Cotia silva à febre corripitur, & in villam Compendium rediit, ubi cum graviter vexaretur a febre, aiebat : *Vua, quid putatis, qualis est ille Rex celestis, qui sic tam magnos Reges interficit.* Dolore autem obrutus interiit : quem quatuor filii cum honore debito, Suessionas deferentes, in Basilica beati Medardi sepelierunt. Obiit autem una die post elapsum annum integrum ex quo Chramnus interfectus fuerat.

C. 14.

C. 21.

Tome I.

G

MONUMENS DE CLOVIS
ET DE SES QUATRE FILS.

IL ne faut pas douter qu'il n'y ait eu des Sculpteurs & des Peintres du tems de nos premiers Rois ; qu'on ne leur ait dressé des statuës, & qu'on ne les ait representez en peinture & en d'autres manieres ; mais le goût barbare de ces Monumens, a fait qu'on les a negligez, & qu'on les a laissé périr. Il n'en reste plus qu'un petit nombre aux portes de quelques Eglises. Les plus considerables, & dont l'Antiquité peut être moins contestée, sont ceux de notre Eglise de Saint Germain des Prez. On y voit d'abord cette grande tour dans laquelle est pratiqué le principal portail de l'Eglise, où sont les statuës de nos premiers Rois. Cette tour est de la premiere fondation de l'Eglise faite par le Roi Childebert. Je ne m'arrête point au sentiment de ceux qui ont crû sans nulle autorité qu'elle étoit plus ancienne que Childebert. Il est visible qu'en la bâtissant on y a pratiqué le grand portail pour faire l'entrée principale de l'Eglise. Ce qui est fort singulier, & ne se remarque guere ailleurs dans les grandes Eglises : cela peut venir de ce qu'elles ont été rebâties, & qu'on leur a donné une forme toute nouvelle. Je ne refuterai pas non plus le sentiment d'un habile moderne, qui n'étant pas bien au fait de plusieurs choses, dont il falloit être instruit, pour porter sûrement son jugement là-dessus, a prétendu qu'elle étoit d'un tems beaucoup plus bas. Tout ce qu'il a dit sera suffisamment détruit par ce que nous allons rapporter.

L'Eglise bâtie & achevée par Childebert, fut plusieurs fois brûlée par les Normands. Depuis ce tems-là on racommoda un peu les masures qui en restoient, & l'on s'en servit comme on pût jusqu'au tems du Roi Robert, où l'Abbé Morard, assisté de ce Prince, mit à bas toutes ces masures, & fit rebâtir l'Eglise sur ses anciens fondemens. Tout ceci est tiré de l'inscription sepulcrale de l'Abbé Morard, qui subsistoit encore du tems du Pere du Breüil, mort en 1614. Il l'a rapportée : & l'inscription avec la tombe ont péri depuis lorsqu'on renouvelloit le pavé de l'Eglise. La voici traduite du Latin. [Ci gît] *Morard de bonne memoire, Abbé, qui a*

MONUMENTA CHLODOVEI

ET FILIORUM EJUS.

SCULPTORES Pictoresque sub primis etiam Francorum Regibus fuisse nihil dubitandum. Illis erectæ statuæ sunt, picturis ipsi aliisque modis sunt repræsentati. Verum hæc monumenta tam rudis imo barbaræ formæ erant, ut incuria perierint. Pauca tantum supersunt in Ecclesiarum ostiis & frontispiciis. Insigniora, & quæ minus controversiis dant locum circa vetustatem, ea sunt quæ in ostio majori Ecclesiæ nostræ Sangermanensis visuntur. Ibi primum conspicitur magna illa turris, in cujus medio adornatum est majus Ecclesiæ ostium, in quo primorum Regum statuæ comparent. Hanc certe turrim in ipso exordio, quando primum Ecclesia a rege Childeberto fundata est, constructam fuisse, pro comperto habemus. Nihil moror eos qui nulla auctoritate ducti putarunt, turrim ipso Childeberto antiquiorem esse. Nam, ut vel ipsis oculis conspicitur, cum primum structa fuit, porta major Ecclesiæ in ea facta est. Id quod sane singulare, neque in aliis puto majoribus Ecclesiis observatur, quoniam scilicet eæ reædificatæ, & in aliam formam redactæ fuerunt. Non animus est ea refellere quæ vir quidam doctus, sed hac in re non ita peritus, pridem scripsit: esse nimirum illam longe inferioris sæculi : nam quæ ille protulit iis quæ jam dicturi sumus satis superque confutabuntur.

Ecclesia a Childeberto structa a Normannis non semel incensa fuit. Sub hæc autem, ea quæ supererant rudera in quamdam redactam formam sunt, & Ecclesia sic mediocriter restaurata mansit usque ad tempora Roberti regis. Tunc enim Morardus Abbas, opem ferente rege, dejectis ruderibus hujusmodi, Ecclesiam a fundamentis denuo construxit. Hæc porro edicimus ex inscriptione sepulcrali ipsius Morardi, quæ adhuc tempore R. P. du Breuil visebatur. Is vero defunctus est anno 1614. & inscriptionem illam in libro suo retulit, quam hic referimus : periit enim inscriptio cum stratum Ecclesiæ restauraretur. En illam : *Morardus bona memoria Abbas, qui istam*

ET DE SES QUATRE FILS.

rebâti sur ses fondemens cette Eglise, après avoir mis à bas l'ancienne, qui avoit été trois fois brûlée par les Normands : il a aussi bâti une tour avec son signe & plusieurs autres choses...
Cette inscription porte que l'Abbé Morard bâtit un des deux clochers qui sont aux deux côtez du chœur. On croit que c'est celui qui regarde le Septentrion ; celui du midi fut bâti apparemment fort peu de tems après. Ce fut sans doute vers le même tems qu'on bâtit sur la vieille tour de l'entrée, une pointe conforme à celle des deux autres clochers. Il est certain que cette pointe où sont les cloches a été faite plusieurs siecles après que la tour fut bâtie ; il ne faut que la regarder pour s'en convaincre ; cela paroissoit plus évidemment avant qu'on eût renouvellé les quatre faces exterieures de la tour qui étoient toutes écorchées du haut en bas. Les pierres étoient cassées & brisées par l'injure des temps ; ensorte qu'il y avoit des creux de plus d'un pié & demi de profondeur. Nous l'avons vûë en cet état avant qu'on l'a revêtû de maçonnerie, & qu'on en eût renouvellé la surface : ce qui fut fait il y a environ trente ans. Avant cette restauration on voyoit la pointe où sont les cloches, entiere & saine, comme le jour qu'on l'avoit bâtie, & la tour qui la soutenoit toute délabrée à l'exterieur des quatre faces. C'est donc une chose certaine & incontestable, que cette tour est plus ancienne de plusieurs siecles que les deux autres, & qu'elle fut bâtie avec la premiere Eglise.

C'est dans cette tour, comme nous venons de dire, qu'est pratiqué le portail à l'entrée duquel est ce précieux monument de l'Antiquité Françoise. On y voit huit figures en relief, quatre de chaque côté. La premiere à droite en sortant de l'Eglise est d'un Evêque, la seconde d'un Roi, la troisiéme d'une Reine, la quatriéme d'un Roi. De l'autre côté, la premiere & la seconde sont de deux Rois, la troisiéme d'une Reine, la quatriéme d'un Roi. Le Pere Mabillon avoit crû que l'Evêque étoit S. Germain ; le premier Roi, Clovis ; la Reine qui suit, Clotilde ; le Roi d'après, Clodomir. Le premier Roi de l'autre côté, Chilperic ; le second, Childebert ; la Reine d'après, Ultrogotte, & le Roi suivant, Clotaire. Mais Dom Thierri Ruinard ayant examiné les statuës de plus près, trouva qu'il y avoit quelque chose à corriger dans le sentiment du Pere Mabillon, comme il en convint lui-même, ne l'ayant avancé que comme une simple conjecture. Dom Thierri dit donc que l'Evêque qui foule le diable aux

Pl. VII.

Ecclesiam ter incensam evertens, a fundamentis novam reædificavit, turrim quoque cum signo multaque alia ibi... Hic narratur Morardum alteram turrim struxisse, earum nempe quæ a lateribus chori sunt ; putaturque a Morardo structam illam fuisse quæ versus septentrionem est ; ea vero quæ ad meridiem respicit, brevi postea excitata fuisse existimatur. Eodem haud dubie circiter tempore veteri & majori turri culmen impositum fuit simile iis quæ in duabus cæteris turribus visuntur. Certissimum est culmen illud, ubi campanæ locantur, multis post primam turris fundationem sæculis adjectam fuisse : id ex solo conspectu liquidum est. Illud vero evidentius erat antequam turris veteris quatuor facies restaurarentur. Antea enim illæ turris facies quatuor a summo ad imum diruptæ erant ; ita ut rudera esse viderentur. Lapides fere omnes injuria temporum fracti deciderant, & excavata plerumque foramina sesquipede profunda erant. Hanc eo in statu viderunt multi adhuc superstites, vidi & ego antequam illæ quatuor facies arte quadam a latomis quasi de novo struerentur, id quod annis ab hinc circiter triginta factum est. Antequam vero turris restauraretur, culmen integrum & sanum omnino

erat, dum supposita turris undique dirupta maceriem repræsentaret. Certum itaque indubitatumque est turrim illam majorem multis ante alias turres sæculis exædificatam, atque in prima Ecclesiæ fundatione constructam fuisse.

In illa majore turri, ut dixi, concinnatum fuit ostium, sive porta : in cujus ingressu habetur hoc preciosum antiquitatis Francicæ monumentum. Hic visuntur octo statuæ, quatuor ab uno, quatuor ab altero latere. Prima ad dexteram egredientibus ex Ecclesia, est Episcopi, secunda Regis, tertia Reginæ, quarta Regis. Ab altero latere, prima & secunda duorum Regum sunt ; tertia Reginæ ; quarta Regis. Putaverat Mabillonius Episcopum esse S. Germanum, primum Regem Chlodovæum, Reginam sequentem Chlotildem, & Regem extremum latus occupantem Chlodomerum. Primum vero ex altero latere Regem esse Chilpericum ; secundum Childebertum ; Reginam sequentem Ultrogotham, Regem postea Chlotarium. At D. Theodoricus Ruinardus re curiosius explorata, aliquid in Mabillonii opinione emendandum esse censuit, ipsique assensit Mabillonius, qui ut conjecturam tantum illa priora dederat. Ait ergo Ruinardus Episcopum qui dia-

Tome I. G ij

pieds, est, non pas S. Germain, mais S. Remi qui a converti les François, & les a tirez de la puissance du diable, en leur faisant abandonner le culte des faux dieux. Il a aussi converti & baptisé Clovis qui est à son côté. Saint Germain qui faisoit bâtir l'Eglise sous les auspices & aux frais du Roi Childebert, aura sans doute, par modestie, cedé la place à l'Apôtre de la France. Cette place auprès du Roi Clovis lui convenoit plus qu'à tout autre, puisque c'étoit lui qui l'ayant tiré des tenebres de l'idolâtrie, l'avoit mis en état de paroître aux portes des Eglises comme leur bienfaicteur & leur protecteur. Il tient à la main droite un bâton pastoral qui est cassé par le haut. Il a au bras un manipule, & porte une étole dont les deux bouts descendent fort bas. La chasuble qui le couvre, qui s'étendoit en bas de tous les côtez à la maniere des anciennes chasubles, est relevée des deux côtez sur les bras, & n'est point échancrée jusqu'aux épaules comme celles d'aujourd'hui ; sa mitre a des pointes assez élevées, mais séparées l'une de l'autre de la largeur de toute la tête. Quelqu'un a voulu tirer de ces pointes un argument pour prouver que ces statuës sont d'un tems fort posterieur, supposant que ces pointes plus ou moins élevées, étoient des preuves d'une plus grande ou moindre antiquité : peu instruit des variations qui ont été dans la forme de ces mitres en differens tems, & aussi dans les mêmes tems en differens endroits : & ne sachant pas qu'il se trouve des mitres du douziéme ou treiziéme siecle, qui ont moins de pointe que d'autres plus anciennes de trois ou quatre cens ans, & qu'il y en a même qui ont presque la forme d'un bonnet sans aucune pointe. Le Pere Mabillon qui avoit tant vû d'anciennes mitres, n'avoit pas la moindre difficulté là-dessus. Nous parlerons plus amplement de cela en son lieu.

Le Roi Clovis qui vient après, se donne à connoître par bien des endroits : Il tient le bâton Consulaire surmonté d'une aigle à la maniere des Consuls Romains que nous voyons dans les diptyques.* Il avoit été declaré Consul par l'Empereur Anastase, & fut depuis appellé Consul & Auguste par le Peuple. C'est en qualité d'Auguste qu'il porte ici le nimbe ou le cercle lumineux, comme le portoient les Empereurs. Tous ses enfans le portent aussi, & cela passa à sa posterité jusqu'à un certain tems: car comme nous avons dit dans la dissertation préliminaire, il y a grande apparence que cette coutume cessa avant la fin de la premiere race, & qu'elle n'a passé en France ni dans la seconde, ni dans

* Cette aigle est tombée par accident depuis quelques années.

---

bolum calcat, esse non Sanctum Germanum, sed Sanctum Remigium qui Chlodoveum & Francos ad fidem convertit, ipsosque ex diaboli potestate abripuit dum falsorum numinum cultum abrogare suasit ; Chlodoveumque maxime, qui in latere ejus consistit. Sanctus Germanus qui sumtibus Childeberti regis hanc construebat Ecclesiam, modestia ductus, hunc locum concesserit Apostolo Francorum ; qui locus ipsi maxime competebat, quia eum ex idolatria abductum Chlodoveum eo deduxerat, ut in Ecclesiarum ingressu, quasi protector beneficusque consistere posset. Manu vero dextera virgam pastoralem tenet, a culmine fractam. In brachio manipulum, & a collo pendentem stolam gestat, cujus duo extrema ad imam pene oram descendunt. Casula qua induitur pari modo undequaque diffluebat, more veterum casularum, & duobus relevatur brachiis ; nec concisa versus humeros est, ut hodiernæ sunt. Mitra ejus duo habet acumina, sed anterius a posteriore toto capitis spatio distat. Nescio quis hinc argumentum elicere voluit, ut probaret hasce statuas longe posteriorum temporum esse, putans acumina illa vel altiora vel demissiora majorem vel minorem vetustatem arguere : non expertus nempe, quanta in his varietas fuerit non modo in variis temporibus, sed etiam eodem tempore variis in locis. Is nesciebat utique, mitras haberi duodecimi sæculi vel tertii decimi minus acuminatas aliis, quæ has trecentorum vel quadringentorum annorum ætate superant ; aliasque mitras esse pilei forma sine ullo acumine. Mabillonius qui tot veteres mitras viderat, ne minimum scrupuli hacde re habuit. Verum de mitris alias pluribus disquiretur.

Rex Chlodoveus qui sequitur sese notis multis indiciisque prodit : Consularem virgam seu baculum tenet, in cujus culmine aquila, more Consulum Romanorum, ut in Diptychis conspicimus. Consul declaratus fuerat ab Imperatore Anastasio, & postea Consul & Augustus promulgatus a populo fuit. Ut Augustus nimbo ornatur, Imperatorum more. Filii quoque ejus omnes nimbum habent, illumque posteri ejus ad usque certum tempus gestarunt. Nam ut in Dissertatione præliminari diximus, verisimile est, hunc morem cessavisse ante finem primæ Regum Francorum stirpis, ipsumque in Francia nostra saltem,

ET DE SES QUATRE FILS.

a troisiéme. S'il s'en trouve des exemples, c'est dans quelques livres où ils auront été mis par le caprice de quelque particulier ; mais aux Eglises nous n'en avons point trouvé avec le nimbe depuis la premiere race. Il faut en excepter les Rois Saints ou qui ont passé pour tels.

La couronne de Clovis a quelques petits ornemens qui la rehaussent, mais sans ce qu'on appelle fleurs de lys, comme nous avons dit en parlant des couronnes. Il tient de la main gauche un rouleau déployé où étoit sans doute écrit son nom, comme il reste encore écrit sur les rouleaux de quelques-uns de ses enfans. Une chose remarquable à laquelle ni Dom Mabillon, ni Dom Thierry n'ont pas pris garde, & qu'ils n'ont point fait représenter dans l'estampe, c'est que ses souliers sont si échancrez, que presque tout le dessus du pied est découvert ; ce qu'on remarque aussi, ou quelque chose d'approchant, dans les souliers du Consul qui est représenté dans le Calendrier écrit du tems de Constance fils de Constantin, comme on peut voir dans Lambec, & dans le premier tome du Supplement de l'Antiquité, *p*. 30 : & ce qui est encore à remarquer, c'est que le Clovis de sainte Geneviéve fait il y a environ six cens ans, a des souliers de la même figure. Cela fait juger qu'il étoit ainsi représenté dans quelque ancienne statuë de l'Eglise de S. Pierre, appellée aujourd'hui de sainte Geneviéve, & que cette chaussure étoit donnée à Clovis comme Consul. Il n'y a que lui dans ce portail qui soit chaussé ainsi.

La Reine qui suit après Clovis est indubitablement Clotilde sa femme. Elle a une couronne surhaussée de quelques especes de fleurs approchant de ce qu'on appelle fleurs de lys. Les tresses de ses cheveux lui descendent jusqu'au dessous de sa ceinture ; ce qui fait voir que non seulement les Rois, mais aussi les Reines de la premiere race, avoient grand soin d'entretenir leur chevelure, & d'en faire parade. La ceinture de Clotilde paroît ornée de pierreries. Au reste je suis surpris comment le Pere Mabillon Auteur des plus sages & des plus éclairez, s'arrête ici, & s'étonne de ce que Clotilde n'y est pas représentée avec un pied d'oye comme au portail de l'Eglise de sainte Marie de Nesle, & comme dans plusieurs autres Eglises du Royaume, où elle est appellée la Reine Pedauque, ou la Reine au Pied d'oye.

Que peut-on conclure de-là sinon que la fable qui a fait donner un pied d'oye à Clotilde, n'étoit point encore inventée lorsque le portail de saint Germain fut fait, & qu'elle l'étoit lorsqu'on bâtit celui de Nesle beaucoup moins

---

nec ad secundam nec ad tertiam transivisse stirpem. Si quodpiam exemplum contra proferatur ; in aliquot forte libris observabitur, ubi ad libitum amanuensis appositus nimbus fuerit. At in Ecclesiis nimbum nondum in capite Regum vidimus ultra primam stirpem, nisi fortasse Reges Sancti fuerint, vel ut tales habiti sint.

Chlodovei corona, aliquot decoratur ornamentis, sed sine lilii flore, ut diximus, cum de coronis ageretur. Sinistra manu rotulum tenet extensum, ubi scriptum ipsius nomen erat, ut hactenus scriptum visitur in rotulis quorumdam ex filiis ejus. Res vero observatu digna, quam nec Mabillonius, nec Ruinardus adverterunt, nec in tabula repræsentari curarunt, hæc est : Calcei ejus superne ita decisi sunt, ut fere tota superna pedis superficies detecta sit. Id quod vel quid simile fere observatur in calceis Consulis qui habetur in Calendario Constantii filii Constantini tempore descripto, ut videre est apud Lambecium, & in primo tomo Supplementi ad Antiquitatem explanatam, p. 30. Quodque observatu dignum est, Chlodovei statua Sanctæ Genovefæ ab annis circiter sexcentis facta, calceos habet his similes : unde conjicitur illum sic repræsentatum fuisse in aliqua veteri statua Ecclesiæ Sancti Petri, hodie Sanctæ Genovefæ, hocque calcei genus Chlodoveo ut Consuli datum fuisse. Ipse vero solus in hoc ostio sic calceatus est.

Regina sequens est sine dubio Chlotildis uxor Chlodovei. Ejus corona flores habet ad liliorum, ut jam loquimur, formam accedentes. Comæ divisæ utramque zonam ejus defluunt : hinc discimus, non Reges modo, sed etiam Reginas primæ stirpis, comam alere & efferre solitas esse. Zona ejus lapillis distincta videtur. Cæterum miror Mabillonium nostrum, virum sagacitate & eruditione conspicuum, suspensum hærere, ac quærere, cur Chlotildis non hic cum pede anseris repræsentatur, ut ad portam Ecclesiæ S. Mariæ Nigellæ, atque ut in aliis Regni hujus Ecclesiis, ubi vocatur Regina *Pedauca*, vel Regina anserino pede.

Quid enim aliud inde concludas, quam quod fabula illa, qua pes anseris Chlotildi dabatur, nondum inventa esset cum Ecclesiæ Sancti Germani porta concinnata est ; sed jam publicatam fuisse quando porta

ancien que celui-ci, comme il paroît en ce que les Rois n'ont plus de nimbe. La fable qui a donné un pied d'oye à Clotilde, n'étoit point encore connuë du tems de Gregoire de Tours. Depuis ce tems-là on inventa quantité d'histoires prodigieuses & fabuleuses. Fredegaire faisant l'épitome de l'histoire de Gregoire de Tours, a pris la liberté d'y ajoûter des fables que l'Auteur ne connoissoit point, & que lui Fredegaire s'imaginoit être des veritez qui avoient échappé à son Historien. Nous avons parlé amplement de cela dans une des dissertations préliminaires.

La quatriéme statuë du même côté est de Clodomir. Son nom se lit encore, quoiqu'avec peine, sur le rouleau qu'il tient déployé : CLODMRIVS. Ces lettres à demi effacées sont romaines, elles n'ont point encore changé de forme comme celles que nous voyons au dixiéme & onziéme siecle, qui dégenererent enfin en ce caractere que nous appellons *Gothique*; ce qui arriva dans l'onziéme siecle. Clodomir porte à sa couronne des especes de trefles, que nos Auteurs veulent bien honorer du nom de fleurs de lys. Thierri, le plus vieux des enfans de Clovis, devoit ce semble être ici, & non Clodomir qui n'étoit que le second. Mais il n'est pas mal-aisé de deviner pourquoi on a renvoyé Thierri de l'autre côté, c'est qu'on a voulu mettre auprès de Clotilde le premier de ses fils Clodomir, & non Thierri qui étoit d'une autre femme.

Ce Prince est le premier de l'autre côté du portail, sa couronne n'a point de fleurs. Il avoit autrefois le nimbe comme tous les autres; mais il a été cassé, & il est tombé par l'injure du tems. Nous n'avons pas laissé de le mettre comme avoient fait Dom Mabillon & Dom Thierri. Il tient un rouleau déployé, sur lequel étoit son nom, qui est presqu'effacé presentement, ensorte qu'il n'en reste que quelques lettres vers la fin, où il me semble qu'on lit, ICVS. C'est la fin de THEODORICUS.

Après lui vient Childebert fondateur de cette Eglise. Il est representé comme Clovis avec le sceptre, que ses freres n'ont pas : il le porte comme Roi de Paris, où ses freres n'avoient nul droit. Il tient de la main gauche un livre. C'est la marque du Fondateur. Sa couronne est ornée de trefles. Une chose qui lui est particuliere, c'est qu'il foule aux pieds un diable comme saint Remi. Seroit-ce parce qu'il a plusieurs fois fait avec succès la guerre aux Gots d'Espagne, infectez de l'heresie Arienne ? Lui & Clotaire ont de longs cheveux qui leur flo-

beatæ Mariæ Nigellæ, hac longe inferior ætate, exædificata fuit. Id vero inde arguitur quod istic Reges non ultra nimbo ornentur. Fabula certe illa nondum nota erat tempore Gregorii Turonensis. Post illius ætatem adinventæ sunt historiæ multæ prodigiosæ, nugæque metæ. Fredegarius in Epitome historiæ Gregorii Turonensis, multas adjecit fabulas, quas Auctor ipse non noverat, quasque ipse Fredegarius veras, licet auctori suo ignotas, esse putabat, ut in præliminari Dissertatione pluribus ostendimus.

Quarta statua ejusdem lateris, est Chlodomeris. Nomen ejus adhuc legitur in ejus rotulo extenso, CHLODMRIUS. Illæ literæ, quarum quædam semesæ vix percipiuntur, formæ sunt Romanæ, nec quantum ad figuram mutatæ, ut quædam aliæ quas decimo vel undecimo sæculo scriptas videmus, quæ tandem in characterem illum degenerarunt, quem Gothicum vocamus, id quod undecimo sæculo accidit. Chlodomeres in corona sua trifolia habet, a nostratibus hodiernis lilia dicta. Theodoricus filiorum Chlodovei major hunc locum videtur occupare debuisse. Verum haud difficile est augurari, cur ad latus aliud missus fuerit, quia nempe juxta Chlotildem filium ejus majorem locare voluerunt, non Theodoricum, ex alia natum muliere.

Hic autem ad alterum latus stat primus, ejus corona nullo ornatur flore. Nimbum olim habuit ut & alii omnes; sed is fractus injuria temporum decidit, quem tamen apposuimus, ut jam fecerant Mabillonius & Ruinardus. Ipse quoque rotulum extensum tenet, in quo nomen ejus descriptum erat, verum jam pene deletum est, ita ut in fine literæ quædam supersint, ubi legi posse videtur adhuc ICUS. Finis est nominis THEODORICUS.

Post illum stat Childebertus hujus Ecclesiæ Fundator. Cum sceptro autem repræsentatur, uti Chlodoveus, quod fratres ejus non gestant; ipseque sceptro munitur, ut Rex Parisiorum. Sinistra manu librum tenet, id quod ut plurimum Fundatorem designat. Corona ejus trifoliis ornatur. Ipse vero solus diabolum pedibus calcat, ut Sanctus Remigius. An quia pluries bellum prospere gessit in Hispania contra Gothos hæresi Ariana infectos ? Tam ipse quam Chlotarius longa coma instructus est, ad humeros usque defluente;

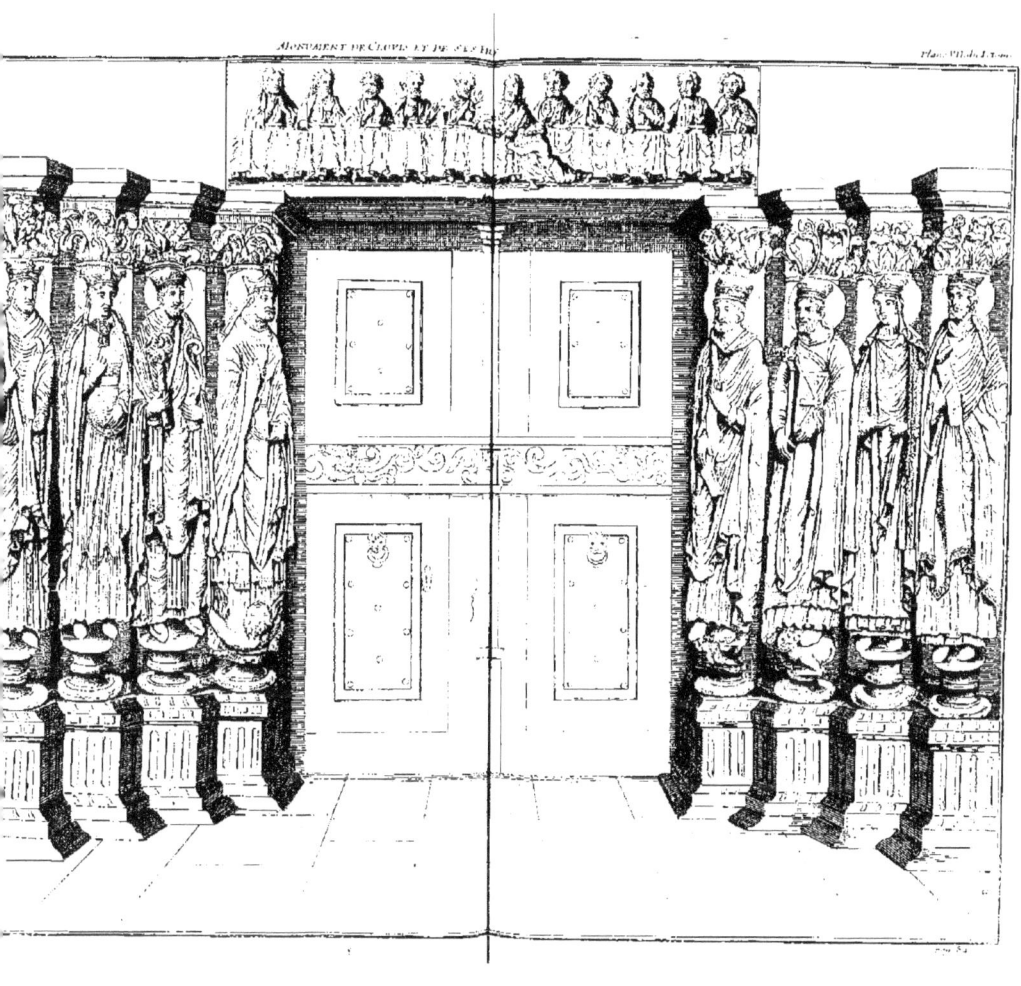

tent sur les épaules; ce qu'on remarque encore dans plusieurs statuës de ces premiers Rois que nous verrons plus bas. C'étoit en ce tems-là une marque de Royauté; ensorte que si l'on tondoit le fils d'un Roi, c'étoit le rendre inhabile à succeder au Royaume. De là vient qu'on les appelloit *Reges criniti*. Ils laissoient aux cheveux toute leur longueur; & si nous remarquons à quelqu'un de ces Rois des cheveux assez courts, c'est qu'ils les avoient naturellement ainsi, comme bien des gens les ont. La Reine qui vient après est sans doute Ultrogothe femme de Childebert: Elle a des tresles à la couronne, & n'a point de ceinture à bouts pendans comme Clotilde & Fredegonde, & comme presque toutes les autres Reines, jusqu'à des tems fort bas. Peut-être est-elle cachée sous son habit exterieur.

Le dernier fils de Clovis de cette bande est Clotaire; l'inscription qui est sur son rouleau nous l'apprend, quoiqu'effacée au milieu. On y lit CHLO.....VS. CHLOTARIVS, ou CHLOTHACARIVS, comme l'appelle toujours Gregoire de Tours. Il a des tresles à sa couronne comme quelques autres, & des cheveux fort longs qui pendent sur le devant separez en tresses.

Tous ces Rois de la premiere race representez en statuës, sont d'un goût fort grossier: ce qui distingue ces premiers de ceux qu'on faisoit vers la fin de la premiere race, & du tems de Pepin; c'est que ceux-là étoient d'une figure tout-à-fait plate, au lieu que ceux du tems de Pepin, quoique grossiers, avoient plus de rondeur. Nous avons déja dit que la coutume de mettre le nimbe aux statuës de nos Rois, avoit cessé du tems de Pepin. On pourra peut-être trouver un moyen sûr de connoître les âges des statuës par le goût de la Sculpture. Je suis persuadé que si on s'y applique avec soin & sans prévention, on s'appercevra que les Rois de l'Eglise de S. Germain, du troisiéme portail de Notre-Dame, & les deux Rois du cloître de Saint Denis qui portent le nimbe, sont à peu près du même siecle, & qu'on parviendra de même à distinguer celles de tems posterieurs.

On voit encore d'autres figures de ces premiers Rois avec le nimbe au troisiéme portail de Notre-Dame de Paris du côté de l'Archevêché. Elles ont été transportées là de l'ancienne Eglise, comme il est aisé de juger par le goût de la sculpture du tems. On les a mises avec le nimbe comme elles étoient à l'ancienne Eglise Cathedrale que Gregoire de Tours appelle *Ecclesia senior*. Les autres statuës des Rois, qu'on voit en grand nombre sur ce frontispice, & dont

PL. VIII.

---

quod etiam in plurimis Regum primæ stirpis statuis observatur, quæ infra conspicientur. Erat hæc illo ævo regii stemmatis tessera: ita ut si filius Regis quispiam tonderetur, jam inhabilis haberetur qui regno succederet. Inde vero Reges primi Francorum criniti vocabantur. Comam quanto majorem prolixioremque poterant, habebant. Si quos vero conspicimus coma breviore, ii sic erant ab ortu, ut hodieque multi. Regina sequens haud dubie Ultrogotha est uxor Childeberti, quæ trifolia in corona gestat; nec zona cingitur, ut Chlotildis & Fredegundis, utque aliæ omnes fere Reginæ usque ad postrema sæcula: fortasse vero zona sub exteriore amictu latet.

Postremus in hoc latere Chlodovei filius est Chlotarius, quod ex inscriptione in rotulo ejus posita discimus, etsi in medio detrita sit. Legitur enim CHLO...VS. *Chlotarius*, vel *Chlothacarius*, ut habet semper Gregorius. Is trifolia in corona habet, ut alii quidam, longam item & diffluentem comam in partes distinctam.

Regum omnium primæ stirpis statuæ perquam rudi forma sculptæ sunt. In ea autem re distinguuntur hæ statuæ ab iis, quæ ad finem inclinante stirpe illa & ævo Pipini regis sculpebantur, quod illæ priores planæ omnino & tenues essent; Pipini autem ævo, etsi rudes adhuc, rotundiores tamen sunt. Hæ vero postremæ nimbo carent uti sæpe diximus. Si quis vero sculpturæ modos attendat, & sine præjudicata opinione consideret, hinc fortasse tutiorem ætatis statuarum dignoscendæ modum adipiscetur: id quod jam expertus sum. Sic deprehendetur statuas ostii S. Germani a Pratis, illasque quæ in tertia Ecclesiæ Cathedralis porta conspiciuntur, necnon duas illas quæ visuntur in Claustro Sancti Dionysii, a sequentium sæculorum statuis multum forma & sculpturæ genere differre.

Aliæ quoque Regum statuæ nimbo ornatæ visuntur ad tertiam portam Ecclesiæ Cathedralis Parisiensis in latere illo quo itur ad ædes Archiepiscopi. Ex veteri autem Ecclesia eo translatæ sunt, ut ex sculpturæ modo æstimatur. Istic porro locatæ sunt cum nimbis suis, ut erant in prisca illa Ecclesia Cathedrali, quam Ecclesiam seniorem vocat Gregorius Turonensis. Nulla vero ex aliis Regum statuis, quæ in hoc frontispi-

plusieurs sont certainement de ces premiers Rois, n'ont point de nimbe. Car comme nous voyons dans bien d'autres Monumens, après qu'on eut cessé de donner le nimbe aux statuës des Rois, on ne le donna plus même à ceux qui l'avoient porté de leur tems. J'ai vû & consideré souvent ces figures du troisiéme portail, & quelquefois avec d'habiles gens, qui ont tous jugé qu'elles ne peuvent être que de l'ancienne Eglise.

Nous les donnons dans la Planche suivante. Les quatre figures d'enhaut qui sont à la droite en sortant de l'Eglise, sont S. Pierre, un Roi qui tient un livre & qui porte le sceptre, une Reine & un autre Roi : ce sont les premiers de la bande. Les quatre figures d'enbas qu'on voit à la gauche, en sortant, sont S. Paul, un Roi qui tient un violon, une Reine & un Roi qui tient le sceptre. Il est très-difficile de dire quels Rois & quelles Reines ce sont. Ce Roi qui tient un violon pourroit bien être Chilperic, qui selon Gregoire de Tours, faisoit des hymnes & des chants pour l'Eglise, & qui composa même deux livres sur ces matieres. Si cette conjecture étoit solide, on pourroit peut-être deviner qui sont les autres. Le premier qui tient un livre, pourroit être Clotaire I. pere de Chilperic ; la Reine qui suit, Aregonde sa mere ; le Roi d'après, Gontran, qui leva des fonts Clotaire fils de Chilperic. Le premier Roi de la bande suivante, Chilperic ; la Reine qui vient après, Fredegonde, qui fut long tems refugiée dans cette Eglise après la mort de son mari. Le dernier, Clotaire II. fils de Chilperic & de Fredegonde, sous le regne duquel on aura bâti ce portail. Ce qui favoriseroit cette conjecture, c'est que de ces Rois il n'y a que le premier & le dernier qui portent un sceptre, Clotaire I. & Clotaire II. qui ont été Rois de Paris. Or nous avons vû au portail de S. Germain des Prez, que de cinq Rois qui s'y trouvent, on n'a donné le sceptre qu'à deux, Clovis & Childebert, parce qu'il n'y avoit que ces deux qui fussent Rois de Paris. Ce n'est qu'une conjecture à laquelle je ne souhaite pas qu'on s'arrête beaucoup. Je ne parle point de la forme des couronnes & de leurs ornemens ; celles que nous avons vû jusqu'à present, & que nous verrons dans la suite, prouvent que ces ornemens étoient fort arbitraires.

PL. IX.

Une autre Eglise celebre qui aïant été rebâtie a conservé l'ancien frontispice, c'est la Cathedrale de Chartres. Je l'ai vûë il y a plusieurs années sans avoir le loisir de la considerer avec attention : mais Messieurs les Chanoines, dont quelques-uns ont beaucoup de goût, & ont pris soin de s'instruire à fond de tout ce

cio magno numero habentur, nimbo ornatur, licet ex eis plurimæ primæ stirpis Reges repræsentent. Nam ut in aliis quoque monumentis observamus, postquam a nimborum usu cessatum est, ne illis quidem Regibus nimbus dabatur, quorum statuæ illa prima ætate ipsum gestaverant. Sæpe hasce statuas vidi & exploravi, & aliquando cum viris sagacibus, qui mecum existimarunt hasce statuas ex veteri Ecclesia, istuc fuisse translatas.

Illas porro in sequenti Tabula damus, quatuor statuæ ad dexteram egredientibus ex Ecclesia sunt, S. Petrus, Rex librum tenens, sceptrumque gestans, Regina, aliusque Rex : hi priores sunt. In ima tabula quatuor statuæ ad lævam egredientibus, sunt S. Paulus, Rex citharam gestans, Regina, & Rex sceptrum tenens. Admodum difficile est dicere, qui Reges, quæ Reginæ sint. Rex citharam tenens Chilpericus forte sit, qui Gregorio Turonensi teste, hymnos, & cantica seu *missas* edebat, quique libros duos ea de re emisit. Si conjectura hujusmodi assereretur, forte divinari possent qui sint alii. Primus sceptrum tenens, Chlotarius forsitan sit pater Chilperici, Regina sequens Aregundis mater; Rex alius Guntramnus, qui Chlotarium secundum ex fonte sacro eduxit. Partis sequentis primus, Chilpericus; sequens, Fredegundis, quæ post conjugis mortem, diu in hac Ecclesia profuga fuit. Postremus, Chlotarius II. Chilperici & Fredegundis filius, quo regnante ostium structum fuerit. Hoc tali conjecturæ faveat, quod nonnisi primus & postremus Regum sceptrum tenet. Chlotarius nempe I. & Chlotarius II. qui soli Reges Lutetiæ fuerunt. Vidimus enim in ostio Sangermanensi, ex quinque Regibus duos tantùm sceptrum habere, Chlodoveum nempe & Childebertum, quia illi soli Reges Lutetiæ fuerant. Est porro mera conjectura, cui non nimis hærendum censeo. De coronis, earumque ornamentis nihil dico. Eæ quas hactenus vidimus, & quas postea videbimus, satis probant hæc ornamenta ex arbitrio adhibita fuisse.

Alia celebris Ecclesia quæ cum a fundamentis denuo structa fuerit, verus Frontispicium retinuit, est Cathedralis Carnotensis. Vidi ego illam a multis jam annis, nec spatium fuit illam curiose explorare : sed Domini Canonici, quorum plerique viri sagaces

qui

qui regarde cette belle Eglise, assurent que quand on la rebâtit, on conserva ce frontispice. Je ne le donne pas entier ici, mais seulement les statuës de la porte, qui ont le nimbe. J'ai crû devoir mettre ici ensemble toutes celles qui ont cet ornement. Pour ce qui est du frontispice, quoiqu'il ait été bâti plusieurs siecles avant l'Eglise, qui n'a pas plus de cinq ou six cens ans, je ne voudrois pas garantir qu'il soit de la premiere fondation. Il pourroit bien être arrivé là comme à S. Denis, où il ne reste rien de la premiere Eglise bâtie certainement du tems des premiers Rois de la premiere race, & dont le frontispice fut bâti du tems de Pepin, & l'Eglise d'aujourd'hui quelques siecles après du tems de Louis le Jeune. Mais si ce frontispice de Chartres n'est pas de la premiere Eglise, on y aura apparemment transporté les statuës des Rois & des Saints qui étoient de cette même Eglise, comme on a fait à la Cathedrale de Paris. Les statuës de la porte que nous donnons ici, y sont dans cet ordre. Le premier rang se voit à la gauche en entrant. Il y a d'abord deux Reines & puis deux Saints qui sont les plus près de l'entrée: l'autre rang à droite en entrant commence par un Saint qui est le plus près de l'entrée; après viennent un Roi, une Reine, & un autre Roi. Tous portent le nimbe. Les deux Rois & les trois Reines ont des couronnes radiales ou à rayons: ce qui est fort singulier. Nous n'avons encore vû de couronnes radiales que dans un Sceau de Louis d'Outremer, que nous donnerons plus bas: cela prouve aussi ce qui est confirmé par tant d'autres exemples, que ce qu'on appelle fleurs de lys, étoit un ornement arbitraire pour les couronnes, en France comme ailleurs. Les deux Rois sont barbus, un d'eux tient un livre, deux Reines ont aussi chacune un livre, marque des fondateurs ou des restaurateurs. On remarque ici, que les Reines ont de grandes manches, & qu'une d'entr'elles porte un sceptre avec la fleur de lys. Il n'est pas possible de dire qui sont ces Rois & ces Reines. Ce qui paroît certain, c'est qu'ils sont de la premiere race.

Dans la plus vieille partie du cloître de l'Abbaye de S. Denis, qui fut fondée long tems avant Dagobert, comme l'ont prouvé Dom Mabillon & Dom Felibien, il y a deux statuës de nos Rois avec le nimbe, sculptées sur deux des colonnes qui soutiennent le cloître. Le premier des Rois a un grand manteau, le second une chlamyde à l'ordinaire, & porte une couronne qui n'est qu'un

Pl. X.

& eruditi sunt, hujusque elegantis Ecclesiæ historiam accurate edidicerunt, narrant cum Ecclesia postremis sæculis nova structa fuit, Frontispicium vetus intactum mansisse. Quod frontispicium hic non integrum depingi curavi, sed statuas dumtaxat ad ostium positas, quæ omnes nimbum gestant: illas enim omnes quæ nimbum gestant statuas hic simul ponere consultum putavi: Quod spectat autem ad Frontispicium, etsi aliquot sæculis ante hanc elegantissimam Ecclesiam structum fuerit, quæ a sæculis tantum quingentis circiter exædificata fuit; posset tamen hic ut in Ecclesia Sancti Dionysii, ex prisco ædificio nihil residuum manere. Nam Sandionysiana Ecclesia sub primis primæ stirpis Regibus fundata est: Ejus vero frontispicium, summoto veteri, Pipini Regis tempore structum fuit: Ecclesia vero hodierna, Ludovico Juniore regnante. At si hoc Carnotense frontispicium ad priscam Ecclesiam non pertinuerit, eo translatæ fuerint statuæ Sanctorum & Regum quæ in illa prisca Ecclesia erant, ut in Cathedrali Parisiensi factum est. Statuæ autem illæ quæ hic in tabula referuntur hoc ordine sunt positæ. Ordo primus ad lævam introeuntium, duas primo Reginas habet, duosque postea Sanctos, qui sunt ingressui viciniores. Alius ordo ad dexteram introeuntibus, Sanctum quemdam primo, qui est ingressui vicinior: deinde Regem, post Reginam, ultimo Regem. Omnes porro nimbo sunt ornati. Duo illi Reges & tres Reginæ coronas habent radiatas, id quod admodum singulare est. Coronas vero radiatas nondum vidimus nisi in sigillo Ludovici Transmarini, quod infra dabitur. Qua re probatur id quod aliis exemplis abunde confirmatum fuit, nempe trifolia illa, quæ ex usu lilia vocantur, ex arbitrio & aliquando tantum in coronis usurpata fuisse tam in Francia, quam in aliis quibusdam regionibus. Reges duo barbati sunt. Ex iis unus librum tenet, ut etiam ex Reginis una, quod signum est vel Fundatorum, vel Restauratorum. Observandum porro hic est, Reginarum vestes largis esse manicis instructas. Ex iis autem una sceptrum gestat lilio terminatum. Qui sint hi Reges, quæ Reginæ, nulla potest arte deprehendi. Certum porro videtur ipsos ex prima esse stirpe.

In vetustiore parte claustri Monasterii Sancti Dionysii, quod diu ante Dagobertum fundatum fuit, ut probarunt nostri Mabillonius & Felibenius, duæ statuæ Regum sunt cum nimbo, ad columnas duas claustri sculptæ. Rex prior pallium magnum gestat: alter chlamydem pro more, coronamque habet, quæ cir-

Tome I. H

cercle assez étroit, & qui pourroit peut-être passer pour un diadême. Il tient un grand rouleau déployé ; on croit que cela marque qu'il a donné quelque privilege ou quelque terre à la Maison, & qu'il en tient le titre. Le Roi de dessous qui tient un livre, n'a point de nimbe. L'autre Roi qui vient après, est le Clovis de Sainte Geneviéve, tel qu'il est sur son tombeau, refait lorsque les Chanoines rebâtirent l'Eglise ruinée par les Normans. Sa figure étoit sans doute sur son premier tombeau. Mais les Normands qui savoient qu'il y avoit de l'or & de l'argent dans ces tombeaux, n'auront pas manqué de casser celui-ci, comme ils casserent ceux de l'Eglise de S. Germain, dont nous allons parler. Clovis a ici un manteau ouvert sur le devant, & non une chlamyde que nos anciens Rois portoient plus ordinairement. Il porte une escarcelle attachée à la ceinture, fort en usage en France dans les bas tems depuis le douziéme siecle, comme nous verrons dans la suite. Les souliers échancrez par dessus se remarquent ici comme à notre portail. A S. Germain de l'Auxerrois on voit à l'entrée de l'Eglise un Roi d'un côté & une Reine de l'autre. Ce Roi a les souliers échancrez de même. On ne sçait pas bien qui est le fondateur de cette Eglise. Ces souliers échancrez me font croire que ceux qui rebâtirent l'Eglise ruinée par les Normands, croïant que Clovis & Clotilde en étoient les Fondateurs, auront mis l'un & l'autre à la porte.

P L. XI. La planche suivante montre d'abord le Roi Childebert du chœur de S. Germain, refait vers le commencement du onziéme siecle, au même tems qu'on refit aussi celui de Chilperic, que nous donnerons en son lieu. L'un & l'autre ont été faits par le même ouvrier, comme on s'en apperçoit d'abord. Il tient de sa main droite l'Eglise de S. Germain qu'il avoit fait bâtir, & de la gauche un sceptre : on remarque que cette figure a été autrefois peinte en differentes couleurs, dont il reste encore des traces en quelques endroits. Au bas de la planche sont deux figures de Clotaire frere de Childebert, qu'on voit encore aujourd'hui dans l'Eglise souteraine de S. Médard de Soissons ; l'une est gravée sur sa tombe, & l'autre est une statuë. Dans la premiere il tient de la main droite l'Eglise de S. Medard qu'il avoit fondée, comme il est marqué dans l'inscription, & de la gauche un sceptre. Ce qu'il y a de remarquable dans sa statuë, est que sa couronne est surhaussée au milieu de deux étoiles l'une dans l'autre.

culus est tantum, & fortasse diadema dici posset. Rotulum vero tenet extensum : quo significatur, ut putant, ipsum vel privilegium, vel prædium quodpiam Monasterio dedisse, & donationis chartam tenere. Rex in infima tabula positus, qui librum tenet, nimbum non habet. Alter Rex qui sequitur, Chlodoveus est, qui in Ecclesia Sanctæ Genovefæ visitur, sepulcro superpositus, atque ita refectus fuit, cum Canonici Ecclesiam a Normannis dirutam reædificarunt. Ejus haud dubie alia statua erat in prisco sepulcro. Verum Normanni non ignorantes in tumulis hujusmodi aurum & argentum haberi, hunc haud dubie fregerint, ut Sangermanenses fregerunt, de quibus mox agetur. Chlodoveus hic pallium anterius apertum gestat, non chlamydem, quam sæpius Reges nostri gestabant. Marsupium a zona appensum habet, ut solebant Franci inferiori ævo a duodecimo sæculo, ut videbimus. Calceos superne decisos vides, ut in statua Sangermanensi supra. Ad portam vero S. Germani Antissiodorensis Parisiaci, ex altero latere Rex, ex altero Regina visitur. Rex vero calceos habet eodem modo superne decisos. Neque tam accurate cognoscitur, quis hujusce Ecclesiæ fundator fuerit. Ex calceis porro decisis, libenter crederem eos qui istam Ecclesiam a Normannis dirutam reædificarunt, putantes Chlodoveum & Chlotildem illius fundatores fuisse, utrumque ad ostium posuisse.

Tabula sequens primo regem Childebertum exhibet in Sangermanensi Choro nostro positum, quod ineunte undecimo sæculo sculptum fuit ; quo etiam tempore Chilperici regis nova facta est statua, quæ suo loco dabitur. Utraque vero statua eodem sculptore prodiit, ut statim advertitur. Childebertus manu dextera tenet Ecclesiam Sancti Germani, quam ipse fundavit : sinistra vero sceptrum. Observatur porro statuam illam coloribus olim depictam fuisse, quorum quædam adhuc vestigia manent. In infima tabula duo schemata sunt Chlotarii fratris Childeberti, quæ hodieque visuntur in Ecclesia subterranea Sancti Medardi Suessionensis; alterum schema in tumulo delineatum fuit ; alterum statua est. In primo schemate dextera tenet Ecclesiam Sancti Medardi, quam ipse fundaverat, ut fert inscriptio : *Chlotarius Rex, Fundator hujus Ecclesiæ* ; sinistra vero sceptrum gestat. Quod in statua singulare est : corona versus medium superponitur stella, alteram stellam insertam habens.

CHEREBERT, GONTRAN, SIGEBERT ET CHILPERIC.

APRE's les funerailles de Clotaire premier, Chilperic un de ses fils, se sai- An. 561. sit des tresors de son pere, qui étoient à la maison Royale de Braine : il gagna aussi par des presens les principaux d'entre les François, & se rendit maître de Paris, occupant ainsi la part du Roi Childebert. Mais il ne fut pas long tems en possession de ce qu'il avoit ainsi envahi : car les trois freres unis ensemble le chasserent de Paris, & firent au sort le partage du Royaume. Cherebert eut la part de Childebert, dont la capitale étoit Paris ; Gontran eut celle de Clodomir, dont le Siege étoit Orleans, & de plus la Bourgogne ; Chilperic, le Royaume de son pere Clotaire, dont la demeure Royale étoit Soissons ; Sigebert eut celui de Thierri, dont la capitale étoit Rheims ou Mets. Entre ces parts la plus recherchée étoit celle de Paris : ce ne fut pas la seule fois que Chilperic s'en saisit, comme nous verrons dans la suite.

Les Huns ayant fait une irruption dans les Gaules, Sigebert, dont le Royaume étoit le plus exposé à leurs courses, marcha contre eux, les défit, & les mit en fuite. Il fit ensuite la paix avec leur Roi, & cette paix vint fort à propos. Car Chilperic toujours prêt à remuer, voyant son frere occupé en cette importante guerre, se saisit de Rheims & de plusieurs autres Villes de sa domination. Sigebert revenu victorieux des Huns, alla par represailles se saisir de Soissons ; il prit là Theodebert fils de Chilperic ; & marchant ensuite contre son frere, il le défit, le mit en fuite, reprit les Villes de sa domination qu'il avoit saisies en son absence, & fit garder Theodebert à Pontyon un an entier. Mais comme il étoit fort humain, il le renvoya ensuite chargé de presens à son pere Chilperic, en exigeant de lui un serment qu'il ne lui feroit plus la guerre. Serment qui ne fut guere bien gardé depuis.

562. Guerre de Sigebert contre les Huns.

Gontran pourvû de la Bourgogne, ôta le Patriciat à Agricola, & le donna à Celse. Ce Patriciat étoit une dignité dans le Royaume de Gontran, venuë des Rois de Bourgogne qui l'avoient obtenuë des Empereurs Romains, & qui s'en faisoient honneur. Après que ce Royaume de Bourgogne eut passé sous la

---

CHARIBERTUS, GUNTCHRAMNUS, SIGIBERTUS, CHILPERICUS.

Greg. Tur. l. 2. c. 24.

POst funera Chlotarii I. Chilpericus thesauros, qui in villa Brinnaco erant, abstulit, Francorum proceres muneribus sibi devinxit, illorumque ope Lutetiam Parisiorum invasit ; sicque portionem illam regni occupavit, quæ Childeberti Regis fuerat : sed non diu his potitus est. Tres namque fratres una juncti illum in ordinem redegerunt, sorteque regnum inter se diviserunt. Obtigit Chariberto portio Childeberti, cujus caput erat Lutetia ; Guntchramno Clodomeris, cujus sedes erat Aurelianum, adjuncta etiam Burgundia ; Chilperico Chlotarii patris regnum, cujus caput Suessiones ; Sigeberto regnum Theodorici, cujus sedes Rhemi aut Metæ. Inter portiones autem illas Parisiensis magis expetebatur, neque semel illam invasit Chilpericus, ut infra videbitur.

C. 23.

Hunnis in Gallias irrumpentibus, Sigebertus, cujus regnum incursibus illorum patebat, exercitum contra illos movit, ipsosque devicit, & in fugam vertit : pacem vero cum Hunnorum Rege fecit & quidem opportune ; nam Chilpericus nova semper moliens, ut vidit fratrem tanto bello detentum, Rhemos urbem, aliasque multas Sigeberti cepit. Qui post victoriam de Hunnis reportatam, hostilia hostilibus repensans, Suessionas occupavit, ibique Theodebertum Chilperici filium cepit, Chilpericum ipsum profligavit, urbes item regni sui quas ille invaserat recepit. Theodebertum vero per annum apud Ponticonem villam custodiri jussit : sed ut erat clemens, ipsum postea muneribus exceptum patri Chilperico remisit ; sacramentum tamen ab eo exegit, quo se bellum non ultra patruo illaturum promisit ; quod ille sacramentum haud diu postea violavit.

Guntchramnus Burgundiæ regno potitus, Agricolam a Patriciatu amovit ; Patriciatum illum Reges Burgundiæ ab Imperatoribus Romanis impetrarant. Hinc cum Burgundia Regibus Francorum cessisset, eo illi Pa-

C. 24.

domination des François, les Gouverneurs qu'on envoyoit dans ces Provinces étoient appellez Patrices. Celfe élevé à cet honneur, dit l'Hiftorien, étoit d'une grande taille, & d'une force de corps non ordinaire. Il parloit avec hauteur, & répondoit néanmoins pertinemment aux demandes qu'on lui faifoit, étant habile dans le Droit. Lorfqu'il fut élevé à la dignité de Patrice, il montra une grande avidité d'acquerir du bien, & d'envahir celui des Eglifes. Un jour qu'il entendoit lire dans l'Eglife le paffage d'Ifaïe: *Malheur à ceux qui acquierent maifon fur maifon, champ fur champ*; il s'écria: Voilà une Prédiction de malheur qui n'accommode ni moi ni mes enfans. Celfe laiffa un fils qui mourut fans lignée, & donna aux Eglifes la plûpart de fes biens que fon pere avoit pillez.

Le Roi Gontran prit au commencement pour fa Concubine, la fervante d'un homme de fa fuite, appellée Venerande. On eft revolté d'abord en lifant qu'un Roi faint, & reconnu pour tel, ait pris une Concubine. Cela n'étoit permis que dans l'ancienne Loi. Mais ces premiers Rois n'y regardoient pas de fi près, & Gontran avoit devant fes yeux l'exemple de fon pere, le plus débordé de tous les Rois. Il eut de cette Concubine un fils qui fut nommé Gondebaud. Gontran fe maria enfuite dans les formes avec Marcatrude fille de Magnaire, & envoya fon fils Gondebaud à Orleans. L'Hiftorien ne dit pas que Venerande fût morte quand il époufa Marcatrude. Celle-ci eut auffi un fils, & elle fit empoifonner Gondebaud fils de la Concubine. En punition de ce crime, elle perdit fon propre fils, & encourut l'indignation de Gontran qui la répudia. Marcatrude étant morte bien-tôt après, il époufa Auftrechilde, furnommée Babile, de laquelle il eut deux fils, l'un defquels fut nommé Clotaire, & le plus jeune Clodomir.

Cherebert époufa Ingoberge, de laquelle il eut une fille nommée Aldeberge ou Berthe, qui fut mariée à Ethelbert Roi de Cant en Angleterre. Ingoberge avoit en ce tems-là deux fervantes, filles d'un pauvre homme cardeur de laine; l'une s'appelloit Marcovefe, & étoit vétuë en Religieufe; l'autre étoit nommée Meroflede. Le Roi devint amoureux des deux fœurs, & Ingoberge jaloufe lui fit un jour voir le pere de ces deux filles qui travailloit à la laine, efperant le détourner de fes amours: mais le Roi indigné du tour que leur joüoit Ingoberge, la repudia, & prit Meroflede. Il prit encore la fille d'un Berger nommée Theudechilde, & en eut un fils qui mourut dès qu'il fut né.

C. 25.

tricios mittebant. Patriciatum contulit Guntchramnus Celfo, viro proceræ ftaturæ, viribus præftanti corporeis; fed tumido, jurifperito tamen & apte quæfita folventi; verum alienæ rei cupido, qui Ecclefiarum prædia invadere folebat. Cum autem aliquando hæc Ifaiæ verba in Ecclefia audiret: *Væ iis qui jungunt domum ad domum, & agrum ad agrum copulant*, exclamaffe fertur: Væ illud & mihi & filiis meis importunum eft. Celfus vero filium reliquit, qui fine liberis vita functus, Ecclefiis quas pater exfpoliaverat, maximam facultatum fuarum partem dedit.

Guntchramnus rex primo Venerandam cujufdam fuorum ancillam in concubinam fibi copulavit. Non fine ftupore legitur Regem ita Sanctum concubinam fibi adfcivifle: hoc enim in veteri tantum lege licebat; fed primi Francorum Reges non tanta accuratione leges connubii fervabant; præterea que Guntchramnus exemplum patris ob oculos habebat, omnium luxuriofiffimi. Ex concubina illa filium fufcepit, nomine Gundobadum. Poftea vero Marcatrudem Magnarii filiam uxorem duxit, nec dicit Gregorius tunc Venerandam fuiffe mortuam: Gundobadum vero filium Aurelianum mifit. Marcatrudis quoque filium habuit, & Gundobadum veneno fuftulit. Ex immiffa, ut putatur, Dei vindicta, ejus quoque filius exftinctus eft, & illa a Guntchramno, admiffum facinus indigne ferente, repudiata eft. Marcatrude vero non multo poft tempore defuncta, Rex Auftrechildem cognomento Babilam duxit, ex qua duos filios fufcepit, Chlotarium & Chlodomerem.

Charibertus Ingobergam duxit, ex qua filiam fufcepit Adelbertam aut Bertham nomine, quæ Ethelberto Cantiæ regi nupfit. Erant tunc Ingobergæ reginæ ancillæ duæ lanarii artificis filiæ, quarum prima Marcovefa religiofam veftem habens; altera Meroflediss vocabatur. Harum amore captus Rex eft: hinc æmula Ingoberga, curavit ut Rex patrem earum lanam verfantem videret, ut fic Regem ab amore filiarum ejus averteret. Rex autem indignatus, Ingobergam repudiavit, quod tali ufa effet artificio, & Merofledem duxit. Aliam quoque fibi copulavit opilionis filiam, nomine Theudechildem, ex eaque filium fufcepit, qui ftatim ab ortu obiit.

C. 26.

Vers le même tems arriva cette extraordinaire chûte d'une montagne qui ferma le passage au Rhône, forma le lac de Geneve, & fit périr un grand nombre de gens. Des signes celestes, trois ou quatre soleils vûs en même tems, une comete à longue queuë, comme une épée, & d'autres choses semblables, furent prises depuis pour le présage d'un mal contagieux qui emporta beaucoup de monde en Auvergne, à Bourges, à Lion, à Châlon & à Dijon. Cela arriva en l'an 563.

La discipline Ecclesiastique pour l'élection des Evêques n'étoit guere observée en ces tems-là. Les Rois nommoient souvent aux Evêchez, & quelquefois à prix d'argent. Le Roi Clotaire avoit nommé Emere Evêque de Saintes. Après la mort de ce Prince, Leonce Archevêque de Bourdeaux, assembla à Saintes un Synode des Evêques de sa Province, & déposa Emere comme ayant été élû contre les Canons, & ayant occupé ce Siege sur un ordre simple du Roi Clotaire, sans recevoir la benediction de son Archevêque. Heraclius Prêtre de Bourdeaux, fut mis en sa place. Le Synode députa au Roi le Prêtre Nuncupat pour lui demander son consentement. Cherebert en furie, envoia Nuncupat en exil sur un chariot couvert d'épines: il envoia aussi des hommes pieux, *directis viris religiosis* pour rétablir Emere dans son Evêché, & condamna Leonce à payer mille pieces d'or, & les autres Evêques suivant leurs facultez.

Peu de tems après Cherebert épousa Marcovese, sœur de Meroflede sa femme. Saint Germain Evêque de Paris, excommunia l'un & l'autre. C'est la premiere fois que l'Eglise sévit contre les mariages si illegitimes de ces premiers Rois. Le Prince refusant de renvoyer cette nouvelle femme, par un juste jugement de Dieu elle mourut, & lui-même deceda peu de tems après. Fortunat fait son éloge, & le louë de sa douceur & de son équité. Il le compare à Salomon, à Trajan, à Fabius; mais ce n'est point à mon avis ce Poëte qu'il faut consulter pour connoître le caractere des Princes. Ses éloges sont presque également favorables aux bons & aux mauvais.

Mort du Roi Cherebert.

Alors Theudechilde, une des femmes de Cherebert, envoya dire à Gontran qu'elle iroit le joindre s'il vouloit l'épouser. Qu'elle vienne, répondit Gontran, avec ses trésors, & je l'épouserai, je la ferai plus respecter & honorer que mon frere n'a fait. Fort joieuse de cette nouvelle elle alla trouver le Roi Gontran, qui prit ses trésors, & ne lui en laissa qu'une petite partie; après quoi il l'envoya

---

Idem circiter tempus, mons ille stupendo modo cecidit, qui Rhodani cursum clausit, & lacum Genevensem efformavit; ibi vero multi homines perierunt. Signa autem cælestia, tres quatuorve soles eodem visi tempore, cometes ceu gladium emittens, & similia multa luem quamdam præsagire visa sunt, qua multa hominum millia periere, in Arvernis, in Lemovicis & Bituricis, Lugduni, Cabilone & Divione. Hæc evenere anno 563.

Disciplina Ecclesiastica circa Episcoporum electionem frequentissime illo ævo violabatur. Reges sæpe Episcopos instituebant, atque sæpius post oblata sibi munera. Chlotarius vero Emerium Santonum Episcopum instituerat. Post defunctum autem Chlotarium, Leontius Burdegalensis Archiepiscopus coacta apud Santonas Synodo Episcoporum Provinciæ suæ, Emerium deposuit, ut qui sedem illam ex decreto Chlotarii occupasset absque Archiepiscopi sui benedictione. In locum ejus Heraclius Burdegalensis Presbyter substitutus est. Nuncupatum vero Presbyterum Synodus ad regem Charibertum misit, ut ejus consensum postularet. Rex autem indignatus, Nuncupatum plaustro spinis oppleto vectum misit in exsilium, *directisque viris religiosis*, qui Emerium in Episcopatum restituerent, Leontium mille aureis mulctavit, & a reliquis Episcopis summam pro singulorum facultate exegit.

Post hæc Marcovesam Merofledis uxoris suæ sororem duxit. Sanctus vero Germanus Episcopus Parisiensis utrumque excommunicavit. Hac autem prima vice Ecclesia contra connubia Regum illegitima sæviit. Rex vero cum nollet eam dimittere, & ex justo Dei judicio, illa mortua esset; non multo postea ipse obiit. Charibertum Fortunatus admodum laudat a mansuetudine, ab æquitate; sed non ab hoc Poëta puto Regum mores petendi sunt, qui æque fere bonos & improbos Principes laudibus effert.

Venant. Fortunat. l. 6. c. 4.

Tunc Theudechildis una ex uxoribus Chariberti ad Guntchramnum regem misit, se illum aditurum dicens si se vellet in uxorem accipere. Veniat, inquit Guntchramnus, cum thesauris suis, & ducam illam, majoreque in honore illam habiturus sum, quam apud fratrem meum habita fuerit. Illa gaudens properat ad Guntchramnum, qui opum ejus maximam partem sibi retinuit, & paucis Theudechildi relictis, misit eam

H iij

au Monastere d'Arles pour y être enfermée. La vie qu'on menoit là, les jeûnes & les veilles n'accommodoient point une personne de son caractere. Pour se tirer d'un lieu si triste, elle fit proposer à un Got, que s'il vouloit la venir prendre & la tirer habilement du Monastere pour l'amener en Espagne & l'épouser là, elle le suivroit volontiers avec tous ses tresors. Le Got accepta de bon cœur cette proposition. Elle fit alors son paquet, & emballa tout ce qu'elle vouloit emporter. Cela ne se pût faire si secretement que l'Abbesse n'en eût le vent. Tout fut découvert, & Theudechilde bien *disciplinée*. On l'observa depuis fort soigneusement dans le Monastere, où elle passa desagreablement le reste de ses jours.

CHILPERIC, SIGEBERT, GONTRAN.

APRE's la mort de Cherebert, ses trois freres Gontran, Chilperic & Sigebert, s'engagerent par un traité, qu'aucun des trois, sans la permission de ses freres, n'entreroit dans Paris: & que si quelqu'un contrevenoit à cet accord passé, il perdroit dez là sa part dans le Royaume du défunt: ils prirent pour garans du traité S. Polieucte Martyr, S. Hilaire, & S. Martin. Il n'y eut que Gontran qui fut fidele à tenir la convention; les deux autres sur tout Chilperic, la violerent souvent. Cela fait voir en quelle consideration étoit la Ville de Paris.

Sigebert improuvant la conduite de ses freres, qui se mesallioient jusqu'au point de prendre pour femmes des servantes, envoya en Espagne des Ambassadeurs chargez de presens, pour demander au Roi Athanagilde sa fille Brunehaut en mariage. Cette Princesse étoit belle, sage, agreable, de bonnes mœurs, de bon conseil, & parloit avec beaucoup de grace. Son pere l'envoya en France avec de grands presens. Le Roi Sigebert la reçut solemnellement, appella à la fête les principaux de son Royaume, & fit des festins magnifiques. Comme elle étoit Arienne, les Evêques prirent le soin de lui prêcher la Religion Catholique, & le Roi lui-même l'exhorta à changer de Religion. Elle le fit, & reçut le saint-Crême.

Chilperic avoit épousé Audouere, qu'il repudia depuis, parce qu'elle avoit levé sa fille des fonts baptismaux; ce qui passoit alors pour une cause de divor-

---

Atelatem in Monasterium Sanctimonialium. Vita hujusmodi in jejuniis & vigiliis acta non placebat alia curanti mulieri. Gotho igitur cuidam hanc conditionem clam obtulit: Si se vellet ex Monasterio solerter abducere & in Hispaniam deductam accipere in uxorem, se libenti animo cum thesauris suis sequuturam esse. Annuit Gothus, paratque illa sarcinas; sed Abbatissa fugam prævertens, Theudechildem verberatam arctius custodiri curat. Illa vero in Monasterio vitam duxit admodum insuavem.

GUNTCHRAMNUS, CHILPERICUS, SIGIBERTUS.

Greg. Tur. l. 7. c. 6. POst Chariberti mortem fratres ejus, Guntchramnus, Chilpericus, Sigibertus inter se paciscuntur, nemini ex tribus licere sine fratrum consensu, Lutetiam ingredi: & addiderunt ut si quis hoc pactum violaret, eo ipso sua regni Chariberti parte excideret. Sponsores autem ac judices hujusce pacti acceperunt sanctos Polyeuctum Martyrem, Hilarium & Martinum. Unus vero Guntchramnus promissis stetit. Cæteri, maximeque Chilpericus, pacta non curarunt. Hinc perspicitur quanti tunc haberetur urbs Parisina.

Greg. Tn l. 6. 4. 27. Sigibertus fratres minime probans, qui ancillas ducerent uxores, Oratores muneribus onustos in Hispaniam misit ad Athanagildum regem, qui peterent ipsi Brunechildem filiam ejus in conjugem. Erat autem illa elegans, venusta, prudens, honestis moribus, colloquio blanda. Illam pater misit in Franciam cum donis insignibus. Sigibertus vero evocatis regni sui proceribus, laute illos, magnifice, & cum lætitia excepit. Cum autem illa Ariana esset, Episcopi ipsam Catholica fide imbuere curarunt: Rex vero illam ut hæresin deponeret hortata est. Quod & illa præstitit, & Chrisma sacrum recepit.

Gest. Fra c. 31. Chilpericus Audoueram duxerat, quam postea repudiavit, quia ipsa filiam suam ex fonte baptismatis exceperat, quæ causa tunc divortii erat. Id vero Au-

CHILPERIC, SIGEBERT, GONTRAN.

ce. Elle le fit, dit l'Historien, à l'instigation de Fredegonde qui lui tendit ce piege pour prendre sa place. Il est certain qu'Audoueré fut répudiée : mais le Pere le Cointe & bien d'autres n'ajoutent gueres de foi à la cause ici rapportée de sa répudiation. Elle part d'un Auteur qui débite bien des fables.

A l'exemple de Sigebert, Chilperic après avoir répudié Audouere, demanda en mariage la sœur aînée de Brunehaut, nommée Galsuinthe, promettant à son pere de renvoyer toutes ses autres femmes, & de ne garder qu'elle, qui étoit seule digne d'une alliance Royale. Le pere l'en crut sur sa parole, & lui envoya sa fille avec de grandes richesses. Elle fut reçûë de Chilperic avec beaucoup de magnificence. Il l'aima d'abord tendrement, & lui donna pour dot, Bourdeaux, Limoges, Cahors, Bigorre & Bearn. Les deux dernieres Villes sont apparemment Tarbe & l'Escar. Fredegonde que le Roi aimoit aussi, supporta cela avec impatience: elle fit éclater son ressentiment. Galsuinthe en fut choquée, elles se querelloient tous les jours. Galsuinthe qui s'étoit convertie à la Foi Catholique, & avoit reçû le saint-Crême, se plaignoit souvent à son mari des injures qu'elle recevoit de Fredegonde; & voyant qu'il n'y apportoit aucun remede, elle le pria de lui permettre de retourner en sa Patrie, s'offrant de lui laisser les trésors qu'elle avoit apportez. Lui choqué de sa demande, tâcha pourtant avec dissimulation de l'adoucir & de la consoler, puis il la fit étrangler par un valet. On la trouva morte sur son lit. Il ne faut point douter que Fredegonde n'ait eu grand-part à cette action barbare. L'Auteur rapporte un miracle fait au tombeau de cette infortunée Princesse.

An. 568.
Mort cruelle de la Reine Galsuinthe.

Chilperic pleura, ou fit semblant de pleurer la Reine Galsuinthe, & peu de jours après il épousa Fredegonde. Ses freres indignez de cette action, dont ils le croioient l'auteur, le chasserent de son Royaume. L'Historien parle ainsi; mais il paroît par tout ce qui suit, qu'ils prirent resolution de le chasser, mais ils ne l'executerent point. Chilperic avoit eu d'Audouere sa premiere femme, trois fils, Theodebert, Meroüée & Clovis, qui perirent tous, comme nous verrons plus bas.

Les Huns bien battus ci-devant, comme nous avons vû, tenterent derechef d'entrer dans les Gaules. Sigebert marcha contre eux avec une puissante armée. Ces Barbares craignant d'être une autre fois mal menez, eurent recours à l'art magique, & firent paroître des spectres & des phantômes. Cela jetta la terreur dans

566.

---

douera fecit, inquit is qui Gesta Francorum scripsit, instigante Fredegunde, quæ ipsi hanc fraudem paravit, ut illam dejiceret, ejusque locum occuparet. Certum quidem est Audoueram fuisse repudiatam; verum Cointius aliique repudii causam hic allatam suspectam habent, quia illa ab auctore proficiscitur qui fabulas multas narrationi suæ admiscuit.

Orig. Tur. Sigiberti exemplo Chilpericus post repudiatam Au-
c. 28. doueram, Galsuintham majorem Brunechildis sororem in uxorem petiit, patri pollicitus, se alias omnes quas penes se habebat dimissurum, ipsamque solam servaturum esse. His fidem habens Athanagildus, filiam misit multis instructam opibus. Illam excepit statim Chilpericus cum magnificentia multa, & plurimum amavit initio, in dotemque illi has civitates attribuit, Burdegalam, Lemovicam, Cadurcum,
Grig. Tur. Benarnum & Begorram. Hæc porro ægre tulit æmula
l. 9. c. 20. Fredegundis, quam etiam Rex amabat. Amata sæpe verba in Galsuintham effundebat; illam hæc pro viribus depellebat: hinc quotidiana jurgia. Galsuintha igitur quæ Catholicam fidem amplexa, & chrismata fuerat, quotidie apud Chilpericum querebatur, se a Fredegunde injuriis frequenter impeti. Ubi autem vi-

dit se frustra Regis opem expetere, rogavit demum sibi liceret in patriam regredi, relictis Regi thesauris quos attulerat. His offensus Chilpericus dissimulavit tamen, & verbis eam emollire & consolari conatus est. Verum illam a servo strangulari jussit, neque dubium est Fredegundem in partem nefarii patrati sceleris venisse. Refert Gregorius miraculum in ejus sepulcro editum fuisse.

De Galsuinthæ morte lacrymatus est, vel lacrymas simulavit Chilpericus, & paucis elapsis diebus Fredegundem duxit uxorem. Fratres autem ejus, rem adeo barbaram, cujus auctorem putabant Chilpericum, indigne ferentes, ipsum ejecerunt e regno. Sic loquitur Gregorius; verum ut ex sequentibus planum est, ex regno pellere in animo habuere, nec ejecerunt tamen. Chilpericus ex Audouera prima uxore tres filios habuit, Theodebertum, Meroveum, & Chlodoveum, qui omnes perierunt, ut infra narratur.

Hunni, ut jam diximus, profligati, rursus in Gal- G. 29. lias ingredi conabantur. It obviam cum numeroso exercitu Sigibertus. Hunni metuentes ne male sibi pugna cederet, ad artem magicam confugiunt, spectra & phantasmata evocant, quibus perterritus Sigiberti

l'armée de Sigebert qui prit la fuite. Les Huns en firent un grand carnage. Sigebert se trouvant enveloppé par les ennemis, prit le parti de tenter de gagner le Roi des Huns par des presens. Il y réussit ; les deux Rois firent un traité ensemble, où ils se promettoient mutuellement de ne plus faire la guerre l'un à l'autre. Le Roi des Huns fit aussi de grands presens à Sigebert, qui fut fort loüé de s'être ainsi tiré habilement d'un si mauvais pas. Le Roi des Huns s'appelloit Gagan, nom commun à tous les Rois de cette Nation. Il faut avoüer qu'il y a ici bien des choses difficiles à croire.

Sigebert sorti heureusement de cette guerre, fit une entreprise sur Arles, qui étoit de la portion de son frere Gontran. Pour cette expedition, il fit marcher les Auvergnats conduits par le Comte Firmin. Audouaire alla le joindre avec d'autres troupes. Ils entrerent dans Arles sans resistance, & obligerent les habitans de prêter serment de fidelité à Sigebert. Gontran averti de cette invasion, envoya vers Arles le Patrice Celse avec une armée. Ce Chef se saisit d'abord d'Avignon, & puis marcha vers Arles qu'il assiegea. L'Evêque d'Arles, nommé Sabaude, craignant les maux & les incommoditez d'un siege, persua-

Défaite des Auvergnats. da adroitement aux troupes de Sigebert de sortir de la Ville pour donner bataille à Celse, les troupes sortirent, & l'Evêque fit fermer les portes. La bataille se donna, & l'armée de Sigebert fut défaite. Les fuyards coururent vers la Ville ; mais trouvant les portes fermées, ils furent obligez de traverser le Rhône pour s'enfuir. Là fut fait un grand carnage des Auvergnats. Ceux de la Ville les accabloient à coups de pierres : ceux de l'armée les perçoient de leurs traits. Plusieurs qui tenterent de passer le Rhône à la nage, le faisoient aidez de leurs *parmes* ou boucliers. Il falloit que ces parmes fussent fort grandes & d'un bois creux & dur. Ce n'est pas seulement ici que Gregoire de Tours dit que des Soldats pour passer de grandes rivieres s'aidoient de leurs parmes. De ceux qui passerent ainsi le Rhône, quelques-uns gagnerent l'autre bord ; mais la plûpart furent noyez ; un grand nombre d'Auvergnats y périt. On donna pourtant à Firmin & à Audouaire la liberté de se retirer.

Eunius Mommole qui devint depuis si celebre par ses actions & par ses victoires, commença alors à se faire connoître. Il est vrai qu'il ternit sa réputation par la maniere indigne dont il entra dans les Charges. Il étoit d'Auxerre ; son pere Peone Comte du Payis, devoit alors renouveller sa Commis-

---

exercitus fugam fecit, magnamque tunc stragem Hunni ediderunt. In medio hostium conclusus Sigebertus, Hunnorum Regem muneribus placare studuit. Res autem ipsi cessit ex voto : Pactum enim initum est inter ambos Reges, quo nullo se in posterum bello impetituros esse pollicebantur. Rex Hunnorum etiam muneribus ornavit Sigibertum ; qui laudatus fuit, quod ita sese jam captus expedivisset. Hunnorum Rex Gaganus vocabatur : quo nomine Reges Hunnorum omnes appellantur. Hic certe nonnulla vix credibilia narrantur.

§. 30. Hoc bello feliciter expeditus Sigibertus, Arelatem expugnare tentavit, quæ urbs in regno fratris sui Guntchramni erat. Firmino duce Arverni ad eam rem profecti sunt. Illis se junxit Audouarius, aliis instructus copiis. Hi nullo obsistente Arelatem ingressi sunt, urbisque incolas adegerunt ut fidem Sigiberto jurarent. Re percepta Guntchramnus, Celsum Patricium eò cum exercitu misit, qui statim Avenionem occupavit, & postea Arelatem contendit, urbemque obsedit. Tunc Sabaudus Episcopus obsidionis incommoda metuens, callide Sigiberti copiis suasit ut ex urbe egrederentur contra Celsum pugnaturæ. Iis egressis portas claudi jussit Episcopus. Pugna committitur, & exercitus Sigiberti in fugam vertitur. Qui fugiebant in urbem se recipere tentant ; sed cum portæ clausæ essent, nonnisi trajiciendo Rhodanum se fugere posse vident. Hic magna fit strages Arvernorum : Urbani illos lapidibus obruebant, milites jaculis confodiebant. Qui Rhodanum tranare tentaverunt, id parmis superpositi fecerunt. Parmæ igitur illæ videntur fuisse prægrandes, concavæ & ex ligno solido. Neque hoc tantum loco narrat Gregorius, qui vellent flumina trajicere, id parmarum ope fecisse. Ex iis vero qui Rhodanum tranare conati sunt, maxima pars periit. Hic Arverni multi cecidere. Firmino tamen & Audouario libertas se ad suos recipiendi concessa est.

Eunius cognomento Mummolus post hæc victoriis clarissimus, tunc primo prodiit, famamque suam a principio læsit, dum indignis modis Magistratum adiit. Patria Antissiodorensis erat : pater ejus Peonius, cum hujus Municipii Comes esset, ad renovandam actio-
sion

CHILPERIC, SIGEBERT, GONTRAN.

sion & son Emploi. Il envoya son fils Mommole avec des presens à la Cour du Roi Gontran, & le chargea de lui menager la continuation de sa qualité de Comte. Mommole se servit des presens de son pere pour le supplanter : il demanda le Comté pour lui, & l'obtint. Depuis ce tems-là son merite l'éleva à de plus hautes Charges.

La guerre qui survint donna moyen à Mommole de faire paroître son habileté dans les armes. Les Lombards, sous la conduite d'Alboin, avoient envahi l'Italie, & s'étoient emparez de cette partie qui fut depuis appellée de leur nom, Lombardie. Peu de tems après ils firent une irruption dans les Gaules. Amat Patrice, qui avoit apparemment succedé à Celse, marcha contre eux à la tête des troupes Bourguignonnes. Il y eut un grand combat, où les Bourguignons plierent & prirent la fuite; il s'en fit un horrible carnage. Amat y périt, & les Lombards se retirerent en Italie chargez de butin. Ce fut alors que Gontran éleva Mommole à l'honneur du Patriciat. Les Lombards firent une seconde irruption, & pousserent jusqu'auprès d'Ambrun. Mommole marcha contre eux avec une armée de Bourguignons ; il entoura les Lombards de ses troupes, & fit de grands abbatis d'arbres. Il vint après sur eux dans les bois par des sentiers peu connus, les défit, en tua un grand nombre, fit plusieurs prisonniers, les envoya au Roi, qui les mit en differens lieux sous sûre garde. De cette armée de Lombards peu se sauverent pour en porter la nouvelle en leur payis.

An. 571. Victoires de Mommole.

Dans cette bataille se trouverent Salone & Sagittaire Evêques : c'étoient deux freres, qui armez, non pas de la croix de Jesus-Christ, dit l'Auteur, mais d'un casque & d'une cuirasse, tuerent plusieurs des ennemis de leurs propres mains ; ce qui est encore plus blâmable, & fut un sujet de scandale. On gardoit encore en ces tems-là très-exactement cette partie de la discipline Ecclesiastique. Mais dans des siecles plus bas nos Evêques ne firent plus de difficulté d'aller à la guerre, & d'y répandre le sang humain. Salone & Sagittaire deshonoroient leur caractere par d'autres actions reprehensibles.

Après cette premiere victoire, Mommole eut à faire aux Saxons qui étoient venus en Italie avec les Lombards, selon Gregoire de Tours, ou qui y avoient été menez par Theodebert, selon Fredegaire. Les Saxons ayant passé les Alpes, firent une irruption dans les Gaules, & penetrerent jusqu'à un bourg du territoire de Riez, appellé Establon, pillant, ravageant & emmenant les peuples

---

nem, filium cum muneribus ad Regem misit. Ille rerum paternarum ope sibi Comitatum ambivit, patrem supplantavit, Comesque recessit. Hinc utpote strenuus, ad majora provectus est.

Langobardici belli occasione Mummolus rei bellicæ laude floruit. Langobardi enim Duce Alboïno, Italiam invaserant, illamque partem occupabant, quæ postea Langobardia appellata fuit. Nec multum postea in Gallias irruperunt. Amatus vero Patricius qui Celso successerat, ducto Burgundionum exercitu, cum Langobardis pugnam inivit : Cessere Burgundiones & terga vertere, illorumque strages ingens facta est. Amatus quoque cecidit. Langobardi vero præda onusti, in Italiam se receperunt. Tunc rex Guntchramnus Mummolum ad Patriciatum evexit. Langobardi vero alteram irruptionem fecerunt, & usque ad locum Ebreduno vicinum progressi sunt. Mummolus cum Burgundionum exercitu contra illos movit, Langobardos circumdedit, factoque ingenti arborum dejectu, illos in sylvis per devia loca adiit ; adortus alios interfecit, alios cepit & abduxit, atque ad Re-

gem misit, qui ipsos ad diversa loca custodiendos direxit. Ex hoc Langobardorum exercitu pauci per fugam elapsi in patria sua cladis nuncii fuerunt.

In hoc prœlio adfuerunt Salonius & Sagittarius Episcopi. Erant ii fratres, qui non cruce muniti, inquit Gregorius, sed galea & lorica armati, multos manibus propriis, quod pejus est, interfecisse referuntur. Isto adhuc ævo illa Ecclesiasticæ disciplinæ pars observabatur : verum sæculis posterioribus Gallorum Episcopi, sine ullo scrupulo bellis interfuere, & sanguinem humanum fudere. Salonius vero & Sagittarius deterioribus aliis gestis dignitatem Episcopalem deshonestabant.

C. 43.

Post hanc primam victoriam Mummolus cum Saxonibus manus conseruit : qui Saxones cum Langobardis in Italiam venerant, inquit Gregorius, vel a Theodeberto in Italiam adducti fuerant, ut refert Fredegarius. Hi superatis Alpibus in Gallias irruperunt, & in Regiensi agro ad Stablonem villam castra posuerunt, omniaque circum depopulati, captivos adduxerunt, In hos exercitum movet Mummo-

en captivité. Mommole marche contre eux, les surprend, en fait un grand carnage, & ne cessa de tuer jusqu'à ce que la nuit séparât les combattans. Le lendemain matin les Saxons se mirent en ordre de bataille : mais comme ils avoient été fort mal traitez le jour de devant, ils vinrent à composition, firent des presens à Mommole, rendirent tout ce qu'ils avoient pillé, & mirent les captifs en liberté. Ils promirent aussi avec serment, qu'ils reviendroient avec leurs femmes & leurs enfans pour se remettre sous la domination des François, & être rétablis dans le payis qu'ils occupoient avant que de se transporter en Italie. Ils revinrent effectivement au tems des moissons qu'ils enleverent sans rien laisser aux habitans du payis. Mais comme ils vouloient passer le Rhône, Mommole vint à leur rencontre; & les menaçant de les tailler en pieces, il les obligea de payer en argent comptant les dommages qu'ils avoient faits. Ils passerent par l'Auvergne, où ils donnerent pour de l'or pur quantité de lames de cuivre doré. Le Roi Sigebert les rétablit dans leur payis.

573.

Depuis ces tems-là trois Chefs des Lombards firent une autre irruption dans les Gaules. Leurs noms étoient Amon, Zaban & Rhodane. Amon vint du côté d'Ambrun, & poussa depuis jusqu'à Arles, prit plusieurs Villes, vint jusqu'à la Crau, enlevant & les bestiaux & les hommes. Il se préparoit à assieger Aix; mais les habitans se délivrerent du siege en payant vingt-deux livres pesant d'argent. Zaban venant par le Diois, alla se camper auprès de Valence. Rhodane assit son camp près de Grenoble, & l'assiegea. Mommole averti de tout ceci, assembla son armée, & marcha contre Rhodane. Il falloit passer l'Isere qui étoit enflée ; mais un animal qui passa à gué leur montra le chemin. Dès qu'ils eurent passé, les Lombards vinrent les attaquer. Le combat se donna, & l'armée de Rhodane fut défaite & si mal traitée, que Rhodane lui-même blessé, s'enfuit dans les montagnes ; & avec cinq cens hommes qui lui restoient, il alla joindre Zaban qui assiegeoit Valence. Ces deux Chefs après avoir pillé le payis, se retirerent du côté d'Ambrun. Mommole marche à eux avec une puissante armée, leur donne bataille, les met en déroute, & en fait un si grand carnage, que peu se sauverent en Italie avec les deux Chefs. Le seul nom de Mommole les faisoit trembler. Amon ayant appris tout ceci, se retira promptement avec sa proye ; mais la grande quantité de neges, l'obligea de laisser le butin, & il regagna l'Italie avec peu de monde.

574.

---

lus, & imparatos aggressus, magnam illorum stragem edidit, neque cædendi finem fecit donec nox adveniret. Postridie mane sese illi ad pugnam instruunt; sed quia male cesserat præterita pugna, rem componere parant, Mummolum muneribus placant, ablata restituunt, captivosque dimittunt : juratique polliciti sunt se cum uxoribus & liberis redituros esse, ut Francis deinceps ut antea parerent, & in regionem pristinam reducerentur, quam incolebant antequam Italiam peterent. Reversi itaque sunt messium tempore, sed eas abstulere, nec quidpiam frumenti incolis reliquere. At cum Rhenum trajicere pararent, supervenit cum exercitu Mummolus, qui terroribus illos eo adduxit, ut illata damna pecunia sarcirent. Per Arvernos autem iter habuere, ubi ærea multa auro obducta pro auro dedere. Sigebertus vero rex ipsos in priscam patriam remisit.

c. 41.

Post hæc tres Langobardorum duces Amon, Zaban & Rhodanus in Gallias iruperunt. Amon Ebreduno transiens Arelatem tandem venit, aliquot cepit oppida, ad Lapideum campum accedens, pecora hominesque abduxit. Aquas Sextias obsidere parabat; sed Aquenses solutis viginti duabus argenti libris sese ab obsidione liberarunt. Zaban per Diensem urbem & agrum Valentiam usque venit, ibique castra posuit. Rhodanus Gratianopolim obsedit. His compertis Mummolus exercitum collegit, & contra Rhodanum movit. Trajiciendus Isara erat, tunc aquis tumens ; sed animal quodpiam transiens, viam ipsis monstravit. Postquam illi fluvium trajecerant, Langobardi pugnaturi accedunt ; initur pugna, & Langobardi victi tot e suis cæsos in acie reliquerunt, ut Rhodanus ipse vulnere confossus in montes aufugeret, & cum quingentis tantum viris sese Zabani jungeret, qui tunc Valentiam obsidebat. Ambo autem postquam regionem vastaverant, sese versus Ebredunum receperunt. Movet Mummolus exercitu magno instructus, & inito cum illis prœlio, terga dare compulit illos, & tanta clade affecit, ut pauci cum ambobus ducibus in Italiam confugerent. Solum Mummoli nomen terrorem ipsis incutiebat. His auditis Amon cum præda celeriter viam carpit ; sed nivium congeries nimia prædam abjicere coëgit, Italiamque ille paucis cum comitibus repetiit.

C'est peut-être vers ce tems-ci que les Lombards cederent au Roi Gontran, Aoust & Suse. Fredegaire qui le rapporte est si court sur cet article, qu'on ne sçait ni comment, ni à quelle occasion.

Mommole fit aussi preuve de sa valeur & de son habileté en d'autres guerres. Après la mort de Cherebert, Chilperic s'étant saisi des Villes de Tours & de Poitiers, qui, du consentement des trois freres, avoient été données à Sigebert, ce Prince avec Gontran son frere, qui l'appuyoit dans sa juste prétention, envoierent Mommole pour reprendre ces deux Villes. Ce Chef arrivé à Tours avec son armée, mit en fuite Clovis fils de Chilperic, & exigea du peuple le serment de fidelité prêté au Roi Sigebert. Il marcha ensuite vers Poitiers, où Basile & Sigaire ayant ramassé une quantité de peuple, voulurent faire resistance; mais il les environna avec ses troupes, les tailla en pieces, & obligea aussi Poitiers à prêter serment de fidelité à Sigebert.

Les trois freres Rois étoient divisez entre eux, & avoient souvent des differens à vuider ensemble. Chilperic le plus remuant de tous, & toujours attentif à empieter sur les Etats de quelqu'un, avoit envoyé son fils Clovis se saisir des Villes de Sigebert. Clovis chassé de la Touraine, s'en alla à Bourdeaux, & s'y établit d'abord sans aucune resistance. Mais Sigulfe qui tenoit le parti de Sigebert, entreprit depuis de l'en chasser. Clovis prit la fuite, l'autre le poursuivit trompettes sonnantes; & le talonna de si près, qu'il eut peine à rejoindre son pere. Vers le même tems un different s'étant élevé entre Gontran & Sigebert, Gontran le plus pacifique des trois freres, fit assembler à Paris tous les Evêques de ses Etats pour les en faire arbitres. L'Auteur ne s'explique pas davantage. On ne sait pas en quoi consistoit le different, ni ce que les Evêques statuerent: on sait seulement que ce qu'ils établirent ne fut pas suivi.

Chilperic ne terminoit pas si aisément ses querelles. Indigné du traitement qu'on avoit fait à son fils Clovis, & se servant de l'occasion de l'absence de son frere Sigebert, qui faisoit la guerre au-delà du Rhin, sans s'embarasser du serment que Theodebert son fils avoit fait de ne plus porter les armes contre son oncle, il l'envoya prendre Tours & Poitiers, & ses autres Villes de delà la Loire. Theodebert alla contre Poitiers, & donna bataille à Gondebaud qui commandoit là pour Sigebert, le mit en déroute, & fit un grand carnage de ses troupes & du peuple. Il vint ensuite en Touraine, en brûla & saccagea la plus grande partie, & y auroit fait encore plus de mal, si le peuple ne s'étoit rendu. Il tourna ses armes contre le Limosin & le Querci, & autres payis; il ravagea tout & fit un dégât affreux ; il brûla les Eglises, empêcha le service divin, massacra les Ecclesiastiques, ruina les Monasteres d'hommes, tourna en dérision ceux de filles, & fit une persécution, dit l'Auteur, pire que celle de Dioclétien.

574. Sigebert va contre Chilperic.

Sigebert apprenant ce désordre, se prépara à marcher contre son frere, ramassa des troupes au-delà du Rhin, & vint avec une puissante armée contre Chilperic, qui craignant l'issuë de cette guerre, envoya prier Gontran de se joindre à lui. Gontran qui avoit déja eu quelque different avec Sigebert, & qui vit bien que s'il laissoit accabler Chilperic, il seroit lui-même à la merci de l'autre, fit avec lui un traité qui portoit : *qu'ils uniroient leurs forces pour se défendre*. Sigebert s'avança avec sa grande armée jusqu'à la Seine. Chilperic campé à l'autre bord de la riviere, se disposoit à lui empêcher le passage. Sigebert voyant la difficulté de passer en presence de l'ennemi, envoya dire à Gontran, que s'il ne le laissoit passer dans ses Etats, il tourneroit toutes ses forces contre lui. Gontran craignant de s'attirer un si puissant ennemi, fit avec lui un traité, & le laissa passer. Chilperic voiant ses deux freres unis contre lui, envoya demander la paix, s'offrant de rendre toutes les Villes que Theodebert son fils avoit prises. Sigebert fut d'autant plus porté à cette paix, que ses gens qu'il avoit amenez de-là le Rhin, pilloient & ravageoient les environs de Paris, brûloient les Villages, emmenoient des captifs malgré les remontrances que faisoit le Roi pour l'empêcher. Plusieurs d'entr'eux murmurerent de ce qu'il faisoit la paix, & les empêchoit de combattre. Il monta à cheval, alla de rang en rang, & les appaisa par de belles paroles : mais quand la sédition fut passée, il fit lapider plusieurs de ces murmurateurs.

575. Cette paix ne dura qu'un an ; Chilperic s'unit avec Gontran, qui craignant la puissance & la valeur de Sigebert, entra volontiers en societé contre lui. Chilperic s'avança du côté de Rheims, mettant tout à feu & à sang. Les nouvelles en vinrent bien-tôt à Sigebert, qui rappella ces peuples guerriers de delà le Rhin, & vint à Paris. Il fit exhorter ceux de Châteaudun & de Tours de s'armer contre Theodebert ; & voyant qu'ils avoient peine à s'y resoudre, il envoya avec des troupes deux Chefs nommez Godegisile & Gontran, qui s'avancerent avec leur armée. Theodebert, quoiqu'abandonné de la plûpart de ses gens,

---

tamque depopulatus esset, nisi sese populus ultro dedidisset. Hinc Lemovicenses, Cadurcos, aliosque pervadit, vastat, evertit ; *Ecclesias incendit, ministeria detrahit, Clericos interficit, Monasteria virorum dejicit, puellarum deludit, & cuncta devastat : fuitque illo in tempore pejor in Ecclesiis gemitus, quam tempore persequutionis Diocletiani.*

His auditis Sigibertus, contra fratrem profectionem parat, exercitum magnum trans Rhenum colligit, & adversus Chilpericum movet. Hic sibi metuens, Guntchramni fratris societatem expetit. Guntchramnus qui cum Sigiberto aliquid controversiae habuerat, quique videbat si opprimeretur Chilpericus, sua posthaec in fratris arbitrio futura esse, pactum cum fratre init, & de jungendis copiis inter ambos convenitur. Sigibertus cum ingenti exercitu ad Sequanam usque pergit. Chilpericus in altera ripa fluminis illum a transitu arcere parat. Sigibertus cernens quàm arduum esset, fratre obnitente trajicere, Guntchramno denunciat, nisi transitum per agros tractusque suos concederet ; se cum toto exercitu adversus illum peraturum esse. Guntchramnus perterritus, pactum cum illo init, & liberum praebet transitum. Tum Chilpericus junctos adversum se fratres non posse ab se depelli sentiens, pacem postulat, omnesque urbes quas vel ipse vel Theodebertus filius occupaverat, se redditurum pollicetur. Sigibertus eo libentius pacem fratri concessit, quod cerneret a Transrhenanis illis gentibus vicos circa Lutetiam vastari, flammis incendi, captivos adduci, etiamsi Rex ne haec fierent obtestaretur. Tunc ex iis quidam murmurabant quod pacem iniret, seque a pugna cohiberet. Ille autem conscenso equo ipsos adit, lenibusque verbis demulsit ; sed postquam sedati animi sunt, ex illis multos lapidibus obrui jussit.

Anno post factam pacem elapso, Chilpericus foedus init cum fratre Guntchramno, qui Sigiberti virtutem audaciamque metuens, hanc libenter societatem admisit. Chilpericus versus Remos exercitum movens, cuncta depopulatur & incendit. Hoc comperto Sigibertus, Transrhenanas gentes rursus evocat, & Parisios venit. Tum mandat Dunensibus & Turonibus, ut armati contra Theodebertum procedant. Illis non obsequentibus, Godegisilum & Guntchramnum Duces misit, qui cum exercitu contra Theodebertum movent. Ille desertus a suis, licet pauci

CHILPERIC, SIGEBERT, GONTRAN.

leur donna bataille, où il fut défait & tué. Son corps fut dépoüillé par les ennemis. Mais un nommé Arnoul prit foin de le faire revêtir d'habits dignes du fils d'un Roi, & de le faire enfevelir à Angoulême.

Le Roi Gontran, peu ferme dans fes traitez, & craignant apparemment la puiffance de Sigebert, fe ligua avec lui, & abandonna Chilperic. Sigebert fe faifit de plufieurs Villes qui étoient entre Paris & Roüen, où il s'étoit rendu. Il voulut abandonner ces Villes au pillage à fon armée; mais ceux qui étoient auprès de lui l'en détournerent. Revenu à Paris, il y fit venir Brunehaut fa femme & fes enfans. Cependant Chilperic trop inferieur en forces à fon frere Sigebert pour tenir la campagne, fe retrancha dans Tournai, où il avoit mené fa femme & fes enfans. Sigebert y envoya des troupes pour l'affieger, dans le deffein d'y aller enfuite lui-même. Saint Germain Evêque de Paris lui fit alors cette prédiction: Si vous laiffez votre frere en paix fans penfer à lui ôter la vie, vous fortirez de cette guerre fain & victorieux; fi vous faites autrement, vous y perirez. C'eft dequoi Sigebert ne tint pas grand compte. Les François qui étoient du Royaume de Childebert, oncle des trois freres Rois, fe donnerent à Sigebert, laiffant là Chilperic à qui ce Royaume n'appartenoit pas de droit. Sigebert vint à un lieu nommé Vitri: & toute l'armée affemblée le mettant fur un bouclier, l'en declara Roi, felon l'ancienne coutume.

Alors deux hommes armez de couteaux que Fredegonde avoit empoifonnez par certains malefices, faifant femblant de venir trouver Sigebert pour d'autres affaires, le frapperent aux deux flancs. Il s'écria en recevant les coups, tomba fur la place, & mourut peu après, l'an quatorziéme de fon regne, âgé de quarante ans. Là fut tué auffi Charegifile Chambellan de Sigebert, qui avoit gagné le Roi fon maître par de lâches flateries; homme dont la cupidité n'avoit point de bornes, toujours attentif à ravir le bien d'autrui, & à caffer les teftamens pour fe faifir des heritages: auffi mourut-il fans faire de teftament, quoiqu'il fût parvenu de rien à de grandes richeffes. Un autre favori du Roi, Got de nation, nommé Sigila, fut déchiré de coups dans le même endroit, & tomba depuis entre les mains du Roi Chilperic, qui le fit périr dans les tourmens.

Mort de Sigebert.

Tandis que ces chofes fe paffoient dans l'armée de Sigebert, Chilperic étoit comme entre la vie & la mort, & dans la crainte continuelle de périr, jufqu'à ce qu'on vint lui annoncer la mort de fon frere. Il fortit alors de Tournai avec

---

fupereffent fibi, pugnam committere non dubitat: fed victus cecidit, corpufque ejus ab hoftibus fpoliatum fuit. Arnulfus vero quidam cadaver veftibus induit, & Ecolifmæ fepeliri curavit.

Guntchramnus vero rex, in pactis non ita firmus, præ metu ad Sigiberti partes defcivit, ac Chilpericum deferuit. Sigibertus vero urbes & oppida inter Lutetiam & Rotomagum, quo ille acceferat, fita, exercitui fuo devaftanda tradere in animo habebat. Quod ne faceret, a fuis prohibitus eft. Lutetiam vero rediit, quo venerunt etiam Brunechildis & filii. Interea Chilpericus, longe impar viribus, intra Tornacenfes muros fefe cum uxore ac filiis communivit. Sigibertus vero copias mifit quæ fratrem fuum obfiderent, illo ipfe brevi properaturus, cui Sanctus Germanus Parifiorum Epifcopus dixit: *Si abieris, & fratrem tuum interficere nolueris, vivus & victor redibis; fin autem aliud cogitaveris, morieris.* Hæc ille non multum curavit. Franci qui erant in regno Childeberti trium regum patrui, Sigiberto fe dediderunt, miffo Chilperico, ad quem illud minime pertinebat. Sigibertus autem Victoriacum venit, ubi clypeo impofitus, Rex eft declaratus.

Tunc viri duo a Fredegunde miffi, cultris veneno infectis muniti, Sigibertum adeunt, quafi aliud agentes, & utraque ei latera feriunt. Ille vociferans corruit, & non multo poft mortuus eft anno quartodecimo regni fui, ætatis quadragefimo. Charegifilus quoque Sigiberti regis Cubicularius interfectus eft. Is cum gratiam regis adulatione fibi conciliaffet, opibus auctus eft: alienatum rerum cupidus, multa rapuit, teftamenta refcidit ut hæreditates invaderet. Ipfe vero opulentus licet, fine teftamento obiit. Alius item nomine Sigila, Gotthus, poft obitum Sigiberti laceratus plagis, pofteaque a rege Chilperico comprehenfus, ejus juffu variis tortus fuppliciis periit.

Dum in exercitu Sigiberti omnia in motu erant, interfecto rege, Chilpericus Tornaci inclufus, in ancipiti erat, quafi inter vitam & mortem pofitus, donec fratris interitum audivit. Tunc egreffus cum

sa femme & ses enfans, & s'en alla à une maison de campagne appellée Lambres, où il fit revêtir le corps de Sigebert, & le fit inhumer. Il fut de là transporté à Soissons, & enterré auprès du Roi son pere dans l'Eglise de saint Medard qu'il avoit bâtie.

Brunehaut étoit à Paris avec ses enfans, lorsque le Roi Sigebert son mari fut tué. Elle en apprit la nouvelle. Le trouble la saisit, & elle étoit fort embarrassée sur le parti qu'elle devoit prendre. Alors Gondebaud un des Chefs de Sigebert, enleva secretement Childebert son fils encore enfant, le délivrant ainsi d'une mort certaine. Il assembla les peuples du Royaume de son pere, & le fit declarer Roi. Il n'avoit pas encore atteint l'âge de cinq ans. Il commença à regner le jour de Noël.

GONTRAN, CHILPERIC, CHILDEBERT.

An. 576.

Mariage de Merouée avec Brunehaut.

LE Roi Chilperic étant venu à Paris, envoya Brunehaut sa belle-sœur en exil à Roüen, se saisit de ses tresors, & ordonna que ses filles seroient gardées à Meaux. Il envoya son fils Merouée avec une armée à Poitiers. Ce Prince faisant peu de cas des ordres de son pere, s'en alla à Tours, & y passa les jours de Pâques. Son armée fit de grands degats dans tout le païs. Après quoi faisant semblant d'aller voir sa mere, il se rendit à Roüen, où il épousa la Reine Brunehaut. Son pere fâché de ce qu'il avoit ainsi épousé contre toutes les Loix la femme de son oncle, se rendit incontinent à Roüen. Les deux époux avertis que le Roi venoit pour les separer, se refugierent à une Eglise de S. Martin, située sur les murs de la Ville. Le Roi fit tout ce qu'il pût pour leur persuader d'en sortir, leur promettant toute sûreté. Mais ils n'osoient se fier en sa parole. Il leur promit enfin par serment, que si c'étoit la volonté de Dieu qu'ils fussent mariez ensemble, il ne les separeroit pas. Ils sortirent alors sur cette parole, le Roi les baisa, les traita humainement, les fit manger à sa table, & peu de jours après il s'en alla à Soissons avec Merouée.

Pendant que Chilperic étoit à Roüen, quelques troupes de Champagne vinrent à Soissons, & ayant obligé Fredegonde & Clovis fils de Chilperic de prendre la fuite, ils vouloient joindre Soissons aux Etats de Childebert. Chilperic y vint avec son armée, & tâcha de persuader à ses ennemis de terminer le diffe-

uxore & filiis, Lambros se contulit, ubi corpus Sigiberti vestitum sepeliri curavit. Hinc translatum Suessionas, in Ecclesia Sancti Medardi, quam ipse ædificaverat, secus Chlotarium patrem suum sepultum est.

Greg. Tur. l. 5. c. 1.

Brunechildis cum filiis suis Lutetiæ erat cum Sigibertus occisus est. Illa perturbata, quid agendum sibi esset ignorabat. Gundobadus vero Dux Childebertum filium ejus parvulum furtim abstulit : ereptumque ab imminenti morte, collectis regni paterni populis, Regem promulgari curavit vix quinquennem : regnumque ille inivit die Natalis Domini.

GUNTCHRAMNUS, CHILPERICUS, CHILDEBERTUS.

CHILPERICUS rex Lutetiam venit, ac Brunechildem Rotomagum misit in exilium, thesauros ejus abripuit, filiasque ejus Meldis custodiri præcepit. Filium vero suum Meroveum ad Pictavos cum exercitu misit. Ille jussa patris parvi pendens, Turonas venit, & diebus sanctis Paschatis ibi mansit. Exercitus vero ejus totam regionem vastavit. Sub hæc matrem suam se invisurum esse simulans, Rotomagum venit, ubi Brunechildem reginam uxorem duxit. Chilpericus indigne ferens quod contra Canonicas leges patrui sui uxorem duxisset, Rotomagum statim concessit. His cognitis illi, ad Ecclesiam quamdam Sancti Martini confugerunt ad muros urbis sitam. Nihil non egit Rex, ut illos inde educeret : demumque juravit se illos non separaturum esse, si voluntas Dei esset ut connubio juncti essent. Tunc egressos Rex osculatus est, benigneque convivio excepit ; ac paucis post diebus Suessionas cum Meroveo rediit.

Dum Rotomagi Chilpericus esset, collecti quidam ex Campania Suessionas aggrediuntur, fugatisque Fredegunde regina & Chlodoveo Chilperici filio, urbem ditioni Childeberti subdere satagebant. Chilpericus cum exercitu venit, statimque rem sine bello & cæde componere nisus est. Illi vero contra ad pugnam

rent à l'amiable, & sans tuerie de part ni d'autre. Eux n'y voulant point entendre, se préparerent au combat. Il se donna en effet; Chilperic demeura victorieux, & entra dans Soissons. Il crut que c'étoit Merouée son fils marié à Brunehaut, qui lui avoit causé ce trouble: il le dépouïlla de ses armes, le mit sous sûre garde pour délibérer à loisir sur ce qu'il en devoit faire. Ce n'étoit pourtant pas lui, mais un nommé Godin qui avoit suscité cette guerre. Sigebert étant mort, il avoit d'abord passé au service de Chilperic, qui l'avoit enrichi. Mais ayant de nouveau tourné casaque, il avoit été le premier à s'enfuir au dernier combat. Le Roi donna à l'Eglise de saint Medard les terres qu'il avoit liberalement conferées à ce Godin, qui mourut peu de tems après. Plusieurs autres qui après la mort de Sigebert s'étoient donnez à Chilperic, retournerent au service du Roi Childebert.

Chilperic voulant tirer vengeance de Gontran, ce Chef de Sigebert qui avoit défait & tué son fils Theodebert, envoya Roccolene à Tours avec ordre de le tirer adroitement de l'Eglise de S. Martin, où il s'étoit retiré comme dans un asyle assuré. Mais Roccolene fit plusieurs violences, & usa de grandes menaces, qui lui attirerent, selon l'Auteur, l'indignation de S. Martin; & sans avoir rien executé, il mourut miserablement. Vers ce même temps, il y eut à Clermont en Auvergne une sédition contre les Juifs; où malgré les instances de S. Avite Evêque du lieu, le peuple ruïna de fond en comble leur Synagogue. S. Avite voyant bien que les Juifs ne pouvoient plus rester dans un païs, où le peuple mutiné ne cesseroit de les poursuivre & de les maltraiter, leur donna l'option, ou de se faire Chrétiens, ou de vuider le païs. La plûpart des Juifs vinrent se faire baptiser, au nombre de plus de cinq cens. Ceux qui ne voulurent pas quitter le Judaïsme, se retirerent à Marseille.

Juifs obligez de sortir de Clermont.

Chilperic toujours attentif à empieter sur les Etats de ses freres, envoya son fils Clovis avec une armée. Il alla dans la Touraine & dans l'Anjou, & poussa jusqu'à Saintes. A cette nouvelle, Mommole Patrice General des Troupes du Roi Gontran, s'avança avec une grande armée jusqu'en Limosin, & donna bataille à Didier Chef des troupes de Chilperic. Il perit dans ce combat du côté de Mommole cinq mille hommes, & vingt-quatre mille du côté de Didier, qui eut beaucoup de peine à se sauver de la mêlée. Après cette expedition Mommole ravagea une partie de l'Auvergne, & s'en retourna en Bourgogne.

---

sese apparant, commissoque prœlio Chilpericus hostes fugavit, multosque peremit, ac Suessionas ingressus est. Suspicatus vero Meroveum has turbas concitasse, armis exutum illum custodiendum tradidit, secum reputans quid de illo facturus esset. Neque tamen hoc ille bellum suscitaverat; sed Godinus, qui post obitum Sigiberti ad partes Chilperici statim transierat, qui ipsum muneribus locupletaverat. Sed postea ab eo etiam defecerat, in proximoque prœlio primus fugam fecerat. Rex autem villas quas ex fisco abstractas huic Godino dederat, Ecclesiæ sancti Medardi contulit: Godinus vero non diu postea interiit. Multi quoque alii qui Sigiberto mortuo ad Chilpericum defecerant, ad Childebertum postea reversi sunt.

Chilpericus ulcisci volens Guntchramnum illum Sigiberti ducem, qui Theodebertum filium suum victum occiderat, Roccolenum quemdam Turones misit, qui astute Guntchramnum ex Ecclesia S. Martini extraheret, ubi ille quasi in asylo tuto agebat. Verum Roccolenus multa cum violentia perpetravit, minas intentavit. Quæ omnia, auctore Gregorio Turonensi, S. Martini indignationem ipsi peperunt, ita ut brevi misere perierit. Eodem ferme tempore in Claromonte Arvernorum urbe, suborta populi adversus Judæos seditione, Synagoga illorum, frustra obnitente S. Avito Episcopo, a plebe subversa fuit. Qui vir sanctus videns non posse Judæos tuto versari in civitate, ubi semel concitata plebs, nullum exagitandi illos finem factura esset, optionem illis dedit, aut ut ad Christianam fidem converterentur, aut a loco discederent. Maxima vero Judæorum pars, ad quingentos & amplius baptismum acceperunt: qui Judæi manere voluerunt, Massiliam se recepere.

Chilpericus fraternarum ditionum semper appetens, Chlodoveum filium suum cum exercitu misit, qui Turonensem & Andegavensem terminum pervasit, & usque ad Santonas perrexit. His auditis Mummolus Patricius, Guntchramni regis dux, exercitum movit ad usque Lemovicas, & cum Desiderio Chilperici Duce dimicavit: in quo prœlio ex parte Mummoli quinque millia, ex parte vero Desiderii viginti quatuor millia virorum cecidere; Desideriusque vix evasit a cæde. Post hanc autem expeditionem Mummolus Arvernorum partem depopulatus est, posteaque in Burgundiam se recepit.

L. 3. c. 15.

Merouée tondu & fait Prêtre.

Nous venons de dire que Chilperic mit Merouée son fils sous sûre garde, le croyant auteur de l'entreprise des Champenois sur Soissons, & qu'il déliberoit sur le parti qu'il devoit prendre à son sujet. Il prit enfin resolution de l'exclure de la Couronne, & le fit tonsurer, habiller en Ecclesiastique, & ordonner Prêtre. Il l'envoya ensuite au Monastere d'Aninsule, aujourd'hui S. Caler, pour y apprendre les devoirs du Sacerdoce. Gontran Boson refugié alors à S. Martin de Tours, envoya à Merouée Riculfe Sous-Diacre pour lui conseiller de s'enfuir au même asyle, & aider à son évasion. D'un autre côté vint Gailene domestique de Merouée, qui lui fournit d'autres habits pour faciliter sa fuite. Il se rendit à l'Eglise de Saint Martin. Gregoire de Tours alors Evêque, craignant d'encourir l'indignation de Chilperic, lui donna avis de la venuë de Merouée. Chilperic par le conseil de Fredegonde, envoya en exil ceux qui venoient de la part de Gregoire, & lui fit dire, que s'il ne chassoit cet apostat de l'asyle, il mettroit tout ce payis à feu & à sang. Le Prélat ayant répondu que cela n'étoit pas en son pouvoir, il fit marcher l'armée de ce côté-là. Ceci est rapporté fort au long par l'Auteur. Nous passons au plus essentiel.

Merouée voyant que le payis alloit être ruiné à son occasion, & que le Comte Leudaste qui étoit là, pour faire plaisir à la Reine Fredegonde, cherchoit une occasion pour le tuer, & avoit déja surpris & tué plusieurs de ses domestiques, prit le parti de se retirer, & s'en alla accompagné de Gontran & d'environ cinq cens hommes. Passant par l'Auxerrois il fut pris par le Duc Erpon, qui étoit là pour le Roi Gontran : mais lui ayant échappé, il s'enfuit en une Eglise de S. Germain, où ayant demeuré près de deux mois, il se retira secretement, & alla trouver la Reine Brunehaut. C'eût été un lieu de sûreté pour lui ; mais les Austrasiens ne voulurent pas le recevoir. Un bruit se répandit qu'il vouloit se remettre dans l'asyle de S. Martin de Tours. Chilperic ordonna qu'on en fermât toutes les portes hors une, où l'on mit des Gardes qui observoient ceux qui entroient. Cependant Merouée se tenoit caché dans la Champagne, n'osant se fier aux Austrasiens. Il fut enfin trahi par ceux de Teroüanne, qui lui firent dire, que s'il venoit chez eux, ils se revolteroient contre Chilperic, & le reconnoîtroient pour leur Prince. Il y accourut accompagné de quelques gens de guerre ;

An. 577. mais il fut investi dans une maison de campagne par des gens armez du payis, qui en donnerent d'abord avis à Chilperic. Cette affaire l'interessant beaucoup,

---

c. 14. Modo dicebamus, Chilpericum sub custodia Meroveum filium posuisse, quod putaret ipso concitante, Campanos Suessionas invasisse, interimque quid circa illud facturus esset cogitasse. Illum tandem a regni successione excludere statuit, & attonsum mutata veste Presbyterum ordinari curavit, ipsumque misit ad Monasterium Aninsula dictum, hodie sancti Carilefi, ut ibi sacerdotalia munia ediceret. Guntchramnus autem Boso, qui tum in sancti Martini asylo degebat, Meroveo Riculfum Subdiaconum misit, qui ei & consilium & opem præberet, ut idem asylum peteret. Aliunde item Gailenus Merovei famulus advenit, qui ei in itinere sæculares vestes, ut securius fugeret, suppeditavit ; sic in Ecclesiam sancti Martini advenit. Gregorius vero Turonensis tunc Episcopus indignationem Chilperici metuens, adventum Merovei ipsi nunciari curavit. Chilpericus vero suadente Fredegunde, nuncios ejus in exsilium misit, Gregorioque edixit, nisi apostatam illum ex asylo ejiceret, se totam regionem illam igne vastaturum. Respondente autem Antistite, id sibi non licere, exercitum Rex illo misit. Hæc pluribus narrantur a Gregorio.

Videns Meroveus ipsius occasione devastandam fore regionem, & Comitem Leudasten, qui res Fredegundis agebat, se occidendi occasionem quærere, jamque aliquot ex familis suis dolo circumventos occidisse, istinc evadere decrevit, & Guntchramno viæ comite, profectus est cum quingentis circiter viris. Per Antissiodorensem autem agrum iter agens, ab Erpone Duce Guntchramni regis comprehensus est ; sed elapsus in Ecclesiam quamdam sancti Germani se recepit ; unde post duos fere menses aufugit, & ad Brunechildem reginam se contulit. Istic haud dubie in tuto fuisset : verum noluerunt Austrasii illum recipere. Subortus rumor est voluisse ipsum sancti Martini asylum denuo repetere. Jussit porro Chilpericus omnes occludi portas præter unam, ubi custodes positi sunt qui ingredientes observarent. Interimque Merovens in Campania delitescebat, nec fidem habebat Austrasiis. Demum a Tarabannensibus circumventus, proditusque fuit, pollicentibus, si veniret, se relicto Chilperico ipsius ditioni subdituros esse. Accurrit ille cum quibusdam armatis viris. At cum in villa quadam esset, a Tarabannensibus arma gestantibus circumseptus fuit, qui statim Chilperico patri nuncios

GONTRAN, CHILPERIC, CHILDEBERT.

il s'y rendit lui-même. Mais Meroüée craignant qu'on ne le fît pêrir dans les tourmens, se fit tuer par Gailene son fidele domestique; & Chilperic le trouva mort. Quelques-uns disoient que ce fut Fredegonde qui fit tuer en cachette Meroüée, & qui publia ensuite qu'il s'étoit fait ôter la vie; on ajoûtoit que Gilles Evêque de Rheims, & Gontran Boson l'avoient fait tuer, l'un & l'autre chers à Fredegonde; Gontran parce qu'il avoit tué Theodebert fils de Chilperic d'une autre femme, & Gilles parce qu'il étoit dans ses interêts depuis long tems. On fit mourir de divers supplices ceux qui avoient été attachez à Meroüée, Gailene qui passoit pour avoir sa confiance, Grindion & Gucilion, jadis Comte du Palais du Roi Sigebert, & plusieurs autres.

An. 577. Meroüée se tuë lui-même.

C'étoit une coutume assez reçûë en ces tems-là, que quand un Prince mouroit, ou ses freres, ou d'autres pour avoir ses Etats, tuoient ou chassoient ses enfans s'ils étoient en bas âge. Deux Comtes Bretons Macliave & Bodique, se promirent mutuellement par serment, que celui d'entre eux qui survivroit à l'autre, traiteroit les fils du défunt comme ses propres enfans. Excellente précaution, mais il en falloit encore une contre les parjures, qui en ces tems-là n'étoient pas moins frequens que les meurtres. Bodique vint à mourir, & Macliave oubliant son serment, chassa de la Bretagne son fils Theodoric, qui fut long tems fugitif. Mais ayant enfin amassé un corps de Bretons, il vint attaquer Macliave, le tua lui & son fils Jacob & reprit la portion de la Bretagne que son pere avoit tenuë. Varoc autre fils de Macliave, se saisit de celle de son pere.

Le Roi Gontran qui ayant repudié Marcatrude fille de Magnacaire, avoit ensuite épousé Austrechilde, apprit que Guntion & Violique freres de Marcatrude, parloient très-mal de cette Reine, il les fit tuer tous deux, & réunit leurs biens à son domaine. Le Roi perdit lui-même ses deux fils enlevez de mort subite. L'Historien qui met immediatement après le meurtre des deux freres, la mort des deux fils du Roi, semble donner à entendre que l'un fut une punition de l'autre. Gontran mena un grand deüil de leur mort. Se voyant totalement destitué de successeur, il se tourna vers Childebert son neveu, lui proposa une entrevuë qui se fit à Pont-pierre. Gontran le caressa fort, & lui dit que n'ayant plus d'enfant mâle, il le regardoit comme son fils: il le fit asseoir sur sa propre

An. 577.

---

miserunt. Is statim illo properat. Merovæus autem timens ne patris jussu tortus ipse periret, a Gaileno familiari suo se interfici curavit, illumque Chilpericus mortuum reperit. Erant qui dicerent Fredegundis jussu & opera clam occisum Meroveum fuisse, illamque postea hunc sparsisse rumorem, quod Moroveus a Gaileno, ipso jubente occisus fuerit; addebantque Ægidium Rhemensem Episcopum & Guntchramnum Bosonem in Fredegundis gratiam hujus neci operam dedisse. Uterque enim Fredegundi carus erat; Guntchramnus Boso, quia Theodebertum Chilperici ex alia uxore filium occiderat, Ægidius vero quod jamdiu Fredegundis rebus studeret. Variis autem suppliciis enecati sunt Merovei amici; Gailenus familiaris ejus, Grindio, Gucilio, qui Comes Palatii Sigiberti regis fuerat, complureque alii.

C. 16.

In consuetudinem fere venerat illo ævo, ut cum vel Rex, vel Comes aliquam habens ditionem moriebatur; vel fratres ejus, vel alii, ut illam occuparent, filios ejus, si quidem puerili essent, vel occiderent vel pellerent. Duo igitur Comites Britonum Macliavus & Bodicus interposito sacramento, sibi mutuo polliciti sunt, eum qui alteri superstes foret, defuncti filios ut suos habiturum esse. Eximia utique cautio; verum alia cautione opus erat contra perjuria, quæ tunc non minus in usu erant, quam ipsæ cædes. Bodico mortuo, Macliavus oblitus sacramenti, Theodoricum filium ejus e patria expulit. Hic multo tempore profugus, collectâ tandem Britonum manu Macliavum aggressus est, illumque cum Jacobo filio suo peremit, & partem illam Britanniæ, quam pater tenuerat, occupavit. Varocus autem alter Macliavi filius, patris sui partem vindicavit sibi.

Guntchramnus rex, qui repudiata Marcatrude Magnacarii filia, Austrechildem postea duxerat, cum didicisset Guntionem & Violicum Marcatrudis fratres exsecranda de Austrechilde dicere, ipsos gladio perimi jussit, illorumque facultates fisco suo addixit. Ipse quoque Rex duos filios subito oppressos morbo amisit. Post duorum fratrum necem continenter Gregorius duorum Regis filiorum necem narrat, innuens hanc in illius ultionem accidisse. Ipsos admodum luxit Guntchramnus: successoreque destitutus, ad Childebertum fratris filium se convertit, & congressum colloquiumque cum illo peroptavit. Convenerunt autem ex condicto ad Pontem Petreum. Ipsum osculatus Guntchramnus dixit, se jam filiis orbum, ipsum ut filium habiturum esse: in solio autem suo

C. 17.

chaise, & lui promit qu'il lui laisseroit son Royaume; & que quand même il viendroit à avoir des enfans, il le regarderoit toujours comme un de ses fils. Childebert étant fort jeune, les Seigneurs qui l'accompagnoient, répondirent pour lui & firent des promesses reciproques. Les deux Princes envoyerent sommer Chilperic de leur rendre ce qu'il avoit usurpé de leurs Etats; ajoûtant que s'il differoit, ils lui declareroient la guerre. Chilperic tint si peu de compte de leurs menaces, qu'il fit alors bâtir à Soissons & à Paris des cirques pour donner des spectacles au peuple.

Histoire de Pretextat. Vers ce tems, & avant la mort de Meroüée, commença l'affaire de Pretextat Evêque de Roüen, des plus singulieres qu'on eût encore vûes. Chilperic ayant eu de faux avis qu'il faisoit des presens au peuple pour le soulever contre lui, & qu'il se servoit pour cela des tresors qu'avoit laissé sous sa garde la Reine Brunehaut, fit saisir ces tresors, & l'exila de son Diocèse. Il fit assembler à Paris un Concile où se trouverent quarante-cinq Evêques. Les assemblées se tinrent à l'Eglise de S. Pierre, qui s'appelle aujourd'hui de Sainte Geneviéve, où Pretextat comparut. Le Roi l'accusa d'avoir marié Meroüée son ennemi, plûtôt que son fils, avec sa propre tante, ce qui étoit contre les Canons; d'avoir conspiré avec ce fils pour faire tuer son pere, & donné des presens pour cela; d'avoir inspiré au fils une grande inimitié contre son pere, d'avoir voulu faire passer son Royaume entre les mains d'un autre. Les François qui étoient presens fremirent à ces paroles; ils voulurent rompre les portes, & tirer Pretextat hors de l'Eglise pour le lapider; mais le Roi l'empêcha. L'accusé nioit tout cela: & alors de faux témoins montrerent des presens, qu'il leur avoit donnez, disoient-ils, pour les porter à reconnoître Meroüée. Pretextar répondit, qu'à la verité il leur avoit donné des presens, mais que c'étoit en reconnoissance d'autres presens qu'ils lui avoient faits eux-mêmes de bons chevaux, & d'autres choses. Le Roi s'étant retiré, les Evêques resterent là. Aëce Archidiacre de Paris, vint les exhorter à soutenir leur frere persecuté. Pas-un des autres Evêques n'osa ouvrir la bouche; ils craignoient la fureur de Fredegonde, qui vouloit la perte de Pretextat. Il n'y eut que Gregoire de Tours qui prit la parole, & qui exhorta les Prélats assemblez, sur tout ceux qui voyoient le Roi de plus près, de le détourner du dessein qu'il paroissoit avoir de perdre Pretextat. Il apporta les exemples de plusieurs saints Evêques qui avoient donné à des Rois

---

positum Childebertum sibi successorem fore dixit; etsi etiam sibi postea filii nascerentur, semper se Childebertum in filiorum numero computaturum esse. Proceres autem qui Childebertum adhuc puerum comitabantur, pro ipso respondentes, promissa mutua fecerunt. Ambo autem Reges Chilperico denunciant, ut sibi restituat ea quæ ex ditione sua usurpaverat; sin minus, sibi bellum inferendum esse sciret. Quas ille minas usque adeo non curavit, ut apud Suessionas & Parisios circos ædificari præceperit ad populorum spectaculum.

G. 19. Idem circiter tempus & ante Merovei mortem, cœpit illa decantata & singularis Prætextati Episcopi Rhotomagensis causa. Chilpericus cum falso sibi relatum fuisset, Prætextatum muneribus populum contra Regem excitare, & Brunechildis opibus ad eam rem uti, illas opes & pecunias auferri, & Prætextatum exsulare præcepit; Synodumque Lutetiæ indixit, cui interfuerunt 45. Episcopi. Conventus autem fuere in Ecclesia sancti Petri, hodie sanctæ Genovefæ, ubi adfuit Prætextatus. Accusavit autem Rex illum, quod Meroveum inimicum potius suum quam filium cum amita sua connubio junxisset; quod cum eodem conjurasset ad occidendum patrem, muneribus ad eam rem oblatis; quod filium ad inimicitiam contra patrem incitasset; quod regnum suum ad alium transferre voluisset. His auditis infremuere Franci qui tunc illic erant, voluerantque fractis ostiis Prætextatum extrahere, lapidibus obruendum; sed id Rex prohibuit. Hæc omnia Prætextatus negabat. Tuncque falsi testes munera ipsa monstrarunt sibi data, inquiebant, ut Meroveo fidem præstarent. Ad hæc ille, vere ab se hæc illis dat: fuisse fatebatur, sed in vicem aliorum quæ ipsi sibi obtulerant, equorum videlicet, aliarumque rerum. Abscessit tunc Rex, Episcopis illic remanentibus. Aëtius vero Archidiaconus Parisiensis venit hortaturus eos, ut vexato fratri opem ferrent. At ex aliis quidem Episcopis ne mutire quidem ausus est vel unus: usque adeo metuebant Fredegundis furorem, quæ Prætextatum perire cupiebat: Gregorius Turonensis solus Episcopos una coactos hortatus est; præsertimque eos, qui Regi familiares erant, ne cum a tali contra Prætextatum consilio averterent, exemplumque sanctorum Antistitum protulit, qui Regi-

des avis salutaires. Alors deux Evêques courtisans allerent dire à Chilperic, que le plus grand ennemi qu'il avoit dans la cause presente c'étoit Gregoire de Tours. Le Roi le mande & se plaint de ce qu'il étoit injuste à son égard : lui dit que ce n'étoit pas lui seul qui l'accusoit d'injustice, que ses Diocesains l'en accusoient aussi : en effet quelques Tourangeaux que le Roi avoit apostez, s'écrierent en applaudissant à ce qu'il disoit. Le Saint Evêque sans s'effrayer lui fit une vive remontrance, & finit en l'exhortant de ne rien faire contre les Saints Canons de l'Eglise. Alors le Roi fit semblant de s'adoucir, & invita le Saint Evêque à manger & à boire. La table étoit couverte de quelques viandes. Gregoire avant que de manger, exigea du Roi, qu'il promettroit de garder les saints Canons. Le Roi jura qu'il les suivroit en tout. Gregoire, après avoir pris quelque refection, se retira. La nuit suivante des gens de la Reine Fredegonde vinrent lui offrir deux cent livres d'argent, s'il vouloit concourir avec les Evêques à opprimer Pretextat. Quand on me donneroit mille livres pesant d'or & d'argent, dit-il, je suivrai toûjours ce que les autres établiront selon les Saints Canons. Les Deputez prenant le contre-sens de ces paroles, regarderent cela comme un consentement, & se retirerent en le remerciant.

A la prochaine séance Chilperic accusa Pretextat d'avoir volé deux paquets de bijoux qui valoient plus de trois mille pieces d'argent, & un sac de monnoye d'or. Pretextat se purgea de cette accusation, en representant au Roi que tout ce qu'il avoit reçû en dépôt de Brunehaut, il l'avoit employé selon que luimême avoit ordonné ; & qu'en tout ce dont on l'accusoit, il n'avoit rien fait que selon la justice & l'équité. Le Roi n'ayant plus rien à repliquer se retira tout confus : & appellant quelques-uns de ses flateurs, il leur avoüa qu'il étoit vaincu, & qu'il ne savoit plus comment faire ce que la Reine souhaittoit tant. Il imagina alors un expedient : il insinua à ces Evêques flateurs de persuader à Pretextat de se declarer coupable ; que c'étoit le vrai moyen de gagner le Roi, & qu'ils se joindroient eux-mêmes à lui pour implorer sa clemence, & le remettre en grace. Les Evêques suivent l'avis du Roi, & Pretextat eut assez de foiblesse & assez peu de jugement pour suivre cet indigne conseil. Il se jette aux pieds du Roi devant l'assemblée, lui demande pardon de tous les crimes dont il l'avoit accusé, & dont il se déclare coupable. Le Roi de son côté se pro-

bus salutaria monita dederant. Tunc duo Episcopi ex adulatorum numero, Regi dixerunt, nullum ipsi majorem in re præsenti inimicum esse, quam Gregorium Turonensem. Illum Rex evocat, queriturque quod secum injuste agat, nec se solum de injustitia ipsum accusare dicit : adesse enim ex Turonensibus, qui par ipsi crimen offerrent. Tum quidam ex illis quos Rex evocarat, cum plausu dicta Regis exceperunt. Ille nihil perterritus, monita Regi dedit, demumque hortatus est ne contra sanctos Ecclesiæ Canones quidpiam ageret. Tum Rex illum demulcens invitavit, ut ex appositis supra mensam quædam comederet. Gregorius vero antequam quidpiam sumeret, a Rege exegit ut polliceretur se nihil contra Canones facturum esse : juravit Rex se illos in omnibus sequuturum. Gregorius aliquid ex cibis comedit, posteaque discessit. Insequenti nocte a Fredegunde missi quidam obtulerunt ei ducentas argenti libras, si cum aliis Episcopis ad opprimendum Prætextatum concurreret. Si mihi mille libras auri argentique dono offeratis, inquit, illa semper sequar quæ alii secundum Canones statuent. At illi per errorem hoc pro consensu accipientes, cum gratiarum actione discesserunt.

Cum primo eadem de re conventum est, Chilpericus Prætextatum accusavit quod duos rerum preciosarum fasciculos furatus esset, quorum precium esset plus quam trium millium solidorum, sed & sacculum cum numismatis auri pondere tenentem quasi millia duo. At Prætextatus Regi respondit se omnia quæ a Brunechilde in depositum acceperat, ea secundum jussa Regis se accusantis expendisse tradidisseque, nihilque contra jus fasque fecisse. Tunc cum ne mutire quidem contra posset Rex, pudibundus discessit, vocatisque quibusdam ex adulatoribus Episcopis, se victum esse fassus est, neque videre se quomodo posset Reginæ optata implere. Tunc rationem quamdam bene gerendæ rei excogitat : adulatoribus insinuat, ad id Prætextatum deliniendo impellant, ut sese oblatis criminibus obnoxium fateatur. Hanc esse viam placandi Regis, seque cum illo ad implorandam Regis clementiam, impetrandamque gratiam daturos operam esse. Id Episcopi illi Prætextato proposuerunt qui usque adeo animi virtute & prudentia destitutus fuit, ut tam indignum consilium amplecteretur. Ad pedes ergo Regis prostratus ante cœtum, veniam precatur, seque omnia fatetur oblata crimina admisisse,

sterna devant l'assemblée, demanda qu'on fît justice, qu'on degradât du Sacerdoce cet Evêque qui se declaroit lui-même homicide, adultere & parjure, qu'on déchirât ses habits, qu'on prononçât sur sa tête toutes les maledictions de Judas; ceremonie qu'on observoit jadis dans la degradation des Evêques. Gregoire de Tours empêcha qu'on en vînt à ces extremitez. Pretextat fut enlevé de l'assemblée & mis en prison, & comme il tâchoit de s'évader, il fut bien battu & envoyé en exil dans l'Isle de Gersai. Une chose sur laquelle il ne paroît pas que Pretextat se soit purgé, c'est d'avoir marié Meroüée avec sa tante; du moins l'Historien n'en dit rien.

Salone & Sagittaire Evêques de mauvaises mœurs.
Deux Evêques freres selon le sang, Salone & Sagittaire, exciterent de grands tumultes en France. Ils avoient été elevez par S. Nicete Archevêque de Lion; & de son tems ils furent élûs, Salone Evêque d'Ambrun, & Sagittaire Evêque de Gap. Parvenus à ce degré d'honneur, ils ne garderent plus de mesures, & s'abandonnerent à toutes sortes de crimes, rapines, meurtres, massacres, adulteres. Une fois que Victor Evêque de S. Paul des trois-Châteaux, celebroit le jour de sa naissance, ils envoyerent une troupe de gens armez qui déchirerent ses habits, battirent ses domestiques, enleverent les plats, les assiettes & tout ce qui étoit sur la table. Le Roi Gontran averti de ce desordre, fit assembler un Concile à Lion, qui déposa les deux Evêques convaincus de tous ces crimes. Comme ils avoient encore quelque credit dans la Cour du Roi Gontran, ils obtinrent de lui qu'ils appelleroient au Pape Jean III. qui les rétablit. Après cela ils se reconcilierent avec l'Evêque Victor en lui livrant ceux qui l'avoient insulté. Les autres Evêques de la Province, indignez de ce que Victor s'étoit ainsi reconcilié sans leur consentement, avec des gens qu'il avoit accusez en plein Synode, le suspendirent de la Communion, mais il fut rétabli par la faveur du Roi Gontran.

Salone & Sagittaire continuoient cependant à vivre comme auparavant; ils battoient encore les peuples, & faisoient plusieurs violences. Le cri public alla jusqu'au Roi; qui ayant appris de plus que Sagittaire tenoit des discours fort insolens contre lui & ses enfans, qui n'étoient encore morts lorsque ceci arriva, fit enlever leurs chevaux & leurs domestiques, & les fit enfermer eux-mêmes dans des Monasteres. Il n'y furent pas long tems, le Roi les fit relâcher. Revenus dans leurs Dioceses, ils donnerent des marques de repentance & de

---

Tunc Rex quoque ante cœtum prostratus, rogat de gradu Sacerdotii ejici eum qui sese homicidam, adulterum, perjurum declararet, vestes ejus discindi, omnes Judæ maledictiones in caput ejus pronunciari ; quæ ceremoniæ olim observabantur cum Episcopi de gradu dejicerentur. Gregorius Turonensis hæc ne fierent impedivit. Tunc raptus Prætextatus in carcerem conjectus est, & cum evadere niteretur, cæsus in insulam Constantinæ civitati vicinam deportatus est in exsilium. De uno tantum crimine non sese purgasse videtur Prætextatus, quod nempe Meroveum cum amita sua connubio junxerit. Hac vero de re nihil profert Gregorius.

Greg. Tur. l. 5. c. 21. Duo Episcopi fratres Salonius & Sagittarius ingentes tumultus in Galliis excitarunt. A sancto Nicetio Archiepiscopo Lugdunensi educati, ejus tempore adlecti fuere ; Salonius in Episcopum Ebredunensem, Sagittarius in Episcopum Vapingensem. Hunc adepti gradum honoris, nulla non scelera admiserunt, rapinas, cædes, homicidia, adulteria. Quodam tempore celebrante Victore Tricastinorum Episcopo solennitatem diei natalis sui, cohortem armatorum miserunt, qui sciderunt vestimenta ejus, ministros verberarunt, vasa & omnem apparatum prandii abstulerunt. His compertis Rex Guntchramnus, Synodum Lugduni congregari jussit, quæ hos Episcopos ambos horum causa scelerum deposuit. Illi vero cum adhuc nonnihil propitium haberent Guntchramnum Regem, ab eo facultatem impetrarunt provocandi ad Joannem III. Papam, qui illos restitui jussit. Postea vero cum Victore Episcopo reconciliati sunt, traditis ipsi hominibus, qui violenter irruperant in illum. Cæteri vero Episcopi ipsum Victorem a communione suspenderunt, quod iis quos palam in Synodo accusaverat, clam pepercisset sine fratrum consensu ; sed intercedente Rege, in communionem revocatus est.

Interea vero Salonius & Sagittarius, a priscis sceleribus nihil remittentes, multos fustibus ad effusionem usque sanguinis verberabant, aliaque violenter perpetrabant. Clamor populi ad aures usque Regis pervenit, qui cum præterea edidicisset Sagittarium maledicta profundere in se, inque filios suos, qui nondum obierant cum hæc gererentur, equos & servos auferri illis, ipsosque in Monasteria concludi jussit ; sed non diu postea in sedes suas sunt restituti. Reversi statim pœnitentiæ signa dederunt, eleemosynis,

conversion, jeûnant, donnant l'aumône, employant les nuits à chanter des Pseaumes. Mais cela ne dura pas long tems, ils revinrent bien-tôt à leur premiere vie, à passer les nuits à boire & à manger, pendant que les Clercs chantoient Matines, à converser criminellement avec les femmes, à vivre dans le luxe & la mollesse. Depuis ce tems, l'an cinquiéme du regne de Childebert; c'étoit l'an 579. de Jesus-Christ, il se tint un Synode à Châlon, où l'on agita l'affaire de Salone & de Sagittaire, accusez non seulement d'adultere & d'homicide, mais de crime de leze-Majesté & de trahison. Ils furent convaincus ; le Concile les degrada de l'Episcopat, & l'on ordonna d'autres Evêques en leur place. On les mit dans la Basilique de S. Marcel, d'où ils s'échapperent encore, comme on verra dans la suite.

Le Roi Chilperic qui venoit de perdre son fils Samson né pendant qu'il étoit assiegé à Tournai, ordonna aux Tourangeaux, aux Poitevins, à ceux de Bayeux, aux Manceaux, Angevins & autres Peuples, de marcher en armes contre Varoc, fils de Macliave Comte Breton. Ils s'avancerent jusqu'à la Vilaine ; & Varoc usant de supercherie, alla tomber la nuit sur ceux de Bayeux mêlez de Saxons, & en fit une grande boucherie: trois jours après il fit sa paix avec les Chefs de l'armée, donnant son fils en otage, & promettant par serment qu'il seroit fidele au Roi Chilperic ; & que si le Roi lui remettroit la Ville de Vannes, il lui payeroit tous les ans le tribut. L'armée se retira alors. Après quoi Chilperic mit des taxes sur les pauvres, & sur les jeunes garçons qui n'avoient pas marché contre les Bretons : chose toute nouvelle. Varoc trouvant le traité trop onereux pour lui, envoya à Chilperic Eunius Evêque de Vannes, pour le changer ou le moderer. Le Roi indigné d'une telle ambassade, envoya Eunius en exil.

An. 578.
Guerre contre les Bretons.

Ce Prince mit de si grands impôts sur tous ses Etats, que plusieurs aimerent mieux quitter leurs biens & leurs payis, & s'aller établir dans d'autres Royaumes que de subir des Loix si dures. Chaque arpent de vigne étoit taxé à une grosse mesure de vin. Les autres taxes sur les terres & sur les esclaves étoient insupportables. Les Limosins se revolterent, & voulurent tuer Marc Referendaire, chargé de lever ces impôts, & l'auroient tué en effet, si l'Evêque Ferreol ne l'avoit sauvé. Ils prirent les livres de compte où ces subsides étoient specifiez, & les brûlerent publiquement. Chilperic qui n'étoit pas patient,

---

vigiliis & Psalmorum cantui sese dedentes. Verum non diu perstiterunt ; & ad priscà redierunt , noctes in epulis & potu transigentes, dum Clerici nocturnas horas in Ecclesia celebrabant ; cum mulieribus sese polluentes , luxui, mollitieique dediti. Demum anno quinto Childeberti Regis, Christi 579. Cabilone celebratum Concilium est ; ubi de Salonii & Sagittarii causa actum fuit. Istic vero non modo adulterii & homicidii, sed etiam læsæ Majestatis & proditionis rei deprehensi sunt. Illos Synodus deposuit, aliosque in eorum locum Episcopos subrogavit. In Basilica autem sancti Marcelli sub custodia positi sunt, unde etiam postea evaserunt, ut infra videbitur.

Chilpericus rex Samsonem filium, natum quo tempore ipse intra muros Tornacenses obsideretur, amisit : atque idem circiter tempus, Turones , Baiocasses , Cenomanos , Andegavos atque alios multos in Armoricam movere jussit contra Varochum Macliavi filium. Illi ad Vicinoniam fluvium venerunt. Varochus noctu Saxones Baiocassinos adortus, maximam eorum partem interfecit; & post triduum pacem cum Ducibus fecit, obsidem filium dedit, & sacramento interposito fidem præstitit Chilperico regi , promisitque si Rex illi Venetorum urbem regendam concederet, se quotannis pro ea tributum, nemine monente soluturum. Exercitus vero inde se recepit. Sub hæc Chilpericus mulctam irrogavit pauperibus junioribusque, qui ad Britannicum bellum profecti non fuerant. Varochus vero pacis conditiones onerosas sibi existimans ; Chilperico regi misit Eunium Venetorum Episcopum, petens leviores illas reddi. Verum Rex indignatus Eunium exsilio damnavit.

Ipse vero tot tantaque vectigalia imposuit populis, ut plerique mallent patriam prædiaque sua deserere, quam leges tam duras subire : singula jugera terræ singulas amphoras solvebant ; cætera quoque in agros & servos vectigalia vix ferri poterant. Lemovicini commoti, Marcum Referendarium qui hujusmodi tributa exigebat, occidere voluerunt, & sane occidissent, nisi eum Episcopus Ferreolus ab imminenti discrimine liberasset. An eptos quoque descriptionum libros multitudo igni consumsit. Chilpericus ad itam

GONTRAN, CHILPERIC, CHILDEBERT.

irrité de cette action, envoya de ses gens sur les lieux pour en tirer vengeance. Ils firent périr un grand nombre de personnes : ils accuserent aussi faussement plusieurs Abbez & autres Ecclesiastiques d'avoir suscité ce tumulte, les attacherent à des poteaux, & leur firent souffrir divers tourmens. Et pour surcroît de punition, ces impôts qui paroissoient insupportables furent augmentez encore de nouvelles charges.

AN. 579. Les Bretons peuples remuans firent de grands ravages autour de Rennes, pillerent, brûlerent & emmenerent des captifs, & s'avancerent jusqu'au Village appellé Cornutium. Bippolene Commandant pour le Roy Chilperic, fit aussi une irruption sur les Bretons, pilla & brûla plusieurs de leurs Villages. Cela irrita ces peuples, & donna lieu à de nouvelles pilleries. Vers le même tems Eunius fut revoqué de son exil, & envoyé à Angers, avec défenses de retourner à Vannes son Siege Episcopal. Les Bretons firent encore la même année de grands ravages autour de Rennes & de Nantes, remporterent un grand butin, ruinerent les champs & les vignes. Felix Evêque de Nantes leur envoya demander qu'ils reparassent les dommages. Ils promirent de le faire, & n'en firent rien.

Fleaux sur diverses Provinces. En ce même tems plusieurs Provinces & Villes de France furent affligées de divers fleaux. L'Allier qui deborda, & les pluyes continuelles, firent qu'on ne pût rien semer dans la plus grande partie de la Limagne ; les fleuves monterent plus haut qu'ils n'avoient jamais fait, & causerent des dommages inestimables, emmenerent des bestiaux, ruinerent les campagnes, renverserent les maisons. Le Rhône & la Sône s'enflerent de telle sorte, qu'ils firent de grands ravages, & emporterent une partie des murs de la Ville de Lyon. Après que les pluyes eurent cessé, les arbres fleurirent de nouveau : c'étoit au mois de Septembre. En Touraine on vit le matin avant le jour une lueur qui courut sur l'hemisphere, & alla tomber vers l'orient : elle fit un bruit effroyable comme d'un arbre qui se casse ; il fut entendu à plus de cinquante milles. A Bourdeaux il y eut un si furieux tremblement de terre, que les murs de la Ville en furent ébranlez : une partie du peuple s'enfuit aux Villes voisines : ceux qui resterent craignoient d'être abimez avec la Ville. Ce tremblement de terre se fit sentir aux Villes voisines, & jusqu'en Espagne, mais avec moins de violence. Il se détacha des Pyrenées de grandes roches qui firent périr bien des bestiaux & même des hommes. Les Villages autour de Bourdeaux furent brûlez avec les moissons si subitement, qu'il

---

C. 30. pronus, suorum aliquot misit qui ultionem sumerent : qui multos e populo interfecerunt, Abbates & Presbyteros falso accusatos quod populum suscitassent, ad stipites extensos diversis affecere tormentis. Quodque gravius erat, acerbiora deinceps tributa imposita sunt.

Britones qui in motu semper erant Rhedonicam regionem devastant, agros depopulantur ; multa incendunt, prædam & captivos abducunt ; & ad usque Cornutium vicum se conferunt. Bippolenus vero

C. 31. Dux ex parte Chilperici in Britanniam irrupit, & loca aliquot ferro incendioque vastavit, idque Britonas ad nova inferenda concitavit. Inter hæc Eunius ab exsilio revocatus, Andegavum mittitur, prohibente tamen rege ne ad Venetos diœcesin suam pergeret. Eodem quoque anno Namnericum Rhedonicumque Britones agrum depopulati sunt, prædamque ingentem retulerunt, agros, vineasque devastarunt. Tum Felix Namnetensis ut illata damna reparent exquirit. Illud vero polliciti Britones sunt, sed promissis non steterunt.

C. 34. Eo ipso tempore multæ Galliarum provinciæ civitatesque plurimis sunt calamitatibus afflictæ. Elaver exundans & pluviæ nimiæ multos ne sementem jacerent in Limanie prohibuere. Flumina altius intumuere quam antea unquam, & damna importarunt maxima, pecora abstulerunt, campos devastarunt, ædificia diruerunt, Rhodanus & Arar juncti usque adeo exundarunt, ut cuncta vastarent & partem murorum Lugdunensium subverterent. Postquam pluviæ cessaverant, arbores denuo floruerunt Septembri mense. Apud Turones vero ante lucem matutinam, fulgor per cælum discurrens visus est in hemisphærio, & versus Orientem cecidit, sonitusque quasi arboris decidentis auditus est a milliariis plus quinquaginta : Burdegala terræ motu graviter concussa est, urbisque mœnia contremuerunt ; populi pars maxima ad vicinas urbes confugit : qui mansere, se cum urbe obruendos putabant ; ipseque terræ motus etiam vicinas civitates usque ad Hispaniam commovit, sed non tantopere. Ex Pyrenæis montibus decidentes rupes pecora multa, hominesque etiam obruerunt. Vici prope Burdegalam tam subito cum messibus exusti sunt, ut non,

ne paroissoit pas que la cause de l'incendie pût être naturelle. La Ville d'Orleans fut consumée par le feu. Les plus riches furent absolument ruinez; car ce qu'ils purent sauver des flammes leur fut enlevé par des voleurs. Dans le payis Chartrain il sortit du vrai sang d'un pain coupé. Bourges fut fort affligé de la grêle.

Tous ces fleaux furent suivis d'un mal contagieux. Dans le tems que les Rois étoient sur le point d'entrer de nouveau en guerre les uns contre les autres, la dyssenterie affligea presque toutes les Gaules. Ce mal consistoit en une violente fievre accompagnée de vomissemens, une grande douleur de reins, une pesanteur de tête. Ce qui sortoit par la bouche étoit ou de couleur de saffran, ou verd. Plusieurs disoient que c'étoit un venin, & effectivement ceux qui se faisoient appliquer des ventouses aux épaules ou aux cuisses, rendoient un pus infect, & plusieurs guerissoient par ce remede. Les mêmes herbes qu'on employe pour le venin prises en boisson, soulageoient les malades. Ce mal qui commença au mois d'Août, enleva beaucoup d'enfans. Le Roi Chilperic tomba alors fort malade; & lorsqu'il commençoit à se mieux porter, son plus jeune fils surpris de ce mal, fut à l'extrêmité: n'étant pas encore baptisé, on lui donna alors le Baptême, & il revint un peu; mais son frere Clodebert un peu plus âgé que lui, tomba malade du même mal, & fut d'abord en grand peril de mort. Alors Fredegonde voyant ses deux fils à l'extrêmité, fut touchée de repentance. Elle crut que les livres des comptes envoyez dans les Provinces, qui portoient des taxes excessives, pouvoient être la cause de ces malheurs. Elle en parla au Roi en se frappant la poitrine, brûla de ses propres mains une partie de ces livres, & porta Chilperic à brûler les autres; après quoi il envoya défenses de lever des impôts semblables: cependant le plus jeune des enfans mourut, & fut envoyé de Braine à l'Eglise de S. Denis pour y être enterré. On porta l'aîné à Soissons, & on le mit sur le tombeau de S. Medard pour obtenir sa guerison; mais il mourut à minuit du même jour & fut enterré à l'Eglise de S. Crepin. Le deüil fut grand. Le Roi Chilperic touché de ces infortunes, fit de grands presens aux Eglises, & des aumônes aux pauvres.

Ce qui est à remarquer, c'est que tandis qu'un des plus mauvais Rois que la France ait eus, fait des actions de pieté, & que Fredegonde, la plus méchante de toutes les femmes, est touchée de repentance, Gontran ce Roi saint, ce

An. 580.

Mal contagieux.

---

humanum incendium esse posse videretur. Aurelianum etiam incendio conflagravit. Opulentiores vero omnium suorum jacturam fecere; nam quod ab incendio eripuerant, a furibus abreptum est. In Carnotensi agro ex effracto pane sanguis effluxit. Biturigum civitas grandine vexata fuit.

Hæc omnia mala lues gravissima excepit, quo tempore bellum sibi mutuo Reges inferre parabant. Dysenteria Gallias pene totas afflixit, cum vomitu febris homines invadebat, renumque dolor nimius; caput grave erat, quodque ex ore emittebatur crocei erat coloris, aut viride. Dicebant multi illud esse venenum, neque id vero absimile erat. Nam qui ventosas in scapulis aut in cruribus adhibebant, saniem emittebant, & multi sic liberabantur: Herbæ quoque veneno depellendo adhibitæ, in potu sumtæ, ægris subsidio erant. Lues istæc quæ mense Augusto cœpit, infantes multos abripuit. Hoc tempore Chilpericus rex graviter ægrotavit, quo convalescente filius ejus junior nondum baptizatus, in morbum incidit, & ad extrema actus baptizatus est, ac paulo melius habuit; sed frater ejus major nomine Chlodobertus eodem morbo corripitur, & in mortis discrimen venit. Fredegundis vero duos cernens filios in mortis periculo versantes, vel sero tandem pœnitentia ducta est. Putans autem illos descriptionum libros, qui ad nimia vectigalia exigenda per Provincias missi fuerant, horum causam esse malorum, regem cum pectoris tunsione alloquitur, partem librorum hujusmodi sua manu comburit, regique suadet ut cæteri similiter igni tradantur. Sub hæc autem vetuit ille ne vectigalia hujusmodi exigerentur. Interim vero minor filius moritur, & ex villa Brennaco ad Ecclesiam sancti Dionysii mittitur sepeliendus. Major autem Suessionas transfertur, & sancti Medardi sepulcro imponitur ad medelam; sed eamdem diem insequenti media nocte mortuus est, & in Ecclesia sancti Crispini sepultus: hinc luctus ingens. Rex vero Chilpericus his ærumnis compunctus, multa Ecclesiis & pauperibus largitus est.

Quod autem observatu dignum est, dum Rex ille inter pessimos Francorum Reges connumerandus, pia edit opera, dum Fredegundis mulierum sceletissima, pœnitentia ducitur; Guntchramnus rex ille sanctus,

.35.

C. 36.

Saint à miracles, fait pour le même sujet une action des plus barbares & des plus injustes. Austrechilde sa femme frappée de la même maladie, sentant que sa fin approchoit, pria le Roi de faire tuer après sa mort les deux Medecins qui l'avoient traitée, & dont les remedes, prétendoit-elle, n'avoient pas peu contribué à lui faire perdre la vie. Elle obligea Gontran de jurer qu'il les feroit mourir ; afin, disoit-elle, que mon deüil soit accompagné d'un autre deüil, & mes funerailles d'autres funerailles. Et ce Prince, au lieu d'inspirer à sa femme mourante des sentimens plus chrétiens, jura qu'il le feroit, & n'y manqua pas. Il ne faut pas douter qu'il n'ait fait pénitence d'un si grand crime, quoique l'Historien ne le dise pas.

Action inique du Roi Gontran.

An. 580. Persecution contre les Catholiques en Espagne.

Cette même année une grande persecution s'éleva en Espagne contre les Catholiques. Beaucoup furent exilez ou emprisonnez, d'autres privez de leurs biens & réduits à la misere, d'autres foüetez & punis de divers supplices. La cause de cette persecution fut Goisvinthe, femme du Roi Leovichilde, & l'on crut que ce fut par punition divine, qu'après avoir exercé ces cruautez elle perdit un œil. Leovichilde avoit d'une autre femme deux fils, dont l'aîné épousa la fille du Roi Sigebert, & le cadet fut fiancé à la fille du Roi Chilperic. Ingonde fille de Sigebert, alla en Espagne avec un train magnifique. Goisvinthe la reçut avec beaucoup de joye : mais voulant lui faire changer de creance, & la trouvant ferme dans la Religion Catholique, elle entra en fureur, prit Ingonde aux cheveux, la jetta à terre, la frappa à coups de pieds, la mit en sang, la fit dépoüiller & jetter dans une piscine, & la Princesse demeura toûjours ferme dans sa foi. Leovichilde, dit Gregoire de Tours, donna à Hermenigilde & à sa femme Ingonde, une Ville pour y faire leur residence & y regner. Là Ingonde convertit son mari à la foi Catholique. Leovichilde averti de ce changement, voulut se saisir de lui. Hermenigilde se tourna du côté de l'Empereur & des Grecs, & avec leur secours donna bataille à son pere, où il fut défait & pris, & depuis martyrisé pour la foi Catholique. Nous passons legerement sur tous ces faits, pour reprendre le fil de notre Histoire.

Chilperic en deüil de la mort de ses deux fils, s'en alla à la forêt de Cuise avec Fredegonde, à la persuasion de laquelle il envoya Clovis son fils à Braine, où la contagion regnoit plus que par tout ailleurs. Elle lui moyenna ce séjour, esperant que la contagion l'emporteroit comme ses deux fils : mais il n'eut

C. 39.

miraculis etiam clarus, eadem de causa rem & barbaram & iniquissimam perpetrat. Austrechildis uxor eodem laborans morbo, cum vitæ finis instaret, Regem precatur, ut post obitum suum Medicos duos, qui sui curam habuerant, occidi juberet, eo quod potiones ab illis adhibitæ vitam sibi abstulissent. Utque Rex ipsos interficere non negligeret, sacramentum ab eo exigit ; ut, inquiebat illa, luctus mei causa ductus, alio luctu, & funus alio funere celebretur. Guntchramnus vero qui uxorem utpote Christianam a tali consilio avertere debuisset, juravit se ut occiderentur curaturum, & revera curavit. Nihil dubitandum est illum scelus tantum pœnitentia abluisse, licet id Gregorius non narret.

Hoc ipso anno in Hispania ingens vexatio Catholicos afflixit ; alii enim in exsilium aut in carcerem acti, alii facultatibus privati & ad inopiam redacti, alii cæsi, ac suppliciis sunt affecti. Caput horum fuit Goisvintha Leuvichildi regis uxor. Exque divina ultione factum putatur quod illa oculum amitteret. Leuvichildus autem ex alia uxore duos susceperat filios : horum qui major erat filiam Sigiberti regis duxit, minorque filiam Chilperici despondit. Ingundis Sigiberti regis filia in Hispaniam concessit cum apparatu magnifico : perhumane illam Goisvintha excepit. Sed cum suadere ipsi vellet ut a Catholica fide deficeret, & illam firmam & constantem experiretur, in furorem acta, Ingundem a coma abreptam in terram conjecit, calcibus impetiit, ita ut sanguinem emitteret, nudatamque injecit in piscinam. Illa vero in fide firma semper constitit. Leuvichildus, inquit Gregorius Turon. Hermenegildo & Ingundi civitatem unam dedit, in qua residerent & regnarent. Ingundis vero conjugem suum ad fidem convertit. Leuvichildus, re comperta, ipsum comprehendere voluit : ille vero ad Imperatorem Græcorum se recepit. Græcis opem ferentibus cum patris exercitu pugnavit ; at victus captusque est, posteaque pro fide Christi martyrium subiit. Hæc carptim transcurrimus, ut ad historiæ nostræ seriem redeamus.

Chilpericus lugens filiorum mortem, in silvam Cotiam concessit, ibique resedit cum Fredegunde ; qua suadente, Chlodoveum filium suum Brennacum misit, ubi tunc lues grassabatur ; sperabat scilicet illum, invadente lue, periturum esse ; sed nihil ille mali passus

C. 4.

point

point de mal. Chilperic s'étant rendu à Chelles, fit venir auprès de lui ce fils, qui en jeune homme peu prudent se vantoit qu'il seroit un jour Roi de toutes les Gaules, & qu'alors il se vengeroit bien de tous ses ennemis. Il tenoit aussi des discours contre Fredegonde, qu'il regardoit avec raison, comme son ennemie. Cela lui fut rapporté: quelqu'un lui vint dire aussi qu'il étoit devenu amoureux de la fille d'une de ses suivantes, & que c'étoit la mere de cette fille qui avoit fait périr ses deux fils par des malefices. Fredegonde en fureur fit prendre cette fille, la fit violemment foüetter & tourmenter, lui fit couper les cheveux, fit planter un pieu en terre, où la fille fut empalée devant le logis de Clovis & de ses gens. Elle fit aussi lier la mere, & lui fit donner si rudement la question, qu'elle avoüa tout ce que Fredegonde voulut. Elle en fit le rapport au Roi, & lui demanda justice contre Clovis. Chilperic alla à la chasse, & manda son fils, qui à son arrivée fut saisi par Didier & par Bobon. On le dépoüilla de ses armes & de ses habits; il fut mené revêtu de haillons & lié à la Reine Fredegonde. Elle le fit garder soigneusement pour savoir de lui si ce que l'on avoit dit de ses menées & de ses desseins étoit vrai; qui lui avoit conseillé & inspiré tout cela, & qui étoient ceux avec lesquels il étoit plus lié. Il nia tout, & n'avoüa autre chose sinon qu'il avoit beaucoup d'amis.

Clovis fils de Chilperic tué.

Trois jours après, elle ordonna qu'on le menât lié à Noisi, maison de campagne au-delà de la Marne, & qu'on le gardât avec soin. Il fut là tué à coups de couteaux: & l'on vint dire au Roi, à l'instigation de Fredegonde, qu'il s'étoit tué lui-même. Le Roi le crut, & ne parut point touché de sa mort. Ceux qui étoient au service de Clovis furent dispersez de côté & d'autre. Sa mere Audouere perit d'un cruel supplice, & sa sœur Basine après avoir été deshonorée par les gens de Fredegonde, fut envoyée à Poitiers où elle prit l'habit de Religieuse sous sainte Radegonde. Les biens & les effets de tous ceux dont il est fait mention ici, demeurerent à Fredegonde. La femme qui avoit accusé Clovis dans les tourmens, fut condamnée à être brûlée vive. Elle declara qu'elle n'avoit rien dit de vrai, & que les tourmens l'avoient fait parler: mais sans aucun égard à cela, on l'executa.

Depuis ce tems, Chilperic voulant se mêler de Theologie, fit un écrit que l'Auteur appelle *Indicule*, où il n'admettoit point de distinction de Personnes en Dieu, disant que le Pere étoit le même que le Fils, & que le Saint Esprit étoit le même que le Pere & le Fils. Il montra à Gregoire de Tours ces blasphê-

est. Chilpericus vero Calam venit, & filium eumdem istuc evocavit, qui utpote juvenis multa imprudenter jactabat, se fore dicens regem omnium Galliarum, & tunc de inimicis ultionem sumturum esse. In Fredegundem quoque verba fundebat, quam ut sibi adversantem jure spectabat. Hæc allata Fredegundi sunt, quæ insuper quopiam referente audivit, Chlodoveum filiam cujusdam ancillarum suarum amare, quæ ancilla Reginæ filios maleficiis exstinxerat. Fredegundis furens, comprehensa puella & graviter verberata, decidi comam ejus jussit, & *sudi impositam defigi ante metatum Chlodovei* præcepit; matrem quoque puellæ tot tormentis cruciavit, ut illa quidquid Fredegundis vellet, fateretur. Hæc deinde Regi insinuavit. Tunc Rex in venationem profectus, Chlodoveum accersiri jubet, eque jussu patris apprehensus filius a Desiderio & Bobone ducibus, nudatur armis & vestibus, ac vili indumento contectus, Fredegundi vinctus adducitur. Eum illa in arcta custodia detinuit, ut ab illo edisceret, verane essent quæ de ipso dicebantur: quo consulente talia suscepisset, quibuscum consortium haberet. Omnia ille negavit, hoc solum confessus se multos amicos habere.

Post triduum jussit ipsa adduci illum in villam Nucerum ultra Matronam, ibique custodiri; ubi cultro percussus, interiit, jubente haud dubie Fredegunde, quæ Regi dixit Chlodoveum sese cultro confodisse. His fidem Rex habuit, neque flevit. Famuli ejus ultro citroque dispersi sunt. Mater Chlodovei Audouera crudeli morte necata est: soror illius Basina a famulis Reginæ delusa, in Monasterium sanctæ Radegundis missa fuit, ubi sanctimonialis vestem induit, opesque eorum omnes Reginæ delatæ sunt. Mulier illa quæ Chlodoveum accusaverat, ut incendio viva periret adducta est. Quæ se nihil veri dixisse, sed cruciatibus coactam loquutam fuisse declaravit: nihilominus tamen viva exusta est.

Sub hæc Chilpericus Theologum agens, Indiculum scripsit, in quo nullam Personarum distinctionem admittebat, dicebatque Patrem eumdem esse atque Filium, & Spiritum Sanctum eumdem atque Patrem & Filium, quæ erat Sabellii hæresis. Hæc porro im-

c. 45.

GONTRAN, CHILPERIC, CHILDEBERT.

mes, qui étoient l'heresie pure de Sabellius: le Prélat lui répondit hardiment, en refutant ce sentiment par le témoignage des Peres. Je consulterai, dit le Roi, des gents plus sages que vous, qui parleront comme moi. En ce tems-là Sauve Evêque d'Alby, étant venu à la Cour, Chilperic le prit pour arbitre, le priant pourtant d'être de son côté. Ce saint Evêque fut si indigné d'une telle doctrine, qu'il parut vouloir déchirer & mettre en pieces cet écrit : ce que voyant le Roi, il se desista, & ne parla plus de cette nouvelle Theologie. Il composa aussi des livres en vers, se proposant Sedulius pour modele : mais c'étoient des vers où il n'y avoit ni quantité ni mesure. Il ajouta quatre lettres à notre Alphabet qui exprimoient l'*ω* des Grecs, *ae. the. uus*. La forme des caracteres étoit *ω. ↓. z. Δ.* Ils ne conviennent point du tout avec la maniere de lire qui les precede, hors l'*omega*. Il faut qu'il y ait erreur dans les éditions de Gregoire de Tours. Il écrivit à toutes les Villes de son Royaume, ordonnant qu'on enseignât les enfans avec ces sortes de caracteres, & qu'on les inserât dans les anciens livres.

Gregoire de Tours accusé. Gregoire Evêque de Tours, notre Historien, fut accusé d'avoir mal parlé de la Reine, & d'avoir dit qu'elle avoit un commerce criminel avec Bertrand Evêque de Bourdeaux. Leudaste auteur de cette calomnie, étoit un scelerat, qui par des moyens indignes étoit parvenu de la condition de serf à la qualité de Comte : il s'associa avec un Clerc nommé Riculfe, qui fut l'accusateur. L'affaire fut portée devant le Roi Chilperic, qui convoqua une assemblée d'Evêques à Braine, où elle fut examinée. La conclusion fut qu'on s'en rapporteroit au serment du saint Evêque accusé. Il jura qu'il n'avoit rien dit de tout cela. Les Evêques assemblez ordonnerent que Leudaste déclaré calomniateur, seroit chassé de toutes les Eglises. Lui craignant pour sa personne, s'alla refugier à l'Eglise de S. Pierre de Paris; & depuis pour plus grande sureté, il s'enfuit de là, & s'en alla du côté de Tours. Le Clerc Riculfe devoit être executé à mort comme calomniateur. Le saint Prélat interceda pour lui, & obtint qu'on ne le feroit point mourir : mais il ne pût obtenir qu'on ne l'appliqueroit point aux tourmens. On l'attacha à un arbre, où il demeura pendu depuis neuf heures du matin jusqu'à trois heures du soir, après quoi on le dépendit; on l'attacha à une certaine machine où il fut tant battu de verges, de coups de bâton & d'étrivieres, qu'il découvrit enfin le complot. Cette affaire est rapportée fort au long par l'Historien. Leudaste étant depuis allé imprudemment se presenter à Fredegonde pour lui demander pardon, fut massacré par ordre de cette Princesse.

---

pie dicta Gregorio Turonensi ostendit, qui audacter hæc ex Patrum testimonio confutavit. Te sapientiores, inquit Rex, consulam, qui mecum loquuntur. Tunc vero temporis istuc venientem Salvium Albigensem Episcopum de hac re sententiam dicere Rex optavit, precans tamen ut secum loqueretur; qui talem doctrinam tam graviter tulit, ut videretur Indiculum velle discerpere. Quod videns Rex destitit, novamque illam Theologiam suppressit. Scripsit & alios libros versibus quasi Sedulium sequutus : *sed versiculi illi nulli penitus metricæ conveniunt rationi*. Addidit autem & alias literas literis nostris, *id est, ω sicut Græci habent ae, the, uus, quarum characteres subscripsimus. Hi sunt ω. ↓. z. Δ. & misit epistolas in universas civitates regni sui, ut sic pueri docerentur, ac libri antiquitus scripti, planati pumice rescriberentur.* Verum hæ literæ ad præpositam lectionem non quadrant : error sit oportet in exemplaribus.

C. 50.
Gregorius Turon. qui hanc historiam scripsit, accusatus est quod de Regina male loquutus dixisset etiam, *illam in adulterio cum Episcopo Bertchranno misceri.* Hujus auctor calumniæ Leudastes quidam erat, qui ex servo indignis modis demum Comes factus fuerat; sibi vero Clericum Riculfum nomine socium adscivit, qui accusator fuit. Res ad Regem defertur, qui Synodum Episcoporum Brennacum convocavit, ubi res discussa est. Demumque eo res deducta fuit, ut decerneretur Episcopum sese sacramento purgare debere. Juravit ille se nihil eorum dixisse. Episcopi vero una congregati edixerunt, Leudasten, utpote calumniatorem deprehensum, ab Ecclesiis omnibus excludi debere. Aufugit ille & ad Turones se contulit. Riculfus ut sycophanta supplicio vitam finiturus erat : sanctus Antistes vitam illi impetravit; verum impedire non potuit quin cruciandus traderetur. Ab hora tertia diei ad usque nonam, ligatis post tergum manibus suspensus mansit. Hinc *extensus ad trochleas casus est fustibus, virgis ac loris duplicibus*; ita ut demum coactus dolum & sycophantiam prorsus aperuerit. Hæc fuse admodum a Gregorio narrantur. Leudastes vero cum postea imprudenter Fredegundem veniam petiturus adiisset, ejus jussu a famulis ipsius Reginæ trucidatus est.

GONTRAN, CHILPERIC, CHILDEBERT.

Le Roi Childebert si uni jusqu'alors avec Gontran, rompit avec lui, & se li- AN. 581.
gua avec Chilperic. Mommole s'enfuit du Royaume de Gontran, & s'enferma
dans Avignon. Les Ambassadeurs que le Roi Chilperic avoit envoyez trois ans
auparavant à l'Empereur Tibere, arriverent enfin après avoir beaucoup souffert.
Car n'osant aborder à Marseille à cause des differens que les Rois avoient à
l'occasion de cette Ville, ils tournerent vers Agde ; & lorsqu'ils vouloient y aborder, le navire poussé par les vents s'alla briser contre la côte. Les Ambassadeurs
furent sauvez avec une partie de l'équipage. L'autre y perit. Les gens du pays
pillerent ce que les ondes avoient poussé sur les bords. Le meilleur & le plus
précieux fut sauvé par les Ambassadeurs, qui le porterent au Roi Chilperic.
Gregoire de Tours se trouva alors à Nogent où étoit le Roi, qui montra aux
assistans un grand bassin composé d'or & de pierreries, qu'il avoit fait faire,
pesant cinquante livres. Il leur montra aussi des médailles d'or que l'Empereur   Medail-
lui avoit envoyées, pesant une livre chacune, qui avoient d'un côté la tête de   lons de
l'Empereur avec l'inscription *Tiberii Constantini perpetui Augusti* : & au revers une   Tibere
quadrige avec la legende, *Gloria Romanorum.* Nos Antiquaires n'en ont jamais   reur.
vû de ce poids.

Ce fut en ce même lieu que Gilles Evêque de Rheims, & les principaux de   AN. 582.
la Cour du Roi Childebert, vinrent trouver le Roi Chilperic pour conclure un
traité avec lui, selon lequel ils devoient destituer Gontran. Je n'ai plus de fils,
disoit Chilperic, Childebert mon neveu me succedera, qu'il me laisse seulement regner en paix pendant ma vie.

Dans le Royaume de Childebert il y avoit une grande dissension entre Loup
Duc de Champagne, & Ursion, joint à Bertefroi & à plusieurs autres, qui fati-
guoient Loup, & lui arrachoient piece à piece tout ce qu'ils pouvoient. Ils
conspirerent enfin ensemble de le tuer, & assemblerent à ce dessein une armée.
Tout cela marquoit la foiblesse du Gouvernement pendant la minorité du Prince. Brunehaut voyant qu'on alloit opprimer un homme qui lui étoit fidele, se
jetta courageusement au milieu des bataillons, & tâcha de leur persuader de
n'aller point combattre contre leurs compatriotes. Ursion lui répondit insolemment. On se dit des paroles dures de part & d'autre. Cependant elle fit tant
qu'elle les empêcha d'aller fondre sur Loup. Ils se contenterent de piller quelques maisons qui lui appartenoient, disant qu'ils apporteroient tout au tresor

---

Greg. Tur. Childebertus rex antehac Guntchramno patruo fœ-
L. 6. 1. dere junctus, illo relicto ad partes Chilperici transiit.
Mummolus autem Dux a regno Guntchramni fugiens,
Avenionem se recepit. Oratores vero quos ante trien-
C. 2. nium ad Tiberium Imperatorem miserat Chilpericus,
reversi sunt, non sine gravi damno atque labore. Nam
cum Massiliensem portum ob Regum discordias adire
non auderent, Agatham in Septimania appulerunt ;
sed antequam terram attingerent, navis a vento impul-
sa ad littus colliditur. Oratores tamen cum famulitii
parte, arreptis tabulis, vix littus attingere potuerant,
multis famulorum in aqua demersis. Incolæ multa diripuerunt ; sed preciosiora quæque ab Oratoribus servata sunt, & ad Chilpericum regem delata. Gregorius Turonensis noster Novigenti aderat cum rege
Chilperico, qui præsentibus ostendit *missorium magnum, quod ex auro gemmisque fabricaverat quinquaginta
librarum pondere. Aureos item singularum librarum pondere, quos Imperator misit, ostendit*, ab una parte insculptum habentes caput Imperatoris cum hac inscriptione, *Tiberii Constantini perpetui Augusti* ; ab altera
vero quadrigam cum inscriptione, *Gloria Romanorum.*

Nullum tantæ molis nummum Antiquarii nostri viderunt.

Hic etiam Ægidius Episcopus Rhemensis atque   C. 3.
proceres Childeberti regis Chilpericum convenere,
acturi de pacto inter ambos Reges sanciendo, ut Guntchramnus regno prorsus pelleretur. Nullus mihi superest filius, dicebat rex Chilpericus, mihi fratris
filius Childebertus successurus est ; me tantum sinat
dum vixero, in pace regnare.

In regno Childeberti ingens dissensio erat inter Lu-   C. 4.
pum Campanensem ducem, & Ursionem, Bertefre-
dum, plurimosque alios, qui Lupo infesti, ipsum
ut poterant exspoliabant ; demumque in illius necem
conspirantes, exercitum collegerunt. Hinc vero intelligere erat, quam imbecilla esset Rege adhuc ado-
lescente regia auctoritas. Brunechildis videns in proximo esse ut vir sibi fidus interficeretur, in medios cuneos viriliter irrupit, ut illos a contribulium cæde
averteret ; utrinque rixæ & dicteria fuere : attamen
id illa obtinuit, ut ne in Lupum irruerent. Lupi tamen domos diripuere, in regios thesauros se omnia allaturos esse dicentes, sed prædam inter se divi-

Tome I.   L ij

du Roi ; mais chacun emporta sa part chez soi. Ils menaçoient toûjours Loup, qui se voyant en peril, mit sa femme dans Lân, & se retira auprès du Roi Gontran, qui le reçût humainement.

Theodore Evêque de Marseille persecuté.
En ce même tems Dyname Gouverneur de Provence, conspira avec le Clergé de Marseille pour chasser Theodore Evêque de la même Ville, qui voulut aller trouver le Roi Childebert ; mais il fut arrêté en chemin, & mené au Roi Gontran qui le retint prisonnier : A cette nouvelle les Ecclesiastiques de Marseille, se saisirent de tous ses effets, publiant contre l'Evêque plusieurs calomnies, dont la fausseté fut découverte dans la suite. Childebert qui venoit de se liguer avec Chilperic, demanda à Gontran la moitié de la Ville de Marseille qui lui appartenoit, disoit-il, comme elle avoit appartenu à son pere. Gontran lui refusa sa demande, & fit garder les avenuës de ses Etats, afin que nul étranger n'y pût passer sans son ordre. Childebert y envoya Gondulfe, qui de domestique du Palais avoit été fait Duc. Il s'y rendit en prenant un grand détour pour ne point passer dans les Terres du Roi Gontran. Il arriva à Marseille avec l'Evêque Theodore, qui étoit sans doute échappé au Roi Gontran. La difficulté fut d'entrer dans la Ville. Dyname & les Ecclesiastiques tenant les portes fermées, bien resolus de ne les ouvrir ni à Gondulfe, ni à l'Evêque : il fallut user d'adresse. Gondulfe demanda une entrevuë avec Dyname ; le lieu marqué fut l'Eglise de S. Etienne hors des murs de la Ville. Dyname sort imprudemment ; quand il fut entré dans l'Eglise, on lui ferme les portes ; on chasse les gens armez qui l'accompagnoient ; on vient aux grosses paroles avec lui. Dyname s'adoucit, & le Duc fait appeller les plus anciens & les plus honorables Citoyens pour entrer avec Theodore dans la Ville. Gondulfe après avoir réduit Marseille sous l'obéïssance de Childebert, & rétabli l'Evêque, s'en retourna. Dyname oubliant la foi qu'il avoit promise à Childebert, fit avertir Gontran que c'étoit l'Evêque qui lui faisoit perdre sa part de la Ville de Marseille ; & que tant qu'il y seroit, il ne devoit pas esperer qu'elle retournât sous sa domination. Gontran en colere, commanda qu'on le lui envoyât lié & garroté pour l'exiler en quelque lieu écarté. Ils prirent occasion de le saisir un jour qu'il sortit de la Ville, ils chasserent tous ses gens, & l'envoyerent au Roi Gontran monté sur un miserable cheval. Le Roi l'ayant examiné le trouva si innocent, qu'il lui per-

---

ferunt, semperque minas in Lupum intentabant ; qui se in periculo versari cernens, uxore intra Laudunum conclusa, ad regem Guntchramnum confugit, qui ipsum humaniter excepit.

c. 11. Hoc circiter tempus Dynamius Provinciæ Rector cum Clericis Massiliensibus adversus Theodorum Episcopum conspiravit, ut eum a burbe pelleret. Theodorus vero ad Childebertum regem profectus, a Guntchramno rege detineri jubetur. Hoc audito Clerici Massilienses, quæ ad ipsum pertinebant omnia invaserunt, multaque in illum jactitarunt, quæ falsa esse deprehensa sunt. Childebertus post pacta cum Chilperico inita, a Guntchramno dimidiam Massiliæ partem, quam pater suus tenuerat, postulabat. Abnuit Guntchramnus, & regni sui vias custodiri præcepit, ut nemo posset ipso invito transire. Childebertus Massiliam misit Gundulfum, ex domestico Ducem factum, qui longo itineris circuitu eo pervenit, quod non posset per Guntchramni regnum transire. Cum Massiliam pervenisset cum Theodoro e regis Guntchramni manibus haud dubie elapso, in urbem ingredi nequibat, Dynamio & Clericis portas occludentibus, nec vel Gundulfo vel Theodoro aditum dantibus. Dolo itaque uti opus fuit : Gundulfus congressum & colloquium cum Dynamio expetiit ; condictus locus fuit Ecclesia S. Stephani extra muros urbis. Dynamius imprudenter egreditur : cumque in Ecclesiam intrasset, clauduntur portæ, expelluntur armati viri, qui illum comitabantur. Hinc contentiones & tixæ : Dynamius tamen mitius agere cœpit. Dux vero evocatis senioribus civitatis cum Theodoro in urbem ingreditur. His peractis Gundulfus postquam Massiliam in Childeberti potestatem redegerat, ac Theodorum reduxerat, regressus est. Dynamius nihil fidem curans quam Childeberto regi jamjam promiserat, ad Guntchramnum misit, monetque Episcopum ipsi dimidiam Massiliæ partem abstulisse, quæ nunquam in potestatem suam reversura esset, quandiu ibi maneret ille. Guntchramnus ita commotus, jussit vinctum sibi mitti Episcopum, quem procul in exsilium mitteret. Occasio captatur ; cumque Episcopus ex urbe egressus esset, comprehenditur, *super miserabilem caballum imponitur*, duciturque ad regem Guntchramnum : qui cum Episcopum audisset, insontemque

mit de s'en retourner dans sa Ville. De là en-avant Gontran & Childebert furent ennemis, & cherchoient à se nuire l'un à l'autre.

Chilperic les voyant en guerre, envoya le Duc Didier pour s'emparer des Villes de son frere. Didier marcha vers Perigueux; & ayant mis en fuite Ragnovalde Chef du parti de Gontran, il prit la Ville, & obligea ses habitans de prêter serment de fidelité à Chilperic; il exigea la même chose de toutes les autres Villes de cette contrée. Le Duc Berulfe ayant appris que ceux de Berri vouloient entrer dans la Touraine, s'avança de ce côté avec son armée. Les Bourgs d'Isere & de Barrou furent pillez & ravagez, & l'on traita cruellement ceux qui n'avoient pas marché à cette expedition. En ce même tems Bladaste Chef du Roi Chilperic, s'étant avancé vers la Gascogne, perdit une bonne partie de ses troupes.

Chilperic fait la guerre à Gontran.

Pour mettre à couvert Paris & son voisinage, le Roi Chilperic mit une garde au pont de l'Orge, pour empêcher que ceux du parti de son frere ne vinssent y faire des courses. Asclepius Chef du Roi Gontran, fit dessein d'enlever cette garde. Il vint en effet la nuit, tua les gardes, saccagea le Bourg & se retira. Chilperic en colere, ordonna à tous les Chefs de son parti d'envahir les Etats de son frere. Mais les plus sages lui conseillerent de demander plûtôt au Roi Gontran satisfaction de l'injure, & de prendre son parti sur la réponse qu'il lui feroit. Il suivit ce conseil. Gontran lui donna la satisfaction qu'il vouloit, & la querelle fut appaisée. C'est ce que rapporte Gregoire de Tours. Mais comment cela s'accorde-t-il avec ce qui precede & ce qui suit. Chilperic est ligué avec Childebert pour détrôner Gontran; il lui a déja pris plusieurs places; il continuë encore après à lui faire la guerre à toute outrance. Qu'est donc devenuë cette satisfaction donnée?

Pour s'assurer des Villes prises sur Gontran, Chilperic y crea de nouveaux Comtes; il imposa des tributs à ces nouveaux Sujets. Ces tributs causerent bien des murmures. Nonnichius Comte de Limoges, se saisit de deux hommes qui portoient deux Lettres signées de Cartere Evêque de Perigueux, qui contenoient des choses fort injurieuses au Roi Chilperic; on s'y plaignoit qu'on étoit descendu du regne de Gontran dans celui de Chilperic, comme du Paradis dans l'enfer. Mais l'Evêque ayant nié devant le Roi qu'il eût jamais écrit ces Lettres, il le renvoya & lui & l'accusateur sans leur faire aucun mal. Nonnichius qui

---

C. 12.

deprehendisset, statim permisit ut civitatem suam repeteret. Exinde vero inter Guntchramnum & Childebertum inimicitiæ fuere, qui *sibi invicem insidiabantur.*

Chilpericus has cernens discordias, Desiderium ducem misit, qui fratris sui urbes expugnaret. Desiderius vero Petrogoricum versus movit, & Ragnovaldum ducem fugavit, urbemque captam, exacto civium sacramento, in potestatem Chilperici redegit, necnon civitates alias in ista regione sitas. Berulfus vero Dux cum audisset Biturigas incursionem parare in terminos Turonum, huc exercitum movet. *Graviter tunc pagi Isiodorensis ac Bertavensis urbis Turonicæ devastati sunt. Bladastes vero dux in Vasconiam abiit, maximamque partem exercitus sui amisit.*

C. 13.

Ut vero Lutetia in tuto esset, Chilpericus custodes ad pontem Urbiensem posuerat, qui incursiones a Guntchramni subditis factas arcerent. Asclepius vero Guntchramni dux noctu irruens, custodes illos omnes occidit, pagumque ponti proximum depopulatus est. Chilpericus his commotus, jussit Duces omnes, Comitesque suos regnum fratris invadere: sed ipsi suasere sapientiores, ut a fratre potius Guntchramno damni reparationem postularet. His ille annuit; Guntchramnus cuncta emendavit, & sic utrinque cessatum est. Verum hæc quomodo cum præcedentibus & sequentibus cohærere possint? Chilpericus cum Childeberto pacta iniit, ut ambo Guntchramnum e regno pellant: jam multas ejus urbes expugnavit; pergitque postea instans ac bellum inferens: quorsum ergo istæc emendatio?

Ut ab se captas fratris urbes sibi firmaret Chilpericus, novos creavit Comites, novis subditis tributa imposuit; quæ tributa admodum displicuere populis. Intereaque Nonnichius Comes Lemovicinus duos apprehendit homines, qui nomine Chærterii Petrogoricensis Episcopi literas deferebant, ubi multa *improperia* erant in Chilpericum regem. Inter alia vero querebatur ex regno Guntchramni in regnum Chilperici delapsam esse regionem, quasi ex Paradiso ad inferos. Sed cum Episcopus coram rege negasset se unquam has scripsisse literas; ipse Rex & accusatum & accusatorem liberos remisit. Nonnichius vero odio-

C. 22.

avoit fufcité cette affaire odieufe, mourut deux mois après d'une apoplexie de sang.

583. Chilperic, après la mort de tant de fils, en eut encore un en ce tems-ci. Afin que fes Sujets participaffent à la joie de fa naiffance, il fit délivrer tous les prifonniers, & défendit qu'on exigeât ce qui étoit confifqué à fon profit : mais la joie de cette naiffance ne fut pas longue.

Hiftoire de Gondebaud qui fe difoit fils de Clotaire.

Une nouvelle caufe de guerre troubla alors le Royaume, & jetta l'Evêque Theodore dans des affaires plus fâcheufes que les precedentes. Gondebaud qui fe difoit fils du Roi Clotaire, venant de Conftantinople aborda à Marfeille. Né dans les Gaules, il fut nourri par fa mere à la maniere des enfans des Rois. Elle lui laiffa croître les cheveux qui lui flottoient fur les épaules: c'étoit alors la marque d'une origine Royale. Elle le prefenta au Roi Childebert, lui difant qu'il étoit fils de Clotaire, quoiqu'il le defavoûât. Childebert n'ayant point de fils, le prit chez lui, & l'élevoit comme fon neveu. Clotaire le lui demande, il ne peut le lui refufer. Clotaire l'ayant vû, declara qu'il n'étoit pas fon fils, & lui coupa la chevelure. Après la mort de Clotaire, Cherebert le prit chez lui. Sigebert le demanda, & lui coupant la chevelure, qu'il avoit laiffé croître, il l'envoya à Cologne. Gondebaud s'échappa de Cologne, & laiffant croître fes cheveux comme devant, il s'en alla trouver Narsès qui commandoit alors en Italie. Il s'y maria, il eut des enfans, & s'en alla depuis à Conftantinople.

Long tems après, Gontran Bofon lui perfuada de s'en venir dans les Gaules. Etant donc venu à Marfeille, il fut reçû par l'Evêque Theodore qui l'amena à Avignon pour y joindre Mommole. Gontran fe faifit de Theodore & le fit garder; parce qu'il avoit introduit, difoit-il, un étranger, pour foumettre le Royaume de France aux Loix Imperiales. Theodore montra une lettre des principaux de la Cour du Roi Childebert, par l'ordre defquels il avoit reçû Gondebaud. Il étoit toûjours gardé dans une cellule. Une fplendeur celefte qui parut une nuit dans cette cellule, & un globe de lumiere qui fut vû fur la tête du Saint, effraya celui qui le gardoit: comme il le raconta le lendemain. Theodore fut amené au Roi Gontran avec Epiphane Evêque d'Italie, qui fuyant la perfécution des Lombards, s'étoit retiré à Marfeille, & qui étoit regardé comme complice de Theodore. Le Roi les examina; & quoiqu'il ne les trouvât pas coupables, il les fit garder & maltraiter, en forte qu'Epiphane en mourut.

---

fi hujus negotii auctor, poft duos menfes fanguine percuffus interiit.

C. 23. Chilperico qui tot filios amiferat, alius nafcitur filius. Ut vero lætitiæ confortes fubditos fuos haberet, vinctos omnes juffit emitti, & res, quæ in fifcum inferendæ erant, non exigi. At non diuturnum fuit hujufmodi gaudium.

C. 24. Nova tunc belli materies Gallias turbavit, Theodorumque Maffilienfium Epifcopum in negotia conjecit præcedentibus graviora. Gundovaldus, qui fe filium dicebat Chlotarii regis, Conftantinopoli profectus, Maffiliam appulit. In Galliis natus, a matre more filiorum Regum educatus eft. Hæc filio comam aluit, quæ ad humeros defluebat: hoc tunc erat regiæ originis fignum. Illum mater Childeberto regi obtulit, Chlotarii filium dicens, licet invifus effet patri. Childebertus filiis orbus, hunc penes fe retinuit. Illum poftulat Chlotarius, negare non potuit Childebertus. Illo vifo Chlotarius filium fuumeffe negavit, comamque ipfi totondit. Defuncto Chlotario, Charibertus ipfum fufcepit. Illum Sigibertus petiit, comamque iterum ipfi totondit, Coloniamque mifit. Gundovaldus vero Colonia elapfus, comam iterum aluit, & apud Narfetem fe recepit. Ibi uxorem duxit, filiofque procreavit: inde autem Conftantinopolim abiit.

Poft multum vero temporis Guntchramnus Bofo auctor ipfi fuit, ut in Gallias rediret. Cum ergo Maffiliam appuliffet, exceptus fuit a Theodoro Epifcopo, qui illum Avenionem duxit ad Mummolum. Guntchramnus vero dux Theodorum apprehendit & in cuftodia pofuit, quod *hominem extraneum intromififfet in Gallias, voluiffetque Francorum regnum imperialibus fubdere ditionibus*. At ille epiftolam protulit a proceribus aulæ Childeberti regis fubfcriptam, quorum illejuffu Gundovaldum fufceperat. Cuftodiebatur ergo Sacerdos in cellula. Splendor vero cæleftis quadam nocte & luminis globus fupra caput fancti viri vifus, cuftodem comitem perterruit, ut ille infequente die narrabat. Theodorus adductus eft ad Guntchramnum regem cum Epiphanio in Italia Epifcopo, qui a Langobardorum vexatione fugiens, Maffiliam fe receperat, & ut rei hujufce confcius habebatur. Difcuffi igitur a Rege, in nullo inventi funt noxii, & tamen juffit illos in cuftodia manere, & dira pati,

Cependant Gondebaud se retira dans une Isle pour attendre l'évenement des choses. Le Duc Gontran qui avoit saisi ses tresors, les partagea avec un autre Duc, & emporta sa part en Auvergne. Il y avoit, dit-on, une immense quantité d'or & d'argent.

L'an 583. de Jesus-Christ, dans la Ville de Tours comme on alloit à Matines, le ciel étant fort nebuleux, on vit dans un tems de pluye, un grand globe de feu dans le ciel, qui éclairoit comme le soleil en plein midi ; cela dura long tems ; & ce globe étant enfin rentré dans les nuées, la nuit succeda. Les eaux crurent extraordinairement. La Marne & la Seine déborderent de maniere, que les batteaux alloient entre Paris & l'Eglise de S. Laurent ; il y en périt même plusieurs.

Le Duc Gontran, après avoir déposé le tresor de Gondebaud en Auvergne, alla trouver le Roi Childebert ; & comme il s'en revenoit avec sa femme & ses enfans, il fut arrêté par le Roi Gontran, qui l'accusa de ce qu'étant à Constantinople, il avoit porté Gondebaud à revenir dans les Gaules, & fut sur le point de le faire mourir. Le Duc Gontran l'appaisa un peu en lui laissant son fils en otage, & lui promettant de lui amener Mommole qui avoit reçû Gondebaud. Ce Duc leva des troupes, & marcha vers Avignon. Il avoit à faire à un homme plus habile & plus rusé que lui. Mommole averti de tout, fit préparer les barques où il devoit passer le Rhône ; ces barques étoient construites de maniere qu'elles ne pouvoient passer la riviere sans se remplir d'eau. Gontran & ses gens les saisirent, s'embarquerent dessus ; & quand ils furent au milieu du fleuve, les barques pleines d'eau allerent à fonds. Alors les uns aborderent de l'autre côté en nageant ; les autres se sauverent à la faveur de quelques planches ; une bonne partie se noya. Gontran marcha vers Avignon, où Mommole avoit usé d'un autre stratagême autour de la place. Il avoit fait venir l'eau jusques aux endroits, qui devant ce tems là étoient à sec, & avoit fait faire des fosses au fond de cette eau. Gontran approcha, & de dessus les murs, Mommole l'invita de venir en assurance. Il s'avance, & un de la troupe de Gontran qui se mit dans l'eau, fut submergé, en sorte qu'on ne le vit plus. Gontran lui-même emporté par l'eau auroit peri si on ne lui eut pas avancé une pique qu'il saisit, & fut ainsi sauvé. Alors Gontran & Mommole se dirent mutuellement beaucoup d'injures : cependant Gontran assiegea la Place. La nou-

---

ita ut Epiphanius obiret. Interea Gundovaldus in insulam maris secessit, rei eventum exspectans. Guntchramnus vero dux cum duce Guntchramni regis, res Gundovaldi divisit, & in Arvernum detulit immensum auri & argenti pondus, ut quidem dicebatur.

Anno Christi 583. pridie Kal. Februarii in Turonica urbe cum ad matutinas horas iretur, cælo nubilo, & imbre cadente, globus igneus in cælo visus est, tamquam sol in meridie effulgens : idque longo tempore ; quo iterum in nubem regresso, nox successit. Aquæ præter solitum creverunt: Matrona & Sequana adeo exundarunt, ut inter Lutetiam & Ecclesiam sancti Laurentii navigaretur, navesque illic perierint.

G. 15. Guntchramnus dux postquam Gundovaldi thesaurum in Arvernis deposuerat, Childebertum regem adivit, ac dum cum uxore & filiis regrederetur, a Guntchramno rege captus, accusatur ab eo, quod cum esset Constantinopoli, Gundovaldo suasisset ut in Gallias reverteretur : ipsumque Rex capite plectere parabat. Verum Guntchramnus dux Regem nonnihil placavit, relicto in obsidem filio, & pollicitus se ipsi Regi Mummolum adducturum esse, qui Gundovaldum receperat. Collecto autem exercitu versus Avenionem movit. Res porro illi erat cum viro se longe callidiore Mummolo, qui naves venienti in Rhodano apparari jussit, ita constructas ut cum vectoribus in aquis facile mergerentur. In iis cum militibus trajicere flumen conatur Guntchramnus ; sed in medio cursu aqua plenæ naviculæ mergebantur. Tunc alii nando littus attingunt ; alii tabulis nixi, trajiciunt, multi in aquis periere. Guntchramnus tamen dux versus Avenionem tendit, ubi Mummolus alium dolum paraverat ; fossas nempe profundissimas duxerat in locum antea aquis vacuum. Guntchramnus accessit, atque ex muro illum Mummolus invitavit ut veniret. Accedit ille, unusque ex suis qui in aquas ingredi tentavit submersus est, & nusquam ultra comparuit ; & Guntchramnus ipse cum mergeretur, porrectâ sibi hastæ ope in terram reductus est. Tum multis conviciis & maledictis Mummolus & Guntchramnus sese mutuo incessserunt. Guntchramnus tamen obsidet urbem. Hæc Childeberto regi nunciantur,

velle en vint à Childebert, qui y envoya Gondulfe pour faire lever le siege. Gontran se retira, & Gondulfe amena en Auvergne Mommole, qui s'en retourna à Avignon peu de jours après.

Chilperic vint avant Pâques à Paris; & pour éviter la malediction prononcée d'un commun accord contre celui des trois freres qui viendroit à Paris sans le consentement des autres; il fit marcher devant lui plusieurs Reliques des Saints, & entra ainsi dans la Ville où il fit baptiser son fils. Ce fut Ragnemode Evêque du lieu, qui le leva des fonds & lui donna le nom de Theodoric.

Chilperic & Childebert renouvellerent la ligue qu'ils avoient faite ensemble pour opprimer le Roi Gontran. Chilperic assembla des troupes, & commanda à Berulfe un de ses Chefs d'entrer à main armée dans le Berri, & en même tems à Didier & à Bladaste, d'attaquer la même Province d'un autre côté. Chilperic fit passer par Paris l'armée qui le vint joindre, avec laquelle il s'avança vers Melun, brulant & desolant tout. Il envoya ordre à ceux qui commandoient ses troupes en Berri, d'exiger de la Ville de Bourges qu'elle lui prêtât serment de fidelité. Mais ceux de la Ville ayant ramassé jusqu'à quinze mille hommes, donnerent bataille à Didier. Le combat fut si rude que des deux côtez il demeura sept mille hommes sur la place. Les autres Chefs des troupes de Chilperic ravageant & ruinant tout, la desolation fut si grande qu'on n'en avoit jamais vû de pareille; il n'y eut pas une maison qui ne fût ruinée; point de vigne ni d'arbre qui ne fût brûlé. Après avoir pillé les Eglises & enlevé les vases sacrez, ils y mettoient le feu.

Paix faite entre Gontran & Chilperic.

D'un autre côté le Roi Gontran marcha contre Chilperic, mettant toute son esperance en Dieu. L'ayant joint un jour, il fit avancer sur le tard son armée, qui tailla en pieces la plus grande partie de celle de son frere. Le lendemain matin ils firent la paix ensemble; & convinrent qu'ils s'en tiendroient pour les conditions à ce que les Evêques & les plus honorables d'entre le peuple établiroient. Chilperic ne pouvant empêcher son armée de continuer à piller, tua le Comte de Roüen, s'en revint ensuite à Paris, & rendit tout ce qui avoit été pris & pillé dans les Etats de son frere avec les Captifs. Ceux qui assiegeoient Bourges reçûrent ordre de lever le siege, & laisserent la Province si desolée, qu'elle étoit dénuée d'hommes & de bestiaux. L'armée de Didier & de Bladaste

---

qui Gundulfum illo misit ut obsidionem solveret. Guntchramnus abscessit, & Gundulfus in Arvernos Mummolum duxit, qui paucis postea diebus Avenionem regressus est.

C. 27. Chilpericus rex pridie ante Pascha Lutetiam venit; utque maledictum declinaret prolatum adversus eum ex tribus fratribus, qui sine aliorum consensu Lutetiam veniret, reliquias Sanctorum multas præcedere curavit, & sic in urbem ingressus est: ibique baptizatus est filius ejus, quem Ragnemodus Episcopus Parisiensis de lavacro suscepit & Theodoricum appellavit.

C. 31. Chilpericus & Childebertus inita pacta de opprimendo Guntchramno renovarunt. Chilpericus exercitum collegit, ac Berulfum ducem jussit in Bituriga hostiliter intrare, simulque Desiderium & Bladastem eamdem in provinciam impetum facere. Exercitus vero qui Chilpericum aditurus erat, illius jussu Lutetia transivit: movitque ipse, & circa Melodunum omnia igni ferroque vastavit. Præcepit autem eis qui Bituricense bellum gerebant, ut civitatem illam ad sacramentum fidei sibi præstandum compellerent. At cum Bituricenses cives ad quindecim millia armatorum collegissent, cum Desiderio duce pugna commissa est; acerrimum prœlium fuit, ita ut ex ambabus partibus septem millia cæsorum jacerent. Alii vero Chilperici Duces omnia devastarunt ac depopulati sunt, tantaque fuit vastitas, ut nunquam similis visa fuerit; nulla domus non eversa, nulla vitis vel arbor non incensa fuit. Postquam in Ecclesiis omnia, vasaque sacra diripuerant, illas igni cremabant.

Ex altera vero parte Guntchramnus contra Chilpericum movit, spem suam omnem in Deo constituens. Quadam vero die serotinis horis, misso exercitu, maximam exercitus Chilperici partem gladio peremit. Postridie vero mane de pace inter ambos actum est, cujus statuendas conditiones Episcopis & Senioribus populi commiserunt. Chilpericus vero cum exercitum suum a præda arcere non posset, Rothomagensem Comitem gladio trucidavit, Lutetiam rediit, prædamque omnem & captivos fratri restituit. Bituricas obsidentibus jussum est recedere; sed tanta erat regionis hujus vastitas, ut fere vacua esset hominibus & pecoribus. Exercitus vero Desiderii & Bladastis Tu-

entra

GONTRAN, CHILPERIC, CHILDEBERT. 89

autre en Touraine, & y fit le dégât comme en terre ennemie, pillant, tuant & emmenant des captifs; après quoi la mortalité se mit dans les bestiaux si furieuse, qu'elle enleva presque tout.

Cependant le Roi Childebert se tenoit avec son armée en un certain lieu sans rien faire. Un mumure s'éleva contre l'Evêque Gille, & les principaux Officiers. Peu à peu le peuple entra en fureur, & se mit à crier contre ceux qui geroient les affaires du Roi pour leur profit, qui mettoient ses Villes sous la domination d'autres Princes; & fit un grand tumulte. Le lendemain matin plusieurs s'armerent, coururent à la tente du Roi pour y surprendre l'Evêque Gille & les principaux Officiers, les saisir, les battre de verges, & les tailler en pieces. L'Evêque en eut le vent, monta à cheval, & courut à bride abbatuë vers la Ville; le peuple le poursuivit à coup de pierres, en vomissant contre lui mille injures. Ce fut un honheur pour lui, que ceux qui le poursuivoient ne trouverent point de chevaux pour courir après. Il courut avec tant de vitesse, qu'un soulier lui étant tombé du pied, il ne voulut point descendre de cheval pour le ramasser. Il arriva enfin hors d'haleine à sa Ville Episcopale.

Les Ambassadeurs d'Espagne vinrent de la part du Roi Leovigilde, demander à Chilperic sa fille en mariage pour son fils, selon la promesse qu'il avoit deja faite. L'affaire fut concluë; Chilperic donna parole qu'il envoyeroit sa fille en Espagne, & les Ambassadeurs partirent pour s'en retourner. Mais à peine étoient-ils partis, que le Roi Chilperic étant sorti de Paris pour aller à Soissons, son fils unique baptisé l'année precedente, mourut de la dysenterie. Voilà un grand deüil à la Cour. On fait courir après les Ambassadeurs d'Espagne, & on les rappelle pour leur dire qu'il falloit necessairement differer l'affaire, & qu'on ne pouvoit allier des funerailles avec un mariage. Il eut envie d'envoyer en Espagne, non pas Rigonte fille de Fredegonde, mais la fille d'Audouere Basine, qui étoit alors à Poitiers Religieuse sous sainte Radegonde. Cela fut proposé à Basine; elle rejetta la proposition, & sainte Radegonde répondit qu'une fille consacrée à Jesus-Christ ne pouvoit plus retourner aux voluptez du siecle.

Pendant ce grand deüil, on vint dire à la Reine que son fils étoit mort par des malefices, & que le prefet Mommole avoit eu part à cette mort. Elle haïssoit depuis long-tems Mommole, qui étoit d'ailleurs soupçonné d'user de malefices. Fredegonde en fureur fait d'abord saisir quelques femmes de Paris

ronicum ingressus agrum, deprædationibus & homicidiis omnia evertit, & captivos adduxit. Subsequutus est morbus pecorum hanc cladem; ita ut vix quidpiam remaneret.

Interim vero rex Childebertus quodam in loco cum exercitu suo castra metabatur. Murmur autem populare quoddam exortum est contra Ægidium Episcopum, Ducesque regios, paulatimque populus in furorem actus contra illos exclamavit, qui rei suæ augendæ causa, regia negotia pessumdabant, & quique urbes ejus aliorum dominatui subdebant : magnusque concitatus tumultus est. Insequente luce multi armati ad Regis tentoria accurrerunt, ut Episcopum, procerésque lacerarent, vel occiderent. Re comperta Episcopus equo vectus concitato cursu ad urbem suam properat. Hunc insequutus populus clamoribus, conviciis, lapidibus impetebat fugientem. Commodum illi accidit, ut insequebantur equis carerent. Tam velociter porro ille carpebat iter, ut lapsum e pede calceum colligere perterritus non curaret, demumque anhelus in Remorum urbem sese recepit.

Hispanici Oratores a Leuvichildo missi, ad Chilpericum venerunt petentes filiam ejus filio regis sui conjugem, ut jam ille pollicitus erat. Re constituta, promisit Chilpericus se filiam in Hispaniam missurum, & Legati Hispaniam repetierunt. Vix profectis Oratoribus, cum Rex Lutetia Suessionas proficisceretur, filius ejus unicus anno proximo baptizatus, ex dysenteria obiit. Hinc luctus ingens in aula regia. Mittuntur qui post Oratores currant, ipsósque reducant; illísque dicitur rem esse in aliud tempus mittendam, nec posse cum tanto luctu nuptias conciliari. Tunc voluit Rex in Hispaniam mittere, non Riguntem Fredegundis filiam, sed Basinam Audouerx: Verum illa obstitit; beata vero Radegundis respondit, non debere puellam Christo dicatam iterum ad sæculi voluptates reverti.

Dum ædes regiæ in luctu essent, Reginæ nunciatum est, filium suum maleficiis periisse, Præfectúmque Mummolum rei fuisse conscium, quem jamdiu Regina invisum habebat : alioquin vero ille in suspicionem maleficii veniebat. Fredegundis furens Parisinas quasdam mulieres comprehendi jubet, quas ma-

C. 34.

C. 35.

Tome I. M

qui en étoient aussi soupçonnées, & leur fait souffrir les plus cruels tourmens. Elles confessent qu'elles avoient fait périr bien des gens par des malefices, & disent des choses incroiables touchant Mommole. De ces femmes, les unes perirent dans les tourmens, les autres furent brûlées toutes vives; d'autres enfin aiant les os cassez furent attachées à des roües. Après quoi Fredegonde alla trouver le Roi qui étoit à Compiegne, & lui raconta toute l'affaire. Il fait saisir Mommole, qui est d'abord chargé de chaînes, & tourmenté de divers supplices. Il ne confessa autre chose sinon qu'il avoit souvent pris de ces femmes des onctions & des potions, qu'elles disoient propres à lui concilier les bonnes graces du Roi & de la Reine. On le détacha ensuite, & on lui donna du relâche. Il fit alors appeller le bourreau. Allez dire au Roi, lui dit-il, qu'après tous ces tourmens je ne sens point le moindre mal. On rapporte cela au Roi. Est-ce donc à tort, dit-il, qu'on l'accuse de malefice? On le fait étendre sur des machines, & les bourreaux le fraperent à coup de courroies jusqu'à se lasser, & puis lui ficherent des aiguillons entre les ongles & la chair. On lui alloit couper la tête; mais la Reine lui accorda la vie. Le traitement qu'on lui fit n'étoit gueres plus supportable que la mort. On le mit sur une charrette pour l'amener à Bourdeaux sa patrie. Il souffrit beaucoup de douleurs par les chemins, & arriva à grand' peine à Bourdeaux, où il mourut peu de tems après. Fredegonde, pour n'avoir rien qui pût lui rappeller la memoire du fils qu'elle venoit de perdre, fit brûler tout ce qui étoit à son usage en habits, en bijoux, & autres choses: elle fit aussi fondre toutes les pieces d'or & d'argent. Tout ce qui étoit à l'usage de cet enfant encore à la mammelle, auroit pû, disoit-on, faire la charge de quatre chariots.

Paix faite entre Gontran & Childebert. Cependant Gontran fit sa paix avec son neveu Childebert, à qui il rendit la moitié de la Ville de Marseille. Ils comploterent ensemble de reprendre toutes les Villes que Chilperic avoit prises sur son frere. Chilperic averti de ce dessein, s'en alla à Cambrai, & y porta tous ses tresors. Il avertit tous les Ducs & Comtes des Villes de mettre les murs en bon état; d'y renfermer leurs femmes, leurs enfans, & ce qu'ils avoient de plus précieux, & de se défendre en braves si on les attaquoit. Il ajoûta que s'ils venoient à perdre quelque chose, ils gagneroient bien davantage quand ils auroient leur revanche. Il fit faire ensuite plusieurs mouvemens à son armée, après quoi il la fit arrêter dans un lieu. Il lui na-

---

leficas esse suspicabatur, quæ magnis exagitatæ cruciatibus fatentur, se multos maleficiis exstinxisse, & circa Mummolum Præfectum quædam dicunt horrenda & incredibilia. Ex his ergo aliæ in tormentis periere, aliæ vivæ exustæ, aliæ confractis ossibus rotis innexæ sunt. Tunc Fredegundis Compendium ubi Rex erat venit, ipsique rem totam enarravit. Rex jussit apprehendi Mummolum, qui catenis onustus & variis excruciatus suppliciis, nihil aliud confessus est, quam sæpe se ab illis mulieribus unctiones & potiones accepisse, quæ possent, ut illæ dicebant, gratiam Regis & Reginæ sibi conciliare. Tunc cessatum est. Ille vero dum quies erat, lictorem vocat, aitque: Nuncia Domino meo Regi, me post tanta illata supplicia, nihil mali sentire. His auditis Rex: Verumne est, inquit, hunc esse maleficum, qui tot illatis cruciatibus nihil læsus sit? Tunc extensus ad trochleas tamdiu loris triplicibus cæsus est, donec ipsi tortores lassarentur: post hæc sudes ungulis manuum pedumque defixerunt. Jam illi caput præcidere parabant: verum Regina vitam ipsi concessit. At non multo morte mi-

nor pœna subsequuta est. Plaustro enim impositus, in patriam suam Burdegalam missus est, multaque passus paulo post obiit. Fredegundis vero ne quidpiam superesset quo sibi defuncti filii memoria revocaretur, omnia quæ ipsi in usu fuerant, ut vestes, serica & similia igne consumsit; aurea vero & argentea fundi curavit. Quæ autem tenello infanti usui fuerant tot tantaque erant, sicut narrabatur, ut quatuor plaustra onerare possent.

Interea Guntchramnus pacem fecit cum Childeberto, cui dimidiam Massiliæ partem reddidit, simulque statuerunt, ut una conjuncti civitates quas Chilpericus invaserat ipsi auferrent. His auditis Chilpericus, Cameracum petiit, ibique thesauros suos inclusit, Duces, Comitesque suos monuit, ut urbes munirent; in iisque uxores, filios & preciosa quæque includerent, seseque strenue ad propulsandos hostes appararent: addiditque, si quid jam tot instantibus inimicis amitterent, illud abunde recepturos esse, si quando rerum conditio mutaretur. Exercitum deinde sæpius movit, atque demum castra posuit. His diebus

quit en ce tems-là un autre fils, qu'il fit nourrir en sa maison de campagne de Vitri, de peur, disoit-il, que s'il étoit vû de trop de gens, il ne lui arrivât quelque mal; tant il craignoit les maléfices.

Vers ce même tems Childebert passa en Italie avec une armée. Les Lombards craignant un si puissant ennemi, se soumirent à ses loix, lui firent de grands presens, & promirent de lui être toujours fideles: après quoi Childebert s'en retourna dans les Gaules. Peut-être craignoit-il que la maladie ne se mît dans son armée comme du tems de Theodebert. Il avoit reçû quelques années auparavant de l'Empereur Maurice cinquante mille pieces d'or pour chasser les Lombards de l'Italie. Quand l'Empereur apprit qu'il avoit fait sa paix avec les Lombards, il lui redemanda son argent. Childebert ne lui fit pas même de réponse, sachant bien qu'il en pouvoit user ainsi impunément.

584.

Le premier jour de Septembre arriva la grande Ambassade des Gots d'Espagne au Roi Chilperic, pour le mariage de sa fille Rigonte avec le fils du Roi Leovigilde. Les préparatifs pour le voiage, la quantité d'or, d'argent & de richesses que la nouvelle fiancée emporta; le grand nombre de gens de toutes sortes qui l'accompagnerent; tout cela, dis-je, étoit si extraordinaire, qu'on n'a jamais rien vû de pareil en France, ni peut-être dans toute l'Europe. Ce voiage avoit tout l'air d'une transmigration. On faisoit partir des familles entieres des Maisons des Fiscalins, & on les mettoit sur des chariots. Plusieurs qui ne vouloient point y aller furent mis sous sûre garde, pour partir avec Rigonte. Il y en eut qui aimerent mieux s'étrangler que de se dépaïser ainsi. On séparoit le fils du pere, la mere de la fille, qui partoient en gémissant, & donnant des malédictions à l'auteur de cette séparation. Plusieurs personnes d'honnête maison, qu'on obligeoit de partir, faisoient leur testament, donnoient leurs biens aux Eglises, & demandoient que dès que la Princesse seroit entrée en Espagne, on ouvrît le testament comme s'ils étoient déja ensevelis. Chilperic assembla ensuite les plus notables des François, & ceux qui lui étoient les plus fideles. Il livra sa fille aux Gots en lui donnant de grands tresors. Mais Fredegonde le surpassa de beaucoup. Elle lui donna une si grande & si immense quantité d'or & d'argent, que le Roi voiant cela crut qu'il ne resteroit rien pour lui. La Reine s'appercevant de son émotion, assura qu'il n'y avoit rien là des tresors du Roi, mais que tout étoit tiré de ses épargnes. La quantité de riches-

Préparatifs extraordinaires pour le mariage de Rigonte.

---

filius ipsi natus est, quem Victoriaci ali præcepit. Ne si omnium conspectui pateret, aliquid incurreret mali: usque adeo maleficia metuebat.

C. 42. Idem circiter tempus Childebertus cum exercitu profectus est. Langobardi vero tantum metuentes exercitum, multa Childeberto detulere munera, ac se ipsi subditos esse professi sunt. Deinde Rex in Gallias reversus est, fortasse metuens ne lues in exercitu suo grassaretur, ut Theodeberti tempore acciderat. Aliquot ante annos quinquaginta millia solidorum a Mauritio Imperatore acceperat, ut Langobardos ex Italia pelleret. Ut audivit autem Mauritius ipsum cum Langobardis pacem fecisse, datam summam repetiit, Childebertus vero ne responsum quidem dedit, certus se ita impune facere posse.

C. 45. Kalendis Septembris Oratores Gothi Chilpericum regem adierunt, de connubio acturi Riguntis filiæ Chilperici cum filio Leuvichildi Hispaniæ regis. Apparatus ad iter suscipiendum, immensa auri, argenti, preciosarumque rerum copia, numerus ingens eorum qui Riguntem comitabantur, hæc omnia, inquam,

tanta erant, ut nihil unquam simile in Gallia, nec fortassis in Europa visum fuerit. Hoc iter vere transmigrationem referebat: Familiæ integræ Fiscalinorum mittebantur, & plaustris imponebantur. Plurimi qui abire nolebant in custodia positi sunt, ut cum Rigunte mitterentur; quidam sibi gulam fregere ne migrarent; filius a patre, mater a filia separabantur, nec sine gemitu & maledictis in transmigrationis auctorem. Multi clariores natu, qui abire compellebantur, testamenta edebant, resque suas Ecclesiis deputabant, atque petebant ut statim atque regia puella in Hispaniam introisset, testamenta illa, ac si jam ipsi sepulti essent, reserarentur. Chilpericus vero, convocatis Francis proceribus, iis maxime qui sibi fidi erant, filiam suam Gothis tradidit cum auro, argento & opibus maximis. At illum Fredegundis longe superavit: quæ tantam filiæ auri, argenti, & rerum preciosarum copiam obtulit, ut stupefactus Rex, putaret nihil sibi ultra superesse. Hoc cum advertisset Fredegundis, affirmavit nihil se de thesauris dedisse regiis; sed omnia ex iis quæ ipsa de industria reservaverat, prodire.

Tome I. M ij

ses en or, en argent & choses precieuses, fut si grande, qu'on en chargea cinquante chariots. Les principaux d'entre les François ajouterent à cela des presens d'or, d'argent, de chevaux, de vêtemens, chacun selon ses facultez. La Princesse fit ses adieux accompagnez de larmes. Comme elle sortoit de la porte, un essieu du char se cassa, & chacun s'écria, *A la mal'heure.* Cela fut regardé par quelques-uns comme un mauvais présage. Etant ainsi partie de Paris, elle fit dresser des tentes à huit milles; c'est-à-dire, environ à quatre lieuës de là pour y passer la nuit : & dès cette premiere nuit, cinquante hommes de sa troupe se saisirent de cent des plus beaux chevaux tous à frein d'or, & de deux grandes chaînes d'or, & s'enfuirent vers le Roi Childebert; de même par toute la route, ceux qui trouvoient l'occasion s'enfuioient & emportoient tout ce qu'ils pouvoient attraper. La grande dépense étoit fournie par les Villes. Chilperic ordonna qu'on levât tout sur le peuple, & qu'on ne prît rien du fisc ni de ses revenus : & parce qu'il craignoit que son frere ou son neveu ne tendissent des embuches à sa fille dans cette grande route, il fit marcher une armée pour la garder. Les principaux de la compagnie étoient le Duc Bobon fils de Mommolene, qui y alla avec sa femme, & qui étoit comme le *Paranymphe*, Domegisele, Ansouald & le Maire du Palais Vaddon, qui avoit été autrefois Gouverneur ou Comte de Saintonge. Tout le reste de la troupe montoit à plus de quatre mille hommes. Quand elle fut arrivée en Poitou, les autres Ducs & les Chambellans qui l'avoient accompagnée jusques-là, s'en retournerent. Ceux qui restoient continuerent leur route, ravageant tout comme en terre ennemie, pillant les maisons des pauvres, emportant des vignes la souche avec les grappes, enlevant les bestiaux.

La troupe continua ainsi sa route jusqu'à Toulouse : mais un accident troubla tout, empêcha le mariage de Rigonte, & fit que tous les trésors qu'elle emportoit en Espagne, resterent en France comme nous allons voir. Ce fut la mort inopinée de Chilperic, qui, après le départ de sa fille, s'en alla à Chelles où il s'exerçoit à la chasse. Un jour qu'il arriva fort tard, lorsque pour descendre de cheval il s'appuyoit sur l'épaule d'un de ses gens, il fut percé par une main inconnuë de deux coups de poignard, l'un sous l'aisselle, & l'autre dans le ventre, & les flots de sang lui coulant par les playes & par la bouche, il expira d'abord. C'est ainsi que Gregoire de Tours raconte sa mort, donnant à entendre qu'on ne sçut pas d'où venoit le coup. Fredegaire dit que Falcon, en-

Le Roi Chilperic est assassiné.

Tanta vero fuit opum divitiarumque hujusmodi copia, ut eis quinquaginta plaustra onerarentur. Ex proceribus vero Francorum multi non pauca addidere munera, aurum videlicet, argentum, vestes, quisque nempe pro facultate. Nec sine lacrymis Riguntis parentibus vale dixit. Cum vero de porta egrederetur, *uno carruce effracto axe, omnes Mala hora dixerunt*; quidam vero id pro sinistro auspicio habuere. Sic profecta ex urbe Parisiorum, octavo ab eadem urbe milliario tentoria figi præcepit, & prima nocte, ex illa turma quinquaginta viri centum equos ex optimis, omnes frenis aureis, abduxerunt, & furto sublatis etiam duabus catenis aureis, ad regem Childebertum aufugerunt. Itidemque alii per viam quavis data occasione abscedebant, & quidquid poterant auferebant. Ingentem sumtum populi & urbani quique per viam suppeditabant; jusserat quippe Rex nihil ex fisco vel regiis proventibus ad hanc rem decidi. Quia vero timebat ne filiæ suæ aut frater suus, aut fratris filius insidias pararent, misit exercitum qui turmam nuptialem comitaretur. Præcipui autem in cœtu erant Dux Bobo Mummoleni filius, qui cum uxore profectus, & quasi Paranymphus erat, Domisigelus, Ansoualdus : Majordomus autem erat Vaddo, pridem Santonum Comes : reliqui vero plusquam quatuor mille erant. Cum ad Pictavos perventum est, cæteri Duces & Camerarii, qui cum ea erant, regressi sunt. Reliqui vero pergebant, omnia vastando, pauperum domos exspoliando. Et vero cum uvis vites ipsas auferebant, abripiebantque pecora.

His ita pergentibus Tolosam usque, casus evenit qui omnia turbavit, Riguntis connubium præpedivit, effecitque ut opes quas illa asportabat, in Gallia manerent : inopinata nempe mors Chilperici, qui cum in villa Calensi venationi operam daret, & aliquando jam subobscura nocte de venatione rediret, atque ex equo ope famuli descenderet, ab ignota manu duplici ictu confossus est, altero sub axilla, altero in ventre, ac profluente copia sanguinis, statim exspiravit. Sic Gregorius necem illius refert, indicatque ignotum fuisse sicarium. Ait vero Fredegarius Falconem quemdam a Brunechilde missum illam perpe-

voyé par Brunehaut, tua Chilperic. Mais comme il écrivoit au tems que les descendans de Fredegonde regnoient en France, il aura écrit selon ce que Clotaire reprocha à Brunehaut avant que de la faire mourir : c'étoit le meurtre de Chilperic & de plusieurs autres Rois & Princes. Selon l'Auteur des *Gesta Francorum*, & Aimoin, ce fut Fredegonde qui le fit tuer, de peur qu'il ne la punît de ses amours avec Landri, qu'elle venoit de lui découvrir par mégarde. Mais Gregoire de Tours qui n'épargne dans son histoire ni Chilperic, ni Fredegonde, ne dit pas qu'elle en ait été même soupçonnée : & quand Sunnegisile mis à la question, confessa qu'il avoit tué Chilperic, il n'accusa ni Fredegonde ni Brunehaut. Il est pourtant vrai que quand Childebert demandoit à Gontran Fredegonde pour la faire mourir, il l'accusoit d'avoir fait tuer Chilperic; mais il ne faut pas ajoûter plus de foi à Childebert qui en accusoit Fredegonde son ennemie, qu'à Clotaire second qui imputoit ce crime & plusieurs autres à Brunehaut. La chose reste ainsi fort incertaine.

Gregoire de Tours fait de Chilperic un portrait affreux; il l'appelle le Neron & l'Herode de son tems. Il a ruiné & brûlé, dit-il, des Provinces entieres, & il s'en réjoüissoit comme Neron quand Rome brûloit. Il punissoit souvent de mort pour enlever les biens des défunts. De son tems peu d'Ecclesiastiques furent élevez à l'Episcopat. Il faisoit son Dieu de son ventre : se disoit le plus sage des hommes. Il composa en vers deux Livres où il se proposoit Sedulius pour modele, & où il ne gardoit ni quantité ni mesure. Il fit encore des Hymnes & des Oraisons d'un fort mauvais goût. Il ne pouvoit souffrir qu'on lui parlât en faveur des pauvres. Il parloit continuellement mal des Evêques, & ne haïssoit rien tant que les Eglises. Il disoit fréquemment, nos revenus sont fort modiques, nos richesses ont passé aux Eglises; il n'y a que les Evêques qui regnent. Il cassoit les testamens faits en faveur des Eglises; violoit les Ordonnances de son pere; & quand il en faisoit quelqu'une, il disoit, si quelqu'un la méprise, qu'on lui arrache les yeux. Il n'aimoit personne, & n'étoit aimé de personne; voilà pourquoi quand il fut mort, tout le monde l'abandonna. Ce fut Mallulfe Evêque de Senlis, qui fit laver le corps, & le fit apporter à Paris, où il fut inhumé dans l'Eglise de S. Vincent.

Portrait affreux de Chilperic.

Il y en a qui pretendent que le portrait que fait ici Gregoire de Tours du Roi Chilperic est un peu outré; mais il y a eu des occasions où il a paru fort

---

trasse cædem; sed cum eo tempore quo Fredegundis nepotes in Francia regnabant, ille scripserit, haud dubie ea ipsa referebat quæ Brunechildi Chlotarius improperabat, antequam eam tormentis traderet, necem videlicet Chilperici & aliorum Regum, Principumque. Is qui *Gesta Francorum* scripsit & Aimoinus narrant Fredegundem ipsam, ne Chilpericus qui ejus cum Landerico amores intellexerat, illam plecteret, ipsum occidi curavisse. Verum Gregorius Turonensis, qui nec Chilperico parcere solet, nec Fredegundi, ne quidem dicit illam in suspicionem venisse. Et cum Sunnegisilus in cruciatu confessus est se Chilpericum occidisse, nec Fredegundam, nec Brunechildem accusavit. Verum tamen est Childebertum, cum Fredegundem expeteret a Guntchramno ut illam interficeret, accusavisse illam, quod Chilpericum occidi curasset; verum non magis Childeberto credendum, Fredegundem accusanti inimicam sibi, quam Chlotario hanc cædem plurimasque alias Brunechildi imputanti. Res igitur admodum incerta est.

Chilpericum atris omnino coloribus depingit Gregorius noster, qui eum sui temporis Neronem Herodemque dicit. Provincias, inquit, integras devastavit & incendit; ac perinde lætabatur, atque Nero cum Roma arderet. Sæpe morte plectebat ut mortuorum bona sibi vindicaret. Illo regnante pauci Clerici ad Episcopatum provecti sunt. Illi deus venter erat, seseque omnium sapientissimum jactabat esse. Duos libros versibus descripsit, ubi Sedulium imitari conabatur, nullamque servabat vel mensuram vel quantitatem; hymnos quoque & orationes insulsas edidit. Non ferebat eos qui in gratiam pauperum loquerentur, maledicta profundebat in Episcopos : nihil tantum oderat, quantum Ecclesias : sæpe dicebat: *Pauper remansit fiscus noster*, divitiæ nostræ ad Ecclesias sunt translatæ; soli regnant Episcopi; testamenta, in gratiam Ecclesiarum facta sæpe nulla declarabat; patris quoque sui præceptiones violabat, & cum aliquam ipse ederet, dicebat : *Si quis præcepta nostra contemserit, oculorum avulsione multetur.* Nullum dilexit, a nullo dilectus est; ideo postquam mortuus est, ab omnibus est derelictus. Mallulfus autem Episcopus Silvanectensis corpus ejus ablui curavit, & Lutetiam deferri, ubi in Ecclesia S. Vincentii sepultus est.

Sunt qui putant Gregorium Turonensem hic modum excedere. Verum in non paucis occasionibus sese

cruel & impitoyable, comme à la mort de Galfuinthe, dans l'affaire de Pretextat, où il ufa d'une grande fourberie. Il paroît pourtant qu'il faifoit beaucoup de chofes contre fon naturel, pour complaire à fa femme Fredegonde. Il faut auffi avoir égard aux mœurs du fiecle, & à l'exemple de fes predeceffeurs & de fon propre pere; puifque ce mauvais exemple a quelquefois entraîné même fon frere Gontran à des actions fort indignes de la vie fainte dont il faifoit profeffion.

CLOTAIRE II. GONTRAN, CHILDEBERT,

APRE's la mort de Chilperic, ceux d'Orleans & ceux de Blois joints enfemble, vinrent attaquer les Châteaudunois qui ne fe doutoient de rien, les mirent en fuite, brûlerent les maifons, les grains, & tout ce qu'ils ne pouvoient pas emporter; enleverent les beftiaux. Comme ils fe retiroient, ceux de Châteaudun fe joignirent à ceux de Chartres, & vinrent rendre la pareille à leurs adverfaires, pillerent & brûlerent à leur tour. Les Orleanois fe préparoient à tomber fur eux; mais les Comtes qui arriverent firent ceffer les actes d'hoftilité de part & d'autre, jufqu'à ce qu'on eût fait juftice.

Cependant Fredegonde reftée veuve fe trouva bien embaraffée. Il paroît que dans les Etats même de Chilperic fon mari, il y avoit un puiffant parti contr'elle. Pour fe mettre en fureté, elle fe retira à Paris, où étoient les trefors qu'elle avoit mis à couvert, & fe refugia dans l'Eglife, où l'Evêque Ragnemode eut foin d'elle. Les autres trefors de Chilperic qui étoient à Chelles, parmi lefquels étoit ce grand vafe d'or dont nous avons parlé, furent enlevez par des Treforiers, & apportez au Roi Childebert qui étoit alors à Meaux. Fredegonde, par le confeil de fes amis, envoya des Ambaffadeurs au Roi Gontran pour le prier de venir à Paris, & de fe faifir du Roiaume de fon frere, lui offrant de lui remettre le petit enfant qu'elle avoit, & l'affurant qu'elle feroit toujours foumife à fes ordres. A la nouvelle de la mort de fon frere, Gontran pleura amerement: il partit avec fon armée, & fut reçû dans la Ville.

A peine étoit-il entré, que Childebert arriva d'un autre côté. Mais les Pari-

---

Chilpericus immanem admodum præftitit, ut in morte Galfuinthæ, in aliifque negotiis, inque caufa Prætextati, ubi ingenti indignaque ufus eft fraude. Videtur tamen multa contra naturam fuam feciffe inftigante Fredegunde uxore. Ad hæc vero temporum iftorum mores fpectandi funt, necnon prædecefforum exempla, patrifque etiam fui Chlotarii. Hæc enim vel ipfum Guntchramnum fratrem fuum ad gefta quædam attraxerunt, indigna certe fanctitate illa, quam bonus ille Princeps profitebatur.

CHLOTARIUS II. GUNTCHRAMNUS,
CHILDEBERTUS.

Greg. Tur. l. 7. c. 2. POft Chilperici mortem, Aurelianenfes cum Blefenfibus juncti in Dunenfes inopinantes irruerunt, ipfofque in fugam verterunt, domos incenderunt, annonas & omnia quæ auferri non poterant, combufferunt, pecora abduxerunt. Illis difcedentibus, Dunenfes cum Carnotenfibus juncti, vicem illis rependerunt, domos expilarunt, omniaque devaftarunt. Cumque Aurelianenfes arma iterum contra illos moverent, intervenientes Comites arma deponere utrofque juflerunt, donec fecundum juftitiæ leges jurgia componerentur.

Interea Fredegundis jam vidua fat implicata negotiis erat. Videtur autem illam etiam in regno Chilperici multos habuiffe invidos & hoftes. Ut res fuas in tuto collocaret, Lutetiam fe recepit, ubi etiam thefauri erant quos ipfa collegerat. In Ecclefiam vero confugit, ubi Ragnemodus Epifcopus curam illius geffit. Reliqui autem Chilperici thefauri in villa Calenfi erant, ibique magnum illud *missorium* de quo fupra. Hæc porro omnia *thefaurarii* abftulerunt & ad Childebertum regem deportarunt, qui tunc Meldis agebat. Fredegundis amicorum confilio ad Guntchramnum regem mifit, rogans Lutetiam veniret, regnum fratris fui occuparet, filiumque fuum fufciperet, fe illi imperanti præfto femper fore denuncians. Guntchramnus qui comperta fratris nece lacrymas perfuderat, cum exercitu advenit, & intra muros fufceptus eft.

Vix ingreffus in urbem erat, cum Childebertus ex

CLOTAIRE II. GONTRAN, CHILDEBERT.

siens lui ayant refusé l'entrée, il envoya des Ambassadeurs pour prier Gontran de maintenir le premier traité qu'ils avoient fait ensemble. Gontran reçût fort mal ces Ambassadeurs, les accusant d'avoir porté Childebert à se liguer avec Chilperic pour le chasser lui-même de ses Etats. Il leur montra le traité fait & signé de leurs propres mains. Les Ambassadeurs s'adoucissant, lui demanderent humblement pour Childebert, sa part du Royaume de Cherebert. Gontran leur répondit, qu'après la mort de Cherebert, ses trois freres avoient passé un accord entre eux, dont étoient garants S. Polieucte Martyr, S. Hilaire & S. Martin : que cet accord portoit, qu'aucun des freres n'entreroit dans Paris sans le consentement des autres, sous peine de perdre sa part du Royaume de Cherebert : que Sigebert y entra, & perdit par là son tiers : que Chilperic y entra depuis, & perdit aussi le sien ; & qu'ainsi il se saisiroit avec raison de tous les Etats & de tous les tresors de son frere, & qu'il n'en lâcheroit rien que ce qu'il lui plairoit de donner liberalement & de son bon gré.

Après ceux-ci d'autres Ambassadeurs vinrent de la part de Childebert demander à Gontran qu'il lui livrât Fredegonde, pour la punir des meurtres qu'elle avoit commis de son pere Sigebert, de son oncle Chilperic, & de ses cousins. Il répondit qu'il en useroit comme il le jugeroit à propos, & qu'il ne feroit rien que ce que la raison lui dicteroit. Il protegeoit Fredegonde, & la faisoit souvent manger à sa table, ne la connoissant peut-être pas si bien qu'il la connut depuis. Les premiers de la Cour du feu Roi Chilperic, comme Ansoüald & plusieurs autres, se rangerent du côté de son fils qui n'avoit que quatre mois, & l'appellerent Clotaire. Ils obligerent aussi les Villes qui appartenoient à Chilperic de prêter le serment de fidelité à Gontran & à Clotaire. Gontran exigea alors des Officiers du Roi Chilperic, de rendre ce qu'ils avoient injustement pris, fit des presens aux Eglises, rétablit les testamens de ceux qui leur avoient legué des biens, que Chilperic avoit cassez. Ce religieux Prince faisoit beaucoup de bien à ses Sujets, & étoit grand aumônier.

Il ne se fioit pourtant gueres aux peuples chez lesquels il s'étoit rendu : il marchoit toujours armé. Il avoit des Gardes en grand nombre quand il alloit à l'Eglise & en d'autres lieux qu'il frequentoit. Un Dimanche après que le Diacre eut imposé silence afin qu'on prêtât attention à la Messe, il se tourna vers le

Méfiance du Roi Gontran.

C. 7. altera parte advenit ; sed cum illum Parisiaci recipere noluissent, Oratores misit ad Guntchramnum, qui postularent ut pacta prius inita servarentur. Aspere Oratores illi a Guntchramno rege excepti fuere, quos incusabat quod ipsorum opera Childebertus se cum Chilperico junxerit, ut ipsum e regno depellerent, pactumque ea de re initum propria amborum manu subscriptum ostendit illis. Tunc Oratores blandioribus verbis rogarunt, partem regni Chariberti Childeberto cederet. Respondit Guntchramnus, post obitum Chariberti regis tres fratres pactum iniisse, cujus sponsores erant S. Polyeuctus Martyr, S. Hilarius & S. Martinus, quo statuebatur nemini fratrum licere Lutetiam venire sine aliorum fratrum consensu ; ea lege ut si quis contra faceret, eo ipso partem suam in regno fratris sui amitteret : ingressumque illo fratrem Sigebertum, partem amisisse suam, ut & Chilpericum eadem de causa ; sibi ideo soli competere ut regnum totum & thesauros Chariberti obtineret, ex iisque se nihil alteri concessurum edixit, quam quod liberet sibi sponte offerre.

Alii postea Childeberti Oratores ad Guntchramnum accessere rogantes sibi Fredegundem traderet, de cædibus Sigiberti patris, Chilperici patrui & cognatorum puniendam : quibus ille se id facturum dixit quod æquitas & ratio suaderent ; Fredegundi enim patrocinabatur, ipsamque mensæ sæpe consortem habebat, quod ejus indolem forte non ita notam tunc haberet, ut postea habuit. Regis vero Chilperici aulæ Proceres, ut Ansoualdus & alii, ad filium ejus qui quatuor mensium erat accesserunt, ipsum Chlotarium vocarunt. Urbes etiam regni Chilperici adegerunt, ut sacramentum fidei præstarent Guntchramno & Chlotario. Tunc vero Guntchramnus a Ministris Chilperici regis exegit, ut ea redderent quæ injuste rapuerant ; dona Ecclesiis obtulit, testamenta eorum qui bona ipsis conferebant restituit, quæ a Chilperico irrita facta fuerant. Sic pius Rex bona subditis conferebat & pauperibus stipem largiter erogabat.

Neque tamen sibi fidum putabat populum quem adierat, armis enim semper tectus incedebat, & cum in Ecclesiam concederet numeroso cingebatur satellitio. Dominica quadam die, cum Diaconus silentium imposuisset, ut Missæ attenderetur, ad populum Guntchramnus conversus : Adjuro vos, inquit, viri

C. 8.

peuple, & dit : Je vous conjure hommes & femmes qui m'entendez, de me garder une foi inviolable, & de ne point me tuer comme vous avez tué mes freres : qu'il me soit permis d'élever pendant trois ans mes neveux que j'ai adoptez, de peur qu'il n'arrive, ce qu'à Dieu ne plaise, qu'après ma mort vous perissiez avec eux, n'y ayant personne de notre race en état de vous défendre. A ces paroles le peuple fit une priere à Dieu pour le Roi.

Cependant Rigonte fille de Chilperic, continuant son voiage, arriva avec ses tresors à Toulouse ; & se voiant aux frontieres des Gots, elle s'arrêta là, ses gens lui persuadant qu'il falloit faire quelque séjour en cette Ville pour se délasser, pour mettre tout en bon état avant que de partir, & paroître d'une maniere digne d'elle devant son époux, de peur que s'ils arrivoient dans ce desordre, les Gots ne se moquassent d'eux. Pendant ce séjour, le Duc Didier apprit la mort du Roi Chilperic, & vint à main armée à Toulouse, se saisit des tresors de Rigonte, les mit sous le sceau dans une maison qu'il fit garder par des gens de guerre, ne laissant à Rigonte pour s'en retourner à Paris, que ce qui suffisoit à peine pour vivre. Quelle étrange catastrophe !

Après cela Didier se rendit à Avignon pour y joindre Mommole avec lequel il avoit fait un traité deux ans devant. Là étoit aussi Gondebaud qui se disoit fils de Clotaire. Mommole l'avoit reconnu pour tel, & vouloit l'établir Roi. Gondebaud donc assisté de Mommole & de Didier, qui l'accompagnoient avec des troupes, s'en alla dans le Limosin, & s'arrêta à Brive-la-gaillarde, où il fut déclaré Roi. L'inauguration se fit en la maniere que nous avons déja vû ci-devant. On le mit sur un grand bouclier appellé Parme. Ceux qui le portoient firent trois tours, & au troisiéme tour Gondebaud tomba ; en sorte que ceux qui étoient à portée eurent bien de la peine à l'empêcher d'aller jusqu'à terre ; ce qui fut d'un mauvais présage. Un autre malheur arriva vers ce même tems à Brive. L'Eglise de S. Martin, disciple du grand S. Martin, fort honoré dans ce même lieu, fut brûlée par les gens de guerre ; en sorte que l'Autel & les colonnes de differentes sortes de marbre furent calcinées : mais l'Evêque Ferreol rétablit tout depuis.

Gondebaud inauguré Roi.

Le Roi Gontran qui, comme on a vû ci-devant, se croioit seul possesseur de la part de Cherebert son frere, envoya les Comtes avec une armée pour se mettre en possession des Villes qui avoient appartenu à ce Prince. Les Touran-

& mulieres, ut mihi inviolatam servetis fidem, nec me occidatis ut fratres meos peremistis. Liceat mihi vel tribus annis fratrum filios educare quos adoptavi. Ne vobis accidat id, quod Deus avertat, ut me defuncto vos ipsi pereatis, cum nemo ex stirpe nostra superfit qui vos defendat. Hæc illo dicente populus orationem pro Rege fudit.

Interea Riguntis Chilperici filia cum thesauris suis Tolosam pervenit, jamque ad Gothorum fere terminos ingressa illic substitit, moras aliquot suadentibus iis qui cum illa iter carpebant, dicentibusque tum ad quietem suam, tum ad resarcienda omnia, aliquid ibi temporis insumendum esse, ut omnibus apte & concinne adornatis, posset illa cum dignitate ante sponsum suum comparere, ne si incomposite istuc adventarent, a Gothis deriderentur. Dum istic moras traherent, Dux Desiderius Chilperici mortem edidicit, collectisque secum viris fortissimis, Tolosam venit, thesaurosque Rigunti abstulit, atque in domo quadam sigillo munitos reposuit sub virorum fortium custodia, & Rigunti vix necessaria reliquit, ut Lutetiam Parisiorum repetere posset.

Hinc Desiderius Avenionem se contulit ad Mummolum, quicum duobus ante annis foedus inierat. Istic etiam erat Gundovaldus, qui se filium Chlotarii regis dicebat, quemque Mummolus ut talem agnoverat, & Regem constituere volebat. Gundovaldus igitur ducibus Mummolo & Desiderio, qui cum exercitu stipabant ipsum, Lemovicas se contulit, & Brivam-Curretiam pervenit. Ibique parmæ superpositus, Rex est inauguratus ; sed cum tertio circumduceretur, cecidisse fertur, *ita ut vix manibus circumstantium sustentari posset*, quod mali fuit ominis. Aliud etiam accidit mali eodem in vico : Ecclesia sancti Martini, discipuli magni illius cognominis Martini, qui eodem in loco admodum colebatur, a militibus incensa conflagravit, ita ut ara & columnæ ex diverso marmorum genere ab igne dissolverentur ; sed Episcopus Ferreolus sub hæc omnia instauravit.

Rex Guntchramnus, qui jam vidimus, se solum legitimum Chariberti regis successorem putabat, Comites cum exercitu misit, qui urbes illius in potestatem suam redigerent. Turones atque Pictavi sub ditione

geaux

CLOTAIRE II. GONTRAN, CHILDEBERT.

geaux & les Poitevins vouloient être fous le Roi Childebert. Ceux du Berri pour les contraindre de se ranger fous Gontran, vinrent à main armée, & commencerent à mettre tout à feu & à sang dans la Touraine : ils brûlerent l'Eglise de Mareüil où il y avoit des Reliques de S. Martin. Mais, dit l'Auteur, la vertu du Saint parut là. Car les *Palles* éviterent le feu, qui épargna aussi les petites herbes qui étoient sur l'Autel. Les Tourangeaux voiant ces feux, se rangerent fous l'obéissance de Gontran.

Le Duc Gararic d'abord après la mort de Chilperic, avoit obligé les Limosins de prêter serment de fidelité à Childebert son maître. Il vint ensuite à Poitiers; & aiant appris que les Tourangeaux s'étoient mis sous l'obéissance de Gontran, il les exhorta de se donner à Childebert, à l'imitation des Poitevins. Mais l'Evêque de Tours & les Tourangeaux leur firent dire, que s'ils ne se donnoient pas eux-mêmes au Roi Gontran, ils auroient beaucoup à souffrir, que Gontran étoit le pere commun de Childebert & de Clotaire, qu'il avoit adoptez tous deux. Gararic sortit de la Ville pour se mettre à la tête des troupes, & laissa dans Poitiers Eburon Chambellan. Mais Sicaire & Villacaire Comte d'Orleans, s'étant avancez d'un côté avec les Tourangeaux, & ceux de Berri de l'autre, ils commencerent à brûler les maisons. Les Poitevins demanderent du tems pour déliberer s'ils devoient veritablement obéir au Roi Gontran. Les autres répondirent que cela ne les regardoit point, mais qu'ils alloient continuer à executer les ordres de leur Prince. Alors les Poitevins chasserent de Poitiers les gens de Childebert, prêterent au Roi Gontran serment de fidelité qu'ils ne garderent pas long-tems.

Childebert qui se voioit exclus d'un grand nombre de Villes qu'il croioit lui appartenir, envoia au Roi Gontran Gilles Evêque de Rheims, Gontran-Boson, Sigivalde & plusieurs autres. L'Evêque voulant lui porter la parole fut interrompu par le Roi, qui lui reprocha que par ses fraudes & ses parjures, ses Provinces avoient été brûlées ; qu'il n'avoit jamais gardé sa parole à personne ; qu'il le regardoit non pas comme Evêque, mais comme son ennemi. L'Evêque, quoique fort irrité de ces discours, garda le silence. Un autre parla ensuite & dit au Roi, que son neveu Childebert le supplioit de lui rendre les Villes que son pere avoit possedées. Je vous ai déja dit, répondit le Roi, que par le traité qui étoit entre nous, ces Villes m'appartiennent, & que je ne les rendrai point. Un

---

C. 13. Childeberti regis esse volebant. At Bituriges ut illos ad Guntchramni partes reducerent, armati venerunt, & igne ferroque omnia vastare apud Turones cœperunt, Marojalensemque Ecclesiam ubi S. Martini Reliquiæ habebantur, incenderunt. At virtus S. Martini, inquit Gregorius, hic apparuit ; nam pallulæ super aram positæ, necnon herbæ quædam, quæ juxta erant, consumtæ non sunt. Turones tot conspectis ignibus sese Guntchramno regi subdiderunt.

Gararicus Dux post mortem Chilperici regis, confestim ad fidem Childeberto regi præstandam Lemovicas compulit. Inde Pictavos concessit, & cum didicisset Turones se ditioni Guntchramni subegisse, hortatus illos est, ut exemplo Pictavorum sese Childeberto dederent. Verum Episcopus Turonensis & optimates edixerunt eis nisi se Guntchramno regi subderent, magna ipsis mala imminere ; esseque Guntchramnum communem patrem Childeberti & Clotarii, quos ambos adoptavisset. Gararicus ex urbe egressus est ut copias duceret, relicto in urbe Eburone Cubiculario. Verum Sicarius & Villiacharius Comes Aurelianensis cum Turonibus moverunt, ex altera vero parte Bituriges accessere, domosque incendere cœperunt. Pictavi vero tempus postularunt ut deliberarent, num Guntchramno se subdere deberent. Respondent alii hoc nihil ad se pertinere ; sed sibi tantum curæ esse ut jussa Principis implerent. Tunc Pictavi ejectis ex urbe *hominibus* Childeberti, sacramenta Guntchramno regi dedere, quæ non diu servarunt.

C. 14. Childebertus qui se a multis urbibus pulsus cernebat, quas esse suas putabat, Guntchramno regi misit Ægidium Episcopum Remensem, Guntchramnum-Bosonem, Sigivaldum, aliosque multos. Episcopus ubi loqui cœpit, interpellatus est a Rege, qui illum objurgavit ut qui fraudibus ac perjuriis suis id effecisset, ut provinciæ suæ igne succensæ fuissent, ipsumque nemini unquam servasse fidem, seque illum non ut Episcopum, sed ut inimicum suum habere. Ad hæc Episcopus, etsi commotus, tacuit. Hunc excepit alius qui Guntchramno dixit Childebertum precari, ut sibi urbes illas quas pater suus possederat, restitueret. Jam dixi vobis, respondit Rex, ex pacto inter nos inito hasce urbes ad me pertinere, neque illas me unquam

autre lui dit, que Childebert le prioit de lui livrer Fredegonde, qui par ses maléfices avoit fait mourir plusieurs Rois, pour venger sur elle la mort de son pere, de son oncle, & de ses cousins. On ne peut vous livrer, répondit-il, la mere d'un Roi : d'ailleurs je ne crois point tout ce que vous dites d'elle. Gontran-Boson vouloit parler à son tour ; mais le Roi le prévint, l'appellant perfide & ennemi de l'Etat, qui avoit fait venir de l'Orient Ballomer ; il entendoit Gondebaud, qui prétendoit avoir sa part du Roiaume de France. Gontran-Boson nia le fait, & s'offrit de se battre en plein champ, contre celui de ses égaux qui l'en accuseroit. C'est la premiere fois qu'il est parlé de Duel dans Gregoire de Tours. Le Roi ajoûta à ce qu'il venoit de dire, que ce Ballomer étoit fils d'un meûnier & d'un cardeur de laine. De là quelqu'un prit occasion de tourner le Roi en ridicule, disant qu'il donnoit deux peres au même homme ; ce qui ne s'étoit jamais vû : cela fit rire la troupe, & l'un d'eux poussa l'insolence jusqu'au point de lui dire : Vous ne voulez pas rendre à votre neveu les Villes qui lui appartiennent ? Nous savons où est la hache qui a fendu la tête de vos freres, & qui servira encore à fendre la vôtre. Le Roi ordonna alors qu'on jettât sur la tête de ces Ambassadeurs de la boüe, du fumier, & toute sorte d'ordures ; ce qu'on ne manqua pas de faire. Foible punition pour une si grande insolence.

Insolence des Ambassadeurs de Childebert.

Fredegonde refugiée à l'Eglise, ne laissoit pas d'entreprendre bien des choses. Un nommé Audon, Juge de profession, s'étoit réfugié avec elle à la même Eglise. C'étoit un homme qui lui avoit été fort attaché du vivant du Roi Chilperic, & qui l'avoit toujours aidée dans ses plus mauvaises actions. Ce fut lui & le Prefet Mommole qui obligerent plusieurs François, qui du tems du Roi Childebert étoient regardez comme Nobles, de payer le tribut. Aussi dès que Chilperic fut mort, on lui enleva tout ce qu'il avoit, hors ce qu'il put emporter sur lui ; on brûla ses maisons, & on l'auroit tué s'il ne s'étoit refugié dans l'Eglise auprès de la Reine.

Pretextat rappellé de son exil.

Pretextat, cet Evêque exilé, fut rappellé de son exil à la requête du peuple de Roüen, qui le reçût avec une joie incroiable. Il vint ensuite à Paris, & se presenta au Roi Gontran, demandant qu'on examinât de nouveau sa Cause. Fredegonde s'opposoit à sa reception, disant qu'il avoit été déposé par le Jugement de quarante-cinq Evêques. Le Roi étoit sur le point de faire assembler un

redditurum esse. Alius dicit ei, rogari ipsum a Childeberto rege, Fredegundem sibi traderet, quæ maleficiis multos Reges interemerat, ut ultio sumeretur de nece patris, patrui ac cognatorum suorum. Non ita, inquit Rex, tradi potest Regis mater : alioquin vero his quæ dicitis fidem non habeo. Guntchramnus-Boso aliquid loquuturus accessit. Verum interpellavit eum Rex, perfidum vocans & regni hostem , qui ab Oriente evocasset Ballomerem ; sic Gundovaldum vocabat, qui in regno Francorum se partem suam habere contendebat. Rem negavit Guntchramnus-Boso, obtulitque ei qui se de ea re accusaret, ut in *campi planitie* secum dimicaret. Hac prima vice, ni fallor, duellum a Gregorio memorari video. Addidit Rex Ballomerem illum esse filium *molendinarii & lanarii*. Hinc occasione sumta quispiam Regem quasi risu digna dicentem traduxit, dicens ipsum eidem homini duos esse patres ; hinc vero risus consequutus est. Unus autem eo petulantiæ venit, ut diceret : *Non vis filio Fratris tui urbes suas reddere ?* Scimus ubi sit securis quæ capita fratrum tuorum diffidit, quæque tuum etiam diffindet. Rex vero tunc jussit, lutum, fimum, stercora omneque sordium genus in capita illorum conjici, quod etiam factum est ; sed levissima fuit ultio tantæ petulantiæ.

Fredegundis in Ecclesia securitatis causa constituta multa movebat & suscipiebat. Audo quidam Judex in Ecclesiam cum illa confugerat. Hic vivente Chilperico Fredegundi semper hæserat, & ei in multis *consenserat malis.* Ipse vero cum Mummolo præfecto, Francos multos, qui tempore Childeberti regis senioris ingenui fuerant, publico tributo subegit ; ideoque post Chilperici regis mortem, omnia quæ ipsius erant direpta sunt, iis exceptis quæ ipse secum abstulit, ejus ædes succensæ sunt, ipseque occisus fuisset, nisi in Ecclesiam cum Regina aufugisset.

Prætextatus exsul Episcopus, ab exsilio revocatus fuit, petente populo Rothomagensi, qui ipsum cum lætitia incredibili recepit. Lutetiam vero postea venit, & Guntchramnum regem adiit, petitque causam suam denuo examinari. Obsistebat Fredegundis dicens, ipsum judicio quadraginta quinque Episcoporum depositum fuisse. Guntchramnus vero eo jam inclinabat, ut Synodum pro ea re convocaret. Ve-

CLOTAIRE II. GONTRAN, CHILDEBERT.

Synode pour cette affaire. Mais Ragnemode Evêque de Paris mit fin à tout, en disant que les Evêques l'avoient mis en penitence, mais qu'ils ne l'avoient pas déposé. Le Roi le reçût alors, & le fit manger à sa table ; après quoi il s'en retourna à Roüen.

Pendant que Gontran séjournoit à Paris, un pauvre vint l'avertir qu'un nommé Faraulfe Officier de la Chambre du feu Roi Chilperic, cherchoit l'occasion pour le tuer, & qu'il l'avoit entendu lui-même lorsqu'il déliberoit, s'il le tuëroit ou d'un coup de couteau, ou d'un coup de lance, lorsqu'il iroit le matin à l'Eglise pour y faire sa priere. Le Roi fort étonné de cet avis, fit appeller Faraulfe, qui nia le fait. Cependant pour plus grande précaution, il doubla ses Gardes, & n'alloit depuis nulle part que bien accompagné. Ce Faraulfe mourut peu de tems après.

On n'entendoit alors que des cris de ceux qui se plaignoient que les favoris du Roi Chilperic leur avoient enlevé leurs terres & leurs autres biens. Gontran fit rendre tout : & comme apparemment Fredegonde avoit eu grande part à toutes ces violences, il lui ordonna de se retirer à Vaudreüil près de Roüen. Les principaux de la Cour du feu Roi Chilperic la suivirent ; mais ils la laisserent bien-tôt là avec Melaine, qui venoit d'être chassé du Siege de Roüen pour faire place à Pretextat, à qui il avoit été substitué par ordre du Roi Chilperic. Ces courtisans donc quittant Fredegonde, s'en allerent auprès du jeune Roi Clotaire, après avoir promis à sa mere qu'ils auroient grand soin de son éducation. Fredegonde fâchée de se voir ainsi sans autorité dans cette campagne, estimant le sort de Brunehaut bien meilleur que le sien, poussée d'envie lui envoia un Clerc, ainsi l'appelle l'Historien : c'étoit un de ces scelerats dont elle se servoit pour se défaire des gens qu'elle n'aimoit pas, ou qui lui faisoient ombrage. Elle l'instruisit de ce qu'il avoit à faire pour s'insinuer dans l'esprit de la Reine, & faire son coup quand il en trouveroit l'occasion favorable. Il fit assez bien son personnage, & resta quelque tems auprès de Brunehaut ; mais il fut bien-tôt soupçonné de quelque mauvais dessein. On le lia, on le tourmenta, il avoüa tout. On le renvoia à Fredegonde, qui en recompense de ses services, lui fit couper les mains & les pieds parce qu'il n'avoit pas executé ses ordres.

Fredegonde veut faire tuer Brunehaut.

Le Roi Gontran après avoir mis ordre aux affaires plus pressées, & rendu justice à ceux qui avoient été lesez sous le feu Roi Chilperic, se rendit à Châ-

---

rum Ragnemodus Parisiensis Episcopus rem determinavit dicens, Episcopos illi pœnitentiam indixisse, non autem illum deposuisse. Rex igitur recepit illum & ad mensam suam invitavit, posteaque ille Rothomagum rediit.

C. 18. Rege in urbe Parisiaca degente, quidam pauper monuit eum, quod Faraulfus quidam Cubicularius olim Chilperici, occasionem quæreret Regis interficiendi, & audivisse se illum deliberantem cultro an lancea illum perfoderet, qua horâ ille matutinis horis precandi causa ad Ecclesiam concedere solebat. Stupefactus Rex Faraulfum accivit, qui rem negavit. Attamen Rex ad majorem cautelam satellitium suum duplicavit, atque ita admodum stipatus semper incedebat. Faraulfus autem paulo post obiit.

C. 19. Clamores undique efferebantur adversus eos, qui penes regem Chilpericum gratia valentes, villas, agros cæteraque bona multorum invaserant. Ut omnia restituerentur rex Guntchramnus curavit, & quia omnino verisimile est, Fredegundem hæc violenter acta aut suasisse, aut etiam jussisse, illam Guntchramnus ad Rhotoialensem villam, quæ in Rhotoma-

gensi termino sita est, abire præcepit ; sequutique sunt eam omnes meliores natu regni Chilperici. Sed post, illa relicta cum Melanio Episcopo a Rothomagensi sede submoto, ad filium ejus se transtulerunt, polliciti se illius educandi curam habituros esse. Fredegundis indigne ferens se sine potestate ulla vel auctoritate in villa residere, Brunechildis sortem suam meliorem existimans, invidiaque permota, Clericum illi misit ; Clericum illum appellat Gregorius, eratque ex scelestorum numero, queis utebatur Fredegundis, ut invisos sibi vel suspectos de medio tolleret. Illum Fredegundis docuit quo pacto sese callide in Brunechildis gratiam insinuare deberet, ut occasione oblata confodere posset. Jussa ille nec impigre, nec sine dolo exsequutus est, etiamque ad Brunechildem accesserat : verum non diu sine suspicione mansit, vinctusque demum & tortus, omnia confessus, ad Fredegundem remittitur, quæ illi in mercedem officii manus & pedes abscidi jussit, quod jussa non complesset.

C. 20.

Guntchramnus rex postquam præcipua negotia confecerat, & lætis sub Chilperico Rege sua restitui cu-

C. 21.

lons sur Sône. Il souhaitoit fort de découvrir l'assassin de son frere Chilperic. Fredegonde soutenoit que c'étoit Eberulfe Officier de la Chambre qui l'avoit tué. Elle en vouloit à cet Eberulfe ; parce que l'aiant prié après la mort du Roi de se tenir auprès d'elle, il le lui avoit refusé. Elle l'accusoit donc d'avoir tué le Roi, volé une partie de ses tresors, & de s'être après cela retiré à Tours. Le Roi jura alors en presence des principaux de sa Cour, qu'il l'extermineroit ; non seulement lui, mais aussi tous ses descendans jusqu'à la neuviéme generation, pour abolir ainsi cette maudite coutume de tuer les Rois. Mais comptoit-il de vivre assez long-tems pour cela, & auroit-il pû avec justice exterminer tant d'innocens pour le crime de leur ayeul ?

Eberulfe averti de tout ceci, se refugia dans la Basilique de S. Martin, dont il avoit souvent pillé les Terres. On eut soin de le garder de peur qu'il ne s'échappât. Les Orleanois & les Blaisois venoient tour à tour pour le garder. Ils se succedoient les uns aux autres après quinze jours de garde, & pilloient le payis en s'en retournant, enlevant les chevaux, les bestiaux, & tout ce qu'ils pouvoient attraper. Quelques-uns qui avoient enlevé les chevaux de S. Martin, prirent querelle ensemble, & s'entretuerent. Deux autres qui emmenoient des mules du même Saint, allerent à une maison voisine demander à boire. Le maître de la maison répondit, qu'il n'en avoit point à donner : ils tournerent leurs lances contre lui pour le percer ; & il tira son épée & les tua tous deux. Les mules furent renduës à saint Martin. Les Orleanois sur tout firent de grands maux à tout le payis.

Les biens d'Eberulfe furent donnez à differentes personnes. L'or, l'argent, & ce qu'il avoit de plus précieux fut exposé au peuple : ce qu'il avoit seulement en garde fut annoncé publiquement, le reste fut pillé. Eberulfe étoit indigné contre Gregoire Evêque de Tours, croiant que cela se faisoit à son instigation, quoique le saint Prélat lui rendît tous les services qu'il pouvoit. Le Roi Gontran qui avoit fort à cœur de punir de mort Eberulfe, envoia à Tours un certain Claude, homme vain & avare, lui promettant de grandes recompenses s'il le pouvoit tuer, ou le lui envoyer chargé de chaînes. Claude alla d'abord voir Fredegonde, qui lui fit de grands presens, & lui en promit de bien plus considerables s'il tuoit ou amenoit prisonnier Eberulfe. Claude prit avec lui des gens armez à Châteaudun ; & comme il étoit superstitieux, il tira des auspices par les

Eberulfe tué.

---

traverat, Cabilonem se contulit. Necis Chilperici fratris sui auctorem diligenter perquirebat. Affirmabat semper Fredegundis eum esse Eberulfum Cubicularium, quem ipsa oderat, quoniam cum post Chilperici necem rogasset illum ut secum maneret, id negaverat ille. Ipsum ergo accusabat, quod Regem occidisset, thesaurorum partem furatus esset, posteaque ad Turonas se recepisset. Juravit tunc Guntchramnus se non modo Eberulfum, sed etiam totam ejus progeniem usque ad nonam generationem deleturum esse, ut detestandam occidendi Reges consuetudinem aboleret. Verum an isti tantum vitæ spatium pollicebatur ? An juste poterat tot innoxios perimere pro peccato atavi ipsorum ?

His compertis Eberulfus ad Basilicam Sancti Martini, *cujus res sæpe pervaserat*, confugit. Statim posita custodia est ne abscederet. Aurelianenses & Blesenses ad has excubias veniebant, exactis diebus quindecim sibi mutuo succedebant, cunctaque regredientes diripiebant, equos, pecora & quidquid veniebat ad manum. Quidam vero, sublatis S. Martini equis, *mota altercatione* se mutuo confoderunt. Duo qui mulas ejus abripuerant, ad domum vicini cujusdam accedentes potum rogabant. Cumque ille se habere negaret : hi lanceas vibrarunt ; ille autem stricto gladio utrumque interemit, mulæque sancto Martino restitutæ sunt. Aurelianenses maxime regioni mala multa intulerunt.

Eberulfi bona ac prædia multis data sunt, aurum, argentum & pretiosa quæque populo exposita fuere. Quod vero commendatum habuit, publicatum est ; cætera omnia direpta. Eberulfus in S. Gregorium Turon, indignabatur, etiamsi ille quæ poterat officia ipsi rependeret. Guntchramnus rex qui summopere cupiebat Eberulfi scelera ulcisci, ad Turonas misit Claudium quemdam vanum hominem & avarum, cui munera multa pollicitus est, si vel occideret, vel vinctum mitteret. Claudius vero Fredegundem adiit, quæ & ipsa munera plurima homini dedit, longeque plura promisit, si vel perimeret, vel adduceret. Claudius porro sumtis secum armatis viris in Dunensi castro, profectus auspiciis præscire curavit, an

chemins pour savoir s'il réussiroit dans son entreprise. Arrivé à Tours, il fit semblant de lier amitié avec Eberulfe, & le tua enfin: il méritoit la mort pour d'autres crimes, mais il périt ainsi par la calomnie de Fredegonde. Claude fut tué lui-même par les gens d'Eberulfe.

L'an 585. de l'Incarnation, Gontran leva une grande armée dans ses Etats pour marcher contre Gondebaud. La meilleure partie avec ceux d'Orleans & de Berri, alla vers Poitiers. Les Poitevins qui forcez par les ravages qu'on faisoit dans leur payis, avoient prêté serment de fidelité à Gontran, avoient violé leur foi dès que les troupes se furent retirées. L'armée vint de nouveau dans le Poitou, elle recommença le pillage & les incendies; & s'approchant de Poitiers, elle fut reçûë dans la Ville. L'Evêque Marovée voiant ces gens irritez contre lui, fit fondre un calice d'or, & le fit battre en monnoye, qu'il leur distribua.

Guerre de Gontran contre Gondebaud.

Gondebaud qui avoit envie d'aller en Poitou, n'y pensa plus dès qu'il y vit l'armée ennemie. Dans toutes les Villes qui avoient appartenu au Roi Sigebert il faisoit prêter serment au nom de Childebert; ce qui fait voir qu'il s'entendoit avec quelques-uns de la Cour de ce Prince, & avec la Reine Brunehaut : dans les autres Villes qui avoient appartenu à Chilperic, ou qui appartenoient à Gontran, il faisoit prêter le serment en son nom, se les reservant pour lui. Il vint ensuite à Angoulême, où on lui prêta serment, & il fit des presens aux principaux de la Ville. Il alla à Perigueux & maltraita l'Evêque qui avoit refusé de le recevoir. Il se rendit de là à Toulouse : Magnulfe Evêque avoit grand' peine à le recevoir, & avoit disposé son peuple à se bien défendre. Mais quand ils le virent arriver avec une grande armée, ils lui ouvrirent les portes. L'Evêque mangeant à la table de Gondebaud, s'enhardit jusqu'à lui dire qu'il doutoit qu'il fût veritablement fils de Clotaire. Gondebaud soutint qu'il étoit son fils, & qu'il lui succederoit: l'Evêque lui repliqua sur le même ton. Alors Mommole donna un soufflet au Prélat, & lui fit une vive reprimande de ce qu'il osoit ainsi parler à un grand Roi. Didier averti de tout ceci, en fut si indigné, qu'après avoir bien battu l'Evêque, il le fit envoier en exil. Vaddon Maire du Palais de Rigonte, se mit aussi du parti de Gondebaud.

L'armée de Gontran commandée par Leudegisile, partit de Poitou, & s'avança jusqu'à la Dordogne, où elle s'arrêta pour apprendre des nouvelles de

---

C. 24.
tes ipsi prospere cessura esset. Ubi ad Turones advenit, amicitiam cum Eberulfo simulavit, demumque illum occidit; sed & ipse a servis Eberulfi interfectus est. Sicque Eberulfus multis sceleribus obnoxius, per Fredegundis calumniam periit.

Anno Christi 585. Guntchramnus magnum coegit exercitum, qui contra Gundovaldum moveret. Maxima vero pars copiarum cum Aurelianensibus & Bituricis ad Pictavos se contulit. Pictavi enim, qui cum agri sui vastarentur, fidem Guntchramno præstiterant, ubi cohortes illæ discesserunt, statim fidem violarant. Exercitus vero denuo irrumpens, depopulari & incendere agros cœpit. Ubi vero ad urbem accessit, a civibus portas aperientibus receptus est. Maroveus autem Episcopus, in quem irati milites erant, calicem aureum fundi & in monetam cudi curavit, ut exercitum placaret.

C. 26.
Gundovaldus vero qui ad Pictavos accedere cupiebat, ubi audivit adesse illic exercitum Guntchramni, alio se convertit. In illis autem civitatibus, quæ ad Sigibertum regem pertinuerant; sacramentum fidei exigebat Childeberto regi; unde palam erat illum cum proceribus regni illius & cum regina Brunechilde societatem habere. In aliis vero civitatibus, quæ vel Chilperici fuerant, vel Guntchramni erant, sibi fidem exigebat; inde Egolismam venit, & sacramentum recepit. Petrocoræ autem Episcopum admodum objurgavit, qui se suscipere renuerat. Exinde Tolosam ivit, cujus Episcopus Magnulfus populum ad illi aditum negandum concitaverat. Sed ubi cum magno exercitu advenit Gundovaldus, portas ipsi cives aperuerunt; Episcopus autem convivio exceptus a Gundovaldo, audacter illi dixit dubitare se an filius Chlotarii esset. Gundovaldus contra se & filium & successorem ejus esse affirmat, cui similia prioribus reponit Episcopus. Tunc Mummolus alapis Episcopum cæcidit, objurgando quod tantum sic Regem alloqueretur. His compertis Desiderius ita commotus est, ut Episcopum graviter cæsum & vinctum in exilium miserit. Vaddo etiam Major-domus Riguntis se Gundovaldo copulavit.

C. 27.

Exercitus Guntchramni Leudegisilo Duce a Pictavis movit ad Doronoviam, ibique ubinam Gundovaldus esset quærebatur, cui adjuncti fuerant Deside-

Gondebaud, à qui s'étoient joints Didier, Bladaste & Vaddon. Les premiers qui s'étoient mis de son parti, étoient Mommole & Sagittaire Evêque de Gap, à qui l'on venoit de promettre l'Evêché de Toulouse. Gondebaud envoia des Lettres à ses amis sur les affaires presentes, & se servit pour cela de deux Ecclesiastiques dont l'un étoit Abbé de Cahors: mais ils furent pris & menez au Roi Gontran, qui après les avoir fait charger de coups, les fit mettre en prison.

Le nouveau Roi venu à Bourdeaux fut très-bien reçû par l'Evêque Bertran, qui lui donna toutes les marques d'affection possibles. Quelqu'un dit alors à Gondebaud qu'un Roi d'Orient qui portoit à son bras droit le pouce de S. Serge Martyr, avoit par la vertu de cette Relique mis en fuite l'armée des ennemis. Cela lui fit venir l'envie d'avoir des Reliques de ce Saint. Bertran lui indiqua un Negociant nommé Eufrone Syrien, qui avoit de ces Reliques déja signalées par des miracles. Ils allerent lui & Mommole, & enleverent au Negociant une partie de l'os d'un doigt du Saint, en rejettant un gros present d'argent que le Marchand leur offroit pour sauver sa Relique, qui ne servit de rien à la troupe, ces violences ne plaisant pas aux Citoiens celestes. Gondebaud fit établir Faustien Evêque de Dax dont le Siege vaquoit. Chilperic y avoit nommé le Comte Nicete; mais le nouveau Roi se plaisoit à détruire ce que Chilperic avoit fait.

Il envoia ensuite au Roi Gontran deux Ambassadeurs Zotane & Zabulfe, avec des verges consacrées à la maniere des François, dit l'Historien, afin que personne n'osât mettre la main sur eux, & qu'ils pussent revenir surement. Ces Ambassadeurs mal-habiles répandirent par tout ce qu'ils avoient à dire au Roi: de sorte qu'il en fut informé, & les fit charger de chaînes pour paroître ainsi en sa presence. Ils n'oserent nier quel étoit le sujet de leur ambassade, & dirent que Gondebaud venu depuis peu de l'Orient, qui se disoit fils du Roi Clotaire, les envoioit pour demander sa part du Roiaume; & que si on lui refusoit sa demande, il viendroit avec son armée pour se faire justice, aiant pour lui tous les païs qui étoient au-delà de la Dordogne. Le Roi irrité de cette réponse, les fit étendre à des machines, & leur fit souffrir tous les tourmens imaginables. Ils confesserent dans la torture que Gondebaud avoit envoié en exil Rigonte fille de Chilperic, avec Magnulfe Evêque de Toulouse, après

§ 30.

rius, Bladastes & Vaddo. Primi enim qui ad illum defecerant erant Mummolus & Sagittarius Episcopus Vapincensis, cui nuper Tolosana sedes promissa fuerat. Gundovaldus vero literas ad amicos misit, nunciis usus duobus Clericis, quorum alter Abbas Cadurcensis erat; sed ii a Guntchramno rege capti, cæsi & in carcerem missi sunt.

§ 31.

Gundovaldus Burdegalam profectus, a Bertramno Episcopo amice exceptus fuit. Tum quispiam Gundovaldo dixit: Orientalem quemdam, qui in brachio dextro pollicem sancti Sergii Martyris gestabat, harumce reliquiarum virtute exercitum hostium in fugam vertisse. Hinc cupido incessit Gundovaldum tales reliquias assequendi. Bertramnus vero Syrum negotiatorem indicavit, nomine Euphronium, qui hujusmodi reliquias haberet, jam miraculis insignes. Tunc Episcopus & Mummolus negotiatorem adierunt, & partem ossis digiti ejusdem Sancti ipsi abstulere, rejecta pecuniæ summa quam offerebat Euphronius, ut sibi reliquias reservaret; sed nihil hæc profuere rapientibus, cives quippe cœlestes talem violentiam acceptam non habent. Gundovaldus vero Faustianum Aquensem Episcopum constitui curavit, cum sedes vacaret. Chilpericus ad eam sedem occupandam Nicetium Comitem nominaverat; sed Rex hic novus libenter ea, quæ Chilpericus egerat, irrita faciebat.

§ 32.

Post hæc Guntchramno regi Oratores duos misit Zotanum & Zabulfum *cum virgis consecratis, JUXTA RITUM FRANCORUM, ut scilicet non contingerentur ab ullo; sed exposita legatione cum responso reverterentur.* Verum hi incauti priusquam Regem adiissent, multis quæ petebant explanavere. Hac re comperta Guntchramnus ipsos catenis vinctos ad se adduci jubet. Qua de causa missi essent negare ausi non sunt illi: dixerunt Gundovaldum nuper ab Oriente in Gallias profectum, qui se Chlotarii regis filium diceret, se misisse ut a Guntchramno peterent regni partem, quæ ipsi comperebat; sin negaret, se venturum cum exercitu esse minabatur, ut sua sibi vindicaret, cum secum pugnarent omnes qui ultra Dorononiam siti sunt. Tunc Rex furore succensus, jussit illos ad trochleas extendi, & tormentis excruciari. Confessi vero sunt illi Gundovaldum Riguntem Chilperici filiam in exsilium

CLOTAIRE II. GONTRAN, CHILDEBERT. 103

s'être saisi des tresors de la même Rigonte ; que tous les principaux de la Cour du Roi Childebert étoient pour lui, & que c'étoit Gontran-Boson qui dans son voiage de Constantinople avoit invité Gondebaud de venir dans les Gaules.

Gontran fit mettre ces Ambassadeurs en prison, & fit appeller son neveu Childebert, lui fit entendre de leur propre bouche ce qu'ils disoient des principaux de sa Cour, dont quelques-uns, se sentant coupables, n'oserent venir. Il lui mit une *haste* à la main, & le déclara successeur de tous ses Etats. Il lui parla ensuite en secret, & lui apprit bien des choses ; lui indiqua ceux dont il devoit se garder, & entre autres de l'Evêque Gilles, qui étoit un parjure qui l'avoit souvent trompé & lui & son pere. Après cela ils passerent trois jours dans la joie & dans les festins. Gontran lui rendit les Villes qui avoient appartenu à son pere Sigebert, & lui conseilla de ne point aller joindre sa mere Brunehaut, qui favorisoit Gondebaud.

Ce nouveau Roi ne se sentant pas assez fort pour tenir la campagne contre la grande armée de Gontran qui s'approchoit, resolut de passer la Garonne. Alors Didier qui voioit que ses affaires tournoient mal, le quitta. Gondebaud passa donc la Garonne avec Mommole, l'Evêque Sagittaire, Bladaste & Vaddon, & se retira dans le Comminge, dont la capitale qui s'appelle aujourd'hui S. Bertran, est sur une montagne, & très-forte par sa situation. Le Roi Gontran lui écrivit alors une fausse lettre signée de la Reine Brunehaut, dans laquelle il lui conseilloit de congedier son armée, & de passer l'hiver à Bourdeaux, ce qu'il fit pour découvrir par sa réponse ce qu'il avoit dans l'ame. Gondebaud étant entré dans la Ville où il devoit attendre l'ennemi, fit sortir adroitement l'Evêque & le peuple, leur ferma les portes, & trouva une si grande abondance de vivres, qu'il pouvoit y soutenir le siege plusieurs années si l'on s'étoit bien défendu.

L'armée de Gontran passa la Garonne ; plusieurs des Cavaliers qui passerent à la nage y perirent. Ils cherchoient Gondebaud qui s'étoit, disoit-on, saisi des tresors de Rigonte. Ils trouverent en effet des chameaux qui portoient une grande quantité d'or & d'argent. Etoit-ce Gondebaud qui avoit amené ces chameaux de l'Orient ? Nous ne voions pas ailleurs que ces sortes de voitures fussent en usage en France. Il se trouva sur la route de ces pillards une Eglise de S. Vincent, où les

---

misisse cum Magnulfo Episcopo, omnesque aulæ Childeberti proceres pro Gundovaldo stare. Guntchramnum vero Bosonem, Constantinopoli versantem, Gundovaldum invitasse ut in Gallias concederet.

C. 33.

Oratores porro illos Guntchramnus in carcere custodiri jussit, & Childebertum fratris filium accersiri mandavit ; ut ex ipso Oratorum ore ediscerent, id quod illi de proceribus aulæ suæ dixerant, quorum nonnulli cum se obnoxios scirent, accedere ausi non sunt. Postea hastam illi in manum posuit, & regni sui successorem declaravit ; sub hæc illum seorsim alloquutus est, multa illum docuit, indicavitque illi a quibus sibi caveret, inter quos Ægidius Remensis erat, qui perjurus esset, quique & ipsum & patrem suum sæpe fefellisset. Postea vero per triduum cum lætitia ambo epulati sunt. Guntchramnus illi civitates quæ ad patrem suum pertinuerant restituit, tum ne ad matrem accederet monuit, quæ Gundovaldo faveret.

C. 34.

Cæterum novus ille Rex cernens se contra tantum exercitum non posse aperte consistere, Garumnam trajicere decrevit. Tum Desiderius advertens res Gundovaldi non ad felicem exitum vergere, ipsum deseruit. Itaque cum Mummolo, Sagittario, Bladaste & Vaddone Garumnam trajecit, & ad Convenas transivit, quorum præcipua urbs, hodie S. Bertrandus dicta, in monte posita erat & munitissima. Guntchramnus vero Rex, literas ad Gundovaldum scripsit, nomine Brunechildis reginæ, ubi suadebat illi, ut exercitu ad loca sua abire jusso, ipse Burdegalæ hyemem transigeret. Hæc porro dolose scripsit ut sciret quid in animo haberet. Gundovaldus vero callide Episcopum & populum ex urbe egredi suasit, posteaque portas ipsis occlusit, tantaque istic annona erat, ut per multos annos obsidio sustineri posset, si quidem obsessi strenue obstitissent.

Exercitus quoque Guntchramni Garumnam transivit ; ex equitibus qui tranare voluerunt, multi periere. Gundovaldum quærebant, qui thesauros Riguntis, ut quidem dicebatur, abripuerat. Camelos autem invenerunt auro argentoque onustos. Non alibi advertimus hoc genus jumentorum in Francia usui fuisse ; an Gundovaldus camelos ex Oriente adduxerat ? Repererunt autem prædones isti Ecclesiam

C. 35.

gens du payis avoient apporté leurs meilleurs effets, esperant qu'on auroit quelque respect pour l'Eglise de ce saint Martir. Les gens du Roi Gontran mirent le feu aux portes qui étoient fermées, entrerent dedans, & pillerent tout jusqu'aux vases sacrez; mais ils éprouverent la vengeance divine en differentes manieres. Ils arriverent enfin à la Ville qu'ils alloient assieger, ravageant toujours le payis tout autour. Ceux qui alloient piller plus loin du camp, étoient souvent massacrez par les habitans.

Quelques-uns montant sur la colline où la Ville étoit située, & s'approchant en sorte qu'ils pouvoient être entendus, chantoient mille injures à Gondebaud sur sa naissance, sur ses avantures, sur ses cheveux souvent tondus. Il ne dédaignoit pas de leur répondre, & faisoit son apologie de maniere qu'on voioit bien qu'il craignoit l'issuë de cette fâcheuse affaire. Quinze jours après que le siege eut été formé, Leudegisile approcha les beliers & les machines sous lesquelles les troupes marchoient à couvert pour sapper les murs. Mais lorsqu'ils approchoient, ils étoient accablez de coups de pierres, que les assiegez tiroient : ils leur jettoient aussi de grands vases pleins de graisse & de poix ardente. La nuit arrivant les assaillans se retirerent.

Gondebaud avoit avec lui Chariulfe, homme puissant & riche, dont les greniers & les magasins aidoient à la subsistance des troupes renfermées. Cependant Bladaste un des Chefs, craignant que les affaires ne tournassent mal, cherchoit les moiens de le quitter, & de s'enfuir. Il en imagina un qui lui réussit. Il mit le feu à l'Eglise ; tout le monde y accourut pour l'éteindre, & pendant ce tumulte il s'enfuit.

Le lendemain les assiegeans voulurent combler une vallée avec des fascines, mais cela ne pût être executé, les assiegez jettant continuellement des pierres. L'Evêque Sagittaire alloit armé sur les murs, d'où il faisoit tirer & tiroit lui-même des pierres sur les ennemis. Les assiegeans voiant que ce siege tiroit en longueur, & doutant du succès, firent parler à Mommole, & lui representerent qu'il se perdoit lui-même, & qu'il perdoit sa femme & ses enfans, lui insinuant qu'il se tireroit d'embarras en leur livrant Gondebaud. Mommole donna dans le panneau ; il ne s'appercevoit pas que quand les assiegeans tiendroient leur ennemi, ils ne seroient pas plus scrupuleux à garder la foi donnée à Mommole, qu'il l'avoit été lui-même à la garder à Gondebaud. Il communiqua l'affaire à

---

c. 36.

c. 37.

S. Vincentii, in qua incolæ preciosa quæque abdiderant, sperantes reverentiam erga S. Martyrem res in tuto ponere. At milites portas incenderunt, & omnia etiamque vasa sacra diripuerunt. Sed illi divinam ultionem variis experti sunt modis ; tandemque ad urbem, quam obsidione vallaturi erant, pervenerunt ; omnem circum regionem devastantes : qui vero longius evagabantur, perimebantur ab incolis.

Quidam in montem ascendentes convitia clamando in Gundovaldum effundebant, illum ab ortu, a vitæ casibus, a coma sæpius præcisa traducentes. Neque dedignabatur ille respondere, atque ex loquendi ratione advertebat illum de exitu timere. Quinto decimo post factam obsidionem die, Leudegisilus arietes machinasque admovit, *sub quibus exercitus properaret ad destruendos muros*; sed cum prope advenissent, lapidibus obruebantur : etiamque vasa injiciebant obsessi, adipe & ardenti pice plena ; sed ingruente nocte, ad castra illi se receperunt.

Gundovaldus secum habebat Chariulfum divitem & præpotentem virum, cujus horreis & apothecis urbs referta erat, unde alebantur obsessi, Interim vero Bladastes ex ducibus unus, de exitu rei metuens, dilabi occasionem observabat ; demumque sic callide dilapsus est. Ecclesiam incendit : omnes exstinguendi ignis causa accurrerunt, & in hoc tumultu ille aufugit.

Insequenti die exercitus cum fascibus & lignis vallem complere & complanare tentavit : verum hæc exsequi non potuit, obsessis semper lapidum nubem jacientibus. Episcopus vero Sagittarius armatus per muros discurrebat, *& sæpius lapides contra hostem manu propria jecit e muro*. Qui vero urbem oppugnabant, videntes se nihil proficere, nuncios occultos ad Mummolum miserunt, qui illi repræsentarent, ipsum in perniciem cum uxore & liberis ruere, & ab omnibus his sese expedire posse, si Gundovaldum hostibus traderet. His Mummolus deceptus est : neque animadvertebat illos si semel hostem suum tenerent, non majori scrupulo fidem Mummolo datam servaturos esse, quam & ipse Gundovaldo datam servaverat.

l'Evêque

CLOTAIRE II. GONTRAN, CHILDEBERT.

l'Evêque Sagittaire, à Chariulfe & à Vaddon. Ils convinrent ensemble qu'ils livreroient Gondebaud pourvû qu'on leur donnât assurance de leur vie. Ceux de dehors leur promirent ce qu'ils voulurent. Alors Mommole, Sagittaire & Vaddon allerent trouver Gondebaud, & lui dirent que l'unique parti qu'il avoit à prendre étoit d'aller trouver le Roi Gontran son frere; qu'on venoit de leur faire dire qu'il le recevroit volontiers, sans lui faire aucun mal. Gondebaud comprit d'abord qu'il étoit trahi. Il le leur fit entendre s'exprimant avec larmes; mais il ne pouvoit leur resister. Mommole lui redemanda le baudrier d'or & l'épée qu'il lui avoit donnée; il la lui rendit & reprit la sienne. Il fut livré à Ollon Comte de Bourges, & à Boson. Se voiant entre les mains de ses ennemis, il fit sa priere à Dieu & le signe de la croix. Dès qu'ils furent un peu éloignez de la Ville, Ollon voulant le précipiter, le fit tomber, & lui porta un coup de lance qui fut repoussé par la cuirasse. Il se releva, & Boson lui jetta sur la tête une grosse pierre qui le fit tomber mort. Alors les Soldats le lierent par les jambes, le trainerent dans le camp en lui arrachant la barbe & les cheveux, & le laisserent sans sepulture. La nuit suivante les principaux pillerent tous les tresors de la Ville & des Eglises, & le lendemain l'armée étant entrée dans la Ville, massacra tous ceux qui s'y trouverent, sans épargner les Prêtres & les Ministres des Autels.

Mort de Gondebaud.

Leudegisile envoia demander au Roi ce qu'il devoit faire de Mommole & des autres Chefs. Le Roi donna ordre de les faire mourir. Tandis qu'on attendoit la réponse, Chariulfe & Vaddon se retirerent, laissant leurs fils en otage; & l'ordre du Roi étant venu, le bruit se répandit que ces deux avoient été tuez. Cela vint aux oreilles de Mommole, qui s'arma & alla trouver Leudegisile, lui demandant si c'étoit ainsi qu'on gardoit la foi promise. Leudegisile fit semblant d'aller mettre ordre à tout; & étant sorti, il fit investir la maison par des gens armez qui eurent ordre de tuer Mommole. Il se défendit le mieux qu'il pût; & étant enfin sorti, il fut percé de deux coups de lance & tomba mort par terre. L'Evêque Sagittaire voiant tout ceci se couvrit la tête & s'enfuioit; mais quelqu'un lui coupa la tête d'un coup d'épée.

Mort de Mommole.

Vers le même tems Fredegonde envoia Cuppan à Toulouse pour ramener sa fille Rigonte. Il avoit, disoit-on, ordre de chercher Gondebaud, & de l'ame-

---

Re igitur cum Sagittario, Chariulfo & Vaddone communicata, hi omnes simul consensere tradendum Gundovaldum esse, dum sibi vitæ securitas promitteretur. Illi vero qui venerant, omnia facile polliciti sunt. Tum Mummolus, Sagittarius & Vaddo Gundovaldum adeunt, cui edicunt, hoc unum sibi superesse, ut ipse fratrem suum Guntchramnum conveniret, sibique jamjam dictum fuisse, ab ipso benigne suscipiendum Gundovaldum esse, absque ullo vitæ periculo. Dolum statim intellexit Gundovaldus, & lacrymis perfusus, id illis significavit: sed obsistere non valebat. Mummolus ab illo balteum aureum & gladium quem ipsi dederat, repetiit; reddiditque Gundovaldus suumque recepit. Sic porro Olloni Bituricensi Comiti & Bosoni traditus est. Ille se in manibus inimicorum cernens, Deum precatus est, seque signo crucis munivit. Cum procul porta essent, Ollo ipsum præcipitem dedit, & lancea percussit, quæ a lorica ejus repulsa fuit. Surrexit Gundovaldus & Boso lapidem misit in caput ipsius, quo ictu ille cecidit & mortuus est. Tunc milites pedibus ligatum per castra traxerunt, vellentes barbam & cæsariem ejus, insepultumque reliquerunt. Insequenti nocte, primores aurum & argentum, quod in urbe & in Ecclesiis erat, abstulerunt, & primo diluculo ingressus in urbem exercitus, omnes omnino trucidavit, nec Ministris Ecclesiæ pepercit: ædificia omnia & Ecclesiæ quoque igni tradita sunt.

Leudegisilus a Rege occulte petiit quid de Mummolo cæterisque ducibus esset agendum. Rex omnes interfici jussit. Dum Regis jussum expectaretur, Chariulfus & Vaddo relictis filiis obsidibus discesserunt. Cum porro jussum regium advenisset, rumor sparsus est interfectos illos fuisse. Hæc ut audivit Mummolus, armatus Leudegisilum adiit, petiitque an sic promissa fides servaretur. Leudegisilus, quasi omnia in ordinem redacturus, egreditur & jubet vallari domum ut Mummolus interficeretur. Ille diu pugnando restitit; sed cum egrederetur, duabus perfossus lanceis cecidit. Hæc videns Sagittarius Episcopus, tecto capite aufugit; verum illi quidam gladio caput amputavit.

His circiter diebus Fredegundis Cuppanem quemdam Tolosam misit, qui filiam suam Rigontem reduceret. Jussum etiam ipsi fuerat, ut quidam narrabant, Gundovaldum perquirere, & ad ipsam Fredegundem,

C. 398

Tome I.   O

ner, s'il se pouvoit, à Fredegonde, qui lui faisoit de grandes promesses. Mais cela ne se pouvant plus, il ramena Rigonte, qu'il trouva dans un état bien bas & bien humilié.

Leudegisile apporta au Roi Gontran tous les tresors qu'il avoit trouvez. Mommole en avoit ramassé beaucoup. Le Roi fit venir sa femme, & lui demanda où ils étoient. Elle sachant que Mommole étoit mort, declara tout, & dit qu'il y avoit encore à Avignon bien de l'or & de l'argent. Le Roi partagea avec Childebert toute la somme qui montoit, disoit-on, à deux cens cinquante talens d'argent, & à trente talens d'or. Il donna sa part aux pauvres, & ne laissa à la veuve de Mommole que ce qu'elle avoit eu de ses parens. On amena alors au Roi un homme d'entre les gens de Mommole, qui étoit d'une taille si demesurée, qu'il passoit de deux ou trois pieds les plus grands hommes: il étoit Charpentier de son métier, & mourut peu de tems après. Des trois chefs qui s'étoient donnez à Gondebaud, & qui l'avoient quitté depuis, Didier se retrancha comme dans un camp avec tout ce qu'il avoit, Vaddon Maire du Palais de Rigonte, s'en alla au service de la Reine Brunehaut, & Chariulfe s'alla refugier dans l'Eglise de S. Martin.

Une grande famine affligea alors presque toutes les Gaules. Le peuple fut réduit à faire secher des herbes pour les réduire en farine, & en faire du pain. Plusieurs qui mangeoient differentes sortes d'herbes moururent ou enflez ou d'exinanition. Les Marchands de blé gagnerent beaucoup sur le peuple en vendant extremement cher leurs denrées.

585. L'an 585. de Jesus-Christ, Gontran partit de Châlon pour aller à Paris, & assister au Baptême de son neveu Clotaire fils de Chilperic. Il alla d'abord à Nevers, & de-là à Orleans, où il se montra benin & affable, allant dîner librement chez ceux qui l'invitoient. En entrant dans Orleans il entendit une foule de gens qui crioient Vive le Roi; ceux du payis en Latin, les Marchands Syriens en Syriaque, & les Juifs en Hebreu. Ces derniers y ajouterent beaucoup de flateries, esperant qu'il leur feroit rebâtir leur Synagogue que les Chrétiens avoient détruite; ce qu'il n'eut garde de faire. Il signala sa pieté en frequentant les Eglises. Il reçût quoiqu'avec assez de peine en ses bonnes graces Bertran Evêque de Bourdeaux, & Pallade Evêque d'Aqs; mais ce ne fut pas sans les avoir

---

si fieri posset, adducere, cui Gundovaldo multa Fredegundis pollicebatur; sed cum id ultra fieri non posset, Riguntem, quam in humili abjectoque statu reperit, ad matrem adduxit.

C. 40. Leudegisilus Guntchramno thesauros omnes quos repererat attulit. Ingentem auri summam corraserat Mummolus. Rex vero uxorem ejus accivit, & ubi thesauri viri sui jacerent, quæsivit. Illa sciens periisse Mummolum, omnia patefecit, dixitque adhuc Avenione multum auri & argenti esse. Rex summam totam cum Childeberto divisit, quæ erat, ut narrabatur, ducentorum quinquaginta talentorum argenti, & triginta talentorum auri. Guntchramnus vero partem suam pauperibus erogavit, & uxori Mummoli ea solum reliquit, quæ a parentibus suis acceperat. Tunc Regi oblatus homo fuit, qui Mummolo hæserat, tam proceræ staturæ, ut duobus tribusve pedibus grandioris staturæ homines superaret; eratque faber lignarius, qui non diu postea obiit. Ex tribus
C. 41. autem viris illis insignioribus qui Gundovaldum
C. 43. sequuti fuerant, illumque postea deseruere, Desiderius quasi in castrorum munitione se suaque omnia recepit, Vaddo Major-domus Riguntis ad Brunechildem se contulit, Chariulfus vero ad Basilicam sancti Martini confugit.

Fames ingens Galliis pene totas afflixit. Populus G. 45. eo redactus est, ut ex siccis herbis panem conficeret. Multi qui diversas herbas in cibum colligebant, aut inflati, aut ex inedia peribant. Negotiatores autem qui nimio tunc precio annonam venumdabant, ingentem pecuniam collegere.

Anno Christi 585. Guntchramnus Cabilone profectus Lutetiam est, ut baptismo adesset Chlotari Grg. Tur. l. 8. c. 1. Chilperici fratris sui filii. Statim vero Nivernum petiit, indeque Aurelianum, ubi sese benignum clementemque exhibuit, eos qui se ad convivia invitarent, libenter adiens. Cum Aurelianum intraret, turbam audivit clamantem, VIVAT REX; Indigenas nempe Latine; Syros negociatores, Syriace; Judæos Hebraice. Judæi autem verbis utebantur adulatoriis, sperantes ejus jussu restaurandam esse Synagogam, quam Christiani diruerant: quod ille nunquam facturus erat. Pietatem vero grandem exhibuit, Ecclesias invisens. Bertrannum Burdegalensem & Palladium G. 2. Aquensem Episcopos in gratiam admisit suam, neque tamen sine aliqua difficultate, & postquam illos de

CLOTAIRE II. GONTRAN, CHILDEBERT. 107

bien reprimandez de leur conduite passée. Dans un repas il montra quelques plats qui lui restoient du tresor de Mommole, aiant donné tout le reste aux pauvres.

Il vint ensuite à Paris pour lever des fonts baptismaux Clotaire fils de Chilperic & de Fredegonde, prié de faire cette fonction par la mere & les nourriciers de l'enfant. Le jour fut indiqué à Noël, le Roi s'y attendoit, & personne n'y comparut. Il fut ensuite marqué à Pâques, & l'enfant n'y fut point apporté, depuis renvoié à la S. Jean, & personne n'y comparut. Ce qui fit soupçonner au Roi qu'il n'y avoit point de veritable fils de Chilperic, mais que c'étoit le fils de quelqu'un de ses sujets qu'on vouloit faire passer pour son neveu. Il declara donc qu'à moins qu'on ne lui donnât des témoignages certains qu'il étoit fils de Chilperic, il ne le reconnoîtroit jamais comme tel. La Reine Fredegonde fit venir trois Evêques & trois cens hommes notables, qui jurerent que cet enfant étoit fils de Chilperic, & Gontran l'admit comme tel.

Ce bon Prince déploroit le meurtre de Meroüée & de Clovis fils de Chilperic; il ne savoit où l'on avoit jetté leurs corps après qu'on les eut tuez. Comme il en parloit souvent, un Pêcheur vint lui dire, que pourvû qu'il l'asseurât qu'il ne lui en arriveroit point de mal, il lui indiqueroit où étoit le corps de Clovis. Le Roi jura que loin qu'il lui en arrivât du mal, il en seroit bien recompensé. Le Pêcheur lui dit, qu'il l'avoit trouvé dans ses filets, que Fredegonde l'avoit fait jetter dans la Marne de peur qu'il ne fût enseveli honorablement; qu'après l'avoir trouvé, il l'avoit enterré sur le bord de la riviere. Le Roi prit un jour pour le faire deterrer, & s'y rendre lui-même. Il le trouva entier. Les cheveux étoient detachez du côté qui touchoit à terre, de l'autre côté ils s'étoient conservez à longues tresses. Le Roi fit appeller l'Evêque, le Clergé & le peuple qui marchoit avec une quantité innombrable de cierges, & le fit porter & enterrer à l'Eglise de S. Vincent, & ne mena pas moins de deüil de ses neveux qu'il en avoit mené de ses enfans. Il envoia ensuite Pappole Evêque de Chartres, chercher le corps de Meroüée, qu'il enterra auprès de Clovis son frere.

Le Roi Gontran qui craignoit toujours qu'on n'attentât sur sa vie, & que l'exemple de tant de Rois & de fils de Rois tuez rendoit timide & soupçonneux, donnoit par là occasion à des gens mal-intentionnez de former des accusations contre ceux qu'ils vouloient perdre. Un Portier accusa un autre Portier d'avoir

c. 4. præteritis gestis acriter objurgasset. Dum ad mensam sederet aliquot catinos ostendit ex iis qui ad Mummolum olim pertinuerant ; reliquos enim omnes jam pauperibus erogarat.

c. 9. Lutetiam deinde venit, ut Chlotarium de sacro fonte susciperet, matre scilicet Fredegunde & nutritiis deprecantibus. Dies assignatur Natalis Christi, nemoque adfuit. Hinc ad Pascha remissa res est, neque allatus puer fuit. Ideo suspicatur Rex aliquem esse verum Chilperici filium, sed aliquem subditorum ejus patrem esse infantis, quem pro fratris filio inducere volebant. Declaravit ergo nisi certa proferrentur testimonia, quod ille Chilperici filius esset, se nunquam illum ut talem agniturum esse. Fredegundis vero tres Episcopos advocavit, & trecentos viros optimos ; qui cum juramento affirmarunt hunc esse Chilperici filium, & suspicio Guntchramni sublata est.

c. 10. Lamentabatur pius Rex necem Merovei & Chlodovei filiorum Chilperici, ignorabatque quo fuissent loco sepulti. Cum hæc frequenter memoraret, piscator quidam ipsum adit, seque indicaturum esse quo loco corpus Chlodovei esset, pollicetur, modo

certus esset nihil hinc sibi mali eventurum esse. Juravit Rex magna ipsum mercede donandum esse, nedum ipsi quid mali contingeret. Narrat piscator se in retibus suis in fluvio expansis ipsum reperisse, Fredegundem enim jussisse ipsum in Matronam conjici, ne honorifice sepeliretur : se vero repertum, corpus ad oram fluminis sepelivisse. Diem Rex assignavit, quo ex terra educeretur, ipseque adfuit. Corpus integrum repertum est : coma qua parte terram contingebat exciderat ; ex altera vero parte *cum ipsis crinium flagellis* intacta erat. Convocato igitur Episcopo, civitatis, itemque clero & populo cum cereorum innumerabilium ornatu deportandum in Ecclesiam S. Vincentii curavit, ubi sepultus est. Neque minus luxit fratris filios, quam suos luxerat. Post hæc misit Pappolum Carnotensem Episcopum, qui repertum Meroveum reduxit, isque juxta fratrem suum sepultus est.

c. 11. Rex autem ille, qui semper sibi timebat ne interficeretur, quemque tot Regum & Principum cæsorum exempla suspiciosum reddebant, inde ansam improbis præbebat accusandi eos quos oderant. Ostiarius alium ostiarium in crimen vocavit, quod pecuniæ

Tome I. O ij

CLOTAIRE II. GONTRAN, CHILDEBERT.

reçû de l'argent pour conspirer contre la vie du Roi. L'accusé fut appliqué aux tourmens, & ne confessa rien. Plusieurs même disoient que c'étoit l'envie & l'inimitié qui avoit porté l'autre Portier à accuser celui-ci, parce-qu'il étoit fort aimé du Roi. Un certain Ansoald par on ne sait quel soupçon, quitta alors la Cour sans dire adieu. Gontran arrivé à Châlon sur Sône, fit tuer Boante qui lui avoit toujours été infidele, & confisqua ses biens au tresor Royal.

Toujours prévenu contre Theodore Evêque de Marseille, il vouloit le faire déposer dans un Concile. Marseille étoit alors sous la domination de Childebert. Cependant Rathaire qu'il y avoit envoié pour la gouverner, se saisit contre l'intention du Roi son maître du saint Prélat, & l'envoia à Gontran, qui le fit garder sans lui faire aucun mal. Il vouloit pourtant toujours que le Concile se tînt à Macon. Les Evêques des Etats du Roi Childebert n'avoient aucune envie de s'y rendre, & Childebert déclara que si l'on faisoit quelque injure à l'Evêque Theodore, ce seroit une occasion de discorde entre lui & son oncle. Le Concile se tint enfin; & Theodore fut renvoié absous dans son Diocese. Gregoire de Tours qui fait souvent son éloge, raconte plusieurs miracles que Dieu avoit faits en sa faveur.

Expedition de Childebert en Italie.

Le Roi Childebert qui avoit reçû l'année precedente bien de l'or de l'Empereur Maurice pour passer en Italie, & faire la guerre aux Lombards, envoia une armée qui passa les Alpes. Le bruit couroit alors qu'Ingonde sœur du Roi Childebert, & femme d'Hermenegilde étoit à Constantinople. Ce fut peut-être une des raisons qui porta le Roi Childebert à envoier cette armée en Italie. Mais la division s'étant mise parmi les Chefs, Vintrion Duc fut chassé par les peuples qui étoient soumis à son gouvernement, & auroit été tué s'il n'avoit pris la fuite; mais il fut rétabli depuis.

Vers le même tems Gontran qui se portoit pour curateur de Clotaire son neveu encore enfant, changea quelques Ducs & Comtes dans son Roiaume. Les Duchez & les Comtez changeoient alors souvent de main; mais ils furent hereditaires dans la suite. Gondebaud envoié à Meaux pour succeder à Guerpin dans la qualité de Comte, commença d'exercer sa Charge, & de juger des affaires; & comme il faisoit ses fonctions dans les Villages voisins, il fut tué par Guerpin. Ses parens s'assemblerent armez, & vengerent sa mort en tuant le meurtrier.

---

summam accepisset ut in Regem conspiraret. Qui accusabatur, excrucians nihil confessus est. Multi vero affirmabant accusatorem invidia motum, alium in crimen vocasse, quia a Rege multum amaretur. Ansoualdus porro, nescio qua motus suspicione ab ædibus Regiis aufugit. Guntchramnus Cabilonem reversus, Boantum infidum sibi semper hominem occidi jussit: ejusque res fisco addictæ sunt.

c. 12.

Theodorum vero Episcopum Massiliensem, quod suspectus esset sibi, in synodo deponi peroptabat. Massilia tunc in ditione Childeberti regis erat. Et tamen Ratharius a Childeberto Dux eo missus, contra Regis sui placitum Theodorum comprehendit, & ad Guntchramnum regem misit, qui nihil illi mali intulit. Volebat tamen Guntchramnus, ut Synodus Matiscone haberetur. Episcopi vero qui in Childeberti regno erant, inviti ad Synodum Matisconensem veniebant; Childebertusque Rex edixit, si quid injuriæ Theodoro inferretur, eam fore discordiæ occasionem. Synodus tandem coacta est, & Theodorus ut insons Massiliam remissus est. Gregorius Turonensis qui Theodorum ubique laudat, multa in ejus gratiam edita miracula recenset.

c. 13.

Childebertus rex qui anno proximo multum auri accepat a Mauritio Imperatore, ut in Italiam transiret, bellumque inferret Langobardis; exercitum misit, qui Alpes superavit. Tunc fama erat Ingundem Childeberti sororem & uxorem Hermenegildi Constantinopoli esse. Et hæc fortasse causa fuit cur Childebertus exercitum in Italiam mitteret; sed cum inter Duces altercatio suborta esset, Vintrio Dux a suis pulsus est, & occisus fuisset, nisi fuga salutem quæsisset. Verum restitutus postea fuit.

c. 14.

Idem circiter tempus Guntchramnus qui se curatorem gerebat Chlotarii filii fratris sui, aliquot Duces, Comitesque in regno ejus mutavit. Tunc enim Ducatus, Comitatusque ab aliis ad alios transferebantur; verum postea hereditarii fuere. Gundobaldus Meldensis Comes, Guerpini successor missus, causarum actionem agere cœpit; cumque in hoc officio pagos circumiret, a Guerpino interficitur. Gundobaldi vero cognati, armati coierunt, & Guerpinum occiderunt.

CLOTAIRE II. GONTRAN, CHILDEBERT,

Dans le tems que le Roi Childebert étoit à Belsonanque dans les Ardennes, & que Brunehaut faisoit des efforts inutiles pour porter les principaux de la Cour à soutenir la cause d'Ingonde sa fille, il arriva un cas fort remarquable. Une proche parente de la femme de Gontran-Boson, dont on a souvent parlé ci-devant, vint à mourir, & on l'enterra dans une Eglise de Mets avec beaucoup d'or & de riches ornemens. Peu de jours après à la fête de saint Remi, l'Evêque étant sorti de la Ville avec le Duc, les principaux Bourgeois & un grand nombre de peuple, pour aller à une Eglise hors des murs, les gens de Gontran-Boson entrerent dans l'Eglise où cette femme étoit enterrée, & aiant fermé les portes sur eux, ils ouvrirent le sepulcre, & enleverent tout ce qu'ils pûrent trouver. Les Moines qui desservoient l'Eglise s'apperçûrent du vol, & vinrent à la porte, mais ils ne purent entrer, & donnerent avis de la chose à l'Evêque & au Duc. Cependant les gens de Gontran Boson après avoir tout enlevé, monterent à cheval, & s'enfuirent ; mais faisant reflexion que s'ils venoient à être attrapez, on leur feroit souffrir de cruels tourmens, ils retournerent à l'Eglise, mirent sur l'Autel ce qu'ils avoient enlevé, & n'osant sortir ; ils crioient que c'étoit Gontran-Boson qui les avoit envoiez faire ce coup. On mande Gontran-Boson, il s'enfuit. On saisit alors tout ce qu'il avoit en Auvergne, & tout ce qu'il avoit enlevé par des extorsions. On voit par là qu'on mettoit de l'or & de l'argent, non-seulement dans les tombeaux des Rois & des Princes, mais aussi dans ceux des particuliers.

Or & argent enterrez avec les defunts.

Vers ce tems-ci Vandelin nourricier & gouverneur de Childebert, étant venu à mourir, la Reine Brunehaut ne voulut pas qu'on le remplaçât, disant que c'étoit à la mere d'avoir soin des affaires de son fils.

Il y eut cette année des pluies continuelles, les rivieres déborderent & firent de grands ravages dans les campagnes, le printems & l'été furent si pluvieux, que les saisons paroissoient totalement dérangées. Gregoire de Tours rapporte ici un prodige bien extraordinaire. Un incendie brûla deux Isles dans la mer pendant sept jours. Les hommes & les bestiaux y furent consumez. Ceux qui se jettoient dans la mer étoient brûlez de même : & les deux Isles étant réduites en cendre, furent ensuite couvertes par la mer. Dans une autre Isle qui étoit auprès de Vannes, un grand étang plein de poisson fut changé en sang à la hauteur d'une aune. Les chiens & les oiseaux venoient en foule se rassasier de ce sang, & se retiroient ensuite.

Phenomenes étranges.

Quo tempore Childebertus rex Belsonanci in Ardoenna silva erat, dum Brunechildis Regina incassum primores regni ad Ingundis filiæ suæ causam suscipiendam inducere conabatur; res accidit memoratu sane digna. Cognata quædam uxoris Guntchramni-Bosonis, de quo sæpe actum est, obiit, atque in Ecclesia quadam Metensi cum auro multo rebusque preciosis sepulta est. Paucis vero post diebus cum festum sancti Remigii celebraretur, & Episcopus cum Duce ac præcipuis civibus ex urbe magnaque populi turba egressi essent, ut Ecclesiam extra muros positam peterent, Guntchramni-Bosonis famuli in illam Ecclesiam ubi sepulta mulier fuerat, ingressi sunt & clausis post se januis, sepulcrum aperuerunt, & omnia abstulerunt. Monachi vero istius Ecclesiæ, hæc quidem adverterunt, & ad ostium Ecclesiæ venerunt; sed cum intrare non possent, rem nunciarunt Episcopo & Duci ; interimque illi omnibus abreptis & conscensis equis aufugerunt: verum timentes ne comprehensi in via cruciatibus afficerentur, regressi sunt in Ecclesiam, omniaque super aram deposuere, atque egredi non ausi exclamando dixere se a Guntchramno-Bosone missos fuisse. Advocatur Guntchramnus-Boso ; ille vero aufugit. Tunc sublata sunt ei omnia quæ in Arvernis possidebat ; quæque a variis extorserat. Hinc discimus non in sepulcris modo Regum, sed etiam optimatum aurum olim depositum fuisse.

Hoc tempore, defuncto Vandelino regis Childeberti nutritio, nullus in ejus locum subrogatus est. Brunechildis enim regina noluit alium admoveri ; ad matrem pertinere dicens ut de filii rebus gerat curam.

Ingentes hoc anno pluviæ fuerunt ; flumina exundarunt, camposque devastarunt. Ver & æstus, cadentibus imbribus, temporum rationem omnem interturbarunt. Hic porro Gregorius noster rem portenti similem refert. Duæ insulæ per septem dies incendio flagrantes visæ sunt, hominesque & pecora omnia igne sunt consumta: qui sese in mare præcipitabant similiter comburebantur, redactisque in favillam insulis, cuncta mare operuit. In alia vero insula quæ prope Venetiam erat, stagnum piscibus plenum in sanguinem mutatum est ad ulnæ altitudinem, canes & aves confertim veniebant ut hunc sanguinem lamberent, & postea discedebant.

Ennode fut fait Duc de Touraine & de Poitou, & Berulfe qui avoit commandé en ces païs, étant fort soupçonné avec Arnegisile d'avoir enlevé les tresors du Roi Sigebert, quoiqu'ils l'eussent fait fort secretement, ne laissoit pas de briguer la qualité de Duc. Mais le Duc Rauchinge se saisit adroitement de l'un & de l'autre, & les chargea de liens. On envoia des gens pour saisir leur or, leur argent & leurs effets, qui furent apportez au Roi Childebert. On étoit sur le point de les faire mourir; mais les Evêques qui intercederent pour eux, obtinrent qu'on leur sauveroit la vie : on ne leur rendit rien de ce qu'on leur avoit ôté.

Didier accompagné de quelques Evêques & de l'Abbé Arede, alla pour faire sa paix avec le Roi Gontran : qui eut d'abord bien de la peine à l'admettre en ses bonnes graces, mais il ceda enfin aux prieres des Evêques. Eulale vint alors se plaindre que sa femme l'avoit quitté pour se donner à Didier. La chose fut tournée en plaisanterie, & Didier reconcilié avec le Roi, obtint encore quelques presens de lui.

Ingonde sœur de Childebert, femme d'Hermenegilde, aprés la défaite & la prise de son mari, passa en Afrique pour aller à Constantinople; mais elle mourut en Afrique, & laissa un fils nommé Athanagilde. Alors Leovigilde fit mourir Hermenegilde son fils, qu'il tenoit dans les liens. Gontran indigné de cela, resolut de porter la guerre en Espagne; il fit assembler une armée, & donna ordre aux Chefs de ranger premierement sous sa domination la Septimanie, que possedoient alors les Gots, & d'entrer ensuite dans l'Espagne. Sur ces entrefaites, on trouva entre les mains de quelques païsans un écrit, qui fut apporté au Roi Gontran. C'étoit une lettre de Leovigilde à Fredegonde, où il lui marquoit qu'il falloit faire promptement mourir par quelque artifice Childebert & sa mere, & faire sa paix avec le Roi Gontran, qu'il falloit gagner par de grands presens; & que si elle n'avoit pas assez d'argent pour cela, il lui en envoiroit secretement; & qu'après qu'ils auroient tiré vengeance de leurs ennemis, il faudroit recompenser Amelius Evêque de Bigorre & Leube belle-mere de Bladaste, qui procuroient que ses Messagers allassent librement de part & d'autre. Il paroît par ces lettres que Leovigilde croioit que la grande armée qui marchoit contre lui, étoit non de Gontran, mais de Childebert.

Intelligence de Fredegonde avec Leovigilde Roi d'Espagne.

---

c. 26. Ennodius Dux Turonum & Pictavorum creatus est. Berulfus vero qui civitatibus istis præfuerat, cum Arnegisilo in suspicionem veniebat, quod thesauros Sigiberti regis furati essent, etsi illud clam omnino peregissent. Hunc Ducatum tamen Berulfus expetebat; verum Rauchingus Dux callide utrumque apprehendit, & vinculis constrinxit. Missi vero sunt qui aurum, argentum, resque illorum auferrent, quæ omnia ad regem Childebertum allata sunt; proximumque erat ut illi capite plecterentur : verum Episcopis precantibus dimissi sunt; nihil autem ipsis redditum est.

C. 27. Desiderius Dux cum quibusdam Episcopis & cum Abbate Aredio ad regem Guntchramnum venit, ut in ejus gratiam rediret. Ægresane Guntchramnus rex illum admisit; sed rogantibus Episcopis cessit tandem Rex. Eulalius vero quidam tunc conquestus est, quod uxor sua se deseruisset, & apud Desiderium se recepisset : res in ridiculum versa est, & Desiderius cum Rege reconciliatus, munera etiam quædam retulit.

C. 28. Ingundis soror Childeberti regis uxorque Hermenegildi, postquam vir suus victus captusque fuit, in Africam transfineavit, ut inde Constantinopolim peteret : verum in Africa obiit, filiumque reliquit Athanagildum nomine. Tunc vero Leuvichildus Hermenegildum filium suum occidi jussit, quem vinctum tenebat. Hæc indigne ferens Guntchramnus, bellum in Hispaniam inferre decrevit, exercitum coëgit, Ducibusque præcepit ut primo Septimaniam quæ tunc Gothorum erat, suæ subjicerent ditioni, posteaque in Hispaniam irrumperent. Inter hæc rescriptum quodpiam in manibus rusticorum hominum invenitur, quod Guntchramno regi allatum est. Epistola erat Leuvichildi ad Fredegundem, qua significabat, secreto curandum esse ut Childebertus & mater ejus occiderentur; pacemque esse cum Guntchramno, etiam magnis adhibitis muneribus, faciendam. Si vero non tanta ipsi Fredegundi vis pecuniæ esset, secreto se missurum esse : ultione autem de inimicis sumta, remuneratos oportere Amelium Bigorrensem Episcopum & Leubam Bladastis socrum, quorum opera nuncii sui libere transirent. Hinc autem perspicitur putasse Leuvichildum, exercitum qui contra Hispanos proficiscebatur, non Guntchramni, sed Childeberti esse.

CLOTAIRE II. GONTRAN, CHILDEBERT.

<small>Elle veut faire tuer Childebert & Brunehaut.</small>

Quoique Gontran & Childebert fussent avertis du complot, Fredegonde ne laissa pas de tâcher d'executer ce projet. Elle fit faire deux poignards empoisonnez dont le moindre coup donneroit infailliblement la mort. Elle les donna à deux Clercs, & leur dit d'aller aborder Childebert, de se jetter à ses pieds comme mandians, & de le percer ensuite de leurs dagues; ou s'il étoit trop bien gardé, de percer au moins sa mere Brunehaut. Voiant que les deux Clercs trembloient à l'aspect d'une entreprise si hazardeuse, elle leur donna une potion préparée de sa main, qui leur inspira plus de courage, & en même tems un vase plein de la même liqueur pour en boire un coup quand ils seroient prêts d'executer leur dessein. Ces deux scelerats partirent, & n'allerent pas bien loin sans être découverts. Le Duc Rauchinge les prit à Soissons, les examina; ils découvrirent tout, & chargez de liens, ils furent mis en prison. Peu de jours après Fredegonde envoia un autre homme pour s'informer si Childebert avoit été tué, & ce qu'on disoit sur cette entreprise. Celui-ci se rendit aussi à Soissons, où il apprit que les deux premiers avoient été pris & mis en prison. Il s'en alla aux portes de la prison, parla aux Gardes, & fut pris lui-même. Ils furent tous envoiez à Childebert, & lui declarerent les ordres qu'ils avoient reçûs de Fredegonde, & qu'ils étoient venus pour les executer. Après cette declaration on leur coupa les mains, les pieds & le nez, & on les fit mourir de divers supplices.

<small>Expedition malheureuse de l'armée de Gontran en Septimanie.</small>

Gontran fit marcher l'armée préparée contre Leovigilde. Elle avoit ordre, comme nous venons de dire, de subjuguer la Septimanie, & d'en chasser les Gots, & puis d'entrer en Espagne. Les troupes des Etats de Gontran au-delà de la Seine, de la Sône & du Rhône, se joignirent aux Bourguignons, & firent des maux incroiables sur les terres mêmes de Gontran; ils enlevoient les bestiaux & les fruits de la terre, tuoient les hommes sans épargner les Clercs & les Prêtres qu'ils massacroient jusqu'au pied des Autels. Ils continuerent ainsi leur route jusqu'à Nîmes. Ceux du Berri, de Saintonge, de Perigord, de l'Angoumois & autres, firent les mêmes desordres jusqu'à Carcassonne, où ils se rendirent. Les habitans leur ouvrirent les portes. Il n'étoit pas possible que des troupes si peu disciplinées ne fissent du desordre dans cette Ville. Ils irriterent les habitans qui les chasserent, tuerent d'un coup de pierre tirée de dessus les murs Terentiole jadis Comte de Limoges, lui couperent la tête & l'emporterent dans la Ville. Alors ces pillards étonnez abandonnerent leur entreprise, rebrousserent che-

---

<small>C. 25.</small> Etsi vero Gunchramnus & Childebertus hæc ex memoratis literis edidicissent, nihilominus Fredegundis illud exsequi conata est; duos enim cultros cudi præcepit, quos veneno infecit, ut vel minimo ictu mortem inferrent. Duobus ergo Clericis hosce tradidit, mandans ut mendicantium more ad pedes Childeberti provolverentur, ipsumque cultris impeterent; vel si ob satellitium Childebertum adire non possent, matrem ipsius confoderent. Cumque illi ob formidinem tremerent, potionem illis sua paratam manu hauriendam obtulit, qua confirmati sunt: vasculum quoque ponexit eodem plenum liquore, ut cædem parantes ex illo biberent. Profecti scelesti illi cito deprehensi sunt. Dux Rauchingus apud Suessionas cepit illos, & interrogavit; illique omnia confessi, vincti in carcerem conjiciuntur. Paucis elapsis diebus Fredegundis alium misit, inquisiturum an Childebertus occisus fuisset, & quid hac de re rumor spargeret. Hic quoque Suessionas venit, ubi edidicit illos captos & in carcerem conjectos fuisse. Ille vero ad ostium carceris concessit; custodes alloquutus est, & ipse quoquein custodia positus fuit. Hi omnes ad Childebertum missi statim confessi sunt se a Fredegunde missos esse ut hujusmodi jussa exsequerentur. Cum hæc dixissent, truncatis manibus, pedibus naribusque, variis periere suppliciis.

<small>C. 30.</small> Gunthramnus vero rex exercitum moveri jussit contra Leuvichildum. Jussum erat Ducibus, ut diximus, primo Septimaniam subigere & Gotthos inde pellere; posteaque in Hispaniam irrumpere. Qui ultra Ararim, Sequanam & Rhodanum erant, cum Burgundionibus juncti sunt, malaque innumera ipsis Gunthramni subditis intulerunt. Pecora & terræ fruges abripuere, homines etiamque Clericos ac Presbyteros ad aras usque occiderunt, & sic perrexere Nemausum usque. Bituriges, Santones, Petragorici, Egolismenses & alii, similia intulere damna Carcasonam usque. Incolæ portas illis aperuere; sed non poterant cohortes hujusmodi, disciplinæ cujuslibet expertes, damna non inferre incolis: quapropter a Carcassonensibus expulsi sunt, qui etiam immisso lapide Terentiolum olim Lemovicensem Comitem occiderunt, ejusque caput abscissum in urbem retulerunt. Tunc prædones illi perterriti, re infecta abscess-

min pour s'en retourner chez eux par la même route, en laissant leur butin pour se retirer plus vite. Les Gots qui leur tendirent des embuches, en tuerent quantité; & les Touloufains qu'ils avoient fort mal-traitez en venant, en massacrerent un grand nombre. Les tristes restes de toute cette partie de l'armée, eurent peine à rattraper leur payis.

Ceux qui étoient venus du côté de Nîmes, ravagerent aussi tout, brûlerent les maisons, & même les moissons, couperent les oliviers & les vignes ; c'est tout le mal qu'ils firent à ceux de la Ville, où ils ne purent entrer. Ils allerent de là aux autres Villes, qui étoient toutes bien munies & fournies des choses necessaires ; si bien qu'ils ne purent que ravager les environs des places & les campagnes. Le Duc Nicete avec ses Auvergnats assiegea plusieurs Villes, & n'en prit pas une. Il entra pourtant dans un grand Bourg fermé de murailles. Sur sa foi donnée les habitans ouvrirent les portes ; mais dès que les Auvergnats furent entrez, ils pillerent tout, firent le peuple captif, & puis ils prirent le parti de s'en retourner en leur payis. A leur retour ils pillerent, brûlerent, tuerent & ravagerent comme auparavant: un grand nombre de ces malheureux périt dans cette campagne. Comme ils avoient brûlé les moissons, plusieurs moururent de faim, d'autres furent tuez dans des querelles & des séditions, qui ne manquent pas d'arriver parmi des troupes si desordonnées. Il en périt en ces manieres là plus de cinq mille. Ceux qui resterent n'en devinrent pas plus sages, & continuerent si bien leurs ravages que toutes les Eglises qui se trouverent dans leur route demeurerent desertes.

Le Roi Gontran fut accablé de douleur de cette expedition, la plus malheureuse qui fut jamais. Les Chefs de l'entreprise craignant avec raison d'en porter la peine, se refugierent dans l'Eglise de S. Symphorien d'Autun. Le Roi étant venu à la Fête de ce Saint, voulut leur parler, & leur donna sa foi. Il appella quatre Evêques, & les principaux d'entre les Bourgeois, & dit à ces Chefs, que leurs ancêtres avoient remporté des victoires, parce qu'ils mettoient leur esperance en Dieu, honoroient les Martyrs, avoient les Prêtres en veneration ; & qu'il ne falloit pas s'étonner si des profanateurs d'Eglises, des massacreurs des Ministres des Autels, avoient eu un succès tout contraire: que les conducteurs d'une entreprise si mal executée, méritoient assurement la mort. Ils répondirent humblement, en rejettant la faute sur les troupes qui composoient l'armée, peuple scelerat, qui n'avoit aucun respect pour les Chefs, les Ducs & les Com-

---

serunt, & eadem via revertentes, partim a Gotthis insidiantibus, partim etiam a Tolosanis quibus veniendo damna intulerant, peremti sunt : reliqui vix patriam repetere potuerunt.

Qui Nemausum venerant, omnia & ipsi devastarunt, domos & messes incenderunt, vineas & oliveta succiderunt. Hæc solum mala Nemausensibus intulere, quorum urbem capere non potuerunt. Hinc alias urbes perierunt, quæ optime munitæ erant, agrosque civium devastarunt. Dux Nicetius cum Arvernis multas obsedit urbes, nullamque cepit. Ad castrum vero quodpiam pervenit, ubi data fide incolæ portas aperuerunt : verum ingressi Arverni, omnia diripuere, populumque in captivitatem abduxere. Tunc consilium ad patriam revertendi ceperunt. In reditu, rapinis, incendiis, homicidiis, depopulationibus operam dederunt, ut antea. Quia vero messes jam incenderant, multi ex fame & inedia perierunt, alii per rixas & seditiones occisi sunt, quæ in tam incondita turba facile moventur. Sic plusquam quinque millia perierunt. Residui vero ex illorum exemplo non respuerunt, & sic viam illam emensi sunt, ut omnes quæ ipsis occurrebant Ecclesiæ desertæ manerent.

Rex vero Guntchramnus dolore ceu obrutus est, ob illam omnium infelicissimam expeditionem. Duces vero sibi jure timentes, ad Ecclesiam sancti Symphoriani Augustodunensis confugerunt. Rex autem cum eo venisset ad diem festum Sancti illius celebrandum, illos fide data alloqui voluit. Quatuor Episcopos advocavit, necnon ex civibus præcipuos, Ducibusque dixit : Majores nostri ideo victorias retulisse, quia in Deo spem suam constituebant, Martyres venerabantur, Presbyteros honorabant ; neque mirandum esse si ii qui Ecclesias vastant, Ministros altarium interficiunt, contrarium exitum habuerint : duces vero expeditionis tam infeliciter gestæ morte utique dignos esse. Illi vero humiliter responderunt, totam culpam in milites rejiciendam esse, in sceleratam turbam, quæ nullam erga Duces & Comites re-

CLOTAIRE II. GONTRAN, CHILDEBERT.

tes. Que quand on vouloit y mettre ordre, ils se mutinoient, & qu'un Chef quel qu'il fût, ne pouvoit arrêter leurs violences sans péril de sa vie.

Au même tems que le Roi leur faisoit la reprimande, arriva la nouvelle que Recarede fils de Leovigilde venu d'Espagne, s'étoit campé à un lieu nommé Tête-de-bouc, qu'il avoit ravagé les campagnes autour de Toulouse, & avoit emmené les habitans en captivité, & que de l'autre côté il avoit pris *Ugernum* près d'Arles, avoit enlevé les habitans & tous leurs effets, & s'étoit retiré dans Nîmes. Le Roi envoia en la place de Calomniose, Leudigesile qu'il fit Duc de toute la Province d'Arles, & mit plus de quatre mille hommes pour garder differens endroits. Nicete Duc des Auvergnats marcha aussi d'un autre côté sur les frontieres des païs que les Gots possedoient, pour garder les passages.

Fredegonde qui demeuroit alors à Roüen, eut des prises avec Pretextat Evêque, & le menaça de le faire renvoier à son exil lorsque les tems seroient favorables. Il lui répondit d'une maniere un peu violente. Fredegonde la plus vindicative de toutes les femmes, le fit assassiner le jour de Pâques dans l'Eglise même, lorsqu'il celebroit l'Office divin. Et après qu'il eut été blessé à mort & porté dans son lit, elle vint accompagnée de Beppolene & d'Ansoualde, lui insulter lorsqu'il approchoit de sa fin. Il lui répondit en la menaçant de la vengeance divine, & mourut peu après. Les Roüannois furent fort indignez de ce meurtre. Il y en eut un qui parla fortement à Fredegonde. Elle le fit empoisonner par une potion qu'elle avoit préparée. Le Roi Gontran fit faire des recherches pour découvrir le meurtrier, mais par les intrigues de Fredegonde le crime demeura impuni.

<small>Pretextat tué par ordre de Fredegonde.</small>

Vers ce tems-là arriva un incendie qui consuma une partie de la Ville de Paris. Il avoit, dit-on, été prédit par une femme qui assura que l'incendie devoit commencer près de l'Eglise de saint Vincent. La troisiéme nuit après la prédiction, le feu commença le matin par la premiere maison & la plus proche de la porte meridionale de l'Eglise, (que nous appellons aujourd'hui de sainte Marguerite,) & gagna les maisons voisines. La prison étoit tout auprès, & les prisonniers sauvez par miracle s'allerent refugier dans l'Eglise de saint Vincent, où étoit le corps de saint Germain. Le vent emporta la flamme dans les autres quartiers & mit le feu par tout. L'incendie alla jusqu'à l'Eglise

<small>Incendie à Paris.</small>

---

verentiam haberet. Si quis vero hæc emendare conaretur, statim tumultus & seditiones excitari, Ducemque, qualiscumque tandem ille sit, non posse sine vitæ periculo illis obsistere.

Eo ipso tempore quo Rex illos objurgabat, nuncius advenit, qui hæc retulit, Recharedum filium Leuvichildi, in loco Caput-Arietis dicto castra posuisse, agrum Tolosanum depopulatum esse, hominesque captivos abduxisse. Ex altera vero parte Ugernum cepisse prope Arelatem, resque cunctas cum hominibus abstulisse, seque tandem intra Nemausum recepisse. Guntchramnus vero in Calumniosi locum Leudegisilum misit, quem totius Arelatensis Provinciæ Ducem constituit, custodesque per terminos super quatuor mille collocavit. Nicetius quoque Arvernorum Dux custodes adduxit qui fines regionis servarent.

<small>C. 31.</small> Inter hæc Fredegundis quæ tunc Rothomagi commorabatur, cum Prætextato jurgata, comminata illi est, se illum in exsilii locum remittendum curaturam esse, si quando prosperiore fortuna uteretur. Prætextatus vero illam verbis asperioribus repulit. Fredegundis ad vindictam nimium prona, in die Paschatis, & in ipsa Ecclesia, cum ipse divinum celebraret Officium, sicarium immisit, qui ipsum sub axilla confodit. Et cum mortali vulneratus ictu in lectulum suum deportatus esset, venit illa cum Beppoleno & Ansoualdo, ut insultaret ei ad exitum properanti; cui ille respondit ultionem intentans divinam, & paulo post obiit. Rothomagenses hoc exasperati homicidio sunt. Unusque illam vehementius objurgavit, quem illa venenata potione sustulit. Guntchramnus vero perquiri sicarium jussit; sed Fredegundis artificio inultum scelus mansit.

<small>C. 5.</small> Eodem tempore Lutetiæ Parisiorum pars magna incendio conflagravit; quod, ut narratur, prædictum fuerat a muliere, quæ affirmaverat fore ut incendium ab Ecclesia sancti Vincentii inciperet. Post tertiam a prædictione noctem, inchoante crepusculo, cœpit incendium a domo prima secus portam meridionalem, quam hodie sanctæ Margaritæ dicimus, & vicinas domos occupavit. Carcer vicinus erat, & qui vincti erant, miraculo quodam erepti, in Ecclesiam S. Vincentii se receperunt, ubi erat corpus beati Germani. Ventus per alias urbis partes flammas detulit, incendiumque usque ad Ecclesiam sancti Martini deporta-

de saint Martin; quelques-uns croient que c'est saint Martin des Champs. M. de Valois prétend que c'étoit un autre saint Martin dans l'Isle du Palais. Ce qui favorise cette opinion est, que cet Oratoire de saint Martin étoit situé près d'une porte de la Ville; ce qui semble ne pouvoir convenir à saint Martin des Champs, quoiqu'il soit certain qu'il existoit en ce tems-là. L'incendie avançoit toujours de ce côté: & un homme dont la maison étoit près de cet Oratoire, n'en voulut point sortir, croiant fermement que par l'intercession de saint Martin sa maison seroit garantie. Elle le fut effectivement, le feu n'alla pas plus avant, & les autres maisons tout autour furent sauvées. On remarqua que le feu épargna aussi les autres Eglises de la Ville & les maisons qui les environnoient. Par ce trait d'histoire & par plusieurs autres, il paroît que quoique l'ancien Paris fût toujours dans l'Isle, on avoit bâti grand nombre de maisons de l'un & de l'autre côté de la riviere, & que ces bâtimens s'étendoient assez loin. Mais tout cela changea depuis de face à l'arrivée des Normands.

Ambassade d'Espagne. Les Ambassadeurs d'Espagne vinrent vers le même tems au Roi Gontran avec beaucoup de presens pour lui demander la paix. Mais comme il avoit de nouveaux mécontentemens, ils n'emporterent rien de certain. Le Roi Gontran se plaignoit des courses que les Gots venoient de faire dans la Septimanie. Un autre acte d'hostilité que Leuvigilde avoit fait sur les côtes de Gallice, éloignoit encore la paix. Il avoit fait saisir des vaisseaux venant des Gaules, tuer une partie des hommes, emmener les autres captifs. Une autre Ambassade venuë l'année d'après, eut le même succès.

En la même année, ou selon d'autres en la suivante, qui étoit l'onziéme de Childebert, ce Prince eut un fils qui fut levé des fonts par Magneric Evêque de Treves, & fut appellé Theodebert. Le Roi Gontran eut tant de joie de cette naissance qu'il lui envoia des Ambassadeurs & lui fit dire qu'il croioit que cet enfant releveroit le Roiaume de France.

L'assassinat commis en la personne de Pretextat par ordre de Fredegonde, disoit-on, faisoit grand bruit. Une action si odieuse décrioit fort cette Princesse, déja fort décriée par ses autres crimes. Pour se laver de ce reproche, elle fit tourmenter l'homme qui avoit fait le coup. Elle le livra ensuite au neveu de Pretextat qui le fit appliquer aux tourmens. Il confessa dans le supplice, qu'il

---

tum est. Quidam putarunt hîc de sancto Martino à Campis agi: verum existimat Valesius hîc de alia sancti Martini Ecclesia agi quae in Palatii insula esset. Quod autem huic favet opinioni, illud est, quod hoc Sancti Martini Oratorium vicinum esset cuidam portae civitatis, quod non potest Ecclesiae sancti Martini a Campis competere, etiamsi certum sit illam Ecclesiam tunc exstitisse. Incendium versus illam partem semper grassabatur, & vir quidam cujus domus vicina huic Oratorio erat, egredi noluit, firmiter credens intercessione sancti Martini futurum ut domus sua servaretur, & vere servata fuit. Flamma substitit, & aliae quoque vicinae domus salvae fuerunt. Observatum est alias item Ecclesias urbis cum domibus vicinis intactas mansisse. Ex hac historia, exque aliis intelligitur, etiamsi Lutetia Parisiorum in insula esset, magnum tamen aedium numerum ad utrumque fluminis latus exaedificatum fuisse, illasque domos longum jam spatium hinc & inde occupasse. Sed horum omnium facies postea mutata fuit, cum Normanni omnia longe lateque depopulati sunt.

C. 35. Oratores Hispanici idem circiter tempus Guntchramnum adierunt cum muneribus multis, quae pacem petentes offerebant. Verum quia novae querimoniarum causae erant, nihil illi certum retulerunt. Querebatur Guntchramnus Gotthos incursiones ex Septimania nuper fecisse: aliud etiam paci oberat, quod videlicet Leuvichildus naves ex Galliis venientes ad Galliciae littora invadi jussisset, vectoresque partim occisi, partim in captivitatem abducti fuissent. Altera quoque legatio eumdem habuit exitum.

Eodem anno, vel secundum alios sequenti, qui erat Childeberti undecimus, filius ipsi natus est, qui a Magnetico Treverensi Episcopo ex sacro fonte susceptus est. Tantum vero hinc gaudium suscepit rex Guntchramnus, ut per Oratores Childeberto dixerit, putare se hunc infantem Francorum regnum erecturum esse. C. 17.

Caedes Praetextati a Fredegunde, ut fama ferebat, perpetrata, ubique vagabatur, & odium pariebat ipsi, quae jam aliis sceleribus famosa erat. Ut hanc illa opinionem depelleret, sicarium comprehendi & caedi jubet, posteaque Praetextati fratris filio tradit, qui illum cruciatibus ad rei veritatem declarandam coëgit. Tortus ille confessus est, se a Fredegunde, ut C. 41.

CLOTAIRE II. GONTRAN, CHILDEBERT.

avoit reçû de Fredegonde pour faire ce coup cent pieces d'argent, cinquante de Melaine, qui avoit été subrogé à Pretextat, autres cinquante de l'Archidiacre de la Ville, & qu'on lui avoit promis outre cela de l'affranchir de servitude lui & sa femme. Après cette confession le neveu de Pretextat tira son épée & le coupa en mille pieces. Fredegonde fit remettre Melaine en la place de Pretextat. Cette Princesse se mit à chagriner le Duc Beppolene l'un des principaux de sa Cour, & à lui refuser les honneurs qu'on lui rendoit ordinairement. Lui craignant peut-être pis, se retira auprès du Roi Gontran, qui l'établit Duc dans les Villes qui appartenoient à Clotaire son neveu. Ceux de Rennes ne voulurent pas le recevoir. Il fut reçû à Angers, où il fit beaucoup de maux, & pensa être écrasé par un plancher qui fondit dans la maison où il prenoit son repas. On le reçut enfin à Rennes, où il laissa son fils, qui fut ensuite assassiné par le peuple.

Fredegonde peu contente de voir sa puissance diminuée, machinoit cent choses pour mettre quelque changement dans les affaires. Elle envoia secretement des Ambassadeurs en la Cour d'Espagne, qui passerent à la faveur de Pallade Evêque de Saintes. C'étoit apparemment pour porter Leovigilde à faire la guerre en France. Elle envoia ensuite au nom de son fils, au Roi Gontran, des Ambassadeurs, dont le Chef étoit Baddon, qui apposterent en même tems un homme pour assassiner ce Prince. Les Ambassadeurs firent leur fonction; & après avoir reçû réponse, ils attendirent quelque tems pour voir le succès de la principale affaire. Le lendemain le Roi allant à l'Office du matin, on vit à la clarté d'un cierge, qui marchoit devant, un homme couché à un coin de l'oratoire, dont la lance étoit appuiée contre le mur: il dormoit & avoit l'air d'un yvrogne. Le Roi s'écria à ce spectacle. On prend cet homme, on le charge de liens, on l'interroge, & il confesse que les Ambassadeurs l'avoient apposté pour tuer le Roi. On prend les Ambassadeurs, qui disent qu'ils n'étoient venus que pour l'affaire qu'ils avoient exposée. Gontran se contenta de faire souffrir quelques tourmens à cet homme, & d'exiler ces Envoiez de Fredegonde en differens endroits.

Fredegonde veut faire tuer le Roi Gontran.

Les Ambassadeurs d'Espagne venoient souvent au Roi Gontran pour avoir la paix; mais bien loin d'avancer, les choses s'aigrissoient tous les jours: c'étoit apparemment les incursions que Recarede faisoit sur ses Etats, qui l'indisposoient

---

C. 42.

hoc scelus perpetraret centum solidos accepisse, a Melantio qui illi pridem subrogatus fuerat, quinquaginta, totidemque ab Archidiacono civitatis: præterea sibi & uxori libertatem promissam fuisse. Post confessionem hujusmodi, evaginato ille gladio sicarium illum in frusta concidit. Postea vero Fredegundis in locum Prætextati, Melantium iterum subrogari curavit. Ipsa vero Fredegundis Beppolenum ducem exagitare cœpit, solitosque ipsi honores denegare. Ille vero pejora fortasse metuens, Guntchramnum regem adiit; *a quo accepta potestate Ducatus super civitates illas, quæ ad Chlotarium Chilperici regis filium pertinebant, cum magna potentia abiit*; sed a Rhedonicis non est receptus. Andegavos autem venit, ubi multa intulit mala, semelque effracto tabulato domus, pene obrutus est, dum epularetur. Tandemque ad Rhedonicos rediit, ibique filium suum reliquit, qui a populo interemtus est.

C. 43.

Fredegundis vero indigne ferens, quod non tantæ potestatis esset, multa moliebatur, ut rerum faciem verteret. Occulte vero nuncios ad Hispaniæ Regem misit, qui favente Palladio Episcopo Santonense transitum habuere. Illa vero, ut credere est, Leuvichildum concitabat, ut Francis bellum inferret. Oratores vero postea nomine filii sui misit ad Guntchramnum regem, quorum primus erat Baddo: hi vero hominem immisere, qui Guntchramnum regem consoderet. Expleto munere suo Oratores dimissi a Rege, aliquantum exspectarunt, ut viderent quo suscepta res vergeret. Mane autem procedente Rege ad matutinas horas; prælucente cereo, visus est homo quasi ebrius in angulo Oratorii dormiens, cujus hasta parieti sustentabatur. Exclamavit Rex ad hoc spectaculum. Apprehenditur ille & loris constringitur, interrogatusque fatetur se ab Oratoribus emissum esse ut Regem interficeret. Ipsi quoque Oratores apprehenduntur, qui dicunt ad nihil se aliud venisse, nisi ut legatione sua fungerentur. Jussu vero Guntchramni sicarius ille aliquot plagis affectus est. Oratores autem ad diversa loca in exsilium missi sunt.

C. 44.

Oratores Hispanici crebro Guntchramnum adibant, pacem petentes; sed nullo fructu: imo vero res in deterius vergebant. Fortasse vero Guntchramnus, incursiones facere pergente Recharedo, magis

C. 45.

Tome I.   P ij

ainſi. En ce même tems il rendit à ſon neveu Childebert la Ville d'Albi. Alors le Duc Didier qui avoit ſes principaux biens autour de cette Ville, craignant que Childebert n'eût du reſſentiment de quelque déplaiſir qu'il avoit fait à ſon pere Sigebert, ſe retira à Touloufe. Là il ſe diſpoſa à faire la guerre aux Gots, & marcha contre eux avec le Comte Auſtroualde. Ceux de Carcaſſonne ſe prepareront à lui reſiſter. Didier accompagné d'Auſtroualde tomba ſur les Gots qui prirent la fuite. Il les pourſuivit en tuant toujours ceux qu'il pouvoit atteindre. Il ſe trouva près de Carcaſſonne avec peu de monde, le reſte de la cavalerie fatiguée d'une ſi longue courſe n'aiant pû le ſuivre. Il s'avança vers la porte de la Ville. Les Bourgeois le voiant ſi mal accompagné, l'inveſtirent, & le tuerent avec tous ſes gens; peu échapperent pour en porter les nouvelles. Auſtroualde fut fait Duc en la place de Didier. En ce tems-là mourut Leovigilde Roi des Gots en Eſpagne. Avant que de mourir il ſe fit Catholique après avoir abjuré l'Arianiſme. Recarede ſon fils lui ſucceda, & envoia des Ambaſſadeurs à Gontran & à Childebert pour faire des propoſitions de paix. Gontran fit arrêter ces Ambaſſadeurs à Mâcon, demanda de voir les propoſitions qu'ils avoient à lui faire; & ne les trouvant pas à ſon gré, il ne voulut pas recevoir l'Ambaſſade. Childebert au contraire les reçut humainement, fit la paix avec eux, & les renvoia chargez de preſens.

Cette même année le Roi Gontran découvrit une autre conſpiration contre ſa vie. Au mois de Septembre le jour de la fête de S. Marcel, comme il étoit dans l'Egliſe, un homme vint à lui ſaiſi de deux poignards. On le mena hors de l'Egliſe, & on le mit à la queſtion; il découvrit pluſieurs complices qui l'avoient engagé à tuer le Roi. On fit executer quelques-uns des complices: pour ce qui eſt de l'homme ſaiſi de poignards, il ordonna qu'on le laiſſât aller après l'avoir châtié, ne voulant pas qu'un homme pris dans l'Egliſe fût executé à mort. Il ſe fit garder plus ſoigneuſement depuis. Cette même année Childebert eut un ſecond fils, qui fut levé des fonts par Veran Evêque de Cavaillon, Prélat d'une grande ſainteté, & qui fut appellé Theodoric.

Les Gaſcons deſcendans de leurs montagnes, firent en ce tems-là une irruption dans la plaine, ravagerent les campagnes, brûlerent les maiſons, & emmenerent pluſieurs captifs avec des beſtiaux. Le Duc Auſtroualde vint pour les reprimer & les châtier; mais comme ils s'étoient refugiez dans leurs montagnes, il ne leur fit pas grand mal. En ce même tems les Gots pour ſe venger des

exaſperabatur. Eodem vero tempore Childeberto regi Albigam reddidit. Tunc Deſiderius Dux, cujus bona circa Albigam erant, timens ne ultio expeteretur cujuſdam injuriæ ab ſe Sigiberto Regis patri illatæ, Toloſam ſe recepit; exercitumque commovit contra Gotthos cum Auſtroualdo comite. Carcaſſonenſes vero ad defenſionem ſe apparuerunt. Deſiderius & Auſtroualdus Gotthòs invadunt & fugant. Deſiderius vero dorſo eorum inſiſtit, obvioſque trucidat; cum paucis hoſtes perſequens prope Carcaſſonam acceſſit, cæteris præ laſſitudine longe retro relictis. Tum ad portas urbis acceſſit. Carcaſſonenſes autem vallatum illum cum ſuis interficiunt, paucis fuga elapſis, qui rem uti geſta erat,narrarent.Auſtroualdus vero Regem adiit, qui illum in Deſiderii locum ſubrogavit. Hoc ipſo tempore obiit Leuvichildus Hiſpaniæ Rex. Ante obitum vero abjurato Arianiſmo ad Catholicam fidem acceſſit. Huic ſucceſſit Recharedus filius, qui Oratores ad Guntchramnum & Childebertum reges pacis tractandæ cauſa miſit. Guntchramnus Oratores Matiſcone gradum ſiſtere juſſit, quid proponendum haberent excuſſit, & cum id non placeret ſibi, Oratores recipere noluit. Verum Childebertus perhumaniter illos excepit, & muneribus onuſtos remiſit.

Hoc ipſo anno Guntchramnus rex aliam contra ſe conſpirationem detexit. Menſe Septembri die feſto Sancti Marcelli, in Eccleſia, homo quidam ipſum adiit duos habens cultros. Is extra Eccleſiam eductus tormentis traditur. Ille multos declaravit qui ſe ad Regem interficiendum concitarant, quorum multi interemti ſunt. Sicarium vero verberatum juſſit dimitti, nefas putans hominem in Eccleſia captum truncari. Hinc vero ſe arctius cuſtodiri juſſit. Hoc eodem anno ſecundus filius Childeberto natus eſt, qui vocatus fuit Theodoricus.

Vaſcones de montibus erumpentes ad plana deſcenderunt, vineas agroſque depopulantes, domos incendentes: captivos item & pecora abduxerunt. Anſoualdus vero acceſſit ulturus illos; ſed cum in montes ſe recepiſſent, nihil illis damni inferre potuit. Eodem tempore Gotthi, quorum regionem exercitus Guntchramni vaſtaverat, ut vicem rependerent Arc-

CLOTAIRE II. GONTRAN, CHILDEBERT. 117

ravages qu'avoient fait les troupes de Gontran dans la Septimanie, defolerent la campagne autour d'Arles, emmenerent plufieurs captifs, ruinerent un Bourg nommé *Ugernum*, dont ils emmenerent les habitans, & fe retirerent fans trouver la moindre refiftance.

Le Duc Gontran-Bofon dont il eft fouvent parlé dans cette hiftoire, homme remuant & qui s'étoit attiré l'indignation de la Reine Brunehaut, par l'entremife d'Ageric Evêque de Verdun, fit fa paix avec elle & avec Childebert, qui lui ordonna de fe tenir auprès de l'Evêque Ageric jufqu'à ce qu'il eût vû le Roi Gontran, avec qui il falloit qu'il fe reconciliât auffi. La Cour du Roi Childebert fut alors troublée par les entreprifes de Rauchinge, qui s'étant joint avec les principaux de la Cour du jeune Roi Clotaire, fit femblant de vouloir établir une bonne paix, & confpira avec fes gens de tuer Childebert, de mettre à bas tout le credit de la Reine Brunehaut, de fe faifir de Theodebert fon fils aîné encore enfant, & de gouverner la Champagne fous fon nom, au même tems qu'Urfion & Berthefroi fe faifiroient du jeune Theodoric, & gouverneroient le refte du Roiaume à l'exclufion du Roi Gontran. Rauchinge homme vain, fe glorifioit déja de fa puiffance future. Gontran averti de tout ceci, en donna avis à Childebert, qui fut informé d'ailleurs de la verité du fait. Il fit appeller Rauchinge, qui ne croiant pas que la méche fut découverte, vint à la Cour; mais avant que d'être arrivé en la prefence du Roi, il fut maffacré par les Gardes. On fe faifit de fes trefors qui étoient fort confiderables. Magnoalde fut fait Duc en la place de Rauchinge. Cependant Urfion & Berthefroi venoient avec une armée pour foutenir Rauchinge. Mais quand ils apprirent fa mort, ils augmenterent encore le nombre de leurs troupes, & fe fortifierent dans le Bourg de Vaivre, refolus de fe bien défendre fi on les venoit attaquer. Brunehaut maraine d'une fille de Berthefroi, tâcha de le détacher d'Urfion en lui promettant la vie; mais inutilement.

Trahifon de Rauchinge découverte.

Les deux Rois Gontran & Childebert fe joignirent enfemble. Magneric Evêque de Treves s'y trouva auffi. Gontran-Bofon y vint de même, mais contre la convention en l'abfence d'Ageric Evêque de Verdun. Les deux Rois le jugeant trop coupable, refolurent de le faire mourir. Averti de cela, il s'en va à la maifon de Magneric, ferma les portes après avoir chaffé fes domeftiques, & lui dit qu'il ne le quitteroit pas; & que s'il ne lui obtenoit la vie, il le tueroit

Gontran-Bofon tué.

C. 8.

latenfem agrum depopulati funt, captivos multos abduxerunt, Ugernum diruerunt, cujus incolas fecum item duxerunt, & nullo accepto damno regreffi funt.

Guntchramnus- Bofo Dux, cujus frequenter meminimus, turbulentus homo, qui fibi Brunechildis reginæ indignationem conciliaverat, favente Agerico Epifcopo Virdunenfi pacem cum illa, & rege Childeberto fecit, qui præcepit ei ut cum Agerico Epifcopo maneret, donec ipfe regem Guntchramnum videret, quicum & ipfe reconciliandus erat. Regia vero Childeberti tunc commota fuit ob gefta Rauchingi; qui junctus cum primoribus aulicis Chlotarii regis, fingens fibi pacem fervare cordi effe, una cum iis iniit confilium occidendi Childeberti regis, Brunechildifque reginæ in humilem ftatum reducendæ, affumendi in Regem Theodeberti adhuc pueruli, ejufque nomine Campaniam regendi, dum Urfio & Berthefredus Theodoricum affumerent, & exclufo Guntchramno, aliam regni partem infantis illius nomine regerent. Jamque Rauchingus homo vanus fefe de futura potentia jactitabat. Hoc comperto Guntchramnus rem Childeberto aperuit, cui idipfum aliunde confirmatum eft. Rauchingum evocat, qui Regem ignarum rei putans ad ædes regias acceffit; fed antequam ad Regis confpectum veniret, a fatellitibus interfectus eft. Ejus opes & pecuniæ fane multæ fublatæ funt. Magnoualdus autem in ejus locum fubftitutus eft. Interim Urfio & Berthefredus exercitum collegerant, & ut Rauchingo opem ferrent accedebant. Verum audita ipfius nece, auctis adhuc copiis, in caftro Vabrenfi fefe munierunt, refumtis animis ut fi contra fe exercitus moveretur, ftrenue obfifterent. Brunechildis vero quæ filiam Berthefredi ex facro fonte fufceperat, illum ab Urfionis focietate divellere tentavit, vitam illi pollicita. Sed fruftra ceffit conatus.

C. 9.

Ambo reges Guntchramnus & Childebertus convenere fimul; adfuit item Magnericus Trevirenfis. Guntchramnus item Bofo acceffit; fed fine Agerico Virdunenfi, contra quam ftatutum fuerat. Ambo autem Reges nimiis obnoxium fceleribus morte plectendum decernunt. Re comperta, ille ad Magnerici Trevirenfis ædes confugit, pulfifque famulis ejus portas claudit, & Magnerico dicit, fe illi femper adhæfurum effe, & nifi vitam fibi impetraret, occifurum

C. 10.

P iij

avant que d'être tué lui-même. Cela fit grand bruit. On alla dire au Roi que l'Evêque le vouloit défendre ; ce qui n'étoit pas vrai. Le Roi ordonna qu'on mît le feu à la maison pour brûler l'un & l'autre. Alors les Ecclefiaftiques de Magneric allerent rompre les portes, & tirerent par force leur Evêque hors de la maison. Le malheureux Gontran-Boson se trouvant ainsi seul, voiant que les flammes gagnoient la maison, vint à la porte armé. Il fut blessé d'un coup de lance au front ; & voulant tirer son épée, il se trouva percé de tant de lances, que quoiqu'il fut mort, les hampes l'empêcherent de tomber à terre : avec lui furent tuez quelques-uns de sa suite. Sa femme & ses enfans furent exilez. On trouva chez lui une quantité ineftimable d'or & d'argent : des trefors qu'il avoit caché fous terre, furent aussi découverts.

Urfion & Berthefroi Chefs des révoltez, défaits & tuez.

Childebert fit marcher une armée contre Urfion & Berthefroi, qui voiant tant de troupes, se retirerent fur une montagne de difficile accès dans une Eglise de faint Martin, avec leurs femmes & leurs petits enfans. L'armée qui venoit droit à la montagne, pilla & brûla en chemin faifant les maifons & granges qui appartenoient à ces deux Chefs de revoltez, & vint enfin inveftir l'Eglise. Ne pouvant en faire fortir ceux qui s'y étoient refugiez, ils tâcherent d'y mettre le feu. Urfion fortit alors armé, donna fur les premiers qu'il trouva, & en fit un grand carnage. Là fut tué Trudulfe Comte du Palais Roial, & plufieurs autres tomberent avec lui. Urfion continuoit toujours à combattre vaillamment ; mais aiant été bleffé à la cuiffe, on courut fur lui & on le tua. Godegifile cria alors qu'Urfion étant mort, on mît fin aux hoftilitez, & qu'on donneroit la vie à Berthefroi. A peine eut-il dit cela, que les Soldats fe mirent à piller tout ce qu'on avoit porté à l'Eglife pour le mettre en fureté ; & pendant ce tumulte, Berthefroi monta à cheval, s'enfuït à Verdun, & s'alla refugier dans l'Oratoire de l'Evêque Ageric. Childebert fâché de ce que Berthefroi s'étoit enfui, dit en menaçant que s'il échappoit, Godegifile en porteroit la peine, ne fachant point qu'il s'étoit refugié dans une Eglise. Godegifile craignant la colere du Roi fi Berthefroi avoit la vie fauve, fit inveftir l'Oratoire. Mais comme l'Evêque empêchoit qu'on ne lui fît violence, plufieurs monterent fur le toit, & l'affommerent à coups de tuiles & de plâtres, lui & trois ferviteurs qui y étoient. L'Evêque fut fort indigné de ce qu'ils avoient fait ce coup malgré lui ; mais fur tout de ce qu'ils avoient violé une maifon de prieres où repofoient plufieurs corps faints.

---

illum antequam ipfe occideretur. Regi autem falfo nunciatur Magnericum ejus fufcepiffe defenfionem. Juffit Rex incendi domum ut ambo comburerentur. Tunc Clerici Magnerici, effractis valvis, Epifcopum vi abduxerunt. Infelix vero Guntchramnus-Bofo, folus cum effet, & flammas invadere domum videret, ad portam venit armatus, inque fronte ictus lancea, cum gladium ftringere vellet, tot lanceis confoffus eft, ut nec mortuus cadere poffet ; cum illo quidam ex fuis interfecti funt. Uxor ejus & filii in exfilium acti funt. Apud illum vis inæftimabilis auri & argenti reperta eft ; detectaque etiam illa funt quæ fub terra abdiderat.

C. 12. Juffu Childeberti regis proceffit exercitus contra Urfionem & Berthefredum, qui tot junctas cohortes confpicati, ad montem contugerunt acceffu difficilem : ibi Ecclefia fancti Martini erat quo fe receperunt cum uxoribus & filiis. Exercitus vero ad montem properans, iter agendo villas eorum deprædatur & incendit ; tandemque Ecclefiam obfidet ; cumque profugos ex Ecclefia educere non poffet, in Ecclefiam ignem injicit. Tunc Urfio armatus egreditur, & magnam ftragem facit. Ibi occifus eft Trudulfus Palatii regalis Comes, multique alii cecidere. Urfio femper ftrenue pugnabat, donec in femore fauciatus rueret ; tunc accurrentes milites ipfum interfecerunt. Exclamavit Godegifilus Dux, jam cæfo Urfione à cæde, ceffandum à cæde, & vitam Berthefredo concedendam effe : ftatimque milites ad ea diripienda verfi funt, quæ in Ecclefiam comportata fuerant. Inter hæc Berthefredus confcenfo equo Virdunum confugit, & in Oratorium Agerici Epifcopi fe recepit. Childebertus iratus quod Berthefredus aufugiffet, comminando dixit, fi Berthefredus elaberetur, Godegifilum pœnas daturum ; ignorans fcilicet illum in Ecclefiam aufugiffe. Timens igitur Godegifilus Oratorium cingi præcepit ; fed cum arcere eos Epifcopus ne vim illi inferrent, aliqui fupra tectum afcendentes, tegulis illum ac maceriis cum tribus famulis obruerunt & interfecerunt. Epifcopus vero ægre admodum tulit, quod fe invito id perpetraffent, maxime autem quod domum orationis, ubi multa corpora Sanctorum

CLOTAIRE II. GONTRAN, CHILDEBERT.

Le Roi Childebert lui envoia des prefens pour l'appaifer, mais cela ne le fatisfit pas. Cette affaire fut caufe que bien des gens, craignant la colere du Roi, s'allerent établir dans d'autres payis. Plufieurs Ducs furent dépofez, & d'autres mis en leur place.

Recarede Roi d'Efpagne, qui abjurant l'Arianifme avoit embraffé la Foi Catholique, envoia des Ambaffadeurs au Roi Gontran pour lui demander la paix. Gontran inflexible à fon ordinaire n'y voulut point entendre. Sa raifon étoit que les Gots avoient mis en captivité fa niece Ingonde, & fait mourir Hermenegilde fon mari. Le mauvais fuccès de fes entreprifes fur la Septimanie, avoit fans doute beaucoup de part à fon mécontentement. Les Ambaffadeurs allerent de là à la Cour du Roi Childebert & de Brunehaut fa mere, où ils furent reçûs fort humainement, & obtinrent la paix. Ils demanderent auffi Clodofinde fœur de Childebert, en mariage pour le Roi Recarede; mais Brunehaut & Childebert n'oferent la donner fans le confentement du Roi Gontran, qui étoit alors fort éloigné de l'accorder.

Ambaffade du Roi d'Efpagne.

Les Bretons firent en ces tems là des courfes dans le territoire de Nantes, pillerent, ravagerent & emmenerent des captifs. Le Roi Gontran fit marcher une armée pour les châtier, & envoia auparavant demander reparation des dommages. Les Bretons craignant cette armée, promirent de donner pleine fatisfaction. Le Roi envoia Namace Evêque d'Orleans, & Bertran Evêque du Mans, accompagnez de quelques autres de la part du Roi Clotaire, pour convenir des conditions de l'accommodement avec Varoch & Vidimacle Comtes des Bretons, qui promirent de donner mille pieces d'or à Gontran & autant à Clotaire, & de ne faire plus des incurfions fur les Villes voifines. Varoch loin d'executer fes promeffes, continua fes courfes & fes ravages. Le Roi Gontran en furie, fit de nouveau marcher fon armée. Nous verrons plus bas le fuccès de cette guerre.

Courfes des Bretons.

Les partages de tant de Villes & de tant de Terres dans les Gaules entre differens Rois, ne pouvoient manquer de caufer des débats & des conteftations. Il y en avoit entre Gontran & Childebert; ce Prince envoia à Gontran fon oncle, Gregoire Evêque de Tours notre Hiftorien, qui décrit fort au long fon ambaffade. Il s'agiffoit de quelques differens qui étoient entre eux fur des Villes, fur des Terres, & fur Senlis qui devoit être divifé entre Gontran & Childebert,

588.

---

quiefcebant, violaffent. Childebertus vero ut illi faceret fatis, munera mifit; fed his Epifcopus non acquievit. Multi autem iram Regis pertimefcentes, in alias regiones abfcefferunt. Nonnulli Duces a Ducatu depulfi, & alii in eorum locum fubftituti funt.

Rechaledus Hifpaniæ Rex qui Arianifmum abjurando ad Catholicam fidem tranfierat, Oratores denuo mifit ad Guntchramnum pacem petens. Guntchramnus pro more nullam pacis fpem reliquit, illamque ideo nolebat quod Gotthi filiam fratris fui Ingundem in captivitatem redegiffent, & conjugem ejus Hermenegildum occidiffent. Bella ab eo infeliciter in Septimania gefta animum ejus haud dubie exafperabant. Inde vero Oratores ad Childebertum regem perrexerunt & ad Brunechildem, a quibus perhumaniter excepti pacem impetrarunt. Chlodofindam etiam Childeberti fororem in uxorem Rarechedo regi petierunt. Verum Brunechildis & Childebertus illam fine confenfu Guntchramni regis concedere non aufi funt. Tunc autem ille a tali confenfu dando longe alienus erat.

Britones eodem tempore in agrum Namnetenfem incurfiones fecerunt, prædas egerunt & captivos abduxerunt. Guntchramnus rex exercitum mifit, qui illos in ordinem redigeret, poftquam nuncium miferat, qui illati damni reparationem peteret. Britones metuentes, fe cuncta reftauraturos polliciti funt. Namatium Rex Aurelianenfem, & Berthramnum Cenomanenfem Epifcopos mifit, cum quibufdam aliis partes Chlotarii regis agentibus, qui rem componerent cum Varocho & Vidimaclo Britonum Comitibus, qui promiferunt fe Guntchramno mille folidos effe daturos, & totidem Chlotario, neque fe ultra incurfiones effe facturos & prædas abigerunt. Varochus promiffa nihil curans, prædas ut prius agere cœpit. Guntchramnus vero furens exercitum denuo moveri juffit. Hujufce belli exitum infra videbimus.

Tot urbes, tot regiones in Galliis inter Reges divifæ, diffidiorum haud dubie caufa erant. Cum ergo Guntchramnum inter & Childebertum aliquid litis effet, mifit Childebertus patruo Guntchramno Gregorium Turonenfem. Lis erat de partitione regionum & urbium, nominatimque Silvanectenfis urbis, cujus pars competebat Childeberto regi, altera vero

mais que ce dernier retenoit tout entier. Il y fut résolu qu'ils s'en tiendroient au traité fait entre eux l'an vingt-sixiéme du regne de Gontran, & le douziéme du regne de Childebert, qui est rapporté là tout au long. Ce qui est à remarquer ici, c'est que Gontran parlant de Fredegonde l'appelle l'ennemie de Dieu & des hommes. On demanda à Gontran qu'il donnât son consentement au mariage de Clodosinde sa niece, sœur du Roi Childebert, avec Recarede. Il fit d'abord quelque difficulté là-dessus, & dit enfin que si son neveu tenoit bien le traité fait entre eux, il y consentiroit. On lui demanda aussi de joindre ses troupes à celles de Childebert, pour porter la guerre en Italie. Il répondit qu'il ne pouvoit, parce que son armée périroit infailliblement de la contagion qui regnoit alors en ce païs-là. Pour conclusion Gontran invita les Ambassadeurs, & les traita magnifiquement. Ce Prince toujours attentif aux devoirs du Christianisme, s'appliquoit sans cesse à l'exercice des bonnes œuvres, aux aumônes qu'il faisoit largement dans tous ses Etats, aux veilles, à la priere, aux jeûnes. On disoit même qu'il faisoit des miracles. L'Historien raconte qu'une femme aiant coupé quelque brin de la frange de l'habit du Roi Gontran, la fit détremper dans de l'eau qu'elle donna à son fils malade de la fievre, qui en guérit tout aussi-tôt.

Caractere de Fredegonde.

Le Roi Childebert avoit promis de donner sa sœur en mariage au Roi des Lombards : mais les Gots étant venus la demander pour Recarede leur Roi, qui s'étoit converti avec tous ses Etats à la Foi Catholique ; malgré la parole donnée aux Lombards, il la promit à ces derniers. Il envoia vers le même tems une Ambassade à l'Empereur Maurice, pour lui déclarer qu'il alloit entreprendre la guerre contre les Lombards, qu'il avoit différée jusqu'alors, & qu'il tâcheroit de les chasser de l'Italie. Il l'entreprit en effet, & fit marcher son armée en Italie. Mais cette expedition fut la plus malheureuse qu'on eût encore faite. Les François y furent défaits & taillez en pieces pour la plûpart, le reste prit la fuite, & fort peu revinrent en France.

Guerre de Childebert en Lombardie, fort malheureuse. 589.

L'an 589. de Jesus-Christ, mourut la Reine Ingoberge, femme de Cherebert Roi de Paris, âgée d'environ soixante-dix ans, après avoir passé saintement sa vie dans l'exercice des jeûnes, veilles, prieres & aumônes. Elle laissa une fille nommée Berthe ou Adelberge, qui fut mariée à un fils du Roi de Kent.

Guntchramno, quam totam retinebat Childebertus, Decretum vero fuit ut pactum anno XXVI. regni Guntchramni, XII. regni Childeberti inter ambos initum servaretur; quod pactum ibidem integrum habetur. Observandum autem est Guntchramnum de Fredegunde loquentem vocare illam Dei & hominum inimicam. A Guntchramno autem petitum est, ut consensum suum concederet ad connubium peragendum Recharedum inter & Chlodosindam sororem Childeberti regis. Non annuebat Guntchramnus: dixit tamen, si pactis staret Childebertus, se ad eam rem consensum suum daturum esse. Ab illo etiam petitur ut exercitum suum cum Childeberti exercitu jungeret ad bellum in Italiam inferendum. Non posse se respondit ille, quia cum lues tunc in Italia grassaretur, exercitus haud dubie suus ibi periturus erat. Tandem Guntchramnus Oratores ad lautam mensam invitavit. Hic vero Princeps Christianis præceptis semper intentus, bonis assidue operibus incumbebat, pauperibus bona largiter ubique erogabat, jejuniis dabat operam. Ferebant etiam illum miracula edidisse. Narrat Gregorius mulierem quamdam abruptis ab ejus veste regia fimbriis, iisque in aqua positis, aquam illam filio in potum dedisse, qui statim a febre liberatus est.

Promiserat Childebertus rex se sororem suam in uxorem daturum esse Regi Langobardorum ; sed venientibus Gotthis illam Recharedo regi petentibus, qui Recharedus cum subditis suis ad fidem Catholicam accesserat, non stetit ultra promissis quæ Langobardis dederat ; sed illam Recharedo promisit. Eodem tempore Oratores misit ad Mauricium Imperatorem, pollicitus id, quod hactenus distulerat, se jam strenue facturum : bellum nempe illaturum Langobardis ut illos ex Italia pelleret : vereque expeditionem illam suscepit, exercitumque misit in Italiam. At hæc expeditio omnium infelicissima fuit : Franci namque victi, & cæsi sunt, alii in fugam conversi, pauci in Gallias redierunt.

Anno Christi 589. obiit Ingoberga regina uxor Chariberti regis, annorum circiter septuaginta, postquam sanctè vitam duxerat jejuniis, vigiliis, precibus, pauperum curæ dans operam ; filiam vero reliquit Bertham, seu Adelbergam, quæ filio Regis Cantiæ nupsit.

Theodebert

CLOTAIRE II. GONTRAN, CHILDEBERT.

Theodebert fils aîné de Childebert, fut attaqué d'un mal de gorge, dont il guerit ; & environ ce même tems Childebert se prépara à aller à la tête d'une armée faire la guerre aux Lombards en Italie ; mais les Lombards en ayant eu avis lui envoierent des Ambassadeurs chargez de presens, pour lui demander son amitié, & lui offrir de marcher sous ses ordres à la guerre quand il auroit besoin d'eux. Childebert envoia les mêmes Ambassadeurs à Gontran, qui lui conseilla d'établir une bonne paix. Childebert fit arrêter son armée pour voir si les Lombards executeroient leur promesse ; mais ils n'en firent rien.

Ce Prince à la sollicitation de Marovée Evêque de Poitiers, envoia Florentien Maire du Palais, & Romulfe Comte du Palais, pour regler le cens ou le tribut imposé par son pere sur les familles. Il se rencontroit que plusieurs de ceux sur qui on l'avoit imposé étant venus à mourir, ils avoient laissé des veuves & des orphelins qui avoient peine à subsister. Il falloit les soulager, & on repartit sur d'autres plus aisez ce que les pauvres ne pouvoient paier. Les mêmes voulurent imposer un tribut sur la Ville de Tours, & porterent un Livre de Cens où étoit marqué ce que chacun devoit paier. Mais l'Evêque Gregoire notre Historien, s'y opposa, disant qu'en consideration de S. Martin, la Ville avoit toujours été exemte de tribut ; que les Rois precedens qui l'avoient voulu imposer, s'étoient desistez ; que le Livre de Cens qu'ils montroient n'avoit point été tiré du Tresor Roial ; mais avoit été fait par quelque ennemi ; que Dieu puniroit celui qui l'avoit produit : en effet, le fils d'Audin qui avoit donné ce Livre, mourut trois jours après de la fievre. L'Evêque obtint du Roi qu'en consideration de S. Martin on ne demanderoit rien.

Cens ou tribut reglé.

Le Roi Gontran malgré les mauvais succès qu'il avoit eus jusqu'alors dans la Septimanie, voulut encore y porter la guerre. Austroalde s'étoit déja rendu maître de Carcassonne, & avoit exigé de ses habitans le serment de fidelité. Pour subjuguer les autres Villes, le Roi envoia Boson accompagné d'Antestius avec une armée composée de Saintongeois, de Perigordins, de Bourdelois, d'Agenois & de Toulousains. Boson, homme vain & arrogant, parloit avec grand mépris d'Austroalde, & le querelloit de ce qu'il avoit osé entrer dans Carcassonne, pretendant que cela n'appartenoit qu'à lui. Les Gots avertis de tout ceci, jugerent que c'étoit un homme aisé à surprendre, & lui tendirent des embuches. Boson se campa près d'une petite riviere, où il se mit à faire

Mauvais succès de la guerre en Septimanie.

G. 29. . Theodebertus Childeberti filius gulæ tumore afflictus est ; sed convaluit, & Childebertus eodem tempore ad expeditionem Italicam sese apparavit, ut Langobardis bellum inferret : verum his compertis, Langobardi Oratores cum muneribus miserunt, pacem amicitiamque petentes, seseque promptos offerentes ad bellum pro illo suscipiendum. Eosdem Childebertus Oratores ad Guntchramnum misit, qui firmam ut pacem stabiliret suasit ipsi. Childebertus exercitui gradum sistere præcepit, ut probaret num Langobardi promissis starent : at illi nihil exsequuti sunt.

C. 30. Tunc instigante Maroveo Episcopo Pictavensi Florentianum Majorem-domus regiæ, & Romulfum Palatii Comitem misit, ut censum aut tributum a patre suo familiis impositum, in bonum reducerent ordinem. Multi namque quibus impositus census fuerat obeuntes, viduas & orphanos reliquerant, quibus vix necessaria ad victum suppetebant. Illis exoneratis in alios opulentiores rejiciebatur id quod inopes illi solvere nequibant. Iidem vero Turonensi urbi tributum imponere voluere, librumque census atrulere, ubi quid quisque soluturus erat assignabatur. Verum Gregorius Episcopus obstitit illis, atque in sancti Martini honorem urbem probavit semper fuisse a censu liberam ; Regesque priores qui imponere voluerant, a cœpto destitisse : librum vero census quem exhibebant non ex thesauro regio eductum fuisse ; sed ab aliquo inimico factum ; Deumque illum plexurum dixit qui librum hunc produxerat : & revera filium Audini qui hunc librum dederat, post triduum a febre correptum interiisse narrat. Impetravit autem Episcopus a Rege, ut in honorem sancti Martini tributum non exigeretur.

C. 36. Rex Guntchramnus non deterritus a pristino infausto expeditionum suarum exitu in Septimania, denuo bellum illuc intulit. Austrovaldus jam Carcassonam occupaverat, & ab incolis sacramentum fidei exegerat. Rex ut alias sibi subjiceret urbes, Bosonem misit cum Antestio, & exercitu, apud Santonicos, Petragoricos, Burdegalenses, Agennenses & Tolosanos coacto. Boso autem vanus homo & arrogans, de Austrovaldo Duce cum despectu loquebatur, querebaturque quod Carcassonam ingredi ausus esset, quasi illud ad se solum pertineret. His auditis Gothi, virum insidiis opportunum esse arbitrati sunt, & vere ipsi insidias struxerunt. Boso ad fluvium prope

bonne chere, jusqu'à s'enivrer en maudissant les Gots, & leur disant mille injures. Les Gots se servant de l'occasion vinrent l'attaquer dans son camp. On sonne l'allarme, on va contre eux. Après une legere resistance, ils font semblant de s'enfuir, & attirent Boson & ses gens dans une embuscade, où les troupes de Boson se trouvant enfermées, furent taillées en pieces; ceux qui purent se sauver à cheval, laisserent là tout leur bagage. Il perit dans cette action environ cinq mille hommes, & il y eut plus de deux mille prisonniers, dont plusieurs lâchez par les Gots retournerent en leur pays. Les Auteurs Espagnols exagerent beaucoup cette défaite.

Fort affligé de cet échec, le Roi tourna toute sa colere contre Childebert son neveu, disant que c'étoit par sa bonne intelligence avec le Roi d'Espagne que son armée avoit été défaite. Il fit garder les passages de ses Etats, afin que personne du Roiaume de Childebert n'y pût entrer. Il crut avoir un autre sujet de mécontentement, lorsqu'il apprit que Childebert vouloit envoier son fils aîné Theodebert à Soissons. Il s'imagina qu'il l'envoioit là pour le faire ensuite entrer à Paris, & envahir son Roiaume; à quoi Childebert n'avoit jamais pensé. Il se déchaînoit sur tout contre Brunehaut, disant que c'étoit par son conseil que tout cela se faisoit, & qu'elle vouloit se marier avec un fils de Gondebaud. Pour remedier à tout cela, il indiqua un Concile pour le premier de Novembre suivant. Plusieurs Evêques partirent pour s'y rendre. Mais Brunehaut s'étant purgée par serment de ce dont Gontran l'accusoit, les Evêques furent contremandez, & Gontran laissa le passage libre dans ses Etats.

Nous avons souvent vû combien Fredegonde étoit promte à se défaire des gens qui l'incommodoient. Sa propre fille Rigonte fut sur le point d'être traitée comme les autres. Voici le fait. Rigonte reprochoit souvent à sa mere sa basse naissance, & prétendoit tenir le haut bout avec elle. Là-dessus elles se querelloient & se battoient à coup de poings. Fredegonde voulant la tuer fait semblant de s'adoucir, lui ouvre le coffre où étoient les bijoux & les plus riches ornemens de son pere, & lui dit d'en prendre ce qu'elle voudroit. Elle commence elle-même à y mettre la main, & exhorte sa fille à faire de même. Rigonte s'étant inclinée, & mettant la main dans le coffre, Fredegonde rabbat le couvercle sur son cou, qui appuioit sur le bord du coffre, & la presse en

Fredegonde veut tuer sa fille.

---

urbem castris positis, epulis & potui dabat operam, & in Gotthos convitia profundebat. Gotthi occasione arrepta, ad castra usque pugnaturi veniunt: tunc vociferantur ii qui in castris erant, & in Gotthos irrumpunt. Illi post tantillum pugnæ fugam simulant, Bosonemque & exercitum ejus in locum insidiarum pertrahunt, ubi cohortes Bosonis in medio conclusæ cæsæ sunt: qui autem equites aufugere potuerunt, supellectilem omnem suam reliquerunt. In hoc prœlio plusquam quinque millia hominum perierunt, & plusquam duo millia capti sunt, quorum plurimi a Gotthis dimissi, in patriam sunt reversi. Hispanici Scriptores longe majorem fuisse cladem referunt.

His commotus Guntchramnus rex, iram in Childebertum effudit, dicens exercitum suum ideo cæsum fuisse, quod ipse cum Hispanis fœdus societatemque haberet. Tum vias in regno suo claudi jussit, ut ne quis ex regno Childeberti in suum intrare posset. Aliam se querimoniæ causam habere credidit, cum didicit Theodebertum a patre Childeberto ad Suessionas mitti. Putavit enim eo mitti Theodebertum, ut postea Lutetiam invaderet, deindeque regnum auferre sibi conaretur; quod Childeberto ne in mentem quidem venerat. Contra Brunechildem maxime declamabat, ejus consilio hæc omnia fieri dicens: velle autem ipsam Gundovaldi filium in conjugem ducere. Ut hisce omnibus prospiceret, Concilium ad primam diem Novembris proximi indicavit. Episcopi multi profecti sunt; sed cum Brunechildis de oblato crimine sese sacramento purgasset, Episcopi regressi sunt, & Guntchramnus liberum in regno suo reliquit transitum.

Jam sæpe vidimus quam facile Fredegundis de medio tolleret eos qui sibi vel infensi, vel suspecti essent. Ejus filia Riguntis matris iracundiam & vindictam experimento fere didicit. Res sic gesta est. Riguntis sæpe matri improperabat, quod ex vili genere orta esset, ideoque se præstare illi, & primas occupare jactabat. Hinc rixæ frequentes; ut etiam se mutuo pugnis cæderent. Fredegundis vero illam perimere cupiens, blandius alloquuta filiam, arcam ipsi aperuit, ubi condebantur monilia variaque ornamenta patris sui, invitavitque illam ut quidquid vellet, inde educeret. Fredegundis vero ipsa manum immittit, & filiam hortatur ut perinde faciat. Inclinata Riguntis manum in arcam immisit. Fredegundis vero operculum demittit super collum Riguntis, quod inferius arcæ ora nitebatur, atque tam fortiter premit

CLOTAIRE II. GONTRAN, CHILDEBERT.

forte que les yeux lui fortoient déja de la tête, & qu'elle alloit être étranglée, si une servante n'avoit appellé au secours. Depuis ce tems-là, elles furent plus animées l'une contre l'autre ; l'impudicité de Rigonte étoit une des causes de la dissention.

En la même année le Roi Childebert étant auprès de Strasbourg avec sa femme & sa mere, les principaux des Villes de Soissons & de Meaux vinrent lui demander un de ses fils pour le garder chez eux, & lui servir comme à leur Maître. Cela fit plaisir à Childebert, qui leur donna Theodebert son fils aîné, & lui forma une Cour composée de Comtes, de Domestiques, de *Majeurs*, & de Nourriciers. Le jeune Prince fut reçû à Soissons avec les acclamations du Peuple.

Une affaire qui arriva alors mit la Cour du Roi Childebert dans un grand mouvement. La Reine Faileube eut une fausse couche qui la rendit malade. Elle apprit en cet état qu'il y avoit une conspiration contre elle & contre la Reine Brunehaut. Lorsqu'elle se trouva mieux elle en fit le rapport au Roi. C'étoit Septimine Nourrice des enfans de Childebert, qui menoit toute l'intrigue. Elle avoit dessein de persuader au Roi d'éloigner sa mere, de répudier sa femme & d'en prendre une autre, afin de n'avoir plus d'obstacle à la Cour pour obtenir tout ce qu'elle voudroit. Si le Roi ne vouloit pas suivre son conseil, son dessein étoit de le faire mourir par des malefices, de faire regner ses deux fils, d'écarter leur mere & leur grand'-mere, & de gouverner à sa fantaisie. Elle avoit pour associez dans son projet Sunnegisile Comte de l'Etable, Gallomagne Referendaire, & Droctulfe qui aidoit Septimine à élever les enfans du Roi. On saisit d'abord Septimine & Droctulfe, on les applique aux tourmens. Septimine confessa qu'elle avoit fait mourir par des malefices Jovius son époux, étant amoureuse de Droctulfe qui lui tenoit lieu de mari. Ils confessèrent tous deux que tout ce qui a été dit ci-devant étoit veritable, & chargerent les deux Officiers. On va pour les prendre ; mais ils s'étoient refugiez dans des Eglises. Le Roi les alla trouver, & leur dit de comparoître sans crainte, leur promettant la vie, quand même ils se trouveroient coupables. Ils sortirent & avoüerent que Septimine & Droctulfe leur avoient proposé cela ; mais qu'ils n'y avoient point consenti. Si vous n'y aviez pas consenti, répondit le Roi, vous m'auriez découvert la conspiration. Ils furent lâchez & retournerent à leur asyle,

Conspiration contre Childebert.

---

illam, ut jam oculi extra caput erumperent ; & mox gulam ejus fractura erat, nisi puella exclamasset, & ad opem evocasset. Ex hinc vero majores rixæ & inimicitiæ. Impudicitia vero Riguntis hanc fovebat dissensionem.

G. 36. Eodem anno Childebertus cum uxore & matre prope Argentoratum agebat, cum primores Suessionum & Meldensium ipsum adierunt, ex filiisque suis unum ab Rege petierunt, ut illum penes se servarent, ipsique ut Domino officia præstarent. Placuit res Childeberto, ipsisque dedit Theodebertum majorem filium, ad ejusque Regiam destinavit Comites, Domesticos, Majores atque Nutritios. Theodebertus apud Suessionas ingressus est cum acclamationibus populi.

G. 38. Magni tunc motus Childeberti Regiam occupaverunt. Faileuba regina *partu edito mox exstincto*, ægrotavit. Tunc autem edidicit conspirationem factam esse adversum se & adversus Brunechildem. Ubi vero convaluit, rem totam Regi aperuit. Septimina nutrix infantum Regiorum, Childeberto suadere volebat, ut matrem suam ejiceret, uxorem repudiaret, aliamque duceret, ut nullus postea sibi obex esset,

quominus omnia quæ volebat impetraret. Sin Rex ejus consilium sequi nollet, in animo habebat ipsum maleficiis exstinguere, filiosque ejus in regnum evehere, matrem & aviam procul amandare, ut ipsa omnia moderaretur ac regeret. Consilii vero socios habebat illa Sunnegisilum Comitem Stabuli, Gallomagnum Referendarium, & Droctulfum *qui ad solatium Septiminæ ad nutriendum Regis parvulos fuerat datus.* Statim vero comprehenduntur Septimina & Droctulfus, cruciatibusque traduntur. Confessa est Septimina se Jovium conjugem suum maleficiis interemisse, quod Droctulfum amaret sibi jam mariti locum habentem. Ambo vero fassi sunt illa omnia quæ supra dicta sunt, vera esse, *& memoratos viros in hoc consilio habitos indicant.* Mittuntur statim qui illos comprehenderent ; sed ipsi jam in Ecclesias confugerant. Illos Rex adiit, & ut sine metu ad judicium accederent monuit : vitam illis pollicitus, etiamsi culpæ obnoxii deprehenderentur. Ex asylo egressi, fassi sunt Septiminam & Droctulfum hæc sibi proposuisse ; sed se non assensos esse. Si non assensi estetis, inquit Rex, mihi utique rem detulissetis. Ipsi vero dimissi,

Tome I. Q ij

Septimine après avoir été violemment tourmentée, fut amenée à Marleim pour y tourner la meule, & faire de la farine autant qu'il en falloit pour l'appartement des femmes. Droctulfe à qui l'on coupa les cheveux & les oreilles, fut envoié à la vigne pour y travailler. Il s'enfuit, mais il y fut ramené après avoir été bien battu. Sunnegifile & Gallomagne furent privez de tout ce qu'ils avoient gagné dans leurs charges & envoiez en exil. Mais les Ambassadeurs du Roi Gontran obtinrent qu'on les rappelleroit. On ne leur laissa d'autre bien que celui qu'ils avoient en propre. Nous avons vû ci-devant bien des gens qui avoient conspiré contre la vie des Rois, mais nous n'en avons point vû qui aient été traitez si doucement que ceux-ci.

En ce même tems arriva au Monastere des Religieuses de Poitiers, fondé par sainte Radegonde, un des plus grands scandales qu'on ait jamais vû dans l'Eglise. Leubovere avoit succedé à la Sainte. Peu d'années après son élection, Crodielde fille du Roi Cherebert, Religieuse de cette Maison, esprit remuant & violent, se mit à intriguer pour se faire Abbesse en destituant Leubovere. Elle gagna plus de quarante Religieuses, & entre autres Basine fille de Chilperic. Elle concerta avec elles d'aller trouver les Rois ses parens pour se plaindre de la maniere indigne dont l'Abbesse les traitoit, & de la vie scandaleuse qu'elle menoit. Toute la troupe partit à pied vers la fin de Fevrier. Les chemins étoient gâtez & rompus par l'abondance des pluies. N'aiant aucune provision, elles arriverent à Tours lasses, défaites & extenuées par la faim, & allerent trouver l'Evêque Gregoire notre Historien, qui leur fit une reprimande de ce qu'elles avoient ainsi quitté leur cloître, contre l'ordre établi par sainte Radegonde: elles persisterent dans leur resolution. Crodielde alla trouver le Roi Gontran, dont elle fut bien reçuë. Pendant son absence, quelques-unes de celles qu'elle avoit laissées à Tours se marierent: après quoi elle & les autres Religieuses s'en retournerent à Poitiers, & se mirent dans la Basilique de S. Hilaire, disant qu'elles ne vouloient point rentrer dans leur Monastere qu'elles n'eussent chassé l'Abbesse. Elles ramasserent tout ce qu'elles purent trouver de voleurs, de meurtriers & de gens prevenus des plus grands crimes. Crodielde à la tête de toute la troupe, étoit capable de tout entreprendre. Gondegisile Archevêque de Bourdeaux, étant venu avec quelques Evêques pour remedier à un si grand mal, cette troupe de scele-

Grand scandale au Monastere de sainte Radegonde.

---

ad asylum reversi sunt. Septimina porro vehementer excruciata, Marilegium deducitur, *ut trahens molam, his quæ in gynæceo erant posita per dies singulos farinas ad victus necessarias præpararet*: Droctulfus, incisis capillis & auribus, ad vineam excolendam delegatur. Aufugit ille; sed vehementer cæsus, iterum ad vineam deducitur. Sunnegisilus & Gallomagnus, omnibus *privati sunt quæ à fisco meruerant*, & in exsilium acti: verum Oratores Guntchramni regis, ut ab exsilio revocarentur, impetrarunt. Nihil aliud illis relictum est, quam quod sibi proprium habebant. Multos jam vidimus qui contra Reges conspiraverant; sed nullos quibuscum tam clementer actum sit.

Idem circiter tempus in Monasterio Pictavensi à sancta Radegunde fundato res accidit stupenda, cui vix similem in Ecclesiastica historia reperias. Post sanctæ Radegundis obitum Leubovera locum ejus occupavit, & Monasterium rexit. Paucis post ejus electionem annis Chrodieldis filia Chariberti regis, rebus molientibus apta, illud agere cœpit, ut sese, rejecta Leubovera, Abbatissam constitueret, & puellas alias Moniales plus quadraginta ad suas partes allexit, interque illas Basinam filiam Chilperici regis. Cum illis autem consilium habuit, ut ad Reges proficisceretur, ut apud illos querimonias suas efferrent, quam indigne scilicet ipsæ agerentur a Leubovera Abbatissa, & quam scelestam illa vitam duceret. Pedibus ergo proficiscuntur illæ circa finem Februarii mensis, cum abundantia imbrium ruptæ viæ essent, ipsæque nulla re ad victum necessaria munitæ; ideoque lassæ, anhelæ, & fame quasi pereuntes advenere. A Gregorio autem Episcopo Turonensi objurgatæ, nihilominus in cœpto perstiterunt. Chrodieldis vero Guntchramnum regem adiit, qui illam perhumaniter excepit. Illa vero absente, quædam ex puellis Monialibus sese cum viris connubio junxerunt. Post hæc autem Chrodieldis & cæteræ puellæ ad Pictavos reversæ sunt; inque Basilica S. Hilarii sese collocarunt, dicentes non intraturas se in Monasterium, nisi prius Abbatissam expulissent. Tunc secum collegerunt sceleratos omnes obvios, fures, homicidas, adulteros, aliosque quibuscum Chrodieldis nihil non sceleris susceptura erat. Cum autem Gondegisilus Burdegalensis cum aliis Episcopis venisset, ut hunc

C. 39.

C. 40.

C. 41.

CLOTAIRE II. GONTRAN, CHILDEBERT.

rats fondit sur eux, les jetta à terre, les battit, blessa plusieurs personnes de leur suite, ensorte qu'ils furent obligez de s'enfuir.

Le desordre alla toujours en augmentant. Crodielde envoia cette troupe de bandits pour mettre l'Abbesse hors du Monastere. L'un d'eux qui avoit dessein de la tuer fut blessé par un autre dans le tumulte; ce qui l'empêcha de faire le coup. Pour abreger, l'Abbesse fut tirée par violence hors du Monastere, & mise sous sure garde, le Monastere fut pillé; il y eut des gens blessez & tuez dans ce tumulte, qui augmentoit toujours, jusqu'à ce que le Comte Maccon par ordre du Roi Childebert, vint avec main forte, & malgré l'opposition de Crodielde, il donna sur ces scelerats; on les chassa, on les battit, on coupa les oreilles aux uns, les mains aux autres; & le tumulte aiant cessé, les Evêques s'assemblerent, rétablirent l'Abbesse, excommunierent Crodielde & ses adherantes. A la fin Basine & les autres se reconcilierent avec Leubovere, & Crodielde demeurant toujours obstinée, & ne voulant point reconnoître l'Abbesse, le Roi Childebert lui donna la jouissance d'une Terre où elle se retira. Ainsi fut terminée cette scandaleuse affaire.

Childebert avoit envoié en Ambassade à Constantinople vers l'Empereur Maurice, Bodegisile fils de Mommolene de Soissons, Evance fils de Dyname d'Arles, & Grippon François de nation, qui s'étant embarquez, aborderent à un port d'Afrique, & se rendirent à Carthage, où ils attendoient les ordres du Prefet de la Ville pour s'embarquer. Pendant ce séjour un valet d'Evance déroba quelque chose à un Marchand: celui-ci s'en étant apperçû & redemandant ce qui lui avoit été pris, saisit un jour le voleur au marché; & comme il ne vouloit point le lâcher, ce valet tira son épée, le tua, & revint auprès des Ambassadeurs, qui ne savoient rien de cette affaire. Un des principaux de la Ville accompagné de soldats & du peuple mutiné, qui avoit pris les armes, vint au quartier des Ambassadeurs, qui sortant de table faisoient la meridiane. Ils se trouverent tout d'un coup investis de gens armez. Le conducteur de la troupe cria, qu'ils missent armes bas, & vinssent rendre raison du meurtre, leur promettant par serment qu'on ne leur feroit point de mal. Bodegisile sort, & est d'abord tué. Evance qui vint après eut le même sort. Ce que voiant Grippon, il s'arma, lui & ceux de sa suite, & sortit en état de se défendre, se plaignant de ce qu'on avoit violé la foi publique, & leur disant qu'ils étoient envoiez en Ambassade

Ambassadeurs de Childebert tuez à Carthage.

---

tumultum sedaret, hæc sceleratorum turma in illos iruit, humi dejecit, verberavit, vulneribusque affecit; ita ut istinc aufugere cogerentur.

Semper crescebat audacia Chrodieldis: turmam suam immisit, quæ Abbatissam ex Monasterio pelleret; unus qui illam occidere meditabatur, ab alio vulneratus est. Ut in summa referam, Abbatissa è Monasterio abducta fuit, & in custodia posita; Monasterium expilatum est: in tantoque tumultu multi cæsi & vulnerati, aliqui etiam occisi fuerunt; malumque crescebat in dies, donec jussu Childeberti regis Macco Comes cum armata manu venit, ac reluctante licet Chrodielde in sceleratos illos irruit, illosque cæsos expulit; aliorum aures, aliorum manus excisæ sunt, sedatoque tumultu, coacti sunt Episcopi qui Abbatissam restituerunt, Chrodieldem & sociascommunione privarunt. Tandem vero Basina & aliæ cum Abbatissa reconciliatæ sunt: Chrodieldis vero pertinacior, cum nollet Abbatissæ se subjicere, a Childeberto rege villæ cujusdam usufructu donata est, in quam villam se ipsa recepit. Hic tam odiosæ rei finis fuit.

Childebertus Oratores Constantinopolin miserat ad Imperatorem Mauricium, Bodegisilum filium Mummoleni Suessionensem, Evantium filium Dynamii Arelatensem & Gripponem genere Francum, qui conscensa nave ad Africæ portum appulerunt, Carthaginemque venerunt, ubi Præfecti urbis jussa expectabant, ut inde Constantinopolin proficiscerentur. Per moras illas servus quispiam Evantii a mercatore aliquid furatus est, qui re cognita, id repetiit a servo, apprehenditque ipsum. Servus stricto gladio mercatorem occidit, & reversus est ad Oratores, rei prorsus ignaros. Ex præcipuis vero civibus quidam collectis militibus, omnique populi turba, ad ædes Oratorum veniunt, qui post prandium dormiebant. Statim armatis viris circumdati sunt; & qui primas tenebat exclamavit ut arma deponerent, & homicidii causam referrent, sacramento interposito ipsos nihil passuros esse mali. Exit Bodegisilus, statimque interficitur; Evantius postea egressus similiter trucidatur. Qua re conspecta Grippo, armis sese munit, suosque pariter armis instruit, & sic egressus conquestus est, quod fidem publicam violassent; seque Oratores esse dixit pro rebus imperii ad Imperatorem

Greg. Tur. l. 10. c. 2.

Greg. Tur. l. 10. c. 15. & 20.

Q iij

à l'Empereur pour des affaires qui regardoient le bien de l'Empire. A ces paroles la troupe se retira. Le Prefet vint faire des excuses à Grippon sur ce qui s'étoit passé, & lui donna moien de se rendre à Constantinople, où après avoir exposé à l'Empereur le sujet de son Ambassade, il se plaignit du traitement qu'on leur avoit fait à Carthage, & du meurtre de ses Compagnons. L'Empereur promit de faire pour reparation de l'injure tout ce qu'il plairoit au Roi Childebert, & renvoia Grippon chargé de presens.

Guerre en Italie. 590.
Le sujet de l'Ambassade étoit la guerre contre les Lombards que le Roi Childebert devoit faire de son côté, & l'Empereur de l'autre, aux conditions qu'après qu'on auroit chassé les Lombards de l'Italie, une partie des païs conquis resteroit à Childebert, & l'autre à l'Empereur. D'abord après le retour de Grippon, le Roi nomma vingt Ducs ou Chefs pour la guerre d'Italie, où il envoia un bien plus grand nombre de troupes que ci-devant. Audoualde & Vinthrion qui menerent les troupes de Champagne, étant venus à Mets, pillerent, ravagerent & tuerent dans le païs comme en terre ennemie. Les autres Chefs firent de même dans les Provinces d'où ils partirent. Audoualde avec six Chefs vint à Milan, & se campa à quelque distance de la Ville. Olon autre Chef s'étant avancé imprudemment vers un lieu nommé Bilition, fut tué. Plusieurs François qui s'écarterent pour aller piller, étoient massacrez. Les Chefs aiant appris que les Lombards s'étoient campez près d'un lac, firent avancer l'armée de ce côté-là. Quand ils furent en presence, un Lombard armé de toutes pieces tenant un sponton à la main, vint au bord d'une riviere petite, mais profonde, qui sortoit du lac, & dit d'un ton menaçant qu'il paroîtroit bien-tôt auquel des deux partis Dieu donneroit la victoire. Quelques François passerent la riviere, & tuerent cet homme : ce que voiant les Lombards campez au bord du lac, ils prirent la fuite. Les François retournerent à leur camp, où arriverent des Messagers de l'armée imperiale, pour les avertir qu'elle viendroit les joindre dans trois jours, & que pour signal de leur arrivée, ils mettroient le feu à un Village qui étoit sur une montagne, & qu'ils leur montrerent. Les François les attendirent six jours & pas un ne parut. On ne sait pourquoi les Imperiaux ne tinrent point leur parole.

D'un autre côté Cedin un des principaux de l'entreprise accompagné de treize Chefs, prit cinq places, où il exigea le serment de fidelité. La dysenterie se mit alors dans l'armée. Mais le tems s'étant raffraîchi par les pluies, le mal

---

G. 3.
missos. Tunc recessit turba. Præfectus autem venit, remque gestam, ut fas erat, composuit, cunctaque apparavit ipsis ad iter Constantinopolitanum necessaria. Quo cum pervenissent, Grippo Imperatori legationis suæ causam aperuit, simulque conquestus est de cæde sociorum, deque tumultu Carthagine facto. Imperator vero pollicitus est se ad injuriam ulciscendam omnia facturum esse quæ Childebertus vellet, Gripponemque muneribus onustum remisit.

Paul. Longob. l. 3. c. 32.
Legationis causa erat bellum adversus Langobardos, quod ex parte sua Childebertus, ex sua item Imperator suscepturi erant, illo pacto eaque conditione, ut Langobardis ex Italia pulsis, pars regionis cederet Childeberto, pars Imperatori. Statim vero post reditum Gripponis, Rex viginti Duces nominavit ad bellum Italicum gerendum, quo longe plures militum copias misit, quam antea. Audoualdus vero Dux & Vinthrio, qui Campaniæ cohortes ducebant, Metas venere, agrosque depopulati sunt, hominesque trucidarunt, ac si inimicorum terram invasissent. Idipsumque alii Duces fecere in iis provinciis unde profecti sunt. Audoualdus cum sex Ducibus Mediolanum venit, atque *eminus* castra posuit. Olo autem Dux alter cum imprudenter in locum, cui Bilitio nomen, venisset, occisus est. Franci multi ad prædam egressi trucidabantur. Cum porro Duces edidicissent Langobardos juxta lacum castra posuisse, versus hunc locum exercitum moverunt. Ubi in conspectum venere, Langobardus lorica tectus & galea, contum manu gestans, ad oram fluvii angusti sed profundi, ex lacu emissi, venit, & quasi comminando dixit, cito visum iri quibus victoriam Deus concessurus esset. Franci quidam trajecto fluvio ipsum interfecere. Qua re visa Langobardi qui ad oram lacus castrametati erant, relictis castris, fugam arripuere. Franci vero ad castra sua redierunt, ubi nuncii Imperatorii exercitus advenerunt, dicentes post triduum adventurum exercitum Imperatorium esse, & in adventus signum villam incensuram esse in monte positam, quam ostenderunt ipsis. Franci per sex dies exspectarunt, & nemo comparuit : nec scitur qua de causa Imperatorii promissis non steterint.

Paul. Longob. l. 3. c. 32.
Ex altera vero parte Cedinus cum tredecim ducibus quinque castella cepit, a quibus sacramentum fidei excepit. Dysenteria vero tunc exercitum invasit : ubi autem refrigescere aër cœpit, morbus cessavit. Lan-

cessa. Les Lombards s'étoient retirez dans des lieux presque inaccessibles, & leur Roi Aptacaire ou Autaris s'étant bien muni & fortifié dans Pavie, nos armées après environ trois mois de séjour dans l'Italie, & peu de succès, se retirerent. La disette des vivres fut si grande parmi eux, que plusieurs vendoient leurs armes & leurs habits pour avoir du pain. Aptacaire envoia des Ambassadeurs au Roi Gontran, pour lui dire que lui & les Lombards vouloient être soumis aux Rois François comme auparavant; qu'ils étoient prêts de marcher en armes à leurs ordres, & qu'ils les prioient de les laisser en paix. Gontran étoit d'avis de leur accorder leur demande, & les envoia au Roi Childebert. Mais sur ces entrefaites la nouvelle vint qu'Aptacaire étoit mort, & que Paul avoit été substitué en sa place. Childebert renvoia ces Ambassadeurs, leur disant qu'il verroit dans la suite ce qui lui conviendroit le mieux.

L'Empereur Maurice tenant sa parole, envoia au Roi Childebert douze de ces Carthaginois qui avoient l'an précedent massacré ses Ambassadeurs. Ils étoient chargez de chaînes, & l'Empereur donnoit au Roi l'option, ou de les faire mourir, ou de recevoir pour le rachat de chacun d'eux trois cens pieces d'or. Le Roi disoit qu'il étoit incertain si ceux qu'on envoioit étoient les coupables, ou si l'on n'avoit pas mis des serfs en leur place: & Grippon ajouta qu'il seroit à propos qu'on l'envoiât lui-même à Carthage pour reconnoître les coupables qu'il avoit vûs, s'étant trouvé à l'action, & qu'il faudroit punir ceux-là. On s'en tint à cet avis, & l'on renvoia les autres.

Le Roi Gontran peu heureux en guerre, entreprit de la faire contre les Bretons qui pilloient & ravageoient sans cesse les territoires de Nantes & de Rennes. Il envoia une armée avec deux Chefs, Beppolene & Ebracaire, qui se broüillerent ensemble. Ebracaire fit tout ce qu'il pût imaginer pour faire échoüer Beppolene. Ils s'accorderent pourtant en une chose, qui étoit de piller, saccager & brûler les campagnes qui se trouverent sur leur route, en sorte qu'ils firent beaucoup de mal aux amis & peu aux ennemis. Fredegonde qui se mit de la partie, aida sous main Varoc Comte des Bretons. Beppolene abandonné d'Ebracaire & de la meilleure partie de ses troupes, donna sur les Bretons & les Saxons envoiez par Fredegonde, & en tua un grand nombre pendant deux jours; au troisiéme jour étant blessé d'un coup de lance, & engagé dans des lieux difficiles, il fut tué. Ebracaire s'avança jusqu'à Vannes. On disoit que Va-

Guerre en Bretagne.

Ep. Exarch. ad Childeb. gobardi in loca inaccessa se receperunt, Rexque illorum Aptacharius vel Autharis intra *Papiam* munitissimam urbem sese concluserat. Exercitus autem nostri, cum per tres fere menses in Italia mansissent, parumque profecissent, receptui cecinerunt. Tanta vero fuit penes illos ciborum penuria, ut multi arma & vestes pro pane darent. Aptacharius vero eodem fere tempore Oratores misit ad regem Guntchramnum, qui ipsi enunciarent, se & Langobardos Francorum Regibus subjectos esse velle ut antea, & eorum jussu arma capturos esse, ut bellum inferrent illis quibus ipsi vellent, dum pacem ipsis concederent. Guntchramnus admittenda Langobardorum postulata putans, Oratores ad Childebertum misit. Interim vero nunciatum est Aptacharium mortuum, Paulumque in ejus locum substitutum fuisse. Childebertus vero Oratores remisit, dicens se visurum esse quid in posterum conveniret.

Imperator Mauricius promissis stetit, misitque duodecim ex Carthaginensibus illis qui anno proximo Oratores trucidarant. Ii catenis onusti erant, optionemque dabat Imperator aut illos occiderent, aut pro singulis eorum trecentos aureos acciperent. Rex vero dicebat incertum esse, iine qui mittebantur noxii essent, an vero servos eorum loco posuissent. Addidit Grippo e re fore ipsum Carthaginem petere, ut noxios agnosceret quos ipse tunc viderat, istosque esse puniendos. Secundum hujusmodi consilium cæteri remissi fuere.

Rex Guntchramnus, cujus non ita prospera arma esse solebant, bellum suscepit contra Britonas, qui agros Namnetenses & Rhedonenses assidue depopulabantur. Duces erant Beppolenus & Ebracharius, qui ab initio sese mutuo rixis & maledictis lacessebant. Ebracharius vero nihil non egit ut Beppoleni rem labefactaret. In uno tamen simul consensere, quod ambo per viam agros omnes devastarint ac depopulati sint, ita ut multum damni suis, parum hostibus intulerint. Fredegundis vero clam Varochum juvit. Beppolenus ab Ebrachario & a majore exercitus parte desertus, in Britonas & Saxonas a Fredegunde missos irrupit, ac per biduum multos occidit. Die vero tertia lancea sauciatus & in arduis positus locis occisus est. Ebracharius autem ad usque Venetos accessit. Fama ve-

roc se préparoit déja pour s'enfuir dans les Isles; qu'il avoit chargé quelques navires de son or, de son argent & de ce qu'il avoit de plus précieux, & que tout cela périt par la tempête. Ce qui est certain c'est que si l'armée avoit été bien conduite, les Bretons auroient été défaits à ne s'en relever de long-tems. Varoc vint enfin trouver Ebracaire, lui fit beaucoup de presens, lui donna des otages, & promit de ne plus prendre les armes contre Gontran. Ebracaire se retira & passa la Vilaine avec les plus forts & les plus robustes de son armée. Les plus foibles demeurerent de l'autre côté. Alors Varoc oubliant ses sermens & ses otages, envoia contre ces restes de l'armée Françoise Canaon son fils, qui prit les uns prisonniers, tua ceux qui resistoient; des autres qui tenterent de passer la riviere à cheval à la nage, plusieurs emportez par le courant de l'eau, se noierent.

L'an vingt-neuviéme du regne de Gontran, ce Prince trouva dans la forêt de Vosge les traces d'un busle tué. Cela le mit en colere; il fait venir le Garde-forêt, l'interroge, le presse, voulant savoir qui avoit osé chasser dans cette forêt Roiale. Le Garde-forêt accusa Chundon Chambellan du Roi. Gontran le fait saisir & le fait mener lié à Châlon sur Sône. Il confronte l'accusateur avec l'accusé: Chundon nie le fait. Le Roi assigne un champ pour un duel à la maniere de ces tems-là. Chundon donne son neveu pour le combat. Le champion de Chundon jetta sa lance qui perça le pied du Garde-forêt, & le fit tomber à la renverse. Il court sur lui pour lui percer le gosier de sa dague; & pendant qu'il lui portoit ce coup, l'autre lui perça le ventre de la sienne, & tous deux moururent. Chundon voiant cela s'enfuit vers l'Eglise de S. Marcel pour s'y refugier. Le Roi crie qu'on le prenne avant qu'il y entre. On le saisit en effet, on le lie à un pieu, & on le lapide. Le Roi étant revenu de sa colere, dit l'Auteur, se repentit fort d'avoir fait mourir un homme fidele pour un sujet si leger. C'étoit en effet un motif de repentance d'avoir ainsi fait perir trois hommes pour un busle; d'autant plus que ce n'étoit pas la premiere fois qu'il avoit fait mourir des innocens.

Clotaire fils de Chilperic étant tombé malade fut à l'extrêmité, de maniere qu'on porta la nouvelle de sa mort à Gontran, qui se mit en chemin pour venir à Paris: mais aiant appris à Sens qu'il se portoit mieux, il s'en retourna. Fredegonde voiant son fils presque desesperé, fit vœu de faire de grands

Action violente du Roi Gontran.

---

ro ferebat, jam Varochum fugam in quasdam insulas paravisse, & naves aliquot auro & argento suo oneravisse; quæ omnia tempestate orta periere. Certum utique est, si exercitus ut par erat ductus fuisset, Britones devictos ad diuturnum tempus quieturos fuisse. Varochus tandem Ebrachariûm adiit, multa ipsi munera obtulit, obsides dedit, promisitque se non ultra contra Guntchramnum regem arma sumturum esse. Ebracharius abscessit, & cum robustioribus Vicinoniam trajecit; debiliores autem in altera ripa manserunt. Tunc Varochus sacramentorum & obsidum oblitus, in reliquias hasce exercitus Chanaonem filium suum misit qui alios captivos abduxit, alios qui resistebant occidit: ex aliis quoque equitibus qui flumen trajicere conati sunt, multi aquis abrepti submersi fuere.

G. 10. Anno vicesimo nono regni Guntchramni, reperit ipse per Vosagum silvam vestigia occisi bubali. Iratus ille custodem silvæ arctius distrinxit, ut sciret quis in regali silva hæc facere ausus esset. Ille vero Chundonem Cubicularium accusavit: hunc Guntchramnus vinctum Cabilonem duci jubet. Sistuntur ambo. Chundo factum negat. Rex vero *campum dijudicat*. Chundo nepotem suum dat: qui pro Chundone pugnabat, pedem custodis silvæ transfixit, qui resupinus cecidit. Ad illum accurrit ipse ut gladio jugularet, sed *cultro sauciati ventre transfoditur*, amboque mortui sunt. Hæc cernens Chundo versus Ecclesiam sancti Marcelli aufugit: clamat Rex ut comprehendatur antequam Ecclesiam attingat: is comprehenditur, & ad stipitem ligatus lapidibus obruitur. Cum sedata esset Regis ira, inquit Gregorius, pœnitentia ille ductus est, quod pro re tam levi fidelem sibi virum interemisset. Vera certe hæc penitentiæ causa erat pro bubalo uno tres homines peremisse: maximeque cum non jam prima vice innocentes ille interfecisset.

C. 11. Chlotarius Chilperici filius ægrotavit, usque adeo ut de salute ejus desperaretur, & mortuum esse Guntchramno regi nunciatum sit. Ille vero profectus est Lutetiam. Cum autem apud Senonas accepisset illum convaluisse, regressus est. Fredegundis vero ut ad mortis limina filium vidit, *multum pecuniæ ad Basilicam*

presens

CLOTAIRE II. GONTRAN, CHILDEBERT. 129

présens à l'Eglise de saint Martin, & envoia prier Varoc de lâcher les prisonniers qu'il avoit faits à la derniere guerre. Ce qu'il ne manqua pas de faire : nouvelle preuve qu'elle avoit beaucoup contribué & à la mort de Beppolene, & au mauvais succès de l'armée de Gontran.

Vers le même tems le Roi Childebert étoit en sa maison de campagne d'Alsace, nommée *Marlegia* : & comme il entroit dans son oratoire, ses gens apperçûrent un homme inconnu, & lui demanderent qui il étoit : il répondit qu'il étoit de leur troupe. On le mit promtement dehors, & on le pressa de dire qui l'avoit envoié là. Il confessa que c'étoit la Reine Fredegonde qui l'envoioit pour tuer le Roi Childebert : qu'ils étoient douze envoiez pour cela, dont six étoient venus en ce lieu, & les six autres étoient restez à Soissons pour se défaire du fils du Roi. Que la peur l'avoit empêché de faire son coup. Il fut d'abord appliqué aux tourmens, & nomma des complices. On les chercha de tous les côtez. On en mit plusieurs en prison. On coupa les mains aux uns, le nez & les oreilles aux autres. Il y en eut qui de peur des supplices se tuerent eux-mêmes. D'autres moururent dans les tourmens.

Fredegonde veut faire tuer Childebert.

Cette affaire réveilla celle de Sunnegisile, dont nous avons parlé ci-devant. On l'appliqua à la question : cela dura long-tems. On le foüettoit tous les jours jusqu'au sang avec des verges & des étrivieres, & l'on redoubloit quand il sembloit que les plaies s'alloient fermer. Il confessa enfin que non-seulement il avoit trempé à la mort du Roi Chilperic, mais aussi qu'il avoit commis plusieurs autres crimes. Nous avons parlé ci-devant de la mort du Roi Chilperic, & des differens sentimens sur le meurtrier de ce Prince. Il ajoûta que Gilles Evêque de Reims avoit comploté avec Rauchinge, Ursion & Berthefroi, de tuer le Roi Childebert. On se saisit de l'Evêque, & on le transporta à Mets, quoique fort valetudinaire. Il fut gardé là. Childebert ordonna que les Evêques s'assembleroient pour examiner son affaire. Mais quelques Prélats l'aiant repris de ce qu'il avoit enlevé un Evêque, & l'avoit mis en prison sans l'avoir entendu, il le renvoia en sa Ville, & manda tous les Evêques de ses Etats, malgré les pluies continuelles & les mauvais chemins. Ils s'assemblerent à Mets, quoique le Synode eût été indiqué à Verdun. Ennode ci-devant Duc fut commis pour cette affaire. On accusa Gilles de trahison, & d'avoir toujours été uni au Roi Chilperic, grand ennemi du Roi son maître, qui avoit fait mourir le

Gilles Archevêque de Reims deposé pour ses crimes.

---

licam sancti Martini vovit, Varochumque rogavit captivos dimitteret, si quos adhuc haberet in postremo bello captos, quod etiam Varochus fecit ; unde manifestum fuit illam & cædi Beppoleni, & exercitus Guntchramni cladi multum operæ contulisse.

C. 18. Idem circiter tempus cum Rex Childebertus esset in villa sua regia, cui nomen Marlegia, seu Marilega, & in Oratorium intraret, qui cum illo erant ignotum hominem videntes, interrogatum quisnam esset : ipse se de ipsorum cœtu esse respondit. Ejectus vero extra Oratorium rursus interrogatur, confiteturque se a Fredegunde regina missum ad Childebertum occidendum, duodecimque ad eam rem missos esse, sex apud Suessionas mansisse, qui filium Regis interficerent ; se vero perterritum ab occidendo Childeberto abstinuisse. Diversis ille cruciatibus suppliciis, complures socios nominat. Qui undique perquisiti sunt ; multi sunt in carcerem conjecti, aliorum manus & pedes præcisi, aliorum nares & aures amputatæ. Nonnulli metu supplicii sibi manus intulerunt : alii in cruciatibus periere.

C. 19. Hæc res Sunnegisili causam, de qua superius, in medium reduxit. Iterum ergo ille cruciandus datur ; quotidie virgis & loris cæditur ad usque sanguinem ; cumque vulnera claudi incipiebant, iterum renovabantur. Tandem vero confessus est, se non modo necem Chilperici regis, sed etiam alia scelera perpetrasse. De morte Chilperici supra actum est, necnon de variis opinionibus circa cædis auctorem. Addidit Ægidium Episcopum Remensem cum Rauchingo, Ursione & Berthefredo, de occidendo rege Childeberto consilium iniisse. Comprehenditur Episcopus & Metas transfertur, licet æger, & in custodia positus est. Jussit Childebertus Episcopos congregari initio Octobris ad ejus causam excutiendam : sed cum quidam Sacerdotes Regem redarguissent, quod Episcopum nondum auditum in carcerem conjecisset, in suam illum urbem misit, & jussit omnes regni sui Episcopos eo loci convenire, etiamsi assiduæ nimiæque pluviæ essent ac flumina exundarent. Metas vero Episcopi convenere, etiamsi Virdunum primo ad eam rem assignatum fuisset. Ennodius ex Duce ad eam rem deputatus fuit. Primo proditionis accusatus est Ægidius, & quod semper Chilperico, Regis sui inimico,

Tome I. R

pere du Roi, & exilé sa mere, & qu'il avoit obtenu de lui des terres qui appartenoient au Fisc. Il avoüa qu'il avoit été ami du Roi Chilperic, mais sans se départir de ses devoirs à l'égard du Roi son Maître, & que pour ses terres les Chartes de son Roi en autorisoient la possession. Il produisit ces Chartes. Le Roi nia qu'il les eût jamais données. Otton alors Referendaire nia aussi qu'il les eût signées, & soutint que la signature étoit d'une autre main. Il fut donc là convaincu de faux. On prouva aussi que dans ses lettres à Chilperic il parloit fort indignement de Brunehaut; que dans celles de Chilperic à lui, on trouvoit ces mots: *Si l'on ne coupe pas la racine, l'épi ne sechera point*. Ce qui marquoit qu'il falloit faire perir la mere & les enfans. Il nia qu'il eût écrit ces lettres: mais un de ses gens montra ses registres, & l'Assemblée fut convaincuë que cela étoit vrai. On montra ensuite des Traitez faits entre Chilperic & Childebert, pour déposseder Gontran, & partager ses Etats. Le Roi nia qu'il eût jamais fait de tels traitez, & dit que c'étoit Gilles qui avoit excité ses oncles l'un contre l'autre, ce qu'il ne pût nier. On l'apprenoit par quelque écrit trouvé à Chelles parmi les papiers de Chilperic. L'Abbé de S. Remi l'accusa d'avoir reçû deux mille pieces d'or & beaucoup d'autres presens de Chilperic. Les Ambassadeurs envoiez à Chilperic avec l'Evêque Gilles l'accusoient de les avoir quittez pour parler longtems en secret à ce Prince. Il nioit d'abord tous ces faits; mais ils furent si bien prouvez qu'il les avoüa lui-même. Après ces accusations & ces preuves, les Evêques lui donnerent trois jours pour se défendre s'il pouvoit. Il confessa enfin tout; & les Prélats après avoir obtenu du Roi qu'il auroit la vie sauve, le déposerent, & mirent en sa place Remulfe fils du Duc Loup. Epiphane Abbé de S. Remi fut aussi déposé. On trouva beaucoup d'or & d'argent dans les coffres de Gilles, dont partie fut confisquée au Roi, partie laissée à l'Eglise, & Gilles fut relegué à Strasbourg.

Deux fils de Vaddon Maire du Palais de Rigonte, se mirent à voler & massacrer dans le Poitou. Le Comte Maccon fit ses diligences pour les reprimer. Ils eurent la hardiesse de venir à la Cour, & offrirent au Roi un grand baudrier d'or & de pierres precieuses, & une épée à poignée d'or & de pierreries. Mais le Comte Maccon vint à la Cour; & le Roi étant informé des crimes de ces

---

conjunctus fuerit, qui Chilpericus patrem Regis occiderat, & matrem ejus in exsilium miserat; ipsumque ab illo fiscalium possessionum prædia meruisse. Confessus est Ægidius se amicum Chilperici regis fuisse; sed sine dispendio eorum quæ Regi suo deberet; quod vero ad prædia pertinebat, Regis chartas earum sibi possessionem firmare; illasque chartas ostendit. Verum negavit Rex se illas unquam dedisse, & Otto tunc *Referendarius* negavit se illis unquam subscripsisse, & subscriptionem alterius esse manus affirmavit. Falsi ergo convictus fuit Episcopus, insuperque probatum est ipsum in literis suis ad Chilpericum indignis modis de Brunechilde regina loquutum; & in literis Chilperici ad illum hæc verba legi: *Si radix non excidatur, culmus non arescet*, quo significabatur & matrem & filios interficiendos esse. Illas se scripsisse literas negavit: *sed puer illi familiaris adsuit qui hæc notarum titulis per tomos cartharum comprehensa tenebat*, & totus cœtus rem ita se habere putavit. Deinde ostensa sunt pacta inter Chilpericum & Childebertum inita ad Guntchramnum de regno exturbandum, ipsumque regnum inter ambos dividendum. Negavit Rex pacta hujusmodi unquam iniisse, dixitque Ægidium ipsum patruos suos unum adversus alterum concitasse: id quod ille negare non potuit. Illud

vero edocebatur a rescripto quopiam quod in villa Calensi inter Chilperici chartas repertum fuit post ipsius necem. Abbas vero S. Remigii accusavit illum quod duo millia aureorum & alia munera accepisset a Chilperico rege. Oratores ad Chilpericum cum Ægidio missi affirmabant Ægidium ipsos reliquisse, ut diu clam cum Principe illo loqueretur. Hæc omnia ille statim negabat; sed evictus tandem probationum evidentia, cessit. Post hæc vero Episcopi tridui ipsi spatium dederunt ad parandam vel defensionem vel confessionem: & confessus omnia est. Episcopi autem postquam vitam ipsi a Rege impetraverant, ipsum gradu dejecerunt, ejusque loco ordinarunt Remulfum Lupi Ducis filium. Epiphanius quoque Abbas S. Remigii depositus est. Multum auri & argenti in arcis Ægidii repertum est. Pars autem fisco regio, pars Ecclesiæ cessit. Ægidius Argentoratum missus est in exsilium.

Duo filii Vaddonis Majoris-domus Riguntis apud Pictavos homicidiis & furtis se dediderunt. Macco vero illos reprimere conatus est. Ipsi autem eo petulantiæ processerunt ut ad Regiam venientes, ipsi offerrent baltheum magnum ex auro & lapidibus preciosis, gladiumque cujus capulus auro & gemmis Hispanicis ornatus erat. Cumque Regi ipsorum scele-

CLOTAIRE II. GONTRAN, CHILDEBERT. 131

deux scelerats, ils furent appliquez à la question, & découvrirent l'or & l'argent de leur pere, qui fut apporté au Tresor Roial. Après quoi l'aîné des freres eut la tête coupée, & le cadet fut envoié en exil.

Ragnemode Evêque de Paris, étant venu à mourir, son frere Faramode faisoit ses diligences pour lui succeder : mais un Marchand Syrien nommé Eusebe fit de si grands presens pour remplacer le défunt, qu'il l'emporta sur l'autre. Dès qu'il fut élû, il écarta le Clergé de son predecesseur, & mit des Syriens en sa place. Ce fut un spectacle assez singulier de voir un Clergé Syrien à Paris. *Clergé Syrien à Paris.*

Ce qui se passa vers ce même tems à Tournai merite d'être rapporté ici. Un François de la Ville aiant épousé la fille d'un autre François, & s'étant dégouté d'elle, entretenoit une fille de mauvaise vie. Le frere de sa femme tançoit souvent son beaufrere du deshonneur qu'il faisoit à sa sœur ; mais comme il n'avançoit rien, il l'attaqua un jour & le tua. Ceux qui accompagnoient celui qui fut tué s'étant mis en défense, ils tuerent le beaufrere ; & ceux des deux compagnies s'entretuerent les uns les autres ; en sorte que des deux partis, il n'en resta qu'un seul vivant, parce qu'il n'avoit plus d'adversaire. Voilà une guerre entre deux familles. La Reine Fredegonde y voulant mettre ordre, les avertit de vivre en paix ensemble de peur que le mal n'allât en empirant. Voiant qu'elle n'y gagnoit rien, elle resolut de faire tuer les trois principaux chefs de la dissension. Elle invita à un repas un grand nombre de François. Les trois furent aussi de la partie, & elle les fit asseoir sur le même banc. Le repas dura jusqu'à la nuit, & l'on emporta la table selon l'usage des François, dit l'Historien. On y but tant que les conviez & les domestiques qu'ils avoient amenez furent accablez de vin & d'ivresse. Alors trois hommes appostez pour cela, vinrent avec chacun sa hache fendre la tête en un même instant aux trois François assis sur le même banc, dont les noms étoient Charivald, Leodovald & Valdin. Leurs parens irritez font la garde de peur que Fredegonde n'échappe, envoient au Roi Childebert le prier de venir les aider à se défaire d'elle. Les Champenois furent tous en mouvement, mais ils ne firent pas assez de diligence, Fredegonde trouva moien de se sauver par le secours de ses gens. *Affaire de Tournai.*

Après cela elle pria le Roi Gontran de venir lever son fils des fonts. Il vint à Paris accompagné d'Ethere Evêque de Lion, de Siagre d'Autun, de Flave de *An. 591.*

C. 26.
ra in notitiam venissent, ii cruciatibus traditi, aurum argentumque patris sui ubi esset revelarunt, quæ in thesaurum regium allata sunt. Post hæc major capite plexus, minor in exsilium missus est.

Ragnemodo autem Parisiacæ urbis Episcopo defuncto, frater ejus Faramodus *pro Episcopatu concurrebat.* At negotiator Syrus nomine Eusebius, multis oblatis muneribus, in ejus locum substitutus est. In Episcopum electo, remotis decessoris sui Clericis, Syros Ecclesiasticæ domui ministros statuit, & fuit illud singulare certe spectaculum, Clerus Syriacus Lutetiæ Parisiorum constitutus.

C. 27.
Quod eodem circiter tempore Tornaci gestum est, locum in hac historia suum occupare meretur. Francus quidam alterius Franci filiam duxerat. Hic forte uxorem in fastidio habens, illa relicta scortum adibat. Uxoris vero illius frater, maritum objurgabat quod sorori suæ contumeliam inferret. Cum vero nulla emendatio sequeretur, quadam die adortus illum occidit, comites occisi homicidam interfecerunt, & ex utraque parte se mutuo peremerunt, uno excepto, qui ideo evasit, quod nullum haberet adversarium. Hinc bellum inter duas familias ortum. Fredegundis regina ambas hortata partes est, ut in pace mutuo viverent, ne malum in deterius vergeret. Videns autem se nihil proficere, tres dissensionis principes occidendos esse decrevit. Invitatis ad epulum Francorum multis, hos tres in uno sedere jussit subsellio. Ad noctem usque epulum prolatum est. Ablata mensa, sicut mos Francorum est, inquit Gregorius, illi in subselliis suis, ut dispositi fuerant, residebant, tantumque vini potatum est, ut conviva & famuli eorum temulentia obruerentur. Tunc jussi a Fredegunde viri tres, sua singuli secure instructi, a tergo eodem tempöris momento, trium capita securibus diffiderunt, quorum nomina erant Charivaldus, Leodovaldus & Varinus. Eorum cognati indignantes, exitus custodiunt, ut ne Fredegundis elabatur, nunciosque mittunt Childeberto regi rogantes sibi opem ferat ad illam interficiendam. Campanienses omnes ea de causa in motu erant ; sed non sat celeriter accesserunt ; Fredegundis enim ope suorum aufugit.

C. 28.
Post hæc autem Guntchramnum precata est, ut filium suum ex sacro fonte suscepturus veniret. Lutetiam ille se contulit, comitibus Ætherio Episcopo Lugdunensi, Siagrio Augustodunensi, Flavio Cabilonensi

Tome I. R ij

Châlon, & de quelques autres. Il y fit cette fonction. Le Roi Childebert s'en formalisa, & lui fit faire ses plaintes, prétendant qu'il faisoit contre ce qu'il lui avoit promis si solennellement. Le Roi Gontran répondit qu'en levant son cousin des fonts il ne croioit pas rien faire contre la promesse qu'il lui avoit donnée, & qu'il lui garderoit toujours exactement. Le Roi voulut qu'on appellât ce neveu Clotaire, lui augurant la même puissance qu'avoit son grand pere de même nom que lui. Ce qui arriva comme il l'avoit souhaité; & la suite fit voir que la crainte de Childebert n'étoit pas mal fondée; car ce Clotaire fit périr sa race comme nous verrons dans la suite.

593. Mort de Gontran. Le Duc de la Transjurane nommé Theudefroi étant mort, Gontran lui substitua Vandalmare. C'est la derniere action de sa vie que l'Historien rapporte. Il mourut à Châlon la trente-troisiéme année de son regne, l'an 593. & fut enseveli dans l'Eglise de S. Marcel.

CLOTAIRE II. CHILDEBERT.

CHILDEBERT se saisit des Etats de Gontran, & la même année Quintrion, appellé ailleurs Vintrion, Duc de Champagne, entra avec une armée dans le Roiaume de Clotaire, qui vint contre lui avec ses troupes, lui *Bataille de Clotaire contre Childebert.* donna bataille & le mit en fuite. Il y eut beaucoup de gens tuez de part & d'autre. Voila ce que rapporte Fredegaire. Les *Gesta Francorum* & Aimoin, attribuent la victoire à l'addresse & au grand courage de Fredegonde, qui anima les François Neustriens, les gagna par des presens, les fit marcher la nuit avec des branches d'arbres en leurs mains, & des sonnettes au cou des chevaux pour surprendre les Austrasiens, comme ils firent en effet. Ils mirent l'armée en déroute, en sorte que les Chefs Gondebaud & Vintrion eurent peine à se sauver. Après quoi les Neustrasiens ravagerent la Champagne. Childebert se *594. 595.* saisit du Roiaume de Bourgogne. La même année son armée combattit contre les Bretons: il y eut un grand nombre de morts des deux côtez. Les armes de Childebert furent plus heureuses contre les Varnes qui s'étoient revoltez, ausquels il donna bataille l'année d'après. Il les défit, & il en fut fait un si grand carnage, que peu échapperent.

& quibusdam aliis. Hæc non placuere Childeberto regi, qui conquestus est ipsum non stare promissis. Respondit Guntchramnus, se consobrinum ipsius ex sacro fonte suscipiendo, nihil contra promissa fecisse sua, quæ semper servaturus ipsi erat. Voluit Rex ut hic fratris filius Chlotarius appellaretur, eamdem ipsi optans potentiam, quam habuerat avus ipsius Chlotarius, idque etiam evenit, ut ipse concupierat; atque ex eventu rerum comprobatum est non abs re timuisse Childebertum: hic quippe Chlotarius ipsius stirpem delevit, ut videbimus.

Fredeg. c. 13. & 14. Theudefredo Ultrajurano duce defuncto, a Guntchramo rege successor ipsi datur Vandalmatus. Hoc vero postremum Guntchramni gestum memorat Fredegarius. Obiit porro Guntchramnus anno regni sui 33. Christi 593. sepultusque est Cabilone in Ecclesia S. Marcelli.

CHLOTARIUS II. CHILDEBERTUS.

GUNTCHRAMNI regnum statim occupavit Childebertus Rex. Quintrio autem sive Vinthrio Dux Campaniæ regnum Chlotarii regis invasit, cui Rex cum exercitu suo occurrit, & commisso prœlio fugavit illum. Ita Fredegarius. At *Gesta Francorum* & Aimoinus hanc victoriam fortitudini & arti Fredegundis adscribunt, quæ Francis Neustrasiis animos fecit, muneribusque illos sibi devinxit, ipsosque cum ramis arborum in manibus & tintinnabulis a collo equorum pendentibus incedere jussit, ut incautos Austrasios invaderent; id quod re ipsa evenit: in fugam enim verso illorum exercitu, Gundebaldus & Vinthrio vix evadere potuerunt; posteaque Neustrasii Campaniam depopulati sunt. Cum vero Childebertus regnum Burgundiæ occupasset, eodem anno exercitus ejus contra Britonas pugnavit, ac multi ex utraque parte cæsi sunt. Felicius autem anno sequenti cum Varnis rebellibus manus conseruit, illosque devicit, tantamque eorum stragem fecit, ut pauci in vivis remanserint.

CLOTAIRE II. CHILDEBERT.

L'année suivante qui étoit la 596. de Jesus-Christ, le Roi Childebert mourut en la fleur de son âge, quatre ans après qu'il eut succedé au Roiaume de Gontran, & laissa deux fils Theodebert & Theodoric, qui partagerent ses Etats. Theodebert eut l'Austrasie, dont la capitale & le siege Roial étoit Mets; & Theodoric eut le Roiaume de Gontran & la Bourgogne, & tint son siege à Orleans.

596.
Mort de Childebert.

CLOTAIRE II. THEODEBERT, THEODORIC.

FREDEGONDE qui avoit tout à craindre de la puissance des deux fils de Childebert, que leur grand'mere Brunehaut son ennemie excitoit toujours contre elle, se saisit de Paris & de plusieurs autres Villes, & fit avancer une armée jusqu'au lieu nommé *Latofao*. L'armée de Clotaire attaqua celle de Theodebert & de Theodoric, & fit un grand carnage de leurs troupes.

Fredegonde mourut en 597. & fut enterrée en l'Eglise de S. Vincent, depuis appellée de S. Germain des Prez, où l'on voit encore aujourd'hui sa tombe qui est originale & de ces tems-là, comme nous ferons voir en son lieu.

597.
Mort de Fredegonde.

Brunehaut toujours remuante se tenoit à la Cour du Roi Theodebert; & comme elle aimoit à dominer, & qu'apparemment Vintrion n'étoit pas assez dans ses interêts, elle fit tant par ses menées qu'on le fit mourir, on ne sait pourquoi. Fredegaire ne dit que deux mots sur cette affaire importante. Ce fut apparemment cette action qui lui attira la haine des Austrasiens. Ils la chasserent de la Cour du Roi Theodebert: elle s'enfuit seule; & par le secours d'un homme de basse qualité dont le nom est inconnu, elle se retira auprès de Theodoric, qui reçut sa grand'mere fort humainement, & lui fit beaucoup d'honneur. Pour reconnoître le service que lui avoit rendu ce Champenois, elle le fit nommer Evêque d'Auxerre. Le Pere le Cointe regarde ce fait comme fabuleux, parce que, dit-il, l'Evêché d'Auxerre ne vaquoit pas en ce tems-là, & que Didier qui succeda quelques années après à Aunacaire Evêque d'Auxerre, n'étoit pas un homme de basse fortune, puisqu'il étoit parent des Rois comme il est dit dans sa vie. Mais ne pouvoit-il pas se faire que cet homme eut été intrus dans le Siege d'Auxerre, & qu'il en ait été chassé; ce qui est arrivé souvent

598.

599.
Brunehaut chassée de l'Austrasie.

C. 16. Anno sequenti, qui Christi 596. erat, Childebertus in ætatis flore mortuus est, quatuor nempe annis postquam Guntchramni regnum occupaverat, filiosque duos reliquit, qui regnum ejus inter se diviserunt: Theodeberto Austrasia obtigit, sedesque ejus erant Metæ. Theoderico autem regnum Guntchramni, nempe Burgundia, ejusque sedes Aurelianum erat.

CHLOTARIUS II. THEODEBERTUS, THEODERICUS.

C. 17. NIHIL non timendum Fredegundi erat a potentia filiorum Childeberti, quos avia Brunechildis Fredegundi inimica in ipsam semper concitabat. Horum gnara Fredegundis Lutetiam Parisiorum occupavit, aliasque urbes, exercitumque movere jussit ad locum usque *Latofao* dictum. Chlotarius cum exercitu suo, in Theodeberti & Theoderici exercitum iruens, magnam stragem fecit.

C. 18. Obiit Fredegundis anno 597. sepultaque est in Ecclesia sancti Vincentii, quæ deinceps S. Germani a Pratis dicta fuit. Ejus tumuli pars superna visitur, quæ ab illo tempore ad nostram usque ætatem servata fuit, ut infra probabitur.

Brunechildis semper in motu & dominandi cupida in Regia Theoberti erat; quia vero, ut credere est, Vinthrio Dux pro illa non stabat, ipsa instigante occisus est: qua vero de causa nescitur; Fredegarius quippe hæc carptim tangit. Inde fortasse illa sibi Austrasiorum odium concitavit. Illam quippe ex Theoberti Regia expulerunt. Sola aufugit, & pauperis cujusdam ope; ejus vero nomen tacetur; ad regem Theodericum confugit, qui aviam suam perhumaniter excepit, atque in honore habuit: huic illa sibi opitulanti Campaniensi ut vicem rependeret, Episcopum Antisiodorensem illum nominari curavit. Hanc vero narrationem ut fabulosam habet Cointius ad ann. 599. quia, inquit ille, tunc sedes Antisiodorensis non vacabat, & quia Desiderius qui aliquot postea annis Aunachario successit, non vilis erat conditionis, cum Regum affinis esset, ut in ejus vita fertur. Verum annon potuit hic homo in sedem Antisiodorensem intrusus, postea expulsus fuisse, quod

C. 19.
Epistola Greg. M. Duchêne.
T. 1. p. 879.

R iij

dans les regnes precedens: & Fredegaire qui vivoit en ces tems-là pouvoit-il ignorer un fait si memorable. La suite des histoires rapportées si briévement par cet Auteur, nous est si inconnuë, qu'on ne peut sans péril de se tromper, porter son jugement sur le vrai & sur le faux.

Vers ce tems là il y eut une maladie contagieuse : l'Auteur l'appelle *Clades Glandolaria;* c'étoient des glandes ou des tumeurs venimeuses & pestilentielles, qui firent périr un grand nombre de gens à Marseille & dans les autres Villes de Provence. Un Lac dans le Roiaume de Theodoric boüillit avec tant de vehemence, que tous les poissons resterent cuits. En la même année mourut Varnacaire Maire du Palais de Theodoric, qui laissa tous ses biens aux pauvres.

Theodebert & Theodoric freres toujours en guerre contre Clotaire, n'avoient pas eu jusqu'ici des succès favorables, ils joignirent leurs troupes ensemble. Ils s'avancerent jusqu'à la riviere d'Ouaine, près de Dormeille. Ils lui donnerent bataille, taillerent en pieces la plûpart de ses troupes, & l'obligerent de s'enfuir avec le peu de gens qui lui restoient. Les deux freres pillerent & ravagerent les Villes & Villages des bords de la Seine qui s'étoient donnez à Clotaire. Ils emmenerent un grand nombre de captifs. Clotaire fort mal mené par les deux freres, fut obligé de faire la paix aux conditions qu'ils voulurent. Il ceda à Theodoric une partie de ce qu'il avoit entre la Seine & la Loire jusqu'à l'Ocean, & à Theodebert ce qu'on appelloit le Duché de Dentelin, qui s'étendoit de la Seine à l'Oise, & jusqu'à la mer Oceane. Il ne resta à Clotaire entre la Seine & l'Oise & jusqu'à la mer, que douze Villages. Il seroit trèsdifficile de faire un état bien clair de ce que Fredegaire nous rapporte si confusément.

C'est environ ce tems-ci que vint à Constantinople l'Ambassade de Theodebert. Il y a dans le texte de l'Auteur, *de Theodoric;* mais Theodebert étoit seul à portée d'envoier ces Ambassadeurs. Il s'offroit de faire la guerre au Cagan des Abares qui fatiguoit fort l'Empereur, pourvû qu'il lui avançât une somme d'argent dont ils conviendroient ensemble. L'Empereur reçût fort gracieusement les Ambassadeurs ausquels il fit des presens, & leur répondit qu'ils feroient la guerre à leurs frais s'ils vouloient, ne pouvant souffrir que l'Empire Romain s'assujettît à fournir de l'argent aux Barbares. Theodoric seul

---

in regnis præcedentibus sæpe accidit: Fredegarius qui illo vivebat tempore, potuitne rem ita memorabilem ignorasse ? Series historiæ in hoc auctore ita brevis est, ut non possit sine periculo de vero & falso sententia ferri.

C. 18. Idem circiter tempus *clades glandolaria*, inquit Fredegarius, Massiliam & reliquas provinciæ civitates graviter vastavit : erant scilicet ceu glandes vel tumores pestiferi & venenosi. In regno autem Theodorici lacus ebullivit, ita ut pisces omnes cocti fuerint; eodemque anno obiit Varnachatius Major-domus Theodorici regis, *qui omnem facultatem suam in alimoniis pauperum distribuit.*

C. 20. Theodebertus & Theodericus fratres bellum semper habebant contra Chlotarium, necdum tam prospera fortuna. Exercitum igitur ambo moverunt usque ad Atoanam fluvium, nec procul a Doromello. Commissa vero pugna maximam exercitus ejus partem cæcidere, ita ut cum paucis ipse fugeret. Ambo fratres urbes vicosque ad oram Sequanæ sitos, qui sese Chlotario dediderant, depopulati sunt, captivosque magno numero abduxerunt. Chlotarius sic ab ambobus fratribus in angustias actus, pacem ad eorum arbitrium facere compulsus est. Theoderico partem illorum quæ inter Sequanam & Ligerim usque ad Oceanum habebat, dedit. Theodeberto autem Ducatum Dentelini, qui a Sequana & Isara usque ad mare terras occupabat. Chlotario autem duodecim tantum pagi manserunt inter Sequanam, Isaram & mare. Hæc porro tam breviter exposita clare expendere difficile esset.

Hoc circiter tempus Oratores misit Constantinopolim ad Mauritium Imperatorem Theodebertus. Theophylactus Simocatta Theodericum nominat. Sed unus Theodebertus hujusmodi Oratores mittere posse videbatur, qui Abaris vicinus esset ; se vero appariturum esse dicebat ad bellum Chagano inferendum, qui jam instabat Mauritium bello appetens, dum Imperator illi summam pecuniæ concederet, de qua inter ambos conveniretur. Imperator benigne Oratores excipit, & muneribus donat, respondique suis sumtibus ad bellum procedere posse si vellent, cum ferre non posset ut imperium Romanum sese adstringeret ad summas pecunias Barbaris solvendas ἀργυρολογεῖσθαι τὸ Ῥωμαϊκὸν ὑπὸ τῶν βαρβάρων οὐκ ἀνεχόμενος. Theodericus solus

CLOTAIRE II. THEODEBERT, THEODORIC.

est nommé ici. Il a pû se faire que les deux freres tandis qu'ils étoient unis ensemble, aient fait faire cette proposition à l'Empereur. Le nom des Ambassadeurs étoit Bose & Bette.

L'an 602. Theodoric eut d'une Concubine un fils qui fut appellé Sigebert. Cette même année par l'intrigue de Brunehaut, le Patrice Egila fut mis à mort. Il n'avoit d'autre crime que d'être riche; & pour se saisir de ses biens, & les transporter au Tresor Roial, on se défit de lui. La même année Theodebert & Theodoric envoierent une armée contre les Gascons, qui furent battus, & réduits sous la domination Françoise. On leur imposa des tributs, & on leur donna un Duc nommé Genialis, qui s'acquitta fort bien de sa Charge. Nos Auteurs croient que ces Gascons sont les Cantabres, qui habitoient au-delà des Pyrenées.

602.

Theodoric eut l'an huitiéme de son regne un autre fils qui fut nommé Childebert, né d'une Concubine, & l'année suivante un autre appellé Corbe, aussi d'une Concubine, comme tous les autres fils de ce Roi. On tint cette même année un Concile à Châlon, où par l'instigation d'Arede Evêque de Lion, & de la Reine Brunehaut, Didier Evêque de Vienne fut déposé, & l'on substitua en sa place Domnole. Didier fut envoié en exil dans une Isle. En ce tems-là Bertoald François d'origine, Maire du Palais de Theodoric, occupoit cette Charge avec beaucoup de dignité. C'étoit un homme fort moderé dans ses mœurs, sage, avisé, brave & vaillant, & fort religieux à garder sa foi à tout le monde. Ces bonnes qualitez furent la cause de sa perte, comme nous allons voir. Protade étoit fort en honneur dans la Cour de ce Prince. Le bruit couroit qu'il étoit en commerce secret avec la Reine Brunehaut, qui cherchoit les occasions de l'élever à des Charges. Vandalmare Duc dans la Transjurane étant mort, Protade fut mis en sa place.

603.

Bertoalde Maire du Palais, ses bonnes qualitez.

Un homme d'une aussi grande vertu que Bertoalde étoit fort à charge à Brunehaut, il étoit trop irreprochable pour le faire périr par des calomnies ou par des accusations; il falloit chercher quelque moien specieux de s'en défaire. On l'envoia sur les bords de la Seine jusqu'à l'Ocean pour lever les droits roiaux dans les Villes & Villages. Theodoric ne lui donna que trois cent hommes pour cette expedition. Etant arrivé à une maison de campagne nommée Arelae ou Arelaune, où il s'exerçoit à la chasse, Clotaire en eut avis, & envoia contre lui son fils Meroüée avec Landri Maire du Palais, qui contre le

---

hic nominatur : potuerunt autem ambo fratres dum adhuc fœdere juncti essent, hanc ad Imperatorem legationem simul mittere. Oratores hi erant Bosus & Bettus.

Anno 602. Theodericus ex concubina filium habuit qui Sigibertus appellatus fuit ; eodemque anno Ægila Patricius, instigante Brunechilde interfectus est, nulla alia de causa quam quod facultatibus polleret, quæ in fiscum allatæ sunt. Eodem anno Theodebertus & Theodericus exercitus contra Vascones miserant, qui devicti sub Francorum ditionem redacti sunt. Tributum illis impositum fuit, & Dux datus Genialis nomine, qui officio suo cum laude functus est. Putant auctores nostri hosce Vascones esse Cantabros ultra Pyrenæos montes sitos.

Fredeg. l. 21.

Theodericus octavo regni sui anno Childebertum filium ex concubina suscepit ; insequenti quoque anno Corbum ex concubina item habuit : nullum enim unquam ex legitima uxore suscepit. Eodem ipso anno Cabilone Synodus habetur, ubi Desiderius Viennensis Episcopus, instigantibus Aridio Lugdunensi Episcopo & Brunechilde regina depositus, & in locum ejus Dumnolus substitutus est. Desiderius vero in insulam quamdam exsul deportatur. His diebus Bertoaldus genere Francus Major-domus Palatii Theoderici hoc munus cum laude & dignitate implebat, moribus modestus, sapiens, cautus, in bello strenuus, fideique tenax omnibus. Hæ animi dotes perniciem ipsi intulere, ut mox videbitur. Protadius vero quidam in Regia honoribus affectus, in suspicionem venerat nimiæ cum Brunechilde regina familiaritatis, quæ ut illum ad dignitates & munia proveheret occasiones captabat. Vandalmaro Ultrajuranæ Duce defuncto, in locum ejus Protadius subrogatus est.

Vir tanta virtute præditus, quanta Bertoaldus Brunechildi reginæ oneri erat. Cum nullus calumniæ locus esset, alia erat quærenda via ad illum de medio tollendum. Mittitur ergo cum trecentis tantum viris, ut ad ripam Sequanæ usque ad Oceanum per pagos & civitates fiscum perquireret ; cumque ad Arelaum villam venisset, ac venationem ibi exerceret, hoc comperto Chlotarius, Meroveum filium suum & Landericum Majorem-domus cum exercitu misit, qui

C. 23.

traité se saisirent de plusieurs Villes & Villages entre la Seine & la Loire, qui appartenoient au Roi Theodoric. Clotaire n'avoit pas alors plus de dix-neuf à vingt ans : comment son fils Meroüée pouvoit-il aller à la tête d'une armée ? On l'y portoit apparemment pour qu'il apprît de bonne heure l'exercice des armes. Bertoalde aiant trop peu de monde pour s'opposer à eux, se retira à Orleans, où il fut bien reçû par le saint Evêque Austrin. Landri vint auprès d'Orleans avec son armée, & crioit après Bertoalde, le défiant au combat. Bertoalde lui répondit de dessus le mur, qu'il acceptoit le défi, pourvû que ce fût seul à seul, & qu'eux deux se battissent entre les deux partis. Landri n'en voulut rien faire. Bertoalde lui dit encore que quand le Roi son maître seroit arrivé avec son armée, ils se battroient ensemble s'il vouloit à la tête des deux camps, & se revêtiroient l'un & l'autre d'écarlate pour se reconnoître.

604. Theodoric aiant appris que contre le traité, Clotaire s'étoit saisi d'une partie de ses Etats, marcha vers le tems de Noel avec une armée, & se rendit à Etampes. Meroüée fils de Clotaire vint avec le Maire Landri à sa rencontre. A peine la troisiéme partie de l'armée de Theodoric avoit passé le Loin, que le combat commença. Bertoalde menoit la pointe de la bataille, & défia Landri, qui n'osa point accepter le défi. Bertoalde s'étant trop avancé ne voulut point reculer ;

Défaite de sachant qu'il alloit être degradé, & Protade élevé à sa place : il aima mieux se
Clotaire. faire tuer là, que de survivre à cette disgrace. Mais le reste de l'armée de Theodoric étant arrivé, Meroüée fils de Clotaire fut pris, Landri mis en fuite, & une grande partie des troupes de Clotaire taillée en pieces. Theodoric entra victorieux dans Paris. C'en étoit fait de Clotaire si les deux freres Theodebert & & Theodoric avoient resté unis contre lui. Mais Theodebert qui voioit apparemment d'un œil de jalousie les progrès de son frere, se lia avec Clotaire, fit un traité avec lui, & les deux armées se retirerent. S'il en faut croire Clotaire, Meroüée son fils pris à la bataille, fut mis à mort par ordre de Brunehaut, comme nous verrons plus bas.

605. L'an 605. par l'intrigue de Brunehaut, Protade fut élû Maire du Palais de
Protade Theodoric. C'étoit un homme d'esprit, hardi & entreprenant, mais extraor-
Maire du dinairement interessé, qui usoit de toute l'adresse imaginable pour augmen-
Palais. ter le Tresor Roial ; & s'enrichir lui-même aux dépens du tiers & du quart. Il

C. 26. contra pactum non ita pridem initum multas urbes & pagos inter Sequanam & Ligerim, qui regis Theoderici erant, occuparunt. Verum Chlotarius tunc novemdecim circiter annorum erat : quomodo ergo poterat filium jam suscepisse qui exercitum duceret ? Forte illo deferebatur, ut a teneris armorum exercitium edisceret. Bertoaldus, cum illis obsistere nequiret, Aurelianum se recepit, ubi ab Austino Episcopo recipitur. Landericus circa Aurelianum cum exercitu veniens, Bertoaldum clamans ad prœlium evocabat. Respondit Bertoaldus se conditionem accipere, modo inter ambos singulare certamen esset, & ambo inter spectatores utriusque exercitus. Abnuit Landericus. Addidit vero Bertoaldus, si quando Theodericus cum exercitu advenerit, velletque ipse secum configere inter duas acies, assumendas utrique esse purpureas vestes, ut sic alter alterum facilius cognosceret.

Theodericus ubi audivit Chlotarium contra pactum initum regionum suarum partem occupasse, circa Natalem Domini cum exercitu profectus est Stampas. Meroveus Chlotarii filius cum Landerico obviam illi venit. Vix tertia pars exercitus Theoderici Loam fluvium transierat quando pugnare cœptum est.

Bertoaldus qui primam aciem ducebat, Landericum vocitat ; sed hic ut promiserat, cum illo pugnare non ausus est. Bertoaldus vero qui nimis cæteros præcesserat, pedem referre noluit, cum sciret enim se de gradu mox dejiciendum fore, quem occupaturus Protadius erat, noluit hoc se vivo fieri : occisus autem est. Sed cum exercitus totus Theoderici transiisset, Meroveus Chlotarii filius captus est, Landericus in fugam versus, & maxima pars exercitus Chlotarii cæsa. Theodericus victor Lutetiam Parisiorum ingreditur ; periculumque erat ne Chlotarius e regno pelleretur ; si fratres ambo Theodebertus & Theodericus amicitia juncti mansissent. Sed Theodebertus, qui fortasse non sine invidia fratrem prospere rem agere videbat, cum Chlotario fœdus pepigit, & ambo exercitus abscessere. Si Chlotario credendum sit, filius ipsius Meroveus, qui in acie captus fuerat, curante Brunechilde, interemtus fuit.

Anno 605. instigante Brunechilde Protadius Major-domus Theoderici deligitur. Vir erat ingenio pollens, audax gerendis rebus ; sed ampliandæ rei familiaris cupidissimus, qui ingeniose fiscum simul & res suas augere satagebat cum dispendio cæterorum, no-

faisoit

CLOTAIRE II. THEODEBERT, THEODORIC.

faisoit son possible pour abbaisser les principaux & les plus nobles de la Cour, afin qu'il ne se trouvât personne qui pût le destituer de sa Charge & le remplacer. Par ces vexations quoique faites avec beaucoup d'adresse & de subtilité, il se rendit ennemis tous les principaux du Roiaume de Bourgogne.

Brunehaut cependant faisoit son possible pour porter Theodoric à faire la guerre à son frere, lui disant que Theodebert n'étoit pas fils de Childebert, mais d'un Jardinier. Protade aussi de son côté ne negligeoit rien pour déterminer le Roi à seconder les desirs de la Reine mere. Ils en vinrent enfin à bout. Theodoric fit marcher l'armée, & se rendit à Quiersi. Cela déplaisoit fort à ses sujets, qui l'exhortoient à vivre en paix avec son frere Theodebert, qui n'étoit pas loin de-là, campé avec son armée. Protade seul incitoit le Roi à donner bataille; ce qui irrita tellement les François, que tous coururent en foule pour le tuer, disant qu'il valoit mieux faire perir un homme que de mettre en peril toute l'armée. Protade étoit alors à la tente du Roi, joüant avec Pierre son premier Medecin; & tandis que Theodoric étoit retenu par ses gens, ils investirent Protade. Theodoric envoia Uncilene dire à l'armée qu'elle se gardât bien de tendre des embûches à Protade; c'étoit apparemment pour adoucir cette multitude furieuse. Uncilene changea l'ordre, & dit à l'armée que le Roi commandoit qu'on tuât Protade. Alors les soldats coururent en foule à la tente du Roi, la couperent en pieces, & tuerent Protade. Theodoric tout confus fut obligé de faire la paix.

est tué.

On mit l'année d'après en la place de Protade, Claude Romain; on entend par Romain un ancien habitant des Gaules, soit qu'il fut Gaulois d'origine, soit qu'il descendit de quelque Romain établi dans le païs. C'étoit un homme sage, agreable dans ses discours, constant dans ses entreprises, patient quand il falloit l'être, de bon conseil, cultivant les belles lettres, gardant exactement sa foi & sa parole, ami de tout le monde. L'exemple de ses predecesseurs le rendoit circonspect. Il se montra toujours affable & doux dans l'exercice de sa Charge. Il avoit seulement ce défaut, qu'il étoit trop gras & trop pesant.

606.

Cependant Brunehaut avoit toujours à cœur de venger la mort de son cher Protade: ce fut à son instigation qu'on punit Uncilene, qui en changeant l'ordre du Roi, l'avoit fait tuer. On lui coupa un pied, & on le dépoüilla de ses biens. Vulfe Patrice étoit odieux à Brunehaut parce qu'il avoit consenti à la mort

138　CLOTAIRE II. THEODEBERT, THEODORIC.

de Protade. Elle inspira à Theodoric de s'en défaire. Il le fit tuer à Favernai. Richomer Romain fut mis en sa place. En la même année il naquit à Theodoric un fils d'une Concubine, qui fut appellé Merouée. Clotaire le leva des fonts Baptismaux.

607.　　Theodoric n'avoit eu jusqu'alors que des Concubines. Ce fut apparemment à la sollicitation des Grands de son Roiaume, qu'il demanda à Vitteric Roi d'Espagne Ermenberge sa fille en mariage. Elle lui fut accordée, & il envoia Aride Archevêque de Lion, & Eporin Connétable pour la lui amener. Avant que de la remettre entre leurs mains, Vitteric exigea d'eux un serment que Theodoric ne la dégraderoit jamais de sa qualité de Reine. Ils la menerent à ce Prince qui étoit alors à Châlon sur Sône. Il la reçût avec joie. Mais il changea bien-tôt à son égard. Brunehaut qui craignoit que cette Princesse ne lui fît perdre l'ascendant qu'elle avoit sur l'esprit de son fils, fit tant par

Indigne action de Theodoric.　ses intrigues & ses menées, que Theodoric ne consomma point ce mariage. Theudelane sœur de Theodoric, contribua beaucoup aussi à rendre la nouvelle épouse odieuse à son mari. Au bout de l'an il la renvoia en Espagne, & qui pis est, en retenant les tresors qu'elle avoit apportez en France.

Vitteric indigné avec raison du traitement barbare qu'on avoit fait à sa fille, envoia des Ambassadeurs au Roi Clotaire, pour en porter ses plaintes, & l'inciter en même tems à lui aider pour en tirer vengeance. Clotaire joignit un Ambassadeur à ceux de Vitteric, pour aller solliciter Theodebert à entrer dans cette ligue. Theodebert en joignit un des siens à ceux de Vitteric & de Clotaire pour aller faire la même proposition à Agon ou Agilulfe Roi des Lombards en Italie. Ces quatre Rois se liguerent pour faire perdre à Theodoric le Roiaume & la vie. Les Ambassadeurs des Gots après avoir fait leurs fonctions, s'embarquerent en Italie pour passer en Espagne. Cette ligue n'eut aucun effet, & Theodoric ne parut pas en tenir grand compte.

En la même année Theodoric fit par le conseil d'Aride Evêque de Lion, une autre action fort odieuse, en faisant lapider S. Didier Evêque de Vienne, revenu de son exil. Dieu honora le tombeau de ce Saint de plusieurs miracles. Le martyre de S. Didier est rapporté plus au long dans la Lettre d'Adon Evêque de Vienne. On crut que ce fut en vengeance de ce crime que le Roiaume de Theodoric ne passa point à ses enfans.

ci consensisset, ideoque in Fauriniaco villa jussu Theoderici regis interfectus est. Richomer Romanus in locum ejus est substitutus. Eodem anno Theoderico ex concubina filius nascitur, qui Meroveus vocatus, & a Chlotario rege de sacro fonte susceptus est.

C. 30.　Theodericus nonnisi concubinas hactenus habuerat. Instantibus, ut putatur, regni proceribus, a Vitterico Hispaniæ rege Ermenbergam filiam ejus in uxorem expetiit. Patre concedente, misit Theodericus Aridium Archiepiscopum Lugdunensem, & Æpporinum Comitem stabuli, qui illam sibi adducerent. Antequam vero filiam ipsis traderet, sacramentum exigit ab eis, quod Theodericus nunquam eam a Reginæ gradu dejecturus esset. Ad Regem itaque illam adduxerunt, qui tunc Cabilone erat. Ipsam vero cum gaudio Rex excepit: sed non multo post tempore erga illam mutatus est. Brunechildis metuens ne novæ conjugis amor se a pristino auctoritatis gradu dejiceret, suasione & arte sua id effecit, ut a virili cum illa coitu abstineret. Theudelana quoque soror Theoderici, id simul cum avia effecit, ut perosa Regi esset. Evoluto itaque anno illam in Hispaniam re-

misit, & quod pejus erat, retentis iis thesauris quos ipsa in Galliam attulerat.

Vittericus jure indignatus, Oratores mittit ad C. 31. Chlotarium regem qui de tanta injuria conquererentur, & ad vindictam illum concitarent. Cum Vitterici Oratoribus, Legati Chlotarii proficiscuntur ad Theodebertum, eadem de re acturi: iterumque cum Vitterici Legatis, Oratores Chlotarii & Theoderberti ad Agonem vel Agilulfum Langobardorum in Italia Regem properant. Hi quatuor Reges sese fœdere jungunt, ut Theoderico regnum & vitam adimant. Gotthorum Oratores his peractis, naves in Italia conscendunt, ut Hispaniam petant. Nihil ex hujuscemodi fœdere sequutum est, remque despexisse videtur Theodericus.

Eodem anno Theodericus ex consilio Aridii Episcopi Lugdunensis rem odiosissimam perpetravit, cum C. 32. S. Desiderium Episcopum Viennensem ab exsilio suo reversum lapidari jussit. Ejus vero sepulcrum Deus miraculis multis exornavit. S. Desiderii Martyrium fusius in Epistola Adonis Episcopi Viennensis enarratur. In tanti facinoris ultionem putarunt quidam Theoderici regnum ad filios ipsius non transiisse.

CLOTAIRE II. THEODEBERT, THEODORIC. 139

L'année 608. fut remarquable par une espece de guerre ouverte qu'il y eut 608. entre les deux Reines Bilichilde & Brunehaut. Bilichilde épouse de Theodebert, étoit de fort basse extraction. Brunehaut l'avoit achetée de certains Marchands, & l'avoit ainsi euë pour esclave. Theodebert en devint amoureux & l'épousa. Comme elle avoit de l'esprit elle gagna par ses manieres le cœur des Austrasiens, & porta toûjours son mari à les traiter humainement, & avec simplicité. Brunehaut étoit trop altiere & superbe pour ne pas voir d'un œil envieux son esclave montée en un si haut degré d'honneur, s'y maintenir avec tant de prudence. Bilichilde de son côté le portoit assez haut pour envoier de ses gens à Brunehaut, lui témoigner le mépris qu'elle en faisoit. Brunehaut lui envoioit reprocher sa basse naissance & son esclavage. Par des messagers qu'elles envoioient sans cesse l'une à l'autre, elles se chantoient ainsi mille injures. Cela alla si loin, qu'on jugea à propos des deux côtez de mettre fin à cette plaisante querelle. On assigna un lieu pour cela, & pour établir la paix entre Theodebert & Theodoric. Mais Bilichilde par le conseil des Austrasiens, refusa d'y venir.

La réputation de S. Colomban volant dans toutes les Gaules & la Germanie, 609. le Roi Theodoric l'alloit souvent voir, & se recommandoit humblement à ses prieres. Le Saint le reprenoit de son commerce continuel avec des Concubines, & de ce qu'il ne prenoit pas plûtôt une épouse pour avoir d'une Reine des enfans legitimes. Cela fit impression sur l'esprit du Prince ; il lui promit de s'abstenir desormais de ce commerce illicite. Brunehaut allarmée de ce changement, craignit que les remontrances du Saint ne fissent venir à la Cour de son petit-fils une Reine qui la dégraderoit de son autorité. Elle amena les enfans du Roi au Saint pour lui demander sa benediction. Il lui dit que ces enfans qui n'étoient pas legitimes, ne regneroient jamais. Elle en fureur com- S. Colomban chassé manda aux voisins du Monastere de ne laisser passer aucun Moine, & de leur des Etats refuser toute sorte de secours. Le Roi fut en termes depuis de se racomoder de Theodoric. avec le Saint ; mais Brunehaut gâta tout, & le Roi le fit sortir de son Roiaume. Tout ceci est décrit fort au long dans Fredegaire & dans la Legende de saint Colomban.

Il y eut l'année suivante un different entre Theodebert & Theodoric, au 610. sujet de l'Alsace que Theodoric tenoit par la disposition de Childebert son pere, Guerre entre Theodebert & Theodoric.

C. 35. Anno 608. observatu digna fuit quædam rixa & contentio publica Brunechildem inter & Bilichildem Theodeberti uxorem. Bilichildis vilissimæ conditionis erat, & a Brunechilde emta fuerat a negociatoribus, & sic ancillam eam habuerat. Theodebertus ejus amore captus, in uxorem duxit eam. Cum autem ingenio valeret, Austrasiorum sibi amicitiam conciliavit, & conjugi Regi semper suasit, ut cum illis humaniter & sincere se gereret. Superba & arrogans Brunechildis erat, & cum invidia videbat ancillam suam ad tantum honoris gradum evectam, tanta illum prudentia occupare. Bilichildis vero adeo non Brunechildem metuebat, ut nuncios ad illam mitteret, qui quantum illam despiceret significarent. Brunechildis generis vilitatem exprobrabat. Hinc & inde discurrebant nuncii contumelias ferentes. Eo usque res processit, ut ex ambabus partibus assignaretur locus quo ambæ Reginæ convenirent ad rixam sedandam, & pacem Theodebertum inter & Theodericum statuendam : sed ex Austrasiorum consilio Bilichildis eo venire noluit.

C. 36. S. Columbani fama volabat per Gallias & Germaniam ; texque Theodericus frequenter invisebat illum, seque ejus precibus commendabat. Vir sanctus increpat Regem ob concubinarum consortium, & quod non potius uxorem duceret, ut ex Regina legitimos filios susciperet. Hæc Regis animum moverunt, pollicitusque est se in posterum ab hujusmodi concubitu discessurum. Brunechildis talem mutationem non probans, metuit ne monitis sancti viri cedens Theodericus, Reginam induceret, quæ se ab assumta auctoritate removeret. Filios Regis sancto viro adduxit, ut ejus benedictionem peterent. Ait vero Columbanus filios illos non legitimos, nunquam regnaturos esse. Furens illa vicinis mandat, ut nulli Monachorum transitum concederent, nihilque ipsis opis afferrent. Voluit postea Rex in gratiam cum Sancto redire. Verum illa vicinis Brunechildis omnia pessimdedit, justitque rex illum e regno suo excedere. Hæc fuse narrantur apud Fredegarium, & in vita Sancti Columbani.

C. 37. Anno sequenti inter Theodebertum & Theodericum dissensio orta est, quod Alsaciam, quam ex dispositione Childeberti patris Theodoricus habebat, Theo-

Tome I. S ij

& dont Theodebert s'étoit faifi. Il fut refolu que l'affaire fe termineroit par le jugement des Francs. Theodoric s'y rendit avec dix mille Scarites, forte de Milice. Mais Theodebert y vint avec une grande armée voulant donner bataille. Theodoric fe trouvant invefti de cette grande armée, fut obligé d'en paffer par tout ce que fon frere voulut, & de lui ceder l'Alface, & encore d'autres païs. Après cela les deux Rois fe retirerent chacun chez foi. En ce même tems les Allemans firent une irruption dans la Transjurane jufqu'à Aventicum. Abbelin & Herpin, & les autres Comtes, leverent une armée pour aller contre eux. Les Allemans défirent les Transjurans, & en tuerent la plus grande partie, ravagerent ce territoire, mirent le feu par tout, & emmenerent un grand nombre de captifs. Theodoric après ces pertes ne penfa qu'à opprimer fon frere Theodebert, qui fit mourir la même année on ne fait pourquoi, fa femme Bilichilde, & époufa une jeune fille appellée Theudichilde.

611.   Theodoric refolu de pourfuivre fon frere à outrance, fit dire à Clotaire qu'il alloit faire la guerre à Theodebert, qu'il ne regardoit pas comme fon frere; & que s'il ne lui donnoit point de fecours, fuppofé qu'il reftât vainqueur, il lui cederoit le Duché de Dentelin dont Theodebert étoit faifi. Clotaire accepta l'offre. Theodoric affembla fon armée à Langres, marcha vers Andelot; & aiant pris un lieu appellé Nas, il pouffa jufqu'à Toul, où Theodebert vint à fa rencontre avec l'armée des Auftrafiens. La bataille fe donna là. Theodebert fut entierement défait, & la plus grande partie de fon armée taillée en pieces. Il s'enfuit du côté de Mets, paffa le mont Vofge & fe rendit à Cologne. Son frere le fuivit. Theodoric aiant paffé les Ardennes vint à Tolbiac. Theodebert qui avoit affemblé une armée de Saxons, de Turingiens, & d'autres gens de delà le Rhin, vint auffi à Tolbiac. Là fe donna une feconde bataille plus furieufe que la premiere. Le carnage fut fi grand, qu'on n'avoit jamais rien vû de pareil. Les combattans des deux côtez étoient fi preffez les uns contre les autres, que ceux qui étoient tuez ne pouvant tomber, demeuroient debout entre leurs compagnons. Theodoric gagna encore ici la victoire. Il pourfuivit les fuïards jufqu'à Cologne, tuant toujours, & couvrant la terre de corps morts. Il arriva le même jour à Cologne, y entra, & fe faifit des trefors de Theodebert. Il envoia au-delà du Rhin Bertaire fon Chambellan, pour courir après

Carnage horrible.

Defaite & mort de Theodebert.

612.

---

debertus invafiffet. Statutum vero inter ambos fuit ut lis Francorum judicio folveretur. Theodericus vero cum decem millibus tantum Scaritis ad condictum venit. At Theodebertus cum magno venit exercitu quafi pugnaturus. Theodericus tanto exercitu circumdatus & coactus, quidquid frater voluit invitus pacificitur, Alfaciamque illi concedit, aliaque etiam loca. Poftea vero ambo difceffere. His etiam diebus Alamanni in Ultrajuranam regionem irrupere Aventicum ufque. Abbelinus autem & Herpinus cæterique Comites exercitum collegerunt, & Alamannis obviam venerunt. Utrinque pugnatum eft; fed Alamanni Transjuranos fuperaverunt, maximamque eorum partem occiderunt, omnia ferro & igni devaftarunt, maximumque captivorum abduxere numerum. Hæc contra fe peracta videns Theodericus, non aliud ultra cogitabat, quam ut Theodebertum opprimeret; qui Theodebertus eodem anno Bilichildem uxorem fuam occidit, qua vero de caufa ignoratur, puellamque nomine Theudechildem uxorem accepit.

C. 38.   Theodericus ergo fratrem acerrimo bello premere deftinans, Chlotario fignificavit, fe Theodebertum, quem non ut fratrem habebat, hoftiliter aggredi velle; fi autem hofti fuo non opem ferret il-

le, fe ipfi Dentelini Ducatum conceffurum effe, quem nihil poffidebat Theodebertus. Conditionem admifit Chlotarius. Theodericus vero apud Lingonas exercitum collegit, & verfus Andelaum movit, ac Nafio caftro capto, Tullum perrexit, Theodeberto autem cum Auftrafiis occurrente, in agro Tullenfi committitur prælium, ubi Auftrafi victi, profligati, & ad internecionem pene deleti funt. Theodebertus vero per agrum Metenfem fugiens, Vofago fuperato Coloniam pervenit. Theodericus ejus tergo infiftens, Arduennam filvam prætergreffus, Tolbiacum venit. Theodebertus quoque qui trans Rhenum exercitum Thuringorum & Saxonum aliorumque collegerat, Tolbiacum & ipfe venit. Ibi pugna altera committitur præcedenti major: tantaque facta ftrages eft, ut quid fimile nunquam auditum fuerit. Denfæ phalanges tam acriter præliabantur junctis armatorum ordinibus, ut qui utrinque occidebantur, cadendi fpatium non habentes, inter vivos mortui ftarent. Hic quoque victor fuit Theodericus, qui fugientium terga infequens, Coloniam ufque vias cæforum cadaveribus ftravit; eademque die Coloniam advenit & Theoderti thefauros accepit; Bertharium vero Cubicularium ultra Rhenum mifit, qui Theodebertum

Theodebert qui s'enfuioit avec peu de gens. Bertaire le prit & le mena en presence de Theodoric, dépoüillé de ses habits Roiaux. Theodoric donna à Bertaire les habits de Theodebert, & son cheval richement harnaché à la roiale, envoia Theodebert chargé de liens à Châlon sur Sône, où on le fit mourir, quoique l'Historien ne le dise pas ici : mais cela est assez prouvé par ce qui suit. Meroüée son fils eut la tête écrasée contre une pierre par ordre de Theodoric.

CLOTAIRE II. THEODORIC.

CLOTAIRE, dès qu'il eut appris la victoire de Theodoric, se saisit du Duché de Dentelin, comme il étoit convenu avec ce Prince. Mais celui-ci devenu fier par ses victoires, & voulant apparemment se rendre maître de toute la Monarchie Françoise, fit assembler l'année d'après une grande armée d'Austrasiens & de Bourguignons, & envoia des Ambassadeurs à Clotaire le sommer de rendre le Duché de Dentelin, faute dequoi il alloit attaquer de tous côtez son Roiaume. L'armée marchoit déja, & Clotaire beaucoup plus foible que son ennemi, couroit grand risque de perdre ses Etats, & peut-être la vie même, lorsque Theodoric étant à Mets fut attaqué d'un flux de ventre dont il mourut. Cette mort changea toute la face des affaires. L'armée se débanda, & chacun se retira chez soi. Brunehaut qui étoit à Mets avec les quatre fils de Theodoric, Sigebert, Childebert, Corbe, & Meroüée, tâcha de faire déclarer Sigebert Roi en la place de son pere.

Mort de Theodoric.
613.

Mais Arnoul, Pepin, & plusieurs autres des principaux Seigneurs qui n'aimoient pas Brunehaut, donnerent entrée à Clotaire dans l'Austrasie, & il s'avança jusqu'à Andernac. Brunehaut qui étoit à Vormes avec les enfans de Theodoric, envoia Chadoinde & Herpon en Ambassade à Clotaire, pour le sommer de se retirer du Roiaume que Theodoric avoit laissé à ses fils. Il répondit qu'il promettoit de garder exactement tout ce que les principaux des François assemblez établiroient là-dessus. Brunehaut envoia dans la Thuringe Sigebert l'aîné des fils de Theodoric, accompagné de Varnacaire Maire du Palais, d'Alboin, & plusieurs autres des principaux, pour ramasser contre Clotaire autant de gens qu'ils pourroient en trouver au-delà du Rhin ; & depuis elle envoia par écrit un ordre secret à Alboin & aux autres principaux, de tuer Varna-

---

insequeretur cum paucis fugientem ; illumque Bertharius cepit, & in Theoderici conspectum adduxit vestibus exutum regiis. Theodericus Berthario dedit & vestes Theodeberti & equum regio more stratum. Theodebertum vero vinctum Cabilonem misit, ubi etiam interfectus est, etsi id hic non referatur ab historiæ scriptore ; sed satis a sequentibus comprobatur. Merovei filii ejus, jussu Theoderici, caput ad petram eliditur.

CHLOTARIUS II. THEODERICUS.

CHLOTARIUS ubi primum victorem Theodericum esse edidicit, Ducatum Dentelini, ut ambo convenerant, occupavit. At Theodericus victoria inflatus, cum fortasse vellet totam Francorum Monarchiam occupare, anno sequente magnum Austrasiorum & Burgundionum exercitum collegit, misitque ad Chlotarium Oratores edicens Dentelini Ducatum redderet ; alioquin se regnum ipsius invasurum esse sciret. Jam movebatur exercitus, & Chlotario omnino impari instabat periculum ne & regnum &

forte vitam amitteret, cum Theodericus Metis ex ventris profluvio mortuus est. Mors istæc totam rerum faciem mutavit : exercitus solutus est, omnesque sedes proprias repetierunt. Brunechildis cum filiis Theoderici quatuor, Sigiberto, Childeberto, Corbo & Meroveo, Metis residens, Sigibertum in regnum patris evehere nititur.

Verum Arnulfus, Pipinus plurimique alii, qui Brunechildem non amabant, Chlotarium in Austrasiam induxerunt, qui usque ad Antonnacum processit. Brunechildis, quæ cum filiis Theoderici Varmatiæ erat, Chadoindum & Herponem Oratores ad Chlotarium misit, edicens illi ut a regno quod Theodericus filiis reliquerat abscederet. Respondit ille se id accurate servaturum esse, quod congregati Franci proceres statuerent. Brunechildis in Thuringiam misit Sigibertum filiorum Theoderici majorem cum Varnachario Majore-domus, Alboino & aliis, ut contra Chlotarium quantos ultra Rhenum possent, colligerent. Postea vero Alboino cæterisque primoribus per literas clam præcepit ut occiderent Varnacharium, qui ad

C. 30.

C. 40.

caire qui vouloit se ranger du parti du Roi Clotaire. Alboin lut ce memoire, le déchira & le jetta à terre. Un des gens de Varnacaire trouva les fragmens, les racommoda sur une table couverte de cire, & les donna à lire à son Maître, qui se voiant en péril de mort, ne pensa depuis qu'à opprimer les fils de Theodoric, & à faire passer son Roiaume à Clotaire. Il détourna les nations chez lesquelles il étoit venu, de préter secours à Brunehaut & aux fils de Theodoric. De retour de delà le Rhin, Alboin & les autres se rendirent auprès de Brunehaut & des fils de Theodoric, qui vinrent en Bourgogne, tandis que les couriers alloient dans l'Austrasie pour ramasser du monde. Les principaux de la Bourgogne tant Evêques que seculiers, qui haïssoient Brunehaut, conspirerent avec Varnacaire pour la perdre avec sa race, & faire passer le Roiaume à Clotaire.

L'armée des Austrasiens vint en Champagne sur l'Aine, aiant Sigebert à la tête. Clotaire s'y rendit aussi, étant d'intelligence avec les principaux Chefs de l'armée ennemie, Varnacaire, Alethée Patrice, Sigoald, Roccon & Eudelane, qui au lieu du signal de la bataille, firent retirer leurs gens chacun chez soi.

Enfans de Theodoric tuez.

Clotaire suivit sans coup ferir les restes de cette armée jusqu'à la Sône, où il prit trois des fils de Theodoric, Sigebert, Corbe & Merouée. Le quatriéme nommé Childebert, monta à cheval & s'enfuit, & l'on n'eut plus depuis de ses nouvelles. Brunehaut & Theudelane sœur de Theodoric, furent livrées à Clotaire, qui fit tuer deux fils de Theodoric, Sigebert & Corbe. Il pardonna au troisiéme nommé Merouée, parce qu'il l'avoit levé des fonts baptismaux, & l'envoia en Neustrie, où il vécut long-tems après. Il fit comparoître devant lui Brunehaut qu'il haïssoit à mort, & qu'il accusoit d'avoit fait périr dix Rois ou Princes François, Sigebert, Merouée, Chilperic son propre pere, Theodebert &

Cruelle mort de Brunehaut.

son fils, un fils de Clotaire II. nommé Merouée, Theodoric & ses trois fils. Il attribuoit tout cela à cette malheureuse Princesse, quoique sa propre mere eut fait tuer plusieurs de ceux qu'il nommoit, & qu'il n'y eût point de preuves que Brunehaut eût fait perir pas un des autres : il lui fit ensuite souffrir divers tourmens l'espace de trois jours ; & après qu'on l'eût promenée sur un chameau par toute l'armée, il la fit attacher par les cheveux, par un bras & par un pied à la queüe d'un cheval indomtable qui l'emporta, la traîna & la mit en pieces.

C. 41.

partes Chlotarii declinare studebat. Alboinus literas legit, posteaque discerpsit ac frusta projecit. Servus quidam Varnacharii fragmenta illa collegit, & in tabula cera illita suo in ordine posuit. Varnacharius legit, cernensque vitæ sibi periculum imminere, nihil ultra cogitavit, quam ut Theoderici filios opprimeret, regnumque ejus ad Chlotarium transferret. Nationes vero ad quas venerat a præbendo Brunechildi filiisque Theoderici auxilio avertit. Reversi ii qui ultra Rhenum concesserant, Brunechildem & filios Theoderici adierunt, qui in Burgundiam venerunt, dum nuncii per Austrasiam discurrerent ut colligerent exercitum. Burgundiæ Farones vero tam Episcopi quam alii cum Varnachario conspirarunt, ut Brunechildem & progeniem ejus delerent, regnumque ad Chlotarium transferrent.

C. 42.

Exercitus Austrasiorum in Campaniam venit Sigiberto duce. Chlotarius quoque illo se contulit, consentientes secum habens in adversariorum exercitu primores, Varnacharium, Aletheum Patricium, Sigoaldum, Rocconem, Eudelanum, qui exercitibus in conspectu positis, non signum ad pugnandum dederunt, sed quemque jusserunt in patriam reverti.

Chlotarius illius exercitus reliquias insequutus ad Ararim usque, sine prœlio tres Theoderici filios cepit, Sigibertum, Corbum & Meroveum. Quartus vero Childebertus consenso equo aufugit, nec usquam de illo mentio ultra fuit. Brunechildis & Thendelana soror Theoderici, Chlotario traditæ sunt, qui duos Theoderici filios Sigibertum & Corbum occidi jussit, tertio autem Meroveo quem ex fonte sacro susceperat pepercit, eumque in Neustriam misit, ubi diu postea vixit. Tum jussit sibi sisti Brunechildem, quam summo odio habebat, & quam accusabat quod decem Francis Regibus vel Principibus mortem intulisset, Sigiberto, Meroveo, Chilperico patri suo, Theodeberto & ipsius filio, Meroveo ipsius Chlotarii filio, Theoderico, tribusque ipsius filiis, etiamsi mater ejus Fredegundis ex nominatis multos morte affecisset, & nullo posset argumento probari Brunechildem alicujus ex aliis mortem procurasse. Postea vero illam tormentis multis per triduum excruciari jussit, & postquam camelo insidens per totum exercitum ducta fuisset : *post hæc coma capitis, uno pede & brachio ad vitiosissimi equi caudam ligata calcibus & velocitate cursus ejus membratim disrumpitur*.

CLOTAIRE II. seul.

Varnacaire fut fait Maire du Palais du Roiaume de Bourgogne, & Clotaire lui promit avec serment qu'il ne lui ôteroit jamais sa Charge. C'est ce que les Maires du Palais, les Ducs & Comtes cherchoient, de tenir ces Charges à vie; après cela ils parvinrent à les faire passer à leurs enfans. Radon fut établi Maire du Palais de l'Austrasie. Clotaire se trouva donc ainsi Roi de toute la Monarchie Françoise, de même que son grand-Pere Clotaire premier l'avoit été : il vécut seize ans après en cette qualité, toujours en paix avec ses voisins. L'Historien fait ainsi son éloge. Il étoit, dit-il, patient, bien instruit dans les belles Lettres, craignant Dieu, faisant du bien aux Eglises & au Clergé, grand aumônier, doux, & bienfaisant à l'égard de tout le monde. Il avoit pourtant quelques défauts; il aimoit trop la chasse aux bêtes fauves ; & sur la fin de ses jours il étoit trop adonné aux femmes & au commerce des jeunes filles ; ce qui lui attira le blâme de ses Sujets. *Caractere de Clotaire.*

Il destitua Eudelane Duc de la Transjurane, & mit en sa place Herpon, qui voulant mettre la paix dans son Gouvernement, & reprimer la violence de ce peuple remuant & seditieux, fut tué par l'intrigue d'Alethée Patrice, de Leudemond Evêque de Sion, & d'un autre Herpon Comte. Ce même Leudemond alla de la part d'Alethée Patrice trouver en secret la Reine Bertrude, & lui dit que Clotaire devoit mourir certainement en la même année, & qu'elle feroit bien de faire transporter en secret tous les tresors dont elle pourroit se saisir à Sion sa Ville Episcopale, qui étoit un lieu très-sûr; qu'après la mort de Clotaire, Alethée répudieroit sa femme pour l'épouser ; & que comme il étoit du sang Roial de Bourgogne, il pourroit bien se faire établir Roi. La Reine craignant que ce que Leudemond venoit de lui dire ne fût veritable, se retira en sa chambre fondant en larmes. Leudemond se voiant en péril d'être découvert, s'enfuit de nuit à Sion, d'où il se retira à Luxeüil auprès de l'Abbé Austaise, qui fit depuis sa paix avec Clotaire, & il eut permission de retourner dans sa Ville ; mais Alethée eut ordre de venir à Massolac, où le Roi Clotaire le fit tuer, comme il le meritoit bien. *615.*

Alethée Patrice tué.

CHLOTARIUS II. solus.

Varnacharius Major-domus Burgundiæ factus est, sacramento per Chlotarium dato, quod nunquam in vita ab hoc munere revocandus esset. Hic jam cœpere Majores-domus, Duces, Comites ad vitam creari. Sub hæc autem eo pervenerunt, ut munia illa ad filios transirent. Rado Austrasiæ Major-domus factus est, sicque Chlotarius toti Franciæ Monarchiæ imperavit, perinde atque avus suus ac per sedecim imperii annos pacem cum vicinis habuit. Sic vero laudes ejus prosequitur Fredegarius: *Iste Chlotarius patientia deditus, literis eruditus, timens Deum, Ecclesiarum & Sacerdotum magnus munerator, pauperibus eleemosynam tribuens, benignum se omnibus & pietate plenum ostendens, Venatione ferrarum nimia assiduitate utens, & postremum mulierum & puellarum suggestionibus nimium annuens ; ob hoc quidem blasphematur a Leudibus.*

Freg. c. 1 & 44. Ultra-juranum Ducem Eudelanum destituit, & in locum ejus Herponem subrogavit, qui dum pacem in regione sua stabilire & seditiosum populum reprimere vellet, opera & arte Alethei Patricii, Leudemundi Episcopi, & alterius Herponis Comitis, occisus est. Idem vero Leudemundus Episcopus Sedunensis, ex Alethei consilio, Berthrudem reginam clam adiit, dixitque illi Chlotarium haud dubie hoc anno esse moriturum, beneque provisuram Reginam esse si thesauros quantos posset Sedunum Episcopalem suam urbem transferri curaret; esse namque locum tutissimum; Aletheum autem post Chlotarii mortem, repudiata uxore sua, ipsam Reginam ducturum esse : cumque ex regio Burgundico genere esset, fieri posse ut rex ipse constitueretur. Regina metuens ne vera Leudemundus dixisset, in lacrymas prorumpens intra cubiculum suum recessit. Leudemundus se in periculo versari putans, noctu Sedunum aufugit, unde Lussovium apud Austasium Abbatem se recepit, qui Leudemundum cum Rege reconciliavit, ita ut ad civitatem suam redeundi licentiam impetraret. Aletheus vero jussus est Massolacum venire, ubi Chlotario præcipiente, gladio cæsus est ; idque jure & merito.

617. L'an 617. le Roi convoqua une Assemblée à Bonneüil où se trouva Varnacaire Maire du Palais, avec tous les Evêques & les *Burgundofarons*, c'est-à-dire, les principaux Seigneurs de Bourgogne. Il écouta leurs requêtes, & fit des Ordonnances justes pour établir le bon ordre. Il en fit aussi touchant l'état Ecclesiastique, & les Elections des Evêques. On voit ces Ordonnances au premier tome des Conciles des Gaules.

L'affaire des Lombards qui fut terminée en la même année, est des plus remarquables. Nous avons déja vû qu'ils paioient tribut aux Rois de France; que les armées de nos Rois d'Austrasie passoient souvent chez eux pour les domter; & qu'alors ils leur faisoient leurs soumissions, lors même qu'ils avoient le dessus & qu'ils chassoient les François de l'Italie; qu'ils promettoient de payer le tribut annuel, & de marcher à l'ordre de nos Rois pour faire la guerre à leurs ennemis; conditions qu'ils ne gardoient guere lorsque les François s'étoient retirez. Malgré les mauvais succès que nos armées avoient souvent en ces payis-là, il sembloit qu'ils prévoioient que quelque Roi de France qui prendroit mieux ses mesures que les précedens, les détruiroit un jour, comme il arriva sous Charlemagne. Voiant donc la Monarchie Françoise réunie sous un seul Roi, & plus en état par là de les domter, ils pensèrent à faire un traité stable avec le Roi Clotaire. C'est ce que rapporte l'Historien Fredegaire. Mais avant que d'en venir là, il fait une récapitulation des tems precedens en cette maniere.

Affaires de Lombardie.

Les Lombards, dit-il, paioient tous les ans aux Rois de France un tribut de douze mille pieces d'or, & ils leur avoient cedé deux Villes d'Italie, Suse & Aoust, qu'ils reprirent depuis. Après la mort de Clep leur Prince, ils élurent douze Ducs qui les gouvernerent durant douze ans. Pendant ce tems ils firent des irruptions en France d'où ils furent chassez, & obligez par les traitez qu'ils firent avec les François de leur ceder Aoust & Suse, qui furent sous la domination du Roi Gontran. Après qu'ils eurent élû ces douze Ducs, ils envoierent une Ambassade à l'Empereur Maurice. Chacun des Ducs y envoia son Ambassadeur pour lui demander la paix & sa protection. Ils en envoierent de même douze autres aux Rois Gontran & Childebert, pour les prier aussi de les proteger & de les défendre, pour leur paier les douze mille pieces d'or de tribut annuel, & se mettre entierement sous leur domination. Ce fut alors qu'avec la permission de ces Princes ils élurent pour leur Roi, Autaire. Un autre Autaire Duc

---

To. 1. Conc. Gallia.

Anno 617. in villa Bonogelo, Varchanatium Majorem-domus advocavit cum Episcopis & Burgundæfaronibus. Ibi justis petitionibus eorum annuit, rectum in rebus ordinem constituit. Etiamque Constitutiones emisit circa Ecclesiasticum statum & electionem Episcoporum, quæ in primo Conciliorum Galliæ tomo habentur.

Fredeg. c. 45.

Quæ Langobardos spectant hoc anno terminata, observatu plane digna sunt. Jam vidimus ipsos Francorum Regibus tributa pendisse; Regumque Francorum Austrasiorum exercitus superatis Alpibus illorum sæpe regionem invasisse; tuncque Langobardos se semper Francorum ditioni subjecisse, etiam cum superatos Francos ex finibus suis excedere compellebant, ac se annuum tributum soluturos esse, & ad nutum Regum Francorum ad bellum profecturos pollicebantur: sed post recessum Francorum pacta servare nihil curabant. Etiamsi vero exercitus Francorum in Italia ut plurimum male rem suam gererent, prævidisse videntur Langobardi, aliquem in posterum Francorum Regem cautius tales expeditiones aggredientem, ipsorum aliquando regnum destructurum esse, quod sub Carolo-Magno accidit. Cum viderent ergo Francorum Monarchiam sub uno Rege totam, quæ jam posset illos facilius opprimere, de pacto cum Rege Chlotario sanciendo cogitarunt. Id refert Fredegarius; sed antequam rem istius temporis ordiatur, præterita tempora repetit hoc pacto.

Langobardi, inquit, quotannis tributum duodecim millium solidorum Regibus Francorum pendebant, & duas illis civitates concesserant, Augustam & Siusium, quas postea recuperarunt. Defuncto Clep ipsorum Principe, duodecim Duces elegerunt, qui gentem regerent. Interim vero incursiones in Franciam fecere, unde etiam expulsi; ex constitutis pactis, Augustam & Siusium Francis concesserunt, quæ urbes sub regis Guntchramni dominatione fuerunt. Postquam illos duodecim Duces elegerant, Oratores mittunt ad Imperatorem Mauritium: quisque Dux Oratorem suum misit, ut & pacem & illius patrocinium peterent. Duodecim etiam alios ad Guntchramnum & Childebertum miserunt, ut eorum *patrocinium & defensionem* peterent, & duodecim millia solidorum solverent in annuum tributum, subque illorum se dominationem constituerent. Tunc porro illis permittentibus regem Autarium consti-

se mit

CLOTAIRE II. seul.

se mit avec son Duché sous la domination de l'Empereur. Le Roi Authaire paia tous les ans les douze mille pieces d'or établies : & après sa mort son fils Agon qui lui succeda, paia exactement la même somme.

Voilà comment Fredegaire avant que d'en venir au traité fait avec le Roi Clotaire second, rappelle les tems passez. Il ne s'accorde pas tout-à-fait avec Paul Lombard, & nous apprend pourtant quelques particularitez des tems precedens qui ne se trouvent pas dans Gregoire de Tours.

Agon Roi des Lombards, envoia donc l'an 617. trois Ambassadeurs au Roi Clotaire Prince pacifique, & qui n'entreprit jamais rien sur ses voisins. Ces trois Ambassadeurs, des principaux d'entre les Lombards, étoient Agiulfe, Pompege & Gauton. Le sujet de l'Ambassade étoit de tâcher de faire un traité avec Clotaire par lequel ils seroient exemtez de paier tous les ans le tribut de douze mille pieces d'or. Il falloit user d'addresse pour obtenir cela, & ils s'y prirent bien. Ils gagnerent d'abord les trois Maires du Palais ; celui de Bourgogne, Varnacaire ; celui d'Austrasie, Gondeland ; & celui de Neustrie, Chuque, en donnant secretement mille pieces d'or à chacun, & ils en offrirent trente-six mille à Clotaire, s'il vouloit leur remettre le tribut annuel de douze mille. Clotaire prit conseil des trois Maires du Palais, qui étant gagnez par les Lombards, furent d'avis qu'on leur accordât leur demande. Le Roi y consentit, leur remit le tribut. Le traité d'alliance fut fait, dressé & confirmé par serment de part & d'autre.

617.

Traité fait avec le Roi de Lombardie.

L'année d'après mourut la Reine Bertrude, que ce Prince avoit toujours fort aimée, & qui par sa douceur & son humeur bienfaisante s'étoit attiré la bienveillance de tous les François. Le Roi Clotaire épousa depuis Sichilde. L'an 39. de son regne il établit son fils Dagobert Roi d'Austrasie, en retenant pour soi cette partie en deça des Ardennes & du Mont Vosge, qui regardoit la Neustrie & la Bourgogne.

618.

622.

---

tuerunt. Alius vero Dux, qui etiam Autharius vocabatur, se cum Ducatu suo sub Imperatoris ditione posuit. Rex Autharius duodecim millia solidorum solvit : similiterque post eum filius ejus Ago.

Sic Fredegarius priora repetit antequam ad fœdus cum Chlotario II. initum veniat. Non in omnibus quadrat ad Paulum Langobardum : quædam tamen nos docet a Gregorio Turon. prætermissa.

Ago igitur rex Langobardorum anno 617. tres Oratores misit ad Chlotarium regem pacificum, qui vicinis nunquam bellum intulit. Hi Oratores ex primoribus Langobardorum, erant Agiulfus, Pompegius & Gauto. Ideo autem mittebantur ut pactum cum Chlotario inirent, quo a solvendis illis duodecim millibus solidorum eximerentur. Arte utendum erat ad illud impetrandum, & caute illi egerunt. Tres enim Majores domus Varnacharium Burgundiæ, Gundelandum Austrasiæ, Chucum Neustriæ, ad suas partes traxerunt, singulis mille solidos secreto numerantes. Triginta vero sex millia Chlotario offerebant, si vellet eos ab annuo duodenorum millium tributo eximere. Chlotarius trium Majorum-domus consilium excipit, iisque suadentibus annuit, & pacto inito annuum illud tributum remisit eis, addito etiam juramento.

Anno sequenti mortua est Bertethrudis Regina, quam Chlotarius semper amaverat, quæque benignitate & beneficentia omnium sibi Francorum animos conciliaverat. Rex vero Chlotarius deinde Sichildem duxit : anno autem 39. regni sui Dagobertum filium suum consortem regni fecit, eumque super Austrasios Regem instituit, *retinens sibi quod Arduenna & Vosagus versus Neustriam & Burgundiam excludebant.*

C. 46.

C. 47.

CLOTAIRE II. DAGOBERT I. en Auſtraſie.

613.
Hiſtoire
de Samon.

UN François nommé Samon, dont le payis étoit Sennonago, dit Fredegaire; les uns croient que c'étoit Sens, les autres Soignies en Hainaut; attira pluſieurs Marchands avec lui pour aller négocier chez les Eſclavons, qu'on appelloit Vinides. Ces peuples avoient déja commencé de ſecouer le joug des Avares, qui étoient les mêmes que les Huns, & de leur Roi Gagan. Ces Vinides furent appellez Beſulces par les Huns; parce que depuis long-tems quand ils faiſoient la guerre, ils faiſoient marcher devant & aller au combat un corps de ces Vinides ſeparé du leur, & que cela faiſoit ainſi comme deux corps d'armée. Les Vinides donnoient d'abord ſur l'ennemi; s'ils le battoient, les Huns profitoient de la victoire & des dépoüilles; s'ils étoient battus, ils venoient pour les ſoutenir & rétablir le combat. Ces mêmes Huns alloient tous les ans hiverner chez les Vinides; uſoient de leurs femmes & de leurs filles; leur impoſoient des tributs, & les vexoient en bien des manieres. Ces Vinides, & les propres enfans des Huns qu'ils avoient eu des femmes & des filles de cette nation opprimée, ne pouvant ſupporter un joug ſi peſant, commencerent à ſe revolter. Dans un combat qu'ils donnerent contr'eux, le négociant Samon ſe comporta fort vaillamment; & ce jour-là un grand nombre de Huns tomberent ſous le glaive des Vinides, qui charmez de la valeur de Samon, l'élurent pour leur Roi. Il regna ſur eux trente-cinq ans fort heureuſement. Sous ſa conduite les Vinides donnerent pluſieurs combats contre les Huns, & furent toûjours victorieux. Samon prit pour lui douze femmes Vinides, deſquelles il eut vingt-deux fils & quinze filles. Quoique le fond de l'hiſtoire ſoit veritable, il peut ſe faire que l'Auteur y aura mêlé des fables. Il y a là des choſes qui ſont contre toute apparence. L'Auteur n'eſt pas plus croiable dans l'hiſtoire ſuivante.

Adaloalde Roi des Lombards, fils & ſucceſſeur d'Agon, reçût fort humainement un Ambaſſadeur de l'Empereur Maurice, nommé Euſebe. C'étoit un preſtigiateur, qui gagna l'eſprit du Roi & lui devint fort familier; en ſorte que quand il entroit dans le bain, il ſe laiſſoit oindre le corps par Euſebe. Cette onction magique avoit une telle vertu, qu'après cela Adaloalde ne pouvoit rien faire que ce qu'Euſebe lui ſuggeroit. Il lui perſuada de ſe défaire de tous les

---

CHLOTARIUS II. DAGOBERTUS I.
in Auſtraſia.

C. 48.

FRANCUS quidam nomine Samo de pago Sennonago plures ſecum negotiantes adſcivit, ut negotium exercerent apud Sclavos cognomento Vinidos. Hi vero jam Hunnorum ſeu Avarum & regis Gagani jugum excuſſerant. Vinidi autem ab Hunnis Beſulci vocati ſunt, quia a multo jam tempore, cum ad bellum procederent, Vinidorum phalangem ante ſe præcedere curabant, & ſeparati cum eſſent, duo exercitus eſſe videbantur. Statim priores Vinidi pugnabant, & ſi quidem vincerent, tunc Hunni victoriæ fructu & prædâ potiebantur; ſi vincerentur, Hunnorum auxilio fulti, pugnam redintegrabant; iidemque Hunni hiemantes apud Vinidos, cum eorum uxoribus & filiabus coibant, tributa imponebant, variiſque illos opprimebant modis. Vinidi itaque & Hunnorum filii, quos ex uxoribus & filiabus Vinidorum ſuſceperant, cum tantam tyrannidem ferre non poſſent, rebellare cœperunt. In quadam vero pugna contra illos inita, Samo negotiator ſtrenue fortiterque ſe geſſit; illaque die Hunni multi gladio cecidere Vinidorum: qui Samonis fortitudinem mirati, ipſum in Regem ſuum delegerunt, feliciterque regnavit annis triginta quinque. Ipſo duce Vinidi multa contra Hunnos prœlia habuere, ſemperque victores fuere. Samo duodecim Vinidas mulieres duxit, ex quibus viginti duos filios & duodecim filias habuit. Etſi hæc hiſtoria vera ut plurimum ſit, quædam hic fabuloſa miſcuiſſe videtur Fredegarius, cujus etiam hiſtoria ſequens non caret ſuſpicione.

Adaloaldus rex Langobardorum, Agonis filius & C. 49. ſucceſſor, Oratorem Imperatoris Mauricii Euſebium nomine perhumaniter excepit. Hic vero præſtigiator erat; qui ſe ſe in Regis animum inſinuavit, ipſique familiaris fuit; ita ut cum in balneum intrabat, ab Euſebio ungeretur. Hæc autem unctio vi magica inſtructa erat, ita ut nihil poſtea Adaloaldus facere poſſet, quam quod Euſebio placeret. Sic illi ſuaſit ut nobiliores Langobardorum perimeret, ac poſtea cum

CLOTAIRE II. DAGOBERT I. en Austrasie. 147

principaux & des plus nobles d'entre les Lombards, & de se soumettre ensuite avec toute la nation des Lombards à l'Empereur Maurice. Il en fit tuer douze sans sujet. Mais les autres se voiant en péril, élurent pour leur Roi d'un commun consentement Charoald Duc de Turin, qui avoit pour femme la sœur d'Adaloalde, nommée Gondeberge; Adaloalde fut empoisonné, & Charoalde mis en sa place. Il y eut pourtant un d'entre les Lombards nommé Tason Duc de Toscane, qui ne voulut pas reconnoître Charoalde. Ce qui est dit, ci-devant d'Eusebe paroit fabuleux, & l'Empereur Maurice qu'on suppose avoir envoié l'Ambassade, étoit mort long-tems auparavant.

La Reine Gondeberge étoit belle, pleine d'humanité à l'égard de tout le monde, pieuse, liberale en aumônes, & se faisoit universellement aimer. Un Lombard nommé Adalulfe, qui alloit souvent faire sa cour au Roi, étant un jour allé voir la Reine, elle qui se plaisoit à dire des choses obligeantes, le loüa sur sa belle taille. Il entendit mal ce compliment, & prit de-là occasion d'aller secretement solliciter la Reine. Elle lui cracha au visage & le chassa. Adalulfe craignant pour sa vie, alla promtement trouver le Roi Charoalde, & lui dit que Gondeberge avoit parlé trois fois en secret au Duc Tason, & que son dessein étoit d'empoisonner le Roi son mari, d'épouser Tason, & de le faire declarer Roi. Charoalde ajoutant foi à la calomnie, exila la Reine Gondeberge, & la fit mettre dans une tour au lieu nommé Caumelle. Gondeberge étoit proche parente des Rois de France; ce qui fit que Clotaire s'interressa à son malheur, & envoia des Ambassadeurs à Charoalde, qui leur raconta la cause de sa prison telle qu'elle est ici rapportée. Alors un des Ambassadeurs nommé Ansoalde, dit comme parlant de lui-même & sans ordre: Vous pouvez éprouver si l'accusation est vraie. Commandez à l'accusateur de venir armé, & qu'un autre vienne aussi armé de la part de la Reine Gondeberge, qu'ils se battent en duel, & par le succès du combat, on jugera si la Reine Gondeberge est innocente ou coupable. Ces sortes de duels étoient en usage en ces tems-là, comme nous avons deja vû. Le Roi & sa Cour approuverent l'expedient. Charoalde commanda qu'Adalulfe vînt armé. Aribert & les parens de la Reine produisirent un homme nommé Pitton, qui vint combattre contre Adalulfe. Dans ce combat Adalulfe fut tué par Pitton, & Gondeberge fut rappellée de son exil, dit l'Auteur, & rétablie Reine.

Histoire de la Reine Gondeberge.

Dagobert qui regnoit dans l'Austrasie, à la persuasion de S. Arnoul & de

624.

C. 50. tota gente sese Mauritio Imperatori subderet. Ita duodecim proceres nulla de causa interfici curavit. Alii vero sibi periculum instare cernentes, communi sensu Regem elegère Charoaldum Ducem Taurinensem, qui sororem Adaloaldi Gundebergam uxorem habebat. Adaloaldus veneno sublatus fuit, & Charoaldus in locum ejus est substitutus. Unus tamen Langobardorum Taso Tusciæ Dux, Charoaldum pro Rege habere noluit. Quod hic de Eusebio narratur, fabulosum videtur, Mauriciusque Imperator, qui dicitur Oratorem misisse, jam diu mortuus erat.

C. 51. Gundeberga regina formosa erat, humanitatis plena, pia, liberalis erga pauperes, omniumque sibi amorem conciliabat. Langobardus quispiam nomine Adalulfus, qui frequenter Regem adibat, cum aliquando Reginam visisset, Gundeberga, quæ grata cuique dicere solita erat, a statura virum laudavit. Ille Reginæ verba perperam interpretatus, clam pudicitiam ejus sollicitare ausus est. Indignata illa in faciem ejus exspuit. Adalulfus periculum capiti suo imminere putans, Regem adivit, cui etiam dixit, Gundebergam Ducem Tasonem ter clam alloquutam fuisse, in animoque habere, ut Regem veneno de medio tolleret, Tasoni nuberet, ipsumque Regem deligi curaret. Charoaldus calumniatori fidem habuit, Gundebergam in exsilium misit, ipsamque in Caumello castro in turri includi præcepit. Gundeberga autem Regum Francorum cognata erat; ideoque Chlotarius Oratores misit ad Charoaldum regem, qui ipsis qua de causa in carcere inclusa maneret, exposuit ut hic narratur. Tunc ex Oratoribus unus Ansoaldus, dixit, quasi ex suo non ex Regis sui nomine: Probare potes an vera accusatio sit, necne: jube accusatorem armatum venire, veniat quoque alter armatus ex parte Reginæ Gundebergæ; singulari pugnent certamine, & ex pugnæ exitu judicabitur an Gundeberga Regina in culpa sit, necne. Hoc duelli genus isto ævo in usu erat, ut jam vidimus. Rex & primores Regii consilium approbarunt. Jubet Charoaldus Adalulfum armatum accedere. Aribertus & Reginæ cognati Pittonem quemdam armatum proferunt, qui pro Regina pugnaret. Adalulfus a Pittone occiditur, & Gundeberga ab exsilio revocata, in locum suum restituitur.

C. 52. Dagobertus qui in Austrasia regnabat, suadentibus Arnulfo & Pipino, Chrodoaldum morte plectere

Tome I.   T ij

Pepin, voulut punir de mort un nommé Chrodoalde de la noble race Eglolfinge, d'où quelqu'un a crû que venoit le nom des Guelfes ; c'étoit un homme qui s'étoit fort enrichi en ravissant le bien des particuliers, superbe, arrogant, & sujet à bien d'autres vices. Pour échapper à Dagobert, il s'enfuit auprès de Clotaire, & le pria de lui obtenir la vie. Clotaire s'interessa pour lui. Dagobert dit à son pere, que pourvû qu'il reparât le mal qu'il avoit fait, il ne seroit point en péril de mort. Apparemment il ne remplit point la condition ; car étant allé trouver Dagobert à Treves, ce Prince le fit tuer par Berthaire de Scarpoigne. En ces tems-là on ne gardoit point d'autres formalitez de Justice.

625. L'année suivante Dagobert par ordre de son pere, vint en grand équipage & bien accompagné à Clichi près de Paris, où il épousa Gomatrude, sœur de la Reine Sichilde. Après les nôces il y eut une grande contestation entre Clotaire & Dagobert. Celui-ci demandoit tout ce qui appartenoit au Roiaume d'Austrasie. Clotaire lui refusoit sa demande. Ils convinrent ensemble qu'ils éliroient douze des principaux d'entre les François, qui termineroient le different. Arnoul Evêque de Mets fut du nombre avec plusieurs autres Prelats, & les principaux de la nation, qui conclurent que Clotaire donneroit à Dagobert tout le Roiaume d'Austrasie, hors ce qui étoit au-delà de la Loire & en Provence.

626. Varnacaire Maire du Palais de Bourgogne étant mort, son fils Godin, homme leger & peu sensé, épousa la même année la veuve de son pere, Berte. Le Roi Clotaire indigné contre lui, ordonna au Duc Arnebert, mari de la sœur de Godin, de le tuer, & de prendre main forte s'il étoit necessaire. Godin se voiant en peril s'enfuit avec cette femme auprès du Roi Dagobert, & se refugia dans l'Eglise de S. Evre. Dagobert pria souvent son pere qu'il lui accordât la vie. Il l'obtint enfin, mais à condition qu'il abandonneroit Berte. Il le fit, & revint en Bourgogne. Berte ainsi repudiée, vint dire au Roi Clotaire que Godin avoit dessein de le tuer. Sur cela il resolut de le faire mourir. Mais comme il alloit toujours bien accompagné de gens armez, il usa d'artifice pour le surprendre seul & sans compagnie. Il exigea de lui qu'il iroit à S. Medard de Soissons & à S. Denis de Paris, promettre par serment qu'il seroit fidele au Roi Clotaire. Cramnulfe & Valdebert qui le conduisoient n'aiant pas trouvé là occasion de le tuer separé des siens, lui dirent qu'il falloit encore aller à S. Agnan

---

C. 53.

voluit, ex gente nobili Ayglolfinga ortum, unde quidam putavit prodiisse Guelfos. Hic vero Chrodoaldus multorum bona invadens, opulentus evaserat, superbus, arrogans, & omni ex parte improbus. Ut Dagoberti jussum declinaret, ad Chlotarium confugit, rogans vitam sibi impetraret. Chlotarius in ejus gratiam Dagobertum alloquitur, qui nihil ipsi periculi imminere respondit, si admissa mala repararet. Non reparaverit oportet ; nam cum Dagobertum apud Treviros versantem adiisset, illo jubente, a Berthario Scarponensi interfectus est. Illo autem ævo, non alia justitiæ forma servabatur.

Anno sequente Dagobertus jubente patre cultu regio Clippiacum non procul Parisiis venit, ubi Gomatrudem Reginæ Sichildis sororem duxit uxorem. Post nuptias vero gravis contentio fuit Chlotarium inter & Dagobertum. Hic petebat omnia quæ ad regnum Austrasiæ pertinebant ; negabat Chlotarius. Ea tandem in re consenserunt, ut deligerentur ex Francorum proceribus duodecim qui litem componerent. Arnulfus Episcopus Metensis ex eorum numero fuit, cum aliis Episcopis & Francorum primoribus, qui id definiate, quod Chlotarius totum Austrasiæ regnum Dagoberto dare deberet, iis exceptis quæ vel ultra Ligerim vel in Provincia erant.

Varnachario Majore-domus Burgundiæ mortuo, filius ejus Godinus, homo levis, eodem anno novercam suam nomine Bertam duxit uxorem. Indignatus rex Chlotarius Arneberto Duci Godini sororis conjugi præcepit, ut illum occideret. Godinus in periculo positus, cum uxore ad regem Dagobertum confugit, & ad S. Apri Ecclesiam se recepit. Dagobertus sæpe patrem rogavit vitam illi concederet : concessit Rex, ea lege ut Bertam relinqueret. Reliquit ille & in Burgundiam reversus est. Berta sic repudiata Chlotario regi dixit, Godinum ipsum Regem interficere velle. Rex vero Godinum morte mulctare decrevit ; sed cum ille semper armatis vitis comitantibus incederet, artificio usus Rex est, ut solus deprehenderetur. Ab illo exegit ut ad sanctum Medardum Suessionensem & ad sanctum Dionysium Parisiensem iret cum sacramento promissurus se regi Chlotario fidelem semper fore. Chramnulfus vero & Valdebertus qui illum ducebant, cum ipsum ad Ecclesias illas properantem, nondum solum reperissent, nec custodibus destitutum, ad sanctum etiam Anianum Aurelia-

C. 54.

CLOTAIRE II. DAGOBERT I. en Auſtraſie.

d'Orleans & à S. Martin de Tours, prêter le même ſerment. Etant arrivez à un certain Village, ils tuerent Godin & quelques-uns de ſa ſuite, & mirent les autres en fuite. Cette même année Pallade & ſon fils Sidoc Evêque d'Eaule, accuſez par le Duc Eghynant d'avoir eu part à la revolte des Gaſcons, furent envoiez en exil. Clotaire fit tuer par le Duc Arnebert, Boſon fils d'Audolene d'Etampes, qu'il accuſoit d'avoir eu commerce avec la Reine Sichilde. Il ſe rendit enſuite à Troyes avec les principaux de la Bourgogne, & ſollicita les Bourguignons de remplacer Varnacaire Maire du Palais qui venoit de mourir; mais ils proteſterent tous d'une voix qu'ils n'éliroient point de Maire du Palais, & demanderent au Roi la grace de les admettre à traiter immediatement avec lui de leurs affaires.

Mort de Godin.

La fable de la guerre de Saxe rapportée par l'Auteur des *Geſta Francorum*, & par d'autres ſur la foi du premier, ne méritoit peut-être pas d'être rapportée ici; mais comme ceux qui nous ont precedé l'ont donnée, la voici comme elle eſt dans ſon premier Auteur. Le Roi Clotaire avoit un fils nommé Dagobert, brave de ſa perſonne, & fort habile en toutes choſes. Le Roi ſon pere le fit regner dans l'Auſtraſie, où étoit auſſi le Duc Pepin. Les Auſtraſiens aſſemblez declarerent Dagobert leur Roi. En ces tems-là les Saxons ſe revolterent; & attirant à leur parti pluſieurs nations, ils leverent une grande armée pour marcher contre Dagobert & contre Clotaire. Dagobert de ſon côté leva auſſi une grande armée, paſſa le Rhin, & alla attaquer les Saxons; ils ſe défendirent vaillamment. Dagobert reçût ſur ſon caſque un coup qui lui emporta une partie de ſes cheveux. Il les fit ramaſſer par ſon Ecuier, & lui ordonna de les porter vîte à ſon pere qui étoit dans les Ardennes, & lui marquer qu'il étoit tems qu'il vînt à ſon ſecours. Clotaire indigné de voir ces cheveux coupez, paſſe le Rhin avec ſon armée; & joignant l'armée de ſon fils, il s'avança juſqu'au Veſer, où il ſe campa. Berthoalde Duc des Saxons, qui étoit à l'autre bord de la riviere, entendant un grand bruit dans le camp des François, cria en demandant ce que cela vouloit dire. Les François lui répondirent que Clotaire étoit arrivé. Berthoalde leur repliqua qu'ils en avoient menti, & que Clotaire étoit mort. Alors Clotaire ôta ſon caſque, & ſe fit voir à Berthoalde, qui lui dit mille injures. Le Roi indigné de cette inſolence, paſſe le Veſer à cheval à la nage, court après Berthoalde, qui fuit long-tems devant lui en parlant toûjours inſolemment. Enfin

627.

---

nenſem, & ad ſanctum Martinum Turonenſem adhuc eundum eſſe ad juramenta præſtanda dixerunt; & cum ad vicum quemdam perveniſſent, illum cum quibuſdam comitibus occiderunt, aliosque in fugam vertére. Eo ipſo anno Palladius & filius ejus Sidocus Epiſcopus Eloſanus, incuſante Aighynante Duce, quod rebellionis Vaſconum fuiſſent conſcii : in exilium miſſi ſunt. Chlotarius ab Arneberto Duce interfici juſſit Boſonem filium Audoleni Stampenſis, quod illum putaret cum Regina Sichilde concubuiſſe. Poſtea Trecas venit cum proceribus Burgundiæ, quos ſollicitavit num vellent alium Majorem-domus in Varnacharii defuncti locum deligi. Illi unanimiter dixere ſe nolle Majorem-domus eligere ; jucundius & gratius ſibi eſſe dicentes, ſi cum ipſo Rege de negotiis ſuis agerent.

Fabula illa belli contra Saxonas, quæ in Geſtis Francorum refertur, & ab aliis Scriptoribus ad fidem prioris allata fuit, non digna fortaſſe erat quæ hic memoraretur; ſed quia a recentioribus multis data fuit, en illam ut a primo Auctore concinnata eſt. Rex Chlotarius filium habuit nomine Dagobertum, illumque ſtrenuum & in omnibus ſolertem. Pater ejus illum in Auſtraſia regnare juſſit, ubi erat etiam Pipinus Dux. Auſtraſii vero in unum coacti, Dagobertum regem ſuum proclamarunt. Eodem tempore rebellavere Saxones, & multas ſecum nationes abducentes exercitum magnum collegerunt ; ut adverſus Dagobertum & Chlotarium pugnarent. Dagobertus quoque grandem collegit exercitum, & tranſacto Rheno Saxonas adortus eſt. Illi ſtrenue decertarunt. Dagobertus vero in caſſide gladii ictum excepit, qui partem capillorum ejus abſcidit. Jubet Dagobertus capillos ſuos ab armigero colligi, & ad patrem ſuum cito deferri, ut in auxilium veniret. Chlotarius hos videns capillos, & rem indigne ferens, Rhenum cum exercitu tranſit, & junctis exercitibus ad Viſeram uſque progreditur, ubi caſtra metatur. Berthoaldus Dux Saxonum qui in altera ripa erat, audito tumultu exclamavit quid hoc eſſet. Reſpondent Franci Chlotarium regem adveniſſe. Reſpondit Berthoaldus mentiri eos, & Chlotarium mortuum eſſe. Tunc Chlotarius ſublata galea, ſeſe Berthoaldo exhibet, qui maledicta in illum effundit. Tantam petulantiam indigne ferens Rex, eques Viſeram tranat & Berthoaldum perſequitur, qui diu ante illum fugiens, petulanter ſemper

Clotaire tua Berthoalde, & revint au camp, où il trouva les François en pleurs, craignant qu'il ne lui fut arrivé quelque accident. Le Roi ravagea alors toute la Saxe, fit tailler en pieces tous les Saxons dont la taille excedoit la longueur de son épée, & s'en retourna victorieux. Fredegaire Auteur contemporain n'a rien dit de cette histoire, encore plus fade dans l'original que dans l'abregé que j'en fais ici.

L'an 44. du regne de Clotaire, les Evêques & tous les principaux de la Neustrie & de la Bourgogne s'assemblerent à Clichi auprès du Prince pour les affaires du Roi & le bien de ses Etats. Là fut tué Ermenaire Gouverneur du Palais de Charibert fils de Clotaire, par les gens d'Egynan, un des plus grands d'entre les Saxons: de là se seroit ensuivi une grande tuërie, si le Roi n'avoit conduit cette affaire avec beaucoup de patience & de prudence. Il commanda à Egynan de se tenir à Montmartre avec sa troupe de gens armez qui étoient en grand nombre. Brodulfe oncle de Charibert, levoit une armée pour fondre avec Charibert lui-même sur Egynan & sur ses gens. Mais le Roi commanda aux principaux de la Bourgogne d'opprimer celui des deux partis qui ne voudroit point s'en tenir au jugement qu'il alloit prononcer sur cette affaire. Le Roi Clotaire mourut l'an 45. de son regne, & fut enseveli en l'Eglise de S. Vincent près de Paris.

628.

DAGOBERT I. CHARIBERT en Aquitaine.

DAGOBERT assembla alors une grande armée d'Austrasiens, & envoia ses Agens dans la Bourgogne & la Neustrie pour s'y faire declarer Roi. Il se rendit ensuite à Rheims & de là à Soissons, où tous les Evêques & les principaux du Roiaume de Bourgogne le vinrent joindre. La plûpart des Evêques & des Grands de Neustrie le reconnurent aussi pour Roi. Charibert tâchoit de son côté d'avoir sa part des Etats de son pere selon la coutume; & Brodulfe agissant pour son neveu, avoit commencé d'intriguer contre Dagobert: mais tous ses efforts furent inutiles, Dagobert s'étant saisi de la Neustrie, de la Bourgogne, & de tous les tresors de son pere. Cependant tant par sa bonté naturelle, que par le conseil des plus sages, il ajoûta à plusieurs Villes de delà la Loire du côté de la Gascogne & des Pyrenées, qui auroient pû suffire à son

---

Fredeg.
c. 55.

loquitur, demumque a Rege occiditur. Ad castra Rex postea redit, ubi lacrymantes Francos reperit, quod timerent ne Chlotarius periisset. Tum Rex totam Saxoniam depopulatur, & interfici jubet Saxones omnes qui gladio suo altiores essent, posteaque victor revertitur. Fredegarius coætaneus auctor hanc historiam non memorat, quæ apud auctorem ineptior est, quam in hoc compendio.

Anno quadragesimo quarto regni Chlotarii, Episcopi & primores Neustriæ & Burgundiæ Clippiaci convenere ad regem Chlotarium pro Regis & regni negotiis. Ibi Ermenarius gubernator palatii Chariberti filii Chlotarii interfectus est a servis Ægynani inter Saxones nobilissimi. Hinc magna sequutura cædes erat, nisi Rex patienter simul ac prudenter huic rei providisset: Ægynanum jussit in monte Martyrum cum armatis viris suis consistere qui magno numero erant. Brodulfus avunculus Chariberti exercitum congregabat, ut cum ipso Chariberto in Ægynanum & suos irrueret. Verum Rex Burgundæfarones jubet illam partem obruere & opprimere, quæ nollet stare judicio, quod Rex ipse super hoc negotio prolaturus erat. Rex vero Chlotarius anno 45. regni sui de-

c. 56.

functus, sepultus est in Ecclesia S. Vincentii in suburbano Lutetiæ.

DAGOBERTUS I. CHARIBERTUS in Aquitania.

TUnc Dagobertus Austrasiorum exercitum magnum collegit, misitque in Burgundiam & Neustriam, ut etiam in hisce partibus Rex ipse declararetur; deinde Remos, postea Suessionas venit, ubi omnes Episcopi & proceres regni Burgundiæ ipsum adierunt, etiamque maxima pars Episcoporum & procerum Neustriæ illum pro Rege habuere. Charibertus quoque nitebatur in paterni regni partem assumi, ut in more erat. Brodulfus avunculus pro Chariberto agens, jam multa moverat contra Dagobertum; sed frustra cessit conatus, cum jam Dagobertus Neustriam, Burgundiam paternosque thesauros occupasset. Attamen ex naturali affectu, & ex sapientum consilio, multis ultra Ligerim civitatibus, & iis etiam quæ in Vasconiæ partibus & versus Pyrenæos montes assignata fuerant, quæ fratri sufficere potuis-

c. 57.

DAGOBERT I. CHARIBERT en Aquitaine. 151

frere pour mener avec quelque dignité une vie privée, Toulouse & son territoire, le Querci, l'Agenois, le Perigord, la Saintonge, & tout ce qui étoit enfermé entre ces payis & les Pyrenées, en exigeant de lui une promesse qu'il ne demanderoit jamais davantage dans la succession de son pere. Charibert mit son siege & sa demeure à Toulouse; il fit la guerre dans la Gascogne, la mit toute entiere sous sa domination, & étendit ainsi un peu les limites de son Roiaume.

629.

Au commencement de son regne Dagobert vint en Bourgogne. Sa venuë causa de l'effroi aux Evêques & aux Grands du payis, & remplit de joie les pauvres qui se trouvoient apparemment dans l'oppression. Il se rendit à Langres, & y exerça la justice avec tant d'équité, que toutes sortes de presens étant bannis, il la rendoit également aux petits & aux grands, aux riches & aux pauvres. Il se conduisit de même à Dijon & à Laune, appellé depuis S. Jean de Laune. Il étoit perpetuellement appliqué à ces devoirs d'un Souverain. Le jour qu'il partit de Laune pour Châlon, il fit tuer Brodulfe oncle de son frere Charibert: ce furent Amalgaire & Arnebert Ducs, & Villebaud Patrice qui furent chargez de l'execution. De Châlon il alla à Autun, puis à Auxerre & à Sens, & il se rendit à Paris, où il répudia la Reine Gomatrude, & la laissa au lieu nommé Rouilli d'où il l'avoit prise. Il épousa une de ses suivantes nommée Nanthilde, & la declara Reine. L'Anonyme qui a écrit les *Gesta Dagoberti*, dit que Gomatrude fut répudiée parce qu'elle étoit sterile. Mais Dagobert a donné tant de preuves de son incontinence, qu'il n'en faut point chercher d'autre cause.

Portrait de Dagobert.

Tant qu'il se gouverna par le conseil de S. Arnoul & de Pepin Maire du Palais, il s'attira par sa conduite l'amour & l'estime de ses sujets; & sa réputation alla si loin, qu'il y eut des peuples limitrophes des Avares & des Esclavons qui se rangerent sous sa domination. Après la mort de S. Arnoul, il eut encore pour conseillers Pepin & Cunibert Evêque de Cologne, & continua à se gouverner de même, ensorte qu'il n'y avoit point encore eu de Roi de France qui se fût attiré plus de loüanges.

L'an huitiéme de son regne, comme il alloit par l'Austrasie avec une magnificence Roiale, il trouva à son gré une fille nommée Ragnetrude, & en eut un fils qui fut appellé Sigebert. Il revint ensuite à Paris, & resolut d'y fixer sa demeure. Ce fut là qu'il changea de mœurs & de maniere de vie. Ses bonnes qua-

---

sent, ut cum dignitate quadam privatam duceret vitam, adjecit etiam Tolosam cum agro suo, Cadurcinos, Agennenses, Petrocoricos, Santonas, & quidquid inter hasce regiones Pyrenæosque inclusum erat, ab illo exigens ut polliceretur se nihil ulterius in successione paterna petiturum esse. Charibertus sedem Tolosæ posuit, & post annos tres totam sibi Vasconiam armis subjecit, sicque regni fines aliquantum protulit.

C. 58.

Dagobertus initio regni sui in Burgundiam venit. Adventus porro ejus metum grandem Episcopis & proceribus incussit, pauperibusque lætitiam attulit, qui, ut videtur, ante opprimebantur. Lingonas postea venit, ubi cum tanta æquitate jus dixit, ut omni munerum donorumque excluso genere, sine ulla personarum acceptione justitiam perinde exerceret in pauperes atque in divites: eodemque se gessit modo Divione & Latonæ. Hæc Principis officia multo ille studio exsequebatur. Qua die Latona Cabilonem profectus est, Brodulfum Chariberti fratris avunculum interfici jussit, opera nempe Amalgarii & Arneberti Ducum, atque Villibadi Patricii. Cabilone Augustodunum, hinc Antisiodorum, & postea per Senonas Lutetiam Parisiorum venit: ibi Reginam Gomatrudem in villa Romiliaco ubi illam duxerat, repudiavit & ex puellis ejus Nanthechildem duxit, Reginamque declaravit. In *Gestis Francorum* dicitur Gomatrudem, quod sterilis esset, repudiatam fuisse. Sed tanta variantis libidinis signa dedit Dagobertus, ut aliam quærere causam non opus sit.

Quanto tempore S. Arnulfi & Pipini Majotis-domus consiliis sequutus est, gestis suis populi amorem & laudem sibi conciliavit; ejusque fama eo usque processit, ut etiam vicini populi, circa limitem Avarorum & Sclavorum, ejus se dominationi subderent. Post sancti Arnulfi mortem, adhuc Pipini & Chuniberti Coloniensis Episcopi consiliis est usus, ac cum pari æquitate populos rexit, ita ut nullus decessorum majorem sibi laudem conciliaverit.

Anno regni sui octavo, cum per Austrasiam regio cultu pergeret, puellam nomine Ragnetrudem toro suo adscivit, ex eaque filium suscepit nomine Sigibertum. Lutetiam postea rediit, ibique sedem fixit Tunc porro mores mutavit, vitæ modum alium sus-

C. 59.

C. 60.

DAGOBERT, CHARIBERT en Aquitaine.

Inconti-
nence de
Dagobert.

lirez l'abandonnerent. Il ne fongea plus qu'à ravir le bien des Eglifes & de fes fujets pour augmenter fes trefors. Son incontinence fut fi grande, qu'à l'exemple de Salomon il avoit un grand nombre de femmes, trois à titre de Reines, & les autres en qualité de concubines. Les trois Reines étoient Nantilde, Ulfegonde, & Berchilde. Il étoit pourtant aumônier, mais c'étoit en foulant fes fujets. Pepin ne laiffoit pas quelquefois de lui donner de bons avis, mais avec beaucoup de prudence, fachant bien qu'il y avoit des Auftrafiens qui cherchoient à le rendre odieux à Dagobert & à le perdre. Le même Pepin alla cette année avec Sigebert fils de Dagobert, trouver le Roi Charibert, qui s'étoit rendu à Orleans, pour lever des fonts baptifmaux ce jeune Prince.

629.

Ega étoit auprès de Dagobert de la part des Neuftrafiens, le Roi le voioit fouvent & prenoit confeil de lui. Cette même année arriverent de Conftantinople Servat & Paterne fes Ambaffadeurs, qu'il avoit envoiez à l'Empereur Heraclius, avec qui ils établirent au nom du Roi une paix perpetuelle. Ici Fredegaire rapporte plufieurs chofes d'Heraclius la plûpart fabuleufes: il dit qu'étant Aftrologue il prévit que des nations circoncifes ravageroient l'Empire, & qu'il pria le Roi Dagobert d'obliger tous les Juifs de fon Roiaume de fe faire Chrétiens, & de recevoir le Baptême; ce que Dagobert fit à fa priere. Ce qu'il raconte après des Sarrazins n'eft pas plus exact, & ne fait rien à la fuite de notre hiftoire.

630.

L'an neuviéme du regne de Dagobert, mourut Charibert fon frere, & laiffa un fils nommé Chilperic, qui mourut peu après fa naiffance. On difoit que Dagobert l'avoit fait perir. Ce Prince fe faifit d'abord de fon Roiaume & de toute la Gafcogne, & fe fit apporter les trefors de Charibert par le Duc Baronte qui en détourna, difoit-on, une bonne partie.

C. 61.

C. 62.

cepit, & ab æquis legibus difceffit. Nihil aliud in animo habuit, quam ut Ecclefias fubditofque fpoliando, opes augeret fuas. Libidini operam dedit, ita ut exemplo Salomonis multas aggregaret mulieres, quarum tres Reginarum nomine gaudebant, cæteræ concubinæ erant. Tres Reginæ erant Nantechildis, Ulfegundis, & Berchildis. Semper tamen pauperibus ftipem largiter erogabat; fed fubditorum aliorum difpendio. Pipinus autem utilia femper ipfi fuadebat; fed cum multa cautione atque prudentia, quod probe fciret Auftrafios effe nonnullos, qui illum perofum Dagoberto reddere, imo de medio tollere moliebantur. Eodem anno Pipinus cum Sigiberto filio Dagoberti Aurelianum venit, ubi etiam Charibertus adfuit, qui Sigibertum de facro fonte fufcepit.

Æga ex Neuftrafiorum parte penes Dagobertum erat, quem Rex frequenter ad confilium adhibebat. Eodem autem ipfo anno Conftantinopoli advenerunt Servatus & Paternus, Oratores eo miffi ad Imperatorem Heraclium, quicum nomine Regis pacem perpetuam firmavere. Hic vero Fredegarius multa circa Heraclium narrat, fabulofa pene omnia, dicitque illum, Aftrologus cum effet, prævidiffe, nationes circumcifas Imperium Romanum vaftaturas effe, rogafque Dagobertum regem, Judæos regni fui omnes cogeret ad Chriftianifmum & Baptifmum recipiendum, id quod etiam fecit Dagobertus. Quod de Saracenis poftea refert, non magis accurate narratur, nec ad hiftoriæ noftræ feriem pertinet.

C. 63.

C. 64.

Anno Dagoberti regis nono, Charibertus frater ejus obiit, filiumque reliquit Chilpericum, qui non multo poft obiit, & quidem Dagoberti opera, ut ferebatur. Ipfe vero Dagobertus Chariberti regnum ftatim occupavit unà cum Vafconia, fibique thefauros fratris adferri curavit per Barontum Ducem, qui ut narrabant, multa fibi fubtraxit.

DAGOBERT

DAGOBERT I. seul.

LEs Esclavons Vinides avoient pour leur Roi Samon François de nâtion, dont nous avons déja parlé. Ces peuples tuerent plusieurs marchands François, & se saisirent de leurs effets ; ce qui fut cause de rupture entre Dagobert & Samon. Dagobert envoia d'abord Sicaire en Ambassade à Samon, pour lui demander justice. Samon ne voulut pas voir Sicaire, ni recevoir son ambassade. Sicaire se revêtit alors lui & ses compagnons à la maniere des Esclaves. Il l'aborda en cet équipage, & lui exposa le sujet de son ambassade. Samon d'une maniere hautaine, comme font souvent les gens élevez de peu, refusa de reparer le dommage ; il offrit seulement de faire des Reglemens pour l'avenir. Alors Sicaire passant les bornes de sa qualité d'Ambassadeur, parla insolemment, menaça Samon & les Vinides comme sujets du Roi Dagobert. Nous serons au Roi Dagobert, répondit Samon, s'il veut lier amitié avec nous. Des Chrétiens serviteurs de Dieu, répartit Sicaire, ne peuvent lier amitié avec des chiens. Si vous êtes serviteurs de Dieu, reprit Samon, & si nous sommes des chiens de Dieu, nous pourrons vous mordre quand vous agirez contre sa volonté. Après quoi il fit chasser Sicaire. Dagobert indigné contre Samon, fit assembler dans l'Austrasie trois corps d'armées qui marcherent contre lui & contre les Vinides. Les Lombards pour aider le Roi Dagobert, marcherent aussi contre eux. Ils se mirent en défense contre tous ces corps d'armée. Chrodobert & les Allemans remporterent la victoire sur eux, & emmenerent un grand nombre de captifs. Les Lombards les battirent aussi, & firent beaucoup d'esclaves. Les Austrasiens ne furent pas si heureux. Ils aprocherent d'une place nommée Vogastiburc, où s'étoit rendu un corps des plus braves d'entre les Vinides. Ils entourerent la place, & combattirent pendant trois jours. Il perit dans ces combats beaucoup de gens des troupes de Dagobert. Les autres se retirerent à la hâte ; abandonnant leurs tentes & leur bagage, & retournerent en leur païs. Depuis ces tems-là les Vinides firent souvent des courses dans la Thuringe & dans les autres païs des François. Dervan Duc des Urbiens, qui étoient aussi Esclavons, & qui obéïssoient aux François, se donna avec eux à Samon.

Occasion de la guerre contre Samon.

DAGOBERTUS I. solus.

C. 68. SCLAVI Vinidi quorum Rex erat Samo Francus, ut diximus, Negociatores multos Francos occiderunt, eorumque merces diripuerunt ; quæ belli causa fuit inter Dagobertum & Samonem. Dagobertus vero Sicatium Oratorem misit ad Samonem, ut quod justum erat circa Negociatores occisos & circa mercedes raptas expeteret. Samo nec legationem admittere, nec Sicarium videre voluit. Sicarius vero cum sociis Sclavorum vestes induit, & hoc cultu Samonem adivit, legationisque causam aperuit. Samo arroganter, ut solent ii qui ex parvo creverunt, respondit nolle se illatum damnum reparare ; sed pacta pro futuro inire obtulit. Tum Sicarius Oratoris mutua excedens, petulanter loquitur, minas intentat in Samonem & Vinidos quasi Dagoberti regi subditos. Regi Dagoberto juncti erimus, inquit Samo, si amicitias nobiscum jungere velit. Christiani servi Dei, infit Sicarius, non possunt cum canibus amicitias jungere. Si vos servi Dei, nos canes Dei sumus, reponit Samo : vos mordere poterimus cum contra voluntatem ejus agetis. Postea vero amoveri Sicarium jubet. Dagobertus in Samonem indignarus ; jubet in Austrasia colligi exercitum tres in partes divisum, qui contra Samonem & Sclavos movit. Langobardi quoque ut Dagoberto suppetias ferrent, contra Sclavos & ipsi profecti sunt. Vinidi autem ad illos excipiendos exercitus sese appararunt. Chrodobertus & Alamanni Sclavos vicerunt, & magnum captivorum numerum abduxerunt ; Langobardi item illis devictis multos ceperunt. Non ita feliciter rem gesserunt Austrasii, qui ad castrum *Vogastiburc* dictum accesserunt, ubi plurima manus virorum fortium Vinidorum erat. Austrasii castrum obsederunt, & per triduum pugnarunt, quo in certamine multi ex Dagoberti exercitu periere. Alii quasi fugientes terga verterunt, relictis tentoriis & suppellectile, in patriamque sunt reversi. Ab hinc vero Vinidi incursiones sæpe fecerunt in Thuringiam, & in alias regiones Francis subditas. Dervanus Dux Urbiorum qui etiam Sclavi erant & Francis parebant, cum gente tota se Samoni subdidit.

Tome I. V

Après la mort de Charoalde Roi des Lombards, la Reine Gondeberge à qui tous les Lombards prêterent serment de fidelité, époufa Crotaire un des principaux de la nation, après lui avoir fait promettre par serment qu'il la conferveroit toûjours en honneur & en dignité. Crotaire parvenu à la Roiauté, fit mourir plufieurs des principaux d'entre les Lombards qui ne lui étoient pas favorables. Ingrat envers Gondeberge qui l'avoit élevé fur le trône, il la fit enfermer dans un appartement du Palais de Pavie, & la tint là pendant cinq ans, comme une perfonne privée, tandis qu'il entretenoit plufieurs concubines. Gondeberge prenant cette difgrace en veritable Chrétienne, paffoit fon tems dans le jeûne & dans la priere, & rendoit graces à Dieu de fon humiliation: mais après cinq ans de prifon, Aubedon Ambaffadeur de Clovis fecond, aiant reprefenté à Crotaire le tort qu'il faifoit à cette Princeffe, parente du Roi de France, qui ne manqueroit pas de s'en reffentir, Crotaire qui craignoit les François, la remit en honneur, lui rendit plufieurs terres qu'il lui avoit ôtées, & la maintint en cet état tout le refte de fa vie.

Il y eut vers l'an 630. une grande conteftation entre les Avares & les Bulgares touchant l'élection d'un Roi. Il fe donna à cette occafion un combat où les Bulgares furent défaits. Neuf mille d'entre eux chaffez de la Pannonie, prierent Dagobert de les établir dans quelques terres de la domination des François. Dagobert commanda aux Bavarois de les recevoir chez eux pour y paffer l'hyver, attendant qu'il eût deliberé avec les François fur ce qu'il devoit faire d'eux. Ils furent donc difperfez chez les Bavarois avec leurs familles. Le refultat de la déliberation fut, que les Bavarois maffacreroient en une même nuit ces Bulgares avec leurs femmes & leurs enfans. Ce qui fut executé. Voilà une indigne action, dont le feul recit fait horreur. Un de ces Bulgares nommé Altiée & fept cents hommes avec leurs femmes & leurs enfans s'étant fauvez de ce maffacre, fe retirerent chez les Vinides, qui plus humains que les François les reçurent chez eux.

Indigne action.

En la même année il y eut en Efpagne de grands mouvemens. Après la mort du bon Roi Sifibude & de fon fucceffeur Recarede fecond, qui ne regna que trois mois, Suintilla fut Roi, & s'attira par fa conduite la haine de tous les Grands du Roiaume, qui chercherent à mettre Sifenand en fa place, & pour y réuffir, Sifenand envoia demander du fecours à Dagobert, lui promettant de

Mouvemens en Efpagne.

C. 69. 70. Poft Charoaldi Langobardorum regis mortem, Gundeberga regina, cui Langobardi omnes facramentum fidei præftitère, Chrotario nupfit inter primores gentis confpicuo, cum ab eo facramentum exegiffet, quod ipfe fibi debitum femper honorem dignitatemque confervaturus effet. Chrotaius rex conftitutus, multos ex proceribus Langobardorum, qui fibi non favebant, occidi curavit. Erga Gundebergam ingratus, quæ ipfum conftituerat Regem, ipfam Ticini *in cubiculum aulæ palatii retrudit*, ac per quinquennium ibi retinuit, dum multas fecum haberet concubinas. In hac calamitate Gundeberga Chriftianam omnino fe exhibebat, in jejuniis & precibus vitam ducens, Deoque gratias agens quod fe fic dejeciffet. Verum poft annos quinque Aubedo Orator Chlodovei fecundi, Chrotarium alloquitur, & quam injufte cum Gundeberga agat, Regis Francorum cognata, ipfi repræfentat, ipfumque Regem hæc indigne laturum dixit. Chrotarius qui Francos metuebat, illam in honorem priftinum reftituit, ablatas terras ipfi reddidit, quo in ftatu illa toto vitæ tempore manfit.

C. 71.

Inter Avaros & Bulgaros anno circiter 630. magna contentio fuit pro Regis electione, ac commiffa pugna Bulgari devicti funt. Ex iis novem mille ex Pannonia pulfi, Dagobertum regem rogarunt fe in quadam regione Franciæ dominationis locaret. Baioariis præcipit Dagobertus ut illos recipiant ad hiemandum, donec cum Francis deliberaffet, quid circa illos effet agendum. Per Baioarios igitur difperfi funt, & poft deliberationem Baioariis mandatur ut nocte una Bulgaros omnes trucident. Indigna fane res, quam vel referre horret animus. Ex his vero Bulgaris unus Altiæus nomine, & feptingenti viri cum uxoribus ac liberis, ab hac cæde erepti ad Vinidos confugere, qui Francis humaniores receperunt illos.

C. 71.

Eodem anno magni motus in Hifpania fuere. Defuncto Sifibudo rege clementiffimo, & Recharedo II. illius fucceffore, qui menfibus tantum tribus regnavit, Suintilla rex conftitutus odium fibi omnium regni procerum pepetit, qui Sifenandum in locum ipfius conftituere voluerunt: utque res bene fuccederet, Sifenandus Dagoberti regis opem imploravit, pollici-

C. 71.

lui faire present d'un grand vase d'or d'un poids extraordinaire. C'étoit un grand attrait pour Dagobert qui fit marcher l'armée de Bourgogne. La nouvelle étant venuë en Espagne que l'armée de France venoit pour soutenir Sisenand, tous les Gots se rangerent de son côté. Abundantius & Venerandus avec les troupes de Toulouse s'avancerent jusqu'à Saragosse où Sisenand fut proclamé Roi. Après quoi ils s'en retournerent chez eux chargez de presens. Alors Dagobert envoia deux Ambassadeurs à Sisenand, Amalgaire Duc, & Venerandus, pour lui demander le riche vase nommé *Missorium*, qu'il lui avoit promis. Sisenand le leur livra. Mais les Gots ne pouvant souffrir qu'un si riche vase sortît de chez eux, l'enleverent aux Ambassadeurs. On pacifia depuis l'affaire par une convention faite, que Sisenand donneroit à Dagobert en la place du vase deux cent mille pieces d'or : ce qui fut executé.

Les Vinides étant entrez dans la Thuringe, il fit marcher une grande armée d'Austrasiens qui traversa les Ardennes, & se rendit à Mayence pour y passer le Rhin. A cette armée se joignit un corps de troupes d'élite tiré de la Neustrie & de la Bourgogne, & conduit par des Ducs & des Graffions. Les Saxons envoierent alors offrir au Roi Dagobert que s'il vouloit les décharger du tribut de cinq cent vaches qu'ils lui paioient tous les ans, ils se chargeroient de resister aux Vinides, & de les empêcher d'entrer dans les terres des François. Par le conseil des Neustrasiens, Dagobert accepta leurs offres, & ils s'engagerent par un serment fait sur leurs armes, qu'ils executeroient leur promesse. Ils s'en acquitterent assez mal : & cependant ce tribut qui leur avoit été imposé par Clotaire premier, ne fut plus levé.

Les Vinides enflez de leurs bons succès, continuant leurs courses par ordre de leur Roi Samon, Dagobert vint à Mets, où par le conseil des Evêques & des Grands du Roiaume, il établit son fils Sigebert, Roi d'Austrasie. Pour gouverner le Roiaume sous lui, il nomma Chunibert Evêque de Cologne, & le Duc Adalgisele. Il laissa à son fils un tresor qui pouvoit lui suffire pour les necessitez de l'Etat. Depuis ce temps-là les Austrasiens défendirent les limites de la Monarchie Françoise contre les courses des Vinides.

632.

---

tus ipsi *missorium* seu vas aureum ingentis magnitudinis ac ponderis. Dagobertus doni tanti cupidus, jussit exercitum e Burgundia movere versus Hispaniam. Ubi nunciatum est in Hispania Francorum exercitum ad opem Sisenando ferendam advenire, Gotthi omnes ejus partes suscipiunt. Abundantius & Venerandus cum phalangibus Tholosanis ad usque Cæsaraugustam venerunt, ubi Sisenandus Rex proclamatus fuit. Post hæc vero Franci muneribus onusti regressi sunt. Tunc Dagobertus Oratores duos misit ad Sisenandum, Amalgarium nempe Ducem & Venerandum, ut vas illud promissum expeterent. Illud tradit Sisenandus : verum Gotthi non ferentes tanti pretii vas ex Hispania egredi, Oratoribus ipsum abstulere. Postea vero conventum est ut vasis loco Sisenandus Dagoberto daret ducenta solidorum millia, quæ etiam soluta sunt.

G. 74.

Cum Vinidi in Thuringiam irrupissent, exercitum magnum Austrasiorum jussit Rex per Ardoennam Moguntiam concedere, ut Rhenum postea transiret. In hoc exercitu erant etiam selectæ cohortes ex Neustria & Burgundia, cum earum Ducibus & Graffionibus. Tunc Saxones per nuncios ad Regem hanc offerunt conditionem, si se vellet a tributo quingentarum vaccarum, quod quotannis solvebant, eximere, se Francorum regiones tutas præstituros esse ab incursionibus Vinidorum. Ex consilio autem Neustrasiorum Dagobertus conditionem accepit, & sacramento super arma placata dato, Saxones se id præstituros esse polliciti sunt. Licet autem conditionem non prorsus impleverint, ab hoc tamen tributo, quod ipsis Chlotarius I. imposuerat, exemti sunt.

Vinidi ex prosperis rebus inflati, jubente Samone rege, incursiones facere pergebant. Dagobertus vero Metas venit, ubi ex consilio Episcoporum & procerum Sigibertum filium suum Austrasiæ Regem constituit; Chunibertum vero Coloniæ Episcopum nominavit, qui sub filio omnia moderaretur : itemque filio thesaurum & opes reliquit quantum satis erat. Abhinc vero Austrasii Monarchiæ Franciæ limites ab invasionibus Vinidorum defendere susceperunt.

G. 75.

DAGOBERT I. SIGEBERT en Auſtraſie.

633.

L'ANNE'E ſuivante Dagobert eut de la Reine Nantilde un fils qu'il nomma Clovis. Après la naiſſance de ce Prince, le Roi, à la perſuaſion des Neuſtraſiens, fit le partage de ſes Etats entre ſes deux fils Sigebert & Clovis. En ſuppoſant que l'Auſtraſie dans toute ſon étenduë égaloit la Neuſtrie & la Bourgogne jointes enſemble, on laiſſa à Sigebert cette partie dont il étoit déja pourvû, & à Clovis la Neuſtrie & la Bourgogne avec le Duché de Dentelin, que les Auſtraſiens avoient envahi. Ce partage fut confirmé par le ſerment des Grands des deux Roiaumes. Ce fut bien malgré eux & par la crainte du Roi Dagobert, que les Auſtraſiens paſſerent les conditions du partage, qui furent pourtant gardées depuis ſous le regne de Sigebert & de Clovis II.

Radulfe fils de Chamare, que Dagobert avoit inſtitué Duc de la Thuringe, remporta pluſieurs victoires contre l'armée des Vinides; cela lui enfla tellement le cœur, que s'élevant par deſſus les autres, il devint ennemi d'Adalgiſele qui gouvernoit l'Auſtraſie ſous le Roi Sigebert; il commença même à prendre des airs de revolte contre ce Prince. L'Hiſtorien ne dit pas ici la ſuite de cette affaire, il la reſerve pour un autre endroit.

636.
Gaſcons
défaits.

Les Gaſcons ſe revolterent, ravagerent & pillerent les payis qui compoſoient ci-devant le Roiaume de Charibert. Le Roi Dagobert fit marcher pour domter ces peuples, l'armée de Bourgogne conduite par Chadoinde Referendaire, qui s'étoit jadis fort ſignalé dans les guerres du Roi Theodoric. Il avoit ſous lui dix Ducs commandans chacun ſon corps d'armée; Arembert, Amalgaire, Leudebert, Vandalmare, Valderic, Ermene, Baronte, Chairaard François de nation, Chramnelene Romain de nation, Villibaud Patrice Bourguignon, Eginan Saxon, & pluſieurs Comtes qui n'avoient point de Ducs au deſſus d'eux. Cette grande armée alla en Gaſcogne, & remplit tout le payis. Les Gaſcons ſortirent des monts Pyrenées pour combattre, mais ils ne reſiſterent pas longtems. Ils tournerent le dos & ſe retirerent dans les plus hautes montagnes & dans les rochers. L'armée les pourſuivit, en tua un grand nombre & fit beaucoup de priſonniers. Leurs maiſons furent pillées & puis brûlées. Les Gaſcons ſe voiant ſi mal-menez, demanderent à rentrer en grace avec le Roi, promet-

---

DAGOBERTUS I. SIGIBERTUS in Auſtraſia.

C. 76.

ANno ſequenti ex Nantechilde Regina Dagobertus filium ſuſcepit, quem Chlodoveum appellavit. Quo nato Rex ſuadentibus Neuſtraſiis, regnum diviſit inter filios ſuos Sigibertum & Chlodoveum. Et quia putabatur Auſtraſiam totam parem eſſe Neuſtriæ & Burgundiæ ſimul ſumtis, Sigibeto Auſtraſia relinquitur; Chlodoveo autem Neuſtria & Burgundia cum Ducatu Dentelini quem Auſtraſii invaſerant. Quæ diviſio confirmata fuit cum ſacramento procerum utriuſque regni: inviti tamen & metu Dagoberti regis Auſtraſii diviſionis conditiones admiſerunt, quæ tamen obſervatæ ſunt regnantibus Sigiberto & Chlodoveo II.

C. 77.

Radulfus filius Chamari quem Dagobertus Thuringiæ Ducem conſtituerat, cum ſæpius Vinidorum exercitum in fugam vertiſſet, rebus proſperis inflatus, inimicitias habuit contra Adalgiſelum Ducem, qui ſub Sigiberto rege Auſtraſiam moderabatur. Imo jam rebellis eſſe cœpit. Rei ſeriem non hic refert Fredegarius; ſed in aliud illam tempus reſervat.

C. 78.

Vaſcones rebelles arma ſumſerunt, & regiones quæ antehac regnum Chariberti conſtituebant, depopulati ſunt. Rex Dagobertus Burgundiæ exercitum miſit Duce Chadoindo Referendario, qui temporibus Theoderici regis, in multis prœliis ſtrenuus comprobatus eſt. Is ſub ſe Duces decem habebat, ſuas ſingulos cohortes ducentes, Arimbertum, Amalgarium, Leudebertum, Vandalmarum, Valdericum, Ermenum, Barontum, Chairaardum genere Francum, Chramnelenum genere Romanum, Vilibadum Burgundiæ Patricium, Æginam Saxonem, Comiteſque plurimos qui ſub Ducibus non erant. Hic exercitus ingens in Vaſconiam movit, & totam Vaſconiam replevit. Vaſcones ex Pyrenæis montibus ad pugnandum egreſſi ſunt; ſed non diu obſtiterunt. Terga verterunt, & in altiſſimos montes receptum habuere. Exercitus illos inſequutus, multos occidit, multoſque captivos abduxit. Domus eorum vaſtatæ & poſt incenſæ ſunt. Vaſcones vero perdomiti gratiam Regis & pacem petiere, ſe in poſterum fideles

DAGOBERT I. SIGEBERT en Austrasie

tant de lui être toûjours fideles. Cette campagne fut fort heureuse. Il n'y eut qu'une rencontre qui tourna mal pour les François. Le Duc Arembert se laissa surprendre par sa negligence dans la vallée appellée Subola, aujourd'hui la Soule, où il fut tué lui & les principaux de son corps d'armée.

L'armée de Bourgogne étant revenuë de cette expedition, le Roi Dagobert envoia dire aux Bretons, que s'ils ne reparoient pas les dommages qu'ils avoient faits, & s'ils ne se tenoient soumis à sa domination, il envoiroit contre eux cette armée de Bourguignons qui venoit de la Gascogne. A ces nouvelles Judicael Roi des Bretons, vint promptement à Clichi, où il demanda pardon au Roi Dagobert, en lui faisant de grands presens, & promit qu'on repareroit tous les dommages, & que les Bretons se regarderoient toûjours comme sujets du Roi de France. Le Roi Dagobert l'invita à dîner à sa table ; ce que ce Prince religieux & craignant Dieu refusa apparemment par humilité ; mais il alla dîner chez Dadon Referendaire, qu'il connoissoit pour un homme de bien. Le lendemain Judicael partit pour la Bretagne après avoir reçû plusieurs presens du Roi Dagobert.

637. Junicael vient trouver Dagobert.

Les principaux d'entre les Gascons étoient venus à Clichi avec le Duc Eginan ; mais craignant la colere du Roi Dagobert, ils se refugierent dans l'Eglise de S. Denis. Le Roi leur donna toute sureté pour leurs vies, & leur fit promettre par serment qu'ils lui garderoient fidelité, tant à lui qu'à ses enfans & à ses successeurs. Ils tinrent parole à leur ordinaire ; c'est-à-dire, quand ils furent forcez par des armées, & qu'ils se trouverent hors d'état de faire autrement.

L'an seiziéme de son regne, Dagobert tomba malade à Epinai sur Seine d'un flux de ventre, & se fit porter à l'Eglise de Saint Denis. Peu de jours après se voiant en péril de mort, il fit appeller Ega Maire du Palais, lui recommanda la Reine Nantilde & son fils Clovis, & lui laissa le gouvernement du Roiaume, l'estimant homme fort sage & d'une grande probité. Peu de jours après il mourut, & fut enseveli en l'Eglise de S. Denis, qu'il avoit comblée auparavant de richesses en or & en pierreries, en terres & possessions. Il avoit même ordonné qu'on la bâtit de nouveau, & que la Psalmodie y fût perpetuelle, comme elle étoit chez les saints d'Agaune : mais l'Abbé Agilulphe n'executa point ses volontez. L'histoire fabuleuse de sa mort est rapportée ci-après telle qu'elle est sur son tombeau.

638. Mort de Dagobert.

---

fore polliciti. Ex voto hoc bellum cessit : hoc unum infeliciter accidit ; Arimbertus Dux negligentiâ suâ in valle Subola, occisus est ipse cum præcipuis Tribunis cohortium suarum.

Exercitu Burgundico ex hac expeditione reverso, Rex Dagobertus ad Britones misit nuncios qui edicerent illis, nisi ea quæ patrarant mala emendarent, & ditioni suæ se subderent, missurum se in Britanniam exercitum Burgundicum, qui ex Vasconia venerat. Hoc audiens Judicael rex Britonum, cursu veloci Clippiacum venit, ubi munera multa offerens veniam a rege Dagoberto petiit, & omnia illata damna a Britonibus reparanda esse promisit, foreque Britones semper Regi Francorum subditos pollicitus est. Rex Dagobertus illum ad prandium secum sumendum invitavit ; sed Princeps ille pius noluit ; apud Dadonem vero Referendarium, quem ut probum & pium noverat, prandium sumsit, & postridie in Britanniam profectus est, multis acceptis a Dagoberto muneribus.

Vasconum primores Clippiacum venerant cum Æginano Duce ; sed iram Regis metuentes, ad Ecclesiam sancti Dionysii confugerunt. At securitatem illis Dagobertus dedit, & sacramentum exegit ab eis, quod sibi ac filiis & successoribus fideles futuri essent ; quod illi pro more suo servarunt, id est, cum instantibus exercitibus, alio modo facere nequiverunt.

Anno decimo sexto regni sui Dagobertus Spinogelli ad Sequanam profluvio ventris ægrotavit, unde in Ecclesiam sancti Dionysii a suis defertur. Paucis post diebus cum se in periculo versari cerneret, advocato Ægâ aut Æganæ Majore-domûs, Nantechildem reginam, filiumque suum Chlodoveum ipsi commendavit, quem Ægam ille virum sapientem & probum existimabat. Post paucos vero dies mortuus & in Ecclesia S. Dionysii sepultus est, quam donis auri, argenti, prædiorum cumulaverat, *& condigne in circuitu fabricari præceperat.* Volebat item istic psalmodiam perennem cantari, ut apud sanctos Agaunenses cantabatur. Verum Agilulfus Abbas ejus voluntatem exsequutus non est. Ejus mortis historia fabulosa infra refertur, qualis in tumulo ipsius sculpta est.

C. 79.

V iij

LES MONUMENS
DE CHEREBERT, DE SIGEBERT, DE CHILPERIC, DE FREDEGONDE, DE CLOTAIRE II. ET DE DAGOBERT I.

IL ne nous reste presque plus rien de ces anciens Rois que leurs tombeaux, qui ont même été refaits long-tems après eux, hors celui de Fredegonde, & quelques-unes de leurs statuës aux mêmes tombeaux, & aux portails de certaines Eglises. Depuis Childebert jusqu'à Dagobert, les Rois qui mouroient à Paris ou dans le Diocèse de Paris, étoient ordinairement inhumez dans l'Eglise de saint Vincent, aujourd'hui saint Germain des Prez. Je dis ceux qui mouroient à Paris; car ceux qui mouroient ailleurs étoient ensevelis dans d'autres Eglises fameuses, comme Clotaire premier qui mourut à Compiegne, fut enterré à saint Medard de Soissons, où fut aussi apporté le corps de Sigebert son fils, après qu'il eut été assassiné auprès de Tournai. Le Roi Gontran qui mourut à Châlon sur Sône, fut enterré en l'Eglise de saint Marcel de la même Ville.

Pour ce qui est de Cherebert Roi de Paris, fils de Clotaire premier, ceux qui ont dit qu'il avoit été inhumé à Blaïe, se sont assurément trompez. Ils auront pris ce Roi Charibert ou Cherebert pour le frere de Dagobert de même nom, Roi d'une partie de l'Aquitaine & de Toulouse. Car Cherebert fils de Clotaire premier, mourut certainement à Paris comme nous l'apprenons de Gregoire de Tours contemporain, dans son livre *De gloria Confessorum*, chap. XIX. où il dit que saint Eufrone Evêque de Tours, aiant donné à entendre que Cherebert passoit à l'autre vie à l'heure qu'il parloit: des gens qui arriverent de Paris, rapportent qu'il étoit mort à la même heure que le Saint l'avoit dit. Depuis Childebert jusqu'à Childeric II. nous ne connoissons point de Roi ni de fils de Roi mort à Paris, qui n'ait été enterré à S. Germain des Prez. Cherebert est donc mort à Paris, & il y a apparence qu'il fut enterré à l'Eglise de S. Vincent, comme son oncle Childebert, son frere Chilperic & les Rois & Princes suivans : sur quoi je rapporterai une chose que j'ai vû de mes propres yeux. L'an 1704. lors-

---

MONUMENTA CHARIBERTI, SIGIBERTI, CHILPERICI, FREDEGUNDIS, CHLOTARII II. ET DAGOBERTI I.

HORUM Regum nihil peneliud superest nobis, quam sepulcra, quæ etiam longo postea tempore restituta sunt, una excepta Fredegundis *tumba*, & quædam illorum statuæ sive in ipsis sepulcris, sive in Ecclesiarum ostiis. A Childeberto ad Dagobertum usque, qui Reges vel Lutetiæ Parisiorum obibant, vel in Diœcesi ejus, in Ecclesia Sancti Vincentii, hodie Sancti Germani a Pratis solito more tumulabantur. Illi, inquam, qui Parisiis obibant ; nam qui alibi vitam claudebant, in Ecclesiis aliis conspicuis sepeliebantur, ut Chlotarius primus qui Compendii mortuus est, in Ecclesia sancti Medardi Suessionensis sepultus fuit, quo etiam allatum fuit corpus Sigiberti filii ejus, postquam prope Tornacum peremptus fuit. Rex Guntchramnus, qui Cabilone obiit, ibidem in Ecclesia sancti Marcelli sepultus est.

Quod spectat autem Charibertum Parisiorum regem, qui dixerunt illum *in Blavia Castello* tumulatum fuisse, hallucinati haud dubie sunt. Ii certe hunc Charibertum Chlotarii I. filium, pro Chariberto, Chlotarii filio habuerint, fratre Dagoberti, qui in Aquitania & Tolosæ regnavit : nam Charibertus Chlotarii I. filius Lutetiæ Parisiorum mortuus est, ut ex Gregorio Turonensi ejus æquali discimus libro *de Gloria Confessorum*, c. XIX. ubi ait S. Euphronium Turonensem Episcopum indicavisse Charibertum regem ea ipsa,qua ipse loquebatur,hora obiisse: *Advenientibus autem ab urbe Parisiaca hominibus, ea hora Regem transiisse ipsi nunciant.* A Childeberto ad Childericum II. nullum novimus Regem, aut Regis filium Lutetiæ mortuum, qui non in Ecclesia S. Germani a Pratis sepultus fuerit. Charibertus ergo Lutetiæ obiit : verisimileque omnino est, ipsum in Ecclesia S. Vincentii tumulatum fuisse, ubi patruus ejus Childebertus, frater Chilpericus, ac Reges, Principesque sequentes jacent. Qua de re ea narrabo, quæ oculis meis vi-

DE SIGEBERT, DE CHILPERIC, &c.

qu'on jettoit les fondemens du grand Autel de notre Eglise, on trouva à six ou sept pieds en terre, plusieurs cercueils de pierre, dont l'un plus grand & plus orné que les autres avoit un couvercle fait en dos d'âne, taillé en écailles. Nous nous trouvâmes là six ou sept Religieux avec Dom Simon Bougis Assistant du General. La pensée me vint d'abord que ce pourroit bien être le tombeau du Roi Cherebert. Nous étions tous d'avis d'ouvrir ce cercueil; mais le Pere Assistant s'y opposa, disant qu'un autre tombeau fut ouvert en 1645. & que quelqu'un qui n'étoit pas des nôtres enleva les pieces d'or qui étoient dedans. Nous lui remontrâmes que lui & tant de Religieux étant presens, il n'y avoit point à craindre qu'on enlevât rien. Cela ne l'ébranla point, il défendit qu'on y touchât. Il fut donc couvert de terre comme auparavant. Il ne paroissoit point au dehors d'inscription ni d'épitaphe : mais il y a apparence que l'inscription étoit dedans comme dans deux autres tombeaux trouvez dans cette même Eglise, desquels nous parlerons plus bas. La Reine Ingoberge que Cherebert avoit repudiée, morte loin de Paris long-tems après lui, ne fut pas enterrée avec lui.

Sigebert Roi d'Austrasie, après avoir été assassiné près de Tournai, fut enterré à S. Medard de Soissons, auprès de Clotaire son pere. L'on voit aujourd'hui dans l'Eglise souterraine [1] sa tombe avec sa figure sculptée sur la pierre ; & tout auprès [2] la statuë, telles que nous les donnons dans la planche suivante. Le caractere de l'inscription me fait juger que ces tombes & ces statuës ont été refaites ou vers la fin du dix ou au commencement du onziéme siecle, comme notre Childebert & notre Chilperic de S. Germain des Prez. Les Normans avoient souvent ruiné l'Abbaye de S. Médard, & ouvert & cassé les tombeaux pour enlever l'or & l'argent qu'on ne manquoit pas d'y mettre anciennement. Quand après les guerres des Normans S. Medard fut rétabli, les Moines refirent ces tombes & ces statuës peut être d'après les fragmens qui restoient des anciennes. Sigebert sur sa tombe tient sur son bras gauche la figure de l'Eglise de S. Medard qu'il a bâtie. Sa couronne ornée de trefles a sur le milieu une double étoile ou une étoile dans une autre, comme nous avons aussi vû sur son pere Clotaire. Il foule aux pieds un monstre d'une figure extraordinaire. Sa statuë qui est au dessous n'a rien de bien remarquable.

PL. XII. 1 2

---

di. Anno 1704 cum fundamentum jaceretur altaris majoris Ecclesiæ nostræ, terraque excavaretur ad profunditatem sex septemve pedum, inciderunt operæ in aliquot sarcophagos lapideos, quorum unus grandior & ornatior aliis operculum habebat superne angulare & squamatum. Aderamus sex septemve Monachi, cum Assistente R. P. Generalis D. Simone Bougis. In mentem mihi statim subiit esse fortassis sepulcrum Charibecti regis. Omnium una sententia erat ut sarcophagus ille aperiretur; sed P. ille Assistens id vetuit : dicebatque anno 1645. aliud in Ecclesia nostra sepulcrum apertum fuisse, & nescio quem qui ex sodalitio nostro non erat, aurea, argenteaque monilia multa abripuisse. Respondebamus nos, ipso nobisque tot numero præsentibus, neminem posse quidpiam auferre : nihilominus ille vetuit aperiri sarcophagum : qui terra postea obrutus fuit. Nulla extrinsecus erat inscriptio; sed omnino putabatur inscriptionem intus esse sustitam, ut in duobus aliis sarcophagis in hac eadem Ecclesia repertis, de quibus paulo post agetur. Ingoberga vero regina, quam Charibertus repudiaverat, quæque procul Parisiis obiit, cum illo sepulta non fuit.

Sigibertus Austrasiæ Rex prope Tornacum peremtus, in Ecclesia sancti Medardi Suessionensis sepultus est prope Chlotarium patrem; hodieque ibi in Ecclesia subterranea eius tumba visitur, cum ejus imagine in lapide sculpta & delineata, & juxta illam statua ipsius ; ambas imagines damus in tabula sequenti. Character inscriptionis suadere videtur hanc tumbam atque statuam restitutas fuisse aut versus finem decimi aut initio undecimi sæculi, quo etiam circiter tempore Childebertus & Chilpericus in Ecclesia nostra Sangermanensi restituti sunt. Normanni sæpe Monasterium & Ecclesiam S. Medardi Suessionensis vastaverant, sarcophagosque fregerant & aperuerant, ut aurum, argentumve, quæ priscis temporibus in sepulcris Regum semper apponebantur, raperent. Cum vero postquam cessantibus Normannorum incursionibus, S. Medardi Ecclesia restaurata fuit, Monachi hos sarcophagos & statuas restaurarunt, secundum exemplar fortasse veterum quæ fracta supererant. Sigibertus in lapide sarcophagi sculptus, sinistro brachio Ecclesiam sustinet, ut qui scilicet Ecclesiam sancti Medardi ædificasset. Corona ipsius trifoliis ornata in medio stellam duplicem quasi aliam alii insertam habet, qualem etiam vidimus in corona Chlotarii patris ipsius. Pedibus monstrum calcat formæ singularis : in statua vero ipsius nihil non ante visum & exploratum observamus.

3 ³ Le Roi Chilperic fut enterré dans l'Eglife de S. Vincent, dit Gregoire de Tours. Le cercueil, tel qu'il fut fait, ne fubfifte plus. Les Normans qui ont fouvent pillé & même brûlé l'Eglife, auront caffé les tombeaux. Ils auront apparemment trouvé des pieces d'or dans quelqu'un, & ils n'auront pas manqué d'ouvrir tous les autres pour y chercher des trefors. Cependant il y en a eu quelques-uns qui ont échappé à leurs recherches, comme celui de Childeric II. dont nous parlerons plus bas, & peut-être celui de Cherebert: fi c'eft celui dont nous parlions ci-devant. Le tombeau de Chilperic I. aura été fans doute ouvert & caffé; car celui qui refte aujourd'hui, a été fait vers le tems que l'Abbé Morard rétablit l'Eglife fous les regnes d'Hugues Capet & de Robert fon fils. L'infcription qui eft autour de la tombe fait foi de ce que nous difons. Ces mots REX CHILPERICVS HOC TEGITVR LAPIDE, font écrits d'un caractere qui dégenere en ce que nous appellons Gothique; mais Gothique, qui n'eft pas encore bien formé. Or c'eft principalement depuis l'an mille que fe font faits ces changemens de caracteres, en ce que nous appellons Gothique. Nous les voions dans les infcriptions fepulcrales, & nous y remarquons fucceffivement l'alteration faite dans les lettres Romaines, qui alloit toûjours en augmentant depuis le commencement du onziéme fiecle, & en s'écartant de plus en plus de la premiere forme. Nous donnerons dans la fuite par fiecles ces caracteres gothiques depuis l'onziéme fiecle jufqu'au feiziéme où ils ont fini aux premieres années du regne de François I. La tombe de Chilperic fut donc refaite vers le commencement du onziéme fiecle, au même tems qu'on refit auffi celle de Childebert. Les ftatuës en demi-relief de l'un & de l'autre font fi conformes pour le goût de la fculpture, qu'il n'y a perfonne qui ne juge d'abord que les deux font de la main du même ouvrier. Une particularité qu'on remarque dans Chilperic, c'eft qu'il tient fa barbe de la main gauche. Cela pourroit bien avoir été imité de l'ancien cercueil, dont les morceaux reftoient apparemment encore du tems de l'Abbé Morard: & peut-être avoit-on exprimé cela dans fa ftatuë, parce qu'il avoit pris la coutume en fon vivant de tenir ainfi fa barbe. Car à quel propos l'auroit-on ainfi reprefenté? Mais on ne peut parler de cela que par conjecture.

4 ⁴ La tombe de Fredegonde qui a toûjours été auprès de fon mari Chilperic, eft la feule originale qui refte. Elle y eft reprefentée en mofaïque: ce qui étoit

---

Greg. Tur. l. 7. in fine. Chilpericus rex sepultus fuit in Ecclefia S. Vincentii, inquit Gregorius Turonenfis. Prifcus farcophagus non ultra exftat. Normanni qui fæpe Ecclefiam expilarunt, imo etiam incenderunt, farcophagos haud dubie fregerunt. Poftquam enim in aliquo eorum aurum repererant, cæteros haud dubie aperuerunt, ut thefauros auferrent. Attamen aliqui farcophagi ab illis reperti non fuere, ut ille Childerici II. de quo paulo poft agetur, & fortaffis alius Chereberti regis, fi tamen ille ipfe fit de quo fupra loquebamur. Sarcophagus vero Chilperici I. haud dubie apertus, fractufque fuerit; nam is qui jam supereft, fculptus fuiffe videtur quo tempore Morardus Abbas Ecclefiam ædificavit, regnantibus Hugone Capeto, & poftea Roberto rege. Infcriptio quæ circa Chilpericum legitur, hujufce rei fidem facere videtur: REX CHILPERICVS HOC TEGITVR LAPIDE. Hæc verba fcripta funt eo genere literarum, quæ ad Gotthicum, ut vocant, characterem declinant; ab anno autem præfertim milleſimo mutationem in litteris fenfim factam vidimus, quæ ab undecimo fæculo femper accrevit. Hanc vero characterum feriem in fequentibus dabimus ab undecimo fæculo ad ufque initium regni Francifci I. quo tempore ab hoc fcriptionis genere ceffatum eft. Sarcophagi ergo Chilperici fuperna pars facta eft ineunte undecimo fæculo, quo etiam tempore Childerici farcophagi pars eadem fculpta eft cum imagine media fui parte prominente. Hæ vero imagines ita funt arte fimiles, ut ad primum confpectum nemo non exiftimet, ambas ejufdem effe artificis. Hoc autem in Chilperico obfervatur, quod nempe manu finiftra barbam teneat; id fane poffet ad prifci farcophagi exemplum factum fuiffe, cujus fortaffe fragmenta adhuc Morardi Abbatis tempore fuperarent. Et forte illud in ejus imagine expreffum fuerat, quia fic dum viveret barbam tenere confueverat: cur enim alias fic repræfentatus fuiffet? Verum hæ conjecturæ tantum funt.

Fredegundis *tumba* quæ femper prope conjugis ipfius farcophagum fuit, fola ex prifcis illis temporibus fupereft. Illa autem ibi mufivo opere repræfentatur. Mufivum autem opus illis temporibus in fort

fort en usage dans ces tems-là, comme on peut voir dans Gregoire de Tours, qui appelle la mosaïque tantôt *Opus Sarsurium*, tantôt *Musivum*. Son habit & sa ceinture sont parfaitement conformes à ceux des deux Reines de notre portail dont nous avons prouvé ci-devant l'originalité. La place du visage est vuide, peut-être y étoit-il peint; & les mains aussi où l'on ne voit aujourd'hui qu'une pierre nuë. Peut-être aussi le visage étoit-il postiche, d'or ou d'argent avec les couleurs. Il y a en effet une crenure où ce visage pourroit avoir été inseré. Le tombeau de Fredegonde a toujours été auprès de celui de Chilperic son mari. Ils furent transportez tous deux du mur qui est sous le clocher septentrional du chœur, & mis à l'endroit où on les voit aujourd'hui. Cela fut fait du tems de nos peres en 1656. Ce fut alors qu'on y mit l'inscription qu'on y voit presentement. Des critiques modernes se sont élevez contre l'opinion commune & reçûë, & ont prétendu que ce n'étoit pas Fredegonde, mais quelque autre Reine de tems plus bas. La raison qu'ils en apportent, c'est qu'il y a à sa couronne des fleurs, qu'il leur plaît appeller fleurs de lis. Ils prétendent qu'il n'y avoit point encore de fleurs de lis en ces tems-là. Pitoiable raison: puisqu'ils ne sauroient eux-mêmes dire quand ont commencé les fleurs de lis, sur quel indice peuvent-ils assurer qu'il n'y en avoit point encore en ces tems? Mais comme nous avons ci-devant traité à fonds ce qui regarde les fleurs de lis, nous renvoirons le Lecteur à notre dissertation sur les couronnes de nos Rois, & sur ces fleurs qu'on a bien voulu appeller fleurs de lis. Les Normans auront apparemment cassé le cercueil de Fredegonde, comme ils ont cassé celui de Chilperic: mais la table de mosaïque plus difficile à casser, resta entiere. Il est à remarquer que les tombeaux des Rois & des Reines leurs femmes, ont toûjours été ensemble comme celui de Childebert & d'Ultrogothe, de Chilperic & de Fredegonde, de Clotaire II. & de Bertrude, de Childeric II. & de Bilichilde. Je suis persuadé que Cherebert y est enterré aussi; mais sa femme Ingoberge qui fut répudiée & mourut loin de Paris, n'y fut point enterrée. Il est certain que celui dont nous parlons est de Fredegonde, qui a toûjours été auprès de son mari comme les trois autres. Nous ne connoissons point d'autres Reines qui y soient ensevelies.

Clotaire II. fils de Chilperic & de Fredegonde, fut aussi enseveli en la même Eglise où l'on voit son tombeau, mais tout à fait moderne. Celui de Ber-

---

usu erat, ut videre est apud Gregorium Turonensem, qui illud modo musivum, modo sarsurium opus vocat. Vestimenta & zona prorsus similia sunt vestimentis & zonis duarum Reginarum quæ in Ecclesiæ nostræ ostio observantur, quas priscis illis temporibus factas supra probavimus. Locus ubi facies erat jam vacuus est, forteque nativis coloribus depictus erat, etiamque manus, quæ jam lapidem nudum exhibent. Fortasse etiam superadditus vultus aureus vel argenteus erat cum nativis coloribus. Est quippe in lapide incisio quædam, in quam talis vultus inseri potuerit. Fredegundis sarcophagus semper juxta Chilperici sepulcrum fuit. Ambo translati sunt ex muro qui est sub turri campanaria Septentrionali, & eo loci positi ubi nunc comparent. Id vero factum est patrum nostrorum ævo anno 1656. tuncque inscriptio quam videmus apposita est. Aliquot hodierni Critici vulgarem receptamque opinionem impugnant, dixereque non Fredegundem esse; sed aliquam posteriorum temporum Reginam. Hoc porro argumentum afferunt: In ejus corona lilia sunt; sic appellare libet, & illo tempore nondum lilia fuisse pugnant. Nullius sane momenti objectio, nam ne ipsi quidem dicere possint vel ausint quo tempore lilia cœperint in usu esse: quo potuerint igitur indicio probare lilia illo tempore in usu nondum fuisse? Quia vero quæ lilia spectant jam abunde discussimus, Lectorem mittimus ad Dissertationem nostram circa Regum coronas, & circa flores illos quos lilia vocant ipsi. Normanni haud dubie Fredegundis sarcophagum fregerunt, sed tabula musivi operis, utpote fractu difficilior integra mansit. Observandum porro sarcophagos Regum singulorum & Reginarum uxorum semper juxta positos fuisse, Childeberti nempe & Ultrogothæ, Chilperici & Fredegundis, Chlotarii & Bertethrudis, Childerici II. & Bilichildis. Cherebertus quoque, ut puto, in hac Ecclesia fuit sepultus; sed, ut jam dixi, Ingoberga uxor ejus, quæ repudiata fuerat & procul Parisiis obiit, cum illo sepulta non fuit. Certum est eum sarcophagum cujus tabula prisca superest, Fredegundis esse, quæ semper prope virum suum fuit, ut & tres aliæ. Non alias Reginas novimus in hac Ecclesia sepultas.

Chlotarius II. Chilperici & Fredegundis filius, in hac etiam Ecclesia sepultus est, ejusque sarcophagus ibidem visitur, sed recens; Bertetrudis etiam uxoris ejus

trude ou Bertetrude sa femme, est auprès de celui de son mari. En 1656. leurs ossemens furent mis dans des cercüeils separez. On érigea ensuite des tombeaux de pierre, & ornez de fleurs de lys tout autour. Je voudrois qu'on eût gardé aussi les vieux tombeaux tels qu'ils avoient été rétablis après que l'Eglise brûlée par les Normans eut été restaurée. C'est un malheur qu'il ne se trouva point alors de gens qui eussent quelque goût pour ces pieces antiques, qu'il faut toûjours conserver precieusement.

5 Les monumens de Dagobert se trouvent en assez grand nombre. Le plus sûr & le plus original est la statuë qu'on voit au bas de l'Eglise de S. Denis, près de la porte en entrant à gauche, où on l'a appliquée contre le mur, mais fort élevée ; apparemment pour la garantir des accidens qui l'avoient déja fort endommagée. Je crois qu'elle fut mise là du tems que sous les Rois Pepin & Charlemagne l'Abbé Fulrad bâtit le portail, le frontispice, les tours & le bas de l'Eglise : qui furent certainement conservez, & où l'on ne toucha que pour les reparer quand l'Abbé Suger fit rebâtir le reste de l'Eglise du tems de Louis le Jeune. Mon dessinateur M. Antoine Benoît, qui a un goût excellent pour ces sortes de choses, après l'avoir dessiné me dit sans que je lui demandasse, que cette statuë est d'un goût & d'un tems tout different de celui des statuës du grand portail : & je suis persuadé que c'est celle qu'on fit faire ou après la mort de Dagobert, grand bienfacteur de l'Abbayie, ou peut-être même de son vivant. Le grand soin qu'on a pris depuis long-tems de la conserver, me le confirme. Il est assis & revêtu de son manteau Roial ou de la grande chlamyde attachée à l'épaule droite à la Romaine. On voit qu'il étendoit ses deux bras, & il tenoit apparemment son sceptre de l'un, & quelqu'autre chose de l'autre. Sa couronne est d'une forme particuliere, & confirme ce que nous avons dit ci-devant, qu'il n'y avoit rien que d'arbitraire dans la forme & les ornemens de ces couronnes. Dagobert tient ses deux pieds sur deux lions.

6. Le seau & le monogramme de Dagobert suivant, sont pris des Archives de S. Maximin de Treves. Ce qu'il y a de remarquable dans la figure de Dagobert, c'est son sceptre qui est une branche à plusieurs rameaux, & sa couronne qui est fermée par le haut.

PL. XIII. Une autre ancienne statuë du Roi Dagobert se voit à l'Eglise de S. Pierre & S. Paul, fondée par ce Prince à la montagne d'Erford. Le dessein m'en a été

tumulus ipse juxta positus est. Anno 1656. ossa eorum in capsis separatis posita sunt. Erecti postea sunt sarcophagi novi lapidei liliis ornati. Optarem certe veteres quoque sarcophagos servatos fuisse, quales restitui fuerant, postquam Ecclesia a Normannis pluries incensa, reædificata fuerat. Infeliciter contigit ut nullus illo tempore in hoc cœnobio esset erga vetetum monumenta propensior, quæ sane conservanda semper sunt.

Dagoberti regis monumenta non pauca supersunt; sed unum ipsiustempore factum putatur, quod in extrema Ecclesiæ S. Dionysii parte intranribus ad lævam occurrit prope portam positum; estque statua sedens ad murum altius collocata, ut videlicet in tuto esset, nec iisdem exposita casibus, qui jam illam mutilam reddiderant. Puto autem illam ibi tunc positam fuisse, cum Abbat Fulradus, Pipino & Carolo-Magno regnantibus, portas, frontispicium, turres item & extremam Ecclesiæ partem excitavit, quæ cum Sugerius Abbas Ecclesiam construxit, reparavit quidem; sed non diruit : id vero Ludovici VII. tempore factum. Is quem ad delineanda monimenta adhibeo Antonius Benoît, qui gustu & intelligentia mul-

tum valet, & hanc statuam Dagoberti depinxit, mihi statim nec roganti dixit, illam aliud ævum præ se ferre, quam eas quæ in Ecclesiæ portis constitutæ sunt; & existimo utique illam vel statim post Dagoberti mortem, vel ipso vivente fuisse sculptam; quam opinionem confirmare videtur illa tanta cura hujus conservandæ statuæ pristinis sæculis suscepta. Sedet igitur ille pallio obtectus regio, vel magna chlamyde quæ ad humerum dextrum fibula asseritur, more Romano. Brachia extendit; uno autem, ut putatur, sceptrum tenebat, altero nescio quid aliud. Corona singularis est formæ, confirmatque id quod jam diximus, in forma & ornamentis coronarum omnia ex arbitrio posita fuisse. Dagobertus pedibus duos calcat leones.

Sigillum & monogramma Dagoberti quæ hic apposita sunt, ex Archivis Sancti Maximini Trevirensis prodeunt. Observatu porro dignum est sceptrum Dagoberti, ramum esse arboris, cui adnati alii rami sunt. Corona ejus superne clauditur.

Alia vetus Dagoberti statua visitur in Ecclesia SS. Petri & Pauli ab eodem Rege fundata in monte Erfordiensi, quæ mihi delineata missa fuit jussu Do-

envoié par ordre de Son Alteſſe Electorale Monſeigneur l'Archevêque de Mayence, deſſiné d'après l'original par les ſoins de M. de Belmont Conſeiller de la Regence, & Profeſſeur d'Hiſtoire à Erford, qui s'en eſt acquitté avec toute la diligence poſſible. ¹ Les Religieux de cette Abbayie ſoutiennent que cette ſtatuë eſt originale & du tems; la preuve en eſt, diſent-ils, que l'Egliſe qu'il porte ſur le bras gauche n'a pas la forme de la nouvelle Egliſe qui fut bâtie il y a ſix cens ans, mais de l'ancienne; c'eſt-à-dire, de celle qui fut bâtie par le Roi Dagobert. Cette ſtatuë eſt d'aſſez bon goût; elle a toute ſa rondeur, ne reſſemblant en rien à celles de la premiere race. Sa couronne n'a ni trefle ni fleurs de lis. Il a une grande chevelure qui flote ſur ſes épaules à la maniere de nos premiers Rois, qu'on appelloit à cauſe de cela *Reges criniti*. Il porte une tunique ſerrée d'une ceinture. Son long manteau eſt ouvert ſur le devant. Nous en remarquons quelques-uns de même aux ſtatuës de nos plus anciens Rois, quoique la plûpart aient des *chlamydes* attachées à une épaule. Il n'a point de barbe, mais il fut fait bien jeune Roi d'Auſtraſie, & par conſequent de la Thuringe.

Sur la forme de cette ſtatuë, bien des gens douteront infailliblement qu'elle ait été faite du tems de Dagobert. Si on la compare avec les autres de ces premiers tems, il ne paroît pas vrai-ſemblable qu'il y ait eu alors des ouvriers capables de faire une telle ſtatuë. D'un autre côté ſi l'on veut qu'elle ait été faite au renouvellement de l'Egliſe il y a ſix cens ans, on n'aura guere moins de peine à croire qu'on l'ait pû faire de ce goût en ce tems-là, où les arts tombez dans la barbarie, ne s'étoient point encore relevez. Il faut laiſſer une choſe ſi difficile à décider au jugement du Lecteur habile.

² A côté de cette ſtatuë de Dagobert nous avons mis celle de Clovis II. ſon fils, que l'on voit à S. Denis. Elle a été faite du tems de S. Louis, peut-être ſur une plus ancienne.

³ L'autre ſtatuë de Dagobert qui eſt aſſiſe au deſſous, eſt tirée de la plus nouvelle partie du cloître de S. Denis, qui fut faite il y a environ cinq cens ans, du tems de S. Loüis. Dagobert aſſis, a du côté droit Clovis II. ſon fils qui fut Roi de Neuſtrie, & de l'autre, Sigebert ſon fils Roi d'Auſtraſie, tous deux debout. Clovis encore enfant lorſque ſon pere mourut, eſt repreſenté ſans barbe, mais avec toute ſa taille. Sigebert fort jeune, mais plus âgé que Clovis, a de la barbe,

mini mei D. Electoris & Archiepiſcopi Moguntinenſis, opera & cura V. Cl. D. Belmontii, Conſiliarii Regiminis & Profeſſoris in hiſtoria Erfordiæ, qui omnem ad id officii mihi præſtandum diligentiam adhibuit. Affirmant hujus Abbatiæ Monachi, hanc ſtatuam ipſo Dagoberti ævo factam; idque inde probatur, inquiunt, quod Eccleſia quam brachio ſiniſtro geſtat, recentiorem Eccleſiam, quæ ſexcentis annis ſtructa eſt, non exhibeat, ſed priſcam ſcilicet eam quæ ſub Dagoberto ſtructa fuit. Statua porro illa ſat elegans eſt, itemque rotunda, neque ullo modo affinis iis quæ ſub prima ſtirpe ſculptæ fuere. Corona ejus nec flore, nec lilio ornatur. Coma in humeros effluit, ut primorum Regum comæ, qui ideo Reges criniti appellabantur. Tunicam geſtat, zona conſtrictam. Pallium oblongum ab anteriore facie patet. Nonnulla ſimilia obſervamus in ſtatuis antiquiorum Regum, etſi longe plures chlamydes habeant ad humerum dextrum fibula firmatas. Barbam nullam habet; ſed junior adhuc Rex Auſtraſiæ, atque adeo Thuringiæ fuit.

Ex forma ſtatuæ hujuſce multi vix credent illam Dagoberti tempore factam eſſe. Si comparetur cum aliis quæ priſcis ſæculis ſculptæ ſunt, non veriſimile videbitur fuiſſe tunc Sculptores, qui talem ſtatuam fabricari potuerint. Aliunde vero ſi dicatur illa facta fuiſſe ante annos ſexcentos, non multo minus difficile credatur illam iſto ſæculo factam fuiſſe, cum nondum artes ex priſca barbarie emerſiſſent. Rem tam difficilem periti Lectoris judicio permittamus.

Ad latus hujuſce Dagoberti ſtatuæ, Chlodovei II. ejus filii imaginem locamus, qualis habetur in Eccleſia ſancti Dionyſii; fortaſſeque ad exemplum alterius antiquioris ſtatuæ facta fuit, ævo ſancti Ludovici.

Alia Dagoberti ſtatua inferius ſedens ex recentiore clauſtri San-dionyſiani parte deſumta, ab annis circiter quingentis facta eſt, regnante ſancto Ludovico. Dagobertus ſedens ad dexteram habet Chlodoveum II. filium, qui Rex Neuſtriæ fuit; ad ſiniſtram vero Sigibertum Auſtraſiæ regem. Stantque ambo. Chlodoveus qui infans erat cum pater obiit, hic adoleſcens repræſentatur. Sigebertus juvenis adhuc, ſed Chlodoveo ætate longe major, barbatus eſt. Non accurate

Le Sculpteur n'y regardoit pas de si près. Les vers Latins au-dessous de ce monument, font l'éloge de Dagobert. Il étoit, disent-ils, fort humain, juste, liberal, aumônier, & grand guerrier.

PL. XIV. L'histoire fabuleuse representée sur le tombeau de Dagobert qui est à Saint Denis, passoit dans les siecles d'ignorance pour une verité si constante, qu'on l'a mise en sculpture sur son tombeau ou mausolée qui est à côté du grand Autel. L'Auteur dit qu'il ne faut pas regarder cette histoire simplement comme vraisemblable, mais comme très-veritable. La voici en peu de mots. Un nommé Ansoalde revenant de son Ambassade de Sicile, aborda à une petite Isle où il y avoit un vieux Anacorete nommé Jean, dont la sainteté attiroit bien des gens à cette Isle, qui venoient se recommander à ses prieres. Ansoalde entra en conversation avec ce saint homme ; & étant tombez sur les Gaules & sur le Roi Dagobert, Jean lui dit, qu'aiant été averti de prier Dieu pour l'ame de ce Prince, il avoit vû sur la mer des diables qui tenoient le Roi Dagobert lié sur un esquif, & le menoient en le battant aux *manoirs de Vulcain*, *ad Vulcania loca* : que Dagobert crioit appellant à son secours S. Denis, S. Maurice & S. Martin, les priant de le délivrer & de le conduire dans le sein d'Abraham. Ces Saints coururent après les diables, leur arracherent cette ame, & l'amenerent au ciel en chantant des versets des Pseaumes.

Cette histoire est sculptée sur son sepulcre. Pour en trouver la suite il faut commencer par le bas, & aller toûjours en montant. On voit d'abord tout en bas le Roi Dagobert étendu mort, tenant les mains jointes, & au-dessus de lui l'inscription qui porte : *Ci gist Dagobert premier Fondateur de ceans* * *VII. Roi, en l'an* 632. *jusques à* 645. A la bande de dessus on voit le Roi Dagobert mourant, & S. Denis qui l'exhorte. Après vient un arbre pour marquer à la mode ancienne que ce qui suit n'a point de liaison avec la premiere representation. Après l'arbre se voit une barque sur les flots de la mer chargée de diables, qui tiennent l'ame du pauvre Dagobert, & au dessus on lit cette inscription : *Saint Denis revele à Jean Anachorete ; que l'ame de Dagobert est ainsi tourmentée*. A la bande de dessus on voit d'abord deux Anges, ensuite S. Denis & S. Martin qui viennent sur les flots jusqu'à la barque, & arrachent l'ame de

Sculptor ætatem norat. Versus Latini sequentes sub hoc monumento positi, Dagobertum laudant, ut vides.

Fingitur hac specie bonitatis odore refertus,
Istius Ecclesiæ fundator Rex Dagobertus,
Justitiæ cultor, cunctis largus, dator æris.
Affluit, & sceleris ferus & promptissimus ultor.
Armipotens bellator erat, velutique procella,
Hostes confregit, populosque per arma subegit.

Historia illa quæ in tumulo Dagoberti regis Sandionysiano repræsentatur, sæculis illis ignorantiæ plenis, adeo vera & indubitata habebatur, ut eam ad latus altaris in Mausoleo illo sculptam exhibuerint. Qui eam primus narravit, ait illam non ut verisimilem, sed ut verissimam habendam esse. En illam compendio. Quidam Ansoaldus nomine, cum ex Legatione Sicula rediret, ad parvam appulit insulam, in qua senex Anachoreta erat Joannes nomine, cujus sanctitas multos alliciebat, ut ad insulam venirent sese precibus ejus commendaturi. Ansoaldus cum sancto viro colloquia miscuit, & ubi sermocinando ad Gallias ventum est, & ad regem Dagobertum, ait Joannes se cum admonitus fuisset ut pro illius Principis anima precaretur, vidisse in mari dæmonas qui in navicula regem Dagobertum vinctum tenebant, ipsumque verberantes adducebant ad Vulcania loca, Dagobertus vero clamantem ad auxilium evocasse sanctos Dionysium, Mauricium & Martinum, precando illos ut se liberarent, & in sinum Abrahæ deducerent. Sancti vero illi ad dæmonas accurrerunt, animam Dagoberti ipsis eripuerunt, & psalmorum versiculos canendo ad cælum ipsam deduxerunt.

Hæc historia in Mausoleo repræsentatur. Ut ejus series percipiatur, ab ima parte incipiendum, & semper ascendendum est. Statim visitur Dagobertus mortuus supinus jacens, manus junctas habens, & supra ipsum inscriptio his verbis, Gallico vulgari idiomate : *Hic jacet Dagobertus primus Fundator hujus Monasterii* * *VII. Rex ab anno* 632. *usque ad annum* 645. In superiore imagine primo Dagobertus moriens exhibetur, sanctusque Dionysius ipsum adhortans. Postea arbor erigitur, quod secundum Veterum morem significat sequentia a præcedentibus esse distinguenda. Post hæc navicula cernitur in fluctibus maris, onusta dæmonibus qui animam Dagoberti tenent, & superne legitur hæc inscriptio ; *Sanctus Dionysius Joanni Anachoretæ revelat animam Dagoberti sic excruciari*. In superiore autem imagine statim duo Angeli visuntur, & postea sancti Dionysius & Martinus in fluctibus ambulantes usque ad naviculam, qui animam Dagoberti eripiunt ex ma-

DE SIGEBERT, DE CHILPERIC, &c.

Dagobert des mains des diables, dont quelques-uns tombent la tête premiere dans les flots. L'inscription au dessus est, *L'ame de Dagobert est délivrée par les mérites de S. Denis, S. Martin & S. Maurice.* Dans la bande de dessus, S. Denis, S. Martin & S. Maurice, tiennent l'ame de Dagobert debout dans un drap : ils ont un Ange de chaque côté : deux autres Anges encensent cette ame. A la pointe en haut S. Denis & S. Martin sont à genoux devant Abraham, & le prient de recevoir cette ame dans son sein.

Ce tombeau paroît avoir été fait du tems de S. Louis. L'inscription qui a été mise dans des espaces vuides écrite en noir sans sculpture, paroît n'avoir pas plus de cent cinquante ans, tant par la forme du caractere, que par le stile.

En bas vis-à-vis de Dagobert étendu mort, est d'un côté la Reine Nantilde femme de Dagobert, & de l'autre le Roi Clovis leur fils.

CLOVIS II. SIGEBERT en Austrasie.

APrès la mort de Dagobert I. tous les grands & les principaux de la Neustrie & de la Bourgogne, declarerent Roi son fils Clovis encore enfant, dans une maison de campagne appellée Massolac, dont on ne connoît plus la situation. Il commença donc à regner sous la conduite d'Ega Maire du Palais, & de la Reine Nantilde sa mere. Ega gouverna l'Etat jusqu'à la troisiéme année du regne de Clovis, & se conduisit avec beaucoup de prudence & de retenuë. Il étoit d'une naissance illustre, riche, exerçant la justice avec beaucoup d'équité, sage dans ses paroles, répondant promtement aux Requêtes ; en un mot son merite répondoit bien au rang de prééminence qu'il tenoit sur les autres. On l'accusoit seulement d'avarice. Il fit pourtant rendre à plusieurs particuliers des biens que le Roi Dagobert avoit injustement confisquez au Tresor Roial.

Qualitez d'Ega, Maire du Palais.

Pepin le vieux, Maire du Palais d'Austrasie, & Cunibert Evêque de Cologne, gouvernoient fort sagement & d'un commun accord les Etats de Sigebert frere de Clovis, à la grande satisfaction des Austrasiens. Ils envoierent demander à la Reine Nantilde au nom de Sigebert, sa part des tresors du Roi

640.

nibus dæmonum, quorum quidam in fluctus prono capite incidunt. Inscriptio autem superne sic legitur: *Anima Dagoberti liberatur per merita sanctorum Dionysii, Martini & Mauricii.* In imagine superiore sancti Dionysius, Martinus & Mauricius animam Dagoberti in linteo stantem tenent, duos Angelos in utroque latere habentes, duoque alii Angeli superne animam Dagoberti incensant. In angulo superne sancti Dionysius & Martinus ante Abrahamum genuflexi, rogant illum animam Dagoberti in sinu suo recipiat.

Hic tumulus sancti Ludovici ævo factus putatur. Inscriptio autem quæ in spatiis vacuis posita fuit, atramento descripta, non sculpta, non plus centum quinquaginta annorum esse videtur, tam ex characteris forma, quam ex stylo. In ima parte e regione Dagoberti jacentis visitur hinc Nanthildis ejus uxor, inde vero Chlodoveus amborum filius.

CHLODOVEUS II. SIGIBERTUS in Austrasia.

POst obitum Dagoberti I. primores omnes nobilioresque Neustriæ & Burgundiæ, filium ejus Chlodoveum adhuc infantem, in villa cui nomen Massolacum Regem declarant. Regnare igitur cœpit, curante & cuncta moderante Æga Majore-domus, necnon Nanthilde illius matre. Æga vero usque ad annum tertium regni Chlodovei gubernacula tenuit cum prudentia, moderationeque magna. Erat nobili genere natus, dives, cum æquitate judicia exercens, in verbis prudens, ad quæsita promte respondens, dignusque sane qui tantum honoris gradum occuparet. Avaritiæ autem accusabatur : curavit tamen ut facultates multorum, quas Rex Dagobertus illicite usurpaverat, singulis restituerentur.

Fredeg. c. 80.

Pipinus senior Major-domus Austrasiæ & Chunibertus Episcopus Coloniensis amice simul & prudenter moderabantur omnia. Austrasiis libenter obsequentibus, illorumque gesta probantibus. Nomine autem Sigiberti a regina Nantechilde partem thesaurorum

X iij

Dagobert son pere: ce que la Reine accorda. Cunibert & Pepin se rendirent à Compiegne de la part de Sigebert. Là par ordre de Nantilde & de Clovis, & à l'instance d'Ega, les Tresors furent ouverts & partagez entre les deux freres. On laissa pourtant à la Reine Nantilde la troisiéme partie des tresors que le Roi Dagobert avoit acquis. La part de Sigebert fut transportée à Mets où elle fut presentée à ce Prince & décrite dans les Registres. L'année d'après Pepin mourut, & fut universellement regretté des Austrasiens, qu'il avoit toûjours conduits avec beaucoup de sagesse & d'équité. Grimoald son fils fut établi Maire du Palais en sa place.

641. L'an troisiéme du regne de Clovis, Ega mourut à Clichi. Peu de jours avant sa mort, Ermenfroi qui avoit épousé sa fille, tua dans une assemblée tenuë au Village nommé Albiodere, le Comte Enulfe. Les parens d'Enulfe & le peuple, par la permission de la Reine Nantilde, pillerent tous les biens d'Ermenfroi, qui s'enfuit dans l'Austrasie, & s'alla refugier à Rheims dans l'Eglise de S. Remi, pour se mettre à couvert & de la vengeance des parens d'Enulfe, & de la colere de la Reine. On substitua à Ega défunt dans la Charge de Maire du Palais, Erchinoald, parent de la mere de Dagobert. C'étoit un homme prudent, doux, patient, honorant beaucoup les Evêques & les gens d'Eglise. Il se faisoit sur tout aimer par sa simplicité, sa modestie & le peu de soin qu'il avoit de s'enrichir.

Dans la Cour du Roi Sigebert un nommé Otton, fils d'Uron domestique du Palais, qui avoit été Gouverneur du Roi Sigebert dès sa tendre jeunesse, poussé de jalousie contre Grimoald, tâchoit de lui nuire en ce qu'il pouvoit, & témoignoit un grand mépris pour lui. Mais Grimoald lié d'amitié avec Cunibert, si uni avec Pepin son pere, trouva moien de se maintenir malgré lui. Otton fut enfin tué par Leuthaire Duc des Allemans, & Grimoald conservé dans la Charge de Maire du Palais.

Guerre contre Radulfe. Radulfe ou Raoul Duc de Thuringe, dont nous avons parlé ci-devant, enflé de quelques victoires qu'il avoit remportées sur les Vinides, se revolta enfin contre Sigebert, qui rassembla une armée d'Austrasiens, passa le Rhin, & joignit à son armée les troupes des nations de delà le Rhin qui lui étoient sujettes. Cette armée attaqua premierement Fare fils de Crodoald, qui s'étoit joint avec Raoul, le défit & le tua avec ceux qu'il avoit entraînez dans sa revolte. Ceux qui échapperent au glaive furent emmenez captifs. Les principaux de l'armée se donnerent parole que si Raoul tomboit entre les mains de quel que ce fût d'entr'eux, il ne manqueroit pas de le tuer : mais les choses tournerent autrement qu'ils n'avoient pensé. Sigebert passa la forêt Buconie, & entra dans la Thuringe. Raoul se voiant puissamment attaqué, se fortifia sur une montagne de la Thuringe près de la riviere d'Unestrude, ramassa le plus de monde qu'il pût, fit un camp muni de palissades, où il se renferma avec sa femme, ses enfans & ses troupes. Sigebert investit ce fort avec son armée. Raoul cependant se préparoit à se bien défendre. La grande jeunesse de Sigebert faisoit qu'il n'y avoit point d'ordre dans son armée. Les uns vouloient qu'on combatît ce jour-là ; les autres souhaitoient qu'on differât jusqu'au lendemain. Cependant le combat se donna. Grimoald & Adalegisele craignant pour le Roi Sigebert, le mirent entre eux & le garderent soigneusement. Bobon Duc d'Auvergne, une partie du corps d'armée d'Adalegisele & Enovalaus Comte du Songauu, avec une grande partie de l'armée, allerent combattre jusqu'à la porte de la forteresse. Raoul s'entendoit avec quelques-uns des Chefs de l'armée de Sigebert, qui ne donnerent point de leur côté. Il sortit sur les assaillans, & en fit un grand carnage. On accusa ceux de Mayence de n'avoir pas été fideles dans ce combat. Il périt là plusieurs milliers de personnes, & Raoul se retira victorieux dans sa forteresse. Sigebert affligé de cette perte, étoit à cheval & pleuroit la mort de Bobon, d'Enovalaus, & de beaucoup d'autres grands Seigneurs, qui avoient été tuez devant ses yeux. Freculfe domestique qu'on soupçonnoit d'être ami de Raoul, fut aussi tué dans ce combat. Le Roi passa la nuit dans ses tentes avec son armée. Le lendemain desesperant de forcer Raoul, il se disposa à repasser le Rhin, & Raoul avec lequel on traita pour cette retraite, promit de le laisser passer paisiblement, ce qui se fit d'abord, & chacun s'en retourna chez soi. Raoul enflé de cette victoire se regardoit comme Roi dans la Thuringe. Il lia amitié avec les Vinides & les autres nations voisines, se disant toujours sujet de Sigebert ; mais démentant ses paroles par sa conduite.

L'an 4. de Clovis II. Nantilde & le Roi son fils vinrent à Orleans, Ville censée alors du Roiaume de Bourgogne. Là se trouverent les Evêques, les Ducs

642.

---

bellionem abductis ; cæteri vero in captivitatem deducti sunt. In exercitu autem proceres omnes dextras dederunt, & sibi mutuo polliciti sunt si Radulfus in manus cujuspiam ipsorum caderet, statim occidendum abs se fore : sed alio quam sperabant modo res accidit. Sigibertus Buchoniam silvam trajecit, atque in Thuringiam ingressus est. Radulfus se validissime bello impeti cernens, in montem quemdam Thuringiæ se recepit, ibique se undequaque munivit prope fluvium Unestrude dictum, quam plurimam potuit armatorum manum collegit, castrumque lignis munitum fecit, ubi se cum uxore, filiis & copiis recepit. Sigibertus cum exercitu castrum undique circumdedit. Radulfus sese strenue ad defensionem apparat. Ex nimia porro Sigiberti adolescentia factum est, ut nullus in exercitu ejus ordo esset. Alii eo ipso die pugnare volebant, alii in crastinum pugnam remittere. Pugnatum tandem est : Grimoaldus & Adalegiselus Sigiberto regi timentes, ipsum in medio constitutum diligenter custodiunt. Bobo Dux Arvernorum cum parte exercitus Adalegiseli, Ænovalaus Comes Sogiontensis & pars magna exercitus ad portam castri contra Radulfum manus conserunt. Hic autem ex composito agebat cum quibusdam Sigiberti Ducibus, qui ex sua parte non decertaturi erant ; irruitque in exercitum & magnam stragem fecit. Moguntinorum fidem in hoc certamine desideratam fuisse dictum est. Istic multa hominum millia periere : Radulfus vero in castrum victor se recepit. Sigibertus dolens eques rem spectabat, & lacrymabatur cæsos cernens Bobonem, Ænovalaum, plurimosque alios primores viros, qui se vidente peremti fuerant. Freculfus etiam domesticus, quem Radulfi amicum fuisse suspicabantur, in hoc prœlio cecidit. Rex in tentoriis cum exercitu noctem transegit. Insequente vero die, cum nulla jam spes superesset opprimendi Radulfi, ex pacto cum eodem Radulfo inito, Rex pacifice cum exercitu Rhenum transivit, & quisque proprias sedes repetiit. Radulfus post hanc victoriam jactabundus se quasi Thuringiæ regem efferebat. Cum Vinidis autem aliisque vicinis gentibus societatem iniit, se Sigiberto quidem subditum dicens, re autem contraria suadens.

Anno quarto regni Chlodovei II. Nantechildis Regina cum Chlodoveo rege Aurelianum venit ; quæ urbs regni Burgundiæ esse censebatur. Illo etiam con-

C. 89.

& les principaux de ce Roiaume mandez par la Reine. Flaocat élû par les Evêques & les Ducs Maire du Palais de Bourgogne, y fut confirmé dans cette Charge par Nantilde, qui lui donna sa niece Ragnoberte en mariage. Il y eut là, dit l'Auteur, quelque intrigue secrete entre Nantilde & Flaocat, qui ne fut pas agréable à Dieu ; ce qui fit que l'issuë n'en fut pas heureuse. Erchinoald Maire du Palais de Neustrie, & Flaocat lierent amitié ensemble, & se promirent mutuellement de se soutenir l'un l'autre. Pour se concilier l'amitié des Evêques & des Ducs de la Bourgogne, Flaocat promit à tous avec serment par lettres ou autrement de les maintenir dans leurs grades & dignitez. Dès qu'il eut été élevé en cette Charge, il alla par la Bourgogne songeant aux moiens de faire mourir Villebaud Patrice son ennemi.

Histoire de Villebaud & sa mort.

Ce Villebaud outre l'honneur du Patriciat qui le relevoit, étoit encore enflé de ses grandes richesses, qu'il avoit acquises en enlevant par artifices le bien des particuliers ; envieux des honneurs de Flaocat, il le haïssoit & le méprisoit comme fort au-dessous de lui. Le Maire du Palais convoqua à Châlon sur Sône pour le mois de Mai de cette année, les Evêques & les Ducs de la Bourgogne. Le Patrice y vint aussi, mais bien accompagné. Flaocat cherchoit les occasions pour le faire tuer. Villebaud qui le savoit bien, ne voulut pas entrer dans le Palais. Le Maire sort avec des troupes pour attaquer Villebaud. Amalbert frere de Flaocat se mit entre les deux pour pacifier le different. Villebaud retint Amalbert ; & par l'entremise de plusieurs personnes, les deux adversaires se retirerent sans combat. Flaocat chercha depuis plus qu'auparavant, le moien de perdre son ennemi.

En cette même année mourut la Reine Nantilde ; & au mois de Septembre d'après, le Roi Clovis accompagné de Flaocat, d'Erchinoald, & de quelques autres des principaux de la Neustrie, alla de Paris à Sens, de Sens à Auxerre, d'Auxerre à Autun. De là Clovis envoia ordre à Villebaud de se rendre à la Cour. Villebaud comprit d'abord que cet ordre étoit donné par le conseil de Flaocat, d'Amalbert, d'Amalgaire & de Chramnelene, qui vouloient se défaire de lui. Il ramassa un grand nombre d'Evêques, de gens de qualité & des plus braves qu'il pût trouver dans l'étenduë de son Patriciat, & s'avança vers Autun, balançant toûjours s'il s'y rendroit effectivement, où s'il s'en retourneroit sur ses pas. Clovis fit aller au devant de lui les deux Maires du Palais, qui

envoierent

venerunt Pontifices Duces & Primores regni Burgundiæ, a Nantechilde evocati. Flaochatus ab Episcopis Ducibusque Major-domus Burgundiæ electus, a Nantechilde hoc in munere confirmatus est, quæ ipsi Ragnobertam neptem suam in uxorem dedit. Aliquid secreti, inquit Fredegarius, inter Nantechildem & Flaochatum fuit, quod creditur Deo non placuisse, ideoque non felicem habuit exitum. Erchinoaldus vero Major-domus Neustriæ, & Flaochatus amicitias simul junxere, & mutuum sibi præsidium polliciti sunt. Ut vero sibi amicitiam Episcoporum & Ducum Burgundiæ gratiam conciliaret, Flaochatus omnibus interposito sacramento promisit, sive literis sive alio modo, se illos in gradu suo servaturum esse. Ut vero in hunc honoris gradum evectus fuit, statim per Burgundiam iter egit, cogitans quo pacto Villebadum Patricium sibi infensum interficere posset.

C. 90.

Villebadus porro vir opulentus, qui indignis artibus multorum facultates subripuerat, propter opes & Patriciatum superbia tumens, Flaochatum despectui habebat. Hic vero convocavit ad mensem Maium Cabilonem Episcopos, Ducesque Burgundiæ. Eo etiam se contulit Villebadus Patricius ; sed armatorum multitudine stipatus. Flaochatus occasionem captabat interficiendi Patricii ; rei gnarus Patricius in Palatium introire noluit. Major-domus autem cum militibus egreditur, ut Villebadum adoriretur. Amalbertus Flaochati frater inter duas partes insiliens, conciliandæ paci studebat. Villebadus autem Amalbertum apud se retinuit, tunc intercurrentibus multis sine pugna discessum est. Flaochatus tamen postea inimici sui perniciem ardentius machinatus est.

Eodem ipso anno obiit Nantechildis regina. Insequenti vero mense Septembri, rex Chlodoveus cum Flaochato, Erchinoaldo, aliisque Neustriæ primoribus Lutetia Senonas, Senonibus Antisiodorum, Antisiodoro Augustodunum venit : inde vero Chlodoveus Villebadum Patricium ad se venire præcepit. Villebadus statim animadvertit id sibi jussum esse, instigantibus Flaochato, Amalberto, Amalgario & Chramneleno qui ipsius perniciem machinabantur. Tunc Episcopos, nobiles, fortesque viros, quantos in Patriciatu suo potuit, congregavit, semper dubius an accederet, an regrederetur. Chlodoveus illi obviam ire jussit duos Majores-domus, qui ad illum

CLOVIS II. SIGEBERT en Auſtraſie.

envoierent à Villebaud Ermenric Domeſtique pour le raſſurer, en lui promettant ſureté. A ſon grand malheur il ajouta foi à ſes promeſſes, fit même des preſens à Ermenric, & le ſuivit juſqu'à Autun où il n'entra point, mais il s'arrêta & dreſſa ſes tentes près de la Ville. De-là il envoia à la Cour Egilulfe Evêque de Valence, & le Comte Gyſon, pour ſonder le gué, voir s'il pouvoit entrer avec aſſurance, & lui en faire le rapport; mais Flaocat les fit arrêter dans la Ville. Ce Maire du Palais joint à Amalgaire & à Chramnelene, qui avoient conſpiré la perte de Villebaud, ſortit en armes & ſe joignit à l'armée de Bourgogne & au Duc Vandelbert pour combattre contre Villebaud.

Erchinoald & les autres Ducs avec les Neuſtriens ſortirent auſſi : mais il s'arrêterent pour être ſeulement les ſpectateurs & voir l'iſſuë du combat, où Villebaud & une partie des ſiens furent tuez. Celui qui donna le premier du côté de Flaocat, fut Bertaire François d'origine, Comte du Palais, qui étoit de la Transjurane. Manaulfe Bourguignon du parti de Villebaud, s'avança contre Bertaire autrefois ſon ami, le perça d'un coup de pique & le bleſſa griévement. Aubedon fils de Bertaire, vint contre Manaulfe, le tua avec ceux qui l'accompagnoient, & ſauva ainſi ſon pere. Les troupes de Villebaud étant ainſi défaites avec leur Chef, les Neuſtriens & les Ducs qui étoient demeurez ſans rien faire pour voir le ſuccès du combat, pillerent les tentes de Villebaud, des Evêques de ſon parti, & des autres de ce corps d'armée : ils y trouverent beaucoup d'or & d'argent; ils enleverent auſſi les chevaux & tout le bagage. Flaocat après cette victoire partit d'Autun, & s'en alla à Châlon. Après qu'il fut arrivé en cette Ville le feu y prit on ne ſait comment, & elle fut toute conſumée par l'incendie. Flaocat s'embarqua ſur la Sône pour aller à Laune; il avoit la fievre dont il mourut le onziéme jour de ſon mal, & fut enterré à Saint Benigne dans le fauxbourg de Dijon. Pluſieurs crurent que Flaocat & Villebaud furent punis de Dieu, de ce que après s'être juré fidelité & amitié dans les plus ſaints lieux, ils avoient ainſi fauſſé leur ſerment, & de ce que pour s'enrichir ils avoient opprimé les peuples qui leur étoient ſoumis. Cet exemple & pluſieurs autres nous font voir, qu'en ces tems-là les Rois n'étoient pas bien maîtres dans leurs Etats, lors même qu'étant dans une profonde paix dedans & dehors le Roiaume, toutes leurs forces étoient réünies.

---

miſerunt Ermenricum Domeſticum, qui illi fidem & ſecuritatem polliceretur. In perniciem ille ſuam Ermenrico credidit, ipſique munera obtulit, atque illum ſequutus Auguſtodunum venit. Neque tamen in urbem ingreſſus, Aigilulfum Valentiæ Epiſcopum & Gyſonem Comitem miſit, qui uti res ſe haberent, explorarent. Illos autem in urbe detinuit Flaochatus. Inſequente vero die ipſe Flaochatus, Amalgarius &. Chramnelenus, qui Villebadi necem conjuraverant, Auguſtoduno egreſſi, Burgundiæ exercitum & Vandelbertum Ducem movere jubent contra Villebadum.

Erchinoaldus cæterique Duces cùm Neuſtraſiis etiam egreſſi ſunt; ſed ut ſpectatores tantùm ſteterunt ut exitum pugnæ viderent, in qua Villebadus cum multis ſuorum cæſus eſt. Qui primus ex Flaochati partibus pugnam iniit Bertharius Comes Palatii, fuit genere Francus ex Ultrajurania. Manaulfus Burgundio ex parte Villebadi Bertharium olim ſibi amicum conto percuſſit, graviterque vulneravit. Aubedò Bertharii filius, patrem videns ſaucium, Manaulfum occidit, cæteroſque comites ejus, ſicque patrem ſervavit. Ita cæſis cum duce Villebadi phalangibus, Neuſtraſii & Duces qui pugnæ ſpectatores manſerant, Villebadi tentoria diripuerunt, necnon Epiſcoporum, cæterorumque, magnamque auri & argenti vim exceperunt, equos etiam, cæteraque omnia abſtulerunt. Poſt hanc victoriam Flaochatus Auguſtoduno profectus, Cabilonem venit. Cum in hanc perveniſſet urbem, tota civitas, quo caſu neſcitur, incendio periit. Flaochatus vero navi per Ararim Latonam petens, febri cum laboraret, undecima die mortuus, ſepultus eſt in Eccleſia ſancti Benigni in ſuburbano Divionenſi. Putarunt multi Flaochatum & Villebadum Dei ultionem expertos eſſe, quod poſtquam ſibi mutuo fidem & amicitiam ſacramento interpoſito juraverant, in locis ſanctiſſimis, ſic juramenta violaſſent, & quod opum augendarum cauſa populus ſibi ſubditos oppreſſiſſent. Hoc exemplo aliiſque multis videmus Reges illis temporibus non omnimodam auctoritatem habuiſſe, etiam cum plena pace & intra & extra regnum fruentes, vires omnes ſuas collectas haberent.

CLOVIS II. SIGEBERT en Austrasie.

Clovis II. épousa Bathilde, qui étoit étrangere, dit l'Historien: elle prit sa naissance chez ces Saxons qui avec les Anglois & les Jutes passerent au cinquiéme siecle dans la grande Bretagne. Etant esclave, le Roi Clovis la prit pour femme. C'étoit donc une Princesse de basse extraction; mais dont la pieté & les vertus ont été celebrées dans tous les tems. Il en eut trois fils, Clotaire, Childeric & Thierri, qui regnerent successivement.

654. Il falloit que Sigebert Roi d'Austrasie fût un Prince foible, puisqu'à l'instigation de Grimoald il adopta le fils de ce Maire du Palais, pour être son successeur; ce qu'il ne pouvoit faire, puisque par droit de succession, s'il mouroit sans enfans mâles, ses Etats devoient retourner à Clovis son frere ou à ses enfans. Après *Sigebert adopte le fils de Grimoald.* cette adoption faite, Sigebert eut un fils qui fut nommé Dagobert. Sigebert étant venu à mourir, Grimoald envoia Dagobert fils du Roi défunt en Ecosse, & voulut établir son propre fils Childebert Roi d'Austrasie. Mais les François indignez de sa temerité, se saisirent de lui & le menerent à la Cour du Roi Clovis. On le mit en prison à Paris, où il finit sa vie. Sigebert Prince fort pieux, & reconnu comme Saint, dont le Moine Sigebert a écrit la vie, mourut donc vers ce tems-ci.

656. Clovis mourut peu après son frere. Sur la fin de ses jours sa tête s'affoiblit jusqu'au point d'en perdre l'usage de la raison, dit le continuateur de Fredegaire. Un autre dit qu'il s'étoit adonné à l'impureté & à l'yvrognerie. Mais cela est solidement refuté par les plus habiles, qui prouvent qu'il s'est toûjours maintenu dans son bon sens, & qu'il étoit exemt de ces vices. Il mourut fort jeune, âgé seulement de vingt-un ou vingt-deux ans, après en avoir regné dix-huit.

Continuat. Fredeg. c. 91.
Vita S. Balth. fac. 2. Benedict. p. 775.

Chlodoveus II. Baldechildem, seu Balthildem duxit uxorem *ex genere alienigenarum*, inquit Chronographus; orta quippe est inter Saxonas illos qui cum Anglis & Jutis in majorem Britanniam sæculo quinto transierunt. Captiva autem cum fuisset, a Chlodoveo II. in uxorem ducta fuit. Obscuro igitur erat genere; sed ejus pietas & virtutes omni tempore celebrata sunt, & celebrabuntur. Tres autem filios ex illa suscepit; Chlotarium, Childericum & Theodoricum qui per successionem regnum Francorum occuparunt.

Gest. Franc. c. 43.
Vita S. Sigeb.

Erat utique Sigibertus Rex Austrasiorum simplex, nec ingenii acumine pollens, quippe qui instigante Grimoaldo Majore-domus filium ipsius in successorem adoptaverit. Quæ certe potestas non penes illum erat; nam ex successionis jure, si ille sine liberis obiisset, regnum ejus ad Chlodoveum fratrem, vel ad filios ejus devolvebatur. Post emissam illam adoptionem, Sigibertus filium habuit nomine Dagobertum; interimque defuncto Sigiberto, Grimoaldus filium ejus Dagobertum in Scotiam misit, filiumque suum Childebertum Regem Austrasiæ statuere voluit. Verum Franci tantam temeritatem indigne ferentes, apprehensum illum duxerunt ad Chlodoveum regem, Lutetiæque in carcerem conjectus est, ubi diem clausit extremum. Sigibertus rex pius & sanctus, cujus vitam *suspect.* scripsit Sigebertus Monachus, circa hoc tempus ex *lib.* hac vita transiit.

Chlodoveus paulo post fratrem obiit. Circa finem *Contin.* vitæ suæ amens effectus est, inquit Chronographus; *Fr. ig. 6.* addit alius ipsum luxuriæ ac temulentiæ deditum *91.* fuisse. Verum hæc solide rejiciuntur a viris doctis, *Gest. Fran.* qui probant illum & mentis compotem, & ab hujusmodi vitiis liberum semper fuisse. 22. annorum obiit, cum regnasset annos 18.

CLOTAIRE seul.

APRE's la mort de Clovis, son fils aîné Clotaire fut établi Roi de France sous la Regence de Bathilde sa mere, n'ayant point encore atteint l'âge de quatre ans. Il fut reconnu dans toute la Monarchie l'espace de cinq ans ou environ. Au bout de ce tems-là Childeric son second frere fut declaré Roi d'Austrasie. Thierri le plus jeune resta à la Cour sans titre ni Roiauté, élevé avec le Roi Clotaire son frere, sous la tutele de la Reine Bathilde.

660.

CLOTAIRE III. CHILDERIC en Austrasie.

IL y avoit quelque difficulté sur ces points d'Histoire que le Pere Mabillon a ce me semble bien levée : il fait voir l'erreur du premier Continuateur de Fredegaire qui ne donne que quatre ans de regne à Clotaire III. & qui pourtant a été suivi par quelques modernes, qui ne voioient point les consequences d'un point de chronologie si mal établi. Clotaire n'avoit pas encore quatre ans quand il commença à regner : s'il n'a regné que quatre ans, il avoit donc à peine huit ans quand il mourut ; & cependant on lui suppose un fils nommé Clovis, qu'on tâche d'établir Roi d'Austrasie. Il est vrai que ce n'étoit pas son fils. Mais si Clotaire n'avoit eu que huit ans quand il mourut, auroit-on osé lui supposer un fils ? Ce qui est encore plus fort ; après la mort de Clotaire, Childeric son frere puisné lui succede au Roiaume de Neustrie. Il est tué au bout de trois ans & quelques mois : on tuë avec lui son fils Dagobert & sa femme Bilichilde enceinte, & il laisse encore un fils dans les maillots nommé Chilperic. Si Clotaire l'aîné n'avoit tout au plus que quatre ans quand il commença à regner, son frere né de la même mere ne pouvoit avoir alors que trois ans ; & si Clotaire mourut quatre ans après, Childeric n'avoit alors que sept ans : il lui succede, & ne regne que trois ans, au bout desquels n'aiant que dix ans, il aura été tué avec sa femme Bilichilde enceinte, & son fils aîné Dagobert laissant encore un autre fils ; cela se peut-il soutenir ?

Années du regne de Clotaire III.

CHLOTARIUS solus.

DEFUNCTO Chlodoveo II. successit filius ejus Chlotarius sub matris scilicet Bathildis tutela, cum nondum quartum vitæ annum complesset. In universum Francorum regnum imperavit per annos quinque circiter. Post hæc autem Childericus ejus frater Rex Austrasiæ declaratus est. Theodoricus vero minor in aula Regia sine regni titulo, cum Chlotario fratre suo educabatur, curante Bathilde matre Regina.

CHLOTARIUS III. CHILDERICUS in Austrasia.

IN horum temporum historia graves inerant difficultates, quas Mabillonius noster solvisse mihi videtur. Errasse probat primum continuatorem Fredegarii, qui Chlotarium annos solum quatuor regnasse dicit, quem tamen quidam posteriorum temporum Scriptores sequuti sunt, non advertentes quantam hinc in historiam & temporum seriem perturbationem afferrent. Chlotarius nondum quatuor annos habebat cum regnare cœpit. Si annos tantum quatuor regnavit, vix octo annos habuerit cum mortuus est ; & tamen filium habuisse supponitur, Chlodoveum nomine, quem conantur Austrasiæ Regem constituere. Verum tamen est hunc falso ipsi filium suppositum fuisse. At si octennis tantum obiisset, an filium ipsi supponere ausi fuissent ? Quodque validius adhuc opponitur. Post Chlotarii mortem, Chilpericus frater ejus natu minor ipsi in Neustriæ regno successit : ac post tres annos & aliquos menses interficitur, simulque cum illo occiditur filius ejus Dagobertus, & Bilichildis ejus uxor prægnans, filiusque alius in cunis relinquitur, nomine Childericus. Si Chlotarius major natu vix quatuor annorum erat cum regnare cœpit, frater ejus ex eadem matre natus, non plus tribus annis tunc habere poterat. Chlotarius vero elapsis postea quatuor annis moritur, & Childericus non plus septem annis habebat. Illi autem tunc successit, tribusque tantum annis regnavit, quibus elapsis decennis occisus fuerit, cum Bilichilde uxore prægnante, Dagoberto filio, relicto etiam alio filio. Hoccine stare possit ?

Tome I. Y ij

669. Clotaire donc, selon le calcul le plus vraisemblable, regna quinze ans complets, & mourut dans la seiziéme année de son regne. Son frere Childeric fut fait Roi d'Austrasie environ cinq ans après que Clotaire eut commencé à regner, & à la huitiéme année de son regne Childeric aura épousé Bilichilde âgée de quinze ou seize ans : tout quadre bien comme cela. Pendant le regne de Clotaire Ebroin fut Maire du Palais, & Clotaire mourut l'an 670. ou 671. selon le calcul du P. Mabillon, qui paroît le plus juste & le mieux fondé.

AN. 671.
Dagobert fils de Sigebert fait Roi d'Austrasie.

Vers le tems de la mort de Clotaire, & probablement lorsque Childeric son frere lui succeda aux Roiaumes de Neustrie & de Bourgogne, les Austrasiens, au moins ceux de l'Alsace & ceux de delà le Rhin ; car il ne paroît pas que tous y aient concouru, rappellerent de l'Ecosse Dagobert fils de Sigebert, relegué là comme nous avons dit, par Grimoald Maire du Palais, peut-être même que Childeric ne s'y opposa pas; nous ne savons pas au moins qu'il y ait eu quelque resistance de sa part ; ce qui pouvoit venir de ce qu'Imnechilde mere de ce Dagobert & de Bilichilde femme de Childeric, avoit alors grand credit auprès de son gendre & de son neveu. De là venoit que S. Leger Evêque d'Autun, faisoit un grand scrupule à Childeric de ce qu'il avoit épousé la fille de son oncle Sigebert. Dagobert avoit alors environ vingt ans. Pour se soutenir contre ses adversaires, il fit alliance avec Grimoald Roi des Lombards, qui mourut bientôt après.

CHILDERIC II. DAGOBERT en Austrasie.

CE ne fut pas sans difficulté que Childeric Roi des Austrasiens, succeda à son frere Clotaire aux Roiaumes de Neustrie & de Bourgogne. Une partie des Seigneurs l'y appellerent. Mais Ebroin Maire du Palais, voulut mettre sur le trône de Neustrie & de Bourgogne, Thierri frere de Childeric, & le fit declarer Roi. Au bout d'un an le parti de Childeric aiant prévalu, ce Prince envoia son frere Thierri au Monastere de S. Denis sous la conduite d'un serviteur de Dieu, dit un Auteur, & Ebroin fut relegué au Monastere de Luxeuil, où il passa quelques années. On remarque beaucoup plus d'humanité dans ces Rois,

---

Chlotarius itaque secundum verisi miliorem calculum, quindecim annos integros regnaverit, & decimo-sexto regni mortuus fuerit. Frater ejus Childericus Rex Austrasiæ factus fuerit 5. annis postquam Chlotarius regnare cœperat, & octavo regni sui anno idem Childericus, quindecim sexdecimve annos natus, Bilichildem duxerit. Omnia sic quadrabunt. Regnante Chlotario III. Ebroinus Major-domus fuit, & Chlotarius mortuus est anno 670. vel 671. secundum Mabillonii calculum, qui probabilior cæteris videtur.

Circiter tempus quo Chlotarius obiit, ac probabiliter cum Childerico frater ejus successit illi in regnis Neustriæ ac Burgundiæ; Austrasii, illi saltem qui Alsaciam & ultra Rhenum incolebant; non enim videtur Austrasios omnes ad rem eamdem concurrisse, ex Scotia revocarunt Dagobertum filium Sigiberti, qui eo amandatus fuerat, ut diximus, per Grimoaldum Majorem-domus. Neque forsasse invito vel abnuente Childerico ; id quod sic ideo contigisse potuit, quod Imnechildis mater hujusce Dagoberti & Bilichildis uxoris Childerici, omnia tunc posset apud generum & agnatum suum : inde vero erat quod *Suppl. Dipl. p. 34.* sanctus Leodegarius Augustodunensis Episcopus Childericum argueret, *quod Regina, quam abebat conjugem, filia sui esset avunculi*, sive patrui Sigiberti. Dagobertus viginti circiter annorum tunc erat. Ut vero se contra adversarios præmuniret, fœdus iniit cum Grimoaldo Langobardorum rege, qui paulo post obiit.

CHILDERICUS II. DAGOBERTUS in Austrasia.

NOn absque difficultate Childericus Rex Austrasiæ Chlotario fratri in regnis Neustriæ & Burgundiæ successit. Pars procerum illum advocarunt. Verum Ebroinus Major-domus in thronum inducere voluit Neustriæ & Burgundiæ Theodoricum ejus fratrem minorem, ipsumque Regem declarari curavit. Evoluto autem anni spatio, cum partes Childerici prævaluissent, *ipse Germanum suum Theodoricum cuidam servo Dei conservandum ac nutriendum dedit*. Ebroinus vero missus est ad Luxoviense Monasterium, ubi aliquot annis mansit. Major benignitas humanitas-

CHILDERIC II. DAGOBERT en Auſtraſie

que dans les precedens, dans Clovis, dans ſes fils, & dans ſes petits-fils. Car en ces tems-là Thierri competiteur pris par ſon frere, auroit ſans doute été tué, & Ebroin ſeroit mort dans les tourmens.

Childeric qui juſqu'alors paroît avoir été gouté de la nation, tant qu'il ſe gouverna par les conſeils de S. Leger Evêque d'Autun, ſe rendit enſuite odieux par ſes manieres. Il étoit leger, remuant, & traitoit indignement les nobles & les principaux d'entre les François. Cela alla ſi avant, qu'un jour il fit attacher à un pieu, & fuſtiger un Seigneur François nommé Bodilon. Cela revolta tous les François. Ingolbert, Amalbert, & les principaux Seigneurs François conſpirerent contre lui. Bodilon joint à pluſieurs autres, dreſſa des embuches au Roi, & le tua dans la forêt Lauchonie, qu'on croit être la forêt de Livri. Là fut tuée auſſi la Reine Bilichilde qui étoit enceinte, & le petit Dagobert leur fils : un autre fils nommé Chilperic, qui étoit dans les maillots, ne fut ſauvé que parce qu'il ne ſe trouva pas au lieu du maſſacre, & fut Roi de France depuis.

Childeric II. tué par Bodilon.

LES MONUMENS
DE CHILDERIC ET DE HILPERIC.

CHILDERIC, ſa femme Bilichilde & leur fils Dagobert, furent enſevelis dans l'Egliſe de S. Vincent, aujourd'hui S. Germain des Prez. Leurs tombeaux furent découverts en 1656. comme a raconté Dom Jacques Bouillard dans ſon Hiſtoire de l'Abbayie de S. Germain des Prez. Mais comme il a omis quelques particularitez remarquables; je m'en vais rapporter en peu de mots ce que j'en ai appris il y a quarante ans des vieillards qui étoient en ces tems-là dans la maiſon de S. Germain des Prez. En 1656. on fut obligé de remuer les terres pour placer les chaiſes neuves qu'on avoit fait faire pour le chœur. On trouva pluſieurs tombeaux, & entr'autres ceux du Roi Childeric, de Bilihilde ou Bilichilde ſa femme, & du petit Dagobert leur fils. On s'apperçut que ces tombeaux avoient été viſitez en 1645. lorſqu'on avoit fait travailler dans le chœur. Ils étoient ſituez à deux ou trois pieds du gros mur du clocher Septentrional. Celui du jeune Dagobert étoit ſur celui de

---

que obſervatur in hiſce Regibus, quam in priſcis illis, in Chlodoveo, filiis & nepotibus. In illis namque temporibus Theodoricus competitor a fratre captus trucidatus fuiſſet, & Ebroinus in cruciatibus periiſſet.

Childericus qui hactenus Francis placuiſſe videbatur, quamdiu S. Leodegarii Auguſtodunenſis conſiliis obſequutus eſt, odiiſſibi ex geſtis modiſque agendi peperit. Erat quippe levis & turbulentus, ita ut gentem Francorum in ſeditionem ageret: ac nobiles, primarioſque viros laceſſeret: quod eo uſque proceſſit, ut Bodilonem nobilem Francum ad ſtipitem tenſum cædi juberet. Hæc indigne ferentes Francorum proceres Ingolbertus, Amalbertus & alii adverſus illum conſpirarunt. Bodilo adſcitis aliis multis inſidias Regi ſtruxit ad ſilvam Lauchoniam ubi Childericum occidit, ſimulque Bilichildem ejus uxorem prægnantem & Dagobertum ipſorum filium. Alter filius Chilpericus qui in cunis erat, ideo ſalvus evaſit, quod in cædis loco non fuerit, poſteaque Rex Francorum fuit.

MONUMENTA CHILDERICI II. ET HILPERICI.

CHILDERICUS, Bilichildis uxor & Dagobertus filius in Eccleſia S. Vincentii, hodie S. Germani ſepulti ſunt; eorum vero ſepulcra detecta ſunt anno 1656. ut enarravit D. Jac. Bouillard in hiſtoria Abbatiæ S. Germani a Pratis. Sed quia quædam obſervatu digna omiſit; hic paucis referam ex quæ ab annis quadraginta a ſenioribus qui tunc in hoc Monaſterio erant, edidici. Anno 1656. cum ſedilia Chori nova locanda eſſent, terram undique excavare neceſſe fuit; incideruntque operæ in ſepulcra, ſeu ſarcophagos plurimos; interque illos erant ſarcophagi Childerici II. Bilichildis uxoris ejus, & Dagoberti infantis amborum filii. Deprehenſum autem eſt hos ſarcophagos jam exploratos fuiſſe anno 1645. cum reparationis cujuſdam gratia, terra moveretur in choro. Erant hæc ſepulcra pedibus tribus diſtantia a muro turris campanariæ ſeptentrionalis. Dagoberti vero infantis ſarcophagus ſupra matris Bilichildis ſarcophagum erat.

Y iij

174   MONUMENS DE CHILDERIC,

Bilichilde fa mere. Le tombeau de Childeric aiant été ouvert en prefence du Superieur, des Religieux, & de quelques perfonnes du dehors, on s'apperçût qu'une partie des offemens étoit hors de place ; ce qui confirma dans la penfée qu'on y avoit touché onze ans auparavant. Les tombeaux avoient été alors ouverts, & il fe trouva des gens qui avoient affifté à cette premiere ouverture, qui difoient qu'ils avoient vû fur la tête du Roi un grand paffement d'or en forme de couronne, un morceau de toile d'or qui lui couvroit le vifage, des éperons ; & que fa ceinture qui paroiffoit entiere & d'un pouce de largeur, étoit enrichie d'efpace en efpace de quelques boucles & ornemens d'argent. Tout cela, & plufieurs autres chofes qui ne font point ici exprimées, avoient été enlevées par un ancien Religieux de la Maifon. Il y reftoit encore un bon nombre de ces anciens depuis que la Congregation de S. Maur y avoit été introduite en 1631. Ce Religieux changea ces pieces d'or & d'argent en efpeces courantes ; & étant tombé malade quelques années après de la maladie dont il mourut, par remords de confcience il rendit aux Superieurs treize mille livres qui lui reftoient, & qui furent emploiées en 1664. à faire l'orgue qu'on voit aujourd'hui, des plus belles de Paris.

En ces anciens tems on mettoit de l'or & de l'argent, non feulement dans les tombeaux des Rois, mais auffi dans ceux des particuliers riches & puiffans, comme on a vû ci-devant p. 109. Celui-ci avoit échappé aux Normans, parce qu'il étoit caché de leur tems. Je fuis perfuadé que celui du Roi Cherebert leur échappa auffi par la même raifon. On trouva encore dans ce tombeau un bâton de coudre & une canne, tous deux de la longueur du tombeau : une épée rompuë & mangée de la roüille ; la boucle du baudrier compofée de trois pieces de fin or ; quelques plaques quarrées d'argent fort minces, où étoit gravé un ferpent à deux têtes, & qui fembloit vouloir mordre par la tête & par la queüe : ces plaques avoient à chaque angle un petit clou pour les attacher à la ceinture ou baudrier. Une de ces plaques eft reprefentée ici. On trouva encore quelques

morceaux de liege & de cuir dont les bottes étoient compofées, & un grand

Childerici farcophagus apertus fuit coram Superiore, Monachis & aliquot externis honeftis viris : deprehenfum eft offium partem extra locum fuum effe, unde confirmatum fuit id quod jam in mentem venerat ; nempe explorata & mota fuiffe ante annos undecim. Sarcophagi tunc aperti fuerant, & quidam tunc temporis præfentes dicebant vidiffe fe magnam tæniam auream in modum coronæ, telæ aureæ fragmentum, quod ipfi vultum operiebat, calcaria ; zonamque ejus, quæ integra videbatur, uno pollice latam & hinc inde fibulis & ornamentis argenteis decoratam. Hæc porro & alia multa quæ non hic memorantur, ab antiquo Monacho hujufce Monafterii furtim fublata funt, multi enim antiqui hujufmodi Monachi adhuc fuperftites erant, etenim Congregatio Sancti Mauri huc inducta fuerat anno 1631. Hic porro Monachus hæc aurea argenteaque monilia in monetam vulgarem commutavit. Cum vero poft annos aliquot in graviffimum morbum incidiffet, pœnitentia motus antequam obiret, tredecim millia librarum quæ fibi fupererant, Superioribus reftituit, quæ apparandis Ecclefiæ organis tam pulcre concinnatis infumta funt.

Prifcis Monarchiæ Francicæ temporibus deponebatur aurum & argentum non modo in Regum fepulcris, fed etiam in farcophagis procerum opibus & potentia inftructorum, ut fuprà vidimus, p. 109. Hic porro farcophagus Normannis omnia diripientibus, falvus evafit, quoniam occultus erat. Puto autem Chariberti Regis fepulcrum eadem de caufa evafiffe. In hoc porro Childerici farcophago repertus etiam fuit colurnus fcipio & arundo, quæ ambo totam farcophagi longitudinem obtinebant ; gladius item rubigine pene confumtus, baltei fibula ex auro puro tribus auri fragmentis conftans: lamellæ quædam argenteæ quadratæ tenuiffimæ ; in fingulis vero infculptus erat ferpens duplici capite inftructus, amphifbænam vocant, qui & a capite & a cauda ad mordendum paratus erat. Hæ lamellæ in angulis clavos habebant, queis baltei defigerentur : ex his lamellis unam hic repræfentamus. Inventa quoque funt quædam fuberis & corii fragmenta, quæ ad ocreas pertinuiffe credi-

vase de verre cassé par le bas du cou, où restoient quelques parfums. Le tombeau étoit de pierre, long de six pieds neuf pouces en dedans, & de sept pieds en dehors, large du côté de la tête de deux pieds cinq pouces en dehors, & de deux pieds deux pouces & demi en dedans ; du côté des pieds en dehors d'un pied cinq pouces, & en dedans d'un pied deux pouces. Sa profondeur en dedans du côté de la tête, étoit de deux pieds, & de l'autre extrêmité, de quatorze pouces. La pierre qui couvroit le tombeau avoit la même largeur & longueur, & quinze pouces d'épaisseur. Le tombeau de la Reine Bilihilde & du jeune Dagobert parurent aussi avoir été ouverts. Bilihilde avoit encore ses habits roiaux & un coussin d'herbes odoriferantes sous sa tête lorsqu'on ouvrit son tombeau en 1645. comme l'assuroient ceux qui y avoient été presens. Mais en 1656. on n'y trouva que des cendres & des ossemens mis hors de leur place, un bâton de coudrier rompu en deux, & quelques herbes odoriferantes. Au dedans du tombeau à l'endroit où reposoit la tête de Childeric étoit gravé son nom ainsi. CHILDR. REX. Ce qui levoit toute sorte de doute. Il est fâcheux qu'on ait enlevé toutes les pieces enfermées dans ces tombeaux qui nous auroient appris bien des choses.

L'an 1643. on découvrit dans le preau du cloître de ce Monastere, près de la porte qui va à l'Eglise & au dortoir, un tombeau de pierre où l'on trouva les os rangez dans leur situation naturelle. Sur la pierre de dessus qui couvroit le tombeau, étoit cette inscription sculptée : *Tempore nullo volo hinc tollantur ossa Hilperici :* & une autre dans le cercueil même étoit écrite en vermillon en ces termes : *Precor ego Ilpericus non auferantur hinc ossa mea.* En voici la forme.

TEMPRE NVLLO VO HINCTOLIANT ROSSA HILPERICI

PCREGO ILPERICVS NO AFERANVR HINC OSSAMEA

Il y avoit aussi une lampe de cuivre de la grosseur d'une noix, & une croix de même métal, longue de la moitié de la paume de la main, où étoit un crucifix. A côté de ce cercueil on en voioit un autre de même forme, où il y avoit aussi des ossemens dans leur situation, mais sans inscription. Des personnes savantes crurent

tum est ; vas vitreum a collo fractum, in quo aromata quædam supererant. Sarcophagus lapideus longitudine erat, si intus mensura duceretur, sex pedum & novem pollicum ; si ab exteriori facie, pedum septem. Latus a capite foris duobus pedibus & quinque pollicibus ; intus vero duobus pedibus & dimidio. A pedibus vero foris uno pede & quinque pollicibus, intus uno pede duobus pollicibus. Profunditas versus caput duorum pedum erat; versus pedes quatuordecim pollicum. Lapis sepulcrum obtegens eadem erat longitudine & latitudine, densum pollicibus quindecim. Sarcophagi quoque Bilichildis reginæ & Dagoberti infantis aperti fuerant. Bilichildis vero anno 1645. cum primo apertum fuit ejus sepulcrum, vestibus erat induta regiis, & sub capite pulvinum habebat herbis odoriferis plenum, ut affirmabant ii qui tunc præsentes fuerant. Verum anno 1656. ossa tantum & cineres reperta sunt, scipio colurnus fractus & aliquot herbæ odoriferæ. Intra sarcophagum Childerici quo loco caput ejus quiescebat, in lapide sculpta erant hæc verba : CHILDR REX ; qua inscriptione omnis dubitandi locus tollebatur. Dolendum sane quod omnia quæ in his sarcophagis erant sublata fuerint, unde multa haud dubie edidicissemus.

Anno 1643. in areola Claustri hujusce Monasterii prope portam qua itur ad Ecclesiam & ad dormitorium, detectus fuit sarcophagus lapideus, ubi ossa reperta sunt naturali situ posita. In operculo lapideo, quod sarcophagum tegebat, hæc sculpta erat inscriptio : *Tempore nullo volo hinc tollantur ossa Hilperici.* Intra sarcophagum ipsum alia inscriptio vermiculatis literis depicta erat : *Precor ego Hilpericus non auferantur hinc ossa mea.* Erat etiam in sarcophago lucerna ænea mole nucem referens ; crux item ænea cum Crucifixo, quæ longitudine volæ manus dimidium æquabat. A latere hujus sarcophagi alius sarcophagus erat ejusdem formæ, ubi etiam ossa situm habebant naturalem, sed sine ulla inscriptione. Putarunt viri

que c'étoient les tombeaux de Chilperic & de Fredegonde, mais sans fondement, & sans nulle apparence de raison, les tombeaux de Chilperic & de Fredegonde se trouvant ailleurs; & quoique le premier soit restitué vers le commencement du onziéme siécle, il est certain que les ossemens y furent mis alors, l'inscription en fait foi. *Rex Chilpericus hoc tegitur lapide.* Ce Hilperic n'a pas le nom de Roi. C'étoit quelque personne de qualité, & peut-être de Sang Roial.

THIERRI I. DAGOBERT en Austrasie.

674.
APRE's la mort de Childeric, Vulfoalde Maire du Palais de Neustrie, s'enfuit dans l'Austrasie, & se mit du parti de Dagobert. Ebroin qui étoit renfermé dans le Monastere de Luxeüil, sortit de sa retraite, & se joignit à plusieurs Seigneurs François. Il voulut faire établir Roi de tous les François un nommé Clovis qu'il disoit être fils de Clotaire III. qui cependant n'avoit jamais eu de fils, esperant de regner sous son nom quand il l'auroit mis sur le trône. Il tâcha d'exclure Thierri, & de se saisir de ses tresors; mais il fit depuis sa paix avec lui. Pour venir à bout de ses desseins, il destitua plusieurs Evêques, & en mit d'autres en leur place. Thierri & Ebroin voulurent se rendre aussi maîtres de l'Austrasie: mais Dagobert assisté de Vulfoalde alors Maire du Palais d'Austrasie, s'opposa à leurs desseins. Il y eut un combat donné entr'eux dont on ne sait pas bien l'issuë: après quoi la paix fut faite. Ainsi Dagobert qui n'avoit été d'abord Roi que d'une partie de l'Austrasie, la posseda depuis toute entiere.

Par le conseil de S. Leger & des plus sages, les François avoient établi Leudese Maire du Palais de Neustrie. Mais Ebroin reconcilié comme nous avons dit, avec le Roi Thierri, accompagné de plusieurs François de son parti, vint à la Cour; ne respirant que la vengeance & la cruauté. Leudese ne se sentant pas *Violence & perfidie d'Ebroin.* assez fort pour lui tenir tête, enleva le tresor roial, & s'enfuit. Ebroin court après lui. Pour s'en défaire plus aisément, il usa de perfidie, fit promettre sureté à Leudese, qui le croiant trop legerement sur sa parole, vint le trouver pour traiter avec lui; mais il fut massacré inhumainement. Ebroin se tourna

---

docti hæc esse sepulcra Chilperici & Fredegundis; sed nullo indicio, nulla ratione fulti; sepulcra enim Chilperici & Fredegundis alium locum occupant. Etsi vero Chilperici sarcophagus ineunte circiter undecimo sæculo restitutus fuerit, certum est ejus ossa in illo posita fuisse, ut ipsa inscriptio declarat: *Rex Chilpericus hoc tegitur lapide.* Hilpericus vero iste Regis nomen non habet. Erat ille vir quidam nobilis, vel fortassis ex sanguine Regio. Inscriptiones ambas hic ponimus, quæ literis complicatis & singulari forma scriptæ sunt.

THEODORICUS I. DAGOBERTUS

in Austrasia.

Continuat. Fredeg. c. 96.
POst mortem Childerici, Vulfoaldus Major-domus Neustriæ in Austrasiam fugit, & ad Dagoberti partes se recepit. Ebroinus vero qui tunc in Monasterio Luxoviensi inclusus erat, inde egressus mul- *Mabil. sup-* tos Francos proceres secum abduxit. Regem vero *pl. p. 35.* Francorum omnium instituere voluit Chlodoveum quemdam, quem Chlotarii III. filium esse mentiebatur, qui nullum tamen reliquerat filium. Sperabat quippe se illius nomine regnaturum esse, si illum in Regio solio constitueret. Theodoricum vero excludere conatus est, ejusque thesauros abripuit. Verum deinceps pace facta cum illo junctus est. Ut susceptam ab se tyrannidem stabiliret, multos Episcopos dejecit, aliosque illis subrogavit. Theodoricus vero & Ebroinus Austrasiam invadere, & suam facere voluerunt: verum Dagoberto opitulante Vulfoaldo, tunc Majoredomus Austrasiæ, ad illos propulsandos sese ararunt. Pugna inter illos commissa fuit, cujus exitum non novimus; deinde facta pax fuit, sicque Dagobertus qui hactenus partem tantum Austrasiæ occupaverat, totam obtinuit.

Suadentibus S. Leodegario & sapientioribus viris *Cont.* Franci Leudesium Majorem-domus Neustriæ delege- *Fredeg.* rant: verum Ebroinus cum Theoderico reconciliatus, *96.* ut diximus, multis Francorum stipatus, in Regiam venit, ultionem spirans & sanguinem. Leudesius se viribus imparem cernens, thesaurum regium abripuit & aufugit. Ebroinus illum insequitur, utque facilius perimat, perfidia usus est grandi; Leudesio securitatem pollicetur: ille nimis credulus Ebroinum adit, de instantibus acturus cum illo negotiis; sed inhumaniter trucidatus est. Ebroinus postea furorem

ensuite

THEODORIC I. DAGOBERT en Auſtraſie.

enſuite contre S. Leger Evêque d'Autun, auquel il fit ſouffrir tous les tourmens imaginables ; il lui fit couper la langue; après quoi ſelon la legende, par un grand miracle, il parla de même qu'auparavant : il lui fit arracher les yeux, & le fit long-tems tourmenter en diverſes manieres, voulant le faire périr peu à peu, de peur qu'une prompte mort ne mît trop tôt fin à ſes peines. C'eſt ce que ſa cruauté lui inſpiroit. Mais dans l'ordre de la Providence, c'étoient autant de couronnes qu'il préparoit à ce ſaint Martyr. Les tourmens de S. Leger ſont décrits au long dans ſes Actes. Les François qui n'étoient pas du parti d'Ebroin, furent ſi effraiez de tant de cruautez, que pluſieurs paſſerent la Loire, & s'enfuirent chez les Gaſcons. Les autres furent exilez.

Il fait mourir S. Leger.

Le Roi d'Auſtraſie Dagobert ſe maintint encore quelques années dans ſon Roiaume. L'hiſtoire de ces tems-là eſt ſi obſcure, ſi embaraſſée & ſi peu détaillée, qu'on ne peut preſque qu'en devinant établir les faits, & voir la ſuite des affaires. Ce qui eſt certain, c'eſt qu'il y eut une revolte contre lui ; les Evêques & les Ducs ſe liguerent pour le détrôner. Ils l'accuſoient de ruiner les Villes, de mépriſer le conſeil des perſonnes ſages, d'accabler les peuples par de grands tributs. Cependant c'étoit un Prince de ſaintes mœurs, & d'un excellent naturel, comme l'on peut en juger par la reconnoiſſance qu'il témoigna toûjours à S. Vilfride, qui l'avoit élevé en Ecoſſe, & avoit contribué à le faire ſucceder au Roiaume de ſon pere. Mais comme il y avoit de grandes diviſions dans l'Auſtraſie, & que les partis cherchoient à ſe détruire les uns les autres, il peut ſe faire que ceux qui étoient du côté du Roi, faiſoient des choſes qui déplaiſoient aux Grands & aux peuples, & que le Roi n'ayant pas aſſez d'autorité pour les reprimer, on lui attribuoit des choſes où il n'avoit aucune part. Quoiqu'il en ſoit, les Evêques, les Ducs, & les Grands de ſon Roiaume exciterent contre lui une ſédition, & le bon Prince fut maſſacré. Il fut enterré à Stenai. Un ancien Kalendrier de Rheims met ſa mort au dixiéme des Kalendes de Janvier ; c'eſt le 23. Decembre. Après ſa mort on reconnut ſon innocence ; on le conſidere comme un Saint & comme un Martyr, & on l'honore encore aujourd'hui comme tel à Stenai & ailleurs. A Mons dans une Chappelle des Religieuſes, qu'on appelle les Sœurs Noires, on conſerve ſon crane & toute la tête hors la machoire de deſſous. Le front eſt percé au deſſus de l'œil gauche d'un coup, qui a trois

AN. 679.
Dagobert Roi d'Auſtraſie tué.

doigts de profondeur, & près d'un pouce de large, & l'os est plus élevé là que dans le reste du front. Il eut un fils nommé Sigebert qui mourut jeune.

THIERRI seul.

An. 680.

APRE'S la mort de Dagobert, Thierri se trouva Roi de toute la Monarchie Françoise. Depuis la mort de Vulfoalde, Martin Duc & Pepin fils d'Ansegisele dominoient dans l'Austrasie. Comme ils craignoient avec raison Ebroin Maire du Palais de Neustrie ; aiant levé une armée, ils marcherent contre lui. Le combat se donna à Locofao : on croit que c'est Loisi auprès de Laôn. Il y eut beaucoup de gens tuez de part & d'autre, mais Ebroin resta victorieux ; Martin & Pepin s'enfuirent. Le premier se retira à Laon, & se renferma dans ses murailles. Ebroin à qui il ne coûtoit rien de fausser sa foi, l'envoia exhorter par Egilbert & par Reul Evêque de Laon, de sortir pour venir conferer avec lui, promettant par serment toute sureté. Martin trop credule vint au lieu assigné ; & fut massacré avec tous ceux de sa suite.

681.
Mort d'Ebroin.

Ebroin continuoit toûjours à exercer ses cruautez. Par son malheur il attaqua enfin Hermansroi François de nation, duquel il vouloit enlever les biens. Hermansoi songea à le prevenir ; & aiant assemblé ses gens, l'alla surprendre une nuit & le tua, après quoi il se retira en Austrasie auprès de Pepin qu'il gagna par des presens. Après la mort d'Ebroin, les François élurent en sa place pour Maire du Palais, Varadon homme des plus illustres de la nation. Il reçut des otages de Pepin pour traiter de la paix, qui fut concluë entre eux-deux. Varadon avoit un fils nommé Gislemer, homme d'esprit, d'adresse & de conduite, qui gouvernoit le Palais au nom de son pere ; mais trop ambitieux, & jusqu'à ce point qu'il supplanta son propre pere & obtint sa Charge. Une si indigne action le rendit odieux & à son pere & à tous les gens d'honneur. Saint Oüen Evêque l'en reprit souvent, & l'exhorta d'aller demander pardon à son pere, & de lui faire reparation ; mais il ne gagna rien sur ce cœur endurci. Il fut en guerre avec Pepin, & contre la parole donnée avec serment, il vint l'attaquer à Namur & lui tua beaucoup de Seigneurs. Après son retour il fut attaqué d'une maladie dont il mourut. On crut que c'étoit en punition de sa perfidie & de

bus digitis profundum, uno fere pollice latum est. Cranium vero circa vulneris locum sublimius effertur, quam in reliqua fronte. Filium habuit nomine Sigibertum, qui juvenis obiit.

THEODERICUS solus.

Continual. Fredeg. c. 97.

POst Dagoberti necem, Theodericus totius Francicæ Monarchiæ Rex fuit. Vulfoaldo autem defuncto Martinus & Pipinus filius Ansegisili in Austrasia dominabantur. Cum autem ab Ebroino Majoredomus non injuria timerent, commoto exercitu, in loco cui *Locofao* nomen, pugnam cum illo commiserunt, ubi multi ex utraque parte cæsi sunt. Victoria autem penes Ebroinum fuit, Martinus vero Pipinusque fugerunt. Primus Laudunum se recepit, seseque intra muros communivit. Ebroinus cui fidem fallere solemne erat, Ægilbertum misit & Reiulum Episcopum Laudunensem, qui hortarentur illum ut ad pacem tractandam Ebroinum adiret, datis pro securitate sacramentis. Martinus damno suo his fidem habuit, ad assignatum locum venit, ibique cum suis omnibus interfectus est.

Ebroinus semper aspere & crudeliter Francos agebat. Tandem vero Ermenfridum Francum aggreditur, cujus facultates abripere peroptabat. Ermenfridus vero illum prævertere curans, suis aggregatis noctu illum imparatum adoritur & interficit, posteaque in Austrasiam ad Pipinum confugit, quem muneribus donavit. Post Ebroini necem, in locum ejus Franci delegerunt Varadonem virum inter Francos illustrem. Is a Pipino obsides accepit, ut unà de pace agerent, quæ inter ambos facta firmataque est. Varadoni autem filius erat Gislemarus nomine, industrius & eruditus, qui vice patris curam Palatii gerebat ; sed nimium ambitiosus, adeo ut patrem suum supplantaret, & munus ejus impetraret. Hinc vero odium sibi & patris, & proborum omnium peperit. Sanctus vero Audoënus ea de re ipsum increpavit, hortatusque illum est ut a patre veniam peteret, ipsique munus restitueret ; sed audire renuit, *& in duritia cordis permansit*. Bellum contra Pipinum suscepit, & contra fidem cum sacramento datam, adversus illum movit, multosque ex ejus exercitu nobiles viros interfecit. Reversus in morbum incidit, mortuusque est, in pœnam ut putabatur violati paterni honoris ac perfi-

C. 5b.

C. 7b.

THIERRI seul.

l'injure qu'il avoit faite à son pere, qui après sa mort reprit la Charge de Maire du Palais, qu'il exerça jusqu'à la fin de la vie. Sa femme Ansflede, qui étoit de qualité & fort habile, lui survécut; & son gendre appellé Berthaire succeda à Varadon. C'étoit un homme de basse taille, de petit esprit, leger, promt, méprisant le conseil des Seigneurs François, & ne recherchant guere leur amitié. Sa conduite déplût si fort à Auderamne, à Reul, & à plusieurs des principaux de la nation, que le laissant là, ils traiterent avec Pepin, lierent amitié avec lui, & l'inciterent à venir faire la guerre à Berthaire & à ceux de son parti. Il envoia d'abord proposer au Roi Thierri de donner satisfaction à ces Seigneurs si mécontens de Berthaire. Mais n'aiant point de réponse favorable, il se prepara à la guerre.

Pepin qu'on appelle de Herstal, aiant assemblé l'armée d'Austrasie, vint contre Thierri & Berthaire, & les armées se rencontrerent à Testri dans le Vermandois. Avant qu'on en vînt aux mains, Pepin fit faire de nouvelles propositions au Roi Thierri, lui offrant même une grosse somme d'argent s'il vouloit faire rendre aux Eglises ce qu'on leur avoit enlevé; mais n'étant point écouté, la bataille se donna, l'armée de Neustriens fut défaite: Thierri & Berthaire prirent la fuite. Pepin les poursuivit, & subjugua tous les païs par où il passa. Quelque tems après Berthaire fut tué par ceux même qui lui faisoient la cour, & par l'intrigue de sa belle-mere Ansflede. Après cela Pepin prit le Roi Thierri, se saisit des tresors & du Palais, & s'en retourna dans l'Austrasie. Jusqu'à ces tems-ci les Maires du Palais s'étoient emparez peu à peu de l'autorité Roiale; mais depuis cette victoire de Pepin, les Rois furent dans une entiere dépendance; les Maires du Palais furent maîtres de les destituer quand il leur plaisoit. Ce qui contribua beaucoup à augmenter leur puissance, c'est que depuis Dagobert, presque tous les Rois moururent fort jeunes & lorsqu'ils commençoient d'être en état de gouverner par eux-mêmes.

687. Défaite de Thierri & de Berthaire par Pepin.

688. Les Maires du Palais se rendent maîtres des Rois.

---

dinæ suæ. Illo defuncto, pater ipsius Varado *pristinum Majoris-domatus honorem recepit*. Obiit autem Varado & uxorem reliquit nobilem strenuamque, Ansfledem nomine. Bertharius utriusque generi Varadoni successit. Hic & statura & ingenio modicus, vir levis, temerariusque erat, consilia pariter, amicitiamque primorum despiciens. Hujus agendi rationem non ferentes Auderamnus, Reulus aliique multi, illo relicto cum Pipino paciscuntur, illumque concitant ut contra Bertharium ejusque sequaces bellum suscipiat. Statim vero misit ad Theodericum regem, proponens ipsi, ut Francorum nobilium petitionibus faceret satis; sed cum nihil proficeret sese ad bellum instruxit.

Commoto Austrasiorum exercitu Pipinus, qui Heristallia dicitur, contra Theodericum & Bertharium properat. Concurrunt ergo exercitus in locum cui *Textricio* nomen in agro Veromanduensi. Antequam vero manus consererent, novam ineundæ pacis rationem Pipinus Theoderico Regi proponit, magnam pecuniæ summam ipsi offerens, si vellet ea quæ Ecclesiis abrepta fuerant restitui jubere; sed cum incassum omnia caderent, pugna committitur. Neustriorum exercitus superatur. Theodericus vero & Bertharius fugam capessunt. Pipinus illorum tergis insistens, omnes quas pervasit regiones sibi subjecit. Bertharius a clientibus suis occisus est, instigante socru ipsius Ansflede. Postea vero Pipinus Theodericum regem cepit, thesauros quoque & Palatium sibi vindicavit, atque in Austrasiam regressus est. Hactenus Majores-domus sensim auctoritatem Regiam invaserant. Post hanc vero Pipini victoriam Reges omnino subditi fuere. Penes Majores-domus erat illos destituere. Hinc autem maxime crevit illorum potentia, quod a morte Dagoberti omnes fere Reges admodum juvenes obierint, & quando eo ætatis pervenerant, ut res per se moderari incipere possent.

CLOVIS III. CHILDEBERT II.

AN. 690.
691.
695.
PEu après cette revolution le Roi Thierri mourut. Son fils Clovis III. encore jeune qui lui succeda, ne regna que quatre ans. Après sa mort on mit en sa place Childebert II. son frere. Pepin cependant disposoit de tout. Il avoit de Plectrude sa femme, noble & fort habile, dit l'Historien, deux fils, dont l'aîné s'appelloit Drogon, & le cadet Grimoald. Drogon élevé par son pere Pepin fut fait Duc de Champagne ou de Bourgogne, selon l'Annaliste de Mets. Grimoald le plus jeune fut Maire du Palais du Roi Childebert. C'étoit un homme fort doux & fort humain, s'exerçant à des œuvres pieuses, à l'aumône & à la priere.

697.
Pepin fit la guerre à Ratbod Duc des Frisons, à qui il donna bataille à Duerstad dans la Gueldre. Ratbod fut défait & mis en fuite. Il demanda la paix, s'obligea de paier tribut, & donna des otages. Pepin victorieux revint chargé de dépoüilles. Selon l'Annaliste de Mets, cette guerre recommença peu d'années après, & eut le même succès. Peu après Drogon fils de Pepin, attaqué d'une violente fiévre, mourut, & fut enseveli dans l'Eglise de S. Arnoul de Mets. Grimoald, second fils de Pepin, eut d'une concubine un fils qui fut appellé Theudoald. Pepin avoit épousé quelques années auparavant, une autre femme noble & belle nommée Alpheïde ou Alpaïde, de laquelle il

Charles Martel fils de Pepin.
eut un fils nommé Charles. C'est ce fameux Charles Martel si celebre dans notre Histoire. Plectrude premiere femme de Pepin vivoit encore lorsqu'il épousa Alpaïde ; auroit-il repudié la premiere ? Sans la répudier, il n'étoit pas nouveau chez les Francs depuis même qu'ils eurent embrassé le Christianisme, d'épouser deux femmes. On peut ajoûter à cela que les enfans des concubines, quand ils étoient reconnus, avoient part à la succession aussi-bien que les autres, comme nous avons déja vû plus d'une fois. Childebert après avoir regné seize ans com-

711.
plets, mourut & fut enterré à Choisi dans l'Eglise de S. Etienne Martyr. Son fils Dagobert II. âgé de douze ans lui succeda.

CHLODOVEUS III. CHILDEBERTUS II.

C. 101. POst illam tantam expeditionem, rerumque mutationem Theodoricus rex obiit : filiusque ejus Chlodoveus III. adhuc juvenis succescit ipsi, & quatuor tantum annis regnavit. Huic substitutus est Childebertus II. frater ejus. Pipinus porro omnia moderabatur. Ex Plectrude uxore nobili & prudentissima, inquit Chronographus, filios duos suscepit, Drogo-

An. Met. nem majorem, minoremque Grimoaldum. Drogo a patre suo Pipino eruditus Dux Campanensis factus est, vel Dux Burgundiæ, ut ait Annalista Metensis : Grimoaldus vero Major-domus regis Childeberti fuit. Erat porro vir mitissimus, pius, erga pauperes largus, orationi deditus.

C. 102. Pipinus vero bellum movit adversus Ratbodum
Ann. Met. Frisionum Ducem, quicum pugnam iniit Dorestate. Ratbodus victus in fugam versus est ; pacemque petiit, datisque obsidibus, tributum se soluturum promisit. Pipinus victor spoliis onustus rediit. Secundum Annalistam Metensem, bellum denuo cum Ratbodo motum est, eodem exitu. Post hæc Drogo Pipini filius valida febre correptus obiit, & in Ecclesia sancti Arnulfi Metensis sepultus est. Grimoaldus alter Pipini filius, ex concubina filium suscepit, qui Theudoaldus vocatus est. Pipinus aliquot ante annis, ut videtur, aliam duxerat uxorem nobilem & formosam, nomine Alpheidem vel Alpaïdem, ex eaque C. 103. filium habuit nomine Carolum. Hic ille est Carolus Martellus in historia nostra clarissimus. Plectrudis prima Pipini uxor adhuc in vivis erat quando ille Alpaïdem duxit. An priorem repudiaverit ? Etiamsi vero non repudiaverit, non novum erat apud Francos, etiam postquam Christianismum amplexi sunt, duas simul uxores habere. His addere possumus concubinarum filios, dum pro filiis agnoscerentur, ad successionem admissos fuisse perinde atque alios, ut jam non raro C. 104. vidimus. Childebertus postquam annos sexdecim regnaverat, obiit, & Cauciaci sepultus est in Ecclesia S. Stephani Martyris. Ejus vero filius Dagobertus II. duodecim annos natus succesit ipsi.

DAGOBERT II.

VERS ce même tems Grimoald qui avoit épousé la fille de Ratbod Duc des Frisons, aiant appris que Pepin son pere étoit malade à Jupil sur la Meuse, s'y rendit pour lui rendre visite. Mais comme il alloit à sa maniere accoutumée faire sa priere dans l'Eglise de S. Lambert Martyr, il fut tué par un homme cruel & impie nommé Rangaire. On ne sait pourquoi ni à quelle occasion. Nos Histoires de ces tems-là sont si abregées, que souvent elles ne laissent pas entrevoir ni les causes ni la suite des affaires.

Theudoald son fils encore enfant fut fait Maire du Palais du Roi Dagobert II. Pepin mourut après avoir gouverné la France vingt-sept ans, en comptant depuis qu'il eut pris le Roi Thierri. Après sa mort Plectrude avoit toute l'autorité. Ce fut selon toutes les apparences le gouvernement de cette femme qui causa de grands mouvemens en France. Le mécontentement éclata enfin. On en vint à un combat dans la forêt de Cuise; les mécontens d'un côté, Theudoald & les partisans de Pepin & de Grimoald de l'autre. Après qu'il eut péri beaucoup de gens des deux partis, la faction de Theudoald succomba, & il prit la fuite.

714.

Ces grands troubles finis, les François élurent pour Maire du Palais un nommé Rainfroi, qui marchant à la tête de l'armée, alla jusqu'à la Meuse, en ravageant tout, & fit la paix avec Ratbot Duc des Frisons. Vers ce même tems, Charles fils de Pepin & d'Alpaïde, qui étoit détenu comme prisonnier par Plectrude sa marâtre, s'échappa d'elle, & donna bien-tôt après des preuves de sa valeur.

Charles Martel échappé de sa belle-mere.

DAGOBERTUS II.

EODEM circiter tempore Grimoaldus, qui filiam Ratbodi Frisionum Ducis in uxorem acceperat, ut audivit ægrotare Pipinum patrem in Jobii villa ad Mosam, ejus visendi gratia eo se contulit ; sed cum precandi causa pro more ad Ecclesiam S. Lamberti Martyris processisset, a viro crudelissimo & impio Rangario occisus est ; qua vero de causa, vel una occasione ignoratur. Historici quippe illius ævi adeo breviter res tractant, ut nec causam, nec seriem rerum subindicent.

Theudoaldus ejus filius adhuc infans Major-domus Dagoberti II. electus est. Pipinus vero obiit postquam Francos rexerat per annos viginti septem, computando a quo tempore Theodoricum regem cepit. Post ejus obitum penes Plectrudem tota auctoritas erat : id quod fortasse tantos in Francia motus concitavit. Res demum erupit in bellum, pugnaque commissa est in Cotia silva. Qui imperium hujusmodi detractabant ab una parte ; ab altera vero Theudoaldi, Pipini & Grimoaldi sequaces : acerrime utrinque pugnatum est ; multique ex ambabus partibus ceciderunt, demumque Theudoaldi factio in fugam versa est.

Hisce tantis sedatis motibus, Franci Majorem-domus elegerunt Raganfridum quemdam Francum, qui exercitum movit usque ad Mosam fluvium cuncta devastans, pacemque fecit cum Ratbodo Frisionum Duce. Idem circiter tempus Carolus Pipini & Alpaïdæ filius, qui quasi captivus a Plectrude noverca detinebatur, elapsus est, & non multum postea strenuitatis & fortitudinis signa dedit.

C. 105;

CHILPERIC II.

715.
ou 716.

LE Roi Dagobert II. mourut n'aiant regné que cinq ans. On prit pour lui succeder un fils de Childeric II. qui étoit dans les maillots quand son pere fut tué, & fut depuis fait clerc pour être tondu & ainsi exclus de la Roiauté: mais comme le fils de Dagobert II. étoit encore enfant quand son pere mourut, on aima mieux mettre sur le trône ce fils de Childeric qui avoit alors environ quarante ans. On lui avoit donné le nom de Daniel, peut-être pour le dépaiser de la Cour, où l'on ne vouloit pas qu'il revînt. Quand on l'eut nommé Roi, on laissa croître ses cheveux à la maniere des Rois de France, & on l'appella Chilperic.

Je ne sai si c'est en cette année qu'il faut placer ce que dit Isidore, que les Sarazins aiant conquis l'Espagne & subjugué la Narbonnoise, Zaman vint assieger Touloufe; & qu'Eude Duc d'Aquitaine étant venu au secours, il y eut une bataille où Zaman fut tué & son armée mise en fuite.

Charles Martel battu la premiere fois.

Charles, depuis appellé Martel, échappé à Plectrude, se mit bien-tôt en état de faire la guerre, & leva une armée. Rainfroi d'autre côté s'avança & appella à son secours Ratbod avec ses Frisons. La bataille se donna, & Charles voiant qu'il perdoit beaucoup de monde, fut obligé de prendre la fuite. Chilperic & Rainfroi assemblerent une grande armée, & traverserent les Ardennes. Ratbod avec ses troupes les attendoit de l'autre côté. Ils allerent ensemble à Cologne en faisant le dégât par tout où ils passoient. Ils s'en retournerent après avoir reçû de Plectrude de riches presens: mais dans le retour leur armée reçût un grand échec au lieu appellé Amblave, où l'armée de Charles leur tomba dessus. Après cela Charles alla chercher Chilperic & Rainfroi avec son armée.

Remporte la victoire sur l'armée de Chilperic & de Rainfroi.
717.

Il envoia faire des propositions à Chilperic, que s'il vouloit lui rendre les Gouvernemens que son pere avoit possedez, l'affaire seroit vuidée sans effusion de sang: mais cette proposition fut rejettée avec hauteur. La bataille se donna à Vinci près de Cambrai, un Dimanche vingtiéme jour de Mars: le carnage fut grand de part & d'autre. Chilperic & Rainfroi furent vaincus & prirent la fuite. Charles les poursuivit jusques à Paris. Il vint ensuite à Cologne & prit la

---

CHILPERICUS II.

C. 106.

DAGOBERTUS secundus obiit cum annos tantum quinque regnasset, in ejus successorem adlectus est filius ille Childerici II. qui in cunabulis erat cum pater ejus occisus est, & postea Clericus factus est ut attonderetur, atque ita excluderetur a regno; sed quia Dagoberti II. filius adhuc puer erat, cum pater ejus mortuus est, maluere Franci illum Childerici filium qui tunc quadraginta circiter annorum erat, in solio Regio constituere. Illi Danielis nomen inditum fuerat, forte ut vel illo nomine a Regiis ædibus averteretur, quo illum reverti nolebant. Cum autem Rex declaratus fuit, cæsariem accrescere curavit, & Chilpericus vocatus est.

Isidorus Fac. Du Chêne t. 1. p. 783.

Nescio utrum in hunc annum conferendum sit id quod refert Isidorus, cum Saraceni Hispaniam acquisivissent, Zamanum obsedisse Tolosam; Eudonem vero Aquitaniæ Ducem in opem accurisse, cæsoque Zamano exercitum ejus in fugam vertisse.

Carolus qui deinde Martellus dictus est, ex Plectrudis custodia elapsus, ad belli studia versus, exercitum cito collegit. Raganfridus vero ex altera parte cum exercitu movit, & Ratbodum cum Frisionibus in opem evocavit. Commissa pugna est. Carolus videns se multos ex suis amississe, in fugam versus est. Chilpericus vero & Raganfridus exercitum magnum collegerunt, Arduennamque trajecere silvam. Ratbodus cum exercitu suo ex altera parte exspectabat illos. Simul juncti Coloniam se contulere cuncta vastantes. Hinc reversi sunt postquam ingentia munera a Plectrude acceperant; sed in via in loco qui dicitur Amblava, grave damnum ab exercitu Caroli acceperunt. Post hæc Carolus movit contra Chilpericum & Raganfridum. Ante pugnam vero, has Chilperico proponi conditiones curavit, si sibi ea restituerentur quæ pater suus possederat, nempe ut Occidentalibus Francis præesset, rem sine sanguinis effusione sic terminatam fore. Verum conditio istæc rejecta fuit. Pugnatum est Vinciaci in pago Cameracensi Dominica quadam, vigesima die Martiii; magna cædes utrinque facta est. Chilpericus & Raganfridus devicti fugerunt. Carolus ipsos persequutus est ad usque Luteriam. Postea vero Coloniam venit,

Gest. Franc. Aut. II C. 107.

Ville; Plectrude lui rendit alors les tresors de son pere, & lui remit en main tour ce qu'elle avoit. Il établit un Roi nommé Clotaire: on ne sait point de qui il étoit fils. Chilperic & Rainfroi envoierent des Ambassadeurs à Eudes Duc d'Aquitaine pour lui demander du secours; ils s'offrirent de le reconnoître pour Souverain dans son payis, & lui firent beaucoup de presens.

Eudes reçût apparemment avec plaisir cette Ambassade, & se mit en état de venir à leur secours. On ne convient pas du sens de ces mots du Croniqueur, *Regnum & munera tradunt*. Le P. le Cointe pretend que *regnum* veut dire une couronne, & qu'ils lui firent seulement present d'une couronne avec d'autres choses de prix. Il est vrai que *regnum* a quelquefois cette signification dans la basse latinité: mais nous ne voions pas que nos Historiens aient emploié ce mot en ce sens. M. de Valois croit qu'ils lui donnerent une autorité Roiale dans son payis; mais il l'avoit déja & en joüissoit tranquillement. Je laisse au Lecteur la liberté de croire ce qu'il voudra.

On ne sait qui étoit le pere d'Eudes Duc d'Aquitaine. Ce qui paroît certain, c'est que pendant ces grands mouvemens, ces guerres, ces dissensions des Maires du Palais de Neustrie, d'Austrasie & de Bourgogne, qui ne cherchoient qu'à se détruire les uns les autres, les Ducs d'Aquitaine vivoient comme dans l'indépendance, & qu'alors le pere ou le grand-pere d'Eudes rendit le Duché d'Aquitaine hereditaire; ce qui s'étoit si bien affermi, que si Gaifre petit-fils d'Eudes, que Pepin eut tant de peine à réduire, s'étoit contenté de la tenir en fief de la Couronne pour lui & pour ses descendans, & n'avoit point empieté sur les Provinces voisines, Pepin l'auroit laissé en possession.

Eudes vint donc avec une armée de Gascons, & se joignit aux troupes de Chilperic & de Rainfroi; puis ils marcherent tous ensemble contre Charles. Il vint au devant d'eux avec un courage intrepide. Il y eut un conflit. Eudes voiant qu'il ne pouvoit le soutenir prit la fuite. L'Annaliste de Mets dit qu'il s'enfuit sans attendre l'ennemi. Charles le poursuivit jusqu'à Paris, où passant la Seine, il continua de le suivre jusqu'à Orleans; à peine pût-il échapper de ses mains. Il se retira bien avant dans son payis, & emmena avec lui le Roi Chilperic avec ses tresors. Le Roi Clotaire que Charles avoit établi, mourut la même année.

---

urbemque cepit; tunc Plectrudis thesauros patris ipsius reddidit ei & omnia quæ præ manibus habebat ipsi vadidit. Regem ille constituit quemdam nomine Chlotarium, qui cujus filius fuerit ignoratur. Chilpericus & Raganfridus Oratores miserunt ad Eudonem Aquitaniæ Ducem auxilium petentes, *regnum & munera offerentes*.

Eudo, ut credere est, hanc legationem lætus accepit, & ad opem ferendam se comparavit. Quid sibi velint hæc verba, *regnum & munera tradunt*, quæ Chronographius habet, non convenit inter doctos. Cointius putat *regnum* hic significare coronam, & coronam tantum quamdam Eudoni fuisse oblatam: vereque *regnum* in media & infima latinitate hanc interdum significationem habet. At Historici nostri hanc vocem illo sensu usquam usurpasse non putantur. Existimat Valesius auctoritatem regiam ipsi in regione sua datam fuisse. Verum illam jam habebat, & illa tranquille fruebatur. Res Lectoris judicio permittatur.

Quis Eudonis Aquitaniæ Ducis pater esset ignoratur. Certum porro videtur, dum Majores-domus Neustriæ, Austrasiæ, Burgundiæ omnia moverent, inter se diffiderent, bellis se perpetuo impeterent, ut alter alterum opprimeret, Aquitaniæ Duces suo arbitrio & cum libera potestate vixisse. Tunc porro vel pater vel avus Eudonis Aquitaniæ Ducatum hereditarium reddidit. Illud vero ita firmum stabilitumque erat, ut si Vaifarius Eudonis nepos, quem non sine diuturno bello in ordinem Pipinus redegit & oppressit, satis habuisset Aquitaniam in feudum a Rege Francorum accipere ac retinere, nec vicinas regiones invasisset, Pipinus illi hereditariam possessionem concessisset.

Eudo igitur cum Vasconum agmine venit, copiasque junxit cum exercitu Chilperici & Raganfridi; simulque illi contra Carolum moverunt. Occurrit ille intrepidus. Pugna committitur; vidensque Eudo se non posse tantum impetum cohibere, in fugam vertitur. In Annalibus Metensibus dicitur illum non expectato hoste fugisse. Carolus illum Lutetiam usque insequitur; ac trajecta Sequana, pergit fugientis dorso insistens Aurelianum usque, ita ut vix evadere potuerit; & procul in regionem suam se recepit, secum ducens Chilpericum cum thesauris suis. Chlotarius vero, quem Carolus Regem constituerat, hoc anno mortuus est.

720. L'année d'après Charles fit la paix avec Eudes, & obtint de lui qu'il lui livreroit le Roi Chilperic : il reçut aussi de lui des presens. Chilperic vint à Noyon
721. où il mourut après avoir regné six ans. On élut alors pour Roi Thierri fils de Dagobert II. qu'on appelloit Thierri de Chelles, parce qu'il y avoit été élevé. Aprés cela Charles pourſuivit Rainfroi, aſſiegea Angers ; & après avoir ravagé tout le payis, il ſe retira chargé de dépouïlles. Il fit un traité avec Rainfroi, à qui il laiſſe le Comté d'Angers pour toute ſa vie.

THIERRI II.

724. VERS le même tems les Saxons s'étant revoltez, le Prince Charles vint ſur eux avec ſa celerité ordinaire, les domta, les rendit tributaires, &
AN. 725. s'en retourna victorieux. Cette année étant revoluë, il raſſembla toutes ſes forces, paſſa le Rhin, viſita les Allemans & les Sueves, penetra juſqu'au Danube, & l'aiant paſſé il entra dans la Baviere, la ſubjugua, il y ramaſſa bien des richeſſes, & emmena avec lui une Matrone nommée Bilitrude, & ſa niece Sonichilde qu'il épouſa enſuite, & en eut un fils nommé Grippon.

Environ le même tems le Duc Eudes viola le traité de paix. Dès que la nouvelle en fut venuë à Charles, le plus promt en ſes expeditions qu'on eut encore vû, il paſſe la Loire avec ſon armée, met en fuite le Duc Eudes ; il ravage deux fois la même année les terres de l'Aquitaine, & retourne chargé de dépouïlles. Eudes ſe voiant ainſi vaincu, & perdu de reputation, appella à ſon ſecours les Sarraſins pour les oppoſer à Charles & aux François. Ils ſortirent de l'Eſpagne avec leur Roi Abderame, paſſerent la Garonne & vinrent à Bourdeaux, brûlerent les Egliſes, penetrerent juſqu'à Poitiers, où aiant brûlé l'Egliſe de S. Hilaire, ils partirent pour faire le même traitement à celle de S. Martin de Tours. Eudes qui les avoit appellez, voiant les grands deſordres qu'ils faiſoient, fit ſa paix avec Charles, & joignit ſes troupes aux ſiennes. Charles
731. marcha contre eux, leur donna bataille, & avec l'aide de Jeſus-Chriſt, il les
Défait les
Sarraſins. défit, tua leur Roi Abderame, & reſta victorieux. Eudes attaqua leur camp, & fit un grand carnage. Quelques Hiſtoriens ont fait monter le nombre des

---

Anno ſequenti pacem fecit Carolus & amicitias junxit cum Eudone, atque ab eo Chilpericum regem cum multis muneribus recepit. Chilpericus Noviomum venit, ubi non multum poſtea mortuus eſt, cum ſex annis regnaſſet. In ejus locum deligitur Dagoberti II. filius Theodericus, Calenſis dictus, quia Calæ educatus fuerat. Deinde Carolus Raganfridum inſequutus eſt, Andegavumque obſedit, iſtaſque regiones
Ann. Met. depopulatus, prædâ onuſtus reverſus eſt. Cum Raganfrido autem poſtea pactum iniit, cui Comitatum Andegavenſem ad vitam reliquit.

THEODERICUS II.

C. 108. EODEM tempore rebellantibus Saxonibus, Princeps Carolus, quâ ſolebat celeritate contra illos movit ; domitoſque ad tributa ſolvenda compulit, victorque reverſus eſt. Hoc *evoluto anni circulo*, *coadunata agminum multitudine*, Rhenum tranſiit. Alamannos & Suavos luſtravit, Baioariam ſubegit, & ad Danubium venit, aurum collegit, ſecumque abduxit matronam nomine Bilitrudem, & neptem ejus Sonichildem quam poſteà duxit uxorem, ex eaque filium ſuſcepit qui Grippo appellatus eſt.

Idem circiter tempus Eudo dux à *jure foederis* initi receſſit. Quâ re comperta Carolus, quo celerior alter non fuit in expeditionibus, Ligerim cum exercitu trajicit, Eudonem fugat, bis eodem anno Aquitaniam devaſtat, & ſpoliis onuſtus revertitur. Eudo videns ſe ſuperatum & *deriſum*, Saracenos in auxilium evocavit, quos Carolo & Francis opponeret. Egreſſi ergo ſunt illi ex Hiſpaniâ cum rege ſuo Abdiramâ, cui *Du Cl.* Eudo filiam ſuam in uxorem dedit. Garumnam verò *p. 736* trajicientes, Burdegalam venerunt, Eccleſias incenderunt, & ad Pictavos uſque progreſſi, Eccleſiam S. Hilarii flammis dederunt, perrexeruntque ut in Eccleſiâ ſancti Martini Turonenſis paria perpetrarent. Eudo *Paul. l.* qui illos evocaverat, his conſpectis, foedus cum Ca- *lib. 6.* rolo renovavit, agminaque ſua cum Caroli exercitu junxit. Movit Carolus contra illos, pugnam cum illis commiſit, & favente Chriſto, exercitum eorum concidit, interfectus Abdiraman eſt, Caroluſque victor manſit. Eudo etiam caſtra eorum invaſit, & magnam ſtragem fecit. Hiſtorici quidam cæſorum

Sarraſins

Sarrasins tuez à cette bataille à trois cent cinquante mille. D'autres prétendent avec plus de vraisemblance qu'il s'en falloit beaucoup qu'il y eût un si grand nombre de Sarrasins dans cette armée, qu'ils combattirent vaillamment toute cette journée; que la nuit étant venuë, voiant qu'ils avoient perdu un grand nombre de gens, & que leur Roi Abderame avoit été tué, ils se retirerent en diligence, & que Charles Martel ne jugea point à propos de les poursuivre.

L'année d'après Charles entra dans la Bourgogne, y mit des troupes pour resister aux peuples rebelles, se rendit à Lion, où il mit en garnison des gens qui lui étoient fideles, & pacifia tout. Le Duc Eudes étant venu à mourir, le Prince Charles après avoir pris conseil des Chefs de son armée, passa de nouveau la Loire, vint à Blaie & à Bourdeaux dont il se saisit; & s'étant rendu maître de tout le pays, il revint victorieux. Il paroît par la suite de cette histoire qu'Hunaud fils d'Eudes, reprit bien-tôt ce qu'on lui avoit ôté. L'Annaliste de Mets dit qu'il lui laissa le Duché sans doute en qualité de Vassal. 732.

Les Frisons maritimes s'étant revoltez, Charles équippa une flote, se rendit maître des Isles Vuistrachie & Austrachie, & avec une armée de terre il se campa sur le fleuve Burdine. Il tua Popon Duc des Frisons, & défit leur armée, brûla les Temples de ces infideles, & revint en France enrichi du pillage de tous ces pays. 733.

Charles marcha ensuite vers la Bourgogne, & se rendit à Lion. Il soumit à sa puissance tous les principaux du pays jusqu'à Marseille & Arles, où il établit des Juges. Il remporta beaucoup d'or & d'argent de cette expedition. Après quoi il marcha contre les Saxons qui s'étoient revoltez, passa le Rhin à l'endroit où la Lippe se joint à cette riviere, subjuga tout le pays, & l'assujettit à paier tous les ans le tribut, en prenant des otages pour la sureté du payement. 734.

Les Sarrasins firent de nouveaux mouvemens & passerent le Rhône, où étant d'intelligence avec le Duc Mauronte & les gens de son parti, ils se rendirent maîtres d'Avignon, ville très-forte & bien munie. Le Prince Charles envoia contre eux le Duc Childebrand son frere, accompagné de plusieurs autres Ducs & Comtes, avec une armée qui se rendit promtement auprès d'Avignon, se saisit de ses fauxbourgs, & assiegea la ville. Charles y vint ensuite lui-même, continua le siege, & disposa des machines pour l'assaut. Il le donna en effet, & 736.

Saracenorum numerum ad trecentos quinquaginta mille producunt. Alii vero longe verosimilius narrant multum abesse quin tam numerosus esset totus Saracenorum exercitus; Saracenosque dicunt fortiter, strenueque decertasse per totam certaminis diem: nocte vero superveniente, cum viderent magnum cæsorum numerum, Abdiramamque interfectum; receptum celeriter habuisse; Carolum vero Martellum ipsos insequutum non esse.

Anno sequenti Carolus in Burgundiam intravit, virosque illic fortes & industrios reliquit, qui rebellibus obsisterent, & pacem ubique constituit. Eudone duce mortuo, Princeps Carolus de consilio Procerum suorum, Ligerim rursus trajecit, Blaviamque venit & Burdegalam quas occupavit, cumque regionem illam totam subjugasset, victor reversus est. Ex historiæ tamen serie liquet Hunaldum Eudonis filium cito recepisse quod sibi ablatum fuerat. Dicit Annalista Metensis, Carolum Hunaldo Ducatum reliquisse, haud dubie ut *vassallo*.

Cum Frisiones maritimi rebellassent, Carolus classem instruxit, insulas Vuistrachiam & Austrachiam cepit, & cum pedestri exercitu ad fluvium Burdine dictum castra posuit, Poponem Frisionum Ducem occidit, exercitumque eorum devicit, templa infidelium incendit, & in Franciam reversus est *cum magnis spoliis & prædis*.

Carolus postea in Burgundiam movit & Lugdunum venit. Primores atque Præfectos in potestatem suam redegit ad usque Massiliam & Atelatem, ubi Judices constituit; multum auri & argenti in hac expeditione acquisivit. Postea vero contra Saxones profectus est, qui pro more suo rebellaverant: Rhenum transivit ubi Lippa in illum influit. Totam subegit regionem, tributumque annuum exegit, assumtis ad eam rem obsidibus.

Saraceni novos concitarunt motus, & trajecto Rhodano, Mauronto quodam & sociis suis faventibus, Avenionem urbem fortissimam & munitissimam occuparunt. Adversus illos Princeps Carolus Childebrandum ducem fratrem suum misit cum aliis multis Ducibus Comitibusque, & exercitu qui celeriter versus Avenionem movit, occupatisque suburbanis urbem obsedit. Carolus ipse postea illo se contulit, obsidionem firmavit, machinas disposuit ad oppugnationem, quam aggressus est; urbemque cepit, occi-

prit la Ville, y mit le feu, fit maſſacrer la garniſon, & réduiſit ainſi Avignon & le payis voiſin ſous ſon obéïſſance. Il paſſa enſuite le Rhône, entra dans le payis des Gots, & vint dans la Gaule Narbonnoiſe, aſſiegea Narbonne, Ville ſur l'Aude, très-bien munie, où ſe trouvoit renfermé le Roi des Sarraſins Athima. Il dreſſa des beliers pour la battre. Les Princes des Sarraſins qui étoient en Eſpagne, aiant eu nouvelle de ce ſiege, ramaſſerent des troupes, firent une armée conduite par un autre Roi de leur nation appellé Amor, & marcherent contre Charles, qui ſans les attendre, alla au devant d'eux, & les rencontra à la riviere de Berre & à la vallée de la Corbiere. Là ſe donna la bataille où les Sarraſins furent défaits. Leur Roi fut tué; & ceux qui reſterent de la défaite prirent la fuite. Ils voulurent ſe ſauver par l'étang, mais les François aiant des barques toutes prêtes, les pourſuivirent en les perçant à coups de traits, en firent perir un grand nombre, & revinrent ainſi victorieux chargez de dépoüilles, & emmenant un grand nombre de captifs. Il paroît que Charles abandonna le ſiege de Narbonne qui ſe défendoit trop bien ; mais il ravagea tout ce payis des Gots qu'on appelle aujourd'hui Languedoc, prit ces Villes fameuſes Beſiers, Agde, Nîmes, les démantela & les brûla, ſaccagea les Villages & Châteaux, & s'en retourna victorieux à ſon ordinaire. Le Roi Thierri étant venu à mourir, il y eut un interregne de pluſieurs années.

Autre expedition de Charles contre les Sarraſins.

737.

INTERREGNE.

739. EN l'année 739. Charles envoia une ſeconde fois en Provence ſon frere Childebrand, accompagné de pluſieurs Ducs & Comtes, avec une armée qui ſe rendit à Avignon. Paul Lombard dit que Charles pria Luitprand Roi des Lombards de le ſecourir; que Luitprand marcha avec une armée; mais qu'aiant appris que les Sarraſins s'étoient retirez, il s'en retourna. Charles y vint auſſi d'abord après, & ſe rendit maître de toute la Province juſqu'au bord de la mer; aiant mis en fuite le Duc Mauronte qui ſe retira dans des rochers impenetrables. Charles s'en retourna après avoir mis tout le payis ſous ſon obéïſſance. Etant de retour, il tomba malade à Verberie ſur l'Oiſe.

741. *Le Pape envoye à Charles les clefs du ſepulcre de S. Pierre.*

Le Pape Gregoire III. envoia deux fois à Charles les Clefs du Sepulcre ou de la Confeſſion de S. Pierre, & ſes liens avec de grands preſens ; ce qui n'avoit jamais

Ann. Met.

dique juſſit armatos urbis cuſtodes, atque ita ſibi & Avenionem & vicinos agros ſubegit. Trajecto poſtea Rhodano, Gotthorum regionem invaſit, Galliamque Narbonenſem, ipſamque Narbonem obſedit ad Atacem fluvium ſitam, urbem munitiſſimam, in qua concluſus erat rex Saracenorum Athima. Munitionem in gyrum in modum arietum inſtruxit. Hæc audientes Saracenorum Principes qui in Hiſpania erant, collegerunt exercitum cujus Dux fuit alter Rex Saracenus nomine Amor, & adverſus Carolum properarunt, qui non exſpectato hoſte obviam venit, & in Corbaria valle occurrit ipſi ; conſertoque prœlio Saraceni devicti, eorumque Rex occiſus eſt. Qui poſt cladem ſupererant fugientes, per ſtagnum marinum elabi conati ſunt. Mox Franci cum navibus inſequentes, jaculis illos confodiunt, multos perimunt, & victores onuſti præda vertuntur, cum captivis plurimis. Obſidionem vero Narbonenſem hinc ſolviſſe videtur Carolus, quod ea urbs nimis reſiſteret, Verum illam Gotthorum regionem depopulatus eſt, urbeſque inſignes Nemauſum, Agatham & Biterras cepit, muros diruit, & incendit illas, vicos & caſtra devaſtavit, & pro more victor regreſſus eſt. Tunc Theoderico rege defuncto, aliquot annorum interregnum fuit.

INTERREGNUM.

EOdem anno 739. Carolus ſecundo in Provinciam fratrem Childebrandum miſit, adjunctis ipſi Ducibus, Comitibuſque plurimis cum exercitu qui Avenionem movit. Narrat vero Paulus Langobardus, Carolum a Luitprando Langobardorum rege petiiſſe ut in auxilium accederet, Luitprandum vero cum exercitu profectum eſſe ; ſed cum audiſſet Saracenos abſceſſiſſe, ipſum regreſſum fuiſſe. Carolus autem ipſe paulo poſt illo conceſſit, & totam provinciam ad oram uſque maris ſibi ſubjecit; Maurontum Ducem fugavit, qui in prærupta ſaxorum inacceſſa ſe recepit. Carolus regione tota ſic ſubacta regreſſus eſt, atque Verimbreæ ad Iſaram ægrotare cœpit.

Gregorius III. Papa *bis claves venerandi ſepulcri cum vinculis S. Petri & muneribus magnis & infinitis* ad Carolum miſit cum legatione; quod antea inauditum fue-

Continua Fredeg. l. 110.

INTERREGNE.

été vû jusqu'à ce tems-là. Il demandoit à Charles qu'il ne favorisât point l'Empereur, mais qu'il prît lui-même la qualité de Consul pour défendre Rome. Le passage de l'Anonyme est embarassé. Ce continuateur de Fredegaire est en plusieurs endroits fort obscur : on ne peut quelquefois l'entendre qu'en devinant. Nous avons pris le sens qui nous a paru le plus vrai-semblable. Charles reçût cette Ambassade avec magnificence, fit beaucoup d'honneur aux Legats, & envoia de son côté à Sa Sainteté Grimon Abbé de Corbie & Sigebert Reclus de S. Denis, chargez de grands presens & qui répondoient à la liberalité du Pape. Aprés cela le Prince Charles par le conseil des principaux de la nation, partagea la Monarchie entre ses deux fils. Il donna à l'aîné Carloman l'Austrasie, la Sueve qu'on appella depuis Allemagne, & la Thuringe ; & à Pepin son second fils, la Bourgogne, le Neustrie & la Provence. A la persuasion de Sonnichilde sa seconde femme ou sa concubine, il assigna à Grippon son dernier fils sa part dans les Etats de ses freres, une portion dans la Neustrie, une autre dans l'Austrasie, & encore une dans la Bourgogne. Cela déplût fort aux principaux de la nation, qui n'avoient point encore vû partager ces grands Etats.

En cette même année le Duc Pepin à la tête d'une armée, accompagné de Childebrand son oncle, & d'un grand nombre de Seigneurs, alla en Bourgogne pour visiter ce payis qui lui étoit tombé en partage. On vit en ces tems-là des signes dans le soleil, dans la lune & dans les étoiles ; en sorte, dit l'Auteur, que l'ordre Paschal en fut troublé. C'étoient, dit-il, des presages du grand accident qui alloit arriver. Le Prince Charles après avoir enrichi de grands presens l'Eglise de S. Denis, vint à Kiersi sur Oise, où il tomba malade d'une grosse fievre dont il mourut le 22. Octobre de l'an 741. Il fut enseveli dans l'Eglise de S. Denis. Hiltrude sa fille par le conseil de sa belle-mere Sonnichilde, s'échappa de la Cour, & passa secretement le Rhin pour aller joindre Odilon Duc de Baviere, qu'elle épousa contre le gré & consentement de ses freres. Grippon voulut s'emparer de la portion que son pere lui avoit assignée ; mais les deux freres Carloman & Pepin marcherent contre lui avec une armée. Grippon ne se sentant pas assez fort pour tenir la campagne, s'enfuit à Laon avec sa mere, & se renferma avec ses gens dans cette place. Les deux freres vinrent l'y assieger : voiant qu'il ne pouvoit leur échapper, il s'alla rendre à leur merci. Ils l'enfermerent dans un Château, & Sonnichilde sa mere au Monastere de Chelles.

Mort de Charles Martel.

---

tat. Ab illo autem petebat ut *a partibus Imperatoris recederet, & Romanum Consulatum præfato Principi Carolo sanciret.* Anonymi locus hic intricatus est, quem nonnisi divinando intelligas. Hic verisimiliorem sequi mihi videor sententiam. Legationem magnifice recepit Carolus ; Legatos honore multo prosequutus est, ac summo Pontifici Oratores & ipse misit, Grimonem Corbeiensem Abbatem, & Sigebertum reclusum S. Dionysii. Tum ex consilio optimatum *filiis suis regna divisit,* Majori Carlomanno Austrasiam, & Suaviam quæ nunc Alamannia dicitur, atque Thoringiam dedit : Minori autem Pipino Neustriam, Burgundiam & Provinciam. Suadente vero Sonnichilde *secunda uxore, seu concubina sua,* Gripponi partem assignavit in regnis fratrum suorum: In Neustria portionem, itemque in Austrasia, aliamque in Burgundia : quod admodum Francorum proceribus displicuit, qui nihil adhuc simile viderant.

Eodem anno Dux Pipinus cum exercitu, comitantibus Childebrando aliisque primoribus in Burgundiam profectus est, ut illam regionem, quæ sibi competebat lustraret. Tunc autem signa visa sunt in sole, luna, stellis ; ita ut, inquit Anonymus, *Paschalis ordo turbatus fuerit.* Hæc indicia erant insignis rei mox futuræ. Princeps Carolus postquam Ecclesiam sancti Dionysii multis muneribus ditaverat, *veniens Carisiacum villam Palatii super Isaram,* valida febre correptus, obiit XI. Kal. Novembris anno 741. sepultusque est *Parisius in Ecclesia S. Dionysii Martyris.* Hiltrudis ejus filia, suadente noverca sua Sonnichilde, ex domo paterna aufugiens, Rhenum transiit, ut Odilonem Baioariæ Ducem adiret, cui invitis fratribus nupsit. Grippo autem partes illas quæ pater sibi assignaverat occupare voluit ; sed fratres ejus Carlomannus & Pipinus exercitum moverunt contra illum. Crippo autem cum non posset illis obsistere, Laudunum cum matre & iis qui eum sequi voluerunt aufugit. Fratres ambo illum insequuntur, urbemque obsident. Videns autem se elabi non posse, *in fiduciam fratrum suorum venit,* qui in castellum ipsum inclusere ; Sonnichildem vero matrem in Calam Monasterium miserunt.

Tome I.   A a ij

742. Hunaud Duc d'Aquitaine, fils d'Eudes, s'étant revolté avec les Gascons, les deux freres Carloman & Pepin allerent à la tête d'une armée pour le réduire, passerent la Loire à Orleans, s'avancerent jusqu'à Bourges, & brûlerent ses fauxbourgs; taillerent en pieces tous ceux qui leur firent resistance, mirent Hunaud en fuite, & ravagerent tous les païs où ils passerent. Ils ruinerent la forteresse de Loches de fond en comble, & firent captifs ceux qui la gardoient; mais ils pardonnerent aux habitans du lieu. Après quoi ils partagerent les dépoüilles. De retour de cette expedition en Autonne, ils passerent le Rhin pour aller contre les Allemans, & s'allerent camper sur le Danube à un lieu appellé *Usquequo*. Les Allemans voiant qu'ils ne pouvoient leur resister, demanderent la paix, donnerent des otages, & promirent obéissance.

743. Revenus de là, ils furent obligez l'année d'après de marcher contre Odilon leur beaufrere, qui s'étoit revolté, & avoit ramassé des troupes: ils repasserent le Rhin avec une grande armée assemblée de toute la France. Ils s'avancerent jusqu'au Lech, & se camperent sur le bord de la riviere à l'opposite de l'armée ennemie. Les deux armées se regarderent ainsi pendant quinze jours. Les Bavarois se rioient des François, les accusant apparemment de poltronnerie de ce qu'ils ne passoient pas la riviere. Les François indignez contre eux prirent leur chemin par des endroits deserts & marecageux où l'on n'avoit jamais passé; & aiant divisé leur armée, ils fondirent de nuit sur les Bavarois, qui se défendirent quelque tems: mais ils furent enfin défaits & taillez en pieces. Odilon s'enfuit avec peu de gens, & passa la riviere d'In. La victoire des deux freres fut complette, quoique non sans perte de leurs gens. Après cela ils s'en retournerent chez eux.

Guerre de Baviere.

Ann. Met. Hunaldo Aquitaniæ Duce cum Vasconibus rebellante, Carlomannus atque Pipinus, congregato exercitu, Ligerim Aureliani trajecerunt, ac Bituricas usque pervenerunt, suburbana incenderunt, quos obvios habuere profligarunt. Hunaldum fugere compulere, cuncta vastantes, Luccam castrum diruerunt, custodibus in captivitatem abductis, civibus pepercere, deindeque prædam inter se diviserunt. Ex hac expeditione reversi, autumni tempore Rhenum trajecerunt, moventes contra Alamannos, & castra posuerunt ad Danubium in loco qui dicebatur *Usquequo*. Alamanni vero se impares cernentes, pacem petierunt, munera & obsides dederunt, seque obsequentes fore polliciti sunt.

Inde reversi anno sequente contra Odilonem cognatum movere compulsi sunt, qui rebellaverat, copiasque collegerat, Rhenumque trajecerunt cum exercitu magno ex tota Francorum gente collecto. Ad Lechi vero ripam castrametati sunt, Baioatiis alteram ripam occupantibus; sic exercitus uterque in conspectu consedit quindecim dierum spatio. Baioarii Francos irridebant timiditatem haud dubie exprobrantes. Qua re indignati Franci per deserta, palustria & invia loca fluvium trajecere, in duasque divisi partes noctu Bavaros invaserunt, qui commisso prœlio, cæsi sunt. Dux autem Odilo cum paucis aufugit, & Ignem fluvium trajecit. Victoria fratrum integra fuit, etsi non sine dispendio. Postea vero in Franciam regressi sunt. *Ann. Met.*

CHILDERIC III.

CE fut en l'an 743. que les deux freres établirent un phantôme de Roi selon la coutume reçûë. Ce fut Childeric III. le dernier de la race des Merovingiens. On ne sait pas le nom de son pere. Dom Mabillon croit qu'il étoit fils de Chilperic, qui fit la guerre à Charles Martel avec le Maire Rainfroi: mais il ne donne cela que comme une conjecture. Il commença à regner l'an 743. Cela se voit dans les Actes du Concile de Soissons qui fut tenu l'an 744. l'an second de Childeric, comme il est marqué là même.

Pendant la guerre de Baviere, Hunaud Duc d'Aquitaine suscité par Odilon, & comptant pour rien la foi donnée, leva une armée, passa la Loire, & s'avança jusqu'à Chartres qu'il prit, ruina la Ville, & brûla l'Eglise Cathedrale. Cependant une autre affaire pressée obligea Carloman de se rendre en Saxe, où il défit Theodoric Duc des Saxons, le rangea à son devoir, & prit un Fort nommé Ocsioburg. Plusieurs Saxons se convertirent à la foi & se firent baptiser. Au même tems Pepin étoit occupé à la guerre contre Theodebalde fils du Duc Godefroi, qui avoit fait quelque entreprise vers les Alpes; quelques-uns croient que par les Alpes on doit entendre ici le mont Vosge, & que cela se passa deça le Rhin. A l'approche de Pepin Theodebalde prit lâchement la fuite. Pepin lui ôta le Duché, se l'attribua, & s'en retourna victorieux. *Differentes guerres.*

A peine les deux freres étoient-ils revenus de ces guerres, qu'il fallut marcher contre Hunaud & les Gascons. Cette nation faisoit de nouveaux mouvemens au-delà de la Loire, & les deux freres vinrent contre eux. Les Gascons voiant Pepin & Carloman occupez sur le Rhin, ne croioient pas apparemment qu'ils fussent si-tôt en état de fondre sur eux; mais les voiant arriver avec leur armée, ils vinrent en forme de supplians demander la paix à Pepin, lui firent beaucoup de presens, & obtinrent par leurs prieres qu'il se retireroit sans porter la guerre dans leur payis. Hunaud mécontent de son frere Hatton, l'attira chez lui par un faux serment, & lui fit crever les yeux. Après quoi touché de repentance, il se retira dans un cloître, se fit Moine, & laissa son Duché à son fils Gaiffre ou Vaifare. L'année suivante Carloman fit la guerre aux Allemans 745.

746.

CHILDERICUS III.

ANno 743. Carlomannus & Pipinus Regem nomine tantum tenus pro more constituerunt Childericum III. postremum stirpis Merovingicæ. Cujus vero filius sit non ita certum habetur. Putat Mabillonius noster filium fuisse Chilperici, qui cum Majore-domus Raganfrido bellum intulit Carolo Martello; sed hoc ille ut conjecturam remque tantum probabilem adfert. Illum anno 743. regnare coepisse discimus ex Actis Concilii Suessionensis, quod anno 744. celebratum est, anno secundo Childerici, ut ibidem annotatur.

Dum in Baioaria bellum gereretur, Hunaldus Dux Aquitaniæ ab Odilone suscitatus datam fidem nihil curans, exercitum collegit, & trajecto Ligeri, Carnotum usque venit, urbem cepit & diruit, Cathedralem incendit Ecclesiam. Interea vero defectio altera Carlomannum coëgit in Saxoniam cum exercitu properare: ubi Theodoricum Saxonum Ducem profligavit & in ordinem redegit, castrumque nomine *Ocsioburg* cepit. Multi Saxones Christianam fidem & Baptismum susceperet. Eodem tempore Pipinus bello detinebatur adversus Theodebaldum Godefridi Ducis filium, qui versus Alpes aliquid moverat. Putant nonnulli per Alpes hic intelligendum esse Vosagum montem, remque cis Rhenum esse gestam, Theodebaldus accedente Pipino, ignavæ fugam attribuit. Pipinus submoto Theodebaldo Ducatum sibi attribuit, victorque reversus est.

Vix his perfunctis bellis ambo fratres, contra Hunaldum & Vascones movere compulsi sunt. Hi vero ultra Ligerim nova semper moliebantur. Illos Carlomanus & Pipinus adorti sunt. Vascones cum ambos fratres viderent circa Rhenum distentos, non putabant, ut credere est, tam cito posse bellum sibi inferri; sed illos cum exercitu in finibus suis videntes, supplicantium more pacem petentes Pipinum adierunt, oblatisque muneribus multis pacem petierunt, & ab illo impetrarunt ut sine bello a finibus suis discederet. Hunaldus porro Hattoni fratri offensus, simulato sacramento illum ut se convenire allexit, venientique oculos erui jussit. Hinc poenitentia motus, in Monasteriumque ingressus, Monachus est effectus, ac ditionem suam filio suo Vaifario reliquit. Anno sequenti Carlomannus in Alamannos movit, qui arma sumse-

qui avoient pris les armes; il les domta, & les réduisit sous son obéïssance. Il s'étoit toûjours signalé dans ses expeditions ; mais nous l'allons bien-tôt voir engagé dans un genre de vie tout contraire.

747.
Carloman se fait Moine.

L'année 747. fut remarquable par la retraite de ce Prince. Touché de Dieu, il se démit de sa Principauté entre les mains de son frere Pepin, quitta le monde & avec son fils Drogon il s'en alla à Rome faire ses devotions au tombeau de S. Pierre & de S. Paul. Il prit à Rome l'habit Monacal, & se retira au mont Soracte, ensuite au mont Cassin, & persevera dans cet état tout le reste de sa vie. Pepin se trouva ainsi seul maître de toute la Monarchie Françoise. En cette même année il mit son frere Grippon en liberté, & lui donna quelques Comtez & des Terres pour se soutenir avec quelque dignité. Mais dès qu'il se vit hors de prison, il se mit à cabaler contre son frere, attira à son parti plusieurs jeunes Seigneurs François, & s'enfuit avec eux en Saxe. Les Saxons

748.
qui venoient de promettre foi & obéïssance à Carloman, peu constans en leurs promesses, prirent cette occasion pour se revolter. Pepin leve une armée, passe le Rhin pour les réduire. Le Roi des Vinides & les Frisons se joignirent à lui.

Pepin fait la guerre aux Saxons.
Cette grande armée porta le fer & le feu dans le payis des Saxons : il y en eut un grand nombre de tuez, & d'autres emmenez captifs. On brûla leurs cases & leurs moissons. Ne pouvant resister à une si nombreuse armée, ils se soumirent & promirent de paier exactement le tribut annuel qui leur avoit été imposé par le Roi Clotaire. Il y en eut un grand nombre qui se voiant hors d'état de secouer le joug des François, embrasserent aussi leur Religion, & reçûrent le Baptême.

749.
Grippon ne pouvant plus se soutenir en Saxe s'enfuit dans la Baviere. Odilon étoit mort, & Tassillon son fils étoit Duc en sa place. Grippon trouva moien de se saisir de la Baviere, il destitua Tassillon, & leva des troupes dans le payis. Un Seigneur nommé Lanfroi se mit de son parti. Pepin s'y rendit en diligence avec une grande armée. Les Bavarois effraiez à son approche, quitterent le payis, & se retirerent avec leurs femmes & leurs enfans au-delà de l'In. Pepin se rend au bord de cette riviere, & se dispose à la passer en leur presence sur des barques. Ce que voiant les Bavarois, & ne se sentant point assez forts pour resister à cette grande armée, ils envoierent des Ambassadeurs chargez de presens, promirent par serment d'être fideles à Pepin, & lui donnerent des

---

rant, ipsosque devictos in ordinem redegit. Is certe in expeditionibus suis strenue semper egerat; sed mox illum contrarium omnino vitæ genus amplexum videbimus.

Annus 747. illius abdicatione insignis fuit; Deo movente in fratris Pipini manibus imperium deposuit, mundum reliquit, cum Drogone filio suo Romam petiit, & ad sepulcrum SS. Petri & Pauli precatus, Romæ Monasticam induit vestem, & ad Soractem montem se recepit; exinde vero ad montem Casinum, perque totam vitam hoc in statu perseveravit. Sic autem Pipinus totam Francicam occupavit Monarchiam. Hoc ipso anno Pipinus fratrem Gripponem libertate donavit, insuperque Comitatus aliquot atque terras ipsi contulit, queis posset cum aliqua dignitate vitam agere. Verum ille, statim atque se liberum vidit, plurimos *Ann. Met.* sibi nobilium juvenum Francorum sociavit; atque in Saxoniam aufugit. Saxones qui paulo ante Carlomanno fidem dederant, ex solita animi mobilitate, hac arrepta occasione rebellarunt. Pipinus vero exercitum cogit, Rhenum trajicit, adjuncto sibi Vinidorum Rege, adjunctis etiam Frisionibus. Ingens ille exercitus igni ferroque totam Saxoniam devastavit, multi cæsi Saxones sunt, plurimi in captivitatem abducti, & casæ & messes eorum combustæ sunt. Saxones viribus longe impares, victoribus se submisere, tributum se annuum soluturos polliciti sunt, quale a Chlotario rege sibi impositum fuerat. Multi se nunquam posse jugum Francorum excutere cernentes, Christianam religionem & Baptismum accepere.

Ann. M.
Grippo cum non posset in Saxonia consistere, in Baioariam aufugit. Odilo obierat, & post mortem ejus Dux erat Tassilo filius ipsius. Grippo autem Tassilonem abegit, Baioariosque sibi subjugavit, opitulante Lantfrido viro primario. Pipinus cum exercitu grandi celeriter movit in Baioariam. Perterriti Baioarii patriam deserunt, ac cum uxoribus atque filiis ultra Ignem fluvium consistunt. Pipinus ad ripam fluvii pergit, ac cum naviculis transitum sibi parat. Id vero cernentes Baioarii, nec sperantes se posse tanto exercitui obsistere, Oratores mittunt cum muneribus, fidemque sacramento firmatam Pipino præstitere, da-

otages. Grippon & Lantfroi tomberent entre les mains de Pepin, qui les traita humainement. Il rétablit Taffillon dans fon Duché. Pour s'attacher Grippon, il lui donna la Ville du Mans avec douze Comtez, & traita bien tous ceux qui avoient fuivi fon parti. Cela ne gagna point ce frere qui prétendoit fans doute partager avec Pepin comme fon pere avoit établi. Il s'enfuit en Gafcogne, dans le deffein de porter le Duc Gaifre à prendre les armes contre Pepin fon frere. Cependant deux années fe pafferent fans aucune guerre.

Ce fut dans cet intervalle de tems que par les menées de Pepin les Seigneurs François d'un commun confentement témoignerent qu'ils vouloient l'élever à la Roiauté. Affuré de leur bonne volonté, il convoqua une Affemblée generale à Soiffons. Tous les fuffrages étoient pour lui. Mais pour donner plus d'autorité à une entreprife fi nouvelle & fi inoüie jufqu'alors chez les François, il voulut confulter le Pape Zacharie, & envoia à Rome Burchard Evêque de Vurtfbourg, & Fulrad Chapelain. Ils lui expoferent fans doute les raifons qu'on avoit d'élever Pepin fur le trône. Le Pape qui avoit befoin de Pepin pour fe défendre contre les Lombards, approuva l'élection. Pepin fut donc facré à Soiffons par Boniface Archevêque de Mayence, & Childeric degradé de la Roiauté fut tondu & envoié au Monaftere de S. Bertin, où il paffa le refte de fes jours.

Pepin eft élu Roi. 751.

LES MONUMENS

DES DERNIERS ROIS MEROVINGIENS.

ON ne trouve d'autres monumens furs de ces derniers Rois Merovingiens, que des Seaux en fort petit nombre, & les ftatuës du grand portail de S. Denis. Ces Seaux dont nous parlons, font ceux qui fe trouvent dans les Chartes des Rois depuis Dagobert I. jufqu'à la fin de la premiere race. Ils font d'un goût des plus groffiers. Il y en a quatre de la même forme. ¹ Le premier eft de Thierri I. fils de Clovis II. ² Le fecond de Clovis III. fils de Thierri I. ³ Le troifiéme de Childebert II. frere de Clovis III. ⁴ Le quatriéme, de Chilperic II. fils de Childeric II. ⁵ Le cinquiéme, qui eft Childeric III. dernier des Rois Meroviniens

Pl. XV.
1
2
3
4
5

tis obfidibus. Grippo & Lantfridus in manus Pipini venerunt, ac perhumaniter ab illo funt excepti. Taffilo Dux reftitutus eft. Utque Gripponem demulceret Pipinus, Cenomanenfem illi urbem cum duodecim comitatibus contulit, fequacefque illius omnes benigne alloquutus eft. Hæc non fatis fuere Gripponi qui partem a patre fibi affignatam occupare haud dubie peroptabat. Libertatem ergo nactus in Vafconiam aufugit, ut Vaifarium Ducem ad bellum adverfus Pipinum fufcipiendum concitaret. Attamen per biennium integrum pax fuit, nemine bellum movente.

Hoc porro temporis interftitio, in demulcendis Procerum Francorum animis, tota Pipini induftria defudavit, qui communibus fuffragiis, fe illum Regem conftituere velle teftificati funt. Certus hanc illorum effe mentem, apud Sueffionas conventum generalem habuit, omniumque ille fuffragiis adlectus eft. Verum ut res tam nova, tam inaudita apud Francos majori fulciretur auctoritate, Zachariæ Romani Pontificis votum & confenfum ut haberet, ad illum mifit Burchardum Epifcopum Herbipolitanum & Fulradum Capellanum. Qui haud dubie Zachariæ recenfuerunt qua de caufa Franci Pipinum in Regem eveherent. Zacharias vero qui Pipino opus habebat, uti fe adverfus Langobardos defenderet, electionem probavit. Tum Pipinus Rex electus facratufque fuit a Bonifacio Archiepifcopo Moguntino. Childericus vero e regno pulfus, & attonfus, miffus eft ad Monafterium S. Bertini, ubi reliquam exegit vitam.

MONUMENTA POSTREMORUM
REGUM MEROVINGIÆ STIRPIS.

POSTREMORUM Merovingiorum Regum non alia Monumenta certa novimus, quam figilla paucifsima, & ftatuas oftii magni San-dionyfiani. Hæc porro figilla in Diplomatibus reperiuntur a Dagoberto I. ad ufque finem primæ ftirpis. Sunt porro formæ rudioris. Quatuor priora eamdem habent figuram. Primum eft Theodorici I. filii Chlodovei II. Secundum Chlodovei III. filii Theodorici I. Tertium Childeberti II. fratris Chlodovei III. Quartum Chilperici II. filii Childerici II. Quintum vero Childerici III.

giens est un ovale de bon goût qui aura peut-être été formé sur quelque pierre antique.

Nous avons dit plusieurs fois que la coutume de mettre des nimbes ou des cercles lumineux à la tête des Rois, qui a commencé dans la premiere race, n'a pas passé dans la seconde du moins en France deça le Rhin. Il y a même apparence qu'elle a cessé avant la fin de la premiere, comme nous verrons plus bas. Les Rois de la premiere race se voient sans nimbe aux trois portails de S. Denis, faits par ordre de l'Abbé Fulrad du tems de Pepin ou de Charlemagne. Nous en parlerons bien-tôt. Il y a une autre Eglise dont le portail doit être rapporté & expliqué ici avant celui de S. Denis; c'est celle de sainte Marie de Nesle Diocèse de Troie, qui passe pour être fort ancienne. C'étoit autrefois un Monastere que bien des gens ont crû avoir été fondé par Clovis, mais sans aucune autorité. Le P. Mabillon prouve qu'il étoit fondé avant Louis le Debonnaire, & le croit au moins du huitiéme siécle, s'il n'est pas encore plus ancien, & que le portail & ses statuës sont de la même ancienneté. Il y en a six, trois de chaque côté. A main gauche en entrant, la premiere du côté de la porte est celle de S. Pierre qu'on reconnoît à sa clef; c'est la seule qui porte le nimbe: la seconde & la troisiéme sont de deux Rois. De l'autre côté, la premiere du côté de la porte est d'un Evêque: de celui apparemment qui vivoit du tems de la fondation, & qui n'a point de nimbe, parce qu'il n'étoit pas encore reconnu pour Saint. La seconde statuë de ce côté est d'une Reine qui a un pied d'oie; & la troisiéme d'un Roi. Le P. Mabillon croit que la Reine au pied d'oie est Sainte Clotilde, qui est représentée non-seulement ici, mais dans plusieurs autres Eglises avec ce pied d'oie. Ce portail paroît donc avoir été fait dans un tems où l'on ne mettoit plus de nimbe aux figures de nos Rois; c'est-à-dire, ou à la fin de la premiere, ou au commencement de la seconde race. Le Pere Mabillon croit donc que la Reine au pied d'oie est sainte Clotilde, & il conjecture que les trois Rois sont ses trois fils Clodomir, Childebert & Clotaire, à moins qu'on ne veuille dire, poursuit-il, que l'un des trois est Clovis son mari.

Cette Reine au pied d'oie se voit à la porte de plusieurs autres Eglises, à saint Benigne de Dijon, à S. Pierre de Nevers, à S. Pourcin, & ailleurs, où ces statuës de Clotilde, si elles sont veritablement de cette Reine, ne marquent pas

---

postremi Merovingici Regis, estque ovatæ figuræ elegantiique formæ, quod fortasse ad antiquæ cujusdam insculptæ gemmæ exemplar concinnatum fuerit.

Jam sæpe diximus morem illum, quo nimbi ad capita Regum apponebantur, qui in prima stirpe initium habuit, ad secundam usque stirpem non pertigisse, saltem in Francia cis Rhenum. Imo etiam verisimile est desiisse ante primæ stirpis finem, ut infra videbimus. Primæ stirpis Reges sine nimbo sunt in tribus majoribus ostiis Ecclesiæ San-dionysianæ, quæ facta sunt a Fulrado Abbate ævo Pipini & Caroli Magni. Qua de re paulo post agetur. Alia quoque Ecclesia cujus ostium hic ante San-dionysianum referimus, est sanctæ Mariæ Nigellæ in Diœcesi Trecensi, quæ admodum antiqua habetur. Erat olim Monasterium, quod plurimi putarunt a Chlodoveo fundatum; sed sine ulla auctoritate. Probat Mabillonius fundatum ante Ludovicum Pium, & ut minus octavi esse sæculi arbitratur: opinatur vero ejusdem esse antiquitatis & portam & statuas. Sex ibi sunt statuæ; tres scilicet in utrolibet latere. Prima versus portam ad lævam introeuntibus, est sancti Petri qui a clavi dignoscitur; hæc vero sola nimbum habet. Secunda & tertia duorum Regum sunt. Ab altera vero parte, prima versus portam est Episcopi, ejus, ut videtur, qui in vivis erat cum Ecclesia fundaretur, nimboque caret, quia nondum cælicola erat. Secunda statua Reginæ est, anserinum habentis pedem: tertia Regis. Mabillonius noster putat Reginam illam anserino pede Chlotildem esse, quæ non solum in hac Ecclesia; sed etiam in aliis multis cum anserino pede repræsentatur. Hæc porta itaque illo tempore facta esse videtur, quo non ultra nimbi in Regum capitibus apponbantur; id est vel circa finem primæ stirpis, vel initio secundæ. Putat ergo Mabillonius Reginam anserino pede sanctam Chlotildem esse: conjicitque tres Reges tres ejus esse filios, Chlodomerum, Childebertum & Chlotarium; vel fortasse unus ex tribus, Chlodoveus fuerit, inquit idem Mabillonius.

Hæc Regina anserino pede ad portas etiam aliarum visitur Ecclesiarum, videlicet sancti Benigni Divionensis, sancti Petri Nivernensis, sancti Porciani in Arvernis, alibique. Ubi tamen illæ Chlotildis statuæ, si tamen ipsam vere repræsentent, non indicant illam

qu'elle

MONUMENS DES ROYS MEROVINGIENS.   Plan. XV.
                                                   du Tome 1.

1. THEODERICI FILII   2. CHLODOVEI TERTII   3. CHILDEBERTI III REGIS
   CHLODOVEI REX

4. CHILPERICI SECUNDI.   5. CHILDERICI III.

pag. 132.

qu'elle en soit la fondatrice ; c'est par quelque devotion particuliere, dont il me paroît impossible de donner raison, qu'on les a mises là. Le P. Mabillon croit qu'on lui donne un pied d'oie, ou parce qu'effectivement elle en avoit un, quoique Gregoire de Tours ne le dise pas ; ou pour marquer la prudence de Clotilde, dont ce pied d'oie, dit-il, est un symbole. Je croirois plus volontiers que cela est tiré de quelque fable ou de quelque histoire monstrueuse, dont nos Historiens depuis Gregoire de Tours sont tout pleins. Nous en avons déja remarqué plusieurs dans l'Abregé que Fredegaire a fait de l'histoire de Gregoire de Tours. On en trouve de même dans les *Gesta Francorum*, dans les *Gesta Dagoberti Regis*, & dans d'autres Historiens de ces tems.

Il n'est point de lieu où la Reine Pedauque ou au pied d'oie soit plus en vogue qu'à Toulouse. Elle y est appellée la Reine Austris, fille de Marcel Roi de Toulouse, dont on raconte mille fables qu'il seroit trop long de rapporter. Le peuple la regarde comme une Sainte, à laquelle il a une grande devotion. On prétend qu'elle fait beaucoup de miracles. Nous en avons un de l'an 1721. imprimé & signé d'un Notaire & de deux témoins.

Venons aux trois portails de S. Denis qui sont au frontispice de l'Eglise, dont le premier à gauche en entrant a six statuës, cinq Rois & une Reine dont la tête a sauté. Le second qui est celui du milieu en a huit, cinq Rois & trois Reines, dont une n'a plus de tête. Le troisiéme a six Rois, dont l'un qui est à l'extrémité à gauche est tombé par l'injure du tems. Voilà seize Rois & quatre Reines. De ces Rois il y en a neuf dont les couronnes ont la forme de bonnets, tous differens les uns des autres. Il y en a qui ont au bas des bandes qui approchent des diadêmes ; les autres different considerablement entre eux. De toutes ces couronnes il n'y en a que trois qui aient le trefle ; ce qui revient à ce que nous avons souvent dit, que ce trefle n'étoit qu'un ornement arbitraire. On ne voit plus ici de nimbe, & l'on ne le trouve point depuis ce tems-là, comme j'ai fait voir au long dans ma dissertation préliminaire.

Pl. XVI.

Pl. XVII.

Pl. XVIII.

Il est à remarquer que ce nombre de seize Rois, comprend tous ceux qui avoient regné depuis Clovis, jusqu'à la fin de sa race, en ne comptant que ceux qui avoient regné dans Paris, selon l'ancienne maniere de compter : les voici.

Ecclesias istas fundavisse. Ex quodam autem pietatis affectu, cujus ratio ignoratur, ibi positæ sunt. Putat autem Mabillonius pedem illi anserinum dari, vel quia vere talem habuerit, etsi id Gregorius Turonensis non dixerit , vel ad significandam Chlotildis prudentiam, cujus prudentiæ, inquit ille, pes anserinus symbolum est. Libentius crederem id ex quadam prodire fabula, vel prodigiosa narratione, queis historici nostri qui post Gregorium Turonensem venerunt, referti sunt : jam multa notavimus in Epitome historiæ Gregorii Turonensis a Fredegario adornata. Similia repetiuntur in Gestis Francorum, & in Gestis Dagoberti regis, atque in aliis illorum temporum historiæ scriptoribus.

Nusquam autem illa pede anserino Regina , quam etiam Reginam *Pedaucam* vocant , majore in honore habetur, quam Tolosæ ; ubi illa *Regina Austris* etiam appellatur , quæ filia fuisse dicitur Marcelli Regis Tolosæ. Hujus autem mille fabulas narrant , quas longius esset recensere. Populus illam ut sanctam habet, magnaque prosequitur religione. Multa illam edere miracula putant. Typis editum ejus miraculum anno 1721. patratum , missum nobis fuit ; cui subscripsit Notarius quidam cum duobus testibus.

Jam veniamus ad tres illas Ecclesiæ sancti Dionysii portas , quæ in Ecclesiæ frontispicio habentur. Prima porta ad lævam ingredientibus sex habet statuas ; quinque Reges & Reginam , cujus caput excidit. Secunda octo statuas exhibet, quinque Reges & tres Reginas, quarum una etiam caput amisit. Tertia sex Reges habebat , quorum extremus ad lævam ex vetustate lapsus est. Sexdecim ergo Reges sunt & quatuor Reginæ. Ex hisce Regibus novem sunt , quorum coronæ pilei seu galeri formam habent. Hi vero galeri inter se forma differunt. Quidam in imo habent tæniam , seu circulum qui diadema referre videtur : alii vero non parum variant. Ex his porro coronis tres tantum trifolia habent ; unde asseritur id quod dicebamus, trifolii nempe usum ex mero arbitrio adhibitum fuisse ad ornatum. Nimbus autem nullus hic habetur , neque in posterum in usu fuit , ut in Dissertatione præliminari pluribus expendi.

Observandum porro est hunc sexdecim Regum numerum, omnes Reges complecti qui a Chlodoveo usque ad primæ stirpis finem regnaverunt. Qui numerus illos solos complectitur qui Parisiis regnaverant, secundum veterem computandi modum : en illos,

Tome I. Bb

1. Clovis. 2. Childebert. 3. Clotaire. 4. Cherebert. 5. Clotaire II. 6. Dagobert. 7. Clovis II. 8. Clotaire III. 9. Childeric II. 10. Thierri I. 11. Clovis III. 12. Childebert II. 13. Dagobert II. 14. Chilperic. 15. Thierri II. 16. Childeric III. Mais ce qui est fort singulier, c'est qu'au portail septentrional de la croisée commencée & non achevée par l'Abbé Suger, il y a trente-six Rois representez; & c'est justement le nombre des Rois qu'il y a eu jusqu'à ce tems-là en y comprenant Louis le Jeune qui regnoit alors. De ces Rois six sont representez en grand. Ce sont les six Rois de la troisiéme race, Hugues Capet, Robert, Henri, Philippe, Louis le Gros, Louis le Jeune. Les trente autres sont en petit tout autour du portail. Peut-être a-t-on voulu mettre aussi au frontispice de Notre-Dame de Paris, tous les Rois Chrétiens qui avoient regné jusqu'alors : mais à peine y trouveroit-on le nombre requis. Il y en a vingt-huit en haut, & quatre au troisiéme portail qui y auront été apportez de l'ancienne Eglise, comme nous disons ci-devant. Cela ne feroit que trente-deux Rois ; mais il se peut faire qu'ils comptoient differemment. Le tems pourra donner le moien d'éclaircir cela.

PEPIN.

752.

LA premiere chose que fit Pepin après avoir été élû Roi, fut d'envoier demander à Gaifre Duc d'Aquitaine, son frere Grippon qui s'étoit enfui auprès de lui. Gaifre ne voulut pas le rendre. Mais Grippon craignant que cette retraite ne fût pas sure pour lui, prit le parti d'aller se refugier avec quelques troupes qu'il avoit, auprès d'Astolphe Roi des Lombards. Il se mit donc en marche ; mais étant arrivé au val de Morienne, le Comte Theodouin & d'autres Comtes vinrent lui disputer le passage, Grippon les chargea. Il périt dans ce combat beaucoup de noblesse Françoise, les deux Chefs Grippon & Theodouin demeurerent sur la place.

Mort de Grippon.

Vers ce même tems Pepin fit une expedition dans la Gothie, ou dans la Septimanie ; il assiegea Narbonne : mais cette place que les Sarrasins gardoient étoit si bien munie, que les efforts qu'il fit pour la prendre furent inutiles. Il laissa des troupes dans ce païs, qui fatigant la garnison par des courses & des atta-

Prise de Narbonne.

---

1. Chlodoveus. 2. Childebertus. 3. Chlotarius. 4. Cherebertus. 5. Chlotarius II. 6. Dagobertus. 7. Chlodoveus II. 8. Chlotarius III. 9. Childericus II. 10. Theodericus I. 11. Chlodoveus III. 12. Childebertus II. 13. Dagobertus II. 14. Chilpericus. 15. Theodericus II. 16. Childericus III. Et quod admodum singulare est in porta septentrionali, in ea in modum crucis ædificii parte quæ a Sugerio Abbate cœpta, nec perfecta fuit ; triginta sex Reges repræsentantur, qui vere numerus Regum est, qui a Chlodoveo ad illud usque tempus regnaverant, annumerato Ludovico juniore, qui tunc sceptrum tenebat. Ex hisce porro Regibus sex longe majoris sunt formæ quam alii, nempe tertiæ stirpis Reges : Hugo Capetus, Robertus, Henricus, Philippus, Ludovicus *Grossus*, Ludovicus Junior. Triginta alii multo minoris formæ sunt, & circum portam concinne positi. Forteque etiam in frontispicio Cathedralis Parisiensis, omnes Christianos Reges qui ad illud usque tempus regnaverant apponere voluerint. Sed vix requisitus numerus reperiatur. Viginti octo superne locati habentur, ac præterea quatuor in tertia porta, ut antea dicebamus. Triginta duo tantum Reges sunt ; sed fortassis alio modo hi numeraverant. Forte quidpiam emerget, quo hæc possint intelligi & explicari.

PIPINUS.

IN Regem electus Pipinus, Oratores misit ad Vaifarium Aquitaniæ Ducem, Gripponem fratrem petens, qui ad illum confugerat. Id vero negavit Vaifarius. Grippo autem metuens ne in Aquitania tuto degere non posset, ad Aistulphum Langobardorum Regem cum agmine suo confugere decrevit. Iter igitur suscepit ; sed cum ad Mauriennæ vallem pervenisset, Theodouinum Viennensem, aliosque Comites repetit, qui ne Alpes superaret obsistebant. Cum ille vi prætereire vellet, acriter utrinque pugnatum est. In hoc certamine multi Franci nobiles periere, Ducesque belli Grippo & Theodouinus e cæsorum numero fuere.

Ann. Mel.

Idem circiter tempus Pipinus in Gotthiam sive Septimaniam ingressus, Narbonam obsedit urbem munitissimam, quam custodiebant Saraceni, eamque vi capere non valuit : sed relicta ibidem militum manu, quæ urbis custodes Saracenos quotidianis irruptioni-

Ab. Mel.

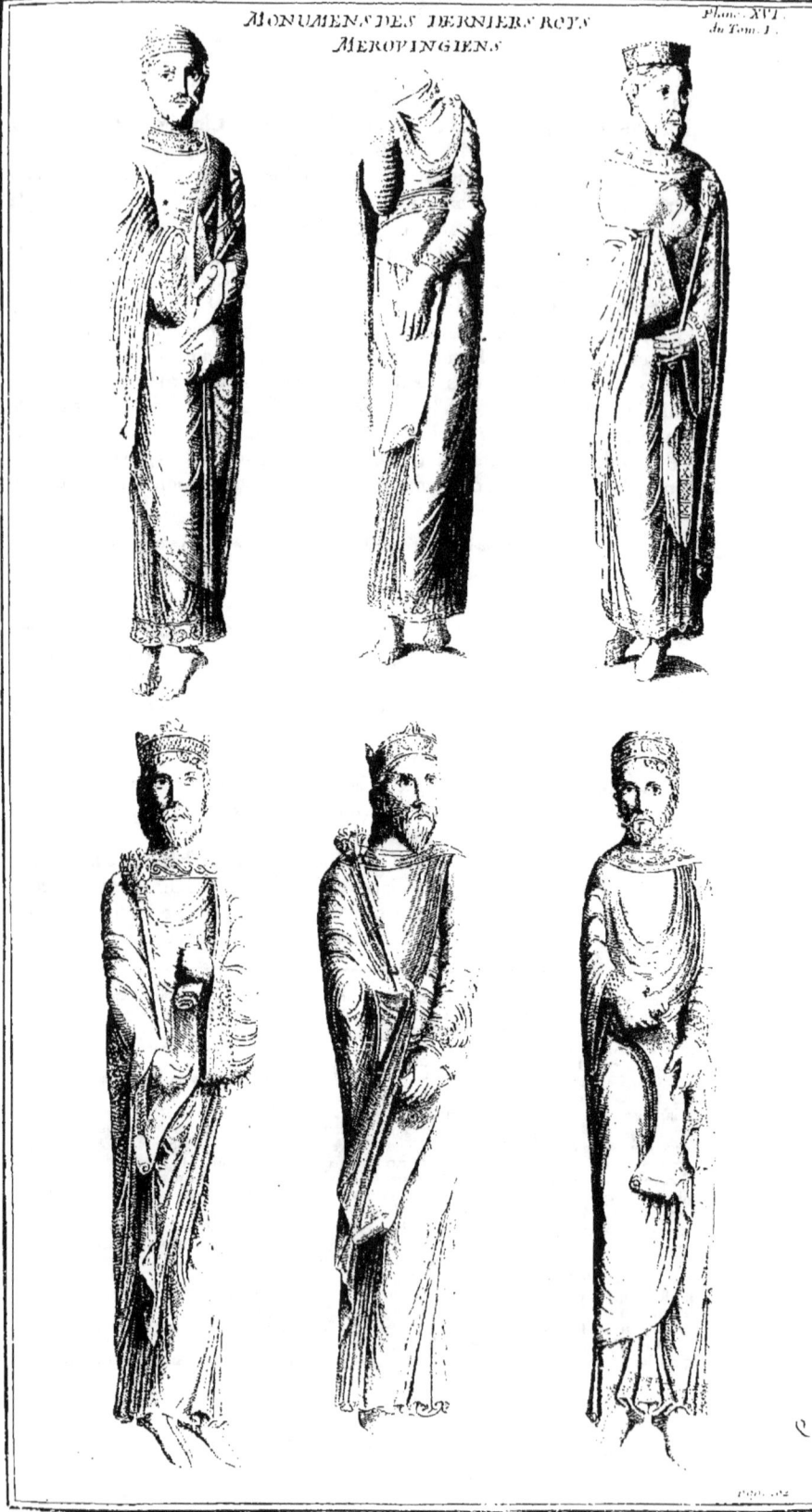

ques continuelles, firent si bien qu'au bout de trois ans; ce fut environ l'an 755. Narbonne se rendit, & les Sarrasins furent chassez de toute la Province que nous appellons aujourd'hui Languedoc. L'Annaliste de Mets ajoûte que Solinoan Duc des Sarrasins, qui commandoit dans Barcelone & dans Girone, se mit aussi sous la domination de Pepin.

Les Saxons malgré tous les sermens prêtez & toutes les promesses données, se revoltent de nouveau. Pepin indigné de l'infidelité de ces peuples, passe le Rhin avec une grande armée, & se rend en Saxe, leur donne bataille où Hildegaire Archevêque de Cologne fut tué: il fait un grand carnage de Saxons, met le feu par tout, emmene beaucoup de prisonniers de l'un & de l'autre sexe. Il ne falloit pas moins que cela pour domter ce peuple feroce. Cette infortune les reduisit à implorer la clemence du vainqueur. Ils promirent avec serment de paier des tributs plus grands que les precedens, & de ne prendre plus les armes contre leurs maîtres. Après ce traité, Pepin s'en alla à Bonne, où il reçut la nouvelle que Grippon son frere avoit été tué au passage des Alpes, comme nous venons de dire.

753.

Guerre de Saxe.

Le Roi s'en revenant par les Ardennes, & s'étant arrêté à Theonville sur la Moselle, eut avis que le Pape Etienne III. venoit de Rome en grande compagnie, portant beaucoup de presens, & qu'il avoit déja passé le Montjoux pour le venir trouver. Fort joieux de cette nouvelle, il ordonna qu'on lui fit tout le bon accueil possible. Il envoia son fils Charles au devant de lui avec ordre de le conduire à Pontion où il se rendit. Le Pape vint donc à Pontion, où il vit Pepin & lui fit de grands presens; il en fit aussi aux Seigneurs de sa Cour. Le sujet de sa venuë étoit pour demander secours contre Astolphe Roi des Lombards, qui tâchoit d'opprimer le Pape & le Saint Siege, & qui imposoit des tributs aux Romains. Pepin engagea le Pape à passer l'hyver à Paris: il se tint toûjours à S. Denis, où le Roi le fit traiter avec tous les soins & la magnificence possible. Il envoia ensuite des Ambassadeurs à Astolphe, lui remontrant que le respect dû à S. Pierre & à S. Paul, le devoit porter à s'abstenir d'aller à main armée dans le territoire de Rome, & d'exiger des tributs qui ne lui étoient point dûs.

754.
Le Pape Etienne vient demander secours à Pepin.

Pepin n'aiant rien avancé par son Ambassade, & Astolphe demeurant obstiné, il fit assembler tous les François à Braine, aux Kalendes de Mars selon la

---

bus lacesseret; illo tandem ventum est ut Saraceni cederent. Post triennium itaque, anno 755. Narbona deditionem fecit, exque tota Septimania Saraceni tandem expulsi sunt. Addit Metensis Annalista Solinoan Saracenorum Ducem, qui Barcinonem Gerundamque regebat, Pipino se subdidisse.

Saxones, posthabitis sacramentis, promississque omnibus, denuo rebellarunt. Illorum perfidiam indigne ferens Pipinus, cum exercitu magno Rhenum trajicit, Saxoniam invadit, pugnam cum Saxonibus committit, in qua cecidit Hildegarius Coloniæ Episcopus: Saxonumque magnam stragem fecit, omnia incendit, captivos multos utriusque sexus abducit, ferocemque gentem eo deducit ut victoris clementiam imploraret. Sacramentis ergo adhibitis, Saxones polliciti sunt, se tributa prioribus majora soluturos, neque ultra arma sumturos esse: inde Pipinus Bonnam petit, ubi nunciatum illi fuit Gripponem Alpes superare conantem cæsum fuisse, ut modo narratum est.

Dum Rex per Arduennam silvam rediret, & in Theodonis villa ad Mosellam resideret, per nuncium edidicit, Stephanum Papam Roma profectum *cum magno apparatu & multis muneribus* venientem, jam montem Jovis superasse ut se conveniret. Nec mora Rex, omnibus ad illum recipiendum compositis, Carolum filium obviam mittit, qui illum ad Pontem Hugonis, quo ipse venturus erat, adduceret. Eo Stephanus Papa venit, Pipinumque invisit, ac tum Regi tum regni proceribus munera multa obtulit. Iter tantum Stephanus susceperat, ut Pipini auxilium imploraret contra Aistulfum Langobardorum Regem, qui & Papam & Sanctam Sedem opprimere conabatur, tributaque a Romanis exigebat. Pipinus vero Stephanum Parisiis hiemare curavit, Pontifexque in Monasterio S. Dionysii sedem habuit, ubi magnifice semper exceptus fuit. Oratores vero postea ad Aistulfum Pipinus misit, qui hortarentur ut pro reverentia Sanctorum Petri & Pauli abstineret ab incursionibus in Romanos agros, & ab exigendis iis quæ sibi non competebant.

Cum cerneret vero Pipinus nihil se per Oratores perficere, & Aistulfum in contumacia perseverare, in villa publica Brennaco conventum Kalendis Martii &

C. 120.
Ann. Met.
& Bert.

754.
Guerre contre les Lombards.

coûtume. Et après avoir tenu conseil avec les principaux de l'armée, il partit avec le Pape Etienne à la tête de l'armée, passa par Lion & par Vienne, & se rendit à Maurienne. Astolphe de son côté s'avança avec son armée de Lombards jusqu'au détroit du Val de Suze, & se campa là avec ses machines & un grand appareil de guerre. Le Roi Pepin étoit toûjours campé au même endroit. La difficulté des passages sembloit rendre son dessein impraticable; cependant quelques François surmonterent ces difficultez, & se rendirent au Val de Suze. Astolfe les fit attaquer avec son armée. Ces François se voiant sans secours & en petit nombre, se recommanderent au Dieu des armées, & combattirent vaillamment; ils firent un si grand carnage des Lombards, qu'Astolfe voiant cette perte & un grand nombre de Ducs, Comtes & autres Seigneurs morts sur la place, se sauva sur une roche, & gagna Pavie sa principale Ville. Pepin victorieux s'avança avec toute son armée jusques-là, se campa devant Pavie, & ravagea tout le païs des environs, pilla le camp des Lombards, où l'on trouva beaucoup d'or, d'argent & de richesses. Astolfe se voiant si mal mené, & craignant sa ruine totale, eut recours à la clemence du vainqueur, & se servit des Evêques & de quelques grands Seigneurs pour lui faire la proposition suivante: Qu'il repareroit tous les dommages qu'il avoit faits à l'Eglise Romaine & au S. Siege Apostolique: qu'il rendroit l'Exarcat de Ravenne, & qu'il seroit toûjours soumis à la domination Françoise, sans jamais faire la guerre à Rome. Il jura qu'il tiendroit sa parole, & donna des otages pour cela. Pepin qui aimoit la paix, accepta les propositions, & reçut de grands presens du Roi des Lombards, qui en fit aussi aux principaux Chefs de l'armée Françoise. Il renvoia avec honneur le Pape bien accompagné jusqu'à Rome, après lui avoir fait beaucoup de presens à la maniere de ces tems-là, & s'en retourna victorieux en France.

755.

Astolfe comptant pour rien sa parole donnée avec serment, vint l'année suivante devant Rome, saccagea tous les environs de la ville, se rendit à l'Eglise de S. Pierre, & brûla les maisons qui étoient auprès. Pepin apprenant ces nouvelles, fit à la priere du Pape Etienne une seconde expedition en Italie. Il marcha avec toute l'armée Françoise, passa à Châlon d'où il vint à Geneve & ensuite à Maurienne. Astolfe envoia de nouveau son armée au détroit de Suze, pour lui empêcher le passage. Pepin passa par le mont Cenis & descendit

---

habuit, secundum Francorum morem; ac deliberatione habita cum exercitûs proceribus, cum Stephano Papa profectus est: exercitum Francorum adducens, Lugduno & Vienna transit, ac Mauriennam pervenit. His compertis Aistulfus, exercitum Langobardorum movet ad Clusas in valle Segusiana, ubi castrametatus est cum machinis, armis & magno belli apparatu, Pipinus iisdem in castris residebat. Angusta vero & prærupta locorum, transitu illum intercludere videbantur. Quidam tamen Franci, his omnibus superatis ad Segusianam pervenere vallem. Aistulfus exercitum jubet illos adoriri. Qui se numero paucos cernentes, implorata ope Dei exercituum, strenue dimicarunt, tantamque Langobardorum fecere stragem, ut Aistulfus illam videns, multosque cæsos Duces, Comites aliosque, ad rupem quamdam fugeret, indeque Ticinum regiam urbem suam concederet. Victor Pipinus illò cum exercitu pervenit, ante urbem castra posuit, regionem totam circum depopulatus est, Langobardorum castra diripuit, ubi multum auri, argenti, rerumque preciosarum collectum est. Aistulfus rem sibi infeliciter cedere videns, extremamque metuens perniciem, ad victoris clementiam confugit. Episcopos vero aliosque primores adhibuit; qui hæc Pipino offerrent suo nomine; se videlicet damna omnia quæ Ecclesiæ Romanæ & Sedi Apostolicæ contulerat reparaturum, Exarchatum Ravennæ redditurum esse, & Francorum dominationi subditum fore, neque bellum Romanis ultra esse illaturum. Hæc datis sacramentis pollicitus, obsides dedit. Pipinus pacis amans hasce conditiones acceptas habuit, ac muneribus donatus est multis ab Aistulfo, qui etiam Ducibus non pauca largitus est. Pipinus Stephanum Papam muneribus ornatum, decenterque stipatum Romam remisit, victorque in Franciam rediit.

Aistulfus datam fidem nihili faciens, anno sequenti C. 13 Romanum agrum petit, omnia circum depopulatur, ad Ecclesiam S. Petri se confert, & domos circum incendit. Quo comperto Pipinus, rogante Stephano Papa, secundam in Italiam expeditionem suscipit. Exercitum ergo movit, Cabilone transiit, ac Genevam, deindeque Mauriennam se contulit. Aistulfus vero exercitum denuo ad vallem Segusianam misit, qui Francos a transitu arceret. Pipinus vero per Cenisium montem, & per angustias vallis, quas tue-

PEPIN.

à la gorge de la vallée défenduë par les Lombards. Les François vinrent fondre sur eux par les roches & par les descentes des montagnes, instruits à attaquer les Lombards en cette maniere. Ils en tuerent un grand nombre, & le reste se sauva par la fuite. Le Roi Pepin avec son neveu Tassillon Duc de Baviere, s'avança jusqu'à Pavie, pilla & ravagea tout le païs des environs, & mit le siege devant la ville. Astolfe fut de nouveau réduit à avoir recours à la misericorde du vainqueur par l'entremise des Prélats & de quelques grands Seigneurs. Le pardon paroissoit beaucoup plus difficile à obtenir cette seconde fois ; car après avoir violé le serment donné au Roi, & si peu de tems après, à quoi pouvoit-on se fier ? Quelle assurance pouvoit-on prendre ? Cependant Pepin se laissa fléchir. Astolfe partagea en trois le tresor qu'il avoit dans Pavie, & en donna une part à Pepin, & fit d'autres presens plus largement que la premiere fois. Il protesta de nouveau de ne jamais prendre les armes contre les François, & de leur paier tous les ans le tribut établi depuis long-tems. Pepin s'en retourna glorieux, chargé de richesses avec peu de perte de ses gens pour une si grande expedition; chose très-rare en ces tems-là : il joüit pendant deux années de la paix ; ce qui étoit fort extraordinaire, aiant à faire à tant de peuples si differens & si éloignez les uns des autres.

Autre défaite d'Astolfe.

Si l'on doit ajouter foi au Moine de S. Gal, Pepin après son retour d'une de ses expeditions en Italie, il ne marque pas laquelle, apprenant que les Grands de sa Cour le méprisoient & tenoient en secret des discours contre lui, apparemment sur la petitesse de sa taille, commanda qu'on lui amenât un grand taureau indomtable, & qu'on lâchât contre ce taureau un lion furieux. Le lion se jetta d'abord sur le taureau, & le prenant au cou, le jetta à terre. Le Roi dit alors à ces railleurs, Chassez ce lion de dessus le taureau, ou tuez le. Pas un n'osa le faire. Alors tirant son épée, il fit ce qu'ils n'avoient osé entreprendre, & s'attira par là le respect des Grands. Le Moine de S. Gal est fort embroüillé ici dans son Latin.

Peu de tems après Astolfe étant à la chasse tomba par on ne sait quel accident de son cheval sur un arbre, & finit ainsi sa vie & son regne. Les Lombards par le conseil & avec le consentement du Roi Pepin, élurent Didier pour son successeur.

Mort d'Astolfe. 756.

Pepin envoia l'an 757. des Ambassadeurs à Constantinople vers l'Empereur

757.

---

bantur Langobardi transivit. Franci per præupta & declivia Langobardos invadunt, docti sic instruendam pugnam esse : multis autem occisis, reliqui terga dedere. Pipinus cum sororis filio Tassilone Bavariæ Duce, Ticinum usque pervenit, omniaque circumquaque depopulatus est, urbemque obsedit. Denuo Aistulfus ad victoris misericordiam confugere coactus est, intervenientibus Episcopis & primoribus. Venia jam impetratu difficilior videbatur ; fractis enim tam cito sacramentis omnibus, cui rei fidendum est, quæ securitas sumenda erat ? Attamen Pipinus se exorari passus est. Aistulfus vero opes & pecunias quas Ticini habebat tres in partes distribuit, atque Pipino unam ex partibus dedit, aliaque munera largius quam prius obtulit : novis datis sacramentis pollicitus est nunquam se contra Francos arma sumturum, & se quotannis tributum a multo jam tempore constitutum soluturum esse. Pipinus gloriosus rediit, opibus onustus, paucis suorum amissis pro tanta expeditione : in similibus enim multi perire solebant. Pacem autem duobus annis habuit, quod mirum videri poterat, cum tot tantas, tamque dissi-

tas nationes coercere oporteret.

Si fides fit Monacho San-gallensi, Pipinus postquam ab expeditione in Italiam redierat, post utram expeditionem non dicit, cum comperisset primores Francorum, ipsum Regem ob pusillum, ut puto, staturam clam irridere, jussisse taurum adduci grandem & indomitum, & leonem ferocissimum in illum immitti. Leo autem irruit in taurum, & a cervice apprehensum conjecit in terram. Tunc Rex derisoribus dixit, leonem a tauro abigite aut occidite. Nullus id aggredi ausus est. Tum Rex evaginato gladio id fecit quod illi suscipere ausi non fuerant, & ita sibi optimatum obsequentiam reverentiamque conciliavit ; hæc intricata sunt apud Monachum San-gallensem, vix ut intelligantur.

Du Chêne, t. 2. p. 131.

Haud diu postea Aistulfus dum venationem in silva quadam exerceret, quo casu ignoratur ex equo decussus in arborem est, atque ita diem clausit extremum. Langobardi vero ex consensu & consilio Pipini Regis, Desiderium in successorem ejus delegerunt.

C. 122. Ann. Met. Eginard.

Anno 757. Pipinus Oratores misit Constantinopo-

Idem.

PEPIN.

Constantin Copronyme pour lier amitié avec lui & procurer le bien de son Etat. L'Empereur lui en envoia aussi de son côté. Pepin reçût l'Ambassade dans une Assemblée generale à Compiegne, où se trouva aussi Tassillon Duc de Baviere avec les principaux de son Duché. On lui fit prêter serment de fidelité au Roi Pepin, & à ses deux fils Charles & Carloman. Entre plusieurs grands presens que l'Empereur fit à Pepin, il y avoit des orgues, les premieres qu'on ait vûës en France. Cette Ambassade de part & d'autre n'eut aucun effet.

Orgues les premieres qu'on ait vûës en France.

759. Les Saxons peu fideles dans leurs traitez, continuant à refuser obéïssance, Pepin mena son armée en Saxe. Ces peuples se défendirent en braves; mais malgré leur resistance, Pepin les battit, prit leurs forteresses & les ruina, força leurs retranchemens, & leur fit promettre d'envoier tous les ans à son Assemblée generale trois cens chevaux en forme de tribut. Après avoir pris toutes les suretez qu'il pouvoit prendre, il se retira.

Autre guerre de Saxe.

760. La guerre recommença en Aquitaine, & en voici le sujet. Pepin envoia des Ambassadeurs à Gaifre Prince d'Aquitaine, fils d'Hunaud, pour le sommer de rendre aux Eglises d'Aquitaine de la domination Françoise ce qu'il leur avoit pris; de les conserver dans leurs immunitez; de ne plus envoier des Juges & des exacteurs pour lever sur ces Eglises des droits non accoutumez; de donner satisfaction au Roi Pepin sur le massacre de plusieurs Gots tuez contre toute forme de Justice; de lui remettre plusieurs hommes de son Roiaume qui s'étoient refugiez chez lui. Gaifre ne voulut rien faire de tout ce que le Roi lui demandoit. Pepin fut comme forcé de porter la guerre en Aquitaine. Il prit son chemin par Troie & par Auxerre, & se rendit sur la Loire qu'il passa au Village de Mesve; de-là par le Berri il se rendit en Auvergne qu'il parcourut, & passa en Aquitaine où il porta le feu par tout. Gaifre se voiant en péril, envoia des Ambassadeurs à Pepin, lui promit par serment de lui donner satisfaction sur tout ce qu'il souhaittoit de lui, & donna des otages pour la sureté de sa parole. Le Roi Pepin se retira ensuite.

Longue guerre d'Aquitaine.

761. L'année suivante le Roi Pepin convoqua tous les grands Seigneurs du Roiaume au champ de May *in Campo Madio*, selon les termes de l'auteur. C'étoit le lieu de l'Assemblée generale des François, qui fut faite cette année à Dura au payis des Ripuariens, pour y traiter des affaires de l'Etat, & y faire des Reglemens pour l'utilité publique. Pendant ce tems-là Gaifre faisoit une grande en-

---

Iidem.

lin ad Constantinum Copronymum, ut amicitiam cum illo jungeret, quæ ad regni sui felicitatem conducere posset. Imperator etiam vicissim Oratores illi misit, quos Compendii in conventu generali recepit, ubi etiam fuit Tassilo Dux Baioariæ cum proceribus regionis suæ. Ab eoque sacramentum fidei præstari curatum est tum Pipino Regi tum etiam ejus filiis. Inter munera quæ Imperator Constantinop. misit, organa fuere, quæ tunc primum in Francia visa sunt. Hæc porro legatio nullum sortita est effectum.

Saxones promissis non stare solebant, cum pro more suo rebelles essent, Pipinus exercitum contra illos movit. Saxones vero strenue decertarunt; attamen a Pipino devicti sunt, qui castra & præsidia illorum cepit ac diruit, ab illisque exegit ut quotannis sibi ad conventum generalem trecentos equos in tributum mitterent. Cum hæc autem quantum fieri poterat firmavisset, regressus est.

C. 124.
Ann. Met.
Eginard.

In Aquitania bellum denuo cepit, & hinc exortum est. Pipinus Oratores ad Vaifarium Aquitaniæ Principem Hunaldi filium misit, qui edicerent ipsi ut Ecclesiis Aquitaniæ quæ sub dominatione Francorum erant, bona abrepta restitueret, illarum immunitates servaret, Judices exactoresque non mitteret, quæ ab illis insolitas res experterent, Pipino Regi satisfaceret pro occisis sine ulla justitiæ forma Gotthis quibusdam, ipsique multos e regno suo redderet qui apud illum confugerant. Vaifarius nihil horum præstare voluit. Pipinus quasi coactus bellum in Aquitaniam intulit. Trecis autem & Antifiodoro transivit Ligerim petens, quem superavit in vico Mæsua. Inde per Bituriges in Arvernos venit, indeque in Aquitaniam, quam depopulatus est. Vaifarius autem periculum metuens, Oratores ad Pipinum Regem misit, cui dato sacramento pollicitus est se in omnibus facturum ei satis, obsidesque dedit. Rex autem Pipinus regressus est.

Iid.

Anno sequenti Pipinus primores regni vocavit *in Campo Madio*; eratque conventus generalis Francorum, qui hoc anno fuit in loco Dura dicto in regione Ripuariorum *pro salute patriæ & utilitate Francorum tractanda*. Interim Vaifarius magna moliebatur

treprise contre Pepin & les François. Il se joignit à Umbert Comte de Berri, & à Blandin Comte d'Auvergne, les mêmes qui avoient été envoiez Ambassadeurs à Pepin l'année précédente, avec Bertellan Evêque de Bourges. Accompagné de ces Comtes & de plusieurs autres avec lesquels il fit ses menées en secret : il fit marcher son armée jusqu'à Châlon, pilla & brûla tout le païs qui est entre Châlon & Autun. Ses gens brûlerent aussi le lieu nommé Melchi, maison de campagne, & puis se retirerent chargez de dépouïlles. Ces nouvelles mirent Pepin en grand mouvement. Pour se venger promtement de la perfidie de Gaifre, il fit marcher tous les François, & alla par Troie & Auxerre jusqu'à Nevers, passa la Loire au lieu appellé Bourbon dans le Berri, qui fut assiegé & pris par les François. Ils emmenerent avec eux les habitans du lieu. L'armée fit de grands ravages dans l'Aquitaine, vint en Auvergne, prit le fort appellé Clermont qui dominoit alors sur la Ville de même nom, y mit le feu. Il y eut dans l'incendie bien des hommes, des femmes & des enfans brûlez. Il se donna un combat où beaucoup de Gascons furent tuez ou pris. Le Comte Blandin y fut pris aussi & amené lié devant le Roi. Après la prise de Clermont, tout l'Auvergne fut desolé & pillé. La campagne ainsi finie, l'armée se retira.

L'année suivante qui étoit l'onziéme du regne de Pepin, il marcha avec l'armée du côté de Bourges qu'il assiegea dans les formes, après avoir ravagé la campagne. Il fit battre les murs avec des machines de guerre. La breche étant faite il fit donner l'assaut & prit la Ville. Il y eut là bien des gens tuez & blessez. Par droit de guerre il remit cette ville sous son obeïssance. La garnison que Gaifre y avoit, fut prise ; & par un exemple d'humanité que nous n'avions point vû dans cette histoire, elle fut renvoiée libre, chacun eut permission de s'en retourner chez soi. Le Comte Unibert & les Gascons qui s'y trouverent, furent envoiez en France avec leurs femmes & leurs enfans, après avoir prêté serment de fidelité. Il fit rétablir les murs de Bourges, & y mit des Comtes pour garder la Ville. Il vint ensuite en Poitou où il assiegea la forteresse de Touars, la prit dans fort peu de tems, & la brûla. Les Gascons qui la défendoient avec le Comte qui les commandoit, furent amenez en France. Il finit là sa campagne.

La guerre entre Pepin & Gaifre duroit toûjours, mais de telle maniere que Pepin avoit le dessus, & croissoit à vûë d'œil en puissance, au lieu que l'autre

762.

763.

in Pipinum & in Francos. Copias vero suas junxit, cum agmine Umberti Bituigum Comitis, & Blandini Comitis Arvernorum, qui anno proximo Oratores ad Pipinum ierant cum Bertellano Bituricensi Episcopo. His junctis Comitibus aliisque, quibuscum clam deliberaverat, exercitum movit Cabilonem, regionemque totam inter Cabilonem & Augustodunum vastavit & incendit ; Melciacum quoque villa cremata est. Postea vero ille spoliis onustus cum exercitu regressus est. Iis admodum commotus Pipinus, ut Vaisarii perfidiam ulcisceretur, collectum Francorum exercitum Trecas primo, hinc Antisiodorum, postea Nivernum duxit: ibique Ligerim superavit ad castrum *Burbone* dictum in pago Biturigo, quem etiam locum obsidentes Franci ceperunt, seccumque loci incolas abduxerunt. Exercitus in Aquitania multa depopulatus est ; inde in Arvenos transiens Claremontem castrum cepit & incendit : multi cecte viri, mulieres & parvuli incendio periere. In prœlio quodam commisso multi Vascones cæsi captique fuere ; Blandinus etiam Comes captus est, & ad Regem vinctus est adductus.

Post captum Claremontem omnis Arvernorum regio devastata & direpta fuit, *& illæsus exercitus remeavit ad propria.*

Anno sequenti qui erat undecimus regni Pipini, exercitum movit Bituricas, quam urbem obsedit devastatis circum agris. Muros machinis concussit & diruit, & qua parte dejecti muri erant urbem oppugnavit ; multique tunc cæsi vulneratique sunt, urbemque captam *restituit ditioni suæ jure prœlii, & homines illos, quos Vaifarius ad defendendam civitatem dimiserat,* liberos ipse dimisit, clementiæ exemplo, quod nondum in hac historia adverteramus. Comes Unibertus & Vascones in Franciam missi sunt cum uxoribus & liberis, postquam sacramentum fidei præstiterant. Muros Bituricenses restaurari jussit, Comitesque ad urbem custodiendam misit, indeque in castrum Toarcium movit, quod mira celeritate captum fuccensumque est. Vascones ibi repertos cum Comite suo in Franciam misit, ipseque reversus est.

Bellum Pipinum inter & Vaifarium non cessabat ; sed ita ut Pipini res in melius semper procederent, Vaifa-

Iidem.

Iidem.

tomboit tous les jours en décadence & menaçoit ruine. Cependant il cherchoit les occasions de nuire à son adversaire. Sachant que Pepin envoioit une garnison à Narbonne pour la défendre des Sarrasins, il donna ordre au Comte Mancion son cousin, accompagné d'autres Comtes, de se rendre aux environs de la Ville pour empêcher que la garnison n'entrât, ou qu'elle n'en pût plus sortir si elle étoit entrée, & de la tailler en pieces s'il l'a pouvoit rencontrer. Il arriva quand le Comte Australde, Galeman & leurs compagnons s'en retournoient chez eux, Mancion avec un corps de Gascons les va attaquer. Ils se défendent vaillamment & tuent Mancion & les autres Comtes ses camarades: ce que voiant les Gascons, ils prirent la fuite, se retirerent par les montagnes & les vallées ; peu arriverent en leurs payis. Les vainqueurs se saisirent de leurs chevaux, & firent un grand butin. Pendant la campagne Tassillon contrefaisant le malade, se retira en Baviere où il ramassa des troupes, & se revolta contre Pepin, qui fut obligé de partager ses gens, & d'en envoier une partie en Aquitaine & l'autre en Baviere.

764.

La victoire suivoit par tout ses troupes. Chilpinge Comte d'Auvergne, s'étant mis en campagne pour aller faire le dégât du côté de Lion & dans la Bourgogne, Adalard Comte de Châlon, & Australde autre Comte, avec leurs compagnons, marcherent contre eux. Le combat fut donné sur la Loire, le terrain fut fort disputé. Chilpinge fut d'abord tué. Les Gascons voiant que les affaires tournoient mal pour eux, prirent la fuite, peu se sauverent par les bois & les marais. Amanugue Comte du Poitou, ravageant la Touraine, fut tué par les gens de Vulfard Abbé de S. Martin, avec un grand nombre de ceux qui l'accompagnoient : il ne s'en sauva gueres. Le Roi Pepin pour veiller sur les mouvemens de Tassillon, tint son assemblée à Vormes, & ne se mit point en campagne cette année ni la suivante.

Défaite & mort de Chilpinge.

Gaifre ne pouvoit se soutenir longtems contre tant de malheurs & de pertes. Remistan son oncle, fils d'Eudes Duc d'Aquitaine, selon la veritable opinion, prévoiant la ruine prochaine de son neveu, vint trouver Pepin, se donna à lui, & lui promit par plusieurs sermens réiterez, qu'il lui seroit fidele & à ses enfans. Pepin le reçût fort humainement à son ordinaire, & lui fit tant de presens en or, argent, habits precieux, chevaux & armes, qu'il le mit dans une grande opulence.

rius vero in dies caderet, & in perniciem ruere videretur. Et tamen intentus semper rebus suis hosti nocere studebat. Ut novit autem Pipinum cohortes Narbonam mittere, quæ Saracenos propulsarent, jussit Mancionem Comitem cum aliis Comitibus versus illam urbem concedere, ut arcerent Pipini turmam ab ingressu in urbem, vel si jam ingressa esset, ut exitum intercluderent, ac totam conciderent si possent aggredi. Accidit autem, ut Australdus & Galemanius Comites *cum paribus eorum ad propria reverterentur.* Illos Mancio cum Vasconibus aggreditur : fortiter utrinque pugnatum est ; tandemque Australdus & Galemanius Mancionem, aliosque Comites interficiunt. Quod cum Vascones viderent, terga vertentes per montes & valles fugerunt ; pauci in patriam sunt reversi. Victores autem ipsorum equos magnamque prædam ceperunt. Hoc tempore Tassilo simulata ægritudine in Baioariam venit, ubi phalangas collegit & contra Pipinum rebellavit, qui coactus est copias suas dividere, & partem in Aquitaniam, partem in Baioariam mittere.

Continuat. Fredeg. c. 28.

Victoria Pipinum & exercitus ejus ubique comitabatur. Chilpingus Comes Arvernorum collegit exercitum, ut versus Lugdunum & in Burgundia prædas ageret. Adalardus Comes Cabilonensis & Australdus alter Comes cum sociis contra illum moverunt. Ad Ligerim pugnatum est, & strenue utrinque dimicatum ; Chilpingus statim occisus est. Vascones autem videntes conatum non bene sibi cedere, in fugam versi per silvas & paludes evaserunt. Amanugus Comes Pictaviensis dum Turonicam infestus depopularetur ab hominibus Vulfardi Abbatis Monasterii sancti Martini cum multis suorum interfectus est, paucique evaserunt. Rex vero Pipinus, ut Tassillonis gestis advigilaret, conventum generalem Vormatiæ habuit, nec ad bellum ipse processit hoc anno, neque sequenti.

Aut. V. Ignat.

Non poterat Vaifarius tot infortuniis diu obsistere. Remistanus patruus ejus filiusque Eudonis Aquitaniæ Ducis, ut ex veriori sententia statuitur, cum extremam Vaifarii perniciem imminere prospiceret, Pipinum Regem adiens, sacramentis adhibitis multis fidem illi promisit & filiis suis. Pipinus benigne illum excepit, muneribusque auri, argenti, rerumque preciosarum, vestium, armorum, equorum illum ditavit.

Non

Non content de cela, le Roi Pepin fit rétablir depuis les fondemens la forteresse d'Argenton dans le Berri, en fit une place des plus fortes, y envoia des Comtes pour la garder, & en fit ensuite present à Remistan, pour lui donner moien de resister à Gaifre, s'il le venoit attaquer, y ajoutant la moitié du Berri jusqu'à la riviere du Cher. Gaifre voiant que Clermont en Auvergne, & Bourges la principale Ville de l'Aquitaine, étoient sous la puissance du Roi, ne se croiant plus en état de se soutenir dans cette Province, fit demanteler toutes les Villes & les places fortes. Il fit donc abbattre les murailles de Poitiers, Limoges, Saintes, Perigueux, Angoulême, & de toutes les autres forteresses, que Pepin fit rebâtir depuis, & y envoia de ses gens pour les garder.

L'année suivante 765. le Roi marcha avec son armée & alla par Troie & Auxerre jusqu'à Nevers, où il tint son Assemblée du Champ de Mai. Il passa ensuite la Loire, & s'avança dans l'Aquitaine jusqu'à Limoges, ravageant tout & brûlant les Villages & les maisons qui appartenoient à Gaifre, & fit le dégât dans tout le païs & dans les Monasteres jusqu'à Issaudon. Il prit & ravagea la plus grande partie de l'Aquitaine, & ces grands vignobles, d'où la plûpart des Eglises & des Monasteres, des pauvres & des riches tiroient leurs vins. Gaifre Prince courageux & intrepide, que tant de malheurs & de déroutes n'avoient pas encore abbattu, fit un dernier effort, ramassa une grande armée composée pour la plûpart de Gascons & de Basques, & vint attaquer l'armée des François. Mais ces Gascons si souvent battus ne tinrent pas long-tems, ils plierent & tournerent le dos après avoir perdu beaucoup de leurs gens. Le Roi ordonna qu'on poursuivît Gaifre. On courut après lui toute la nuit, mais inutilement. Dans ce combat fut tué le Comte Blandin, qui avoit été pris ci-devant par le Roi; mais qui s'étoit depuis enfui du côté de Gaifre. Le Roi victorieux s'en retourna par Digoins sur la Loire, & par Autun, & revint à Paris. Gaifre envoia des Ambassadeurs à Pepin pour lui faire des propositions de paix. Il demandoit qu'on lui rendît Bourges & les autres Villes de l'Aquitaine, à condition qu'il en paieroit au Roi le tribut que ses predecesseurs avoient accoutumé de paier; mais par le conseil des principaux de la nation Françoise, sa demande fut rejettée. Pepin revint encore l'année d'après, prit la même route, & alla jusqu'à Agen, en ravageant tout. Ce que voiant les principaux de l'Aquitaine & les Gascons, ils vinrent lui prêter serment de fidelité; de sorte qu'il se trouva maître de presque toute

765.
Gaifre
mal mené
par Pepin.

766.

C 129. His non contentus Pipinus castrum Argentonum in Bituricis à fundamentis *mirâ opere* restaurari curavit, Comites illo ad custodiam misit, Remistanoque dedit ut posset Vaifario resistere, si illum adoriri tentaret; hisque adjecit dimidium Bituricensis regionis usque ad Carum fluvium. Vaifarius videns Claremontem in Arvernis, & Bituricas caput Aquitaniæ sub potestate Regis esse, nec se posse putans in illa Provincia victori obsistere, urbium omnium suæ ditionis muros solo æquari curavit, Pictavii, Lemovicarum, Santonicæ urbis, Petrocoræ, Ecolismæ aliarumque urbium, itemque castella multa diruit, quæ omnia postea Pipinus restauravit, & in singulis custodias posuit.

C. 130. Anno sequenti 765. movit Rex cum exercitu, Trecis & Antissiodoro transiit, Nivernumque se contulit; illicque conventum generalem habuit in campo Madio. Hinc transacto Ligeri in Aquitaniam irrupit ad Lemovicas usque omnia devastans, vicos incendens & villas quæ sub ditione Vaifarii erant, Monasteriaque multa depopulatus est. Maximam Aquitaniæ partem cepit & expilavit, vineas devastavit: *unde pene omnis Aquitania, tam Ecclesiæ quam Monasteria,* *divites & pauperes vina habere consueverant*. Vaifarius Princeps strenuus & intrepidus, quem tot adversi casus & clades non animo dejecerant, coacto exercitu magno Vasconum, exercitum regium adortus est. Sed Vascones qui tam sæpe profligati fuerant, statim terga verterunt, plurimique à Francis interfecti sunt. Præcepit Rex ut fugientis Vaifarii tergo insisteretur. Insequuti sunt eum quidam per totam noctem; sed incassum. In hac pugna cecidit Blandinus Comes Arvernorum, qui captus antea, ut diximus, ante Regem adductus fuerat, & qui postea ad Vaifarium confugerat. Rex victor revertens Denegontio ad Ligerim & Augustoduno transiit, atque Lutetiam Parisiorum venit. Vaifarius autem Oratores ad Pipinum misit pacem petens, & restitutionem Biturici cæterarumque Aquitaniæ urbium, ea conditione ut ea tributa Regi solveret quæ decessores sui Regibus Francorum solvere consueverant. Verum suadentibus Francorum primoribus, re infecta Oratores reversi sunt. Pipinus eodem itinere pergens, Aginnum usque pervenit. Aquitanorum vero proceres & Vascones, necessitate compulsi, sacramenta fidei dedere; seque ejus ditioni subegere, ita ut

C 131.

767. l'Aquitaine. Il paſſa par Perigueux & par Angoulême, & s'en retourna en France. L'année d'après il pourſuivit ſon entrepriſe. Paſſant auprès de Troie il alla à Auxerre, & ſe rendit de-là à Gorden accompagné de la Reine Bertrade : il traverſa la Loire & vint à Bourges où il ſe fit bâtir un palais ; & après avoir tenu ſon conſeil à l'ordinaire, il laiſſa la Reine Bertrade avec ſa ſuite à Bourges, & alla à la pourſuite de Gaifre. L'Hiſtorien dit qu'il ne pût le trouver. Il s'étoit apparemment retiré dans des lieux inacceſſibles. Cette campagne dura juſques dans l'hyver où le Roi revint à Bourges.

Remiſtan ſe tourne contre Pepin. Pendant ce tems-là Remiſtan oncle de Gaifre, malgré la foi donnée & jurée à Pepin, ſe remit du parti de ſon neveu, & s'unit avec lui contre Pepin. Il fit la guerre aux garniſons que le Roi avoit laiſſées dans ſon païs, & fit le dégat dans le Berri & le Limoſin, empêchant que les païſans ne puſſent cultiver les campagnes. Le Roi Pepin revint à Bourges, où il fit un long ſejour avec la Reine Bertrade, & envoia ſon armée en quartier d'hyver dans la Bourgogne. A la mi-Fevrier il fit revenir ſon armée, & envoia Hermenaut, Berenger, Childerade & Unibert Comte de Bourges bien accompagnez, pour ſe ſaiſir de Remiſtan par quelque tour d'adreſſe. Pepin ſe mit en campagne contre Gaifre, & la Reine Bertrade arrivée à Orleans, s'y embarqua pour ſe rendre à Selles, lieu ſitué ſur la Loire. En ce tems-là arriverent à Marſeille les Ambaſſadeurs qu'il avoit envoiez trois ans auparavant à Amormuni Roi des Sarraſins. Ils amenoient à Pepin des Ambaſſadeurs du même Roi qui lui apportoient beaucoup de preſens. Pepin envoia à Marſeille des gens pour les recevoir avec grand honneur, & les conduire à Mets où ils paſſerent l'hyver.

768. *Remiſtan pris & pendu.* Les Comtes envoiez pour ſe ſaiſir de Remiſtan l'attraperent enfin, & l'amenerent au Roi chargé de liens ; ſa femme fut auſſi priſe avec lui. Pepin ordonna aux Comtes Unibert & Ghiſeler de le faire pendre. Il marcha enſuite avec ſon armée vers la Garonne, où les Gaſcons de de-là la riviere vinrent le trouver pour lui prêter ſerment de fidelité, & au même tems à ſes deux fils Charles & Carloman. Pluſieurs autres peuples ſe donnerent à Pepin, & abandonnerent Gaifre, qui ſe tenoit caché dans la forêt appellée Edobola dans le Perigord, allant de côté & d'autre ſans ſavoir où ſe mettre en ſureté. Pepin fit ſon poſſible pour le prendre ; mais n'y pouvant réuſſir, il alla joindre la Reine à Selles,

---

C. 132. pene totam Aquitaniam acquiſierit. Hinc Petrocora & Ecoliſma tranſiens, in Franciam rediit. Anno ſequenti ut cœpta perficeret, prope Trecas tranſiens Antiſiodorum venit, & ad Gordinum caſtrum cum Bertrada Regina ſe contulit. Tranſacto Ligere, Bituricas venit, ubi ædes regias conſtrui juſſit, & poſt conventum pro more habitum, relicta Bituricis Regina, Vaifarium inſequitur, nec aſſequi unquam potuit ; fortaſſe in prærupta & inacceſſa loca ſe receperat. Jam vero tempus hyemis erat, cum Bituricas reverſus eſt.

C. 133. Interea Remiſtanus Vaifarii patruus datam fidem & ſacramenta nihil curans, ad Vaifarii partes rediit, & contra Pipinum illi ſeſe junxit ; præſidiis autem cuſtodiiſque quas in urbibus Pipinus reliquerat, infeſtus fuit, Bituricenſes & Lemovicinos agros devaſtavit ; ita ut coloni & agricolæ nec arare nec ſerere auderent. Pipinus rex Bituricas rediit, ubi cum Bertrada Regina per hiemem demoratus eſt ; exercitum vero miſit hiematum in Burgundiam. Medio autem Februario exercitum ex Burgundia revocavit, miſitque Hermenaldum, Berengarium, Childeradum & Unibertum Comitem Bituricenſem, cum comitatu & agmine, qui artificio Remiſtanum comprehenderent.

Pipinus vero movit contra Vaifarium. Regina autem Bertrada Aurelianum petens, ſecundo flumine ad Sellum caſtrum advenit. Illo tempore Maſſiliam appulere Legati ; quos ante triennium miſerat Rex ad Amormunum regem Saracenorum. Pipino autem ejuſdem Regis Oratores adducebant munera multa offerentes. Pipinus vero Maſſiliam viros miſit qui Legatos honorifice reciperent, & Maſſiliam hyematum ducerent.

Comites qui ad Remiſtanum callide capiendum C. 134. miſſi fuerant, ipſum tandem comprehenſum & vinculis onuſtum Regi adduxerunt. Uxor quoque ejus unà cum illo capta fuit, præcepitque Rex Uniberto & Ghiſelario Comitibus Remiſtanum in patibulo ſuſpendi. Ipſe vero Rex movit verſus Garumnam, ubi Vaſcones qui ultra Garumnam habitabant, ipſum adierunt, ut & ipſi Regi, & Carolo, Carlomannoque filiis ſacramenta fidei præſtarent. Multi quoque alii populi, Vaifario relicto, Pipino ſe dediderunt. *Vaifarius vero cum paucis per ſilvam quæ vocabatur Edobola in pago Petrogorico latitans, huc illucque incertus vagabatur.* Nihil non egit Pipinus ut illum per inſidias caperet. Verum re infecta Reginam in Sello caſtro morantem convenit. Ibique Legatos Sa-

où il reçût l'Ambaſſade des Sarraſins qu'il chargea de preſens, & les renvoia à Marſeille, où ils s'embarquerent pour s'en retourner chez eux.

Il retourna après à la pourſuite de Gaifre, & s'avança avec une extrême diligence juſqu'à Saintes. Gaifre s'enfuit à ſes approches. Pepin diviſa en quatre parties ſes Comtes & ſon armée pour le chercher en differens endroits en même tems. Gaifre fut tué par ſes gens, & l'on crut que ce fut par quelque intelligence du Roi Pepin, qui ſe trouva ainſi maître de toute l'Aquitaine, & y fut reconnu dans tout le pays. Après quoi il s'en retourna triomphant à Saintes, où s'étoit renduë la Reine Bertrade. Mort de Gaifre.

Ce fut dans cette Ville qu'il tomba malade d'une fievre dans le tems qu'il regloit les affaires des François en ce payis, & qu'il y établiſſoit des Comtes & des Juges. Il ſe rendit enſuite par Poitiers à Tours & au Monaſtere de S. Martin. Il fit là beaucoup d'aumônes aux Egliſes, aux Monaſteres & aux pauvres, pour la remiſſion de ſes pechez. De là il s'en retourna à Paris accompagné de la Reine Bertrade & de ſes deux fils Charles & Carloman, & vint au Monaſtere de S. Denis, où il demeura quelque tems. Sentant que ſa fin approchoit, il convoqua tous les Grands du Roiaume, les Ducs, les Comtes & les Evêques, & de leur conſentement il partagea ſon Roiaume entre ſes deux fils. Il aſſigna à l'aîné Charles, l'Auſtraſie, & au cadet Carloman, la Bourgogne, la Provence, la Gothie, aujourd'hui le Languedoc, l'Alſace & l'Allemagne; & partagea entre eux deux l'Aquitaine, qu'il venoit de conquerir. Il paroît y avoir quelque erreur dans ce partage rapporté par le dernier continuateur de Fredegaire. Il vaut mieux s'en tenir à ce que dit Eginard, que Charles eut la portion de Pepin ſon pere, & Carloman celle de ſon oncle de même nom que lui. Par le partage qu'avoit fait Charles Martel, Pepin avoit eu la Neuſtrie, la Bourgogne & la Provence, & Carloman l'Auſtraſie, la Sueve ou l'Allemagne, & la Thuringe. Peu de jours après Pepin mourut, & fut enſeveli, comme il avoit témoigné le ſouhaiter, à l'Egliſe de S. Denis; après avoir regné à compter depuis qu'il fut déclaré Roi à l'Aſſemblée de Soiſſons, ſeize ans ſix mois: à ſupputer depuis qu'il fut couronné par le Pape Etienne III. près de 15. ans: à le prendre de plus haut depuis qu'il ſucceda à ſon pere en la Charge de Maire du Palais, 27. ans. Il mourut au mois de Septembre de l'an 768. Après ſa mort ſes deux fils furent declarez Rois le 14. des Kalendes d'Octobre un jour de Dimanche, Charles à Noyon, & Carloman à Soiſſons. Mort de Pepin.

---

racenorum excepit, muneribuſque onuſtos Maſſiliam remiſit, ubi conſcenſa navi, patriam repetierunt.

C. 135. Iterum vero ad Vaifarium inſequendum ſe convertit, & mira celeritate Santonas uſque perrexit. Ille accedente Pipino aufugit. Rex vero in quatuor partes & Comites & exercitum ſuum diviſit, ut per diverſa ſimul loca perquireretur. Vaifarius tandem, inſtigante, ut putabatur, & curante Pipino a ſuis interfectus eſt, & ſic tota potitus eſt Aquitania Pipinus, qui Santonas rediit, quo venerat Bertrada Regina.

Illic vero in morbum incidit, dum res Francorum diſponeret, ac Comites Judiceſque conſtituerat. Inde per Pictavos & Turonas, in Monaſterium S. Martini ſe contulit, ibique multa largitus eſt Eccleſiis, Monaſteriis atque pauperibus in peccatorum ſuorum remiſſionem. Inde vero Lutetiam Pariſiorum reverſus, comitantibus Bertrada Regina, ambobuſque filiis Carolo & Carlomanno, in Monaſterium S. Dionyſii conceſſit, & iſtuc primores omnes regni, Duces, Comites, Epiſcopos convocavit, *ibique una cum conſenſu Francorum & procerum ſuorum, ſeu Epiſcoporum, regnum Francorum quod ipſe tenuerat, æquali ſorte inter prædictos filios ſuos Carolum & Carlomannum, dum*

adhuc ipſe viveret, inter eos diviſit. *Majori Carolo Auſtraſiam dedit; minori autem Carlomanno Burgundiam, Provinciam, Gothiam ſive Septimaniam, Aleſatiam & Alamanniam: Aquitaniamque nuper acquiſitam inter ambos diviſit.* In hac porro diviſione, quam attulit poſtremus Fredegarii continuator, aliquid errati eſſe ſuſpicor; malim ſtare Eginardi dictis qui ait, Carolo portionem Pipini patris ſui datam fuiſſe, Carlomanno autem portionem patrui ſui cognominis. Pipinus porro dividente patre, Neuſtriam, Burgundiam & Provinciam habuerat; alter vero Auſtraſiam, Suaviam, ſive Alamanniam, atque Thoringiam ſortitus erat. Paucis vero poſtea diebus mortuus eſt Pipinus, ſepultuſque eſt, ut ipſe juſſerat, in Eccleſia ſancti Dionyſii. Regnavit autem ex quo Rex proclamatus fuit annis ſexdecim ſex menſibus: ex quo autem a Stephano III. Papa coronatus eſt, annis fere quindecim; ſi vero alius imperium ſumatur, ex quo mortuo patre Major-domus electus eſt, annis viginti ſeptem. Obiit vero menſe Septembri anno 768. Illo defuncto filii ejus Reges inaugurati ſunt die Dominica XIV. Kal. Octobris, Carolus Noviomi, Carlomannus vero Sueſſione.

Eginard. vita Car. M. p. 195. Du Chêne.

C. 137.

CHARLEMAGNE. CARLOMAN en Austrasie.

769.

L'Année suivante, Charles commença ses Exploits par un voiage en Aquitaine, où Hunaud qui s'ennuiant du cloître avoit quitté l'habit Monastique, remuoit pour reprendre sa qualité de Duc d'Aquitaine : il soulevoit les gens du payis pour se mettre en état de reconquerir ce que son fils Gaifre avoit perdu. Charles marcha contre lui, son frere vint le joindre ; mais ce n'étoit que pour une entrevûë, après quoi il s'en alla dans son Roiaume. Charles se rendit à Angoulême, & aiant ramassé des troupes de tous côtez, il se mit à poursuivre Hunaud, & peu s'en fallut qu'il ne le prît. Mais la grande connoissance qu'il avoit des lieux & du payis, lui donna moien de s'échapper. Il abandonna l'Aquitaine pour se retirer en Gascogne, où il se crut en sureté : mais le Duc Loup en qui il se fioit, fut effraié par les Ambassadeurs que lui envoia Charles, le menaçant que s'il ne lui remettoit pas Hunaud, il alloit porter la guerre dans la Gascogne, & qu'il le puniroit de sa desobéïssance. Loup livra au Roi, Hunaud & sa femme, en lui protestant qu'il seroit toûjours prêt à executer ses ordres. Dès le tems que Charles commença à traiter avec Loup, il fit bâtir sur la Dordogne un Château qu'il appella Francique, aujourd'hui Fronsac, dans lequel il mit sous sure garde Hunaud & sa femme. Après quoi il s'en retourna dans son Roiaume.

Guerre de Charles contre Hunaud.

770.

Il fit ensuite une Assemblée generale à Vormes. Berthe sa mere alla joindre son fils puîné Carloman à Salossa pour maintenir la paix entre les deux freres. Après quoi elle se rendit par la Baviere en Italie pour quelques affaires, & sur tout pour négocier le mariage de son fils Charles avec la fille de Didier Roi des Lombards. Le Pape voulut l'empêcher, mais l'affaire fut concluë ; Berthe l'amena à Charles. Il répudia Himiltrude concubine, de laquelle il avoit eu un fils nommé Pepin. La nouvelle épouse fut aussi répudiée quelques tems après.

CAROLUS MAGNUS.
CARLOMANNUS in Austrasia.

Ann. Fran. Du Chêne, t. 2. p. 27. Eginard. Ann. Met. Ann. Bert.

Anno sequenti Carolus primam expeditionem in Aquitaniam fecit, ubi Hunaldus vitæ Monasticæ, quam amplexus fuerat, pertæsus, ut sese denuo Aquitaniæ Ducem constitueret omnem movebat lapidem, & Aquitanos concitabat, ut ea quæ Vaifarius filius suus amiserat recuperaret. Carolus contra illum movit. Frater vero Carlomannus ipsum adivit ; sed invisendi causa solum, posteaque in regnum ipse suum reversus est. Carolus porro Ecolismam venit, coactoque undique exercitu, Hunaldum insequutus est, parumque abfuit quin caperet ; sed locorum peritus ille, dilapsus est. Aquitaniam vero reliquit, & in Vasconiam se recepit, ubi se in tuto esse putabat. Verum Lupus Dux cui ille fidebat, a Caroli Legatis abductus est, qui se ipsi bellum esse illaturum minabatur, nisi Humaldum sibi traderet. Perterritus Hunaldum cum uxore tradidit, & se in posterum dicto obsequentem fore pollicitus est. Dum per Legatos cum Lupo ageret Carolus castrum ædificabat ad *Dordoniam, quod Franciacum dictum est, in quo Hunaldum & uxorem sub custodia reliquit : indeque in Franciam revertitur.

Al. Du taniam.

Anno sequenti Carolus conventum pro more generalem habuit Varmaciæ. Bertha vero mater ejus, minorem filium Carlomannum Salossam adivit, pacis inter fratres servandæ causa, posteaque in Italiam negotiorum causa profecta est : maximeque ut de connubio Caroli filii, cum Desiderii Langobardorum regis filia ageret. Nihil non egit Romanus Papa ut hoc averteret ; sed constituta res fuit, novamque sponsam Carolo Bertha adduxit. Ille vero Himiltrudem concubinam repudiavit, ex qua filium Pipinum susceperat ; ipsaque nova uxor etiam non diu postea repudiata fuit.

Du Pets. t. 1. p. 2. Jam. p. ; 61.

CHARLEMAGNE.

IL tint selon la coutume une Assemblée generale à Valenciennes sur l'Escaut, où il apprit la nouvelle de la mort de son frere Carloman, decedé à Salmouci le huit Decembre. Il pensa à se rendre maître de sa part du Roiaume, s'en vint à Carbonac, où il reçût les visites de Vilhaire Evêque de Sion, du Prêtre Fulrad, & de plusieurs autres du Clergé sujets de son frere. Il fut aussi visité des Comtes & des principaux Seigneurs de la Cour du défunt, & entre autres de Guarin & d'Adelard. Il réunit ainsi sans peine la Monarchie Françoise. La femme de Carloman avec ses enfans, & une partie des Seigneurs de sa Cour, se retirerent en Italie ; ce qui déplut fort au Roi Charles, qui passa l'hyver à Attigni, & Pâques suivantes à Herstal. 771. Mort de Carloman.

L'année suivante mourut le Pape Etienne IV. Adrien I. fut élû en sa place. En ce même tems Charles dans l'Assemblée generale tenuë à Vormes, resolut de porter la guerre en Saxe : il marcha avec une armée pour cette expedition, & emploia le fer & le feu à faire le dégât dans la campagne. Il prit le fort d'Eresbourg, & abbatit une Idole que les Saxons adoroient, & appelloient Ermensul. Il demeura là trois jours ; & la secheresse continuelle aiant tari tous les ruisseaux & les fontaines, l'armée étoit fort tourmentée de la soif. Il arriva par un accident qui parut miraculeux, qu'un jour sur le midi, lorsque tout le monde reposoit à l'ordinaire, il sortit d'un torrent qui étoit près de la montagne voisine, une si grande quantité d'eau, que toute l'armée eut dequoi se desalterer. Le Roi vint ensuite sur le Veser, & reçut là des Saxons douze otages. Il revint en France, & passa l'hyver à Herstal. 772. Guerre de Saxe.

Didier Roi des Lombards faisant de perpetuelles incursions jusqu'a Rome, le Pape Adrien I. fut obligé d'avoir recours au Roi Charles, pour le prier de reprimer les violences de cet ennemi du S. Siege. Le Legat du Pape vint aborder à Marseille, & alla par terre trouver le Roi qui passoit l'hyver à Thionville ; il lui exposa le sujet de sa légation, & s'en retourna par le même chemin à Rome. Charles après avoir deliberé sur ce qu'il avoit à faire pour secourir le Pape, repudia la fille de Didier, & prit pour femme Hildegarde. Il se prepara pour 773. Guerre contre Didier Roi des Lombards.

CAROLUS MAGNUS.

CONVENTUM porro generalem sequentem Valencianæ ad Scaldim habuit, ibique edidicit Carlomannum fratrem in villa Salmonciaco octava Decembris obiisse. Tunc illius occupandi regni cupidus, Carbonacum villam venit, ubi illi obviam venere Vilthurius Episcopus Sedunensis, Fulradus Presbyter & alii multi Sacerdotes : etiamque Comites nuper fratri suo addicti, Varinus & Adelardus, sicque totam Monarchiam sub ditionem suam redegit. Uxor autem Carlomanni cum filiis & parte procerum regni illius in Italiam se recepit, quod Carolo admodum displicuit, qui hoc anno Attiniaci hyemavit, & Pascha celebravit Heristallii. *Mel. bard.*

Anno sequenti obiit Stephanus IV. Papa, & Adrianus I. in ejus locum electus est ; eodemque tempore Carolus in conventu generali Vormatiæ decrevit in Saxoniam inferre bellum. Movit ergo cum exercitu, & igni ferroque regionem depopulatus est. Eresburgum castrum cepit, idolumque quod a Saxonibus Ermensul vocabatur evertit. Istic triduo mansit : cumque continua cæli serenitas rivos omnes fontesque exsiccasset, siti laborabat exercitus. Casu porro accidit, id quod pro miraculo habitum fuit, ut ex torrente cujusdam vicini montis tanta erumperet aquarum copia, ut toti exercitui satis esset. Hinc movit Rex ad Viseram fluvium, duodecimque obsides a Saxonibus accepit. In Franciam inde venit, hiememque Heristallii transegit. *Monach. Ecolism.*

Cum porro Desiderius Rex Langobardorum perpetuas incursiones Romam usque faceret, Adrianus Papa auxilium Caroli implorare coactus est. Legatus ejus Massiliam appulit, deindeque pedestri itinere Regem adiit, qui tunc in Theodonis villa hiemabat : & aperta ei legationis causa, eodem itinere Romam repetiit. Carolus postquam deliberavit quid agendum esset ad opem ferendam Summo Pontifici, filiam Desiderii repudiavit, & Hildegardem duxit. Tum ad bellum Langobardis inferendum *Ann. Mel. Egin.* *T. 3. Du Chêne, ep. 46. p. 764.*

porter la guerre en Lombardie, & se rendit avec toute l'armée à Geneve sur le Rhône. Là il sepera ses troupes en deux parties; en donna l'une à conduire à Bernard son oncle, qui alla par le Montjous, & avec l'autre il passa lui-même par le Mont Cenis. Didier tâcha de lui disputer le passage des Alpes. Mais il fut d'abord mis en fuite, & se retira à Pavie, où il fut assiegé par l'armée du Roi Charles qui y commandoit en personne. Comme la place étoit forte & bien défenduë, il passa là tout l'hyver.

774.

Les Saxons profitant de l'occasion de cette guerre d'Italie, prirent les armes, porterent le fer & le feu dans le payis des Hessiens leurs voisins. Mais arrivez au lieu nommé Frideslar, voulant mettre le feu à une Eglise dediée par S. Boniface Martyr, ils furent tout d'un coup surpris d'une terreur panique, que le ciel leur envoia, disent les Auteurs qui ajoutent ici bien des miracles, & s'enfuirent chacun chez soi.

Cependant le Roi voiant que le Siege de Pavie tiroit en longueur, s'en alla à Rome, où il fit ses devotions, & puis il revint à l'armée. Pavie fatiguée d'un si long siege, & ne pouvant plus se soutenir, vouloit capituler. Hunaud Duc d'Aquitaine, qui s'étoit refugié auprès de Didier, voulant s'y opposer, il fut la-

Hunaud lapidé. pidé par le peuple. Pavie se rendit au vainqueur; & à son exemple les autres villes de Lombardie se soumirent aussi.

Didier pris. Charles, après avoir donné ses ordres pour le payis nouvellement conquis, s'en retourna en France, emmenant avec lui prisonnier le Roi Didier, dont le fils Adalgise sur lequel les Lombards fondoient toute leur esperance, quitta l'Italie, & s'enfuit à Constantinople, où l'Empereur Constantin le reçût humainement & lui confera la dignité de Patrice. Il passa là avec honneur le reste de ses jours. Charles prit depuis ce tems là le titre de Roi de Lombardie.

A son retour de cette expedition, il fit marcher en Saxe son armée divisée en trois corps; en sorte que les Saxons qui ne s'attendoient à rien moins, virent tout d'un coup cette grande armée qui ravageoit & brûloit tout chez eux. Ceux

Guerre de Saxe. qui voulurent resister furent tuez. Après quoi l'armée se retira chargée de dépoüilles.

775. Charles passa l'hyver à Kiersi, où il tint conseil touchant la guerre qu'il vouloit porter en Saxe, dans le dessein de subjuguer entierement les Saxons, de leur faire embrasser la Religion Chrétienne, ou de les détruire. Après avoir

---

sese apparavit. Movit vero cum exercitu Genevam ad Rhodanum, ubi exercitum duas in partes divisit, alteramque partem Bernardo avunculo dedit qui per montem Jovis iret: ipse autem cum altera parte per montem Cenisium in Italiam contendit. Desiderius vero ipsum ab Alpium transitu arcere conatus, in fugam versus est, & Ticinum se recepit, ubi ab exercitu Caroli præsentis obsessus est. Cum porro urbs & munitissima & valido instructa esset præsidio, totam ibi transegit hiemem.

Eginard. Saxones autem ex Italico bello ansam arripientes, contiguos sibi Hassiorum terminos ferro & igne populantur. Verum ubi in locum *Frideslar* dictum pervenerunt, cum Basilicam a Beato Bonifacio Martyre

Monach. Ecolism. dedicatam incendere molirentur, immisso sibi divinitus pavore in fugam versi ad loca sua rediere. Hic prodigia recensent Monachus Ecolismensis & alius Chronologus.

Anastasius in Stephano III. Interea Carolus diuturnam fore obsidionem certior, Romam orandi gratia proficiscitur, & ad exercitum postea rediit. Defessa longa obsidione civitas deditionem facere voluit. Hunaldus vero Dux olim Aquitaniæ, qui ad Desiderium Regem confugerat, cum multitudini obsisteret, lapidibus obrutus est. Ticinum ergo Regi se dedidit, ejusque exemplo cæteræ Langobardorum urbes.

Carolus cum omnia ordinasset ad tutamen acqui- *Eginard.* sitæ regionis, in Franciam regressus est, secum adducens Desiderium Regem, cujus filius Adalgisus, *in quo Langobardi multum spei habere videbantur,* relicta Italia Constantinopolin ad Constantinum Imperatorem se contulit, qui Patricii dignitate ipsum ornavit, in quo etiam honore consenuit & diem clausit. Ab hinc Carolus se Regem Langobardiæ in Actis suis dixit.

Redux ex Italia Carolus,exercitum in tres partes divisum in Saxoniam immisit. Derepente igitur Saxones exercitum grandem viderunt ferro & igne cuncta devastantem. Qui resistere voluerunt,interfecti sunt. Postea Francorum exercitus spoliis onustus regressus est.

In villa Carisiaco Carolus hiemavit, ubi circa bel- *Eginard.* *Ann. Bert.* *Mon. b.d.* lum Saxonibus inferendum consilium iniit, ut illos omnino subigeret, ac vel ad Christianam amplectendam religionem compelleret, vel de medio tolleret.

tenu une Assemblée generale à Duren, il passa le Rhin avec toutes les forces du Roiaume, entra dans la Saxe, & prit d'abord le Fort nommé Sigibourg; il rétablit une autre forteresse nommée Eresbourg, que les Saxons avoient détruite, & y mit une garnison Françoise. Il alla ensuite sur le Veser, où il rencontra au lieu nommé Brunesberg les Saxons assemblez en grand nombre pour lui disputer le passage de la riviere. Mais à la premiere attaque ils s'enfuirent, & laisserent un grand nombre de leurs gens sur la place. Après avoir passé cette riviere, le Roi prit une partie de son armée, & se rendit à une autre riviere nommée Obacre. Là le vint trouver Hesson un des principaux d'entre les Saxons, qui amenoit avec lui les Vestphaliens; il donna au Roi des otages tels qu'il les demandoit, en lui prêtant serment de fidelité. Comme il s'en retournoit, étant arrivé à un village appellé Buch, il rencontra les Angrariens; qui avec leurs Chefs prêterent aussi serment de fidelité, & donnerent des otages comme les Vestphaliens. Cependant la partie de l'armée que Charles avoit laissée sur le Veser reçût quelque échec par la supercherie des Saxons, qui se mêlerent parmi les fourageurs de l'armée Françoise, & entrerent ainsi dans leur camp comme s'ils avoient été de leur troupe; & observant le tems qu'ils étoient endormis, ils en tuerent un bon nombre. Mais les autres qui ne dormoient pas, combattirent vaillamment, & les chasserent de leur camp; & par un pacte fait promtement entre les deux partis, les Saxons se retirerent. La nouvelle en fut d'abord apportée au Roi qui y accourut avec le reste de l'armée; il fit une diligence extrême, poursuivit les Saxons, les atteignit, & en tua un grand nombre; & après avoir pris des otages des Vestphaliens, il revint en France pour y passer l'hyver.

Echec des troupes Françoises en Saxe.

Dans le tems qu'il s'en retournoit il apprit que Ratgaud Lombard qu'il avoit laissé en Italie en qualité de Duc du Frioul, remuoit en ce payis-là; & que voulant se faire Roi, il avoit déja attiré plusieurs villes à son parti. Il falloit user d'une grande diligence pour étouffer le mal dès son origine. Il prend l'élite de son armée, passe d'abord en Italie, tombe sur Ratgaud qui fut défait & pris, & eut la tête coupée par son ordre. Aiant repris les villes qui avoient suivi la revolte, il y établit des Comtes François, & s'en retourna par le même chemin. Il falloit un Prince aussi brave, promt, actif & vigilant que l'étoit Charles pour soutenir tant de guerres à la fois. A peine avoit-il repassé les Alpes, qu'on lui vint dire que les Saxons avoient pris la forteresse d'Eresbourg, & chassé la

776.

Ratgaud rebelle a la tête coupée.

Postquam autem apud Duriam villam conventum generalem habuisset, cum totis regni viribus in Saxoniam irrupit, & primo statim impetu Sigiburgum arcem cepit. Eresburgum vero aliud castrum a Saxonibus eversum restauravit, & in eo Francorum præsidium posuit. Ad Viseram deinde fluvium venit, ubi in loco *Brunesberg* dicto, Saxonum multitudinem offendit, quæ illum a transitu fluminis arcere conabatur; sed in primo congressu illi pulsi fugatique sunt, ac magno numero cæsi. Amne trajecto, Rex cum parte exercitus ad Obacrum fluvium contendit; quo ei Hesso unus ex primoribus Saxonum cum omnibus Ostfalis occurrens, & obsides quos Rex imperaverat, & sacramenta fidei dedit. Inde reverso Carolo, cum in pagum qui *Buchi* vocatur, pervenisset, Angrarii cum primoribus suis occurrerunt, qui perinde atque Ostfali obsides & sacramenta dederunt. Interea pars exercitus quam ad Viseram dimiserat, aliquid cladis fraude Saxonum accepit: qui cum Pabulatoribus Francorum admixti, in castra quasi pars illorum essent ingressi sunt, dormientesque aggressi, non modicum eorum numerum occidisse dicebantur. Sed alii qui nondum dormiebant, viriliter obstitere, illosque ex castris expulere; *& ex pacto quod inter eos ex tali necessitate fieri poterat discesserunt.* Quod cum Regi fuisset allatum, quanta potuit celeritate accurrens, fugientiumque tergo insistens, magnam ex eis multitudinem prostravit; acceptisque Vestphalorum obsidibus, in Franciam ad hiemandum revertitur.

Revertenti Regi nunciatur Ratgaudum Langobardum, quem Forojuliensibus Ducem dederat, in Italia res novas moliri, regnum affectare, & jam complures ad eum civitates defecisse. Ad quos motus comprimendos cum sibi festinandum judicaret, strenuissimum quemque suorum secum ducens, raptim in Italiam proficiscitur; Ratgaudumque aggreditur, qui profligatus captusque est, Regique jussu capite truncatus. Civitatibus quoque quæ ad eum defecerant celeriter receptis, & in eis Francorum Comitibus constitutis, eadem qua venerat velocitate & via reversus est. Principe opus erat ita strenuo, vigile, promto, qualis fuit Carolus, ut tot simul bella gerere posset. Vix Alpes superaverat, cum audivit Eresburgum a Saxonibus captum, ac præsidium Francorum expul-

Eginard. Ann. Met. Bertin.

garnison Françoise, & qu'ils avoient assiegé Sigibourg l'autre forteresse : mais que les assiegez usant d'un stratagême, & étant sortis, étoient venus prendre les Saxons par derriere, tandis qu'ils attaquoient le Fort, qu'ils en avoient tué un grand nombre, mis le reste en fuite, & les avoient poursuivi jusques à la riviere de Lippe. A ces nouvelles, le Roi tint à Vormes une Assemblée, où il fut resolu qu'il repasseroit en Saxe. Il le fit avec promtitude, assembla une armée, passa le Rhin & s'y rendit. La diligence fut telle, qu'elle rompit toutes les mesures des séditieux. Il alla jusqu'à la source de la Lippe, où il trouva une multitude infinie de Saxons, qui vinrent lui demander pardon. Il leur pardonna, & fit baptiser ceux qui voulurent se faire Chrétiens. Ils lui firent des promesses aussi sures que les précedentes, & lui donnerent les otages qu'il demanda. Il rétablit le Fort d'Eresbourg, & en fit bâtir un autre sur la Lippe ; & y aiant laissé de fortes garnisons, il alla passer l'hyver à Herstall.

Expedition en Saxe.

777.

Au commencement du printems le Roi vint à Nimegue. Ne se fiant nullement aux promesses des Saxons, il se rendit à Paderborne, où il convoqua une Assemblée generale, & puis marcha avec une très-grande armée en Saxe. Il trouva là tout le Senat & le peuple Saxon disposez à recevoir ses ordres à leur maniere ordinaire ; c'est-à-dire, à lui promettre foi & obéissance quand il étoit chez eux, & qu'ils ne pouvoient lui resister, & à fausser leur foi dès qu'il étoit parti. Tous les Saxons s'y trouverent hors Vitikind, un des principaux des Vestphaliens, qui se sentant trop coupable pour paroître devant le Roi, s'alla refugier auprès de Sigefroi Roi des Danois. Charles pardonna aux Saxons, & les reçut en sa grace à cette condition, que s'ils se revoltoient de nouveau, ils seroient privez de leur liberté, & emmenez hors de leur payis. Un grand nombre d'entre eux pour le tromper plus facilement se firent baptiser sans aucun dessein veritable de se faire Chrétiens. C'est dans ce payis-là, & quelques-uns disent à Paderborn, que le vint trouver Ibinalarabi Sarrasin, avec d'autres de cette nation, pour se donner à lui, avec quelques villes d'Espagne, que le Roi des Sarrasins avoit confiées à sa garde. Le Roi accepta l'offre, & se mettant en marche pour l'Espagne, il alla celebrer la Noel à Douzi, & Pâques à Casseneuil en Aquitaine.

Vitikind se refugie en Danemarc.

Expedition de Charles en Espagne.

778.

Charles mena à cette expedition une des plus grandes armées qu'on eût encore vû. Il passa les Pyrenées près de Pampelune, & s'avança jusqu'à Saragosse. Outre les troupes qui passerent avec lui du côté de Pampelune, un nombre presqu'in-

nombrable

---

sum ; Sigiburgum vero aliud castellum oppugnatum fuisse ; sed obsessos Francos stratagemate usos, egressos esse & Saxones oppugnantes, a tergo adortos, eorum magnam partem occidisse, reliquos in fugam vertisse ; atque insequutos esse usque ad Lippiam fluvium. Hoc comperto Rex, conventu apud Vormatiam habito, Saxoniam petere statuit, tantaque celeritate trajecto Rheno ad destinatum a se in Saxonia locum pervenit, ut omnes hostium conatus præverteret. Ad fontem Lippiæ veniens, immensam Saxonum veniam petentium invenit multitudinem. Ignovit ille, & eos qui Christianismum amplecti voluerunt, baptizari curavit ; promissa dederunt priscis non certiora, & obsides quotquot voluit. Castrum Eresburgum restauravit, & aliud ad Lippiam construxit, relictisque præsidiis, Heristallium hiematum ivit.

Idem.

Rex ineunte vere Noviomagum venit. Saxonum promissis fidem nullam habens Paderbrunam se contulit, ubi generalem conventum habuit ; posteaque in Saxoniam venit cum maximo exercitu. Totum vero Senatum, populumque Saxonicum dicto audientem reperit ; sed pro solito more fidem pollicentem cum obsistere præsentinon poterant, & fidem postquam profectus erat negantem. Omnes adfuere Saxones præter Vitixindum, unum ex primoribus Vestphalorum, *qui multorum sibi facinorum conscius*, ad Sigifridum Danorum Regem confugerat. Saxonibus Carolus pepercit ; & illos in gratiam recepit, ea lege & conditione, ut si fidem adhuc violarent, libertate sua & patria privarentur. Multi eorum fallendi causa baptismum acceperunt, sine ullo Christianismi amplectendi desiderio. In illa regione, & ut quidam aiunt Paderbrunæ, Regem adiit Ibinalarabi Saracenus, cum aliis ejusdem nationis, ut se ipsi dederent, & quasdam civitates Hispaniæ, quas ejus custodiæ Rex Saracenorum commiserat. Rex de tali munere gaudens, & in Hispaniam movens, Natalem Domini in villa Duciaco, Pascha vero Cassinogili in Aquitania celebravit. Ad hanc vero expeditionem exercitum duxit ingentem, superatis Pyrenæis, Pampelonem cepit, & usque Cæsaraugustam movit. Præter exercitum vero qui cum eo Pampelonem concessit, innumera fere multitudo Burgun-

CHARLEMAGNE.

nombrable de Bourguignons, d'Auſtraſiens, de Bavarois, de Lombards, de Provençaux & de Septimaniens, paſſerent de l'autre côté: ce qui faiſoit un ſi grand nombre de legions, dit un Auteur, que toute l'Eſpagne en trembla. Ibilanarabi lui remit toutes les villes qu'il lui avoit promiſes.

Il revint à Pampelune, dont il fit abattre les murs pour lui ôter les moiens de ſe revolter. Lorſqu'il repaſſoit les Pyrenées, les Gaſcons attaquerent la queüe de ſon armée dans des lieux eſcarpez & dans des rochers, où les François armez de pied en cap avoient peine à ſe ſoutenir, au lieu que ces Gaſcons armez à la legere, avoient tout l'avantage. Il y eut là bien des gens tuez, & des gens même de la premiere qualité; entre autres Egarth Maître de la Table du Roi, Anſelme Comte du Palais, & Roland Prefet des Frontieres de la Bretagne Armorique. Cet échec fit bien de la peine au Roi Charles. Il auroit bien ſouhaité de châtier ces Gaſcons: mais après l'action, ils étoient tellement diſperſez dans leurs rochers & montagnes, que pas un ne paroiſſoit.

Une expedition auſſi éloignée que celle d'Eſpagne, ne manqua pas de porter les Saxons à ſe ſervir d'une conjoncture ſi favorable. Ils prirent les armes, & s'avancerent juſqu'au Rhin. Ils deſolerent par le fer & par le feu tous les bourgs & villages depuis Duits juſqu'à l'embouchure de la Moſelle, n'épargnant ni le ſacré ni le profane, tuant tout ſans diſtinction d'âge ni de ſexe. Ils firent bien voir que c'étoit moins pour piller que pour exercer leur vengeance qu'ils étoient entrez dans les terres des François. Charles apprit cette nouvelle à Auxerre, & commanda ſur le champ aux François orientaux & aux Allemans d'aller donner la chaſſe à ces revoltez. Il s'en alla enſuite paſſer l'hyver à Herſtal. Les François orientaux & les Allemans pourſuivirent à grandes journées les Saxons qui s'en retournoient chez eux. Ils les rencontrerent ſur la riviere d'Eder qu'ils alloient paſſer. Ils les chargerent, & en firent un ſi grand carnage, que de tout ce grand nombre il s'en ſauva fort peu.

Le Roi après avoir paſſé l'hyver à Herſtal, vint après Pâques à Compiegne pour quelques affaires: & comme il s'en retournoit, il rencontra Hildebrand Duc de Spolete, qui venoit le trouver chargé de preſens. Il le reçût fort humainement, lui fit auſſi des preſens de ſon côté, & le renvoia à ſon Duché. Dans le deſſein de marcher contre les Saxons, il vint à Duren, où il tint ſon Aſſemblée à l'ordinaire: enſuite il paſſa le Rhin, & s'avança juſqu'à la Lippe.

Autre revolte des Saxons.

779.

---

dionum, Auſtraſiorum, Baioariorum, Langobardorum, Provincialium, Septimaniorum ab altera parte tranſiit. Tot tantæque legiones erant, ait auctor quiſpiam, ut Hiſpania tota contremuerit. Ibilanarabi autem urbes omnes quas promiſerat, ipſi tradidit.

Iidem. Pampelonem rediit, muroſque ejus, ne rebellare poſſet, ſolo æquavit. Cum Pyrenæi ſaltum ingreſſus eſt ad revertendum, Vaſcones inſidiis collocatis extremum agmen adorti, totum exercitum conturbarunt; *Iidem. Eguard. uita Carol. Mag. Mon. Ecol.* in præruptis nempe locis Franci armorum pondere gravati erant. Vaſcones contra levi apparatu armorum agiles, multos peremerunt, etiamque ex primoribus ſolo proſtrati multi ſunt, interque alios Egarth, regiæ menſæ præpoſitus, Anſelmus Comes Palatii, Rolandus Præfectus limitis Britannici, apud fabulatores celebris, *Cujus vulneris accepti ratio magnam partem rerum feliciter in Hiſpania geſtarum, in corde Regis obnubilavit.* Hos ulciſci Vaſcones voluiſſet; ſed poſt pugnam ita per montes & prærupta diſperſi erant, ut ne unus quidem compareret.

Eginard, uit. Stet. Berin. Hiſpanica illa tam longinqua expeditio, Saxones ad arma capeſſenda movit. Uſque ad Rhenum autem irrupêre, & igni ferroque caſtra omnia vicoſque omnes a Duitia uſque ad Moſellæ fluenta depopulati ſunt. Pari modo ſacra profanaque peſſumdata ſunt; ſine ullo ætatis diſcrimine omnes trucidabant; ut liquido appareat eos non prædandi, ſed ultionem exercendi gratia Francorum terminos invaſiſſe. Carolo hæc Antiſiodori nunciata ſunt: exemplo autem Francos Orientales atque Alamannos ad propulſandum hoſtem feſtinare juſſit. Ille vero cæteris miſſis copiis, Heriſtallium villam hiematum venit. Franci & Alamanni magnis itineribus Saxones inſequuntur, attigeruntque tandem ad Adernam fluvium, ipſoſque adorti tantam ſtragem fecerunt, ut pauci evaſerint.

Iidem. Rex poſtquam Heriſtallii hiemaverat, poſt Paſcha Compendium venit ad res quaſdam tractandas; in reditu vero ad villam Virciniacum occurrit illi Hildebrandus Dux Spoletanus cum magnis muneribus, quem Rex benigniſſime excepit, muneribus ipſe quoque honoravit, & in Ducatum ſuum remiſit. Ut contra Saxones moveret Duriam venit, ubi pro more conventum habuit. Inde trajecto Rheno ad Lippiam uſ-

Les Saxons eurent la hardieſſe de l'attendre à un lieu nommé Bucholt. Mais au premier choc ils prirent la fuite. Le Roi entra dans la Veſtphalie, qui ſe rangea toute ſous ſon obéïſſance. Il ſe rendit après ſur le Veſer, & ſe campa à un lieu appellé Meduſull, où il ſejourna quelque tems. Il reçût là des Angriens & des Oſtſales le ſerment de fidelité, & des otages pour ſureté. Après quoi il paſſa le Rhin, & s'en alla à Vormes où il reſta tout l'hyver.

780. Dès que la ſaiſon fut propre, il marcha de nouveau avec une grande armée contre les Saxons; & paſſant par le Fort d'Eresbourg, il vint aux ſources de la Lippe, où il ſe campa & y paſſa quelques jours. Il marcha enſuite vers l'orient, & ſe rendit à la riviere d'Ouacre. Un grand nombre de Saxons orientaux vint là au devant de lui comme il l'avoit ordonné; la plûpart deſquels furent baptiſez au lieu appellé Horheim, ſans pourtant changer de Religion. Il partit de là pour venir ſur l'Elbe, & campa à l'endroit où l'Hora ſe joint à cette riviere. Il s'y arrêta pour regler les affaires tant des Saxons qui étoient d'un côté de la riviere, que des Sclaves qui étoient de l'autre. Après qu'il eut tout établi & ordonné, il revint en France. Il prit alors reſolution d'aller à Rome pour y faire ſes devotions, & s'acquitter de quelques vœux. Il partit donc, alla en Italie, & celebra la Fête de Noel à Pavie, où il paſſa le reſte de l'hyver.

781.

Charlemagne va à Rome.

Il ſe rendit de là à Rome, où il fut reçû fort honorablement par le Pape Adrien I. Il y paſſa la Fête de Pâques, & le Souverain Pontife baptiſa ſon fils Pepin, & le ſacra Roi. Il oignit auſſi Loüis ſon frere, & mit la couronne ſur la tête de l'un & de l'autre. L'aîné Pepin fut fait Roi de Lombardie, & le cadet Loüis, Roi d'Aquitaine. Charles partit de Rome & ſe rendit à Milan, dont l'Evêque Thomas baptiſa ſa fille nommée Giſle. Après cela ce Prince revint en France. Pendant ſon ſejour à Rome, de concert avec le Pape Adrien, ils envoierent l'un & l'autre des Ambaſſadeurs à Taſſillon Duc de Baviere, pour lui remontrer qu'il avoit prêté ſerment de fidelité au Roi Pepin & à ſes enfans. Les Legats du Pape furent Formoſe & Damaſe Evêques; & de la part du Roi, Richulfe Diacre, & Eberard Maître des Echanſons. Ils ſe rendirent auprès de Taſſillon, & lui firent leurs remontrances qui parurent avoir alors tout l'effet que l'on pouvoit ſouhaiter. Il s'offrit d'aller lui-même trouver le Roi, pourvû qu'il lui donnât caution & des otages pour ſa ſureté. On lui accorda cela, & Charles étant revenu en France, il alla d'abord le trouver à Vormes, il prêta

---

que movit. Saxones illum armati exſpectare ſunt auſi in loco cui nomen *Bucholt*; ſed ſtatim pulſi fugatique ſunt. Rex poſtea in Veſtphaliam ingreſſus eſt, quæ ſe tota ditioni ejus ſubjecit. Hinc ad Viſeram movens ad locum *Meduſull* vocatum caſtra poſuit, ibique aliquandiu moratus eſt. Angriorum autem ibi & Oſtfalorum ſacramentum fidei accepit, & obſidesque cautione, deindeque trajecto Rheno Vormatiam hiematum ivit.

Ubi primum cæli temperies opportuna fuit, cum magno exercitu contra Saxones movit: per caſtrum Eteſburgum tranſiens ad fontes uſque Lippiæ fluvii pervenit, ubi poſitis caſtris dies aliquot moratus eſt. Inde movit ad Orientem, & ad Ovacrum fluvium pervenit, quo in loco Saxones Orientales ipſi occurrerunt, prout juſſi fuerant. Ibi maxima pars baptiſati ſunt in loco dicto *Horheim*, non mutata tamen religione. Inde vero ad Albim movit & caſtra poſuit in loco ubi Hora in Albim influit, *tam ad res Saxonum qui exteriorem, quam ad Sclavorum qui ulteriorem fluminis ripam incolunt, componendas operam impendit*: quibus ordinatis in Franciam rediit, decrevitque in Italiam tum orandi tum voti ſolvendi cauſa proficiſci. Profectus ergo Natale Domini Ticini celebravit, ubi etiam hiemem tranſegit.

Inde vero Romam perrexit, ubi ab Adriano Papa honorifice exceptus eſt. Ibidem Paſchalem tranſegit ſolennitatem. Papa autem filium ejus Pipinum baptizavit & unxit in Regem; Ludovicum quoque fratrem ejus unxit, & utrique coronam impoſuit. Major Pipinus Rex Langobardiæ, & minor Ludovicus Rex Aquitaniæ declaratus eſt. Roma Carolus Mediolanum venit, cujus Epiſcopus Thomas filiam Regis nomine Giſlam baptizavit. Poſtea vero in Franciam rediit. Per Romanas moras, conſtituit cum Adriano Papa ut ambo ſimul Legatos mitterent ad Taſſilonem Baioariæ Ducem, qui eum commonerent de ſacramento quod Pipino Regi filiiſque ejus ac Francis jurayerat. Legati Papæ fuere Formoſus & Damaſus Epiſcopi; ex parte vero Regis Richulfus Diaconus & Eberardus magiſter pincernarum. Hi Taſſilonem convenerunt, & monentes allocuti ſunt. Ille vero dictis aſſentiens, ſe Regem adire velle dixit, dum obſides ſibi darentur & cautio pro ſalute & incolumitate ſua. Datis obſidibus, ille Carolum adiit qui ex Italia reverſus Vormatiam venerat. Ibi vero Taſſilo fidei ſa-

Ibidem.

le serment de fidelité comme on le souhaittoit, & donna douze otages que Suidbert Evêque de Ratisbonne amena de Baviere à Kiersi. Ces otages furent presentez au Roi : mais Taffillon après son retour ne tint pas sa promesse. Le Roi passa l'hyver à Kiersi, où il celebra Noel & Pâques.

Quand la saison fut propre pour entrer en campagne, Charles passa le Rhin à Cologne, & se rendit avec toute l'armée Françoise aux sources de la Lippe, où il se campa & y demeura plusieurs jours. Entre autres affaires il reçut là une Ambassade de Sigefroi Roi des Danois, & une autre de Cagan & d'Ingurre Prince des Huns, pour traiter de la paix. Il les congedia après leur avoir donné audience. L'Assemblée finie il se retira dans les Gaules ; & alors Vitikind qui s'étoit enfui chez les Normans, revint dans sa patrie ; & par de vaines esperances, il porta les Saxons à une nouvelle revolte. Vers ce même tems Charles eut nouvelle que les Sclaves Sorabes qui habitoient entre l'Elbe & la Sale, étoient entrez dans les payis des Euringes & des Saxons leurs voisins pour ravager les terres, & avoient déja pillé & saccagé quelques endroits. Il envoia Adalgise Chambellan, Gerson Comte de l'Etable, & Vorad Comte du Palais, avec ordre d'aller à la tête des François orientaux & des Saxons, pour domter promtement ces Sclaves. Ces Chefs entrez dans la Saxe, apprirent que Vitikind avoit porté les Saxons à faire la guerre aux François. Laissant là ces Sclaves, ils se rendirent, avec les François orientaux, au lieu où ils avoient appris que les Saxons étoient assemblez, & furent joints en chemin faisant par Thierri Comte de la suite du Roi, avec les troupes qu'il avoit assemblées tumultuairement dans la Ripuaire, sur la nouvelle que les Saxons s'étoient revoltez. Thierri conseilla aux autres Chefs qui marchoient à la hâte, d'envoier des espions pour s'informer promtement où étoient les Saxons, & en quelle situation, pour aller à eux, si le lieu étoit favorable pour les attaquer. Suivant son conseil, ils se rendirent avec Thierri au mont appellé Sontal, auprès duquel étoient campez les Saxons du côté du Septentrion. Pour pouvoir facilement faire le tour de la montagne, ils passerent le Veser, & se camperent sur le bord de ce fleuve ; & après avoir conferé ensemble, ils eurent peur qu'on n'attribuât la victoire à Thierri, s'il combattoit avec eux. Ils le laisserent donc là, & marcherent avec impetuosité contre les Saxons, comme s'ils eussent eu à faire, non à des gens prêts à combattre, mais à des fuiards qu'il falloit poursuivre, & profiter de leurs

782.

Armée des François défaite par les Saxons.

---

cramentum dedit, ut optabatur. cum duodecim obsidibus, quos Suidbertus Ratisponensis Episcopus ex Baioaria Carisiacum adduxit, Regique obtulit. Verum redux Taffilo promissis non stetit. Rex vero Carisiaci hiemem egit.

Cum opportuna tempestas fuit, Coloniæ Rhenum Carolus trajecit, & ad fontes Lippiæ cum toto Francorum exercitu se contulit, ibique castra posuit, ac per dies non paucos ibidem moratus est. Ibi inter cætera negotia Legatos accepit Sigifridi Danorum Regis, itemque Cagani & Ingurrhi Hunnorum Principis pacis causa missos, quos auditos dimisit. Finito conventu in Gallias rediit. Tuncque Vitikindus qui apud Normannos confugerat, in patriam reversus est, vanaque spe fultus Saxones ad denuo rebellandum concitavit. Eodem tempore Carolo nunciatum est, Sclavos & Sorabos, qui inter Albim & Salam habitabant, in Euringorum & Saxonum regionem ingressos ut agros popularentur, jamque cœpisse prædas agere. Adalgisum vero Camerarium misit, Gersonemque Comitem Stabuli, atque Voradum Palatii Comitem, qui Francos Orientales & Saxonas contra Sclavos ducerent. Hi vero in Saxoniam ingressi ediderunt Vitikindum Saxones induxisse ad bellum Francis inferendum. Sclavis ergo dimissis, cum Francis Orientalibus ad ea se contulere loca ubi audierant Saxones esse congregatos, quibus in ipsa Saxonia obviavit Theodericus Comes *propinquus Regis*, cum iis copiis, quas audita Saxonum defectione raptim in Ripuaria congregare potuit. Is festinantibus Legatis consilium dedit, ut primo per exploratores ubi Saxones essent, vel quid apud eos ageretur, quanta possent celeritate cognoscerent, tum si locus sibi opportunus esset, simul eos adorirentur. Cujus probato consilio, una cum illo usque ad montem qui *Sontal* appellatur, in cujus Septentrionali latere Saxonum castra erant posita, pervenerunt. In quo loco cum Theodericus castra posuisset, ipsi sicut ante constituerant, quo facilius possent montem circuire, transgressi Viseram, in ipsa fluminis ripa castra posuerunt, habitoque inter se colloquio veriti sunt, ne Theoderico victoria adscriberetur si secum pugnaret. Illo itaque relicto contra Saxones impetu feruntur, non quasi ad hostem in acie stantem; sed quasi ad fugientem contendunt,

Tome I.   D d ij

dépoüilles. Arrivez à la vûë des Saxons, ils courent à eux sans ordre comme si la victoire eût déja été gagnée. Les Saxons qui les attendoient de pied ferme, les investirent & les taillerent presque tous en pieces. Ceux qui échapperent s'enfuirent, non pas à leur camp, mais à celui de Thierri qui étoit de l'autre côté de la montagne. Les François perdirent là beaucoup de gens de marque, quoique l'armée ne fut pas grande. Deux Chefs, Adalgise & Geilon, quatre Comtes, & une vingtaine de gens de qualité fort illustres, sans compter plusieurs autres qui les suivirent, & qui aimerent mieux périr eux-mêmes que de survivre à leur perte. A cette nouvelle Charles voiant que l'affaire ne souffroit point de retardement, ramassa promtement une armée, s'en alla en Saxe, assembla les principaux de la nation, & fit la recherche des auteurs de la revolte. Tous disoient à haute voix que Vitikind en étoit l'auteur; mais prévoiant le peril, il s'étoit enfui chez les Normans. Les autres qui s'étoient laissez entraîner à la rebellion, furent livrez au Roi au nombre de quatre mille cinq cens. Ils furent conduits au lieu appellé Terdi sur la riviere d'Alre, où ils eurent la tête coupée en un même jour. Après quoi le Roi alla passer l'hyver à Thionville.

Quatre mille cinq cens Saxons décapitez.

785.

Revolte generale des Saxons, & leur défaite.

Ce fut apparemment cette si grande execution qui causa une revolte generale des Saxons. Comme Charles se préparoit à y aller avec une puissante armée, la Reine Hildegarde sa femme vint à mourir. Après les funerailles, il mena son armée en Saxe. Aiant appris qu'ils se préparoient à combattre au lieu appellé Thietmelle, il s'y rendit avec une celerité extraordinaire: & leur aiant livré bataille, il en fit une si grande tuerie, que d'une quantité innombrable de gens, il s'en sauva très-peu. Il se rendit de-là à Paderborne avec son armée, & s'y campa attendant les nouvelles troupes qui lui venoient de France. On vint lui dire que les Saxons s'assembloient en Vestphalie sur la riviere d'Haze pour combattre une seconde fois. Il joignit à son armée les troupes nouvellement venuës de France, & marcha vers eux, il leur donna bataille avec le même succès; le nombre des morts du côté des Saxons fut presque infini. On ramassa les dépoüilles, & l'on emmena des captifs en grande quantité. Il marcha ensuite victorieux du côté de l'orient jusqu'au Veser, & poussa jusqu'à l'Elbe, ravageant tout sur son chemin. Retourné en France, il épousa Fastrade, fille du Comte Raoul François d'origine, de laquelle il eut deux filles. En la même année

---

spolia direptori. Ubi in conspectum Saxonum venerunt, concitato cursu illos adoriuntur, ac si jam parta victoria esset. Saxones qui stantes ad illos excipiendos sese apparabant, improvidos circumvenerunt, peneque omnes occiderunt. Qui autem evaserunt, non ad sua, sed ad Theoderici castra quæ trans montem erant confugere. Multorum ibi procerum jactura fuit; etsi non tantus esset exercitus: cecidere namque Adalgisus & Geilo, quatuor Comites, ex primoribus item viginti, præter cæteros qui hos sequuti, potius cum eis perire, quam post talem cladem vivere maluerunt. Hæc ubi nunciata Regi, nihil ille sibi cunctandum arbitratus, collecto festinanter exercitu, in Saxoniam proficiscitur, accitisque cunctis Saxonum primoribus, de auctoribus defectionis inquisivit. Omnes Vitikindum auctorem proclamarunt. Verum ille periculum prævertens, ad Normannos confugerat. Cæteri vero qui quatuor mille quingenti numero ad rebellionem declinaverant, in locum *Ferdi* vocatum ad fluvium Alaram adducti, jussu Regis eadem die decollati sunt. Quibus patratis Rex ad Theodonis villam hiematum concessit.

Tanta illa patrata cædes, ut videtur, Saxones ad omnimodam defectionem concitavit, cumque sese Carolus appararet, ut illo cum magno exercitu proficisceretur, Hildegardis ejus uxor defuncta est. Post peractum funus cum exercitu movit in Saxoniam. Cumque Saxones in eo loco qui *Thietmelle* vocatur ad pugnam se præparare cognovisset, ad eos summa celeritate contendit: commissoque cum eis prælio, tanta eos cæde prostravit, ut ex innumera multitudine pauci evasisse dicantur: cumque Paderburnam postea venisset, ibi castra posuit, cohortes novas ex Francia venientes exspectans. Audivit vero Saxones in finibus Vestphalorum ad fluvium Hasam congregari, ut si ipse veniret, acie confligerent. Auctum ergo novis copiis exercitum movit, congressusque cum eis parem habuit exitum. Cæsa est Saxonum infinita multitudo; spolia multa fuere, captivorumque magnus abductus est numerus. Inde victor Orientem versus contendit usque ad Viseram, deindeque ad Albim, cuncta peragrando devastans. In Franciam reversus Fastradam uxorem duxit filiam Radulfi Comitis genere Franci, ex qua duas suscepit filias. Eodem anno de-

mourut la Reine Berte ou Bertrade sa mere. Le Roi passa l'hyver à Herstal.

Au printems suivant, pensant toûjours à finir la guerre contre les Saxons, il passa le Rhin à Lippeheim; & après avoir ravagé les campagnes des Vestphaliens, il vint sur les bords du Veser resolu de passer aux parties septentrionales de la Saxe. Mais les pluies continuelles aiant inondé les campagnes de ce côté-là, & voiant son dessein impraticable, il alla dans la Thuringe, laissant son fils Charles dans la Vestphalie. Par la Thuringe, il se rendit dans cette partie de la Saxe qui est entre l'Elbe & la Sale; & après avoir ravagé le payis des Saxons orientaux, & brûlé leurs villages, il revint en France. Charles son fils aiant rencontré l'armée des Saxons à Draigni sur la Lippe, lui donna combat avec sa cavalerie, en tailla en pieces un grand nombre, & mit le reste en fuite: & après cette victoire, il alla joindre son pere à Vormes. Charlemagne, toûjours attentif à finir cette guerre, rassembla de nouveau l'armée, & passa en Saxe, où il celebra la Fête de Noel. Il se rendit sur la riviere d'Ambre, & fit le dégât dans ce canton appellé Huertagoe, près de la forteresse des Saxons, appellée Dekidrobourg, à l'endroit où la Vagarne se joint avec le Veser. Mais l'hyver & l'inondation des campagnes l'empêchant d'aller plus avant, il alla passer l'hyver à la forteresse d'Eresbourg, où il fit venir sa femme & ses enfans. Malgré la rigueur de la saison, il faisoit continuellement le dégât dans les bourgs & les villages, pillant & brûlant tout, tant par lui-même, que par les Chefs qu'il envoioit de côté & d'autre. L'hyver étant passé, il reçût de la France des convois de vivres, & alla tenir l'Assemblée generale ordinaire à Paderborne. Dès qu'elle fut terminée, il se rendit dans la contrée appellée Bardengau, où il apprit que Vitikind & Albion étoient dans la Saxe de de-là l'Elbe. Il leur fit dire par d'autres Saxons que s'ils vouloient se soumettre & garder la foi donnée, il étoit prêt de les recevoir. Leur conscience leur reprochoit tant d'infidelitez & tant de parjures qu'ils n'osoient se fier à la parole du Roi. Mais leur aiant promis l'impunité, & leur aiant même donné pour la sureté de sa parole, des otages qu'Amaluin, un des Officiers de sa Cour, leur amena, ils vinrent trouver le Roi à Attigni, où il s'étoit rendu, & là ils reçûrent le Batême. Ainsi finit cette guerre des Saxons qui avoit tant duré. La paix se maintint quelques années, parce qu'ils ne trouverent point d'occasion de se revolter, dit Eginard.

784.

785.

Vitikind vient trouver le Roi & est baptizé.

---

functa est Regina Bertha, seu Bertrada mater Caroli. Ipse vero Heristallii hiemem transegit.

Vere insequente Rex in animo versans quo modo bellum Saxonicum terminaret, in loco *Lippeheim* dicto Rhenum trajecit, vastatisque Vestphalorum pagis, ad ripam Viseræ venit ut inde partes Saxoniæ Septentrionales peteret. Verum ex imbrium continuarum exundatione, cum non posset eo se conferre, in Thuringiam venit, Carolo filio in Vestphalia relicto; per Thuringiam vero in partem illam Saxoniæ venit, quæ inter Albim & Salam sita est, devastatisque Orientalium Saxonum agris, ac villis incensis, in Franciam reversus est. Carolus autem filius ejus, cum ei iter agenti in pago Draigni juxta Lippiam fluvium occurrisset exercitus Saxonum, equestri commisso prœlio, quamplurimos occidit, ac reliquos vertit in fugam, victorque patrem adiit Vormatiam. Rex vero semper animo versans quo pacto Saxones domaret, exercitum denuo collegit, in Saxoniam se contulit, ubi festum Natalis Domini celebravit, super Ambram fluvium in pago *Huestagoe* juxta castrum Saxonum quod *Dekidroburg* dicitur, ad locum nomine *Rimi*, in quo Visera & Vagarna confluunt, populabundus accessit. Cumque eum ulterius progredi tam hiemalis temporis asperitas, quam aquarum inundatio prohiberet, Eresburgum arcem in hyberna concessit, accitisque uxore & liberis, perpetuas incursiones faciebat, vicos & pagos igne ferroque vastans, tam per se quam per duces suos. Transacta tandem hieme, & advectis ex Francia commeatibus, generalem conventum Paderbornæ habuit, posteaque in pagum *Bardengau* proficiscitur, ubi didicit Vitikindum & Albionem in Transalbina Saxonum regione esse. Per alios vero Saxones ipsis renunciari curavit, si vellent ad officium redire, & datam fidem servare, ipsis se veniam concessurum esse. Cum porro illi, conscientia de tot perjuriis redarguente, non auderent dictis Regis sidere, illa impunitatem ipsis pollicitus est, & obsides per Amaluinum unum aulicorum misit ipsis: veneruntque Attiniacum ad Regem & Baptismum acceperunt. Atque ita per aliquot annos cessavit Saxonicum bellum, quia, inquit Eginardus, deficiendi occasiones non invenerunt.

Conjuration contre Charles.

En la même année il se fit au-delà du Rhin chez les François orientaux une conjuration contre le Roi Charles, dont le Comte Hartrade fut l'auteur : mais la prudence & l'adresse du Prince fit qu'elle n'eût aucune suite. Les chefs furent punis, les uns par la privation de la vûë, les autres par l'exil.

786.

Après avoir celebré Pâque à Attigni, il envoia une armée en Bretagne. Les Bretons qui habitoient cette Province, y avoient passé de la grande Bretagne. Les Anglois & Saxons aiant autrefois envahi cette Isle, plusieurs de ses anciens habitans passerent la mer, & se vinrent établir aux extrêmitez des Gaules sur les terres de ceux de Vannes & de Courseult. Les Rois de France les avoient subjuguez & rendus tributaires, & ils avoient long-tems payé ce tribut, quoique *Bretons domtez.* bien malgré eux. Ils refusoient alors de le paier. Charles envoia contre eux Audulfe Maître de la table du Roi, qui avec une vitesse surprenante domta ce peuple rebelle, & le rangea à son devoir. Le Roi aiant ainsi la paix de tous les côtez, resolut d'aller à Rome, & de réduire sous sa puissance cette partie de l'Italie où est la ville de Benevent, pour la joindre comme elle étoit autrefois à la Lombardie, qu'il avoit conquise sur Didier. Il assembla des troupes Françoises, & passa au cœur de l'hyver en Italie. Il celebra la Fête de Noel à Florence, & se rendit promtement à Rome, où il communiqua son dessein sur Benevent au Pape Adrien. Aragise Duc de Benevent aiant appris qu'il étoit arrivé à Rome, & qu'il vouloit entrer à main armée dans son Duché pour s'en rendre le maître, voulut tâcher de l'en détourner. Il lui envoia son fils aîné Rumoald chargé de presens, le priant de lui laisser sa Terre en paix, & de n'y pas mener son armée. La tentative étoit trop foible pour arrêter un conquerant. Charles retint auprès de lui Rumoald, & s'avança avec son armée jusqu'à Capouë, pour faire la guerre au Duc, s'il ne condescendoit pas à sa volonté. Ce Duc se voiant hors d'état de resister, quitta Benevent qui *Benevent reduit sous l'obeissance de Charles.* étoit la capitale de son Etat, & se rendit à Salerne avec ses gens, envoia des Ambassadeurs au Roi, lui donna ses deux fils en otage, promettant de suivre en tout ses ordres. Charles se laissa fléchir, retint pour otage Grimoald second fils du Duc, & rendit l'aîné à son pere. Il reçût aussi onze otages du peuple de Benevent, & envoia des Ambassadeurs pour recevoir le serment de fidelité, tant du Duc que du peuple. Il traitta ensuite avec les Ambassadeurs de l'Empereur Constantin qui lui demandoit Rotrude sa fille en mariage : elle

---

Eginard. Eodem anno trans Rhenum apud Francos Orientales facta est conjuratio adversus Regem Carolum, cujus auctorem Hartradum Comitem fuisse constabat. Verum ex prudentia solertiaque Principis factum est, ut nihil hinc mali vel periculi emerserit. Conspirationis Principes alii oculorum amissione, alii exilio plexi sunt.

Eginard. Monach. Eroltsm. Ann. Met. Post celebratum Attiniaci Pascha, in Britanniam Cismarinam exercitum misit. Britanni qui Provinciam illam incolebant ex magna Britannia eo transmigraverant. Cum enim Angli & Saxones olim illam Insulam invasissent, multi ex priscis incolis trajecto mari, in ultimis Galliæ finibus Venetorum & Curiosolitarum agros occuparunt. Reges autem Francorum subactos illos tributarios fecerant, quod tributum illi licet inviti solvebant. Isto autem tempore dicto audientes non erant. Rex illo misit Audulfum regiæ mensæ præpositum, qui mira celeritate gentis contumaciam compressit, ipsamque in ordinem redegit. Rex pace undique parta, statuit Romam proficisci, illamque Italiæ partem ubi Beneventum erat, in potestatem suam redigere, & Langobardorum regno, quod Desiderio eripuerat, jungere, ut olim jungebatur. Contractis ergo celeriter Francorum copiis, ipsa hieme Italiam petiit : Natale Domini Florentiæ celebravit, celeriter Romam se contulit, consiliumque suum cum Adriano Papa communicavit. Aragisus Dux Beneventi re comperta, gnarus ipsum Regem Ducatum suum velle armis subigere, ut ejus propositum averteret Rumoaldum filium suum majorem misit, muneribus onustum, rogans se terra sua frui sineret, neque illam armis invaderet. Rem appetenti & viribus instructo Regi levissimus hic obex erat. Carolus Rumoaldum penes se detinuit, & Capuam usque cum exercitu movit, ut Duci bellum inferret, nisi cederet. Dux autem se imparem viribus videns, Benevento relicto, quod ditionis suæ caput erat, Salernum cum suis se contulit, Legatos ad Regem misit, duosque ipsi filios obsides dedit, seque dicto audientem fore promisit. Rex tunc sedato animo, obsidem retinuit Grimoaldum minorem filium, majoremque patri remisit, undecim quoque obsides a populo Beneventano recepit, & Legatos misit qui sacramentum fidei expolicerent, tam a Duce, quam a populo. Postea vero cum Oratoribus Constantini Imperatoris, filiam Caroli Rotru-

avoit déja été promise, & les fiançailles étoient faites: mais ce mariage fut rompu.

Après quoi il celebra la Fête de Pâques à Rome. Il s'éleva alors une grande dispute entre les Chantres Romains & les Chantres Gaulois de la Chapelle du Roi. Ceux-ci prétendoient qu'ils chantoient beaucoup mieux que les Romains, qui à leur tour traitoient les Chantres Gaulois d'ignorans, qui n'entendoient rien au plain-chant. Le Roi se declara pour les Romains, & fit venir de Rome quelques Chantres en France pour reformer les livres d'Eglise, & apprendre aux Ecclesiastiques Gaulois à chanter.

Pendant son sejour à Rome les Ambassadeurs de Tassillon Duc de Baviere, au Pape Adrien, arriverent en cette ville; c'étoient l'Evêque Arne & l'Abbé Huneric, qui venoient au nom de ce Duc interposer l'autorité d'Adrien pour faire sa paix avec le Roi. Le Pape en voulut être le médiateur, & pria Charlemagne d'y donner son consentement. Il répondit qu'il ne demandoit pas mieux. On demanda aux Ambassadeurs quand vouloient-ils que cette paix fût concluë & affermie. Ils répondirent au Pape qu'ils n'avoient aucun ordre pour cela, mais qu'ils venoient seulement pour savoir les desseins du Roi & du Pape, & en faire le rapport au Duc. Le Pape indigné de cette réponse les menaça de les excommunier s'ils manquoient à la foi promise au Roi. Ils s'en retournerent ainsi sans rien faire. Le Roi après avoir fait ses devotions aux tombeaux des Saints Apôtres, & reçû la benediction du Saint Pere, s'en retourna en France. Il se rendit à Vormes où il trouva Fastrade sa femme & ses enfans. Il y tint une Assemblée generale à l'ordinaire. On y parla de Tassillon & de son Ambassade venuë à Rome. Il y fut resolu que le Roi Charles prendroit des suretez plus réelles de sa bonne foi; & pour cet effet il partit avec une grande armée qu'il divisa en trois parties pour entrer en Baviere, & marcher contre ce Duc. Pepin fils de Charles eut ordre de venir avec les troupes d'Italie à la vallée de Trente. Les François orientaux & les Saxons se rendirent sur le Danube au lieu nommé Pfreimbt, & le Roi avec son armée vint sur le Lech, qui separoit les Allemans d'avec les Bavarois, & s'arrêta au fauxbourg de la ville d'Ausbourg. Il alloit entrer dans la Baviere, si Tassillon n'étoit venu demander pardon au Roi; ce qu'il ne manqua pas de faire. Le Roi porté de son naturel à la clemence, lui pardonna, & reçut en otage son fils Theodon & douze Bavarois. Toute la nation avec le Duc prêta le serment de fidelité. Le Roi revint

---

dem in uxorem petentis, colloquutus est. Jam promissa illa desponsataque fuerat; sed infectum connubium mansit.

Deinde Pascha Romæ celebravit. Tunc altercatio magna fuit inter Cantores Romanos & Cantores Gallos qui in Capella Regis canere solebant. Hi se melius quam Romanos canere dicebant, Romani contra Gallos ignaros veræ canendi rationis asserebant. Rex pro Romanis stetit, & aliquot Cantores Romanos in Franciam duci curavit, qui libros ad cantum destinatos emendarent, & Gallos cantum Ecclesiasticum docerent.

Dum Romæ Carolus degeret Legati Tassilonis Baioariæ Ducis ad Adrianum Papam, Arnus videlicet Episcopus & Hunrichus Abbas advenerunt, qui Pontificem rogarent, ut curaret pacem inter Regem & Ducem servari. Papa conciliandæ pacis auctor esse voluit, Carolumque rogavit pacem Duci concederet. A Legatis petitum est quandonam vellent pacem illam heri atque firmari. Responderunt illi sibi hac de re nihil esse commissum; sed ea solum de causa se venisse, ut Pontificis, Regisque responsa Domino suo referrent. Indignatus Papa *anathematis gladio* feriendos edixit, ni promissam Regi fidem servarent. Sic vero Legati illi re infecta reversi sunt. Rex postquam ad Apostolorum sepulcra oraverat, & a summo Pontifice benedictionem acceperat, in Franciam rediit, & Vormatiam venit, ubi Fastradam uxorem & filios reperit. Conventum autem ibi generalem pro more habuit, ubi de Tassilone, deque legatione ejus Romam actum est. Decretum vero fuit ut Rex Carolus fidem ejus experiretur. Ideoque cum exercitu magno proficiscitur, quem tres in partes divisit, ut in Baioariam irrumperet & Tassilonem insequeretur. Pipinum quoque filium cum Italicis copiis in Tridentinam vallem venire jussit. Orientales quoque Franci & Saxones ad locum qui *Pferinga* vocatur accesserunt. Rex vero cum exercitu suo ad Lechum fluvium venit, & in Augustæ civitatis suburbano consedit. In Baioariam haud dubie ingressurus erat, nisi Tassilo Regem veniam petiturus adiisset. Rex ad clementiam pronus pepercit illi, filiumque ejus Theodonem cum duodecim Baioariis obsidibus accepit. Natio tota cum Duce sacramenta fidei præstitit. Rex in Franciam re-

en France, & passa le reste de l'hiver en sa maison de campagne d'Ingelheim, près de Mayence.

788.   Ce fut là même qu'il tint son assemblée generale où se trouverent par son ordre Tassillon & les principaux de ses vassaux. Là les Bavarois accuserent ce Duc de crime de Leze Majesté. Ils soutenoient qu'après avoir donné son fils en otage au Roi, à la sollicitation de Luitburge sa femme, fille de Didier Roi des Lombards, grande ennemie des François, il avoit excité les Huns à leur faire la guerre, & que l'évenement ne prouveroit que trop la verité de ce qu'ils disoient. Ils lui objectoient aussi beaucoup d'autres faits & paroles qui marquoient sa haine contre le Roi. Tassillon ne pouvant se purger d'aucune de ces accusations, l'Assemblée le jugea criminel de Leze-Majesté, & digne de mort. Mais le Roi usant de clemence à son ordinaire, se contenta de lui faire changer d'habit, & de le renfermer dans un Monastere, où sa vie fut aussi religieuse qu'elle étoit volontaire, dit Eginard. Son fils Theodon fut aussi tondu & fait Moine. Les Bavarois qui étoient de la conjuration, furent exilez en differens endroits. Les Huns, comme ils l'avoient promis à Tassillon, firent deux corps d'armée, dont l'un entra dans le Frioul & l'autre dans la Baviere : mais l'une & l'autre armée fut défaite & mise en fuite, avec une perte considerable. Les Huns s'en retournerent chez eux. Ces pertes ne les abbatirent point : voulant avoir leur revanche, ils entrerent de nouveau dans la Baviere avec un plus grand nombre de troupes. Mais au premier choc, ils furent mis en fuite par les Bavarois ; un grand nombre fut taillé en pieces ; il y en eut aussi beaucoup, qui voulant se sauver en traversant le Danube à la nage, furent submergez dans ses eaux.

Tassillon deposfedé & mis dans un Monastere.

Vers ce même tems l'Empereur Constantin irrité de ce que Charles lui avoit refusé sa fille en mariage, commanda à Theodore Patrice Prefet de la Sicile, d'entrer dans les Terres de Benevent, & d'y faire le dégât ; il paroît par une Lettre du Pape Adrien qu'Aragise Duc de Benevent avoit sollicité l'Empereur de faire la guerre aux François en Italie. Theodore s'avançoit avec son armée ; mais Grimoald Duc de Benevent, qui après la mort de son pere arrivée en la même année avoit été mis en sa place par le Roi Charles, & Hildebrand Duc de Spolete, avec les troupes qu'ils purent ramasser dans la Calabre, lui allerent à la rencontre, accompagnez de l'Ambassadeur du Roi nommé Vini-

Grecs défaits.

---

versus in suburbano Moguntiacensi in villa quæ vocatur *Ingelheim*, reliquam transegit hiemem.

   Ibidem autem conventum habuit generalem, cui adfuere jubente Rege Tassilo cum proceribus Baioariorum. *Ibi crimine læsæ Majestatis Tassilo a Baioariis accusatus est.* Objiciebant ei quod postquam filium suum obsidem Regi dederat, suadente conjuge sua Luitburga, quæ filia Desiderii Regis Langobardorum erat, & Francis inimicissima, Hunnorum gentem ad bellum contra Francos suscipiendum concitaret. Quod verum fuisse rerum eodem anno gestarum probavit eventus. Objiciebantur ei alia complura & dicta & facta, quæ nonnisi ab inimico & irato vel fieri vel proferri poterant, quorum ne unum quidem inficiari potuit. *Convictus ergo omnium assensu ut læsæ Majestatis reus capitali sententia damnatus est.* Verum Rex clementia pro more usus est : mutataque veste, Tassilo in Monasterium est missus, *ubi tam religiose vixit, quam libens intravit*, inquit Eginardus. Ejus quoque filius Theodo tonsus & Monachus factus est. Baioarii etiam conspirationis socii & conscii, per diversa loca in exsilium missi sunt. Hunni vero, ut Tassiloni promiserant, duobus comparatis exercitibus, uno Marchiam Forojuliensem, altero Baioariam aggressi sunt. Verum in utraque expeditione victi fugatique sunt, multisque suorum amissis ad loca sua se receperunt. Quam injuriam velut vindicaturi, Baioariam denuo majoribus copiis petierunt : sed in primo congressu pulsi sunt a Baioariis, & innumera multitudo eorum cæsa ; multi etiam ex fugientibus qui Danubium tranare voluerunt, gurgitibus fluminis absorpti sunt.

   Interea Constantinus Imperator propter negatam sibi Regis filiam iratus, Theodorum Patricium Siciliæ Præfectum, fines Beneventanorum vastare jussit. Ex epistola Adriani Papæ liquet Aragisum Beneventanum Ducem, Imperatori auctorem fuisse, ut bellum Francis inferret. Ille igitur movit exercitum ut jussa compleret. Grimoaldus vero, qui eodem anno post mortem patris Dux Beneventanis a Rege datus est, & Hildebrandus Dux Spoletorum, cum copiis quas congregare potuerunt in Calabria, ipsi occurrerunt cum Legato Regis Vinigiso, qui postea in

gise

gife, qui fucceda depuis à Hildebrand au Duché de Spolete. Ils leur donnerent combat, en tuerent un grand nombre, & remporterent la victoire avec peu de perte. Les prifonniers & le butin fort confiderable, furent amenez au camp. Le Roi s'en alla en Baviere, mit cette Province dans un état convenable, en regla les limites, & y établit le bon ordre. De-là il s'en retourna à Aix-la-Chapelle, où il paffa l'hyver.

La campagne fuivante fut emploiée à faire la guerre à une nation Efclavone, qui habitoit fur les bords de l'Ocean, ou de la mer Balthique. Ces peuples s'appelloient en leur langue Veletabes: les François les nommoient Vilfes. Toûjours ennemis des François, ils faifoient perpetuellement des courfes fur ceux de leurs voifins qui étoient ou leurs fujets ou leurs alliez. Le Roi les regardant comme ennemis déclarez, refolut de leur faire la guerre. Il leva une armée des plus grandes qu'il eût jamais mifes fur pied, paffa le Rhin à Cologne; & traverfant la Saxe, il fe rendit à l'Elbe, y jetta deux ponts, & munit l'un d'un Fort à l'un & à l'autre bout, où il mit garnifon. Il paffa ce fleuve, & entra dans leur payis, où il porta le fer & le feu. Quelque nombreufe que fût l'armée de cette nation belliqueufe, elle ne pût long-tems foutenir l'effort de celle du Roi, qui s'avança jufqu'à la ville nommée Dragavuiti. Alors Viltzan, le principal de la nation qui l'emportoit fur tous les autres, tant par la nobleffe de fa race, que par fa venerable vieilleffe, fortit de la ville avec fes gens, alla trouver le Roi, & lui donna les otages qu'il demandoit. Toute la troupe lui prêta ferment de fidelité. Les autres Chefs des Efclavons fuivirent fon exemple; & la nation entiere fe foumit au Roi. Après quoi il s'en retourna par le même chemin, emmenant avec lui ces otages; & après avoir donné fes ordres dans la Saxe, il revint en France, & fe rendit à Vormes.

Il fe tint l'année fuivante dans la même Ville, fans faire aucune expedition militaire: il reçût là une Ambaffade des Princes des Huns, & leur envoia auffi fes Ambaffadeurs. Il s'agiffoit de fixer les limites de l'un & de l'autre Roïaume. La difpute qui s'éleva là-deffus fut depuis la caufe d'une guerre. Le Roi pour ne pas refter dans l'oifiveté, fe rendit par le Mein à fon Palais de la Sale, fitué près de la riviere de même nom, & s'en revint enfuite à Vormes par la même riviere. Il arriva une nuit que le feu prit à fon Palais qui fut entierement brûlé; ce qui n'empêcha pas qu'il ne paffât tout l'hyver en la même ville.

789.

Guerre contre les Vilfes.

790.

Ducatu Spoletano Hildebrando fucceffit, commiffoque prælio, multos ex illis occiderunt, ac cum modico difpendio victores fuere: captivi magno numero cum præda multa in caftra adducti funt. Rex in Baioariam profectus, illam Provinciam cum fuis terminis ordinavit, atque difpofuit, & inde regreffus in Palatio fuo Aquifgrani hyberna tranfegit.

Anno infequenti motum bellum fuit adverfus Sclavicam gentem, qui propria lingua Veletabi, Francica autem Vilfi vocabantur, & ad littus Oceani feu maris Balthici fiti erant. Semper Francis inimici, vicinos fuos, qui Francis vel fubjecti vel fœderati erant, bello premere & laceffere folebant. Rex illos ut hoftes bello aggredi ftatuit, comparatoque ingenti exercitu Rhenum Coloniæ trajecit; inde per Saxoniam iter agens, cum ad Albim perveniffet, caftris in ripa pofitis amnem duobus pontibus junxit; quorum unum ex utroque capite vallo munivit, & impofito præfidio firmavit. Trajecto autem fluvio, ingreffus Vilforum terram, cuncta ferro & igne vaftari juffit. Quantumvis bellicofa numerofaque effet natio ifthæc, impetum exercitus Regii diu fuftinere non valuit, qui ad urbem ufque, cui *Dragawiti* nomen, pervenit. Tunc Wiltzan, qui cæteris Vilforum regulis & nobilitate generis & auctoritate fenectutis præeminebat, ftatim cum omnibus fuis ex civitate ad Regem pervenit: obfides qui imperabantur dedit, & fidem fe Regi ac Francis fervaturum jurejurando promifit. Quem cæteri Sclavorum primores ac Reguli fequuti, omnes fe Regis ditioni fubdiderunt. Poftea eadem qua venerat via reverfus cum obfidibus, rebus ad Saxones pertinentibus difpofitis, in Franciam venit, & Vormatiæ hiemem tranfegit.

Eadem in urbe anno infequenti manfit, nulla facta expeditione; fed Legatos Hunnorum audivit, & fuos viciffim ad eorum Principes mifit. Agebatur de confiniis utrorumque: hinc altercatio fuborta, quæ poftea inter utrofque belli caufa fuit. Rex autem ne otio torpere videretur, per Mœnum fluvium ad Salæ Palatium juxta cognominem fluvium conftructum venit, atque iterum fecundo flumine Vormatiam remeavit, hiememque fequentem ibidem tranfegit, in iifdemque ædibus, quæ cafu nefcio quo una nocte conflagrarunt; ibidemque nihilominus per totam hiemem manfit.

791. Il sejourna encore à Vormes pendant tout le printems ; & se rendit au commencement de l'été en Baviere, dans le dessein de faire la guerre aux Huns. Il fit lever pour cela un grand nombre de troupes choisies dans tout son Roiaume, avec toutes les munitions necessaires, & divisant son armée en deux parties, en donna l'une à conduire par le bord septentrional du Danube au Comte Thierri & à Meginfroi son Chambellan. Charles avec l'autre partie marcha sur le bord meridional du fleuve en tirant vers la Pannonie. Les Bavarois avoient soin de conduire les munitions embarquées sur le Danube, qui se trouvoient défenduës des deux côtez de la riviere par deux corps d'armée. Aiant ainsi commencé à aller, ils se camperent sur la riviere d'Ens, qui separoit les Huns des Bavarois. L'armée fit là pendant trois jours des prieres publiques pour l'heureux succès de la campagne. On commença alors d'agir contre les Huns. Les François chasserent leurs corps d'armée, dont l'un étoit sur le fleuve de Cambe, l'autre près de la Ville de Comagene, sur la montagne nommée Cumeberg, très-bien fortifiée. Là périt une grande partie de la noblesse des Huns. On pilla tous leurs tresors, & jamais guerre, dit Eginard, n'enrichit tant les François que celle-ci. L'armée ravagea la campagne, & porta le fer & le feu par tout. Le Roi s'avança avec son corps d'armée jusqu'à l'Arrabon ou Raab, qu'il passa, & marcha ensuite sur ses bords jusqu'à l'endroit où il se joint au Danube. Il s'arrêta là quelque tems, & puis rebroussa chemin pour s'en retourner par la Baviere. Il donna ordre à Thierri, & à Meginfroi de ramener par la Boheme le corps qu'ils commandoient. Il revint ainsi en Baviere après avoir saccagé & ruiné une bonne partie de la Pannonie. Les Saxons & les Frisons commandez par Thierri & Meginfroi, selon l'ordre reçû se retirerent chez eux par la Boheme. Cette campagne fut fort heureuse, à cela près que la contagion fit périr presque tous les chevaux de l'armée du Roi : il s'en sauva à peine la dixiéme partie. Charles aiant congedié ses troupes s'en alla à Ratisbonne où il passa l'hyver.

Guerre contre les Huns.

792. L'affaire de Felix d'Urgel causa alors quelques troubles dans l'Eglise. Cet Evêque consulté par Elipand Evêque de Tolede, sur ce qu'il falloit croire touchant l'humanité de N. S. Jesus-Christ : Savoir si entant qu'homme il étoit propre fils, ou seulement fils adoptif de Dieu le Pere ; il prit le parti de dire qu'il n'étoit que fils adoptif ; & ne se contentant pas de le soutenir avec obstination, il défen-

Erreur de Felix d'Urgel.

Iidem.

Transacto vere Carolus circa æstatis initium Vormatia movens in Baioariam profectus est, ut infestis Hunnis vicem redderet. Comparatis igitur ex toto regno suo quam validissimis copiis & commeatibus, bipartito exercitu iter agere cœpit : cujus partem Theoderico Comiti, & Meginfrido Cubiculario suo committens, eos per Aquilonarem Danubii ripam iter agere jussit. Ipse cum parte quam secum retinuit, Australem fluminis ripam Pannoniam petiturus occupavit : Baioarios cum commeatibus exercitus, ut navibus devehebantur, per Danubium secunda aqua descendere jussit. Ac sic inchoato itinere, prima castra super Anesum posita sunt, qui fluvius Hunnos a Baioariis disterminabat. Ibi supplicatio per triduum facta, ut id bellum prosperos ac felices haberet eventus. Tum bellum Hunnis indictum fuit. Pulsis igitur Hunnorum præsidiis, & destructis munitionibus, quarum una super Cambium fluvium, altera juxta Comagenos civitatem in monte *Cumeberg*, vallo firmissimo erat exstructa. Ibi periere multi nobiles Hunni : opes omnes direptæ sunt : nusquam Franci tot collegere divitias, inquit Eginardus : ferro & igne cuncta vastantur. Cumque Rex cum eo quem ducebat exercitu, usque ad Arabonis fluenta venisset, transmisso eodem fluvio, per ripam ejus usque ad locum, quo is Danubio miscetur, accessit : ibique stativis per aliquot dies habitis, per Baioariam reverti statuit. Alias vero copias quibus Theodericum & Meginfridum præfecerat per Behemannos reverti præcepit. Sic peragrata ac devastata magna Pannoniæ parte, cum incolumi exercitu in Baioariam se recepit. Saxones autem & Frisones cum Theoderico & Meginfrido per Behemannos, ut jussum erat, domum regressi sunt. Hæc expeditio feliciter processit, hoc uno excepto, quod in eo quem Rex ducebat exercitu, tanta equorum lues exorta est, ut vix decima pars de tot millibus remansisse dicatur. Carolus dimissis copiis, Ratisbonam hiematum venit.

Eginardus in vita Caroli Magni.

Felicis Urgellitani error aliquos in Ecclesia motus excitavit. Hic Episcopus cum esset, ab Elipando Toleti Episcopo per literas consultus, quid de humanitate Domini nostri Jesu Christi sentiendum esset, utrum secundum id quod homo est, proprius an adoptivus Dei filius credendus esset ac dicendus, Ille non modo adoptivum esse pronunciavit ; sed

CHARLEMAGNE.

dit son erreur par des livres qu'il addressa à l'Evêque de Tolede. Il fut amené à Ratisbonne où le Roi séjournoit alors. On y assembla un Concile d'Evêques où il fut entendu & convaincu d'erreur. De là il fut envoié à Rome, où devant le Pape Adrien, il confessa & abjura son erreur dans l'Eglise de saint Pierre.

Le Roi passa l'été dans le même lieu, & pendant ce long séjour il découvrit une horrible conjuration faite contre lui. Ce fut Pepin son fils aîné qu'il avoit eu d'Himiltrude, qui ne pouvant souffrir la mauvaise humeur de Fastrade, conspira avec plusieurs François de tuer le Roi. Ardulfe Lombard, qui découvrit leur dessein, en fut recompensé par une donation faite du Monastere de S. Denis. Les auteurs de la conspiration furent partie tuez à coup d'épée, partie envoiez au gibet. Pepin fut renfermé dans un Monastere. Le Roi pour être plus à portée de faire la guerre aux Huns, demeura dans la Baviere, & fit faire un pont de bateaux sur le Danube pour s'en servir dans cette guerre.

Conjuration de Pepin contre son pere.

Dans le tems qu'il étoit prêt d'entrer dans la Pannonie, il apprit que les troupes que le Comte Thierri menoit par la Frise, avoient été surprises & taillées en pieces par les Saxons au lieu nommé Riustri sur le Veser. Cette nouvelle l'obligea de differer la guerre de Pannonie. Il fit alors une entreprise où il esperoit de réussir, qui étoit de joindre le Danube au Rhin, en faisant un canal de communication de la Radance ou le Rednits à l'Almon, ou l'Altmul, rivieres dont l'une se rend dans le Danube, & l'autre dans le Mein. Il se rendit lui-même sur les lieux avec toute sa Cour, & fit assembler une grande quantité d'ouvriers, qui travaillerent à ce canal pendant toute l'automne. La longueur du canal étoit de deux mille pas, & sa largeur de trois cens pieds. Mais tout ce travail devint inutile, tant à cause des pluies continuelles, que parce que le terrain étoit fort marecageux. L'eau qui tomboit en abondance ramenoit la nuit autant de limon qu'on avoit ôté de terre pendant le jour. Au même tems qu'il étoit occupé à ce grand dessein, arriverent de deux endroits fort éloignez deux nouvelles très-fâcheuses; l'une, que toute la Saxe s'étoit revoltée; l'autre, que les Sarrasins entrez dans la Septimanie avoient combattu contre les Comtes & les troupes de ce payis là ; qu'un grand nombre de François avoient péri dans ce choc, & que les Sarrasins victorieux s'étoient retirez chez eux. Cela lui fit changer ses projets, il revint en France, celebra la Fête de Noel à S. Kilien de Vuirtsbourg, & passa l'hyver à Francfort.

793.

Entreprise de joindre le Danube au Rhin.

---

scriptis etiam ad memoratum Episcopum libris errorem suum pertinacissime defendit. Ideo Ratisbonam adductus est, ubi tunc Rex morabatur, congregatoque Episcoporum concilio, auditus, & errasse convictus est, indeque Romam ad Adrianum Papam missus est, in Ecclesia Sancti Petri hæresim illam abdicavit.

Einard.

Fran. Rege ibidem æstatem agente, conjurationem comperit contra se factam a primogenito Pipino, quem ex Himiltrude susceperat, & a quibusdam Francis, qui se crudelitatem Fastradæ Reginæ ferre non posse asseverabant, atque ideo in necem Regis conspiraverant. Ardulfus Langobardus cum conspirationem detexisset, Monasterio Sancti Dionysii in mercedem donatus est. Auctores vero conspirationis partim gladio cæsi, partim patibulis suspensi sunt. Pipinus in Monasterium inclusus est. Rex vero propter bellum cum Hunnis susceptum in Baioaria sedens, pontem navalem quo in Danubio ad bellum uteretur, ædificavit.

In Pannoniam ingressurus comperit copias illas quas Theodericus Comes per Frisiam ducebat, in pago Riustri juxta Viseram a Saxonibus esse interceptas at-

que deletas. Cujus rei nuncio accepto, iter in Pannoniam intermisit. *Persuasum tunc Regi erat, si inter Radantiam & Almonum fluvios fossa navium capax duceretur, posse commode ex Danubio in Rhenum navigari, quod alter Danubio, alter Mœno misceatur. Confestim cum omni comitatu suo eo venit, congregataque hominum multitudine, totum autumni tempus in eo opere consumsit. Ducta est fossa inter prædictos fluvios duum millium passuum longitudine, latitudine vero trecentorum pedum; sed in cassum; nam propter juges pluvias, & terram quæ palustris erat nimio humore suapta natura imbutam, cœptum opus consistere non potuit. Sed quantum interdiu terræ a fossoribus fuerat egestum, tantum noctibus, humo iterum in locum suum relabente, subsidebat.* Inter hæc, duo admodum infelicia simul allata sunt. Unum erat Saxonum omnimoda defectio: alterum, Saracenos in Septimaniam ingressos, prælio cum illius limitis custodibus atque Comitibus conserto, multis Francorum interfectis, victores ad sua regressos esse. Quibus rebus mutato proposito, in Franciam reversus est; celebravitque Natalem Domini diem apud S. Kilianum in Virtzburgo: indeque in villam Franconofurtum hiematum venit.

Tome I.

E e ij

CHARLEMAGNE.

794. Au commencement de l'été il fit assembler en la même ville tous les Evêques de ses Etats pour tenir un Concile, où assisterent Theophylacte & Etienne, Evêques Legats du Pape Adrien. On y condamna l'heresie de Felix d'Urgel. On y fit un livre pour la refuter, qui fut autorisé par la signature de tous les Evêques assemblez. Là fut aussi rejetté le Concile assemblé à Constantinople sous Irene & Constantin, qu'on avoit publié comme le septième Concile general. Il y fut décidé qu'il ne seroit regardé ni comme le septième Concile, ni comme general. Cependant ce Concile fut depuis reçû en France & dans toute l'Eglise. Après bien des disputes, il fut universellement reconnu.

La Reine Fastrade étant venuë à mourir à Francfort, fut ensevelie à S. Alban de Mayence. Après ces funerailles, le Roi voulant faire la guerre aux Saxons, divisa son armée en deux, prit une partie des troupes pour entrer lui-même en Saxe du côté du midi, & donna l'autre moitié à conduire à son fils Charles, qui devoit passer le Rhin à Cologne, & attaquer les Saxons du côté de l'occident. Ces peuples rebelles s'étoient campez au lieu nommé Sintfelt, & y attendoient le Roi pour lui donner bataille; mais perdant courage à son approche, ils se rendirent, donnerent des otages; & prêterent de nouveau le serment de fidelité tant de fois violé. Charles étant ainsi victorieux sans combat, & aiant repassé le Rhin, alla passer l'hyver à Aix la Chapelle.

Guerre contre les Saxons.

795. Malgré tous les otages que les Saxons avoient donnez, malgré les sermens prêtez, le Roi connoissoit trop leur humeur remuante, & leur inclination à la revolte pour regarder cette guerre comme finie, il tint à l'ordinaire son Assemblée generale à sa maison de campagne de Cuffenstein située sur le Mein à l'opposite de Mayence. De là il se rendit en Saxe avec son armée, ravagea toutes les campagnes; & s'étant avancé jusqu'au canton de Bardengau, près du lieu appelé Bardenvvig, il se campa là, attendant la venuë des Esclavons qu'il avoit mandez. Mais il apprit que Viltzan Roi des Abotrites, comme il passoit l'Elbe, étoit tombé dans une embuscade des Saxons, & avoit été tué; cela porta le Roi à traiter plus severement cette nation perfide. Il fit un grand dégât dans tout le païs; & aprés avoir reçû des otages tels qu'il les avoit commandez, il s'en retourna en France. Pendant cette même campagne, lorsqu'il étoit sur l'Elbe avec son armée, vinrent à lui de la Pannonie des Ambassadeurs d'un des principaux d'entre les Huns nommé Thudun, qui promettoit de venir trouver

---

Eginard.
Monach.
Ecolism.

Æstatis initio Rex omnium regni sui Episcoporum Concilium congregavit, ubi adfuerunt Theophylactus & Stephanus Episcopi, Legati Papæ Adriani. Ibi damnata est hæresis Felicis Urgellitani, ad eamque confutandam liber editus est, cui omnes subscripserunt. Synodus etiam quæ ante paucos annos *Constantinopoli sub Irene & Constantino filio ejus congregata*, & ab ipsis non solum Septima, verum etiam universalis erat appellata, ut nec Septima nec universalis haberetur decerneretur, quasi supervacua in totum ab omnibus abdicata est. Attamen hæc Synodus postea in Francia & per totam Ecclesiam recepta fuit post altercationes multas.

Fastrada Regina Francofurti mortua, Moguntiæ apud sanctum Albanum sepulta est. Post funera, Rex bipartito exercitu Saxoniam petiit. Ipse cum dimidia copiarum parte ab Australi latere intravit. Carolus vero filius ejus cum altera parte Rheno Coloniæ trajecto in eamdem regionem ab Occidente venit. Saxones vero in campo *Sinsfelt* dicto castra posuerant, & quasi prælium cum Rege commissuri exspectabant; sed ipso adveniente perterriti, deditionem fecerunt, obsides dederunt, & sacramentum fidei toties violatum renovarunt. Sic sine pugna Carolus victor fuit, & transacto Rheno Aquisgrani hiberna habuit. *Ann. Fuld.*

Quamquam Saxones & obsides, & ut jussi erant sacramenta dedissent, Rex tamen illorum perfidiæ, & animi ad rebellionem parati gnarus, hoc bellum non ut terminatum habebat, conventumque generalem trans Rhenum in villa *Cuffenstein*, quæ ad Moenum contra Moguntiam sita est more solenni habuit. Inde cum exercitu in Saxoniam ingressus, pene totam populando peragravit, cumque in pagum *Bardengau* pervenisset, & juxta locum qui *Bardenwig* vocatur, positis castris, Sclavorum, quos ad se venire jusserat, spectaret adventum, subito ei nunciatum est Wiltzan Regem Abotritorum cum Albim trajiceret, in dispositas a Saxonibus insidias in ipso flumine incidisse, & ab eis esse interfectum. Id quod Regis animum magis concitavit in perfidam gentem. Terra igitur magna parte vastata & obsidibus, quos dare jusserat acceptis, in Franciam reversus est. In hac expeditione dum castra super Albim haberet, venerunt ad eum Legati de Pannonia, unius ex primoribus Hunnorum nomine Thudun, qui se venturum & Christianismum ample-

le Roi, & de se faire Chrétien. Charles passa cet hyver comme le precedent à Aix la Chapelle.

Le Pape Adrien étant mort, Leon III. lui succeda, & envoia d'abord des Legats au Roi Charles, qui lui apporterent les clefs de la confession de S. Pierre, & l'étendard de la ville de Rome accompagné de plusieurs autres présens. Il pria aussi le Roi d'envoier à Rome quelqu'un des principaux de sa Cour, pour y recevoir en son nom le serment de fidelité du peuple Romain. Charles y envoia Engilbert Abbé de S. Riquier, à qui il remit une grande partie du tresor du Roi des Huns, qu'Eric Duc de Frioul, après avoir pillé le Palais Royal appellé *Ringus* par cette nation, avoit envoié au Roi ; avec ordre à Engilbert d'offrir cela de sa part à Saint-Pierre ; le reste de ce tresor fut liberalement distribué aux principaux de la Cour du Roi, & aux Officiers de sa suite. Après quoi il partit pour la Saxe, & envoia en même tems son fils Pepin faire la guerre dans la Pannonie avec les troupes de Baviere & d'Italie. Le Roi ne fit autre chose en Saxe que piller & ravager le payis comme l'année precedente, reduit à cela par l'impossibilité de fixer cette nation par quelque traité solide & durable. Pepin son fils envoié en Pannonie, passa la Tize, & mit en déroute les Huns qui l'attendoient, ruina le Palais roial appellé *Ringus* par les Huns, & *Camp* par les Lombards. Il pilla presque tout ce que les Huns avoient de biens & de richesses : après quoi il s'en vint à Aix la Chapelle où le Roi passoit l'hyver, & lui presenta toutes les dépoüilles qu'il venoit d'enlever. Thudun, dont nous avons parlé ci-devant, vint aussi trouver le Roi, & se fit baptiser lui & tous ceux qui l'accompagnoient. Il reçût des presens du Roi, & lui prêta serment de fidelité ; mais s'en étant retourné chez lui, il faussa son serment, & porta bien-tôt après la peine de sa perfidie.

Guerre de Pepin contre les Huns.

796.

Barcelonne étant limitrophe des François & des Sarrasins, étoit tantôt des uns, tantôt des autres, souvent prise & souvent reprise. Zate Sarrasin s'en étoit saisi le dernier ; & il vint lui-même au commencement de l'été pour se mettre avec Barcelonne, en la puissance de Sa Majesté. Le Roi reçût volontiers ce present, & envoia son fils Loüis en Espagne avec une armée pour assieger Huesca. Il passa de nouveau en Saxe pour y faire le dégât à son ordinaire, ne connoissant pas apparemment d'autre moien pour domter cette nation rebelle : il la parcourut toute entiere, alla entre l'Elbe & le Veser jusqu'à l'Ocean, & s'en revint après à Aix la Chapelle.

797.

aurum promittebat. Carolus vero Aquisgrani, ut anno proximo hiemavit.

Romæ Adriano defuncto, Leo III. ipsi successit, Legatosque statim ad Regem Carolum misit, qui claves confessionis sancti Petri attulerunt ipsi, necnon vexillum Romanæ urbis cum aliis muneribus ; Regem quoque rogavit aliquem ex optimatibus suis Romam mitteret, qui populum Romanum ad suam fidem atque subjectionem per sacramenta firmaret. Missus est ad hoc Engilbertus Abbas Monasterii sancti Richarii, per quem etiam tunc ad sanctum Petrum magnam partem thesauri, quem Ericus Dux Forojuliensis spoliata Hunnorum Regia, quæ Ringus vocabatur, eodem anno de Pannonia Regi detulerat, misit. Reliquum vero inter optimates & aulicos cæterosque in Palatio suo militantes distribuit. Hinc cum exercitu Francorum Saxoniam petiit. Pipinum vero filium suum cum Italicis ac Baioaricis copiis in Pannoniam ire jussit. Et ipse quidem Saxonia magna ex parte vastata ; neque enim poterat perfidam gentem pacto inito firmare, ad hiemandum Aquisgranum redit. Pipinus autem Hunnis trans Tizam fluvium fugatis, eorumque Regia, quæ ut dictum est, Ringus, a Langobardis autem Campus vocatur, ex toto destructa, direptisque pene omnibus Hunnorum opibus, ad patrem Aquisgrani hiberna habentem venit, de quo loquuti sumus, Regem convenit, ibique cum Comitibus omnibus baptizatus est. Munera ab Rege accepit, & fidei sacramentum præstitit ; sed domi reversus cito fidem violavit, nec multo post perfidiæ pœnas dedit. Rex eodem in loco hiberna habuit.

Barcino urbs in limite Francorum & Saracenorum posita, alternante rerum eventu, modo Francorum, modo Saracenorum erat ; tandem per Zatum Saracenum, qui tunc eam invaserat, Regi reddita est. Nam æstatis initio Aquisgranum ad Regem venit, seque cum illa urbe Regi obtulit. Qua recepta Rex filium suum Ludovicum ad obsidionem Oscæ cum exercitu in Hispaniam misit : ipseque in Saxoniam denuo venit, ipsamque pro more depopulatus est, non alium habens gentis perfidæ domandæ modum, totamque peragravit inter Albim & Viseram usque ad Oceanum, posteaque Aquisgranum rediit.

Iidem.

CHARLEMAGNE.

La renommée de tant d'exploits & de tant de victoires volant par tout le monde, il reçût là plusieurs Ambassades. Abdala fils d'Ibinmaug Sarrasin, Roi de Mauritanie, vint le trouver. Il y reçût aussi un Ambassadeur de Nicetas Patrice Gouverneur de Sicile, nommé Theoctiste, qui lui apporta des Lettres de l'Empereur de Constantinople. Il pensoit toûjours à terminer la guerre de Saxe, & à reduire ces peuples si remuans, & il prit resolution d'y aller passer l'hyver. Il s'y rendit donc avec sa Cour & son armée, se campa sur le Veser, & ordonna que ce camp seroit appellé Heristal, nom que ce lieu retint depuis ce tems-là. L'armée prit des quartiers d'hyver dans toute la Saxe. C'est là qu'il fit venir Pepin & Louis ses fils après les expeditions qu'ils avoient faites, l'un dans l'Italie, & l'autre dans l'Espagne. Les Ambassadeurs des Huns y vinrent aussi, & lui firent de grands presens. Après leur avoir donné audience, il les congedia. Il reçût là même l'Ambassadeur d'Alphonse Roi d'Asturie & de Galice qui lui apporta des presens. Ce fut de la Saxe même qu'il renvoia Pepin en Italie, & Louis en Aquitaine, en la compagnie duquel le Sarrasin Abdala s'en retourna, & fut conduit en Espagne. Le Roi continua son sejour dans la Saxe.

798.

Vers le commencement du printems lorsque le défaut de fourages ne permettoit pas encore de quitter les quartiers d'hyver, les Saxons de delà l'Elbe se servant de l'occasion, tuerent les gens du Roi qui étoient venus chez eux pour y exercer la Justice; peu en échapperent pour en apporter les nouvelles. Ils tuerent aussi Godescalc Ambassadeur du Roi auprès de Sigefroi Roi de Danemarc, qui revenoit de son Ambassade. Le Roi indigné de ces forfaits, assembla son armée & se campa sur le Veser au lieu appellé Munda; & pour punir ces scelerats il porta le fer & le feu dans toute la Saxe qui est entre le Veser & l'Elbe. Ces Saxons de delà l'Elbe fiers de ce qu'ils avoient tué impunement les gens du Roi, prirent les armes pour aller contre les Abotrites & leur Duc nommé Thrasicon, qui instruit des mouvemens de ces rebelles, alla au devant d'eux avec toutes ses troupes au lieu nommé Suentana, leur donna combat, les défit & en tailla en pieces une bonne partie. Ebervin envoié du Roi, qui commanda l'aîle droite dans ce combat, faisoit monter le nombre des Saxons tuez jusqu'à quatre mille.

Revoltes des Saxons.

Le Roi vint ensuite à Aix la Chapelle, où il reçût les Ambassadeurs de l'Imperatrice Irene, qui lui apporterent la nouvelle que Constantin son fils à cause

Ambassadeurs d'Irene.

Tot expeditionum & victoriarum fama cum ubique gentium volaret, Legatos ibi plurimarum gentium habuit. Abdala Ibinmaugæ Saraceni filius Rex Mauritaniæ ad ipsum venit. Oratorem etiam recepit Nicetæ Patricii Siciliæ Procuratoris, Theoctistum nomine, qui literas ipsi Imperatoris Constantinopolitani attulit. In animo semper Carolus habebat ut bellum Saxonicum conficeret, & Saxonas in ordinem redigeret. Hiberna igitur in illa regione habere decrevit, ac cum comitatu & exercitu suo Saxoniam petiit, castrisque super Viseram positis consedit, & locum castrorum Heristalli vocari jussit, qui locus sic ab incolis deinceps vocitatus est. Exercitum vero quem secum adduxit, per totam Saxoniam in hiberna dimisit. Istuc Pipinum de Italica, & Ludovicum de Hispanica expeditione ad se venire jussit: ibi Legatos Hunnorum cum magnis muneribus ad se missos audivit, & absolvit. Ibi Legatum Adelfonsi regis Astoricæ atque Galleciæ sibi dona deferentem suscepit. Inde iterum Pipinum ad Italiam, Ludovicum ad Aquitaniam misit, quicum Abdalam Saracenum ire jussit, qui in Hispaniam deductus fuit. Rex in Saxonia hiberna habuit.

Ineunte vere, cum nondum propter pabuli inopiam hiberna relinqui possent, Saxones Transalbiani occasionem nacti, Legatos Regis qui ad exercendam justitiam missi fuerant, trucidarunt: pauci quasi ad rem nunciandam servati sunt. Godescalcum etiam, quem Rex ad Sigifridum Regem Danorum miserat, interfecerunt. Quo comperto Rex graviter commotus, congregato exercitu in loco, cui *Munda* nomen, super Viseram castra posuit; utque sceleftos ulcisceretur, igni ferroque totam Saxoniam quæ inter Viseram & Albim sita est, devastavit. Transalbiani vero Saxones qui Normanni vocabantur, superbia elati quod Legatos Regis impune occidissent, arreptis armis contra Abotritos proficiscuntur. Dux autem Abotritorum Thrasico dictus, cognito Transalbianorum motu, cum omnibus copiis suis ipsis occurrit in loco, cui *Suentana* nomen, commissoque prœlio, ingente eos cæde prostravit. In prima congressione quatuor millia eorum cecidisse narravit Ebervinus Legatus Regis, qui in Abotritorum acie dextrum cornu tenuit.

Ibidem.

Rex postea Aquisgranum venit: ubi Legatos Irenes Imperatricis Constantinopoli venientes excepit, qui nunciabant Constantinum Imp. Irenes filium ob

Eginart. Ann. Fuld. Ann. Lof.

CHARLEMAGNE.

de ses débordemens, avoit eu les yeux arrachez. Venant de la part de cette Princesse, ils n'avoient garde de dire que c'étoit elle-même qui avoit exercé cette cruauté sur son fils. Ces Ambassadeurs le prierent de donner la liberté à Sisinne, frere de Taraise Patriarche de Constantinople, qui avoit été pris dans un combat en Italie ; ce qu'il leur accorda volontiers. Le nom des Ambassadeurs étoit Michel surnommé Ganglien, & Theophile Prêtre des Blaquernes. Après que ceux-ci eurent eu leur audience de congé, arriverent deux Ambassadeurs du Roi Alfonse, nommez Basilisque & Froia, chargez de presens tirez des dépoüilles de ses ennemis, sur lesquels il avoit pris Lisbonne. Ces presens consistoient en sept Mores, autant de mulets & autant de cuirasses, le tout donné autant pour presens que pour marques de victoire. Il les reçût fort humainement, & les chargea de presens à son tour. En ce tems-là les Isles Baleares, appellées depuis Majorque & Minorque, furent saccagées par les Mores. Le Roi passa cet hyver à Aix la Chapelle.

L'année suivante fut très-remarquable par l'horrible attentat commis en la personne du Souverain Pontife. Leon III. Pape devant faire une procession à Rome depuis l'Eglise de Latran jusqu'à S. Laurent hors des murs, tomba près de cette Eglise entre les mains de ses ennemis, qui lui avoient dressé des embuches. Ils le jetterent à bas de son cheval, lui arracherent les yeux, lui couperent la langue, le laisserent nud & demi mort sur la place ; après quoi ces scelerats le renfermerent dans le Monastere de S. Erasme. Mais par le soin d'un nommé Albin son Camerier, il fut enlevé de là pendant la nuit. On le fit passer par dessus les murs, & il fut recüeilli par Vinigise Duc de Spolete, qui au bruit de ce tumulte étoit accouru à Rome, & qui le mena à Spolete. Presque tous les Auteurs & Chroniqueurs disent, qu'il eut les yeux crevez & la langue coupée, & que la vûë & la parole lui furent renduës par miracle. Ce qui est certain c'est qu'il eut toûjours depuis ce tems là l'usage de l'une & de l'autre. Le Roi aiant appris cette nouvelle, & voulant donner refuge au Vicaire de Jesus-Christ en terre, ordonna qu'on le lui amenât, & qu'on lui fît tous les honneurs dûs à sa dignité. Il ne laissa pourtant pas de s'en aller en Saxe comme il l'avoit resolu. Il tint l'Assemblée generale sur le Rhin au lieu nommé Lippenheim, & se rendit avec son armée à Paderborne, où il se campa, & attendit en ce lieu le Souverain Pontife qui venoit le joindre. Il envoia cependant son fils Charles

799.

Attentat contre le Pape Leon.

---

motum insolentiam a suis excæcatum fuisse, neque enim dicere ausi sunt ipsam Irenem tantam erga filium exercuisse inhumanitatem. Rogarunt autem Regem, ut Sisinnio fratri Tarasii Constantinopolitani Episcopi, in pugna quadam capto, libertatem daret, quod & impetrarunt. Legati porro erant Michael cognomento Ganglianus, & Theophilus Presbyter de Blachernis. His dimissis venere de Hispania Legati Adelfonsi regis, Basiliscus & Froia munera afferentes, quæ ille de manubiis, quas victor apud Olisipponem urbem a se expugnatam ceperat, Regi mittere curavit. Mauros videlicet septem, cum totidem mulis atque loricis : quæ licet pro dono mitterentur, magis tamen insignia victoriæ videbantur, quos benigne Rex suscepit, & remuneratos honorifice dimisit. Insulæ Baleares, quæ nunc ab incolis earum *Majorica* & *Minorica* vocitantur, a Mauris piraticam exercentibus devastatæ sunt. Rex Aquisgrani hiberna habuit.

Annus sequens observandus est ob immane facinus in Summum Pontificem patratum. Leo III. processurus de Lateranis ad Ecclesiam sancti Laurentii quæ tunc ad craticulam vocabatur, in manus & insidias inimicorum incidit qui illum equo dejecerunt, oculos ipsi eruerunt, linguam amputarunt, nudumque ac semivivum reliquerunt. Postea vero scelesti ipsum in Monasterium S. Erasmi velut ad curandum. Verum cujusdam Albini nomine Cubicularii sui cura, noctu per murum demissus, a Vinigiso Duce Spoletano, qui audito hujusmodi facinore Romam festinus advenerat, susceptus & Spoletam deductus est. Omnes pene Auctores & Chronographi narrant, oculos ipsi avulsos & linguam amputatam, ipsique & visum & usum linguæ restitutum divinitus fuisse. Certum utique est ipsum & oculis & lingua postea usum fuisse. Hoc comperto Rex, ut Vicario Christi refugium præberet, jussit illum cum summo honore ad se adduci. Iter tamen suum quod in Saxoniam facere constituerat, non omisit. Habito autem generali conventu ad Rhenum in loco dicto *Lippenheim*, ibique transmisso flumine, cum exercitu Paderburnam venit, ibique in castris considens, Pontificis ad se properantis præstolatur adventum. Misit interea filium

Anastas. Bibliot.

sur l'Elbe avec une partie de son armée pour regler quelques affaires des Vilses & des Abotrites, & pour recevoir la foi de quelques Saxons nommez Nordluides. Tandis qu'il attendoit son retour, le Pape arriva. Charles le reçût avec tous les honneurs imaginables. Leon fit là quelque séjour, informa Charles de ce qui s'étoit passé, & ce Prince lui donna des gens pour le conduire & le rétablir avec honneur dans son Siege; ce qui fut executé. Après cela Charles donna audience de congé au nommé Daniel envoié par Michel Patrice de Sicile. Il apprit aussi en ce lieu la fâcheuse nouvelle de la mort de Gerolt & d'Eric, dont le premier avoit été tué dans un combat contre les Huns, & l'autre après plusieurs victoires avoit été massacré dans la Dalmatie par la trahison des habitans. Il mit ordre aux affaires de Saxe comme la conjoncture du tems le permettoit, & revint passer l'hyver à Aix la Chapelle. Alors Gui Comte & Prefet des frontieres de la Bretagne, qui avoit visité cette année là toute cette Province accompagné d'autres Comtes, apporta les armes des Ducs de ce payis qui s'étoient rendus, inscrites de leurs noms. Il sembloit que cette Province fût toute réduite, mais l'humeur changeante de cette nation & son peu de fidelité, fit depuis voir le contraire. On lui apporta aussi les signes militaires pris à ces pirates Maures, qui avoient ravagé l'Isle de Majorque. Azan Sarrafin Gouverneur d'Huesca envoia au Roi les clefs de la ville avec d'autres presens, lui promettant de lui livrer la place quand l'occasion se presenteroit. Là vint aussi de la part du Patriarche de Jerusalem, un Moine qui lui apportoit avec la benediction du Prélat, des Reliques tirées du lieu où étoit resuscité Notre Seigneur. Le Roi donnant congé au Moine qui vouloit s'en retourner, envoia avec lui un Prêtre de son Palais chargé d'apporter ses presens aux lieux Saints.

800. Au printems vers la mi-Mars, le Roi partit d'Aix la Chapelle, & s'en alla visiter les bords de l'Ocean. Les Normans exerçoient leurs pirateries sur ces côtes; ce qui l'obligea d'y mettre une flote & de bonnes garnisons dans les places. Il celebra la Fête de Pâques à S. Riquier, & suivit les bords de la mer, se rendit à Roüen, & de là à Tours pour y faire ses prieres dans l'Eglise de S. Martin. La maladie de la Reine Luitgarde l'obligea d'y séjourner quelque tems; elle y mourut le 8. de Juin, & y fut ensevelie. Après lui avoir rendu ses derniers devoirs, il vint par Orleans à Paris, de là à Aix la Chapelle. Au commencement du mois d'Août suivant il alla à Mayence où il tint son Assemblée ge-

suum Carolum ad Albim cum parte exercitus, ad quædam negotia cum Vilsis & Abotritis disponenda & quosdam Saxones de Nordluidis recipiendos. Cujus dum reditum expectat, venit Pontifex & honorifice admodum ab illo exceptus est; mansit apud illum dies aliquot, Regique exposuit illa omnia quæ ad tem tantam spectabant. Rursum vero Romam cum magno honore per Legatos Regis, qui eum eo missi sunt, reductus, atque in locum suum restitutus est. Rex paucos ibidem dies moratus, Danielem Michaelis Siciliæ Patricii Legatum dimisit, infelicemque mortem Gerholti & Erici edidicit, quorum prior in pugna contra Hunnos ceciderat; alter vero post multa prœlia & insignes victorias apud Tarsaticam Liburniæ civitatem insidiis oppidanorum interceptus, atque interfectus est. Rebus Saxonum pro rerum opportunitate dispositis, Aquisgranum hiematum venit. Tunc Wido Comes ac Præfectus Britannici limitis, qui eodem anno cum sociis Comitibus totam Britonum Provinciam perlustraverat, arma Ducum, qui se dediderant, inscriptis singulorum nominibus detulit. Videbatur enim ea Provincia tum ex toto subacta; sed persidæ gentis instabilitas, inquit Eginardus, cito id aliorsum more solito commutavit. Allata sunt etiam ei signa, quæ occisis in Majorica Mauris prædonibus, erepta fuerant. Azan Saracenus Præfectus Oscæ claves urbis cum aliis donis Regi misit, promittens eam se traditurum si opportunitas eveniret; sed & Monachus quidam Jerosolymis veniens, benedictionem & reliquias ex loco Resurrectionis Dominicæ, quæ Patriarcha Regi miserat, detulit. Dehinc Carolus Monachum reverti volentem dimittens, Presbyterum de Palatio suo cum eodem ire jussit, cui & dona sua ad illa veneranda loca deferenda commisit.

Redeunte verna temperie, medio fere Martio, Rex Aquisgrano profectus, littus Oceani Gallici perlustravit; & in ipso mari, ubi tunc piraticam Normanni exercebant, classem instituit, præsidia disposuit. S. Pascha apud S. Richarium celebravit. Inde per littus maris Rotomagum venit. Postea Turones ad S. Martinum orationis causa profectus est. Illic demorari coactus est ob ægritudinem Luitgardæ Reginæ, quæ ibidiem clausit extremum. Post funera Aurelianum, inde Lutetiam venit, Lutetia Aquisgranum. Inchoante Augusto, Moguntiam petiit, ubi

Eginar, Annal. sil. Alcuin. L.

generale

nerale, & annonça son voiage d'Italie. Il partit de Mayence, & se rendit à Ravenne avec son armée. Il sejourna là sept jours, & fit marcher son fils Pepin avec son armée à Benevent. Il alla en sa compagnie jusqu'à Ancone, où il le laissa & partit pour Rome. Un jour avant qu'il y arrivât le Pape Leon III. vint à sa rencontre à Noviento, & fut là reçû avec tous les honneurs imaginables. Après qu'ils eurent soupé ensemble, le Roi s'arrêta dans ce lieu même, & le Pape partit, & alla tout disposer pour recevoir le Roi dans Rome. Apparemment qu'avant que de se séparer ils se donnerent le mot sur ce qu'ils avoient à faire l'un & l'autre dans cette Capitale du monde. Le lendemain le Pape avec les Evêques & tout son Clergé se tint sur les degrez de la Basilique de S. Pierre pour recevoir le Roi qui y arriva à cheval, mit pied à terre, & y fut reçû avec tout l'honneur possible. Le Pape fit entrer Charles dans l'Eglise, au chant des Pseaumes & en rendant graces à Dieu de sa venuë. Cette ceremonie fut faite le vingt-quatriéme jour de Novembre. Sept jours après, le Roi aiant fait assembler le peuple, declara hautement le sujet de sa venuë, & traita les jours suivans des affaires qui l'avoient amené à Rome. La plus grande & la plus difficile de ces affaires, étoit d'examiner les accusations intentées contre le Pape Leon. Nul accusateur ne se presenta. Alors le Pape tenant l'Evangile dans l'Eglise de S. Pierre monta sur la Chaire en presence de tout le peuple; & après avoir invoqué la sainte Trinité, il se purgea par serment de tous les crimes qu'on lui avoit objectez. Ce même jour le Prêtre Zacarie que le Roi avoit envoié à Jerusalem, arriva à Rome avec deux Moines que le Patriarche de cette ville envoioit au Roi. Ils lui apporterent les clefs du Sepulcre de Notre-Seigneur & du Calvaire, avec un étendard. Le Roi les reçut fort humainement, les retint quelques jours avec lui; & lorsqu'ils furent sur leur départ, il les chargea de presens.

La Fête de Noel étant arrivée, le Roi se rendit à la Basilique de S. Pierre pour y entendre la Messe, & s'arrêta devant l'Autel où il fit son oraison. Alors le Pape Leon lui mit la couronne sur la tête, & le peuple s'écria : CHARLES-AUGUSTE, COURONNE' DE DIEU, GRAND ET PACIFIQUE EMPEREUR DES ROMAINS, QUE DIEU LUI PROLONGE LA VIE, ET LUI DONNE LA VICTOIRE. Après quoi il lui fit une profonde reverence, comme on la faisoit aux Empereurs ses predecesseurs. Depuis ce tems-là, il quitta le nom de Patrice, & prit celui d'Empereur & d'Auguste.

226　　　　　　　CHARLEMAGNE.

Peu de jours après, le nouvel Empereur ordonna que ceux qui avoient déposé le Pape l'année précedente, fussent amenez en Justice, & jugez dans les formes ordinaires. L'affaire fut examinée, ils furent jugez criminels de leze-Majesté, & condamnez à la mort. Mais le Pape interceda pour eux auprès de l'Empereur, & obtint qu'on se contenteroit de les exiler. Les Chefs de cette faction étoient Pascal Nomenclateur, Campule, & plusieurs autres des principaux d'entre les Romains qui subirent la même peine.

L'Empereur fut occupé tout l'hyver à mettre ordre aux affaires de la ville de Rome, à celles qui regardoient le Pape, & à toutes les autres Ecclesiastiques & seculieres. Après quoi il envoia de nouveau Pepin son fils à Benevent, & partit de Rome pour se rendre à Spolete. Etant en cette ville, le dernier jour d'Avril, à la seconde heure de la nuit, un grand tremblement de terre ébranla toute l'Italie : à Rome la plus grande partie du toit de l'Eglise de S. Paul tomba, & en quelques lieux de l'Italie les villes furent abbattuës, & les montagnes croulerent. La même année le tremblement de terre se fit sentir auprès du Rhin, dans la Gaule & dans la Germanie. Un hyver trop doux amena la peste en plusieurs endroits. L'Empereur alla de Spolete à Ravenne où il passa quelques jours ; de là à Pavie. Il apprit là que les Ambassadeurs d'Aaron Roi de Perse, étoient arrivez au port de Pise. Il envoia des gens au devant d'eux, & les fit venir en sa presence entre Verceil & Yvrée. L'un d'eux étoit Persan envoié par le Roi même ; l'autre étoit Sarrasin envoié d'Afrique par Amirat Abraham, qui dominoit aux confins de l'Afrique, au lieu nommé Fossat. On annonça à l'Empereur que le Juif Isaac qu'il avoit envoié quatre ans auparavant au Roi de Perse, accompagné de Lantfroi & de Sigismond, étoit de retour avec de riches presens, & que Lantfroi & Sigismond étoient morts en chemin. Il envoia Archambaud Notaire en Ligurie, pour préparer une petite flote qui devoit être employée à amener l'élephant & les autres presens qui venoient de l'orient. Ce Prince celebra le jour de S. Jean à Yvrée, & passa les Alpes pour revenir dans les Gaules. Cette même année Barcelone fut prise en été après deux ans de siege. Zate Gouverneur & plusieurs autres Sarrasins y furent faits prisonniers. Rieti en Italie fut aussi prise & brûlée. Roshelme Gouverneur fut prisonnier. Les châteaux qui appartenoient à la même ville se rendirent. Zate & Roshelme furent amenez en même tems devant l'Empereur, & envoiez après en exil. Au mois d'Octobre de la même année,

Ambassades à Charlemagne.

. Paucis postea diebus jussit Imperator eos qui anno superiore Papam deposuerant, in judicium adduci : habita vero de iis quæstione, ut læsæ Majestatis convicti, capite damnati sunt. Verum Papa apud Imperatorem intercedente, in exsilium missi fuere. Hujus factionis Principes fuere Paschalis Nomenclator, Campulus Sacellarius, multique alii Romani nobiles, omnes eadem sententia damnati.

Totam porro hiemem Imperator impendit ordinandis Romanæ urbis totiusque Italiæ rebus, tam Ecclesiasticis quam privatis. Iterum vero Pipinum Beneventum misit, ipseque Roma VII. Kal. Maii profectus, Spoletum venit. Ubi cum esset prid. Kal. Maii, hora noctis secunda terræ motus maximus factus est, quo tota Italia graviter est concussa. Tectum Basilicæ sancti Pauli Apostoli magna ex parte cum suis trabibus decidit, & in quibusdam locis urbes montesque ruerunt. Eodem anno loca quædam circa Rhenum fluvium & in Gallia & in Germania tremuerunt. Mollior hiems pestilentiam multa in loca intulit. Spoleto Imperator Ravennam venit, & aliquot ibi dies moratus, Ticinum perrexit. Ibi nunciatum est ei Legatos Aaronis regis Persarum in Pisarum portum appulisse. Quibus obviam mittens, inter Vercellas & Hipporhediam eos sibi jussit adduci. Alter Persa erat a Rege missus ; *alter Saracenus, de Africa Legatus Amirati Abraham, qui in confinio Africa in Fossato præsidebat*. Nunciatum item Imperatori fuit Isaacum Judæum, quem ante quadriennium miserat ad Regem Persarum cum Lantfrido & Sigismundo Legatis suis, cum magnis muneribus rediisse, Lantfrido & Sigismundo in itinere defunctis. Tum misit Erchenbaldum Notarium in Liguriam ad classem parandam, qua elephas & ea quæ cum eo afferebantur advehi possent. Ipse vero celebrato Hipporhediæ die Natali S. Joannis, Alpes transgressus, in Gallias reversus est. Ipsa æstate in Hispania capta est Barcino, jam biennio obsessa, captique sunt Zatus Præfectus, & alii complures Saraceni. Reate quoque in Italia capta & incensa est, ejusque Præfectus Roshelmus comprehensus est, & castella quæ ad ipsam civitatem pertinebant in deditionem acceptæ sunt. Zatus & Roshelmus una die ante Imperatorem deducti & exsilio damnati sunt. Mense autem Octo-

CHARLEMAGNE.

le Juif Isaac arriva d'Afrique à Porto-Venere avec un éléphant; & ne pouvant aller par les Alpes à cause des neges, il passa l'hyver à Verceil. L'Empereur celebra la Fête de Noel au Palais d'Aix la Chapelle.

L'Imperatrice Irene envoia pour Ambassadeur à l'Empereur Leon *Spathaire* ou Ecuier pour confirmer la paix entre les François & les Grecs, & proposer à l'Empereur de la part d'Irene, que s'il vouloit l'épouser, elle consentiroit volontiers à ce mariage. L'Empereur après avoir traité avec lui, envoia de son côté en Ambassade à Irene, Jessé Evêque d'Amiens, & le Comte Helingaud pour y traiter du même sujet, & porter son consentement à la proposition d'Irene. Mais pendant ce tems-là Nicephore chassa Irene du trône Imperial, & se fit élire Empereur en sa place. Le dix-neuf de Juillet de la même année arriva Isaac avec l'éléphant & les autres presens que le Roi de Perse envoioit à l'Empereur; l'éléphant portoit le nom d'*Abulabaz*.

802.

Mariage proposé de l'Imperatrice Irene avec Charlemagne.

Cependant Pepin Roi d'Italie, faisoit la guerre avec succès. Orthone ville d'Italie se rendit à lui. Nocere après un long siege suivit son exemple. Grimoald Duc de Benevent, peu fidele à Charlemagne, & qui avoit quelque intelligence avec les Grecs, y vint mettre le siege, & obligea Vinigise Comte de Spolete qui commandoit dedans, de se rendre. Ce Comte étoit malade, & Grimoald traita son captif fort honorablement & le mit ensuite en liberté. Pendant cet été l'Empereur prit le plaisir de la chasse dans les Ardennes, sans negliger pourtant les affaires de Saxe, qui demandoient une continuelle attention. Il envoia faire le dégât dans le pays des Saxons de delà l'Elbe, les plus mutins de tous.

803.

Il y eut cet hyver un tremblement de terre à Aix la Chapelle & au pays des environs. Cet accident fut suivi d'une contagion. Les Ambassadeurs envoiez à Irene, s'en revinrent en la compagnie de ceux de l'Empereur Nicephore qui avoit chassé Irene du trône Imperial. Ces Ambassadeurs étoient Michel Evêque, Pierre Abbé, & Calliste Candidat. Ils vinrent trouver l'Empereur sur la riviere appellée la Sale au lieu nommé Sels. Il fut là traité de la paix qui fut établie par écrit; après quoi ils partirent avec une lettre de l'Empereur à Nicephore, s'en allerent à Rome & de-là à Constantinople. L'Empereur se rendit ensuite en Baviere pour y traiter des affaires de la Pannonie, & s'en revint au mois de Decembre à Aix la Chapelle.

---

bri Isaac Judæus de Africa cum Elephanto regressus, portum Veneris intravit, & quia propter nives Alpinas illac transitum habere non poterat, Vercellis hiemavit. Imperator Aquisgrani Natalem Domini celebravit.

Irene Imperatrix ad Imperatorem Carolum Legatum misit nomine Leonem Spatharium pacis inter Francos & Græcos confirmandæ gratia, qui etiam Imperatori proponeret, si Irenem in uxorem ducere vellet, ipsam utique hoc ambire connubium. Imperatorque vicissim Oratores ad illam misit, Jessé Episcopum Ambianensem & Helingaudum Comitem eadem de re acturos & Imperatoris consensum allaturos. Verum interea Nicephorus Irenem ex Imperatorio solio deturbavit, seque in ejus locum intrusit Imperatorem. Decima nona Julii ejusdem anni venit Isaac cum Elephanto, aliisque Regis Persarum muneribus: nomen Elephanti erat *Abulabaz*.

Inter hæc vero Pipinus Rex Italiæ bellum feliciter gerebat: Orthona urbs Italiæ in deditionem ab illo accepta est: Nuceria quoque post longam obsidionem & ipsa in deditionem venit. Grimoaldus Dux Beneventanus, non ita Carolo Magno fidus, qui cum Græcis occulte negotiabatur, urbem illam obsederat, Vinigisum Comitem Spoleti, qui præsidio præerat, adversaque valetudine laborabat, ad deditionem compulit, captumque honorifice habuit; ac liberum postea dimisit. Æstatis tempore Imperator in Arduenna silva venationi operam dedit: neque tamen rem Saxonicam neglexit, quæ assiduam postulabat curam; misitque exercitum ad Transalbianos Saxones omnium procacissimos, qui regionem illam popularetur.

Hieme sequenti Aquisgrani terræ motus fuit qui etiam finitimas regiones exagitavit, quam calamitatem pestilentia subsequuta est. Imperatoris Legati Constantinopolim reversi sunt, ac cum eis venerunt Nicephori Imperatoris, qui Irenen deturbaverat, Legati, Michael Episcopus, Petrus Abbas & Callistus Candidatus. Imperatorem vero Carolum convenerunt ad Salam fluvium ad locum qui dicitur *Sels*, & conditionem faciendæ pacis in scripto susceperunt, & inde dimissi cum Epistola Imperatoris Romam regressi, inde Constantinopolim reversi sunt. Imperator vero in Baioariam profectus, dispositis Panniarum causis, Decembri mense Aquisgranum reversus est.

Tome I. Ff ij

804.   Aiant passé l'hyver au même lieu, il mena l'été suivant son armée en Saxe, & obligea tous les Saxons de de-là l'Elbe de quitter leur payis, & d'emmener avec eux leurs femmes & leurs enfans pour venir s'établir en France. Il n'étoit pas possible de domter autrement ces peuples. L'Empereur donna leurs terres, bourgs & villages aux Abotrites leurs voisins. Godefroi Roi des Danois, vint avec sa flote & toute la cavalerie de son Roiaume, au lieu nommé Sliestorf, voisin de la Saxe. Il avoit promis à l'Empereur d'entrer en conference avec lui, mais ses gens l'en empêcherent & il ne vint pas plus avant. L'Empereur se tenoit sur l'Elbe au lieu nommé Holdunstetin. Il envoia à Godefroi des Ambassadeurs pour le sommer de lui rendre les transfuges Saxons: & vers la mi-Septembre il vint à Cologne, & se rendit de là à Aix la Chapelle, d'où il partît pour aller chasser dans les Ardennes, & s'en revint à la même ville. À la mi-Novembre il eut nouvelle que le Pape Leon venoit pour passer la Fête de Noel chez lui en quelque lieu qu'il le trouvât. Il envoia d'abord à sa rencontre son fils Charles pour le joindre à S. Maurice, & s'avança lui-même jusqu'à Reims pour venir au devant de lui. Il le reçut là avec honneur, & ils allerent ensemble à Kiersi où ils celebrerent la Nativité de Notre Seigneur. Il amena ensuite le Pape à Aix la Chapelle; où lui aiant fait des presens considerables, il le fit conduire par la Baviere jusqu'à Ravenne. La cause de la venuë du Pape étoit telle. Quelqu'un avoit dit l'été precedent à l'Empereur qu'on avoit trouvé du Sang de Jesus-Christ à Mantoüe. Il envoia prier le Pape de l'instruire de la verité du fait. Le Saint Pere prit de là occasion d'aller premierement en Lombardie pour y faire les recherches necessaires, & ensuite de venir trouver l'Empereur pour lui en rendre compte.

805.

804.   Cette année fut aussi remarquable par le siege de Barcelonne. Louis Roi d'Aquitaine, aiant formé le dessein de prendre cette place, partagea son armée en trois corps: il en garda un & se tint en Roussillon pour veiller sans doute sur les convois. L'autre corps fit le siege sous la conduite de Rostaing Comte de Girone. Le troisiéme corps fut destiné à couvrir les assiegeans en cas que les Sarrasins vinssent au secours de la place; ce qu'ils ne manquerent pas de faire. Ils donnerent vigoureusement sur ce corps avancé, & tuerent bien du monde; mais comme ils en perdirent beaucoup davantage, ils se retirerent, & ce corps d'armée vint joindre l'autre pour renforcer les attaques. La ville soutint

Postquam ibidem hiberna habuerat, æstate in Saxoniam ducto exercitu, omnes qui trans Albim habitabant Saxones cum mulieribus & infantibus transtulit in Franciam; non poterant enim alia ratione in officio contineri, & pagos Transalbianos Abotritis dedit. Eodem tempore Godefridus Rex Danorum venit cum classe sua & omni equitatu regni sui ad locum qui dicitur *Sliestorff*, in confinio regni sui & Saxoniæ: promisit se ad colloquium Imperatoris venturum: sed consilio suorum inhibitus, propius non accessit. Imperator vero ad Albim fluvium sedebat in loco qui dicitur *Holdunstetin*, & missa ad Godefridum legatione pro reddendis profugis, medio Septembri Coloniam venit, & hinc Aquisgranum, unde in Arduennam venatum se contulit, & Aquisgranum reversus est. Medio Novembri nunciatum est illi Leonem Papam, Natalem Domini secum celebrare velle, ubicumque ipse esset. Quem misso ad sanctum Mauricium Carolo filio, honorifice suscipi jussit, & ipse Remos usque obviam illi profectus est: ibique susceptum primo Carisiacum villam ubi Natalem Domini celebravit, deinde Aquisgranum duxit, & magnis donatum muneribus, per Baioariam duci volentem, Ravennam deduci curavit. Causa itineris Leoni fuit, quod æstate præterita Imperatori perlatum fuisset, Christi sanguinem Mantuæ fuisse repertum; ideoque Papam rogaverat rei veritatem inquireret. Hinc occasione sumta Papa primo Langobardiam rem perquisiturus venit, indeque ad Imperatorem properavit, rem uti gesta erat narraturus.

Hic annus Barcinonis etiam obsidione nobilitatur. Ludovicus Aquitaniæ Rex, oppugnandæ urbis consilio habito, in tres partes exercitum divisit. Unam ille retinens in Ruscinonensi agro mansit, forsitae ut commeatibus advigilaret. Altera pars exercitus urbem obsedit, Duce Rostagno Gerundensi Comite. Tertiam vero, ne hostes ex improviso obsidionem interturbarent, ultra urbem excubias agere jussit, ut Saracenos in auxilium venientes depelleret. Et vere Saracenorum exercitus venit, & tertiam illam exercitus partem aggressus est, multosque occidit: sed quia longe plures amisit, receptui cecinerunt Saraceni, illaque pars exercitus obsidentibus adjuncta est.

le siege pendant six semaines. La disette & la faim obligea enfin la garnison de capituler. Les Chefs de l'armée jugerent à propos d'appeller Louis pour lui faire honneur de la prise d'une ville si importante. Il y vint, & la place se rendit à lui.

Peu de tems après le Cagan ou le Prince des Huns vint trouver l'Empereur, forcé à cela par le mauvais état des affaires de sa nation, que les courses continuelles des Esclavons Bohemiens incommodoient si fort, qu'elle alloit être obligée d'abandonner le païs. Il demandoit à l'Empereur qu'il accordât à ses Huns une place pour habiter entre Sabarie & Carnonte. L'Empereur reçut d'autant plus benignement le Cagan nommé Theodore, qu'il faisoit profession de Christianisme. Il lui accorda ce qu'il demandoit, & lui fit même des presens; après quoi Theodore se retira chez lui, & mourut peu de tems après. Le Cagan son successeur envoia demander à l'Empereur d'être mis au même degré d'honneur que les Cagans avoient anciennement chez les Huns. Ce que l'Empereur accorda encore, & voulut que le Cagan eut la qualité de Roi, & les mêmes honneurs qu'auparavant. Il envoia la même année Charles son fils avec une armée contre ces Esclavons Bohemiens. Ce Prince y fit un grand dégât. Le Duc de ces Bohemiens nommé Lechon, fut tué. Après quoi Charles alla trouver l'Empereur son pere, qui étant parti d'Aix la Chapelle, étoit venu par Thionville & par Mets dans les forêts du mont Vosge pour y prendre le plaisir de la chasse. Son fils le trouva au lieu nommé Camp. De là l'Empereur vint au Château de Remiremont, d'où il se rendit à son Palais de Thionville pour y passer l'hyver. Là le vinrent joindre ses deux fils Pepin & Louis.

D'abord après la Fête de Noel, une honorable Compagnie vint trouver l'Empereur. C'étoient Villhaire & Beat Ducs des Venitiens, Paul Duc de Zara, & Donat Evêque de la même ville; tous chargez de riches presens qu'ils lui offrirent. Charlemagne fit là des Ordonnances touchant les Ducs & les peuples de Venise & de Dalmatie, & leur donna après audience de congé. Il tint ensuite à l'ordinaire une Assemblée generale des principaux de la nation pour établir entre ses enfans une bonne paix, & partager en trois tous ses Etats; afin qu'après sa mort chacun d'eux sçût quelle part de tout son Empire il devoit occuper. Il fit donc son testament, où étoit specifié ce partage, & le fit confirmer par serment aux François de l'Assemblée. Il députa encore Eginhart Auteur de

806.
Charlemagne partage son Empire entre ses fils.

Obsidio ad sex hebdomadas extracta fuit, demumque fame compellente obsessi deditionem fecerunt. Duces autem putarunt e re fore si Ludovicus Rex evocaretur, ut honor illi captæ urbis deferretur. Venit ergo ille & urbem recepit.

Non multo post Princeps Hunnorum Caganus propter calamitatem populi sui Imperatorem adiit, postulans sibi locum dari inter Sabariam & Catnuntum, quia propter infestationem Sclavorum, qui *Behemanni* vocantur, in pristinis sedibus consistere non poterant. Imperator ideo Caganum Theodorum nomine benignius excepit, quod ille Christianus esset, & precibus ejus annuens, muneribus donatum redire permisit. Reversus paulo post obiit. Caganus autem successor ejus ad Imperatorem misit Legatum, *petens sibi honorem antiquum quem Caganus apud Hunnos habere solebat*, cujus precibus annuit Imperator, & summam totius regni ex prisco ritu habere præcepit. Eodem anno Carolum filium cum exercitu misit in terram Sclavorum qui *Behemanni* vocantur, qui totam regionem depopulatus, Lechonem Ducem eorum occidit. Post hæc vero Imperatorem convenit qui Aquisgrano profectus per Theodonis villam & Metas in Vosagum montem venatum venerat; ibique illum in loco *Camp* dicto invenit filius Carolus. Inde Imperator in Rumerici castellum profectus, ibique aliquantum moratus, ad hiemandum in Theodonis villa Palatio suo consedit. Illo venerunt etiam ambo filii Ludovicus & Pipinus.

Statim post Natalem Domini accessere Villharius & Beatus Duces Venetiæ, itemque Paulus Dux Jaderæ, atque Donatus ejusdem civitatis Episcopus Legati Dalmatarum, qui magna Imperatori obtulere munera. Tunc Carolus Magnus multa constituit & ordinavit, circa Duces & populos tam Venetiæ quam Dalmatiæ; illisque dimissis, conventum habuit Imperator cum primoribus & optimatibus Francorum de pace constituenda inter filios suos, & divisione regni facienda in tres partes; ut sciret unusquisque eorum quam partem, patre mortuo, occupaturus esset. Testamentum itaque suum edidit, quod jurejurando ab optimatibus Francorum confirmatum est. *Atque hæc omnia literis mandata sunt, & Leoni Papæ, ut ipse sua manu subscriberet, per Eginardum* hujus historiæ Scrip-

Ff iij

cette histoire, au Pape Leon, pour le prier d'y souscrire. Ce que le Pape fit volontiers. L'Empereur envoia ses fils Pepin & Louis chacun dans les états qui lui étoient assignez. Il partit ensuite de Thionville, & se rendit en bateau par la Moselle & par le Rhin à Nimegue, où il passa le Carême & la Fête de Pâque. De là il vint à Aix la Chapelle, & envoia son fils Charles contre les Esclavons Sorabes, qui habitoient sur l'Elbe. Dans cette expedition Miliduoch Duc des Esclavons fut tué. L'armée y bâtit deux châteaux, l'un sur la Sale, & l'autre sur l'Elbe. Après avoir pacifié toutes choses chez ces peuples, Charles vint trouver l'Empereur son pere au lieu nommé Sili sur la Meuse. On envoia encore par ordre de l'Empereur un corps d'armée tiré de la Baviere, de l'Allemagne & de la Bourgogne pour aller faire le dégât dans les terres des Bohemiens, comme l'année precedente. Cette armée ravagea tout, & revint après sans aucune perte. En cette même année Pepin envoia une flote en l'Isle de Corse contre les Maures qui venoient y faire des descentes pour la ravager. Mais ils se retirerent sans l'attendre. Il y eut pourtant un des Commandans nommé Hadumar Comte de Gennes, qui s'étant engagé temerairement dans un combat contre ces barbares, y perit. En Espagne les Navarrois & ceux de Pampelune qui s'étoient donnez les années précedentes aux Sarrasins, se remirent sous l'obéïssance de Charlemagne. En ce même tems l'Empereur Nicephore envoia une flote commandée par le Patrice Nicetas pour recouvrer la Dalmatie. Les Ambassadeurs de l'Empereur qui avoient été envoiez quatre ans auparavant au Roi de Perse, revenant de cette Ambassade passerent au travers de cette flote sans aucun fâcheux accident, & vinrent aborder au port de Trevise.

Guerre contre les Bohemiens.

807. L'année suivante fut remarquable par une éclipse du soleil & d'autres phenomenes qu'Eginard a décrit, & qui ont exercé nos Astronomes. En la même année, Robert que l'Empereur avoit envoié en Orient, mourut à son retour. La grande réputation de Charles s'étendoit jusqu'aux parties les plus reculées du Levant. Abdala Ambassadeur du Roi de Perse à l'Empereur, vint en la compagnie de deux Moines George & Felix, envoiez par Thomas Patriarche de Jerusalem. Ce Persan lui apportoit les riches presens que son maître envoioit à Charlemagne. Ils consistoient en un pavillon & des tentes pour une espece de salle d'entrée au même pavillon, d'une grande beauté. Le tout tant les tentes que les cordes pour les tendre étoient du plus fin lin, teint de diverses couleurs. Plusieurs manteaux de soie fort precieux, des aromates, des parfums

Presens envoyez à Charlemagne par le Roi de Perse.

---

totem missa; id quod libenter Summus Pontifex fecit. Imperator dimisso utroque filio Pipino & Ludovico in regnum sibi deputatum, ex villa Theodonis per Mosellam & Rhenum secundo fluvio Noviomagum navigavit, ubi Quadragesimam & Pascha transegit; indeque Aquisgranum petiit, Carolumque filium misit in terram Sclavorum, qui dicuntur *Sorabi* ad Albim fluvium siti. In qua expeditione *Miliduoch* Sclavorum Dux interfectus est. Duo castella ab exercitu ædificata sunt, unum ad ripam fluminis Salæ, alterum ad fluvium Albim; Sclavisque pacatis, Carolus cum exercitu regressus, Imperatorem convenit in loco *Sili* dicto ad ripam Mosæ. Missa est & manus militum ex Baioaria, & Alamannia atque Burgundia sicut anno superiore in terram Behemannorum, vastataque terræ non modica parte absque ullo gravi incommodo regressa est. Eodem anno in Corsicam insulam contra Mauros, qui eam vastabant, classis ex Italia a Pipino missa est. Cujus adventum Mauri non exspectantes, abscesserunt. Unus tamen nostrorum Hadumarus Genuæ Comes, imprudenter contra eos dimicans, occisus est. In Hispania vero Navarri & Pampilonenses, qui superioribus annis ad Saracenos defecerant, in fidem recepti sunt. Eodem tempore classis a Nicephoro Imperatore, cui Nicetas Patricius præerat, ad recuperandam Dalmatiam mittitur. Legati porro, qui fere ante quadriennium ad Regem Persarum missi fuerant, per ipsas Græcarum navium stationes transvecti, ad Tarvisianum portum sine damno appulerunt.

Annus sequens eclipsi Solis, aliisque φαινομένοις, quæ Eginhardus descripsit, insignis fuit. Robertus, al. *Ratbertus missus Imperatoris*, qui ex Oriente revertebatur defunctus est. Caroli fama ad extrema usque Orientis volabat. Legatus Regis Persarum nomine Abdala cum Monachis Georgio & Felice a Thoma Patriarcha Jerosolymitano ad Imperatorem missis, advenit, & magnifica Regis Persarum Imperatori missa munera obtulit. Hæc vero missa sunt: Papilio & tentoria atrii miræ & magnitudinis & pulcritudinis. Erant omnia byssina tam tentoria quam funes eorum, diversis tincta coloribus. Pallia serica multa &precio-

& des baumes de differente espece. Ce qui brilloit sur tout étoit une horloge d'un merveilleux artifice pour ces tems-là, où les douze heures rouloient exactement, avec douze petites boules de cuivre qui tomboient chacune à la fin de chaque heure sur un timbre qu'elle faisoit sonner par sa chûte. Douze cavaliers sortoient par douze fenêtres, qui s'ouvroient pour les laisser sortir, & qu'ils fermoient en sortant. On voioit bien d'autres choses remarquables dans cette horloge, que l'Auteur s'est dispensé de rapporter de peur d'être trop long. Il y avoit encore parmi ces presens deux candelabres d'une grandeur extraordinaire. L'Empereur reçut tout cela dans son Palais d'Aix la Chapelle. Il retint quelque tems cet Ambassadeur & les Moines, & les fit aller ensuite en Italie pour y attendre le tems propre à la navigation. En la même année il envoia en l'Isle de Corse Burchard son Connétable avec une flote, pour la défendre des courses des Maures, qui partirent cette même année de l'Espagne à leur ordinaire, & vinrent aborder en Sardagne. Là il y eut un combat donné contre les Sardes, où les Maures perdirent trois mille des leurs. Ils quitterent cette entreprise pour venir en l'isle de Corse. Burchard étoit dans un port de cette Isle avec sa flote. Il donna bataille aux Maures, qui furent défaits & mis en fuite. Ils y perdirent treize vaisseaux & beaucoup de gens. Tout tourna mal pour eux cette année. Ils avouoient eux-mêmes que c'étoit en punition de ce que l'année précedente ils avoient enlevé soixante Moines d'une Isle, & les avoient vendus en Espagne. Quelques-uns de ces Moines furent délivrez par la liberalité de l'Empereur. Le Patrice Nicetas, qui se tenoit avec une flote auprès de Venise, aiant fait treve avec le Roi Pepin jusqu'au mois d'Août suivant, se retira à Constantinople.

<small>Mauvais succès des Maures.</small>

Un hyver trop doux causa des maladies contagieuses. Au commencement du printems l'Empereur alla à Nimegue, & revint après Pâques à Aix la Chapelle. Aiant eu nouvelle que Godefroi Roi de Danemarc avoit passé avec une armée dans le payis des Abotrites, il envoia son fils Charles sur l'Elbe avec une puissante armée de François & de Saxons, pour empêcher Godefroi d'entrer dans la Saxe. Mais il fit descente sur les côtes, prit quelques châteaux des Esclavons, obligea Traficon Duc des Abotrites de se retirer; ce qu'il fit, parce qu'il se défioit de ce peuple. Godefroi prit par un tour d'adresse Godolaibe autre Duc des Abotrites, le fit pendre, & se rendit tributaires deux parties

<small>808.</small>

<small>Guerre de Godefroi Roi de Danemarc contre les Abotrites.</small>

---

sa, odores, unguenta, balsamum. Quodque præ cæteris spectabile erat, horologium mirifice, ut illo ævo concinnatum, *in quo duodecim horarum cursus ad clepsydram vertebantur, cum totidem æreis pilulis, quæ ad completionem horarum decidebant, & casu suo subjectum sibi cymbalum tinnire faciebant: additis in eodem ejusdem numeri equitibus qui per duodecim fenestras completis horis exibant, & impulsu egressionis suæ totidem fenestras, quæ prius erant apertæ, claudebant.* Aliaque in hoc horologio erant, quæ Scriptor brevitatis causa prætermisit. Fuere præterea inter prædicta munera candelabra duo miræ magnitudinis & proceritatis. Quæ omnia in Aquensi Palatio ad Imperatorem delata sunt. Legatum autem & Monachos aliquantum temporis apud se detentos, in Italiam misit, ut ibi tempus ad navigationem opportunum exspectarent. Eodem anno Burchardum Comitem Stabuli sui, cum classe misit Corsicam, ut eam à Mauris qui superioribus annis illuc venire constituerant defenderet. Hi pro more ex Hispania egressi, primo in Sardiniam appulere. Ibi prælio cum Sardis commisso, tria millia suorum amiserunt. Inde in Corsicam venerunt. Burchardus autem in portu quodam ejusdem insulæ erat, pugnaque commissa victi Mauri fugatique sunt, amissis tredecim navibus, & plurimis suorum interfectis. Omnia illo anno adversæ fortunæ tela experti sunt, ipsique fatebantur hæc sibi ideo accidisse, quod anno præterito ex Patelaria insula sexaginta Monachos asportatos, in Hispania vendidissent, quorum aliqui per Imperatoris liberalitatem libertatem sunt adepti. Nicetas Patricius, qui cum classe prope Venetias erat, induciis cum Pipino Rege usque ad mensem Augustum sequentem factis, Constantinopolin regressus est.

Hiems mollissima pestilentiæ causa fuit. Vere autem inchoante Imperator Noviomagum venit, & post Pascha Aquisgranum reversus est. Quia vero nunciabatur Godefridum Regem Danorum cum exercitu ad Abotritos trajecisse, Carolum filium suum ad Albim cum valida Saxonum & Francorum manu misit, ut Saxoniæ terminos tuerentur; sed ille stativis per aliquot dies in littore habitis, expugnatis etiam aliquot Sclavorum castellis, Thrasiconem Ducem popularium fidei diffidentem loco pepulit, Godolaibum alium Ducem dolo captum suspendit, Abotritorum

<small>Eginard.</small>

des Abotrites : ce ne fut pas sans grande perte de ses meilleurs soldats & des Chefs, entre autres de Reginold son neveu, qui fut tué à l'attaque d'une ville, avec un grand nombre des premiers Officiers Danois. Charles fils de l'Empereur fit un pont sur l'Elbe, & mena promtement son armée contre les Hilinons & les Smeldingues qui s'étoient tournez du côté de Godefroi ; & après avoir ravagé leurs campagnes, il s'en retourna sans perte dans la Saxe. Les Vilses anciens ennemis des Abotrites, s'étoient aussi joints à Godefroi ; & quand il se retira, ils s'en retournerent chargez de butin. Godefroi avant que de s'en retourner chez lui, détruisit une ville marchande sur les bords de l'Ocean, qu'on appelloit en Langue Danoise Rerich, & lui portoit un gros revenu par les taxes levées sur les marchandises ; il transfera en d'autres endroits les Marchands de cette ville ; & aiant congedié sa flote, il se rendit avec son armée au port appellé Sheftorf. Il demeura là quelque tems, & entreprit de faire un grand fossé pour mettre à couvert des armées de France les frontieres de son Roiaume qui regardoient la Saxe. Ce fossé prenoit depuis le sein oriental, que les Danois appelloient Ofterfalt, & que nous appellons la mer Balthique, jusqu'à l'Ocean occidental. Il joignoit le bord septentrional de la riviere appellée Egidora ou Eider. On y fit seulement une porte par laquelle pouvoient entrer & sortir les chariots & la cavalerie ; il laissa ce travail à achever aux Chefs de son armée. En ce tems-là Stordulf Roi des Nordhumbriens dans la grande Bretagne, chassé de son Roiaume & de son païs, se retira auprès de l'Empereur qui étoit alors à Nimegue. Il lui raconta les causes de son expulsion, & s'en alla à Rome. Après son retour, il fut rétabli dans son Roiaume par les soins du Legat du Pape Leon, & des Ambassadeurs de l'Empereur. Charlemagne bâtit sur l'Elbe deux châteaux pour arrêter les incursions des Esclavons, & passa l'hyver à Aix la Chapelle.

Une flote vint de Constantinople premierement en Dalmatie, ensuite du côté de Venise, où elle passa une partie de l'hyver ; & pendant ce tems plusieurs vaisseaux approcherent de Comachio, où les Grecs firent une descente. La garnison sortit sur eux, les battit & les mit en fuite. Ils se retirerent après du côté de Venise. Le Commandant de la flote nommé Paul negotioit avec Pepin pour faire la paix entre les François & les Grecs, comme en aiant ordre de l'Empereur. Mais il étoit traversé par Villhaire & Beat Ducs de Venise, qui lui tendoient des embuches. Le Commandant Paul s'appercevant de leurs artifices, se retira. Au même tems le Roi Louis entra dans l'Espagne, & assiegea Tortose,

partes duas vectigales sibi fecit : optimos tamen militum suorum & manu promtissimos amisit, interque eos filium fratris sui nomine Reginholdum, qui in oppugnatione cujusdam oppidi cum plurimis Danorum primoribus occisus est. Erant etiam cum Godefrido Sclavi qui dicuntur Vilsi, jam olim Abotritis inimici, & ex hac expeditione cum præda reversi sunt. Godefridus priusquam domum rediret, emporium destruxit ad litus Oceani situm, lingua eorum *Rerich* dictum, quod vectigalia magna præstabat, translatisque inde negotiatoribus, soluta classe ad portum qui *Sheftorff* dicitur cum universo exercitu venit. Ibique per aliquot dies moratus, limitem regni sui, qui Saxoniam respiciebat, munire aggressus est eo modo, ut ab Orientali maris sinu, quem illi *Ofterfalt* dicunt, & nos *mare Balthicum* appellamus, usque ad Occidentalem Oceanum totam Egidoræ fluminis Aquilonarem ripam munimentum valli prætexeret, una tantum porta dimissa, per quam carpenta & equites emitti & recipi possent, Ducesque copiarum opus perficere jussit. Interea Ardulfus Rex Nordhumbrorum in Britannia, regno & patria pulsus ad Imperatorem Noviomagum venit, & patefacta adventus sui causa, Romam proficiscitur ; Romaque rediens per Legatos Romani Pontificis & Imperatoris in regnum suum reducitur : qui Imperator tunc duo castella ad Albim fluvium excitari jussit, cum præsidiis contra Sclavorum incursiones.

Classis Constantinopoli missa primo Dalmatiam, deinde Venetias appulit, ubi hiberna habuit, parsque ejus ad Comaclum insulam accessit : commissoque prælio contra loci præsidium, Græci victi fugatique sunt & Venetias sunt reversi. Classis autem Dux Paulus cum Pipino Rege de pace Francos inter & Græcos constituenda quasi jussus agebat. Verum Vilharius & Beatus Venetiarum Duces ejus conatus impediebant, ipsique insidias parabant, quibus ille compertis discessit. Inter hæc Rex Ludovicus, cum exercitu in Hispaniam ingressus, Derthusam in ripa Iberi

ville

ville fur l'Ebre. Voiant que le Siege tiroit en longueur, il s'en retourna sans
perte avec son armée, & vint en Aquitaine. Après que Ardulfe eut été rétabli Roi de Northumbrie, les Envoiez du Pape & de l'Empereur s'embarquerent pour s'en retourner. Le Diacre Adolphe Legat du Pape fut pris par
des pirates & emmené dans la grande Bretagne, où il fut racheté par un
des sujets du Roi Cenulphe, & s'en alla à Rome. Les Envoiez de l'Empereur se retirerent sans aucun accident. Cette année fut encore celebre par
plusieurs autres évenemens. Dans la Toscane, Populonie grande ville fut prise
& pillée par les Grecs. Les Maures firent une descente dans l'Isle de Corse, & y
prirent & pillerent une ville; ils enleverent tous les habitans hors l'Evêque &
quelques vieillards & malades. Godefroi Roi de Danemarc, fit dire à la Cour de
France par quelques Negocians, qu'il savoit que l'Empereur étoit indigné de ce qu'il étoit entré à main armée dans le payis des Abotrites;
qu'il vouloit se purger de ce dont on l'accusoit; que c'étoient eux qui
avoient fait les premiers des actes d'hostilité. Il demandoit qu'on fît une Assemblée des Comtes de l'Empereur & des siens au-delà de l'Elbe, pour examiner
les choses de part & d'autre, & terminer tout à l'amiable, en reparant les torts
qu'on pourroit avoir faits. L'Empereur y donna les mains. On tint une conference au-delà de l'Elbe au lieu appellé Badenflier; mais après plusieurs plaintes
portées de part & d'autre, il n'y fut rien conclu. Thrasicon Duc des Abotrites,
qui avoit donné son fils en otage à Godefroi, aiant levé des gens dans l'étendüe de son Gouvernement & reçû un secours considerable de Saxons, porta le
fer & le feu dans le payis des Vilses, & se retira chargé de dépouilles. Il y revint
ensuite aidé d'un plus grand nombre de Saxons, & prit la grande ville des Smeldinges. Ces avantages remportez forcerent les Vilses de se remettre en société
avec les Abotrites.

L'Empereur revenu des Ardennes à Aix la Chapelle, y fit tenir un Concile
au mois de Novembre, où il fut traité de la procession du S. Esprit, à l'occasion de quelques propositions qu'un Moine de Jerusalem nommé Jean, avoit
avancé là-dessus. Bernard Evêque de Vormes, & Adelard Abbé de Corbie, furent envoiez au Pape Leon pour avoir la décision sur cet article. Il y fut encore
parlé de l'état des Eglises & de la vie des Ecclesiastiques, mais on ne conclut
rien sur une matiere si importante.

Concile d'Aix-la-Chapelle.

---

fluminis sitam obsedit; sed post aliquantum temporis, ubi obsidionem longius processuram vidit, cum incolumi exercitu in Aquitaniam se recepit. Postquam Ardulfus Rex Northumbrorum restitutus fuerat, Legati Imperatoris & Pontificis consensa navi solverunt: illorum unus Adolphus Diaconus a piratis captus est, ductusque in Britanniam, ubi a quodam Cænulphi regis homine redemtus Romam rediit. Caroli Legati illæsi abiere. In Tuscia Populonium civitas magna a Græcis devastata fuit. Mauri quoque de Hispania Corsicam ingressi, urbem quamdam diripuerunt, populumque totum abduxerunt, præter Episcopos & paucos senes atque infirmos. Interea Godefridus Rex Danorum per negotiatores quosdam significavit, se comperisse Imperatorem sibi infensum esse, quod in Abotritos duxisset exercitum, velle sese de objectis purgare, fœdusque ab illis prioribus fuisse violatum. Petebat etiam ut conventus Comitum Imperatoris & suorum trans Albim fieret, in quo res ad utramque partem spectantes componi possent. Non abnuit Imperator, colloquiumque trans Albim habitum est in loco cui nomen *Badenflier*; sed multa utrinque conquesti, re infecta, discesserunt. Thrasico autem Dux Abotritorum, qui filium obsidem Godefrido dederat, collecta popularium manu & auxilio a Saxonibus accepto, vicinos suos Vilsos aggressus, agros eorum ferro & igne vastavit, regressusque domum est cum ingenti præda; acceptoque iterum a Saxonibus validiore auxilio, Smeldingorum maximam civitatem expugnavit; atque iis prosperis rebus omnes qui ab eo defecerant, ad suam societatem redire coegit.

Imperator de Arduenna Aquas reversus, mense Novembri concilium habuit, ubi de processione Spiritûs Sancti actum est, occasione quæstionis cujusdam a Joanne Monacho Jerosolymitano motæ. Bernardus autem Vormatiensis Episcopus & Adelardus Abbas Corbeiensis ad Leonem Pontificem rei definiendæ causa missi sunt. Actum est etiam in eodem Concilio de statu Ecclesiarum, & de vita eorum qui in eis Deo servire dicuntur: *nec aliquid tamen definitum est propter rerum, ut videbatur, magnitudinem.*

Iidem.

Charlemagne informé des grands airs que se donnoit le Roi de Danemarc, & de l'arrogance que lui avoient inspiré quelques petits succès, résolut de bâtir une ville au-delà de l'Elbe, & d'y mettre garnison Françoise. Il ramassa des gens dans la Gaule & dans la Germanie, & fit tous les préparatifs necessaires pour l'execution de ce dessein. En ce tems-là Thrasicon Duc des Abotrites, fut tué en trahison par les gens de Godefroi. L'Empereur après avoir marqué le lieu le plus commode pour bâtir la nouvelle ville, nomma le Comte Egbert pour presider à l'execution de cette entreprise. Ce lieu situé sur le bord de là Storie, s'appelle Esselfelt. Le Comte Egbert accompagné des Saxons, s'en saisit aux Ides de Mars, & commença de le fortifier.

En cette même année le Comte Aureole qui commandoit pour l'Empereur sur les frontieres de l'Espagne, & se tenoit près d'Huesca & de Sarragosse, vint à mourir, & Amoros Gouverneur de Sarragosse occupa sa place, & mit garnison dans ses châteaux. Il fit dire à l'Empereur qu'il se soumettroit à sa domination avec tout ce qu'il avoit en sa puissance. L'Empereur envoia des gens pour traiter avec lui : il demanda d'entrer en conference avec les Officiers de l'Empereur qui gardoient les frontieres de l'Espagne, promettant de se ranger avec ce qu'il avoit en sa garde sous la domination de l'Empereur. Les Maures de toute l'Espagne mirent sur pied une grande flote, firent une descente en l'Isle de Corse ; & n'y trouvant personne pour la garder, ils la subjuguerent presque toute.

810.

Pepin prend Venise.

Pepin, irrité de la mauvaise foi des Ducs Venitiens, résolut d'attaquer Venise par mer & par terre. Il subjugua Venise, obligea les Ducs de se rendre avec la ville, & envoia ensuite sa flote pour ravager les côtes de la Dalmatie. Paul Gouverneur de Cephalonie fit avancer la flote des Grecs pour aller secourir ce pays ; mais celle de Pepin se retira sans l'attendre. En cette même année Rotrude la plus âgée des filles de l'Empereur, autrefois destinée à épouser Constantin fils d'Irene Empereur d'Orient, mourut au mois de Juin.

Irruption des Danois dans la Frise.

Charlemagne qui se tenoit encore à Aix la Chapelle, donnant ses ordres pour une expedition contre Godefroi Roi de Danemarc, apprit qu'une flote de Danois de deux cent vaisseaux, étant venuë du Nort sur les bords de la Frise, y avoit fait une descente, après avoir ravagé les Isles voisines ; que les Danois entrez dans la Frise étoient restez victorieux des Frisons, & avoient imposé un tribut sur les vaincus ; qu'ils avoient déja touché cent livres d'argent,

---

Carolus Magnus comperta Regis Danorum jactantia & arrogantia, quam rebus aliquot sat prospere gestis susceperat, statuit trans Albim urbem ædificare, Francorumque in ea ponere præsidium. Cumque ad hoc per Galliam & Germaniam homines congregasset, quæ necessaria erant omnia ad hoc opus apparavit. Interea vero Thrasico Dux Abotritorum in emporio *Rerich* ab hominibus Godefridi per dolum interfectus est. Imperator postquam locus construendæ civitati fuerat exploratus, Egbertum Comitem huic negotio præfecit. Est autem locus ad ripam Sturiæ fluminis nomine *Esselfelt*, qui occupatus est ab Egberto Comite & a Saxonibus circa Idus Martii, tuncque muniri cœptus est.

Eodem anno Aureolus Comes, qui pro Imperatore in confinio Hispaniæ trans Pyrenæos montes contra Oscam & Cæsaraugustam residebat, defunctus est. Amoroz autem Præfectus Cæsaraugustæ locum ejus invasit, & in castellis ejus præsidia posuit, missaque ad Imperatorem legatione, se cum omnibus suis ejus obsequio traditurum promisit. Imperator Legatos misit : Amoroz vero colloquium petiit cum Hispanici limitis custodibus, promisitque se suaque omnia sub Imperatoris ditione positurum esse. Mauri ex tota Hispania classe comparata, primo in Sardiniam, deinde in Corsicam appulerunt, nulloque præsidio in ea invento, insulam pene totam subegerunt.

Epist. Adri. III.

Interea Pipinus Rex perfidia Ducum Venetorum concitatus, Venetiam bello terra marique statuit impetere ; subactaque Venetia, ac Ducibus ejus in deditionem acceptis, eamdem classem ad Dalmatiæ littora vastanda misit. Sed cum Paulus Cephaleniæ Præfectus cum Orientali classe ad auxilium Dalmatis ferendum adventaret, Pipini classis regressa est. Eodem anno Rotrudis filia Imperatoris quæ natu major erat, quæque Constantino filio Irenes Imperatori desponsata fuerat, VIII. Kalend. Junii obiit.

Carolus Magnus Aquisgrani adhuc agens, & contra Godefridum Regem expeditionem meditans, comperit classem ducentarum navium de Normannia in Frisiam appulisse, cunctasque Frisiæ littori adjacentes insulas esse vastatas ; Danosque in Frisiam ingressos, conserto prælio victores tributum victis imposuisse, ac vectigalis nomine centum libras argenti a Frisonibus

& que le Roi étoit demeuré chez lui. Ces nouvelles qui n'étoient que trop veritables, firent une telle impreſſion ſur l'eſprit de l'Empereur, qu'il envoia des ordres pour lever des troupes dans tous les pays voiſins & former un corps d'armée ; ſans les attendre, il reſolut de donner la chaſſe à cette flote. Il paſſa le Rhin, ſe rendit à Lippenheim, où il attendit les corps de troupes qui devoient venir le joindre de tous côtez. Pendant ce ſejour, l'éléphant qu'Aaron Roi de Perſe lui avoit envoié, mourut. L'armée étant enfin aſſemblée, il ſe rendit à l'endroit où l'Afre ſe joint au Veſer. Il ſe campa là, & attendit le Roi Godefroi, qui enflé d'une vaine eſperance, ſe vantoit qu'il viendroit donner bataille à l'Empereur. Pendant que Charles ſe tenoit dans ce camp, il lui vint de differens endroits un grand nombre de nouvelles qui changeoient la face des affaires. Il apprit que la flote qui avoit ravagé la Friſe, s'étoit retirée en Danemarc ; que le Roi Godefroi avoit été tué par un de ſes Gardes ; que le château nommé Hobuch ſur l'Elbe, où Odon commandoit pour l'Empereur, avec une garniſon de Saxons orientaux ; que ce château, dis-je, avoit été pris par les Vilſes; que Pepin Roi d'Italie étoit mort le 8. de Juillet ; qu'il lui venoit deux Ambaſſades, l'une de Conſtantinople, l'autre de Cordoüe, l'une & l'autre pour traiter de la paix. Tout cela l'obligea de quitter la partie. Il donna ſes ordres pour la ſureté de la Saxe autant que les conjonctures preſentes le pouvoient permettre. Il y eut cette année une telle mortalité ſur les bœufs, qu'à peine en reſta-t-il un dans cette grande armée. Cela s'étendit dans tous les pays ſujets à l'Empereur, où il mourut une très-grande quantité de ces beſtiaux.

Charlemagne arrivé au mois d'Octobre à Aix la Chapelle, donna audience à Arſaphe Spathaire Ambaſſadeur de l'Empereur Nicephore, & à celui d'Abulaz Roi des Sarraſins ; & fit la paix avec eux aux conditions qu'il rendroit à Nicephore la ville de Veniſe, & qu'Abulaz lui rendroit le Comte Henri, autrefois pris par les Sarraſins. En cette même année l'Iſle de Corſe fut une ſeconde fois ravagée par les Sarraſins. Amoroz chaſſé de Sarragoſſe par Abderame, fils d'Amulaz, fut obligé de ſe retirer à Hueſca. A Godefroi ſucceda Hemming, fils de ſon frere, qui fit la paix avec l'Empereur.

Après que Charles eut donné audience de congé à Arſaphe Ambaſſadeur de Nicephore, il envoia lui-même une celebre Ambaſſade à cet Empereur Grec. Les Ambaſſadeurs furent Hatton Evêque de Baſle, Hugue Comte de Tours,

---

jam eſſe ſolutas ; Regem vero domi eſſe. Hæc adeo Imperatorem concitarunt, ut miſſis in omnes circumquaque regiones ad congregandum exercitum nunciis, primo claſſi occurrere decreverit : tranſacto autem Rheno in loco qui *Lippenheim* vocatur, copias quæ nondum convenerant operiebatur. Per moras autem illas Elephas quem ei Aaron Rex Perſarum miſerat, ſubita morte periit. Congregatis tandem copiis, ad confluentem Alaræ & Viſeræ ſe contulit, ibique caſtra poſuit, Godefridum Regem exſpectans, qui vana ſpe inflatus, acie ſe cum Imperatore confligere velle jactabat. Sed dum Imperator in caſtris ſtativa haberet, nuncii undique rerum faciem mutatam ſignificarunt ; claſſem nempe, quæ Friſiam vaſtabat, domum regreſſam ; Godefridum Regem a quodam ſuo ſatellite interfectum, caſtellum nomine *Hobuchi* ad Albim fluvium, in quo Odo Legatus Imperatoris & Orientalium Saxonum dux erat, a Vilſis captum eſſe, & Pipinum Regem Italiæ VIII. Idus Julii obiiſſe. Duas quoque legationes alteram Conſtantinopoli, alteram Cordubâ pacis cauſa adventare nunciatur : quibus acceptis ad alia migrare cogitur, diſpoſitaque pro temporis conditione Saxonia, Aquiſgranum revertitur. Tanta fuit in ea expeditione boum lues, ut pene nullus tanto exercitui ſupereſſet ; hincque per omnes Imperatori ſubditas Provincias undique graſſata eſt.

Imperator Aquiſgranum veniens menſe Octobri, audivit Arſaphium Spatharium Oratorem Imperatoris Nicephori, & Legatum Abulazi Regis Saracenorum adventare, pacemque cum utroque fecit, Venetias Nicephoro reddidit, & Heinricum Comitem olim a Saracenis captum ab Abulazo recepit. Eodem anno Corſica inſula iterum a Saracenis vaſtata eſt. Amoroz ab Abdiramano filio Abulazi Cæſarauguſta expulſus, Oſcam intrare compulſus eſt. Godefrido Danorum Regi mortuo Hemmingus fillus fratris ejus ſucceſſit, qui pacem cum Imperatore fecit.

Dimiſſo Arſaphio Spathario Legato Nicephori Imperatoris, miſit ipſe Nicephoro Legationem celebrem pacis confirmandæ gratia. Oratores erant Hatto Epiſcopus Baſileenſis, Hugo Comes Turonicus, Aio

Aion Lombard du Frioul, & un nommé Leon Spathaire Sicilien, qui s'étant enfui dix ans auparavant de la Sicile, s'étoit refugié chez l'Empereur, & fouhaitoit alors de retourner dans fon payis, & Villhaire Duc des Venitiens, dépouillé de fon Duché à caufe de fa perfidie, fut envoié à l'Empereur d'Orient fon Maître.

Paix faite avec le Roi de Danemarc.

La paix faite entre l'Empereur & Hemming Roi de Danemarc, n'étoit point encore établie dans toutes les formes, elle avoit feulement été jurée fur les armes, la rigueur de l'hyver obligea d'en differer la confirmation jufqu'au printems fuivant, où le congrès fe fit fur le fleuve Eder. Les Deputez de France furent Vala fils de Bernard, Burchard, Unroch, Vodon, Egbert, Thierri, Abban, Oftdach, Vigman, tous Comtes. Du côté des Danois étoient les deux freres d'Hemminge, Hancvinc & Angandeo, & d'autres des plus honorables du payis. Osfred, furnommé Turdimulo, Varftent, Svvomi, Urin, un autre Osfred fils d'Heiligon, un autre encore de même nom, Hebbi & Auvin. Dans cette grande Affemblée la paix fut confirmée & ratifiée.

Après cela l'Empereur tint à fon ordinaire l'Affemblée generale à Aix la Chapelle, & fit marcher trois armées en trois differens endroits; l'une alla au-delà de l'Elbe contre les Hilinons, dont le pays fut ravagé. Cette même armée rebâtit le château d'Hobuoch fur le bord de l'Elbe, ruiné l'année precedente par les Vilfes. L'autre armée fut envoiée dans la Pannonie pour terminer les differens entre les Huns & les Efclavons. La troifiéme, contre les Bretons pour les punir de leur infidelité. Toutes ces armées eurent un heureux fuccès. L'Empereur voulut aller voir la flote qu'il avoit ordonné d'équiper l'année precedente, & fe rendit pour cela à Bologne fur mer où tous les vaiffeaux étoient raffemblez.

Charlemagne rétablit le phare de Boulogne.

Il fit rétablir le phare qui y avoit autrefois été conftruit pour guider ceux qui alloient fur mer, & ordonna qu'on y allumeroit des feux la nuit. Il fe rendit de là à Gand fur l'Efcaut, où fe faifoit la conftruction des vaiffeaux pour cette flote; & après avoir tout vifité, il s'en vint à Aix la Chapelle vers la mi-Novembre. Il rencontra en y venant les Ambaffadeurs du Roi Hemming, Stuvin & Hebbi, qui lui apportoient des prefens, & venoient pour maintenir la paix. Il trouva auffi à Aix la Chapelle, Cani & Zauci Princes des Avares peuples, Thudon & autres des principaux d'entre les Efclavons qui habitoient fur le Danube, qui venoient trouver l'Empereur par ordre des Chefs de fon armée de Pannonie. Charles fils aîné du même Empereur, mourut le 8 Decembre. Son pere paffa l'hyver à Aix la Chapelle.

Langobardus Forojulienfis, & Leo quidam Spatharius Siculus, qui cum ex patria ante decem annos ad Imperatorem aufugiffet, tunc in patriam reverti cupiebat. Villharius vero Dux Venetorum propter perfidiam honore fpoliatus, Conftantinopolin ad Dominum fuum mitti jubetur. Pax inter Imperatorem & Hemmingum Regem Danorum indicta folum & in armis jurata fuit. Hiemis afperitas ejus confirmationem in ver proximum differre coëgit : quo tempore congreffi funt Legati ad fluvium Egidoram. Ex parte Francorum Legati erant Vala filius Bernardi, Burchardus, Unrochus, Vodo, Egbertus, Theodericus Atto, Oftdacg, Vigmanus, omnes Comites ; ex parte Danorum inprimis fratres Hemmingi, Hancvinc & Agandeo ; deinde cæteri honorabiles inter fuos viri, Osfred cognomento Turdimulo, & Varften, & Svvomi, Urin, alius Osfred filius Heiligon, Osfred de Sconovye, Hebbi, & Avvin. In tam celebri conventu pax firmata fuit.

Iidem.

Deinde Imperator conventum generalem Aquifgrani habuit, trefque exercitus in tres regni partes mifit ; unum trans Albim in Hilinones, qui & ipfos vaftavit, & caftellum *Hohbuochi* ad Albim fuperiore anno a Vilfis deftructum reftauravit ; alterum in Pannonias, ad controverfias Hunnorum & Sclavorum finiendas ; tertium in Britones & eorum perfidiam puniendam. Qui omnes rebus profpere geftis, incolumes reverfi funt. Ipfe autem ad claffem videndam, quam anno fuperiore parari jufferat, Bononiam Gallicam venit, ubi eædem naves congregatæ erant : pharumque ibi ad navigantium curfus dirigendos olim conftitutum reftauravit, & in fummitate ejus ignem accendi juffit. Inde vero Gandavum ad Scaldim venit, ubi naves illæ conftruebantur, & circa medium Novembrem Aquifgranum venit. Obviam venerunt ei accedenti Legati Hemmingi Regis, Auvin & Hebbi, qui munera & pacem adferebant. Aquis etiam reperit Principes Avarum, itemque Thudun & primores Sclavorum circa Danubium habitantium, qui a Ducibus copiarum, quæ in Pannoniam miffæ fuere, ad præfentiam Principis venire juffi funt. Interea Carolus filius Imperatoris, qui major natu erat, 11. Nonas Decembris diem obiit. Imperator Aquis hiberna habuit.

Le Roi Hemming mourut peu de tems après. Il y eut un débat entre Sige- 812.
froi petit-fils de Godefroi, & Amilon petit-fils d'Hariolde ci-devant Roi de
Danemarc, à qui succederoit au défunt. Chacun ramassa des troupes de son
côté. Ils en vinrent aux mains, & tous les prétendans périrent dans le combat.
Le parti d'Amilon resta pourtant victorieux, & établit pour Rois les deux freres Heriold & Reginfroi. Le parti opposé fut forcé de les reconnoître. On
assuroit que dans le combat il périt dix mille hommes.

L'Empereur Nicephore après plusieurs insignes victoires, mourut en une bataille donnée aux Bulgares dans la Mesie. Michel son gendre mis Empereur
en sa place, reçût les Ambassadeurs de l'Empereur Charles envoiez à Nicephore, & envoia avec eux d'autres Ambassadeurs de sa part, Michel Evêque, Arsaphe
& Theognoste Protospathaires pour confirmer la paix que Nicephore avoit
concluë. Ils porterent à Aix la Chapelle le traité de paix écrit, & traiterent
Charles d'Empereur & de Βασιλεὺς. De-là ils allerent à Rome, & reçurent dans la
Basilique de S. Pierre un pareil traité du Pape Leon. L'Empereur tint ensuite à
Aix la Chapelle une Assemblée generale à son ordinaire. Il envoia son petitfils Bernard fils de Pepin en Italie pour la garder. On avoit eu nouvelle
qu'il partoit une grande flote de l'Espagne & de l'Afrique pour ravager l'Italie.
Il ordonna que Vala, fils de Bernard son cousin germain, iroit avec le petit-fils
de l'Empereur, & se tiendroit avec lui jusqu'à ce qu'on vît un bon succés de
cette guerre. Une partie de cette flote fit voile en l'Isle de Corse, & l'autre en
Sardaigne : celle qui alla en Sardaigne y périt presque toute. Les Normans envoierent aussi une flote en Irlande, qui appartenoit alors aux Ecossois, & ils y
firent une descente. Les Ecossois leur livrerent bataille, ils en tuerent un grand
nombre, le reste fut mis en fuite. La flote se retira bien vîte, & revint en Danemarc. La paix fut faite avec Abulaz Roi des Sarrasins, & avec Grimoald
Duc de Benevent. Cette ville paia vingt-cinq mille sous d'or pour le tribut de
cette année. On fit aussi une expedition contre les Vilses, qu'on obligea de
donner des otages. Heriold & Reginfroi Rois des Danois, envoierent demander la paix à l'Empereur, & le prierent de leur rendre leur frere Hemming, qui
s'étoit refugié chez lui.

Charles passa l'hyver à Aix la Chapelle ; & au commencement du printems, 813.
il envoia Amalaire Evêque de Treves & Pierre Abbé de Nonantule, à Con-

---

Idem. Nec multo post Hemmingus Danorum Rex defunctus est : interque Sigifridum Godefridi Regis nepotem, & Herioldi nepotem Amilonem contentio fuit de regno. Commissum prœlium est, in quo ambo ceciderunt. Pars tamen Amilonis adepta victoriam, fratres ejus Herioltum & Reginfridum Reges sibi constituit : qui autem victi fuerant, hos sequi coacti sunt. In illo prœlio decem millia hominum cecidisse narrabatur.

Nicephorus Imperator post multas & insignes victorias, in Mœsia commisso cum Bulgaris prœlio cæditur. Michael vero gener ejus Imperator factus, Legatos Imperatoris Caroli qui ad Nicephorum missi fuerant, Constantinopoli suscepit & dimisit, Oratoresque suos cum illis misit Michaelem Episcopum, & Arsaphium, atque Theognostum protospatharios, per quos pacem à Nicephoro factam confirmavit. Aquisgrani namque scriptum dederunt in quo pax ferebatur, ubi Carolus Imperator & Græce Βασιλεὺς appellabatur. Deindeque Romæ per rescriptum a Leone Papa in Basilica S. Petri receperunt. Postea Imperator conventum pro more generalem Aquisgra-

ni habuit, misitque nepotem suum Bernardum Pipini filium in Italiam, quia fama erat classem de Africa & Hispania ad vastandam Italiam esse venturam, jussitque Vallanem filium Bernardi patruelis sui cum nepote suo interesse rei, donec eventus securitatem afferret. Hæc porro classis partim in Corsicam, partim in Sardiniam ivit, quæ pars Sardiniam petiit pene tota delera est. Classis etiam Normannorum Hiberniam Scotorum insulam aggressa est, commissoque cum Scotis prœlio, pars non modica Normannorum cæsa, classis vero turpiter fugiendo domum reversa est. Pax cum Abulazo Rege Saracenorum facta est, itemque cum Grimoaldo Beneventanorum Duce, & tributi nomine xxv. millia solidorum auri a Beneventanis soluta sunt. Expeditio item in Vilsos facta est, & ab eis obsides sunt accepti. Herioltus & Reginfridus Reges Danorum, missa ad Imperatorem legatione, pacem petunt, & fratrem suum Hemmingum sibi remitti rogant.

Imperator Aquisgrani hiemavit, & appetente vere misit Amalarium Episcopum Trevirensem & Petrum Nonantulæ Abbatem Constantinopolim ad pacem

stantinople, pour demander la confirmation de la paix à l'Empereur Michel. Le pont de bois de Mayence fut confumé au mois de Mai par un incendie. L'Empereur étant allé à la chaffe dans les Ardennes fut malade d'une douleur aux pieds. Ce mal cessa, & il s'en revint à Aix la Chapelle, où il tint une Affemblée generale. Il y fit venir fon fils Louis Roi d'Aquitaine, lui mit la couronne fur la tête, & le fit fon collegue à l'Empire. Il établit Bernard Roi d'Italie. On affembla quelques Conciles pour reformer l'état Eccléfiaftique dans les Gaules ; l'un fut tenu à Mayence, l'autre à Rheims, le troifiéme à Tours, le quatriéme à Châlon fur Sône, le cinquiéme à Arles. On prefenta à l'Empereur dans cette Affemblée ce qui avoit été refolu dans chacun. On envoia de la même Affemblée quelques-uns des principaux d'entre les François & les Saxons au-delà de l'Elbe pour traiter de la paix comme le fouhaitoient les deux Rois de Danemarc, & pour leur rendre leur frere Hemming. Ils s'affemblerent de part & d'autre en pareil nombre de feize. Ils firent la paix, & la confirmerent par ferment des deux côtez. Les deux freres Rois n'étoient point alors chez eux. Ils faifoient la guerre dans le Vefterfeld, païs fitué à l'extrêmité de leur Roiaume, à l'oppofite de la partie la plus feptentrionale de l'Ifle de la grande Bretagne. Le Prince du païs & fon peuple refufoient de fe foumettre à eux : mais ils les domterent & les rangerent fous leur obéïffance. De retour chez eux, ils trouverent leur frere rendu par l'Empereur. Pendant cette expedition on tramoit quelque chofe contre eux dont ils ne s'appercevoient pas au commencement. Les fils du Roi Godefroi, & plufieurs des principaux d'entre les Danois qui étoient en exil dans la Suede, ramafferent des troupes de tous côtez. Les Danois apparemment peu contens du gouvernement prefent, fe joignirent à eux en fi grand nombre, que donnant bataille aux deux Rois, ils la gagnerent, & les chafferent aifément du Roiaume. Nous verrons plus bas la fuite de cette affaire.

Louis couronné Empereur.

Troubles de Danemarc.

Les Maures aiant fait une defcente dans l'Ifle de Corfe, y enleverent un grand butin ; & comme ils s'en retournoient en Efpagne, Ermenger Comte d'Empuries, leur tendit des embuches à l'Ifle de Majorque, & leur prit huit navires fur lefquels il y avoit plus de cinq cens captifs. Pour fe venger, les Maures pillerent un canton de la Tofcane, & Nice en Provence. Ils attaquerent auffi la Sardaigne, fe battirent contre ces infulaires ; mais ils furent vaincus & mis en fuite avec perte de leurs gens, & fe retirerent chez eux.

cum Imperatore Michaele confirmandam. Pons ligneus Moguntinus menfe Maio incendio conflagravit. Poft hæc Imperator cum in Arduenna venaretur, pedum dolore decubuit,&convalefcens Aquifgranum revertitur. Ac deinde habito generali conventu,filium fuum Ludovicum Aquitaniæ Regem evocavit,ipfique coronam impofuit & Imperii confortem ipfum fecit Bernardum nepotem Pipini filium, Italiæ Regem appellari juffit ; juffu quoque ipfius Concilia in Galliis pro ftatu Ecclefiarum corrigendo celebrata funt; unum Moguntiæ ; alterum Remis, tertium Turonis,quartum Cabilone, quintum Arelate. Quod in fingulis conftitutum fuerat, Imperatori in illo conventu oblatum colle&tumque fuit. Ex eodem conventu miffi funt quidam Francorum & Saxonum primores trans Albim, ad pacem fecundum petitionem Regum tractandam, & fratrem reddendum. Ex utraque parte fexdecim numero convenerunt, pacem fecerunt, & facramentis utrinque confirmarunt. Ambo autem Reges non tunc domi erant ; fed bellum gerebant in Vefterfeld, quæ regio extrema regni ipforum, parti Britanniæ Aquilonari e regione oppofita eft : cujus Princeps ac populus fubjici recufabant : quibus perdomitis cum revertiffent, & fratrem ab Imperatore miffum recepiffent, filii Godefridi Regis, & ex primoribus Danorum non pauci qui jamdudum relicta patria apud Suevonas exfulabant, comparatis undique copiis, bellum ipfis intulerunt, & confluentibus ad fe paffim ex omni Danorum terra popularium turbis ; commiffo prœlio Reges fine multo labore depulerunt. Rei porro hujus feries infra videbitur.

Mauri exfcenfu in Corficam facto prædam magnam retulere, in Hifpaniamque redeuntibus Irmingarius Comes Emporitanus in Majorica infidias ipfis pofuit, & octo naves cepit ; in quibus erant captivi plus quingentis. Ulcifcendi fui caufa Mauri, quædam loca in Tufcia, & Niceam in Provincia devaftarunt. Sardiniam quoque aggreffi, commiffa cum infulatibus pugna, pulfi ac victi, multifque fuorum amiffis, recefferunt.

CHARLEMAGNE.

L'année suivante fut fort remarquable par le decès de Charlemagne, qui mourut le 28. Janvier dans sa soixante-onziéme année, de son regne en France l'an 47, de son regne en Italie l'an 42, de son Empire le quatorze.

Mort de Charlemagne.

814.

Ce Prince est comparable aux plus grands conquerans de l'Antiquité. Sa vigilance & son activité n'ont jamais eu de pareilles. Tous les peuples qui environnoient ce vaste Empire étoient presque toujours en armes contre lui; ce qui l'obligeoit à partager ses soins en bien des differens endroits: & il devoit autant à sa valeur & à sa conduite, qu'à sa bonne fortune, l'heureux succès de toutes ses entreprises.

LOUIS LE DEBONNAIRE
EMPEREUR ET ROI DES FRANÇOIS.

BERNARD en Italie.

APRE'S la mort de Charlemagne le nommé Rampon fut envoié par les principaux de sa Cour pour en avertir Louis son fils qui étoit en Aquitaine, & le prier de venir en diligence. Il se rendit à Orleans; & de-là, avec peu de gens pour aller plus vîte, il vint à Aix la Chapelle. La crainte que Vala, qui avoit tout credit sous le feu Empereur, ne remuât quelque chose contre lui, l'obligea de se diligenter ainsi. Vala se comporta d'une maniere à ôter tout soupçon de l'esprit de l'Empereur. Il accourut au devant de lui, s'humilia profondément en sa presence, & avec toute la soumission possible il lui demanda ses bonnes graces. A son exemple les Grands de la Cour vinrent comme à l'envi les uns des autres lui rendre les mêmes devoirs. L'Empereur arriva heureusement à Herstall, & ensuite à Aix la Chapelle le trentiéme jour après son départ de l'Aquitaine. Quoiqu'il fut d'un naturel extrêmement doux, avant que d'arriver à Aix la Chapelle, il voulut apporter quelque remede au scandale que la conduite de ses sœurs avoit causé ci-devant dans la Cour du Roi son pere, de peur qu'il n'arrivât quelque chose d'approchant, de ce qu'avoient fait autrefois Odilon & Hiltrude. Il envoia au devant Vala, Varnaire, Lambert & Ingobert pour veiller sur cela, & observer quelques-uns des plus coupables qui faisoient gloire de leur crime. Il y en eut qui prirent les devans, & vinrent

814.

Scandale dans la Cour de Charlemagne.

Annus sequens insignis fuit ab obitu Caroli Magni, qui defunctus est vigesima octava Januarii, anno ætatis circiter LXXI. Regni XLVII. subactæ Italiæ XLII. ex quo Imperator & Augustus appellatus est, XIV.

Inter eos Principes qui Imperii sui fines dilatarunt, vix quempiam reperias illo superiorem. Vigilantia & agendi celeritate vix parem deprehendas. Gentes pene omnes conterminas ad bellum sibi inferendum paratas semper vidit: totque distractus curis, tam prudentiæ ac virtuti, quam fortunæ, felicem tot expeditionum exitum debuit.

Eginard. Ann. Bert.

LUDOVICUS PIUS
IMPERATOR REX FRANCORUM.

BERNARDUS in Italia.

POst funera Caroli Magni, a proceribus Palatinis missus est Rampo quidam, qui rem Ludovico filio in Aquitania agenti nunciaret, & maturandum esse moneret. Is Aurelianum statim: indeque paucis comitibus celeritatis ergo Aquisgranum se contulit. Metuebat enim ne Vala, qui apud Carolum patrem suum summo in honore habebatur, aliquid contra se moveret. Vala tamen ita se gessit, ut omnem suspicionem amoveret: nam citissime illum adiit, ac demisse omnino ejus se gratiæ commendavit. Cujus exemplo proceres omnes certatim illi obviam occurrerunt: Imperator Haristallium feliciter pervenit, indeque Aquisgranum, trigesimo postquam ab Aquitania moverat die. Antequam Aquisgranum veniret, ut sororum suarum quarum cum proceribus quibusdam contubernia, non sine famæ læsione spargebantur, honori & famæ consuleret: ne quid simile contingeret illi olim fugæ Odilonis & Hiltrudis, præmisit Valam, Varnarium, Lantbertum & Ingobertum, qui his rebus advigilarent, & quosdam stupri immanitate & superbiæ fastu insignes ad adventum usque suum asservarent. Quidam vero illorum Imperatori supplices occurrerunt, ac veniam impe-

trouver l'Empereur pour lui demander pardon, qu'ils obtinrent en effet. Le Comte Varnaire voulant se signaler dans cette recherche, à l'insçu de Vala & d'Ingobert, de concert avec son neveu Lantbert, manda Hodoin coupable du crime ci-dessus marqué, voulant se saisir de lui, & le remettre à l'Empereur pour en faire justice. Hodoin se sentoit trop coupable pour obéir à cet ordre. Il resista, & voiant qu'il ne pouvoit échapper autrement, il resolut de se défaire de Varnaire. Il vint effectivement selon l'ordre, tua Varnaire, & blessa grievement son neveu à la cuisse: après quoi il fut tué lui-même. L'Empereur averti de tout ceci, se tourna tout-à-fait du côté de la clemence; en sorte qu'il se contenta de punir Tulle un des plus coupables en lui faisant crever les yeux.

Louis le Débonnaire reconnu Empereur.
Il arriva à Aix la Chapelle où il fut reçû avec des acclamations de plusieurs milliers de François, qui le déclarerent une seconde fois Empereur. Lui de son côté rendit graces à ceux qui avoient eu soin des funerailles de son pere, & consola ses proches, qui avoient beaucoup perdu à sa mort. Il fit ensuite lire publiquement le testament de l'Empereur Charles, suivit exactement tout ce qui y étoit marqué, distribua à chacun sa part comme elle étoit assignée, n'oubliant pas les presens faits aux Eglises. Il entra dans un grand détail sur tout ce qui devoit être donné aux plus petits Officiers de la Cour de l'un & de l'autre sexe, à leurs fils & petits-fils, & sur ce qu'il falloit distribuer aux pauvres.

Après ces œuvres pieuses l'Empereur écarta de la Cour Imperiale ce grand nombre de femmes, qui avoient un si mauvais bruit, mais bruit trop bien fondé, sur le compte desquelles l'Historien en donne bien plus à entendre qu'il n'en dit; il n'en garda qu'un très-petit nombre. Ses sœurs qui avoient tant fait parler d'elles, furent envoiées dans les terres & les biens, que le testament du feu Empereur leur assignoit.

Après que toutes ces affaires de famille eurent été reglées, il donna audience aux Ambassadeurs envoiez de differens endroits au feu Empereur; ceux de l'Empereur Michel, étoient Christophe Protospathaire, & Gregoire Diacre. Ils eurent leur audience de congé. Louis envoia en leur compagnie à l'Empereur Leon substitué à Michel, Nortbert Evêque de Riez, & Richevin Comte de Poitiers, chargez de confirmer la paix & la bonne intelligence entre les Empereurs. Il tint ensuite l'Assemblée generale, & envoia dans toutes les parties de son Empire des Commissaires, de la fidelité desquels il étoit assuré, pour exer-

---

trarunt. Varnarius vero Comes, quid præclari agere volens, insciis Vala & Ingoberto, accito nepote Lantberto, Hodoinum culpæ obnoxium ad se venire jubet. Hodoinus multorum sibi conscius criminum obstitit, cernensque se alio non posse modo evadere, quam Varnarium occidendo, venit utique, Varnarium perimit, Lantbertum in crure vulnerat, ipseque gladio demum confossus interit. Quæ Imperatori nunciata animum ejus mitigarunt; & ad clementiam deduxerunt; ita ut unum tantummodo Tullum, plusquam cæteros hoc vitio laborantem, oculorum amissione punierit. Aquisgranum itaque pervenit, ubi propinquorum, milliumque Francorum votis & acclamationibus exceptus est, & Imperator secundo declaratus. Ipse vero gratias egit iis qui Patris funera curaverant, atque propinquos luctu pene confectos consolatus, testamentum Imperatoris Caroli legi præcepit, omniaque ibi significata accuratissime est exsequutus, unicuique sortem suam illic notatam distribuit, nec prætermisit munera Ecclesiis oblata. *Statuit etiam quid, secundum morem Christianorum, filiis, filiorumque filiis & filiabus, necnon & servis ancillisque regalibus, sed & in commune omnibus pauperibus distribueretur.*

His completis piis operibus, omnem cœtum femineum, qui permaximus erat, palatio excludi curavit, *præter paucissimas quas famulatui regali congruas existimavit. Sororum autem quæque in sua, quæ a patre acceperat recessit.*

Post hæc Imperator legationes ad patrem variis ex locis missas excepit. Imperatoris vero Michaëlis Oratores erant Christophorus Protospatharius & Gregorius Diaconus. Hi auditi & remissi sunt. Cum illis autem Imperator misit ad Leonem Imperatorem, qui Michaeli successerat, Nortbertum Episcopum Regiensem & Rhievvinum Pictavum Comitem, qui pacis & pactorum confirmationem peterent. Sub conventum generalem habuit, misitque per omnes Imperii partes Legatos, quorum fidem exploratam habebat, qui justitiam exercerent & perversa corrigerent. Fi-

LOUIS LE DEBONNAIRE.

cer la Justice, & corriger les abus. Il appella à lui son neveu Bernard Roi d'Italie, qui suivit d'abord ses ordres & vint le trouver. Content de son obéïssance, il lui fit des presens, & le renvoia en son Roiaume. Grimoald Prince de Benevent, lui fit faire protestation & serment d'obéïssance, s'obligeant de paier tous les ans sept mille pieces d'or pour mettre au tresor public.

Son fils aîné Lotaire alla par son ordre en Baviere, & Pepin le second de ses fils dans l'Aquitaine. Il garda auprès de lui le troisiéme nommé Louis, qui étoit encore fort jeune. Heriold à qui appartenoit de droit la couronne de Danemarc, aiant été chassé par les fils de Godefroi, se refugia auprès de l'Empereur Louis, qui le reçut très-bien, & l'envoia en Saxe pour attendre là jusqu'à ce qu'il seroit en état de l'aider à recouvrer son Roiaume. Il rendit en même tems aux Saxons & aux Frisons le droit de succeder à leurs peres, qu'ils avoient perdu sous le feu Empereur Charles à cause de leurs infidelitez. Quelques-uns louerent sa clemence, d'autres improuverent ce qu'il venoit de faire, disant que ces nations feroces accoutumées à la rebellion, devoient être traitées avec rigueur. L'évenement justifia ce Prince: car ces nations lui furent depuis fort attachées.

Heriold Prince de Danemarc refugié auprès de Louis.

Il apprit sur la fin de cette année, que quelques-uns des principaux d'entre les Romains avoient conjuré contre le Pape Leon; que ce Pape les aiant fait prendre & les trouvant coupables, les avoit envoiez au supplice. L'Empereur n'approuva pas cette action, croiant qu'une si grande severité ne convenoit point au premier Evêque du monde. Il mande à Bernard Roi d'Italie, de se rendre à Rome pour examiner le fait, & lui en rendre compte. Bernard executa les ordres de l'Empereur, & l'instruisit par un Envoié de ce qu'il avoit appris à Rome. Mais les Ambassadeurs du Pape qui arriverent peu après, Jean Evêque de la Forêt Blanche, Theodore Nomenclateur, & le Duc Serge, justifierent pleinement Sa Sainteté.

815.

L'Empereur avoit pris sous sa protection Heriold chassé, comme on a vû ci-dessus, du Roiaume de Danemarc. Il ordonna aux Comtes des Saxons & des Abotrites de le rétablir sur son trône, & envoia Baldric pour les commander & veiller à l'execution de ses ordres. Les troupes des Saxons & Abotrites faisant un corps d'armée, passerent la riviere d'Eider, & vinrent sur les terres des Normans au lieu appellé Sinlendi. Mais les fils de Godefroi quoiqu'ils eussent beaucoup de troupes & deux cens vaisseaux, ne voulurent point en venir aux mains; ce qui fit que l'armée de l'Empereur, après avoir pillé, ravagé & brûlé

---

lium fratris sui Bernardum Italiæ Regem evocavit, qui statim jussu paruit; obsequentiam ejus probans, muneribus ornatum in regnum suum remisit. Grimoaldus Princeps Beneventanus misit qui suo nomine sacramenta fidei præstarent, singulisque annis se in arcam publicam septem millia solidorum auri illaturum pollicitus est.

Lotharius Imperatoris major filius, jubente patre in Baioariam ivit, & Pipinus alter filius in Aquitaniam; tertium nomine Ludovicum, ut pote juniorem, penes se retinuit. Herioldus ad quem regnum Daniæ jure pertinebat, a Godefridi filiis pulsus, ad Imperatorem confugit, qui illum benigne exceptum in Saxoniam misit, donec posset ipsi ad regnum recuperandum suppetias ferre; quo etiam tempore Saxonibus atque Frisonibus jus paternæ hereditatis, quod sub patre ob perfidiam perdiderant, restituit; quod *alii liberalitati, alii improvidentiæ assignabant*, dicebantque feras nationes, perfidiæ assuetas, coerceri debere; sed eventu probatum est recte provisum fuisse; hæ quippe gentes deinceps devotissimæ sibi fuere.

Anno vertente perlatum est Imperatori quosdam Romanos proceres adversus Leonem Papam conjurasse, quos captos atque convictos capitali Pontifex supplicio affecisset. Id non probavit Imperator, quod non putaret tantam severitatem primo mundi Episcopo competere: Bernardum Regem Italiæ jussit Romam ire, ut rem examinaret sibique referret. Bernardus Romam petiit, & quæ compererat Imperatori renunciavit: verum mox subsequuti Leonis Legati Joannes Episcopus Silvæ Candidæ, Theodorus Nomenclator & Sergius Dux, Papam de objectis criminibus purgavere.

Imperator vero qui Herioldum ex Daniæ regno, pulsum, sub patrocinio suo posuerat, ut diximus, jussit Comites Saxonum & Abotritorum, ipsum in regnum suum restituere, misitque Baldricum Legatum. Exercitus vero Saxonum & Abotritorum, transacto Egidora fluvio, ad locum cui nomen *Sinlendi* moverunt: verum Godefridi filii etsi multis copiis & ducentis navibus instructi, prœlii tamen discrimen subire noluerunt. Hinc porro factum ut exercitus Imperatoris, omnibus incensis atque vastatis, captique

Idem.

Tome I.   H h

tout, & pris en otage quarante hommes du payis, se retira sans faire autre chose. Les Chefs vinrent après trouver l'Empereur à Paderborne, où il tenoit l'assemblée generale. Là se rendirent aussi les Princes & les grands Seigneurs Esclavons orientaux pour les affaires de leur nation. En la même année Abulaz Roi des Sarrasins envoia demander la paix à l'Empereur pour trois ans seulement. L'Empereur l'accorda d'abord ; mais elle ne fut pas bien gardée, & l'on n'attendit pas ce terme pour déclarer la guerre aux Sarrasins. Vers ce même tems arriverent de Constantinople l'Evêque Nortbert & le Comte Ricoin, qui apporterent un traité de paix fort avantageux. Le Pape Leon étant tombé malade, plusieurs Romains se servirent de cette occasion pour se saisir de tous ses fonds de terre, tant de ceux que le Pape s'étoit attribuez sans lezer personne, que de ceux qu'ils prétendoient leur avoir été injustement usurpez. Comme ils agissoient sans nulle forme de Justice, le Roi Bernard par l'entremise de Vinigise Duc de Spolete, s'opposa à leurs entreprises, & donna avis de tout à l'Empereur.

816. Au printems de l'année suivante, Louis donna ordre aux François orientaux & aux Comtes des Saxons, de marcher contre les Esclavons Sorabes, qui s'étoient revoltez. Mais ces mouvemens furent d'abord appaisez, & ces peuples revinrent à leur devoir, après qu'on eut pris une de leurs villes. Au même tems les Gascons qui habitoient près des Pyrenées, nation legere & remuante, se revolterent. La cause ou le pretexte de la revolte, étoit que l'Empereur leur avoit ôté le Comte Siguvin, & l'avoit destitué de sa Charge, parce que sa conduite étoit reprehensible & même insupportable. Mais deux expeditions qu'on fit contre eux les forcerent à demander grace.

Gascons domtez.

Louis reçut nouvelle de la mort du Pape Leon III. decedé le 25. Mai l'an vingt-uniéme de son Pontificat. Etienne Diacre fut mis en sa place, qui après qu'il eut été sacré, vint d'abord trouver l'Empereur. A peine y eut-il deux mois entre l'élection & l'entrevuë. Il envoia auparavant un Legat à l'Empereur pour lui rendre compte de son Ordination. L'Empereur sachant que le Pape venoit le trouver, ordonna à Bernard Roi d'Italie son neveu de l'accompagner. A mesure que le Pape approchoit, il envoioit au devant de lui d'autres gens de marque pour lui faire honneur, & il l'attendoit à Rheims. Il ordonna encore à Hildebaud Archichapelain du sacré Palais, à Theodulphe Evêque d'Orleans, à Jean d'Arles & à d'autres Prélats de l'aller joindre revêtus de leurs

Le Pape Etienne vient trouver l'Empereur Louis.

---

quadraginta obsidibus ad sua reverteretur. Duces vero postea Paderburnam venerunt ubi Imperator conventum generalem habuit. Eo etiam se contulerunt principes, primoresque Sclavorum Orientalium pro gentis suæ negotiis. Eodem anno Abulaz Rex Saracenorum, pacem ab Imperatore petiit ad tres tantum annos, quam Ludovicus statim concessit ; sed pax illa servata non fuit, & antequam triennium elaberetur, indictum Saracenis bellum fuit. Eodem circiter tempore advenerunt Constantinopoli Legati, Nortbertus Episcopus & Comes Ricvvinus, qui pacta firmatæ pacis attulere gratissima. Eadem quoque tempestate ægrotante Leone Papa, arrepta occasione Romani prædia illius omnia invasere, tam ea quæ nemine læso sibi Papa attribuerat, quam ea quæ sibi abrepta fuisse querebantur. Cum autem nullo judice res ageretur, Bernardus Rex per Vinigisum Spoleti Ducem, violentiam repulit, remque Imperatori nunciavit.

Iidem. Insequente vero jussu ab Imperatore Saxones & Orientales Franci expeditionem in Sorabos Sclavos qui dicto audientes non erant, facere, imperata stre-

nue compleverunt, & contumaciam audaciam non magno labore compresserunt. Nam una civitate expugnata, gens tota jussis obtemperavit. Eodem tempore Vascones qui Pyrenæorum propinqua loca incolebant, leves animis populi, defecerunt. Causa rebellionis erat quod Imperator Sigvvinum Comitem ob morum insolentiam removisset ac destituisset: sed duabus expeditionibus edomiti ad officium reducti sunt.

Ludovico nunciatum est Leonem III. Papam 25. Maii, Pontificatus anno 21. obiisse. In cujus locum Stephanus Diaconus substitutus est, qui post consecrationem suam statim Imperatorem adiit. Vix duo menses effluxerant ab ordinatione, cum illum convenit. Misit tamen antea legationem *qua super ordinatione sua Imperatori satisfaceret.* Imperator autem Bernardum Italiæ Regem jussit illum comitari. Appropinquanti alios in occursum misit, dum ipse Remis consideret. Jussit etiam Hildehaldum Archicapellanum sacri Palatii, Theodulfum Episcopum Aurelianensem, Joannem Arelatensem infulis indutos sacerdotalibus, cum aliis Ecclesiæ Ministris ipsi ob-

ornemens Sacerdotaux. Enfin l'Empereur lui-même partit du Monastere de S. Remi, & alla à sa rencontre jusqu'à près d'une lieüe loin de la ville, le reçût avec beaucoup d'accueil lorsqu'il descendit de cheval, & le soutint de sa main quand il entra dans l'Eglise. On chanta le *Te Deum laudamus*, & le Clergé Romain fit à son tour des acclamations à la loüange de l'Empereur. Le Pape dit ensuite une Oraison. Le lendemain l'Empereur invita le Pape à un magnifique repas, & lui fit de riches presens ; & le jour suivant le Pape invita l'Empereur, & lui fit aussi des presens considerables. Le lendemain jour de Dimanche l'Empereur fut couronné par le Pape du diadême Imperial, & reçut la benediction pendant la Messe. Après tout cela le Pape aiant obtenu de l'Empereur tout ce qu'il lui demanda, partit pour s'en retourner à Rome : & l'Empereur s'en alla à Compiegne où il donna Audience aux Ambassadeurs d'Abderame fils d'Abulaz Roi des Sarrasins. Louis après avoir séjourné environ vingt jours à Compiegne, alla passer l'hyver à Aix la Chapelle, où il envoia ces Ambassadeurs pour l'y attendre. Il les retint là pendant trois mois. Eux ennuiez d'un si long séjour, obtinrent enfin permission de s'en retourner.

Dans ce même Palais Louis reçut Nicephore Ambassadeur de Leon Empereur d'Orient. Il venoit pour maintenir la paix, & particulierement pour regler les confins des Dalmates, des Romains & des Esclavons. Mais comme il n'y avoit personne de ces cantons ; & que Cadolac Prefet ou Gouverneur de ce payis-là, en l'absence duquel on ne pouvoit rien faire, n'étoit point alors à la Cour, Albigaire fut envoié sur les lieux pour regler ces limites conjointement avec Cadolac. Heriold qui vouloit rentrer dans son Roiaume de Danemarc soûtenu des secours de l'Empereur, faisoit vigoureusement la guerre aux fils de Godefroi. Eux se voiant en danger d'être chassez, envoierent une Ambassade à l'Empereur, qui fut rejettée, comme inutile & simulée, & l'Empereur continua de donner du secours à Heriold.

817.

Le Pape Etienne II. étant de retour à Rome, mourut trois mois après son arrivée en cette ville, & Pascal fut élû en sa place. Après son sacre il envoia un Legat à l'Empereur chargé de riches presens, & d'une lettre, où il lui marquoit que sans aucune brigue ni ambition de son côté, il avoit été élû avec les acclamations du peuple. Le Legat fut Theodore Nomenclateur. Le jour du Jeudi Saint de la même année, comme l'Empereur se retiroit après l'Office, passant

Accident où l'Empereur courut risque.

Tandem Imperator ipse ex Monasterio sancti Remigii profectus, per milliarium obviam ivit, ipsum ex equo descendentem honorifice suscepit, & in Ecclesiam intrantem manu propria sustentavit. Tunc cantatum *Te Deum laudamus*, quo finito Clerus Romanus laudes Imperatori debitas conclamavit. Sub hæc Papa totum orationem clausit. Insequente die Imperator Papam ad lautum magnificumque convivium invitavit, magnifice ornavit muneribus ; & postera die Papa paribus epulis & muneribus Imperatorem honoravit. Proxima die quæ Dominica erat, Ludovicus a Pontifice Imperiali diademate coronatus est, & in Missa benedictionem accepit. His completis cum Papa omnia, quæ poposcerat, impetrasset, Romam profectus est. Imperator vero Compendium venit, ubi Legatos Abdiramani filii Abulazi Saracenorum Regis audivit. Peractis Compendii viginti circiter diebus Imperator Aquisgranum hiematum venit, quo etiam Legatos se exspectaturos misit, ubi per tres circiter menses detenti, ac tædio affecti, regrediendi veniam impetrarunt.

In eodem Palatio Nicephorum recepit Leonis Imperatoris Orientalis Oratorem, qui de pace servanda simul, & de finibus Dalmatarum, Romanorum & Sclavorum acturus erat ; sed quia nemo illorum aderat, nec Chadall, seu Chadolus finium Præfectus comparebat sine quo nihil confici poterat, Albigarius ad ipsa loca missus est, qui cum Chadolaco res ordinaret. Herioldus qui ope Imperatoris Daniæ Regnum recipere contendebat, filios Godefridi strenue impugnabat. Hi periculum videntes, Legationem ad Imperatorem mittunt, quæ quasi inutilis & simulata rejecta fuit : auxiliumque Harioldo pro more datum est.

Stephanus Papa IV. tribus postquam Romam redierat mensibus defunctus est. Paschalis vero in ejus locum est subsitutus, qui postquam consecratus fuit, Legatum muneribus onustum misit ad Imperatorem cum epistola, ubi significabat, se sine ambitione aliqua, cum populi acclamationibus electum fuisse. Legatus porro erat Theodorus Nomenclator. Feria quinta in cœna Domini, cum Imperator se sacra peracta regrederetur, lignea porticus per quam

Ibidem.

sur un vieux portique de bois presque tout pourri par le tems & par l'humidité, accompagné des Seigneurs de sa Cour ; ce portique fondit, & fit un grand bruit en tombant. Tout le monde craignit pour le Prince. Mais par une protection visible du ciel, lorsque plusieurs personnes qui étoient autour de lui furent ou estropiez, ou frappez de quelque mal considerable ; il n'eut rien qu'une petite contusion que lui fit sur la poitrine le pommeau de son épée, une écorchure à l'oreille, une autre contusion à la cuisse vers l'aîne. Il fut si promtement gueri de tout cela, que vingt jours après il alla à la chasse à Nimegue. Il tint son assemblée generale à Aix la Chapelle, où il fit éclater sa pieté & son amour pour l'Eglise & pour l'Etat Ecclesiastique par les beaux Reglemens qu'il y fit établir. Aiant fait assembler les Evêques, il fit faire un livre, où l'on traçoit pour le Clergé un plan de vie tout-à-fait canonique : on y regloit le boire & le manger, & toutes les choses necessaires à la vie. Il statua aussi que tous les Monasteres suivroient la regle de S. Benoît ; & parce qu'il y avoit des Eglises pauvres, où ceux qui les desservoient ne pouvoient subsister honêtement, tandis que d'autres vivoient dans une trop grande abondance, il ordonna qu'on attribueroit quelques terres à ces Eglises pauvres pour la subsistance des Ecclesiastiques. Ces reformes étoient alors fort necessaires, vû le luxe des Evêques & des Clercs, qui portoient des baudriers d'or d'où pendoient des couteaux à poignée ornée de pierreries, des habits magnifiques, de fort grands éperons. Mais ces saintes intentions du Prince n'eurent pas grand succès ; & après tous ces soins, les choses allerent à peu près comme auparavant.

Luxe des Ecclesiastiques.

En la même assemblée Louis declara Empereur son fils aîné Lotaire, il envoia son second fils Pepin en Aquitaine, & le troisiéme Louis en Baviere. Il apprit alors la revolte des Abotrites, qui s'étant joints aux fils de Godefroi, infestoient la Saxe de delà l'Elbe. L'Empereur envoia contre eux des troupes qui les eurent bien-tôt rangez à leur devoir. Il alla ensuite chasser sur le mont Vosge ; & comme il s'en retournoit pour passer l'hyver à Aix la Chapelle, il apprit que Bernard son neveu Roi d'Italie, qui lui avoit l'obligation d'avoir été declaré Roi par son pere, suivant un mauvais conseil, s'étoit revolté contre lui; que les villes & les Princes d'Italie s'étoient joints à lui, & qu'il faisoit garder tous les passages pour l'empêcher d'entrer dans l'Italie. La nouvelle étant certaine & confirmée par l'Evêque Rathald & par Suppon, l'Empereur aiant as-

Revolte de Bernard Roi d'Italie & sa mort.

---

incedebat, quæ vetustate humiditateque putrida erat, ipso cum primoribus Regiæ incedente, cum magno strepitu subruit. Omnes Imperatori timuerunt. Verum Deo protegente, cum plerique ex iis qui simul deciderant graviter affecti essent, nihil aliud ipsi mali ruina intulit, quam contusionem gladii capulo illatam, auris leve vulnus, collisionemque femoris juxta inguina, quæ summa celeritate curata fuere, ita ut vigesimo postea die Noviomagum profectus, venatum iret. Conventum autem generalem Aquisgrani celebravit, ubi pietatis insignia dedit erga Ecclesiam statumque Ecclesiasticum, ex rebus probe constitutis : nam coactis Episcopis librum edidit, in quo vitæ norma Clero constituebatur omnino canonica. Ibi victus & omnia ad vitam necessaria ad rectam deducebantur rationem. Statuit etiam ut omnia Monasteria Regulam S. Benedicti sequerentur : & quia Ecclesiæ quædam pauperes erant, dum aliæ nimia fruerentur opulentia, jussit pauperioribus adscribi agros ad victum Ecclesiasticorum. Hæ porro reformationes tunc necessariæ erant : tantus quippe luxus erat Episcoporum & Clericorum, ut aureos balteos gestarent, & gladios quorum capuli gemmis erant ornati, vestes magnificas, calcaria talos onerantia. Verum hæc pii Principis studia, non tam felicem exitum habuerunt, & post tantam exhibitam curam, res fere ut antea processerunt.

In eodem conventu Ludovicus Lotharium filium suum majorem Imperatorem appellari jussit; alterum vero filium Pipinum in Aquitaniam misit, ac Ludovicum tertium in Baioariam. Tunc ipsi Abotritorum defectio nunciatur, qui cum Godefridi filiis juncti, Saxoniam Transalbianam infestabant. Sed misso exercitu, hic motus cito compressus est. Inde ad Vosagum montem venaturus secontulit ; & cum Aquisgranum ad hiberna rediret, nunciatum est illi Bernardum fratris filium Regem Italiæ, cui ipse maxima ut rex fieret, apud patrem causa fuerat, consiliis quorumdam pravorum hominum defecisse, civitatesque & Principes Italiæ ipsi hærere, sed & omnes aditus quibus in Italiam intrabatur observari. Quod cum verum esse confirmaretur, maxime per Rathaldum Episcopum & Supponem, Im-

semblé une grande armée tant des Gaules que de la Germanie, se rendit à Châlon sur Sône. Alors Bernard hors d'état de resister à cette puissance, voiant que plusieurs l'abandonnoient tous les jours, vint trouver l'Empereur, se jetta à ses pieds, & lui demanda pardon ; plusieurs des conjurez suivirent son exemple, & mettant bas les armes, vinrent se rendre à sa merci. On les arrêta, & on les interrogea sur l'origine de cette rebellion, sur ce qu'ils prétendoient faire, & sur leurs complices. Ils déclarerent dès la premiere interrogation, que les auteurs de la conspiration éroient Eggiddée favori de Bernard, Reginbert jadis Comte du Palais de l'Empereur, Reginart Prevôt de la Chambre Roiale. Les complices étoient en grand nombre tant Laïques qu'Ecclesiastiques, & entre autres Anselme Evêque de Milan, Vulfold de Cremone, & même Theodulphe d'Orleans. Après que la Fête de Pâques fut passée, l'Empereur fit juger Bernard & les autres conjurez : selon les Loix des François ils devoient être punis de mort, & tous les sentimens alloient là. Mais l'Empereur pour adoucir la Sentence se contenta de leur faire crever les yeux. Bernard ci-devant Roi, mourut de chagrin de se voir privé de la lumiere du jour. Exemple de severité trop dur, & dont Louis se repentit depuis comme nous verrons. Reginbert eut le même sort que Bernard. Les Evêques complices de ce crime, furent déposez & renfermez dans des Monasteres. Louis ne voulut pas qu'aucun des autres complices perdît ou la vie ou quelqu'un de ses membres, mais il fit exiler les uns & tondre les autres.

La revolte des Bretons arrivée presque dans le même tems, donna quelque exercice à Louis. Ils avoient élû pour Roi un Seigneur de leur nation nommé Marmon, & refusoient absolument l'obéissance à l'Empereur, qui fit assembler des troupes de tous côtez, entra dans la Bretagne, tint une assemblée generale à Vannes, & fit le dégât dans cette Province sans presque aucune opposition. Marmon dans le tems qu'il pensoit à munir un camp, fut tué par un Ecuier de l'Empereur nommé Choslon. La Bretagne se rendit au vainqueur prête à subir le joug qu'il voudroit lui imposer. L'Empereur prit des otages tels qu'il voulut, & disposa de tout à sa volonté : ce ne fut plus en faisant des traitez du consentement des Parties comme autrefois. De là ce Prince vint à Angers, où l'Imperatrice Hermengarde, malade depuis long-tems, mourut le six d'Octobre, le troisiéme jour après l'arrivée de l'Empereur. Après les funerailles, ce Prince partit d'Orleans, passa par Roüen & par Amiens

818.
Bretons châtiez.

---

perator coacto magno exercitu, tam ex Galliis quam ex Germania, Cabilonem venit. Tunc Bernardus longe viribus impar videns se a multis in dies deseri, Imperatorem adiit, ad pedesque ejus prostratus est veniam petens. Ex conjuratis etiam plurimi ejus exemplo, positis armis, ad Imperatoris misericordiam confugerunt. Comprehensi igitur ad primam interrogationem declararunt auctorem conspirationis esse Engiddeum Bernardo familiarem, Regimbertum olim Palatii Imperialis Comitem, Reginhartum Præpositum Cameræ regalis. Conscii sceleris magno numero erant tam Laïci quam Ecclesiasti, in iisque Anselmus Mediolanensis Episcopus, Vulfoldus Cremonensis, etiamque Theodulphus Aurelianensis. Post Pascha Imperator Bernardum & conscios judicio subjici præcepit ; secundum Francorum leges morte plecti debebant ; sed Imperator mitigata sententia luminibus orbari præcepit. Bernardus amissis oculis ex mœrore obiit. Cujus nimiæ severitatis Ludovicum postea pœnituit ut videbimus. Regimbertus item ut Bernardus excæcatus obiit. Episcopi sceleris conscii aut depositi, aut in Monasteria inclusi fuerunt. Ex aliis vero sociis sceleris nullum voluit Ludovicus aut vita aut membro aliquo privari ; sed alios exsilio mulctavit, alios tonderi jussit.

Britonum defectio eodem pene tempore Imperatorem commovit. Regem delegerant unum ex primoribus nationis suæ nomine Marmonem, & Imperatori obsequium prorsus negabant. Qui copias undique collegit, in Britanniam ingressus est, & conventum generalem apud Venetos habuit, totamque provinciam devastavit, nemine fere obsistente. Marmon sive Morman cum castra munire tentaret, a Choslone Regiorum equorum custode occisus est. Britannia tota deditionem fecit, & se victoris jugo submisit. Imperator obsides quos voluit abduxit, & omnia pro voto composuit, non pactis utrinque initis ut olim. Inde Andegavum venit, ubi Hermengardis Imperatrix jam diu ægrotans, tertio postquam Imperator advenerat die obiit sexta die Octobris. Post ejus funera Aureliano profectus Ludovicus, Rothomago & Ambianis transiens, Aquisgranum petebat. Cui He-

Eginard. l. Ann. Met. Vita Lud. lii.

pour aller à Aix la Chapelle. Comme il entroit dans le Palais d'Herstal, les Envoiez de Sigon Duc de Benevent, arriverent chargez de riches presens. Ils venoient pour justifier la conduite de leur maître depuis la mort de Grimoald son prédecesseur. D'autres Ambassadeurs se trouverent là au même tems ; ceux des Abotrites, joints à ceux des Coduscans & des Timotiens, qui aiant abandonné leur premiere societé, s'étoient joints depuis peu aux nations sujettes aux François. Là vinrent encore les Envoiez de Liudevite, qui gouvernoit la Pannonie inferieure, pour intenter des accusations contre Cadolac Comte de Frioul, qu'ils disoient être un homme insupportable ; mais la fausseté en fut reconnuë dans la suite. L'Empereur donna audience à tous ces gens, regla leurs affaires autant que le tems le pût permettre, & se rendit à son Palais d'Aix la Chapelle pour y passer l'hyver comme il l'avoit projetté.

819.

Là fut amené par les Ducs des Saxons, Sclaomir Roi des Abotrites, qu'ils accusoient de rebellion : ce qui fut si bien prouvé, que l'Empereur envoia Sclaomir en exil, & établit Roi en sa place Ceadagre fils de Traficon. Au même tems Loup Centule Gascon, vint à main armée contre Verin Comte des Auvergnats, & contre Berenger Comte de Toulouse : il perdit dans ces actes d'hostilité son propre frere & beaucoup de ses gens, & se sauva par la fuite : mais étant venu depuis trouver l'Empereur, & ne pouvant justifier sa conduite, il fut envoié en exil. L'Empereur tint dans ce même Palais son assemblée generale. Il entendit ceux qu'il avoit envoiez pour reformer l'état Ecclesiastique, où le desordre regnoit en ces tems-là, comme nous avons vû ci-devant. Un Prince aussi pieux que Louis, ne pouvoit être insensible à ces maux ; il faisoit son possible pour y remedier. Il ajouta quelques articles aux Loix qui regardoient le jugement des affaires des particuliers. Ces articles étant fort necessaires, furent depuis observez exactement.

Louis
épouse
Judith.

Ce Prince si attentif aux exercices des bonnes œuvres, donnoit lieu de craindre qu'il ne voulût quitter le gouvernement de l'Empire & se retirer. Ceux qui étoient auprès de lui pour détourner ce coup, lui conseilloient de se remarier ; ils le pressoient & le sollicitoient même si vivement là-dessus, qu'il resolut enfin de prendre une femme. Il se fit amener les filles des plus grands Seigneurs de ses Etats. Il les regarda l'une après l'autre ; & trouvant à son gré Judith fille du Comte Velfon de Baviere, il l'épousa. Ce mariage fut la cause de bien des malheurs.

---

ristallium Palatium intranti occurrêre Legati Sigonis Beneventani Ducis, dona quam maxima deferentes, Dominum suum a tempore mortis Grimoaldi decessoris sui purgantes. Aliarum quoque nationum Legati aderant Abotritorum, Coduscanorum & Timotianorum, qui Bulgarorum societate relicta, nostris se junxerant, Insuperque Liuduviti Ducis Pannoniæ inferioris, Cadolacum Comitem Forojuliensem crudelitatis & insolentiæ accusantes, sed criminis falsitas postea detecta fuit. His auditis Imperator ac pro facultate compositis, Aquisgranum venit ubi hiberna habuit, ut statuerat.

Iidem. Istuc adductus est a Ducibus Saxonum Sclaomirus Abotritorum Rex, qui cum defectionis & aliorum scelerum reus, nec ea depellere posset, in exsilium deportatus est, regnumque ejus Ceadrago Thrasiconis filio datum fuit. Eodem tempore Lupus Centulli Vasco, cum copiis Verinum Arvernorum Comitem & Berengarium Comitem Tolosanum aggressus est, multisque suorum ac germano fratre amissis, fugæ subsidio evasit : sed cum postea Imperatorem adiisset, nec de perfidia sese purgare potuisset, in exsilium missus est. In eodem Palatio Imperator conventum generalem habuit, audivitque eos quos ad reformandum Ecclesiasticum statum miserat ; nam, ut diximus, multa in Clero agebantur emendatione digna. Tam pius Princeps non poterat istiusmodi mala tranquille respicere. Iis autem remedium adferre viriliter conabatur. Legibus etiam Capitula aliquot addidit, quæ privatorum negotia spectabant : quæque cum admodum necessaria essent, accurate servata sunt.

Sic bonorum operum exercitio intentus Princeps, suspicionem ingerebat ac metum, ne deposito Imperio secessum quempiam meditaretur. Aulici vero ut hoc averterent, ut uxorem duceret suadebant, assidueque sollicitabant ; adeo ut ad connubium contrahendum primorum sibi filias adduci juberet, quibus diligenter inspectis, Juditham Velfonis Baioariæ Comitis filiam forma sibi gratam uxorem duxit ; ex quo connubio innumera sub hæc mala coorta sunt.

L'été suivant les François assemblez vinrent le trouver à son Palais d'Ingelheim. Ce fut là qu'il reçut des nouvelles de son armée envoiée contre Liudevite qui s'étoit revolté : cette armée n'avoit pas fait grand' chose, & n'avoit pas apporté grand dommage aux revoltez : ce qui enfla tellement le cœur à Liudevite, qu'il envoia à l'Empereur des conditions à signer, moyennant lesquelles il promettoit de se soumettre à ses ordres. Ces conditions furent rejettées comme elles le méritoient bien ; & Liudevite persistant dans sa rebellion, incitoit le plus de gens qu'il pouvoit à se revolter de même. L'armée de l'Empereur s'étant retirée sans rien faire, Liudevite fier de cet avantage, se fortifioit toujours. Un accident imprévû troubla un peu sa joie. Cadolac Duc de Frioul, étant venu à mourir, Baldric lui succeda, & se rendit dans la Carinthie, où il donna avec peu de monde sur les troupes de Liudevite qui étoient sur la Drave, & les mit en fuite : il obligea aussi ceux qui s'étoient avancez sur ses limites de se retirer promtement. Liudevite ainsi chassé par Baldric, se jetta sur Borna Duc de Dalmatie, qui étoit avec des troupes sur le fleuve Culp. Ou la peur ou la trahison fit que Borna fut abandonné des Codufcans ; il se sauva pourtant par le secours de ses Pretoriens, & dans la suite il rangea à leur devoir ceux qui l'avoient abandonné. L'hyver suivant Liudevite entra dans la Dalmatie, où il porta le fer & le feu ; *tuant*, dit l'Auteur, *tout ce qui étoit animé, & brûlant tout ce qui étoit inanimé*. Borna ne se voiant pas assez fort pour lui résister ouvertement, pensa à se tirer d'affaire par adresse. Il le fatigua par des courses imprévuës, le chargeant avec l'élite de ses troupes, tantôt sur le derriere, tantôt sur les flancs tant la nuit que le jour. Il tua à differentes fois trois mille hommes, lui enleva ses chevaux & son bagage ; en un mot il le mit en tel état, qu'il se repentit d'avoir fait cette levée de bouclier, & l'obligea de sortir des terres de son Gouvernement. Ces nouvelles portées à l'Empereur qui étoit alors à Aix-la-Chapelle, lui firent beaucoup de plaisir. Les Gascons s'étant revoltez à leur ordinaire, l'Empereur envoia contre eux Pepin son fils, qui les réduisit de telle maniere, qu'ils furent assez long-tems sans remuer. Louis après avoir tenu son Assemblée, alla chasser dans les Ardennes, & revint à son Palais d'Aix-la-Chapelle pour y passer l'hyver.

Revolte de Liudevite.

Là se tint l'Assemblée publique à l'ordinaire. Borna vint demander du secours contre Liudevite. L'Empereur lui donna un grand nombre de gens, que Borna divisa en trois corps. Il entra par trois endroits dans les terres du Gouver-

820.

Insequente æstate congregati Franci convenerunt illum in Palatio *Ingelheim* dicto. Tunc nunciatum illi fuit exercitum contra Liudevvitum missum rebus parum prospere gestis, & infecto pene negotio regressum esse. Unde Liudevvitus superbia elatus Imperatori Legatos misit, conditiones quasdam proponens, quibus concessis ea quæ juberentur se facturum pollicebatur. Hæ porro conditiones jure merito rejectæ fuerunt, Liudevvitus in rebellione persistens, quotquot poterat ad rebellionem concitabat. Postquam exercitus Imperatoris re infecta recesserat, Liudevvitus ex re prospere gesta ferocior, sese in dies muniebat. Improvisa tamen res fiduciam ejus turbavit. Cadolaco Forojuliense Duce defuncto, Baldricus illi subrogatus est, & cum in Carantanorum regionem venisset parva manu Liudevviti exercitum adortus ad Dravum fluvium, pluribus interfectis, ipsum ex provincia illa fuga excedere compulit. Liudevvitus sic a Baldrico pulsus Bornam Dalmatiæ Ducem adortus est, qui cum magnis copiis ad Colapium fluvium Liudevvito ad se venienti occurrens, vel ex metu, vel ex proditione a Coduscanis deseritur, auxilio tamen Prætorianorum suorum evasit, qui postea Coduscanos ad officium reduxit. Sequenti vero hieme, Liudevvitus in Dalmatiam ingressus, omnia igne ferroque vastavit, *ferro quæ animata erant perimens, inanimata vero igni contradens*. Borna se imparem viribus cernens, astu viam nocendi quæsivit. Cum delecta manu nunc a tergo, nunc a latere insistens, Liudevviti copias & noctu & interdiu ubicumque poterat concidebat, tribus hominum millibus de exercitu ejus interfectis, equis & sarcinis captis, ita ut poeniteret ipsum quod talia molitus esset : sic illum Baldricus e regione sua secedere compulit. Quæ cuncta Imperator Aquisgrani consistens lætus audivit. Interea Vascones pro more suo rebelles, a Pipino jubente patre ita sunt edomiti, ut nullus postea in diuturnum tempus movere auderet. Imperator vero postquam conventum suum habuerat, in Arduennam venatum ivit, & Aquisgranum postea hiematum reversus est.

Ibidem solitus conventus generalis habitus est. Borna opem & copias adversus Liudevvitum expetiit. Imperator magnam armatorum manum illi dari jussit, quam tres in partes divisam Borna immisit in

Iidem.

nement de Liudevite, & fit par tout un dégât extraordinaire. Liudevite se retira dan un Château situé sur une hauteur, sans sortir sur l'ennemi, & sans faire aucune proposition de paix. Les troupes s'étant retirées, ceux de la Carniole, & une partie de ceux de la Carinthie, qui avoient pris ci-devant le parti de Liudevite, se rangerent du côté du Duc Baldric.

Il y eut un spectacle assez nouveau au Palais d'Aix-la-Chapelle. Bera Comte de Barcelonne, Got de nation, fut accusé par un autre Got nommé Sunila d'avoir manqué à la foi qu'il devoit à l'Empereur. Bera niant le fait, il fallut vuider la querelle à la maniere des Gots, qui étoit de se battre à cheval l'un contre l'autre. Le combat se donna, & Bera fut vaincu. Cela passoit en ces tems-là pour preuve du crime objecté, & Bera devoit mourir comme criminel de leze-Majesté : mais l'Empereur lui fit grace, & l'envoia à Rouen avec ordre d'y rester.

La nouvelle vint alors que treize vaisseaux Normans couroient sur nos côtes: L'Empereur ordonna qu'on y fît bonne garde. Ils furent en effet repoussez sur les côtes de Flandres & à l'embouchure de la Seine, & s'en allerent vers l'Aquitaine, où ils firent une descente, pillerent un Bourg nommé Buin, & s'en retournerent chargez de butin. Ce fut le commencement de ces descentes des Normans qui firent depuis tant de mal au Roiaume de France.

821.   L'hyver suivant fut aussi passé à Aix-la-Chapelle, où Louis tint son assemblée generale au mois de Fevrier. L'on envoia trois corps de troupes pour ravager les terres de Liudevite. La paix faite avec Abulaz Roi des Sarrasins, qui avoit toujours passé pour une paix simulée & non stable, fut rompuë, & on lui déclara la guerre.

En la même année l'Empereur tint au premier jour de Mai, une autre Assemblée à Nimegue, où il fit approuver par les Grands du Roiaume la division de ses Etats entre ses fils. Il y reçut les Legats du Pape Pascal, Pierre Evêque de *Centum cellæ*, aujourd'hui Civita Vecchia, & Leon Nomenclateur. Il les congedia après leur avoir donné audience. Il retourna ensuite à Aix-la-Chapelle, & se rendit par les Ardennes à Remiremont & au mont Vosge, où il passa le reste de l'été & l'automne. Borna étant venu à mourir pendant ce tems-là, il nomma pour successeur son neveu Ladasdée. Il apprit en ce même tems la mort de Leon Empereur d'Orient, tué par la faction de Michel le Begue, qui fut fait Empereur par les soldats.

Liudevviti agros & terras, omniaque ferro & igne depopulatus est. Liudevvitus in castello quodam præalto inclusus, nec ad pugnam, nec ad colloquium processit. Reversis domum copiis, Carniolenses & quidam Carantanorum qui ad Liudevvitum se contulerant, Baldrico Duci manus dederunt.

In Aquensi Palatio spectaculum fuit novum. Bera Comes Barcinonensis genere Gotthus, a Sunila item Gottho infidelitatis accusatus, cum oblatum crimen negaret, more Gotthorum, id est, equestri prælio accusatio depellenda fuit. Ambo igitur congressi sunt, & Bera victus est. Illo tempore qui victus fuerat oblatum scelus admisisse censebatur, ac Bera ut reus Majestatis capite plectendus erat : sed Imperatoris clementia servatus, Rothomagum missus, ibique manere jussus est.

Inter hæc nunciatum est, tredecim Normannorum naves prædandi causa littora nostra impetere. Jussit Imperator custodiam ubique haberi. Eæ vero a Flandrensi regione & ostio Sequanæ depulsæ sunt. Sed in Aquitaniam sese verterunt, & excensu facto, vicum nomine Buin devastarunt, & onustæ præda reversæ sunt. Hoc initium fuit Normannicarum incursionum, quæ post hæc tanta Regno Francorum intulere damna.

Anni sequentis hiberna ibidem, Aquisgrani videlicet, habita sunt, ubi Ludovicus conventum generalem celebravit mense Februario. Tres armatorum manus missæ sunt, quæ Liudevviti agros depopularentur. Pax illa cum Abulazo Saracenorum Rege facta, quæ simulata semper habita fuerat, demum soluta est, bellumque illi indictum fuit.

Eodem anno Kalendis Maii Imperator conventum generalem alium Noviomagi habuit, in quo regni partitionem, quam inter filios suos jamdudum fecerat, coram recitari jussit, & a cunctis proceribus qui tunc adfuere confirmari. Ibi etiam Legatos Paschalis Papæ suscepit, Petrum Centumcellensem Episcopum & Leonem Nomenclatorem, quos auditos dimisit. Inde Aquisgranum reversus per Arduennam ad Romarici montem & ad Vosagum se contulit, ubi reliquum æstatis & autumnum transegit. Inter hæc Bornæ defuncto successorem dedit Ladasdeum ejus *nepotem*. Eodem tempore nunciatum illi fuit Leonem Orientis Imperatorem interfectum fuisse per factionem Michaelis Balbi, qui a militibus in locum ejus substitutus est.

Louis aimoit fort les Assemblées publiques : il en tint une autre cette année à Thionville au mois d'Octobre, où il celebra les noces de son fils aîné Lotaire avec Ermengarde fille du Comte Hugues. Theodore Primicier, & Flore Legats du Pape s'y trouverent, & firent de riches presens à l'Empereur. Ce bon Prince donna là une marque fort extraordinaire de sa clemence; il rapella tous ceux qui avoient ci-devant conspiré contre sa personne, & les remit tous dans leurs biens & possessions : il rappella aussi Adelard Abbé de Corbie, relegué au Monastere de saint Philibert, & son frere Bernaire exilé au Monastere de S. Benoît. Après avoir fait tout ce qu'il jugea à propos pour l'utilité publique, il envoia son fils Lotaire passer l'hyver à Vormes, & revint à Aix-la-Chapelle.

Ce religieux Prince tint l'année suivante son Assemblée generale à Atigni ; il y appella les Evêques, les Abbez & les autres qu'il connoissoit pour gens de bien, avec les Grands de son Royaume. Il se reconcilia d'abord avec ses freres, qu'il avoit fait tondre contre leur volonté, & leur laissa pleine liberté d'embrasser le parti qu'ils voudroient. Après quoi à l'imitation de l'Empereur Theodose, il se confessa coupable, & s'imposa penitence à lui-même, tant de ses autres pechez, que du traitement qu'il avoit fait à son neveu Bernard, & apporta à tous les maux que lui & son pere avoient faits, tous les remedes qu'il pût. Il se recommanda aux prieres de tous les serviteurs de Jesus-Christ, pour lui obtenir la remission de ses pechez.

822.

Au même tems il fit marcher une armée d'Italie pour faire la guerre dans la Pannonie contre Liudevite, qui se voiant si puissamment attaqué, & ne jugeant point la place tenable, se retira auprès d'un Prince de Dalmatie, qui le reçût dans sa ville. Il reçût, dis-je, un serpent dans son sein. Liudevite conspira contre son bienfaicteur, le tua, & se rendit maître de sa ville, & sans se mettre en défense contre l'armée qui le poursuivoit, il envoia dire à l'Empereur qu'il reconnoissoit sa faute, & qu'il viendroit lui-même pour faire satisfaction à Sa Majesté.

Louis eut aussi nouvelle que ses troupes qui gardoient les frontieres d'Espagne avoient passé la Segre, penetré bien avant dans l'Espagne, & remporté beaucoup de dépoüilles sans aucune fâcheuse rencontre : que celles qui gardoient les frontieres de Bretagne, avoient ravagé cette Province à cause de

---

Imperator Ludovicus libens conventus publicos agebat : mense igitur Octobri in Theodonis villa alius celebratur, ubi cum solenni apparatu Ermengardam Hugonis Comitis filiam cum filio suo Lothario connubio junxit. Ubi etiam adfuere Legati Romani Pontificis, Theodorus Primicerius ac Florus. Tunc Ludovicus mirum clementiæ exemplum exhibuit : nam revocatis omnibus, qui contra vitam regnumque suum conjuraverant, possessiones illis bonaque restitui jussit. Adelardum Abbatem Corbeiensem in Monasterio S. Philiberti tunc residentem, in Corbeiense Monasterium remisit ; Bernariumque fratrem ejus in Monasterio S. Benedicti exsulantem ad fratrem suum remisit. Postquam ea fecerat quæ ad utilitatem publicam pertinebant, Lotharium filium Vormatiam hiematum misit : ipse vero Aquisgranum reversus est.

Religiosus ille Princeps anno sequenti conventum generalem habuit Attiniaci : convocatisque Episcopis, Abbatibus, virisque aliis probis, necnon regni proceribus, quos invitos attonderi jusserat, plenamque illis li- bertatem restituit. Deinde Theodosium Imperatorem imitatus, pœnitentiam spontaneam suscepit, tam de aliis peractis, quam de iis quæ in Bernardum fratris filium admiserat, atque iis quæ vel ab se vel a patre suo male acta fuerant, remedium ut potuit attulit. Tunc se precibus omnium servorum Christi commendavit ad remissionem peccatorum impetrandam.

Interea exercitum ex Italia proficisci jussit ad bellum in Pannonia Liudevvito inferendum, qui se longe imparem videns, ad quemdam Dalmatiæ Principem confugit : qui ipsum in civitate sua, serpentem in sinu, suscepit. In benefactorem vero cum conspicit, illo occiso, civitatem sibi subjecit. Nihil autem mali exercitui nostro inferre tentans, Imperatori Legatos misit, qui Liudevvitum errasse faterentur, & ad Imperatorem venturum esse promitterent. Nunciatum est eodem tempore Imperatori custodes militis Hispanici copias, transacto Sicori fluvio, in Hispaniæ interiora penetrasse, & cum magna præda prospere rediisse. Itemque illos qui Britannicos fines tuebantur, illam Provinciam ingressos, omnia ferro & igne de-

Eginard. Ann. Bert.

la revolte d'un Breton nommé Viomarque. Après que l'Assemblée fut finie, l'Empereur envoia son fils Lotaire en Italie, & lui donna pour l'accompagner Vala son parent Moine, & Geronce Officier de sa Cour, pour regler par leur conseil les affaires d'Italie, tant publiques que particulieres. Il maria son fils Pepin avec la fille du Comte Theotbert, & l'envoia en Aquitaine pour la gouverner. Pendant l'automne il s'exerça à la chasse, & s'en alla passer l'hyver au-delà du Rhin à Francfort, où il tint une Assemblée generale de tous les peuples sujets aux François qui étoient au-delà de cette riviere. Il y fut traité de tout ce qui regardoit l'utilité publique, à laquelle il veilloit toujours. Il y reçût une Ambassade du Roi des Avares, qui lui envoia des presens. Des Ambassadeurs Normans y vinrent aussi pour confirmer la paix. Après leur avoir donné audience de congé, il fit de nouveaux bâtimens à son Palais pour y passer l'hyver.

823.

Au mois de Mai suivant il tint là même une Assemblée des François Meridionaux, des Saxons & de leurs voisins. Il fut l'arbitre du débat survenu entre deux freres fils de Liubi Roi des Vilses dont l'un s'appelloit Mileguaste, & l'autre Celcadrague. Leur pere aiant declaré la guerre aux Abotrites, fut tué par ces peuples. Son fils aîné lui succeda ; mais comme il gouvernoit avec trop de négligence, & qu'il ne tenoit pas bien la main à l'administration des affaires publiques, la faveur du peuple se tourna vers son frere cadet. De là vint une dispute entre eux ; ils allerent trouver l'Empereur, le priant d'être l'arbitre de leurs differens. Ce Prince aiant sondé les inclinations du peuple, vit que tout tournoit du côté du plus jeune, & il prononça en sa faveur. Il fit de grands presens à tous les deux, & tâcha d'ôter toute semence de division, les fit obliger par serment d'être unis & bons amis ensemble. Cela paroissoit pourtant bien difficile.

Lotaire envoié par son pere en Italie, comme nous avons dit ci-devant, après avoir mis ordre aux affaires par le conseil des gens qui l'accompagnoient ; & après en avoir terminé quelques-unes, & laissé les autres imparfaites, se disposoit à s'en retourner joindre son pere pour lui rendre compte de tout. Mais à la priere du Pape Paschal, il alla à Rome pour y celebrer la fête de Pâques. Le Pape le reçût avec toute la magnificence possible ; & au jour de Pâques, il lui mit dans l'Eglise de saint Pierre le diademe Imperial, & le declara Auguste. Lotaire vint de là à Pavie, où des affaires survenuës le retinrent quelque tems : il joignit son pere au mois de Juin suivant, & lui rendit

---

vastasse, ob Viomatchi cujusdam Britonis rebellionem. Soluto conventu Lotharium filium misit in Italiam, & cum eo Valam affinem suum Monachum, etiamque Geruntium Ostiarium, quorum consilio res Italici regni tam publicas quam privatas componeret. Filio Pipino conjugem dedit Theotberti Comitis filiam, posteaque in Aquitaniam misit. In venatione autem autumnale tempus insumsit, & Francofurtum trans Rhenum hiematum se contulit, ubi conventum habuit Francorum, qui trans fluvium habitabant : ibi de utilitate publica, quam semper in animo habebat, actum fuit. Ibidem Regis Avarorum Legatos cum muneribus suscepit. Normanni item Oratores ad pacem confirmandam venerunt, quibus auditis dimissisque, quibusdam ædificiis Palatium suum exornavit, ut hiemem ibi transigeret.

Mense Maio sequenti Francorum Meridionalium, Saxonum & vicinorum conventum habuit. Altercationem vero inter duos fratres Mileguastum & Celcadragum filios Liubi Vilsorum Regis ipse diremit. Pater eorum cum Abotritis bellum indixisset, ab illis interemtus est. Primogenitus filius ipsi successit. At cum ille segnior esset, quam res posceret, & negotia publica negligentius administraret, erga juniorem favor populi declinavit : hinc contentione inter ambos ortâ, Imperatorem adierunt, ad arbitriumque ejus res posita est. Ludovicus vero requisita ac deprehensa populi voluntate, juniorem quidem Principem declaravit : *ambos tamen muneribus amplis donatos, & sacramentis devinctos, inter se & sibi dimisit amicos.* Quæ res tamen admodum difficilis videbatur.

Lotharius in Italiam a patre missus, ut antea dictum est, cum ex consilio virorum se comitantium quædam negotia composuisset, quædam infecta reliquisset, de reditu ad patrem cogitabat ; sed rogatu Paschalis Papæ Romam se contulit, ut ibi Pascha celebraret. Magnifice a Summo Pontifice exceptus est, qui in Paschali solemnitate ipsi in Ecclesia S. Petri diadema Imperiale capiti imposuit, & Augustum ipsum declaravit. Inde Lotharius Ticinum venit, ubi quibusdam negotiis præpeditus aliquantum moratus est, deindeque patrem adiit mense Junio se-

compte des affaires terminées, & de celles qu'il n'avoit pû finir. L'Empereur envoia pour tout terminer Adelard Comte du Palais, avec un autre nommé Mauringue. Gondulfe Evêque de Mets étant venu à mourir, le Clergé & le peuple d'un commun accord, demanderent pour lui succeder, Drogon frere de l'Empereur, qui vivoit très-bien en habit Ecclesiastique; tout conspira à cette élection, l'Empereur, les Grands du Roiaume, le Clergé & le peuple : il fut donc élû & sacré Evêque.

Pendant cette même assemblée, on reçût nouvelle de la mort de Liudevite, qui avoit été tué adroitement par Leudemulle oncle de Borna, auprès duquel il s'étoit refugié. L'Empereur termina cette Assemblée, & en indiqua une autre pour l'automne à Compiegne. Peu après vint une autre nouvelle, qui donna bien à penser. On avoit fait crever les yeux à Rome à Theodore Primicier de la sainte Eglise Romaine, & à Leon Nomenclateur, & depuis on leur avoit coupé la tête dans la maison Episcopale de Latran. On disoit que c'étoit par envie de ce qu'ils étoient fideles à Lotaire. Cela retomboit sur le Pape qui avoit consenti à leur mort, assuroit-on. L'Empereur pensoit à envoier sur les lieux Adalong Abbé de S. Vast, & le Comte Homfroi pour examiner l'affaire. Mais sur ces entrefaites arriverent Jean Evêque de la Forêt Blanche, & Benoît Archidiacre de la sainte Eglise Romaine, Legats du Pape, qui rapporterent l'affaire à l'Empereur, & le prierent de ne point attribuer ce meurtre au Pape. Il les entendit, leur fit réponse en les congédiant, & fit partir ensuite ceux qu'il avoit destinez pour aller s'informer sur les lieux de cette affaire. Après s'être arrêté en divers endroits, il vint à Compiegne. Ceux qu'il avoit envoiez à Rome vinrent le trouver là, & l'assurerent que le Pape Pascal & plusieurs Evêques s'étoient purgez par serment de l'accusation intentée contre eux, d'avoir trempé à la mort des deux hommes ci-dessus nommez, & avoient assuré qu'ils n'en connoissoient point les auteurs. Eginard dit, qu'ils prenoient la défense de ceux qui les avoient fait tuer, parce qu'ils étoient de la famille de Saint Pierre ; qu'au reste, ceux qui avoient été tuez avoient bien merité ce traitement. Des Legats du Pape vinrent aussi le justifier auprès de l'Empereur ; c'étoient Jean Evêque de la Forêt Blanche, Serge Bibliothecaire, Quirin Sous-Diacre, & Leon Maître de la Milice. L'Empereur naturellement porté à la clemence, ne voulut point pour-

quenti, cui & perfecta & infecta negotia exposuit. Ad complenda autem ea quæ perfecta nondum erant, misit Ludovicus Adalardum Comitem Palatii, & alium nomine Mauringum. Gundulfo Episcopo Metensi defuncto, Clerus & populus communi voce Drogonem Imperatoris fratrem, *sub canonico habitu nobilissime viventem*, sibi poscunt dari Sacerdotem. Ad hujusmodi electionem omnes conspirarunt, Imperator, regni proceres, Clerus & populus : electus ergo consecratusque fuit.

Dum hæc agerentur, nunciatum fuit Liudevvitum a Leudemullo Bornæ avunculo ad quem confugerat, dolo occisum fuisse. In fine conventus Imperator alium conventum indixit Compendii in autumno habendum. Aliud ingratius negotium non multum postea nunciatum est, nempe Theodorum Romanæ Ecclesiæ Primicerium & Leonem Nomenclatorem gerendum ejus primo excæcatos, ac deinde fuisse capite truncatos in Patriarchio Lateranensi, & hoc ideo eis contigisse, quod in omnibus fideliter erga Lotharium se gererent. In Papam autem suspicio cadebat, qui eorum neci consenserat, ut narrabatur. Ad quod ex-

plorandum negotium mittere decreverat Imperator Adalungum Abbatem sancti Vedasti & Humfridum Comitem. Inter hæc vero advenerunt Joannes Episcopus Silvæ Candidæ & Benedictus Archidiaconus Sanctæ Ecclesiæ Romanæ, Legati Summi Pontificis, qui rem Imperatori exposuere, rogantes ne hæc homicidia Pontifici adscriberet. Quibus auditis Imperator, & post datam responsionem dimissis, quos destinaverat Romam ire jussit, ut rem gestam explorarent. Ipse autem quædam loca petiit, ac demum Compendium venit. Illi vero quos Romam miserat, istuc venerunt, Imperatorique dixerunt Paschalem Papam, multosque Episcopos jurejurando sese purgasse, ac se non conscios cædis esse affirmasse, nec ejus auctores nosse. Dicit tamen Eginardus, illos interfectorum defensionem suscepisse, quod essent *ex familia Sancti Petri* ; cæterum eos qui cæsi fuerant, promeritas luisse pœnas. Legati etiam Summi Pontificis, Joannes Episcopus Silvæ Candidæ, Sergius Bibliothecarius, Quirinus Subdiaconus & Leo Magister militiæ, eadem ad purgationem Papæ retulerunt. Imperator ad clementiam pronus, cæsorum vindictam

Eginard. ad an. 823.

suivre la vengeance des deux morts, quoiqu'il eût beaucoup d'inclination à le faire, ni pousser plus loin ses recherches, & il congedia honêtement les Legats de Sa Sainteté.

En ce même tems plusieurs phenomenes & cas bien extraordinaires toucherent vivement ce religieux Empereur. Un tremblement de terre ébranla le Palais d'Aix la Chapelle. On entendit la nuit du bruit & de certains sons sans en savoir la cause. Une jeune fille jeûna une année entiere sans rien prendre; il y eut des éclairs frequens & fort extraordinaires; il tomba de la grêle mêlée avec des pierres. La peste se mit parmi les hommes & les animaux. Il n'en falloit pas tant pour inciter le devot Empereur à des œuvres de pieté, au jeûne, à la priere, à l'aumône : il disoit que les Prêtres devoient travailler à appaiser la colere de Dieu, qui menaçoit le genre humain de quelque grand fleau.

Au mois de Juin l'Imperatrice Judith accoucha d'un fils, qui à son batême fut appellé Charles. En la même année les Comtes Eble & Asenaire furent envoiez au-delà des Pyrenées avec ordre d'aller jusqu'à Pampelune. Mais trahis par les gens du payis, ils perdirent toutes les troupes qu'ils avoient amenées. Eble fut pris & envoié à Cordouë au Roi des Sarrasins. Asenaire qui étoit du payis fut mieux traité.

824. Lotaire fut envoié par son pere à Rome, où il arriva après la mort du Pape Pascal; & fut très-bien reçû du Pape Eugene. Il se plaignit de ce qu'on avoit ainsi fait mourir des gens qui étoient fideles à l'Empereur & aux François, & de ce que les autres qui leur étoient attachez, & qui vivoient encore, étoient méprisez & maltraitez. Il demandoit aussi d'où venoit qu'on se plaignoit tant du Pape & des Juges Romains. Il découvrit que par l'ignorance & la nonchalance de quelques Papes, & par l'insatiable cupidité des Juges, on avoit confisqué les biens de plusieurs particuliers. Lotaire fit rendre ce qui avoit été usurpé : cela fit un très-grand plaisir au peuple Romain. Il fut resolu que suivant l'ancienne coutume l'Empereur envoiroit quand il lui plairoit des gens pour juger les causes des particuliers. Lotaire revenu joindre son pere, lui fit un grand plaisir en lui racontant ce qu'il venoit de faire pour relever des malheureux de l'oppression.

Les Bretons si bien châtiez ci-devant, persistant toujours à remuer & à refuser obéissance à l'Empereur, il marcha contre eux vers l'automne avec une grande armée, & se rendit à Rennes, où il partagea ses troupes en trois parties; il en garda une pour lui, & des deux autres, il en donna une à chacun de ses

---

non repetendam putavit, etsi ad id agendum sat propensus esset, noluitque rem ulterius inquirere; sed Legatos ad Pontificem cum congruenti responso remisit.

Anonymus Vita Lud. Pii. Eodem tempore quædam prodigiosa signa apparentia Imperatoris animum sollicitabant, præcipua terræ motus Palatii Aquensis, & sonitus inauditi nocturno tempore, & puellæ cujusdam jejunium per annum integrum, crebra & inusitata fulgura, *lapidum cum grandine casus, pestilentia hominum & animalium.* Non tot signis opus erat ut Imperator pietatis opera susciperet, jejunia, preces, largitiones pauperibus factæ, dicebatque opus esse ut Sacerdotes Deum placarent, his portendi dicens magnam futuram cladem.

Mense Junio Judith Imperatrix filium peperit, qui in baptismo Carolus est appellatus. Eodem anno Eblum & Asinarium Comites cum copiis Pompelonem Ludovicus misit : sed a gente illa proditi, copias omnes amiserunt. Eblus Cordubam missus est ad Regem Saracenorum. Asinarius vero quasi consanguineus domum redire permissus est.

Lotharius a patre Romam missus, post Paschalis *Idem.* Papæ mortem eo pervenit, libentissimeque a Papa Eugenio susceptus est. Querebatur autem Lotharius, quod ii qui Imperatori & Francis fideles fuerant iniquæ peremti fuissent, & qui superessent, ludibrio haberentur. Cur tantæ querelæ, dicebat, adversus Papam & Judices Romanos? Comperit autem ex ignorantia & negligentia quorumdam Pontificum, exque Judicum insatiabili cupiditate, multorum prædia injuste abrepta fuisse. Quæ vero sic sublata fuerant reddi curavit, quod populo Romano admodum placuit. Statutum porro fuit, ut secundum veterem morem Imperator mitteret, qui de causis populi judicarent. Quæ cum rediens Lotharius patri retulisset, ipsi magnum peperit gaudium, quod infelices ex oppressione eruisset.

Cum Britones semper nova molirentur, & obsequentiam Imperatori negarent, initio autumni Ludovicus cum magno exercitu adversus illos movit, Rhedonasque venit, ibique in tres partes exercitum divisit : unam ipse servavit, alteræque duas ambobus

deux fils Pepin & Louis. Il porta le fer & le feu dans toute cette Province. Après avoir emploié quarante jours à cette expedition, & reçû des otages, il se rendit à Rouen où sa femme l'attendoit: ce fut là qu'il reçût des Ambassadeurs de l'Empereur Michel. Ils venoient pour l'affaire du culte des Images, sur laquelle les Evêques de France ne s'étoient point encore rangez au veritable sentiment, & n'étoient point d'accord avec les Grecs. La fin de cette affaire étoit reservée pour un autre tems.

Au mois de Mai suivant, Louis tint son Assemblée generale à Aix-la-Chapelle, où vinrent les Ambassadeurs du Roi des Bulgares, qui par son ordre s'étoient arrêtez long-tems en Baviere. Après que la paix eut été faite avec eux, il s'agissoit principalement de fixer les limites des Bulgares & des François. Les principaux d'entre les Bretons s'y trouverent aussi pour prêter foi & obéissance, entr'autres Vincmarc, qui par sa rebellion avoit obligé l'Empereur d'aller lui-même en Bretagne pour domter ces peuples. L'Empereur lui pardonna, lui fit des presens, & le laissa retourner chez lui. Mais il n'en fut pas plus retenu dans la suite. Il fit à son ordinaire des incursions sur les sujets fideles de l'Empereur; ce qui fut la cause de sa perte. Il fut tué dans sa propre maison par les gens de Lambert. Louis indiqua une autre Assemblée à Aix-la-Chapelle pour le mois d'Août suivant, & s'en alla chasser dans les lieux les plus reculez du mont Vosge. Après quoi, arrivé à l'Assemblée, il écouta les propositions de paix faites par les Normans, les accepta, & ordonna que cette paix seroit confirmée au mois d'Octobre suivant. De là il se rendit à Nimegue avec son fils Lotaire, envoia son autre fils en Baviere; & après avoir fait une partie de chasse dans l'automne, il se rendit à son Palais d'Aix-la-Chapelle.

825.

Les Envoiez du Roi des Bulgares qui avoient assisté à la derniere Assemblée, apporterent à leur Maître des lettres de l'Empereur, qui déplurent à ce Roi, parce qu'on ne lui accordoit pas ce qu'il demandoit. Il fit partir les mêmes Envoiez demandant avec quelque aigreur qu'on fixât ses limites, & menaçant de les défendre avec toutes ses forces si on ne le satisfaisoit pas. Un bruit se répandit que celui qui faisoit cette demande n'étoit pas Roi. L'Empereur retint ces Envoiez jusqu'à ce qu'il fût instruit de la verité du fait, & il envoia Bertric Comte du Palais pour s'en informer. Il revint & apporta la nouvelle que ce bruit qui avoit couru étoit faux. Alors l'Empereur renvoia ces Bulgares sans rien conclure.

826.

---

filiis Pipino & Ludovico dedit. Totam vero provinciam igni ferroque depopulatus est, consumtisque in hac expeditione quadraginta diebus, acceptis obsidibus, Rotomagum ubi conjugem se operiri jusserat, pervenit. Ibi vero Legatos Michaelis Imperatoris excepit. Agebatur autem de cultu Imaginum, circa quam quæstionem Galliarum Episcopi nondum ad veram sententiam accesserant, necdum cum Græcis Catholicis consentiebant : cujus rei finis in aliud tempus reservabatur.

Mense Maio sequenti Imperator conventum generalem Aquisgrani habuit, quo venere Legati Regis Bulgarorum, qui ipsius jussu diu in Baioaria manserant. Post factam cum illis pacem, de terminis terrarum inter Bulgaros & Francos assignandis agebatur. Britonum etiam primores adfuere, fidem & subjectionem juraturi, inter quos erat Vincmarchus, cujus rebellio Imperatorem ipsum ad Britannicam expeditionem suscipiendam provocaverat. Ipsi tamen pepercit Imperator, & muneribus donatum in patriam redire permisit. Verum ille nihil postea de ferocia perfidiaque remisit; sed cum incursiones in subditos Imperatoris perpetuo faceret, hinc sibi exitium comparavit : ab hominibus quippe Lamberti in propria domo occisus fuit. Ludovicus Imperator alium indixit Aquisgrani conventum ad mensem Augustum, & in secretiora Vosagi montis loca venatum se contulit; deindeque in ipso conventu pacis conditiones a Normannis oblatas audivit, acceptasque habuit, & mense Octobri confirmandam esse pacem indixit. Inde Noviomagum cum filio venit, alterumque filium Ludovicum in Baioariam misit, & post autumnalem venatum, in Palatium Aquense se contulit.

Qui a Bulgarorum Rege missi fuerant & postremo interfuerant conventui, Regi suo literas Imperatoris detulere, quæ ipsi gratæ minime fuerunt, eo quod ea quæ petierat non impetrasset. Stomachatus ergo eosdem misit Legatos postulans assignari sibi limites suos, minis etiam adhibitis, nisi hoc prætaretur, se cum totis regni viribus limites illos defensurum esse. Sparsus autem rumor fuit, eum qui hæc postulabat regem non esse. Imperator vero Legatos retinuit, donec rei veritatem edisceret, misitque Bertricum Comitem Palatii ad hæc perquirenda, qui reversus falsa jactari dixit. Tunc Imperator Bulgaros illos re infecta dimisit.

254   LOUIS LE DEBONNAIRE.

826.   Le premier jour de Fevrier, Pepin vint trouver son pere à Aix-la-Chapelle; l'Empereur le renvoia sur les frontieres de l'Espagne pour les garder. L'Assemblée generale fut tenuë cette année à Ingelheim, où il établit beaucoup de choses pour l'utilité de l'Eglise. Il y reçût l'Abbé Dominique qui lui apportoit des nouvelles du Saint Siege & du mont Olivet. Ceadrague Duc des Abotrites, & Tunglon Duc des Sorabes, furent accusez de differentes choses dont ils eurent de la peine à se laver. Il leur fit de grands reproches, & les renvoia en leur payis.

Heriold vint de Danemarc avec sa femme & un bon nombre de Danois, & fut baptisé avec tous les siens à Mayence dans l'Eglise de S. Alban. L'Empereur lui fit beaucoup de presens; & craignant qu'à cause du Batême reçû on ne lui refusât l'entrée de son payis, il lui donna le Comté de Riustri dans la Frise, pour s'y retirer avec les siens, si le cas l'exigeoit. Baldric, Gerard, & les autres Chefs de la Pannonie, se trouverent alors auprès de l'Empereur. Baldric lui presenta un Prêtre de Venise nommé George, qui disoit qu'il savoit faire des orgues à la maniere des Grecs. L'Empereur ordonna à Tanculphe Prefet du Cabinet de lui fournir tout ce qui seroit necessaire pour cet ouvrage.

Au mois d'Octobre de la même année, il indiqua l'Assemblée au-delà du Rhin au lieu appellé Salz. C'est là qu'il apprit la revolte d'Aizon, qui s'étant évadé du Palais Imperial alla à Ausone, détruisit Roses, se saisit de tous les châteaux qu'il pût, & y mit garnison. Il envoia ensuite son frere à Abderame Roi des Sarrasins, qui lui fournit des troupes considerables. L'affaire parut serieuse à l'Empereur, il pensa à y mettre ordre; mais sans rien précipiter, il voulut avoir l'avis de son conseil sur le parti qu'il avoit à prendre là-dessus. Cependant

827.   Aizon faisoit vivement la guerre aux troupes Françoises de Cerdagne & de Roussillon; en sorte que plusieurs des nôtres furent obligez d'abandonner les châteaux & les places qu'ils tenoient, & que d'autres quitterent notre parti pour se joindre à lui; un desquels fut Villemond fils de Bera. Pour remedier à tout cela dans le tems qu'on préparoit une armée pour y soutenir la guerre, par ordre de l'Empereur l'Abbé Elisachar, le Comte Hildebrand, & Donat, rassemblant les troupes des Gots & des frontieres d'Espagne, empêcherent les progrès d'Aizon, au même tems que Bernard Comte de Barcelonne lui faisoit aussi

---

Kalendis Februarii Pipinus patrem adiit Aquisgrani versantem; qui a patre ad custodiam Hispanici limitis remissus est. Conventus autem generalis hoc anno Ingelheimii habitus est, ubi Imperator multa ad utilitatem Ecclesiæ constituit. Ab Abbate autem Dominico multa audivit, de Sanctâ Sede Romanâ & de monte Oliveto. Ceadragus dux Abotritorum, & Tunglo Soraborum, de multis accusati vix sese purgare potuerunt: quos Imperator vehementer objurgatos in patriam remisit.

Herioldus ex Dania veniens cum uxore Danorumque non parva manu, Moguntiæ apud sanctum Albanum cum suis omnibus sacri baptismatis undâ est perfusus. Imperator illum multis muneribus donavit. Veritus autem ne baptismi causâ ipsi ingressus in patriam negaretur, Comitatum ipsi in Frisia *Riustri* vocatarum dedit, quo se suosque si necessitas exigeret, recipere posset. Baldricus, Geraldus cæterique Pannonici limitis custodes adfuerunt. Baldricus obtulit Imperatori Presbyterum quemdam de Venetia Georgium, alii Gregorium nominant, qui diceret se organa more Græcorum posse componere. Imperator vero jussit Tanculfum Sacellarium, sive sacrorum scriniorum Præfectum, omnia ad eam rem necessaria ipsi suppeditare.

Mense Octobri ejusdem anni conventum generalem trans Rhenum indixit ad locum *Salz* dictum. Hoc in loco ipsi nunciata fuit Aizonis defectio, qui de Palatio Imperiali fugiens, Ausonam venit: ibique receptus Rhodum subvertit, castella omnia quæ potuit invasit, ac præsidiis munivit. Fratrem posteà suum misit Abderamano Saracenorum Regi, qui exercitum illi suppeditavit. His auditis Imperator commotus est, sed nihil tamen properè agendum ratus, suorum consilium adhibuit, & quid facto opus esset deliberavit. Intereà Aizon finibus nostris infestus erat, præcipuèque Ceritaniæ Vallensíque Regioni ; ita ut ex nostris plurimi, castella & munitiones, quas hactenus tenuerant, deserere cogerentur, plurimique etiam a nobis deficerent & ad eorum se societatem conferrent, quibus Villemundus quoque Beræ filius sese adjunxit. Ad quos motus comprimendos, dum exercitus pararetur ex mittendus, jussu Imperatoris Abbas Elisachar, Hildebrandus Comes, & Donatus, junctis sibi Gotthorum Hispanorumque copiis, Aizoni fortiter restiterunt; Bernardo Comite Barcinocensi ex alterâ par-

la guerre de son côté. Aizon se voiant pressé, se rendit à la Cour du Roi des Sarrasins pour demander une armée, qui lui fut accordée sous la conduite d'Abumarvan, avec lequel Aizon se rendit à Sarragosse & s'avança vers Barcelonne. L'Empereur envoia contre eux son fils Pepin Roi d'Aquitaine, accompagné des Comtes Hugues & Matfroi. Mais ceux-ci agirent avec tant de lenteur, qu'ils donnerent le tems aux ennemis de ravager les campagnes de Barcelonne & de Gironne, & de se retirer à Sarragosse. Les plus credules s'imaginerent que ces mauvais succès avoient été presagez par un combat qu'on vit la nuit dans les airs, où il y eut beaucoup de sang répandu. L'Empereur, à son ordinaire, prit le divertissement de la chasse dans les forêts de Compiegne & de Kiersi.

En la même année au mois d'Août, le Pape Eugene mourut, & le Diacre Valentin fut mis en sa place. Celui-ci vécut à peine un mois après son élection, & l'on élut Gregoire Prêtre du titre de S. Marc : on differa son Sacre jusques à ce qu'on eut consulté l'Empereur. Il approuva l'élection, & Gregoire fut fait Pape.

Au mois de Fevrier suivant l'Assemblée publique fut tenuë à Aix-la-Chapelle. Il y fut parlé avec indignation du mauvais succès de la campagne passée en Espagne ; il fut attribué à la negligence des Chefs, qui furent dégradez de leurs Charges. Pour une pareille negligence & nonchalance, Baudri Duc de Frioul, qui avoit laissé ravager aux Bulgares les terres des François sans se donner aucun mouvement, fut déposé, & l'on mit quatre Comtes en sa place. Cependant ces Chefs si justement dégradez, & qui n'avoient pas été punis comme ils le meritoient, firent éclater leur vengeance dans la suite, & contribuerent à la grande revolution dont nous parlerons bien-tôt.

L'Assemblée fut tenuë l'été suivant à Ingelheim, où furent reçûs les Legats du Pape, Quirin Primicier, & Theophylacte Nomenclateur, chargez de grands presens pour l'Empereur. Ce Prince alla ensuite à Thionville, d'où il envoia son fils Lotaire avec un corps des meilleures troupes en Espagne, où la guerre n'avoit pas bien tourné jusqu'alors : on disoit même que les Sarrasins alloient entrer sur nos terres. Lotaire vint à Lion où il attendit des nouvelles d'Espagne ; son frere Pepin l'y vint joindre, & ils apprirent par un messager que

les Sarrasins s'étoient avancez avec une grande armée vers nos frontieres, mais qu'ils s'étoient arrêtez, & qu'ils n'avançoient plus de notre côté. A ces nouvelles Pepin s'en alla en Aquitaine, & Lotaire s'en retourna auprès de son pere.

Les affaires de Danemarc revenoient souvent. Les fils du Roi Godefroi avoient chassé Heriold. L'Empereur voulut ménager les uns & les autres. Il envoia à ces Princes en la compagnie d'Heriold, les Comtes de la Saxe pour les porter à le recevoir dans leur societé comme auparavant. Heriold s'ennuiant de la longueur de ces traitez, fit à l'insçû des Comtes brûler & piller quelques villages des Danois. Les Princes Danois croiant que c'étoient nos gens qui de propos déliberé avoient fait cette irruption, passerent le fleuve Eider, tomberent sur les nôtres, les chasserent de leur camp, & les mirent en fuite. Ils reconnurent après cela l'erreur, en firent satisfaction, premierement à ceux qu'ils avoient ainsi chassez, ensuite à l'Empereur, & offrirent de reparer le mal, & tout fut ainsi appaisé.

Boniface Comte envoié par l'Empereur en l'Isle de Corse pour la gouverner, entreprit une expedition en Afrique avec Beraud son frere, & plusieurs autres. Il équippa une petite flote, & monta sur mer pour donner la chasse aux pirates s'il en trouvoit; il n'en rencontra aucun, & vint aborder en Sardaigne, où il prit quelques gens qui connoissoient bien les côtes d'Afrique. Il va en Afrique, fait une descente entre Utique & Carthage, donne cinq fois combat à un grand nombre d'Afriquains, & les met en fuite. Quelques-uns de nos gens qu'une grande hardiesse fit trop avancer, périrent. Boniface remonta sur ses vaisseaux, & se retira, laissant une grande terreur sur ces côtes.

829. L'Empereur passa l'hyver à Aix-la-Chapelle, où il y eut sur la fin du Carême un si violent tremblement de terre, que tous les bâtimens menaçoient ruine. Un vent violent qui vint après, ébranla tous les édifices, & même le Palais Imperial. Le plomb qui couvroit l'Eglise de la sainte Vierge fut enlevé. Louis indiqua l'Assemblée generale pour le mois de Juillet. Un bruit qui se répandit que les Danois vouloient aller ravager la Saxe au-delà de l'Elbe, fit balancer quelque tems sur le lieu où l'on se rendroit ; mais la nouvelle s'étant trouvée fausse, l'Assemblée se tint à Vormes. Louis envoia son fils Lotaire en Italie. Il s'apperçut là que certains Comtes qu'il avoit dégradez par necessité, mais trai-

---

bat movisse Saracenos versus limites nostros cum exercitu maximo ; *sed pedem continuisse*, nec longius in fines nostros processuros esse. Istis compertis, Pipinus in Aquitaniam concessit, & Lotharius ad patrem rediit.

Daniæ res sæpius agitabantur. Godefridi filii Herioldum regno expulerant. Imperator vero erga Herioldum bene affectus, & cum Godefridi filiis pacem habens, ut operam utrisque præstaret, Comites Saxoniæ una cum Herioldo ad filios Godefridi misit, rogans in regni societatem illum admitterent ut antea. Herioldus autem morarum impatiens, inscis Saxoniæ Comitibus, villas Danorum aliquot incendi prædamque abduci curavit. Dani putantes id a Francis gestum esse, Egidora transacto fluvio, nec opinantes nostros invaserunt, castris exuerunt & in fugam verterunt. Errore agnito, primo iis quos invaserant, deinde Imperatori se errasse professi sunt, congruentemque satisfactionem obtulerunt, sicque omnia sedata sunt. Bonifacius Comes ab Imperatore *Eginar-* Corsicæ Insulæ præfectus, cum * Betaldo fratre & *dus*, Bere- aliis expeditionem in Africam suscepit. Conscensa *chario.* parva classe, dum piratas pervagando requirit, nec

invenit, in Sardiniam appulit, unde aliquos marinæ plagæ gnaros assumsit, Africam petiit, exscensuque facto inter Uticam & Carthaginem, Afrorum multitudinem magnam quinquies adortus profligavit ; amissis tamen aliquot ex suis, qui temere ulterius, quam par esset, processerant, in naves suas se recepit, sicque ingentem Africæ timorem incussit.

Imperator Aquigrani hiberna habuit. In sine vero *Ilit* Quadragesimæ terræ motus ibidem fuit ventusque tam validus, ut non modo ædificia minora, sed & ipsum Palatium Aquense vehementer agitatum fuerit, & tabulæ plumbeæ quæ Basilicam Beatæ Dei Genitricis tegebant, maxima ex parte abreptæ fuerint. Imperator indixit Vormatiæ celebrandum fore proximum generalem populi conventum. Inter hæc rumor sparsus est Danos velle Transalbianam Saxoniam depopulari, quæ res omnia ad tempus suspendere & mutare visa est ; sed ubi falsum esse rumorem compertum fuit, conventus Vormatiæ celebratus est. Imperator Lotharium filium in Italiam misit. Tunc sensit Imperator, quosdam Comites, quos necessitate ductus gradu dejecerat, sed de reliquo clementer

rez doucement pour le reste, tramoient quelque chose contre lui, & il prit des mesures pour se mettre en sureté. Il fit venir le Comte Bernard, ci-devant établi à Barcelone & aux frontieres de l'Espagne, & le fit son grand Chambellan; cela ne fit qu'irriter les mécontens, qui couvoient tous les jours quelque chose de sinistre, & attendoient l'occasion pour éclater. L'Empereur s'en alla à Francfort, où il chassa quelque tems, & de là s'en revint à Aix la Chapelle.

Vers le Carême il prit son chemin vers les bords de la mer; & ce fut alors que ceux qui conspiroient contre lui, commencerent à agir plus ouvertement. Ils attiroient à leur parti le plus de gens qu'ils pouvoient. Leur nombre s'étoit déja considerablement augmenté. Ils persuaderent à Vala Abbé de Corbie, dont la réputation étoit grande, de venir à la Cour pour donner à l'Empereur quelques avis sur sa conduite presente. Ses avis furent mal reçus, & il fut renvoié depuis à son Abbaye. Les conjurez agirent auprès de Pepin fils de l'Empereur, pour le mettre dans leurs interêts. Ils lui representerent l'insolence de Bernard qu'ils accusoient de beaucoup de crimes, & entre autres de commerce avec l'Imperatrice Judith: ils disoient que par certains prestiges l'Empereur étoit quasi tombé en démence, & qu'il lui convenoit comme à un bon fils de le tirer de cette espece de captivité. Ce Prince suivit ces impressions & ce pernicieux conseil. Il ramassa des troupes, s'en vint à Orleans, où il destitua Odon mis là par son pere, & mit Matfroi en sa place. Il vint de là à Verberie. L'Empereur averti de la conspiration tramée contre lui, contre sa femme, & le Comte Bernard, permit que Bernard qui couroit un grand péril de sa vie, prît la fuite; il mit sa femme à Laon au Monastere de sainte Marie, & se retira à Compiegne. Pepin & ceux de son parti apprenant ces choses, envoierent Verin, Lambert & plusieurs autres, pour saisir l'Imperatrice Judith, & la leur amener. Ils la tourmenterent tellement, en la menaçant même de la mort, qu'ils lui firent promettre qu'elle persuaderoit à son mari de mettre les armes bas, de se faire tondre, & de se renfermer dans un Monastere, & qu'elle-même prendroit le voile & se feroit Religieuse. Ils la firent conduire par quelques-uns des leurs à l'Empereur. Dans cette extrêmité, l'Empereur parla secretement à sa femme, apprit d'elle toutes les demandes des conjurez. Il jugea à propos que Judith prît le voile pour éviter la mort. Quant à lui il demanda du tems pour déliberer s'il se feroit tondre. Judith ramenée à la

830.

---

tractaverat, quædam contra se machinari, & sibi rebusque suis cavere cœpit. Bernardum Barcinonis Comitem, qui in Marca Hispanica erat evocavit, & Camerarium in Palatio suo constituit. His amplius succensi illi qui sinistra quotidie moliebantur, occasionem lædendi expectabant. Imperator Francofurtum se contulit ubi aliquanto tempore venatus est: inde vero Aquisgranum venit.

Circa tempus Quadragesimæ, dum Imperator versus oram maris peragraret, qui contra ipsum conspirabant jam apertius agere cœperunt. Ad partes quippe suas quotquot poterant alliciebant, jamque admodum numero creverant. Valæ Abbati Corbeiensi suaserunt, ut ad aulam Regiam accederet, Imperatori salutaria consilia daturus. Accessit ille, & invito consilia dedit, atque in Monasterium postea suum remissus est. Pipinum etiam Imperatoris filium ad partes trahere suas tentaverunt, Bernardi insolentiam ob oculos ponentes, quem multis sceleribus obnoxium & tori Imperatorii violatorem esse jactitabant. Imperatorem vero dicebant præstigiis quibusdam in dementiam pene lapsum esse, ipsique Pipino bene erga patrem affecto filio competere, ut patrem ex hujusmodi captivitate liberaret. Hortantibus cessit Pipinus & pravum secutus est consilium. Copias collegit, Aurelianumque venit, ubi destituto Odone quem pater ibidem posuerat, Matfridum restituit. Indeque Verimbriam venit. Comperta Ludovicus conspiratione contra se & uxorem & Bernardum facta; Bernardo, qui in periculo vitæ versabatur, permisit ut fugam faceret: uxorem Lauduni in Monasterio sanctæ Mariæ consistere voluit; & Compendium se recepit. His auditis Pipinus & sequaces ejus, Verinum, Lambertum, quamplurimosque alios miserunt qui Juditham Imperatricem ad se ducerent; illamque usque adeo minis atrocibusque dictis exterruere, mortem etiam intentantes, ut coacta illa polliceretur se conjugi suasuram esse ut arma poneret, seque attonderi curaret & in Monasterio sese includeret: exegerimique ab illa ut velum assumeret, seseque Monialem constitueret. Illam vero a quibusdam suorum ad Imperatorem adduci curarunt. In tam extrema rerum conditione Imperator uxorem secreto alloquutus, iisque auditis, permisit quidem ut vitandæ mortis causa Juditha velum capiti imponeret: *de attonsione* porro sua Imperator tempus deliberandi poposcit. Reversam au-

Tome I. K k

troupe des conjurez qui avoient animé le peuple pour crier contre elle, fut envoiée au Monaſtere de ſainte Radegonde pour y prendre le voile.

Au mois de Mai ſuivant Lotaire fils de l'Empereur partit d'Italie, & vint trouver ſon pere à Compiegne. La troupe des conjurez l'inveſtit d'abord pour le faire entrer dans ſa faction. Il ne voulut encore rien faire contre ſon pere : il approuva pourtant tout ce qui s'étoit fait juſqu'alors. Cependant les conjurez ſe tournerent contre Heribert frere de Bernard, & contre Odon ſon couſin, comme complices des maux qu'ils imputoient à Bernard & à Judith, & firent crever les yeux au premier, & exiler le ſecond, au grand déplaiſir de l'Empereur. Louis paſſa ainſi l'été avec le ſeul nom d'Empereur. L'automne d'après les conjurez vouloient que l'Aſſemblée generale ſe tînt en France. L'Empereur qui ſe fioit plus aux Germains qu'aux François, traverſoit ſecretement leur deſſein, & il obtint enfin qu'elle ſe feroit à Nimegue, où toute la Germanie vint à ſon ſecours. Se ſentant le plus fort, il écarta pluſieurs de ceux qui favoriſoient ſes ennemis ; il renvoia l'Abbé Hilduin à ſaint Denis, & l'Abbé Vala à Corbie. Les conjurez voiant que les choſes tournoient mal pour eux, remuerent tout pour faire changer la face des affaires, & tâcherent de gagner Lotaire, qui quoique ébranlé, n'oſa deſobéir à ſon pere qui l'appella auprès de lui. Une rumeur s'éleva entre le peuple, ſi grande, qu'ils furent ſur le point d'en venir aux mains. L'Empereur ſe preſenta à eux, les exhorta à la paix, & par ſes diſcours il les appaiſa. Il fit enſuite arrêter les principaux de cette conſpiration, & les fit comparoître en Jugement. Tous les ſentimens alloient à la mort & avec juſtice : mais l'Empereur uſant de ſa clemence ordinaire, ne voulut point qu'on en fît mourir aucun, mais il les fit tondre ; & ceux de ces conjurez qui étoient Eccleſiaſtiques, furent renfermez dans des Monaſteres.

Louis alla paſſer l'hyver à Aix la Chapelle aiant toujours avec lui ſon fils Lotaire. Il rappella ſa femme & ſes freres Conrad & Rodulphe qui avoient été tondus. Il ne voulut pas pourtant reprendre Judith qu'elle ne ſe fût purgée en la maniere que les Loix preſcrivent. Après quoi le jour de la Purification de Notre-Dame il donna la vie à tous ceux qui avoient été condamnez à mort. Il permit à Lotaire d'aller en Italie, à Pepin de ſe rendre en Aquitaine, & à Louis de paſſer en Baviere. Après Pâque il alla à Ingelheim. Ce bon Prince

---

tem Juditham conjurati, qui plebem adverſus illam concitaverant, ut contra illam reclamaret, in Monaſterium S. Radegundis retrudi juſſerunt, ut ibi velum ſibi imponeret.

Menſe Maio ſequenti Lotharius ex Italia profectus Compendium venit ad patrem. Illum vero conjuratorum turba convenit, ut ad factionem ſuam pertraheret. Ille nihil adhuc contra patrem facere voluit ; ſed tamen ea quæ geſta fuerant probavit. Conjurati vero contra Heribertum Bernardi fratrem verſi & contra Odonem conſobrinum ejus, ut conſcios rerum quas Bernardo & Judithæ imputabant, primum oculorum amiſſione mulctarunt, alterum in exſilium miſerunt, admodum dolente Imperatore, qui ſic æſtatem cum ſolo Imperatoris nomine tranſegit. In Autumno ſequenti volebant conjurati conventum generalem in Francia haberi. Imperator vero qui Germanis plus fidebat quam Francis, clam obnitebatur, tandemque obtinuit ut Noviomagi haberetur. Illo confluxit in auxilium ejus tota Germania. Tunc Imperator ſe potentiorem videns, plurimos ex iis qui ad conjuratorum partes ſe contulerant eliminavit, Hilduinum Abbatem ad S. Dionyſium, Valam Corbeiam remiſit. Conjurati vero cernentes rem ſuam vacillare, nihil non agebant, ut rerum ſtatum mutarent, Lothariumque ad ſe pertrahere conabantur, qui etſi ad illam inclinaret partem, non auſus eſt patri ſe evocanti repugnare. Rumor inter populares ſparſus eſt tantus, ut ad mutuam cædem ruere parati eſſent. Imperator autem in conſpectum veniens, & ad pacem hortatus, illos tandem compeſcuit. Tunc illius conſpirationis præcipuos comprehendi & in judicium adduci juſſit. Omnium ſententiâ, morte plectendi erant. Verum Imperator clementia pro more utens, nullum morte affici voluit, ſed illos attonderi, Clericos autem conſpiratores in Monaſteriis includi juſſit.

Ludovicus Aquiſgranum hiematum ivit, Lotharium ſemper ſecum habens. Conjugem ſuam revocavit, fratreſque ipſius qui attonſi fuerant : noluit tamen Juditham in uxorem reſumere antequam illa ſe purgaret, eo modo quo in legibus præſcribitur. Poſt hæc in die Purificationis Sanctæ Mariæ, cunctis morte damnatis vitam conceſſit, Lotharium in Italiam, Pipinum in Aquitaniam, Ludovicum in Baioariam ire permiſit. Poſt Paſcha Ingelheimium ſe contulit, piuſque ille Princeps iis omnibus qui in exſi-

permit à tous ceux qui avoient été exilez de revenir chez eux, & à ceux qui avoient été tondus de laisser croître leurs cheveux, s'ils n'aimoient mieux demeurer comme ils étoient. Ensuite il se rendit par le mont Vosge à Remiremont, où il prit le divertissement de la chasse & de la pêche. Il indiqua pour l'automne une Assemblée generale à Thionville, où vinrent trois Ambassadeurs des Sarrasins d'Outremer, l'un desquels étoit Chrétien. Ils apportoient des presens d'aromates & d'étoffes. Après avoir demandé & obtenu la paix, ils s'en retournerent en leur païs. Le Comte Bernard qui s'étoit retiré sur les confins de l'Espagne, vint aussi trouver l'Empereur, & lui demanda permission de prouver son innocence en se battant contre l'accusateur à la maniere des François : mais nul accusateur n'osant comparoître, il se purgea par serment. L'Empereur avoit ordonné à Pepin son fils de se trouver à l'Assemblée, mais il ne s'y trouva pas, & ne vint qu'après. Pour le châtier de cette desobéissance & de son crime de rebellion, Louis lui commanda de demeurer auprès de lui, & le tint à Aix-la-Chapelle jusqu'après Noël ; après quoi lassé d'être là retenu, il s'échappa, & à l'insçu de son pere il s'en alla en Aquitaine.

Au commencement du printems suivant, Louis eut avis qu'il y avoit quelques mouvemens dans la Baviere. Pour les éteindre il se rendit à Ausbourg, & calma toutes choses. Louis son fils qui avoit causé cette revolte, vint à son ordre le trouver ; & après qu'il eut promis avec serment qu'il ne retomberoit plus à l'avenir en pareille faute, il le renvoia en Baviere. L'Empereur s'en revint, & indiqua une Assemblée generale à Orleans, où il commanda à Pepin de se rendre. Il y vint quoique malgré lui. Louis voulant détourner son fils des mauvais conseils que lui donnoient certaines gens, & craignant sur tout Bernard, qui tournant casaque s'étoit lié avec lui, il se rendit à Joui en Limosin, où il examina cette affaire. Bernard accusé d'infidelité vouloit se battre contre l'accusateur ; mais nul ne comparoissant, il le priva de ses grades & de ses honneurs, & fit conduire Pepin à Treves sous sûre garde. Comme on le menoit là, ses gens le tirerent des mains de ses Gardes ; & tandis que son pere étoit en Aquitaine, il alloit errant de côté & d'autre. Alors l'Empereur projetta de faire un partage de ses Etats entre Lotaire & Charles : mais il y trouva de si grandes difficultez, qu'il fut obligé de laisser là cette affaire. Voulant se retirer de l'Aquitaine, il convoqua le peuple à une Messe qui se devoit dire à S. Martin, fit ce qu'il put pour y attirer son fils Pepin ; mais sans y réus-

fir. L'hyver fut très-rude ; premierement les grandes pluies inonderent les campagnes, après quoi il gela d'une si grande force, qu'on pouvoit à grand' peine aller à cheval. L'armée étant fatiguée d'un si grand travail, & des incursions imprévues des Aquitains, l'Empereur prit le parti de venir passer l'hyver en France.

833.
Cependant les trois fils de l'Empereur s'armoient contre leur pere ; ils attirerent aussi à leur parti le Pape Gregoire, qui vint en France avec Lotaire. L'Empereur vint au mois de Mai à Vormes bien accompagné de gens de guerre ; mais fort embarassé sur le parti qu'il avoit à prendre. Il envoia l'Evêque Bernard & plusieurs autres avec lui pour exhorter ses enfans à venir le trouver. Il invitoit aussi le Pape d'y venir, & de ne point tarder. Le bruit s'étoit répandu que si le Pape venoit, ce seroit pour excommunier l'Empereur & les Evêques qui ne voudroient pas lui obéir, & qui ne suivroient pas le parti des trois fils de Louis. Les Evêques qui étoient pour l'Empereur répondoient, que s'il venoit pour excommunier, il s'en retourneroit lui-même excommunié. Ces grands excès sont les fruits ordinaires de ces sortes de divisions. On s'assembla enfin le jour de S. Jean-Baptiste, au lieu qui fut depuis nommé le Champ du Mensonge ; parce que ceux qui avoient promis foi & fidelité à l'Empereur, mentirent & ne tinrent pas leur promesse. Les armées étoient rangées de part & d'autre ; celle de l'Empereur & celle de ses enfans, presque sur le point de donner bataille, lorsqu'on vint lui dire que le Pape arrivoit. L'Empereur le reçut à la tête de l'armée, en lui disant qu'il étoit lui-même la cause de ce qu'on le recevoit ainsi, parce qu'il étoit venu d'une maniere si extraordinaire. Le Pape amené sous une tente assura qu'il n'avoit entrepris un si long voiage, que parce qu'on lui avoit dit que la discorde entre le pere & ses fils étoit sans remede, & qu'il venoit pour tâcher de faire la paix entr'eux. Après avoir entendu les raisons de l'Empereur, il demeura quelques jours avec lui ; après quoi l'Empereur le pria d'aller voir ses fils pour les porter à la paix : cependant on débauchoit ses troupes pour se tourner contre lui : on gagnoit aussi le peuple par presens, par promesses, par menaces ; ce qui alla si avant, que le jour de S. Paul le peuple pour complaire aux fils, menaça de faire une irruption contre le pere.

L'Empereur ne se voiant pas en état de soutenir l'effort de tant de gens, envoia prier ses fils de ne le point exposer ainsi à la fureur du peuple : ils lui firent dire qu'il n'avoit qu'à quitter son camp & les venir trouver, & qu'ils

---

Iidem.
hiems fuit : antehac pluviæ nimiæ campos inundaverant ; hinc supervenit tam rigida glacies, ut vix equitari posset. Defessus ergo cum esset exercitus tum illo tanto labore, tum incursionibus Aquitanorum, Imperator in Franciam hiematum venit.

Interea tres Imperatoris filii arma in patrem assumserant, & ad partes suas Gregorium IV. Papam traxerant. Imperator verò Vormatiam cum valida manu venit, sed animo admodum incerto atque perplexo, Episcopum Bernardum, aliosque ad filios misit, qui ipsos ad se conveniendum invitarent ; Papam item uti se inviseret, nec moras traheret, hortabatur. Rumor erat Papam si veniret, Imperatorem excommunicaturum, necnon Episcopos, qui nec sibi nec tribus Imperatoris filiis parere vellent. Episcopi autem qui pro Imperatore stabant responderunt : Si excommunicatus veniat, excommunicatus abibit. Tales solent esse dissensionum hujusmodi fructus. Conventum tandem est die Sancti Joannis Baptistæ in locum, cui nomen postea fuit *Campus Mentitus*, quoniam qui fidem Imperatori promiserant, mentiti sunt, nec promissis steterunt. Exercitus porrò hinc & inde instructi erant ; ita ut mox pugnandum esse videretur. Tunc autem Imperatori nunciatum est adventare Papam. Ipsum Imperator in acie suscepit, dixitque Pontifici, in causa ipsum esse cur ita susciperetur, quod tam inusitato modo venisset. Summus verò Pontifex in tentorium adductus, testificatus est se ideo tantum itineris suscepisse, quod sibi renunciatum esset summam esse patrem inter & filios dissensionem, seque pacis tantum faciendæ causa venisse. Postquam partem sua referentem audierat, aliquot diebus cum illo mansit. Rogavit eum postea Imperator filios adiret, & ad pacis studia revocaret. Interea vero Imperatorii exercitus milites subducebantur ipsi ; populusque donis, promissis, minis adversus Imperatorem concitabatur ; atque eo usque res processit, ut die Sancti Pauli turba ut filiis placeret in patrem se irrupturam esse minaretur.

Idem.
Imperator impetum plebis se non sedare posse videns, filios rogatum misit ne se populi furori exponerent. Illi patri renunciari curant, ut ad se veniret, &

iroient au devant de lui. Il s'y rendit, & remontra à ses enfans qu'ils devoient tenir la parole qu'ils avoient donnée à lui, à sa femme & à son fils. Ils le lui promirent ; il les baisa l'un après l'autre, & s'en alla à leur camp. On lui ôta là sa femme, & on la mit dans la tente de Louis son beau-fils ; Lotaire amena son pere dans son pavillon avec son fils Charles encore enfant, & l'y laissa avec peu de monde. Les trois freres après avoir fait prêter serment de fidelité au peuple, partagerent l'Empire entre eux trois. Judith fut envoiée en exil à Tortone ville d'Italie. Le Pape Gregoire voiant tout ceci, reprit le chemin de Rome, tout affligé d'un tel spectacle. Pepin s'en retourna en Aquitaine, & Louis en Baviere. Lotaire menoit son pere avec lui à cheval, & comme une personne privée. Après l'avoir conduit par differens endroits, il le laissa à Soissons dans le monastere de S. Medard, où il le fit bien garder. Il envoia le jeune Charles dans l'Abbaye de Pruim, sans le faire tondre pourtant ; & après avoir pris se divertissement de la chasse, il revint le premier d'Octobre à Compiegne avec son pere, qu'il avoit repris à Soissons.

Les Ambassadeurs de l'Empereur d'Orient, Marc Archevêque d'Ephese, & le Protospathaire, arriverent. L'Ambassade étoit envoiée au Pere, mais le fils la reçut, & congedia les Ambassadeurs, témoins d'une Tragedie presque inouie. Dans l'Assemblée qui fut tenuë là, on accusoit les uns d'être attachez au pere, les autres de l'avoir quitté pour suivre le parti du fils : ils s'en défendoient les uns tout simplement, les autres par serment. Il est pourtant vrai qu'hors les auteurs de la revolte, tous portoient compassion au bon Empereur. La peur saisit les auteurs de la conspiration: ils craignoient que tout venant à changer de face, ils ne fussent en péril de porter la peine de leur rebellion. Pour se mettre à couvert, ils jugerent qu'il falloit rendre sa déposition plus solennelle. Egon Archevêque de Rheims étoit comme le chef de toute la bande. Il fut donc arrêté avec peu de contradiction, du moins apparente, qu'on lui feroit mettre bas ses armes en les déposant devant les corps de S. Medard & de S. Sebastien ; c'étoit déposer l'Empire. Après quoi revêtu d'une robe noire, il fut mis en un certain lieu sous sure garde. Le peuple tout triste & dans l'affliction se retira après cette ceremonie. Lotaire mena ensuite son pere à Aix-la-Chapelle pour y passer l'hyver. Louis vint prier Lotaire de traiter son pere avec plus de respect, & de ne point le faire garder si étroitement. Lotaire n'en tint compte, & Louis se retira pour chercher les moyens de tirer son pere de captivité.

se obviam illi ituros. Illos igitur ipse adiit, admonuitque, ut sibi, uxori, filioque Carolo datam promissionem servarent. Pollicentur ipsi, & tunc osculatus eos ad eorum castra se recepit. Ipsi statim uxor subducitur, & in Ludovici filii tentorio locatur. Lotharius vero patrem, cum paucissimis deductum, reliquit in papilione ad hoc deputato cum Carolo filio. Tres ergo fratres postquam sacramenta fidei a populo exegerant, Imperium inter se diviserunt. Juditha Dertonam in exsilium missa fuit. Hæc cernens Gregorius Papa, cum maximo mœrore Romam regreditur. Pipinus in Aquitaniam, Ludovicus in Baioariam redit, Lotharius secum patrem equo vectum ducebat quasi privatam personam. Postquam eum per varia loca duxerat, apud Suessionas, in Monasterio sancti Medardi in arcta custodia illum reliquit. Carolum fratrem juniorem in Prumlense Monasterium, nec tamen attonsum misit, & postquam venatui se aliquantum dediderat, Kalendis Octobris Compendium venit cum patre quem secum resumpserat.

Oratores vero Imperatoris Orientis, Marcus Arch. Ephasinus, & Protospatharius Imperatoris advenere. Illi ad patrem missi erant ; sed filius suscepit, remisitque illos testes nusquam visæ tragœdiæ. In conventu illic habito, alii incusabantur quod patri hærerent, alii quod patre relicto ad filium defecissent: quorum alii verbis solum, alii juramento sese purgabant : verum tamen est omnes, præter conjurationis auctores, erga bonum Imperatorem commiserationem ductos fuisse. Unde verentes sceleris principes ne vice rerum versa in periculum inciderent, putarunt se in tuto positos fore, si depositio solennior esset. Horum vero præcipuus erat Ego Archiepiscopus Remensis. Statutum ergo fuit, paucis, saltem aperte, contradicentibus, ut ipse arma deponere cogeretur ante corpora SS. Medardi & Sebastiani : illud vero erat Imperium deponere. Res sic acta fuit, & Ludovicus pulla indutus veste, in certum locum sub arcta custodia conjectus fuit. Post hujusmodi ceremoniam populus mœstus recessit. Lotharius vero patrem Aquisgranum duxit, ut ibi hiberna haberentur. Ludovicus vero filius Lotharium rogavit, patrem honorifice, nec sub tam arcta custodia servaret. Illo non curante, de liberando patre serio cogitavit.

Ann. Bert.

Cependant les peuples de France, de Bourgogne, d'Aquitaine & de Germanie s'assembloient pendant la rigueur de la saison pour déplorer l'infortune de ce bon Empereur. Le Comte Eggebart & Guillaume Connétable, réunissoient en France le plus de gens qu'ils pouvoient dans le dessein de rétablir Louis. L'Abbé Hugue fut député de Louis le Germanique touché de l'horreur du crime, de l'Evêque Drogon, & de plusieurs autres, pour porter Pepin à travailler au rétablissement de son pere, au même tems qu'il assembloit une armée au delà du Rhin pour le même sujet. Dans la Bourgogne Bernard & Guerin n'omettoient rien pour induire ces peuples à conspirer avec les autres à ce rétablissement.

834. Au printems suivant Lotaire craignant que l'armée d'Allemagne ne vînt tomber sur lui, se rendit à Paris avec son pere. Le Comte Eggebart & tous les principaux du payis vinrent armez avec le plus de gens qu'ils purent ramasser, dans le dessein de charger la troupe de Lotaire pour rétablir l'Empereur. Ils n'auroient pas manqué de le faire, si ce bon Prince ne les en avoit empêchez en leur remontrant le péril où ils le mettoient, & lui & tant d'autres gens. La troupe arriva ainsi au Monastere de S. Denis.

Pepin parti de l'Aquitaine avec un bon corps d'armée pour rétablir son pere, arriva à la Seine, où trouvant tous les ponts rompus & toutes les barques submergées, il fut obligé de s'arrêter. D'un autre côté les Comtes Guerin & Bernard avec tout ce qu'ils avoient pû ramasser de gens dans la Bourgogne, vinrent jusqu'à la Marne, & furent arrêtez quelques jours à Bonneuil & aux lieux des environs, tant par le mauvais tems, que pour attendre ceux qui venoient les joindre. Ils envoierent le Jeudi de la premiere semaine de Carême, l'Abbé Rebaud & le Comte Gautselme dire à Lotaire qu'il eût à leur remettre son pere qu'il tenoit en captivité : que s'il faisoit ce qu'ils leur demandoient, ils obtiendroient de son pere qu'il le traitât avec clemence, & qu'il lui fît honneur : & que s'il le refusoit, ils exposeroient leurs vies pour le délivrer, se confiant au secours du Ciel. Lotaire répondit que personne ne prenoit plus de part que lui au malheur de son pere, & que nul ne se réjouiroit plus que lui de son rétablissement, & qu'il ne falloit pas lui imputer la faute de l'avoir destitué, puisque c'étoient eux-mêmes qui l'avoient trahi ; ni de l'avoir tenu en captivité, puisque cela s'étoit fait par le Jugement des Evêques. Après

---

Interea vero populi Franciæ, Burgundiæ, Aquitaniæ, Germaniæ hiemis tempore convenientes, boni Imperatoris sortem deplorabant. Eggebardus Comes & Vjllelmus Comes Stabuli, quotquot poterant homines colligebant, ut Ludovicum restituerent. Abbas Hugo a Ludovico Germanico, quem sceleris pœnitebat, a Drogone Episcopo & ab aliis missus est, ut Pipinum ad liberandum, restituendumque patrem commoveret. Dum ultra Rhenum ipse ad eam rem exercitum cogebat, in Burgundia Bernardus & Varinus nihil omittebant, ut populum inducerent ad hujusmodi suscipiendam restitutionem.

Insequente vero Lotharius metuens ne exercitus trans Rhenum coactus in se irrumperet, cum patre suo Lutetiam venit, cui in occursum venere cum magna coacta manu Comes Eggebardus & alii proceres pro Imperatoris libertate pugnaturi. Resque ad effectum perducta fuisset, nisi piissimus Imperator ab incœpto illos cohibuisset, ob oculos ponens cum quanto & sui & multorum periculo id susciperetur. Tandem ergo ad Monasterium sancti Dionysii perventum est.

Pipinus ex Aquitania cum maxima manu profectus, ut patrem restitueret, ad Sequanam pervenit ; ubi cum pontes omnes ruptos, & naves demissas reperisset, gradum sistere compulsus est. Ex altera vero parte Varinus & Bernardus Comites, cum quanta poterant pugnantium in Burgundia coactorum manu, ad Matronam fluvium venerunt, atque ibi partim ob aeris intemperiem, partim pro colligendis sociis, aliquot diebus in villa Bonogilo & in agris circumjacentibus consedere. Feria vero quinta primæ Quadragesimæ hebdomadis, Rebaudum Abbatem & Gautselmum Comitem ad Lotharium miserunt, postulantes sibi ut Imperator liber redderetur ; si annueret, se patris clementiam exoraturos esse, ut ipsum in honore haberet ; sin reniteretur, se opi divinæ fidentes, cum vitæ periculo ipsum esse liberaturos. Respondit Lotharius, neminem se patris infortunio plus condolere, neminemque magis gavisurum esse si restitueretur ; neque sibi destituti patris culpam imputandam esse, cum ipsi illum destituissent ac prodidissent : neque si in captivitate fuisset, illud sibi referendum esse ; sed Episcopis quorum judicio ita factum fuerat. Sub hæc

cela il manda les Comtes Guerin & Odon, & les Abbez Foulques & Hugues pour déliberer avec eux sur les moiens d'executer ce rétablissement. Il donna aussi des ordres semblables à d'autres qui devoient venir le trouver pour le même sujet. C'étoit le meilleur parti qu'il pouvoit prendre que de le rétablir lui-même. Cependant aiant changé d'avis, il laissa son pere à saint Denis, & partit pour la Bourgogne, & puis s'en alla à Vienne, où il s'arrêta quelque tems.

Ceux qui étoient demeurez avec l'Empereur l'exhortoient à reprendre d'abord les marques & le gouvernement de l'Empire. Mais sans se hâter, il voulut faire cela solennellement un jour de Dimanche ; & jugea à propos de se reconcilier, & d'être revêtu de ses armes par la main & par le ministere des Evêques. Cela se fit à la grande joie & avec les acclamations du peuple. Il sembloit, dit l'Auteur de sa vie, que les élemens même se réjouissoient de son rétablissement. Jusqu'alors on n'avoit vû que des tems nebuleux, des pluies extraordinaires, les rivieres débordées, des vents impetueux. Mais en cet heureux jour le ciel changea de face & montra par sa serenité, qu'il prenoit part à la joie publique. L'Empereur vint à Nanteuil ; de là il se rendit à Kiersi. Il ne voulut pas poursuivre Lotaire, quoique bien des gens le portassent à le faire. A Kiersi il attendit Pepin son fils, & ceux qui s'étoient arrêtez au-delà de la Marne. Louis son autre fils s'y rendit aussi. L'entrevûë se fit à mi-Carême. L'Empereur reçut ses enfans avec joie, renvoia Pepin en Aquitaine & Louis en Baviere. Il se rendit lui-même en Baviere, où l'Evêque Ratalde & Boniface lui amenerent l'Imperatrice Judith. Le jeune Charles étoit déja avec lui depuis quelques tems. Il celebra au même lieu la fête de Pâque, & prit ensuite le divertissement de la chasse dans les Ardennes ; il s'en alla encore chasser & pêcher après la Pentecôte vers Remiremont.

Après la retraite de Lotaire, les Comtes Lantbert & Matfroi avec plusieurs autres du même parti, étoient restez dans la Neustrie. Le Comte Odon & les autres qui suivoient le parti de l'Empereur, prirent les armes pour les chasser ; mais ils firent cela avec tant de négligence & si peu de circonspection, qu'étant surpris par la faction de Lantbert, ils furent taillez en pieces en grand nombre, entre autres le Comte Odon & Guillaume son frere demeurerent sur la place. Cependant Lantbert & ceux de sa troupe, après cette victoire, se trouverent fort embarassez sur le parti qu'ils avoient à prendre. Ils n'oserent ni

---

autem Varinum & Odonem Comites, Fulconem & Hugonem Abbates mandat ad se veniant, ut deliberetur quo pacto pater restituatur. Verum mutato consilio, relicto patre in Monasterio sancti Dionysii, ipse Burgundiam petiit, indeque Viennam venit, ubi aliquantum moratus est.

Qui cum Imperatore manserant hortabantur illum ut insulas statim & Imperii gubernacula sumeret. Verum ille non præpropere ; sed solenniter id agere voluit : in die Dominica ab Episcopis *reconciliari*, & illorum manibus armis indui voluit : idque cum gaudio magno & populorum acclamatione factum est. Dixisses, inquit Scriptor, elementa ejus restitutioni gratulata esse : hactenus pluviæ ingentes, flumina exundantia, venti vehementes visi fuerant : tunc vero mutata rerum facie, cælum serenum cum lætitia publica concurrisse visum est. Imperator vero Nantogilum venit, posteaque Carisiacum villam regiam. Neque voluit Lotharium insequi, multis licet suadentibus. Carisiaci vero Pipinum exspectavit, illosque qui ad Matronam consederant. Ludovicus alter filius illo se contulit, & in media Quadragesima ambo filii in conspectum ejus venerunt. Ludovicus cum gaudio utrumque excepit, misitque Pipinum in Aquitaniam & Ludovicum in Baioariam. Ipse quoque Imperator in Baioariam venit, ubi Rataldus Episcopus & Bonifacius ipsi Juditham Imperatricem adduxere. Carolum autem jamdudum secum habebat. Ibidem porro festum Paschatis celebravit, & postea venatum in Ardu̅nam se contulit, etiamque post Pentecosten versus Romarici montem venationi atque piscationi operam dedit.

Post discessum Lotharii, in Neustria remanserant Lantbertus Comes atque Matfridus, cum plurimis. Odo vero Comes, & alii qui Imperatoris partibus hærebant, arma corripuere, & illos pellere nitebantur ; idque cum tanta segnitie & negligentia fecerunt, ut insperato a factione Lantberti intercepti, magno numero perierint ; interque alios Odo Comes & frater ejus Villelmus. Interea Lantbertus & socii post illam victoriam, quid consilii caperent non habebant. Nec enim eodem in loco consistere aude-

s'arrêter là, de peur que l'Empereur ne vînt fondre sur eux, ni se mettre en chemin de crainte qu'on ne vînt les accabler pendant leur marche. Ils envoierent donc prier Lotaire de venir promtement les dégager. Au même tems le Comte Guerin avec ceux de sa troupe fortifia le mieux qu'il pût le château de Châlon sur Sône, afin que si on venoit l'attaquer avec des forces superieures aux siennes, il pût s'y refugier. Lotaire voulut le prendre à l'impourvû, mais il n'y réussit pas. Il y vint pourtant, investit la ville, & brûla ce qui étoit tout au tour. La ville se défendit vaillamment pendant cinq jours, après quoi elle se rendit. Les troupes de Lotaire pillerent & saccagerent tout jusqu'aux Eglises, qui ne furent pas épargnées. Puis contre la volonté du Prince, ils mirent le feu par tout ; la ville fut consumée par l'incendie ; il n'y eut que l'Eglise de S. George qui fut conservée comme par miracle. Après la prise de la ville, l'armée demanda avec de hauts cris qu'on coupât les têtes aux Comtes Gotselin & Sanila, & au nommé Madalelme ; ce qui fut fait. Gerberge * fille du Comte Guillaume, fut noiée comme sorciere. L'Empereur apprit cette nouvelle à Langres où il étoit arrivé avec son fils Louis. Il en fut très-affligé, & se mit à poursuivre Lotaire avec une grande armée, toujours accompagné de son fils Louis. Lotaire partit de Châlon, s'en alla à Autun & de là à Orleans, d'où il se rendit dans le Maine au lieu appellé *Matualis*. L'Empereur le poursuivoit toujours, & Lotaire aiant reçû un renfort de troupes, se campa là. Les armées se trouverent en presence, & demeurerent là quatre jours, pendant lequel tems il y eut bien des pourparlers de paix. La quatriéme nuit Lotaire décampa & se mit à faire retraite. Son pere le suivit de près jusqu'à ce qu'ils arriverent à la Loire auprès de Blois. Les armées se camperent en presence l'une de l'autre. Là Pepin vint joindre son pere avec un grand corps de troupes ; & alors Lotaire trop foible pour soutenir tant de forces, vint en forme de suppliant demander pardon à son pere. Ce Prince trop bon lui fit une reprimande, & l'obligea tant lui que les principaux de son armée, à lui prêter serment de fidelité. Aprés quoi il l'envoia en Italie, & ordonna qu'on fermât diligemment les passages par où l'on va de France en Italie ; en sorte que personne ne pût passer sans la permission des Gardes.

L'Empereur se rendit ensuite à Orleans, où il permit à son fils Louis de s'en retourner en Baviere, & à tous les autres de se retirer chacun chez soi ; & il s'en vint à Paris. Il tint vers le même tems une Assemblée generale à Attigni, où il

* L'Annaliste de S. Bertin la dit sœur de Bernard.

---

bant, ne Imperator se adoriretur, neque viam carpere, ne in itinere profligarentur. Ad Lotharium mittunt postulatum ut sibi suppetias ferat in tanto discrimine positis. Eodem tempore Comes Varinus cum suis Castrum Cabilonense utcumque munivit, ut illo se reciperet si cum majoribus copiis impeteretur. Lotharius *improvisus illuc advenire disposuit, quod tamen facere nequivit*. Advenit tandem, urbem obsedit, & omnia circum incendit. Pugnatum est acriter diebus quinque, & tandem urbs ad deditionem compulsa est. Exercitus Lotharii omnia devastavit, etiamque Ecclesias. Deinde militum turbæ omnia invito Principe incenderunt : sola S. Georgii Ecclesia divino subsidio servata fuit. Post captam urbem postulantibus cum clamore militibus, *Gotselinus & Sanila milites*, nec non *Madalelmus Vassallus Dominicus*, capite plexi sunt. Gerberga filia Comitis Villelmi, tamquam venefica aquis præfocata est. Hæc apud Lingonas, quo cum Ludovico filio venerat, Imperator didicit, & cum mœrore suscepit : atque Lotharium cum magno exercitu insequutus est, Ludovico secum agente. Cabilone profectus Lotharius Augustodunum venit, hincque Aurelianum, deindeque ad Cenomanos se contulit in villam, quæ dicitur *Matualis*. Imperator semper illum insequebatur. Lotharius vero *jam suis receptis*, non procul a patre castra posuit. Ibique quatuor diebus, intercurrentibus Legatis, exercitus morati sunt. Quarta nocte Lotharius pedem referre cœpit. Imperator illum insequutus est, quoadusque ad Ligerim prope castrum Blesense perventum fuit. Positis hinc & inde castris, Pipinus cum quanta potuit militum manu patrem adiit. Tunc Lotharius se tot copiis imparem sentiens, supplex patrem convenit, *quem ille coercuit verbis, & obligavit tam ipsum quam proceres ejus, quibus voluit sacramentis in Italiam remisit, oppilatis angustiis itinerum, qua in Italiam transmittitur, ne quis transire posset nisi licentia custodientium*.

Imperator postea Aurelianum venit, ubi Ludovicum filium in Baioariam, alios domum ire permisit ; ipse vero Lutetiam venit. Postea conventum generа-

tâcha de remedier à de grands desordres, tant en ce qui regardoit l'Eglise, qu'en ce qui touchoit les affaires publiques. Il envoia l'Abbé Ermold à son fils Pepin pour lui donner ordre de rendre aux Eglises les biens qu'on leur avoit usurpez, tant ceux qu'il avoit donnez à des particuliers, que ceux dont ils s'étoient emparez eux-mêmes. Il députa des gens dans les villes & dans les Monasteres ; & ordonna de relever l'état Ecclesiastique & Monastique si fort tombé, & qui étoit dans une situation affreuse. Il établit des gens dans toutes les Comtez pour reprimer les voleurs & les brigands qui faisoient des maux inestimables, avec ordre aux Comtes & aux Evêques de leur donner main forte s'il étoit besoin. Il declara qu'on lui rendroit compte de tout cela dans la prochaine Assemblée generale qu'il indiqua à Vormes pour le printems suivant.

Après avoir passé une partie de l'hyver à Aix la Chapelle, l'Empereur Louis vint avant Noel à Thionville, où se trouverent aussi les Evêques & Abbez qui avoient été mandez. Il fit là ses plaintes contre certains Evêques qui avoient contribué à sa déposition. Mais de ceux-là quelques-uns s'étoient enfuis en Italie, d'autres qui avoient été mandez n'avoient point obéi. Il n'y eut qu'Ebon Archevêque de Rheims qui comparut. On lui demanda raison de ce qu'il avoit fait ; il se plaignit de ce qu'on l'interrogeoit lui seul, tant d'autres aiant été presens à cette affaire. Lassé enfin de ces questions, & prenant conseil de quelques Evêques, il se declara indigne du Sacerdoce, promit qu'il s'abstiendroit irrevocablement de ses fonctions, & remit cette declaration aux Evêques & à l'Empereur. Agobard Archevêque de Lion, cité trois fois pour venir rendre compte de sa conduite, aiant refusé de comparoître, fut degradé de l'Episcopat. Le Dimanche qui precedoit le Carême, l'Empereur, les Evêques & toute l'Assemblée vinrent à Mets ; & pendant qu'on celebroit la Messe, sept Archevêques chanterent sept oraisons de reconciliation avec l'Empereur, & le peuple rendit graces à Dieu de son rétablissement. Après quoi Louis & toute l'Assemblée retournerent à Thionville : & il la congedia au commencement du Carême qu'il passa tout entier au même lieu, & vint celebrer Pâques à Mets.

Après la Pentecôte il se rendit à Vormes où il avoit indiqué l'Assemblée generale. Ses deux fils Pepin & Louis y vinrent aussi. Comme il avoit fort à cœur l'utilité publique, il entendit tous ceux qu'il avoit deputez en differens endroits

---

lem Attiniaci habuit, ubi malis ingentibus, quæ tam Ecclesiam, quam publica negotia invaserant mederi studuit. Mandavit filio Pipino per Ermoldum Abbatem, ut res Ecclesiasticas, quas vel ipse suis attribuerat, vel sibi ipsi præripuerant, absque cunctatione Ecclesiis restitui curaret. Viros deputavit in urbes inque Monasteria : jussit statum Ecclesiasticum & Monasticum erigi qui pene collapsus & exstinctus erat. Viros misit per Comitatus omnes, qui fures & prædones inæstimabilia damna inferentes coercerent, justitque Comites & Episcopos ipsis opem ferre si opus esset : jussit quoque hæc omnia sibi in conventu generali proximo Vormatiensi referri ; quem vere conventum celebrandum indixit.

Postquam hiemis partem Aquisgrani transegerat, ante Natalem Domini in Theodonis villam venit, ubi convenerunt etiam Episcopi & Abbates, quibus præceptum id fuerat. Ibi ille de Episcopis conquestus est, qui depositioni suæ operam dederant. Ex iis vero alii in Italiam aufugerant, alii qui evocati fuerant, non obsequuti erant. Ebo solus Archiepiscopus Rhemensis comparuit, qui, cum rationes abs se expeterentur, conquestus est quod se solum interrogarent, absentibus aliis qui rei huic interfuerant. De talibus demum quæstionibus tædio affectus, ex quorumdam Episcoporum consilio, se Sacerdotio indignum pronunciavit, seque *irrevocabiliter* a Sacerdotii exercitio vacaturum declaravit, talemque declarationem Episcopis & Imperatori tradidit. Agobardus vero Archiepiscopus Lugdunensis ter evocatus ut rationes redderet, cum accedere renuisset, abdicatus fuit. Dominica Quadragesimam præcedente Imperator, Episcopi, totusque cœtus Metas venerunt ; dumque Missa celebraretur, *septem Archiepiscopi, septem reconciliationis Ecclesiasticæ orationes super eum cecinerunt*, populoque ob Imperatoris restitutionem Deo gratias reddidere. Sub hæc Ludovicus cum toto cœtu in Theodonis villam reversus est, ubi ille conventum solvit & dimisit initio Quadragesimæ, quam totam ibi transegit ; Metasque venit Pascha celebraturus.

Post Pentecosten Vormatiam se contulit ; nam eo conventum publicum indixerat, cui aduere duo Imperatoris filii, Pipinus & Ludovicus. Cum utilitas publica sibi cordi esset, audivit eos quos ad dirigenda

pour être informé de l'état des choses. Il se trouva quelques Comtes fort negligens à chasser & à exterminer les brigans qui desoloient leurs contrées. Il ne manqua pas de les punir comme le cas l'exigeoit. Il exhorta tous ceux qui étoient presens à aimer l'équité, à opprimer les voleurs, menaçant ceux qui n'obéiroient point de les châtier severement. Il indiqua la prochaine Assemblée après Pâques à Thionville, & congedia la troupe.

Pendant l'hyver, lorsqu'il étoit à Aix-la-Chapelle, il manda à son fils Lotaire de lui envoier les principaux de sa Cour pour traiter avec eux sur les points & les conditions de leur reconciliation. La conjoncture fut favorable à Lotaire pour rentrer plus avant dans les bonnes graces de son pere. L'Imperatrice Judith voiant que la santé de l'Empereur s'affoiblissoit tous les jours, & augurant de là une prochaine mort, prit conseil de ses confidens : elle voioit un péril évident pour elle & pour son fils Charles, à moins qu'ils ne s'attirassent la protection de quelqu'un des freres. Elle & les siens n'en voioient point de plus propre à cela que Lotaire. Ils persuaderent à l'Empereur de le traiter doucement & amiablement. Comme il y étoit tout porté de lui-même, ils n'eurent pas de peine à l'y resoudre. Les députez de son fils arriverent tels qu'il les avoit souhaitez, dont le principal étoit Vala. Par la raison que nous venons de dire, l'Empereur voulut gagner cet homme ; quoiqu'il en eût eu ci-devant de grands sujets de mécontentement : il lui témoigna beaucoup d'amitié, & le chargea lui & ses compagnons, de dire à son fils qu'il vînt promtement le joindre. Ils s'en retournerent & firent le rapport de tout à Lotaire. Mais deux accidens éloignerent l'execution du dessein de l'Empereur. Vala mourut d'abord après, & Lotaire tomba malade & resta long-tems au lit. L'Empereur averti de cela lui envoia ses plus fideles, Hugues son frere & le Comte Adalgaire, & voulut savoir toutes les particularitez de sa maladie.

Mais après que Lotaire fut revenu en santé, son pere apprit qu'il violoit toutes les promesses & tous les sermens ; qu'il traitoit fort cruellement les gens, sur tout ceux de l'Eglise de S. Pierre, que son grand-pere Pepin, que son pere Charles & lui-même avoient pris sous leur protection. Il lui envoia des Ambassadeurs pour l'avertir & lui representer, que quand il lui avoit donné le Roiaume d'Italie, il lui avoit recommandé l'Eglise Romaine, qu'il devoit la défendre & non pas la piller. Il lui ordonna en même tems de lui préparer des gîtes & des logemens pour le voiage qu'il vouloit faire à Rome,

---

Idem.

negotia varia in loca miserat. Comites quosdam, qui in exterminandis latronibus segnes fuisse comperti sunt, pro culpæ ratione castigavit, præsentesque omnes monuit, ut æquitatem amarent & raptores opprimerent, interminatus se non obsequentibus pœnas esse illaturum. Conventum vero proximum post Pascha indixit in Theodonis villa celebrandum.

Hiberna Aquisgrani habuit, Lotharioque filio mandavit, ut sibi nobiliores regiæ suæ mitteret, quo reconciliationis mutuæ conditiones firmiter stabilirentur. Rerum porro status tunc Lothario ad gratiam patris ineundam aptus erat. Judith enim Imperatrix videns Ludovici conjugis vires in dies defluere ; hincque conjectans non diuturnam vitam ejus fore, periculumque sibi & Carolo filio imminere, nisi cujuspiam ex fratribus ejus patrocinium sibi pararet : cum & illa & sui nullum majus quam Lotharii patrocinium cernerent, Imperatori suaserunt, ut cum illo amice & pacate ageret. Sic animo affectus ille statim cessit hortantibus. Nuncii filii advenere, quales illos Imperator optabat. Horum Princeps Vala, quem ea de causa Imperator ad suas allicere partes voluit, etsi infestum sibi antea expertus esset. Benigne itaque & amico animo cum illo egit, ipsique & sociis præcepit, filio dicerent, ut se quam primum conveniret. Reversi cuncta Lothario retulerunt. Verum inopinatæ res totum negotium protraxerunt. Vala statim post hæc obiit ; Lotharius vero in morbum incidit, diuque decubuit : quibus compertis Imperator, Hugonem fratrem suum & Adalgarium misit, qui ægrotantis statum & morbi rationem sibi indicarent.

Verum postquam Lotharius convaluisset, nunciatum est Imperatori ipsum omnia promissa & sacramenta data violare, immaniter in omnes sævire, maximeque in Ecclesiam Sancti Petri, quam pater suus Carolus & avus Pipinus, atque ipsemet in tutelam susceperant. Legatos autem ipsi misit, qui commonerent se, cum Italiæ regnum ipsi tradidit, edixisse illi, sibi tradi Italiam non diripiendam, sed protegendam. Simul etiam jubens parare sibi stipendiarias annonas, stativasque congruas per omne iter quod Roman

Idem.

où il iroit faire ses devotions sur les tombeaux des Saints Apôtres. Une irruption des Normans dans la Frise, l'empêcha de faire ce voiage. Il fit partir pour Ambassadeurs l'Abbé Foulques & le Comte Richard, qui devoient lui apporter la réponse de Lotaire; & Adrebalde qui étoit chargé d'aller à Rome consulter le Pape Gregoire sur certaines affaires, & porter ses ordres pour d'autres. Après quoi l'Empereur marcha vers la Frise contre les Normans, qui s'enfuirent dès qu'ils apprirent sa venuë. Ils firent encore depuis bien des courses & des ravages dans la Frise & dans les Isles voisines. Foulques & Richard allerent trouver Lotaire, auquel ils signifierent les ordres de l'Empereur. Lotaire répondit qu'il en exécuteroit quelques-uns, & qu'il ne pouvoit accomplir les autres. Les Ambassadeurs apporterent sa réponse à Louis qui étoit alors à Francfort, où il passoit l'automne s'exerçant à la chasse; il se rendit de là à Aix la Chapelle.

Le Pape Gregoire eut tant de plaisir d'apprendre des nouvelles de l'Empereur que lui apportoit Adrebalde, qu'il fut considerablement soulagé d'un mal qui l'oppressoit. Il fit de grands presens à Adrebalde, & envoia à l'Empereur, Pierre Evêque de la ville qu'on appelle aujourd'hui Civita Vecchia, & George Evêque Regionnaire de la ville de Rome. Lotaire empêcha cette Legation, & envoia Leon son confident à Boulogne, qui avec de grandes menaces, leur défendit d'aller plus avant. Ils donnerent pourtant secretement leurs Lettres à Adrebalde, qui les fit porter hors de l'Italie par un de ses gens, vêtu en mendiant, & les presenta depuis à l'Empereur. Une contagion qui vint alors emporta en peu de tems ceux qui avoient suivi le parti de Lotaire; ce fut depuis le premier de Septembre jusqu'à la Saint Martin. Voici le nom des principaux qui moururent. Jesse Evêque d'Amiens, Helie de Troie, Vala Abbé de Corbie, Matfroi, Hugues, Lambert, Godefroi & son fils aussi nommé Godefroi, Albert Comte, Burgarete jadis Prefet des Chasseurs Roiaux. Richard eut peine à en revenir; mais il mourut aussi peu de tems après. Le bon Empereur apprenant la mort de ses ennemis, loin de s'en réjoüir, se frappa la poitrine, & pria Dieu avec larmes pour le repos de leurs ames. Les Bretons aiant fait quelque mouvement à leur ordinaire, furent d'abord remis à leur devoir.

Louis tint le jour de la Purification de Notre-Dame une grande Assemblée à Aix la Chapelle, où se trouva un bon nombre d'Evêques, & où l'on traita des affaires Ecclesiastiques, mais principalement des biens que Pepin & les siens

836.

avoient enlevez à plusieurs Eglises. Pepin fut admonesté d'en faire restitution. Il reçut fort bien les avis de son Pere & des Evêques, & fit restituer aux Eglises ce qu'on leur avoit ôté. L'Assemblée suivante fut tenuë dans le Lionnois au lieu appellé Cremieu. Pepin & Louis s'y rendirent, la maladie empêcha Lotaire de s'y trouver. On y traita l'affaire des Eglises de Lion & de Vienne qui vaquoient alors, parce qu'Agobard de Lion avoit refusé de venir rendre raison de sa conduite aux Evêques, & que Bernard qui s'étoit presenté s'étoit enfui. Mais cela ne fut point terminé à cause de l'absence des Evêques. On y examina aussi les affaires des Gots, dont les uns favorisoient le Comte Bernard, les autres soutenoient Berenger fils du Comte Huronique. Mais Berenger étant venu à mourir, le Gouvernement de la Septimanie demeura à Bernard. On envoia en cette Province des Députez pour réformer les abus qui s'y étoient glissez. Après cette Assemblée l'Empereur se mit à chasser à son ordinaire, & retourna à la Saint Martin à Aix la Chapelle, où il passa l'hyver.

837. L'Auteur de la vie de Louis le Debonnaire, Astronome & même Astrologue de son métier, nous apprend ici que ce Prince prévenu que des conjonctions celestes de certains astres pronostiquoient les évenemens humains, le consulta sur quelque phenomene arrivé en ces jours-là. L'Auteur lui dit qu'il n'y avoit rien à craindre de ces signes, s'autorisant du passage d'un Prophete. Le pieux Prince passa la nuit en prieres, & fit faire le lendemain beaucoup d'aumônes. Il alla ensuite à son ordinaire prendre le divertissement de la chasse aux Ardennes.

Cependant l'Imperatrice & les Ministres Palatins insistoient toujours à ce que l'Empereur assignât une part dans ses Etats à son très-cher fils Charles. Il le fit à Aix-la-Chapelle. Les trois freres en furent très-mécontens, & eurent sur cela des conferences ensemble. Mais voiant qu'ils n'y pouvoient apporter aucun remede, ils s'appaiserent du moins en apparence, & leur pere qui craignoit leur mécontentement, ne changea pourtant rien, & indiqua pour le mois de Septembre suivant une Assemblée generale à Kiersi, où se trouva son fils Pepin. Ce fut là que l'Empereur mit à Charles l'épée au côté & la couronne Roiale sur la tête. Il lui assigna la part qu'avoit eu Charles son pere; c'est-à-dire la Neustrie. Il tâcha d'établir autant qu'il pût entre les freres, la paix & l'amitié. Il renvoia Pepin en Aquitaine, & Charles dans sa portion de Roiaume. Les

---

Ecclesiis abstulerant : Pipinus commonitus est, ut bona illa restitueret. Ille autem monita libenter suscipiens, omnia quæ rapta fuerant restituit. Conventus sequens in Lugdunensi pago celebratus, in loco qui dicitur *Stramiacum* habitus est. Aderant Pipinus & Ludovicus, Lotharius, ne adesset, reliquis morbi præpeditus est. Actum est de Lugdunensi & Viennensi sedibus tunc vacantibus ; Lugdunensi nempe, quia Agobardus jussus non venerat ad rationem reddendam ; Viennensi quia Bernardus ejus Episcopus, postquam venerat aufugit. Sed res propter eorum absentiam infecta mansit. Res etiam Gotthorum istic examinatæ sunt, quorum alii Bernardo, alii Berengario Huronici Comitis filio favebant ; sed Berengario immatura morte prærepto, Septimaniæ Præfectura Bernardo remansit. In hanc provinciam Legati missi sunt ; qui ea quæ correctione opus habebant, emendarent. Post solutum conventum Imperator pro more venatui se dedit, & circa S. Martini festum ad hyberna Aquisgranum se contulit.

Auctor vitæ Ludovici pii Astronomus, atque etiam Astrologus, hic innuit Imperatorem, cum putaret conjunctiones cælestes quarumdam stellarum, eventus humanos portendere, ipsum Scriptorem percontatum esse super quibusdam quæ iis diebus observata fuerant. Respondit ille nihil ex signis hujusmodi metuendum esse, locum Prophetæ cujusdam ad hæc usurpans. Pius vero Princeps noctem pervigilem precibus incumbens duxit, ac die sequenti multa pauperibus erogari curavit. Pro more autem in Arduennam venatum se contulit.

Interea Imperatrix Ministrique Palatini insistebant ut Imperator regni portionem dilectissimo Carolo assignaret. Quam rem factam fratres ejus ægre tulere, mutuumque iniere colloquium ; sed cum se his obsistere non posse viderent, utcumque tandem quievere. Pater autem qui illos hæc indigne ferre non nesciebat, nihil tamen mutavit, atque ad Septembrem mensem, Conventum generalem Carisiaci habendum indicavit, cui interfuit Pipinus filius. Illic vero Imperator Carolum filium *armis virilibus sive ense cinxit*, ac coronam regalem capiti ejus imposuit, partemque regni, quam pater suus Carolus habuerat, nempe Neustriam ipsi attribuit. Concordiam & amicitiam inter fratres pro virili sua firmavit, ac Pipinum in Aquitaniam, Carolum in regnum suum misit. Proce-

principaux Seigneurs de la Neuftrie reconnurent Charles & lui jurerent fidelité; les abfens firent après la même chofe. A cette même Affemblée vinrent prefque tous les Nobles de la Septimanie, fe plaignant du Duc Bernard & de fes gens qui fe faififfoient des biens des Ecclefiaftiques & des autres particuliers. Ils prierent l'Empereur de commettre des gens qui vinffent vifiter leur payis, pour rendre à chacun ce qui lui appartenoit. Il élut pour cela les Comtes Boniface & Donat, avec Adrebalde Abbé de Flavigni. Louis alla paffer l'hyver à Aix-la-Chapelle.

Au mois de Janvier il parut une comete prife pour un prefage de la mort de Pepin qui deceda peu de tems après. Judith voiant bien que fon fils fi jeune auroit befoin de protection après la mort de fon pere, reprit ce qu'elle avoit déja commencé, & perfuada à l'Empereur d'envoier des Deputez à fon fils Lotaire pour l'inviter à le venir trouver, fous ces conditions, que s'il vouloit être l'ami, le tuteur & le protecteur de fon frere Charles, il lui pardonneroit volontiers tout le paffé, & qu'il lui donneroit de plus la moitié de l'Empire, la Baviere mife à part. La condition parut fort bonne à Lotaire & à toute fa Cour. Il vint après Pâques à Vormes où il fut reçû avec beaucoup de joie. Louis lui donna l'option, ou de faire lui-même le partage de l'Empire avec les gens de fon confeil, après quoi l'Empereur & Charles opteroient; ou de laiffer faire le partage à l'Empereur & à Charles. Lotaire & les fiens laifferent à l'Empereur le foin de faire ce partage, difant qu'ils ne connoiffoient pas affez les payis de fa domination pour s'en bien acquitter. L'Empereur fit donc la divifion de fes Etats avec toute l'équité poffible, laiffant la Baviere à part qu'il donnoit à fon fils Louis. Lotaire opta tout ce qui étoit au-delà de la Meufe vers l'orient, avec l'Italie, & laiffa à fon frere Charles tout ce qui étoit à l'occident de cette riviere jufqu'à la mer. L'Empereur étoit fort joieux & content de ce partage: il recommanda fon fils Charles à Lotaire, le priant de lui fervir de pere, & le renvoia en Italie chargé de prefens & de benedictions. Ce fut vers ce tems-ci que les Sarrafins firent une defcente en Provence, prirent Marfeille, enleverent toutes les Religieufes qui y étoient en grand nombre, emmenerent en captivité tous fes habitans tant Ecclefiaftiques que Laïques, & enleverent tout l'or & l'argent qui étoit dans les Eglifes.

Louis frere de Lotaire ne fut pas content du partage fait par fon pere de fes

838.

839.

---

res porro Neuftriæ præfentes Carolo manus dederunt & facramento fidem fuam obftrinxere, quod & abfentes poftea fecerunt. Ad hunc conventum acceffere pene omnes Septimaniæ nobiles conquerentes adverfus Bernardum Ducem & fatellites ejus, qui res tam Ecclefiafticas quam privatas abfque ullo metu invadebant. Imperatorem vero rogarunt quofdam deputaret qui regionem fuam inviferent. Ad id peragendum elegit Imperator Bonifacium Comitem, Donatum item Comitem & Adrebaldum Abbatem Flaviniacenfem. Aquifgranum autem hiematum fe contulit.

Idem.

Menfe Januario Cometes vifus eft, qui poftea Pipini obitum portendiffe putatus fuit. Is enim paulo poftea mortuus eft. Juditha porro perpendens filium fuum adeo juvenem poft mortem patris alicujus patrocinio opus habiturum, ut jam cœperat Imperatori fuafit, ut Legatos ad filium fuum mitteret, qui illum ad fe conveniendum invitarent hifce conditionibus, ut fi Caroli amicus & tutor effe vellet, fibi non modo veniam præteritorum; fed etiam dimidiam Imperii partem excepta Baioaria concederet. Placuit Lothario & fuis hæc conditio. Poft Pafcha Vormatiam venit, ubi cum gaudio magno exceptus fuit. Lothario autem optionem dedit, !aut ipfe cum fuis partitionem Imperii faceret, & Imperator cum Carolo partem fuam fibi deligerent, aut partitionem illam ab Imperatore & Carolo fieri fineret. Lotharius ex fuorum confilio Imperatori rem dimifit, non fatis fibi notas effe dicens Imperii regiones ut id exfequi poffet. Imperator ergo æqua lance omnia divifit, excepta Baioaria quam Ludovico filio reliquit. Optavit Lotharius quidquid a Mofa verfus Orientem erat cum Italia, & fratri Carolo reliquit quidquid a Mofa ufque ad mare. Ludovicus his contentus Carolum filium Lothario commendavit, rogans patris loco ipfi effet; ipfumque benedictionibus ac muneribus onuftum in Italiam remifit. Hoc circiter tempus Saraceni, exfcenfu in Provinciam facto, Maffiliam ceperunt; Sanctimoniales omnes magno numero abduxerunt; incolas item tam Ecclefiafticos quam Laïcos captivos fecerunt, Ecclefiarum aurum & argentum expilarunt.

Illam porro partitionem fupra memoratam Ludovicus Lothari frater ægerrime tulit, atque in ea re

Idem.

Etats entre Lotaire & Charles. Il fit ses efforts pour s'attribuer tout ce que la Monarchie Françoise avoit au-delà du Rhin. Cela fut rapporté à son pere qui crût qu'il falloit dissimuler jusqu'à Pâques suivant. La Fête étant passée, il passa le Rhin à Mayence avec beaucoup de troupes, & marcha contre son fils qui se voiant hors d'état de lui resister, vint lui demander pardon, quoique bien malgré lui. Son pere le reprit aigrement. Il confessa qu'il avoit tort. L'Empereur lui pardonna, & se radoucit beaucoup, en l'exhortant de se tenir tranquille. Il le laissa dans son Roiaume, & repassa le Rhin pour aller chasser dans les Ardennes. Comme il s'occupoit à cet exercice, on vint lui dire que l'Aquitaine étoit divisée; que quelques-uns de ce payis attendoient sa décision sur ce Roiaume; que d'autres étoient indignez de ce qu'il l'avoit donnée à Charles. Ebroin Evêque de Poitiers dit à l'Empereur, que lui & plusieurs autres attendoient là-dessus ses ordres. Du nombre de ceux-là étoient aussi le Comte Reginard, & les deux Comtes Gerard & Herataire, gendres de Pepin. Une autre faction dont le principal étoit Emene, aiant mis à sa tête Pepin fils du feu Roi de même nom, alloit de tous côtez & ravageoit le payis. Ebroin pria l'Empereur d'y mettre promtement ordre de peur que le mal n'augmentât. L'Empereur remercia Ebroin, & le renvoia en Aquitaine. Il donna des ordres à ceux de son parti, & leur commanda d'envoier quelques-uns des leurs l'automne prochaine à Châlon, où il devoit tenir l'Assemblée generale. Il la tint effectivement au tems & lieu marquez; & après y avoir réglé les affaires tant Ecclesiastiques que civiles, il pensa à mettre ordre à celles d'Aquitaine. Il partit de là avec des troupes considerables, menant l'Imperatrice & son fils Charles, passa la Loire & s'en vint à Clermont. Il reçût là fort humainement à son ordinaire, ceux d'entre ses fideles serviteurs qui vinrent le voir, & leur fit prêter serment à Charles son fils. Quant à ceux qui ne vouloient pas lui promettre obeïssance, & qui par dessus cela pilloient & ravageoient le payis, il les soumit à la rigueur des Loix.

Il celebra la fête de Noel à Poitiers, & il apprit là que Louis son fils, joint à des Saxons & à des Thuringiens, avoit envahi l'Allemagne. Cela lui étoit alors plus dur à soutenir que ci-devant. Il étoit vieux & sujet à des fluxions, que l'hyver & le chagrin de cette fâcheuse nouvelle, augmenterent beaucoup. Il ne se découragea pourtant pas; mais pour arrêter cette revolte, il alla à

840.

---

operam totam contulit, ut ea quæ trans Rhenum erant sua faceret. Id patri nunciatur, qui rem ad usque Pascha sequens dissimulandam putavit. Post festum autem, transacto Moguntiæ Rheno cum grandi exercitu, contra filium suum movit, qui se viribus imparem cernens, ad patrem supplex ac veniam petiturus vel invitus venit, seque male egisse confessus est. Pater illi pepercit; sed primo increpavit illum, deinde lenioribus demulsit, & in regno suo reliquit. Transacto autem Rheno, dum in Arduenna venaretur, nunciatum ipsi fuit Aquitaniam divisam esse, aliosque in illa regione sententiam Imperatoris expectare super Aquitaniæ regnum; alios indigne ferre, quod illud Carolo dedisset. Ebroinus Episcopus Pictaviensis Imperatori dixit, se & alios hac de re Imperatoris voluntatem renunciari sibi exoptare, ex quorum etiam numero erant Reginardus Comes, duoque Comites Gerardus & Heratarius Pipini generi. Altera factio cujus Princeps erat Emenus, assumto Pipino defuncti Pipini Regis filio, quaquaversum vagabatur, ac deprædationibus operam dabat. Imperatorem rogavit Ebroinus ne malum serpere sineret, sed quam primum res illas componeret. Gratias Ebroino Imperator egit, ipsumque in Aquitaniam remisit. Illos vero qui partes suas in Aquitania sectabantur jussit quosdam ex suis mittere Cabilonem, ubi in autumno sequenti conventum generalem habiturus erat. In illo autem conventu postquam res tam Ecclesiasticas quam civiles ordinasset, ad Aquitanicas se convertit: profectusque est cum Imperatrice & Carolo filio, validaque manu: Ligereque transmisso, Arvernorum urbem petiit, ibique perhumaniter pro more suo illos excepit qui sibi fidem servaverant, & sacramentum fidei Carolo filio dare curavit. Illos autem qui sibi debita exhibere officia renuerunt, qui præterea circumquaque latrocinabantur, & prædas agebant, legum quæstioni subdidit.

Natale Domini apud Pictavos celebravit, nunciatumque illi fuit Ludovicum filium cum quibusdam Saxonibus atque Thoringis Alamanniam invasisse: quæ res tunc importuna illi admodum erat, utpote jam seni & phlegmatum abundantia gravi, quæ etiam ex hieme & infausta nunciatæ rei molore augebatur. Invictus tamen animo mansit, utque rebellio-

Aix-la-Chapelle, où il celebra la fête de Pâques. Après quoi paſſant le Rhin, il ſe rendit dans la Thuringe, où étoit alors Louis ſon fils qui ne l'attendit pas; mais il s'enfuit dans les terres des Eſclavons, d'où il paſſa dans la Baviere. L'Empereur indiqua alors une Aſſemblée generale à Vormes, & fit avertir ſon fils Lotaire de s'y trouver. Cependant ſes infirmitez augmentoient toujours, ſon eſtomac ne faiſoit plus ſes fonctions, & tout indiquoit qu'il tiroit à ſa fin. Une éclipſe du ſoleil arrivée en ce tems-là paſſa pour un preſage de ſa mort prochaine. Se ſentant défaillir tous les jours, il ſe fit porter dans une Iſle vis-à-vis de Mayence, & ſe mit au lit où il fut aſſiſté par pluſieurs Prélats & ſerviteurs de Dieu, dont les principaux étoient Hethi Archevêque de Treves, Otgaire Archevêque de Mayence, & Drogon ſon frere Evêque de Mets. Il ſe diſpoſa à la mort d'une maniere toute chrétienne, pardonna à ſon fils Louis, dont la revolte avoit avancé ſa mort. Il diſtribua ſes ornemens, bijoux, meubles, en donna une partie à ſes fils Lotaire & Charles; au premier ſa couronne, ſon épée & ſon ſceptre qu'il lui envoia, en l'exhortant de tenir ſa parole à Charles ſon frere & à l'Imperatrice Judith. Une bonne partie fut pour les pauvres & pour les Egliſes. Il mourut le 20. Juin l'an ſoixante-quatriéme de ſa vie, après avoir regné ſur l'Aquitaine trente-ſept ans, & tenu l'Empire vingt-ſept. Drogon Evêque de Mets ſon frere, accompagné d'autres Evêques, Abbez, Comtes, Seigneurs, Eccleſiaſtiques, ſuivis d'un grand nombre de peuple, fit conduire ſon corps à Mets, où il fut enſeveli dans l'Egliſe de S. Arnoul auprès de ſa mere.

nem vi compeſceret, Aquiſgranum ſe contulit, ubi Paſcha celebravit; deinde tranſmiſſo Rheno in Thoringiam movit, ubi tunc Ludovicus filius erat, qui patre non exſpectato in Sclavorum terras aufugit, unde in Baioariam tranſiit. Imperator vero conventum generalem Vormatiam indixit, quo etiam Lotharium filium evocari juſſit. Interea vero ægritudines in dies augebantur; ſtomachus non ultra officio ſuo fungebatur, omniaque inſtare vitæ finem indicabant. Eclipſis ſolis quæ tunc accidit, pro mortis ejus ſigno habita eſt. Ubi vires ſibi omnino deficere ſenſit, in vicinam Moguntiæ inſulam ſe transferri juſſit, ubi in lectulo decubuit. Ad conſolationem aderant ei multi Antiſtites & ſervi Dei, quorum præcipui erant, Hethi Archiepiſc. Trevirenſis, Otgarius Archiepiſc. Moguntinus, & Drogo frater ipſius Epiſcopus Metenſis. Ut Chriſtianum decebat ſe ad tranſitum ex hac vita apparavit: Ludovico filio pepercit, cujus rebellio mortem ſibi maturabat. Ornamenta, vaſa, cæteraque omnia diſtribuit, partemque filiis Lothario & Carolo dedit; priori autem coronam contulit, gladium item ſceptrumque ſuum miſit, rogans ea, quæ fratri Carolo & Judithæ Imperatrici promiſerat, ſervaret. Pars vero magna pauperibus & Eccleſiis deputata fuit. Obiit autem die Junii vigeſimo, anno vitæ ſuæ ſexageſimo quarto, Aquitanici regni trigeſimo ſeptimo, Imperii vigeſimo ſeptimo. Drogo autem frater ejus Epiſcopus Metenſis, comitantibus multis aliis Epiſcopis, Abbatibus, Comitibus, Proceribus, Clericis, magnaque populi frequentia, corpus ejus Metas transferri curarunt, ubi prope matrem in Eccleſia ſancti Arnulfi ſepultus eſt.

LES MONUMENS
DE CHARLES MARTEL, DE PEPIN, DE BERTRADE,
de Carloman & de Gerberge sa femme, de Charlemagne,
& de Louis le Debonnaire.

Pl. XIX.

LA Planche suivante nous montre Charles Martel, Pepin & sa femme Berte ou Bertrade, Carloman leur fils, & Gerberge sa femme. Tous ces tombeaux avec les figures des Princes ont été faits du tems de saint Louis. Ceux qui les ont fait faire, peu instruits de l'histoire des tems passez, ont mis sur la tombe de [1] Charles Martel, *Carolus Martellus Rex*, quoique Charles n'ait jamais été Roi, bien qu'il eût toute l'autorité Roiale. [2] Charles, Pepin, [3] Berte, [4] Carloman & sa femme [5] Gerberge, sont revêtus comme les Rois & Reines du treiziéme, quatorziéme & quinziéme siecle, dont nous verrons un grand nombre dans la suite. Leurs couronnes sont ornées de fleurons de même que les couronnes des Rois de ces bas siecles, qui ont plus souvent sur leurs couronnes l'ornement des fleurons que celui des fleurs de lis. Nous ne nous arrêterons pas à ces figures qui doivent revenir souvent.

Pl. XX.

Les deux figures de la Planche suivante de Pepin & de Carloman, se trouvent dans une Eglise de Fulde. Elles ont été données par Christophe Brovver Jesuite, dans ses Antiquitez de Fulde, p. 168. & depuis par ses Confreres dans les Actes des Saints. M. de Gaignieres, des Manuscrits duquel nous les avons tirées, les avoit fait dessiner sur les lieux mêmes. Ce n'est que par conjecture que Brovver les a inscrites de Pepin & de Carloman. Il paroît même qu'il regarde cela comme hazardé. Ce qui frappe d'abord ici, c'est qu'ils ont tous deux le nimbe ou le cercle lumineux; & que dans ce nimbe on voit l'ornement que les Consuls & les hommes Consulaires portoient à leur tête, dont nous avons donné des exemples dans l'Antiquité expliquée, Pl. 53. t. 3. Donner raison de tout cela, c'est ce qui ne se peut. Ces figures paroissent faites dans un tems où le nimbe n'étoit plus en usage en France. Ce qui est à remarquer, c'est que le même Brovver donne à la p. 163. une Image de saint Boniface, qui a à peu près le même ornement de tête. Le sceptre qu'ils tiennent est terminé en haut par une fleur de lis, & ressemble parfaitement à ceux que

---

MONUMENTA CAROLI MARTELLI, Pipini & Bertradæ uxoris, Carolomanni & Gerbergæ uxoris, Caroli Magni & Ludovici Pii.

IN tabula sequenti conspicimus Carolum Martellum, Pipinum & Bertam, seu Bertradam ejus uxorem, Carolomannum Pipini filium, & Gerbergam conjugem. Hæc omnia sepulcra cum statuis sancti Ludovici ævo facta sunt. Qui illa continuari curarunt in historia præteritorum temporum minus periti, hæc in tumulo Caroli posuerunt, *Carolus Martellus Rex*, etsi Carolus hic nunquam Rex fuerit, licet regia autoritate potitus. Carolus, Pipinus, Berta, Carolomannus & Gerberga uxor ejus, vestibus Regiis ornati sunt, quales erant decimo tertio, decimo quarto & decimo quinto sæculo, ut in sequentibus videbitur. Coronæ iis floribus ornantur quæ memoratis sæculis in usu magis fuere. Hæc porro schemata quæ sæpissime occurrent, non ulteriori egent explicatione.

Duæ imagines in sequenti tabula exhibitæ Pipini & Carolomanni in Ecclesia quadam Fuldensi habentur, publicatæque fuere a Christophoro Brovvero Jesuita in Antiquitatibus Fuldensibus, p. 168. & deinde a sodalibus suis in Actis SS. Sed V. Cl. Ganierius ex cujus manuscriptis nos eruimus, in ipso loco delineari curaverat. Ex conjectura tantum Brovverus illas Pipini & Carolomanni inscripsit, *quod memoriæ*, inquit, *Carolomanni & Pipini hic libentes merito reponimus*. Id quod hic statim suspicitur est nimbus capiti singulorum appositus, & intra nimbum ornatus ille quem Consules & viri Consulares capite gestabant, cujus exempla dedimus in Antiquitate explanata T. 3. Tab. 53. Horum rationem causamve afferre non valemus. Hæ porro statuæ ævum inferius sapiunt quo nimbus in Gallia non jam usurpabatur. Observes porro velim Brovverum ipsum, p. 163, sancti Bonifacii imaginem proferre, quæ idem pene ornamentum capite gestat. Scipio quem manu tenent lilio Francico superne terminatur, & omnino refert ea

portent

DE PEPIN, DE BERTRADE, DE CARLOMAN, &c. 273

portent dans leurs sceaux Hugues Capet, Robert, Henri I. Philippe I. & Louis VII. ce qui feroit peut-être croire que ces statuës ont été faites vers le même siecle. Chacun d'eux tient une espece de tablette ronde au milieu de laquelle est une croix entourée de perles : la boucle qui joint le manteau de Pepin, est ronde, & celle de Carloman est quarrée. Le reste n'a pas besoin d'explication, ce sont des choses qui reviennent souvent.

La premiere figure de la Planche suivante est tirée des Capitulaires de M. Baluse, qui l'a prise d'un Manuscrit du neuviéme siecle. Il croit que c'est ou Pepin ou quelqu'un des Rois suivans. Sa couronne est fort extraordinaire, & paroît un pur caprice du Dessinateur, comme d'autres que nous verrons plus bas ; son long sceptre est singulier. Assis sur un trône il a sous lui un long coussin rond semblable à ceux que nous voions plus bas dans d'autres Planches, & dans les figures de Charles le Chauve.

Le sceau ² de Pepin representé par le Pere Mabillon, a quelque chose de fort extraordinaire : sa tête est ornée & couronnée de pampres & de feüilles de vigne. C'est la tête de Bacchus l'Indien barbu, dont le Chancelier ou le Referendaire se sera servi pour sceller cette Charte, de même que le Chancelier de Charlemagne s'est servi d'un sceau portant la tête de Jupiter Serapis que l'on voit un peu plus bas dans la même Planche. ³ Le sceau suivant qui a pour inscription *Pipinus Imperator*, est encore singulier par son inscription. Il est ici representé sans barbe, tiré de Zyllesius dans sa Défense de l'Eglise de saint Maximin de Treves. Le ⁴ sceau de Carloman qui suit, tiré de la Diplomatique du Pere Mabillon, le represente aussi sans barbe.

Des six sceaux ⁵ de Charlemagne qui suivent, trois sont aussi tirez de la Diplomatique. ⁶ Les deux premiers le representent Roi, & le troisiéme le montre Empereur. Le premier a une inscription qui signifie, *Christ protegez Charles Roi des François*. ⁷ Le second sceau a, comme nous venons de dire, une tête de Jupiter Serapis portant le boisseau. ⁸ Le suivant represente Charlemagne Empereur couronné de laurier à la maniere des Empereurs Romains. ⁹ Celui qui vient ensuite est un sceau pendant qui a deux faces. On lit au côté de la tête, *Carolus Imperator Augustus*, il est couronné de laurier comme le precedent. L'inscription latine du revers dans une couronne de laurier, signifie *le renouvellement du Roiaume de France*. ¹⁰ Le sceau suivant le plus curieux de tous, est de Mon-

PL. XXI.
1

2

3

4

5
6

7

8
9

10

---

quæ in sigillis suis gestant Hugo Capetus, Rotbertus, Henricus I. Philippus I. & Ludovicus VII. Unde forte credatur ejusdem esse circiter ævi statuas hasce. Ambo tabellam rotundam tenent, ubi crux depingitur unionibus circum ornata. Fibula pallii Pipini Regis rotunda est, Carolomanni quadrata. Cætera quæ passim in hisce tabulis occurrunt, explicatu non egent.

Primum schema tabulæ sequentis ex Capitularibus Balusii prodit, qui id mutuatus est ex Cod. MSS. noni sæculi. Putat autem ille aut Pipinum esse aut aliquem ex sequentibus Regibus. Corona inusitatæ formæ ex mero delineantis arbitrio prodiisse videtur, ut & aliæ quas infra videbimus. Sceptrum ejus oblongum singulare est. In solio sedens pulvillum sub se oblongum habet rotundum, similem iis quos infra videmus in schematibus Caroli Calvi.

Sigillum Pipini a D. Mabillonio expressum stupendum sane videtur, caput ejus pampinis & vitis foliis ornatur. Est certe caput Bacchi Indici barbati, quo sigillo Cancellarius seu Referendarius usus fuerit ad obsignandum diploma, ut & Cancellarius Caroli Magni, usus est sigillo caput Jovis Serapidis referente, quod infra in hac ipsa tabula conspicimus. Sigillum sequens, cujus inscriptio est, *Pipinus Imperator*, ex hujusmodi inscriptione singulare est. Pipinus hic imberbis exhibetur. Eductum vero fuit ex Zyllesii defensione Ecclesiæ sancti Maximini Trevirensis. Sigillum Carolomanni sequens, ex re Diplomatica Mabillonii eductum, imberbem illum exhibet.

Sequuntur sex Caroli Magni sigilla, quorum tria priora item ex Diplomatica Mabillonii eruta sunt. Duo priora Regem exhibent ; tertium Imperatorem Carolum refert. Primum hanc habet inscriptionem : *Christe protege Carolum Regem Francorum*. Secundum sigillum caput exhibet, ut diximus, Jovis Serapidis calathum gestantis. Aliud sequens refert Carolum Imperatorem cum laurea, Imperatorum more. Sequitur aliud sigillum appensum ab utraque facie insculptum. In altera caput Imperatoris est cum inscriptione : *Carolus Imperator Augustus*, lauroque coronatus est ut in præcedenti : in postica facie intra coronam legitur : *Renovatio Regni Francorum*. Sigillum sequens, omnium singularissimum, est Dom-

Zyllesius, Descript. S. Maximini p. 48.

seigneur Blanchini savant Prélat Romain. Charlemagne y est couronné ; & comme la couronne est si petite qu'on n'en peut pas bien distinguer toutes les parties, ce Prélat l'a fait dessiner au dessous d'une grandeur à y pouvoir aisément remarquer tout ce qui la compose. Son visage revient assez à celui que l'on a tiré de la Mosaïque de sainte Susanne, representé ci-après. L'inscription autour de la tête est un vers hexametre dont le sens est *Jesus Fils de Dieu, défendez puissamment Charles.* Le revers qui contient le monogramme de KAROLVS, a aussi un vers hexametre dont voici la signification : *Que la gloire soit au Roi Christ, & la victoire à Charles.* Quelques lettres qui étoient gâtées ont été surement suppléées par ce Prélat sur un autre sceau.

11. Le petit tableau de Charlemagne Patrice, a été donné par Paul Petau, très-habile homme, dans son Livre imprimé en 1609. Il l'avoit tiré d'un ancien Manuscrit. Charlemagne Patrice y est representé assis sur une espece de trône, aiant à ses deux côtez deux hommes avec lesquels il paroît raisonner & déliberer sur des affaires serieuses ; les gestes qu'ils font tous trois ne laissent aucun lieu d'en douter. Charlemagne porte une couronne qui n'est qu'un cercle. Chifflet qui a donné cette image dans son *Anastasis Childerici*, prouve par un passage de Guillaume de Malmesburi, que le cercle d'or étoit la couronne des Patrices. *Comme il sortoit de sa chambre après avoir quitté les ornemens Roiaux,* dit Guillaume, parlant d'Henry V. Empereur, *les Patrices Romains l'aborderent, lui mirent un cercle d'or sur la tête, & lui donnerent ainsi d'un commun consentement le souverain PATRICIAT de la Ville de Rome.* La main qui sort d'une nuée, & qui vient sur sa tête, se voit de même deux fois dans les images de Charles le Chauve, que nous donnerons plus bas. Cette main marque la protection du ciel, & pourroit avoir donné l'origine à ce que nous appellons la Main de Justice. Ce sont des conjectures qu'on peut proposer, & sur lesquelles on ne peut s'arrêter beaucoup sans de nouvelles preuves. Des deux hommes qui sont assis l'un à la droite, l'autre à la gauche de Charlemagne ; celui de la droite est, dit Paul Petau, le Primicier, & celui de la gauche le Secondicier. Jean-Jacques Chifflet croit que celui de la droite est le Chancelier, & celui de la gauche le Comte du Palais. Tout cela est hazardé sans preuves. Celui de la droite a un bonnet en pointe assez extraordinaire. Le P. Mabillon remarque que Pepin & ses deux fils Charles & Carloman furent

---

Blanchinii, in Curia Romana Antistitis eruditissimi. Carolus Magnus corona ornatur, adeo exigua, ut vix possint singulæ partes ejus inspici. Quapropter grandiore forma illas delineari curavit. Vultus Caroli sat similis est ei quem refert Musivum Sanctæ Susannæ mox repræsentandum. Inscriptio circum caput posita talis est:

Jesu Nate Dei Carlum defende potenter.

In postica, ubi Monagramma nominis ejus est, scribitur:

Gloria sit Christo Regi, victoria Carlo.

Quædam literæ erasæ, a doctissimo Blanchinio sine periculo substitutæ fuerunt ad alterius sigilli fidem.

Tabella parva Caroli Patricii, a Paulo Petavio viro docto delineata fuit in libello Musei ipsius cuso anno 1609. Ipsam autem eruerat ex veteri Codice MS. Carolus Magnus Patricius hic exhibetur in solio sedens : ab utroque latere singulos viros sedentes habens, quibuscum videtur de rebus seriis loqui ac deliberare, ut ex gestibus statim percipitur. Carolus Magnus coronam habet, quæ merus est circulus. Chiffletius qui in Anastasi Childerici hanc imaginem dedit, ex Villelmi Malmesburiensis loco probat, circulum aureum coronam Patriciorum fuisse. *Exeunti de camera, & suis regalibus exuto,* inquit ille, de Henrico V. Imperatore loquens, *occurrerunt Romani Patricii cum aureo circulo, quem imposuerunt Imperatori in capite, & per eum dederunt sibi summum Patriciatum Romanæ urbis, communi consensu omnium & volenti animo.* Manus quæ ex nube egreditur supra caput ejus, habetur etiam infra in duabus Caroli calvi imaginibus. Quæ manus cæli patrocinium denotat, fortasseque originem dederit ei quam *Manum Justitiæ* appellamus. Hæ sunt conjecturæ, quæ proponi possunt, nec tamen nimis iis hærendum, nisi alia prodeant argumenta. Ex viris duobus quorum unus a dextris, alter a sinistris Caroli Magni sedet : qui a dextris, inquit Paulus Petavius, est Primicierius ; qui a sinistris, Secundicerius. Joannes vero Jacobus Chiffletius putat eum qui a dextris, esse Cancellarium, a sinistris vero, Comitem Palatii. Hæc sine ullo efferuntur indicio. Qui dexteram occupat, pileum habet in acumen desinentem insolitæ formæ. Observat Mabillonius Pipinum & filios Carolum & Carolo-

Pag. XXI. To. I.

1

2
PIPPINI REGIS

3
PIPPINVS IMPERATOR

4
CAROLOMANNI

5
CAROLI M. REGIS

6
CAROLI M. REGIS

7
CAROLI M. IMP.

8
RENOVATIO REGNI FRANC

9

10

pag. 274

MONUMENS DE CHARLEMAGNE.

faits Patrices par le Pape Etienne IV. que Pepin & Carloman ne prirent jamais ce titre, & que Charlemagne ne le prit que l'an 774. après qu'il eut subjugué la Lombardie : qu'alors en aiant été declaré Roi, il commença à prendre le titre de Patrice. La raison est, qu'avant ce tems-là le nom de Patrice tel que l'avoient Pepin, Carloman & Charles, n'étoit que purement honoraire, jusqu'à ce que Charlemagne devenu Roi de Lombardie en 774. reçût du Pape Hadrien la qualité de Prefet de Rome & des païs voisins ; ce qui étoit proprement l'office de Patrice, & alors il commença de prendre ce nom, qu'il garda depuis jusqu'à ce qu'il fût déclaré Empereur & Auguste l'an 800. où il déposa le Patriciat.

La planche suivante nous represente deux fois Charlemagne tel qu'il fut fait de son tems même par ordre du Pape Leon III. comme l'a fort bien prouvé Nicolo Alemanni, dans sa dissertation *De Lateranensibus parietinis*, imprimée à Rome en 1625. *p. 12. & suiv.* Les deux images étoient en Mosaïque. Celle d'enhaut se voit encore aujourd'hui à saint Jean de Latran. Celle d'en bas étoit à sainte Susanne, mais elle fut détruite il y a plus d'un siecle. L'Alemanni qui l'avoit vûë & consideree lorsqu'elle étoit sur pied, l'a donnée telle qu'elle étoit alors. Selon Anastase le Bibliothecaire, Leon III. orna beaucoup l'Eglise de S. Jean de Latran, de marbres, de colonnes, de porphyre & d'ouvrages en Mosaïque, & là fut mise la premiere image. Le même Pape restaura aussi l'Eglise de sainte Susanne, où il avoit été ordonné Prêtre ; il la rebâtit presque entierement, & l'orna de Mosaïques. C'est delà qu'on a tiré la seconde image. L'une & l'autre represente le Pape Leon III. & l'Empereur Charlemagne. Celle d'enhaut montre saint Pierre assis, qui de la main droite donne le *Pallium* au Pape Leon qui est à genoux, déja revêtu d'un autre *Pallium* ; & de la gauche il donne la banniere à Charlemagne, qui la prend de la main droite. Les noms de S. Pierre, du Pape Leon & de Charles, sont écrits à chacun, & au bas on voit une inscription dont le sens est : *Saint Pierre donnez la vie au Pape Leon, & la victoire au Roi Charles.* Quoiqu'il ne soit appellé que Roi, il étoit pourtant Empereur. Constantin qui est representé dans cette même Mosaïque, y est aussi appellé *Rex Constantinus*, le Roi Constantin. La figure de Charlemagne est la même ici que dans l'image d'en bas. Il porte la couronne Imperiale fermée par le haut, comme la portoient alors les Empereurs d'Orient. Il a une

Pl. XXII.

---

mannum a Stephano IV. Papa Patricios fuisse creatos, neque unquam Pipinum & Carolomannum hoc se titulo ornasse. Neque etiam Carolum Magnum eo usum fuisse, donec Ticino capto Rex Langobardiæ proclamatus fuit, tumque nomine se Patricii insignivit. Illa vero de causa sic egit, quod ante titulus sine re & honoris tantum esset ; sed postquam Carolus Rex Langobardorum salutatus, præfecturam urbis & circumjacentium regionum, quæ est ipsa Patricii dignitas, ab Hadriano accepit, tunc Patricii nomen adhibere cœpit, & servavit donec Imperator & Augustus anno 800. declaratus fuit : tunc enim Patriciatum deposuit.

In tabula sequenti bis Carolus Magnus repræsentatur, qualis suo tempore in Musivo depictus fuit, jussu Leonis Papæ III. ut optime probavit Nicolaus Alemannus in Dissertatione sua de Lateranensibus parietinis Romæ cusa anno 1625. *p. 12. & seqq.* Duo illa schemata musivo opere depicta erant. In superiore tabulæ parte ponitur, hodieque visitur apud S. Joannem Lateranensem. Quæ in inferiore, in Ecclesia sanctæ Susannæ erat ; sed jam ab annis plusquam centenis eversa fuit. Alemannus vero qui sæpe illam inspexe-

rat, accurate ipsam delineari curavit. Ut narrat Anastasius Bibliothecarius, Leo Papa III. Ecclesiam sancti Joannis Lateranensis multum exornavit marmoribus, porphyreticis, columnis, musivis operibus, in quibus prima imago posita est. Ecclesiam item sanctæ Susannæ restauravit, in qua Presbyter ordinatus fuerat. Illam quoque pene integram reædificavit, musivisque decoravit, inter quæ secunda, quam proferimus, imago erat. Utraque vero Leonem Papam & Carolum Magnum repræsentat. Superior sanctum Petrum sedentem exhibet, qui dextera manu pallium porrigit Leoni genuflexo, qui jam aliud gestat pallium ; sinistra autem Carolo Magno signum militare dat, qui ipsum manu dextera accipit. Nomina sancti Petri, Leonis Papæ, & Caroli ad singulas scripta sunt. Infra autem hæc inscriptio legitur : *Beate Petre dona vitam Leoni Papæ, & victoriam Carolo Regi dona.* Hic *victoria* pro *victoriam* scribitur. Etsi Rex tantum appellatur, Imperator tamen erat. Constantinus etiam, qui in eodem musivo exhibetur R. Constantinus vocatur. Caroli Magni figura hic eadem est quæ infra. Coronam ipse Imperialem superne clausam gestat, qualem tunc Imperatores Orientis gestabant. *Mysta-*

Anastas. in Leone III.

mouftache fans autre barbe. Revêtu d'une tunique fort courte, il a par deffus une chlamyde attachée à l'épaule à la maniere des anciens Romains : fes bas femblent être en bandelettes.

PL. XXIII. Les figures de Charlemagne de la planche fuivante, me font venuës d'Aix en Provence, des Manufcrits de M. de Peirefc. J'ai fait bien des démarches inutiles pour les avoir d'Aix-la-Chapelle même, & j'en fuis enfin redevable à M. le Prefident de Mazaugues à qui appartiennent ces Manufcrits, & à M. Fournier Religieux de faint Victor de Marfeille, qui me les a fait deffiner avec toute la diligence poffible. 1 La premiere figure repréfente Charlemagne un genou à terre & les pieds nuds, portant une couronne Roiale, barbu & dans la vigueur de fon âge, tenant fur le bras droit, & foutenant de la main gauche une Eglife à deux clochers. C'eft l'Eglife de Notre-Dame qu'il fit bâtir à Aix-la-Chapelle, d'une ftructure admirable, dit Eginard. Cette figure repréfente Charlemagne Roi. 2 Celle qui vient après le montre Empereur. Sa couronne eft Imperiale, qui eft fermée par le haut & s'éleve en pointe. Il tient auffi fur fon bras la même Eglife, mais tournée d'un autre fens : il eft à genoux : fes jambes & fes pieds font cachez par fon grand manteau extrêmement large. Ce manteau a de longues manches comme un furtout, & un collet en haut: mais ce qui eft plus fingulier, c'eft qu'il eft boutonné à gros boutons de haut en bas. Il eft très-rare dans ces tems-là de voir des boutons. Nous en avons pourtant vû dans la figure du mois d'Avril perfonifié tiré d'un Manufcrit fait du tems de l'Empereur Conftance, à ce qu'on croit, mais toujours beaucoup plus ancien que Charlemagne. Ce mois d'Avril que nous avons donné avec les autres mois au Supplement de l'Antiquité, T. 1. p. 32. a une tunique boutonnée. Charlemagne Empereur déja dans l'âge portoit cet habit pour fe munir contre le froid dans ces païs feptentrionnaux. 3 Le bufte d'en bas eft une châffe faite dans les bas tems, comme le marque ce grand nombre d'aigles & de fleurs de lis qui fignifient qu'il étoit Empereur & Roi de France. Cette châffe, dis-je, repréfente Charlemagne honoré comme Saint à Aix-la-Chapelle, & en beaucoup d'autres lieux. 4 La tombe de Charlemagne qui vient après, le montre en figure d'une fort courte taille, lui qui étoit fi grand, & qui eft repréfenté tel en haut. Nous ne favons pas fi cette tombe eft originale. Il faudroit fe tranfporter fur les lieux pour en juger. 5 L'épée de Charlemagne fe voit

---

cem folum habet, nec in mento barbam. Tunica indutus breviore, chlamyde etiam amicitur, quæ ad dextrum humerum fibula firmatur more Romanorum veterum. Tibialia fafciolis conftare videntur.

Caroli Magni imagines in tabula fequenti exhibitæ, ex Aquis Sextiis mihi tranfmiffæ fuerunt, ex MSS. Peirefcii exceptæ. Ex Aquifgrani Ecclefia illas eruere fruftra conatus, demum D. de Mazaugues Præfidis liberalitati ipfas debeo. Curante & omnia accurate delineari fatagente D. Fournier Sancti Victoris Maffilienfis Monacho. Primum fchema Carolum Magnum genuflexum, nudis pedibus repræfentat, dextro brachio geftantem, & finiftra manu fuftinentem Eccle- *In vita Caroli Magni,* fiam duabus inftructam turribus, quam ipfe Aquifgrani opere mirabili conftruxit, inquit Eginardus. *p. 100.* Hæc porro imago Carolum Magnum Regem effert. Sequens vero Imperatorem exhibet. Corona Imperialis eft fuperne claufa & in acumen definens. Hic etiam brachio Ecclefiam illam fuftentat, fed fub alio confpectu pofitam. Genuflexi Caroli tibiæ pedefque latent fub pallio latiffimo, longis manicis inftructo, & collari fuperne. Quod vero fingularius eft, globu-

lis a fummo ad imum clauditur. Perrari certe funt iftis tempoiibus globuli. Similes tamen vidimus in imagine Aprilis menfis viri forma repræfentati, ex manufcripto eruti, qui ut putatur, tempore Conftantii Imperatoris defcriptus fuit : ac longe haud dubie antiquior Carolo Magno. Aprilis ergo ille quem dedimus in Supplemento ad Antiquitatem explanatam, p. 32. tunicam habet, globulis fimilibus inftructam. Carolus vero Magnus jam ætate provectus hujufmodi amictu contra frigoris injurias in iftis Septentrionalibus regionibus fefe muniebat. Protome inferius exhibita, capfa eft reliquiarum Caroli Magni inferioribus fæculis adornata, ut arguunt aquilæ & lilia magno numero appofita, quæ fignificant ipfum Imperatorem & Franciæ Regem fuiffe. His Carolus ut Sanctus repræfentatur ; ut talis enim celebratur & Aquifgrani & multis aliis in locis. Caroli Magni fepulcrum fequens, illum ftatura brevem exhibet, qui admodum procerus erat, ut fuperius exhibetur. Ignoramus autem utrum hic tumulus fic primo ftructus, an reftitutus fuerit. Ipfa loca adire opus effet, ut tuto fententia ferretur. Gladius Caroli in vagina pofi-

MONUMENS DE CHARLEMAGNE. 177

sur la même Planche dans son fourreau, telle qu'on la montre à Aix-la-Chapelle.

Dans la Planche d'après se voit Charlemagne donnant la main à Constantin Empereur d'Orient, qui se tient à une porte de Constantinople. Ces figures se voient aux vitres du chevet de S. Denis, faites par l'ordre de l'Abbé Suger qui s'y est fait peindre lui-même plusieurs fois avec son nom écrit. L'habit & les couronnes des deux Empereurs sont de pur caprice. On a pourtant jugé à propos de les mettre ici, afin qu'on voie ce qu'on pensoit dans le 12me siecle sur les couronnes & les habits des Empereurs. L'épée qu'on appelle à S. Denis de Charlemagne, est representée de l'autre côté. Il n'y a que le pommeau & la garde qui soient bien anciens, la poignée & tout le reste ont été faits dans des tems bas. PL. XXIV.

La Planche qui suit represente Charlemagne assis, recevant trois Ambassadeurs [1] de l'Empereur Constantin. Il porte la couronne fermée; ce qui fait voir que Suger qui a fait faire cette image comme la precedente, distinguoit la forme de la couronne Imperiale d'avec la Roiale. L'inscription en haut est, *Nuncii Constantini ad Carolum Parisius. Les Ambassadeurs de Constantin à Charles qui étoit à Paris.* Charlemagne ne reçut jamais à Paris des Ambassadeurs de Constantin. NANCII pour *Nuncii*, est ainsi écrit dans l'original. [2] La figure suivante de Charlemagne qui tient la main sur la garde de son épée, se voit au Chapitre de l'Abbaye de Notre-Dame de la Grasse, Diocése de Carcassonne. Elle paroît avoir été faite vers le siecle de S. Louis, d'une espece de stuc qui tient au mur. Ce qu'il a de particulier est un habit chargé d'écussons, qu'on observe ailleurs dans le treiziéme & quatorziéme siecle. Le bas des jambes est tombé. Le Dessinateur les a representées entieres, & a donné à toute la statuë un air plus gracieux qu'elle n'a dans l'original. La figure [3] suivante est de Louis le Debonnaire, representé ici comme on le voit sur son tombeau dans l'Eglise de S. Arnoul de Mets. Il n'y a rien de remarquable que son sceptre qui se termine en une touffe de feuilles. On en voit pourtant d'autres de même. Celui de Childebert de notre portail qui est fait de son tems, en approche, & un de Louis le Jeune que nous verrons en son lieu, est tout-à-fait semblable à celui-ci. Ce premier [4] sceau que nous voyons après avec le Monogramme, est de Charlemagne. Les [5] deux autres sont de Louis le Debonnaire Empereur, qui s'écrit toujours sur les sceaux [6] HLVDOVICVS. Le sens de l'inscription du premier est, *Christ protegez l'Empereur Louis.* PL. XXV. 1 2 3 4 5 6

tus hic delineatus fuit, qualis Aquisgrani monstratur.

In tabula sequenti Carolus Magnus manum porrigit Constantino Imperatori Orientis, qui stat in porta Constantinopolitana. Hæc porro imago in vitreis apsidis Ecclesiæ sancti Dionysii habetur, cum aliis multis jussu Abbatis Sugerii concinnatis, qui Abbas sese pluries in iis depingi curavit suo adscripto nomine. Imperatorum vestes & coronæ ex pictoris forte arbitrio factæ sunt. Isthæc tamen hic apponere visum est, ut videatur quid illo ævo de coronis & vestibus Imperatorum æstimaretur. Gladius quem in Monasterio Sancti Dionysii Caroli Magni vocant, in altera tabula parte repræsentatur. Hic vetustior est capuli pila, & quæ ab altera parte capulo hæret virga : ipse vero capulus & cætera omnia recentiora sunt.

Tabula sequens sedentem monstrat Carolum Magnum, Oratores Imperatoris Constantini recipientem. Is coronam gestat superne clausam, quo arguitur Sugerium, qui hasce imagines curavit, coronam Imperialem a regali distinxisse. Inscriptio superne posita sic habet : *Nancii Constantini ad Carolum Parisius.* Carolus autem Magnus nunquam nuncios Constantinopolitanos Lutetiæ Parisiorum suscepit. *Nancii* ibi pro *nuncii*

positum est. Schema sequens Caroli Magni, qui manu gladii capulum tenet, in Capitulo Monasterii B. Mariæ Crassensis in Diœcesi Carcassonensi visitur ; quod Monasterium ab ipso fundatum est. Videtur autem concinnatum fuisse circiter S. Ludovici tempus, marmorario pulvere & opere muro hærente. Quod in illo singularius observatur vestis est scutis operta : quod alibi etiam observatur in imaginibus quibusdam decimi tertii & decimi quarti sæculi. Extremæ vero tibiæ in archetypo jam exciderunt ; sed pictor integras exhibuit, ac statuæ formam & gratiam indidit, quæ in archetypo non observatur. Schema sequens est Ludovici Pii qualis repræsentatur in sepulcro suo in Ecclesia sancti Arnulphi Metensis. Hic nihil non vulgo observatum conspicimus, nisi sceptrum addensatis foliis superne terminatum, cui tamen affinia quædam vidimus, ut sceptrum Childeberti in ostio Ecclesiæ nostræ, & Ludovici junioris item sceptrum huic per omnia simile. Sigillum vero primum quod ibidem cum Monogrammate cernimus, est Caroli Magni. Duo sequentia sunt Ludovici Pii Imperatoris : qui semper in sigillis HLUDOVICUS scribitur. Inscriptio est : *Christe protege Hludovicum Imperatorem.*

Mm iij

CHARLES II. dit le Chauve. LOTAIRE Empereur.

LOUIS Roi de Germanie.   PEPIN en Aquitaine.

840. LOTAIRE aiant appris la mort de son pere, passa les Alpes & vint en France : se souciant peu des traitez faits & des sermens donnez, il pensa à se rendre maître absolu de tout l'Empire en excluant ses freres ; il envoia des gens de tous côtez pour se faire reconnoître par tout. Il voulut d'abord opprimer son frere Louis qui étoit avec une armée au-delà du Rhin ; donnant cependant de belles paroles à son frere Charles pour l'amuser, & tomber ensuite sur lui quand il seroit venu à bout de l'autre. Il passa donc le Rhin avec une armée la plus grande qu'il pût lever, & marcha vers Louis qui l'attendoit. Les deux armées étant en presence, Lotaire vit bien qu'il n'en viendroit pas à bout sans risquer une bataille dont le succès seroit douteux. Esperant donc de pouvoir opprimer plus facilement Charles son frere, il traita avec Louis, le laissa maître pour un tems, comme il s'imaginoit, de ce qu'il avoit occupé, & s'en alla vers la France occidentale contre Charles. A son arrivée bien des gens abandonnerent Charles & se tournerent de son côté : ce qui lui enfla le cœur, & lui fit esperer un succès heureux. Charles ne perdit pas courage ; & quoiqu'inferieur en forces, voiant ses gens bien resolus, il s'avança vers son frere comme pour lui donner bataille. Lotaire qui avoit vû bien des gens quitter son frere pour se joindre à lui, crut que ce parti se dissiperoit & viendroit enfin à rien. Ne voulant donc point hazarder une bataille, il écouta des propositions de paix. Les deux freres convinrent ensemble, que Lotaire laisseroit à Charles l'Aquitaine, la Septimanie, la Provence, & dix Comtez entre la Loire & la Seine, en attendant qu'on eût reglé toutes choses dans l'Assemblée generale qui se devoit tenir à Attigni.

Pendant que Charles travailloit à s'assurer des païs que son frere venoit de lui accorder, & à mettre à bas le parti de Pepin son neveu qui remuoit en Aquitaine, Lotaire marche vers le Rhin, passe cette riviere avec une grande armée, & va chercher Louis son frere, dont l'armée effraiée de ce grand

---

CAROLUS II. Calvus. LOTHARIUS Imperator.
LUDOVICUS in Germania.
PIPINUS in Aquitania.

Nithard. lib. 2. Annal. Bertin. Ann. Mel.

AUDITA morte patris Lotharius, Alpes transgressus in Franciam venit. Nihilque curans promissa, præstitaque sacramenta, Imperium sibi totum excluſis fratribus, arripere cogitavit, missis undique qui ad sibi parendum omnes cohortarentur. Fratrem vero Ludovicum, qui cum exercitu trans Rhenum erat, statim opprimere voluit, verba dans interim Carolo, ut quiete ageret, donec alio dejecto, ipsum etiam invaderet. Rhenum itaque cum exercitu quam maximo potuit, trajecit, & ad Ludovicum movit. Cum in conspectu jam exercitus essent, cernens Lotharius non posse Ludovicum sine prœlii discrimine atteri ; speransque se facilius alterum fratrem Carolum oppressurum esse, cum Ludovico pactus est, ipsique ea quæ jam occupaverat ad tempus, ut putabat, possidenda reliquit, & in Occidentalem Franciam contra Carolum perrexit. Adveniente illo multi Carolum deseruere, & ad ipsius se transtulere partes : unde inflatus bono rei exitu sibi gratulabatur. Neque tamen animo defecit Carolus, ac licet viribus impar, cum suos intrepidos esse cerneret, versus fratrem movit quasi pugnaturus. Lotharius qui multos viderat a Carolo defecisse, sequuturos etiam cæteros, & Carolum desertum fore sperabat. Cum igitur hac rerum conditione prœlii discrimen subire nollet, pactionem cum Carolo transegit, ut Aquitaniam illi, Septimaniam, Provinciam, ac decem Comitatus inter Ligerim & Sequanam concederet, donec in conventu generali Attiniaci celebrando, de hisce omnibus communi consensu statueretur.

Dum autem Carolus sibi concessas a fratre regiones ditioni suæ subigere, filiumque fratris in Aquitania invadere multa studentem, a cœpto deturbare satagit ; movet Lotharius, Rhenum trajicit cum ingenti exercitu & ad Ludovicum contendit. Hujus exercitus tanto pugnantium numero perterritus, multis etiam ut

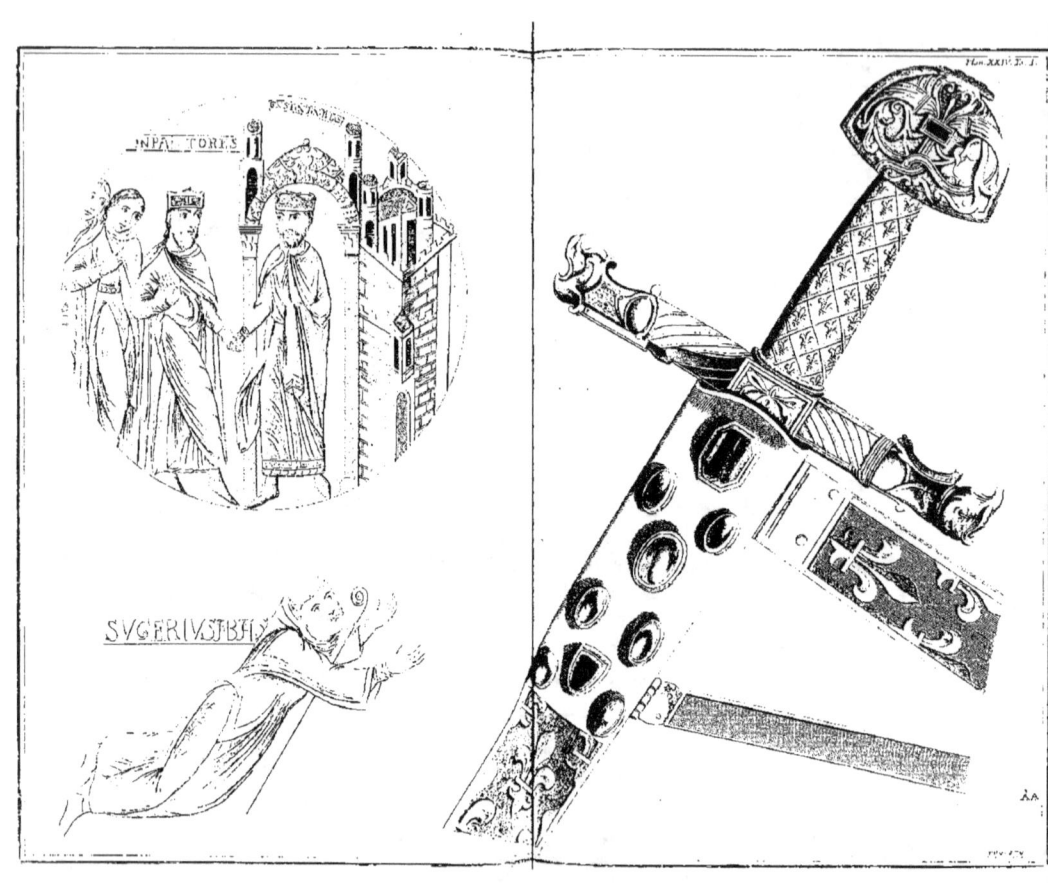

nombre, & sollicitée de se ranger du côté de l'Empereur, se dissipa. Une partie des troupes s'unit à Lotaire, d'autres s'enfuient. Louis, presque abandonné, se retira en Bavière. Lotaire regardant l'affaire comme finie de ce côté-là, repassa le Rhin pour aller contre Charles, & laissa Adelbert Comte de Mets avec quelques troupes pour s'opposer à Louis en cas qu'il remuât de nouveau. Quand Louis apprit que Lotaire avoit repassé le Rhin, & marchoit contre son frere Charles, il assembla une armée, & vint fondre sur Adelbert qui fut défait, & demeura mort sur la place. Il fit donner avis à Charles qu'il venoit à son secours, & qu'il s'avançât aussi de son côté, afin qu'ils pussent joindre leurs forces contre Lotaire, qui fit tout ce qu'il pût pour empêcher cette jonction. Mais malgré tous ses efforts les deux freres se joignirent enfin, & Lotaire unit ses troupes à celles de son neveu Pepin venu d'Aquitaine. Les deux armées étant près l'une de l'autre, Louis & Charles firent proposer à Lotaire un accommodement, & lui offrirent même de gros presens s'il vouloit composer avec eux; & avec cela chacun voulut lui ceder quelque chose des Etats que leur pere leur avoit laissez en partage: mais ils le trouverent inflexible; il prétendoit toujours de rester seul Monarque de la France: il fallut en venir à une bataille qui se donna à Fontenai dans l'Auxerrois. Dans ce combat une partie des troupes de Charles plia d'abord; mais les deux freres demeurerent victorieux: le carnage fut si grand de part & d'autre qu'on n'en avoit guere vû de pareil en France: ce qui abbattit si fort les François, dit l'Annaliste de Mets, que depuis ce tems-là, non-seulement ils ne purent rien conquerir, mais ils eurent de la peine à se soutenir. Lotaire se retira à Aix-la-Chapelle, Louis repassa le Rhin au mois d'Août, & Charles vint en Aquitaine pour en chasser Pepin, & seroit peut-être venu à bout de cette entreprise, si la dissension qui étoit entre les chefs de son parti, dont il n'étoit pas bien le maître, n'avoit pas fait échouer ses desseins.

Lotaire faisoit ses diligences pour rétablir ses affaires, il ramassoit des troupes de tous côtez. La séparation de ses deux freres, si éloignez l'un de l'autre qu'ils étoient peu à portée de s'entresecourir promptement, lui donnoit beau jeu. Il s'avança avec son armée dans la Neustrie, & vint jusqu'au Maine, brûlant & saccageant tout ce qui se rencontroit sur sa route. Puis retournant vers Paris, il rencontra son frere Charles près de S. Denis. Il n'y avoit que la Seine entre

---

ad partes Lotharii trahere hortantibus, dissluere cepit, pars Lothurium adit, pars in fugam vertitur. Pene desertus Ludovicus in Baioariam se recipit. Lotharius vero rem in illa parte quasi perfectam absolutamque respiciens, Rhenum denuo trajicit ut jam contra Carolum moveat, relicto ad custodiam Adelberto Metensi Comite cum copiis, qui Ludovico obsisteret, si ille quidpiam moveret. Ubi comperit Ludovicus Lotharium denuo transmeasse Rhenum, & contra Carolum pergere, collecto exercitu Adelbertum adortus est, qui victus fuit & in prælio cecidit. Tum Carolum monere curat, se ad opem illi ferendam properare, ut & ipse quantocius posset accederet, & copias contra Lotharium ambo jungerent. Lotharius vero nihil non agebat ut junctionem hujusmodi interpellaret. Verum ægre licet Ludovicus & Carolus cum copiis uterque suis una convenere. Lotharius vero Pipinum fratris filium cum copiis Aquitanicis advenientem exercitui suo junxit. Cum jam in conspectu exercitus essent, Ludovicus & Carolus Lothario fratri conditiones per nuncios obtulerunt, munera pollicentes multa, imo ex portione sua se aliquid concessuros esse dicentes, si pacem secum habere vellet. At inexorabilem illum experti sunt. Tenamque solum Francorum Imperatorem & Monarcham dictitabat. Ferro itaque decernendum fuit: Fontanau autem in pago Antissiodorensi commissa pugna est, initio pugnæ pars copiarum Caroli pedem retulit & fugit. Verum ambo fratres victores fuere, tanta vero utrinque strages fuit, vix ut quidpiam simile in Francorum Imperio visum fuerit. Atque ita Francorum vires attenuatæ sunt, inquit Annalista Metensis, ut non modo ad amplificandos regni terminos, verum etiam ad tuendos proprios in posterum non sufficerent. Lotharius Aquisgranum se recipit. Ludovicus Augusto mense Rhenum transiit. Carolus vero in Aquitaniam venit, Pipinum ejecturus: & fortalle rem perfecisset, nisi suborta inter Duces suos, quos sedare non poterat, dissensio, consilia interturbasset.

Lotharius vero damna sarcire conabitur, copias undique colligebat. Tanto spatio distitos fratres, qui sibi mutuo opem ferre nequibant, singulatim aggredi poterat. In Neustriam ergo movit, & ad usque Cenomanensem pagum pervenit, per viam omnia devastans, deindeque versus Parisios iter habens, fratri Carolo prope S. Dionysium occurrit. Sequana tantum

Ibidem.

eux deux. Le péril étoit grand pour celui-ci, vû la grande inégalité des forces : mais, dit Nithard, la Seine s'accrut alors tout d'un coup, quoiqu'il y eût deux mois qu'il n'avoit plu. Lotaire se voiant hors d'état de passer la riviere, fit faire de nouvelles propositions de paix à son frere pour le surprendre ; mais ces propositions furent rejettées. Lotaire se mit en marche pour aller joindre Pepin qui venoit de l'Aquitaine avec ses troupes. Au même tems Charles apprit que sa sœur Hildegarde avoit fait revolter la ville de Laon, & s'étoit saisie d'Adelgaire que Charles avoit mis là apparemment pour la garder. Il y accourut en diligence, & reprit d'abord cette ville. Cependant Lotaire joignit Pepin à Sens. Charles aiant appris cette jonction, se retira promtement, & à grandes journées gagna les forêts du Perche, où il se mit en état de ne pouvoir être forcé à en venir aux mains. Lotaire le poursuivit durant quinze jours, & tenta tout pour profiter de sa superiorité ; mais voiant que c'étoit inutilement, il abandonna l'entreprise ; & Pepin qui l'étoit venu joindre avec les troupes d'Aquitaine, se retira chez lui.

841. Charles se voiant delivré de la poursuite de son ennemi, se mit en chemin pour aller trouver Louis son frere, selon la parole qu'ils s'étoient donnée, & gagna le Rhin. Les deux freres se rendirent à Strasbourg le 22. Fevrier, où ils se promirent par serment de ne jamais s'abandonner l'un autre. Le traité qu'ils firent ensemble nous a été conservé par Nithard : l'un est écrit en Langue Romance, & l'autre en Langue Theotisque. Cette Langue Romance a ici les terminaisons des verbes & des noms telles qu'on les voit encore aujourd'hui en certaines contrées de l'ancienne Aquitaine. La principale partie du Roiaume de Charles étoit alors l'Aquitaine par la convention faite ci-dessus avec son frere Lotaire. Ce fut apparemment pour cela qu'il fit sa convention en cette dialecte Aquitanique. Je suis persuadé qu'en France deça la Loire on avoit déja commencé à terminer les noms & les verbes comme on les termine aujourd'hui.

Ce traité rendu public leur attira bien des gens. Plusieurs abandonnerent Lotaire ; leur parti se fortifia de jour en jour. Les deux freres firent bien des réjoüissances décrites au long par Nithard. Carloman fils de Louis vint joindre son pere avec une grande armée de Saxons & d'Allemans, & s'avança jusqu'à Coblents : ce que voiant l'armée de l'Empereur qui n'étoit pas loin de là, elle

---

interposito, magnumque sane periculum Carolo viribus impari imminebat. Verum, inquit Nithardus, tunc Sequana repente intumuit, quamquam a duobus mensibus pluviæ nullæ fuerant. Vidensque Lotharius se flumen trajicere non posse, fratri novas pacis conditiones simulatas proposuit ; sed cum rejectæ illæ fuissent, movit ille, ut Pipinum cum copiis ex Aquitania ad se properantem conveniret. Eodem tempore audivit Carolus sororem suam Hildegardem Laudunensem urbem ad rebellionem impulisse, & Adelgarium, quem ipse, ut videtur, ibi ad custodiam reliquerat, captum tenere. Tum ille celeri cursu eo se contulit, urbemque recepit. Interea Lotharius Pipinum apud Senonas junxit : quo comperto Carolus velociter ad saltum, qui *Pertica* dicitur, properavit, ubi non ita facile ad pugnam provocari poterat. Lotharius illum per dies quindecim insequutus est, ut tot instructus viribus fratrem obrueret. Sed ubi vidit frustra cedere conatum, a re cœpta destitit, Pipinusque in Aquitaniam reversus est.

Iidem. Post recessum Lotharii, Carolus libere viam capessit ut Ludovicum fratrem ex condicto conveniat, & ad Rhenum pervenit. Ambo fratres Argentoratum se contulerunt 22. Februarii. Ibi sacramentis adhibitis perpetuam amicitiam armorumque societatem sibi mutuo polliciti sunt. Fœdus illud a Nithardo relatum fuit idiomate Romano, qualis in Galliis tunc in usu erat, & idiomate Theotisco. Idioma autem illud Romanum, verborum nominumque terminationes exhibet, quales hodieque in quibusdam veteris Aquitaniæ regionibus usurpantur. Regni Caroli pars præcipua Aquitania erat, secundum pactionem cum Lothario initam de qua supra actum, Ideoque, videtur, fœdus illud Aquitanico idiomate describi curavit. In Francia vero citra Ligerim, jam cœpta erat nominum verborumque terminatio, qualis hodie usurpatur.

Hoc fœdus publice prolatum, multos ad partes amborum fratrum attraxit : plurimi Lotharium deseruerunt, Ludovicus & Carolus, rebus ex voto succedentibus, conviviis & ludis operam dederunt, ut pluribus memorat Nithardus. Carolomannus vero Ludovici filius ad patrem venit cum exercitu magno Alamannorum & Saxonum, & ad Confluentem usque movit : quo comperto exercitus Imperatoris qui non procul aberat, festinanter recessit. Lotharius porro

Nithard. p. 335.

CHARLES II. dit le Chauve.

se retira avec précipitation. Lotaire qui ci-devant couroit librement dans la Neustrie, se vit obligé non-seulement de la quitter, mais aussi d'abandonner l'Austrasie & une partie de la Bourgogne en se retirant à Lion.

L'autorité des Evêques étoit grande en ces tems-là, elle s'étendoit non-seulement sur les affaires Ecclesiastiques, mais aussi sur les principales de l'Etat. Les deux freres voulurent se munir de ce nouveau soutien contre les entreprises de Lotaire. Ils tinrent une Assemblée à Aix-la-Chapelle, où il s'en trouva un grand nombre. On requit leur Jugement sur la conduite de Lotaire. Ils en rendirent un solennel qui portoit : Que par ses actions contre l'Eglise, contre son pere & contre ses freres, Lotaire étoit déchû de sa portion des terres de deçà les monts. Les Evêques consentirent que les deux freres la partageassent ; & alors ils diviserent entre eux deux la part de l'Austrasie échuë à Lotaire.

Ce partage ne fut pas mis en execution. Lotaire voiant que ses affaires tournoient de mal en pis, chercha à faire un accommodement avec ses freres. Eux aussi de leur côté, las de tant de mouvemens & de malheurs, y donnerent volontiers les mains. Les trois freres s'assemblerent dans une Isle sur la Sône, accompagnez chacun de quarante Seigneurs, où ils convinrent de partager tous les Etats de leur pere en trois portions égales dont Lotaire auroit le choix, hors la Baviere, la Lombardie & l'Aquitaine qui n'entroient point dans ce partage : & que les quarante Seigneurs de la part de chacun des Princes, qui faisoent six-vingt en tout, s'assembleroient à Mets pour faire ce partage selon Dieu & leur conscience. L'Assemblée indiquée à Mets, ne se tint pas là ; le lieu assigné depuis fut Coblents ; on changea encore par l'irresolution de Lotaire, & elle fut indiquée à Thionville, où elle se tint. Les Seigneurs assemblez firent ce partage qu'ils finirent au 16. de Mars. La Neustrie échut à Charles jusqu'à la Meuse, en y comprenant le Languedoc & la Marche d'Espagne. Pepin étoit pourvû de l'Aquitaine, & il ne fut rien decidé là-dessus. Louis eut la Germanie jusqu'au Rhin, & quelques terres à l'autre bord. Lotaire eut le titre d'Empereur qui ne lui fut jamais disputé, & avec cela l'Italie, la Provence, & tout ce qui étoit enfermé entre l'Escaut, le Rhin, la Meuse & la Sône.

Après cette division, ces grands Etats ne revinrent plus sur la même tête

Partage fait entre les trois freres.

843.

---

qui libere nuper Neustriam percurrebat, non modo ab illa, sed etiam ab Austrasia excedere compulsus est, necnon a Burgundiae parte quadam, & Lugdunum se recepit.

Perampla erat illis temporibus Episcoporum auctoritas, qui non solum Ecclesiae negotia, sed etiam Imperii praecipua moderabantur. Hoc se fulcro fratres ambo contra Lotharii molimina munire voluere. Aquisgrani igitur conventum habuere, quo multi convenerunt Episcopi. Illorum requiritur judicium circa Lotharii gesta. Illi vero hanc promulgavere sententiam : Lotharium per ea quae contra Ecclesiam, & adversus patrem fratresque suos fecerat, ab ea imperii parte, quae citra montes erat excidisse. Annuentibus autem Episcopis, partem Austrasiae quae Lothario competebat, ambo fratres inter se diviserunt.

idem. Haec divisio nunquam peracta fuit. Cernens enim Lotharius res suas in pejus semper ruere, res cum fratribus componere quaesivit. Ipsi quoque tot motuum maiorumque pondere defessi, ad pacta transigenda libenter accesserunt. Tres ergo fratres in insulam ad Ararim fluvium convenerunt ; singuli quadraginta ex primoribus regni sui ducentes : in hanc autem sententiam omnes coierunt, ut patris sui regna regionesque tres in partes dividerentur, & quam vellet Lotharius optaret, exceptis Baioaria, Langobardia & Aquitania, quae in tribus illis partibus non continebantur : utque quadraginta singularum partium primores, qui simul centum viginti erant, Metis congregarentur, ut illa omnia secundum Deum & conscientiam suam partirentur ; sed conventus ille non Metis habitus est, at ad Confluentem postea indictus ; ob incertum Lotharii animum in Theodonis villa demum habitus est. Optimates illi congregati divisionem illam fecere, quae decima sexta Martii sequentis terminata fuit. Neustria Carolo assignata fuit usque ad Mosam, cum Septimania & Marca Hispanica. Pipinus vero Aquitaniam tenebat, circa quam nihil statutum fuit. Ludovicus Germaniam habuit, usque ad Rhenum, cum paucis ad ripam alteram locis. Lotharius Imperatoris nomen habuit, quod nunquam in controversiam venerat, Italiam quoque provinciam, & quidquid intra Scaldim, Rhenum, Mosam & Ararim includitur.

Post hanc divisionem tot tantarumque regionum, eae nunquam postea sub ejusdem Principis ditionem

comme ci-devant, sinon pour fort peu de tems sous Charles le Gras, & les trois parts furent subdivisées pendant long-tems en d'autres Principautez, ce qui causa des maux infinis. Pendant le tems de ce partage, Charles épousa dans son Palais de Kiersi sur Oise Hermentrude fille d'Odon, & petite-fille d'Adelard, qui avoit eu grand credit sous Louis le Debonnaire.

Les Normans profitans de ces divisions, guerres, batailles où périssoient presque tous les braves de la Monarchie, pillerent & ravagerent presque toute la France, & un grand nombre de payis de la Germanie.

L'an 843. au mois d'Avril, mourut à Tours l'Imperatrice Judith: & peu de tems après le Comte Bernard, qui avec la même Imperatrice avoit été ou la cause, ou le pretexte de tant de malheurs, & qui étoit enfin tombé dans la disgrace de Louis le Debonnaire, ne survécut pas long-tems à Judith. Accusé d'avoir brassé quelque trahison dans la Marche d'Espagne, il fut pris par ordre du Roi Charles, & fut condamné à mort & executé par le Jugement des Seigneurs François.

Pendant cette guerre meurtriere des fils de Louis le Debonnaire contre leur pere, & depuis des trois freres entr'eux; les Gascons, nation qui depuis qu'ils s'étoient rétablis en deça des Pyrenées, avoient presque toujours fort remué, ne manquerent pas de se servir de cette occasion pour faire de nouvelles entreprises. Un nommé Azenat qui s'étoit emparé du Comté de Gascogne, étant mort l'an 836. Sanche son frere prit sa place, & s'y maintint malgré les efforts qu'on fit pour l'en chasser. Il y avoit alors dans le payis un Duc nommé Totilus, dont on ne sait l'histoire que par échappées, malgré lequel Azenat & Sanche se maintinrent dans leur Comté. Cependant Totilus resista vigoureusement aux Normans, qui aiant fait, mais inutilement, une entreprise sur Bourdeaux, ravagerent tout le dedans du payis, & ruinerent Basas, Aire, Laitoure, Tarbe & autres Places, & battirent deux fois ce Duc: mais la troisiéme fois, Totilus les défit à plate couture, & les chassa de la Gascogne. Après sa mort on donna le Duché à Seguin qui fut défait par les Normans entre Saintes & Bourdeaux. Guillaume lui succeda, & ne pût empêcher que les Gascons n'établissent Sanche Duc de Gascogne.

Nominoë Comte des Bretons, joint au Comte Lambert, défit & tua Rainaud Comte de Nantes, & ravagea toutes les Provinces des environs; de sorte

Ann. Bert. reversæ sunt, nisi pro tantillo tempore sub Carolo Crasso, ac tres illæ partes diu in alias subdivisæ mansere, unde damna emerserunt innumera. Dum huic partitioni daretur opera, Carolus Carisiaci in Palatio suo ad Isaram uxorem duxit Hermentrudem filiam Odonis & neptem Adelardi, qui tantam gratiam penes Ludovicum Pium Imperatorem habuerat.

Normanni arrepta tot dissensionum, bellorum, pugnarum occasione, in queis cadebant pene quotquot viri fortes erant in Francorum imperio, fere totam Galliam, & magnam Germaniæ partem depopulabantur & devastabant.

Ann. Bert. Anno 843. mense Aprili apud Turonas obiit Juditha Imperatrix: nec multo postea Bernardus Marcæ Hispanicæ Comes, qui cum Juditha vel causa tot malorum fuerat, vel obtentum seditiosis præbuerat, & tandem Ludovico Pio invisus evaserat, in perniciem ruit. Accusatus quod contra Regem aliqua molitus esset in Hispanica Marca, jussu Caroli comprehensus, & Francorum judicio capitali damnatus sententia, mortem subiit.

Interea dum bellum ferveret primo inter filios Ludovici Pii & patrem, deindeque inter fratres, Vascones, qui tempore quo ex Pyrenæis montibus egressi, in Galliam habitare cœperant, in motu semper fuerant, hac arrepta occasione, nova moliti sunt. Azenatus, qui Vasconiæ Comitatum invaserat, sub hæc obiit anno 836. Sancius vero frater ejus locum ipsius occupavit, ac pellere se conantibus strenue obstitit. Tunc erat in hisce partibus Dux Totilus, de quo in historia nonnisi hinc & inde mentio habetur, quem se adorientem Azenatus & Sancius fortiter repulerunt. Tamenque Totilus bellum cum laude gessit contra Normannos, qui cum Burdegalam frustra tentassent, interiora regionis devastarunt, urbes, Vasatas, Aturum, Lectoram, Tarbam, aliasque depopulati sunt, bisque Totilum ipsum in fugam verterunt; sed is tertio adortus illos devicit, atque ex Vasconia abscedere compulit. Totilo defuncto Seguinus successit, qui a Normannis inter Burdegalam & Santonas profligatus est. Illi Guillelmus successit, qui Vasconibus Sancium in Ducem constituentibus, frustra rem impedire nisus est.

Ann. Bert. Nominoius Britonum Comes cum Lantberto Comite junctus, Rainaldum Namnetensem Comitem, adorti interficiunt, & omnes circum regiones de-

CHARLES II. dit le Chauve.

qu'empêchant la culture des terres, les payisans furent obligez de mêler la terre avec la farine pour faire du pain. Les Normans prirent peu de tems après la ville de Nantes, massacrerent l'Evêque & grand nombre d'Ecclesiastiques & de Bourgeois, puis se jetterent sur l'Aquitaine, où ils firent bien des ravages.

Le Roi étant venu en Aquitaine, alla assieger Toulouse, dont s'étoit saisi Guillaume fils du Comte Bernard, & fit marcher un corps de troupes de France pour renforcer son armée. Pepin alla attaquer ces troupes dans l'Angoumois, les mit en déroute, en tua un grand nombre, & fit beaucoup de prisonniers, qu'il ne lâcha qu'après les avoir fait jurer qu'ils ne lui feroient plus la guerre. 844.

Cependant Nominoë continuoit toujours ses ravages, & poussant jusques dans le Maine, il mettoit tout à feu & à sang ; mais aiant appris que les Normans avoient fait une descente en son payis, il fut obligé de se retirer. Aiant depuis usurpé la qualité de Roi, Charles voulut le remettre à son devoir, & marcha contre lui à la tête d'une armée. Nominoë n'attendit pas qu'il vînt jusqu'en Bretagne, mais il alla à sa rencontre, lui donna combat, mit son armée en déroute, & l'obligea à s'enfuir dans Chartres. Ce ne fut pas le seul échec que Charles eut dans sa guerre contre ce Nominoë, qui fit si bien qu'il se fit déclarer & couronner Roi solennellement. C'est le grand heros des Bretons. *Guerres de Nominoë.*

Les Normans montans par l'embouchure de la Seine, prirent & pillerent Rouen. Une partie de ces pillards avec des barques, ravagerent les bords de la Seine, tenterent de prendre Paris, pillerent l'Abbaye de S. Germain des Prez, & montant encore plus haut, ils saccagerent & ruinerent la Ville de Melun. Charles leur fit des présens pour les obliger de se retirer. Ils se retirerent en effet, mais ils revinrent bien-tôt après ravager la Picardie & la Flandres. En cette même année Charles s'étant rendu à Saint Benoît sur Loire, fit un accommodement avec Pepin, à qui il ceda l'Aquitaine à condition qu'il lui en feroit hommage : mais cette paix dura fort peu de tems. 845. *Ravages des Normans.*

Charles s'étant avancé avec une armée vers la Bretagne, par l'entremise de quelques amis communs, fit sa paix avec Nominoë. Mais celui-ci fut défait l'année d'après par les Normans qui avoient fait une descente en Bretagne ; à force d'argent il obtint d'eux qu'ils se retireroient. 846. 847.

---

vastant ; ita ut agricolæ cum terras colere non possent, terram cum farina miscere ut panem coquerent compulsi sint. Normanni vero non multum postea expugnata Namnetum urbe, occisisque Episcopo & Clericis, atque Laïcis promiscui sexus, civitatem totam diripuerunt : indeque Aquitaniam aggressi depopulati sunt.

Iidem. Carolus in Aquitaniam venit, posteaque Tolosam obsedit, quam occupaverat Guillelmus Comitis Bernardi filius, & exercitum ex Francia evocavit, ut ad obsidionem sibi subsidio esset. Verum Pipinus copias illas ad Regem properantes, in Ecolismensi pago profligavit, multos occidit, & quam plurimos cepit, nec ante dimisit, quam jurassent, se nunquam adversus Pipinum arma sumturos esse.

Idem. Interim vero Nominoius prædas agere non desistebat, & usque ad Cenomanensem regionem contendens, omnia igne ferroque vastabat : sed cum audisset Normanos in patriam suam exscensum fecisse, eo regredi compulsus est. Deinde vero cum Regis nomen usurpasset, Carolusque ut illum ad officium compelleret, adversus eum moveret : non exspectato illo Nominoius occurrit ipsi, pugnam cum illo commisit, exercitum ejus profligavit, ipseque Carolus fugiens Carnutum se recepit. Neque hac tantum vice Carolus pulsus est a Nominoio, qui sibi solenni ritu coronam imponi regiam curavit. Hic magnus est Britonum heros.

Normanni per Sequanæ ostium ingressi Rotomagum ceperunt ac devastarunt. Pars vero illorum conscenso navicullis flumine, ejus oras depopulati sunt, Lutetiam capere tentarunt, Monasterium Sancti Germani a Pratis diripuerunt, ulteriusque progressi Melodunum depopulati sunt, everteruntque. Carolus muneribus illos amovit. Verum non diu postea per Somonam fluvium ingressi longe lateque prædas egerunt, & Flandrensem etiam Comitatum devastarunt. Eodem anno Carolus ad agrum Floriacum venit ubi est Monasterium sancti Benedicti. Ibi Pipinum suscepit, acceptoque fidei sacramento Aquitaniæ dominatum illi permisit : verum non diuturna inter illos pax fuit. *Ann. Bert. Ann. Met.*

Cum movisset Carolus Britanniam versus, intervenientibus amicis quibusdam communibus cum Nominoio pacem fecit. Verum ipse Nominoius anno insequenti a Normannis qui in Britanniam Armoricam exscensum fecerant, victus fususque est. Quos ille numerata pecuniæ summa a finibus suis removit. *Iidem.*

Tome I.

CHARLES II. dit le Chauve.

Les trois freres, Lotaire, Louis & Charles envoierent une Ambassade à Oric Roi de Danemarc, lui signifier que s'il n'empêchoit pas ses Normans de venir faire des descentes dans leurs Etats, ils lui feroient la guerre. La suite fit voir que ces menaces n'avoient pas eu grand effet. Pepin assisté des Normans, donna bien des affaires à Charles dans l'Aquitaine. Charles s'y rendit avec une armée, brûla quelques vaisseaux des Normans sur la Dordogne, & chassa ces pirates de devant la ville de Bourdeaux. Les expeditions militaires de ce tems-là, se pouvoient plûtôt appeller des courses que des campagnes. Charles se retira après ces exploits; & les Normans profitans de sa retraite, surprirent Bourdeaux par la trahison de quelques Juifs, le pillerent & saccagerent, emmenerent prisonnier Guillaume Duc des Gascons. Ils demeurerent plusieurs années maîtres de cette Ville.

848.

Ce fut environ ce tems-là que Godescalc Moine d'Orbais, après plusieurs voiages, écrivit sur la Predestination, des Livres qui furent jugez dignes de censure. Il fut d'abord mené, dit l'Annaliste de S. Bertin, devant le Roi Louis le Germanique, & depuis presenté à Charles le Chauve dans un Concile où il fut foüeté & obligé de brûler ses écrits. Il y a encore aujourd'hui des Docteurs qui prétendent que ces écrits n'étoient point censurables.

Les débauches de Pepin & sa vie desordonnée, jointe aux vexations que lui & ses Officiers faisoient sur le peuple, lui attirerent la haine des petits & des grands, qui appellerent Charles le Chauve, le reçûrent à Limoges, & l'accompagnerent au siege de Toulouse, qu'il prit. Mais dès qu'il se fut retiré, ils se reconcilierent avec Pepin. Pendant ces brouilleries de l'Aquitaine, l'Empereur Lotaire & Charles le Chauve s'entrevirent, & se promirent par serment foi & amitié.

850.

Charles le Chauve fit un autre voiage en Bretagne, & renforça la garnison de Rennes, pour assurer cette ville contre les entreprises de Nominoë. Mais à peine se fut-il retiré que ce Prince Breton l'assiegea, la prit & emmena prisonniers tous les principaux. Enflé de cet avantage, il entra dans l'Anjou, ruina & saccagea tout sans épargner les Eglises. On regarda comme une punition divine une maladie violente qui le surprit & l'emporta le même jour. Herispoux ou Herispée son fils lui succeda; & étant venu à Angers vers le Roi Charles, il

851. Mort de Nominoë.

Iidem. Lotharius, Ludovicus & Carolus ad Oricum Danorum regem legationem miserunt, significantes, nisi Normannos ab incursionibus in regiones suas cohiberet, bello se ab ipsis impetendum esse non dubitaret. Ex iis porro quæ sequuta sunt, quam parvi fecerit Oricus minas hujusmodi, comprobatum est. Pipinus ope Normannorum multa contra Carolum in Aquitania perpetravit. Carolus autem illo cum valida manu contendit, Normannorum naves aliquot in Duranio incendit, illos a Burdegalæ finibus repulit. Expeditiones militares illo tempore excursiones magis, quam annui ad bellum conficiendum conatus vocari poterant. Carolus post hæc regressus est domum, quo recedente Normanni Burdegalam ex improviso capiunt proditione Judæorum quorumpiam, urbem diripuerunt ac devastarunt, Guillelmum Ducem Vasconum captivum abduxerunt, & aliquot annis urbe illa potiti sunt.

Iidem. Hoc circiter tempus Godescalcus Orbacensis Monachus, postquam plurima sui ceperat itinera, de Prædestinatione libros scripsit, qui censuram mereri judicati sunt. Godescalcus statim, inquit Annalista Bertinianus, ad Ludovicum Germaniæ Regem adductus est. Deindeque Carolo Calvo sistitur in concilio ubi flagellatus est, & scripta sua incendere coactus. Sunt tamen hodieque quidam qui putent scripta ejus non fuisse censuræ obnoxia.

Pipini inertia dissolutaque vita, necnon vexationes a ministris ejus factæ odium universorum in ipsum concitarunt. Qui Carolum advocantes, Lemovicis ipsum receperunt, & comitati sunt ad obsidionem Tolosæ pergentem, quam etiam cepit. Sed statim atque in Neustriam regressus est, cum Pipino reconciliati sunt. Inter hæc dum Aquitanici illi motus vigerent, Lotharius & Carolus fratres una convenerunt, sibique mutuo pacem & amicitiam polliciti sunt.

Carolus Calvus denuo in Britanniam Armoricam movit, & Rhedonicam urbem præsidio ampliore munivit, ut tuto contra Nominoi⟨u⟩m consistere posset. Sed vixdum regressus erat, cum Nominoius urbem obsidet & cepit, & nobiliores omnes captivos abduxit. Rebus prosperis inflatus, Andegavensem pagum invasit, omniaque depopulatus est, neque Ecclesiis pepercit. Ex divina porro ultione profectum putatur, quod subito morbo correptus, ea ipsa die obierit. Cui successit Herispous filius, qui *ad Carolum veniens,*

lui donna la main, & reçût de lui, dit le Croniqueur, les ornemens Roiaux & la même puissance qu'avoit son pere ; & avec cela Rennes, Nantes & le payis de Rets. Il y eut en la même année une Assemblée generale à Marsne sur les bords de la Meuse ; où les trois freres se promirent un secours mutuel & avec serment selon le stile du tems.

Charles se rendit en Aquitaine, appellé par Sanche Comte de Gascogne, & les Grands du payis, qui las de la mauvaise conduite de Pepin, le lui livrerent. Il le fit tondre & l'enferma dans le Monastere de S. Medard, d'où s'étant évadé, il se joignit aux Normans, en reniant la foi Chrétienne, & se mit à piller avec eux. Ils saccagerent Poitiers & quelques autres villes. Mais Pepin aiant été pris une seconde fois, il fut enfermé dans le château de Senlis : ce qui arriva l'an 864.

852.

Cette même année & la suivante les Normans firent des descentes & des ravages extraordinaires en Frise & en Hollande. Ils entrerent ensuite dans l'Escaut, & allerent brûler l'Abbayie de S. Bertin. Il y en eut qui montant par la Seine pillerent les Abbayies de Jumiege & de S. Vandrille, & allerent de là piller & brûler S. Quentin & Noion : mais au retour ils furent défaits par quelques bandes Françoises. D'autres entrerent par la Loire, monterent jusqu'à Tours, brûlerent la ville, l'Eglise de S. Martin, & plusieurs autres.

Charles le Chauve maltraitoit fort les Seigneurs de l'Aquitaine. Il fit couper la tête au Comte Gosbert & à plusieurs autres des principaux : cela joint au peu de soin qu'il avoit de les défendre des incursions des Normans, irrita tellement cette nation, qu'ils allerent prier Louis le Germanique d'accepter le Roiaume d'Aquitaine, ou de leur envoier son fils Louis pour le faire Roi. Malgré l'amitié qui avoit été ci-devant entre les deux freres, Louis ne pût resister à la tentation d'acquerir un Roiaume. Il envoia ce fils en Aquitaine, qui n'y trouva pas les dispositions telles qu'il les souhaitoit ; en sorte qu'il fut obligé de s'en retourner. Charles entra avec raison en méfiance de son frere, & s'unit plus étroitement avec Lotaire. Les deux freres se virent à Valencienne, ville dont la moitié étoit à l'un & la moitié à l'autre. Ils s'entrevirent encore à Liege, & inviterent Louis de s'y trouver aussi ; mais il n'osa se fier à eux.

853.
& les suivantes.

Un spectacle nouveau surprit bien des gens. Lotaire, ou touché de Dieu,

855.

---

inquit Annalista, *in urbe Andegavorum datis manibus suscipitur, & tam regalibus indumentis, quam paterna potestatis ditione donatur : addictis insuper ei Rhedonibus, Namnetis & Ratensi.* Eodem anno conventus generalis fuit in Palatio Marsnæ ad Mosam, ubi tres fratres mutuam opem & amicitiam sibi invicem, additis pro more sacramentis, polliciti sunt.

Carolus in Aquitaniam evocatus est a Sancio Comite Vasconiæ aliisque regionis istius proceribus, qui pravos Pipini mores non ferentes, comprehensum illum Carolo tradiderunt. Illum Carolus attonderi jussit, & in Monasterium S. Medardi inclusit. Unde postea dilapsus, sese Normannis adjunxit, & abnegata Christiana fide, cum illis regiones devastare cœpit. Simul autem Pictavorum urbem & quasdam alias diripuerunt. At cum Pipinus secundo captus fuisset, *in Sylvanectis arctissima custodia religatur.* Hic rei exitus fuit anno 864.

Hoc ipso anno & sequenti Normanni excensus fecere in Frisiam & Hollandiam omniaque depopulati sunt. Per Scaldim postea ingressi, Monasterium S. Bertini incenderunt. Alii per Sequanam ascendentes, Gemmeticense & sancti Vandregisili Monasteria incenderunt. Indeque excensu facto sancti Quintini oppidum & Noviomum depopulati, igni tradiderunt ; sed in reditu a quadam Francorum manu profligati fugatique sunt. Alii vero per Ligeris ostia ingressi, ad Turones usque ascenderunt, urbemque, Ecclesiam Sancti Martini & alias multas incenderunt.

Carolus Calvus Aquitaniæ primores aspere agebat. Gosbertum Comitem aliosque plurimos capite truncari jussit. Cumque ab incursionibus Normannorum ipsos eripere parum curaret ; his illi permoti Ludovicum Germanicum rogatum iverunt ; regnum Aquitaniæ sibi oblatum acciperet, vel filium Ludovicum in Regem mitteret. Etsi porro inter fratres amicitia antehac fuisset, oblati regni tentatio priscam amicitiam obruit. Ludovicum filium in Aquitaniam misit, qui non qualem putarat rerum conditionem reperit, ita ut regredi coactus sit. Carolus infidum fratrem Ludovicum expertus, arctiorem inde societatem cum Lothario iniit. Ambo fratres Valentianis congressi, cujus urbis pars Lotharii, pars Caroli erat : Leodii quoque in conspectum venerunt, Ludovicumque ut accederet invitarunt. Ipse vero ipsis fidere non est ausus.

Spectaculum novum, multisque stupendum oblatum est. Lotharius sive divino motu, sive instabili na-

Du Ch. to. 2, p. 417.

*Ann. Bert.
Ann. Met.*

ou par un effet de la bizarrerie de son humeur, étant tombé malade, se dé-
pouilla de l'Empire & de la Souveraineté, & prit l'habit de Moine dans l'Abbaye de Pruim. Il mourut six jours après, en sorte qu'il n'eut pas le tems de
se repentir de la démarche qu'il venoit de faire. Il avoit été Empereur quinze
ans, en comptant depuis la mort de son pere, & Roi de Lorraine, douze ans.
De sa femme Hermengarde fille du Comte Hugues, il eut trois fils, Louis,
Lotaire & Charles, & une fille nommée Hermengarde, qui fut enlevée par
Gislabert. Avant sa retraite il partagea ses Etats entre ses trois fils, & donna
à Louis l'aîné, l'Empire avec l'Italie, à Lotaire le Roiaume de Lorraine, & à
Charles la Provence & une partie du Roiaume de Bourgogne.

Mort de l'Empereur Lotaire.

Ces Etats ainsi partagez en multipliant les Souverains, les rendoit plus foibles: ils avoient besoin pour se soutenir de se joindre à de plus puissans qu'eux.
L'Empereur Louis se ligua avec Louis le Germanique, & Lotaire avec Charles
le Chauve. Les Normans s'étant emparez de Bourdeaux, les Aquitains qui
croioient apparemment que s'ils avoient un Roi demeurant dans leur payis,
leurs affaires en iroient mieux, demanderent à Charles le Chauve son jeune
fils Charles pour être leur Roi; ce qui leur fut accordé. Ils le couronnerent à
Limoges. Les Normans étant entrez par la Loire, firent une descente pour
aller saccager Poitiers: mais les Aquitains vinrent les attaquer & les taillerent
en pieces; ensorte qu'il ne s'en sauva guere que trois cens. Ces peuples incon-
stans furent bien-tôt dégoutez de leur nouveau Roi, & rétablirent Pepin qui
s'étoit enfui du Monastere de S. Medard; mais bien-tôt après mécontens de
celui-ci, ils rappellerent l'autre.

Le Roi Charles maria son fils Louis à la fille de Herispée Prince des Bretons,
& fit present au même Herispée du Duché du Maine. Ce Roi étoit fort haï & méprisé dans ses Etats: il défendoit mal son Roiaume des incursions des Normans
& des Bretons, & souffroit que ses Officiers pillassent le peuple. Les Grands se plaignoient qu'il donnoit les Charges à des gens de fortune, & les laissoit là. Les
choses allerent jusqu'à ce point, que presque tous les Comtes Neustriens joints
avec ceux d'Aquitaine & avec les Bretons, firent offrir à Louis le Germanique
de le reconnoître pour Roi s'il vouloit promettre de les gouverner avec justice,
& de les défendre contre leurs ennemis. Cette affaire fut négociée pendant cinq

856.

---

tura impellente in morbum lapsus, Imperium deposuit, & in Prunienfi Monasterio vestem induit Monasticam. Sex vero postea diebus obiit, ita ut ex tædio temporis resilire non potuerit. Quindecim annis
Imperator fuerat a morte patris computando, & Lotharingiæ Rex duodecim annis fuit. Ex Hermengarde uxore filia Comitis Hugonis tres filios habuit,
Ludovicum, Lotharium & Carolum, & filiam nomine Hermengardem, quæ a Gislaberto abrepta fuit.
Antequam sese recluderet, regna inter filios divisit:
Ludovico primogenito Imperium cum Italia dedit;
Lothario, Lotharingiæ regnum; Carolo Provinciam
& Burgundiæ partem.

Hæ ditiones ita distractæ, dum Principes multipli-
cabant infirmiores illos reddebant: qui ut in statu suo
firmi consisterent, aliorum adminiculo opus habebant.
Ludovicus Imperator cum Ludovico Germanico patruo societatem iniit, Lothariusque cum Carolo
Calvo.

Ann. Bert. Postquam Burdegalam Normanni ceperant, Aquitani putantes haud dubie, se si Regem intra fines suos
haberent, res suas melius esse processuras, a Carolo
Calvo Carolum filium in Regem petierunt, quod il-

lis concessum fuit. Ipsumque Lemovicis coronarunt.
Normanni vero per ostia Ligeris ingressi excensum
fecere, & Pictavorum urbem devastarunt. At Aquitani illos adorti, magnam eorum stragem ediderunt,
ita ut circiter trecenti tantum evaserint. Aquitani leves animis, novum Regem suum in fastidio habuerunt, Pipinumque qui ex Monasterio sancti Medardi
aufugerat restituerunt: verum non diu postea hunc
aversantes, alterum revocarunt.

Rex Carolus filio suo Ludovico Herispei Britonum
Principis filiam conjugem dedit, Cenomanensemque
Ducatum Herispeo contulit. Idem ipse Carolus Francis invisus erat, ac despectui habebatur. Male regnum contra Normannorum Britonumque incursiones
tuebatur; Ministri ejus ipso non repugnante, populi
bona diripiebant. Primores querebantur, quod officia
præcipua vili genere natis, non ipsis, tribueret. Usque
adeo rumor & murmur accrevit, ut omnes pene Comites Neustriæ & Aquitaniæ cum Britonibus, Ludovico Germanico offerrent se illum Regem suum cons-
tituturos esse, si polliceretur se cum justitia regnaturum
& inimicis ipsorum depellendis advigilaturum esse.
Verum res per quinque annos extracta fuit: annoque

CHARLES II. dit le Chauve.

ans, & l'on ne vint à l'execution que l'an 858. Dans le tems que Charles alloit en Bretagne, Louis vint en Bourgogne, & reçût l'hommage d'un grand nombre de Seigneurs Neustriens, dans le Palais de Pontion. Il indiqua une Assemblée à Attigni pour recevoir hommage des autres. Le traître Guenilon Archevêque de Sens, l'introduisit dans sa ville, lui qui de simple Clerc avoit été fait Archevêque par Charles, & qui avoit sacré & couronné ce Prince à Orleans. Louis vint dans l'Orleannois, & de-là il rebroussa chemin, & vint en Champagne.

Charles qui étoit occupé à repousser les Normans, apprenant que son frere venoit se saisir de son Roiaume, quitta tout pour l'aller combattre : mais comme il vit que ses troupes commençoient à défiler pour se tourner du côté de Louis, craignant d'être livré par les siens, il se retira. Il fallut une révolution aussi subite qu'étonnante pour le tirer d'un si mauvais pas. Ceux qui avoient appellé Louis changerent tout d'un coup. Ils lui vouloient ci-devant livrer Charles, & ils voulurent d'abord après le livrer lui-même entre les mains de son frere. Il avoit renvoié ses troupes en Germanie, & il étoit fort facile de lui faire porter la peine du Talion. Mais il en eut le vent, & prit pretexte, pour s'en retourner soudainement, que les Vinides faisoient des incursions dans ses Terres. Charles fut ainsi d'abord remis dans son Roiaume. Il y eut des Assemblées d'Evêques qui voulurent obliger Louis de faire réparation à son frere de l'injure qu'il lui avoit faite, mais tout cela alla en fumée. Charles voulut d'abord faire déposer dans une Assemblée d'Evêques, Guenilon qui l'avoit trahi ; mais il se reconcilia depuis avec lui.

857.
858.

L'an 856. Charles le Chauve maria Judith sa fille avec Eardulfe Roi des Anglois occidentaux. La ceremonie se fit au Palais de Verberie. Cette année & la suivante furent fatales à la France par les ravages des Normans. Ils entrerent par la Seine, & ravagerent les villes, villages & Monasteres, même ceux qui étoient éloignez du fleuve. Ils passerent l'hyver à un lieu muni par la nature, qui s'appelloit la Fosse de Givald. A la fin de Decembre ils monterent jusqu'à Paris qu'ils brûlerent. Au même tems ceux qui étoient sur la Loire, ravagerent tout le pays depuis Tours jusqu'à Blois. Pepin s'étant associé avec les Normans qui étoient en Aquitaine, saccagea la ville de Poitiers, & plusieurs autres lieux du pays.

Les Normans brulent Paris.

Ces pirates Normans brûlerent l'Eglise de sainte Geneviéve, & toutes les

---

tantum 858. illam conjurati exsequi tentaverunt. Quo tempore Carolus in Britanniam Armoricam movebat, Ludovicus in Burgundiam venit, & a Neustrasiis multis Rex declaratus & receptus, conventum indixit Attiniacum, ut ibi ab omnibus reciperetur. Guenilo Archiepiscopus Senensis a Carolo deficiens, Ludovicum in urbem suam recepit, etsi ex Clerico Archiepiscopus a Carolo factus fuisset, & ipse Carolum Aureliani in Regem consecrasset. Ludovicus in Aurelianensem agrum venit, indeque remeans, in Campaniam recessit.

Carolus qui depellendis Normannis operam dabat, re comperta, obviam illi pugnaturus venit ; sed ut vidit se a suis deseri, pedem retulit, ne a suis etiam ipse fratri traderetur. Opus vero fuit vicissitudine subita & stupenda, ut Carolus regnum retineret suum. Qui Ludovicum advocarant, animis repente commutati sunt : modo volebant ipsi Carolum tradere ; jam vero illum in Caroli manus tradere meditabantur. Copias ille suas in Germaniam miserat : facileque erat ut talionis pœna afficeretur. Verum re cognita ille, sibi nunciatum fuisse ait Vinidos

Fuld.

regiones suas incursionibus vexare : atque ita discessit. In conventibus quibusdam Episcoporum decretum fuit, ut Ludovicus Carolo fratri ob illatam injuriam satisfaceret ; sed sine ullo rei exitu. Voluit autem Carolus a cœtu Episcoporum deponi Guenilonem proditorem ; sed postea cum illo reconciliatus est.

Anno 856. Carolus Calvus filiam suam Juditham Eardulfo Anglorum Occidentalium Regi connubio junxit, nuptiæque in Palatio Vermariensi celebratæ sunt. Hic & sequens annus infausti Francis fuere ob Normannorum incursiones. Per Sequanam ingressi urbes, vicos & Monasteria diripuere, etiam illa quæ procul a fluvio erant. Hiemem vero transegerunt in loco qua a natura munitus erat, nomine *Fossa Givaldi*. Versus finem Decembris, Lutetiam usque ascenderunt, urbemque igni consumsere. Eodem tempore qui in Ligeri erant a Turonibus usque ad Blesensem urbem omnia diripuere. Pipinus vero Normannis, qui in Aquitania erant junctus, cum ipsis Pictavorum urbem & alia circum loca devastavit.

Piratæ illi Normanni Ecclesiam Sanctæ Genovefæ incenderunt, necnon alias omnes Parisienses, præ-

autres de Paris, hors celles de S. Etienne, de S. Germain des Prez & de S. Denis, qui se racheterent pour de l'argent. Frotbald Evêque de Chartres, poursuivi par les Normans, se jetta dans l'Eure pour la passer à la nage, & se noia. Charles pour éloigner ces pillards composa avec eux avec de grosses sommes d'argent. Tous les Evêques, Abbez & Comtes se cottiserent pour se délivrer de cette calamité publique. L'année d'après ces Normans aiant passé le détroit de Gibratar, entrerent par les bouches du Rhône, & firent de grands ravages sur les bords de cette riviere.

Les deux freres Louis & Charles, & Lotaire leur neveu qui avoit pris le parti de Charles, s'étant reconciliez par l'entremise de quelques gens bien intentionnez, s'entrevirent à Coblents, & indiquerent une autre Assemblée pour l'accommodement qui fut fait par les Evêques.

861. L'an 861. les Normans brûlerent de nouveau la ville de Paris, & aussi l'Eglise de S. Germain qui s'étoit rachetée peu auparavant. Les Bretons se servant de l'occasion où la France étoit fort affligée par les ravages de ces pirates, faisoient des courses continuelles. Charles le Chauve étant à Compiegne, donna le Duché de France, c'est-à-dire, le Gouvernement du païs entre Seine & Loire, à Robert, surnommé le Fort ou le Vaillant. C'est le premier que nous connoissons surement de la troisiéme race de nos Rois, qui regne aujourd'hui si glorieusement. L'année d'après ce brave Chef surprit douze vaisseaux Normans sur la Loire, & tua ceux qui s'y trouverent, hors un petit nombre qui se sauva. Il défit aussi un corps de Bretons, qui après avoir fait de grands ravages autour d'Angers s'en retournoient chargez de butin. Il en tua deux cens, & leur fit abandonner leur proie. Il donna d'autres combats que l'Histoire ne specifie pas. Les Annales de Fulde & de Mets disent, que si l'on vouloit compter toutes les actions de valeur qu'il a faites, on le trouveroit comparable aux Macabées.

Robert le Fort Chef de la race qui regne aujourd'hui.

Cette même année Charles le Chauve fit Comte de Hollande Thierri, duquel sont descendus les Comtes de ce païs-là. L'année d'après Baudouin Comte de Flandre enleva à Senlis Judith fille du Roi Charles, & veuve d'Eardulfe Roi d'Angleterre. Cela se fit de complot avec Louis le Germanique. Il s'enfuit avec elle dans les terres de Lotaire, & se rendit de là en son païs. Charles envoia pour le poursuivre, des troupes qui furent battuës. Charles fit

---

Idem.

ter sanctum Stephanum, sanctum Germanum a Pratis & sanctum Dionysium, qui sese pecunia redemerunt. Frotbaldus Episcopus Carnotensis, Normannis se insequentibus, in Aduram se conjecit ut tranaret: verum aquis submersus fuit. Carolus vero Rex ut illos amoveret, magnas pecuniæ summas dedit. Episcopi, Abbates, Comites, pro facultate sua contulere, ut hanc pestem eliminarent. Anno insequenti 859. trajectis Gadibus Dani per Rhodani ostia ingressi, oras fluminis depopulati sunt.

Ludovicus & Carolus fratres cum Lothario fratris filio, qui Caroli partibus stabat, proborum quorumdam opera reconciliati; ad Confluentem una convenerunt, aliumque conventum indixerunt pro confirmanda pace, id quod ab Episcopis consummatum est.

Idem.

Anno 861. Normanni Lutetiam denuo incenderunt, necnon Ecclesiam S. Germani a Pratis, quæ se anno proximo pecunia redemerat. Britones dum Piratæ hujusmodi Gallias vexarent, incursiones & illi faciebant perpetuo. Carolus Calvus Compendii cum esset Rotberto, cognomine Forti, Ducatum Franciæ dedit, præfecturam scilicet regionis Ligerim inter & Sequanam interjacentis. Hic primus est, quem certo noscamus, tertiæ quæ nunc gloriose regnat stirpis. Anno sequenti vir ille strenuus, duodecim Normannorum naves in Ligeri cepit, & vectores occidit paucissimis exceptis; Britonum quoque manum profligavit, qui Andegavensem agrum depopulati, spoliis onusti redibant, ducentos occidit, & omnes prædam deponere compulit. Alias quoque commisit pugnas quæ in historia non memorantur. In Annalibus Fuldensibus Metensibusque fertur, si strenue ab eo gesta computarentur, fore illum Machabæis comparandum.

Hoc ipso anno Carolus Calvus Hollandiæ Comitem creavit Theodericum, ex quo orti Hollandiæ Comites. Anno sequenti Balduinus Comes Flandriæ Juditham ipsius filiam, quæ post defunctum conjugem Eardulfum Angliæ Regem, in Franciam aufugerat, Silvanectis abduxit, ipso Ludovico Germanico sentiente: cum illa vero in Lotharii regnum, indeque in patriam aufugit. Carolus Calvus copias misit, quæ illum insequerentur; sed ex profligatæ sunt.

tant

CHARLES II. dit le Chauve.

tant auprès du Pape, qu'il excommunia Baudouin. Le Comte avec sa femme allerent à Rome, Baudouin se jetta aux pieds du Pape, qui touché de sa soumission & des larmes de la Princesse, pria le Roi de leur pardonner. Charles voiant qu'il n'y avoit plus de remede, se laissa flechir.

Une autre plus grande affaire que celle de Baudouin & de Judith; agita vers ce tems-là & l'Etat & l'Eglise. Le Roi Lotaire fils de l'Empereur de même nom, avoit épousé Thietberge fille du Duc Hubert. Dégouté d'elle, il devint amoureux de Valdrade sœur de Gontier Archevêque de Cologne & niece de Thietgaud Archevêque de Treves. Ces deux Prélats interessez à faire Valdrade Reine, aiant assemblé à Aix-la-Chapelle un Synode d'Evêques, oserent dissoudre le mariage de Lotaire avec Thietberge, sous pretexte d'inceste avec son propre frere; après quoi ce Prince épousa publiquement Valdrade. L'affaire alla à Rome. Le Pape Nicolas en écrivit au Roi Charles, qu'il chargea de réduire son neveu. Charles auroit volontiers attaqué son neveu plûtôt pour le déposseder de son Roiaume, que pour lui faire quitter sa femme. Mais Louis le Germanique vint à la traverse; & dans une conference qu'ils eurent ensemble, Lotaire promit de se soumetre au Jugement de l'Eglise, & demanda au Pape un Concile où il envoiroit ses Legats. Le Pape l'accorda, & il se tint à Mets. Les deux Prélats interessez gagnerent les Evêques, corrompirent les Legats, & firent ensorte que le Concile prononça pour la dissolution. Les deux Archevêques porterent la Sentence à Rome pour la faire approuver au Pape, qui assembla un Concile au Palais de Latran, où fut cassé celui de Mets.

863.

Thietgaud & Gontier se retirerent à Benevent vers l'Empereur Louis frere de Lotaire. Ils répondirent insolemment au Decret du Pape, le declarerent excommunié lui-même pour avoir violé les Saints Canons. L'Empereur Louis tâcha en vain de racommoder les affaires. Les deux Prélats se joignirent alors à Jean Archevêque de Ravenne revolté contre le Pape, & à Photius Patriarche de Constantinople. Un Légat du Pape qui vint en France pressa si vivement Lotaire, qu'il reprit sa femme; mais dès que le Legat fut parti, il recommença à la maltraiter, & voulut lui faire faire son procès comme adultere. Elle se réfugia auprès de Charles le Chauve; & le Duc Hubert frere de Thiet-

864.

865.

Tum Rex a Summo Pontifice impetravit ut Balduinus excommunicaretur. Comes & Juditha Romam petiere, Balduinus ad pedes Pontificis prolapsus est, quem movere & Balduini humilitas & Judithæ lacrymæ: rogavitque Papa Carolum ipsis parceret: qui videns non posse rem emendari, quievit.

Ibidem. Aliud vero negotium hoc longe difficilius, & Galliam & Ecclesiam agitavit. Rex Lotharius filius Imperatoris cognominis, Thietbergam Ducis Huberti filiam duxerat, quam exosam habens, Valdradam sororem Guntharii Archiep. Coloniensis, neptem Theotgaudi Episcopi Coloniensis adamabat, uxoremque ducere cupiebat. Hi autem duo Præsules ut Valdradam Reginam facerent, coacta Aquisgrani Episcoporum synodo, matrimonium Lotharii cum Thietberga dissolvere ausi sunt, Thietbergæ incestum cum fratre proprio ementientes. Postea vero Lotharius Valdradam publice duxit uxorem. Negotium Romam allatum fuit; Nicolaus Carolo Calvo Regi scripsit, monens ut fratris filium ad officium reduceret. Hic vero potius ut eum regno spoliaret, quam ut eum ad uxorem repudiandam cogeret, arma sumturus erat. Verum ipsi obstitit Ludovicus Germanicus, & colloquio habito Lotharius pollicetur se judicium Ecclesiæ subiturum esse, & a

Summo Pontifice concilium postulavit, quo ipse Papa Legatos suos mitteret. Auctoritate ergo Summi Pontificis concilium Metis habitum est. Duo autem illi Præsules, quorum res agebatur, delinitos Episcopos ad partes suas traxerunt, Legatosque corrupere, sicque impetrarunt ut matrimonium dissolutum maneret. Duo iidem Archiepiscopi latam sententiam Romam detulerunt Summo Pontifici approbandam. Nicolaus vero Papa concilium in Palatio Lateranensi celebrat, ubi Metense illud damnatum & nullum declaratum est.

Ibidem. Theotgaudus & Guntharius Beneventum ad Imperatorem Ludovicum Lotharii fratrem se recepere. Petulanter Decreto Pontificis responderunt, ipsumque quod sacros canones violasset, excommunicatum declararunt. Ludovicus Imperator res componere conatus est. At duo illi Præsules cum Joanne Arch. Ravennensi, qui Summo Pontifici rebellis erat, & cum Photio Patriarcha Constantinopolitano societatem inierunt. Legatus Nicolai Papæ Lotharium vehementer ad resumendam uxorem hortatus est. Sed post Legati profectionem, illam denuo aspere agere coepit, atque ut quasi adultera damnaretur conatus est. Illa ad Carolum Calvum confugit. Dux vero Hubertus

Tome I. O o

berge, se revoltant contre Lotaire, se mit à faire des courses sur ses terres, pillant, ravageant & tuant ceux qu'il rencontroit; mais il fut tué lui-même par Conrad pere de Raoul, qui fut le premier Roi de la Bourgogne Transjurane. En cette même année Robert le Fort aiant tué plus de cinq cens Normans vers la Loire, envoia leurs enseignes & leurs armes au Roi Charles.

La fin de Lotaire fut très-malheureuse. Il mena à l'Empereur Louis son frere, un secours considerable contre les Sarrasins, esperant de gagner par là les bonnes graces du Pape Hadrien, & de se le rendre favorable pour la dissolution de son mariage avec Thietberge. Il alla voir Sa Sainteté, & l'assura que pour obéir à la Sentence donnée, il avoit repris Thietberge avec laquelle il vivoit très-bien, & avoit quitté Valdrade. Le Pape lui donna de sa propre main la communion, & aux Seigneurs qui l'accompagnoient, les aiant conjurez auparavant de ne point approcher de la Sainte Table, s'ils savoient que leur Roi ne dît pas vrai. Ils savoient bien qu'il n'avoit rien dit selon la verité; mais ils ne firent aucune difficulté de communier. La vengeance divine poursuivit ces sacrileges. La plûpart moururent d'abord après. Lotaire surpris d'une fievre à Luques, alla mourir à Plaisance le 6. d'Août: ce qui arriva en 869.

868.

Les Normans entrez en France par la Loire, ravagerent le Nantois, le Poitou, l'Anjou, la Touraine. Rainulphe Duc d'Aquitaine & le Duc Robert le Fort, que les uns appellent aussi le Marquis, les autres le Comte, allerent contre eux, aidez des Comtes Godefroi & Hervé; mais Robert le Fort aiant été tué, Rainulphe blessé prit la fuite, & mourut peu de tems après. Hervé fut aussi blessé, & les autres se retirerent chez eux. Robert le Fort laissa de sa femme Adelaïde, deux fils, Eude & Robert, qui furent Rois de France. En cette même année mourut le jeune Charles Roi d'Aquitaine, d'une blessure qu'il avoit reçûë en folâtrant avec des jeunes gens. Charles le Chauve établit depuis en sa place son autre fils Louis le Begue, & le fit Roi d'Aquitaine.

Après la mort de Lotaire Roi de Lorraine, Charles son frere Roi de Provence, se fit couronner à Mets comme son successeur legitime, & mourut fort peu de tems après. Charles le Chauve qui tenoit alors une grande Assemblée à Poissi, ramassa promtement une armée, & alla se saisir du Roiaume de Lorraine. Vers ce même tems Hermentrude femme de Charles mourut à S. Denis, & il épousa Richilde sœur du Comte Boson.

869.

Thietbergæ frater, in Lotharium insurgens, terram ejus depopulatus est & obvios occidit; verum ipse quoque occisus fuit a Conrado patre Radulfi, qui Burgundiæ Transjuranæ primus Rex fuit. Eodem ipso anno Robertus Fortis occisis Normannis plus quingentis, eorum signa militaria & arma Carolo Regi misit.

Infelicissimum Lotharius vitæ exitum habuit. Fratri Ludovico Imperatori validam militum manum adduxit in subsidium contra Saracenos, hoc se modo sperans Hadriani Papæ gratiam aucupaturum esse, ut suum cum Thietberga matrimonium dissolveret. Summum Pontificem invisit, dixitque illi se latam sententiam sequutum Thietbergam resumpsisse & cum illa vitam agere, dimissa Valdrada. Hadrianus vero Papa suapte manu illi sacram Eucharistiam dedit, necnon proceribus ipsum comitantibus, postquam illos antea conjuraverat, ne ad sacram Mensam accederent si scirent Regem non vera dixisse: certe nihil vere dixisse sciebant; & tamen sine ulla difficultate communionem acceperunt. Ultio divina sacrilegos invasit, eorum maxima pars haud diu postea periit. Lotharius febre correptus Lucæ, Placentiam ivit, ubi sexta Augusti mortuus est.

Normanni per Ligerim ingressi, Namnetensem, Andegavensem, Pictavensem & Turonicam provinciam depopulati sunt. Ranulfus Dux Aquitaniæ & Robertus Fortis Dux, quem quidam etiam Marchionem appellant, alii Comitem, contra illos properant cum aliis Comitibus Godefrido & Hervæo; sed cum Robertus occisus fuisset, Ranulfus saucius fugam iniit, & paulo post obiit. Herveus quoque vulneratus fuit; alii vero domum sunt regressi. Robertus ille Fortis ex Adelaïde uxore sua duos filios reliquit, Odonem & Robertum, qui ambo Reges Franciæ fuerunt. Hoc eodem anno obiit Carolus Rex Aquitaniæ Calvi filius, dum cum pueris luderet vulneratus. Pater autem ejus non multum postea alterum filium Ludovicum Balbum in illius locum Regem Aquitaniæ creavit.

Lothario Lotharingiæ rege defuncto, Carolus frater ejus Rex Provinciæ, in ejus locum se Metis coronari curavit, & paulo post ipse quoque diem obiit. Carolus vero Calvus, qui tum Pissiaci conventum habebat, collecto celeriter exercitu, regnum Lotharingiæ occupavit. Idem circiter tempus Hermentrudis uxor Caroli apud Sanctum Dionysium obiit, tuncque ille Richildem Comitis Bosonis sororem duxit uxorem.

CHARLES II. dit le Chauve.

Le Pape qui s'interessoit pour l'Empereur Louis, envoioit des Légats à Charles le Chauve pour l'exhorter à lui rendre le Roiaume de Lorraine, le menaçant d'excommunication s'il s'obstinoit à le garder. Il écrivit en même tems aux Evêques, qu'ils eussent à se separer de sa communion s'il ne rendoit ce Roiaume. Charles répondit assez modestement ; mais les Evêques, sur tout Hincmar, le prirent d'un ton plus haut.

Cette contestation avec le Pape dura assez long-tems, & il y eut sur ce sujet bien des lettres écrites de part & d'autre. Les deux freres Louis & Charles s'entrevirent dans un lieu au-deçà de la Meuse, & partagerent entre eux le Roiaume de Lorraine, sans rien laisser pour leur neveu l'Empereur Louis. Le Pape qui s'interessoit fort pour lui, envoia des Légats à Louis le Germanique. Celui-ci les renvoia à Charles, qui se rendit à Lion, comme pour conferer avec ces Légats ; mais étant là il se saisit du Roiaume de Bourgogne. Il n'y trouva aucune resistance sinon de la part de Berte femme du Comte Gerard, qui soutint assez long-tems le siege dans Vienne, & rendit enfin la ville à composition. Charles donna le Comté de Vienne à Boson frere de Richilde, & le fit encore Duc d'Aquitaine : il l'agrandit tellement, qu'il eut depuis sa part de la Monarchie de France.

870.

Carloman fils de Charles le Chauve, Prince remuant & factieux, qui aiant conspiré quelques années auparavant contre son pere, avoit été tondu & fait Diacre, s'étant revolté une seconde fois, il fut mis en prison, & excommunié par les Evêques. Il recommença à broüiller pendant l'absence de Charles le Chauve, qui le fit condamner à mort ; & adoucissant la Sentence, il le fit priver de la vûë. Quelque tems après s'étant sauvé de la prison avec l'aide de quelques Moines, il se retira en Allemagne en 873. auprès de son oncle Louis, qui lui donna une Abbayie. Il mourut peu de tems après.

871.

Les Gascons envoierent demander à Loup Centulle que le Roi des Asturies avoit fait Comte, un de ses enfans pour être leur Duc & les défendre, tant contre les incursions des Normans, que contre Charles le Chauve, qui venoit de faire son fils Louis Roi d'Aquitaine. Loup leur accorda cette demande, & au refus de ses autres fils, il leur donna Sanche surnommé Mitarra, duquel sont sortis les Ducs de Gascogne par une assez longue succession.

Summus vero Pontifex, qui Imperatoris Ludovici res curabat, Carolo Legatos misit adhortans illum, ut Ludovico regnum Lotharingiæ restitueret, interminatus excommunicationem, nisi pareret. Eodem quoque tempore Episcopis scripsit, præcipiens ut ab ejus se communione sequestrarent, nisi raptum regnum redderet. Carolus modeste respondit. Sed Episcopi, præsertimque Hincmarus, elatiore modo.

Hæc altercatio cum Summo Pontifice ad aliquod tempus extracta fuit; atque ea de re multæ ultro citroque literæ scriptæ sunt. Ambo fratres Ludovicus & Carolus citra Mosam una convenerunt, & Lotharingiæ regnum inter se diviserunt, nulla ejus parte Imperatori Ludovico relicta. Papa vero, qui pro illo stabat, Legatos misit ad Ludovicum Germanicum. Ludovicus illos ad Carolum Calvum misit, qui Lugdunum venit, quasi cum Legatis illis colloquuturus. Sed eo cum pervenisset Burgundiæ regnum occupavit sine ullo pene obice, nisi ex parte Bettæ uxoris Gerardi Comitis, quæ Viennæ obsessa, urbem sat diuturno tempore propugnavit, demumque certis conditionibus illam tradidit. Carolus vero Comitatum Viennensem dedit Bosoni Richildis uxoris suæ fratri quem etiam Aquitaniæ Ducem fecit : illumque adeo ditionibus auxit, ut postea Monarchiæ Francicæ partem occupaverit.

Carolomannus Calvi filius levis & factiosus, qui ante aliquot annos quod contra patrem conspirasset, attonsus, Diaconusque factus fuerat, cum secundo rebellis fuisset, in carcerem conjectus, & ab Episcopis excommunicatus fuit. Hinc absente Carolo patre nova molitus, morte damnatus, ex patris sententia oculis orbatus fuit. Deinde vero cum Monachorum quorumdam ope ex carcere evasisset, ad patruum Ludovicum in Germaniam confugit, qui illi Abbatiam dedit, ubi haud diu postea obiit.

Ann. Met. ad annum 870.

Vascones a Lupo Centullo, quem Rex Asturiarum Comitem fecerat, ex filiis suis unum petierunt, qui Dux Vasconiæ esset, illosque tueretur tam contra Normannorum incursiones, quam contra Carolum Calvum, qui filium suum Ludovicum Aquitaniæ Regem fecerat. Postulata concessit ipsis Lupus, & Ducatum recusantibus cæteris illius filiis, Sancium Mitarram dedit, ex quo sat longa successione orti sunt Vasconiæ Duces.

CHARLES II. dit le Chauve.

873. Les Normans avoient pris Angers, & y demeurerent quatre ans. Charles assiegea la ville, & avec le secours de Salomon Roi de Bretagne, il s'en rendit maître, & donna la liberté aux Normans d'emporter avec eux tout leur butin. Ils allerent s'établir dans une Isle de la Loire d'où ils continuerent leurs courses comme auparavant.

874. Le Roi Salomon qui s'étoit mis dans la plus grande devotion, menant une si sainte vie qu'on lui atttribuoit même plusieurs miracles, pensoit à se retirer dans un Monastere, & à laisser sa couronne à son fils Guenon. Mais plusieurs Seigneurs Bretons, Pasquitan, Vurnahat, Vigon & quelques autres conspirerent contre lui, & le livrerent à Foucaut & à d'autres François qu'il avoit autrefois maltraitez, & qui le priverent de la vuë, & quelques jours après ils le firent mourir. Le fait est rapporté fort diversement par plusieurs Historiens; on ne sait lequel il faut suivre; mais ils conviennent tous pour le fond.

875. Louis II. du nom Empereur, mourut l'an 875. Il ne laissa de sa femme Engelberge qu'une fille nommée Hermengarde, qui fut enlevée par Boson frere de la Reine Richilde. Louis le Germanique & Charles le Chauve prétendirent à l'Empire; mais ce dernier prit les devans, eut l'adresse d'amuser Charles & Carloman ses neveux envoiez par leur pere pour le même sujet. Il eut le bonheur de plaire au Pape, qui lui envoia des Légats l'inviter à venir à Rome pour y être couronné de sa main. Il s'y rendit, & fut couronné solennellement le jour de Noel 875. Le nouvel Empereur donna le Duché de Spolete à Gui fils de Lambert, & celui de Frioul à Berenger fils d'Evrard.

876. A son retour il s'arrêta à Pavie où il fut couronné Roi de Lombardie, avec cette couronne de fer dont nous avons parlé dans notre Dissertation préliminaire, & dont les Rois Lombards se faisoient couronner. Il y fut aussi confirmé Empereur. Il revint en France, laissant le Gouvernement de la Lombardie à Boson son beaufrere. L'autorité de l'Empereur en Italie étoit alors peu considerable; il y avoit un grand nombre de petits Seigneurs qui ne tenoient pas grand compte de lui, quelqu'effort que le Pape fit pour le faire reconnoître.

En reconnoissance de ces bienfaits de Sa Sainteté, il fit tous ses efforts pour faire passer au Concile qui se tint à Pontion, tout ce que ses Légats vouloient établir en son nom. Ils apportoient des Lettres de Primatie à Ansegise

---

Ann. Bert. & Met. Normanni capta Andegavensi urbe per annos quatuor ibi sedes habuerunt. Carolus urbem obsedit, & opem ferente Salomone Britanniæ Armoricæ Rege, Normannos ad deditionem compulit, ipsisque facultatem dedit omnem quam accumulaverant prædam secum auferendi. Inde vero Normanni in Ligeris insulam se contulere, unde excursiones pro more suo in vicinos agros faciebant. Rex Salomon qui vitæ sanctæ & piis operibus se dediderat, ita ut etiam miracula edidisse narretur, secessum meditabatur in quoddam Monasterium, & coronam Guenoni filio relinquere volebat. Verum aliqui Britonum primores, Pasquitanus, Vurnahatus & Vigo cum aliis illum conspirarunt, ipsumque Fucoaldo aliisque Francis tradiderunt, quos ille olim aspere egerat, quique ipsi oculos eruerunt, & paucis post diebus ipsum occiderunt. Res a variis admodum diverse narratur, ita ut nescias quem sequaris; sed illi in re præcipua consentiunt.

Ann. Bert. Ludovicus hujus nominis secundus Imperator obiit anno 875. Ex uxore autem Engelberga filiam reliquit Ermengardim nomine, quæ a Bosone Richildis Reginæ fratre rapta & in uxorem ducta fuit. Ludovicus Germanicus & Carolus Calvus sibi imperium adsciscere cogitabant: verum Calvus fratrem antevertit, filios fratris Carolum & Carolomannum, qui in Italiam pro patris causa tuenda venerant, arte delusit. Summo autem Pontifici in optatis erat ut Carolus imperaret, qui Legatos ipsi misit invitatum ut Romam veniret, ut sua manu coronaretur. Impigre Carolus illo se contulit, & in die Natalis Domini coronatus est. Novus Imperator Ducatum Spoletanum dedit Guidoni Lamberti filio; Forojuliensem autem Berengario filio Everardi.

In redeundo Ticini moratus, Rex Langobardiæ coronatus fuit, illa scilicet corona ferrea de qua in Dissertatione præliminari loquuti sumus, quæ Langobardiæ Regibus in usu erat, ibidemque Imperator confirmatus est. In Franciam vero rediit, relicta Langobardiæ administratione Bosoni uxoris fratri. Non magna tunc erat Imperatoris in Italia auctoritas. Multi enim in Italia Subreguli erant, qui Imperatorem non multum timerent, etsi Summus Pontifex curaret ut ab omnibus Imperator haberetur.

Ann. Ber. In signum grati animi Carolus, quidquid Summus Pontifex per Legatos suos statuere & ordinare voluit in Concilio apud Pontigonem celebrato, conatus est ut Episcoporum suffragiis admitteretur. Literas Legati

CHARLES II. dit le Chauve.

Archevêque de Sens, sur tous les Evêques des Gaules & de la Germanie. L'Empereur lui fit prendre séance avant tous les autres après les Légats du Pape. Mais ces Prélats animez par Hincmar à qui cet honneur auroit appartenu plûtôt qu'à l'autre, ne voulurent jamais passer cette nouveauté. A la huitiéme session Charles qu'on accusoit d'être fort vain, fit entrer au Concile Richilde sa femme couronnée pour y presider avec lui.

Louis le Germanique s'étoit plaint inutilement au Pape que Charles son frere ne lui faisoit point part du Roiaume de Lorraine, mais gardoit tout pour lui. Indigné de cela, jaloux aussi de ce qu'il étoit parvenu à l'Empire, qu'il croioit lui être dû comme à l'aîné, malgré son grand âge, il assembla une grande armée pour faire une irruption dans la Neustrie: mais étant arrivé à Francfort il mourut le huitiéme d'Août en sa soixante-dixiéme année, la cinquante-neuviéme depuis son premier couronnement. Il eut trois fils d'Emme sa femme, Carloman, Charles & Louis.

Charles le Chauve toujours attentif à s'agrandir, marcha avec une grande armée pour se saisir des Etats de ses neveux. Louis le plus voisin, lui envoia le traité qu'il avoit fait avec son pere, où il promettoit par serment toute autre chose que ce qu'il faisoit aujourd'hui; & pour preuve qu'ils n'y avoient point contrevenu de leur part, après s'être recommandé à Dieu par des prieres publiques, il fit une chose la plus singuliere en ce genre, qu'on ait peut-être encore vû dans l'Histoire. Il lui envoia trente hommes, dont dix devoient subir l'épreuve de l'eau froide, dix de l'eau boüillante, & dix du fer ardent. Charles vit ces épreuves, qui n'endommagerent nullement ceux qui les firent en sa presence. Il accorda une surseance d'armes qu'il confirma par serment, & ne laissa pas de marcher toujours vers lui dans le dessein de le priver de la vûë, dit l'Annaliste de Fulde. Louis averti de sa venuë, l'attendit en bon ordre, & défit sa grande armée près d'Andernac.

Les trois freres partagerent ainsi la succession de leur pere. Carloman eut la Baviere & les Provinces plus reculées vers l'Orient, la Pannonie, la Moravie, la Carinthie & la Boheme. Louis eut la France Orientale, la Thuringe, la Saxe, la Frise, une partie de la Lorraine; Charles la Suaube, l'Alsace,

877.

---

ferebant, queis Ansegisus Senonensis Archiepiscopus Galliarum & Germaniæ primas constituebatur. Imperator vero illi primam post Legatos Summi Pontificis sedem assignavit : verum Episcopi, instigante Hincmaro Remensi, ad quem jus primatus potius pertinebat, id admittere noluerunt. In octava Sessione Carolus, qui inanis gloriæ cupidus habebatur, in Concilium ingredi curavit Richildem Imperatricem coronatam, secum sederet.

a Fuld. Ludovicus Germanicus apud Summum Pontificem conquestus fuerat, quod Carolus frater nullam sibi regni Lotharingiæ partem daret, sed totam teneret. Id indigne ferens invidiaque motus quod etiam Imperatoriam dignitatem occupasset, sibi ut majori debitam; etsi ætate jam provectus, magnum exercitum collegit ut in Neustriam irrumperet; sed cum Francofurtum pervenisset, octava Augusti die obiit, septuagesimum annum agens, anno quinquagesimo nono, postquam primo coronatus fuerat. Ex Emma uxore tres filios reliquit, Carolomannum, Carolum & Ludovicum.

b Fuld. Carolus Calvus qui nullam prætermittebat occasionem regni sui terminos dilatandi, cum magno exercitu movit, ut regnum filiorum fratris invaderet. Ludovicus viciniori patruo misit illi pactum initum inter patrem & patruum, quo Carolus aliud pollicebatur, quam quod hodie facere satagebat; utque probaret non se nec fratres suos contra pactum illud aliquid fecisse, postquam Deo se publice precibus commendaverat, decem homines aqua calida, & decem ferro calido, & decem aqua frigida ad judicium misit coram iis qui cum illo erant, petentibus omnibus ut Deus in illo judicio declararet si plus per rectum ille habere deberet portionem de regno, quam pater suus illi dimisit ex ea parte, quam cum fratre suo Carolo per consensum illius & per sacramentum accepit: qui omnes illæsi reperti sunt. Hasce Carolus probationes vidit, quas illæsi fecerunt : ac simulate inducias etiam sacramento adhibito promisit, semper tamen contra fratris filium contendens, in proposito habens ipsum oculis privare ut regnum ipsius invaderet, inquit Annalista Fuldensis. Compertum habens Ludovicus, quod patruus accederet, illum instructo ad pugnam exercitu expectavit, ipsiusque magnum exercitum prope Andernacum profligavit & in fugam vertit.

Ann. Met. Tres ergo fratres patris sui regnum ita diviserunt: Carlomannus sortitus est Baivariam, Pannoniam & Carantanum, quod corrupte Carantanum dicitur, necnon & regna Sclavorum, Bohemensium & Marahensium: Ludovicus Franciam Orientalem, Thuringiam, Saxoniam, Frisiam, Lotharingiæ partem; Carolus Suaviam,

l'autre partie de la Lorraine, les Grisons & les Suisses.

Charles le Chauve qui levoit de si grandes armées contre ses plus proches, ne s'en servoit point contre les Normans qui prenoient occasion de ces funestes guerres pour faire un dégât horrible dans toute la France: il les éloignoit à force d'argent. C'est ainsi qu'il traita avec ceux qui étant entrez par la Seine, faisoient de grands ravages sur ses bords. Il ne les arrêta qu'en épuisant ses tresors pour leur faire des presens. Ils imposoient aussi eux-mêmes des tributs, qu'ils se faisoient payer à main forte.

Les Sarrasins cependant faisoient de grands progrès en Italie. Ils s'étoient emparez de Tarente; & s'étant liguez avec le Duc de Naples, ils faisoient le dégât jusqu'aux portes de Rome. Le Pape Jean envoia deux Legats à l'Empereur pour lui demander du secours. Mais ce Prince aiant toujours de grands desseins, & le plus souvent hors de saison, pensoit alors à faire une grande ville au Palais Roial de Compiegne. Il fit assembler tous les Prélats du Roiaume de France, qui y assisterent au nombre de soixante-dix, aiant les Légats à leur tête, pour faire la Dedicace de l'Eglise Roiale de ce Palais de Compiegne.

Charles passa ensuite les Alpes. Le Pape sans l'attendre à Rome, traversa toute l'Italie pour venir le joindre à Verceil, où il le trouva avec l'Imperatrice Richilde, qu'il menoit par tout. Une nouvelle qu'on apporta alors, troubla la joie de l'entrevuë. Carloman Roi de Baviere, passoit les monts avec une puissante armée, pour se rendre maître de l'Italie. A cette nouvelle ils quitterent Pavie, & se retirerent à Tortone où le Pape sacra l'Imperatrice Richilde, & reprit vîte le chemin de Rome. Charles attendit là quelques Grands du Roiaume qu'il avoit mandez, l'Abbé Hugues, le Comte Boson, Bernard Comte d'Auvergne, & un autre Bernard Marquis de Gotthie, qui loin d'executer les ordres de l'Empereur, brassoient une conspiration pour le détrôner, comme nous le dirons. Voiant donc qu'ils ne venoient pas, il se retira en France. Carloman avoit alors le plus beau jeu du monde; mais sur une fausse nouvelle que l'Empereur & le Pape venoient contre lui avec une grande armée, aussi effraié que les autres, il s'en retourna en Allemagne; tant ces descendans de Charlemagne avoient degeneré de la valeur de leur aieul. Ce fait est certain, quoique nos Historiens ne conviennent point entre eux sur les particularitez.

Alsaciam, alteram Lotharingiæ partem, Rhætiam & Helvetiam.

Carolus Calvus qui exercitus tantos ut suis bellum inferret colligebat, iis non utebatur contra Normannos, qui ex hisce civilibus bellis arrepta occasione totam fere Galliam devastabant ac diripiebant. Illos vero per oblatam pecuniam amovebat. Sic tunc cum illis pactus est, qui per Sequanam ingressi, littora ejus depopulabantur. Per exhaustos ipse thesauros a limitibus suis illos repulit. Ipsi etiam Normanni vectigalia populis imponebant, & armata manu pendere compellebant.

Ann. Bert. Interea Saraceni Italiam infestam habebant, Tarentum invaserant & tenebant, & cum Duce Neapolis juncti fœdere, incursiones ad usque Romæ portas faciebant. Joannes vero Papa Legatos duos misit ad opem implorandam Imperatoris, qui magna semper animo suscipiens sæpiusque intempestive, tunc ad villam regiam Compendiensem magnam construere civitatem cupiebat. Omnes porro totius regni sui Episcopos istuc convenire jussit qui septuaginta numero, Legatis duobus primas sedes occupantibus Capellæ seu Ecclesiæ regiæ Palatii Compendiensis dedicationi adfuere.

Alpes postea Carolus superavit. Joannes vero Papa non exspectato ejus adventu, totam Italiam peragrans Vercellis illum invenit cum Richilde Imperatrice, quam secum adducere solebat. Inde Ticinum venerunt. Nuncius vero tunc festi hujusmodi lætitiam omnino turbavit. Carolomannus Baioariæ Rex cum magno exercitu Alpes trajiciebat, ut Italiam occuparet. His auditis Ticino profecti Dertonam venere, ubi Joannes Richildem Imperatricem consecravit, celeriterque postea Romam petiit. Carolus vero regni primores quos accedere jusserat aliquandiu exspectavit; Hugonem, Bosonem Comites, Bernardum Comitem Arvernorum, alterumque Bernardum Gotthiæ Marchionem: qui non ut Carolum adirent convenerunt, sed ut illum ex solio Regio deturbarent, ut mox dicetur. Videns ergo Carolus illos non accessuros esse, in Franciam regreditur. Carolomanno autem omnia ad votum procedebant, poteratque ille sine adversario omnia occupare. Verum cum falso ipsi nunciatum fuisset Imperatorem & Papam cum grandi exercitu accedere, ipse quoque perterritus in Germaniam regressus est. Usqueadeo illi a Carolo Magno progeniti, ex abavi sui virtute degeneraverant. Res certa est, etsi variis modis a Scriptoribus historiæ narretur.

LOUIS II. dit LE BEGUE.

Pendant l'abſence de l'Empereur, les Seigneurs François que nous venons de nommer, joints avec un grand nombre d'autres, conſpiroient à ſe défaire d'un Prince ſi pernicieux à l'Etat, qui tandis qu'il faiſoit de ſi grandes entrepriſes au dehors, laiſſoit ſaccager ſon païs par les Normans, & n'arrêtoit leurs courſes qu'en épuiſant ſes treſors & les biens de ſes ſujets ; & qui achevoit de les ruiner par tant d'expeditions qui tournoient toûjours à ſa honte. Un autre ſujet de plainte étoit, qu'il donnoit les Charges à des gens de bas lieu, au mépris des gens de qualité : ils ajoutoient encore à cela, qu'il ſembloit mépriſer la nation Françoiſe en s'habillant à la mode des Grecs. Boſon même beaufrere & favori de Charles, entra dans cette conſpiration. On crut que ce fut par le complot de ces Seigneurs, que Charles paſſant le Mont Cenis pour s'en revenir en France, & étant tombé malade de la fievre, fut empoiſonné par Sedechias ſon Medecin, Juif & Magicien, diſoit-on, de profeſſion. Il mourut dans une chaumine. Son corps fut apporté à Verceil, d'où il fut quelque tems après transferé à S. Denis. Il finit ainſi en la 55. année de ſon âge, la 38. de ſon regne, & la ſeconde de ſon Empire.

LOUIS II. dit LE BEGUE.

CE ne fut pas ſans beaucoup de difficultez que Louis le Begue ſuccéda à ſon pere Charles le Chauve. La haine des grands Seigneurs contre le pere retomboit ſur le fils. Il tâchoit de les gagner avec aſſez peu de ſuccès. Richilde qui apporta le teſtament de ſon pere, où il le déclaroit ſon ſucceſſeur au Roiaume, racommoda tout. Elle lui remit auſſi l'épée qu'on appelloit de S. Pierre, les habits Roiaux, la couronne, & il fut couronné Roi à Compiegne par l'Archevêque Hincmar. Les Prélats exigerent de lui une Declaration par laquelle il promettoit de conſerver les privileges de l'Egliſe.

Dès le commencement de ſon regne, le Pape Jean VIII. fut obligé de ſe refugier en France. Lambert Comte de Spolete, & Albert Comte de Toſcane, partiſans de Carloman qui prétendoit à l'Empire, entrerent à Rome, forcerent les Romains à prêter ſerment de fidelité à Carloman, & ſe ſaiſirent du Pape Jean.

878.

Abſente Imperatore, Francorum primores, quos ſupra memoravimus, cum aliis bene multis, adverſus Principem regno ſuo ita perniciosùm conſpirabant; qui dum tot tantaque extra limites ſuos ſuſciperet, regiones ſuas a Normannis devaſtari ſinebat, nec niſi pecuniis immenſis oblatis, cum ingenti ſubditorum gravamine, prædones illos abigebat : qui etiam tot intempeſtivis expeditionibus, quæ ſemper ad ipſius dedecus vergebant, eoſdem ſubditos ſuos penitus opprimebat. Altera querimoniæ cauſa erat, quod præcipua miniſteria viris vili ex genere ortis conferret, nobileſque viros ſperneret. His addebant ipſum ac ſi Francorum nationem deſpiceret, Græcorum uti veſtibus. Boſo etiam uxoris ejus frater, qui a Carolo auctus oſficiis & bonis fuerat, conjuratis manum dedit. Putabatur autem ipſorum opera atque inſtigatione Carolum dum montem Ciniſium trajiceret ut in Franciam pergeret, in febrim delapſum, cum poculum veneno mixtum a Sedechia Judæo Medico ſuo oblatum hauſiſſet, in viliſſimo tugurio obiiſſe. Corpus ejus Vercellas allatum, poſtea ad Eccleſiam ſancti Dionyſii in Francia tranſlatum eſt. Sic ille vita functus eſt anno vitæ quinquageſimo quinto, regni trigeſimo octavo, Imperii anno ſecundo.

LUDOVICUS II. BALBUS.

NON ſine magnis difficultatibus Ludovicus Balbus Carolo Calvo patri ſucceſſit. Odium procerum erga patrem in filium derivabatur. Ipſe vero alliciebat illos ut ad partes ſuas traheret, ſed non tam fauſto exitu. Richildis quæ teſtamentum Caroli attulit, quo illum in regno ſucceſſorem declarabat, omnia compeſcuit. Ipſique etiam gladium qui ſancti Petri appellabatur, veſtes regias, coronam & ſceptrum detulit. Coronatus vero fuit Compendii ab Hincmaro Archiepiſcopo Remenſi. Epiſcopi autem ab illo declarationem exegerunt, qua pollicebatur ſe privilegia Eccleſiæ conſervaturum eſſe.

Initio regni ipſius Joannes Papa VIII. in Franciam aufugit. Lambertus enim Comes Spoletanus & Albertus Tuſciæ Comes qui partes Carolomanni imperium ambientis ſectabantur, Romam intrarunt, Romanoſque vi compulerunt ut Carolomanno Imperatori ſacramentum fidei præſtarent : Joannem Papam

Ann. Bert.
Reg. 10.
Ann. Met.

Il s'échappa de leurs mains, s'embarqua & vint en Provence. Il celebra la Pentecôte à Arles, passa à Lion, & de là à Troye. Dès son arrivée en France il avoit indiqué un Concile en cette ville, où se devoient trouver les Evêques des Gaules & de la Germanie. Il y invita aussi Louis le Begue & ses trois cousins Rois au-delà du Rhin. Il n'y eut que Louis qui y assistât. Il y fut couronné & sacré par le Pape même le septiéme Septembre. Quelques uns ont dit qu'il le couronna & sacra Empereur; ce qui n'est pas vrai. Cependant cette erreur a regné depuis long-tems, & en bien des endroits. Dans le Cartulaire de Montreuil sur mer, j'ai vû une lettre d'Henry I. datée de l'an 1042. & de l'onziéme de son regne, où Louis le Begue est appellé Louis Empereur fils de Charles le Chauve.

Dans ce Concile le Pape excommunia Hugues fils de Lotaire Roi de Lorraine & de Valdrade, qui se disoit Roi de Lorraine, & avoit ramassé des gens pour se saisir de ce Roiaume. Après la fin du Concile le Pape reprit le chemin de Rome : & le Roi se trouvant indisposé, ce fut Boson frere de Richilde, qui accompagna le Saint Pere.

879.

Louis le Begue se rendit au lieu nommé Marsne sur la Meuse, où se trouva aussi Louis Roi de Germanie. Ils firent un Traité ensemble, par lequel ils diviserent la Lorraine entre eux, & convinrent qu'ils partageroient de même le Roiaume d'Italie quand les affaires de ce payis-là seroient éclaircies.

Bernard Marquis de Gotthie s'étant revolté, Louis le Begue marcha contre lui, & tomba malade à Autun, non sans soupçon de poison. Sentant que sa fin approchoit, il fit venir son fils aîné Louis, qu'il recommanda à Bernard Comte d'Auvergne, à Thierri son grand Chambellan, & à Hugues l'Abbé. Il rebroussa chemin, & arriva avec peine au Palais de Compiegne, où il mourut le Vendredi Saint dixiéme d'Avril, âgé d'environ trente-cinq ans, après avoir regné un an sept mois. Avant que de mourir il envoia par l'Evêque de Beauvais & par un Comte, à son fils Louis, son épée, sa couronne, & les autres ornemens Roiaux, avec ordre de le faire sacrer au plûtôt.

Sa premiere femme fut Ansgarde, fille du Comte Hardouin, de laquelle il eut deux fils, Louis & Carloman. Il l'avoit épousée sans le consentement de son pere, qui l'obligea de la repudier : ce qui n'empêcha pas qu'il ne regardât toujours ces deux premiers fils comme legitimes. Il prit ensuite Adeleïde fille

---

comprehenderunt, qui ab illorum manibus elapsus, nave consensa in Provinciam appulit, Arelate Pentecosten celebravit, Lugdunum petiit, inde Trecas : quam in urbem ubi primum in Gallias appulit Concilium indixerat, quo conventuri erant omnes Galliarum & Germaniæ Episcopi ; invitabantur etiam ut adessent Ludovicus Balbus, tresque cognati ejus qui ultra Rhenum regnabant. Verum solus Rex Franciæ adfuit, qui a Papa ipso septima Septembris die coronatus est. Nonnulli dixere consecratum etiam Ludovicum & coronatum fuisse Imperatorem, quod verum non est. Hic tamen error a multis retro sæculis in plurimis locis obtinuit. In Chartulario Monstroliensi legi literas Henrici primi anno 1042. undecimo regni ejus datas, ubi Ludovicus Balbus appellatur, *Ludovicus Imperator filius Caroli Calvi.*

In isto Concilio Pontifex excommunicavit Hugonem Lotharii Lothatingiæ Regis & Valdradæ filium, qui se Regem Lotharingiæ dicebat, & copias collegerat ut regnum illius occuparet. Soluto Concilio Papa Romam iter suscepit. Rege vero non ita bene valente, Boso Richildis frater Summum Pontificem comitatus est.

Ludovicus Balbus Marsnam ad Mosam se contulit, quo venit etiam Ludovicus Germaniæ Rex.

Pactum vero simul inierunt, ut Lotharingiam inter se dividerent. Idem vero de Italia statuerunt, siquando res adhuc mixtæ & perturbatæ, statum suum pristinum repeterent.

Rebellante Bernardo Marchione Gotthiæ, movit contra illum Ludovicus, & Augustoduni in morbum incidit, non sine suspicione veneni. Cum videret vitæ exitum esse proximum, Ludovicum filium majorem evocavit, quem Bernardo Comiti Arvernorum, Theoderico Camerario suo majori, & Hugoni Abbati commendavit. Regressus autem est, vixque potuit Palatium Compendiense petere, ubi mortuus est die sanctæ Parasceves 10. Aprilis, ætatis anno circiter trigesimo quinto, cum regnasset annum unum & septem menses. Ante obitum per Episcopum Bellovacensem & per Comitem quemdam Ludovico filio suo misit gladium suum, coronam, cæteraque regia ornamenta, jubens illum quamprimum consecrari Regem.

Prima ejus uxor fuit Ansgarda, filia Comitis Harduini, ex qua duos suscepit filios Ludovicum & Carolomannum. Illam patre non consentiente duxerat, illoque jubente repudiavit; attamen filios ex hoc connubio natos ut legitimos semper habuit ; deindeque Adeleidem duxit Principis cujusdam Angli filiam so-

d'un

d'un Prince d'Angleterre, & sœur de Vilfrid Abbé de Flavigni au Duché de Bourgogne. Il la laissa enceinte, & elle accoucha d'un fils posthume qui naquit le 17. Septembre suivant. Il fut appellé Charles; ce fut Charles le Simple.

LOUIS III. & CARLOMAN.

APRE'S sa mort ceux à qui il avoit recommandé son fils Louis, voulurent l'établir Roi de la France Occidentale; mais il y eut un puissant parti pour Louis Roi de Germanie, dont les principaux chefs étoient Conrad Comte de Paris, & Gozelin Abbé de S. Germain des Prez, qui prétendoient qu'il falloit appeller à la Couronne un Prince puissant, & qui pût défendre l'Etat. Il y eut plusieurs contestations de part & d'autre, & l'on convint enfin que Louis fils du Begue cederoit au Germanique cette partie de la Lorraine que son pere & son grand-pere avoient euë. Louis s'en saisit aussi-tôt, & n'en seroit pas apparemment demeuré là, si la nouvelle de la maladie de son frere Carloman tombé en paralysie, ne l'eut obligé d'y accourir d'abord pour empêcher qu'il ne laissât le Roiaume à Arnoul son fils bâtard. Carloman mourut bien-tôt après. Louis lui succeda en son Roiaume, & Arnoul n'eut en partage que le Duché de Carinthie que son pere lui avoit donné avant que de mourir.

880.

Liutgarde femme de Louis de Germanie, sollicitée par Gozelin & par Conrad, porta son mari à entrer de nouveau en France avec une plus puissante armée que ci-devant. Les Seigneurs à cette nouvelle firent couronner Louis & Carloman, qui furent sacrez dans l'Abbayie de Ferrieres par Ansegise Archevêque de Sens. Peu de tems après les deux freres partagerent le Roiaume entre eux. Louis eut la Neustrie, & Carloman l'Aquitaine & la Bourgogne.

A leur avenement à la Couronne ils se trouverent dans une fâcheuse situation. Ils avoient sur les bras un puissant ennemi, Louis de Germanie, soutenu de plusieurs des plus grands Seigneurs du Roiaume. Les Normans étoient devenus si formidables par la mauvaise conduite de Charles le Chauve leur grand-pere, qu'eux seuls étoient capables d'occuper toutes les forces de l'Etat. Le soulevement de Boson frere de Richilde qu'un bon nombre d'Archevêques & d'Evêques, abusant du pouvoir qu'ils avoient usurpé pendant les troubles, ve-

---

roremque Vilfridi Abbatis Flaviniacensis in Burgundiæ Ducatu. Illam vero gravidam reliquit, quæ filium posthumum peperit 17. Septembris sequentis. Hic Carolus appellatus, postea Simplex cognominatus fuit.

LUDOVICUS III. CAROLOMANNUS.

LUDOVICO Balbo defuncto, ii quibus ipse Ludovicum filium commendaverat, ipsum Franciæ Occidentalis Regem constituere conati sunt. Verum alii non parvo numero pro Ludovico Germaniæ Rege stabant, quorum Principes erant Conradus Comes Parisiensis & Gozlinus Abbas sancti Germani a Pratis, qui dicebant in solium Regium inducendum Principem esse viribus valentem, qui posset regnum tueri ac defendere. Utrinque disceptatum est, tandemque in hanc conditionem ventum est ut Balbi filius eam Lotharingiæ partem Ludovico Germanico concederet, quam pater & avus renuerant. Ludovicus Germaniæ Rex illam subito occupavit, & ultra forte progressus esset, nisi fratre Carolomanno in paralysin delapso, eo advolare compulsus

fuisset, ne frater suus Arnulfo notho suo regnum suum relinqueret. Carolomannus vero postea obiit: Ludovicus ipsi in regno successit. Arnulfus autem Carinthiæ Ducatum habuit, quem ipsi moriturus pater dederat.

Liutgarda uxor Ludovici Germaniæ Regis, instigantibus Gozlino & Conrado, virum suum induxit, ut cum majore quam antea exercitu in Franciam intraret. Primores vero regni his auditis, Ludovicum & Carolomannum coronari curarunt, qui in Monasterio Ferrariensi ab Ansegiso Senonensi Archiepiscopo coronati sunt. Paulo postea autem fratres divisere regnum: Ludovicus Neustriam habuit, Carolomannus Aquitaniam & Burgundiam.

Ita coronati, se in magno rerum discrimine versari senserunt. Hostem sibi imminere potentem videbant Ludovicum Germanicum, cui favebant multi ex proceribus regni sui. Normanni vero per mala avi sui consilia & opera, ita formidolosi tunc erant, ut soli totas regni vires occupare possent. His accedebat Bosonis fratris Richildis rebellio, qui a non paucis Arch. & Episc. ea quam usurpaverant auctoritate abutenti-

noient de couronner Roi d'une partie de la Bourgogne & de Provence, étoit un surcroît de troubles.

Louis Roi de Germanie, à l'inftigation de Gozelin & de Conrad, s'étoit avancé jufqu'aux frontieres des Etats de fes coufins, où voiant que ces deux revoltez ne pouvoient executer leurs promeffes, il demanda une conference avec les deux freres à Gondolfeville ou Gondreville près de Mets. Cependant Louis frere de Carloman, donnant fur une armée de Normans en tailla en pieces la plus grande partie. La grande affaire qu'il devoit terminer avec fes coufins à Gondolfeville, l'empêcha de pourfuivre cette victoire. Louis de Germanie de fon côté, fur l'avis que les Normans après avoir brûlé S. Valeri, S. Riquier, S. Omer, Terouenne, Atras, Tournai & d'autres places, ravageoient le Hainaut, fondit fur eux avec fon armée, & en défit environ dix mille. Ce qui fait voir que fi ces Princes avoient été d'accord enfemble, & fi leurs Etats n'avoient pas été agitez d'autres troubles, ces barbares n'auroient ofé paroître fur leurs côtes.

881. Affemblée de Gondreville.

L'Affemblée generale indiquée à Gondolfeville fe tint ; Louis & Carloman freres s'y trouverent ; Louis de Germanie n'y affifta que par fes Agens ; Charles fon frere s'y rendit. Ils convinrent à l'amiable qu'ils devoient fe liguer enfemble contre leurs ennemis communs. Louis & Carloman freres unirent leurs troupes avec celles de Louis de Germanie, & marcherent contre Hugues fils de Lotaire & de Valdrade, qui aiant ramaffé un grand nombre de gens commandez par Thiebaut fon beaufrere, ravageoient toute la Lorraine. Les deux freres s'étant avancez contre eux, les mirent en déroute, & en firent un grand carnage. S'étant enfuite joints avec Charles le Gras, ils marcherent contre Bofon, lui donnerent bataille près de Mâcon, le vainquirent, & allerent affieger Vienne, où étoit renfermée Hermengarde femme de Bofon. Nous verrons plus bas la fuite de ce fiege. Bofon après fa défaite fe retira fur les montagnes.

Charles le Gras prit alors le chemin de l'Italie, où fes affaires l'appelloient. Il y avoit été couronné déja Roi de Lombardie. Dans le deffein de fe faire couronner Empereur, il s'en alla à Rome. L'Empire avoit vaqué pendant deux ans. Le Pape étoit dans la difpofition de le conferer à quelque Prince qui fût en état de défendre l'Italie contre les Infideles. Il crut trouver en Charles

---

Ann. Fuld.
Regin. l. 3.
Conc. Gal.

bus, Rex Burgundiæ & Provinciæ coronatus fuerat. Ludovicus Germaniæ rex, concitantibus Gozlino & Conrado, ufque ad limites regni Franciæ moverat. Videns autem illos non poffe promiffa exfequi, cum duobus fratribus Regibus ad Gundulfi-villam colloqui peroptavit. Interea Ludovicus frater Carolomanni in Normannorum exercitum irruens, majorem partem gladio perimit; fed cum inftaret conventus ille ad Gundulfi-villam, ubi de rebus maximis tractandum erat, victoriæ fructu potiri non potuit. Ludovicus etiam Germaniæ Rex, cum audiffet Normannos poftquam SS. Valarici, Ricarii & Audemari oppida, Teruannam, Atrebatum, Tornacum, aliofque pagos incenderant, Hannoniam etiam devaftare, illos adortus, decem circiter millia profligavit. Indeque ftatim percipitur, fi Principes illi focietate juncti fuiffent, & fi regna ifthæc aliis tumultibus agitata non fuiffent, ne aufuros quidem fuiffe barbaros iftos ad maritimas oras comparere.

Ann. Bert. Conventus ergo ille generalis ad Gundulfi-villam habitus eft; Ludovicus & Carolomannus adfuere. Ludovicus rex Germaniæ, ex fuis quofdam mifit. Caro-

lus vero frater ejus eo fe contulit. Amice res peracta eft, & focietatem libenter iniere cum cognatis fratres, ut communes hoftes opprimerent. Ludovicus & Carolomannus fratres copias fuas junxere cum exercitu Ludovici Germaniæ regis, & contra f Iugonem Lotharii & Valdradæ filium moverunt, qui magna congregata manu, per Theuthaldum *Sororium* fuum ducta, Lotharingiam totam depopulabatur. Illos autem adorti ambo fratres, profligaunt magnamque ftragem fecerunt. Deinde Carolo Craffo juncti, contra Bofonem profecti funt, commiffaque prope Matifconem pugna, victum illum in fugam verterunt, Viennamque aggreffi urbem obfederunt, in qua erat Hermengardis uxor Bofonis. Obfidionis exitum infra videbimus. Fugatus Bofo in montes fe contulit.

Ann. Ad.

Carolus Craffus tunc Italiam petiit, quo rerum ftatus illum evocabat. Jam Rex Langobardiæ coronatus fuerat. Ut imperium acciperet, Romam fe contulit. Per annos jam duos Imperium vacaverat. Summe optabat Pontifex Imperium conferri Principi, qui viribus & potentia valeret, poffetque Infideles Italiam infeftam habentes propulfare. In Carolo Craffo hæc fe

le Gras ce qu'il souhaitoit, & le couronna Empereur. Mais quand il fut une fois sorti de l'Italie, il eut beau lui demander du secours; ce Prince foible d'esprit fut toujours hors d'état de rien faire. Un voiage que le Pape fit en France n'avança pas plus ses affaires. *Charles le Gras fait Empereur.*

Une flote Normande entra par le Vaal, se saisit du Palais Roial de Nimegue, & s'y fortifia. Louis de Germanie y alla avec une armée & les assiegea. Il ne pût les forcer, mais il traita avec eux. Ils convinrent qu'ils vuideroient le payis. Ils mirent le feu au Palais, & se retirerent avec leur butin.

Une autre flote plus puissante montant par la Somme, ruina l'Abbayie de Corbie, prit Amiens, & se répandit dans le voisinage. Louis étoit alors occupé au siege de Vienne avec son frere Carloman, qu'il laissa là pour continuer le siege & s'en alla contre les Normans, en étendit sur le carreau neuf mille. Après quoi par je ne sai quelle terreur panique il prit la fuite.

En la même année au mois de Novembre, une autre armée fort considerable de Normans commandez par les Rois Godefroi & Sigefroi, vint se camper au lieu nommé Haslon sur la Meuse. De là se répandant aux environs, ils brûlerent Liege, Mastrik & Tongres, & firent un dégat effroiable au payis des Ripuariens. Ils brûlerent encore Cologne, Bonne, Zulpic, Juliers, Nuis, & firent le même traitement au Palais d'Aix-la-Chapelle, à plusieurs autres lieux. Les Payisans des Ardennes s'étant armez contre eux, ces Normans en firent un grand carnage. *Ravages faits par les Normans.*

Louis Roi de Germanie, se préparant à marcher contre ces barbares, fut surpris d'une maladie à Francfort, où il mourut le 19. Août après avoir regné six ans. Personne n'étoit en état de contester la succession à Charles son frere, qui à cette nouvelle repassa les Monts, assembla une très-grande armée pour marcher contre les Normans. Bertulfe Archevêque de Treves, & Valon Evêque de Mets, joints au Comte Adelard, ramasserent des troupes pour s'opposer à ces pillards qui venoient à Mets. Ils leur donnerent un combat où ils furent défaits, & Valon tué. Après quoi les Normans chargez de butin s'en retournerent à leur camp.

Charles vint d'Italie pour recueillir la succession de son frere, & marcha avec une grande armée de Lombards, Bavarois, Alemans, Thuringiens, Sa- 882.

CARLOMAN seul.

xons, Frisons, capables d'exterminer tous ces Normans, si elle avoit été bien conduite, & si ces Normans n'avoient pas eu intelligence avec plusieurs Seigneurs de cette armée. Charles les assiegea dans leurs retranchemens, & la peste s'étant mise dans son armée, on entra en pourparler. Godefroi offrit de se faire batiser si on vouloit lui donner en mariage Gisle fille de Lotaire II. & en dot le Duché de Frise. Cela lui fut accordé; il reçût le Batême & se retira. Sigefroi convint aussi qu'il se rembarqueroit moienant une grosse somme d'or & d'argent qu'on lui donneroit : ce qui fut fait. Voilà tout l'effet d'une des plus grandes armées qu'on eût encore vû en ces cantons.

Mort du roi Louis. Louis Roi de France frere de Carloman, étant allé au devant d'un puissant secours que lui amenoient les Princes Bretons pour s'en servir contre les Normans, tomba malade à Tours, d'où il se fit porter à S. Denis en France, où il mourut le quatriéme Août, après avoir regné trois ans. Ce Prince encore jeune & qui promettoit beaucoup, fut fort regreté des François.

CARLOMAN seul.

883. CARLOMAN étoit au siege de Vienne, d'où il partit pour venir recueillir la succession de son frere, laissant la conduite du siege à Richard frere de Boson, mais qui étoit son mortel ennemi. Arrivé chez lui il marcha contre les Normans avec une armée. Il apprit à Autun que ces brigans, aux approches de cette armée, avoient quitté la Loire. Peu de tems après arriva Richard, qui après avoir pris Vienne, lui amenoit la femme & la fille de Boson. Il marcha ensuite contre les Normans, qui s'étant retirez d'Haslou, étoient venus remonter par la Somme, & faisoient des courses jusques à Laon,

884. & à Reims. Il eut d'abord quelque avantage contre eux, & montra beaucoup de courage; mais il fut obligé pour s'en débarrasser de leur donner douze mille mille marcs d'argent, moienant quoi ils firent un traité de paix pour douze années.

Mort de Carloman. Peu de tems après étant à la chasse dans la forêt d'Iveline près de Montfort, il fut blessé mortellement par un sanglier, ou comme quelques-uns disoient, par un de ses gens qui tiroit au sanglier; & sachant qu'il l'avoit fait sans

Ann. Bert. Met. & Fuld. ringorum, Saxonum, Frisonum, qui posset Normannos omnes delere, si bene ductus fuisset, ac nisi Normanni illi cum multis ex primoribus tanti exercitus concordes & consiliorum participes fuissent. Carolus Normannos in castris suis obsedit. Verum pestilentia in exercitu suo grassante, ad pacis conditiones ventum est. Godefridus se baptismum accepturum

Ann. Fuld. & Met. esse dixit, si sibi in uxorem Gisla Lotharii II. filia, & in dotem Frisia daretur. Utrumque concessum illi fuit. Sigefridus autem pactione ingentis auri ponderis recessit, & hæc tanti exercitus gesta fuere.

Ludovicus rex Franciæ, cum obviam iret magnæ militum manui, quam contra Normannos Britonum Principes adducebant, apud Turones in morbum incidit, seque ad S. Dionysium in Francia gestari jussit, ubi quarta Augusti die obiit, postquam tribus annis regnaverat, qui Princeps adhuc juvenis apud Francos magnum sui desiderium reliquit.

CAROLOMANNUS solus.

CAROLOMANNUS in Viennæ obsidione persistebat: unde etiam profectus est, ut fratris defuncti regnum reciperet, & obsidionem perficiendam reliquit Ricardo Bosonis fratri, sed ejus inimico. Deinde vero contra Normannos cum exercitu profectus est : & Augustoduni didicit prædones illos a Ligeri recessisse. Non multo postea Ricardus Vienna capta advenit, uxoremque filiamque Bosonis adducens. Carolomannus postea contra Normannos movit, qui Haslovia recedentes per Somonam rursus ingressi, Laudunum usque & Remos regionem depopulabantur. Statim vero aliquot prælia secunda commisit cum illis, seseque fortem strenuumque præstitit : sed cum alio non posset abigere modo, *duodecim millia pondera argenti puri & probati*, numeravit istis, qui *totidem* *Ann. M.* annis pacem promittunt.

Paulo postea Carolus venatum perrexit ad silvam Ivelinam prope Montem-fortem, *ubi & ab apro graviter vulneratus, post modicum vitam cum regno amisit. Aiunt autem quidam, quod a quodam suo satellite, improvide* *Ann. M.* *arma ferenti vulneratus fuerit. Et quia non sponte, sed* *An l. 8. n*

MONUMENS DE LOTAIRE, &c. 301

dessein, il n'en dit rien, de peur qu'il n'en fût puni. Il mourut le 6. Decembre, & fut enterré à S. Denis. Dès que les Normans eurent appris les nouvelles de sa mort, il rentrerent dans le Roiaume, disant que le traité fait avec lui n'étoit que pendant sa vie seulement. Mais Hugue l'Abbé les attaqua, & en fit un si grand carnage, qu'ils furent obligez de se retirer.

LES MONUMENS
DE LOTAIRE, DE CHARLES LE CHAUVE, DE RICHILDE
sa femme, de LOUIS le BEGUE, & de LOUIS & CARLOMAN freres
d'EUDE, de CHARLES le SIMPLE, & de ZUENTIBOLD.

LA figure de l'Empereur Lotaire qui est la premiere de la Planche suivante, a été donnée par M. Baluze, au second tome des Capitulaires, p. 1279. elle est tirée d'un Manuscrit des Evangiles, dont Lotaire fit present de son vivant au Monastere de S. Martin près de Mets, qui n'existe plus depuis long-tems. Les vers qui sont à la tête de ce Manuscrit qui est à la Bibliotheque du Roi, font foi qu'il le donna à cette Abbayie. Son portrait fait dans le tems même, est à la tête du livre tel que nous le representons ici. Ce Prince s'étoit fait inscrire Frere des Religieux de ce Monastere, pour avoir part à leurs prieres & à leurs bonnes œuvres ; ce qui étoit fort en usage en ce tems-là. Son pere Louis le Debonnaire & son frere Louis le Germanique, s'étoient fait inscrire de même au Monastere de S. Denis. On appelloit ceux qui se faisoient inscrire ainsi, *Fratres conscripti* : les Freres inscrits. Goldast & le Pere Dacheri ont donné de ces sortes de catalogues où les Princes se trouvoient écrits avec les Moines comme avec leurs freres. Cela a bien changé, & nous n'avons plus gueres de Freres inscrits de cette qualité.

Lotaire assis sur son trône a sous lui un grand coussin ; il a les cheveux courts contre la coutume des Rois de la premiere race. On les voit courts de même dans la plûpart des images des Rois de la seconde. Sa couronne est d'une figure si extraordinaire ; aussi-bien qu'une autre que nous voyons dans la même Planche sur la tête de Charles le Chauve, qu'il y a tout lieu de croire

PL. XXVI.

---

invitus hoc facinus commiserat, idcirco a Rege celatum est, ne innoxius morti traderetur. Obiit autem die sexta Decembris, & sepultus est in Ecclesia sancti Dionysii. Ubi primum Normanni ediderunt Carolomannum mortuum esse, rursus in Franciam ingressi sunt dicentes pactum cum Carolomanno initum pro tempore tantum vitæ illius esse. Sed Hugo Abbas ipsos adortus, tantam stragem fecit, ut abscedere coacti & finibus Francorum amoverentur.

MONUMENTA LOTHARII, CAROLI CALVI, RICHILDIS ejus uxoris, LUDOVICI BALBI, LUDOVICI & CAROLOMANNI fratrum ODONIS, CAROLI SIMPLICIS & ZUENTIBOLDI.

Capitular. LOTHARII Imperatoris imago, quæ prima est *lib. c. 10.* in tabula sequenti, publicata fuit a V. Cl. Ba-*p. 1279.* luzio, Tom. 2. Capitular. p. 1279. Educta fuit autem ex MS. Codice Evangeliorum, quem Lotharius dedit Monasterio S. Martini prope Metas, jamdiu diruto : ut docent versus in fronte libri, qui nunc est in Bibliotheca Regia. Depicta icon qualem damus initio libri est. Lotharius se conscribi curaverat fratrem Monachorum hujus cœnobii, ut & precationum & operum illorum consors esset ; id quod tunc in usu erat. Sic pater ejus Ludovicus Pius & frater Ludovicus Germanicus se conscribi voluerant in Monasterio sancti Dionysii. Qui sic scripti erant, *Fratres conscripti* vocabantur. Goldastus & Dacherius hujusmodi conscriptorum fratrum catalogos ediderunt. Qui mos jam obsolevit, neque enim tales adsunt nobis fratres conscripti.

Lotharius in solio sedens pulvinum magnum sub se habet, atque attonsos capillos contra morem Regum primæ stirpis ; sed capilli breves in secunda stirpe ut plurimum observantur. Corona tam singularis est formæ, sicut & alia quam in eadem tabula cernimus in Carolo Calvo ; ut probabile sit illas ex mero

P p iij

que ce n'est qu'un caprice de Peintre. Nous ne voions jamais rien d'approchant dans les couronnes de tant de statuës des Rois que nous avons données ci-devant. Son sceptre fort long, a en haut une espece de pommeau, & va toujours en diminuant jusqu'au bas, où il se termine en pointe: c'est plûtôt une *haste* qu'un sceptre. Elle est fort semblable à celles que nous voions entre les mains de plusieurs soldats Romains, aux Planches IX. X. & XI. du quatriéme tome de l'Antiquité expliquée. Cela revient à ce que nous disions ci-devant, que la haste mise à la main de nos Rois, étoit une marque de Roiauté. Sa chaussure approche assez du *Campagus* des Anciens. Ses deux Ecuiers un à chaque côté du trône sont remarquables par la forme de leur casque; l'un tient à la main l'épée du Prince avec son fourreau; l'autre tient sa haste, & de l'autre son bouclier fort creux, qui a une pointe au milieu du convexe. La Charge d'Ecuier étoit une des principales de la Cour.

L'image de dessous est certainement de Charles le Chauve, tirée d'un fort beau Manuscrit de la Bibliotheque de M. Colbert, à qui le Chapitre de S. Etienne de Mets en fit present. Il y a grande apparence que Charles le Chauve l'avoit donné à ce Chapitre. Ce qui est certain c'est que le Manuscrit, des plus beaux qu'on ait encore vûs, a été fait pour lui. Dans des Litanies qui s'y trouvent parlant à la premiere personne, il prie Dieu de le conserver lui Charles & sa femme Hirmindrude. Preuve que le Manuscrit fut fait avant l'an 869. où mourut cette Princesse. La figure de Charles le Chauve est à la tête du livre: assis sur une espece de trône fort large, aiant sous lui un coussin qui excede cette largeur; il tient de la main droite un sceptre qui a une fleur de lis au bout: ce sceptre est une épée semblable à celles que tiennent les Ecuiers de Lotaire & de Charles le Chauve dans l'image qui precede, & dans les deux qui suivent; il tient de la gauche un casque marqué d'une croix sur le devant. Il porte une chlamyde attachée à l'épaule. Sa couronne n'est qu'un cercle surhaussé de quelques fleurs de lis. Une main ouverte descend du ciel sur sa tête, de même que ci-devant sur la tête de Charlemagne Patrice. On conjecture que de-là pourroit venir cette main de Justice que nos Rois prennent à leur couronnement. Ces mains se voient aussi quelquefois sur les médailles des Empereurs de Constantinople. Au haut de l'image sont deux vers Latins qui marquent que Charles couronné de gloire est semblable à Josias, & comparable à Theodose.

pictoris arbitrio sic factas esse. Nullas enim similes videmus in statuis quas jam tanto numero dedimus. Sceptrum oblongum in superna parte globum habet, exindeque sensim minuitur, ita ut in acumen desinat. Potius hastam dixerim, quam sceptrum: estque similis prorsus iis quas vidimus in manibus Romanorum militum in Antiquitate explanata, Tom. 4. Tab. IX. X. & XI. Jam supra diximus apud Francos hastam Regiæ Majestatis insigne esse. Calcei campagum veterum pene referunt. Armigeri duo ejus, ex utraque solii parte positi, galeam gestant singularem. Alter tenet gladium regium in vagina; alter hastam, & alia manu clypeum concavum, in cujus extima facie aculeus est. Scutiferorum officium inter præcipua Regiæ numerabatur.

Infra illam posita imago Caroli Calvi est, eruta ex elegantissimo Bibliothecæ Colbertinæ codice, quem Capitulum sancti Stephani Metensis D. Colberto dedit. Creditur vero Carolum Calvum hunc librum Capitulo dedisse. Certum utique est hunc Codicem, quo pulcrior alter nusquam visitur, pro Rege illo factum fuisse. In litaniis quæ ibidem habentur, hæc de Carolo & de Hirmindrude leguntur. *Ut mihi Carolo a te*

Regi coronato vitam & prosperitatem atque victorias dones: Te rogo, audi me. Ut Hirmindrudem conjugem nostram conservare digneris: Te rogamus, audi nos. Unde arguitur Codicem factum fuisse ante obitum Hirmindrudis, quæ obiit anno 869. Caroli imago in fronte libri est. In solio sedet latissimo, sub se pulvinum habet, qui solii latitudinem excedit. Manu dextera sceptrum tenet, qui superne lilii flore terminatur, estque simile gladiis quos gestant Scutiferi Lotharii & Caroli Calvi; læva vero tenet cassidem cruce signatam. Chlamydem gestat ad humerum dextrum fibula nexam. Corona ejus circulus est, cui superponuntur quædam ceu lilia. Manus aperta de cælo descendens capiti ejus imminet, ut vidimus etiam in imagine Caroli Magni Patricii supra. Hinc vero conjicimus ortam fuisse manum illam Justitiæ, quam gestant Reges qua die coronantur. Hæ manus etiam in nummis Imperatorum Constantinopolitanorum quandoque visuntur. In suprema Imaginis parte hi duo versus leguntur:

Cum sedeat Karolus magno coronatus honore,
Est Josiæ similis, parque Theodosio.

MONUMENS DE LOTAIRE, &c.

On a plus de Monumens originaux de Charles le Chauve, que des Rois précedens. Le tableau suivant fut fait aussi de son tems. Il est tiré d'une grande Bible écrite en ce tems-là, que les Chanoines de S. Martin de Tours lui donnerent en 869. Ce fut Vivien Abbé Commandataire de cette Abbayie, qui lui offrit ce Livre accompagné de plusieurs Chanoines de la même Abbayie. Ces Abbez Commandataires étoient des Seculiers qui joüissoient des Abbayies, & occupoient souvent les premieres Charges de la Cour & de l'armée. M. Baluze a crû que ce Vivien étoit un Moine de S. Martin de Mets, & que c'est lui qui tient le livre qu'il presente au Roi, accompagné de dix autres Moines. Mais M. du Cange dans son Glossaire Latin sur le mot *Armiger*, fait voir que ce Monastere dont il est fait mention ici, est S. Martin de Tours, où il y avoit des Chanoines en ce tems-là. Que Vivien qui presente le livre à Charles le Chauve, est non pas un Moine ni un Chanoine, mais un Seigneur qui est à la main droite du Roi, & qui étant appellé *Heros* dans les vers Latins du même Manuscrit, ne peut être ni Moine ni Chanoine. Le Pere Mabillon dit aussi dans ses Annales, *t.* 3. *p.* 5. *&* 30. que le Comte Vivien étoit en ce tems-là Abbé de S. Martin de Tours.

Le Roi assis sur son trône reçoit d'un air affable le livre qu'on lui offre. Il tient un sceptre ou une haste de la même forme qu'est celle de Lotaire ci-devant, sa couronne est aussi semblable à celle de son frere. A ses deux côtez sont deux Seigneurs de sa Cour ou deux Comtes qui portent un diademe revêtus d'une courte tunique, & par dessus tout d'une chlamyde attachée à l'épaule droite, chauffez à l'antique. Celui de la droite est comme nous venons de dire, Vivien, qui tend sa main vers le livre qu'il presente au Roi. Deux Ecuiers du Roi viennent après, un de chaque côté, dont le casque est semblable à ceux des Gardes de Lotaire. L'un d'eux tient la haste du Roi & son écu, & l'autre sa grande épée dans le fourreau. Chacun a sous sa chlamyde l'ancien habit militaire qui avoit passé des Grecs aux Romains. Nous l'avons vû dans l'Antiquité, *t.* 4. jusqu'au tems de Theodose le jeune ; il a passé à des siecles bien plus bas comme nous voyons ici. On trouve même au onziéme siecle Robert Duc de Bourgogne en habit Héroïque, sur son sceau tiré d'une Charte donnée en 1054. Au haut du tableau on voit une main ouverte & étenduë qui sort d'un nuage, les doigts de laquelle jettent des raions vers la tête de

Plures Caroli Calvi habentur icones suo tempore factæ, quam cæterorum Regum præcedentium. Sequens etiam depicta tabula ævi ipsius est, ex Bibliorum libro educta, quem Canonici Sancti Martini Turonensis ipsi obtulerunt anno 869. Vivianus autem Abbas *Beneficiarius* hujus Monasterii, cum Canonicis undecim, librum dant Regi. Illi vero Abbates Beneficiarii, viri sæculares erant, qui dum titulo Abbatum & reditibus fruerentur, prima in Regia & in exercitu munia occupabant. Baluzius vero putavit Vivianum fuisse Monachum Sancti Martini Metensis ; eum videlicet qui in tabella librum tenet, & Regi offert cum aliis decem Monachis. Verum Cangius in Glossario Latino ad vocem *Armiger*, ait Monasterium quo de hic agitur, esse sancti Martini Turonensis, ubi tunc Canonici, non Monachi erant; Vivianumque qui librum Carolo offert, nec Monachum, nec Canonicum esse ; sed ex primoribus unum, qui stat ad dexteram Regis, quique cum *Heros* appelletur in versibus, qui in eodem codice habentur, nec Monachus nec Canonicus esse potuit. Mabillonius quoque ait, hunc Vivianum S. Martini Turonensis Abbatem fuisse.

Rex in solio sedens, grato ut videtur animo, librum recipit. Sceptrum seu hastam tenet similem sceptro Lotharii supra, coronam item coronæ ejus affinem. Ab utroque ejus latere duo primores Regii sunt, sive duo Comites diademate redimiti, brevi induti tunica, atque chlamyde amicti ad dextrum humerum annexa, calceis ad antiquorum morem cincinnatis. Qui ad dexteram stat, ut jam diximus, Vivianus est, qui manum extendit versus librum quem Regi offert. Armigeri Regis duo post hosce comparent, ad utrumque latus unus, quorum alter hastam & scutum Regis, alter ejus gladium in vagina gestat. Uterque sub chlamyde habet vestem militarem veterem, quæ a Græcis ad Romanos transierat. Illam vidimus in Antiquitate explanata Tomo IV. usque ad tempora Theodosii Junioris. Ad sæcula vero longe posteriora transiit, ut hîc conspicimus. Imo etiam sæculo undecimo observatur Robertus Burgundiæ Dux cum hac heroica veste, in sigillo suo, quod in charta habebatur data anno 1054. In suprema tabulæ parte visitur manus aperta & extensa ex nube egressa, cujus digiti radios versus Regis caput effundunt. In duobus

Charles. Aux deux angles d'enhaut on voit deux Dames voilées qui tiennent d'une main une palme, & de l'autre une couronne qu'elles prefentent au Roi. Un habile homme les a prifes pour des Images de Notre-Dame.

Pl. XXVII. Le tableau qui fuit n'eft pas moins remarquable que celui-ci. Il eft tiré de la Bible Manufcrite qu'on conferve encore aujourd'hui en l'Eglife de S. Paul de Rome, où font les Benedictins de la Congregation du Montcaffin. Il fut imprimé à Rome par Nicolo Alemanni l'an 1625. Le Pere Mabillon l'a redonné depuis dans fon Voiage d'Italie, *p.* 70. L'on a trouvé après fa mort dans fes papiers l'image peinte avec fes couleurs de la grandeur de l'original, fur laquelle j'ai fait faire cette Planche. Le Pere Mabillon corrigea fur fon eftampe quelque faute de l'Alemanni, qui avoit mis une couronne ouverte par le haut fur la tête du Roi, & n'avoit mis fur le globe qu'il tient entre fes mains, aucune des lettres qu'on voit dans l'original. L'Alemanni & plufieurs après lui ont crû que le tableau étoit de Charlemagne. Mais notre Confrere prouve qu'il eft de Charles le Chauve, tant parce que le vifage reffemble affez à ceux de ce Prince que nous venons de donner, fur tout fi on les regarde dans les originaux, que parce que le caractere eft du tems de Charles le Chauve, & trop recent pour être du tems de Charlemagne. Une autre raifon qui le perfuade; c'eft que nous voions fouvent Charles le Chauve peint à la tête des livres & des bibles de fon tems, comme aux deux que nous venons de donner, & à un autre de Ratifbonne dont parle le Pere Mabillon. Nous n'en avons point encore vû de Charlemagne; ce qui fait conjecturer que cette coutume n'étoit point encore introduite de fon tems.

Charles le Chauve affis fur fon trône, porte une couronne d'or fermée par le haut, & terminée par une efpece de fleur de lis ornée de pierreries; le bonnet qui eft fous la couronne, & qui paroît dans les efpaces vuides, eft rouge. Le Roi a les cheveux courts à la Romaine, & porte une mouftache. Sa tunique eft bleüe avec des ornemens d'or. Sa chlamyde attachée à l'épaule eft de couleur de pourpre, ornée de pierreries fur les bords & en bas. Son fceptre eft d'or orné auffi de même. Il tient de fa main un globe où fe voient plufieurs lettres, dont les trois premieres font C. R. S. ce qui voudroit dire, *Carolus*. Mais le Pere Mabillon dit qu'il ne fait fi la feconde eft un R. ou un K. Pour ce qui eft des autres lettres il n'a ofé en hazarder l'explication. Il femble

---

fupernis angulis Matronæ duæ velatæ vifuntur, tenentes manu dextera palmam, finiftra coronam, quam Regi offerunt. Vir quidam eruditus putavit imagines effe Beatæ Mariæ Virginis.

Neque minus obfervanda eft fequens imago, ex libro bibliorum defumta, qui hodieque in Ecclefia Sancti Pauli Benedictinorum Caffinenfium Romæ fervatur. Cufa vero fuit Romæ a Nicolao Alemanni anno 1625. D. autem Mabillonius in Itinere fuo Italico illam denuo publicavit, p. 70. Interque chartas τῦ μακαρίτυ fuis depicta coloribus ad fidem exemplaris, eadem quam in autographo habet magnitudine reperta eft. Illo autem fum ufus exemplari ad tabulam noftram concinnandam. Mabillonius aliquot Alemanni errata emendavit, qui coronam fuperne apertam Regi appofuerat, literafque omiferat in globo pofitas. Alemannus & multi poft illum putavere hîc Carolum Magnum repræfentari. Verum Sodalis nofter Carolum effe Calvum putat, tum quia vultus fimilis eft vultui ejus in fuperioribus imaginibus expreffo, maxime fi cum autographo comparetur: tum quia character eft ævi Caroli Calvi, & recentior quam ut Caroli Magni effe credatur. Alia etiam id ratione probatur : Carolum enim Calvum fæpe depictum videmus in libris & Bibliis iftius temporis, ut in duobus jam datis confpicitur, & in alio Ratifbonenfi, quem memorat ibidem Mabillonius. Caroli vero Magni tales nunquam vidimus imagines: unde conjicitur morem hujufmodi nondum inductum fuiffe.

Carolus Calvus in folio fedens coronam auream geftat fuperne claufam, lilio prominente, ornatam gemmis. Sub corona pileus eft ruber, qui per vacua fpatia confpicitur. Attonfi crines funt more Romano, pilofque in labio fuperno concinnatos Carolus habet, id quod *myftax* appellari folet. Tunica cærulea eft, auro ornata : chlamys humero annexa purpurea eft, in oris & inferne gemmis decorata. Sceptrum aureum eft lapillis ornatum. Globum manu tenet, cui infcriptæ literæ funt, quarum tres priores C. R. S. *Carolus* exprimerent. Verum ait Mabillonius nefcire fe utrum fecunda fit R. an K. Cæteras legere non aufus ille eft, videturque fane nonnifi divinando

en effet, qu'on ne les puisse lire qu'en devinant. La Dame qui est à la gauche & qui leve la main vers lui, est sa femme, comme le marquent les vers que nous donnons dans le Latin. Il n'est pas aisé de dire si c'est Hermentrude sa premiere femme qui mourut l'an 869. ou Richilde qu'il épousa d'abord après. Sa robe est rouge, ornée de bandes d'or, & son voile est bleuâtre. Derriere elle est une Suivante. Au côté droit du Roi sont ses deux Ecuiers fort jeunes, & tête nuë. Le premier qui tient l'épée du Prince dans son fourreau, porte une tunique rouge & une chlamyde bleue. Le second qui tient sa haste & son bouclier, une tunique blanche & une chlamyde rouge. Les quatre Vertus Cardinales sont posées en haut, pour marquer sans doute que le Prince les possede toutes. La premiere, est la Prudence qui tient un livre ouvert; la seconde, la Justice qui montre une balance; la troisiéme, la Temperance d'un air fort doux & modeste; la quatriéme, la Force qui tient une pique & un bouclier.

Le bas-relief qui commence la Planche suivante, se voit sur le tombeau de PL. l'Archevêque Hincmar dans l'Eglise de S. Remi de Reims, en entrant dans la XXVIII. basse nef, vis-à-vis de la porte du cloître. Au milieu du bas-relief est un Roi assis qu'on croit être Charles le Chauve, qui tient de la main gauche une Eglise : c'est celle de Saint Remi dont il étoit bienfaicteur. Hincmar vient fléchir les genoux devant lui, accompagné de l'Abbé de Saint Remi, qui tient la crosse, & de l'autre main quelque chose que je ne connois pas, & qui est suivi d'un autre Moine. Aux pieds du Roi est un Scribe ou Notaire, qui tient un écrit; c'est peut-être quelque privilege, ou quelque donation faite au Monastere. De l'autre côté du bas-relief, est representé le même Roi à qui Hincmar donne sa benediction. On remarque qu'Hincmar est ici barbu dans l'une, & sans barbe dans l'autre figure. La forme de sa mître est remarquable.

legi posse. Matrona quæ ad lævam Regis, manum versus illum attollit, uxor ejus est, ut indicant versus sequentes. Nec certo dixeris an Hermentrudis sit quæ obiit anno 869. an Richildis quam statim post obitum prioris duxit. Vestis ejus rubra est, tæniis aureis distincta, velum cæruleum. Pone illam puella regia est. Ad dexteram Regis duo Armigeri sunt admodum juvenes nudo capite. Primus qui gladium Regis in vagina tenet, tunicam habet rubram, & chlamydem cæruleam : alter qui hastam & clypeum tenet, tunicam albam & chlamydem rubram. In superna tabula sunt quatuor Virtutes Cardinales, quasi a Rege illæ colantur. Prima est Prudentia, quæ librum apertum tenet : secunda, Justitia bilancem monstrat ; tertia, Temperantia modestiam composita ; quarta, Fortitudo hastam & clypeum habet.

Horum magna pars exprimitur per adscriptos in eodem codice versus hujusmodi.

Rex cæli Dominus solita pietate redundans
Hunc Carolum Regem terræ dilexit herilem.
Tanti ergo officii ut compos valuisse haberi
Tetrasti implevit Virtutum quattuor almo...
Imminet hic capiti de vertice cuncta resundens.
Denique se primum, tunc omnia recte gubernat,
Prudenter, juste, moderate, fortiter atque,
Hostibus ut cunctis exsultet pace repulsis,
Ad dextram Armigeri prætendunt arma Ministri
Ecclesiam Christi invictus defensor in ævum,
Armipotens magnis quis ornet sæpe triumphis,

Nobilis ad lævam conjux de more venustat,
Qua insignis proles in regnum rite paretur.

Deinde hæc subjiciuntur.

Hæc namque invenies præsenti pagina libro
Quem tibi quemque tuus Rex Carolus ore sereno
Offert Christe tuisque cliens & corde fidelis,
Ejus ad Imperium devoti pectoris artus
Ingobertus eram referens & Scriba fidelis,
Graphidas Ausonios æquans superansque tenore
Mentis, ut auricomum decus illi crescat in ævum,
Quem fecit priscos Christus transfire Monarchas,
Et sibi cognovit duce Christo sceptra tenere.

Anaglyphum initio sequentis tabulæ positum, in sepulcro Hincmari Archiepiscopi Rhemensis in Ecclesia Sancti Remigii habetur ; visiturque in navi Ecclesiæ e regione portæ ad clauustrum ducentis. In medio anaglyphi Rex quidam sedet, qui Carolus Calvus esse putatur. Læva manu tenet Ecclesiam sancti Remigii, cui bona contulerat. Accedit Hincmarus genua flectens ante Regem, comite Abbate S. Remigii pastoralem baculum gestante, alteraque manu nescio quid ; ipsum sequitur alter Monachus. Ad pedes Regis sedet quidam Scriba vel Notarius, qui rescriptum quodpiam tenet, estque forsassis diploma, privilegium vel donum afferens Monasterio. In altero anaglyphi latere idem Rex repræsentatur, cui Hincmarus benedictionem impertit. Hincmarus imberbis in una, barbatus in altera imagine comparet. Mitræ illius forma singularis est.

306 MONUMENS DE CHARLES LE CHAUVE, &c.

La tombe de Charles le Chauve, qui est au milieu du chœur de l'Eglise de S. Denis, est de cuivre, & represente cet Empereur en demi-relief tel que nous le donnons ici. Il tient le sceptre d'une main, & de l'autre le globe marque de l'Empire. Sa couronne est de forme ordinaire, sa chlamyde & sa tunique des plus ornées. Sa chaussure est marquée de lozanges. L'inscription qui est tout au tour est en caractere qui n'a pas encore tout-à-fait degeneré en Gothique; ce qui arriva au onziéme siécle. Je croirois volontiers que la tombe a été faite après que le Monastere pillé par les Normans, qui ravagerent plusieurs fois toutes ses terres, se fut relevé de ses pertes; ce qui arriva vers la fin du dixiéme ou au commencement du onziéme siecle. L'inscription porte qu'il a fait beaucoup de donations au Monastere, & qu'il lui a conferé la Seigneurie de la riviere de Seine & de Reuil. Je me suis apperçû trop tard que quatre petites figures d'Evêques placées aux quatre angles de la tombe, ont été omises par le Dessinateur.

Les deux sceaux suivans sont de l'Empereur Lotaire. Le second dont la legende est presque effacée, a *Christe adjuva Hlotharium.* Dans le precedent *Lotharius* est sans H. Le seau de dessous est de Charles le Chauve. On y voit la tête d'un côté & le monogramme de l'autre. Les deux vers qui sont l'inscription des deux côtez, sont exprimez dans le Latin.

La tête de Richilde seconde femme de Charles le Chauve, est tirée d'une pierre gravée de M. l'Abbé Fauvel. Sa coëffure à l'antique exprime une tête assez mal faite. Nous en voions souvent de semblables dans les pierres gravées. Charles le Chauve qui se faisoit souvent peindre, aura fait aussi tirer sur cette pierre sa femme Richilde qu'il aimoit beaucoup. La terminaison Françoise *Richilde*, ne doit pas nous surprendre; elle étoit en usage en ces tems-là, quoiqu'on n'écrivît point encore en François. Les deux sceaux sont de Charles le Chauve, l'un le represente Roi, & l'autre Empereur. Il est ordinairement couronné de laurier dans ses sceaux. Louis le Begue l'est aussi dans le seau suivant dont l'inscription est gâtée.

PL. XXIX. Les statues de Louis & de Carloman freres, Rois de France, fils de Louis le Begue, sont tirées de leurs tombeaux qu'on voit dans l'Eglise de S. Denis. Elles ont été

Caroli Calvi sepulcrale monumentum in medio Chori San-dionysiani positum, æneum est, Imperatoremque illum media sui parte prominentem repræsentat, qualem hîc proferimus. Sceptrum altera manu tenet, altera globum Imperii signum. Corona consuetæ formæ est. Chlamys & tunica ornatissimæ: calcei rhombis distinguuntur. Inscriptio circum posita nondum in characterem Gotthicum degeneravit; qui character Gotthicus undecimo sæculo inductus fuit. Libenter crederem erectum fuisse tumulum postquam Monasterium devastatum a Normannis, qui illius agros & villas sæpe depopulati sunt, in pristinum statum restitutum est, id quod accidit circa finem decimi vel initio undecimi sæculi. Epitaphium vero hujusmodi est.

Imperio Carolus Calvus regnoque potitus
Gallorum jacet hac sub brevitate situs,
Plurima cum villis, cum clavo, cumque corona
Ecclesiæ vivus huic dedit ille bona.
Multis ablatis nobis fuit hic reparator
Secanii fluvii Ruoliique dator.

Duo sigilla sequentia Lotharii Imperatoris sunt. Secundi inscriptio pene deleta hæc habet: *Christe adjuva Hlotharium.* In priori autem H non præmittitur; sub his positum sigillum est Caroli Calvi. In altera facie caput; in altera Monogramma ejus legitur. Inscriptio sic habet:

Ab altera facie: *Gloria sit Christo Regi, victoria Carlo.*
Ab altera vero: *Jesu Nate Dei Carlum defende potenter.*

Caput Richildis secundæ Caroli Calvi uxoris, ex insculpta gemma expressum fuit, quæ ad D. de Fauvel pertinet. Caput ornatur altero capite lapsam artem efferente. In antiquis gemmis capita non raro videmus ornandis mulierum vel Dearum capitibus adhibita. Carolus Calvus qui se pictura exprimi sæpe curavit, uxorem Richildem, quam admodum diligebat, in gemma incidi curaverit. Nec morari nos debet terminatio Gallica in voce *Richilde*. Ea namque in usu tunc erat, etiamsi nondum Gallico idiomate scriberetur. Duo sigilla alia sunt Caroli Calvi, qui in altero Rex, in altero Imperator exhibetur: solet autem in sigillis lauro coronari. Ludovicus item Balbus filius ejus lauro coronatur in sigillo sequenti, cujus inscriptio labefactata est.

Statuæ Ludovici & Carolomanni Franciæ Regum filiorum Ludovici Balbi, ex eorum sepulcris in Ecclesia S. Dionysii exstantibus eductæ sunt. Ævo autem sancti

LOTHARII. I. IMP.

CAROLI CALVI REG.

CAROLI CALVI IMP.

LUDOVICI BALBI.

¹ faites du tems de S. Louis à la maniere de ce siecle, & sans aucune ressemblance aux figures originales. Il n'y a rien ici à remarquer de particulier, ² sinon que Carloman a trois boutons sur l'épaule droite. ³ Nous n'avons Charles le Simple que sur un seau, où il est couronné de laurier avec l'inscription ordinaire.

⁴ La figure du Roi Eudes est aussi tirée comme les precedentes de son tombeau qui est à S. Denis, fait du tems de S. Louis. Elle n'a rien de particulier ni d'original, les deux seaux de ce Prince ont été donnez par le Pere Mabillon. Il a la tête nuë dans le plus grand, & porte le diademe dans l'autre. Celui de Zuentebolde Roi de Lorraine qui suit, n'est remarquable que par la forme de sa couronne.

CHARLES LE GRAS, EMPEREUR ET ROI de France.

CHARLES fils de Louis le Begue n'aiant que cinq ou six ans quand Carloman son frere mourut; & le Roiaume aiant besoin d'un Prince qui pût le défendre dans des tems si orageux, les François appellerent Charles le Gras, & le couronnerent. Ainsi la Monarchie Françoise se trouva une autre fois réunie. Mais on s'apperçût bien-tôt que Charles le Gras n'étoit pas capable de soutenir ce fardeau. On mit cependant le petit Charles sous la tutele de l'Abbé Hugues le Grand, Comte de Paris, & Duc de France.

Charles le Gras réunit toute la Monarchie Françoise.

Hugues fils de Lotaire & de Valdrade étoit toujours aux aguets pour se rendre maître du Roiaume de Lorraine. Godefroi Duc de Frise son beaufrere le secondoit, & faisoit des propositions captieuses à l'Empereur. Henri Duc de Saxe, s'appercevant de la fraude, inspira à Charles le Gras de se défaire de l'un & de l'autre, mais par des moiens indignes. On attira Godefroi à une Conference sur le Rhin, où il fut cruellement massacré contre la foi donnée. On tendit le même piege à Hugues au lieu nommé Gondreville, où on lui creva les yeux, & il fut confiné dans l'Abbayie de S. Gal. Il fut depuis renvoié chez lui, & enfin tondu dans l'Abbayie de Pruim.

885.

Indigne action de Charles le Gras.

Les Normans indignez de cette perfidie, resolurent d'en tirer vengeance, & équipperent la plus grande flote qu'on eût encore vû sortir de leur payis. Ils entrerent par l'embouchure de la Seine, conduits par les Rois Sigefroi &

Ludovici, secundum istius ævi morem, neque ad archetyporum fidem concinnatæ sunt. Nihil hic speciatim observandum occurrit: hoc unum notandum videtur, Carolomannum nempe in humero dextro tres globulos habere. Carolum Simplicem nusquam repræsentatum vidimus, nisi in sigillo ubi lauro coronatus exhibetur cum inscriptione solita.

Odonis Regis schema ex sepulcro item ipsius Sandionysiano eductum est, Sancti Ludovici ævo factum. Nihil autem observandum habet; neque enim ex archetypo concinnatum fuit. Duo ejusdem sigilla a Mabillonio nostro data fuere. Caput ejus in altero nudum, in altero diademate ornatum est. Sigillum Zuenteboldi Regis Lotharingiæ sequens, a coronæ forma est observandum.

CAROLUS CRASSUS, IMPERATOR
ET REX FRANCORUM.

Ann. Met. CAROLUS Ludovici filius cum annorum tantum quinque vel sex esset, regnumque Principe opus haberet qui posset ipsum, Carolomanno defuncto, contra tot adversarios tueri, advocarunt Franci Carolum Crassum, Regemque coronavere. Sic Francica Monarchia sub uno Principe fuit. Sed non multo postea deprehensum est tanto oneri ferendo imparem esse Carolum Crassum; Carolus vero Balbi filius, Hugonis Magni Abbatis, Comitis Parisiensis Ducisque Franciæ tutelæ commissus est.

Hugo Lotharii & Valdradæ filius excubabat semper in occasiones captandi Lotharingiæ regni. Godefridus Dux Frisiæ sororis ejus conjux, Imperatori captiosa proponebat, ut juvaret illum & in regnum intruderet. Ubi fraudem intellexit Henricus Dux Saxoniæ, Imperatori suasit ut utrumque de medio tolleret; sed indignis vere modis. Godefridus ad colloquium quodpiam allectus in insula Rheni immaniter contra fidem datam trucidatus est. Iisdem captus insidiis Hugo in Gundulfi-villa excæcatus, in Monasterium S. Galli missus est, indeque in patriam remissus, demum in Cœnobio Prumiensi attonsus fuit.

Normanni tantam perfidiam haud dubie indigne ferentes; ut illam ulciscerentur, tantam apparant classem, quantam in Gallicis oris nemo viderat. Per ostium Sequanæ ingressi sunt Ducibus Sigefrido & Sin-

Ann. Met.

Regin.

Abbo.

Sinrich. On vit alors la Seine couverte de vaisseaux qui montoient jusqu'à sept cens sans compter les petites barques. Les Seigneurs s'étant plaints que c'étoit contre la foi du traité fait depuis peu, ils répondirent que leur traité n'étoit fait qu'avec Carloman, qui étant mort, son successeur n'avoit qu'à leur donner pareille somme, & qu'ils se retireroient.

Les Normans assiegent Paris.

Ingelvin Evêque de Paris étant venu à mourir, Gozelin Abbé de S. Germain, qui avoit fait sa paix avec Louis & Carloman, fut élû en sa place, & il se démit de l'Abbayie de Saint Germain des Prez, en faveur d'Eble son neveu.

Sigefroi & Sinrich avec leur flote, vinrent jusqu'à Paris. La Ville étoit alors renfermée dans l'Isle que nous appellons aujourd'hui l'Isle du Palais, & tenoit à la terre par deux ponts, dont l'entrée étoit défenduë de chaque côté par une tour; ensorte que les Parisiens étoient maîtres de la riviere. Sigefroi leur offroit toute sureté s'ils vouloient le laisser passer avec ses gens, leur promettant de ne leur faire aucun tort, & les menaçant de tout saccager s'ils s'opposoient à son passage. L'Evêque Gozelin répondit que cela ne se pouvoit, & qu'ils défendroient & la ville & le passage jusqu'à l'extrêmité. Sigefroi forma alors le siege, un des plus memorables sieges qu'on voie dans les histoires.

Le jour suivant il fit attaquer la tour du pont du côté qu'on appelle aujourd'hui le grand Châtelet. Les Normans firent pleuvoir une grêle effroiable de pierres & de fleches. L'Evêque Gozelin y vint avec son neveu l'Abbé Eble, & les Comtes Eude, Robert, Ragenaire, & un jeune Chevalier nommé Frederic, qui fut tué auprès de l'Evêque, & l'Evêque lui-même blessé. L'attaque fut vive. Les Normans y perdirent beaucoup de monde. Les pierriers avoient fort endommagé la tour: on emploia toute la nuit à la reparer.

Assaut furieux.

Le lendemain de grand matin les Normans revinrent à l'assaut plus furieusement que le jour précedent. Leurs machines envoioient une grande quantité de pierres qui ébranloient la tour. Eude & Eble y accoururent: les soldats animez par leur presence, firent une vigoureuse resistance. Eude s'étant apperçû qu'ils vehoient à la sape, fit jetter sur eux quantité d'huile, de cire & de poix boüillante, qui leur fit abandonner l'entreprise. Les ennemis firent enfin une

---

richo Regibus. Tunc Sequana fluvius navibus opertus visus est, quæ naves ad septingentas computabantur, non numeratis naviculis. Cum autem primores quererentur se contra pacti initi fidem jam bello impeti; respondebant illi pactum cum Carolomanno initum fuisse, nec stare illo defuncto: sed si successor parem summam numeraret, recessuros se pollicebantur.

Ingelvino Parisiorum Episcopo defuncto, Gozlinus Abbas sancti Germani a Pratis, qui pacem cum Ludovico & Carolomanno fecerat, in ejus locum subrogatus est, & sancti Germani Abbatiam ab se depositam Ebolo fratris filio contulit.

Chron. de Gest. Norm. Abb.

Sigefridus & Sinrichus cum classe Lutetiam usque venerunt. Urbs tunc tota insulam occupabat, quæ nunc Insula Palatii dicitur, & utroque littori duobus jungebatur pontibus, quorum aditus turri muniebatur, ita ut penes Parisiacos esset transitum vel concedere vel prohibere. Sigefridus fidem & securitatem offerebat, dum sibi & suis transitus concederetur, nihil injuriæ se illaturum pollicens si id impetraret; dira & vastationes minitans, si obsisterent. Respondit Gozlinus Episcopus id concedi non posse; seque paratos esse & ad propugnandam urbem & ad arcendum a transitu. Tunc Sigefridus urbem obsedit: obsidio autem isthæc inter memorabiliores censenda.

Die sequenti turrem illam oppugnari jubet Sigefridus, quæ ad pontis oram erat sita ad Septentrionem versus *magnum Castellum*, ut vocant hodieque. Normanni lapidum sagittarumque nubem immisere. Gozlinus Episcopus eo se confert cum fratris filio Ebolo Comitibusque Odone & Roberto itemque Ragenario Comite, ac milite juvene Frederico, qui istic cecidit, ipseque Episcopus jaculo leviter sauciatus est. Acriter utrinque pugnatur, & lapidibus turris quassata est; sed per noctem illa restaurata fuit.

Insequenti primo diluculo Normanni validius turrim oppugnaturi, balistis lapides grandes immittunt qui turrim graviter concutiunt & labefactant, Accurrunt Odo & Ebolus; a quibus concitati cæteri strenue obsistunt. Cum autem cuperent Normanni *murum succidere musclis*, Odo oleum, ceram, picemque ardentem in illos effundi jubet, quibus depulsi illi fuere. Tandem vero Dani seu Normanni, dejec-

breche, & alloient donner l'assaut; mais voiant qu'Eble & les plus vaillans hommes combattans à la faveur d'une grêle de fleches qu'on tiroit de la tour, faisoient une forte resistance, ils n'oserent avancer. Sigefroi voulut faire brûler la porte, & il y auroit réussi si le vent n'avoit changé tout d'un coup, le feu y étoit déja: le Comte Eude le fit éteindre malgré une grêle de fleches & de javelots qui tomboit sur les assiegez. Toute la nuit fut emploiée à reparer la breche, & à remettre la tour en état de défense.

Les Normans rebutez d'une telle resistance discontinuerent leurs attaques pendant quelques jours. Ils firent des retranchemens de pierres & de gazons, & à leur ordinaire ils ravageoient la campagne des environs, tuant & massacrant tous ceux qu'ils rencontroient. Ils faisoient toujours de grands préparatifs pour recommencer leurs assauts, & préparoient des pierres, des fleches, des tours de bois à plusieurs étages, dont chacune pouvoit tenir soixante hommes, pour tirer des fleches sur ceux qui défendoient la tour, tandis que les autres faisoient leurs attaques. Chacune des tours alloit sur seize roües: ils firent outre cela des mantelets qui pouvoient couvrir quatre hommes chacun.

Tout étant disposé les Normans vinrent un jour de grand matin donner un assaut general à la tour, au pont & à la ville. La Seine étoit couverte de batteaux chargez de soldats. Ils jetterent dans la ville une infinité de fleches & de boulets de plomb. Cela donna l'allarme à la Bourgeoisie. Mais les Chefs appaiserent tout. C'étoient l'Evêque Gozelin, l'Abbé Eble, Eude & Robert son frere, les Comtes Ragenaire, Utton & Evilang qui firent ici preuve de leur valeur. Eude ne manquoit jamais de tuer son homme à chaque fleche qu'il tiroit. L'attaque de la ville n'étoit apparemment qu'une feinte, ils en vouloient à la tour. Ils vinrent l'attaquer avec leurs machines de bois, qui furent bien-tôt démontées par les pierriers des assiegez. Trois mille hommes separez en trois corps, s'avancerent couverts de leurs mantelets pour monter à l'assaut, tandis que d'autres qui les soutenoient, jettoient une infinité de pierres, & que leurs pierriers chargez de balles de plomb donnoient sur la tour. Mais les assiegez se défendirent si vigoureusement, qu'ils furent obligez de se retirer avec une très-grande perte de leurs gens.

Ils ne se rebuterent pourtant pas. Ils revinrent le lendemain matin en grand nombre couverts de leurs boucliers pour combler le fossé que les assiegez

---

tam turris partem videntes, ut illam invaderent cominus pugnatum accedunt; sed Ebolum & fortes quosque ad propulsandum hostem paratos conspicientes, telorum item sagittarumque ceu imbrem ex turri emissam formidantes, a cœpto destitere. Tunc Sigefridus portam turris incendere aggressus, ignemque jaculatus, jam effecerat ut arderet, cito consumenda. At vento qui incendium augebat statim immutato, Odo Comes, spretis jaculis sagittisque hostium, ignem restingui curavit. Nox sequens ad restaurandam turrim tota insumta fuit.

Tam strenuum obsessorum animum conspicati Dani, aliquot diebus quievere, lapidibus cæspiteque munimenta sibi apparabant. Atque interim vicinos agros depopulati sunt, & obvios quosque interfecerunt. Ad novam parandam oppugnationem tela, sagittas, lapides accumulabant. Turres item ligneas struebant, tabulatis plurimis instructas, in quarum singulis sexaginta viri consistere possent, qui turrim propugnantibus tela mitterent. Hæ sedecim rotarum suppositarum ope admoveri & removeri poterant. Ad hæc vero pluteos seu tecta mobilia apparabant, quæ singula viros quatuor tegere possent.

Sic instructis comparatisque omnibus, Dani mane portam, pontem, urbem oppugnaturi accedunt. Navibus Sequana tectus erat, unde innumera tela globique plumbei immittebantur. Hinc civibus terror incutitur: verum omnia sedarunt Duces, Gozlinus Episcopus, Ebolus Abbas, Odo & Robertus fratres, Comitesque Ragenarius, Utto, Evilangus, qui strenue dimicarunt; maximeque Odo,

Qui totidem Danos perimit, quot spicula mittit.

Urbem, ut videtur, nonnisi simulate Dani adorti sunt; sed turrim decutere moliebantur. Cum machinis ergo ligneis ad illam accesserunt, verum illæ machinis urbis cito labefactatæ sunt. Tum Dani ter mille numero pluteis obtecti accedunt turrim oppugnaturi, dum alii lapidum nubem, alii machinis plumbeos injiciebant globos, turrim impetentes. At obsessorum strenuitate depulsi, post magnam suorum stragem recesserunt.

Insequenti tamen diluculo grandis Danorum turma clipeis obtecta ad complendam fossam poperavit,

avoient fait au pied de la tour après le premier assaut. Ils y jetterent des fascines, & cela ne suffisant pas, ils y trainerent des bœufs, des vaches & des veaux ; & ce qui est horrible, ils égorgerent les prisonniers François, & les jetterent avec ces bêtes. Cela fit fremir les Assiegez. L'Evêque Gozelin invoqua Dieu & la Sainte Vierge, & tua d'un coup de fleche un de ces bourreaux, qui tomba dans le fossé avec les autres.

Barbarie des Normans.

Les Normans emploierent toute la journée à combler le fossé : le jour suivant ils dresserent trois beliers, l'un du côté d'Orient, l'autre au Septentrion, & l'autre à l'Occident. Les assiegez s'étoient prémunis contre cette attaque, de poutres à dens de fer qu'ils firent tomber sur ces beliers : avec ce secours & des grosses pierres qu'ils jettoient, ils empêcherent tout l'effet des beliers, & tuerent un grand nombre des assiegeans.

Les Normans aiant manqué leur coup de ce côté-là, remplirent trois barques de menu bois, & d'autres matieres combustibles pour mettre le feu au pont & à la tour. Cela mit l'épouvante dans la ville. On invoqua Dieu & S. Germain, dont les Reliques y avoient été transferées. On crut que ce fut par l'assistance divine que les barques furent poussées par le vent & le courant de la riviere. Les assiegez prirent ces barques, & éteignirent le feu. Ceci se passa le dernier jour de Janvier. Cela déconcerta les Normans : ils retirerent les machines d'auprès de la tour, & tournerent le siege en blocus. Ils allerent piller & ravager les campagnes voisines, en amenerent un grand nombre de bestiaux dont ils remplirent l'Eglise & le Monastere de S. Germain des Prez ; ils tuerent tant de moutons, que les autres bêtes moururent de l'infection que cela causa.

886.

Le blocus ne serroit pas tellement la ville, que l'Evêque Gozelin n'envoiât plusieurs fois à l'Empereur pour lui demander du secours. Henri Duc de Saxe, eut ordre de se mettre à la tête d'une armée pour venir promtement faire lever le siege. Pendant qu'il étoit en marche, un accident mit la ville à deux doigts de sa perte. Au commencement de Fevrier, un débordement de la riviere emporta le pont du côté du Midi qui joignoit la tour à la ville. La tour fut alors hors d'état de recevoir aucun secours. Les Normans vinrent l'attaquer. Il n'y avoit que douze hommes dedans, mais tous d'une valeur extraordinaire. Leurs noms étoient Ermanfroi, Erivée, Eviland, Odaucer, Ervic, Arnold, Solie,

Pont emporté par la riviere.

---

quam obsessi post priorem oppugnationem fecerant. In fossam ergo ligneas strues injiciunt.

Hincque senes tauros, pulcrasque boves, vitulosque,
Postremumque necant, elegos, heu ! quos retinebant
Captivos, sulcisque cavis hac cuncta ferebant :
Idque die tota stantes agitant in agone.

Hæc videns infremuit Præsul Gozlinus ; invocato Deo Beataque Virgine Maria, ex carnificibus unum telo petiit, qui cæsus in fossam cum aliis delapsus est.

Cum fossam complessent Normanni, die sequenti tres admoverunt arietes, quorum unus ab Oriente, alter a Septentrione, alter ab Occidente turrim quaterent. Contra hoc machinarum genus obsessi trabes paraverant dentibus ferreis instructas, quas in arietes immisere : ad hæc vero injecti magnæ molis lapides, arietum impetum retudere, nec sine magna hostium strage.

Hac depulsi spe Normanni tres naves ramis arborum complent, aliaque simili materia, succensoque igne, illas in pontem & turrim immisere. Hinc tremor cives omnes apprehendit. Dei imploratur auxilium, necnon sancti Germani, cujus reliquiæ in urbem translatæ fuerant. Divina putatur ope factum ut naves a vento depulsæ, secundo flumine ferrentur. A Parisiacis vero captæ sunt, qui ignem testinxerunt. Hoc porro accidit ultima Januarii die. His stupefacti Normanni, machinas abduxere, & ab oppugnatione cessarunt. Agros autem vicinos interim depopulati, pecora & armenta multa in Ecclesiam & Monasterium sancti Germani duxere, ibique tantam ovium mactavere copiam, ut inde infecto aëre, lue quadam grassante, pecora omnia exstinguerentur, quæ in flumen conjecta sunt.

Neque adeo arcta obsidio erat : potuitque Gozlinus Præsul nuncios frequentes Imperatori mittere, ad auxilium petendum. Jussit autem ille Henricum Saxoniæ Ducem cum exercitu huc properare. Dum ille carperet iter, casu quodam urbs excidio proxima fuit. Initio namque Februarii intumescente flumine, pons ille qui a meridionali parte terram jungebat, abductus fuit, sicque turris pontem obtegens, sola mansit, auxilio nudata. Duodecim porro tantum viri turrim propugnabant : verum omnes admodum fortes strenuique : horum nomina erant, Ermenfredus, Eriveus, Evilandus, Odaucer, Ervic, Arnoldus,

Gosbert, Gui, Ardrad, Eimard, Gozvin. Ils firent une si vigoureuse résistance, que les ennemis n'auroient jamais pris la tour s'ils s'étoient tenus aux coups de main, mais ils mirent le feu à la tour; & les onze, car un étoit tombé dans la riviere, furent obligez de se rendre. Malgré la foi donnée, ils les égorgerent tous, hors Erivée qui fut sauvé à cause de sa bonne mine, & qui voiant égorger ses compagnons, vouloit reprendre ses armes pour les défendre, mais il en fut empêché: & ce qui est plus merveilleux, les Normans le laisserent en vie malgré les reproches qu'il leur faisoit, & les injures qu'il leur disoit.

Les assiegeans raserent la tour, & envoierent un grand nombre des leurs pour ravager entre la Seine & la Loire. Eble fit pendant ce tems une sortie pour mettre le feu à leur camp. Ils accoururent pour l'empêcher. Eble fut obligé de se retirer. L'ennemi courut sur lui; mais il fit sa retraite en si bon ordre & en si bonne contenance, qu'il rentra dans la ville sans aucune perte.

Quelque tems après Henri Duc de Saxe arriva avec son armée: il força le camp des ennemis qu'il attaqua la nuit en plusieurs endroits, & enleva un grand nombre de chevaux. Au bruit de ce combat les assiegez croiant que l'ennemi venoit les attaquer, se mirent en défense. Mais le Comte Eude voiant que le Duc Henri étoit aux prises avec les ennemis, sortit l'épée à la main avec les plus braves soldats pour faire diversion. Peu s'en fallut cependant, qu'Eble ne fût enveloppé avec les siens; mais sans perdre courage, ils se firent jour au travers des ennemis pour regagner la ville. Le Duc Henri y fit entrer un convoi de vivres & de troupes. Après quoi il se retira en Saxe.

Secours jetté dans Paris par Henri Duc de Saxe.

Aprés la retraite du Duc de Saxe, les Normans se fortifierent dans l'Abbayie de S. Germain des Prez. Sigefroi voiant la resolution des assiegez, étoit d'avis d'abandonner le siege, mais son conseil crut qu'il falloit encore tenter un assaut general. Les ordres furent donnez. Les assiegez qui avoient pourvû à tout, firent une grande sortie pendant l'assaut, & repousserent les Normans dont la perte fut considerable. Deux de leurs principaux Chefs furent tuez, & grand nombre de soldats noiez dans la riviere. Sigefroi se retira moiennant une somme d'argent que la ville lui donna. Mais ceux du sentiment contraire demeurerent & continuerent le siege.

Solius, Gosbertus, Vuido, Ardradus, Eimardus, Gozvinus, Normannis vero turrim invadentibus fortiter obstitere, nec unquam capturi urbem erant, si manibus tantum pugnatum fuisset. Verum Dani turrim incendêre, & tunc undecim superstites (unus enim in fluvium deciderat) sese dedere compulsi sunt. Fidem ipsis dederant Normanni, & tamen illos trucidarunt, uno excepto Eriveo, qui quod forma decorus esset, servatus est. Cum cerneret autem jugulari socios, arma resumere voluit, ut ulcisceretur illos & a nece si posset vindicaret: sed a Danis præpeditus est; quodque mirum videatur, etsi hostes objurgaret, provocaretque uti se cum sociis confoderent: illæsus tamen mansit.

Normanni turrim solo æquarunt; deinde magnam sociorum manum misere, qui totam regionem inter Sequanam & Ligerim depopularentur. Ebolus interea ex urbe cum copiis egressus, castra eorum succendere conatus est; certatim accurrere Normanni, ut conantem interciperent. Ille receptui cecinit, instantibusque Normannis, tamen ille sine aliqua ordinum perturbatione in urbem cum suis illæsus reversus est.

Haud multum postea advenit cum exercitu Henricus Dux Saxoniæ, qui noctu hostium castra multis in locis invasit, in illaque ingressus, magnum equorum numerum abduxit. Audito tumultu ii qui in urbe erant, putantes instare novum hostium assultum, ad defensionem se appararunt. Ut vero comperit Odo pugnare cum Danis Henricum Ducem, cum fortiore militum manu egressus est, ut hostiles copias diduceret. Parum abfuit autem quin Ebolus cum suis a Normannis cingeretur: at imperterrito animo manus illa Ebolo Duce, inter medios hostes fortiter pugnando urbem repetiit. In quam Henricus Dux commeatum & annonam cum nova militum manu induxit. Posteaque discessit.

Postquam Henricus Dux abscesserat, Normanni Monasterium sancti Germani a Pratis munierunt, & præsidii loco habuere. Sigefridus vero cernens quam strenue obsessi oppugnationem depellerent, obsidionem esse solvendam putabat; sed aliorum consilium fuit, ut antequam recederetur, oppugnatio alia validior tentaretur. Ad rem ventum est; urbs undique impetitur. Qui intus erant, nec imparati, hostem strenue exceperunt; imo egressi ex urbe illosque adorti stragem magnam fecere: ex præcipuis vero Ducibus duo ceciderunt, multique milites in fluvium sunt demersi. Sigefridus accepta a Parisinis pecuniæ summa, cum suis abscessit: cæteri vero Normanni in obsidione perstiterunt.

Le seize d'Avril mourut l'Evêque Gozelin ; ce qui fut une grande perte pour la ville. Ce malheur fut suivi d'un autre ; l'infection des corps morts mit la peste dans la ville ; de plus la division commença à s'y mettre. Plusieurs vouloient se rendre. Les principaux, excepté l'Abbé Eble, étoient déja sortis pour se refugier ailleurs. Le Comte Eude partit pour aller lui-même demander du secours à l'Empereur, & laissa en son absence le commandement à l'Abbé Eble, dont la sagesse & la valeur lui étoient connuës. Paris n'étoit pas tellement investi, que les habitans n'eussent la liberté de mener paître leurs bestiaux du côté de S. Denis. Un jour les Normans en enleverent une partie : mais l'Abbé Eble partit, reprit les troupeaux, & tua un des Chefs de sa propre main.

A quelque tems de là Eude parut sur le mont de Mars qu'on a depuis appellé Montmartre, avec trois gros escadrons de cavalerie. Les Normans voulurent lui disputer l'entrée, & lui livrer combat. Eble sortit alors de la ville, força les passages, & alla se joindre à Eude. Ils passerent ensuite au travers des assiegeans, & entrerent dans la ville comme en triomphe. Le Comte Adelelme avec d'autres troupes suivoit Eude à deux lieuës ou environ de distance, & ne pût entrer avec lui dans Paris. Les Normans allerent pour l'empêcher d'entrer. Il fondit sur eux, les poussa jusqu'à la riviere, & entra avec ses gens à la grande joie & avec l'acclamation du peuple.

Henri Duc de Saxe tué. Henri Duc de Saxe arriva pour la seconde fois avec une armée de François & de Germains pour tenter de faire lever le siege. Mais les Normans userent de stratagême pour le surprendre. Ils firent autour de leur camp un fossé profond, mais étroit, qu'ils couvrirent de gazon & de verdure ; ce stratagême leur réussit. Le Duc s'étant avancé pour reconnoître leur camp, il poussa les Normans qu'il rencontra, & les poursuivit jusqu'à leurs retranchemens : il tomba dans le fossé ; & les Normans qui étoient en embuscade vinrent sur lui & le tuerent avec ceux qui l'accompagnoient. L'armée se trouvant sans Chef, se débanda, & Paris se trouva sans secours comme auparavant.

Les Normans fiers de ce succès, donnerent un assaut general. Ils firent des efforts extraordinaires pour se rendre maîtres de la ville, & avec tant de violence, que l'on craignit qu'ils n'en vinssent à bout : mais par la valeur des assiegez, & par le secours, dit l'Auteur, de sainte Geneviéve & de saint Germain qu'on invoqua dans cette extrêmité, ils furent repoussez.

Aprilis decima die obiit Gozlinus, quæ magna habita fuit in urbe jactura. Hanc porro alia pernicies sequuta est. Ex cadaverum enim fœtore lues urbem invasit ; hinc dissensio orta est, aliis urbem dedere volentibus ; aliis fortiter adhuc obsistendum esse suadentibus. Jam primores, uno excepto Ebolo sese alio receperant. Odo Comes ad Imperatorem opem imploraturus profectus est, præfectum urbi relinquens Ebolum Abbatem, quem strenuum atque prudentem noverat. Cæterum non tam arcte obsessa Lutetia erat ; pecora enim ad pastum versus sanctum Dionysium ducebantur. Quadam vero die Normanni partem illorum ceperant : verum egressus Ebolus, prædam ipsis abstulit, & ex Ducibus aliquem manu propria confodit.

Haud multum postea Odo in monte Martis, qui postea *Mons Martyrum* dictus est, cum tribus equitum turmis visus est. Normanni ut illum ab ingressu in urbem arcerent, acriter pugnabant. Ebolus vero ex urbe egressus, per hostium cuneos Odonem junxit, tuncque ambo inter Danorum agmina, ceu triumphantes in urbem regressi sunt. Adelelmus vero Comes cum alia militum manu post Odonem, duabus circiter leucis distans ad urbem properabat, nec potuit cum Odone intrare. Normanni viam intercludere conati, ab illo ad flumen usque depulsi sunt, ipseque cum suis intravit, acclamante populo.

Henricus vero Dux Saxoniæ secundo cum exercitu Francorum Germanorumque accessit, ut Normannos ad solvendam obsidionem compelleret. Hi autem dolo usi circum castra sua fossas paravere, quas cespite operuere, ita ut tuta planities esse videretur. Insidias non advertens Dux, in Normannos irruit qui versus castra se receperant. Ille ardentius insequens in fossam decidit. Normanni vero ad id excubantes, illum cum sociis quibusdam interfecerunt. Exercitus Duce perempto, dilapsus est, & urbs auxilio destituta fuit ut antea.

Hoc elati prospero eventu Normanni ad urbem oppugnandam totis viribus accedunt, tantaque vi sunt usi, ut metus fuerit ne res illis ad votum cederet, sed obsessorum fortitudine, & ope sanctæ Genovefæ & sancti Germani, inquit Abbo, depulsi illi fuere.

Par tout ce que nous avons dit, il paroît que cette longue resistance venoit de la valeur des assiegez, & non de la solidité des fortifications. Les tours qui soutinrent tant d'attaques n'étoient que de bois, & les ponts de même. C'est une merveille que les Normans si obstinez à ce siege, ne trouvassent pas le moien de les brûler.

Au mois de Novembre suivant l'Empereur Charles vint lui-même pour se- courir Paris, & parut au bas de Montmartre. Les Normans l'attendirent de pied-ferme; mais n'osant risquer une bataille, il fit avec eux un traité hon- teux, & moiennant sept cens livres d'argent qu'il devoit leur donner au mois de Mars suivant, ils leverent le siege, & en attendant il leur donna à piller quel- ques cantons à l'entour de Sens, pour punir les habitans dont il n'étoit pas sa- tisfait. *Traité honteux de Charles le Gras.*

Charles fort tourmenté d'une grande douleur de tête, s'en retourna en Germanie, où on lui fit des incisions pour le soulager. La foiblesse de son esprit parut lorsqu'il chassa Luduard Evêque de Verceil son plus fidele & unique Conseiller, l'accusant d'un commerce criminel avec l'Imperatrice Richarde sa femme; & qu'imprudemment il la fit venir dans une Assemblée où il assura qu'il n'avoit jamais usé des droits du mariage avec elle, quoiqu'il y eût plus de dix ans qu'il l'avoit prise pour femme. Elle de son côté assura qu'elle étoit Vierge, & offrit d'en faire l'épreuve selon la coutume de ces tems-là, soit par le feu, soit par le duel. C'étoit une Princesse fort vertueuse, selon la voix publique. Le divorce fut pourtant fait, & elle se retira dans un Monastere qu'elle avoit fondé dans ses Terres.

Charles fit encore plus connoître son imbecillité dans l'Assemblée generale de Tribures auprès de Maience, tenuë au mois de Novembre: ce que voiant les Seigneurs qui composoient l'Assemblée, ils l'abandonnerent l'un après l'autre; en sorte qu'au bout de trois jours il ne se trouva presque plus personne avec lui. L'Assemblée élut en sa place Arnoul fils de Carloman, né d'une Concubine: ainsi celui qui avoit possedé tant de Roiaumes, se trouva réduit à n'avoir pas de pain. Luitbert Archevêque de Maience, lui donna de quoi subsister. Arnoul à qui Charles le Gras envoia Bernard son fils naturel, lui accorda le revenu de quelques Terres. Il mourut deux mois après, le 14. Janvier, & fut enterré au Monastere d'Augie, dit de Richenavv. *Charles le Gras aban- donné & réduit à vivre d'au- mône.*

888.

An. Met.

Ex supra dictis liquet, si tamdiu Lutetia Danorum conatus depulit, id ex obsessorum fortitudine, non ex munitionum firmitate profectum esse. Turres illæ toties oppugnatæ, ligneæ erant, pontes item lignei; mirumque videatur, quod Normanni tamdiu huic rei intenti hæc incendere non valuerint.

An. Met. Mense tandem Novembri sequente Imperator ipse Carolus, ad auxilium ferendum venit, & ad radices montis Martyrum substitit. Normanni instructa acie expectabant. At ille belli fortunam tentare non ausus, turpiter cum illis paciscitur, ac septingentarum librarum argenti precio, quas mense Martio proximo soluturus Carolus erat, Normanni obsidionem solve- runt: interimque illis Senonum agros devastandos concessit ad Senonas ulciscendos, qui sibi non pa- ruerant.

Carolus dolore capitis afflictus, in Germaniam re- gressus est, ubi incisiones ejus capiti factæ sunt. Quam mente debilis esset tunc compertum fuit, cum Luduar- dum Episcopum Vercellensem *e latere suo* repulit, quem accusaverat adulterii cum Imperatrice uxore sua *An. Met.* admisso, ipsamque Richardem Augustam impruden- ter *in concionem vocavit, & publicè protestatus, nun-* quam *se carnali coitu cum illa miscuisse*, etsi plusquam decem annis cum illa connubio junctus esset. Illa contra, se virginem esse affirmavit, quam rem vel cer- tamine, vel igne secundum illius temporis morem probaturam esse dixit. *Erat enim religiosa fæmina. Facto autem dissidio, in Monasterio, quod in proprietate sua construxerat, Deo famulatura recessit.*

Imbecillitatis vero majoris signa dedit Carolus in generali conventu Triburiis prope Moguntiam in mense Novembri habito. Quod advertentes proceres, alius post alium ab illo certatim deficiunt; *ita ut in triduo vix aliquis remaneret*. A conventu autem cons- pirantibus animis electus est Arnulfus Carolomanni ex concubina filius; ita ut qui tot regna & provin- cias obtinuerat, uno temporis momento eo redactus fuerit, ut etiam cibo & potu caruisset, nisi Luiper- tus Archiepiscopus Moguntinus ipsi ad victum neces- saria subministrasset. Arnulfus vero Rex, cui Carolus Crassus Bernardum ex pellice filium misit, nonnul- los ipsi fiscos in Alamannia concessit, unde ei alimonia præberentur. Duobus vero postea mensibus obiit 14. Januarii Carolus, & in Monasterio Augiæ sepul- tus est.

Tome I. R r

Arnoul, selon quelques-uns, prit le titre d'Empereur; mais il ne fut pas reconnu comme tel en Italie. Berenger Duc de Frioul, & Gui Duc de Spolete, descendus de Charlemagne par les femmes, partagerent entre eux la succession de Charles le Gras, & convinrent que Gui auroit avec le titre d'Empereur, la Neustrie, & Berenger l'Italie. Gui se fit couronner Empereur à Rome; & voiant qu'il n'y avoit rien à faire pour lui en France, il se tourna contre Berenger qu'il vainquit en deux batailles; en sorte qu'il fut contraint de se refugier auprès d'Arnoul.

Les François Neustriens qui avoient besoin d'un Roi brave, sage & agissant, étoient portez pour Eude. Arnoul y donna les mains. D'un autre côté Raoul petit-fils d'Hugues l'Abbé, se saisit de la Bourgogne Transjurane; c'est-à-dire, du Valais, des païs des Grisons, des Suisses & de la Savoie, & s'en fit couronner Roi peu de tems après, & Louis fils de Boson par l'intrigue de sa mere, se fit déclarer Roi d'Arles dans un Concile tenu à Vienne en 890.

Comment les Duchez & les Comtez s'établirent.
Ce fut alors que les Duchez, Comtez & autres plus petites Seigneuries devinrent absolument hereditaires; ce qui passa si bien en coutume, qu'en peu de tems cela fut regardé comme un droit public. Les Souverains comme Eude, Raoul & Louis d'Arles, n'étoient pas en état d'empêcher ces abus, eux-mêmes se trouvant dans le cas.

EUDE.

Eude élû Roi défait les Normans.
EUDE fut donc élû Roi à l'Assemblée de Compiegne. Il alla voir Arnoul par le consentement duquel l'élection avoit été faite. De-là il passa en Aquitaine pour y recevoir les hommages des Seigneurs du païs. Après quoi il donna des preuves de sa valeur en allant attaquer les Normans qui ravageoient la Bourgogne. Il les chargea si vigoureusement le jour de S. Jean-Baptiste, qu'il en tua dix-neuf mille, & poursuivit les autres bien loin. L'action se passa au bois de Montfaucon. Quelques-uns ont crû que c'étoit Montfaucon près de Paris.

Ces Normans qui étoient allez vers Sens, firent des efforts inutiles pour prendre la ville. Ils ravagerent les païs des environs, prirent & brûlerent

---

Ann. Met.
Ann. Fuld.
Arnulfus, ut quidam narrant, Imperatoris nomen sibi attribuit, aliis Regem illum tantum nuncupantibus. Berengarius vero Dux Forojuliensis & Wido Dux Spoletanus, qui ex Carolo Magno se feminina linea progenitos gloriabantur, Caroli Crassi successionem inter se diviserunt; ita ut Wido Imperatoris nomen & Neustriam obtineret, Berengarius vero Italiam. Wido Romæ Imperator coronatus est. Cumque videret nihil sibi in Francia sperandum esse, adversus Berengarium movit, quem duobus prœliis devictum & profligatum ad Arnulfum regem fugere compulit.

Abbo.
Ann. Met.
Regino.
Neustrii Franci, queis opus erat Rege forti, strenuo, prudente, ad Odonem respiciebant: Arnulfus vero rex, Neustriorum optatui favebat. Interea Radulfus nepos Hugonis Abbatis Ultrajuranam Burgundiam occupavit, nempe Vallesiam, Rhetiam, Helvetiam, Sabaudiam; seque Regem coronari curavit. Et brevi postea Ludovicus Bosonis filius, matris suæ artibus Rex Arelatensis in Concilio Viennæ habito anno 890. electus est.

Tunc temporis Ducatus, Comitatus aliæque minores ditiones ad jus hereditarium transiere. Quæ res brevi usque adeo invaluit, ut quasi ex auctoritate publica stabilita fuerit. Reges ipsi non poterant his obsistere, quia ii qui tunc regnabant, ut Odo, Radulfus & Ludovicus Arelatensis, non ex avito jure regnum tenebant.

ODO.

Odo igitur in Compendiensi conventu Rex electus fuit. Inde regem Arnulfum adiit, quo consentiente thronum occupaverat. Posteaque in Aquitaniam venit, *hominium* Principum recepturus. Deinde vero ut audivit Normannos Burgundiam devastare, illo movit. Ipsos adeo strenue die sancti Joannis-Baptistæ adortus est, ut novemdecim millia perimeret in loco cui *Mons-falconis* nomen est, quem quidam putant esse Montem Falconis prope Lutetiam. *Abb. l.*

Qui ad Senonas se contulerant Normanni, urbem ipsam capere conati sunt, sed irrito conatu. Regionem vero circum depopulati, Meldas captas incen- *Ann. Me. Abb. l. 2*

Meaux, où le Comte Thietbert frere de l'Evêque Anſcheric fut tué. Ne pouvant paſſer par Paris à cauſe des ponts; ils traînerent leurs bateaux, & les remirent à l'eau au-deſſous de la ville, & aiant paſſé l'embouchure de la riviere, ils tournerent à gauche, & ravagerent le Coutentin & toute la côte juſqu'à S. Malo.

Alain & Judicael Ducs des Bretons, ſe faiſant la guerre l'un à l'autre pour le partage de la Bretagne, furent attaquez par les Normans. L'Annaliſte de Mets dit que ce fut par les payiſans Bretons. Cela les obligea de ſuſpendre leurs demêlez pour aller contre l'ennemi commun. Judicael le plus jeune fut tué. Alain fit alors un vœu, que s'il étoit le vainqueur de ſes ennemis, il donneroit la dixiéme partie de ſes biens à S. Pierre de Rome. Le combat fut donné; & les Bretons firent un ſi grand carnage de Normans, que de quinze mille à peine s'en ſauva-t-il quatre cent qui s'enfuirent à leurs vaiſſeaux.

889.

Godefroi & Sigefroi Chefs des Normans, firent une levée qui montoit, diſoit-on, à cent mille hommes, & entrerent par la Meuſe. Le Roi Arnoul envoia contre eux une armée, qui aiant donné temerairement ſur l'ennemi ſans ordre & malgré les Chefs, fut entierement défaite. Sunzo Archevêque de Mayence & le Comte Arnoul périrent dans cette bataille, avec une infinité de ſoldats. Le Roi Arnoul qui faiſoit alors la guerre aux Eſclavons, craignant les conſéquences de cette défaite, marcha avec une grande armée, paſſa le Rhin, & ſe rendit ſur la Meuſe, leur donna bataille, les vainquit, & en fit un ſi grand carnage, qu'à peine en reſta-t-il un pour en porter la nouvelle à ſon payis.

890.

Les Normans taillez en pieces par le Roi Arnoul.

Cependant il ſe formoit un grand parti contre Eude, qui n'étant pas tout-à-fait le maître, ne pouvoit pas empêcher les cabales. Ademar ou Aymard Comte de Poitiers, à qui il vouloit ôter le Comté pour le donner à Robert ſon frere, Ranulfe Duc d'Aquitaine & l'Abbé Eble autrefois ſon ami, ce brave Eble qui avoit ſi bien défendu Paris, armerent contre lui. Il ſe rendit ſur les lieux pour les réduire: mais tandis qu'il leur faiſoit la guerre, Herbert Comte de Vermandois, & Pepin ſon frere Comte de Senlis, Baudouin Comte de Flandres, Foulques Archevêque de Rheims, & quantité d'autres Seigneurs, firent revenir le jeune Charles d'Angleterre, où ſa mere l'avoit emmené, & le firent ſacrer & couronner à Rheims.

891.

Guerre d'Aquitaine.

892.

---

derunt; ibi occiſus fuit Thietbertus Anſcherici Epiſcopi Pariſienſis frater. Cum vero tranſitum intercluderent Pariſini pontes, naves in terram eduxerunt traxeruntque, & infra urbem in aquam rurſum immiſere, ac ſecundo flumine oſtia Sequanæ trajecere, & ad lævam converſi Conſtantienſem agrum littoraque omnia Aletham uſque devaſtarunt.

Ann. Met. Alanus & Judicael Britonum Duces, dum ſibi mutuo bellum inferrent de partitione Britanniæ minoris litigantes, a Normannis bello impetiti ſunt. Annaliſta vero Metenſis a Britonibus ruſticis bello impetitos dicit. Hinc illi coacti ſunt litem vel componere vel ſuſpendere, ut communem hoſtem depellerent. Judicael vero junior interfectus eſt. Tum Alanus hoc votum emiſit, ſi victor maneret, ſe decimam bonorum ſancto Petro Romæ daturum eſſe: acriter pugnatum, tantaque facta eſt hoſtium ſtrages, ut ex quindecim millibus vix quadringenti evaderent, *qui ad claſſem repedarunt.*

Ann. Met. Godefridus & Sigefridus, ingenti coacto Normannorum numero, qui ad centum mille, ut ferebatur, pertingebat, per Moſam intravere. Miſit vero Arnulfus rex adverſus eos exercitum, qui cum temere, & repugnantibus Ducibus Normannos aggreſſus eſſet,

ab illis fuſus profligatuſque eſt. In hac vero pugna perierunt Sunzo Archiepiſcopus Moguntinus & Comes Arnulfus cum ingenti militum numero. Rex Arnulfus qui tum Sclavos impetebat, poſt tantam auditam cladem, ne malum latius ſerperet, cum ingenti exercitu movit, trajecto Rheno ad Moſam pervenit, commiſſoque cum Normannis prœlio, in fugam ipſos vertit, tantamque ſtragem edidit, ut vix unus ſupereſſet, qui rei nuncius ſuis foret.

Ann. Fuld.

Interea in Odonem factio inſurgebat, qui non tantæ auctoritatis erat, ut eos qui adverſum ſe conſpirabant, ſtatim opprimere valeret. Ademarus Pictavienſis Comes, quem Comitatu dejicere volebat, ut eum fratri ſuo Roberto conferret, Ranulfus Aquitaniæ Dux, Ebolufque olim amicus, Abbas ille ſtrenuus, qui in obſidione Pariſienſi tam præclara geſſerat, arma contra illum ſumſere. Eo ille ſe contulit, ut armis ſubigeret. Sed dum huic bello intentus eſſet, Heribertus Comes Veromanduenſis, Pipinus frater ejus Comes Silvanectenſis, Balduinus Flandriæ Comes, Fulco Archiepiſcopus Rhemenſis, multique alii ex primoribus, Carolum Ludovici Balbi filium, adhuc juniorem, ex Anglia, quo mater illum adduxerat, revocarunt, atque Rhemis illum in Regem inunctum coronarunt.

Abbo. l. 2.

Ann. Met.

CHARLES LE SIMPLE & EUDE.

IL y eut alors dans le Roiaume deux Rois & deux grands partis qui se faisoient la guerre. Eude revint de la guerre d'Aquitaine, du succès de laquelle on ne sait rien, sinon qu'Eble aiant attaqué un Château dans l'Aquitaine, fut tué d'un coup de pierre. Eude chassa de la Neustrie Charles dit le Simple, qui alla à Vormes demander du secours à Arnoul. Il ne paroît pas qu'il en ait rien obtenu. Mais peu de tems après il fut remis par les Seigneurs de son parti. Valtgaire Comte de Laon, fils d'Adelelme, oncle d'Eude, tira un jour l'épée contre lui en pleine assemblée, après quoi il se retira à Laon, où il se fortifia. Eude l'alla assieger, prit bien-tôt la place, & Valtgaire, par la Sentence des Seigneurs qui accompagnoient Eude, eut la tête coupée.

893. Charles le Simple établi Roi.

Les Historiens gardent un grand silence sur ce qui se passa en ce tems entre Eude & Charles le Simple. Il semble qu'il y ait eu entre eux quelque suspension d'armes. La guerre fut portée en Italie par Arnoul contre Gui, qui avoit pris le titre d'Empereur. Il le chassa de la Lombardie, & l'obligea de se retirer à Spolete. Mais il repassa d'abord les monts, & perdit par là le fruit de cette grande expedition. Car Gui étant mort, les Seigneurs du payis élurent pour Empereur Lambert fils de Gui, & le couronnerent en cette qualité. La guerre qu'Arnoul fit à Raoul Roi de la Bourgogne Transjurane, eut le même succès. Il l'obligea de se retirer dans les montagnes ; d'où ne pouvant le dénicher, il se retira sans terminer l'affaire qu'il avoit entreprise.

894.

Il voulut ensuite établir Roi de Lorraine Zuentibold son fils bâtard ; mais les Seigneurs du payis s'y étant opposez, l'affaire fut remise à l'année suivante, où il tint un Concile à Tribur, & peu après une assemblée publique à Vormes, où il fit recevoir Zuentibold Roi de Lorraine. Eude s'y trouva, & à son retour il rencontra l'Evêque Foulques & le Comte Adalong, envoiez par Charles le Simple pour traiter avec Arnoul. Il fondit sur eux, mit l'Evêque en fuite. Adalong reçût une blessure dont il mourut peu après, & Eude pilla leur bagage.

895. Zuentibold fait Roi de Lorraine.

Zuentibold jeune Prince établi Roi, voulant se signaler & étendre son

---

CAROLUS SIMPLEX & ODO.

Ann. Met. Epist. Fulc.

TUNC eodem in regno duo Reges fuerunt sibi mutuo bellum inferentes, Odo reversus est ex Aquitanico bello, in quo nihil magni gestum fuisse videtur. Ebolus tamen dum castrum quodpiam obsideret, ictu lapidis occubuit. Redux Odo ex Aquitania, Carolum dictum *Simplicem* ex Neustria expulit, qui Vormatiam Arnulfi opem imploraturus venit, a quo nihil auxilii impetrasse videtur : sed a proceribus non diu postea in regnum restitutus est. Valtgarius porro Comes Laudunensis filius Adelelmi, qui Odonis avunculus erat, in coetu gladium strinxit adversus Odonem, deindeque Laudunum se recepit. Odo urbem obsedit, illamque cum Valtgario cepit ; qui primorum judicio capite truncatus est.

Ann. Met.

De rebus Odonem inter & Carolum Simplicem postea gestis, mirum apud Scriptores silentium : unde suspicio oritur illos inducias aliquas pepigisse. Arnulfus vero rex superatis Alpibus cum exercitu, bellum intulit Widoni, qui Imperatoris nomen sumserat ; illumque ex Langobardia pulsum, Spoletum se recipere coegit. Verum superatis iterum montibus, victoriae fructum amisit. Nam defuncto Widone Primores Italiae Lambertum Widonis filium Imperiali corona donarunt. Eodem exitu Arnulfus Radulfum Regem Burgundiae Ultrajuranae adortus est. Hic enim viribus impar, in praerupta montium se recepit : cumque ardua res esset illum ex tali recessu depellere, quasi re infecta Arnulfus discessit.

Deinde vero Zuentiboldum filium nothum Lotharingiae Regem constituere conatus est : verum obsistentibus regionis optimatibus, rem in annum sequentem misit, quo Synodum magnam Triburiis celebravit : deindeque publicum conventum Vormatiae habuit, ubi Zuentiboldum Regem Lotharingiae proclamari curavit. Convenit Odo adfuit, & dum regrederetur, in Fulconem Episcopum & Adalongum Comitem incidit, qui a Carolo Simplici ad Arnulfum mittebantur pacta quaedam inituri ; illosque adortus in fugam vertit. Adalongus vero saucius paulo post obiit, Odo res farcinasque illorum diripuit.

Zuentiboldus Rex nuper creatus, ut famam sibi pararet & regnum amplificaret, se partes Caroli sus-

CHARLES LE SIMPLE seul.

Roiaume, fit semblant de prendre le parti de Charles contre Eude, assembla une grande armée & alla mettre le siege devant Laon. Il y fut assez long-tems, & fit de grands efforts pour prendre la ville ; mais il ne pût. Eude qui étoit alors en Aquitaine se mit en marche contre lui. Ce qu'apprenant Zuentibold, il décampa & se retira dans son Roiaume. Son pere Arnoul appellé par le Pape Formose, passa avec une armée en Italie, entra en armes dans la ville de Rome, châtia les Romains qui avoient outragé le Pape Formose, & se fit couronner Empereur.

896.

L'an 898. le troisiéme de Janvier Eude mourut ; & avant son trépas il récommanda à son frere Robert & aux autres Seigneurs de reconnoître Charles pour Roi. Il laissa un fils nommé Arnoul, qu'il eut de la Reine Theoderade sa femme. Ce fils prit le titre de Roi d'Aquitaine : mais il mourut d'abord après.

898.
Mort d'Eude.

CHARLES LE SIMPLE seul.

ZUENTIBOLD, par on ne sait quel caprice, chassa le Duc Renier son plus fidele & intime ami, le priva de tous ses honneurs & de tous ses biens, & lui ordonna de sortir de son Roiaume dans treize jours. Renier se joignit au Comte Odacre & à quelques autres, & se retira avec sa femme, & ses enfans dans un lieu nommé Dursos, que la nature & les marais avoient rendu presqu'imprenable. Zuentibold vint l'y assieger, mais inutilement ; il fut obligé de lever le siege. Les Comtes ci-devant nommez allerent trouver le Roi Charles, & s'offrirent de l'introduire dans la Lorraine. Il accepta l'offre, & Zuentibold ne se trouvant pas assez fort pour s'opposer à son armée, prit la fuite, & passa la Meuse. Tous les Grands du Roiaume vinrent le joindre. Il reprit alors courage, & alla chercher son ennemi. Charles qui étoit à Nimegue marcha contre lui. Les deux armées se trouverent en presence ; mais des entremetteurs de part & d'autre firent la paix, & chacun se retira chez soi. Zuentibold retourna assieger Renier dans Dursos, mais avec aussi peu de succès que la premiere fois. Il voulut alors obliger les Evêques d'excommunier Renier : ce qu'ils refuserent de faire.

898.

En cette même année le 29. Novembre, mourut Arnoul après son retour d'Italie. Il laissa trois fils, Zuentibold & Arnoul le mauvais qu'il avoit eus de

Mort d'Arnoul.

Fuld. cipere, & Odoni bellum inferre velle simulans, ingenti collecto exercitu, Laudunum obsedit ; sed multo tempore, multoque conatu nihil perfecit. Odo, qui tunc in Aquitania erat, contra illum movit. Re comperta Zuentiboldus, motis castris, in regnum suum se recepit. Pater vero ipsius Arnulfus, vocante Formoso Papa, in Italiam cum exercitu venit. Romam cum suis ingressus est, Romanosque qui injurias Formoso intulerant ultus, Imperator coronatus est.

S. Ar- l. Duth. f. 633. Anno 898. die tertia Januarii obiit Odo, qui cum vitæ finem adesse sensit, Robertum fratrem aliosque proceres hortatus est, ut Carolum in Regem suum admitterent. Filium reliquit Arnulfum ex Regina Theoderada, qui Regis Aquitaniæ nomen assumpsit ; sed paulo post obiit.

CAROLUS SIMPLEX solus.

ZUENTIBOLDUS, nescio cujus instinctu Reginarium Ducem sibi fidissimum ab se repulit, honoribus & prædiis suis exclusit, atque ut a regno suo intra tredecim dies secederet imperavit. Reginarius adjuncto sibi Odacro Comite, & quibusdam aliis, cum uxore & liberis, in locum, cui *Dursos* nomen, secessit : quem locum paludes & aquæ fere inexpugnabilem fecerant. Locum obsedit Zuentiboldus ; sed incassum, obsidionemque solvere coactus est. Tum Comites supra memorati Carolum adeunt ; ipsumque se in Lotharingiam inducturos pollicentur : sic in Lotharingiam evocarunt. Zuentiboldus cum tanto exercitui obsistere non posset, fuga dilapsus est, & Mosam trajecit. Obviam ipsi venere primores regni sui ; tumque resumtis animis ad hostem movit. Carolus qui tunc Noviomagi erat adversus illum ducit exercitum, binæque acies in mutuum conspectum venere. Verum pacis faciendæ causa, quidam sese interposuere : rebusque compositis, ambo recessere. Zuentiboldus Reginarium rursus in paludibus obsedit ; sed cum pari exitu. Ab Episcopis petiit ut Reginarium excommunicarent : illi autem abnuerunt.

Ann. Met.

Eodem anno 29. Novembris obiit Imperator Arnulfus, tresque filios reliquit, Zuentiboldum & Arnulfum malum, nothos ex concubinis susceptos, & Lu-

Ann. Met.

deux Concubines, & Louis né d'une femme legitime, âgé seulement de huit ans. Les Seigneurs Germains l'élurent en la place de son pere, & le mirent sous la tutelle d'Othon Duc de Saxe, qui avoit épousé sa sœur, & d'Haton Archevêque de Mayence.

Zuentibold étoit un Prince fort dereglé, sous l'autorité duquel s'exerçoient beaucoup de rapines & de pilleries. Il regloit les affaires du Roiaume avec des femmes & des hommes de la plus basse qualité, dégradant les Grands Seigneurs & la Noblesse pour donner les Charges à des gens de la lie du peuple. Cela le rendit si odieux que les Seigneurs Lorrains l'abandonnerent pour se jetter du parti de Louis, & l'introduire dans le Roiaume de Lorraine. Louis passa le Rhin ; ce que voiant Zuentibold, il ramassa tout ce qu'il pût de gens, & porta le fer & le feu par tout. Louis fut reçû Roi ; & dans un combat contre les Comtes Etienne, Gerard, & Matfroi, Zuentibold fut tué. Dans la même année le Comte Gerard épousa Ode sa veuve.

Zuentibold tué.

Charles se trouvant délivré de son competiteur, fit bien-tôt connoître son incapacité à regner : ce qui a donné lieu de l'appeller le Simple, ou comme un Auteur l'a nommé, l'Hébêté.

Charles le Simple se fait des ennemis.

Il faut avoüer qu'il est venu dans des tems si difficiles que les plus habiles Princes auroient eu bien de la peine à se tirer d'intrigue. Car sans parler des courses perpetuelles des Normans qui desoloient son Roiaume ; que peut faire un Roi qui a des sujets plus puissans que lui, toujours prêts à prendre les armes contre leur Prince ? Faut-il s'étonner s'il échoüe souvent dans ses entreprises ? C'est l'état où Charles trouva son Roiaume.

Il se fit d'abord un ennemi de Baudouin Comte de Flandres, pour faire plaisir à Herbert Comte de Vermandois, qui avoit été ci-devant du parti d'Eude, & qui depuis sa mort, étant adroit & insinuant, avoit gagné les bonnes graces du Roi. Il ôta la ville d'Arras à Baudouin, & la donna au Comte Altmar, à condition qu'il rendroit Peronne à Herbert. Baudouin vint supplier le Roi de lui rendre la ville, mais bien loin de rien gagner, il fut encore reçû desagreablement.

Cette affaire devint encore plus odieuse par un cas terrible qui arriva. Le voici comme il est rapporté dans les Annales de Mets, où pourtant cette histoire ne s'accorde guere en quelques points avec ce que nous venons de raconter. Baudouin s'étoit saisi de sa propre autorité de l'Abbayie de S. Vast : le

---

dovicum ex legitima uxore natum, tunc octennem. Germani vero primores illum in Regem loco patris delegerunt, ipsique tutores dederunt Othonem Saxoniæ Ducem, qui sororem ipsius duxerat, & Hatonem Moguntiæ Archiepiscopum.

Pravis omnino moribus instructus erat Zuentiboldus, sub cujus auctoritate deprædationes & rapinæ frequentes exercebantur. *Cum mulieribus, ignobilioribus regni negotia disponens, nobiliores quosque dejiciebat, & honoribus privabat.* In omnium itaque odia incurrit ; proceres regni illo relicto ad Ludovici regis partes transferunt, ut illum in Lotharingiæ regnum inducerent. Ludovicus Rhenum trajecit. Qua re conspecta Zuentiboldus, coacta manu valida omnia ferro & igne vastavit. Ludovicus Rex delectus fuit. Zuentiboldus vero commisso prœlio adversum Comites Stephanum, Gerardum & Matfridum, interfectus est : eodemque anno Gerardus Comes illius conjugem Odam duxit uxorem.

Rodulf. Glaber. Carolus competitore mortuo, quam impar tanto oneri ferendo esset statim ostendit, unde *Simplicis* vel ut alius scripsit *Hebetis* cognomen sibi conciliavit.

Fatendum tamen est tantum tunc fuisse temporum difficultatem, ut vel sagacissimi Principes res sine offendiculo vix moderari potuissent. Ut taceam enim Normannorum perpetuas incursiones, queis regnum ipsius depopulabantur ; quid faciat Rex, qui subditos se potentiores, & ad bellum sibi inferendum semper paratos habet ? An mirum si sæpe in expeditionibus corruat ? Hoc in statu res erant cum Carolus regnum suscepit.

A principio sibi infensum reddidit Balduinum Flandriæ Comitem, ut sibi conciliaret Heribertum Comitem Viromanduensem, callidum virum, qui antehac pro Odone steterat, jamque Regis gratiam captabat. Carolus igitur Atrebatum urbem Balduino abstulit & Altmaro Comiti dedit, illa conditione ut Heriberto Peronam redderet. Balduinus Regem adiit rogatum sibi urbem illam restitueret ; sed cum repulsa regredi coactus est.

Magnum rei odium peperit id quod postea funestum admodum accidit. En historiam qualem referunt Annales Metenses, qui rem paulo diverse narrant. Balduinus sancti Vedasti Abbatiam invaserat. Rex ve-

Roi Charles la lui ôta, & la donna à Foulques Archevêque de Rheims, aussi recommandable par sa naissance & son merite, que par la dignité, & par les conseils duquel le Roi se gouvernoit. Baudouin lui envoia un de ses gens nommé Vincmar, pour le prier de la lui rendre, lui offrant de grands presens s'il vouloit lui faire ce plaisir. Le Prélat la lui refusa tout à plat, & même avec des paroles aigres: ce qui indigna tellement Vincmar, que Foulques revenant de voir le Roi à Compiegne, il l'attendit dans la forêt, & le massacra. Vincmar en punition de cet assassinat, fut excommunié par Hervé successeur de Foulques, & frappé d'anathême par lui & par les autres Evêques. Le meurtrier s'enfuit en Angleterre, où il mourut de la maladie pediculaire.

Les années suivantes ne furent remarquables que par les courses des Normans qui firent des maux incroiables. L'an 903. Heric & Harec deux de leurs Chefs, brûlerent le château de Tours & l'Eglise de S. Martin. L'an 905. Rollo & Gerlon deux autres Chefs, après avoir pillé & fait le dégât en differens endroits, se saisirent de la ville de Rouen, s'y fortifierent & y établirent leur demeure.

903.

905.

De là en avant ils prirent le goût de s'habituer en France; ce qui fut un bien pour le payis: ces peuples ainsi transplantez avoient interêt de défendre les terres où ils s'étoient établis des courses de leurs compatriotes. Ils s'arrêterent aussi dans le Coutentin, & y fixerent leur habitation. D'autres bandes de ces pirates faisoient des courses perpetuelles dans la Picardie, dans l'Artois, ils couvroient la Seine & la Loire de leurs batteaux, & saccageoient & brûloient les bords de ces rivieres, tantôt une ville, tantôt une autre. Les peuples accoutumez à fuir devant eux, ne faisoient presque point de resistance. La foiblesse du gouvernement les aidoit à executer presque sans peril toutes leurs entreprises.

Ils eurent pourtant un échec considerable à Chartres, où sous la conduite de Rollon ils faisoient le dégât à leur ordinaire. Richard Duc de Bourgogne, vint au secours de la ville, & l'Evêque Antelme ou Ganteaume sortit avec son Clergé portant la tunique de la Vierge, & accompagné de gens bien armez, qui se joignant à Richard mirent ces Normans en déroute. Le même Richard défit encore une de leurs bandes auprès de Tonerre.

Rollon établi à Rouen, comme nous venons de dire, s'humanisoit peu à peu, & moderoit cette ferocité qu'on a toûjours remarquée dans ces nations Septentrio-

911. Rollon s'établit en France.

---

ro Balduino ereptam dedit Fulconi Archiepiscopo Rhemensi, non minus virtute quam genere & dignitate conspicuo, qui Regi a consiliis erat. Balduinus Fulconi misit ex suis quempiam Vincmarum nomine, rogatum sibi Abbatiam redderet, magna offerens munera restituenti. Id Fulco negavit & rogantem aspere repulit. Quam rem adeo indigne tulit Vincmarus, ut redeuntem a Regia Compendiensi Fulconem in silva interficeret. In sceleris pœnam Vincmarus ab Herveo Fulconis successore excommunicatus, & a cæteris Episcopis anathemate percussus est; deindeque in Angliam profugus, pediculari morbo periit.

A. rij. Gm. Anni sequentes Normannorum incursionibus insignes fuerunt. Anno scilicet 903. Heric & Harec Normanni Duces Turonense Castellum & Ecclesiam Sancti Martini incenderunt. Anno autem 905. Rollo & Gerlo Duces item Normanni, diversa ante loca depopulati, Rothomagum occuparunt, urbem munierunt, in eaque sedes posuerunt.

dit. Mm. Exinde vero in Francia sedes figere cœperunt: id quod in Gallicarum regionum emolumentum cessit. Nam incolæ facti Normanni contribulium Danorum incursiones reprimere proprii commodi causa conabantur. Aliæ Piratarum istorum classes alias Galliarum provincias devastabant, Picardiam & Artesiam, Sequana & Ligeris flumina illorum navibus operiebantur, omnesque oras ferro & igni depopulabantur; modo illam, modo aliam urbem invadebant ac diripiebant. Populi fugam capessere soliti se invadentibus non obsistebant. Alioquin autem ob Principis imbecillitatem sine ullo pene periculo prædones illi discurrebant.

Attamen in Carnotensi pago non modicam pertulere cladem. Nam cum Rollone Duce cuncta pro more devastarent, Ricardus Dux Burgundiæ ad auxilium urbi ferendum accessit. Tum Antelmus Episcopus Carnotenus cum Clericis suis egressus est, tunicam Beatissimæ Virginis efferens, comitantibus viris arma gestantibus, qui cum Ricardo Normannos aggressi, in fugam verterunt. Idem vero Ricardus aliam Normannorum manum prope Tornodurum profligavit.

Vill. Gem. Frag. Du-chêne, pag. 328. l. 3.

Rollo qui, ut diximus, Rothomagi sedes posuerat, humanior factus feritatem illam sensim deponebat, quam apud gentes septentrionales semper ob-

nales. Il prenoit goût aux converſations avec Francon Archevêque de Rouen, qui le diſpoſoit inſenſiblement à embraſſer le Chriſtianiſme. Il avoit trouvé à Bayeux une jeune fille de grande beauté appellée Poppa, qu'il prit pour ſa femme. La plûpart des Seigneurs François voioient à contre-cœur que cet étranger s'établît ainſi dans une des meilleures Provinces du Roiaume. Mais Robert Comte de Paris, ſouhaitoit qu'il y demeurât, eſperant qu'il pourroit le ſervir dans le deſſein qu'il avoit, & qu'il cachoit dans ſon ame, de parvenir à la Roiauté. Les peuples fatiguez d'avoir été ſi long-tems expoſez au pillage & à des deſcentes imprévûes, où ils perdoient tout en un moment, ſouhaitoient auſſi qu'il demeurât où il étoit pour les défendre.

912. Le Roi Charles aiant fait treve avec lui, dans le deſſein de ſe le concilier, lui offrit de lui donner à titre de Duché cette partie de la Neuſtrie qu'il occupoit, & ſa fille Giſelle en mariage. Il y ajouta auſſi la Souveraineté de la Bretagne s'il vouloit ſe convertir à la foi Chrétienne. Rollon accepta ce parti, ſe fit catechiſer, & reçût le ſaint Baptême la veille de Pâques l'an 912. Robert Comte de Paris, fut ſon parrain, & lui donna ſon nom. On vit dans Rollon l'efficace de ce divin Sacrement; **c**r ce fut un Prince des plus religieux, des plus équitables & des plus portez à la douceur. Il alla enſuite trouver le Roi pour lui rendre hommage. Les Evêques preſens à l'Aſſemblée lui diſoient, que recevant un tel preſent du Roi, il falloit pour hommage lui baiſer le pied. Il rejetta cette propoſition; & comme on vit qu'on ne l'y reſoudroit jamais, on convint qu'un de ſes gens feroit cette fonction. Il en nomma un qui alla prendre le pied du Roi, le porta violemment à ſa bouche, & fit tomber ce Prince à la renverſe. C'étoit un affront; mais pour éviter pis, il fallut tourner cela en plaiſanterie. Il épouſa donc la Princeſſe Giſelle, qui vécut peu d'années, & ne laiſſa point d'enfans. Il reprit Poppa dont il avoit eu un fils appellé Guillaume, & une fille nommée Gerloc.

Cette Province fut depuis appellée Normandie, du nom de ſes nouveaux habitans. On ne leur ceda que ce qu'ils tenoient déja: & tout ce que le Roi pût faire en perdant la proprieté, ce fut d'en conſerver l'hommage. On lui ceda auſſi l'hommage de la Bretagne, qui dépendoit pourtant toujours du Roi, comme Seigneur ſuzerain. Rollon alla à main armée demander l'hommage en

913. Bretagne. Les tuteurs des enfans d'Alain le Grand, aimerent mieux quitter

---

Frag. Duchene t. 3. p. 338.

ſervavimus. Libenter vero ſe alloquentem Franconuem Archiepiſcopum Rothomagenſem audiebat, qui illum ad Chriſtianam amplectendam fidem paulatim inſtituebat. Baiocis vero repertam puellam nomine Poppam duxit uxorem. Primores Franci ægre ferebant virum extraneum & barbarum provinciam in regno fertiliſſimam occupare. Verum Robertus Comes Pariſiacus, qui regnum Franciæ occupare cogitabat, ejus ope optatum aſſequuturus, ut eo loci ſedes ſemper haberet operam dabat. Populi quoque continuis excurſionibus, ſubitiſque exſcenſibus afflicti & bonis everſi, talem retinere defenſorem peroptabant.

Fragm. Duchene. t. 3. p. 339. Hiſt. Gem. l. 2. c. 17.

Rex Carolus pactis cum Rollone induciis, ut viſum ſibi conciliaret, illam Neuſtriæ partem quam occupabat, ipſi cum Ducatus titulo obtulit, inſuperque Giſelam filiam ſuam in uxorem, addiditque ſupremum in Britanniæ dominium, ſi Chriſtianam ipſe fidem amplecti vellet. Haſce conditiones acceptas habuit Rollo, in Chriſtiana fide inſtitui ſe curavit, & ſacrum Baptiſma accepit in vigilia Paſchatis anno 912. Robertus Pariſiorum Comes ipſum de ſacro fonte levavit, & ei Roberti nomen indidit. In Rollone vero Sacramenti divini virtus effulſit; nam deinceps inter religioſiſſimos Principes annumeratus; æquitatis amans & perhumanus fuit. Deindeque Regem adiit, *hominium* oblaturus. Epiſcopi tunc præſentes dicebant, tanto dono affectum oportere pedem Regis oſculari. Renuit ille, & ſenunquam id præſtiturum dixit. Quamobrem ut rem alteri ex ſuis committeret, ſtatutum eſt. Ad eam rem militem ille evocat, qui tanta vi pedem ori admovit, ut Rex ſupinus caderet. Gravis injuria; ſed ne quid pejus veniret, in riſum verſa eſt. Giſelam ergo duxit Rollo, qua paucis poſt annis defuncta, Poppam reſumpſit, ex qua filium ſuſceperat nomine Villelmum & filiam cui nomen Gerloc.

Frag. Dut. p. 339.

Ibidem.

Ab hinc Provincia iſthæc novorum incolarum nomine Normannia vocata fuit. Normannis vero illud tantum conceſſum eſt quod jam tenebant. Rex tamen Conceſſa item Britannia fuit ea lege, ut ſemper a Rege ut a priore Domino dependeret. Rollo cum valida manu a Britonibus *hominium* petiit. Tum qui filiorum Alani Magni tutores erant, maluerunt a regione cum alumnis abſcedere, quam

le payis avec leurs éleves, que de faire cet acte de soumission. Berenger Comte de Rennes & Alain Comte de Dol, se défendirent le mieux qu'ils pûrent ; mais ils furent enfin contraints de subir le joug.

D'autres bandes de Normans continuerent encore à piller le long de la Loire & ailleurs. Je ne sai si c'est en ce tems-ci qu'il faut placer ce que rapporte un historien, que Charles le Simple fit bâtir sur la Seine un grand pont ferme & solide, muni à chaque bout d'un fort château, où il mit de bonnes garnisons pour empêcher les courses des Normans.

La Germanie étoit alors dans le trouble. Conrard élû Roi n'étoit pas au gré de tout le monde. Arnoul Duc de Baviere se revolta contre lui à dessein de se faire couronner Roi : mais n'y pouvant réussir, il fit semblant de vouloir ceder la couronne à Charles le Simple, qui avec l'assistance de Regnier Comte d'Ardenne, se rendit maître d'une partie de la Lorraine, dont il donna le Gouvernement au même Regnier. 914. 915.

L'an 917. Rollon premier Duc de Normandie mourut & laissa de Poppe sa femme un fils nommé Guillaume, depuis appellé A la longue épée, & une fille nommée Gerloc, qui épousa quand elle fut en âge, Herbert Comte de Vermandois. 917.

Conrard étant venu à mourir, Henri Duc de Saxe, depuis appellé l'Oiseleur, fut élû en sa place. Au commencement de son regne, Charles le Simple acheva de conquerir la Lorraine jusqu'à Vormes. Henri vint pour lui tenir tête, & dans le tems qu'ils étoient aux prises, les Grands du Roiaume craignant que Charles ne se rendît trop puissant, cabalerent contre lui. Leur principal sujet de plainte étoit qu'il s'étoit entierement donné à un homme d'assez bas lieu nommé Haganon, que méprisant le conseil des Seigneurs, il ne faisoit que ce que ce favori lui suggeroit, & qu'il l'enrichissoit outre mesure. Les grands Seigneurs se retirant ainsi l'un après l'autre, Charles se trouva seul & abandonné. Pour se soutenir contre tant d'ennemis, qui conspiroient contre lui, il fit un traité d'amitié & de societé avec Henri l'Oiseleur Roi de Germanie. Il se rendit à Bonne, & l'Oiseleur à l'autre côté du Rhin. Ils s'entrevirent ensuite le 9. Novembre dans une barque au milieu du Rhin, où ils se jurerent foi & amitié. Ils en firent un acte, le signerent, & le firent signer chacun de son côté par les Prélats & grands Seigneurs qui les accompagnoient. Il est à remarquer que des Seigneurs qui signent pour Charles, le troisiéme est Haganon 918. 919. Conspiration contre Charles le Simple. 920. 921. 922.

---

talem subire legem. Berengarius Rhedonensis & Alanus Dolensis Comites aliquanto tempore obstitere Rolloni ; sed demum cedere coacti sunt.

Aliæ Normannorum copiæ littora Ligeris infesta habebant, & aliis in locis grassabantur. Nescio an ad hoc tempus consignandum sit illud quod refert Scriptor quispiam, Carolum nempe Simplicem, miræ firmitatis pontem adversus impetus Danorum in Sequana construxisse, positis ad utrumque caput castellis præsidio munitis.

Germania tunc perturbationibus agitabatur. Conradus in Regem electus non omnibus placebat. Arnulfus Bavariæ Dux arma sumsit, ut regnum invaderet, remque nimis arduam cernens, coronam se Carolo Simplici conferre velle simulavit. Qui Carolus eodem tempore favente Reginario Arduennæ Comite, partem Lotharingiæ acquisivit, quam eidem Reginario gubernandam tradidit.

Anno 917. obiit Rollo primus Normanniæ Dux, qui ex uxore Poppa filium reliquit nomine Willelmum, qui postea *longa Spatha* cognominatus est ; & filiam Gerloc dictam, quæ postea nupsit Heriberto Viromanduorum Comiti.

Conrardo defuncto, Henricus Dux Saxoniæ, postea Auceps dictus, in ejus locum Rex constitutus est. Carolus vero Simplex Lotharingiam totam ad usque Vormatiam sibi acquisivit. Primores vero regni metuentes ne Carolus nimium viribus excresceret, adversus illum conspirarunt. Harum omnium maxima querimonia erat, quod Carolus sese Haganoni mediocris generis homini dedidisset, procerumque consilium despiciens, ejus suasu omnia ageret, ipsum vero nimis augeret. Cum vero primores alius post alium ab ipso deficerent, Carolus demum pene solus relictus est. Ut vero contra tot rebelles optimates stare posset, cum Henrico Aucupe Rege Germaniæ amicitiam & societatem init, Bonnamque venit. Henricus vero ex altera Rheni parte stetit ; deindeque nona die Novembris in navicula in medio Rheni ambo colloquuti sunt, sibique mutuo fidem & amicitiam adhibito sacramento sunt polliciti. Cujus rei rescriptum edi curarunt, cui ambo subscripsere, & subscribi curarunt ab Episcopis & proceribus se comitantibus. Notandum autem est eis qui subscripsere, Haganonem

son favori. Les autres sont Matfroi, Erkenger, Boson, Valtker, Isaac, Ragembert, Theodric, Adalard, & Adelelme. Le plus grand nombre de Seigneurs & les plus puissans étoient contre lui. Hervé Archevêque de Rheims, le reconcilia avec eux pour quelque tems; mais cela ne dura gueres. Les Grands accoutumez à vivre dans l'indépendance, souffroient beaucoup de voir le credit qu'avoit Haganon sur l'esprit de Charles. Robert Comte de Paris aspiroit à la Roiauté, qu'il avoit déja vûë dans sa famille. Ce qui arriva dans ce même tems lui fut une occasion de lever entierement le masque.

Robert élu Roi.

L'Abbayie de Chelles étant vacante, Hugues le Blanc fils de Robert, dont la belle-mere en avoit joüi ci-devant, la demanda au Roi Charles, qui la lui refusa & la donna à Haganon. Cela acheva de revolter les mécontens. Robert se déclara hautement, & à la persuasion de Gisalbert grand ennemi de Charles, il surprit la ville de Laon, se saisit des tresors d'Haganon, qui y étoient enfermez, & se servit de cet argent pour gagner une partie des grands Seigneurs. Il se fit déclarer Roi, & couronner à Rheims par les mains de l'Archevêque Hervé. Ce couronnement se fit le 20. Juin de l'an 922. Trois jours après Hervé mourut; ce qui donna lieu aux amis de Charles de dire que c'étoit par punition divine. Herbert Comte de Vermandois se servit de l'occasion pour faire élire en sa place son fils Hugues qui n'avoit que cinq ans. L'élection fut faite par le peuple de Rheims & par deux Evêques suffragans, Abbon de Soissons & Bavon de Châlon. Le Pape Jean X. approuva l'élection, & commit Abbon pour l'administration de cet Archevêché.

922.

Charles venoit d'assieger Gisalbert dans Chevremont quand il apprit la nouvelle du couronnement de Robert. Il leva le siege, & pensa à marcher contre son competiteur. Il faisoit actuellement la guerre à Henri l'Oiseleur, avec qui il paroît qu'il s'étoit broüillé depuis peu, & il fut tout d'un coup forcé à rechercher son amitié comme auparavant, & à lui demander du secours. Robert alla le trouver aussi, & chacun de son côté fit tout ce qu'il pût pour le gagner. Il ne paroit pas qu'il ait donné du secours à aucune des parties. Charles aiant ramassé une grande armée, vint attaquer Robert à Attigni. Il passa la riviere d'Aisne, & le surprit lorsqu'il ne l'attendoit pas. Robert rangea promtement son armée. Charles combattit vaillamment : Robert fut tué à coups de lances. Reginon dit

923.
Mort de Robert.

Frodoard. Adhemari Chronicon.

fuisse. Cæteri fuere Matfredus, Erkengerus, Boso, Valtxerus, Isaac, Ragenbertus, Theodricus, Adalardus, Adelelmus. Primorum vero & potentiorum maxima pars contra illum stabat. Heriveus Archiepiscopus Rhemensis, rem ad aliquod tempus composuit : at non diuturna fuit reconciliatio. Primores illi arbitratu suo & sine Regis nutu agere soliti, indigne ferebant quod Hagano tanta apud Regem gratia valeret. Robertus vero Comes Parisiacus regnum affectabat, quod jam in familia sua viderat. Tuncque demum larvam posuit ea quam dicturi sumus de causa.

Abbatiam Calensem tunc vacantem Hugo filius Roberti, cujus socrus illam possederat, ab Rege Carolo petiit, qui illam Haganoni dedit. Hanc repulsam non ferens Robertus, aperte arma sumsit, & suadente Gisalberto, sive Gisleberto Caroli inimico, Laudunum ex improviso cepit, thesauriique Haganonis illic depositis usus, largitionibus sibi optimates regni conciliavit; illorumque votis Rex declaratus est, & coronatus Rhemis manu Archiepiscopi Herivei anno 922. vigesima Junii. Post triduum vero Heriveus obiit, quod ex divina ultione accidisse dicebant Caroli sequaces. Heribertus Comes Viromanduensis occasionem nactus, Hugonem filium quinquennem in Herivei locum subrogari curavit. Electus autem fuit adhuc infans a populo Rhemensi, & ab Episcopis Abbone Suessionensi & Bavone Catalaunensi. Joannes vero X. Papa electionem probavit, & administrandum Archiepiscopatum Bavoni commisit. *Frodoard.*

Carolus tunc Gisalbertum in loco cui *Capræ Mons ad annum* nomen obsidebat. Ubi vero Robertum coronatum Regem fuisse comperit, statim soluta obsidione, adversus 922. illum movere paravit. Tunc bellum gessisse videtur contra Henricum Aucupem, quicum non diu ante societatem inierat, ac subito ejus amicitiam & opem *Chronica* expetere coactus est ; Robertus quoque Henricum ad *Magdeb.* suas trahere partes conabatur. Sed ille neutri audi- *Chronic.* lium dedisse videtur. Coacto Carolus exercitu Atti- *Sigell. ab* niacum venit Robertum aggressurus : Axonamque tra- *nard. Fro-* jecit, & imparatum Robertum adortus est, qui sta- *doard. Re-* tim instructa acie, hostem excepit. Strenue pugnavit *gino.* Carolus, ac fortiter utrinque dimicatum est. Robertus lanceis confossus occubuit. Ait autem Regino ip-

CHARLES LE SIMPLE.

que ce fut Charles lui-même qui le tua, & lui donna un si grand coup de lance dans la bouche, qu'il lui fit sortir la langue derriere le cou. Hugues & Herbert Comte de Vermandois soutinrent le choc, & mirent l'armée de Charles en fuite. Ceci arriva le quinziéme Juin de l'an 923. Robert laissa de Beatrix sa femme, fille d'Herbert Comte de Vermandois, un fils nommé Hugues, qui fut surnommé le Blanc, le Grand, & l'Abbé, & une fille appellée Emme, qui fut mariée à Raoul Duc de Bourgogne.

Charles aiant été défait, les Lorrains le quitterent, & il se trouva presque seul. Un Historien dit que se voiant ainsi abandonné, il écrivit à Herbert, à l'Archevêque de Rheims, & à plusieurs autres grands Seigneurs, les priant instamment de venir le joindre; ce qu'ils refuserent de faire. Mais sur la proposition que fit Hugues le Blanc de mettre en sa place Raoul Roi de Bourgogne, tous eurent ce choix pour agréable: il fut donc élû & puis couronné à Soissons le 13. Juillet de la même année. *Raoul élu Roi.*

Charles n'aiant point d'autre ressource appella à son secours les Normans, mais ils étoient trop éloignez, & les conjurez eurent soin d'empêcher qu'ils ne vinssent le secourir. Il eut aussi recours à Henri Roi de Germanie, lui abandonnant la Lorraine s'il vouloit l'assister contre Raoul & ses adherans. Henri lui promit de l'aider de toutes les forces de la Germanie. Cela déconcertoit le parti de Raoul. Mais le traître Herbert Comte de Vermandois, envoia à Charles Bernard son cousin, pour lui donner des assurances de sa fidelité, & l'attirer à lui par de belles paroles: Le bon Prince trop credule donna dans le panneau, & se rendit à Peronne, d'autres disent à S. Quentin, d'où Herbert le fit conduire à Château-Thierri, où il fut mis sous sûre garde. La Reine Ogive se sauva prudemment en Angleterre, emmenant avec elle Louis son fils unique, qui regna dans la suite comme nous verrons. *Charles le Simple emprisonné.*

---

sum Carolum lanceam in os Roberti immisisse, tam valido ictu, ut linguam ejus extra collum depelleret. Hugo tamen & Heribertus exercitum Caroli ad fugam compulerunt. Accidit hæc pugna decima quinta Junii anno 923. Robertus ex Beatrice filia Heriberti Viromanduensis, filium reliquit Hugonem, qui & Albus & Magnus, & Abbas cognominatus fuit, filiamque nomine Emmam, quæ Rodulpho Burgundiæ Duci nupsit.

Fragm. Lib. I. 3. p. 119. Froard. Carolus in prœlio victus a Lotharingis derelictus est, peneque solus mansit. Ait vero quidam Scriptor ipsum, cum se ita desertum videret, Heriberto scripsisse, itemque Archiepiscopo Rhemensi & aliis, obnixe rogantem uti se convenirent, ipsosque id illi denegasse. Tunc Hugo Regem deligendum esse Radulfum Burgundiæ Regem proposuit; cui omnes assenserunt. Electus ergo fuit & apud Suessionas coronatus decima tertia Julii ejusdem anni.

In hujusmodi angustiis positus Carolus Normannos in opem evocavit, Verum illi longo spatio dissiti erant, & aditum illis conjurati intercluserunt. Tunc ad Henricum Germaniæ Regem se convertit, cui etiam Lotharingiam totam concedebat, si opem sibi contra Radulphum afferret. Henricus vero se cum totis Germaniæ viribus in auxilium ejus venturum pollicitus est. Id magnum Radulphi sequacibus metum incutiebat. Verum Heribertus Comes Viromanduensis dolo misit Bernardum consobrinum suum ad Carolum, qui suo nomine fidem ipsi polliceretur, & blandis verbis ipsum ad se pertraheret. Quibus fidem habens Carolus, Peronam se contulit, alii ad sancti Quintini urbem dicunt; unde Heribertus ad castrum Theodorici adduci, atque ibi sub custodia degere jussit. Ogiva seu Ægiva ejus uxor in Angliam confugit cum filio Ludovico, qui postea regnavit, ut narrabitur. *Frodoard.*

Tome I.   S s ij

RAOUL.

923. CETTE même année Raoul alla en Lorraine contre Henri l'Oiseleur, qui avoit passé le Rhin, & ravageoit le payis entre le Rhin & la Moselle. Au bruit de sa venuë, Henri ne se sentant pas assez fort repassa le Rhin, & Raoul conquit une bonne partie de la Lorraine. Il rangea aussi sous son obéissance Guillaume II. Duc d'Aquitaine, fils de Guillaume I. qui sembloit disposé à se revolter. Raoul s'avança vers la Loire du côté de l'Autunnois, & Guillaume passa la riviere pour aller lui faire sa soumission, & mit pied à terre. Raoul sans descendre de cheval l'embrassa. La conclusion fut que Guillaume lui fit hommage, & Raoul lui rendit Bourges & le Berri qu'il avoit saisi sur lui.

924. Les Italiens ne pouvant souffrir la domination de Berenger, appellerent Raoul II. Roi de la Bourgogne Transjurane pour occuper sa place. Raoul passe en Italie, & défait une bonne partie des troupes de Berenger. Alors Berenger appella les Hongrois à son secours. Ces barbares ravagerent l'Italie, & brûlerent Pavie. Ils passerent les Monts & entrerent dans les Gaules. Mais Raoul dont nous venons de parler, & Hugues Comte de Vienne, les chasserent de leurs limites: ils furent obligez de se rabatre sur le Languedoc. Ils y perirent tous, soit par la peste & la dissenterie, soit par les differens échecs qu'ils y reçûrent.

925. La même année ou la suivante selon d'autres, Berenger fut tué par ses gens à Veronne. Il avoit une fille nommée Gislete mariée à Adalbert Marquis d'Yvrée, duquel mariage vint Berenger, qui fut aussi Roi d'Italie. Le titre d'Empereur vaqua jusqu'à Othon I. Raoul y fut Roi quelque tems. Mais enfin les Italiens se lasserent de lui comme du premier, & se donnerent à Hugues Comte d'Arles. Raoul se tint dans la Transjurane sans rien tenter pour se rétablir.

Les Normans faisoient toujours des courses, soutenus souvent sous main par les grands Seigneurs, qui à la faveur des troubles se maintenoient dans l'indépendance. On croit que ce fut cette année qu'ils ravagerent le Beauvoisis, & brûlerent Amiens. Mais les Parisiens prirent aussi les armes & firent le dégât

---

RADULFUS.

Frodoard. Rainold. EODEM anno Radulfus in Lotharingiam movit contra Henricum Aucupem, qui trajecto Rheno regionem inter Rhenum & Mosellam depopulabatur, quique comperto Radulfi adventu, cum se viribus imparem nosset, Rheno transacto discessit, & Radulfus partem Lotharingiæ acquisivit. Willelmum etiam II. Aquitaniæ Ducem ad obsequium sibi præstandum compulit, qui ad rebellandum paratus videbatur. Radulfus ex agro Augustodunensi versus Ligerim movit: Willelmus vero Ligerim trajecit; atque Radulfum adiit, *& equo desiliens, ad Regem equo insidentem pedibus accessit*. Tandem vero, cum Willelmus Regi debitum obsequium præstitisset, Radulfus ipsi pagum Bituricensem & urbem quam occupaverat, restituit.

Frodoard. ad annum 922. Itali cum Berengarium ferre nequirent, Radulfum II. Ducem Burgundiæ Transjuranæ evocarunt, qui in illius locum subrogaretur. Radulfus in Italiam trajecit magnamque copiarum Berengarii partem profligavit. Hic Hungaros in auxilium evocat, qui Italiam depopulati sunt & Ticinum incenderunt. Superatis vero montibus, in Gallias intrarunt, sed a Radulfo & Hugone Viennensi Comite depulsi, in Septimaniam venerunt, ubi sive lue & dysenteria, sive aliis casibus pene omnes perierunt.

Frodoard. Eodem anno vel sequenti, ut aliis placet, Berengarius a suis Veronæ occisus est. Filia porro ejus Gisla Adalberto Eporediæ Marchioni nupta fuit, ex quo connubio ortus est Berengarius, qui etiam Rex Italiæ fuit. Imperatoris vero dignitas vacavit ad usque Othonem I. Radulfus aliquo tempore regnavit; sed Itali illum rejecerunt, ut decessorem ejus pepulerant, & Hugonem Comitem Arelatensem in Regem delegerunt, Radulfus in Transjurana quievit, neque Italicum regnum repetere tentavit.

Litol. Normanni semper incursiones faciebant, assentientibus sæpe ex optimatum plurimis, qui in turbulento rerum statu liberiore utebantur potentia. Hoc anno, ut putatur, Bellovacensem agrum devastarunt, & Ambianum incenderunt. At Parisiaci quoque armis

dans la Normandie; ce qu'apprenant les Normans, ils se retirerent chez eux. Ils continuoient toujours leurs courses & leurs ravages sur la Loire & ailleurs.

Raoul apprenant que Guillaume Duc d'Aquitaine s'étoit revolté une seconde fois, il se mit en marche & entra dans l'Aquitaine, où il eut avis que les Hongrois après avoir fait le dégât en Allemagne & en Italie, avoient repassé en France, & ravagé la Champagne. Il marcha contre eux. Au seul bruit de sa venuë ils se retirerent. *916.*

Un different survenu entre le Roi Raoul & Herbert Comte de Vermandois, pensa rétablir Charles le Simple sur son trône. Herbert demandoit la ville de Laon pour son fils Othon. Raoul à l'instigation d'Emme sa femme la lui refusoit. Herbert tira de prison le Roi Charles, le mena d'abord à S. Quentin, & de là à Alga, où il confera avec Guillaume Duc de Normandie, qui étoit tout disposé à contribuer à son rétablissement, & qui lui fit hommage de son Duché. De là Herbert mena Charles à Rheims comme pour le remettre dans son Roiaume. Le Duc de Normandie le menaçoit de ne point lui rendre son fils Eudes qu'il lui avoit donné en otage, s'il ne rétablissoit le Roi Charles. Quand Herbert vit que l'affaire devenoit serieuse, & que le Roi Charles alloit être rétabli, il le renferma de nouveau dans le château de Peronne, & renouvella son serment de fidelité à Raoul. *927.*

L'infortuné Charles le Simple mourut enfin dans sa prison à Peronne l'an 929. le septiéme d'Octobre, âgé de 50. ans, après en avoir regné 30. à compter du jour de son sacre jusqu'à son emprisonnement. Sa premiere femme fut Frederune qui mourut l'an 917. Nous faisons l'Anniversaire de cette Reine tous les ans dans cette Abbaye de S. Germain des Prez, le 8. jour de Fevrier. Il épousa en secondes nôces Ogive fille d'Edoüard Roi d'Angleterre, de laquelle il eut un fils nommé Louis, qui regna après Raoul, comme nous verrons plus bas. *Mort de Charles le Simple. 929.*

Raoul étoit toûjours en mouvement. Il ne falloit pas un Prince moins agissant que lui dans un tems où tous les grands Seigneurs s'érigeoient en maîtres, où les Normans, souvent d'intelligence avec eux, ravageoient tantôt un canton, tantôt un autre. Etant donc allé en Aquitaine pour réduire cette nation, qui ne cedoit jamais qu'à la force, il apprit que les Normans *930. Raoul défait les Normans.*

---

assumtis Normanniam devastarunt: qua re comperta Normanni domum recesserunt. Aliis etiam in regionibus & ad Ligerim pro solito prædas agebant.

Chron. Frag. Willelmo Aquitaniæ Duce iterum rebellante, movit Radulfus in Aquitaniam; ubi cum didicisset Hungaros, postquam per Germaniam & per Italiam prædas egerant, in Galliam transisse & Campaniam devastasse, adversus illos exercitum duxit: quo audito Barbari regressi sunt.

Duch. Fragm. Du-tur Frag. 15 p. 340. Dissensio inter Radulfum regem & Heribertum Vitomanduensem Comitem in causa pene fuit ut Carolus Simplex restitueretur in regnum. Heribertus Laudunum petebat pro Othone filio suo. Radulfus instigante uxore Emma abnuebat. Heribertus vero Carolum ex carcere liberatum ad sanctum Quintinum, deinde Algam duxit, ubi cum Willelmo Normanniæ Duce colloquia miscuit, qui & ipse Carolum restitui cupiebat, & ipsi debitum obsequium pro Normanniæ Ducatu exhibuit. Inde Heribertus Carolum Rhemos adduxit, ac si prorsus vellet ipsum iterum Regem constituere. Minas porro intentabat illi Dux Normanniæ, se filium Heriberti Odonem, quem obsidem sibi dederat, ipsi non redditurum, nisi Carolum in regnum suum restitueret. Videns demum Heribertus rem serio tractari, & futurum esse ut Carolus reapse restitueretur, ipsum denuo in Castellum Peronense conclusit, & Radulfo sacramentum fidei renovavit.

Infelicissimus Carolus Simplex tandem in carcere Peronæ obiit anno 929. septima Octobris, cum regnasset annis triginta numerando a die qua inunctus fuit ad usque tempus quo in carcerem conjectus est. Prima uxor ejus fuit Frederuna, quæ obiit anno 917. cujus anniversarium diem octavum Februarii celebramus in hoc Monasterio sancti Germani a Pratis, Secundo duxit Ogivam sive Ægivam vel Ethgivam filiam Eduardi Angliæ regis, ex qua filium suscepit Ludovicum, qui post Radulfum regnavit, ut infra videbitur. *Mabillon. Diplom.*

Radulfus semper in motu erat: nec minus vigilantem tunc Principem Gallia expetebat, cum primores omnes sese supremos dominos agebant, cumque Normanni cum primoribus conniventes, modo hanc modo illam regionem populabantur. Cum ergo in Aquitaniam movisset ut illam gentem subigeret, quæ nonnisi domita parebat, comperit Normannos *Frodoard. Frag. Duchene, 10. 3. p. 639.*

sortis des Isles de la Loire, s'étoient avancez jusques dans le Limosin pour ravager ce payis. Il fait marcher son armée de ce côté-là, & les rencontra en un lieu nommé *Dextricios*, les enveloppa & les défit en sorte qu'il ne s'en sauva pas un seul. Cela acquit à Raoul une grande réputation dans ce payis. Les Aquitains se soumirent à lui, & tout fut tranquille pendant un tems.

931.   Herbert, sous pretexte qu'on lui avoit soustrait quelques vassaux du côté du Boulonnois, faisoit de grandes plaintes qui degenererent bien-tôt en guerre ouverte. Il appella les Lorrains à son secours. Raoul assisté de Hugues le Grand, marcha contre lui, prit un de ses châteaux nommé Donnic : il alla ensuite assieger Arras. Herbert se mit sous la protection d'Henri Roi de Germanie. Raoul lui envoia Hugues, & menagea si bien l'affaire que ce Prince ne se mêla plus de cette guerre. Après cela il assiegea Rheims : peu de jours après les habitans lui ouvrirent les portes. Raoul regardant Hugues fils d'Herbert, comme intrus dans l'Archevêché de Rheims, fit élire en sa place Altalde Moine de S. Remi. Il alla ensuite assieger Herbert dans Laon. Herbert lui demanda permission de se retirer en lui remettant la place : ce qui lui fut accordé. La femme d'Herbert renfermée dans un fort qu'il avoit construit auprès de Laon, se rendit aussi peu après.

Raoul reçût les hommages de Raimond & d'Hermengaud Princes de Gothie, dit l'Historien, & ceux aussi de Loup Azenar Duc de Gascogne, qui montoit, selon Frodoard, un cheval de cent ans encore vigoureux à cet âge. On dit que les chevaux d'Espagne, qui vivent plus que les autres, vont jusqu'à 60 ans. Celui-là passa de beaucoup, si le fait est vrai. Guillaume Duc de Normandie lui rendit aussi hommage. Raoul lui donna quelques terres que les Bretons tenoient sur les bords de la mer.

933.   Les Italiens se dégoutant de leur Roi Hugues, rappellerent Raoul Roi de la Bourgogne Transjurane. Cela auroit sans doute causé une guerre ; mais ils s'accommoderent entre eux. Hugues lui ceda tout ce qu'il avoit en France avant que d'être Roi, & lui fit promettre par serment qu'il n'entreprendroit jamais rien sur l'Italie.

934.   Hugues le Grand & Herbert Comte de Vermandois, se faisoient une guerre ouverte, sur un different touchant quelques villes. Le Roi étoit toujours du parti d'Hugues son beau-frere. On ne comprend pas comment les deux joints en-

---

Frodoard. ex insulis Ligeris egressos, usque ad Lemovices penetrasse ut regionem illam vastarent. Ad illos autem exercitum vertit, eosque in loco cui *Dextricios* nomen cinxit, atque ita cæcidit, ut ne unus quidem remaneret. Quæ res tantam Radulfo famam peperit, ut Aquitani dicto audientes fierent, & ad tempus quoddam quiescerent.

Frodoard. Heribertus sibi quosdam subditos prope Bononiam ereptos dictitans in apertum bellum postea erupit, & Lotharingos in auxilium evocavit. Radulfus opem ferente Hugone Magno adversus illum movit, ipsiusque castellum *Donniacum* nomine, atque Atrebatum obsedit. Heribertus ad Henricum Germaniæ Regem confugit. Radulfus vero ad Henricum misit Hugonem, atque ita rem composuit, ut Henricus ab incepto destiterit. Sub hæc Rhemos obsedit, cui paucis postea diebus cives portas aperuerunt. Cumque Rex Hugonem, Heriberti filium quasi intrusum in sedem Rhemensem haberet, Artaldum sancti Remigii Monachum Archiepiscopum deligi curavit. Deindeque Laudunum obsedit, ubi inclusus Heribertus erat ;

qui abs Rege petiit, ut sibi liceret urbe reddita, alio concedere ; id quod impetravit. Heriberti uxor in arce inclusa, quam juxta Laudunum Heribertus construxerat, illam quoque reddidit.

Radulfus obsequia debita a Ragemundo & Ermingaudo Principibus Gothiæ accepit, necnon a Lupo *L'm.* Azinario Vascone, qui equum ferebatur habere annorum plusquam centum, adhuc tamen validissimum. Narrant Hispanicos equos, qui diutius vivunt quam alii, ad annos usque sexaginta nonnunquam pertingere. Hic longe ulterius processit si vera narrentur.

Itali Regi suo Hugoni infensi Rodulfum Transjuranæ Regem revocant. *Quod Hugo Rex ut cognovit*, *nunciis ad eum directis, omnem terram, quam in Gallia ante regni susceptionem tenuit, Rodulfo dedit, atque ab eo jusjurandum, ne aliquando in Italiam veniret, accepit.*

Hugo Magnus & Heribertus bello sese mutuo impetebant, de civitatum quarumdam possessione dissidentes. Rex vero semper partes Hugonis generi sui tuebatur : neque intelligi potest quomodo ambo

semble n'accabloient pas l'autre. Henri Roi de Germanie les accorda. La paix se fit à condition qu'Hugues rendroit S. Quentin, Ham & Peronne à Herbert, & que celui-ci rendroit au Roi Château-Thierri.

L'an 935. trois Rois, celui de France, celui de Germanie, & celui de la Bourgogne Transjurane, s'entrevirent près de la Meuse. On croit qu'ils délibererent ensemble sur les moyens de reprimer les courses des Bulgares, qui infestoient la Germanie, l'Italie & la Bourgogne. Cette même année, après avoir ravagé l'Italie, ils vinrent en Bourgogne : mais aiant appris que le Roi de France marchoit contre eux, ils rebrousserent en Italie. *935. Entrevûe des trois Rois.*

L'année suivante fut remarquable par le decès de plusieurs Princes, de Raoul Roi de France, qui mourut le 15. Janvier ; d'Henri l'Oiseleur Roi de Germanie, qui deceda le 2. de Juillet, & eut pour successeur son fils Othon, depuis surnommé le Grand. Vers ce même tems, Eble Comte d'Auvergne & du Poitou, & Duc d'Aquitaine, mourut, & laissa ses Etats à Guillaume Tête d'Etoupe, son fils. *936.*

LOUIS IV. dit D'OUTREMER.

APRE'S la mort de Raoul, Alstan frere d'Ogive, & oncle du jeune Louis refugié dans son Roiaume d'Angleterre, engagea Guillaume Duc de Normandie à agir auprès des Grands du Roiaume de France, pour faire mettre Louis son neveu sur le trône. Le Duc gagna Hugues le Grand, Herbert de Vermandois, & d'autres principaux Seigneurs. Les conjonctures étoient favorables. Hugues voioit bien, que quoiqu'il se trouvât alors le plus puissant du Roiaume, il auroit des obstacles insurmontables à se procurer la Roiauté. Guillaume Duc de Normandie, Herbert Comte de Vermandois, & Gisalbert Duc de Lorraine, auroient réüni toutes leurs forces pour l'empêcher. Il se joignit donc aux autres sans peine, & envoia Guillaume Archevêque de Sens avec plusieurs autres Prélats & Seigneurs, prier Ogive de ramener Louis son fils que les François vouloient mettre sur le trône de son pere. Ogive y donna les mains. Ce ne fut pas sans quelque crainte qu'Alstan ou Aldestan y consentit aussi. Il exigea qu'ils s'engageassent par serment à le recevoir & à le conserver, & qu'ils *Louis d'Outremer est couronné Roi.*

---

juncti illum non opprimerent. Henricus Rex Germaniæ litem compoluit ea conditione ut Hugo sanctum Quintinum, Hamum & Peronam Heriberto restitueret, & Heribertus Regi Castrum Theodorici redderet.

Anno 935. tres Reges, Radulfus Franciæ, Henricus Germaniæ, & Rodulfus Burgundiæ Transjuratæ una convenere prope Mosam : deliberaturi, ut putatur, de modo reprimendi incursiones Hungarorum, qui Germaniam, Italiam & Burgundiam devastabant. Eodem ipso anno postquam Italiam depopulati fuerant, in Burgundiam venerunt : sed cum comperissent Regem Francorum adversum se movere, in Italiam regressi sunt.

Annus sequens observandus est ab obitu Principum Radulfi Francorum Regis, qui obiit 15. Januarii, Henrici Aucupis Germaniæ Regis, qui decessit secunda Julii, cui successit Otho filius, Magnus postea cognominatus. Eodem ferme tempore obiit Ebalus Comes Arvernorum & Pictavorum & Dux Aquitaniæ, cui successit Willelmus *Caput-Stuppæ* dictus.

LUDOVICUS IV. ULTRAMARINUS.

DEFUNCTO Radulfo, Alstanus sive Aldestanus Rex Angliæ frater Ogivæ & avunculus Ludovici tunc in regno suo profugi, apud Willelmum Normanniæ Ducem egit ut suaderet Optimatibus ut Ludovicus ad patris regnum eveheretur. Rem in se libenter suscepit Willelmus, atque Hugonem Magnum, Heribertum Viromanduensem, cæterosque regni Optimates ad id præstandum induxit, qui pronis animis ipsi assenserunt. Ludovico favebat temporum conditio : Hugo enim Magnus, etsi cæteris potentior, probe advertebat, se tunc non posse regnum occupare, ad obsistendum sibi paratis Willelmo Normanniæ Duce, Heriberto Comite, Gisalberto Duce Lotharingiæ, qui ambientem deputissent. Recipiendum ergo Ludovicum censuit misitque Archiepiscopum Senonensem cum plurimis aliis Episcopis & proceribus, rogatum Ogivam, ut filium Ludovicum reduceret ad regnum patris evehendum. Nuncios libenter excepit Ogiva. Aldestanus vero non sine metu manum dedit : quamobrem sacramentum exegit, quo pollicerentur se illum & coronaturos &con- *Frodoard. Dudo. Chr. brevis.*

lui donnassent des otages. Hugues, Herbert, & le Duc de Normandie, avec plusieurs autres Seigneurs allerent à Boulogne pour recevoir leur Roi à la descente du vaisseau, lui rendirent hommage, & le menerent à Laon où il fut sacré par les mains d'Artaud Archevêque de Rheims, le vingtiéme de Juin 936.

De là Hugues le Grand mena le Roi dans la Bourgogne où ils assiegerent la ville de Langres qui se rendit sans coup ferir. Ils prirent des otages des Evêques de Bourgogne, & s'en revinrent à Paris. A quelque tems de là Hugues le Grand & Hugues fils de Richard, firent la paix ensemble en partageant la Bourgogne entre eux-deux.

937.

Hugues le Grand se ligue contre le Roi.

Louis voiant apparemment qu'Hugues vouloit prendre trop d'autorité sur son esprit, commença à agir sans lui, & fit venir sa mere à Laon, sans doute pour se servir de ses conseils. Ce que voiant Hugues, il fit sa paix avec Herbert. Car en ces tems-là les grands se liguoient ensemble contre le Roi pour se maintenir dans l'indépendance acquise par de frequentes revolutions, & par la foiblesse des Rois precedens. Hugues se fortifia encore contre le Roi en épousant Hadvige sœur du Roi Othon.

937.

Vers ce tems-là Herbert se presenta devant Château-Thierri. Valon qui le gardoit lui ouvrit les portes; & dès qu'il tint là place, il mit Valon dans les liens. En cette même année les Hongrois firent des courses & des ravages en France; ils brûlerent plusieurs Eglises, voulurent mettre le feu à d'autres, & ne le purent, par miracle, dit Frodoard, qui rapporte plusieurs autres merveilles faites au même tems. Raoul Roi de la Bourgogne Transjurane, mourut cette année: Conrard son fils lui succeda.

938.

Plusieurs places prises par le roi Louis.

Le Roi Louis prit sur un chef de brigans nommé Serle, le château de Montigni. Il donna la vie à Serle à la priere de l'Archevêque Artaud, mais il rasa la forteresse. Il attaqua ensuite Herbert de Vermandois, à qui il en vouloit apparemment, parce qu'il avoit trahi son pere. Mais à la priere d'Hugues le Grand il le remit en sa grace. Voulant faire rendre à sa mere Ogive des terres sur la Meuse, que son pere lui avoit données en dot, il s'y rendit à main armée, & obligea le Comte Roger qui s'en étoit saisi, de les lui remettre. Retournant de là, il prit par force le château de Corbeni, que son pere avoit

---

servaturos esse, obsidesque petiit. Hugo, Heribertus, Dux Normanniæ, aliique plurimi ex proceribus Bononiam se contulere, excepturi Regem suum e navi exscendentem, ipsique debitum obsequium præstiterunt, Laudunumque duxerunt, ubi manu Artaldi Archiepiscopi Rhemensis consecratus est vigesimo die Junii 936.

Inde Hugo Regem duxit in Burgundiam, ubi simul Lingonensem urbem obsederunt, quæ statim sese dedidit. Obsides ab Episcopis Burgundiæ exegerunt, & Lutetiam reversi sunt. Sub hæc autem Hugo Magnus & Hugo Richardi filius pacem fecerunt, & Burgundiam inter se diviserunt.

Frodoard. Ludovicus Rex ab Hugonis Principis se procuratione separans, inquit Frodoardus, *matrem suam Lauduni revocat*, queis innuit Ludovicum, ut vidit Hugonem cum nimia auctoritate agere, matrem evocasse, ut ejus nutu & consilio regnaret. His conspectis Hugo, cum Heriberto pacem iniit. Tunc enim temporis Principes contra Regem societatem inibant, ut sibi usurpatam illam auctoritatem nimiam servarent, quam & ex temporum vicissitudinibus, & ex Principum imbecillitate sibi pepererant. Sibi quoque Hugo contra Regem patrocinium comparavit, cum Hadvigem Othonis regis sororem in conjugem duxit.

Idem circiter tempus Heribertus ante Castrum Theodorici copias movit. Valo autem custos ipsi portas aperuit, & postquam Castrum occupaverat Heribertus, Valonem in vincula conjecit. Eodem anno Hungari Franciam incursionibus devastarunt, Ecclesias multas incenderunt: alias ne incenderent divinitus prohibiti sunt, narrante Frodoardo, qui miracula multa tunc gesta recenset. Rodulfus rex Burgundiæ Transjuranæ decessit, cujus regnum excepit Conrardus filius.

Rex Ludovicus castrum Montiniacum cepit, quod tenebat Serlus quidam prædonum dux; & Serlo quidem rogatu Artaldi Arch. vitam concessit; oppidum autem solo æquavit: deindeque Heribertum Veromanduensem adortus est, cui, ut videtur, infensus erat, quod patrem suum prodidisset; sed rogante Hugone Magno in gratiam ipsum recepit. Ut terras quasdam ad Mosam, quas pater suus Ogivæ matri dederat restitui curaret, illo cum copiis se contulit, & ad illas restituendas, Rogerium qui invaserat compulit. Inde revertens Corbenacum castrum vi cepit, quod

donné

donné à S. Remi. Herbert s'en étoit saisi, & y tenoit garnison, à laquelle il auroit fait un mauvais parti, si Artaud Archevêque de Rheims n'avoit demandé grace. De là il vint sur la côte de la mer, & fit quelques réparations au port & à la forteresse de Guis. Herbert prit Causolte, château sur la Marne, qu'Artaud Archevêque de Rheims avoit bâti, & pilla les villages des environs. Le Prélat pria le Roi de venir à son secours. Il vint & assiegea la forteresse qu'Herbert avoit faite à Laon, & l'emporta avec beaucoup de peine, & il la donna en garde à Eudes fils d'Herbert, qui s'étoit jetté dans son parti, on ne sait pourquoi. Il s'étoit lié avec Arnoul Comte de Flandres, & Artaud Archevêque de Rheims, & depuis avec Hugues le Noir frere du feu Roi Raoul. Hugues le Grand étoit joint avec Herbert & avec Gisalbert son beau-frere Duc de Lorraine, qui vint le secourir. Ils prirent le château de Pierrepont. Les actes d'hostilité alloient commencer. Mais Arnoul & Herbert menagerent une treve jusques au mois de Janvier suivant.

938.

La treve expirée, le Roi étant en Bourgogne occupé à la partager avec Hugues le Noir, Hugues le Blanc, Herbert & Guillaume Duc de Normandie, fondirent sur Arnoul Comte de Flandres, pillerent & brûlerent ses campagnes. Les Evêques qui étoient en la compagnie du Roi, les excommunierent, surtout Herbert qui retenoit quelques villes & villages de S. Remi. Le Roi étant revenu de Bourgogne, fit renouveller la treve jusqu'au mois de Juin.

939.

En ce tems-là Henri frere puisné d'Othon, aiant pris les armes contre son frere, assisté de Gisalbert Duc de Lorraine, beau-frere des deux, Othon marcha contre eux, les battit & les défit au passage du Rhin. Ils avoient déja offert à Louis de se soumettre à lui; mais il n'avoit pas voulu rompre avec Othon. Après cet échec ils vinrent le trouver à Laon pour lui faire hommage. Louis marcha en Lorraine, trouva tout disposé en sa faveur, & penetra jusqu'en Alsace. Tout le monde couroit à lui. Mais il n'eut pas soin de menager ses nouveaux sujets, & ne les traita point avec l'humanité qu'ils meritoient bien. Hugues le Grand, Herbert, le Duc de Normandie, & même Arnoul Comte de Flandres, ci-devant leur ennemi, craignant que Louis ne s'aggrandît trop, se liguerent avec Othon, qui aiant quitté le siege de Chevremont se joignit à eux, & alla faire le siege

Louis entre en Lorraine.

---

paret suus sancto Remigio tradiderat, quodque invaserat Heribertus, & milites qui in eo erant comprehensos, rogante Artaldo Archiepiscopo abire permisit. Inde ad oram maris venit, & castrum portumque, quod Guisum vocabant, restaurare nisus est. Heribertus vero Causoltem ad Matronam cepit, castrum ab Artaldo Præsule constructum, & vicos circum depopulatus est. Altaldus vero a Rege auxilium postulat; qui castrum ab Heriberto Lauduni structum obsedit, nec sine labore cepit, custodiendumque tradidit Odoni Heriberti filio, qui, quo consilio ignoratur, ad partes Regis transierat, cum Arnulfo Flandrensi Comite & Artaldo Archiepiscopo Rhemensi, etiamque postea cum Hugone Nigro fratre Rodulfi regis. Hugo Magnus vero junctus erat Heriberto & Gisalberto genero suo Duci Lotharingiæ, qui una coacti Petræ-pontem expugnarunt: jam ad bellum omnia parata erant: verum Arnulfus & Heribertus partes ad inducias deduxerunt ad usque Januarium sequentem.

Duc's.

Postquam id temporis effluxerat, dum Rex in Burgundia esset, illamque provinciam cum Hugone Nigro partiretur, Hugo Albus sive Magnus, Heribertus & Willelmus Dux Normanniæ, Arnulfum Flandrensem Comitem aggressi sunt, cujus agros ferro & igne devastarunt. Tum Episcopi qui cum Rege erant illos anathemate percusserunt, præsertim Heribertum, qui aliquot oppida villasque S. Remigii detinebat. Rex e Burgundia reversus, inducias protraxit ad mensem usque Junium.

Eodem tempore Henricus minor frater Othonis, arma sumsit in fratrem, opem ferente Gisalberto Lotharingiæ Duce utriusque genero. Otho adversus illos movit & ad Rheni transitum devicit & profligavit. Ludovico sese dedere, ipsique obsequium præstare jam obnixerant; sed noluerat ille pacem cum Othone rumpere. Postquam autem profligati sunt, denuo accessere obsequium offerentes. Tunc Ludovicus in Lotharingiam movit, omnia prona & secunda reperit, atque in Alsatiam penetravit. Omnes ad illum accurrebant. Verum cum novis hisce subditis debitam moderationem non adhibuit, neque eos cum ea, qua par erat, benignitate excepit. Hugo autem Magnus, Heribertus, Willelmus Normanniæ Dux, atque etiam Arnulfus Flandrensis Comes, qui nuper horum hostis erat, metuentes ne Ludovicus viribus nimium cresceret, cum Othone paciscuntur, qui soluta obsidione Capræ-montis, junctis copiis Brisacum obsedit.

Frodoard. Luitprand. l. 4. c. 10.

de Brifac. Ses troupes défirent Gifalbert & Everard qui fut tué. Henri frere d'Othon fe voiant fans fecours fut obligé de s'en remettre à la clemence de fon frere, qui l'aiant détenu quelque tems prifonnier, lui donna enfuite le Gouvernement de la Lorraine, & depuis au Comte Othon, qui s'en fit appeller Duc.

Pendant ces troubles Alftan Roi d'Angleterre envoia au fecours du Roi fon neveu une flote qui vint fur les côtes du Boulonnois, fit quelques defcentes & des ravages fur les bords de la mer, & s'en retourna enfuite, fans avoir rien fait pour Louis. Cependant Gifalbert paffa le Rhin pour aller faire le dégât dans les terres voifines. Il fut pourfuivi par les Saxons, & pouffa fon cheval dans le Rhin où il fut fubmergé. Le Roi Louis époufa Gerberge fa veuve, fœur du Roi Othon. Alliance qui lui fervit dans l'occafion. Il donna cette année à l'Eglife de Rheims le droit de battre monnoie.

940.

Affaire de l'Archevêché de Rheims.

La grande affaire de Rheims caufa des mouvemens dans le Roiaume. Herbert, comme nous avons dit ci-devant, contre toutes les formes Ecclefiaftiques, avoit fait élire fon fils Hugues Archevêque à l'âge de cinq ans. La meilleure partie du Clergé de Rheims s'étoit oppofée à une intrufion fi inoüie, & avoit élû d'abord Seulfe, lequel étant mort, on élut en fa place un Moine nommé Artaud, ou Artold, qui s'étoit mis du parti du Roi Louis. Cette diffenfion avoit duré près de vingt ans. Herbert, Hugues le Blanc, & Guillaume Duc de Normandie, vinrent affieger Rheims. Les habitans effraiez leur ouvrirent les portes fix jours après que le fiege eût été mis. Les foldats qui étoient au fervice d'Artaud fe donnerent à Herbert, & Artaud conduit à l'Affemblée des Grands & des Evêques, fut forcé par la terreur de ceder l'Archevêché à Hugues, & de recevoir en recompenfe l'Abbayie de S. Bafle & le Monaftere d'Avenai. Mais après que les Evêques eurent facré Hugues, Artaud fe trouvant en liberté, fe repentit & fe dédit de fon abdication.

Hugues & Herbert partirent de Rheims & allerent affieger Laon. Le Roi Louis revenant de Bourgogne, paffa par la Champagne, accompagné de l'Archevêque Artaud, qu'il protegeoit, & paffa l'Aîne pour fe rendre à Laon. A la nouvelle de fon arrivée, Hugues & Herbert leverent le fiege la nuit, fe rendirent à Pierrepont, & allerent trouver le Roi Othon qu'ils menerent

---

Frodoard.

Gifalbertus & Everardus ab ejus exercitu profligati funt, Everardufque cæfus fuit. Henricus frater Othonis, defperatis rebus fuis, fefe fratris clementiæ commendavit, qui ipfum aliquandiu detentum, Lotharingiæ Præfectum conftituit, ipfique poftea fubrogavit Othonem Comitem, qui Ducis nomen affumfit.

Inter hafce turbas Alftanus rex Angliæ claffem apparavit, quam in fubfidium fororis filio Ludovico mifit. Hæc porro ad Bononienfem oram appulfa exfcenfu facto littora depopulata eft, & poftea in Angliam folvit, neque Ludovico auxilium tulit. Inter hæc Gifalbertus transacto Rheno, vicinas terras depopulabatur; fed inftante Saxonum turma, admotis calcaribus verfus Rhenum fugit, & in flumen fe præcipitem dedit. Ludovicus vero ejus uxorem Gerbergam Othonis fororem duxit, quo ex connubio non parum emolumenti poftea tulit. Hoc quoque anno Ecclefiæ Rhemenfi jus monetæ cudendæ conceffit.

Hift. Rhem. Frodoard.

Sedis Rhemenfis lis & diffenfio magnos tunc peperit motus. Heribertus, ut fupra diximus, Hugonem filium quinquennem in Archiepifcopum Rhemenfem deligi curaverat. Cleri vero Rhemenfis maxima pars, tam inaudita intrufione rejecta, Seulfum primo delegerat, quo defuncto Artaldum Monachum in ejus locum fubrogavit. Hic vero ad Ludovici partes tranfierat: jamque a viginti annis hoc diffidium graffabatur. Hoc anno Heribertus, Hugo Magnus, five Albus & Willelmus Dux Normanniæ Rhemos obfeffum venerunt. Perterriti vero cives fexta poft pofitam obfidionem die portas hoftibus aperuerunt. Qui pro Artaldo aderant armati ad Heribertum defluxerunt. Artaldus vero ad cœtum procerum & Epifcoporum adductus, vel fuafione vel potius terrore co deductus eft, ut Archiepifcopatum Hugoni concederet, & in ejus locum Abbatiam fancti Bafoli & Avennacum Monafterium acciperet. Sed poftquam Epifcopi Hugonem confecraverant, Artaldus liber & pœnitens facti, abdicationem fuam irritam & nullam declaravit.

Hugo & Heribertus Rhemis profecti, Laudunum obfeffum venerunt. Ludovicus vero rex e Burgundia rediens per Campaniam tranfivit, comite Artaldo cui favebat. Axonam vero trajecit ut Laudunum peteret. Qua re audita Hugo & Heribertus noctu obfidionem folvunt, & ad Petræ-pontem fe conferunt, indeque regem Othonem adeunt, quem Attiniacum adduxe-

LOUIS IV. D'OUTREMER.

à Attigni, & se mirent sous sa protection. Louis après avoir fait quelques provisions de vivres, repartit pour la Bourgogne, accompagné d'Hugues le Noir & de Guillaume Comte de Poitiers. Othon avec une grande armée marcha vers la Bourgogne, où il se campa sur la Seine. Hugues le Noir effraié d'une telle visite, promit avec serment de ne plus agir contre Hugues ni contre Herbert. Le Roi Louis se retira à Laon, d'où il alla assieger Pierrepont : mais les assiegez lui aiant donné des otages, il se retira. Peu étonné de tant d'adversaires, il marcha vers le Roiaume de Lorraine dans le dessein de s'en rendre maître, accompagné de l'Archevêque Artaud & de plusieurs autres de ses plus fideles. Othon passa le Rhin pour s'opposer à lui : mais quelques amis communs ménagerent une treve entre eux.

Hugues & Herbert aiant de nouveau assiegé Laon, le Roi ramassa autant de gens qu'il pût, & marcha contre eux. Ils vinrent au devant de lui, le surprirent, lui tuerent beaucoup de monde; & le reste prenant la fuite, le Roi eut bien de la peine à se sauver : on ne sait pourquoi Hugues & Herbert leverent le siege. Louis abandonné des siens se retira auprès de Charles Constantin Comte de Vienne, qui le reçût fort humainement. Le Pape à sa sollicitation envoia un Légat en France aux Princes François, les exhortant de reconnoître leur Roi, de lui être fideles, & les menaçant d'excommunication s'ils y manquoient. Les Seigneurs d'Aquitaine vinrent lui rendre hommage à Vienne. Le Comte Roger que le Roi Louis avoit envoié à Guillaume Duc de Normandie étant mort, ce Duc ne laissa pas de se tourner du côté du Roi, qui vint à Rouen. Il le reçût magnifiquement. Là vinrent aussi Guillaume Comte de Poitiers, & les Bretons de même pour lui offrir leurs services. Tous ceux-là lui aiant fourni des troupes, il marcha avec une armée, & se campa sur l'Oise. Hugues, Herbert & Othon Duc de Lorraine vinrent contre lui, & rompirent tous les ponts. Il se fit entre eux une treve qui conduisit à une paix, ménagée par le Roi Othon.

941. Louis se retire à Vienne.
942.

Le meurtre de ce bon Duc Guillaume arriva en l'an 943. Il étoit en different avec Arnoul Comte de Flandres, à l'occasion d'Herluin Comte de Montreüil. Etant entré en négotiation pour terminer leurs differens, Arnoul fit semblant de vouloir une entiere reconciliation, & ménagea une entrevûë dans une

943. Meurtre de Guillaume Duc de Normandie.

Flodoard.

runt, illique se commisere. Ludovicus postquam victui necessaria quædam paraverat, cum Hugone Nigro & Willelmo Pictaviensi Burgundiam repetiit. Otho cum magno exercitu versus Burgundiam movit, ubi ad Sequanam castra posuit. Hugo Niger tantum hostem reformidans, cum sacramento pollicitus est se nunquam contra Hugonem vel Heribertum acturum esse. Rex Ludovicus Laudunum se recepit, unde Petræ-pontem obsessum se contulit. Qui vero Castrum tuebantur obsides dederunt, quibus acceptis se recessit. Neque fractus metu ex tanto adversariorum numero, in Lotharingiam movit illam subacturus, comitante Artaldo aliisque fidissimis viris. Otho Rhenum trajecit, ut illi occurreret: verum amici quidam communes inter ambos inducias fecere.

Flodoard.

Hugone autem & Heriberto Laudunum denuo obsidentibus, Rex quantam potuit pugnantium manum collegit : sed illi obsidione relicta ex improviso Regis exercitum invadentes nonnullos sternunt, reliquos in fugam convertunt, & tamen Lauduni obsidionem solvunt. Ludovicus paucis comitantibus apud Carolum Constantinum Viennensem Comitem se contulit, qui illum perhumaniter excepit. Ludovici autem rogatu

Dudo.

Stephanus Papa Legatum misit ad Francorum Principes, monens ut Regem suum reciperent, nec armis infequerentur, minis additis, nisi obsequerentur, se illos anathemate percussurum esse. Aquitaniæ primores Viennam venerunt, debitum ipsi obsequium præstituri, Comite Rogerio, quem Rex ad Willelmum Normanniæ Ducem miserat, defuncto; Dux ille nihilominus ad Regis partes se convertit, qui etiam Rothomagum venit. Illum Willelmus magnifice recipit. Illo etiam venit Willelmus Comes Pictaviensis; Britones quoque opem obtulere Regi. Cum porro omnes isti copias Ludovico subministrassent, cum exercitu movit ille & ad Isaram castra posuit. Hugo, Heribertus & Otho Dux Lotharingiæ ipsi occurrerunt, pontesque omnes ruperunt. Hinc induciæ inter ambas partes factæ : Rexque Otho demum pacem instituit.

Guillelm. Gemmet.

Willelmi Normanniæ Ducis cædes anno 943. accidit. Dissensio tunc erat inter illum & Arnulfum Flandriæ, occasione Herluini Comitis Monstroliensis. Cum de lite componanda ageretur, Arnulfus se perfectam reconciliationem velle simulans, id effecit ut in conspectum ambo venirent quasi de pace acturi. In insulam ergo Somonæ prope Pincipiacum conve-

Tome I.   *T t ij*

Isle sur la Somme, vis-à-vis de Pequigni, où il le fit traitreusement massacrer.

943. Louis donna la Normandie au fils de Guillaume qui s'appelloit Richard. Une partie des Seigneurs Normans adheroient au Roi Louis, & l'autre à Hugues le Grand. Mais un grand nombre de ces Normans étoit idolâtre, & se soutenoit dans cette Religion par l'exemple de ceux qui arrivoient continuellement du Nord, idolâtres comme eux. Ces Infideles se mirent en tête de contraindre le jeune Richard de renoncer au Batême. Hugues le Grand s'opposa à eux, & leur donna combat; il y en eut plusieurs de tuez des deux côtez. Le Roi étant à Rouen fit tuer Turmode & Setric Chefs de ces impies.

Indigne dessein inspiré à Louis. Cette division des Normans entre eux fit naître à Louis la pensée de se rendre maître de la Normandie, un des meilleurs païs du Roiaume. Il vint à Rouen, & s'assura de la personne de Richard sous pretexte de le vouloir nourrir à sa Cour. Les Normans s'y opposerent d'abord : mais il sut si bien les amadouer, qu'ils consentirent qu'il l'emmenât avec lui à Laon. Arnoul Comte de Flandres, qui haïssoit à mort les Normans, envoia au Roi de grands presens, & tâcha de lui persuader de mettre Richard hors d'état de lui faire jamais de la peine en lui faisant brûler les jarrets. Il n'eut pas peu de peine à resoudre le Roi à une action si indigne : il y consentit enfin. Cela ne put pas se brasser si secretement qu'Osmond Gouverneur de Richard n'en eut le vent. Il l'enleva adroitement de la Cour, l'enveloppa dans un fagot d'herbes, & l'envoia à Senlis alors très-forte place, tenuë par le Comte Bernard oncle maternel de Richard, qui le garda auprès de lui. Le Roi d'un côté & les Normans de l'autre le redemanderent inutilement.

Mort d'Herbert. En ce tems mourut Herbert Comte de Vermandois, si bourrelé des remords de sa conscience, & sur tout d'avoir si méchamment trahi Charles le Simple, que quand on lui parloit ou de penser au salut de son ame, ou de disposer des affaires de sa maison, il répondoit toûjours : *Nous étions douze qui nous engageâmes par serment à trahir le Roi Charles.* Il repeta toûjours cela jusqu'à ce qu'il perdit & la parole & la vie. Il laissa trois fils, Herbert & Robert, qui partagerent ses Seigneuries, & Hugues intrus dans l'Archevêché de Rheims. Le Roi Louis voulant profiter de cette occasion pour se venger des maux qu'Herbert & les siens avoient faits & à son pere & à lui ; se saisit de leurs

---

Frodoard.

Willelm. Gemmet.

niunt, ubi ab Arnulfi sicariis Dux ille bonus immaniter trucidatur.

Ludovicus Normanniam dedit Richardo Willelmi filio. Pars vero procerum Normannorum Ludovico hærebat, pars Hugoni Magno. Verum multi Normanni idololatræ erant, & in hac falsa Religione firmabantur exemplo eorum qui quotidie ex Septentrione adveniebant, qui & ipsi idololatræ omnes erant. Infideles porro illi in animum induxerunt, ut Richardum adhuc puerum baptismo abrenunciare cogerent. Hugo Magnus illis obstitit, sæpeque cum illis congressus est, multis ex utraque parte interfectis. Rex vero Ludovicus occidi curavit Turmodum & Setricum impiorum principes.

Dissensio illa inter Normannos suborta, Ludovico cupiditatem indidit subigendæ sibi Normanniæ, quæ inter optimas regni provincias computabatur. Rothomagum ergo venit, & Richardum juvenem apud se retinuit, obtendens velle se in Regia sua illius educandi curam habere. Normanni statim obstitere Regi, sed emollita verborum specie ita delinivit eos, ut consentientibus illis Laudunum ipsum adduceret. Arnulfus vero Flandrensis qui Normannos summo odio prosequebatur, Regi munera obtulit, ipsique suadere conatus est, ut Richardum eo in statu poneret : quo nunquam Regi negotia facessere posset, adurendo videlicet poplites ejus. Ad tam indignum facinus Regem deducere non ita facile potuit : assensit tamen denique. Non tam secreto propositum hujusmodi suscipere potuit, ut id Osmundum pueri procuratorem lateret. Puerum vero solerter ex Regia abduxit, & in herbæ fasciculo involutum Silvanectum misit, urbem munitissimam, quam tunc tenebat Bernardus Comes Richardi avunculus, qui neque Regi neque Normannis petentibus, ipsum tradere voluit.

Glabr. Ri‑ad. l. 1. c. 3.

Illo tempore obiit Heribertus Comes Veromanduensis, conscientiæ stimulis adeo exagitatus, maxime vero quod tam inique Carolum Simplicem prodidisset, ut si quando ei vel de animæ salute, vel de extrema rei domesticæ dispositione sermo haberetur, semper responderet : *Duodecim fuimus, qui traditionem Caroli jurando consensimus.* Hæcque repetiit donec & vocem & vitam amisit. Tres filios reliquit Heribertum & Robertum, qui terras & possessiones inter se diviserunt, & Hugonem in Archiepiscopatum Rhemensem intrusum. Rex Ludovicus occasionem nactus ut injurias ulcisceretur, quas Heribertus & patri & sibi intulerat, illorum urbes aliam post aliam occu‑

Frodoard.

LOUIS IV. D'OUTREMER. 333

villes l'une après l'autre, la plupart desquelles Herbert avoit usurpées. Hugues le Blanc & les autres Grands du Roiaume, craignant toujours que Louis ne s'aggrandît, ne se fortifiât, & ne leur fît enfin perdre cette indépendance où ils vivoient; indépendance, source de malheurs & de guerres civiles; de peur de cela, dis-je, ils se liguerent contre lui. Le Roi Othon se mit aussi de la partie. Louis craignant les suites de cette confederation, se reconcilia avec Hugues. Pour le mettre plus avant dans ses interêts, il lui promit de partager avec lui la Normandie, & de lui donner Evreux, Lizieux & Bayeux avec leurs territoires. Ils entrerent tous deux ensuite dans la Normandie, Hugues y conquit quelques places.

944.

Ce fut, dit un Historien, Bernard Comte de Senlis, qui ruina ce projet du Roi & d'Hugues le Grand, lequel ne pouvoit manquer de réussir si cette union avoit duré. Il les broüilla adroitement l'un avec l'autre, & conserva ainsi le Duché de Normandie à son neveu Richard. Il s'insinua dans les bonnes graces du Roi, & lui persuada de retenir pour lui toute la Normandie; & suivant ce conseil Louis contraignit Hugues de lui rendre Evreux. Celui-ci indigné de ce manque de foi, se tourna du côté de Richard, le reprit sous sa protection, & lui promit sa fille Emme en mariage, quand il seroit en âge. Il l'épousa en effet seize ans après.

Il étoit après cela question de chasser le Roi Louis de la Normandie, & d'y remettre le Duc Richard. On croit que ce fut par l'intrigue de Bernard Comte de Senlis, qu'Aigrold Chef des Normans, venu depuis peu de Danemarc, vint à bout de cette entreprise, quoique Frodoard qui nous a donné cette histoire ne le dise pas. Voici comment cet Historien raconte ce fait. Le Roi Louis étant à Rouen, Aigrold qui commandoit du côté de Bayeux, lui manda qu'il souhaitoit une entrevûe au tems & lieu qu'il lui marqua. Louis s'y rendit avec peu de gens. Aigrold y vint avec un grand nombre de Normans tous armez, tailla en pieces les gens qu'avoit amené le Roi, entre autres Herluin Comte de Montreuil, & dix-huit Comtes avec quantité de soldats. Louis se sauva avec peine à Rouen, n'aiant avec lui qu'un Norman qui lui étoit fidele. Dès qu'il y fut arrivé, les autres Normans qui étoient dans la ville, se saisirent de lui, & le mirent sous sure garde.

945. Le Roi Louis est fait prisonnier.

Il fallut venir à composition. La Reine Gerberge envoia offrir des conditions fort avantageuses pour la délivrance de son mari. Mais les Normans

---

pavit, quarum maximam partem Heribertus usurpaverat. Hugo autem Magnus & alii regni proceres, metuentes ne Ludovicus viribus cresceret, neve usurpatam ab se potentiam minueret deleretve; potentiam, inquam, civilium bellorum causam & Reipublicæ perniciosam; hoc illi metu perculsi, sese societate junxerunt, Othonemque regem ad suas partes allexerunt. Ludovicus vero hæc fœdera timens, Hugonem sibi conciliare conatur, polliceturque ipsi Ebroicas, Lexovium & Baiocas cum agris earum urbium. His assensit Hugo, posteaque ambo in Normanniam ingressi sunt, & Hugo aliquot oppida expugnavit.

Chron. Reg. in. 3.

Sed Bernardus Silvanectensis, ut narratur, hæc fœdera arte dirimit, quæ exitum habitura erant, nisi intercepta fuissent. Callide autem disjunxit illos, sicque Normanniam sororis filio Richardo servavit. Regis gratiam captans suasit illi ut Normanniam totam sibi retineret; quod consilium amplexus Ludovicus ab Hugone Ebroicas repetiit. Hugo de violata fide indignatus, ad Richardi partes transiit, ipsumque defendendum suscepit, atque illi filiam suam Emmam in

Idibus, tomus I.

uxorem pollicitus est, cum ad nubilem ætatem perveniret, id quod post sexdecim annos perfectum est.

Idem.

Postea vero ex Normannia pellendus rex Ludovicus & restituendus Richardus erat. Narratur autem Bernardi artificio Haigroldum Ducem qui nuper ex Dania advenerat hanc rem perfecisse, etsi de Bernardi opera nihil habeat Frodoardus, qui rem ita recenset. Cum rex Ludovicus Rothomagi esset, Haigroldus Normannus, qui Baiocis præerat, mandat ei quod ad eum venturus esset condicto tempore & loco. Ludovicus cum paucis ad assignatum locum venit: Haigroldus cum multitudine Normannorum advenit armatus, invadensque socios Regis pene cunctos interemit; interque alios Herluinum Comitem Monstroliensem, Comitesque alios octodecim cum non paucis militibus. Rex vero fugam iniit cum Normanno sibi fido. Cum Rothomagum pervenisset, cæteri Normanni apprehensum Ludovicum in custodia posuerunt.

Frodoard.

Vill. Gem: Frodoard.

De liberando Rege paciscendum erat. Gerberga Regina conditiones quasdam proposuit, quas Normannis placituras sperabat. Illi duos Regis filios ob-

Tt iij

exigeoient qu'on leur envoiât ses deux fils en otage : elle offrit de donner le plus jeune, & interposa le credit d'Hugues le Grand pour l'issuë de la négotiation. Lss Normans accepterent l'offre, & remirent le Roi entre les mains d'Hugues qui le tint pendant un an en captivité, & le donna à garder à Thibaud Comte de Blois. Hugues le Grand envoia de ses gens au Roi Othon son beau-frere, qui les rebuta, & ne voulut pas les entendre, souffrant avec indignation qu'il retînt ainsi son Roi prisonnier ; ce qu'Othon faisoit à l'instigation de sa sœur la Reine Gerberge. Hugues ne vouloit pas le lâcher qu'il n'eût obtenu de lui la ville de Laon : il l'obtint en effet, & la donna en garde à Thibaud.

945.

Othon avoit promis au Roi Louis son assistance quand il étoit detenu prisonnier. Peu après sa sortie de prison il l'alla trouver dans le Cambresis, où il étoit à la tête d'une grande armée. Arnoul Comte de Flandres, & Conrad Roi de Bourgogne, s'y étoient joints avec leurs troupes. Tout cela faisoit trente legions. Ce qui est remarquable, c'est que tous les gens d'Othon, hors l'Abbé de Corbie en Saxe, portoient des bonnets de foin. Cette grande armée marcha contre Hugues. Othon, Louis & leurs associez rétablirent Artaud dans son siege de Rheims, allerent assieger Senlis : mais voiant la place trop forte, ils se retirerent avec perte. Ils passerent devant les fauxbourgs de Paris, se rendirent en Normandie ravageant tout jusqu'à Rouen, qu'ils assiegerent. Là périrent un grand nombre de Saxons avec le neveu d'Othon. Arnoul sachant qu'on vouloit lui faire un mauvais parti, se retira la nuit avec ses troupes. Les approches de l'hyver, & la crainte d'être livré aux Normans, obligerent Othon de faire retraite. Ce ne furent point des exploits semblables qui lui acquirent le nom de Grand.

Expedidition d'Othon en France. 946.

Après cela Hugues assiegea Rheims, & le Roi Louis, Montreüil, avec un pareil succès l'un & l'autre ; tous deux leverent le siege. Quelques mois après les deux Rois Louis & Othon, passerent les Fêtes de Pâques ensemble à Aix-la-Chapelle, & au mois d'Août suivant ils s'entrevirent encore vers la Meuse.

946.

Une des plus grandes affaires de ce tems étoit celle de Rheims, où il y avoit deux Archevêques. Artaud élû legitimement, & Hugues de Vermandois intrus. Cette dissension causoit du trouble dans l'Etat. Le Roi Louis étoit pour Artaud, & Hugues le Grand soutenoit Hugues. Il y eut pour cette affaire

947. Affaire de Rheims.

Frodoard.

fides postulabant : illa minorem obtulit, & Hugonem Magnum interposuit, qui Normannos deliniret, demumque hæc conditio admissa fuit. Normanni Regem in manus Hugonis tradiderunt, qui illum apud se per annum integrum retinuit, atque Terbaldo Blesensi Comiti custodiendum tradidit. Hugo Magnus nuncios misit ad Othonem generum suum, qui illos inauditos repulit, quod ægre ferret Ludovicum regem ab Hugone subdito detineri, id vero instigante Regina Gerberga sorore sua faciebat. Hugo autem Regem liberum emittere nolebat, nisi sibi Laudunum traderet, demumque id obtinuit, urbemque Terbaldo custodiendam tradidit.

Idem.

Otho opem pollicitus erat Ludovico cum detineretur. Ludovicus vero, ubi liber evasit, in Cameracensem agrum Othonem convenit, ubi cum ingenti exercitu erat. Arnulfus Flandriæ Comes & Conrardus rex Burgundiæ Transjuranæ cum copiis suis advenerant ; quodque notatu dignum fuit, in Othonis

Vitikind. l. 2.

exercitu omnes, præter unum Abbatem Corbeiæ in Saxonia, pileis fœninis caput tectum habebant. Hic numerosissimus exercitus adversus Hugonem movit. Otho, Ludovicus & socii Artaldum in Sedem suam

Vill. Gem. l. 4. c. 10. 11.

Rhemensem restituerunt. Inde Silvanectum obsessum venerunt ; sed cum urbs munitissima esset, obsidionem solverunt, nec sine gravi suorum pernicie. Inde ante suburbana Lutetiæ transeuntes, in Normanniam venerunt omnia depopulantes, usque ad Rothomagum urbem, quam obsederunt. Ibi multi Saxones periere cum ipso Othonis nepote. Arnulfus vero cum sciret quidpiam sinistri sibi paratum esse, noctu cum copiis suis secessit. Cum autem hiems prope esset, timeretque Otho ne in Normannorum manus caderet ; receptui cecinit. Non talium certe expeditionum causa Magni nomen ipse tulit.

Sub hæc Hugo Rhemos obsedit, Rex vero Monstrolium, cum pari ambo exitu ; nam obsidionem solverunt. Aliquot postea mensibus ambo Reges Ludovicus & Otho Pascha simul celebrarunt Aquisgrani, etiamque Augusto mense sequenti in conspectum venerunt ad Karum fluvium, qui in Mosam influit.

Frodoard.

Inter graviora illius temporis negotia Rhemense dissidium agitabatur. Ibi duo Archiepiscopi erant, Artaldus legitime electus, & Hugo intrusus ; quæ contentio in Regno tumultusque discordiæ causa erat. Rex favebat Artaldo, Hugo autem Magnus Hugoni,

LOUIS IV. D'OUTREMER.

une Assemblée d'Evêques des Gaules & de la Germanie qui se tint à Verdun à la mi-Novembre. Robert Archevêque de Treves y presida. L'Archevêque intrus Hugues n'y comparut pas, quoiqu'il y eut été cité. Le Synode laissa à Artaud par provision la joüissance de l'Archevêché de Rheims. Les Evêques s'assemblerent de nouveau auprès de Mouson. Hugues y vint, mais il ne voulut pas y entrer. Il laissa seulement quelques lettres du Pape que les Evêques jugerent être subreptices. L'Assemblée adjugea de nouveau la joüissance de l'Archevêché à Artaud, & en exclut Hugues par contumace, jusqu'à ce qu'il auroit comparu au Concile qui seroit tenu au mois d'Aout suivant, où il devoit subir le jugement final de cette importante affaire.

948.

Sur les plaintes que fit Hugues au Pape, il envoia un Legat nommé Marin Evêque, au Roi Othon, portant ordre d'assembler un Concile des Gaules & de la Germanie, tant pour l'affaire de Rheims, que pour terminer les querelles entre le Roi Louis & Hugues le Blanc. Le Concile fut tenu au Palais Roial d'ingelheim. Les Rois Louis & Othon y assisterent. Les Evêques de Germanie y vinrent en bien plus grand nombre que ceux de France. Le Roi Louis assis au côté d'Othon, y parla le premier, & se plaignit hautement des violences d'Hugues le Blanc, & de ce qu'il l'avoit tenu un an prisonnier, & ne l'avoit lâché qu'en exigeant qu'il lui livrât Laon, la seule ville que la Reine Gerberge avoit retenuë. Que si on lui objectoit qu'il s'étoit attiré cela par sa faute, il s'en rapportoit au Jugement du Concile & du Roi Othon, ou qu'il étoit prêt de s'en purger par un duel. L'Archevêque Artaud à son tour fit ses plaintes, & le Concile excommunia Hugues son competiteur, & écrivit à Hugues le Blanc qu'il eût à donner satisfaction à son Roi.

Concile tenu à Ingelheim.

Othon donna des troupes à Louis. Les Evêques Lorrains prirent Mouson, & se joignirent après à l'armée de Conrad, qui venoit de la part d'Othon au secours de Louis. Ils assiegerent ensemble Montaigu, fort que Thibaut avoit construit près de Laon, & le prirent; après quoi ils se retirerent. Hugues alla vers le même tems attaquer la ville de Soissons, & y mit le feu; mais ne pouvant s'en rendre maître, il se retira.

Cette année mourut Foulques le Bon Comte d'Anjou, Prince fort religieux, qui aiant appris que le Roi Louis se mocquoit de lui de ce qu'il alloit souvent

949.

Inhard. Ea vero de re conventus Episcoporum Galliæ & Germaniæ fuit Viroduni circa dimidium Novembris, cui præfuit Robertus Archiepiscopus Trevirensis. Non adfuit autem Hugo: etsi evocatus, accedere noluit. *Universa vero Synodus Artaldo Rhemense tenendum adjudicavit Episcopium.* Alia coacta Synodus fuit idibus Januarii prope Mosomum: Hugo item illo advenit; sed in Synodum noluit ingredi. Literas vero quasdam Agapiti Papæ proferri curavit, quas Episcopi subreptitias esse judicarunt, atque denuo Archiepiscopatus possessionem adjudicarunt Artaldo, & Hugonem ut contumacem excluserunt, donec in Concilio ad mensem Augustum sequentem indicto, judicium extremum subiret.

Sim. Hugone conquerente ac petente, Summus Pontifex Legatum misit Marinum Episcopum Othoni regi, qui suo nomine juberet convocari Concilium Galliarum & Germaniæ, tam pro dissidio Rhemensi, quam pro bellis Regem inter Ludovicum & Hugonem Album terminandis. Celebratum porro fuit Concilium in Palatio Regali Ingelhemensi. Adfuere Reges Ludovicus & Otho. Germaniæ Episcopi majore numero venere, quam Gallicani. Rex Ludovicus a latere Othonis se-dens prior loquutus, de Hugonis Albi violentia conquestus est; qui se sub custodia per annum tenuisset neque dimisisset antequam Laudunum ipsi traditum fuisset, solam urbem quam Gerberga Regina retinuerat. Quod si objiceretur sibi, id culpa evenisse sua, illud se ad Concilii & Regis Othonis judicium referre: aut sui purgandi causa duellum offerre. Archiepiscopus etiam Artaldus postea de Hugone competitore questus est. Quem Concilium excommunicavit, Hugonique Albo per literas edixit, ut Regi satisfaceret.

Otho copias Ludovico dedit. Episcopi vero Lotharingi Mosomum ceperunt, gentemque suam Conradi copiis junxere, qui jussu Othonis auxilium Ludovico præstabat. Simul vero Montem-acutum obsederunt præsidium, quod prope Laudunum Tetbaldus construxerat, illudque ceperunt, ac postea regressi sunt. Eodem vero tempore Hugo Magnus Suessionas oppugnavit, & urbem incendit; sed cum eam capere nequiret, abscessit.

Hist. d'Anjou. Hoc anno obiit Fulco Comes Andegavensis cognomine *Bonus*, pius admodum Princeps, qui cum aliquando audisset Ludovicum Regem ipsum irridere, quod in choro cum Clericis sæpe caneret, hæc

chanter au chœur, lui écrivit seulement ces mots : *Sachez, Sire, qu'un Roi non lettré est un âne couronné.*

Cependant Artaud Archevêque de Rheims, & Hugues de Vermandois se faisoient continuellement la guerre. Elle continuoit de même entre le Roi Louis & Hugues le Grand, qui retenoit toujours la ville de Laon. Mais le Roi la surprit une nuit par escalade, y entra & s'en rendit maître, prit la garnison prisonniere. Il ne pût pourtant prendre une tour qu'il avoit fait bâtir lui-même à la porte de son Palais Roial, & il se contenta de la separer de la ville par une muraille qu'il fit bâtir. La guerre contre Hugues continua toujours quoique foiblement. Ils faisoient de tems en tems des treves. Une entre autres se fit sur la Marne, la riviere entre deux : ils firent là une espece de paix ensemble, par laquelle Hugues lui rendit la tour dont nous venons de parler.

950.

Après cette paix, le Roi marcha vers l'Aquitaine avec son armée. Sa presence y étoit necessaire à cause des mouvemens continuels qui s'y faisoient, & souvent au détriment de l'autorité Roiale. Il fut reçû par tout avec beaucoup de soumission ; & comme il s'en retournoit, il tomba grievement malade. Letold Comte de Bourgogne, qui depuis peu s'étoit donné à lui, eut grand soin de lui pendant sa maladie. Après qu'il se fut rétabli, aiant appris que Federic Duc dans la Lorraine Mosellanique bâtissoit une forteresse à Bar, & faisoit le dégât dans les pays voisins. Il s'en plaignit au Roi Othon, qui donna les ordres pour y remedier. La France affligée de tant de broüilleries, eut encore le malheur de soutenir une incursion des Hongrois qui la ravagerent, & s'en retournerent chez eux chargez de butin.

951.
Voiage de Louis en Aquitaine.

Un spectacle des plus singuliers rendit cette année fort memorable. Ogive mere du Roi Louis, fort âgée, s'échappa de Laon, & alla se marier avec Herbert Comte de Vermandois, fils de cet autre Herbert, qui avoit trahi Charles le Simple son mari. Louis indigné d'une telle action donna l'Abbayie de Sainte Marie de Laon qu'elle avoit, à la Reine Gerberge sa femme, & ôta à sa mere les terres dont elle joüissoit. Elle mourut quelque tems après : on ne sait pas en quelle année. Elle fut enterrée à S. Medard de Soissons, où l'on voit encore aujourd'hui son Epitaphe datée du septiéme des kalendes de Janvier, ou du 26. Decembre : elle y est appellée Ethgive.

Ogive mere du Roi se marie.

Frodoard.

solum verba Ludovico rescripsit : *Scito, Domine mi, Regem non literatum, esse asinum coronatum.*

Interea Artaldus Archiepiscopus Rhemensis & Hugo Veromanduensis bellum sibi mutuo inserebant, & incursionibus agros utrinque devastabant. Bellum etiam erat Regem inter & Hugonem Magnum qui Laudunum semper detinebat. Verum Rex nocte quadam scalis adhibitis illam urbem occupavit, & præsidiarios cepit omnes. Neque tamen potuit turrim capere quam ipse ad portam palatii Regii construi curaverat : verum ipsam constructo muro ab urbe separavit. Ita hostiliter, lente tamen, utrinque agebatur. Inducias vero nonnunquam faciebant. Aliquando autem interposito Matrona fluvio per Legatos quamdam ceu pacem fecerunt, & Hugo suprà memoratam Laudunensem turrim Ludovico reddidit.

Idem.

Sub hæc Ludovicus in Aquitaniam cum exercitu movit. Necessario autem hoc iter suscepit ; quia illic in motu res erant, & auctoritas Regia sensim minuebatur. Ubique ille cum debito obsequio receptus fuit : & cum regrederetur in morbum gravissimum incidit. Letoldus in Burgundia Comes qui ad partes ejus accesserat, ejus semper curam habuit. Ubi recreatus a morbo fuit, cum didicisset Federicum in Lotharingia Mosellanica Ducem, munitionem construere, & circumposita loca devastare, apud Othonem conquestus est, qui rem composuit. Gallia tot afflicta perturbationibus, etiam Hungarorum incursione devastata fuit, qui prædam multam abstulerunt.

Idem.

Spectaculum omnino singulare hunc annum memorabilem reddit. Ogiva mater Ludovici regis jam ætate provecta Lauduno dilapsa ad Heribertum Comitem Veromanduensem confugit, quicum etiam connubio juncta est. Erat autem ille filius Heriberti illius, qui Carolum Simplicem regem conjugem Ogivæ prodiderat. Rem indigne ferens Ludovicus rex, Abbatiam sanctæ Mariæ Laudunensis quam tenebat Ogiva reginæ Gerbergæ dedit, ipsique prædia alia queis fruebatur abstulit. Mortua autem est Ogiva, quo anno ignoratur, sepultaque est in Ecclesia sancti Medardi Suessionensis ubi hodieque ejus Epitaphium visitur, ejus obitus ferens VII. Kal. Januarii. Ibi autem Ethgiva appellatur. Sicque habet inscriptio :

Quæ fueram quondam titulis generosa superbis

LOUIS IV. D'OUTREMER.

La guerre avoit recommencé entre le Roi & Hugues le Grand. Mais celui-ci apparemment ennuié de tant de troubles, desira d'en conferer avec la Reine Gerberge sa belle-sœur. Elle vint le trouver; ensuite il traita avec le Roi, & la paix fut faite à Soissons vers la mi-Carême de cette année. L'année suivante les Hongrois attirez par Conrad, ravagerent la Lorraine, puis ils entrerent dans les terres de France, dans le Vermandois, dans le Lanois & la Champagne, d'où ils vinrent en Bourgogne: ils laisserent par les chemins un grand nombre des leurs, ou tuez dans les combats, ou morts de maladie.

953.

954.

Le Roi Louis allant de Laon à Rheims, rencontra un loup, & piquant son cheval pour courir après, il tomba dans sa course, & fut tout froissé de sa chûte. Il fut porté à Rheims, ou sa meurtrissure se tourna en une espece de lepre, dont il mourut le 15. d'Octobre, âgé de 38. à 39. ans, après avoir regné 18 ans 3 mois. Ce Prince étoit brave, intrepide, & digne d'un meilleur tems. On l'accuse d'avoir été trop précipité dans ses conseils. Mais il arrive souvent qu'on caracterise un Prince sur le succès de ses entreprises. Des tems si orageux, des accidens fâcheux, subits, & où il falloit d'abord remedier, demandoient des conseils prompts, dont l'issue ne répondoit pas toûjours à ses intentions. Une chose qui ternit sa memoire, c'est ce dessein d'estropier Richard fils de Guillaume Duc de Normandie, qu'il avoit pris sous sa tutelle. Il est vrai qu'il y fut comme forcé par Arnoul Comte de Flandres: mais cela n'excuse pas un si indigne dessein. Il fut enseveli dans l'Eglise de S. Remi de Rheims.

Mort du roi Louis.

Quæ Ducibus regni regimen memorabile Francis
Iste Lotharidia præmes terra sub pulvere pulvis.
Quod quisquis ternis casus reminiscere mortis
Orans ut requies detur mihi carne solutæ. v 11. Kal. Januarii.

Bellum denuo cœperat inter Regem & Hugonem Magnum: verum hic fortasse tot tumultuum tædio fractus, cum res non sibi semper pro voto succederent, Reginam Gerbergam cognatam suam alloquutus est, quæ postea ipsum convenit: demumque ille cum Rege pacificatur. Pasque Suessionibus facta est versus mediam Quadragesimam hujusce anni. Sequenti anno Hungari suadente Conrado, Lotharingiam devastarunt. Indeque in Franciæ agros irrupere Veromanduenses, Laudunenses, Campanienses. Posteaque in Burgundiam venere, ac multos ex suis reliquere, sive in præliis cæsos, sive morbo consumptos.

Rex Ludovicus cum Lauduno Rhemos proficisceretur, lupum offendit, quem admotis calcaribus insequutus, prolabitur, graviterque attritus Rhemos defertur, & protracto languore decubans, elephantiasis peste perfunditur, quo morbo confectus diem clausit extremum 15. Octobris ætatis 38. vel 39. annorum, cum regnasset annos octodecim, menses tres. Erat hic Princeps strenuus, intrepidus, ac meliore fortuna temporeque dignus. A quibusdam dicitur fuisse in consiliis præceps: verum sæpe ab eventu & exitu rerum de Principum ingenio & moribus judicatur. In adeo perturbata negotiorum mole, subita & improvisa mala, quibus statim mederi oportebat, consilia prompta requirebant, quorum exitus non semper ad arbitrium & nutum ipsius vertebatur. Illud vero consilium memoriæ illius labem infert, quo Ricardum puerum filium Willelmi Normanniæ Ducis quem tuendum & educandum susceperat, membris debilitare voluit. Licet enim instigante & quasi cogente Arnulfo Flandriæ Comite eo animum appulerit, hinc tamen tam indigna res non excusatur. Sepultus fuit in Ecclesia sancti Remigii Rhemensis.

LOTAIRE.

Lotaire couronné Roi.

Louis avoit eu cinq fils de Gerberge, dont il ne restoit que deux, Lotaire âgé de quatorze à quinze ans, & Charles qui n'avoit que quinze mois. Hugues étoit assez puissant pour se faire déclarer Roi ; mais il avoit lieu de craindre qu'Othon oncle des deux pupilles, & les autres Seigneurs du Roiaume, ne lui fussent un obstacle invincible. C'est pourquoi de concert avec la Reine Gerberge sœur de sa femme, il fit couronner Lotaire à Rheims par les mains de l'Archevêque Artaud. Lotaire donna alors à Hugues la Bourgogne & l'Aquitaine ; ce qui accrut merveilleusement sa puissance déja trop grande pour les intérêts du Roi & de sa Maison, comme on avoit vû durant le regne précédent.

Les Seigneurs particuliers se faisoient impunément la guerre. Ragenold ou Regnaut avoit reçû d'Herbert de Vermandois le château de Rouci en échange de certaines terres qui lui appartenoient. Mais voiant depuis qu'Herbert s'étoit emparé de quelques autres terres qui n'étoient pas du marché précedent, il envoia la nuit quelques troupes se saisir de la forteresse appellée Montfelix sur la Marne. Herbert & Robert son frere l'assiegerent & envoierent sommer Regnaut de rendre la forteresse. Regnaut dit qu'il n'en feroit rien à moins qu'ils ne levassent le siege, & qu'ils n'eussent examiné ensemble les raisons qu'il avoit eües de s'en saisir. Ils parlementerent, & convinrent qu'Herbert lui rendroit ces terres, & que Regnaut lui remettroit la forteresse : ce qui fut executé.

955.

Hugues le Grand fit venir à Paris la Reine Gerberge & le Roi Lotaire son fils, qu'il traita fort honorablement, & les retint plusieurs jours. Ils passerent là les Fêtes de Pâques. Après quoi Lotaire & lui partirent pour l'Aquitaine, dont il vouloit se saisir en vertu du don que le Roi venoit de lui en faire. Ils allerent à Poitiers ; & assiegerent la ville. Le Comte Regnaut surprit le château de sainte Radegonde, & le brûla ; mais comme l'affaire tiroit en longueur, & qu'ils manquoient de vivres, après deux mois de siege, ils abandonnerent l'entreprise. Guillaume ramassa des troupes pour leur donner sur la queüe dans leur retraite. A ces nouvelles le Roi & Hugues firent volte face &

Guerre d'Aquitaine.

LOTHARIUS.

Ex Gerberga Ludovicus quinque filios susceperat, ex quibus duo tantum supererant ; Lotharius major quatuordecim vel quindecim annorum, & Carolus quindecim mensium. Hugo Magnus ita potentia valebat, ut regnum occupare posse videretur ; sed metuendum illi erat ne Otho pupillorum avunculus, aliique primores regni, id suscipienti obsisterent. Quapropter una cum regina Gerberga conjugis suæ sorore, Lotharium Rhemis Artaldi Archiepiscopi manu coronari curavit. Lotharius vero tunc Hugoni Burgundiam dedit & Aquitaniam, qua re potentia illi multum accrevit, etsi jam potentior esset quam Regi & Regiæ stirpi expediret.

Frodoard. Duchêne, l. 3. p. 619.

Proceres autem Francorum tunc temporis sibi mutuo bellum inferebant. Ragenoldus ab Heriberto Veromanduensi castrum Ranciacum acceperat, datis in commutationem quibusdam terris ad se pertinentibus; sed cum postea Heribertus villas Ragenoldi quasdam occupasset, quæ non concessæ sibi fuerant, noctu Ragenoldus milites misit qui Montis-felicis castrum invaserunt ad Matronam situm. Heribertus & Robertus fratres castrum obsident, & mittunt qui Ragenoldo edicant ut reddat. Negat se redditurum Ragenoldus, nisi obsidionem solverent, & de negotio præsenti in mutuum colloquium venirent. Rationibus utrinque prolatis, statutum inter illos est, ut Ragenoldus castrum, & Heribertus abreptas villas redderet.

Hugo Magnus Lutetiam advocavit Gerbergam & Lotharium filium ejus, quos diebus pluvimis magnifice excepit ; ibique Paschatis festa transegere. Postea que Lotharius cum Hugone in Aquitaniam cum exercitu moverunt ; illam quippe sibi a Rege datam sub ditionem suam redigere Hugo volebat. Ad Pictavorum autem urbem se contulere, quam etiam obsederunt. Ragenoldus vero Comes Castrum sanctæ Radegundis urbi contiguum cepit & incendit. Sed cum obsidio diutius protraheretur, commeatusque deficeret, post exactos menses duos obsidionem solverunt. *Willelmus collecto exercitu suo exercitum Regis insequitur.* Rex & Hugo adversus eum aciem conver-

LOTAIRE.

marcherent contre lui. Quand Guillaume vit une si grande armée, il prit la fuite. L'armée du Roi donna sur les fuiards, en tua un grand nombre, fit prisonniers beaucoup de gens de qualité, & Guillaume se sauva avec bien de la peine.

L'an 956. la peste fit perir un grand nombre de gens en Allemagne & dans les Gaules. Le Roi reprit une forteresse que le Comte Regnier avoit prise sur Ursion de Rheims : il fit la garnison prisonniere, & brûla la forteresse. Cette même année mourut Hugues appellé le Blanc, à cause de la blancheur de son corps, & peut-être par opposition à Hugues le Noir son contemporain Duc de Bourgogne; il fut surnommé aussi le Grand, apparemment pour sa grande taille; & l'Abbé, parce qu'il tenoit les Abbayies de S. Denis, de S. Germain des Prez, & de S. Martin de Tours. Il eut deux femmes : la premiere fut Echilde fille d'Edoüard Roi d'Angleterre, de laquelle il n'eut point d'enfans. La seconde Auvide ou Hadvige sœur du Roi Othon & de la Reine Gerberge, de laquelle il eut quatre fils, Hugues Capet Comte de Paris Duc de France, qui fut depuis Roi; Othon, Eudes & Henri, qui furent successivement Ducs de Bourgogne.

956.
Mort d'Hugues le Grand.

Pendant la jeunesse de Lotaire, la Reine Gerberge gouverna par les conseils de Brunon son frere, Archevêque de Cologne, qui l'assista puissamment dans le besoin. Lotaire fit un voiage dans la Bourgogne superieure. Ce jeune Roi apprenant que son oncle Brunon venoit pour ranger à son devoir Regnier Comte de Mons, alla au devant de lui dans le Cambresis. Brunon voiant que Regnier qui étoit venu le trouver, refusoit de lui donner des otages, l'envoia en exil au-delà du Rhin chez les Esclavons.

957.

Le Bourg de Couci fut surpris par les gens d'Artaud Archevêque de Rheims. Harduin qui gardoit la place pour Thibaud Comte de Chartres, se retira dans le château qui étoit très-bien fortifié. Lotaire accompagné d'Artaud & de quelques autres Evêques & Comtes, y vint, & le tint assiegé pendant quinze jours. Mais Harduin lui aiant donné des otages, il se retira. Thibaud qui venoit pour secourir la place, n'y fut pas reçû. Il s'en retourna en ravageant le Lanois & le Soissonnois. Ses gens surprirent par trahison la forteresse de la Fere: mais le Roi y étant accouru, elle lui fut renduë par composition.

958.

---

tunt. Tam numeroso conspecto exercitu Willelmus in fugam vertitur: fugientium magnum numerum cædunt Regii, multosque viros nobiles capiunt, Willelmus vix evasit.

Frodoard.

Anno 956. pestilentia in Germania inque tota Gallia multos sustulit. *Lotharius Rex munitionem quamdam quam Ragenarius Comes Ursioni cuidam Rhemensis Ecclesiæ militi abstulerat, pugnando recepit : & infantes Ragenarii ac milites quosdam ibidem inventos secum abduxit, ipsumque castrum direptum incendit.* Eodem anno Hugo obiit, Albus dictus vel ob candorem corporis, vel per oppositionem ad Hugonem Nigrum suo tempore Burgundiæ Ducem : Magnus item vocatus, ut videtur, ob staturæ proceritatem, & Abbas quoque appellatus, quod Abbatias teneret Sancti Dionysii, sancti Germani a Pratis, & sancti Martini Turonensis. Uxores duas habuit ; prima fuerat Ethildis filia Eduardi Angliæ regis, ex qua prolem non habuit. Secunda Auvida soror Othonis regis & Gerbergæ reginæ, ex qua filios quatuor suscepit, Hugonem Capetum Comitem Parisiensem & Franciæ Ducem, qui postea Rex fuit, Othonem, Odonem & Henricum, qui tres unus post alium Burgundiæ Duces fuere.

Dum juvenis esset Lotharius, Gerberga regina omnia moderabatur consilio usa Brunonis fratris sui Archiepiscopi Coloniensis, qui opem ipsi tulit cum necessitas id postulavit. Lotharius vero rex profectus est in Burgundiam superiorem. Cum didicisset autem avunculum suum venisse ut Ragenarium Montensem Comitem in ordinem redigeret, ipsi obviam perrexit in pagum Cameracensem. Bruno autem videns Ragenarium qui sibi occurrerat obsides dare nolle, trans Rhenum ipsum apud Sclavos in exsilium misit.

Idem.

Oppidum Codiciacum quidam fideles Artaldi Præsulis clandestina ceperunt irruptione. Harduinus qui pro Tetbaldo Carnotensi Comite locum custodiebat, in arcem se recepit, quæ munitissima erat. Lotharius cum Artaldo & aliis Episcopis atque Comitibus eo se contulit, & arcem per dies quindecim obsedit : sed Harduino obsides sibi dante, ab obsidione recessit. Tetbaldus vero qui auxiliatum veniebat, in oppido non receptus est. Regressusque Laudunensem & Suessionensem agrum vastavit. Homines vero Tetbaldi munitionem Faram nomine per proditionem ceperunt; sed adveniente Lothario rege, castrum jussione Tetbaldi redditur.

Frodoard, Dudo.

Tome I.

959.
Brunon avec les troupes de Lorraine passa par la Bourgogne, & vint à Compiegne voir sa sœur, ses neveux Lotaire & Charles, & les enfans d'Hugues le Grand. Ceux-ci se plaignoient que Lotaire leur avoit pris quelques places dans la Bourgogne, il les accorda en faisant donner des otages. Le Roi & sa mere le suivirent jusqu'à Cologne, où ils passerent les fêtes de Pâques: il promit à Lotaire que le Roiaume de Lorraine lui seroit rendu, & le chargea de présens avant son départ. Robert Comte de Troie & de Châlon aiant surpris

960.
Dijon, le Roi & sa mere s'y rendirent. Brunon y vint aussi avec des troupes de Lorrains. Il reprit Dijon, qui fut rendu à Lotaire. En cette même année Brunon obligea Othon & Hugues ses neveux, fils d'Hugues le Grand, de rendre hommage au Roi Lotaire; il déclara l'aîné Duc, & lui donna le Poitou en titre seulement: car il n'étoit pas aisé de s'en rendre maître, comme on a pû voir ci-devant. Il donna la Bourgogne à Othon son frere.

961.
A l'instigation de Thibaud Comte de Blois, de Brunon, de Baudouin Comte de Flandres, & d'autres, le Roi resolut de se saisir de Richard Duc de Normandie, pour s'emparer de son païs, & l'envoier prisonnier au-delà du Rhin. Il indiqua une Assemblée generale à Soissons. Richard y venant comme *Lotaire* les autres, fut attaqué par les gens du Roi; qui tuerent quelques-uns des *veut se* siens. Il prit la fuite & se retira chez lui. En cette même année là mourut *saisir de* Artaud Archevêque de Rheims dont il est souvent fait mention dans cette *Richard* *Duc de* histoire. Hugues son competiteur fit des efforts pour être remis en son *Norman-* siege: l'intrigue fut grande, & bien des gens le favorisoient; mais les Lé- *die.* gats du Pape Jean qui se déclara contre Hugues, firent élire Odalric pour Archevêque.

Lotaire fit encore une autre tentative pour perdre Richard Duc de Normandie; il lui fit croire qu'il avoit dessein de ruiner Thibaud Comte de Chartres, & qu'il vouloit se servir de lui & de ses gens. Richard ennemi de Thibaud le crut sur sa parole. Le Roi lui donna un rendez-vous sur la riviere d'Epte, lui faisant accroire que c'étoit pour concerter avec lui sur le moien de se saisir de Thibaud. Le Duc entra alors en défiance. Il envoia des gens à la découverte, & passa la riviere. Les espions vinrent à propos l'avertir que Thibaud étoit près de là avec des gens armez pour fondre sur lui. Richard repassa la riviere, &

Frodoard. Bruno cum Lotharingiæ copiis per Burgundiam Compendium venit ut Gerbergam inviseret filiosque ejus Lotharium & Carolum, necnon alterius sororis & Hugonis Magni filios, qui querebantur Lotharium sibi quædam castra in Burgundia abstulisse. Rem composuit Bruno, & datis obsidibus in aliud tempus res protracta fuit. Rex cum Regina matre Brunonem sequuntur Coloniam usque, ubi Paschalia festa celebrarunt. Lotharius *data sibi securitate de Regno Lotharienfe, & quibusdam acceptis ab avunculo donis, Laudunum revertitur.* Cum Robertus Comes Trecensis & Cabilonensis *Castrum Divionum invasisset, Regiis expulsis fidelibus,* Rex cum matre sua illo se contulit;

Idem. venit quoque Bruno cum copiis Lotharienfium, Divionemque castrum recepit & Lothario restituit. Eodem anno *Otho & Hugo filii Hugonis, mediante avunculo ipsorum Brunone ad Regem veniunt & sui efficiuntur.* Qui Rex Hugonum constituit, ipsique pagum Pictaviensem dedit, nomine tenus tantum: re namque illum Pictavorum Comitem facuere non ita facile erat, ut supra vidimus. Othoni vero fratri ejus Burgundiam dedit.

Guillel. - Instigantibus Tetbaldo Comite Blesensi, Brunone *Gemn. l. 4.* avunculo, Balduino Flandrensi Comite & aliis, de-
c. 13.

crevit Lotharius Richardum Normanniæ Ducem astu comprehendere, ut Normanniam sibi acquireret, ac Richardum trans Rhenum in exsilium mittere. Conventum ergo generalem apud Suessionas indixit, cumque Richardus illo se conferret, militibus Regis se invadentibus aliquot ex suis amisit, & fuga sibi consuluit. Hoc anno defunctus est Artaldus Archiepiscopus Rhemensis, cujus sæpe mentio facta est. Hugo autem competitor ejus in sedem Rhemensem, multis sibi faventibus sese immittere conatus est. Verum Legati Papæ Joannis, qui contra Hugonem pronunciaverat, curaverunt ut Odalricus in locum defuncti substitueretur.

Aliam adhibuit fraudem Lotharius ut Richardum *G.G.Gem.* perderet; opem nempe illius postulavit, ut Tetbal- *c. 14.* dum Carnotensem Comitem opprimeret. Richardus *Dud. l. 3.* Tetbaldi hostis, id grato animo suscepit. Diem dixit illi Rex ad fluvium Eptam, simulans se cum illo deliberate velle de modo apprehendendi Tetbaldi. Dux Regi dictis non omnimodam fidem habens, ante misit viros, qui an insidiæ essent dispicerent. Hinc profectus fluvium trajecit. Exploratores porro opportune nunciarunt ipsi prope esse Tetbaldum cum manu militum, qui ipsum invasuri erant. Richardus autem

posta ses gens à l'autre bord. Le Roi averti par Thibaud, vint lui-même l'attaquer: mais Richard se défendit si bien qu'il fut obligé de se retirer.

Le Roi Othon pour reprimer Berenger & Adelbert qui mettoient tout en trouble dans l'Italie, passa les Monts, puissamment armé, & se rendit d'abord à Milan, où il fut reçu avec les acclamations du peuple. De là il s'en alla à Rome où le Pape Jean XII. le proclama Empereur. La ceremonie de son couronnement fut des plus solemnelles. Le Roi Lotaire s'y trouva avec sa mere Gerberge, & la sœur de sa mere Avoie ou Auvige, qui y vint avec son fils Hugues Capet; plusieurs Seigneurs Grecs y assisterent aussi de la part de l'Empereur Nicephore Phocas. Après cette grande ceremonie le Pape Jean se tourna contre lui. L'Empereur le fit destituer, & mettre en sa place Leon VIII. ce qui fit un schisme dans l'Eglise. *Othon le Grand couronné Empereur.*

On sait peu de choses de ce qui se passa en France depuis cette année jusqu'en l'an 973. Le Comte de Vermandois & son frere ne cessoient d'exciter des troubles à l'occasion de leur frere Hugues destitué & degradé de l'Archevêché de Rheims. Indignez contre Gibuin Evêque de Châlon, qu'ils regardoient comme le principal auteur de l'élection d'Odalric, ils surprirent un jour de marché la ville de Châlon, la saccagerent & brûlerent. La garnison se jetta dans une tour, & se mit ainsi à couvert de l'insulte. *963.*

Thibaud Comte de Chartres soutenu par le Roi, faisoit toujours la guerre à Richard Duc de Normandie. Etant entré en Normandie, il fut battu par Richard. Mais le Roi aiant surpris par intelligence la ville d'Evreux, il la donna à Thibaud. Richard fit de grands ravages dans le Dunois & dans le Chartrain. Le Comte de Chartres de son côté fit le dégât jusqu'aux fauxbourgs de Rouen, où il fut repoussé par les Normans; & dans sa retraite précipitée, il perdit son fils & beaucoup de ses gens. *964. & 965.*

Guillaume Tête d'Etoupe Comte de Poitiers, & Duc de Guienne, mourut dans l'Abbayie de S. Maixent, où il avoit pris l'habit Religieux. Son fils Guillaume III. lui succeda. Arnoul Comte de Flandres mourut la même année, après avoir perdu son fils Baudouin. Celui-ci laissa un fils fort jeune nommé aussi Arnoul, qui succeda à son grand-pere sous la tutele de Mathilde sa mere. Le Roi Lotaire se rendit en Flandres pour recevoir les hommages des Seigneurs.

---

transmisso iterum cum suis flumine, in altera ripa cum suis substitit. Monente Tetbaldo, Rex ipse venit & in Richardum irruit, qui ita strenue pugnavit, ut Rex receptui canceret.

Induard. Otho rex ut Berengarium & Adelbertum reprimeret, qui in Italia tumultuabantur, superatis Alpibus cum exercitu magno, Mediolanum statim venit, ubi cum acclamationibus populi exceptus fuit. Inde autem Romam se contulit, ubi a Joanne Papa proclamatus est Imperator. Solenni deinde ritu coronatus. Adfuit rex Lotharius cum matre Gerberga Othonis sorore & Auviga item sorore, quæ etiam cum filio Hugone Capeto illò se contulerat. Multi quoque Græcorum proceres pro Imperatore Nicephoro Phoca celebritati interfuere. Post hæc vero Joannes Papa, cum contra Imperatorem conspirasset, illo curante destitutus est, ac Leo VIII. in ejus locum subrogatur, unde schisma in Ecclesia ortum est.

Mem. Jejuna nimis historia pauca suppeditat circa ea quæ ad annum usque 973. contigerunt. Comes Veromanduensis & frater ipsius tumultuari non cessabant occasione fratris sui Hugonis, qui à Rhemensi sede dejectus fuerat. Gibuinum Episcopum Catalaunensem cum primis oderant, quem præcipuum deligendi Odalrici auctorem putabant: quapropter *Catalaunensem urbem, explicitis nundinis igne succendunt. Milites turre loci quadam consensa liberantur.*

Tetbaldus Carnotenus Comes Richardo Normanniæ Duci bellum semper inferebat, Rege sibi opitulante; a Richardo autem profligatus fuit. Verum Rex cum Ebroïcas urbem dolo cepisset, Tetbaldo dedit illam. Richardus e vestigio Dunensem & Carnotensem Comitatum præliis & incendiis depopulatur. Tetbaldus postea usque ad Rothomagi suburbana amisso ferro devastavit; sed a Rothomagensibus depulsus cum suorum pernicie, amisso filio regressus est. *Guill. Gem. l. 4. c. 15.*

Guillelmus caput - Stuppa Comes Pictaviensis & Dux Aquitaniæ apud sanctum Maxentium in Monastico habitu defunctus est: cui successit Willelmus III. filius ejus. Eodemque anno obiit Arnulfus Flandriæ Comes, postquam filium Balduinum perdiderat. Hic vero filium reliquit juniorem Arnulfum, qui sub tutela Mathildis matris avo successit. Lotharius vero rex in Flandriam se contulit, ut debita obsequia re- *Duchêne; Fragm. l. 3. c. 635.*

342   LOTAIRE.

Il reprit Arras & Douai. Guillaume Comte de Ponthieu, se saisit de Boulogne & de Terouenne, qu'il donna à titre de Comté à deux de ses fils.

† 966. Cette même année Brunon Archevêque de Cologne, étant venu en France pour terminer quelques differens qui naissoient souvent entre les enfans d'Hugues le Blanc ses neveux, & le Roi Lotaire aussi son neveu, il tomba malade d'une fievre à Compiegne, & se mit en chemin pour s'en retourner. Mais il mourut à Rheims. On peut dire à sa louange qu'il fit beaucoup de bien à la France par ses soins d'y maintenir la paix.

967. Lotaire âgé de vingt-trois ans, épousa Emme fille de Lotaire Roi d'Italie, & d'Adelaïde, que l'Empereur Othon épousa en secondes noces. L'année d'après Lotaire maria sa sœur Matilde avec Conrad Roi de la haute Bourgogne, & lui donna en dot la ville & Comté de Lion.

969. &
970. Richard Duc de Normandie, fatigué de la guerre que lui faisoient perpetuellement Thibaud Comte de Chartres, & d'autres Comtes soutenus par le Roi Lotaire, pria Herauld Roi de Danemarc de lui envoier de nouvelles troupes : ce qui fut fait. Après cela il donna la chasse à Thibaud, & porta le fer & le feu dans le Chartrain, & jusqu'aux portes de Paris ; ce qui obligea le Roi de faire la paix avec lui, & de lui faire rendre Evreux.

973.
Mort d'Othon le Grand. L'an 973. mourut le grand Othon Empereur. Son fils Othon second lui succeda au Roiaume & à l'Empire. Au commencement de son regne il y eut de grandes affaires touchant le Comté de Mons. Regnier au long-cou pour n'avoir pas voulu donner des otages à Brunon Archevêque de Cologne, avoit été pris & exilé dans le païs des Esclavons, comme nous avons vû. Quelque tems après les Comtes Garnier & Renold furent investis de ses terres. Mais les fils de Regnier, nommez Regnier & Lambert, après la mort de l'Empereur Othon, armerent à l'aide des François pour s'y rétablir. Charles frere du Roi Lotaire, prit leur parti du consentement du Roi, & ils défirent & chasserent Garnier & Renold. L'Empereur leur substitua Geffroi & Arnoul, qui n'avancerent rien, parce que Charles soutenoit toujours les fils de Regnier. Hugues Capet les assistoit aussi, & leur donna ses deux filles en mariage.

975. Geffroi & Arnoul allerent s'en plaindre à l'Empereur, qui ne voulant pas se broüiller avec Lotaire son cousin germain, laissa là cette affaire, & donna même à Charles frere de Lotaire le Duché de Lorraine. Ce n'étoit pas la Lorraine

---

ciperet. Atrebatum & Duacum recepit. Guillelmus vero Pontivensis Comes Bononiam & Teruanam cepit, quas duobus filiis Comitatus titulo dedit. Eodem anno Bruno Coloniensis Archiepiscopus in Franciam venit, ut dissidia quædam inter filios Hugonis Magni & Lotharium Regem suborta compesceret. Compendii autem febre correptus, profectus est, sed Rhemis interiit. In laudem ejus dicere possumus, ipsum servandæ in regno Francorum paci multum studii insumsisse.

Lotharius 23. annos natus Emmam duxit filiam Lotharii Italiæ regis & Adeleïdis, quam postea Imperator Otho duxit uxorem. Anno autem sequenti Lotharius rex Mathildem sororem nuptui dedit Conrado regi superioris Burgundiæ, atque in dotem dedit illi urbem & Comitatum Lugdunensem.

Richardus Normanniæ Dux continuo bello fatigatus, & incursionibus quas in regione sua faciebant Tetbaldus Comes aliique Comites, favente ipsis Rege, auxilium petiit ab Heraldo Daniæ rege, qui copias ipsi misit. His instructus Richardus, Carnotenos agros depopulatus, igni ferroque ad usque portas Lutetiæ omnia vastavit. Quod cernens Rex Lotharius pacem cum illo fecit, & ipsi Ebroïcas restitui curavit.

Anno 973. obiit Otho Magnus Imperator, cui in regno & imperio successit Otho secundus filius ejus. Initio imperii ejus ingentes turbæ fuere circa Montensem Comitatum. Raginarius Longi-colli quod noluisset obsides dare Brunoni Arch. Coloniensi, captus & in exsilium ad Sclavos missus est, ut jam vidimus. Quodam postea tempore hujus terræ Garnerio & Renoldo Comitibus datæ sunt. At Raginarii filii Raginarius & Lambertus post obitum Othonis Imperatoris, juvantibus Francis amissa repetierunt. Carolus enim frater regis Lotharii, ipso favente Rege, copias illis subministravit, queis fulti Garnerium & Renoldum profligarunt. Illis vero substituit Imperator Goffridum & Arnulfum, qui terras illas adipisci nequiverunt, obsistente Carolo & Hugone Capeto, qui duas filias suas Ragenario & Lamberto in uxores dedit.

Goffridus & Arnulfus, se pulsos esse querentes Imperatorem adierunt, qui noluit consobrini Lotharii amicitiam solvere ; atque etiam Carolo Lotharii fratri Lothariugiam dedit : non quidem totam ; nam Lo-

LOTAIRE.

entière, puisque Lotaire à qui Brunon son oncle l'avoit promise, la demanda à Othon; mais l'Empereur refusant ou négligeant de la lui rendre, il y entra avec une grande armée, la réduisit toute sous sa domination, & reçut à Mets l'hommage des Barons. Il marcha de là vers le Palais d'Aix-la-Chapelle, où l'Empereur étoit alors, & fit tant de diligence, quoiqu'à la tête d'une armée, qu'il le surprit lorsqu'il alloit se mettre à table ; en sorte que lui & sa femme eurent de la peine à se sauver par la fuite. Lotaire trouva un grand dîner tout prêt, le distribua à son armée. Il enleva là tout ce qui se pouvoit emporter, ravagea le païs, porta le feu dans toute cette Province, & revint en France avec son armée saine & sauve.

978. Lotaire va surprendre l'Empereur Othon II.

Othon voulut avoir sa revanche : il ramassa en diligence une puissante armée, entra par la Lorraine dans la France, ravagea le Remois, le Lanois & le Soissonnois. Il vint jusqu'à Paris, & mit le feu à un de ses fauxbourgs. Il demeura en France depuis le premier d'Octobre jusqu'au premier de Decembre, & fit un grand dégât de tous les côtez. Un de ses neveux haut à la main se vanta qu'il iroit ficher sa lance sur une des portes de Paris. Il mit en effet le feu à un fauxbourg & s'avança vers la porte ; mais ceux de dedans firent une sortie sur lui, taillerent ses gens en pieces, & il fut lui-même tué par Geffroi Grisegonnelle.

Othon II. entre en France, d'où il se retire avec grande perte.

Cependant Lotaire assembloit une grande armée, & Hugues Capet, avec son frere Henri Duc de Bourgogne, l'étant venu joindre avec leurs troupes, ils fondirent sur les ennemis, les mirent en fuite, & les poursuivirent jusqu'à Soissons. L'Aisne étoit alors débordée ; il y périt une quantité prodigieuse des gens d'Othon ; un grand nombre fut tué, un plus grand nombre se noia en passant la riviere : elle fut toute couverte des corps morts qui surnageoient. Lotaire passa aussi l'Aisne, & les poursuivit trois jours & trois nuits, tuant & massacrant toujours, & ne s'arrêta qu'à la Meuse ; après quoi il se retira triomphant. Othon s'en retourna chez lui tout couvert de honte, & ne pensa plus, dit l'Historien, à retourner en France.

Contre l'avis & le sage conseil des grands de son Roiaume, Lotaire conclut à Rheims un traité avec l'Empereur Othon, par lequel il lui donnoit en fief le Duché de Lorraine. C'est ainsi qu'il faut entendre ces paroles : *Deditque Othoni in beneficium Lotharingiæ Ducatum* ; comme nos Auteurs le prouvent. Par

---

tharius cui Bruno avunculus illam promiserat, eam ipsam ab Othone Imperatore repetebat. Sed cum eam Imperator reddere vel negaret, vel negligeret, collecto magno exercitu illam invasit, totamque sub ditione sua constituit, *in civitateque Metensi Baronum recepit homagia. Transiens inde ad Palatium Aquisgrani,* Glaber. l. 1. *ubi Imperator Otho residebat, omnia circumcirca diripuit, Othone quod imparatus esset ad pugnam, cum sua uxore fugiente. Ibique dapibus Imperatoris & ferculis jam pro prandio paratis, refocillato exercitu, Rex inde distraxit quidquid prædabile potuit reperiri, totamque adjacentem Provinciam rapinis & incendiis vastavit, & inde sine obice rediit in Franciam.*

Otho properans ad vindictam cum copioso exercitu per Lotharingiam ingressus, Rhemensem, Laudunensem, Suessionemque provincias devastans, Lutetiam usque advenit, & suburbium civitatis incendit. In Francia mansit *a Kal. Octobris usque ad Kal. Decembris,* & omnia circum depopulatus est. Unus ex cognatis Othonis jactabundus dicebat se lanceam suam in Lutetiæ portam infixurum esse: vereque suburbium incendit versúsque portam cum suis properabat : verum egressi Parisiaci turmam illius prostravere, ipseque à Goffrido Grisagonella occisus fuit.

Interea Lotharius exercitum magnum cogebat, adjunctoque sibi Hugone Capeto & Henrico Burgundiæ Duce, irruens super hostes, eos fugere compulit, quos etiam persequutus est usque ad Suessionensem urbem. Illi autem ingressi fluminis alveum, quod dicitur Axona, nescientes vadum, maximum detrimentum perpessi sunt. Nam plures multo consumsit aqua, quam gladius : & tot ibi perierunt, ut etiam redundaret cadaveribus. Aqua enim repleverat ripas suas, Lotharius autem constanter persequens eos tribus diebus & tribus noctibus, usque ad flumen quod fluit intra Ardennam, interfecta ex hostibus maxima multitudine, cum triumpho reversus est in Franciam. Otho autem Imperator cum iis qui evaserant confuse repatrians, *non apposuit ultra redire in Franciam.*

Contra consilium & *voluntatem Principum regni sui Lotharius Rhemis pacificatus est cum Othone Imperatore, deditque Othoni in beneficium Lotharingiæ Ducatum* ; id est, *in feudum,* ut Auctores nostrates probant. Hoc

ce traité Charles devenoit sujet de son frere. Cependant Charles fit depuis hommage de son Duché à Othon. Cet hommage fait à un Prince étranger, le rendit odieux aux François: il devint par là lui-même comme étranger; & cela lui fit perdre la couronne de France comme nous allons voir. Lotaire fit couronner son fils Louis sept ans avant sa mort, comme le prouve le Pere Mabillon. Il le maria à Blanche d'Aquitaine, qui conçût un si grand mépris pour son mari, que l'aiant mené dans son païs dans l'esperance qu'il en acquerroit la possession, elle l'abandonna là, & Lotaire fut obligé de l'aller querir.

983.
Othon défait par les Grecs, meurt.

Othon marcha ensuite contre les Grecs, & leur donna bataille navale, où il fut entierement défait, & eut grand' peine à se sauver à la nage, tous ses vaisseaux aiant été pris par la flote ennemie. Il fut lui-même pris par des Matelots sans être reconnu. L'Imperatrice Theophanie le fit racheter à vil prix comme personne privée. Il fut si vivement touché de cet affront, qu'il en secha sur ses pieds, & mourut à Rome le 7. Decembre. Il laissa son fils Othon III. encore enfant. Il y eut des divisions pour sa tutele. Lotaire profitant de ce tems de trouble, & pour se venger de ce que les Lorrains faisoient des courses sur leurs voisins, rentra dans la Lorraine, prit Verdun d'emblée, & saisit le Comte Godefroi qu'il garda long-tems prisonnier. Il demeura toujours ferme dans le parti du jeune Othon, qui avoit été couronné du consentement de tous les Grands. Lotaire rendit enfin Verdun l'an 985. & donna la liberté au Comte Godefroi.

984.
Mort de Lotaire.

986.

Emme femme de Lotaire fut accusée d'avoir un commerce criminel avec Ancelin Evêque de Laon, où le Roi faisoit alors sa demeure. Elle fut de plus soupçonnée d'avoir donné le boucon à son mari. Charles de Lorraine son beau-frere l'en accusoit peut-être à faux. Quoiqu'il en soit Lotaire mourut le sixiéme des Nones de Mars l'an 986. & fut enterré dans l'Eglise de S. Remi de Rheims.

pacto autem Carolus sub ditione fratris fuisset. Attamen Carolus de Ducatu suo Othoni hominium præstitit; quod obsequium extraneo Principi exhibitum, odiosum illum Francis reddidit, ipseque illo modo quasi extraneus effectus est, & coronæ Francicæ jacturam fecit, ut mox videbitur. Lotharius vero Ludovicum filium Regem coronari curavit annis septem ante obitum, ipsique Blancam ex Aquitania dedit uxorem. Hæc vero conjugem usque adeo despectui habuit, ut illum callide in patriam suam abduxerit, pollicita se regionem illam ipsius dominio tradituram esse. Ubi autem illo advenerunt, Blanca Ludovicum deseruit, quem pater Lotharius ad se reduxit.

Otho postea navalem pugnam contra Græcos commisit, & profligatus est. Omnes naves ejus captæ sunt, ipseque vix natando evasit, atque a nautis captus non agnitus fuit: quare Imperatrix Theophania vili precio illum redemit. Otho itaque ex tantæ cladis tædio & angore Romæ moritur septimo die Decembris. Filium vero Othonem III. puerulum reliquit. Cumque pro tutela ipsius dissensiones orirentur, hinc capta occasione Lotharius, atque etiam ut Lotharingos, qui vicinos suos incursionibus vexabant, ulcisceretur; Lotharingiam rursum invasit, *Virdunum ad ditionem coegit*, & Godefridum ipsius urbis Comitem captivum secum adduxit, qui semper Othonis III. juvenis partibus hæsit. Hunc vero Othonem *Barones Theutonici* coronarunt. Lotharius autem anno 985. Virdunum restituit, ac Godefrido Comiti libertatem dedit.

Emma uxor Lotharii, si quidem vera narrentur, accusata fuit, quod cum Ancelino Laudunensi Episcopo familiarius versaretur. In suspicionem quoque nimiam venit porrecti Lothario conjugi venenati poculi. Invisa autem omnino erat Carolo Lotharii fratri, qui fortassis hoc scelus ipsi injuriâ imputaverit. Obiit Lotharius anno 986. sexto Nonas Martii, sepultusque est in Ecclesia sancti Remigii Rhemensis.

LOUIS V.

Lotaire en mourant, dit un Historien du tems, recommanda son fils Louis à Hugues Capet son cousin germain. Emme ne se fioit point à Hugues Capet, & avoit tout à craindre de Charles Duc de Lorraine, qui témoignoit publiquement la haine qu'il lui portoit, la regardant comme coupable de la mort de son frere Lotaire. Elle avoit donc resolu de mener son fils au mois de Juin suivant à Adelaïde, veuve d'Othon I. tutrice d'Othon III. qu'on appelloit la mere des Rois. Mais on ne lui en donna pas le tems: car son propre fils avoit de l'aversion pour elle, la soupçonnant d'avoir empoisonné son pere. Il ne s'opposa point à la vengeance de Charles de Lorraine, qui la fit prendre, & en même tems Ancelin Evêque de Laon, & les détint tous deux prisonniers avec beaucoup de rigueur. Elle implora en vain l'assistance des Imperatrices Adelaïde & Theophanie : Ancelin de son côté eut recours aux autres Evêques qui excommunierent Charles s'il ne la lâchoit. Mais il s'opiniâtra à tenir les deux en prison ; cette opiniâtreté fut une des causes de sa perte.

986.

Emme enlevée & mise en prison par Charles de Lorraine.

Cependant le Roi Louis vint à mourir le 22. Juin de l'an 987. par un boucon à ce qu'on croit que lui donna sa femme, qui avoit conçu un mépris extrême pour lui. Un fragment d'un Historien de ces tems-là, lui donne neuf ans de regne, en comptant les sept ans qu'il avoit regné avec son pere. Un Auteur du même tems a dit qu'il donna son Roiaume à Hugues Capet, & un autre qu'il le legua à sa femme pour le lui donner à condition qu'il l'épouseroit.

Mort de Louis V. 987.

En lui finit la seconde race qu'on appelle des Carliens ou des Carlovingiens. Race, qui aiant eu quatre grands hommes tout de suite, Pepin de Herstal, Charles Martel, Pepin le Bref & Charlemagne, acquit enfin le Roiaume de France sous Pepin, & depuis l'Empire sous Charlemagne. La France se vit alors au plus haut degré de gloire & de puissance. Cela se soutint assez sous Louis le Debonnaire. Mais après sa mort ses trois fils ruinerent tout, & Charles le Chauve en gâta plus lui seul que les quatre premiers n'en avoient fait. Depuis lui les Rois étoient des plus petits Seigneurs du Roiaume ; en sorte qu'Hugues Capet n'eut pas grand' peine d'exclure de la Couronne cette race, qui l'avoit possedée deux cens trente-cinq ans.

LUDOVICUS V.

Guillelm. Nang. Du Chesne t. 2. p. 2. LOTHARIUS moriens *Hugoni Capeto cognato suo commendavit filium Ludovicum juvenem, qui post eum regnavit.* Emma vero non fidebat Hugoni Capeto: nihil que ipsi non timendum erat a Carolo Duce Lotharingiæ, qui illam odio palam prosequebatur, quod putaret ejus opera Lotharium fratrem suum exstinctum fuisse. Decreverat ergo mense Junio sequenti filium suum deducere ad Adelaïdem Othonis primi uxorem, sub cujus tutela erat Otho tertius, quamque Regum matrem vocabat : verum ab hoc consilio intercepta fuit, cum enim ipsam filius quoque odio haberet, quod putaret patrem suum ab ea veneno sublatum fuisse ; non obstitit ille quin Carolus illam apprehenderet una cum Ancelino Episcopo Laudunensi, & utrumque in carcerem conjiceret, aspereque ageret. Illa vero opem Imperatricum Adelaïdis & Theophaniæ frustra imploravit. Ancelinus autem Episcopos in subsidium vocavit, qui in Carolum excommunicationem protulerunt, nisi illum emitteret. Verum ille semper detinuit, quæ res ipsi perniciei causa fuit.

Inter hæc Ludovicus vigesima secunda Junii obiit anno 987. veneno, ut narrabant, sublatus ab uxore, quæ ipsum summopere contemnebat. Scripsit Odorannus obiisse, donato regno Hugoni Duci. Alius vero ait uxori suæ regnum dedisse ea lege ut illud Hugoni Capeto offerret, si quidem ipsam ducere vellet uxorem.

Ita desiit stirps secunda quæ vocatur Carlovingiorum. Quæ cum viros maximos quatuor una serie emisisset, Pipinum de Heristallio, Carolum Martellum, Pipinum Brevem dictum, & Carolum Magnum, Regnum sibi & postea Imperium attraxit ; tuncque Francia ad culmen gloriæ potentiæque pervenit. In hoc vero statu utcumque perseveravit, regnante Ludovico Pio ; illo autem defuncto, tres filii ipsius omnia pessumdederunt. Plura labefactavit Carolus Calvus, quam quatuor illi perfecerant. Post illum vero Reges inter principes regni non præcipui erant ; ita ut non tanto labore Hugo Capetus stirpem illam e regno deturbaverit, postquam ducentis triginta quinque annis regnaverat.

Odoranni Monach. Io. Duchêne to. 2. p. 638.

LES MONUMENS

DE LOUIS IV. dit D'OUTREMER, de LOTAIRE, de LOUIS V. & quelques autres.

Pl. XXX.

1. Louis d'Outremer se voit à S. Remi de Rheims dans un trône en la maniere que nous le donnons ici. Il est près de son tombeau à droite du grand autel. Sa couronne qui ne paroît être qu'un bandeau ou diadême est fermée par le haut. Il a de la barbe, & tient un sceptre qui se termine par le haut en une espece de pomme de pin. L'habit, la chaussure & le trône sont fort simples. Son épitaphe en vers que nous donnons dans le Latin, marque qu'il a vécu 33 ans, regné 18, & qu'il est mort le quatriéme des Ides de Septembre.

2. Son seau donné par le Pere Mabillon, a cela de singulier, qu'il le represente avec une couronne radiale, ce qu'on ne voit point ailleurs, sinon au portail de la Cathedrale de Chartres, où tous les Rois & Reines ont des couronnes à raions: son nom est abregé d'une maniere extraordinaire: HLVZ pour HLVDOVICVS.

3. Le seau qui est à gauche de Louis est de Lotaire son fils, qui a une couronne de forme extraordinaire. Il tient un sceptre terminé en haut d'une espece de fleur de lis, & de l'autre main une massuë.

4. Le Roi Lotaire se voit à S. Remi de Rheims assis sur son trône avec l'inscription *Rex Lotharius*. Il est barbu comme son pere. Sa couronne n'est qu'un cercle surhaussé de quelques petites fleurs. Il tient son sceptre terminé en haut d'une fleur. Sur sa tunique il porte une chlamyde attachée à l'épaule droite: ce qu'il y a de fort particulier ici, c'est qu'à ses pieds & sur le marche-pied du trône est assis un homme qui lui tient un pied, & qui semble le chausser: ce que je n'avois jamais vû nulle part.

La peinture qui est à la droite de Lotaire assis, est tirée d'un livre de prieres de la Reine Emme ou Hemme, fait de son tems. Elle s'y est fait peindre sou-

---

MONUMENTA LUDOVICI IV. ULTRAMARINI,

LOTHARII, LUDOVICI V.

& quædam alia.

Mabillon. Ann. t. 3. p. 520.

Ludovicus Ultramatinus in folio, ut hîc conspicitur, repræsentatur in Ecclesia sancti Remigii Rhemensis prope sepulcrum suum, ad dexteram aræ majoris. Corona ejus diadematis penè formam habet, & supernè clausa videtur. Barbatus est, sceptrumque tenet quod supernè ceu strobilo terminatur. Vestis, calcei, solium omninò simplicia sunt. Ejus epitaphium versibus expressum sic habet:

Sanguine Cæsareo jacet hic excelsa propago,
Francorum populo prodita de Karolo.
Dum sibi terdenus & tres floreret in annos,
Augustum nomen Rex Ludovicus erat.
Remigius Regum sanxit consulta priorum:
Huic dederat sceptrum: præstat & hic tumulum.
Octavum-decimum regnando subegerat annum
Quadris September idibus exit iter.

Lector, posce Deum, Francorum posce salutem
Hoc regale genus servet in orbe Deus.

Sigillum Ludovici IV. a Mabillonio datum, in hoc singulare est, quod illum radiata corona insignitum exhibeat, id quod alibi nusquam observatur, nisi in ostio majori Cathedralis Ecclesiæ Carnotensis, ubi Reges & Reginæ omnes similem habent coronam. In sigillo nomen ejus hoc insueto modo scriptum est HLVZ, *Ludovicus*.

Ad sinistram Ludovici est sigillum Lotharii filii ejus, qui coronam gestat non vulgaris formæ. Alterâ manu sceptrum lilio insignitum, alterâ clavam tenet.

Rex Lotharius in Ecclesia S. Remigii Rhemensis visitur in solio sedens cum inscriptione *Rex Lotharius*. Barbatus est perindè atque pater ipsius. Corona ejus circulus est flosculis ornatus. Sceptrum gestat flore terminatum. Tunicam fert & chlamydem ad humerum dextrum annexam. Hîc singulare quidpiam observatur: in suppedaneo regio vir quispiam sedet qui calceos ejus adaptat, quod nusquam vidimus.

Imago depicta ad Lotharii latus posita, ex libro precum Reginæ Hemmæ educta fuit. In quo ipsa Re-

vent à la tête des Pseaumes. La plus belle & la plus insigne peinture qui s'y trouve à la tête du Pseaume LXVI. est celle que nous donnons ici, où Jesus-Christ peint dans une nuée, aiant un Ange à chaque côté, tient la main droite sur la tête des Rois Lotaire & Louis son fils, qui se joignent les mains, & la gauche sur la Reine Emme, qui tient par la main son fils Othon. Cet enfant mourut en bas âge. Il étoit Chanoine de l'Eglise de Rheims, comme il est porté dans le Necrologe de la même Eglise. C'est pour cela qu'il est representé tonsuré, son habit est pourtant rouge dans la peinture. Les couronnes de Lotaire & de son fils Louis sont d'une forme assez particuliere ; leur tunique fort courte ne leur descend que jusqu'au genou.

Il y a plusieurs épitaphes de Lotaire : une fort longue qui est à son tombeau dans l'Eglise de S. Remi ; une autre rapportée par Gerbert après son Epitre LXXV. une autre qui se trouve dans le Kalendrier de la Reine Emme au livre, dont nous venons de parler, au sixiéme jour des Nones de Mars, que nous mettons dans le Latin.

Lotaire est appellé souvent Auguste dans ses diplomes, sur tout depuis qu'il eut associé son fils Louis à la Couronne.

La Planche qui suit nous represente deux images qui sont déplacées. Celle qui montre le Duc Eticho [1] ou Atticus devoit être mise avant la fin de la premiere race. Mais comme j'ai balancé long-tems si je la donnerois, elle est restée dans mes portes-feüilles jusqu'au tems où j'ai resolu de la mettre ici. Elle n'a pas même dans la Planche le rang qu'elle devroit avoir ; car Vulfoalde qui avec sa femme, occupe le haut de la Planche, n'est pas ce Maire du Palais du même nom qui exerçoit cette Charge l'an 670. & qui vivoit au même tems qu'Eticho ; mais un autre Vulfoalde qui vivoit plusieurs années après, comme nous allons voir.

Pl. XXXI. 1

Eticho, selon le Pere Mabillon, étoit fils de Leuthaire Duc des Allemans, dont il est parlé dans Fredegaire c. 88. Aiant tué un de ses fils, il tâcha d'expier ce grand péché par des bonnes œuvres, & emploia une partie de ses biens à fonder le Monastere d'Eberminster. Il avoit une fille nommée Odilie, qui étant née aveugle, reçût par miracle l'usage de la vûë à son Baptême. Elle se fit Religieuse, fonda le Monastere d'Hoembourg, & vécut si saintement,

---

gina sæpe depicta occurrit ad capita Psalmorum. Quæ ornatior & clarior est imago ad principium Psalmi LXVI. apposita fuit, ut hîc proferatur. Jesus-Christus in nube depictus ad latera singula Angelum habens, manum dexteram extendit ad caput Regum Lotharii & Ludovici filii ejus qui ambo dexteras jungunt ; sinistram vero ad caput Reginæ Emmæ, quæ dextera puerulum filium tenet Othonem, qui infans adhuc mortuus est. Erat porro Canonicus Ecclesiæ Rhemensis, ut in ejusdem Ecclesiæ Necrologio fertur ; ideoque tonsus repræsentatur. Rubro tamen vestitu induitur est. Coronæ Lotharii & Ludovici non vulgaris sunt formæ : tunicas ambo gestant ad genua defluentes.

Multa exstant Lotharii epitaphia : quod ad sepulcrum ejus Rhemigianum visitur, longissimum est. Aliud a Gerberto affertur post epistolam LXXV. Aliud demum in Kalendario Reginæ Emmæ habetur in libro de quo supra, quod sic habet sexto Nonas Martii.

His nonis Rex magnificus Princepsque benignus
Dominus Lotharius sacto migravit ab isto.

Lotharius sæpe Augustus vocatur in diplomatibus suis, maximeque a tempore quo filium coronari curavit.

Imagines quas præfert tabula sequens non suum occupant locum. Nam quæ Etichonem vel Atticum exhibet ante primæ stirpis finem locari debuit ; sed quia diu hæsi an darem, necne ; mansit illa in scriniis, donec ipsam proferre decrevi. Neque jam in tabula suo ordine posita est. Nam Vulfoaldus qui cum conjuge sua supremam tabulam tenet, non est ille cognominis Major Palatii, qui dignitatem istam tenebat anno 670. quique æqualis erat Attico ; sed alius qui multis post annis vixit, ut mox videbimus.

Eticho, ut ait Mabillonius, filius erat Leutharii Alamannorum Ducis, qui memoratur in historia Sigiberti Regis apud Fredegarium, c. 88. Cum filium ipse suum occidisset : hoc tantum scelus piis operibus expiare conatus est. Ex bonis prædiisque suis Monasterium Ebersheimense fundavit. Filia ipsi erat Odilia nomine, quæ cum cæca nata esset, aquis sacri Baptismatis abluta oculorum usum recuperavit Monachalem vestem & statum amplexa, Monasterium Hoemburgense fundavit, & cum tanta sanctimonia

Tome I. X x ij

qu'elle est reconnuë Sainte, & que l'on a écrit sa vie. Eticho étoit parent de S. Leger Evêque d'Autun. Voilà pourquoi on l'a representé sur la même pierre avec Ethico & sainte Odilie. C'est un bas-relief qui se trouve à la montagne de sainte Odilie en Alsace, d'un travail fort grossier comme l'on voit. Eticho le premier du tableau porte une couronne, telle apparemment que les Ducs la portoient en ce tems-là. Il a une fort longue chevelure tressée. Son habit est tout singulier.

Il donne à sa fille Odilie un livre. Le Pere Mabillon croit que c'est quelque donation qu'il lui fait, designée par ce livre ; & ce qu'il y a ici de singulier, c'est ce gand attaché à la hanche d'Eticho. Je ne sai si ce n'est pas le gand qu'il mettoit à la main pour y tenir un oiseau : ce qui fut pendant plusieurs siecles la marque d'une noblesse fort distinguée, comme nous verrons plus bas. Il est vrai que je n'ai point encore vû cette marque d'une ancienneté si reculée. Ce qui est certain c'est qu'en 886. les douze Seigneurs qui furent tuez au siege de Paris, hors un qui fut sauvé, avoient leurs oiseaux marque de Noblesse. Cette histoire d'Eticho se passa vers l'an 667.

Odilie qui reçoit le livre est revetuë d'une tunique & d'une grande mante qui lui couvre la tête. Elle a des cheveux à fort longues tresses qui lui descendent jusqu'au dessous de la ceinture : c'est ce que le Pere Mabillon trouve fort extraordinaire & contre l'usage des Religieuses de ce tems-là. Saint Leger est en habit Episcopal, sa mître n'a qu'une petite pointe ; sa chasuble qui n'est point échancrée sur les côtez, est relevée par ses deux bras ; ce qui a duré plusieurs siecles après lui.

2   Au haut de la planche le Comte [2] Vulfoalde d'un côté, & Adalsinde sa femme, tiennent chacun la même Eglise de Saint Michel qu'ils fonderent l'an 709. L'histoire de cette fondation est raportée au long par le Pere Mabillon. Je ne donne ici que la figure des Fondateurs, qui est originale & du tems. Quoique le Monastere de S. Michel ait été rebâti ailleurs avec une autre Eglise, la vieille Eglise subsiste toujours & a une peinture à fresque qui represente les Fondateurs tels que je les donne ici, & qu'ils m'ont été envoiez par D. Augustin Calmet. L'habit du mari & de la femme sont si simples, que le coup d'œil suffit pour la description.

Pl. XXXII.
1   Le bassin qui suit [1] est une soucoupe qui a servi à une Reine de France, appa-

---

vixit, ut Sancta habeatur, ejusque vita descripta fuerit. Eticho autem cognatus erat Sancti Leodegarii Augustodunensis Episcopi : ideoque in eodem lapide cum Erichone & Odilia insculptus fuit. Hoc anaglyphum porro in monte sanctæ Odiliæ in Alsatia habetur, rudi admodum opere concinnatum. Eticho, qui primus in tabella offertur, coronam gestat, qualem, ut videtur, Duces illo ævo adhibebant. Longissimam habet comam, concinnatis quasi in funiculum crinibus defluentem. Vestis singularis est.

Odiliæ filiæ librum porrigit. Putat Mabillonius hinc designari donum quodpiam filiæ collatum. Observatu digna est manica illa vulgo Gand ad coxendicem Etichonis alligata. In usu fortasse ipsi erat ut induta manus accipitrem gestaret. Quæ res per sæcula multa eximiæ nobilitatis signum erat, ut infra videbimus. Fateor tamen me nondum hac in re tantæ antiquitatis exemplum vidisse. Certum quidem est duodecim illos equites, nobilesque viros, qui anno 886. in obsidione Parisiensi, uno excepto occisi sunt, suas habuisse aves, ut narrat Abbo : quæ nobilitatis insignia erant. Hæc Etichonis historia in annum circiter 667. referenda est.

Odilia quæ librum recipit tunica induitur, & insuper pallio quod caput ipsius operit. Comam habet longissimam ceu in funiculos distributam, qui infra zonam defluunt ; quod observat Mabillonius insolitum & contra usum Monialium esse. Sanctus Leodegarius Episcopali indutus veste, mitram gestat tantillum acuminatam, casula ejus a lateribus non decisa, sed æqualiter undique diffluens per brachia relevatur, quod & multis post Leodegarium sæculis in usu fuit.

In suprema tabula Vulfoaldus Comes ex una parte, & Adalsinda uxor ejus ex altera, singuli Ecclesiam sancti Michaelis sustinent, quam fundarunt anno 709. Hujus fundationis historia pluribus enarratur a Mabillonio nostro. Hic fundatores solum refero, quorum schemata suo ævo depicta sunt. Etsi enim Monasterium sancti Michaelis & Ecclesia ejus alio in loco deinde structa fuerint, vetus tamen Ecclesia perstat semper & hanc picturam in muro exhibet, qualem proferimus ad fidem exemplaris, quod misit clarissimus D. Augustinus Calmet. Vestis conjugum adeo simplex est, ut descriptione non egeat.

Vas sequens sustentando poculo adhibitum, Reginæ cuidam Francorum in usu fuit, vel in secundæ

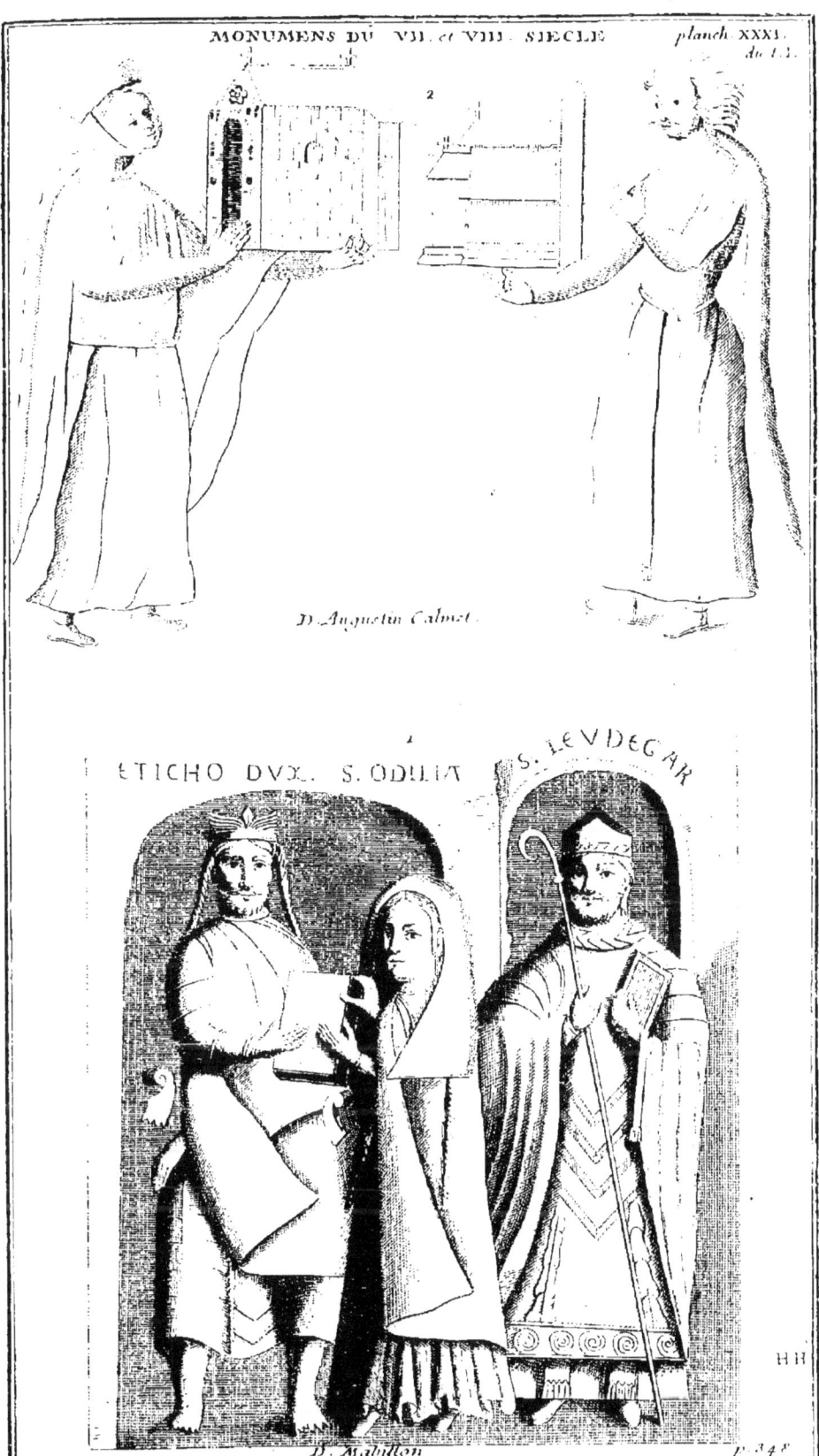

remment de la fin de la seconde ou du commencement de la troisiéme race. On ne peut parler de cela que par conjecture. Il étoit de cuivre doré & émaillé en certains endroits. Une partie de la dorure & des émaux reste encore. La Reine est assise sur un trône au milieu du bassin en dedans: une suivante lui presente une coupe: tout est representé si imparfaitement, qu'on n'y voit les choses qu'à demi, & qu'on ne peut bien voir la forme de sa couronne & de son sceptre. Cette même Reine est encore representée six fois tout autour de l'image du milieu.

2 Le monument quarré qui suit est d'ivoire, de la même grandeur dans l'original que sur la Planche. Un Roi assis sur son trône soutenu de quatre lions, tient son sceptre d'une main, & de l'autre un globe. Un Chevalier ou un Seigneur vient à lui en posture de suppliant, tenant son épée la pointe contre terre. Il a tout l'air d'un homme qui rend hommage à son Prince. Il est tout maillé de pied en cap; c'est ce qui me fait juger, que ce monument est ou de la fin de la seconde, ou du commencement de la troisiéme race.

3 La Dame qui vient ensuite est Adele de Vermandois, femme de Geoffroi surnommé Grisegonelle Comte d'Anjou, mort en 987. Elle est ainsi representée en relief sur son tombeau à côté du grand autel de l'Eglise de S. Aubin d'Angers, dont elle est la fondatrice. Ce tombeau fut rétabli en 1101. comme il est marqué sur le tombeau même.

4 Helie Comte du Maine qui vient après, devoit être plus bas dans la Planche de Philippe I. Je ne sai comment il s'est glissé ici. Sa figure telle que nous la donnons est sur son tombeau dans l'Eglise de la Couture du Mans. Il est en habit de guerre avec son casque, maillé jusqu'à la plante des pieds; son écu est chargé d'une croix fleurdelisée. Il est mort en 1109. Si ce tombeau a été fait d'abord après sa mort, on y aura ajoûté ce blason long-tems après. Peut-être que ce tombeau aura été fait comme tant d'autres bien des années après sa mort, dans un tems où le blason étoit en usage.

stirpis fine, ut videtur, vel in tertiæ initio: qua de re ex conjectura tantum loqui possumus. Ex ære est; sed deauratum fuit, atque hinc inde encausto ornatum, & auri & encausti pars hodieque superest. In medio vasis concavo Regina in solio sedens repræsentatur: cui ab ancilla poculum offertur. Tam rudi autem modo hîc omnia exhibentur, ut vix & coronæ & sceptri forma percipiatur. Circum autem imaginem sexies eadem ipsa Regina repræsentatur.

Quadrata illa tabula quæ sequitur eburnea est, eadem qua hîc exhibetur magnitudine. Rex sedet in solio leonibus quatuor fulto: altera manu sceptrum, altera globum tenet. Ex primoribus quispiam ipsum adit, gladiumque tenet mucrone in terram verso. Videtur fidei & *hominii* sacramentum præstare Principi. Est autem totus hamis opertus a capite ad calcem usque. Inde vero conjicio vel in secundæ stirpis fine vel initio tertiæ hæc facta fuisse.

Quæ sequitur nobilis matrona est Adela Veromanduensis uxor Goffridi Andegavensis Comitis, Grisagonella dicti, qui obiit anno 987. Sic vero repræsentatur in sepulcro suo ad latus aræ majoris Ecclesiæ sancti Albini Andegavensis, quam ipsa fundavit: Hoc porro sepulcrum restitutum fuit anno 1101. ut ibidem, in sepulcro, scilicet annotatur.

Helias Cenomanensis Comes qui sequitur, infra cum rege Philippo I. esse debuit. Quo casu autem huc irrepserit ignoro. Figura ejus qualis hîc exhibetur in sepulcro ejus est in Ecclesia S. Petri de Cultura Cenomanensi. Veste indutus militari cassidem habet, exindeque omnia hamis operta sunt ad calcem usque. In scuto ipsius crux habetur floribus lilii terminata. Mortuus autem est anno 1109. Si porro sepulcrum statim post ejus obitum structum fuerit, hoc gentilitium schema diu postea additum fuerit. Forte vero hic tumulus, ut plurimi alii, multis post obitum ejus anniserectum fuerit, quo tempore insignia gentilitia jam statuta fuerant.

TROISIEME RACE DES ROIS DE FRANCE,
appellez CAPETIENS.

HUGUES CAPET.

987.

APRE's la mort de Louis, Hugues Capet Comte de Paris, Duc de France, déclara hautement ses prétentions sur la Couronne. Par droit de succession elle appartenoit à Charles Duc de Lorraine, frere de Lotaire & descendant de Charlemagne. Mais ce Prince, quoique brave de sa personne, délibera trop long-tems, & ne fit pas d'abord ses diligences pour gagner les Seigneurs, dont une partie étoit pour lui. D'ailleurs il s'étoit mis tout le Clergé à dos, en détenant l'Evêque Ancelin prisonnier au mépris des foudres de l'Eglise qu'on lança contre lui. Il y a de plus apparence que s'étant rendu vassal de l'Empereur, cela rebuta les Seigneurs qui ne voulurent point d'un Prince qui s'étoit par là rendu étranger lui-même. Mais le principal étoit, qu'il avoit un competiteur plus riche, plus puissant, & plus accredité dans le Roiaume que lui.

Hugues Capet qui s'étoit déja assuré les suffrages des Evêques & de la plûpart des Seigneurs, les fit assembler à Noyon, où il fut proclamé Roi vers la fin du mois de Juin, assisté par Richard Duc de Normandie, & les autres Barons: il se rendit de-là à Rheims, où il fut oint & couronné par Adalberon le cinquiéme Juillet.

Hugues Capet couronné Roi.

Après son couronnement Hugues Capet rangea sous son obéissance plusieurs villes de Champagne qui refusoient de le reconnoître, & prit la ville de Laon. Pour assurer la Couronne à ses descendans, il fit déclarer Roi à Orleans Robert son fils, & le fit sacrer & couronner dans la même ville le premier de Janvier, six mois après qu'il eût été couronné lui-même. Charles n'avoit pour lui qu'Arnoul Comte de Flandres, & Herbert Comte de Champagne. Hugues Capet attaqua Arnoul, lui prit tout l'Artois; ensorte que ne se

Hugues fait couronner son fils Robert.

TERTIA STIRPS REGUM FRANCORUM,
qui CAPETII dicti sunt.

HUGO CAPETUS.

Vuillelm. Nangius, c. 2. p. 627. Ibid,

DEFUNCTO Ludovico, Hugo Capetus Comes Parisiensis Dux Franciæ, regnum sibi adsciscere palam conatus est. Successionis porro jure ad Carolum Lotharii fratrem, & a Carolo Magno ortum, corona pertinebat. At ille strenuus licet ac bellicosus esset, tardo molimine rem suam labefactavit, neque proceres regni, quorum jam plurimi ipsius partes tuebantur, sibi statim conciliare studuit. Ad hæc vero Præsules sibi infensos reddiderat, cum Ancelinum Episcopum in carcere detinuit, nec urgentibus Ecclesiæ fulminibus emisit. Alium item obicem ipse sibi posuisse putatur, cum se sub Imperatoris ditione posuisset; nam, ut credere est, Primores Regni Principem noluere, qui sese quasi extraneum fecerat. Quod vero præcipuum erat, competitorem habuit, opulentiorem, potentiorem, cui optimatum plures favebant.

Hugo Capetus Episcoporum & primorum regni ope & votis fultus, illos Novioduni conventum habere curavit, ubi Rex proclamatus est versus finem Junii mensis: aderat Richardus Dux Normanniæ cum cæteris *Baronibus*. Inde Rhemos se contulit, ubi ab Adalberone Archiepiscopo unctus coronatusque est. *Duchesn. t. 3. p. 362. & t. 4. p. 142. Chron. Centuleuse.*

Postea vero aliquot Campaniæ civitates, sibi ut Regi obsequi negantes, subegit, Laudunumque cepit. Ut coronam filiis & nepotibus assereret, Robertum filium Aureliani inungi & coronari Regem curavit, sex elapsis mensibus postquam ipse inauguratus fuerat Kalend. Januarii. Pro Carolo hi stabant, Arnulfus Flandrensis Comes & Heribertus Comes Campaniæ. Hugo autem Arnulfum adortus, Attrebatensem regionem invasit; ita ut Arnulfus uti se in tuto colloca- *Glab. lib. Duch. l. 4. Pag. 56. Gerberti epistol.*

croiant pas en sûreté chez lui, il se retira vers Richard Duc de Normandie, & fit ensuite son accommodement avec Hugues Capet, à qui il rendit hommage.

Le Duc Charles se rendit maître de Laon par l'intrigue d'Arnoul son frere bâtard. L'Evêque de la ville, Ancelin, homme pliant & accommodant, autrefois son ennemi & son prisonnier, le sceut si bien gagner, qu'il eut depuis toute sa confiance. Mais mal en prit à Charles comme nous allons voir. Hugues le sachant renfermé dans Laon, l'y alla assieger, pour l'empêcher de faire des incursions. Laon passoit alors pour une place imprenable. Voilà pourquoi Hugues la fit ceindre de tous côtez, & bien garder les passages pour l'affamer. Mais au second mois après le siege, Charles fit une furieuse sortie, brûla le camp, mit en deroute l'armée; le Roi même eut assez de peine à se sauver par la fuite. Charles de Lorraine défait l'armée d'Hugues Capet.

Après cette victoire, Charles fit un grand dégât dans les terres d'Hugues Capet: assiegea & prit Montaigu place très-forte, & ravagea le payis jusqu'à Soissons. Il tourna ensuite du côté de Rheims, & prit la ville qui lui fut livrée par Adelgaire Prêtre. Il s'en revint à Laon chargé de butin. On crut que c'étoit de concert avec Arnoul Archevêque de Rheims, qu'Adelgaire avoit livré Rheims à Charles. Mais il le nia toujours depuis dans la grande affaire qu'on lui suscita, & dont nous parlerons bien-tôt. Ce qui sembloit le justifier, c'est que Charles se saisit de lui, le mena à Laon, & le tint là quelque tems prisonnier. Mais comme il se tourna depuis entierement du côté de Charles, on soupçonna que cette prison n'étoit que simulée, & qu'il avoit veritablement conspiré avec Adelgaire pour livrer Rheims à son frere. 989.

Cependant Guillaume Comte de Poitou & Duc d'Aquitaine, quoiqu'il fut oncle maternel de Robert, refusoit de reconnoître les deux Rois, & blâmoit fort les François d'avoir ainsi rejetté le sang de Charlemagne. Hugues & Robert marcherent contre lui, & allerent assieger Poitiers. Mais Guillaume se défendit si bien, qu'il les contraignit de lever le siege, & les poursuivit jusqu'à la Loire, où il y eut un grand combat, dont l'avantage demeura aux deux Rois. Mais Guillaume se maintint encore quelque tems sans les reconnoître. 990. Guerre d'Aquitaine.

---

k. h. n. 2. 1028.

ret, ad Richardum Normanniæ Ducem confugerit, atque ipso favente, cum Hugone pacem fecerit, ipsique ut Regi obsequium præstiterit.

Carolus Arnulfi fratris nothi artificio Laudunum cepit. Ancelinus autem urbis Episcopus, olim Carolo infensus, & ab illo in carcere detentus, cum vafer esset, in illius se gratiam simulate insinuavit; ita ut Carolus illum sibi fidum haberet, id quod illi in perniciem cessit, ut mox dicetur. Hugo Carolum Lauduni inclusum obsedit, ut illum ab incursionibus faciendis arceret. Laudunum tunc inexpugnabilis urbs putabatur esse: ideoque illam Hugo undique cingi jussit, & aditus accurate custodiri, ut commeatus undique intercluderentur, & fame ad deditionem ipsam compelleret. Verum secundo post obsidionem positam mense, Carolus egressus obsidentes invasit, castra incendit, hostem in fugam vertit, ita ut plurimis interfectis, ipse Rex vix evaserit.

Ibid.

Post hanc victoriam Carolus Hugonis Capeti terras & agros depopulatus est; Montem-acutum locum munitissimum cepit, & agros usque ad Suessionas devastavit. Inde Rhemos venit, urbs autem illi ab Adelgario Presbytero tradita fuit: sub hæc Laudunum præda onustus rediit. Urbem autem Rhemorum conspirante Arnulfo Archiepiscopo ab Adelgario traditam fuisse existimatum est. Verum id ille semper negavit, quando ad judicium vocatus est: qua de re postea agetur. Hinc vero purgari posse videbatur, quod a Carolo captus, Laudunum adductus, & in carcere detentus fuisset: verum quia postea ille ad Caroli partes transiit, carcerem illum simulatum fuisse, verèque ipsum cum Adelgario conspirasse ut Rhemos fratri Carolo traderet, putatum est.

Interea Guillelmus Comes Pictaviensis & Dux Aquitaniæ etsi avunculus Roberti, novis Regibus obsequium negabat, & Francos improbabat quod Caroli Magni sanguinem rejecissent. Hugo & Robertus adversus illum moverunt, & Pictavorum obsederunt urbem. Verum Guillelmus fortiter obstitit, illosque ad obsidionem solvendam compulit, & usque ad Ligerim insequutus, commisso prœlio a Regibus profligatus est. Attamen per aliquod adhuc tempus ipsis ut Regibus obsequium præbere distulit. Chronicon Malleacense. Chronicon Adhemari.

991. Charles se retira à Laon où il se croioit en sureté, se confiant en la force de cette place qui passoit pour imprenable. Cependant son parti s'affoiblissoit tous les jours. Hugues pensoit à opprimer ce competiteur, & pour cet effet il assembla une grande armée, l'alla assieger dans Laon : mais voiant que le siege tiroit en longueur, & que le succès en étoit peut-être douteux comme la premiere fois, il negotia avec le traître Ancelin Evêque de la ville, alors le confident de Charles. Une nuit tandis que tout le monde dormoit, il ouvrit à Hugues les portes de la Ville. C'étoit la nuit du Jeudi Saint, memorable par la trahison de Judas. Le pauvre Charles fut donc pris avec sa femme, tous deux furent amenez prisonniers à Senlis & de là à Orleans, où ils furent renfermez dans une tour, & gardez étroitement. Il eut dans sa prison deux fils Louis & Charles, dit le Moine Hugues, d'autres disent Othon & Louis, & deux filles Gerberge & Ermengarde.

Charles de Lorraine pris par Hugues Capet.

L'Archevêque Arnoul qui après s'être reconcilié avec les deux Rois, s'étoit remis peu après dans le parti de Charles son frere, fut pris dans Laon avec lui, & envoié prisonnier à Orleans pour lui tenir compagnie, après qu'il eut été déposé dans un Synode d'Evêques tenu à Rheims, dont nous avons tous les actes. La cause de sa déposition fut principalement, qu'il avoit violé la foi promise au Roi Hugues & à son fils Robert. On mit en sa place Gerbert Moine Benedictin élevé dans l'Abbaye d'Aurillac, qui fut depuis Pape sous le nom de Silvestre II. dont le Platina dans ses Vies des Papes fait un portrait affreux, jusqu'à dire qu'il ne fut fait Pape que par l'aide du Diable. Ce Gerbert avoit passé d'Aurillac en Espagne, où il s'étoit rendu habile dans la Philosophie, & dans les Mathematiques. La réputation de son habileté porta l'Empereur Othon I. à lui donner l'Abbaye de Bobio en Italie. Il fut Precepteur d'Othon III. & du Roi Robert, & éleva si bien les deux Princes, que cela suffit pour sa justification. Sa grande science le faisoit passer pour Magicien. Le Moine Hugues l'appelle Gerbert le Philosophe.

Arnoul Archevêque de Rheims déposé.

Environ ce même tems Guillaume Duc de Gascogne, gagna une grande victoire sur les Normans qui avoient fait une descente dans son païs. Il se recommanda à S. Sever en qui il avoit une grande confiance, attaqua vigoureusement ces Infideles, les défit entierement. On disoit que S. Sever avoit paru dans le combat monté sur un cheval blanc, & avoit fait un grand carnage de ces barbares. En reconnoissance Guillaume fit bâtir l'Abbayie de saint Sever, autour de laquelle s'est bâtie la ville qu'on appelle S. Sever Cap de Gascogne.

Adelbert Comte de Perigord, après avoir donné quelque combat autour de Poitiers où il demeura victorieux, vint assieger la ville de Tours. Hugues & Robert qui n'osoient point se mêler dans cette guerre, lui envoierent demander; *Qui vous a fait Comte? Ceux qui vous ont fait Rois*, leur répondit-il. Plusieurs autres Seigneurs, Comtes, Ducs se faisoient impunement la guerre sans qu'Hugues Capet y pût mettre ordre, quoique bien plus puissant que les derniers Rois Carlovingiens, qui n'avoient guere que Laon & Rheims, au lieu qu'il avoit avec ces villes, Paris avec sa Comté, & le Duché de France qui contenoit ce qui est renfermé entre la Loire & la Seine. Guerres entre plusieurs Seigneurs en France.

Le Pape aiant appris que sans sa participation les Evêques de France avoient déposé Arnoul Archevêque de Rheims, excommunia tous les Prélats qui s'étoient trouvez à l'assemblée, & dépêcha en France un Abbé nommé Leon, portant ordre aux Evêques de s'assembler une seconde fois pour cette affaire, & à Seguin Archevêque de Sens, d'y présider pour lui. Hugues tâcha de l'empêcher, mais il se rendit enfin. Le Concile fut tenu à Rheims. Gerbert fut déposé, & Arnoul remis en sa place. Gerbert se retira auprès d'Othon III. son éleve, qui lui donna l'Archevêché de Ravenne ; & quelques années après le siege de Rome vacant, il le fit élire Pape. 994. Arnoul remis dans son Siege.

L'an 996. mourut à Paris Hugues Capet le 24. Octobre. Ce fut un Prince fort équitable, grand justicier, & très religieux. Il laissa de sa femme Adelaïde ou Alix, Robert couronné peu après lui, & trois filles, Advige mariée à Renier Comte de Mons & de Hainaut, Adelaïde qui épousa Renaud I. Comte de Nevers, & Giselle qui se maria avec Hugues I. Comte de Ponthieu, à qui elle apporta en mariage la Seigneurie d'Abbeville. 996. Mort d'Hugues Capet.

---

verum equo albo vectum, qui magnam infidelium stragem fecisset. In gratiarum actionem Willelmus Monasterium sancti Severi construxit, in cujus circuitu excitatum fuit oppidum nomine sancti Severi in capite Vasconiæ.

Adelbertus Comes Petragoricensis postquam bellum apud Pictavos feliciter gesserat, Turonum urbem obsedit. His compertis Hugo & Robertus qui huic sese bello immiscere non ausi fuerant, *hoc ei mandaverunt: Quis te, inquiunt, Comitem constituit? Et Adelbertus remandavit eis: Qui vos Reges constituerunt.* Multi quoque alii proceres, Comites, Duces sibi mutuo bellum inferebant, nec continere illos poterat rex Hugo, etsi longe potentior postremis Carlovingicis regibus, qui Rhemorum urbem tantum, & Laudunum in ditione habebant sua. Hugo autem præter duas illas civitates Parisiensem Comitatum tenebat & Ducatum Franciæ, spatium totum inter Ligerim & Sequanam complectentem.

Arnini *Antonini.* Cum audisset Summus Pontifex Episcopos Franciæ, se inconsulto, Rhemensem Archiepiscopum Arnulfum deposuisse, Episcopos omnes qui in illo conventu adfuerant, excommunicavit, misitque in Galliam Abbatem quemdam nomine Leonem, qui nomine suo Episcopis præciperet, ut secundo eadem de causa convenirent ; & Seguino Archiepiscopo Senonensi, ut ibi in sui vicem præsideret. Hugo id in principio cohibere tentabat ; sed demum assensit. Synodus Rhemis celebrata est ; Gerbertus depositus, & Arnulfus in sedem suam restitutus fuit. Gerbertus apud Othonem III. se recepit, qui ipsi Ravennatensem Archiepiscopatum dedit, & post aliquot annos, vacante Romana Sede, illum Papam deligi curavit. *Ep. Gerberti ad Adelialaicum.* *Alberici Chronicon.*

Anno 996. obiit Lutetiæ Hugo Capetus 24. Octobris. Fuit autem ille æqui justitiæque amans ac piissimus. Ex Adelaïde filium reliquit Robertum, qui paulo post patrem coronatus est, tresque filias Hadvigam nuptui datam Ragenario Comiti Montensi, Adeleidem quæ ducta fuit a Renaldo Comite Nivernensi, & Giselam quæ nupsit Hugoni I. Comiti Pontivensi, cui Abbatis-villam in dotem attulit. *Mab. Supplem. Dipl. p. 10.*

Tome I.   Y y

ROBERT.

996. Belles qualitez du Roi Robert.

ROBERT commença à regner seul. Ses qualitez le rendoient bien digne de la Couronne. Il étoit de grande taille, bien fait, doux, affable. Il portoit la barbe mediocrement longue. Eloigné du faste, il aimoit la simplicité. Dans son conseil, il prenoit volontiers les avis des autres ; effectif dans ses paroles, il donnoit plus qu'il ne promettoit. Nul Prince de son tems ne possedoit tant les vertus Chrétiennes que lui. Il pardonnoit facilement les injures, faisoit souvent sa priere à genoux, aimoit à reciter les Pseaumes de David. Il n'y eut jamais de Prince plus aumônier que lui.

Portrait de Gerbert son précepteur.

Son maître Gerbert le plus savant homme de son tems, l'avoit parfaitement bien élevé. Celui qui a écrit la vie de Robert, assure que Gerbert étant fait Pape, s'étoit toujours montré fort vertueux & grand aumônier. Il ajoute que dans sa bonne humeur il fit une fois un vers en se joüant, sur ce qu'il avoit occupé trois grands Sieges qui commençoient tous par R. Rheims, Ravenne, & Rome.

Scandit ab R, Gerbertus in R, post Papa viget R.

997. & 998.

Robert eut une grande affaire à Rome à l'occasion de son second mariage, qui se fit du vivant de son pere. Sa premiere femme Lieutgarde veuve d'Arnoul Comte de Flandres, étant morte. On lui conseilla d'épouser pour raison d'Etat, Berthe, veuve d'Eudes Comte de Chartres : mais elle étoit sa cousine issuë de germain : de plus il avoit tenu un de ses enfans sur les fonts. Il fit une Assemblée d'Evêques où l'on examina l'affaire. Ils furent d'avis que pour le bien public, sans autre dispense, il pouvoit passer par dessus ces empêchemens Canoniques. Abbon Abbé de Fleuri, homme plein de zele, qui étoit alors en grande réputation de sainteté, s'étoit toujours opposé à ce mariage ; & quand il fut conclu & consommé, il s'employa avec ardeur pour le faire casser.

Second mariage de Robert déclaré nul.

Le Pape prit cette affaire à cœur, prétendant qu'un tel mariage n'avoit pû se faire sans sa dispense. Il tint à Rome un Concile en presence de l'Empereur Othon III. où il excommunia tous les Evêques qui avoient decidé sur cette affaire, & avec eux l'époux & l'épouse. Le Roi n'obéissant point à cette Sentence, le Pape

---

ROBERTUS.

Helgaldus vita Rob. Regis. Glaber.

COEpit Robertus regnare solus, corona utique dignus. Procerae erat staturae, forma decorus, mitis, gratiosus. Mediocrem gestabat barbam : a fastu alienus simplicitatem amabat : consiliis aliorum facile cedebat, *magis beneficus quam blandus.* Nullus sui temporis Princeps adeo Christianis fulgebat virtutibus : *nunquam injuria accepta ad ulciscendum ductus.* Saepe flexis genibus precabatur. Libenter Davidis Psalmos recitabat : nullus unquam Princeps tam liberaliter inopibus stipem largitus est.

Praeceptor ejus Gerbertus, omnium aevo suo doctissimus, ipsum recte instituerat. Is qui Roberti regis vitam scripsit, ait Gerbertum Summum Pontificem creatum fuisse. Addit vero illum aliquando, quod ipse tres magnas sedes occupasset, quarum nomen per R. incipiebat, nempe Rhemos, Ravennam & Romam, hunc edidisse versum.

Scandit ab R, Gerbertus in R, post Papa viget R.

Robertus a Romano exagitatus est Pontifice, occasione secundae uxoris suae, quam vivente patre duxerat. Liutgardem uxorem Arnulfi Flandriae Comitis, defuncto conjuge, primo duxerat : qua mortua, amicorum consilio, Bertham, defuncto illius conjuge Odone Carnotensi Comite, connubio sibi junxit. Illa vero patruelis ipsius erat : ad haec filium ejus ex sacro fonte susceperat : haec ambo matrimonii impedimenta erant. Episcoporum coetum ille collegerat, qui rem discuterent ; quorum sententia fuit posse illum boni publici causa Bertham ducere. Ille non alia requisita dispensatione illam in conjugem accepit. Abbo autem Abbas Floriacensis vir animo fervens, & hinc sanctitatis fama conspicuus, semper huic connubio obstitit, atque etiam ubi perfectum consummatumque fuit, nihil non egit ut dissolveretur.

Abbon. vita.

Rem sine *dispensatione* sua factam Summus Pontifex admodum improbavit, Romaeque Concilium habuit, praesente Othone III. Imperatore, ubi Episcopos omnes, qui connubii contrahendi auctores suasoresque fuerant, unà cum conjugibus excommunicavit. Cum huic decreto Rex non obsequeretur, in-

Conc. Rom. sub cil. Dacher. tom. 9.

jetta l'interdit sur le Roiaume; c'est-à-dire, qu'il défendit la celebration du culte divin, ôta l'usage des Sacremens aux vivans, & la sepulture aux morts. Cela effraia tout le monde. Les peuples regarderent le Roi comme excommunié, & presque tous ses domestiques jettoient aux chiens ou au feu les restes de sa table n'osant manger les viandes qu'il avoit touchées. Un Prince aussi religieux que Robert, ne pût tenir long-tems contre ces foudres; il se separa de Berthe, & fut remis dans la Communion de l'Eglise.

Guillaume IV. Duc d'Aquitaine, aiant guerre contre Boson Comte de Perigord, Robert alla secourir son cousin : ils mirent le siege devant le château de Belac dans la Marche, qu'ils ne purent prendre faute de vivres. Gui Vicomte de Limoges voiant un de ses châteaux nommé Procia, assiegé par cinq autres Comtes qui avoient levé une armée, marcha contre eux, les battit, & fit lever le siege.

Guerre d'Aquitaine.

Burchard Comte de Melun avoit obtenu ce Comté d'Hugues Capet, à qui il avoit toujours été fidele : il y avoit établi Châtelain un nommé Gautier. Cette place étoit fort à la bienseance d'Eudes Comte de Brie & de Champagne. Il gagna par argent Gautier & sa femme qui la lui livrerent. Robert qui s'interressoit fort pour Burchard, appella à son secours Richard II. Duc de Normandie, qui vint avec un grand nombre de gens. Ils allerent ensemble assieger Melun, dresserent les beliers, & firent bréche aux murailles. La garnison se rendit à composition. Gautier & sa femme furent pendus comme traitres, & le Comte Burchard fut remis en possession de sa ville.

999.

Siege & prise de Melun.

En 1002. ou selon d'autres en 1003. mourut Henri Duc de Bourgogne, frere d'Hugues Capet. Il ne laissa point d'enfant, & la Bourgogne venoit de droit au Roi Robert : mais toute l'inclination des Bourguignons étoit d'avoir un Prince particulier, & de n'être point unis au Roiaume. Gisele femme du défunt Henri avoit persuadé à son mari avant sa mort de donner ce Duché à son fils Othon Guillaume Comte de la Bourgogne, qu'on appelle aujourd'hui la Franche-Comté. Il étoit fils d'Adelbert premier mari de Gisele. Les Bourguignons tenoient hautement son parti, & ne vouloient point souffrir que le Roi s'emparât d'aucune de leurs villes. Landri Comte de Nevers prit aussi les armes, & se rendit maître d'Auxerre, favorisé sans doute de ses habitans. Car on disoit de cette ville, qu'elle n'avoit jamais été prise ni surprise..

1002.

---

terdictum Pontifex in regnum conjecit, prohibuit nempe ne divinus cultus celebraretur, usum sacramentorum vivis, sepulturam mortuis prohibuit. Hæc omnes terrore perculsere. Populi Regem *ut excommunicatum* habebant. Omnes fere famuli Regii reliquias mensæ ejus aut canibus dabant, aut in ignem conjiciebant, quod non auderent ex cibis, quos ipse tetigerat, edere. Ita religiosus princeps ut erat Robertus, contra tot fulmina stare nequivit; se a Bertha segregavit, & in Ecclesiæ communionem restitutus est.

Willelmo Comite Pictaviensi & Duce Aquitaniæ bellum gerente adversus Bosonem Comitem Petragoricensem, Rex Robertus in auxilium Willelmi consobrini movit, junctique Bellacum castellum in Marca obsederant; sed cum annonæ commeatus non suppeteret, obsidionem solvere coacti sunt. Wido autem Lemovicinus Vice-comes, cum castrum suum *Procia* nomine a quinque Comitibus cum numerosissimo exercitu obsideretur, illos adortus profligavit, & obsidionem solvere compulit.

Burchardus Miloduni Comes, qui hunc Comitatum ab Hugone Capeto in fidei gratiam acceperat, castellum cuidam Walterio militi commiserat. Cum porro Milodunum Odoni Briæ & Campaniæ Comiti admodum esset opportunum, pactione pecuniæ castellum a Walterio & uxore ejus accepit. Rex autem qui Burchardo admodum favebat, evocato in auxilium Richardo II. Normanniæ Duce, qui cum multis venit copiis, Milodunum obsedit. Admoti arietes, muros dejecerunt. Tunc qui obsidebantur, pacto inito castrum dediderunt. Walterius & uxor ejus ut proditores in patibulo suspensi sunt, & Burchardus oppidum suum recepit.

Anno 1002. vel ut alii computant 1003. obiit Henricus Burgundiæ Dux, Hugonis Capeti frater, neque filios reliquit. Sic successionis jure Burgundia Roberti Regis erat. At Burgundiones admodum cupiebant peculiarem sibi Principem habere, nec Regi uniri subjici. Gisela uxor defuncti Henrici conjugi suo suaserat ut Burgundiam daret Othoni Willelmo filio suo Comiti Burgundiæ illius quæ trans Ararim est. Hic vero filius erat Adelberti primi Giselæ conjugis. Burgundiones ipsi omnino hærebant, & obnitebantur ne Rex aliquam ex urbibus suis caperet. Landericus Comes Nivernensis, armis assumtis, Autisiodorum occupavit, faventibus sibi civibus. Fama namque erat urbem illam nec captam nec dolo occupatam unquam fuisse.

Tome I.

Yy ij

1003.
Guerre de Bourgogne.

Pour reduire cette Province le Roi eut recours à son fidele ami & sujet Richard Duc de Normandie, qui lui amena trente mille Normans. Il assiegea Auxerre, fit plusieurs attaques, & resta long-tems devant la place sans la pouvoir prendre. Les Bourguignons faisoient toujours leurs efforts pour empêcher le progrès de ses armes. Il assiegea ensuite Avalon ; il fut trois mois à ce siege, & prit la forteresse par famine : il fit pendre une partie des habitans, & envoia les autres en exil. Il prit aussi la ville de Sens par composition. L'opiniâtreté des Bourguignons fit que le Roi fut plus long-tems qu'il n'avoit crû à réduire cette province. Mais enfin il en chassa entierement Othon-Guillaume, qui fut resserré dans les limites de sa Comté de Bourgogne, & fut la tige des Comtes suivans.

Robert épouse Constance.

Ce fut environ ce tems que Robert épousa Constance surnommée Blanche, fille de Guillaume V. Comte d'Arles & de Provence. C'étoit une belle Princesse, mais altiere & imperieuse, & qui dans la suite apporta bien du trouble dans la famille Roiale. Il vint de ce payis à la faveur de la Reine des gens fort differens des François dans leurs habits, dans leurs mœurs, & dans leurs manieres, des baladins, des batteleurs, sujets à d'autres vices, qui mirent la dissolution dans la Cour & dans la Ville, où l'on alloit autrefois avec plus de simplicité & de modestie.

Sainteté du Roi Robert.

Pendant une longue paix dont la France jouit, le Roi Robert s'exerçoit en toutes sortes d'œuvres de pieté. Il faisoit largement des aumônes aux pauvres. On dit qu'on en voioit tous les jours plus de deux cent chez lui, qui le suivoient par tout quand il alloit dehors. Non content de cela, aux villes où il s'arrêtoit pour y faire quelque sejour, à Paris, Senlis, Orleans, Dijon, Auxerre, Avalon, Melun, Etampes; il faisoit donner abondamment du pain & du vin à trois cent, & quelquefois à mille pauvres. Il augmenta encore cette aumône la derniere année de sa vie. Il touchoit les malades & les ulcerez, & faisoit le signe de la croix sur eux : & l'on disoit qu'il les guerissoit souvent. Il aimoit à visiter les lieux saints, & fit deux fois le voiage de Rome pour cela. Il rebâtissoit des Eglises ou en fondoit de nouvelles. Il chantoit souvent au chœur, & avoit une chappe particuliere pour se tenir parmi les Chantres, aiant son sceptre d'or à la main. Il composoit des pieces pour le chœur, & y mettoit des notes. Il faisoit des Antiennes & des Répons en l'honneur des Mysteres ou des Saints. L'Eglise en a même conservé quelques-uns jusqu'à present.

1006.
1007.
1008.
1009.
1010.

Duch. 10. 4. p. 19. 85. 143.

Ut illam sibi provinciam subigeret Rex amicum sibi & fidum Richardum Normanniæ Ducem in auxilium advocavit, qui ipsi triginta mille Normannos adduxit. Autissiodorum obsedit, machinas admovit, & totis viribus expugnare conatus est ; sed incassum. Obsistebant Burgundiones, & pro virili adorientes se depellebant. *Obsedit Robertus etiam Avallonem castrum tribus fere mensibus : & famis necessitate illud cepit.* Cives autem partim in patibulo suspendi jussit, partim in exsilium misit. Senonensem etiam urbem certis conditionibus accepit. Burgundionum pertinacia factum ut Rex diuturniore quam putabat opera Burgundiam reduceret. Verum tandem Othonem Willelmum ex Burgundiæ Ducatu exclusit : isque intra Comitatum Burgundiæ rejectus, Comitum Burgundiæ stirps fait.

Glaber. p. 26. & 38.

Hoc circiter tempus Robertus Constantiam duxit cognomento Candidam, filiam Guillelmi V. Arelates & Provinciæ Comitis; formosam certe, sed superbam & arrogantem, quæ sub hæc in Regia familia turbas multas dedit. Illa vero favente, ex regione ipsius venere homines & vestibus & moribus Francis longe dissimiles, histriones, circulatores, aliisque vitiis dediti, qui dissolutionem in regias ædes & in urbes inyexerunt, ubi olim simplicius & modestius agebatur.

Cum diuturna pace Francia frueretur, Robertus in omni virtutis pietatisque genere exercebatur. Pauperibus stipem largiter erogabat : quotidie, ut quidem narratur, ad ducentos in ædibus Regiis vidisses, qui etiam illum foras egredientem sequebantur. Ad hæc autem, in urbibus ubi aliquantum demorabatur : Lutetiæ nempe, Silvanectis, Aureliani, Divione, Autissiodoro, Avalone, Miloduno, Stampis, panem vinumque copiose distribui curabat, trecentis, imo aliquando mille inopibus. Quam eleemosynam etiam adauxit postremo vitæ suæ anno. Ægros & ulceribus affectos tangebat ; atque signum crucis faciendo multos, ut quidem dicitur, curabat. Loca sancta libens invisebat, bisque Romam ea de causa se contulit. Ecclesias aut novas fundabat aut reædificabat. Sæpe in choro canebat indutus cappa, sceptrum aureum manu gestans, etiamque prosas ad cantum edebat & signabat notis. Antiphonas & Responsoria in honorem Mysteriorum & Sanctorum apparabat, quorum quædam Ecclesia hodieque usurpat.

Tous nos Historiens depuis Gregoire de Tours jusqu'à ces tems-ci, sont pleins de phenomenes, de signes dans le ciel, dans les élemens, dans les terres, dans les eaux ; chacun selon eux marquoit quelque évenement. Il n'y avoit guere de malheur qui ne fût présagé par quelque phenomene.

Un grand different entre Raynault Comte de Sens, & Seguin Archevêque de la même ville, fut enfin cause d'une guerre. Les Comtes de Sens étoient grands persécuteurs des Ecclesiastiques. Raynaud toujours attentif à nuire à l'Archevêque, bâtit deux châteaux sur les terres de son Eglise, & appella l'un Château-Rainaud & l'autre Joigni. Fromond son fils usa d'une bien plus grande violence ; & après la mort de Seguin, il voulut faire élire un de ses fils Archevêque. Mais le Clergé n'y voulut jamais consentir, & élut l'Archidiacre Leotheric. Fromond regardant cela comme un affront, fit au Clergé & à l'Archevêque tous les maux imaginables. Après sa mort, Raynaud II. son fils surpassa en cruauté tous ses predecesseurs. La persécution qu'il excita contre les Chrétiens, dit l'Historien, fut si grande, que depuis les tems du paganisme on n'avoit rien vû de pareil. L'Archevêque Leotheric eut recours au Roi, suivant le conseil de Renaud Evêque de Paris. Le Roi y envoia Bouchard Comte du Palais. Les habitans de Sens lui ouvrirent aussi-tôt les portes. Raynaud s'enfuit tout nud. Fromond son frere se retira avec quelques soldats dans une grosse tour. Le Roi s'y rendit, fit assieger la tour, qui fut prise, & envoia Fromond à Orleans : il fut là prisonnier jusqu'à sa mort.

Guerre contre le Comte de Sens.

Raynaud se refugia auprès d'Eudes Comte de Champagne qui prit sa défense. Ils joignirent leurs troupes ensemble, bâtirent le château de Montereau faut-Yonne, & firent le dégât aux environs de Sens. On ne sait pas bien la suite de cette guerre. L'issuë en fut telle. Le Roi & l'Archevêque firent un accommodement qui portoit, que Raynaud auroit la moitié de la ville de Sens, & qu'après sa mort, cette moitié reviendroit à l'Archevêque. Il y rentra, & recommença de nouveau à persecuter l'Archevêque & le Clergé. Cette querelle ne fut terminée que dans le regne suivant.

L'an 1017. Robert prit conseil des Seigneurs de sa Cour, s'il devoit s'associer à la couronne Hugues son fils aîné, Prince de grande esperance. Ils tâcherent de l'en dissuader, disant que n'aiant que dix ans, il étoit encore trop jeune

1017.

Historiæ nostræ auctores omnes a Gregorio Turonensi ad hoc usque tempus, φαινόμενα passim & signa in cælo, in elementis, in terris, in aquis referunt : quæ singula, ut ipsi putabant, aliquem eventum præsignificabant. Nullum infortunium vel malum accidebat, quin aliquo istiusmodi signo prænunciaretur.

l. 10. 4. c. 3. Lis magna inter Rainaldum Senonum Comitem & Seguinum ejusdem urbis Archiepiscopum, in bellum tandem prorupit. Senonenses Comites ut plurimum Ecclesiasticis valde infesti erant. Rainaldus qui semper Archiepiscopo nocendi vias tentabat, duo castella in Ecclesiæ agris struxit, quorum alterum, castellum Rainaldi, alterum Juniacum appellavit. Fromundus filius ejus cum majori violentia se gessit, & post Seguini mortem ex filiis suis unum Archiepiscopum deligi peroptabat. Abnuit vero Clerus, & Archidiaconum Leothericum delegit. His offensus Fromundus, quam maxima potuit Archiepiscopo & Clero mala intulit. Illo mortuo Rainaldus II. ejus filius decessores suos crudelitate superavit. *Hic persecutionem intulit Ecclesiæ Dei & fidelibus ejus, quanta non est audita a tempore paganorum usque in hodiernum diem.* Archiepiscopus vero Leothericus per consilium Rainaldi Parisiensis Episcopi, Regis opem imploravit. Rex eo Burchardum Palatii Comitem misit. Cives Senonenses portas statim ipsi aperuerunt. Rainaldus nudus aufugit. Fromundus vero frater ejus cum quibusdam militibus in turrim civitatis ingressus est. Rex illo se contulit, urbem obsedit & cepit, ac Fromundum misit Aurelianum, ubi ad mortem usque incarceratus mansit.

Rainaldus ad Odonem Campaniæ Comitem confugit, qui ipsi opem ferre voluit. Junctis ergo copiis castrum Monasterioli ad Icaunum struxerunt, & Senonensem agrum depopulati sunt. Quid hinc sit consequutum non satis notum est. Talis autem fuit rei exitus. Rex & Archiepiscopus cum Rainaldo pacti sunt, ut ipsi Rainaldo dimidia pars Senonensis urbis tribueretur, illoque mortuo ea Archiepiscopo cederet. Senonas ergo ingressus denuo est Rainaldus, atque Archiepiscopum & Clerum vexare cepit. Quæ dissensio nonnisi in regno sequenti finem habuit.

Glaber, p. 36. Anno 1017. Rex primates regni sagaciores consuluit an Hugonem primogenitum *filium puerum clarissimæ indolis* ad Regni consortium assumere deberet. Illi vero juniorem principem esse dixerunt, utpote decennem tantum, quam ut ad regnum eveheretur

Hugues fils aîné de Robert déclaré Roi. pour cela. Mais à l'inftigation de la Reine Conftance, qui gouvernoit tout alors, il le fit facrer Roi par des Evêques au Palais de Compiegne, en préfence de toute la Cour. Glaber ne lui donne que dix ans ; d'autres difent qu'il en avoit dix-huit.

Le Manichaïfme fe répandoit infenfiblement dans l'Occident après avoir fait des maux infinis dans l'Empire Oriental. Une femme venuë d'Italie l'apporta, dit-on, en France ; elle vint à Orleans, où elle debita fa déteftable doctrine. Deux Eccléfiaftiques Herbert & Lifoie avoient foin de la répandre. On découvrit cette année dix Chanoines de fainte Croix d'Orleans infectez de cette herefie, qui furent brûlez tous vifs. Glaber dit qu'il y en eut treize. On fit le même traitement à plufieurs autres qui furent pris à Touloufe.

1018. Guillaume IV. Duc d'Aquitaine, Prince fort recommandable par fa pieté & fes bonnes œuvres, après fon retour d'un pelerinage à Rome; devotion fort en ufage en ces tems-là, eut le plaifir d'apprendre qu'on venoit de découvrir au Monaftere de S. Jean d'Angeli, une tête de S. Jean-Baptifte, & commanda qu'on l'expofât à la vûë du peuple. Toute l'Aquitaine y accourut. On y vint en foule de la France, de la Bourgogne, de l'Efpagne, de la Lombardie, & des autres payis. Le Roi Robert s'y rendit, y fut reçû avec tout l'honneur poffible, & fit prefent à l'Eglife de S. Jean d'Angeli, d'un grand vafe d'or pur, pefant trente livres. Il donna encore de prétieufes étoffes pour les ornemens.

Defcente des Normans en Aquitaine. Les Normans vinrent vers ce tems-ci en grand nombre vers l'Aquitaine, firent defcente dans le Poitou, & fe mirent à piller & brûler tout le pays. Le pieux Duc Guillaume fe confiant en la protection du Seigneur, envoia ordre de faire des prieres publiques dans les Eglifes & dans les Monafteres. Il affembla une armée toute de gens d'élite, & alla fe camper auprès d'eux. Les Normans effraiez vouloient partir la nuit; mais ils ne le purent, parce que la marée s'étant retirée, leurs vaiffeaux touchoient à terre : mais ils firent autour d'eux des foffez qu'ils couvrirent de branches & de gazons. Le lendemain le Duc ne s'appercevant pas du ftratageme, vint lui-même avec un gros de cavalerie, fondre fur eux ; mais plufieurs des fiens tomberent dans ces foffez : & comme le poids de leurs armes les empêchoit de fe relever promtement, les Normans en firent plufieurs prifonniers. Le Duc tombé dans la foffe comme les autres,

---

Verum inftigante Regina Conftantia quæ tunc omnia moderabatur *regio in Compendio adfcitis regni primoribus coronam, ut decreverat, ex more a Pontificibus fecit puero imponi.* Glaber decennem puerum tunc fuiffe dicit, alii vero decem & octo annorum.

Duchêne. Manichaifmus fenfim per occidentem graffabatur; *Glaber, p.* poftquam in Imperium Orientale mala innumera in-81. 83. 85. vexerat. Mulier quædam ex Italia, ut narrabant, peftem illam in Gallias attulit. Aurelianum porro venit, ubi nefandam doctrinam fparfit. Ecclefiaftici Heribertus & Lifoius illam fovebant hærefim. Hoc anno decem Canonici Sanctæ Crucis Aurelianenfis hoc infecti veneno, vivi combufti funt, tredecim fuiffe numero dicit Glaber Rodulfus. Par fupplicium fubiere alii qui Tolofæ deprehenfi funt.

Pag. 83. Willelmus IV. Aquitaniæ Dux pietate & bonis operibus confpicuus, poftquam Roma venerat, quo pietatis ergo pro more illius ævi conceferat, cum gaudio didicit repertum effe caput fancti Joannis-Baptiftæ in cœnobio Angeriacenfi, *& fanctum caput populorum vifibus oftendendum decrevit.* Illo accurrit omnis Aquitania: ex Francia item, Burgundia, Langobardia, Hifpania advenere multi. Rex quoque Robertus illo fe contulit, & honorifice exceptus Ecclefiæ fancti Joannis Angeriacenfis *concham obtulit ex auro puriffimo penfantem libras triginta, preciofas quoque veftes ad Ecclefiafticum ornamentum.*

Normanni eodem circiter tempore magno numero in Aquitaniam venerunt, & in Pictavorum regionem exfcenfum fecerunt, atque omnia circum depopulati funt. Willelmus vero Dux pius, in divino præfidio fiduciam reponens, juffit preces publicas emitti in Ecclefiis & in Monafteriis, *congregatoque plurimo & fortiffimo Aquitaniæ exercitu electorum pugnatorum, juxta illos caftra pofuit, imminente jam nocte.* Normanni vero perterriti, folvere nocte volebant; fed non potuerunt, quod *æftus maris tunc mitior factus effet, & claffis ad terram nudam jaceret.* Sed per totam noctem foveas circa fe præparaverunt virgis & cefpitibus contextas defuper. Primo mane ipfe Dux cum turma equitum Normannos aggreffus eft : fed plurimi in foveas lapfi funt, & cum armorum pondere detenti, ifthinc fe expedire nequirent, Normanni plurimos ceperunt. Dux tamen in foveam lapfus ut alii, viribus valens,

eut assez de vigueur pour sauter dehors malgré la pesanteur de ses armes. Les Normans firent voile pour s'en retourner la nuit d'après, emmenant avec eux trente prisonniers, tous gens de qualité. Il en couta une grosse somme au Duc pour les racheter.

Dans le tems que la France étoit en pleine paix avec les nations voisines, les Seigneurs particuliers se faisoient la guerre. Foulques Nera Comte d'Anjou, étant allé en pelerinage à Jerusalem, Eudes Comte de Blois, Hilduin de Saumur, & Gefroi de S. Agnan, prirent occasion de son absence pour envahir ses terres. Lorsqu'il fut de retour, assisté du Roi & d'Herbert Comte du Maine, il remporta une grande victoire sur les trois à Pontlevoi. Eudes & Foulques eurent encore d'autres prises. On remarquoit qu'ils étoient tous deux fort remuans. *Guerres des Seigneurs en France.*

Eudes eut aussi un different avec Richard Duc de Normandie, à l'occasion de la Ville de Dreux, qui avoit été donnée en dot à Matilde sœur de Richard, épouse d'Eudes, & que Richard demandoit après la mort de sa sœur. Le Comte de Blois refusant de la rendre, Richard aidé de troupes Bretonnes jointes à ses Normans, bâtit le château de Tillieres. Eudes voulant surprendre la garnison, se joignit aux Comtes de Meulan & du Mans : mais il fut battu & mis en fuite. Sans s'épouvanter de cette perte, il appella tant de Princes & de Seigneurs à son secours, que Richard craignant d'être accablé, fit venir deux Rois du Nord, Olave Roi de Norvege, & Lacman Roi de Suede, qui firent descente en Bretagne, prirent, saccagerent & brûlerent la ville de Dol, & marcherent contre Eudes vers le payis Chartrain. La France se ressouvenant des malheurs passez, fut effraiée de cette nouvelle descente de Normans. Le Roi Robert accorda alors les deux parties, & Richard fit des presens aux deux Rois. Celui de Norvege se fit baptiser à Rouen. *1020. 1021. 1022. Descente des Rois du Nord en France.*

L'entrevûë de l'Empereur Henri & du Roi Robert, fut des plus remarquables. Ils se rendirent, comme ils en étoient convenus, sur les bords de la Meuse, qui separoit les deux Etats. Les Courtisans des deux côtez ne vouloient pas qu'aucun des deux passât la riviere pour aller trouver l'autre, croiant que celui qui passeroit ainsi se ravaleroit & se déclareroit inferieur. Ils disoient qu'il falloit que l'entrevûë & le pourparler se fit dans des barques au *1023. Entrevue de l'Empereur Henri & du Roi Robert.*

---

etsi pondere armorum gravatus, inde elapsus est. Tunc Normanni solverunt nocte sequenti, & captos qui ex primoribus erant secum abduxere, qui postea magno precio sunt redemti.

Dum Franci cum vicinis populis pacem haberent, proceres quidam sese mutuo bello impetebant. Dum Fulco Nera peregrinationis ergo Jerosolymam peteret, Odo Comes Blesensis, Hilduinus Salmuriensis & Goffridus sancti Agnani, occasionem captantes terras ejus devastarunt. Fulco autem post reditum suum opitulante Rege, necnon Heriberto Comite Cenomanensi, victoriam de tribus Comitibus retulit. Odo & Fulco nova semper molientes, sese mutuo sæpe postea impetierunt.

Odo litem etiam habuit cum Richardo Duce Normanniæ occasione Drocarum oppidi, quod Mathildi Richardi sorori & Odonis conjugi in dotem concessum fuerat, quodque Mathilde mortua Richardus repetebat. Negante Odone, Richardus adscitis Britonibus cum Normannorum legionibus castrum Tegulense construxit. Odo ut castri custodes imparatos aggrederetur, clam vocatis Comitibus Hugone Cenomanensi & Valerano *Melledensi* cum copiis suis illo se contulit. Verum a custodibus depulsus & in fugam actus est. Nec illa clade perterritus Odo alios primores & Principes evocavit. Richardus vero timens ne a multitudine obrueretur, in auxilium accivit Olavum Norrvegiæ & Lacmanum Suaviæ Reges, qui excensu facto, Dolense oppidum captum & devastatum incenderunt, ac contra Odonem ad Carnotensem agrum moverunt. Francia vero præteritas commemorans clades, ob novum illum Normannorum adventum formidine capta est. Rex autem Robertus diffidentes principes in concordiam reduxit. Richardus vero Reges illos duos muneribus onustos remisit. Rex porro Norvegiæ baptismum recepit.

Imperatoris Henrici & Regis Roberti congressus inter res memorabiliores censetur. Ad Mosæ oram utrinque, ut inter ipsos statutum fuerat, venerunt: Mosa enim tunc utriusque regni limes erat. Clientes vero ex utraque parte multitabant, non decere Principem alterum ad alterum trajecto flumine accedere : qui enim sic ad alterum transiret, se inferiorem declarasset : & navibus in medio flumine conveniendum *Glaber, p. 26. Sigibert.*

milieu de la riviere. Mais l'Empereur Henri prit genereusement le parti de mettre fin à ces ceremonies. Il passa de bon matin de l'autre côté de la riviere, & alla trouver le Roi. Les deux Princes s'embrasserent, entendirent la Messe & dinerent ensemble. Après le dîner Robert lui offrit des presens immenses d'or, d'argent, de pierreries, & cent chevaux richement harnachez, sur chacun desquels étoit une cuirasse & un casque, lui disant, que s'il n'acceptoit pas tout, il y auroit autant de diminué de l'amitié que de presens laissez. Henri touché de la liberalité de son ami, ne voulut prendre de tout cela qu'un livre d'Evangiles garni d'or & de pierres precieuses, & un petit Reliquaire orné de même, où étoit une dent de S. Vincent. L'Imperatrice prit seulement des pendans d'oreilles d'or: il remercia le Roi de tout le reste. Le lendemain le Roi Robert accompagné des Evêques alla dans les tentes de l'Empereur, qui le regala de même, lui offrit en present cent livres d'or pur, mais le Roi ne prit que des pendans d'oreilles. Robert se maintint aussi toujours en bonne paix & amitié avec les autres Rois ses voisins.

La Reine Constance altiere & violente.
Il falloit un Prince aussi doux & aussi patient que Robert pour soutenir l'humeur imperieuse de Constance & ses caprices. Une fois soupçonnant qu'Hugues de Beauvais empêchoit le Roi d'avoir pour elle toute la condescendance qu'elle souhaitoit, elle pria Foulques Comte d'Anjou son oncle de la venger de cet ennemi. Foulques homme violent apposta douze soldats de son payis, qui dans le tems qu'Hugues étoit à la chasse avec le Roi, lui couperent la tête en presence du Prince même. Cette histoire est un peu diversement rapportée par Glaber Rodulphe. On ne sait pas bien les suites d'un attentat si extraordinaire. Tout ce qu'on en trouve est que les Evêques menacerent Foulques de l'excommunier.

1026. La mauvaise humeur de cette femme parut encore quand le Roi Hugues son fils aiant atteint l'âge d'environ vingt ans, demanda à faire sa Maison, & voulut avoir un train convenable à la Majesté Roiale. Cela mit en fureur Constance, qui avec ses autres mauvaises qualitez, étoit encore d'une avarice extrême. Elle accabla son fils d'injures & d'outrages, le traita comme un ennemi de l'Etat; en un mot, elle poussa tellement ce pauvre Roi Hugues, qu'il fut obligé de s'enfuir de la Cour, avec quelques-uns de ses gens, & de vivre de pillage fait tantôt sur les terres du Roi, tantôt sur celles d'autres Seigneurs. Mais le Roi

---

esse dictitabant. Verum Imperator Henricus generose dissidendi finem fecit, quando mane surgens ad alteram oram trajecit, Regemque convenit. Tum ambo Principes post multos amplexus, post auditam missam simul pransere. Posteaque *obtulit Robertus Rex immensa munera auri atque argenti & preciosarum gemmarum Henrico Imperatori, centum insuper equos honestissime phaleratos, super unumquemque lorica & galea; mandans insuper tantum illorum amicitiam minuere, quantum contingeret ex omnibus illis relinquere.* At *Henricus cernens amici liberalitatem, suscepit ex illis tantum librum Evangelii, auro & lapidibus preciosis insertum, ac phylacterium simile factum, continens dentem Sancti Vincentii Martyris. Uxor vero illius pares auri tantum naves accepit. Sequenti die Rex Robertus cum Episcopis ad Imperatoris tentoria transiit, qui expleto prandio, centum libras ei ex auro puro obtulit. Rex quoque pares tantum naves auri ex illo sumsit. Ab aliis quoque Regibus satis gratifice fuit semper habitus.*

Glaber. p. 26. *Opus erat Rege mira patientia instructo, qualis erat Robertus, ut Constantiæ superbiam & morosos impetus ferre posset.* Cum aliquando suspicaretur illa Hugonem Bellovacensem impedimento esse quominus Rex sibi pareret, Fulconem Andegavensem Comitem avunculum suum rogavit se ab inimico hujusmodi ulcisceretur. Fulco violentus homo duodecim milites suos adlegit; qui, cum Hugo venatum cum Rege se contulisset, ipso præsente Roberto caput illi absciderunt. Hæc paulo diverse referuntur a Glabro Rodulfo. Quid hinc consequutum sit, ignoratur. Hoc solum comperimus Episcopos, ideo excommunicationis minas Fulconi intentavisse.

Glaber l. 3. c. 36. Quam morosa autem Constantia esset tunc maxime deprehensum est, quando Hugo filius ejus cum vigesimum circiter ætatis annum attigisset, regium famulitium expetiit. Hinc furore commota Constantia, quæ ad reliquam morum importunitatem, ingentem avaritiam jungebat, convitiis ac maledictis juvenem incessebat, eoque compulit Regem Hugonem, ut Regia aufugere coactus, cum quibusdam sociis, in Regiis cæterorumque terris prædas agere cogeretur ut victum sibi pararet. Verum Rex ipsi tandem famuli-

lui

lui donna enfin un train digne d'un Roi, & sa mere se modera beaucoup à son égard.

Il fit bien-tôt voir ce que peut quelquefois une extrême necessité sur les plus excellens naturels. Car ce Prince qui depuis peu avoit fait le métier de brigand, étoit le plus doux, le plus aimable & le plus pieux qu'on eût encore vû à son âge : il fut depuis ce tems plus soumis à son pere & à sa mere que n'étoient les serviteurs & les domestiques ; il donnoit largement l'aumône aux pauvres, honoroit les Ecclesiastiques & les Religieux ; se faisoit toujours un plaisir d'interceder auprès de son pere pour ceux qui venoient lui demander quelque grace. La renommée de ses belles qualitez vola par toutes les Provinces du Royaume, & même hors de la France, & porta les Italiens à le demander pour leur Roi. Tous l'appelloient Hugues le Grand comme son bisayeul. Il s'étoit enfin acquis encore fort jeune, une réputation qu'il auroit eu peine à soutenir s'il avoit vécu. Mais la mort l'enleva à la fleur de son âge. Il fut enterré à S. Corneille de Compiegne. Un Auteur dit qu'il mourut six ans après qu'il eut été couronné.

1017. Mort du jeune Roi Hugues.

Après la mort du jeune Roi Hugues, Robert voulut faire couronner l'aîné des trois fils qui lui restoient, dont les noms étoient Henri, Eude & Robert. Henri méritoit bien cet honneur là, tant par le droit de naissance que par les bonnes qualitez qui le rendoient digne de regner. Mais Constance fit encore éclater ici son humeur bizarre & inique. Elle vouloit à force qu'on preferât Robert, le dernier de tous, aux deux autres, parce qu'il portoit le nom de son pere : tous les Seigneurs étant pour Henri, le Roi le fit couronner à Rheims. Quelqu'un a dit qu'Eude étoit l'aîné des trois freres. Mais il vaut mieux s'en tenir à Glaber Rodulphe qui vivoit en ce tems-là, & qui connoissoit mieux la Cour qu'aucun autre.

1018. Henri couronné Roi.

L'humeur insupportable de Constance, obligea les deux freres de se retirer de la Cour, & pour leur subsistance ils se saisirent de plusieurs villes & villages. Henri prit Dreux ; l'autre qui entra en Bourgogne, prit Avalon & Beaune. Le Roi mit une armée sur pied, & marcha en Bourgogne. Tout étoit disposé pour une guerre civile. Le Roi alla à Dijon consulter S. Guillaume sur ce qu'il avoit à faire en cette conjoncture. Le Saint lui répondit, que comme il avoit causé lui-même dans sa jeunesse beaucoup de chagrin à son pere & à sa mere, il devoit supporter patiemment les déplaisirs que ses fils lui faisoient. Le bon Roi touché de ce discours, se tranquilisa, & fit la paix avec ses fils, paix qui

Constance met le trouble dans la Cour.

1029. 1030.

---

tium Rege dignum dedit, Constantiaque mater moderatius cum illo deinceps egit.

Tunc sane deprehensum est quantum possit extrema necessitas vel in optimam indolem. Nam princeps ille qui modo prædonem agebat, ultra quam credi possit, mitis, amabilis & pius erat, patri & matri obsequentior quam famuli ; stipem liberaliter pauperibus dabat, Monachis & Clericis favebat, apud patrem pro omnibus intercedebat. Fama tantarum virtutum ubique per provincias & extra Galliam volavit : *a multis peroptabatur, præcipue ab Italis ut sibi imperaret.* A cunctis etiam Magnus Hugo vocabatur perinde atque proavus. Tantam demum sibi existimationem omnium pepererat, ut si vixisset, illam sustinere vix potuisset. Verum mors adhuc juvenem abstulit, sepultusque est in Ecclesia S. Cornelii Compendiensis. Narrat quidam Scriptor obiisse sex annis postquam coronatus fuerat.

Glaber, pag. 37. Post Hugonis mortem Robertus ex tribus filiis Henrico, Odone & Roberto, majorem Henricum Regem coronari voluit, qui honore illo dignus erat

tam natalium jure, quam animi dotibus. Verum Constantia semper morosa, volebat juniorem omnibus præferri majori, quod nomen patris ferret. Cum autem primores omnes pro Henrico starent, jubente Roberto Rhemis ille coronatus est. Quidam dixit Odonem natu majorem fuisse : sed præstat Glabrum Rodulfum sequi illius ævi Scriptorem, qui Regiam melius norat quam cæteri.

Constantiæ furor ambos fratres ut ex Regia secederent coëgit. Tunc oppida & villas ad victum parandum invaserunt : Henricus Drocas cepit ; alter qui in Burgundiam ingressus est Avallonem & Belnam occupavit. Rex vero exercitum collegit, & in Burgundiam movit ; erantque omnia ad bellum civile parata. Rex autem Robertus Divionem se contulit, & sancti Willelmi consilium expetiit, super negotio præsenti. Respondit vir sanctus ut ille parentibus mœrorem in juventute pepererat, sic debere sibi illata a filiis mala patienter ferre. His auditis Rex pius animum sedavit, & cum filiis pacem fecit servavitque usque

dura jusqu'à sa mort. Mais Constance cabaloit perpetuellement, & attiroit bien des gens à son parti pour détrôner l'aîné, & mettre le plus jeune de ses fils en sa place ; ce qui alloit à mettre la discorde entre ses enfans & à tout perdre.

Famine horrible. Une horrible famine qui commença vers ce tems-ci, fit périr un grand nombre de gens. Elle s'étendit par toute l'Europe : on dit que la France perdit alors plus d'un tiers de ses habitans. On mangeoit non-seulement les serpens, les rats, & tous les animaux les plus immondes, mais aussi la chair humaine. On alloit à la chasse aux hommes pour les manger. Quelques-uns attiroient les petits enfans en leur montrant une pomme ou un œuf pour les mener à l'écart & les tuer pour s'en nourrir. Un homme eut la hardiesse d'étaler de la chair humaine cuite pour la vendre. A ce spectacle on courut sur lui, & on le brûla tout vif. Son corps fut enterré ; & un autre étant venu la nuit le déterrer & le manger, pris sur le fait, il fut brûlé lui-même. Cette famine dura quelques années. Il y a apparence qu'elle commença à la fin du regne de Robert, & finit sous Henri I.

La fin du regne de Robert fut signalée par bien des accidens qui arriverent dans le Roiaume. Guillaume IV. Duc d'Aquitaine, & Comte de Poitou, après avoir bâti l'Abbayie de Maillezais, jugeant que sa fin étoit proche, s'y retira, & mourut peu de tems après, le 31. Janvier de l'an 1029. Richard III. n'aiant été que deux ans Duc de Normandie, fut empoisonné. On crut que ce boucon venoit de Robert son frere qui lui succeda. La guerre qui avoit presque toujours continué entre Eude Comte de Champagne, de Chartres & de Tours, & Foulques Comte d'Anjou, se ralluma plus fort qu'auparavant, à l'occasion du château de Montrichard que Foulques fortifioit, & qu'Eudes prétendoit être de la Comté de Touraine. Il y eut sur ce sujet une sanglante bataille, où il périt bien des gens de part & d'autre, & où Foulques demeura victorieux.

1031. Mort de Robert. Robert à son retour d'un pelerinage tomba malade, & mourut à Melun le 20. Juillet, âgé de soixante & un an, après avoir régné quarante-trois ans & demi, neuf & demi avec son pere, & trente-quatre seul. Il fut enterré à S. Denis.

---

ad obitum. Verum Constantia in motu semper erat, & quam plurimos poterat ad partes suas trahebat, ut majorem filium ex solio Regio decuteret, ipsique minorem subrogaret; id quod in Regiam familiam dissensionem & forte exitium intulisset.

Glaber. & Duchêne, t. 4. p. 97. Horrenda fames hoc circiter tempus terram invasit, & innumeros homines exstinxit. Totam vero pervasit Europam : dicitur Francia tunc tertiam partem incolarum amisisse. Non modo serpentes, mures cæteraque immunda animalia edebantur ; sed etiam humanæ carnes : homines quasi venatu arripiebantur in escam. *Plerique pomo ostenso vel ovo pueris, ad remota circumventos trucidatosque devoraverunt.* Quidam decoctas carnes humanas venum exposuit. Ad hoc spectaculum accurrère omnes, & arreptum hominem vivum combussere. Corpus sub terra positum fuit. Alius vero qui noctu corpus illud ex terra eruerat ut comederet ; vivus & ipse combustus est. Fames hæc per annos aliquot invaluit : videturque cœpisse in fine regni Roberti, & sub Henrico I. desiisse.

Finis hujusce regni aliquot casibus insignitur. Willelmus IV. Dux Aquitaniæ & Comes Pictaviensis, cum Monasterium Mallecense construxisset, vitæ finem non longe esse sentiens, in illud receptum habuit, obiitque 31. Januarii anno 1029. Richardus III. cum duobus solum annis Dux Normanniæ fuisset, veneno sublatus est, opera, ut putabatur, Roberti fratris, qui successit illi. Bellum quod Odonem inter Campaniensem Carnotensemque Comitem & Fulconem Andegavensem paulum cessaverat, vehementius renovatum est occasione castelli Montis-Richardi, quod Fulco muniebat, & Odo pugnabat ad Turonensem Comitatum pertinere. Cruenta ea de re pugna commissa fuit, in qua Fulco victor exstitit.

Robertus ex peregrinatione redux, in morbum incidit, obiitque Miloduni annorum sexaginta unius, cum regnasset annos 43. & dimidium ; novem & dimidium cum patre, & 34. solus ; sepultusque est in Ecclesia sancti Dionysii.

HENRI I.

LA Reine Constance toujours obstinée à exclure Henri de la Roiauté, & à lui substituer Robert le plus jeune des freres, se saisit après la mort de son mari, de toutes les villes & châteaux qu'elle pût, de Senlis, de Sens, de Bestisi, de Dammartin, de Puiseaux, de Melun, de Poissi, de Couci. Elle attira à son parti presque tous les Grands du Roiaume, entre autres Baudouin le Barbu Comte de Flandres. Mais elle mit principalement dans ses interêts Eudes Comte de Champagne, en lui cedant la moitié de la ville de Sens.

1031. Constance veut détrôner Henri.

Henri Prince courageux, voiant la partie trop forte, se réfugia avec douze de ses amis auprès de Robert Duc de Normandie, le vit à Fécan, & le pria de le secourir dans cette extrêmité. Robert le reçût honorablement, le chargea de presens, lui fournit des armes, des troupes & des chevaux. Il manda à Mauger Comte de Corbeil son oncle, de courir sus à tous ceux de son voisinage qui ne voudroient pas le reconnoître : ce qu'il executa vigoureusement, & rangea bien des gens à leur devoir. Henri vint lui-même à la tête d'une armée, prit d'abord Poissi, & ensuite Puiseaux, & continua de se rendre maître des autres places. Ce que voiant la Reine Constance, elle fit la paix avec son fils ; paix qui n'auroit peut-être pas duré long-tems, si la mort ne l'avoit prévenuë. Elle passa en l'autre vie le 25. Juillet de l'an 1032. & fut enterrée à S. Denis.

1032. Elle s'accommode avec son fils.

En reconnoissance des secours donnez si à propos, Henri fit present au Duc de Normandie des villes de Chaumont, de Pontoise & du Vexin-François. Il s'accommoda avec Robert son frere, & lui ceda le Duché de Bourgogne. Il est le chef de la premiere race du Sang Roial de Bourgogne.

Henri fit ensuite la guerre à Eude Comte de Champagne, lui prit le château de Gournai, & marcha vers Sens qui lui ouvrit les portes. Eude se releva pourtant depuis, & fit de nouvelles entreprises. En cette même année Geffroi surnommé Martel Comte d'Anjou, fit la guerre à Guillaume V. Duc de Guienne, & Comte de Poitou, le défit, & le prit prisonnier. Il ne le lâcha qu'en l'obligeant de lui ceder la Saintonge, qu'il prétendoit lui appartenir par sa femme Agnès ; & il lui fit de plus paier une grosse rançon.

1032.

HENRICUS I.

Hist. lo 4. 186. 97. LI.

CONSTANTIA Regina, eo nervos omnes pertinaciter contendebat ut Henricum majorem filium e regio solio extruderet, Robertumque juniorem ipsi substitueret. Eo illa animo post conjugis mortem, urbes & castella omnia quæ potuit occupavit, Silvanectum scilicet, Senonensem urbem, castellum Bestisiacum, Domnummartinum, Puteolum, Melodunum, necnon Pissiacum & Codiciacum. Ad suas vero partes allexit omnes pene primores regni, interque alios Balduinum Flandriæ Comitem. Præcipue vero sibi devinxit Odonem Campaniæ Comitem, *cui medietatem Senonicæ civitatis donaverat.*

Gill. Gem. l.6. c. 7.

Henricus vir strenuus & fortis, tantam manum hostium cernens adversum se conspirantem, ad Robertum Normaniæ Ducem cum duodecim amicis confugit, *& apud Fiscannum per fidei debitum sibi ab eo subveniri petiit. Dux eum honorificè recepit, & non multo post decenter equis & armis instructum, patruo suo Malgerio Comiti Corbuliensi destinavit, mandans ut suis in partibus omnes incendiis ac tormentis affligeret, quos ab ejus fidelitate desistere videret.* Id ille diligenter exse-

quutus est, multosque ad officium reduxit. Henricus ipse cum exercitu venit, statimque Pissiacum cepit, postea Puteolum & alia oppida atque castella adortus est. Hæc videns Constantia Regina, cum filio pacem fecit : quæ pax fortasse non diuturna fuisset, nisi mors illam præoccupasset. Obiit autem 25. Julii anno 1032. & in Ecclesia sancti Dionysii sepulta est.

Gratiam Roberto rependens Henricus dedit illi Calvum montem, Pontisaram & Veliocasses Francorum. Cum Roberto fratre deinde pacificatur, ipsique Burgundiæ Ducatum concedit. Ab illo autem Burgundiæ Duces sequentes orti sunt.

Henricus autem postea bellum movit contra Odonem Campaniæ Comitem, Gornacum castrum cepit, & versus Senonum urbem profectus est, quæ portas ipsi aperuit. Odo tamen postea resumtis viribus nova suscepit bella. Eodem anno Goffridus Martellus Comes Andegavensis movit contra Willelmum V. Aquitaniæ Ducem, ipsumque profligavit & cepit ; neque ipsi libertatem dedit donec, quam Santonum regionem sibi concederet, quam ex Agnete uxore ad se pertinere contendebat : ad hæc vero magnam pecuniæ summam ab ipso in redemtionem exegit.

Duchêne, t. 4. p. 97. & 148.

HENRI I.

Raoul Roi de la haute Bourgogne & d'Arles, étant venu à mourir en 1033. il fit son heritier l'Empereur Conrad marié à Gisele sa sœur puînée, dont il avoit un fils nommé Henri ; & ne donna rien à Eude Comte de Champagne, mari de sa sœur aînée Berthe. Eude fort mécontent de ce beau-frere, prenant occasion de l'absence de Conrad qui étoit fort occupé en Hongrie, se saisit d'une bonne partie de la Bourgogne. Mais Conrad à son retour reprit promtement tout ce qu'Eude avoit saisi, & le mena si rudement qu'il fut obligé de ceder à la force, & d'en passer par où on voulut.

Eudes Comte de Champagne fait la guerre à l'Empereur.

1034. Alain Comte des Bretons, voulant se soustraire de la soumission qu'il devoit au Duc de Normandie, Robert marcha contre lui avec une grande armée, desola tout le payis des environs de Dol. Après son départ, le Comte Alain voulut avoir sa revanche, & se jetta sur le Comté d'Avranches pour ravager tout le payis. Il y fut si mal mené par Niel Vicomte du Cotentin, & par Alurede surnommé le Geant, qu'il se retira bien vîte avec une grande perte de ses gens.

1035. Robert Duc de Normandie partant pour un pelerinage à la Terre Sainte, recommanda aux principaux du payis & au Roi Henri, un fils unique qu'il avoit nommé Guillaume, mais bâtard né d'une fille de Falaise. Robert mourut dans ce voiage, & le Duché devoit venir à son fils Guillaume : mais la répugnance qu'avoient les Normans à recevoir un bâtard pour leur Duc, causa de grands mouvemens dans la Province. Pendant ces troubles les Seigneurs du payis prirent des mesures pour se rendre le plus qu'ils pourroient indépendans de leur Duc. Ils bâtirent dans leurs terres des places & des châteaux. L'interêt general de ces Seigneurs auroit été de vivre de bon accord ensemble pour se soutenir dans leurs projets ; mais tout au contraire, les querelles des particuliers mirent dans le payis une confusion horrible. Mauger Archevêque de Rouen, & Guillaume Comte d'Arques, freres & oncles de Guillaume, entretenoient sous main ces divisions, favorables à leurs interêts particuliers.

Guillaume le bâtard succede à son pere au Duché de Normandie.

1036.

1037. Alain III. Duc de Bretagne, qui se portoit pour tuteur du pupille, étant venu dans la Normandie pour faire cesser les divisions, y fut empoisonné.

1037. Eude Comte de Champagne, qui n'avoit point abandonné ses prétentions sur la haute Bourgogne, leva une armée, entra, contre la volonté du Roi Henri, dans la Lorraine, & prit Commerci. Il partit de là pour aller prendre Bar. Gothelon Duc de Lorraine à qui l'Empereur avoit donné le Duché de Bar,

---

Sigebert. Rodulfus rex Burgundiæ superioris & Arelates anno 1033. mortuus, hæredem constituit Conradum Imperatorem, qui sororem ejus minorem Giselam duxerat, ex qua filium susceperat Henricum. Nihil vero reliquit Odoni Campaniæ Comiti sororis suæ majoris Berthæ conjugi, cui infensus erat. Odo autem dum Conradus in Hungaria distineretur, arrepta occasione magnam Burgundiæ illius partem occupavit. At redux Conradus, quidquid ille occupaverat statim recepit ; ipsumque tam aspere insequutus est ut ad libitum suum pacisci coegerit.

Glaber. l. 3. c. 7.

Guill. l. Gemm. l. 6. c. 8. Alanus Britonum Comes cum se ab obsequio, quod Normanniæ Duci debebat subripere vellet, Robertus cum ingenti exercitu adversus illum movit, torumque Doli Comitatum ferro & flammis vastavit. Alanus porro post ejus abscessum, ut vicem rependeret, cum exercitu Abrincatensem Comitatum invasit ut agros depopularetur. Sed a Nigello Abrincatensi Vicecomite, & ab Aluredo qui *Gigas* cognominabatur, tam fortiter exceptus est, ut quamprimum, multis suorum amissis, receptui caneret.

Guill. Gem. l. 6. c. 12. Glaber. l. 4. c. 6. Robertus Normanniæ Dux cum ad Jerosolymitanam peregrinationem proficisceretur, Optimatibus Normanniæ & Henrico regi filium unicum commendavit Willelmum nothum, quem ex Falesiana quadam susceperat. Robertus in illa peregrinatione defunctus est. Ducatus vero ad puerulum Willelmum ex voluntate patris pertinebat. At cum Normanni nothum in Principem suum non libenter susciperent, hinc subortæ sunt dissensiones & lites. Proceres quique ad id nervos industriæ contendebant, ut quantum possent se a Principis ditione & dominatione subtraherent. Castella vero in terris suis ædificarunt. Ad rem bene gerendam illi, missa discordia, uno animo cœptum singuli perficere debuissent. Contra vero dissensiones in Normanniam perturbationemque ingentem intulere. Malgerius Archiepiscopus Rothomagensis, & Willelmus Comes Arcensis fratres, Willelmi patrui, dissensiones clam fovebant, utpote quæ suis consiliis faverent. Alanus vero III. Britanniæ Dux, qui se pupilli tutorem gerebat, ad litigia sedanda in Normanniam venit, sed brevi postea veneno sublatus fuit.

Duch. l. 4. p. 86. f. 148. Odo Campaniæ Comes, qui sibi Burgundiam superiorem competere putabat, coacto exercitu præter voluntatem Henrici regis, in Lotharingiam ingressus, cepit Commercium, & inde movit ut Barum obsideret. Gothelo autem Dux Lotharingiæ, cui Imperator Ducatum

vint l'attaquer avec une armée de Lorrains & d'Allemans, défit celle d'Eude, le tua de sa propre main, lui coupa la tête & l'envoia à l'Empereur. Manassès Comte de Dammartin périt dans ce combat, avec beaucoup de Noblesse. Thibaud & Etienne fils d'Eude partagerent ses terres. Thibaud eut les Comtez de Chartres, de Blois & de Tours; & Etienne, la Champagne & Meaux : il prit le titre de Comte de Champagne & de Brie.

Eude Comte de Champagne défait & tué.

La minorité de Guillaume fut cause de bien des troubles en Normandie; sa bâtardise fit naître à plusieurs la pensée de lui disputer la succession. Roger de Tocni, issu d'un nommé Malahulque oncle de Rollon, crut que le Duché lui appartenoit, & prit les armes pour s'en saisir. Il donna combat à Homfroi & à Roger de Beaumont son fils, & fut défait & tué avec ses enfans. Un autre prétendant se mit sur les rangs. C'étoit Guillaume d'Arques oncle de Guillaume, qui refusoit de rendre hommage à son neveu, & d'obéir à Raoul de Gaucei, que le jeune Duc avoit fait Prince de la Milice des Normans, dit l'Historien : le Comte d'Arques sa maintint quelque tems soutenu par le Roi, qui vouloit apparemment pour la sureté de son Etat, entretenir les factions en Normandie. Mais il succomba à la fin comme nous verrons.

1039. Troubles de Normandie pendant la minorité de Guillaume.

Thibaud & Etienne fils d'Eude Comte de Champagne, refusoient de rendre hommage de leurs terres au Roi Henri, parce qu'il n'avoit pas secouru leur pere contre l'Empereur Conrad. Pour fortifier leur parti, ils persuaderent à Eude fils du Roi Robert, de prendre les armes contre son frere Henri, & de se joindre à eux pour le détrôner & prendre sa place. Après cette jonction, ils firent un dégât extraordinaire dans les terres du Roi, qui marcha contre son frere. Eude se retira dans un château où il fut assiegé. Le Roi le prit avec quelques complices, & l'envoia prisonnier à Orleans. On ne sait pas combien de tems il fut en prison ; mais il en sortit certainement, puisqu'il commandoit une partie des troupes du Roi dans la guerre contre le Duc de Normandie.

Eude armé contre le Roi Henri son frere.

Henri tourna ses armes contre Etienne, il le mit en déroute, & fit beaucoup des siens prisonniers, entre autres le Comte Raoul, qui étoit le principal soutien de cette faction. Il suscita à Thibaud un ennemi puissant & redoutable; c'étoit Gefroi Martel qui assiega Tours dans les formes, & dressa toutes les

1040. 1041.

Barensem dederat, cum exercitu Lotharingorum & Alamannorum illum adortus est: Odonis exercitum fudit, illumque manu propria occidit, atque occisi caput Imperatori misit. In hac pugna periit Manasses Comes Domnimartini cum multis Nobilibus. Tetbaldus & Stephanus filii Odonis ditionem ejus inter se diviserunt. Tetbaldus sortitus est Comitatus Carnotensem, Blesensem & Turonensem ; Stephanus vero Campaniam & Meldas, atque Comes Campaniæ & Briæ vocatus est.

Willelmi pueritia plurimorum fuit causa motuum. Cum porro nothus ille esset, multi sibi magis quam spurio Ducatum Normanniæ competere putabant. Rogerius Tocnites de stirpe Malahulcii, qui Rollonis Ducis patruus fuerat, putans ad se Normanniam pertinere, arma sumsit, ut sibi eam subjugaret. Pugnam vero commisit cum Humfrido & Rogerio de Bellomonte, in qua cum filiis suis cecidit. Alius item qui Ducatum sibi deberi jactitabat Willelmus Arcensis erat, Willelmi Ducis patruus, qui obsequia debita fratris filio reddere negabat, nec parere volebat Rodulfo de Gauceio, quem Dux Willelmus principem militiæ Normannorum fecerat, inquit Historicus. Hic vero Arcensis Comes aliquo tempore in rebellione perstitit, clam opitulante rege, qui ut credere est, factiones in Normannia esse cupiebat, ut tutior regni sui status esset. Verum Comes ille Arcensis tandem oppressus fuit, ut infra videbimus.

Tetbaldus & Stephanus filii Odonis Campaniæ Ducis, Henrico Regi obsequium debitum denegabant, quod patri suo contra Conradum Imperatorem opem non tulissent. Odoni vero Regis fratri auctores fuerunt ut contra fratrem arma sumeret, ac junctis secum copiis excluso illo regnum usurparet. Deinde cædes, rapinæ, incendia, depopulationes in regno fecerunt. Rex in fratrem movit, quem in quoddam *municipium* fugere compulit, captusque ille cum quibusdam sociis, Aurelianum in custodiam missus est. Quanto autem tempore in carcere manserit ignoratur: verum inde certissime eductus fuit, nam in bello contra Normanniæ Ducem in Regii exercitus parte imperabat.

Cum Stephano etiam congressus Rex, vicit cum fugavitque, ac multos de illius exercitu cepit, inter quos Comes Radulfus fuit, *in quo tota vis factionis erat. In Tetbaldum quoque Gaufredum Andegavensium Comitem animans effecit cum ipsi acerrimum inimicum.* Is erat Gaufredus Martellus, *qui urbem Turonicam, qua*

Guerre du Comte d'Anjou contre celui de Champagne. machines nécessaires pour prendre la place. Le siege dura long-tems. Thibaud fit cependant son accord avec le Roi; ce qui n'empêcha pas que Foulques ne continuât le siege, quelque instance qu'on pût faire pour l'en détourner. Thibaud ramassa tout ce qu'il pût de troupes dans ses Etats & dans ceux de son frere, & marcha vers Tours. Foulques alla à sa rencontre. Le combat se donna sur la riviere du Cher. L'armée de Thibaud fut mise en fuite, & il resta prisonnier avec une partie de ses gens. Geffroi revint pour continuer le siege de Tours, & prit enfin la ville. Malgré toutes les sollicitations que le Roi pût faire pour la délivrance de Thibaud, Geffroi ne le lâcha qu'en exigeant de lui qu'il lui laisseroit à perpétuité la ville de Tours & la Touraine; ce qui fut fait avec toutes les formalitez requises. Quelques années après, Etienne étant venu à mourir, Thibaud dépoüilla Eude fils du défunt, de toutes ses terres. Eude se refugia auprès du Duc de Normandie, qui le maria & lui donna quelques terres.

Le Roi souhaitoit de ruiner le château de Tullieres qui lui faisoit quelque ombrage. Il le demandoit aux Normans. Plusieurs étoient d'avis de le lui remettre: mais Gislebert Crepin qui en avoit été établi Gouverneur par le Duc Robert pere de Guillaume, refusa de le rendre, & se mit en devoir de le défendre, aiant une bonne garnison : ce que voiant Henri, il alla l'assieger avec une armée de François & de Normans. Gislebert à la priere du Duc, rendit enfin ce château, quoiqu'avec peine, & le Roi le fit d'abord ruiner & brûler. Il revint quelque tems après, ravagea le Comté d'Hiemes, & brûla le Bourg d'Argenton. A son retour il rebâtit le château de Tullieres, & y laissa garnison.

1043. Quand le Duc Guillaume commença à gouverner par lui-même, il trouva bien des difficultez de la part des Seigneurs: il se forma alors un parti pour Gui fils de Renaut Comte de Bourgogne & d'Alix sœur de Robert, qui prétendoit par raison de bâtardise, chasser Guillaume, & se mettre en sa place. Un grand

1044. **Henri marche pour secourir Guillaume Duc de Normandie & gagne la victoire.** nombre de Seigneurs se mit de son côté, & Niel Vicomte de Coutances, fut de ce nombre. Guillaume voiant la partie si forte, eut recours au Roi Henri, qui en reconnoissance, dit l'Historien, du secours que lui avoit donné autrefois Robert pere de Guillaume, marcha pour tirer son fils d'un si mauvais pas. Les rebelles avoient levé une grosse armée; le Roi fort inferieur en troupes, quoique jointes avec celles du Duc, leur donna bataille. Dans le combat il

---

illius erat ditionis, exercitu circumdat, aggeribus exstructis, machinisque, & omnibus quæ ad obsidionem pertinent paratis. Interea vero Tetbaldus cum Rege pacificitur, & tamen Gaufredus in obsidione perstitit, quantumvis ne pergeret moneretur. *Tetbaldus undecumque collectis auxiliariis, cum fratris & suorum militum cohortibus Turonem petiit.* Gaufredus ipsi obviam venit : ad Carum fluvium commissa pugna est. Tebaldi exercitus in fugam versus, ipseque captus fuit cum suorum multis. Gaufredus ad obsidionem reversus, urbem tandem cepit. Quantumcumque vero Rex liberum remitti Tetbaldum niteretur, non emisit illum Gaufredus donec Turonensem urbem & agrum in perpetuum sibi cederet, quod in requisita forma factum est. Aliquot postea annis, defuncto Stephano, Tetbaldus Odonem filium ejus hæreditate privavit patris. Ille autem ad Normanniæ Ducem confugit, *qui uxorem ei & aliquas dedit possessiones.*

Will. Gem. l. 7. c. 5. Duch. t. 4. p. 149. Rex Tegularias castrum diruere peroptabat; illudque a Normannis petebat. Normannorum plurimi tradendum ipsi esse castrum dicebant : verum Gislebertus Crispinus, cui illud commiserat olim Dux Robertus, reddere noluit & cum valida manu se ad resistendum apparuit. His conspectis Henricus cum exercitu Francorum & Normannorum castrum obsedit. Gislebertus precibus Ducis victus, mœrens castrum reddidit, Rexque illud statim incendi jussit & dirui. Non multo post Oximensem Comitatum adiit, & Argentonum vicum flammis tradidit. Regressus vero castrum Tegularias restauravit, & annona militibusque munivit.

Quando Dux Willelmus in flore juventutis Ducatum per se regere cœpit, a proceribus Normannis interturbatus est. Illi vero partes Vidonis, filii Rainaldi Burgundiæ Comitis, & Adelaïdis filiæ Roberti Normanniæ Ducis, sequuti sunt. Vido autem Willelmum, utpote nothum ex Ducatu pellere nitebatur; ut se in locum ejus induceret. Cum vero procerum pars maxima pro illo staret, ex eorumque numero esset Nigellus Vicecomes Constantiensis, Willelmus de tanto sibi adversantium cœtu exterritus, Regis opem imploravit, qui ,inquit Historicus, memor beneficii fere olim a Willelmi patre impensi, movit ut Willelmo suppetias ferret. Junctis ergo copiis, Rex cum rebellibus longe majori bellatorum numero instructis pugnam iniit, in qua Henricus Rex ictu lanceæ dejec-

Will. Gem. l. 7. c. 17. Gesta Guillelmi p. 175. Duch. p. 198. pag. 149.

fut abbatu d'un coup de lance, mais il se releva sans blessure. L'armée des ennemis fut taillée en pieces. Ceux qui échaperent au glaive se noierent au passage de la riviere d'Orne. Un Auteur a dit que le Roi n'avoit que trois mille hommes, avec lesquels il défit trente mille Normans. Gui de Bourgogne fut assiegé dans Brione; il fut forcé de se rendre, & de se retirer en Franche-Comté.

Guillaume étant en âge de se marier, épousa Mathilde fille de Baudouin Comte de Flandre, & d'Adeleïde sœur du Roi Henri. Elle étoit sa parente; il fallut dispense du Pape. Il la donna à condition qu'il bâtiroit dans quatre villes quatre hôpitaux, dans chacun desquels on nourriroit cent pauvres. On n'étoit guére accoutumé à donner ces sortes de dispenses. Mauger Archevêque de Rouen, oncle du Duc, & frere du Comte d'Arques, qui prétendoit au Duché, saisit l'occasion, & excommunia les deux époux. Le Duc s'en plaint à Rome: le Pape envoie un Légat qui convoqua les Evêques de la Province à Lisieux, fit déposer Mauger, & le Duc le relegua dans l'isle de Grenezai. 1047.

Le Comte d'Arques frere de l'Archevêque s'étoit armé, & se portoit pour successeur de Robert. Guillaume marcha contre lui. Le Comte ne pouvant tenir la campagne, s'enferma dans son château d'Arques, où le Duc l'assiegea. Le Roi ne voioit pas volontiers que le Duc se fortifiât. Il auroit souhaité pour la sûreté de ses Etats, que le trouble regnât plus long-tems dans la Normandie. Il alla en personne jetter des vivres & du secours dans Arques. Le Duc continua toujours le siege, & le Comte fut obligé enfin de se rendre à sa merci.

Le Roi incité par plusieurs Seigneurs, projetta d'opprimer Guillaume, & de se rendre maître de la Normandie. Il leve une armée, & marche contre le Duc, tandis que le Comte d'Anjou s'avançoit de son côté pour entrer dans le Comté d'Evreux. Henri envoia Eude son frere avec un corps de troupes, pour faire le dégât au païs de Caux. Mais le Duc fondit sur eux auprès de Mortemer, & les défit; ensorte qu'Eude fut obligé de prendre la fuite. Le Comte de Ponthieu fut pris avec un grand nombre d'autres, le reste se sauva par la fuite. Le Roi averti de tout ceci, ne jugea pas à propos après cet échec, de tenter fortune lui-même. Le Duc Guillaume ajouta peu après à la Normandie le Comté du Maine.

Henri marche contre Guillaume & se retire avec perte.

1054.

---

tus ab equo, sine vulnere equum denuo conscendit: fœderatorum exercitus cæsus est; qui gladium effugere, in transitu Olnæ fluvii magna ex parte sunt demersi. Ait Scriptor quispiam Regem cum tribus hominum millibus triginta Normannorum millia profligasse. Vido Brionium se recepit, ubi obsessus tandem manus dare coactus, atque in Burgundiam reversus est.

l. Gem. l. 21. Willelmus vero Dux jam connubio idoneam ætatem adeptus, Mathildem duxit filiam Balduini Flandriæ Comitis, & Adeleïdis sororis Henrici regis. Cum autem illa cognata ipsius Willelmi esset, non sine *dispensatione* Summi Pontificis potuit illam uxorem habere; quæ dispensatio illa conditione concessa fuit ut Dux in quatuor urbibus quatuor pauperum hospitia fundaret, in quorum singulis centum pauperes alerentur. Vix illo tempore tales dispensationes concedebantur. Malgerius igitur Archiepiscopus Rothomagensis Ducis Willelmi patruus, fraterque Comitis Arcensis, qui Ducatum Normanniæ affectabat, conjugatos ambos *excommunicavit*. Dux apud Romanum Pontificem conquestus est, qui Legatum misit. Is Lexovii Episcopos convocavit, qui Malgerium deposuerunt. Dux autem illum in Ghernerviam insulam exsulem misit.

Comes Arcensis frater Archiepiscopi arma sumserat, & Roberti Ducis successorem se gerebat. Movit adversus illum Willelmus. Comes autem impar viribus sese in Arcense castellum inclusit, ubi a Willelmo obsessus fuit. Non libenter videbat rex Henricus Normanniæ Ducem potentia crescere. Ad securitatem enim regni sui putabat expedire ut Normannia tumultu diu agitaretur. Ipse vero movit & in castellum Comitis commeatum induxit. At Duce in obsidione perseverante, Comes sese dedere compulsus est.

Rex concitantibus multis regni primoribus, Willelmum opprimere & Normanniam occupare aggressus est. Collecto exercitu contra Ducem movit, dum Comes Andegavensis ex altera parte ad Ebroicensem Comitatum properabat. Rex vero Odonem fratrem misit cum manu selectæ nobilitatis virorum fortium ad Calcinnum subvertendum territorium. Verum Dux Willelmus illos adortus est juxta Mare mortuum, & in fugam conjecit, ita ut Odo fuga sibi consulere coactus sit, Wido Pontivi Comes captus sit, cæsisque multis, cæteri fugientes evaserint. His auditis Rex, post illam cladem, non putavit belli fortunam esse tentandam. Dux autem Willelmus sub hæc Normanniæ Cenomanensem Comitatum adjecit.

Duch. l. 4. p. 149. 150.

Orderic. Vital. l. 3. p. 437.

Thibaud Comte de Troie & de Chartres, mécontent de ce que le Roi avoit souffert que le Comte d'Anjou lui enlevât la Touraine, alla trouver l'Empereur qui le fit son Chevalier : on dispute s'il lui fit hommage de son Comté de Champagne. Il importe peu qu'il l'ait fait ou non, étant certain qu'il ne le pouvoit faire sans le consentement de son Seigneur Suzerain. Cela auroit pû causer quelque guerre entre les deux Couronnes, & ce fut pour cela que l'Empereur & le Roi d'un commun consentement s'aboucherent à Yvoi. Le Roi de France y fit ses plaintes ; il ne paroît pas qu'il en ait rapporté aucune satisfaction. Il jugea même à propos de se retirer de nuit, craignant qu'on ne tramât quelque chose contre sa personne.

1058.
Autre tentative d'Henri fort malheureuse.

Henri avoit toujours à cœur l'affront qu'il avoit reçû en Normandie. Il resolut de faire une seconde tentative. Il appella à son secours Gefroi le Barbu Comte d'Anjou, & s'avança avec une grande armée. Il entra d'abord dans le Comté d'Hiesmes, & penetra jusqu'à celui de Baieux, & puis rebroussa chemin, & fit passer à son armée la Dive à gué. Quand la moitié fut passée avec le Roi, la marée fit tellement croître la riviere, que la moitié resta de l'autre côté, & ne pût passer. Le Duc Guillaume profitant de l'occasion, fondit sur la moitié qui étoit restée, & en presence du Roi qui ne pouvoit secourir les siens ; il en tailla en pieces la plûpart, & prit le reste prisonnier. Le Roi se retira sain & sauve avec le reste de ses troupes ; & lassé d'une si malheureuse guerre, il fit la paix avec Guillaume, & lui rendit le château de Tullieres.

Philippe couronné Roi.
1059.

Henri sentant ses forces diminuer, fit assembler les Seigneurs de son Roiaume, & les pria de reconnoître Philippe son fils pour leur Roi ; ce qu'ils firent tous volontiers. Il le mena ensuite à Rheims où il fut sacré & couronné le 23. Mai jour de la Pentecôte. L'année suivante le Roi tomba malade à Vitri près de Paris, d'une petite fiévre. Jean le plus excellent des Medecins de ce tems-là, lui donna une violente purgation, lui défendant de boire de l'eau, quelque soif qu'il pût avoir. Mais il fut si alteré qu'il en but un verre, dont il se trouva si mal, qu'il en mourut le même jour, non sans soupçon de poison : après avoir reçû la sainte Eucharistie.

1060.
Mort du Roi Henri.

Il avoit épousé en premieres nôces Mathilde niece de l'Empereur Henri III. dont il eut une fille qui ne vécut pas long-tems. En secondes nôces, de peur de tomber dans l'inconvenient de se marier avec une parente, il envoia à

Dach. l. 4. p. 150.

Tetbaldus Trecensis & Carnotensis Comes ægre ferens quod Rex passus esset Comitatum Turonensem sibi a Comite Andegavensi auferri, Imperatorem adiit, qui illum Equitem fecit. An illi de Comitatu Campaniensi *hominium* præstiterit disputatur. Verum an id præstiterit necne, parum interest, cum certum sit illum id facere non potuisse sine consensu ejus, cui tale obsequium debebat. Hinc bellorum causa suboriri potuisset : quapropter Imperator & Rex Francorum Ivodii convenerunt. Conquestus Henricus Rex, nihil inde satisfactionis tulit : imo etiam insidiarum metu noctu discessit.

Henricus memor injuriæ in Normannia acceptæ, bellum secundo inferre Duci decrevit. In opem evocato Goffrido Barbato Duce Andegavensi, cum exercitu magno Normanniam aggreditur, ac per Comitatum Oximensem in Baiocassensem ingressus, *tandem reflexo calle redeundi*, vadum Divæ appetiit. Cum porro dimidia pars exercitus cum Rege transiisset, intumescentibus ex maris æstu aquis, altera pars in opposita ripa substitit. Arrepta occasione Dux Willelmus, sub Regis oculis illam partem quæ remanserat adortus, alios gladio cecidit, alios vivos cepit. Rex vero statim receptui cecinit, ac pacem postea cum Duce fecit, castrumque Tegularum ipsi restituit.

Henricus porro vires sibi corpoteas imminui sentiens, congregatis regni primoribus, ab iis petiit ut Philippum filium suum majorem in Regem agnoscerent, quibus statim assentientibus, Rhemos illum adduxit, ubi inunctus & coronatus fuit vigesima tertia Maii in die Pentecostes anno 1059. Insequenti autem anno Henricus Vitriaci prope Lutetiam in modicam febrim incidit. Joannes vero Medicorum illius ævi peritissimus potionem ipsi dedit, prohibuitque ne aquam biberet, quantumvis siti premeretur ; sed urgente siti aquam hausit, quæ ægritudinem auxit eo usque ut eadem die post sumtam Eucharistiam obiret, non sine veneni suspicione.

Chron Senon.

Primo duxerat Mathildem neptem Imperatoris Henrici III. ex qua filiam suscepit, quæ non diu vixit. Post defunctam Mathildem, ne uxorem quærens in cognatam incideret, ad Jaroslaum misit Russiæ

Jaroslas

Jaroslas Roi de Russie, lui demander Anne sa fille en mariage. Il l'épousa & en eut trois fils, Philippe, Robert, & Hugues. Philippe qui n'avoit que sept ans quand son pere mourut, étoit déja couronné Roi. Robert mourut jeune. Hugues épousa Adeleïde fille du Comte de Vermandois. Henri avant sa mort declara tuteur de ses enfans Baudouin de l'Isle Comte de Flandres, Prince brave, sage & assez puissant pour défendre les pupilles. Anne de Russie veuve du feu Roi, épousa Raoul de Peronne Comte de Crépi ; & ce second mari étant mort peu d'années après, elle se retira en Russie.

LES MONUMENS
D'HUGUES CAPÉT, de ROBERT
& d'HENRI I.

LA premiere figure de la Planche suivante est d'Hugues Capet ; la seconde de Robert, & la troisiéme de Constance sa femme. Les trois ont été refaites du tems de S. Louis. Celle où le Roi Robert est representé à genoux, est apparemment originale. Elle se trouve à Melun dans l'Eglise de S. Sauveur que ce Prince avoit fait bâtir. Ce fut en cette ville que mourut le Roi Robert. Il y a apparence que ce Monument lui fut érigé, ou quand il eut fondé l'Eglise, ou peu de tems après sa mort. On l'a mis à genoux, posture où il se mettoit souvent pour prier Dieu, dit l'Auteur de sa vie. Il ajoute qu'il portoit la barbe assez courte ; mais il ne dit pas qu'il ne la laissoit croître qu'au bas du menton, comme nous voyons dans ces deux images.

PL. XXXIII.

Les deux sceaux dont l'un est d'Hugues, l'autre de Robert, sont faits très-grossierement. Hugues tient d'une main ce que nous appellons la main de Justice. C'est la premiere fois qu'elle paroît dans nos Monumens. Robert tient un sceptre au bout duquel est la fleur de lis. L'un & l'autre Roi ont un globe à la main gauche.

La Planche qui suit nous represente d'abord le Roi Henri I. tel qu'il est à S. Denis, fait au tems de S. Louis ou environ. Sa figure & son habit n'ont rien qui ne se remarque dans les Rois suivans. Le sceau qui est auprès, le montre

PL. XXXIV.

Regem, ut filiam ejus Annam in conjugem expeteret. Ex illa vero tres filios suscepit, Philippum, Robertum & Hugonem. Philippus septem annorum tantum erat cum pater obiit, & jam Rex coronatus fuerat, ut diximus. Robertus juvenis obiit. Hugo Adelaïdem filiam Viromanduensis Comitis duxit. Henricus moriturus Balduinum de Insula Flandriæ Comitem filiorum suorum tutorem declaravit, Principem strenuum, probum & viribus pollentem ut pupillos defenderet. Anna Russiæ post defunctum Regem Radulfo Peronæ nupsit Crispiacensi Comiti, quo defuncto in Russiam se recepit.

MONUMENTA HUGONIS CAPETI,
ROBERTI, & HENRICI I. Regum.

PRIMUM sequentis tabulæ schema est Hugonis Capeti, secundum Roberti, tertium Constantiæ uxoris ejus. Illa vero schemata tempore sancti Ludovici Regis restituta sunt. Statua Roberti Regis genuflexi, illius ævo facta videtur. Est autem Meloduni in Ecclesia sancti Salvatoris, quam ille construxerat. In ista porro urbe mortuus est Robertus, videturque hanc statuam sculptam fuisse, vel quando Ecclesiam illam construxit, vel paulo post ejus obitum. Genuflexus autem repræsentatur : pius vero Princeps, inquit vitæ illius Scriptor, sæpe genua precandi causa flectebat. Addit autem ipsum mediocrem gestasse barbam : at non dicit ejus barbam in imo mento solum crescere sivisse, ut in duabus ejus imaginibus cernimus.

Duo sigilla adsunt : alterum Hugonis, alterum Roberti, utrumque vero rudi forma concinnatum. Hugo dextera tenet Manum justitiæ, ut vocamus ; quæ Manus justitiæ nunc primo in Monumentis nostris occurrit. Robertus sceptrum tenet flore lilii terminatum. Uterque Rex sinistra globum sustinet.

Tabula sequens primo Henricum I. exhibet, qualis in Ecclesia sancti Dionysii conspicitur, tempore sancti Ludovici vel circiter factus. Ejus habitus & vestes eædem prorsus sunt quæ & sequentium Regum. Sigillum autem juxta positum, exhibet illum al-

tenant d'une main une fleur de lis, & de l'autre une espece de petite haste telle qu'on la voit dans la Planche XXVI. entre les mains de l'Empereur Lotaire & de Charles le Chauve son frere.

Le seau de Robert Duc de Bourgogne frere du Roi Henri I. est tiré de Perard qui l'a mis dans son Recüeil pour l'Histoire de Bourgogne, *pag.* 191. tiré d'une Lettre de Robert, donnée en 1054. Il y est representé en habit militaire ancien, en usage chez les Romains, qui se trouve très-rarement dans nos Monumens. Nous avons pourtant vû des Ecuiers de Charles le Chauve revêtus de même. Il tient d'une main une lance, & de l'autre son bouclier appuié contre terre, & a une fleur de lis entre ses deux pieds.

La figure suivante est tirée d'un tombeau qui est dans l'Eglise de l'Abbayie de Bonneval en Beausse, où il n'y a point d'inscription qui nous apprenne qui est ce Seigneur ou Chevalier. Il porte un casque, & est maillé de pied en cap. Les mailles environnent son visage, lui couvrent les mains & les pieds. Son grand écu n'a point de blason. Il est mort apparemment sous un des premiers Rois de la troisiéme race, au tems où il n'y avoit point encore d'armoiries.

PHILIPPE I.

PHILIPPE est le premier de nos Rois, dont le nom n'étoit pas venu de ces anciens Francs ou François. Peut-être que sa mere Anne de Russie, payis assez voisin de Constantinople, & où les noms des Apôtres étoient fort connus, aura apporté ce nom dans la Maison Roiale; il y a été fort en usage depuis. Il y a apparence que c'est à cause de ce même voisinage qu'elle portoit le nom d'Anne.

1061. Baudouin tuteur de Philippe, gouvernoit l'Etat sous son nom avec beaucoup de sagesse & de fidelité. Tout étoit tranquille dans le Roiaume. Il n'y avoit que les Gascons que l'éloignement & le refuge des Pyrenées avoit toujours rendu peu maniables, qui refusoient de se soumettre à son Gouvernement. Leur prétexte étoit qu'il y avoit à craindre que Baudouin, comme beaufrere du Roi Henri, ne fit périr son pupille pour envahir le Roiaume.

Baudouin tuteur du Roi dompte les Gascons.

---

tera manu florem lilii tenentem, altera hastulam qualem conspicimus in Tabula XXVI. in manibus Lotharii Imperatoris & Caroli Calvi fratris ejus.

Sigillum Roberti Burgundiæ Ducis, fratris Henrici I. regis, ex Perardo erutus fuit, qui illud in apparatu suo ad historiam Burgundiæ posuit p. 191. eductum ex literis Roberti anno 1054. datis. Hic veste militari indutus est, qualis in usu erat apud Romanos veteres, quæ vestis militaris raro in Monumentis nostris occurrit. Vidimus tamen Caroli Calvi Scutiferos sic vestitos. Altera vero manu tenet lanceam, altera scutum, quod terram contingit. Inter pedes autem florem lilii habet.

Schema sequens ex sepulcro prodiit, quod in Ecclesia Monasterii Bonæ-vallis visitur, ac sine ulla inscriptione est, ita ut quis sit miles iste, qui ut videtur inter proceres numerabatur, ignoremus. Galeam gestat, ac subinde a capite ad calcem hamis opertus est; hamis vultus circumdatur, hamis manus atque pedes operiuntur. Scutum illud magnum quod tenet insignibus est gentilitiis vacuum. Videtur obiisse regnante aliquo ex primis tertiæ stirpis Regibus, cum nondum stemmata gentilitia essent.

PHILIPPUS I.

PHILIPPUS Regum Francorum primus est, cujus nomen non veterum Francorum sit. Forteque mater ejus Anna ex Russia Constantinopoli viciniore, ubi nomina Apostolorum usurpabantur, hoc nomen in Regiam Francorum attulerit, ubi postea in usu fuit. Ex eadem quoque vicinia ipsa nomen Annæ tulisse videtur.

Balduinus Philippi tutor, cuncta pupilli nomine moderabatur cum prudentia, fide & sagacitate: tranquilla omnia in regno erant. Soli Vascones, qui quod & procul positi, & Pyrenæis montibus vicini essent, ad rebellionem semper proni fuerant, tunc illi se subdere nolebant. Obtendebant autem, periculum esse ne Balduinus, utpote Regis defuncti cognatus, pupilli interitum machinaretur, ut regnum invaderet.

Duch. t. 4 p. 83.

PHILIPPE I.

Baudouin dissimula quelque tems ; & faisant semblant de ne pas tenir grand compte de ce qu'ils disoient, il laissa ainsi couler deux années. Il partit après avec une armée comme pour aller faire la guerre aux Sarrasins d'Espagne. Ces expeditions au-delà des Monts pour une guerre sainte, étoient alors si ordinaires, sur tout en Aquitaine, que les Gascons ne se doutoient pas même du veritable dessein de Baudouin. Quand il fut dans le payis, il s'y arrêta, & rangea ces peuples à leur devoir par la seule crainte. 1062.

Guillaume Duc d'Aquitaine, après avoir reconquis la Saintonge sur le Comte d'Anjou, se joignit avec plusieurs autres Seigneurs du Roiaume pour faire une irruption sur les Sarrasins dans l'Espagne. Ils prirent Barbasto ville très-riche, & plusieurs places & châteaux. Ils porterent le fer & le feu dans tout le voisinage, & s'en revinrent chargez d'un butin inestimable, amenant un grand nombre d'esclaves. 1064.

L'an 1065. commença cette union de l'Angleterre & la Normandie sous un même Prince, qui causa des maux infinis au Roiaume de France, pendant l'espace de plus de quatre cent ans. 1065.

Un Monument dont la copie a été trouvée dans les papiers de feu Monsieur Foucaut Conseiller d'Etat, & qui m'a été communiqué par M. Lancelot, nous apprend bien des choses touchant le commencement de cette grande revolution. On a été long-tems en peine de découvrir le lieu où cette peinture a été trouvée. Ne doutant point que M. Foucaut qui avoit été Intendant en Normandie, n'eut tiré ce Monument de Caën ou de Bayeux, je me suis adressé à nos Confreres de ce payis-là. Sur les Memoires qu'ils m'ont envoiez, je crois que c'est une bande de tapisserie qu'on conserve dans la Cathedrale de Bayeux, & qu'on expose en certains jours de l'année. Cette bande tenant la longueur de l'Eglise, il est à croire que ce que nous donnons ici n'est qu'une petite partie de l'histoire. Si c'est cela, comme j'en suis persuadé, j'espere que nous pourrons donner le reste dans quelque tome suivant.

La peinture dans la copie de M. Foucaut avoit environ trente pieds de long & un & demi de large. Je l'ai faite un peu réduire & séparer en quatorze Planches doubles. Mais persuadé que le Lecteur seroit bien aise de voir d'un coup d'œil toute cette histoire, j'ai fait mettre le tout en petit dans une Planche double Pl. xxxv.

Balduinus autem per aliquod tempus simulavit, & quasi dicta illorum parum curaret, ad annos duos rem extraxit. Postea vero cum exercitu profectus est, quasi bellum Saracenis in Hispaniam illaturus. Hujusmodi expeditiones ultra montes ad bellum sacrum tam frequentes tunc erant maxime in Aquitania, ut Vascones ne quidem suspicarentur Balduinum sui causa exercitum movere. Cum autem intra fines eorum pervenit, solo metu illos in ordinem redegit.

Guillelmus Aquitaniæ Dux postquam Santonum regionem a Comite Andegavensi pridem occupatam receperat, adjunctis sibi aliis Galliarum optimatibus in Hispaniam contra Saracenos irrupit, *cujus ditissimam urbem Barbastam, & quamplura capientes castella, maximamque ejusdem provinciæ partem ferro & igni depopulantes, demum ad sua reversi sunt, multamque & variam suppellectilem secum asferentes, multaque mancipia adducunt.*

Anno 1065. cœpit illa Angliæ cum Normannia junctio, quæ per annos plusquam quadringentos mala innumera in Franciam invexit. Monumenti sequentis exemplar inter schedas Cl. V. Fucaldi τοῦ μακαρίτου Regi ab intimis consiliis, repertum est. Hujus mihi copiam fecit vir accuratissimus Lancelotius, quod circa maximæ hujusce rerum vicissitudinis initia, plurima nobis aperit. Diu perquisitum est, quo loco hæc pictura reperta esset. Cum autem non dubitarem quin Cl. V. Fucaldus, qui in Normannia Quæstor Regius fuerat ex urbibus vel Cadomo vel Baiocis hoc monumentum eruisset, fratres nostros Cadomenses & Baiocenses literis percontatus sum. Ex iis vero quæ mihi ab ipsis transmissa sunt, auguror esse aulæi cujusdam superiorem partem quæ in Cathedrali Baiocensi asservatur, quæque statutis diebus in Ecclesia exponitur. Cum porro Ecclesiæ totam longitudinem occupet, ea quæ hic proferimus quam minimam historiæ illius partem complectuntur. Si res ita fuerit, ut quidem arbitror, quæ supersunt nos in aliquo sequentium tomorum publicaturos esse speramus.

Fucaldianum exemplar longitudine erat triginta circiter pedum, latitudine vero unius atque dimidii. Illud autem ad Lectoris commodum imminui curavi, & in quatuordecim tabulis duplicibus repræsentavi. Cum porro peroptandum Lectori esse putarem, ut uno conspectu totam historiam præliberet, totam illam minutiore imaginum forma, in una tabula præ-

Tome I. Aaa ij

divisée en quatre, qui est à la tête des autres. Voici cette partie de l'histoire qui y est representée.

Affaires d'Angleterre.

Edouard Roi d'Angleterre, Saint & reconnu pour tel dans l'Eglise, se voiant près de sa fin, & n'aiant point de fils, jetta les yeux sur Guillaume Duc de Normandie, pour lui succeder à la Couronne, tant parce qu'il étoit son proche parent, qu'en reconnoissance des bienfaits qu'il avoit reçus de Robert Duc de Normandie, pere de Guillaume. Il fit donc son testament, où il le déclaroit son successeur ; & lui envoia premierement Robert Archevêque de Cantorberi, pour lui en donner avis. Après celui-ci il y envoia encore Harold, que les Auteurs appellent communement Harald, Comte de Kent, alors le plus puissant Seigneur de l'Angleterre, & le premier du Roiaume après le Roi. Harold s'embarqua pour passer en Normandie. Mais la tempête l'aiant jetté sur les côtes au-dessus de l'embouchure de la Somme, Gui Comte de Ponthieu se saisit de lui & de ses gens, les fit prisonniers, bien resolu de ne les lâcher que moiennant une grosse rançon. Harold fit avertir de sa détention Guillaume Duc de Normandie, qui envoia des Ambassadeurs au Comte Gui pour obtenir de lui qu'il relâchât les prisonniers ; il usa de prieres & de menaces. La peinture ne vient que jusqu'ici. Nous verrons plus bas la suite de l'histoire.

L'inscription qui regne au haut de la peinture est telle.

REX:.....RD
HAROLD DVX ANGLORVM: ET SVI MILITES:
EQVITANT AD BOSHAM:
ECCLESIA:
HIC HAROLD·: MARE NAVIGAVIT: ET. VELIS
VENTO PLENIS VENIT IN TERRA VVIDONIS COMITIS
HAROLD·:
HIC APPREHENDIT VVIDO HAROLDV̄: ET DVXIT
EVM AD BELREM: ET IBI EVM TENVIT: VBI HAROLD:
ET VVIDO: PARABOLANT:
VBI: NVNCII: VVILLELMI DVCIS: VENERVNT AD VVIDONĒ
TVROLD
NVNTII VVILLELMI.
† HIC

mitti curavi per quaternam schematum seriem. En paucis historiam illam.

Eduardus Rex Angliæ, qui in Ecclesia Sanctus habetur, cum vitæ finem instare putaret, nec filium haberet, in Guillelmum Normanniæ Ducem convertit animum, tum quia is sibi cognatus erat, tum etiam grati animi causa, ob beneficia sibi a Roberto Guillelmi patre exhibita. Testamento itaque suo ipsum sibi successorem designavit, misitque primo Robertum Cantuariensem Archiepiscopum, qui id Guillelmo significaret. Sub hæc Haroldum quoque Cantii Comitem, inter primores Anglorum præcipuum ; eidem Guillelmo misit. Haroldus navem conscendit ut Normanniam peteret ; sed tempestate ad oram Morinorum ultra Somonæ ostia compulsus est. Ibi a Widone Pontivi Comite cum suis captus & in custodia positus est, illo animo, ut ad libertatem captivis dandam grandem exigeret pecuniæ summam. Haroldus se detentum esse Guillelmo Normanniæ Duci nunciari curavit. Hic autem Oratores ad Widonem misit, qui captivorum libertatem expeterent, minis etiam adhibitis, si obsisteret. Hactenus pictura procedit. Hujus historiæ seriem infra videbimus. Inscriptio talis est.

REX: ... RD hæc erasa videntur esse.
HAROLD DVX ANGLORVM: ET SVI MILITES:
EQVITANT AD BOSHAM:
ECCLESIA:
HIC HAROLD·: MARE NAVIGAVIT: ET VELIS
VENTO PLENIS VENIT IN TERRA VVIDONIS COMITIS
HAROLD
HIC APPREHENDIT VVIDO HAROLDV̄:
ET DVXIT
EVM AD BELREM: ET IBI EVM TENVIT:
VBI HAROLD:
ET VVIDO PARABOLANT·:
VBI: NVNCII: VVILLEMI DVCIS: VENERUNT
AD VVIDONĒ
TVROLD
NVNTII VVILLELMI.
† HIC

PHILIPPE I. Monument d'Harold.

Voions presentement les parties de cette peinture. Le Roi Edouard ordonne à Harold de partir pour la Normandie, & d'aller de sa part annoncer au Duc Guillaume, qu'il l'avoit déclaré son successeur. Il a ici toute l'attitude d'un Prince qui donne des ordres. Harold & celui qui l'accompagne les reçoivent avec soumission. M. Lancelot remarque fort à propos que cette peinture s'accorde avec les meilleurs Historiens de Normandie, Ingulfe, Guillaume de Poitiers, Guillaume de Jumieges, & avec Orderic Vital, qui parle plus clairement que les autres, & refute ce que disent de ce voiage d'Harold, Guillaume de Malmesburi & Matthieu Paris, qu'étant monté sur une barque pour se divertir, un vent impetueux l'emporta sur la côte du Ponthieu. Harold reçoit donc les ordres du Roi assis sur un trône, dont les bras se terminent par une tête de chien; les autres trônes que nous voions dans les seaux & ailleurs ont les bras terminez de têtes de lions, de dragons & de monstres. Ce qui s'éleve au-dessus de la tête du chien, & qui se termine en ovale, pourroit bien être le coussin sur lequel étoit assis le Roi. Ces coussins étoient fort longs comme on peut voir dans celui de Pepin, dans ceux de Lotaire & de Charles le Chauve, & dans celui d'Harold qu'on donnera ci-après. Sa rondeur n'est pas ici bien exprimée, mais cela peut venir de la malhabileté du Peintre ou du Dessinateur. Edouard tient un sceptre terminé en haut par un fleuron. Sa couronne est ornée de ce qu'on appelle fleurs de lis. Nous avons souvent dit que cet ornement des couronnes étoit en usage dans plusieurs payis & Roiaumes.

M. Lancelot croit qu'il y avoit au dessus du Roi une inscription qui a peri par l'injure du tems. Au nom du Roi Edouard, il n'y a que les deux dernieres lettres qui restent, & la derniere lettre D. est à demi effacée; mais il paroit certain qu'il y avoit *Rex Eduard* La terminaison Latine manque souvent dans cette inscription. Au haut & au bas de la peinture le Peintre s'est diverti à faire des lions, des aigles, des chiens, des monstres, des chasseurs, des fleurs, & tout ce que le caprice lui a suggeré, & qu'on voit souvent dans les bords des tapisseries. En un endroit il met la fable du corbeau & du renard. En un autre un homme qui laboure, & un autre qui seme. Ces ornemens regnent sur toute la bordure d'en haut & d'en bas jusqu'à la fin.

Après avoir reçû les ordres du Roi, Harold se met en marche avec sa troupe

PL. XXXVI.

PL. XXXVII.

Jam picturæ partes dispiciamus. Jubet Eduardus rex proficisci Haroldum in Normanniam, ut Willelmo Duci nunciet se illum Regni sui successorem declarasse. Rex porro jubentis formam & gestum habet. Haroldus vero & qui adest alter, dicto audientes adstant. Hic apposite notat Lancelotius depictum schema cum optimis historiæ Normannicæ Scriptoribus consentire, cum Ingulpho, Guillelmo Pictaviensi, Guillelmo Gemmeticensi, & cum Orderico Vitali, qui posteremus clarius quam cæteri loquitur: atque ea quæ de Haroldi itinere referunt Guillelmus Malmesburiensis & Matthæus Paris. confutat. Narrant quippe illi, Haroldum cum recreandi solum animi causa naviculam conscendisset, ventorum impetu ad oppositam Pontivi oram depulsum fuisse. Haroldus ergo Eduardi jussa excipit sedentis in solio, cujus brachia canino capite terminantur. Alia vidimus solia in sigillis, ac schematibus cæteris, quorum etiam brachia leonum, draconum & monstrorum capita referunt. Quod supra caninum caput visitur & ovatam refert figuram, videtur esse pulvinus, cui Rex insidet. Qui pulvini admodum longi erant, ut videre est in schemate quodam Pipini regis inque Tabulis Lotha-rii, Caroloque Calvi, atque infra in schemate Haroldi. Ejus forma hic rotunda non est, ut esse oporteret; verum ex pictoris, vel delineatoris imperitia proficisci potuit. Eduardus sceptrum tenet flore terminatum. Corona ejus liliis, ut vocamus, ornata est. Sæpe diximus hujusmodi ornatum in aliorum Regum coronis passim haberi, neque Francorum tantum Regibus competere.

Putat Lancelotius supra Regem inscriptionem fuisse, quæ injuria temporum perierit, quod utique pro explorato haberi debet. Ex nomine quippe Eduardi regis, duæ solum postremæ literæ supersunt, ultimaque D, media sui parte deleta est. At certum videtur lectum fuisse, REX EDVARD. Terminatio quippe Latina sæpe in hac inscriptione omittitur. In summa & in ima aulæi parte, pictor genio & arbitrio suo indulsit, leones depingens, aquilas, canes, monstra, venatores, flores, & quidquid imaginatio suggessit. Alicubi fabulam corvi & vulpis depingit, alicubi hominem arantem, alium serentem, & sic ab initio ad finem in superna & inferna ora ludentis more fecit.

Haroldus ex jussu regio iter capessit, & cum equi-

de gens à cheval pour se rendre à Bosham où il devoit s'embarquer. Harold va à la tête de sa troupe tenant l'oiseau sur le poing, & ses chiens courans devant lui. M. Lancelot prouve très-bien que c'étoit un privilege de la Noblesse de porter l'oiseau sur le poing; & rapporte plusieurs exemples des Seigneurs representez ainsi dans les sceaux; exemples qui se trouvent aussi dans les sceaux des Dames. Nous verrons bien-tôt dans une Planche un exemple assez singulier de ces oiseaux sur la main des Princes.

Harold & tous ceux de sa suite ont la barbe rase & des moustaches. Ils portent une espece de surtout attaché à l'épaule droite, & qui laisse le bras droit libre : c'est ce que les Anciens appelloient Chlamyde. Leurs bonnets sont assez uniformes dans toute la peinture, peu propres à garantir la tête des injures du tems. Je remarque que tous les chevaux ont un poitrail, & que pas un n'a de croupiere.

L'inscription qui est au-dessus de cette marche d'Harold, mérite quelques reflexions : en voici les termes. *Harold. Dux Anglorum & sui milites equitant ad Bosham.* Il est ici appellé *Dux Anglorum*; ce qu'il ne faut pas prendre à la rigueur comme une qualité permanente. Celui qui a fait l'inscription lui donne ce nom comme au premier de l'Angleterre après le Roi. Il faut observer qu'après la plûpart des mots il y a des points, quelquefois deux, quelquefois trois, mis tantôt perpendiculairement, tantôt en triangle. Dans la plus ancienne inscription qu'on connoisse, trouvée à Athenes, faite l'année de la mort de Cimon Capitaine Athenien, 450 ans avant Jesus-Christ, il y a trois points perpendiculaires après chaque mot, comme on peut voir dans la Paleographie Grecque, *pag.* 155. Cela s'observe aussi dans des manuscrits & dans des inscriptions de siecles beaucoup plus bas. Un manuscrit de Milan du 12 ou 13. siecle, où est une version de Darés Phrygien, en vers François, a dans les deux premiers vers trois points après chaque mot.

Salemons ⋮ nos ⋮ enseigne ⋮ & ⋮ dit ⋮
Esil ⋮ lit ⋮ hon ⋮ en ⋮ son ⋮ ecrit ⋮

Après quoi le Copiste poursuit ainsi sans points.

Que nus ne deit sont sens celer
Ains se deit hon si demonstrer.

J'ai trouvé de même trois points après chaque mot dans une inscription sur une Châsse fort ancienne. Il y en a encore une de même dans ce Monastere de S. Germain des Prez, sur un vieux verou fait il y a environ 450. ans.

---

tibus peditibusque Boshamum petiit, ubi navem conscensurus erat. Ipse vero eques prait, accipitrem pugno insidentem gestans, præcurrentibus canibus. Optime probat Lancelotius nobilitatis insigne olim fuisse, in sigillis maxime deprehensum, aves pugno gestare; id quod etiam in sigillis nobilium mulierum observatur. Singulare quidpiam circa aves hujusmodi, Principum manibus insidentes, infra videbitur.

Et Haroldus & qui illum comitantur sine barba sunt, excepto labio superiore, ubi *mystaceum*, ut vocant, conspicimus. Vestem exteriotem gestant humero dextro firmatam, ita ut brachii dextri liber sit motus, libera actio : cujusmodi vestem chlamydem veteres appellabant. Pilei omnes unius sunt formæ in tota hac historia : quæ forma depellendis aëris injuriis non opportuna videbatur. Antilenam omnes equi habent, postilenam nullus.

Superna inscriptio quædam præ se fert observanda. *Harold. Dux Anglorum & sui milites equitant ad Bosham.* Vocatur *Dux Anglorum*, non quod hoc titulo frueretur, sed quia post Regem primus in Anglia erat. Post verba multa sæpe apposita esse puncta observes aliquando duo, interdum tria, modo ad perpendiculum, modo trianguli more posita. In antiquissima omnium quæ hactenus visæ sunt inscriptione, quæque Athenis reperta, anno quo mortuus est Cimon Dux Atheniensis, 450. ante Christum annis insculpta fuit, tria puncta ad perpendiculum ponuntur post singulas voces, ut in Palæographia nostra Græca videre est, p. 155. Id observatur etiam in Manuscriptis & inscriptionibus longe inferioris ævi. In Codice manuscripto Mediolanensi duodecimi vel decimi tertii sæculi, ubi interpretatio habetur Daretis Phrygii Francicis versibus, in duobus primis versibus, tria puncta post singula verba ponuntur, ut supra videas. In sequentibus vero sine punctis pergit interpres. In capsa quadam Reliquiarum perantiqua inscriptio habetur, ubi post singula verba tria puncta ponuntur; similiterque in pessulo quodam ferreo hujusce Monasterii, qui ab annis circiter 450. factus est, & inscriptionem præ se fert, post singula verba tria puncta in perpendiculum posita habentur.

à la page 174

PHILIPPE I. Monument d'Harold. 735

Harold & sa troupe viennent à Bosham. M. Lancelot prouve que Bosham étoit un port, & que ce lieu appartenoit à Harold. C'est apparemment pour cela qu'Harold le choisit par preference pour s'y embarquer.

Cette premiere partie de l'Histoire est séparée de la suivante par de grandes branches qui s'elevent du bas jusqu'en haut, & qui marquent qu'une autre action va commencer. Cela s'observe aussi dans les colonnes Trajane & Antonine, & dans d'autres grands bas-reliefs; où quand une action a fini, & qu'on en va recommencer une autre, un arbre qui s'éleve au milieu fait la séparation des deux. Ces arbres reviennent plus bas. Ils font la même fonction dans les peintures & les bas-reliefs, que les points qu'on met à la fin des periodes pour séparer ce qui suit d'avec ce qui precede. On remarque la même chose ci-dessus dans le Mausolée de Dagobert, & dans d'autres bas-reliefs & peintures. PL. XXXVIII.

Après que les Cavaliers ont mis pied à terre à Bosham, Harold avec un de ses Compagnons va faire sa priere à une Eglise qui est ici representée. Les deux sont ici en vraie posture de supplians: ils flechissent un peu les genoux, & demandent à Dieu une heureuse navigation. Ils entrerent sans doute dans l'Eglise pour y faire leur priere. Mais le Peintre les a mis dehors ne pouvant les faire voir autrement.

Les voiageurs avant que de s'embarquer font la collation ensemble; ils vuident les pots & les bouteilles. La plûpart se servent pour boire de grandes cornes de bœuf; sorte de gobelets dont l'usage est très-ancien. Ils apportoient des cornes pleines de vin, & chacun prenoit la sienne, dit Xenophon dans l'expedition de Cyrus frere d'Artaxerxe. Rien de plus commun dans les anciens tems que cet usage des cornes pour boire, comme on peut voir au livre de l'Antiquité expliquée, sur tout dans les troupes Bacchiques dans la seconde partie du premier tome; & au troisiéme tome au chapitre des Echansons. M. Lancelot remarque, que ces cornes étoient fort en usage en ces tems-là, qu'on les doroit & qu'on les ornoit en differentes manieres. Il ajoute qu'entre les presens que Guillaume le Conquerant fit à plusieurs Abbayies, il y a encore de ces sortes de cornes. PL. XXXIX.

Les buveurs prenant apparemment trop de plaisir à cet exercice, un de la troupe qui tient aussi sa corne, leur fait signe de se hâter, & de venir en diligence joindre Harold qui va s'embarquer. Il y va effectivement; & comme

---

Haroldus cum comitibus suis Boshamum venit. Probat vero Lancelotius Boshamum ad Haroldum pertinuisse: ideoque, ut credere est, istuc navem conscensurus se confert.

Hæc prima historiæ pars a sequenti appositis præaltis arborum ramis separatur, qui significant aliam sequi actionem. Idipsum conspicitur in columnis Trajana & Antonina, in aliisque anaglyphis; ubi cum actio quædam definit, & altera sequitur, arbor in medio erecta aliam ab alia distinguit. Hæ seu arbores, seu arborum rami, inferius quoque observantur. Idem vero munus implent arbores in anaglyphis & picturis, quod puncta in fine periodorum, quæ præcedentia a sequentibus separant. Idipsum porro observatur supra in Mausoleo Dagoberti regis, & in plurimis aliis anaglyphis atque picturis.

Postquam Equites Boshamum pervenère, Haroldus cum socio ad Ecclesiam pedibus se confert pro felici navigationis exitu rogaturus. Ambo genibus tantillum flexis Deum precantur. Neque dubitandum est quin ipsi in Ecclesiam intraverint. Verum pictor illos extra Ecclesiam repræsentat, quia intra Ecclesiam constitutos exhibere non poterat.

Antequam porro naves conscendant, unà compotant, vertuntque crateras. Crateres autem illi plerumque cornua sunt bovina, quorum usus frequens erat priscis temporibus, κέρατα δ' οἴνε στορέσφερον, καὶ πάντες ἐδέχοντο, inquit Xenophon in expeditione Cyri fratris Artaxerxis regis. Nihil frequentius occurrit in vetustiorum temporum monumentis, quam hujusmodi pocula, ut videas in Antiq. explanata, maximeque in Bacchicis cœtibus, secunda primi tomi parte, & tertio tomo ubi de Pincernis & Pocillatoribus: observat erudite Lancelotius cornua hujusmodi isto quode agitur ævo in usu fuisse, deauratæque plerumque & variis ornamentis decorata splenduisse: adjicit quoque inter munera, quæ Guillelmus Nothus Munasteriis obtulit, hujusmodi cornua reperiri.

Cum porro potatores illi, vertendis poculis plusquam par erat temporis impenderent, ex cœtu quispiam cornu tenens, manu significat, properandum ad naves esse, Haroldumque jam ad scapham contende-

376 PHILIPPE I. Monument d'Harold.

P L. X L.   l'eau étoit fort baſſe, l'eſquif duquel il doit ſe ſervir pour paſſer aux grands vaiſſeaux ne pouvant aborder ; il marche dans l'eau les jambes & les pieds nuds, tenant ſous ſon bras droit un chien, & ſur le poing gauche ſon oiſeau. Celui qui le ſuit immédiatement porte auſſi un chien, & deux autres chacun une rame : l'un d'eux porte auſſi un inſtrument en ziczac, dont je ne connois pas bien l'uſage.

P L. X L I.   Nous ne voions pas ſur cette peinture comment Harold & ſa troupe monterent ſur le petit bâtiment & du petit dans le grand. Ce grand vaiſſeau n'a qu'un mât, au haut duquel tient la vergue où eſt attachée la voile. La forme du gouvernail aſſez ſinguliere me fait naître une conjecture dont je parlerai plus bas. Ce gouvernail, ſi c'en eſt un, a tout-à fait la forme des boucliers de quelques gens à cheval que nous verrons plus bas. Une choſe à remarquer ici, c'eſt que tout ce vaiſſeau eſt bordé de boucliers rangez d'une certaine maniere. On les voit rangez de même dans le vaiſſeau ſuivant fort ſemblable à celui-ci. Dans

P L. XLII.   cet autre vaiſſeau, un des mariniers monte au haut du mât pour abbatre les voiles, fort enflées par la tempête. Un autre jette l'ancre. Le vent les a pouſſez ſur une côte où ils ne vouloient pas aller. C'eſt ce que marque l'inſcription ci-devant : *Hic Harold. mare navigavit : & velis vento plenis venit in terram Vvidonis Comitis*. Les vents pouſſerent donc Harold contre ſon intention ſur les terres de Gui Comte de Ponthieu. Il ſavoit que ce Comte n'aimoit guere Guillaume Duc de Normandie : il craignoit ce Duc comme ennemi de ſa maiſon, & un ennemi fort redoutable. Il vint donc avec des gens armez pour ſaiſir Harold & ſa troupe, & les retenir priſonniers. Harold deſcend ſur une chaloupe & s'avance pour parler à Gui & à ſes gens. Il a par deſſus ſa tunique une chlamyde. L'inſcription de deſſus ſa tête, *Harold* le fait connoître.

P L. XLIII.   Harold deſcendu à terre eſt ſaiſi par deux hommes armez ſelon l'ordre de Gui de Ponthieu : le Comte eſt à cheval & tend la main. Il eſt vêtu fort ſimplement. Je ne ſai à quel uſage peut être une eſpece de corne renverſée, qui pend de la ſelle du cheval la pointe en bas. Gui eſt ſuivi de quatre Cavaliers qui

P L. XLIV.   marchent de front, armez d'épée, de lance & de bouclier. Ces boucliers ſont chargez de quelques figures ; deux de monſtres, un d'une croix, & l'autre de quelques feüilles : ce ne ſont point des armoiries. Il eſt certain qu'il n'y en avoit point encore en ces tems-là qui paſſaſſent de pere en fils. Les Anciens mettoient ſouvent des marques à leurs boucliers : les Romains en avoient auſſi ou d'ar-

---

re. Pergit utique ille, & quia non poterat ſcapha ad oram pertingere, nudis pedibus in aqua incedit, canem ſub brachio dextro tenens, & ſupra ſiniſtrum pugnum accipitrem geſtans : qui illum ſequitur canem & ipſe geſtat, duoque alii remum ſinguli, unus reflexum inſtrumentum, cujus uſum non noſco.

Quomodo Haroldus & ſocii primo ſcapham, deinde navim conſcenderint non vidimus. Navis porro illa malum unicum habet, in cujus ſuprema parte ligatur antenna, cui velum hæret. Forma gubernaculi, ſi tamen gubernaculum ſit, ſingularis eſt : hincque conjectura naſcitur, quam ſuo loco proferam. Eſt autem gubernaculum prorſus ſimile clypeis equitum, quos infra videbimus. Obſervandum porro eſt navis oram clypeis ſingulari modo ordinatis operiri, & hic & in ſequenti navi, quæ huic prorſus ſimilis eſt : in qua nauta quidam ad mali faſtigium aſcendit velum demiſſurus : nauta alius anchoram jacit : a vento namque impulſi, ad oram quamdam inviti appulerunt. Hoc fert inſcriptio : *Hic Haroldus mare navigavit, & velis vento plenis venit in terram Wido-*

nis Comitis. Invitus ergo in terram Widonis Pontivi Comitis appulit. Non ignorabat Comitem hunc infenſum eſſe Willelmo Normanniæ Duci : quem metuebat ut domui ſuæ inimicum, ipſumque formidabilem. Venit ergo Wido cum armata militum manu, Haroldum & ſocios capturus ac detenturus. Haroldus in cymbam deſcendit, indeque chlamyde ac tunica indutus Widonem alloquitur. Haroldum eſſe indicat inſcriptio ſuperna *Harold*.

Ex cenſu facto Haroldus a duobus armatis viris Widone jubente comprehenditur. Eques Wido ſimplici tegitur veſte : neſcio cui uſui cornu appenſum habet acumine terram reſpiciente. Ipſum ſequuntur quatuor equites, haſtam gladiumque geſtantes, necnon clypeum ſeu ſcutum. Figuris inſignita ſunt hujuſmodi ſcuta : in duobus monſtra comparent, in alio crux ; in alio folia quædam. Non tamen hæc gentilitia inſignia etant. Certum quippe eſt nondum illa in uſu fuiſſe ſtemmata, quæ a patribus ad filios & nepotes tranſirent. Olim etiam figuras quaſdam in ſcutis apponebant. Romani in ſcutis ſigna ſæpe geſta-

bitraires

PHILIPPE I. Monument d'Harold.

bitraires, ou qui indiquoient les legions ; par exemple, la foudre étoit representée sur les boucliers de la legion Fulminatrice. Je ne doute point que depuis ces anciens Romains d'autres nations n'aient quelquefois mis des marques sur leurs boucliers, des animaux & d'autres choses ; mais c'étoit un pur caprice. Il n'y a eu de ces marques qui aient passé par succession aux familles qu'au douziéme siecle. Voilà donc la prise d'Harold qui termine dans la peinture cette partie de l'histoire ; & c'est pour cela que le Peintre a mis ici un arbre qui separe cette narration de la suivante.

L'inscription en haut est telle : *Hic apprehendit Vvido Haroldum & duxit eum ad Belrem, & ibi eum tenuit.* L'histoire de la prise d'Harold étant finie, ce qui est marqué par l'arbre, les personnages sont tous tournez de l'autre côté. Gui à cheval revêtu de sa chlamyde & l'oiseau sur le poing, conduit son prisonnier à Beaurain. Harold vient après Gui & porte aussi son oiseau, mais tourné de l'autre côté & hors d'état de s'essorer : ce qui marque qu'Harold est dans un état humilié. Les quatre Gardes à cheval suivent portant leur lance sur l'épaule. Devant Gui sont menez prisonniers les gens d'Harold ; ils marchent à pied conduits par des soldats qui les menent aussi à Belrem. M. Lancelot refute ici solidement la Cronique de Normandie, qui dit que Gui conduisit Harold à Abbeville. Cette Cronique, faite quelques siecles après la peinture, rapporte bien d'autres choses sujettes à caution. Il le mena donc à Belrem ou Beaurain sur la Canche. Il y a Beaurain le Château deça la Canche, & qui est dans le Ponthieu, & Beaurain la ville, situé de l'autre côté de la riviere, & qui dépend de l'Artois. C'est à Beaurain le Château que Gui l'amena, où ce prisonnier pouvoit être gardé avec plus de sûreté.

PL. XLV.

Gui étant arrivé à Beaurain, eut une conference avec Harold. On ne sait pas le sujet de l'entrevûë ; si Harold demanda à parler à Gui pour lui representer qu'il étoit envoié du Roi d'Angleterre à Guillaume Duc de Normandie, ou si Gui fit venir Harold pour traiter avec lui sur la rançon qu'il devoit lui paier pour être mis en liberté. Peut-être y parle-t-on de l'une & de l'autre affaire. Gui est assis sur un banc ou sur une espece de trône, dont le marchepied est de forme assez singuliere. Couvert d'un manteau, il tient son épée la pointe en haut. Harold paroît devant lui debout & en posture de suppliant portant sa chlamyde attachée à l'épaule droite. Il tient aussi son épée, mais la pointe en

PL. XLVI.

bant, sive ad arbitrium, sive ad legiones indicandas ; exempli causâ, fulmen in scutis legionis fulminatricis repræsentabatur. Nec dubito quin aliæ quoque nationes aliquot notis interdum scuta sua insignierint, animalium nempe aliarumque rerum, at ex mero solum arbitrio. Illa vero insignia queîs familiæ distinguuntur, quæque ad filios & nepotes transeunt, duodecimo sæculo cœperunt. Capto Haroldo terminatur hæc historiæ particula. Pictor vero arborem posuit, quæ hanc a sequenti dirimit.

Inscriptio superne posita sic habet : *Hic apprehendit Wido Haroldum, & duxit eum in Belrem, & ibi eum tenuit.* Capto Haroldo & finita illa historiæ particula, id quod per arborem significatur, ut diximus, personæ inversa facie ponuntur. Præit Wido chlamyde amictus, avem pugno gestans, & captivum suum ducit ad Belrem. Sequitur Haroldus item eques, qui accipitrem & ipse gestat ; sed converso ad se capite, ita ut volare nequeat ; quo significatur Haroldum jam non sui juris esse, sed sub alterius potestate. Widonis equites sequuntur, lanceam humero nixam gestantes. Ante Widonem Haroldi socii pedites a militibus Widonis ducuntur ad supradictum locum.

Hic apposite confutat Lancelotius Chronicon Normanniæ Gallico idiomate scriptum, ubi dicitur Haroldum a Widone ductum fuisse ad Abbatis-villam. Verum Chronicon istud aliquot sæculis post picturam illam editum, non ita fide dignum est. In locum cui *Belrem* nomen est duxit Haroldum Wido, qui locus ad fluvium Canciam situs est. Belrem seu Bellum Ramum castellum cis Canciam est in Pontivi limite situm, & Belremum oppidum trans Canciam in Artesia est. In castello autem positus fuit Haroldus, ubi tutius custodiri poterat.

Ibi autem Haroldus cum Widone colloquium habuit : qua de re actum sit non dicitur ; an scilicet cum Widone Haroldus sermonem habuerit, ut moneret eum se ab Angliæ Rege missum esse ad Normanniæ Ducem Willelmum : an vero Wido Comes Haroldum ad colloquium vocaverit, ut de redemtionis precio agereretur. Illud certe ignoramus. Fortasse de utraque re actum fuit. Wido sedet in scamno, quod solium forte dixeris ; scabelli pedum forma sat singularis est. Pallio amictus gladium tenet erecto mucrone. Stat Haroldus supplicis more, chlamyde indutus ad humerum dextrum nexa. Gladium & ipse

Tome I.

B b b

bas : un des gardes de Gui qui eſt auprès d'Harold embraſſe une des colonnes qui ſoûtient le couvert du lieu où ſe tient la conference : cette colonne eſt toute panchée & ſemble aller à terre ; un autre du côté oppoſé tient l'autre colonne, & le couvert commence-là ; mais n'y aiant point aſſez de place en haut pour le mettre tout entier, le Peintre l'a laiſſé imparfait. L'inſcription qui marque cette entrevûë eſt telle : *Ubi Harold & Vvido parabolant.* Où Harold & Gui parlent. De *parabolare*, les François ont fait *parler* ; les Italiens *parlare*, & de *parabola* les Eſpagnols, *palabra*, parole. L'arbre qui vient enſuite marque que cette ſcene eſt finie, & qu'une autre va commencer.

Guillaume Duc de Normandie averti que le Comte de Ponthieu avoit arrêté & fait priſonnier Harold qui venoit de la part du Roi d'Angleterre lui annoncer qu'il l'avoit declaré ſon ſucceſſeur, envoia prier le Comte de lâcher ce priſonnier. L'inſcription porte : *Ubi nuncii Vvillelmi Ducis venerunt ad Vvidonem.* Ce fut là que les Envoiez de Guillaume vinrent trouver Gui, qui paroît devant eux debout, revêtu d'une côte de maille, & d'une chlamyde par-deſſus ; la main droite ſur le flanc & tenant de la gauche une hache d'armes. Les deux Envoiez venus à cheval ont mis pied à terre. Ils ſont tous armez de pique & d'épée. Un des deux parle au Comte ; & tandis qu'ils ſont ainſi leur fonction, un valet tient leurs chevaux par la bride. C'eſt un Nain dont la taille n'atteindroit pas à mi-cuiſſe d'un des envoiez. Il eſt vétu d'une maniere toute differente des autres. Sous une eſpece de petit juſte-au-corps il a des braies qui lui deſcendent juſqu'aux talons. Sa tête ne paroît pas être d'un Nain ; il a une longue barbe, & porte un bonnet ou chapeau tout different des autres. Malgré la petiteſſe de ſa taille, il paroît avoir de la force, & tient ferme les deux chevaux par la bride, un de chaque main. Le Peintre qui l'a voulu faire remarquer a mis ſur ſa tête ſon nom, *Turold*.

Pl. XLVII.

Pl. XLVIII.

Pl. XLIX.

Après cela on voit une eſpece de loge voutée qui eſt toute à jour, & de l'autre côté deux cavaliers viennent au galop la tête nuë, preſentant la pointe de leurs lances : leurs écus ſont marquez de monſtres comme ci-devant. Ce ſont deux autres Envoiez du Duc Guillaume, comme dit l'inſcription miſe ſur leurs têtes *Nuncii Willelmi*. Car à quoi bon cette repetition, ſi ce ſont les mêmes ; d'ailleurs leur équipage eſt tout different. Guillaume de Poitiers dit, que le Duc tira Harold des mains de Gui par prieres & par menaces, *precatu ſimul & minis extortum :*

---

tenet ; ſed demiſſo mucrone. Ex ſatellitibus Widonis quidam alteram columnam qua tectum fulcitur, tenet, quæ columna adeo inclinata eſt, ut mox caſura videatur ; alter ſatelles, alteram columnam amplectitur, cui tectum innititur. At tectum illud, quod ſuperne locus huic repræſentando non fuerit, imperfectum manſit. Inſcriptio ſuperpoſita, eſt : *Ubi Harold & Wido parabolant* ; ubi Haroldus & Wido colloquuntur. Ex verbo *parabolare*, Franci, *parler* ; Itali *parlare* Hiſpani, *palabra*, Arbor ſequens ſignificat jam aliud agi.

Willelmus Normanniæ Dux cum didiciſſet Haroldum ſibi miſſum a Rege Eduardo, ut nunciaret ſe in regno ſucceſſorem eſſe declaratum, captum a Widone Comite detineri, nuncios miſit, qui peterent Haroldo libertatem. Inſcriptio ſic habet : *Ubi nuncii Willelmi Ducis venerunt ad Widonem.* Wido autem ſtat, ſquamatam ſeu hamatam tunicam geſtans ſub chlamyde, dextrum lateri admovens, ſiniſtra ſecurim bellicam tenens. Nuncii duo qui equis vecti venerant, equis relictis, pedites ſtant, haſta & gladio muniti. Eorum alter Comitem alloquitur : dumque illi hoc funguntur officio, ſervus quidam equos tenet. Pumilio eſt, cujus ſtatura ne ad medium quidem femur nuncii vicini pertingeret. Veſtem habet a cæteris prorſus diverſam, ſub tunica parva anterius aperta, braccas geſtat ; quæ ad talos uſque defluunt. Caput pumilionis eſſe non dixeris : prolixam habet barbam, pileum ſive petaſum geſtat cæteris diſſimilem. Etſi tam brevis ſit ſtaturæ, robore valere videtur, equoſque firmiter tenet & moderatur. Ut a ſpectatoribus obſervaretur, illius nomen pictor appoſuit TV-ROLD.

Deinde quoddam ædificium viſitur fornice inſtructum, columnis nixum & undique apertum, atque ex altero latere duo equites velociſſimo curſu veniunt, nudo capite haſtatum cuſpides vibrare videntur, ſcutaque geſtant monſtris inſignita ut ſupra. Sunt autem duo alii nuncii Willelmi Ducis, ut fert inſcriptio capitibus eorum ſuperpoſita, *Nuncii Willelmi.* Cur enim illa inſcriptio repetatur, ſi iidem ſint ? Alioquin autem cultu a præcedentibus longe differunt. Ait porro Guillelmus Pictavienſis, Ducem Normanniæ Haroldum liberaſſe *precatu ſimul & minis extortum,*

PHILIPPE I. Monument d'Harold.

ce qui marque qu'il vint plusieurs fois à la charge. Eadmer dit encore plus formellement, qu'après le lui avoir demandé, voiant qu'il étoit obstiné à le garder, il envoia de nouveau le menacer qu'il viendroit lui-même à main armée pour l'enlever: & qu'alors Gui le lui renvoia avec ceux de sa suite.

Cette histoire étoit continuée sur la tapisserie. Des branches d'arbres liées ensemble qui s'élevent jusqu'en haut, marquent que la scene précédente étoit finie, & le mot *hic* écrit au dessus, & precedé d'une croix, signifie qu'on alloit en commencer une autre: c'est infailliblement la suite de cette histoire. Une chose à remarquer, est que sur ces branches liées ensemble paroît un jeune homme vétu d'une tunique qui lui va jusqu'au genou; il porte un bonnet élevé dont la pointe revient sur le devant, selon la forme des bonnets Phrygiens. Ce jeune homme est tourné vers les Envoiez du Duc qui vont au galop.

Harold aiant obtenu la liberté se rendit auprès de Guillaume, qui le reçut avec toute la magnificence possible. Harold de son côté lui fit des démonstrations d'attachement & de soumission, lui prêta serment de fidelité comme au successeur d'Edouard. Le Duc l'amena à la guerre qu'il eut contre le Duc de Bretagne, & le renvoia ensuite en Angleterre chargé de presens. Peu de tems après, le Roi Edouard étant venu à mourir, Harold qui avoit un puissant parti dans le Roiaume, se fit déclarer & couronner Roi, & leva une grande armée pour s'opposer à Guillaume, qui leva aussi de son côté une prodigieuse quantité de troupes de Normans, François, Flamans, Bretons, & passa la mer sur une flote qu'on fait monter à trois mille vaisseaux. Cette armée aiant pris terre, il y eut une grande bataille, où Harold qui combattoit vaillamment aiant été tué, l'armée de Guillaume demeura victorieuse; après quoi il n'eut pas grand' peine à subjuguer les rebelles, & se fit couronner Roi.

Baudouin tuteur du Roi, Comte de Flandres, mourut l'an 1067. il laissa deux fils, Baudouin dit de Mons, & Robert qu'on surnomma le Frison, parce qu'il vainquit les Frisons. Baudouin de Mons mourut dès l'an 1070. à Oudenarde. Il laissa deux fils en bas âge, Arnoul & Baudouin, & ordonna que l'aîné seroit Comte de Flandres, & le cadet Comte de Mons. Robert leur oncle, & Richilde leur mere, se disputerent la tutele des deux pupilles. Elle appuyée de Godefroi le Bossu Duc de la basse Lorraine, défit l'armée de Robert, &

---

quibus verbis innuit repetitum conatum fuisse. Eadmerus vero clarius dicit, Willelmum postquam Haroldum liberari rogaverat, cum Widonem cerneret pervicaciter id negantem; misisse denuo qui Widoni comminando dicerent venturum Willelmum esse armis instructum ad Haroldum vi auferendum: tuncque Widonem Haroldum cum sociis Willelmo misisse.

Hæc porro historia in aulæo depicta continuatur. Arborum rami præalti & simul ligati denotant partem illam historiæ jam completam esse. Vox autem illa HIC quæ adjicitur, & quam crux præcedit, significat aliam historiæ partem sequi. Quodque observes velim, supra ramos illos præaltos simul ligatos, stat juvenis tunica indutus ad genua usque defluente, tiaramque gestat Phrygiam cujus acumen antrorsum reducitur. Juvenis porro ille ad nuncios equites, concitato cursu Widonem adeuntes, conversus est.

Hist. Pict. Haroldus libertatem adeptus Willelmum Ducem adiit, qui ipsum magnifice prorsus excepit. Ex sua vero parte Haroldus, affectus & obsequentiæ signa Willelmo dedit, sacramentumque fidei præstitit, ut successori futuro Eduardi Regis. Dux porro illum ad expeditionem bellicam deduxit, quam contra Ducem Britanniæ suscepit: posteaque in Angliam muneribus onustum remisit. Cum vero Eduardus paulo post obiisset, Haroldus cui multi Anglici proceres & populares favebant, se Regem proclamari & coronari curavit: magnoque coacto exercitu, contra Willelmum movit, qui ingenti comparato copiarum numero, Normannorum, Francorum, Flandrensium, Britonum, mare trajecit cum classe navium, ut narrant quidam, trium millium. Excensu facto, pugna ingens fuit, ubi Haroldus fortiter & strenue decertans interemtus est, demumque victor Willelmus, cæteros rebelles facile compressit, atque Rex coronatus fuit.

Balduinus Comes Flandriæ, tutor Regis, obiit anno 1067. Duos filios reliquit Balduinum Montensem & Robertum cognomento Frisonem, quia Frisones vicerat. Balduinus Montensis Aldernardæ obiit anno 1070. Reliquit & ipse filios duos adhuc infantes, Arnulfum & Balduinum, statuitque Majorem Flandriæ, Minorem vero Montium in Hannonia Comitem. Robertus patruus & Richildis mater de tutela pupillorum contenderunt. Illa ope Godefridi Gibbosi Lotharingiæ inferioris Ducis, Roberti exercitum

Guerres de Flandres. prit une partie de ses terres. Cette Princesse étoit depuis si hautaine, que les Flamans ne pouvant plus la supporter, l'abandonnerent. Elle fut obligée de se retirer dans le Hainaut.

1070. Le Roi Philippe jeune & boüillant voulut être le Juge de cette affaire, & Richilde le sçut si bien tourner, qu'elle l'engagea à prendre son parti. Le Roi âgé de dix-sept à dix-huit ans, se mit à la tête d'une armée, & se rendit dans l'Artois; mais il eut un échec près de S. Omer. Richilde y fut prise & menée à Montcassel. Le Roi se retirant vers Montreüil, Robert le suivit, donnant toujours sur la queüe de son armée. Eustache Comte de Boulogne, qui avoit un corps de reserve, fondit sur lui, l'enveloppa, le prit prisonnier, & le mena à S. Omer. Les deux parties étant ainsi en prison, & Robert entre les mains du Roi, il se trouvoit en état de decider sur cette affaire. Mais le Commandant de Cambrai gâta tout, il fit une échange de Robert avec Richilde. Philippe en fut si indigné qu'il se rendit à Cambrai avec des troupes, & enveloppant l'innocent avec le coupable, il pilla & brûla la ville.

Richilde assistée de troupes Françoises, perdit une autre bataille où fut tué son fils Arnoul. Les ennemis se saisirent de tout son payis hors du Hainaut, où elle se retira. Le Roi brûlant de desir d'avoir sa revanche retourna en Flandre, & donna une autre bataille, où fut pris Eustache de Boulogne son principal Conseiller. Cette prise changea toute la face des affaires. Le Chancelier son frere qui tournoit l'esprit du Roi comme il vouloit, voiant que son frere en haine de Richilde, alloit être détenu longtems prisonnier, persuada à Philippe d'abandonner cette femme pour la cause de laquelle il avoit fait répandre tant de sang. Pour l'engager plus fortement dans le parti de Robert, il le porta à épouser Berthe fille de Florent Comte de Hollande, & de Gertrude de Saxe. Cette Gertrude après la mort de Florent s'étoit remariée à Robert, qui devenoit par là beaupere du Roi. Richilde après cela ne pût plus se soutenir. Ses troupes furent battues de nouveau, & le jeune Baudouin aiant cédé à Robert les droits qu'il avoit sur la Flandre : il en fut reconnu Comte. Ainsi finit cette grande querelle.

Philippe depuis qu'il n'étoit plus sous la tutele de Baudouin ne gardoit aucu-

---

Guilielm. Malmesb. Duchêne, to. 4. p. 88.

fudit, atque urbium castrorumque ipsius partem cepit. Exinde tam superbe cum Flandriæ populis egit, ut ab illa deficerent, ita ut in Hannoniam se recipere coacta sit.

Rex Philippus juvenili ardore ductus, hac de re judicare voluit. Richildis ejus gratiam ita captavit, ut ad suas attraheret partes. Rex vero 17. vel 18. annorum cum esset, exercitum movit in Artesiam ; sed prope sancti Audemari urbem minus prospere pugnavit. Richildis capta & ad Montis-castellum adducta est. Cum porro Rex versus Monstrolium receptum haberet, Robertus insequebatur eum, extrema semper agmina impetens. Eustachius vero Comes Bononiensis, qui manum militum penes se habebat, in illum irrupit, & cinctum undique cepit, atque ad sancti Audemari urbem adduxit. Cum ambo belli capita in custodia essent, ac Robertus in manu Regis Philippi, poterat tunc ipse litem dirimere. Verum qui Cameraci præerat, dum pro Richildis libertate, Robertum reddidit, totum negotium labefactavit. Quam rem indigne ferens Rex, Cameracum cum militum manu venit; ac simul noxiis innoxiisque cladem intulit, dum urbem devastavit, atque incendit.

Richildis cum Francorum copiis alteram cladem subiit; in qua interfectus fuit illius filius Arnulfus. Tunc adversarii ejus urbes omnes & terras ejus occuparunt præter Hannoniam, in quam illa se receperat. Rex ut hosti vicem rependeret, in Flandriam reversus, aliam commisit pugnam, in qua captus est Eustachius Bononiensis, qui ipsi a consiliis intimis erat. Hoc eventu mutata rerum facies est. Eustachii frater *Cancellarius*, qui omni pollebat apud Regem auctoritate : cum videret fore ut Richildis causa, quæ summo odio habebatur, frater suus in carcere diuturno tempore detineretur, Philippo suasit ut Richildem desereret ; cujus causa tot tantæque jam cædes factæ essent. Ut vero illum ad Roberti causam tuendam arctius induceret, auctor ipsi fuit ut Bertham uxorem duceret, filiam Florentii Hollandiæ Comitis & Gertrudis Saxonicæ, quæ post Florentii mortem nupserat eidem Roberto, ita ut Rex ipsius privignus fieret. Richildis vero hac ope destituta, & ad hæc nova accepta clade, prorsus defecit. Cum porro Balduinus junior quæ in Flandriam jura habere poterat patruo concessisset, Robertus ut Comes agnitus est. Hicque tanti tumultus finis fuit.

Philippus ex quo tempore ex tutela Balduini excesserat, nullum in rebus modum servabat, non modo

nes mesures; il vexoit non seulement ses sujets, mais aussi les étrangers qui passoient dans son Roiaume. L'équité des Loix n'étoit pas sa regle; la vehemence de son naturel l'emportoit à des actions indignes de son caractere. Il pensa s'attirer une grosse affaire avec le Pape Gregoire VII. celui de tous les Papes qui menageoit le moins les Rois. Voici le fait. Des marchands des Terres du Pape étant venus aux foires de France, Philippe enleva sans cause leurs marchandises, & les maltraita. Gregoire VII. qui en fut averti, écrivit à Guillaume Duc d'Aquitaine, qu'il se joignît aux autres Seigneurs du Roiaume pour remontrer au Roi, que s'il ne changeoit de conduite, il l'excommunieroit.

Guillaume, après la conquête de l'Angleterre, voulut comme Seigneur Suzerain réduire la Bretagne sous ses Loix, & assiegea Dol. Le Duc Hoel eut recours au Roi de qui relevoient & la Bretagne & la Normandie. Il s'y rendit en personne, & fit lever le siege. La paix se fit entre Philippe & Guillaume, mais elle ne dura guere: voici la cause de la rupture. Guillaume avoit donné à son fils aîné Robert en presence du Roi, le Duché de Normandie. Depuis ce tems-là, soit qu'il se repentît de ce don, soit pour quelque autre sujet; il l'empêcha d'en prendre possession. Le Roi témoin du don fait, soutenoit Robert. Cela causa une guerre: Robert prit les armes, secouru foiblement par le Roi, & n'étant pas assez fort pour tenir la campagne contre son pere, il fut assiegé dans le château de Gerberoi près de Beauvais, où il se défendit vaillamment. Un jour aiant fait une sortie, il piqua contre son pere qu'il ne reconnoissoit pas sous ses armes. Il lui porta un coup de lance, le blessa & le desarçonna. Mais aiant reconnu la voix de son pere, il courut à lui la larme à l'œil, & le releva. Cela ne fléchit point le pere, qui leva le siege; mais depuis à la priere de sa femme & de ses Barons, il lui laissa le Duché.

Guerres de Guillaume le Conquerant.

1077.

Le Roi Philippe marié depuis plusieurs années, n'avoit point encore d'enfant. Il eut environ ce tems-ci un fils qui fut appellé Louis. On attribua cela aux prieres publiques. Vers le même tems il ajoûta à son domaine le Gâtinois, que lui donna Foulques le Rechin, qui en frustra son frere Gefroi, en vengeance de ce que les principaux Seigneurs de la Touraine & du Maine avoient pris les armes contre lui, pour le forcer à le mettre en liberté. Quelques années après son propre fils Gefroi Martel II. indigné de ce qu'il avoit repudié Her-

1081.

---

l. 7. Greg. subditis durus & infestus, sed etiam extraneis qui per regnum suum transirent. Non illum legum æquitas retinebat; indolis vehementia abreptus, indigna perpetrabat. Cum Gregorio VII. Papa in arduum pene incidit negotium; cum illo, inquam, Pontifice, qui in rebus hujusmodi ne Regibus quidem parcebat; hac scilicet de causa. Negotiatores quidam ex terris quæ sub ditione Pontificis erant ad nundinas Gallicanas venerant. Philippus vero & merces injuriâ abstulit, & mercatores aspere egit. His compertis Gregorius VII. Guillelmum Aquitaniæ Ducem per literas monuit, ut cum aliis Regni proceribus Regi suo nomine denunciaret, se ipsum, nisi tales emendaret mores, excommunicaturum esse.

Orderic. Vital. Guillelmus Angliam adeptus, ut Britanniam Armoricam sibi subigeret, Dolum obsedit. Dux autem Hoellus Regem Francorum cui parebant Britannia *Malaterra.* & Normannia, supplex rogavit opem sibi ferret. Rex eo se contulit, ut obsidio solveretur effecit. Pax tunc inter Philippum & Guillelmum facta est; sed non diuturna fuit, hac de causa. Guillelmus, Rege præsente, Roberto majori filio suo Normanniæ Ducatum dederat. Deinde vero sive quod se pœniteret facti, sive alia de causa, ne Ducatum possideret prohibuit. Rex testis doni pro Roberto stabat. Hinc bellum ortum est. Robertus arma sumsit, Philippo auxilii quidpiam serente; cumque non posset in acie stare contra patrem, in castro Gerboredo Bellovacensis agri obsessus a Guillelmo fuit, strenueque obstitit. Egressus aliquando in patrem irruit, quem armis tectum non agnoscebat, *Rogerius Hoveden.* lanceaque percussum vulneravit, & ex equo dejecit; sed cum vocem patris agnovisset, ad eum lacrymans accurrit & erexit illum. Non flexus est hoc officio pater. Attamen postea rogantibus uxore & proceribus Ducatum illi remisit.

Rex Philippus, qui ab aliquot jam annis uxorem *Duch. Frag.* duxerat, nondum filios susceperat. Hoc vero circiter *Tom. 4. p.* tempus natus ipsi est filius, qui Ludovicus fuit appellatus; id quod votis & precibus publicis adscriptum *89.* fuit. Philippus hoc etiam tempore Vastinium dominio suo adjecit ex dono Fulconis Rechini, qui regionem illam fratri suo Geoffrido abstulerat: indigne ferens scilicet, quod cum fratrem ille injuste detineret, proce- *Malaterra.* res Turonum & Cenomanensium arma sumsissent, ut *l. 4. hist.* fratrem in libertatem restitueret. Paucis post annis ip-*Rob. Guisc.* se Fulconis filius Geoffridus Martellus II. indignatus

mengarde de Bourbon sa mere, & du traitement qu'il faisoit à son oncle, arma aussi contre lui. On ne sait guére le succès de cette guerre. Le dessein de Foulques étoit de maltraiter son frere jusqu'à un tel point, en y ajoutant peut-être quelque breuvage, qu'il en perdit la cervelle & la raison, & fut hors d'état de tenir ses Seigneuries; ce qui arriva. Alors il le mit en liberté. Le Pape Urbain qui l'avoit excommunié à cause de cette injuste détention, & l'avoit déclaré déchû de ses Seigneuries, peu informé de la suite de cette affaire, le fit absoudre.

1086. *Philippe fait dissoudre son mariage avec Berthe.*

Philippe fort voluptueux de son naturel, commença vers ce tems-ci à donner une scene, qui pendant plusieurs années fit grand bruit dans le Roiaume, & donna bien de l'exercice à l'Etat Ecclesiastique. Dégouté de Berthe sa femme avec laquelle il avoit vécu tant d'années, & dont il avoit un fils nommé Louis, & une fille appellée Constance, il fit dissoudre le mariage sous pretexte de parenté à un degré défendu. Ces dissolutions de mariage étoient alors fort usitées.

1087. Il relegua après Berthe à Montreüil, & rechercha ensuite Emme fille de Robert Comte de Sicile. Les parties étant d'accord, la fiancée fut amenée sur les côtes de Provence. On ne sait pas pourquoi ce mariage ne se fit pas.

Guillaume Roi d'Angleterre, étant devenu fort gros & fort valetudinaire, Philippe demandoit souvent par mocquerie quand il releveroit de ses couches. Cette raillerie lui attira une guerre qui auroit peut-être eu de funestes suites si elle avoit duré. Guillaume en étant informé, lui envoia dire qu'il iroit s'en relever à sainte Geneviéve avec dix mille hommes portant des lances en forme de cierges. Dès qu'il fut en état il monta à cheval, & fit le dégât dans tout le Vexin François, prit la ville de Mante, la brûla, & passa tout au fil de l'épée. On ne sait si Philippe fit aucune diligence ou pour prévenir l'insulte, ou pour en tirer raison, & en empêcher les progrès.

Guillaume prend & brule Mante.

Tout le fruit que Guillaume tira de cette cruelle expedition, fut qu'étant déja fort infirme, il tomba malade, se fit apporter à Rouen où il mourut quelque tems après. Il donna le Roiaume d'Angleterre à Guillaume surnommé le Roux, son second fils; la Normandie à Robert nommé Courteheuse l'aîné, & à Henri le plus jeune de tous, quelques terres. Il y a apparence qu'il exclut Robert son fils aîné du Roiaume d'Angleterre, parce qu'il avoit porté les armes contre lui. Robert fit de grands efforts pour se faire couronner Roi d'Angleterre;

---

quod matrem suam Hermengardim Borboniam repudiasset. Quodque patruum suum tam aspere ageret, arma & ille in patrem sumsit: quis autem exitus belli fuerit ignoratur. Id Fulco moliebatur ut fratrem tantum & tamdiu torqueret, addito fortasse malefico poculo, ut usum illi mentis & rationis labefactaret, nec posset ultra ditionem suam regere: id quod etiam evenit. Tuncque ipsi libertatem donavit. Urbanus Papa, qui ipsum quod fratrem injuste detineret excommunicaverat, cum & ditiones amisisse suas declaraverat, cum rem uti gesta erat non nosset, ipsum absolvi curavit.

Philippus admodum voluptuosus, hoc tempore spectaculum exhibere cœpit, quod plurium annorum spatio in regno tumultus excitavit, & Ecclesiastico statui negotia multa peperit. Cum Bertham fastidiret uxorem, quam per tot annos habuerat, & ex qua susceperat Ludovicum filium & Constantiam filiam, connubium dissolvi curavit, obtendens cognationem: quæ dissolutiones tunc in usu frequenti erant. Postea vero Bertham Monstrolium relegavit; & Emmam Roberti Siciliæ Comitis filiam sibi in uxorem exquisivit. Cum ambæ partes consensissent, Emma ad oram Gallo-provinciæ deducta fuit, neque scitur qua de causa connubium non perfectum fuerit.

Cum Guillelmus rex Angliæ pinguedine nimia & infirmitate laboraret, Philippus Rex Franciæ ridendo quærebat, quandonam ex puerperio relevandus esset. Ex lusu hujusmodi bellum partum est, cujus forte exitus infaustus futurus erat, si diuturnus fuisset. His namque auditis Guillelmus Philippo misit, se ad eam rem iturum ad sanctam Genovefam cum decem hominum millibus lanceas quasi cereos gestantibus. Cum autem per valetudinem licuit, equum conscendit, Veliocassium Francorum agrum depopulatus est, Meduntam & incolas omnes gladio peremit. An vero Philippus injuriam vel propulsare vel ulcisci tentaverit, ignoratur.

Ex immani illa expeditione hunc dumtaxat fructum decerpsit Willelmus, quod ingravescente morbo Rothomagum deportatus sit, ubi paulo post obiit. Secundo filio Guillelmo Rufo regnum Angliæ dedit, Roberto Normanniam, Henrico ditiones aliquot. Verisimile autem est Robertum majorem filium ex regno Angliæ exclusum fuisse, quia arma contra patrem gestaverat. Ipse tamen totis viribus nisus est regnum

mais Guillaume mieux établi dans le payis que son aîné, s'y maintint malgré lui.

Foulques le Rechin Comte d'Anjou, avoit déja répudié deux femmes pour raison de parenté. En 1089. il épousa Bertrade fille de Simon Comte de Montfort. Cette femme jeune & belle ne s'accommodant point d'un mari vieux & gouteux, chercha des moiens de le quitter en se donnant au Roi Philippe, qui sur la réputation de sa grande beauté en étoit devenu amoureux. Ils concerterent ensemble à Tours un enlevement. Un Gentilhomme la lui amena à Orleans où il l'attendoit. Sans autres ceremonies il l'épousa en face d'Eglise. Il se trouva des Evêques assez corrompus pour dire que cela se pouvoit faire. Eude Evêque de Bayeux, poussant plus loin l'iniquité, moiennant quelques revenus que le Roi lui assigna, les maria publiquement.

1089.

Philippe épouse Bertrade.

Il y avoit dans ce mariage une complication de nullitez, qui causerent un grand trouble dans l'Eglise. Le mariage avec Foulques le Rechin n'étoit point dissout. Foulques étoit parent du Roi du troisiéme au quatriéme degré, & Bertrade l'étoit de Philippe du cinquiéme au sixiéme. Tous ces degrez de parenté étoient alors des empêchemens pour lesquels il falloit dispense, & cette dispense ne s'étoit donnée que dans les bas tems, & trés-rarement.

Nullitez de ce mariage.

Le scandale fut grand & de mauvais exemple : tous les gens de bien en témoignerent beaucoup d'indignation. Il y eut des Evêques même parmi ceux qui selon l'usage s'étoient trouvez aux nôces, qui en firent de vives remontrances au Roi. Yves de Chartres malgré les obligations qu'il avoit à Philippe, malgré les affaires que ce Prince & ses courtisans lui susciterent, voulant retirer son maître de cet abyme, ainsi l'appelloit-il, poursuivit avec tant de zele la dissolution d'un mariage si illegitime, qu'Hugues Légat du Saint Siege prononça Sentence d'excommunication contre Philippe. Mais le Pape Urbain II. en suspendit l'effet jusqu'à sa venuë en France.

Il y vint peu de tems après, chassé de Rome par l'Empereur, qui avoit fait élire un autre Pape. Dès qu'il y fut arrivé, il assembla un grand Concile à Clermont en Auvergne dans l'octave de saint Martin. Il y fut traité d'affaires trés-importantes. On y fit des Canons pour la reformation du Clergé, contre la

1095.

Coronique de S. Denis.

Angliæ occupare. At Willlemus in Anglia primogenito suo notior & acceptior, regnum, oppugnante licet fratre, tenuit ac possedit.

Fulco Andegavensis Comes, Rechinus dictus, uxores jam duas cognationis causa repudiaverat. Anno autem 1089. Bertradam duxit Simonis Comitis Montis-fortis filiam. Hæc junior & formosa cum esset, virum jam senio & podagra laborantem vix ferebat : quamobrem ipsum deserere, & Philippo regi jungi exquisivit. Philippus vero qui nuncia fama decoram esse mulierem audierat, illam expetebat. Tum de illa ad Regem adducenda apud Turones conventum est. Vir quidam nobilis illam Aurelianum ad Regem adduxit. Rex vero illam publice & in Ecclesia in uxorem accepit. Nec desuere Episcopi, qui animo vitiati dicerent posse legitime Philippum ipsam ducere. Odo autem Baiocensis Episcopus eo iniquitatis prorupit, ut statuto sibi a Rege redituum augmento, ambos conjugio jungere ausus sit.

Conjugium porro illud ex partibus illicitum illegitimumque erat, ut id in Ecclesia tota magnæ offensioni esset: nondum enim ruptum solutumque fuerat matrimonium cum Fulcone Rechino. Fulco Regis cognatus erat a tertio ad quartum gradum : Bertrada vero Regis a quinto ad sextum. Tunc vero temporis hi cognationis, affinitatisve gradus impedimenta erant, quæ *dispensationem* requirebant. Imo hæc *dispensatio* nonnisi raro & posteriori tempore data fuerat.

Perniciosum exemplum erat, grave offendiculum : probi omnes viri indignabantur. Episcopi quidam etiam ex iis qui secundum usum nuptiis interfuerant, Regi monita dederunt. Ivo Carnotensis, etiamsi multis a Rege beneficiis affectus, etiamsi Rex & clientes ejus negotia ipsi suscitarent, voluit Dominum suum ex hac *abysso*, sic ille, retraheret, tanto studio tantaque diligentia conjugii hujusce solutionem curavit, ut Hugo Sanctæ Sedis Legatus *excommunicationis* sententiam contra Philippum protulerit. Verum Urbanus II. Papa hujus effectum suspendit ad suum usque in Franciam adventum.

Pauco elapso tempore in Franciam Pontifex advenit, Roma pulsus ab Imperatore, qui Papam alterum deligi curaverat : statimque Claromonte in Arvernis Synodum magnam nationalem congregavit in octava sancti Martini, ubi de rebus magni momenti actum est, constituti Canones sunt pro reformando Clero

Ivo Carnot. ep. 13. Conc. Rhemense T. x. Conc. Duch. Frag. l. 4. p. 90.

PHILIPPE I. Premiere Croisade.

simonie qui regnoit fort en ces tems-là & contre les mariages des Prêtres. Foulques le Rechin vint se plaindre que le Roi Philippe avoit enlevé sa femme, & l'avoit épousée. L'affaire aiant été examinée, Philippe & Bertrade furent excommuniez; comme aussi tous ceux qui appelleroient Philippe Roi, & qui le reconnoîtroient pour leur Souverain, tant qu'il persisteroit dans son crime.

Philippe est excommunié.

L'Empereur Alexis Comnene demandoit du secours contre les Turcs qui faisoient tous les jours des progrès sur les terres des Chrétiens. Pierre l'Ermite Gentilhomme Picard, qui avoit fait plusieurs voiages à la Terre Sainte, étoit present à ce Concile, & representoit vivement les maux que faisoient ces Infideles aux Chrétiens qu'ils tenoient en captivité, & le danger où étoit l'Empire d'Orient, de tomber enfin sous le joug des ennemis de la Foi. La Pape Urbain II. de son côté animoit les Evêques à cette sainte entreprise. C'étoit déja la coutume établie depuis longtems, que les Evêques marchoient eux-mêmes à la guerre avec leurs feudataires : ils marchoient, dis-je, ci-devant même contre les Chrétiens. Ici c'étoit une guerre sainte. Ces exhortations firent un tel effet sur l'Assemblée, que tous s'écrierent, *Dieu le veut*; Ademar ou Aymar Evêque du Pui, fut le premier qui prit la croix. Il fut suivi par l'Evêque d'Orange, & les autres Prélats se croiserent à l'envi. Se croiser; ce fut le terme consacré pour les expeditions en la Terre Sainte; c'étoit prendre une croix rouge sur l'épaule droite ou sur quelqu'autre endroit exposé à la vûë de tout le monde. Le cri de guerre étoit, *Dieu le veut*. A l'exemple de ces Prélats, les Princes & les grands Seigneurs du Roiaume prirent la croix, & se disposerent pour marcher contre les Infideles, dans le dessein d'aller combattre pour les chasser des terres des Chrétiens; mais principalement de Jerusalem & de la Terre Sainte : le menu peuple se croisa de même en grand nombre. On ne voioit que des gens portant cette marque de la croix, qui se disposoient à ce long voiage dans le dessein de sacrifier leurs biens & leurs vies contre les ennemis de Jesus-Christ.

La premiere Croisade.

Cette premiere croisade est representée en dix tableaux sur les vitres de l'Eglise de S. Denis, à l'extrêmité du rond-point derriere le grand Autel, dans cette partie qu'on appelle le Chevet. Ces tableaux qu'on voit tous sur une même vitre, furent faits par ordre de l'Abbé Suger, qui s'est fait peindre plusieurs fois dans ces vitres du chevet avec son nom *Sugerius Abbas*. Chaque tableau

---

contra Simoniam, tunc frequentem & contra Sacerdotum connubia. Fulco Rechinus illo se contulit, conquestusque est sibi abreptam uxorem duxisse Philippum regem. Excussa res fuit. Philippus & Bertrada *excommunicati* fuere : pari anathemate plexi sunt quotquot Philippum Regem vocarent, ipsumque ut dominum suum cognoscerent, quamdiu in scelere persisteret.

Alexius Comnenus Imperator opem implorabat adversus Turcas, qui quotidie Christianorum terras invadebant. Petrus Eremita vir nobilis, qui in Terram Sanctam peregrinatus sæpe fuerat, in Concilio aderat, & cum affectu vehementi, quantis malis infideles illi Christianos afficerent enarrabat, quos captivos abducebant : & quantum immineret Imperio Orientali periculum, ne tandem sub jugum inimicorum fidei caderet. Summus Pontifex quoque Urbanus II. Episcopos concitabat ad id negotii suscipiendum. A multo jam tempore Episcopi cum subditis suis ad bellum proficiscebantur, etiam contra Christianos : jam bellum sanctum erat. Monitis ejus & hortamentis id effectum est, ut clamarent omnes,

Deus hoc vult. Ademarus Episcopus Aniciensis primus Crucem accepit, quem sequutus est Arausicanus Episcopus, aliique certatim cruces accepere. Itaque crucem accipere, usu frequenti significabat ad hujusmodi expeditionem sese apparare, rubramque crucem humero sinistro apponere. Bellicus clamor erat, *Deus hoc vult*. Episcoporum exemplo, Principes & primores regni crucem accepere, & ad bellum contra Infideles sese comparatunt, ut illos ex Palæstina sive ex Terra sancta vi armorum expellerent. Ex populo quoque innumeri se signo crucis insignierunt. Undique occurrebant homines hoc signo muniti, tam longum iter suscepturi, ut & bona & vitam contra inimicos Christi profunderent.

Hæc prima cum crucis signo expeditio, in decem depictis vitreis tabulis unam fenestram occupantibus exhibetur in extrema abside Ecclesiæ sancti Dionysii pone aram majorem in illa parte quæ *capitium* vocatur. Hæ tabulæ vitreæ quæ in eadem fenestra visuntur, jubente Sugerio Abbate positæ sunt, qui se pluries in vitreis illis depingi curavit, adscripto nomine suo *Sugerius Abbas*. Tabulæ singulæ una excepta, inscrip-

hors

PHILIPPE I. Premiere Croisade.

hors un, porte son inscription ; ce qui nous a donné le moien de les mettre dans leur rang & dans leur tems. Sans cela il n'auroit pas été possible de le faire, les tableaux n'étant pas mis sur la vitre par ordre de tems. Nous allons donner l'histoire de cette premiere Croisade, en mettant les tableaux vis-à-vis des actions qu'ils representent.

Le premier qui se croisa fut, comme nous venons de dire, Aimar ou Ademar Evêque du Puy, que le Pape fit son Légat pour toute cette expedition. Les Princes, qui comme à l'envi suivirent son exemple, furent Hugues dit le Grand, Comte de Vermandois, frere du Roi Philippe ; Robert Comte de Flandres, Robert Duc de Normandie, Etienne Comte de Chartres & de Blois, Raimond de Saint-Gilles Comte de Toulouse, qui fit une prodigieuse levée de gens. Un des principaux fut encore Godefroi de Boüillon Duc de la basse Lorraine, qui marcha avec ses deux freres Baudouin & Eustache, accompagnez de plusieurs autres. Un grand nombre de Seigneurs de moindre rang se mirent aussi de la partie, & une infinité de Noblesse se croisa de même. L'ardeur ne fut pas moindre du côté du menu peuple. Le nombre de ceux qui se croiserent fut si grand, qu'on eut dit que c'étoit une transmigration, & ce zele pour la délivrance des lieux Saints passant de l'un à l'autre, entraîna une bonne partie des François & d'autres peuples voisins à cette expedition, la plus grande qui fut jamais dans le Christianisme.

1096.

Ce nombre presqu'innombrable de gens ne pouvoit aller par le même chemin ; une armée si prodigieuse auroit été bien-tôt affamée. Les Chefs jugerent donc à propos de prendre le chemin de Constantinople par differentes routes. Le Duc Godefroi alla par la Hongrie : le Comte de Toulouse qui menoit lui seul une armée fort nombreuse, alla avec l'Evêque du Puy par la Dalmatie. Les autres se rendirent dans la Poüille. Boemond Prince de Tarente, & Tancrede son neveu, qui se signalerent dans cette croisade, se joignirent à ceux-ci.

Nombre extraordinaire des Croisez.

Pierre l'Ermite, le premier moteur de cette guerre sainte, ramassa un grand nombre de gens, fit une armée considerable, & prit le chemin de Constantinople sans attendre les Princes. Un Gentilhomme appellé Gautier, & surnommé *Sans avoir*, animé du même zele, avoit déja pris les devans avec un grand nombre de gens à pied, & peu de cavalerie. Il alla par l'Allemagne, la

---

tionem suam habent ; indeque facile fuit illas suo ordine ponere. Si enim inscriptionibus caruissent, nunquam potuissent secundum temporis ordinem locari, quia in illa fenestra non in propria sibi serie constituuntur. Jam primæ expeditionis historiam compendio referamus, Tabulas singulas pro facultate locantes e regione sibi propriæ narrationis.

Guil'elm. Tyr. l. 1.

Qui primus crucem accepit fuit, ut diximus, Ademarus Anicensis Episcopus, quem ad hanc expeditionem Legatum Urbanus Papa constituit. Certatim ejus exemplum sequuti sunt Principes, Hugo Magnus Veromanduensis Comes, Philippi Regis frater, Robertus Normanniæ Dux, Stephanus Carnotensis & Blesensis Comes, Raimundus sancti Ægidii, Comes Tolosanus, qui ingentem solus exercitum adduxit. Inter præcipuos numerabatur etiam Godefridus Bullionius Lotharingiæ inferioris Dux, qui cum fratribus suis Balduino & Eustachio aliisque multis expeditionem illam susceptit. Plurimi quoque alii procceres his inferiores, & infinitus Nobilium numerus, ad bellum sacrum profecti sunt. Nec minus fuit popularium studium ; innumeri namque nomen dedere. Dixisses transmigrationem novam esse. Tanta fuit concurrentium Francorum multitudo, necnon vicinarum gentium, ut expeditio illa omnium quæ unquam apud Christianos fuerit maxima censeri debeat.

Tantus exercitus eodem itinere pergere non poterat : simul profectus fame periisset. Quapropter ex Principum consilio ac deliberatione, alii alio itinere Constantinopolin contenderunt. Godefridus Bullionius per Hungariam transiit. Comes Tolosanus, qui solus ingentem exercitum ducebat, cum Episcopo Aniciensi per Dalmatiam iter habuit. Alii Apuliam petiere, quibus adjuncti sunt Boemundus Princeps Tarentinus & Tancredus fratris filius, qui in hoc bello admodum claruere.

Petrus Eremita, qui primus ad bellum sacrum suscipiendum omnium animos acuerat, magnum & ipse exercitum collegerat. Non exspectatis vero Principibus, Constantinopolin profectus est cum magno peditum numero, equitibus paucis. Jam ante illum vir quidam nobilis Gualterius dictus & cognominatus *Sans avoir*, id est, opibus carens, cum magno ipse quoque peditum, parvo equitum numero versus Con-

Hongrie & la Bulgarie, où il fit une perte considerable de ses gens, & arriva enfin à Constantinople, où Pierre l'Ermite vint le joindre peu de tems après avec son armée, dont une bonne partie avoit péri dans le payis des Bulgares. Ses troupes jointes à celles de Gautier *Sans avoir*, faisoient encore une grosse armée; mais si mal disciplinée, qu'elle fut bien-tôt réduite presque à rien. Voici comment.

Soliman Chef & Soudan des Turcs de ces cantons, averti qu'il venoit un nombre innombrable de gens de l'Occident, pour faire la guerre à sa nation, avoit fait venir de l'Orient des troupes considerables, qui faisoient une puissante armée. Celle de Pierre l'Ermite peu informée des forces de Soliman, prit le tems que Pierre étoit allé pour acheter des vivres à Constantinople, & se mit à ravager les environs de Nicée, d'où elle emmena une grande quantité de bestiaux. Trois mille hommes de pied Allemans & deux cens chevaux de la même nation, à l'exemple des precedens, allerent attaquer une petite ville à quatre mille de Nicée, l'emporterent de vive force, massacrerent tout ce qui s'y trouva d'habitans, & s'y établirent, resolus d'y attendre les Princes qui devoient arriver de l'Occident. Soliman qui étoit toujours aux aguets, marcha contre eux, les força, & tailla en pieces tous les Allemans. A ces nouvelles l'armée des Chrétiens se mit en mouvement; & malgré le conseil des plus sages, en l'absence de Pierre qui étoit encore à Constantinople, elle marcha au nombre de vingt-cinq mille hommes pour avoir raison de cet échec. Soliman donna sur eux avec un beaucoup plus grand nombre de gens, & les attaqua vivement: ils se défendirent en braves; mais accablez par la multitude, ils plierent & prirent la fuite. Là périt Gautier *Sans-avoir*, & presque toute cette armée fut taillée en pieces. En sorte que de vingt-cinq mille hommes, il ne s'en sauva presque pas un. De là Soliman alla attaquer leur camp, où il entra sans aucune resistance, & fit tuer tout ce qui s'y trouva de vieilles gens, de malades, Prêtres, Ecclesiastiques, Moines, Matrones, & emmena toute la jeunesse en esclavage. Il alla ensuite insulter un fort demi ruiné qui étoit auprès de la mer, où s'étoient retirez trois mille hommes du reste de cette armée. Ceux-ci se défendirent bien; ils auroient pourtant péri comme les autres, si Pierre qui étoit encore à Constantinople n'avoit obtenu de l'Empereur qu'il fît marcher ses troupes pour sauver ces malheureux restes. A la nouvelle de ce secours, les Turcs se retirerent.

Premiere de l'armée des Croisez défaite.

---

stantinopolin iter arripuerat. Per Germaniam autem & Hungariam transiens, non modica exercitus sui amissa parte, in urbem tandem pervenit, & post ipsum Petrus cum exercitu suo, cujus magna pars apud Bulgaros perierat. Hujus copiæ cum Gualterii exercitu junctæ numerosam aciem constituebant; sed nulla instructam militari disciplina, quo factum est, ut pene tota perierit illo, quo narraturi sumus, modo.

Solimanus Dux & *Sultanus* Turcarum in istis regionibus, cum comperisset ingentem Christianorum numerum ab Occidente adventare, ut contra gentem suam bellum gereret, maximum ex Oriente exercitum evocarat. Dum vero Petrus Eremita Constantinopoli annonæ & commeatus causa moraretur, ejus exercitus & numerum & motus hostium prorsus ignorans, regionem circum Nicæam devastare cœpit, multaque pecora abduxit. Germani vero ad ter mille cum ducentis equitibus, aliorum exemplo, oppidum quodpiam prope Nicæam expugnarunt, cives omnes interfecere, ibique donec Principes ab Occidente advenirent consistere decreverunt. Solimanus porro qui semper occasiones captabat, oppidum aggressus, vi cepit illud, Germanosque omnes occidit. His compertis Christianorum exercitus, qui viginti quinque millium numero erat, spreto sapientiorum consilio, dum Petrus adhuc Constantinopoli versaretur, movit ut Germanorum necem ulcisceretur. Solimanus cum majore numero, venit, ipsosque strenue adortus est. Illi vero fortiter pugnarunt; sed prævalente multitudine, in fugam versi sunt. Illic periit Gualterius, fereque totus ille exercitus cæsus est; ita ut ex viginti quinque millibus vix unus evaserit. Hinc Solimanus castra eorum adortus est; ac nemine obsistente ingressus, senes cædi jussit, necnon ægros, Sacerdotes, Ecclesiasticos, Monachos, Matronas. Juniores autem utriusque sexus captivos abduxit. Præsidium postea ad oram maris positum aggressus est, quo se receperant reliquiæ exercitus trium millium numero. Hi strenuissime pugnarunt, neque tamen evasissent, nisi Petrus, qui adhuc Constantinopoli erat, ab Imperatore impetrasset ut copias mitteret in auxilium. His accedentibus Turcæ receptui cecinerunt.

Voilà un mauvais prélude pour ces expeditions d'outremer. Un autre nommé Godescalc, Aleman, voulant à l'exemple de Pierre faire sa croisade, ramassa quinze mille hommes, qui s'étant mis en chemin, & vivant sans ordre ni discipline, furent tous massacrez dans la Hongrie. La même chose arriva à une autre plus grosse troupe de gens qui s'étoient assemblez autour de Cologne & de Maience, & qui se mirent en marche : mais un échec reçû en Hongrie dissipa toute l'armée.

De ceux qui avoient pris leur chemin par la Poüille, Hugûes le Grand frere du Roi, dont la troupe étoit bien moins grande que celle des autres Seigneurs croisez, quoiqu'inferieurs en naissance, voulut partir avant eux ; il passa le Golfe, & descendit à Durazzo, pour se rendre par terre à Constantinople ; mais saisi avec les siens par les Grecs, il fut amené à l'Empereur Alexis Comnene. Ce Prince politique voiant ce nombre prodigieux de troupes, qui se rendoient toutes à sa ville capitale, craignoit, & non peut-être sans raison, que cela ne lui portât quelque grand préjudice. Car avoir à ses portes des armées si superieures aux siennes, cela doit donner fort à penser à un Souverain. Il retint donc Hugues, le traita avec honneur, le faisant pourtant bien garder. Hugues s'apperçût bien-tôt que rien ne lui manqueroit là hors la liberté. Alexis le retenoit comme un otage pour traiter ensuite plus avantageusement avec les Princes qui devoient arriver.

Godefroi de Boüillon qui vint par la Hongrie arriva heureusement avec son armée à Philippopoli, où aiant appris qu'Hugues le Grand étoit détenu prisonnier avec ses gens, il envoia prier Alexis de le mettre en liberté ; & voiant que l'Empereur n'en faisoit rien, il fit ravager le pays des environs ; ce qui força l'Empereur de le lâcher. Alexis vouloit que Godefroi vînt le trouver avec peu de suite ; mais lui n'en voulant rien faire, cela irrita tellement les esprits de part & d'autre, qu'on en vint à un combat où les Grecs furent fort mal-menez. On convint enfin que l'Empereur donneroit en otage Jean son fils, & que le Duc iroit le voir. Il y alla, Alexis lui fit un grand accueil, l'adopta pour son fils, le chargea de riches presens : mais il exigea qu'il lui prêtât serment de fidelité : ce que le Duc fit quoiqu'avec beaucoup de peine. Boemond Prince de Tarente qui arriva ensuite, fort suspect à l'Empereur, à qui il avoit fait ci-devant la guerre, fut néanmoins reçû avec de grandes démonstrations d'amitié ;

Arrivée des principaux Croisez à Constantinople.

Infaustum sane initium fuit expeditionum ultramarinarum. Alius nomine Godeschalcus, Germanus, cum exemplo Petri vellet parem Cruce-signatorum expeditionem suscipere, quindecim millia virorum collegit, qui cum iter suscepissent & sine ullo ordine vel disciplina agerent, omnes in Hungaria peremti sunt. Eodem exitu alii majore numero circa Coloniam & Moguntiam coacti, iter arripuere. Verum clades in Hungaria accepta totum exercitum dissipavit.

Guibert. ab. l. 2. c. 1).

Ex iis qui per Apuliam iter susceperant, Hugo Magnus Philippi regis frater, qui licet natalibus dignior, paucioribus quam cæteri copiis instructus erat, ante alios proficisci voluit. Trajecto autem Hadriatico sinu, Dyrrachium venit, ut inde per terram Constantinopolin peteret : sed a Græcis interceptus cum suis, Constantinopolin ductus est ad Imperatorem. Alexius Comnenus, sagax utique Princeps, tam ingentem videns copiarum numerum, quæ Constantinopolin confluebant, timebat, nec forte injuria, ne quid inde sibi damni emergeret. Nam exercitus suis majores ad ostia sua videre, illud certe Principem ut sibi caveat admonet. Hugonem igitur honorifice suscepit ; sed sub custodia posuit. Hugo statim advertit nihil sibi defuturum esse præter libertatem. Alexius illum ut obsidem detinebat, ut cum tali pignore mox venturis Principibus commodius tractaret.

Godefridus Bullionius qui per Hungariam veniebat, Philippopolin feliciter attigit. Cum didicisset porro Hugonem in custodia detineri cum suis, ad Alexium misit rogatum libertatem ipsi daret. Cum rogatui non cederet Imperator, regionem ille circum depopulari cœpit ; ita ut coactus Alexius Hugonem & suos dimitteret. Volebat autem ille ut Godefridus cum paucis suorum se conveniret. Cum autem abnueret ille, hinc suborta altercatio est : itaque ex altercatione pugna committitur, in qua Græci male excepti fuere. Pactum tandem illa conditione initur, ut Alexius Joannem filium obsidem daret, & Dux ipsum adiret. Venientem Alexius magnifice excepit, in filium adoptavit, & amplis muneribus donavit ; sed ab illo sacramentum fidei exegit, id quod Dux nec sine difficultate præstitit. Boemundus Tarentinus Princeps, qui sub hæc accessit, Imperatori suspectus, quod bellum adversus ipsum gessisset, cum magna tamen amicitiæ significatione exceptus est. Et licet ille Alexio

Vuil. Tyr. l. 2.

& quoiqu'il ne se fiât guére à Alexis, il lui prêta pourtant serment de fidelité, & alla chargé de presens joindre l'armée du Duc avec ses troupes : car Alexis les obligeoit de passer l'Hellespont dès leur arrivée, pour les éloigner des murs de Constantinople. Robert Comte de Flandres qui arriva ensuite, fit comme les autres, & fut traité de même. Mais Raimond Comte de Toulouse, venant en la compagnie de l'Evêque du Pui avec un plus grand nombre de troupes que les autres, eut beaucoup à souffrir. Il refusa d'abord de prêter serment de fidelité. L'Empereur donna secretement ordre à ses troupes d'attaquer son armée, qui ne se méfiant de rien, fut mise en grand desordre. Le Comte irrité pensoit à en tirer vengeance ; mais à la persuasion des autres Princes, il prêta serment comme eux, & Robert Duc de Normandie qui arriva le dernier, fit comme les autres.

1097.

Prodigieuse armée des Croisez.

Les armées des Croisez ainsi rassemblées, faisoient un nombre prodigieux de troupes. Guillaume de Tyr dit que la cavalerie montoit à cent mille hommes armez de cuirasses, & les pietons à six cent mille en y comprenant les femmes. Selon ce compte le total devoit monter à plus de six cent mille combattans. La premiere entreprise que fit cette armée, fut le siege de Nicée, grande ville & bien munie. La place fut entourée par les troupes des Croisez, hors le côté qui regardoit le lac qu'ils ne purent investir. Aux premiers jours du siege Soliman vint attaquer le camp des Chrétiens avec une puissante armée. Le combat fut rude & des plus opiniâtrez : mais enfin l'armée des Infideles fut mise en fuite.

Siege de Nicée & défaite de Soliman.

Les assiegez qui se défendoient vaillamment, pouvoient tous les jours recevoir par le lac, dont ils étoient les maîtres, des vivres & des rafraîchissemens. De peur que par ces secours continuels le siege ne traînât en longueur, les Princes détacherent une partie de leur armée pour aller prendre des bateaux à la mer la plus voisine, & les traîner de là jusqu'au lac, ou les apporter par pieces, & les remettre après en leur premiere forme. Le lac fut bien-tôt couvert de bateaux chargez de gens de guerre ; ce qui ôta aux assiegez toute la communication qu'ils avoient avec ceux de dehors. Les Turcs se défendirent encore quelque tems. La femme de Soliman, qui étoit dans la ville, voulant se sauver & aller joindre son mari, monta sur un bateau, & tâcha de s'échapper par le lac : mais elle fut prise avec deux enfans qu'elle avoit, & amenée aux Princes.

---

parum fideret, illi tamen sacramentum præstitit, & muneribus onustus, cum copiis suis Ducem adiit. Alexius enim ab illis exigebat, ut Hellespontum statim post adventum suum trajicerent, ut illos a Constantinopolitanis muris removeret. Robertus Flandriæ Comes eodem & ipse modo exceptus est. At Raimundus Tolosanus Comes, qui cum Episcopo Aniciensi veniebat, cum majore quam alii militum copia, multa passus est. Statim sacramentum fidei præstare noluit. Imperator vero clam jussit invadi exercitum ejus, qui cum nihil simile exspectaret, subita illa irruptione perturbatus, ordines suos miscuit. In iram concitatus Comes Græcos ulcisci meditabatur. Verum intervenientibus aliis Principibus, ipse quoque sacramentum præstitit : similiterque Robertus Dux Normanniæ, qui postremus advenit.

Will. Tyr. l. 2.
Exercitus illi una coacti ingentem copiarum numerum exhibebant. Ait Willelmus Tyrius equites ad centum mille numeratos esse, loricis armatos. Pedites vero ad sexcenta millia pertigisse, annumeratis mulieribus. Erant igitur plusquam sexcenta millia pugnantium. Primo suscepta fuit obsidio Nicææ magnæ & munitissimæ urbis. Statim cincta copiis urbs fuit, illa excepta parte quæ lacui hærebat, quæ omnino cingi non poterat. Primis obsidionis diebus Solimanus Christianorum castra invasit, cum exercitu magno. Acerrima pugna fuit ; verum exercitus Turcarum in fugam versus est. Qui obsidebantur Christianorum impetum strenue propulsabant, & annonam commeatumque quotidie per lacum accipiebant, navigiis instructi. Principes vero Christiani, ne ex quotidianis illis commodis obsidio diu protraheretur, partem exercitus ad vicinius mare miserunt, qui naviculas partim per terram tractas, in lacum adducerent, partim dissolutas in partes, & postea in pristinam formam reductas, in aquam immitterent. Ita brevi tempore lacus Christianorum naviculis militibus opertis repletus fuit ; tunc autem qui obsidebantur omni prorsus extrinsecus allato subsidio destituti sunt. Solimani uxor, quæ in urbe erat, per lacum exire tentavit ut conjugem adiret ; sed capta cum filiis duobus ad Principes adducta est.

PHILIPPE I. Premiere Croisade. 389

Les assiegez demanderent enfin à capituler. Tanin qui étoit pour Alexis dans l'armée des Croisez, fit en sorte que la ville se rendit à l'Empereur, & comme les Princes étoient convenus que les villes qu'ils prendroient, lui seroient remises, ils n'y mirent point opposition. L'Empereur joieux de cette conquête, envoia de gros presens aux Princes. Mais le reste de l'armée murmura beaucoup de ce que contre les termes exprès du traité fait avec Alexis, il privoit les Croisez du pillage de la ville. Les Princes les appaiserent enfin, & se disposerent à continuer leur route. *Prise de Nicée.*

Dans la Planche suivante, on voit premierement le combat de Soliman contre les Croisez mis sur la vitre à côté de celui qui represente la prise de Nicée qu'on voit au bas de la même Planche. Dans le premier tableau, le seul qui n'a point d'inscription, les Croisez sont representez combattans à cheval contre les Turcs. Leur drapeau a une croix : ils portent eux-mêmes cette croix sur leurs casques. Ils sont tous couverts de mailles jusqu'aux genoux ; ce qui s'observe encore dans d'autres Monumens de ces tems-là. Ces mailles leur entourent le visage & vont jusqu'au dessous du casque. Leurs boucliers n'ont point de blason : ce qu'on remarque aussi dans tous les tableaux suivans. Le blason n'étoit point encore en usage en ce tems-là, ni même au tems que l'Abbé Suger fit faire ces vitres. Ce fut certainement avant l'an 1140. Puisqu'en cette année là Suger après avoir achevé l'Eglise, en fit faire la dédicace. L'Histoire en fait foi comme on peut voir dans Duchêne. Les armes offensives & défensives des Infideles se voient ici. Leurs cavaliers ont les uns des arcs, les autres des lances. Leur casque n'est qu'une callote. Leur cote d'armes est composée de petites pieces, quelques-unes à écailles, d'autres plus longues. Cet habit militaire des Infideles varie beaucoup dans les autres peintures. Pl. L.

Le tableau suivant represente la prise de Nicée qui se rendit par capitulation. Les croisez entrent par une porte & les Turcs sortent par une autre. Leur habit est un peu different de celui du tableau précedent. Ce n'est apparemment que par un jeu du Peintre qu'un Croisé perce de sa lance un Turc qui entre à cheval dans la ville. Un autre Croisé sur le haut d'une tour a déja arboré l'étendart de la croix. L'inscription d'en-bas est *Nicena civitas*, la ville de Nicée. Celle d'enhaut est *Franci victores, Parthi fugientes. Les François vainqueurs, les Parthes qui fuyent.* Les Turcs & presque tous ces Infideles sont appellez Parthes sur ces vitres.

Turcæ tandem obsessi, ad deditionem faciendam compulsi sunt. Taninus vero qui pro Alexio in exercitu Cruce-signatorum erat, id egit ut Imperatori se dederent, consentientibus Principibus, qui ita cum Imperatore pepigerant, ut captæ urbes ipsi traderentur. Lætus Alexius quod tantam adeptus esset urbem, munera multa Principibus misit. Verum reliquus exercitus vehementer obmurmuravit, quod contra pactum initum urbis spoliis fustratus esset ; sed sedato demum tumultu, Principes professionem ad ulteriora appararunt.

In sequenti Tabula primo visitur pugna Solimani contra Cruce-Signatos, quæ in vitreis San-dionysianis e regione obsidionis Nicænæ ponitur. Quæ obsidio infimam tabulam nostram occupat. Quæ vero pictura supremam tabulam tenet, sola sine inscriptione est. Ibi Cruce-signati equites pugnant contra Turcas. Vexillum eorum cruce signatur : ipsi quoque trucem in casside expressam gestant. Veste hamis conserta ad genua usque defluente induuntur ; quod in aliis quoque monumentis observatur. Hamis etiam vultus eorum circumdatur infra galeam. Clipei notis gentilitiis nondum insigniuntur, id quod in sequentibus quoque tabulis observatur. Stemmata namque gentilitia nondum in usu erant illo ævo, neque etiam quando Sugerius has vitreas tabulas depingi curavit, id quod certissime ante annum circiter 1140. contigit. Illo namque anno Sugerius cum illam Ecclesiæ partem absolvisset, ejus dedicationem fieri curavit : ut apud Scriptorem hujus historiæ videas. Infidelium arma hujusmodi sunt : equites alii arcus, alii lanceas gestant, cassis pileolum refert. Loricæ squamatæ forma, oculis magis quam verbis percipitur. Quæ vestis militaris Infidelium, admodum variat in tabulis sequentibus. *Duch. l. 4.*

Sequens pictura captam Nicæam exhibet, quæ se tandem Cruce-signatis dedit. Intrant illi per portam, dum Turcæ per aliam exeunt ; horum vestis tantillum differt a veste præcedentium. Lusit fortasse pictor cum Cruce-signatum exhibuit, qui Turcam intrantem lancea confodit. Alter Cruce-signatus in præalta turri crucis vexillum jam apposuit. Inscriptio infra posita est *Nicena civitas.* Superna vero sic legitur : *Franci victores, Parthi fugientes.* Turcæ & nationes omnes Infideles Orientales *Parthi* semper vocantur in hisce vitreis inscriptionibus. Scriptor quispiam in

Ccc iij

PHILIPPE I. Premiere Croisade.

Un Auteur des *Gesta Francorum* mêle aussi les Parthes parmi ceux qui ont fait la guerre aux Croisez, comme on peut voir *p.* 564. & 569. Les Parthes ont autrefois tenu pendant plusieurs siecles l'Empire d'Orient, l'Histoire Romaine en fait souvent mention, & c'est pour cela qu'on les nomme ici par preference aux autres.

Autre défaite de Soliman.
Les Princes après la prise de Nicée, se mirent en marche avec l'armée : ils allerent deux jours ensemble, & la nuit suivante ils passerent un pont. On ne sait si ce fut à dessein ou par méprise que l'armée se sépara là. Boemond, Tancrede & le Duc de Normandie prirent une autre route. Soliman avec une quantité prodigieuse de troupes, & sur tout de cavalerie, cotoioit toujours cette armée, & la voiant separée en deux, il vint attaquer avec un grand nombre de cavalerie la troupe de Boemond, qui fut d'abord ébranlée par les cris de l'armée de Soliman. Les fleches tomboient sur eux aussi dru que la grêle. Les troupes de cavalerie des ennemis venoient successivement décharger leurs flèches sur l'armée des Croisez, & se retiroient ensuite à la maniere des anciens Parthes. Les Croisez se défendoient vaillamment ; mais la fatigue & le grand nombre des ennemis les auroient enfin accablez, si les Princes qui menoient la grande armée, avertis du péril où se trouvoient leurs compatriotes, n'avoient fait un détachement qui vint fondre sur l'armée de Soliman, & la mit en déroute, délivra de captivité plusieurs prisonniers, & vint ensuite piller le camp des ennemis, où l'on trouva beaucoup d'or & d'argent, des vivres en abondance, des troupeaux, des bêtes de somme, & un grand nombre de chameaux. Il fut alors resolu, que les troupes des Croisez iroient ensemble, & ne se separeroient plus.

Après trois jours de repos l'armée continua sa route, acheva de traverser la Bithynie, & entra dans la Pisidie, dont la capitale s'appelloit Antioche. L'armée s'y arrêta quelque tems. Là se séparerent deux corps de troupes, l'un conduit par Baudouin, & l'autre par Tancrede, qui prirent le devant pour reconnoître le payis, & les routes que la grande armée devoit tenir. Ces deux Chefs eurent de grosses prises ensemble ; mais ils se raccommoderent. Baudouin vint rejoindre la grande armée qui continua sa marche ; & aiant traversé la Lycaonie, alla vers Antioche dont on vouloit faire le siege. Tancrede cependant conquit toute la Cilicie ; & Baudouin se détachant de nouveau de la grande armée, s'en alla vers l'Eufrate, où il se rendit maître d'Edesse, de Samosate, & du payis des environs.

Gestis Franc. p. 564. & p. 569. Parthos commemorat cum cæteris nationibus, quæ contra Cruce-signatos bellum gessere. Parthi vero Imperium Orientale per aliquot sæcula tenuerant, ut in historia Romana legitur. Ideoque hic uni memorantur Parthi omissis aliis.

Postquam Nicæa capta fuit, Principes cum exercitu moverunt, ac per biduum omnes junctim progressi sunt. Insequenti nocte pontem transierunt. Deinde, an casu, an consilio, Boemundus, Tancredus & Normanniæ Dux diversam iniere viam. Solimanus cum ingenti militum, maxime vero equitum, numero latera exercitus Christianorum observabat ; videns autem separatam turmam, Boemundum & suos cum equitatu aggressus est. Statimque perterrita hæc acies incondito clamore fuit. Sagittæ grandinis instar in nostros cadebant : sibi succedentes Orientalium turmæ Christianos impetebant arcus tendentes, tela innumera mittentes, posteaque locum aliis dantes, more veterum Parthorum. Nostri vero strenue & fortiter pugnabant : verum a multitudine tandem & laboris assiduitate obruti fuissent, nisi Principes majoris exercitus, comperto sociorum periculo, suorum partem misissent, qui in Solimani exercitum irrumpentes, illum in fugam verterunt, captivos multos liberarunt, posteaque hostium castra invaserunt, ubi multum auri & argenti, greges pecorum, armenta, jumenta, & magna camelorum multitudo reperta sunt. Tunc vero decretum fuit, ut exercitus junctim semper procederet.

Quievit exercitus per triduum, deinde movit, trajectaque Bithynia, in Pisidiam ingressus est, cujus metropolis Antiochia vocabatur. Ibi per aliquod tempus exercitus mansit. Hinc duæ præmissæ sunt turmæ ; altera ductu Balduini, altera Tancredi : qui regionem explorarent, & qua transire deberet exercitus indicarent. Verum inter ambos dissensio suborta est, qua sedata Balduinus rediit ad exercitum, qui trajecta Lycaonia versus Antiochiam contendit : hujus obsidio apparabatur. Interea Tancredus totam Ciliciam cepit. Balduinus vero, relicto iterum majori exercitu, ad Euphraten perrexit, ubi Edessam, Samosatam & omnem circum regionem expugnavit.

PHILIPPE I. Premiere Croisade.

Les Croisez continuant leur route vers Antioche, prirent quelques places. Etant arrivez à la vûë de cette grande ville, ils délibererent ensemble ; les uns vouloient qu'on en fît dès lors le siege ; les autres croioient qu'il falloit remettre la partie au printems prochain. Le premier avis fut suivi. On investit la ville ; on disposa les quartiers dont chacun avoit ses Commandans. Les assiegez se défendirent très-bien, & les assiegeans eurent beaucoup à souffrir, tant des sorties continuelles, que de la difficulté des fourages ; de plus la disette des vivres qu'ils n'avoient pas eu soin de ménager au commencement, fut si grande, qu'au bout de trois mois de siege l'armée se trouva diminuée de près de la moitié, un grand nombre perit de faim, d'autres quitterent l'armée & s'enfuirent ; plusieurs furent tuez en allant chercher de quoi vivre. Dans cette extrêmité, Godefroi de Boüillon étant fort malade, les autres Princes prirent résolution de faire un grand détachement de l'armée pour aller chercher des vivres où l'on en pourroit trouver. Ce détachement marcha commandé par Boemond & par Robert Comte de Flandres ; ils allerent attaquer un gros Bourg des ennemis plein de toutes sortes de provisions, ils l'emporterent, se saisirent de tout, & l'amenerent au camp, se faisant jour au travers des ennemis qui vouloient leur faire lâcher prise. Leur retour remplit de joie tout le camp. Mais ces vivres furent bien-tôt consumez par une si grande multitude. La famine revint plus grande qu'auparavant, & l'on n'y voioit plus de remede.

Siege d'Antioche.

Mauvais état de l'armée des Croisez.

Il étoit à craindre qu'on ne fût obligé de lever le siege : cela seroit arrivé infailliblement, si Boemond n'avoit eu quelque intelligence dans la ville. Il en fit la proposition aux Princes, & s'offrit de tenter l'execution de son projet, si on vouloit lui donner la ville après qu'il l'auroit prise. Tous y donnerent les mains hors le Comte de Toulouse qui s'y opposa quelque tems, mais qui se rendit enfin, voiant l'impossibilité de prendre Antioche autrement. A l'aide d'un ami que Boemond avoit dans la ville, il la surprit la nuit par escalade. L'armée des Croisez y entra, fit un grand massacre de ses habitans, & s'enrichit du butin qui s'y trouva.

1098.

Prise d'Antioche.

La prise d'Antioche est representée dans la Planche suivante, où l'on voit dans le premier tableau la défaite de Soliman qui vint attaquer les Croisez dans leur route comme nous avons dit ci-devant. Ce qu'on remarque ici de particulier, c'est que hors un des Turcs qui est vêtu comme ceux qu'on a vûs dans

PL. LI.

Cruce-signati versus Antiochiam semper tendentes, aliquot oppida & castra ceperunt : cumque in conspectum magnæ illius urbis venissent, tunc de rebus agendis deliberatum est. Alii statim obsidendam urbem esse dicebant ; alii in ver proximum obsidionem differre malebant. Prior sententia prævaluit. Undique cincta urbs fuit, dispositi militum ordines vatii, singulis duces assignati. Qui urbem custodiebant conatus obsidentium strenue propulsabant: nec multo post hæc initia, magnus labor obsidentibus partus est, tum ex eruptionibus obsessorum, tum ex pabuli difficultate. Ad hæc vero, ad victum necessaria, quæ initio nostri profuderant, prorsus deficiebant. Tanta vero fuit penuria, ut post tres obsidionis menses exercitus media fere sui parte imminutus fuerit ; cum alii fame periissent, alii aufugissent, multi qui annonam quæsitum ierant, trucidati fuissent. In hac extrema rerum conditione, cum Godefridus Bullionius æger decumberet, cæteri Principes partem exercitus miserunt ad annonam perquirendam, ducibus Boemundo & Roberto Flandrensi Comite. Hi oppidum quoddam adorti sunt commeatu & cibariis refertum, ipsumque ceperunt, commeatum omnem abstulerunt & ad castra duxerunt, frustra conante hoste hanc ipsis annonam auferre. In exercitu autem cum gaudio magno excepti sunt. Verum hic commeatus a tanto exercitu cito consumtus fuit ; famesque denuo invaluit, sine ulla spe ejus propulsandæ.

Periculum sane erat ne exercitus obsidionem solvere cogeretur, & solvisset utique, nisi Boemundus secretum quoddam in urbe commercium habuisset. Rem vero Principibus proposuit, seseque obtulit expugnandæ urbis ducem, si captam illam sibi concedere vellent. Annuerunt omnes, uno excepto Raimundo Tolosano Comite, qui statim obstitit, & postea videns urbem alio modo expugnari non posse, cum aliis cessit. Juvante amico qui in urbe versans Boemundo favebat, noctu illam scalis admotis invasit. Cruce-signatorum exercitus in illam introivit, cives, incolas, milites, ferro trucidavit & spoliis ditatus est.

Antiochia capta in tabula sequenti repræsentatur. In suprema parte visitur primo Solimani clades, qui Cruce-signatos iter agentes invasit, ut diximus. Illud autem hic observatur ; omnes nempe Turcas præter unum, qui vestitus est ut alii Turcæ erant in tabula

la Planche précedente, & qui frappe son cheval d'un fouet à trois cordes, munies de boules de fer ou de plomb; les autres sont maillez comme les Croisez: ils auront peut-être pris cet habit militaire de cette premiere armée de Chrétiens qu'ils taillerent en pieces. L'inscription en-haut est, *Vincuntur Parthi*, les Parthes sont vaincus.

Dans le tableau suivant de la même Planche est representée la prise d'Antioche par escalade. On y voit deux échelles appliquées contre le mur, & des Croisez qui montent couverts de mailles; quelques-uns de ceux de dedans s'opposent aux assaillans. L'un tient un arc bandé, un autre oppose son bouclier à ceux qui montent. Au haut d'une tour un autre joüe du cor pour éveiller ceux qui dorment; au bas est écrit *Antiochia*.

La prise d'Antioche donna d'abord à toute l'armée une grande joie; mais elle ne fut pas de longue durée. Cette conquête ne remedia point à la famine que les Croisez supportoient depuis si long-tems. Ils ne trouverent point de vivres dans la ville, tout avoit été consumé par la garnison. De plus il y avoit au sommet de la montagne qui dominoit sur Antioche, une grande forteresse où s'étoient enfuis ceux de la garnison qui avoient pû échapper. Corbaram Chef de l'armée des Turcs, que d'autres appellent Corbagat ou Corbahan, arriva sur ces entrefaites avec une très-puissante armée, attaqua souvent les troupes des Chrétiens, & eut quelquefois le dessus. Ses gens fondirent une fois sur Boemond & sa troupe, la mirent dans un extrême péril, & l'auroient infailleblement défaite, si Godefroi accompagné du Comte de Flandres & du Duc de Normandie, n'étoit venu à son secours. Mais ceux-ci attaquerent les ennemis avec tant de vigueur, que laissant un grand nombre des leurs sur la place, ils s'enfuirent en desordre, & se retirerent à leur camp. Ces deux Princes de même nom Robert Comte de Flandres & Robert Duc de Normandie, se signalerent fort dans cette guerre, & firent preuve de leur valeur en bien des rencontres.

L'armée des Chrétiens étoit en très-mauvais état, la disette augmentoit tous les jours. Corbaram envoia un détachement sur la côte de la mer, qui brûla tout ce qu'il pût attraper de vaisseaux, pour ôter tout moien aux Croisez de tirer de là quelque subsistance. L'Empereur Alexis aiant appris le mauvais état où se trouvoit l'armée des Chrétiens après avoir pris Antioche, marchoit de ce côté là avec une puissante armée, apparemment pour se rendre maître de cette

præcedenti, quique triplici flagello ferreis aut plumbeis globulis instructo equum flagellat; cæteros omnes, inquam, hamatis vestibus, ut Cruce-signatos operiri. Quam militarem vestem fortasse ex manubiis primi Christianorum exercitus, quem deleverant, assumserint. Inscriptio superne sic habet: *Vincuntur Parthi*. Qua de re supra.

In ima tabula repræsentatur Antiochia, quæ admotis scalis capitur. Duæ scalæ muro admotæ visuntur, & Cruce-signati ascendentes hamato vestitu. Ex obsessis nonnulli oppugnantes depellere nituntur. Alius arcum tensum tenet: alius scutum ascendentibus opponit. In turri quidam cornicen sonitu dormientes excitare videtur. In ima tabula scribitur *Antiochia*.

Capta urbe statim gaudium magnum in exercitu fuit. Verum non diuturna lætitia. Hinc enim nullum fami subsidium prodiit. In urbe ista nulla cibaria reperta sunt: omnia ab obsessis consumta fuerant. Ad hæc vero, in vertice vicini montis præsidium magnum erat, ad quod confugerant ex Antiochenis custodibus ii qui elabi potuerant. Corbaramus item Turcici exercitus Dux, quem alii Corbagatum, alii Corbahanum vocant, tunc cum magno copiarum numero advenit, sæpe Christianos adortus est, & aliquando devicit. Ejus turmæ semel in Boemundum irrumpentes ipsum cum suis in extremum periculum conjecerunt, & oppressissent haud dubie, nisi Godefridus cum Flandrensi Comite & Duce Normanniæ in auxilium venisset. Verum hi adeo strenue in hostes irruperunt, ut multos in campo cæsos relinquentes, fuga se ad castra receperint. Hi duo cognomines Robertus Flandrensis, & Robertus Normanniæ Dux, multis in locis sese strenue fortiterque gesserunt.

Christianorum exercitus in extremis positus erat, fame semper crescente. Corbaramus vero manum militum misit ad oram maris, qui naves & scaphas omnes quas reperere, combusserunt; atque inde omnis marini commeatus spes Cruce-signatis adempta est. Imperator vero Alexius cum didicisset hunc exercitum post captam Antiochiam extrema inopia laborare, in has partes cum grandi exercitu proficiscebatur, vide-

ville.

PREMIÈRE CROISADE.

EEE

à la page 502.

ville. Mais Etienne Comte de Chartres le détourna malignement de cette entreprise, lui donnant à entendre, que l'armée de Corbaram étoit des plus puissantes & des plus nombreuses qu'on eût jamais vûës, & que celles des Chrétiens renfermée dans Antioche, étoit accablée de miseres, ruinée par la famine, & réduite à un si petit nombre, qu'à peine pourroit-elle suffire à garder la ville, qu'infailliblement elle seroit taillée en pieces avant qu'il y arrivât. Cela détourna l'Empereur d'aller plus avant. Il se retira & congedia son armée. La nouvelle de cette retraite vola jusqu'à Antioche. Corbaram qui l'apprit en devint plus fier, & crut qu'il viendroit bien-tôt à bout des Croisez. Ceux-ci à cette nouvelle entrerent dans une espece de desespoir. Ils ne vouloient plus marcher ni sortir des maisons à l'ordre de leurs Chefs: il fallut que le Prince Boemond mît le feu à la ville pour les en tirer; cela les réveilla, & ils furent après un peu plus souples. Plusieurs des Chefs pensoient à s'enfuir secretement pour sauver leurs vies: mais Godefroi de Boüillon les rassura.

Il fallut une espece de prodige ou feint ou veritable, pour tirer les uns & les autres de cet abbatement. Un nommé Pierre, Provençal, eut une vision, où S. André lui indiqua que le fer de la lance qui avoit percé le côté de Notre Seigneur, étoit caché en une telle Eglise & en tel endroit. On l'alla chercher & on le trouva. Cela releva l'esperance des Croisez. Ils demanderent d'aller contre l'ennemi. Pierre l'Ermite alla par ordre des Princes faire des propositions à Corbaram, qui ne voulut rien écouter. On marcha contre lui. L'Evêque du Puy portoit comme un étendart cette Lance sacrée qu'on venoit de trouver. Là fut donnée une sanglante bataille, où la victoire après avoir été bien disputée, demeura aux Chrétiens: ils mirent en fuite toute cette grande armée, & Corbaram lui-même. Ils entrerent dans leur camp, où ils trouverent une quantité inestimable d'or, d'argent & de richesses, & tant de vivres & de rafraîchissemens, que l'armée passa tout d'un coup d'une extrême disette dans la plus grande abondance.

Bataille contre Corbaram & victoire des Croisez.

Après cette victoire, les Princes députerent à l'Empereur Alexis, Hugues le Grand, frere du Roi Philippe, & Baudouin Comte de Hainaut, duquel on n'eut plus de nouvelles. Hugues le Grand arrivé à Constantinople, ne pensa plus qu'à se retirer en France, laissant là les Croisez qui l'avoient envoié; ce qui fit grand tort à sa réputation, & ternit la gloire des belles actions qu'il

---

licet ut Antiochiam occuparet. At Stephanus Carnotensis Comes malo animo auctor ipsi fuit ut ab hac expeditione desisteret, dicens Corbarami exercitum numerosissimum esse, Christianorum vero numerum, miseria obrutum, eo redactum ut vix ad urbis custodiam satis esset: atque hasce Cruce-signatorum reliquias, antequam Imperator eo perveniret, deletas fore. Hæc Alexium à pristino consilio averterunt. Regressus itaque est, & exercitum dimisit. Hujusce rei fama Antiochiam usque volavit: hinc ferocior Corbaramus, se cito reliquias Christiani exercitus deleturum speravit. Christiani contra his auditis in desperationem pene acti sunt. Jussu Ducum ex domibus egredi nolebant, neque foras progredi audebant. Ut concitaret illos Boemundus Princeps, ignem in urbem immisit. Hac re sane expergefacti sunt, & postea dicto audientes fuerunt. Ex Principibus quidam vitæ conservandæ gratia clam elabi parabant; sed Godefridus Bullonius illorum firmavit animos.

Prodigio quodam, seu vero, seu ficto, opus fuit ad omnium animos recreandos erigendosque. Petrus quidam ex provincia Gallica sanctum Andream vidit indicantem sibi ferrum lanceæ, quæ latus Domini perforavit, in quadam Ecclesia, assignato etiam loco, absconditum esse. Illo itum est, & lanceæ ferrum repertum fuit. Hinc fausti exitus spem nacti Cruce-signati, Principes rogarunt se contra hostem ducerent. Petrus Eremita jussu Principum quasdam conditiones oblaturus ad Corbaramum ivit, qui nihil audire voluit. Ad pugnam itum est, Episcopo Aniciense sacram illam lanceam seu vexillum gestante. Cruenta utique pugna fuit & diuturna: tandem vero Christianis victoria cessit: tantum illum Corbarami exercitum, ipsumque Corbaramum in fugam illi verterunt. In castra etiam hostium intrarunt, ubi inæstimabilem auri & argenti vim repererunt, totque cibaria, ut exercitus ab extrema penuria ad summam rerum copiam uno momento transierit.

Post tantam victoriam Principes ad Imperatorem miserunt Hugonem Magnum fratrem Philippi Regis, & Balduinum Hannoviæ Comitem, qui quorsum abierit, vel an perierit nusquam scitum est. Hugo autem Magnus cum Constantinopolin advenisset, missis omnibus Cruce-signatorum negotiis, rediré solum in Franciam cogitavit; id quod famam ejus læsit & gloriam, quam in hoc bello assequutus fuerat, obscu-

avoit faites en cette guerre. Cependant la contagion se mit parmi les Croisez, venuë apparemment de ce qu'aiant passé d'une extrême disette à une grande abondance, ils avoient mangé outre mesure : on remarqua en effet que les plus sobres n'eurent point de mal. Les soldats & le peuple crioient qu'on les amenât à Jerusalem. Les Princes s'assemblerent pour déliberer. Les sentimens furent partagez : les uns vouloient qu'on partît à l'instant, d'autres disoient qu'il falloit attendre jusqu'au commencement d'Octobre pour refaire l'armée & la pourvoir de chevaux, dont elle manquoit, la plûpart aiant péri ou par le fer, ou par le défaut de fourrages. Pendant ce tems-là il y eut quelque dissension entre Boemond, qu'on nommoit alors Prince d'Antioche, & Raimond Comte de Touloufe. Celui-ci accompagné du Duc de Normandie, fut le premier qui se mit en marche du côté de Jerusalem, & prit quelques places dans sa route. Godefroi de Boüillon, le Comte de Flandres & les autres Seigneurs, partirent ensuite, & se rendirent auprès de Jerusalem sans aucun accident fâcheux. Ceux qui gardoient la ville qui étoient en grand nombre, & qui sçavoient qu'on les venoit assieger, eurent soin de boucher toutes les fontaines à six mille à la ronde, & de combler les lacs, afin que la soif obligeât l'armée ennemie à lever le siege. La ville fut assiegée dans les formes l'an 1099. le 7.

Siege & prise de Jerusalem. Juin. Cinq jours après on donna un assaut general, où l'on prit tous les dehors de la place, & l'on obligea la garnison de se retirer derriere les murs. On disoit même que si l'on avoit eu des échelles on l'auroit prise ce jour là, tant la garnison fut effraiée de la valeur des Croisez. Il falloit faire breche pour monter à l'assaut; on n'eut pas peu de peine à trouver du bois pour faire des tours, des pierriers, des mangonneaux & des beliers. On emploia à cela beaucoup de tems ; & cependant l'armée souffroit beaucoup de la soif. Il falloit aller chercher l'eau fort loin, & l'on n'en trouvoit que difficilement autant qu'il en falloit pour tant de gens. Les machines qu'on avoit faites jusqu'alors faisant peu d'effet ; avec l'aide de gens venus de Joppé experts en ces choses, on en fit de meilleures, & sur tout un château muni d'un pont-levis qu'on pouvoit rabbattre sur le mur pour attaquer l'ennemi. Toutes les choses étant disposées, & le jour marqué pour donner un assaut general, on vint à l'attaque, les assiegez se défendirent vigoureusement jusqu'a la nuit, où les assaillans se re-

---

tavit. Interea lues Christianorum exercitum invasit, immissa, ut putabatur, ex ingluvie Christianorum militum, qui diuturna fame pressi, statim sese cibis ingurgitarunt ; nam sobrios morbus non attigit. Milites atque plebs infima acclamabant postulantes ut Jerosolymam adducerentur. Ex principibus vero alii statim proficisci ; alii ad Octobrem mensem expeditionem remitti volebant, ut interea exercitus recrearetur, & equi compararentur : maxima namque pars pabulo deficiente perierat. Interim vero altercatio suborta est inter Boemundum, qui tunc Princeps Antiochiæ vocabatur, & Raimundum Tolosanum Comitem. Hic vero cum Duce Normanniæ primus profectus est Jerosolymam, & aliquot oppida iter agendo expugnavit. Godefridus autem Bullionius, Comes Flandrensis, cæterique proceres postea profecti sunt, ac sine ullo infausto casu prope Jerosolymam advenere. Qui urbem custodiebant magno numero, cum Cruce-signatos ad obsidionem faciendam se apparare scirent, fontes omnes circum ad sex milliaria obturavere, lacus immissa terra exhausere, ut ex siti Christiani ad obsidionem solvendam compellerentur. Urbs obsessa fuit anno 1099. septima Junii. Hinc elapsis quinque diebus undique muri oppugnantur, quidquid extra muros ab Infidelibus custodiebatur captum fuit; ita ut intra muros præsidiarii omnes conclusi fuerint : qui de Cruce-signatorum audacia usque adeo perterriti fuere, ut si scalæ adfuissent, eadem ipsa die expugnari urbs potuisset, ut fama ferebat. Ad expugnationem muros quatere, & partem quamdam dejicere oportebat : nec parum laboris fuit in quærendis lignis ad turres, *petrarias* machinas, *Mangonellos*, & arietes construendos : quam in rem multum temporis insumtum est, dum interim siti exercitus admodum premeretur. Aqua procul petebatur, & deferebatur, & quantum tot millibus hominum satis esset vix advehi poterat. Obsidionales machinæ quæ hactenus adornatæ fuerant, non ad usum opportunæ erant. Sed advenientes ex portu Joppes viri ea in re periti ; novas & aptiores construxerunt, interque eas castellum ligneum, munitum ponte sublicio, qui supra murum demitti poterat ; ut pari gradu cum præsidiariis pugnaretur. Cum omnia ad oppugnationem parata & dies assignatus esset, muros aggrediuntur Cruce-signati : Præsidiarii fortiter obsistunt ad noctem usque : tunc vero Christiani recessetunt. In-

PHILIPPE I. Premiere Croisade. 395

tirerent. On revint à la charge le lendemain; & par le moien du château dont on lâcha le pont, on entra dans la ville; on fit un carnage horrible de la garnison & du peuple. Le Comte de Toulouse qui donnoit aussi l'assaut de son côté, entra de même. Ceux qui purent échapper au massacre, se refugierent dans la forteresse, qui se rendit peu de jours après au même Comte. La ville fut ainsi prise le quinziéme Juillet, cinq semaines après le siege formé.

La Planche suivante nous represente d'abord la bataille contre Corbaram, Pl. comme il est porté par l'inscription *Bellum inter Corbaram & Francos. Guerre ou* LII. *bataille entre Corbaram & les François.* Ces derniers y sont vétus & armez à l'ordinaire. L'habit de guerre des Turcs n'est pas uniforme, un qui tombe est tout couvert d'écailles. Ce qui est fort singulier ici, & dans trois autres tableaux, c'est qu'on voit au-dessus de l'inscription une rangée de cornes percées de trous comme des flutes. Il y a apparence que ce sont des cors, dont on se servoit en cette guerre, selon Guillaume de Tyr, *Dato signo cornibus & lituis. Aprés que le signal eut été donné avec des cors & des trompettes.* Mais pourquoi les mettre ici au bas du tableau? Pourquoi arrangez de cette maniere? C'est ce que je n'ai pû encore deviner.

Au bas de la Planche est le tableau de la prise de Jerusalem; on y voit le château de bois roulant, & le pont abbattu contre la muraille de la ville. Les Croisez dans ce château se battent contre la garnison. On tire des fleches sur eux, d'autres vont à l'assaut par le pont. Tout cela est representé fort grossierement & fort imparfaitement. Derriere le château est un certain instrument rond & long, qui se termine en pointe par le bas. Il est sans doute mis là pour signifier quelque chose. Je rappelle ici l'instrument qu'on voit à la prouë des deux vaisseaux d'Harold, Planche XLI. C'est le gouvernail, ou il tient au moins la place du gouvernail. Ce furent certainement des gens de mer venus de Joppé, qui firent les machines & ce château, qui servirent à prendre Jerusalem. Cet instrument tout-à-fait semblable à ceux-là, ne marqueroit-il pas que l'ouvrage a été fait par des gens de marine? L'inscription au bas porte, que la ville de Jerusalem est prise par les François. IREM A FRANCIS EXPUGNATA.

Après la prise de Jerusalem on pensa à élire un Roi. Il y eut d'abord quelque contradiction de la part du Clergé; mais on proceda enfin à l'élection,

---

sequenti die ad pugnam iterum ventum est: admovetur ligneum castellum, pons sublicius demittitur: per eum in urbem intratur: præsidiarii & populus indiscriminatim trucidantur. Comes quoque Tolosanus qui ab altera parte urbem oppugnabat, vi ingressus est. Qui gladium vitare potuerunt, in arcem quamdam aufugere, & paulo postea cum arce se Comiti dediderunt. Capta urbs fuit decima-quinta Julii post quinque hebdomadas a posita obsidione.

Tabula sequens statim monstrat pugnam contra Corbaramum, ut docet inscriptio: *Bellum inter Corbaram & Francos.* Franci hîc pro more suo vestiti, armatique comparent. Turcarum autem militares vestes diversæ inter se sunt. Qui cadit unus squamis est opertus. Quod autem & hîc & in tribus aliis tabellis singularissimum est; in ima tabula supra inscriptionem continua plurima, cum ordine & concinne posita, conspiciuntur, foramnibus instructa, ut tibiæ solent. Verisimile autem est signa esse militaria, queis utebantur *Vill. Tyr. l.* in hoc bello, teste Willelmo Tyrio: *dato signo cornibus* *5. c. 22.* *& lituis.* Sed cur in ima tabula ponuntur? Cur ita *pag. 710.* concinno ordine? Hoc certe divinare nondum potui.

In ima tabula Jerusalem expugnata repræsentatur. Hîc castellum ligneum visitur, ponsque sublicius demissus supra murum urbis. In castello Cruce-signati contra præsidiarios pugnant: sagittæ in illos immituntur, alii per pontem urbem invadere conantur. Hæc porto omnia rudi opere facta sunt. Pone castellum est instrumentum ligneum rotundum & longum, in acumen inferne desinens. Ad aliquid significandum hîc haud dubie positum fuit. In mentem revoco instrumentum illud quod visitur in prora navium duarum Haroldi supra, Tabula XLI. quod vel gubernaculum est, vel locum gubernaculi tenet. Qui vero machinas ad expugnandam Jerosolymam, & castellum hoc ligneum, cujus ope urbs capta est, fecerunt; nautæ certissime erant, qui ex portu Joppesvenerunt. Annon hoc instrumentum jam memoratis prorsus simile significat hoc castellum a nautis factum esse? Inscriptio infra posita est: *Jerusalem a Francis expugnata.*

Post captam Jerosolymam, de eligendo Rege actum est. Clerus statim hoc sibi adscribi munus voluit. Verum tandem ad electionem processum est; ceciditque

Tome I.   Dddij

PHILIPPE I. Première Croisade.

Bataille contre le Sultan d'Egypte, & victoire des Croisez.

& le sort tomba sur Godefroi de Boüillon, Prince des plus braves de son siecle, & dont la sagesse égaloit la valeur. Peu de tems après on eut avis que le Sultan de Babylone, ainsi appelloit-on le Sultan d'Egypte, les Historiens du tems le nomment aussi l'*Amiravis*; que ce Sultan, dis-je, marchoit contre Jerusalem avec une très-puissante armée, & s'étoit avancé jusqu'à Ascalon. Le nouveau Roi & les Princes furent d'avis de ne le point attendre, mais d'aller à sa rencontre. Le Roi marcha donc accompagné du Comte de Toulouse, du Duc de Normandie, du Comte de Flandres, & de Tancrede. Comme ils approchoient de l'ennemi, un corps de Croisez avancé qui alloit à la découverte, donna sur une grosse troupe d'Arabes armez & à cheval, les mit en déroute, & les poursuivit jusqu'à Ascalon l'épée dans les reins. La bataille se donna ensuite. Les François firent des prodiges de valeur. Robert Duc de Normandie, voiant un Chef des ennemis dont les armes brilloient d'or & d'argent, piqua son cheval, & lui porta un coup de lance qui le mit à bas grievement blessé. Robert Comte de Flandres penetra jusqu'au milieu des escadrons ennemis, toute leur grande armée fut mise en déroute, & un grand nombre fut taillé en pieces.

PL. LIII.

Il y a sur les vitres de saint Denis quatre tableaux pour cette derniere expedition. Le premier qui suit n'a pas toute sa rondeur parce qu'il est au haut de la fenêtre qui se retressit là. Il represente la fuite de ces Arabes qui se retirent à Ascalon, battus par les avant-coureurs de l'armée des Chrétiens. C'est ce que dit l'inscription *Arabes victi in Ascalon fugiunt*. Le tableau d'enbas montre Robert Duc de Normandie, qui d'un coup de lance met à bas un des Chefs des ennemis. L'inscription porte: *Robertus Duc Normannorum Parthum prosternit*.

PL. LIV.

L'histoire dit ci-dessus, que Robert Comte de Flandres se jetta au milieu des escadrons. Le tableau & l'inscription ajoutent qu'il y eut entre lui & un Parthe un combat singulier, qui est ici appellé duel. *Duellum Parti & Roberti Flandrensis Comitis*. Ils se battent, & on ne voit point l'issuë du combat. Le Parthe ou l'Arabe fut apparemment vaincu. Le dernier tableau parce qu'il est au plus haut de la fenêtre, n'a pas toute sa rondeur comme un des précedens. Il represente la derniere bataille des Croisez, qui fut contre le Soudan d'Egypte. Ce Soudan ne peut être que celui qui paroit sur le devant, & dont le casque a presque la forme d'une couronne radiale. Quelques-uns de la troupe des Infideles com-

---

fors in Godefridum Bullionium Principem & militari virtute & prudentia conspicuum. Nec multo postea nuncia fama compertum fuit Sultanum Babyloniæ, (sic Sultanum Ægypti vocabant, quem etiam Scriptores *Amiravisi* appellant) cum ingenti exercitu contra Jerosolymam profectum esse, jamque Ascalonem pervenisse. Rex novus Principesque omnes, non exspectandum illum, sed obviam illi eundum esse putarunt. Movit ergo Rex comitantibus Tolosano Comite, Normanniæ Duce, Comite Flandrensi & Tancredo. Cum autem jam hosti vicini essent, Crucesignatorum manus, quæ de more præmissa fuerat ad cautelam, in Arabum equitum turmam grandem incidit, quos strenue aggressa, in fugam vertit, & ad usque Ascalonem insequuta est. Hinc generalis pugna sequuta est. Hic vero Francorum fortitudo mirabilis emicuit. Robertus Dux Normanniæ Ducem hostium videns, cujus arma auro argentoque fulgebant, admotis calcaribus lanceæ ictu illum decussit & graviter vulneravit. Robertus Comes Flandrensis sese in medios hostium cuneos immisit. Totus Infidelium exercitus, in fugam versus est, & innumeri gladio ceciderunt.

Baldricus & alii omnes.
Guibert. p. 551.

In vitreis San-dionysianis ad hanc ultimam expeditionem quatuor vitreæ tabellæ sunt. Prima non prorsus rotunda est, quia in suprema fenestra habetur, quæ ibi angustior est. Illa Arabes repræsentat, qui a Christianis præeuntibus devicti in Ascalonem fugiunt, ut fert inscriptio: *Arabes victi in Ascalon fugiunt*. Tabella sequens in ima pagina, Robertum Ducem Normanniæ monstrat, qui ex Ducibus quemdam lancea ictum ex equo decutit. Inscriptio est: *Robertus Dux Normannorum Parthum prosternit*.

Narratur supra Robertum Flandriæ Comitem sese in medios hostium cuneos immisisse. Additur in hac tabella & in inscriptione, duellum fuisse inter illum & Parthum aliquem. *Duellum Parthi & Roberti Flandrensis Comitis*. Pugnam hic conspicimus, neque exitus pugnæ monstratur. Verisimile sane est Parthum sive Arabem victum fuisse. Ultima tabella, quia in suprema fenestra ibi angustiore posita, non prorsus rotunda est, ut ex præmissis altera. Repræsentat autem ultimam Cruce-signatorum pugnam contra Sultanum Ægypti. Hic porro Sultanus haud dubie ille est qui primus & totus in tabella comparet, cujus cassis coronam radiatam præ se fert. Jam ex turma ejus ali-

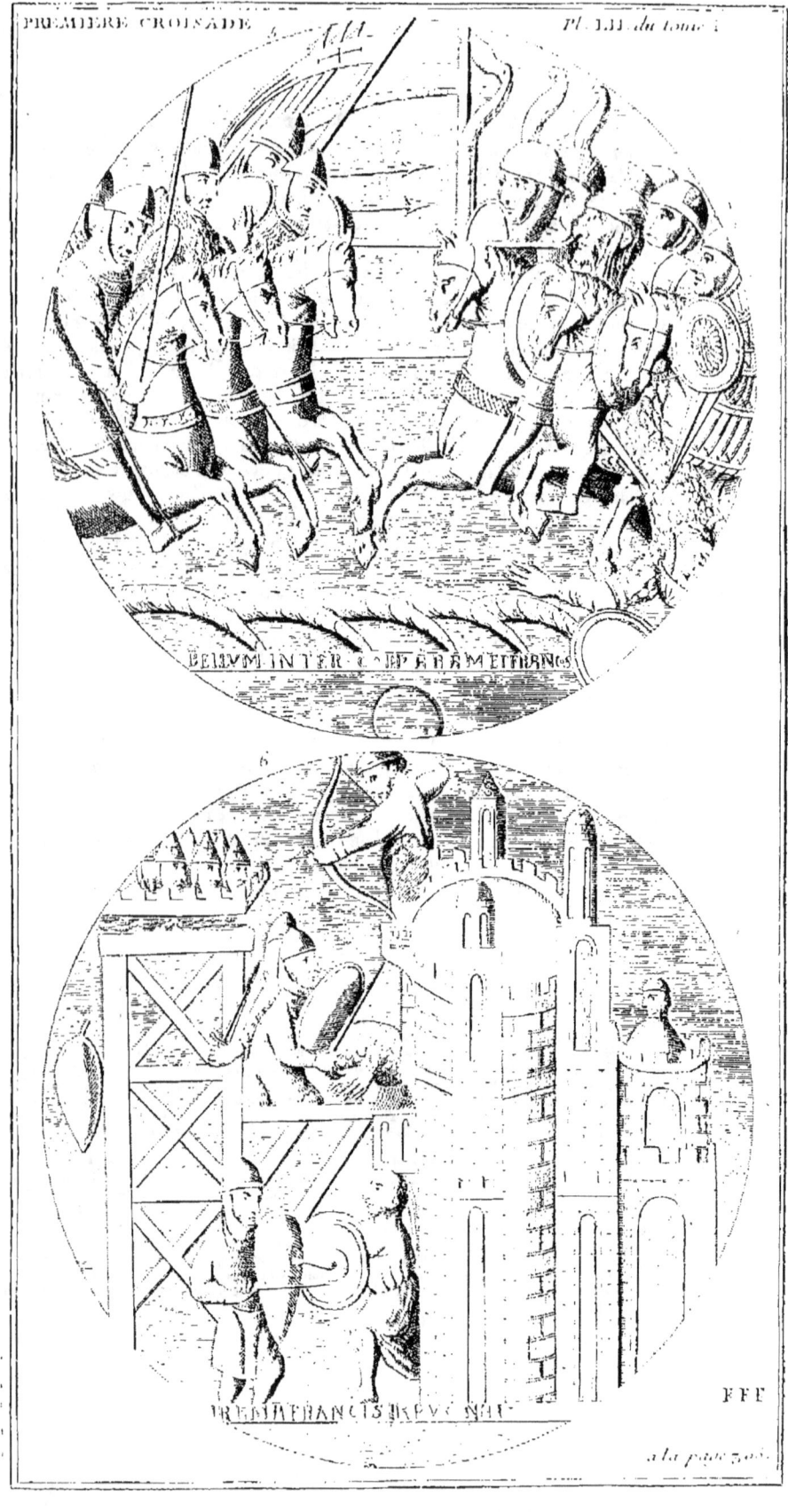

PHILIPPE I. Premiere Croisade.

mencent à faire volte face & à prendre la fuite. L'inscription est si broüillée, qu'on n'en peut presque rien tirer. Le commencement se lit ainsi, BELLVM AMI. Il faut apparemment lire *Bellum Amiravisi*: le reste est si confus qu'on ne sauroit le lire. Ces cornes rangées au bas qui se trouvent dans quatre tableaux, sont un enigme, que je n'ai pû encore deviner.

Après cette victoire, le Comte de Flandres, le Duc de Normandie & le Comte de Touloufe, quitterent l'armée, s'en allerent à Constantinople voir l'Empereur, & se retirerent en leur payis. Godefroi Roi de Jerusalem, mourut après un an de regne. Baudouin son frere lui succeda. Nous verrons plus bas d'autres Croisades.

Pendant que ces choses se passoient à la gloire des François, qui faisoient la principale partie des troupes des Chrétiens en Orient, Philippe qui avoit été excommunié dans le Concile, devint si méprisable, que les Seigneurs même du voisinage de Paris, ne tenoient nul compte de lui. Miles de Montleheri & son fils Gui Troussel, à la faveur de leur château de Montleheri, & de quelques autres châteaux qu'ils avoient aux environs, tenoient impunément le payis en servitude, & troubloient le commerce de Paris à Orleans. Un frere de Miles étoit pourtant dans les bonnes graces du Roi Philippe, qui l'avoit fait son grand Sénéchal. Gui Troussel ou Troucel se croisa l'année suivante 1097. & passa dans la Terre Sainte.

Guillaume le Roux Roi d'Angleterre, prit occasion de l'absence de son frere Robert pour se saisir de la Normandie. Après quoi voiant Philippe enchanté de sa Bertrade & hors d'état de faire la moindre resistance, il commença à faire des entreprises sur ses terres. Mais Louis fils de Philippe, que la cronique de S. Denis appelle, *le Damoisel Louis*, Prince brave & de grande esperance, quoiqu'il n'eut que dix-sept à dix-huit ans, se mit en devoir de lui resister, n'aiant quelquefois que quatre ou cinq cent hommes contre dix mille, dépourvû d'argent; au lieu que son adversaire étoit fort riche; obligé de mettre d'abord à rançon les Seigneurs qu'il prenoit en guerre pour en tirer quelque somme; au lieu que le Roi Guillaume tenoit long-tems en prison ceux qu'il prenoit pour les obliger de prendre parti avec lui. Malgré tout cela, il défendit si bien les Etats de son pere, que Guillaume voiant qu'il n'avançoit rien, se retira en Angleterre. Il y fut tué peu de tems après par un coup tiré au hazard: & en l'absence de Robert qui étoit en la Terre Sainte, Henri le plus jeune des freres s'empara du Roiaume d'Angleterre.

---

qui terga vertunt. Inscriptio ita permixta & confusa est, vix ut legi possit. Initium tamen ita habet : *BEL-LUM AMI* .... legendumque videtur *Bellum Amiravisi*. Cætera legere frustra tentavi. Cornua in ima parte posita in tabellis quatuor, ænigma sunt, quod nondum assequi potui.

Post illam victoriam, Comes Flandriæ, Dux Normanniæ & Comes Tolosanus, relicto exercitu, Constantinopolin venerunt ad Imperatorem, indeque in patriam reversi sunt. Godefridus vero Rex Jerosolymæ, uno elapso ab electione sua anno mortuus est : ipsique successit Balduinus frater ejus. Alias hujusmodi transmarinas expeditiones infra videbimus.

Dum hæc tam præclare a Francis gererentur, Philippus in Concilio Claromontano excommunicatus, *Suger. vita Lud. Grossi.* usque adeo despectui fuit, ut vicini Lutetiæ Proceres illum nihili penderent. Milo de Monte-leherio filiusque ipsius Guido Trucellus ex castello suo ex aliisque quatuor vel quinque castellis in vicinia sitis omnia circum in servitutem redigebant, & viam Lutetia Aurelianum infestam habebant. Et tamen Milonis frater penes Regem Philippum gratia valebat, qui illum magnum *Senescallum* suum fecerat. Guido autem Trucellus anno sequenti 1097. assumta cruce in Palæstinam profectus est.

Guillelmus Rufus Rex Angliæ dum frater suus Robertus in bello sacro strenue ageret, Normanniam occupavit. Deinde cernens Philippum Regem a Bertrada fascinatum injuriæ cuivis opportunum esse, in ejus ditionem irrumpere cœpit. At Ludovicus Philippi filius, Princeps strenuissimus, etsi vix octavum-decimum ætatis annum attigisset, diligentem depellendo invasori dedit operam, cum quingentis interdum decem millia virorum abigens ; opibus destitutus cum hoste congrediens opulentissimo, captos in bello pro pecunia dimittens, necessitate coactus, dum Guillelmus, quotquot in manibus cadebant, diu in custodia retinebat ; ut tædio carceris ad suas partes transirent. Tamenque Ludovicus ita Guillelmum propulsavit, ut videns se nihil proficere, in Angliam regressus sit. Ibi vero paulo postea, ictu quopiam forte fortuna occisus fuit : absente autem Roberto, qui in Terra sancta militabat, minor frater Henricus regnum Angliæ occupavit.

PHILIPPE I.

Philippe, enforcelé de sa concubine, paroissoit insensible à tous les maux que sa damnable passion causoit à l'Etat. Cependant le déchaînement universel où l'on étoit de tous côtez contre lui, le força de se separer pour quelque tems de sa Bertrade : mais il la rappella bien-tôt après, & cela du consentement de Foulques son veritable mari. La flaterie poussa quelques Evêques à qualifier ce concubinage d'un vrai mariage. Mais les Légats du Pape refusoient toujours de communiquer avec lui, & l'excommunierent de nouveau dans un Concile tenu à Poitiers. Dans le tems que les François se signaloient au Levant par des actions glorieuses, il n'y avoit par deça d'autre affaire que celle de Bertrade. Tous les mouvemens que le Roi & les Courtisans se donnoient, ne tendoient qu'à obtenir une dispense qui confirmât ce mariage. Philippe obtint en effet qu'on examineroit de nouveau cette cause. Le Pape envoia des Légats qui tinrent un Concile à Beaugenci. Le Roi & Bertrade y comparurent, & promirent de se séparer de corps jusqu'à la dispense du Pape. L'affaire demeura ainsi indécise.

1098.
1099.
Philippe se sépare de Bertrade & la reprend.

Il y a apparence que Philippe obtint enfin cette dispense, quoique les Historiens n'en disent rien. Il alla l'an 1106. à Angers avec Bertrade, & Foulques les reçut très-honorablement. Ce qui fait croire que la dispense fut obtenuë, est que les enfans nez de Philippe & de Bertrade ne furent point reputez bâtards. Il y a pourtant quelques Auteurs qui les qualifient tels.

1103.
Louis désigné Roi sans être couronné.

Louis fut désigné & nommé Roi par son pere sans pourtant être sacré ni couronné selon l'usage. L'extrême negligence de Philippe, qui occupé d'un seul objet, n'avoit nulle attention à remplir les devoirs d'un Monarque, causoit de grands désordres même autour de Paris. Les Seigneurs particuliers s'érigeoient impunément en petits Tyrans. Louis prenant le gouvernement du Roiaume, réprima leurs violences, y emploiant la force des armes, quand il ne le pouvoit autrement. Il entreprit Bouchard de Montmorenci, qui pilloit les terres de l'Abbayie de S. Denis, & le mit à la raison à force d'armes. Il châtia Drogon ou Dreux de Mouchi, qui opprimoit l'Eglise de Beauvais, en le forçant de se tenir dans de justes bornes. Il eut plus de peine à faire rentrer dans le devoir Matthieu Comte de Beaumont sur Oise, qui aiant reçu en dot la moitié de la Terre de Lusarche, avoit usurpé l'autre moitié sur son beau-pere. Il donna plus rudement sur Lionnet de Meun, qui faisoit des extorsions sur les

Exploits du Prince Louis.

Philippus ceu forte quadam concubinæ suæ addictus, ne sentire quidem videbatur mala, ex vitioso affectu parta. Attamen cum ubique contra se extolli clamores videret, ad tempus aliquod Bertradam suam dimisit, quam brevi postea revocavit consentiente Bertradæ conjuge Fulcone. Aliquot autem Episcopi adulandi causa dicebant esse verum matrimonium; sed Legati Papæ ejus communionem rejiciebant, denuo illum *excommunicaverunt* in Synodo Pictavensi. Dum ergo Franci in Oriente præclara ederent, nullum aliud in Francia negotium gerebatur, quam Bertradæ : omnia Regis & clientium gesta illò tendebant, ut *dispensatio* ad matrimonium impetraretur. Philippus certe demum id obtinuit, ut negotium iterum examinaretur. Summus Pontifex Legatos misit qui Synodum Balgentiaci collegerunt. Rex & Bertrada adfuere, & polliciti sunt se corpore separandos fore, donec adveniret Summi Pontificis *dispensatio*. Sicque nihil definitum fuit.

Verisimile est Philippum illam tandem *dispensationem* impetravisse, licet hac de re nihil scriptum feratur. Anno autem 1106. Andegavos cum Bertrada se contulit, ubi magnifice exceptus a Fulcone fuit. Impetratam *dispensationem* id arguere videtur, quod filii ex Bertrada Philippo nati, non nothi habiti fuerint. Quidam tamen Scriptores ut spurios illos habent.

Voit. Ma-meb. l. 5.
Suger. Vit. Lud. Grossi c. 2. 3.

Ludovicus a patre suo Rex designatus fuit, nec tamen inunctus & coronatus, uti fieri solebat. Summa patris ipsius negligentia, qui unam tantum mulierem animo versans, Regia officia nihil curabat, magnam rerum perturbationem etiam circa Lutetiam Parisiorum afferebat. Primores quique ceu tyranni violenter agebant. Ludovicus vero illorum petulantiam repressit, vimque armorum, cum alio modo sedari non possent, adhibuit. Burchardum Mont-morencium, qui agros Monasterii sancti Dionysii diripiebat, armis repressit; Drogonem item Montiacensem qui Bellovacensem Ecclesiam opprimebat, a talibus abstinere coegit; Matthæum quoque Comitem Belli-montis ad Isaram, qui cum dimidiam Lusarcii partem in dotem accepisset, alteram quoque partem socero abripuerat, ad juris æquitatem reduxit. Asperius autem egit cum Leonio viro nobili Maudunensi, qui terras Epis-

Terres de l'Eglise d'Orleans. Lionnet fut assiegé dans son Château par les gens du Prince Louis. Le Château fut pris. Lionnet se retira dans une maison avec ses gens. Il s'y défendit & on y mit le feu. Il se jetta du haut des murailles en bas, & soixante hommes qu'il avoit sauterent de même, & furent reçus sur les pointes des lances & des dards.

Ce Prince ne fut pas loué de ce que gagné par argent, il donna secours à Thomas de Marne ou de Marni, grand scelerat, qui de son Château de Montaigu desoloit les payis. Son propre pere & plusieurs autres Seigneurs s'étant joints pour réprimer ses violences, Louis s'y opposa : mais l'affaire s'accommoda depuis.

On ne sait à quel dessein Louis passa en Angleterre vers le Roi Henri, qui après avoir défait & pris Robert son frere aîné, étoit demeuré maître du Roiaume. Bertrade qui souhaitoit fort de se défaire de Louis, pour faire tomber la Couronne à son fils aîné, sollicita secretement le Roi Henri de le faire perir, tâchant de lui persuader que ce seroit son plus mortel ennemi. Henri qui ne craignoit rien de la France, n'écouta point ses avis. Après le retour de Louis en France, Bertrade lui fit donner le boucon. Cela fit quelque alteration à sa santé ; mais l'habileté de son Medecin & la force de son temperament le garentirent. On dit pourtant qu'il lui resta depuis jusqu'à la mort une pasleur sur le visage.

1103. Bertrade tâche de perdre le Prince Louis.

Louis le Gros épousa vers ce même tems Luciane fille de Gui le Rouge Seigneur de Rochefort ; mais ce mariage ne fut point consommé. Ce Prince continuoit toujours à domter ces petits Tyrans qui pilloient les Eglises. Il obligea à main armée Eble Comte de Rouci à mettre fin à ses brigandages. Ce Seigneur avec son fils Guischart fit plusieurs voiages en Espagne, sous prétexte d'aller combattre les Sarrazins. Il pilloit en passant les Eglises qui étoient sur sa route, & après son retour il n'épargnoit pas celles de Champagne, qui étoient à sa portée.

1104. Mariage de Louis non consommé.

Le mariage de Louis avec Luciane fut déclaré nul à raison de parenté, par le Pape Pascal II. dans le Concile de Troie. Gui Seigneur de Rochefort peu content de ce divorce, fut encore plus indigné de voir que les Garlandes Anseau & Etienne avoient gagné auprès de Louis toute la faveur qu'il avoit euë autrefois, il témoigna son mécontentement, & les Garlandes ne manquoient pas d'animer le Prince contre lui. Le Châtelain qu'il avoit mis à son Château

Guerres du Prince Louis.

---

copi Aurelianensis invadebat. In castro suo Leonius a Ludovici gente obsessus fuit. Castro recepto ipse cum hominibus suis in domum quamdam aufugit, ubi obsidentes se propulsabat. Verum admoto igne & incensa domo, ex turri se præcipitem dedit cum sexaginta circum viris, qui lancearum & sagittarum cuspidibus excepti sunt.

Non perinde laudabiliter egit quando pecunia allectus auxilium dedit Thomæ de Marna homini scelesto, qui ex Acuto-monte Castro suo regionem devastabat. Cum & pater ipsius Thomæ & alii proceres junctis copiis ad illum coercendum se apparerent, Ludovicus illis obstitit, sed res demum composita fuit.

Ludovicus postea in Angliam transfretavit, quo postulante negotio ignoratur. Henricum vero Regem adiit, qui devicto & capto Roberto fratre, regnum Angliæ obtinebat. Bertrada porro, quæ Ludovicum de medio tollere peroptabat, ut coronam primogenito suo deferret, clam Henrico suadere conata est, ut illum perimeret, asperum ipsi fore inimicum dictitans. Henricus qui nihil sibi metuebat a Ludovico, dictis Bertradæ non attendit. Reduci Ludovico Bertrada venenosum poculum dari curavit : unde male affecta ejus valetudo fuit ; sed tum corporeæ vires, tum Medici peritia illæsum illum servavere. Inde in vultu pallorem quemdam ad usque vitæ finem habuit.

Hoc circiter tempus Ludovicus Lucianam duxit filiam Widonis Rubri Domini de Rupeforti : at connubium illud consummatum non fuit. Ad prædones arcendos semper paratus Ludovicus, Ebalum Ruciacensem Comitem filiumque ejus Guiscardum, coercuit. Hi peregrinationem Hispanicam ad debellandos Saracenos simulantes, iter agendo Ecclesias diripiebant, & post reditum Campanienses etiam devastabant. Hos ille compressit & in ordinem redegit.

Ludovici cum Luciana matrimonium, consanguinitatis causa a Paschali II. Papa in Concilio Trecensi nullum declaratum fuit. Guido autem de Rupe-forti tale divortium ægre ferens, indignius tulit quod Garlandenses fratres Ansellus & Stephanus, gratiam quam ipse penes Ludovicum habuerat totam obtinerent. Hanc ille animi ægritudinem exhibuit palamque fecit. Garlandenses vero id Ludovico renunciarunt, ut illum adversus Guidonem concitarent. Cum porro Castellanus quem Guido in castro suo Gorna-

Suger vita Lud. Grossi

de Gournai sur Marne, aiant saisi sur le grand chemin quelques chevaux de Marchands, Louis à l'instigation des Garlandes alla d'abord assieger la place. Il l'attaqua vivement, & prit quoiqu'avec peine l'Isle où la Forteresse étoit située, pour la serrer de plus près: il emploia des machines pour faire breche. Les assiegez se défendirent vaillamment, opposant aussi leurs machines à celles du Prince. Cependant Gui le Rouge attira à son parti Thibaud Comte de Blois & Duc de Chartres, qui se mit en campagne pour secourir la place. Louis, sans attendre leur venuë, les alla attaquer, & les défit: après quoi le Château se rendit d'abord à composition, & il le donna aux Garlandes.

Un Seigneur nommé Hombaud avoit un Château appellé de Sainte Severe dans le Berri & aux confins du Limosin, d'où il faisoit des incursions dans le voisinage. Louis s'y rendit avec peu de monde, mit en fuite ceux qui voulurent lui résister, prit le Château, fit pendre quelques-uns de ces brigands, creva les yeux aux autres, & emmena Hombaud prisonnier.

1108. Mort de Philippe. Philippe son pere dont l'incontinence avoit alteré la santé, mourut à Melun le 29. Juillet, âgé de cinquante-six ans, après en avoir regné quarante-neuf & deux mois. On porta son corps au Monastere de S. Benoît sur Loire, où il avoit choisi sa sépulture. Louis l'accompagna jusqu'au tombeau tantôt à pied, tantôt à cheval, & assista à sa sepulture. On disoit que Philippe se fit enterrer à Saint Benoit par des sentimens d'humilité, ne se jugeant pas digne d'être enterré avec ses prédecesseurs. Guillaume de Malmesburi dit que sur la fin de sa vie il prit l'habit de Moine au Monastere de Fleuri, & que Bertrade encore belle & dans la force de l'âge se fit Religieuse à Fontevraud & mourut peu de tems après: mais cela ne s'accorde pas avec l'histoire de Suger.

Ibid. co ad Matronam constituerat, mercatorum quorumdam equos in via cepisset & abduxisset; Ludovicus Garlandensium suasu castrum statim obsedit, insulamque in qua situm erat, nec sine labore invasit & cepit, ut præsidium arête cingeret. Machinas autem erexit ut muros decuteret. Qui Castrum custodiebant strenue pugnantes, & ipsi machinas machinis opposuerunt, interimque Guido Theobaldum Blesensem Comitem & Carnotensem Ducem in opem evocavit. Ludovicus autem illos adortus in fugam vertit, castrum cepit, & Galandensibus dedit.

Quidam vir nobilis Humbaldus nomine, in partibus Bituricensium & ad confinia Lemovicum castrum habebat, cui nomen sanctæ Severæ, indeque vicinos agros devastabat. Ludovicus vero cum parva militum manu illo contendit; obvios qui sibi resistebant fugavit, castrum cepit, ex prædonibus alios suspendit, alios oculorum amissione punivit, & Humbaldum captum abduxit & in carcerem conjecit.

Frag. Dusb. t. 4. p. 95. Rex Philippus cum ex libidine nimia vires corporis labefactasset, Milodum tandem obiit 29. Julii, quinquaginta sex vitæ annos emensus, cum regnasset annis 49. duobusque mensibus. Corpus ejus allatum *Suger ibid.* fuit in Monasterium sancti Benedicti ad Ligerim, quem sepulturæ locum ille delegerat. Ludovicus corpus ejus, modo pedes, modo eques comitatus est. Narrabant autem illum ex modestia talem sepulturæ locum delegisse, quod se dignum non putaret sepultura decessorum Regum. Ait Willelmus Malmesburiensis illum sub vitæ finem in Monasterio Floriacensi Monachorum vestem assumsisse; Bertradam vero adhuc forma & ætate florentem, apud Fontem-Ebaraldi Sanctimonialem factam haud diu postea obiisse. At Sugerius nihil horum commemorat.

MONUMENS

LES MONUMENS
DE PHILIPPE I. D'HAROLD & DE GUILLAUME le Conquerant.

NOus n'avons d'autre figure du Roi Philippe I. que celle qui est sur son tombeau à S. Benoît sur Loire. Ce tombeau que nous representons ici avec le Roi Philippe, tel qu'il nous a été envoié par D. Maur Jourdain qui l'a dessiné, a six pieds neuf pouces de long, & est d'une seule piece, hormis les lions qui le soutiennent. Sa Couronne étoit ornée de trefles ou de fleurs de lis, qui sont presentement cassées, excepté une qui reste encore. Ce qu'il y a de fort singulier, c'est que Philippe étendu sur son tombeau tient un gand. Ce gand étoit pour la main, qui soutenoit l'épervier, que les Seigneurs & les Princes se faisoient un honneur de porter en ces tems-là. Nous avons déja vû Harold & Gui Comte de Ponthieu, qui portoient cet oiseau sur le poing. Sur cette même Planche les deux fils de Guillaume le Conquerant Roi d'Angleterre, n'ont chacun qu'un gant pour la main qui soutient cet oiseau. Un des deux le porte sur la droite & l'autre sur la gauche.

Pl. LV.

Dans le seau de Philippe qui suit, il est representé assis sur un trône, tenant d'une main un sceptre terminé par une fleur de lis, & de l'autre une espece de haste semblable à celles que tiennent ci-dessus Lotaire Empereur & Charles le Chauve, Pl. XXVI.

La figure de dessous qui n'a que le simple trait, est tirée d'un Manuscrit de la Bibliotheque de M. Colbert écrit en Angleterre au onziéme siecle, dans le tems, à ce qu'il paroît, qu'Harold qui s'étoit fait couronner Roi, étoit en guerre contre Guillaume. Ce Manuscrit cotté 1298. contient en beau caractere les benedictions & les prieres qu'on faisoit dans les Fêtes de l'année, & specialement dans celles des Saints Anglois. Il y a des prieres pour le Roi alors regnant, qui n'y est pas nommé. Dans une de ces prieres on lit, *Protege hunc Regem nostrum, & custodi eum ab omni impedimento æmulorum.* Protegez notre Roi qui regne aujourd'hui, & délivrez-le des efforts de ses competiteurs. Ce qui semble marquer Harold, dont les competiteurs étoient Guillaume Duc de Normandie, & d'autres aussi comme on voit dans l'Histoire d'Angleterre. Dans une autre priere qui est vers la fin, les Anglois prient Dieu de le faire triompher de ses ennemis, & c'est là que le Roi est peint comme nous le donnons ici. Tout cela con-

---

MONUMENTA PHILIPPI PRIMI, HAROLDI & WILLELMI *Conquæstoris.*

NUllam aliam Philippi I. imaginem habemus, præter illam quæ in ejus sepulcro in Ecclesia S. Benedicti ad Ligerim visitur. Sepulcrum totum cum Rege exhibemus a D. Mauro Jordano nostro delineatum: estque tumulus longitudine pedum sex & novem pollicum. Ex uno lapide totum est, exceptis leonibus queis sustentatur. Corona ejus trifoliis, seu liliis ornata erat, quæ omnia, uno excepto, fracta sunt. Quod autem hic singularissimum observatur: Philippus supra tumulum jacens, manicam sive chirothecam tenet. Hæc vero manica manum illam tegebat, quæ accipitrem sustinebat. Illam autem avem manu gestare honori sibi esse putabant proceres & Principes. Jam vidimus Haroldum & Widonem Pontivi Comitem, accipitrem singulos suum pugno gestantes. In hac vero tabula duo filii Willelmi Regis Angliæ, singuli manicam suam habent, & avem manu gestant, alius dextera, alius sinistra.

In sigillo sequenti Philippus in folio sedet; altera manu sceptrum tenens lilio terminatum, altera vero hastulam, quæ similis est iis quas tenent Lotharius & Carolus Calvus supra Tab. XXVI.

Schema sequens delineatum profertur quale est in Codice MS. Bibliothecæ Colbertinæ, qui scriptus est in Anglia XI. sæculo: quo tempore, ut videtur, Haroldus Rex coronatus, bellum gerebat contra Willelmum. Hic Codex numero 1298. eleganti charactere exaratus, benedictiones & preces complectitur, quæ emittebantur in festis per annum & in festis Sanctorum, præcipue Anglorum. Hic habentur etiam preces pro Rege tunc regnante, qui non nominatur. In oratione quadam pro Rege, legitur: *Protege hunc Regem nostrum, & custodi eum ab omni impedimento æmulorum.* Quo significari videtur Haroldus, cujus competitores erant Willelmus & alii, ut in Anglicana historia legitur. In alia precatione versus finem precantur Angli, ut Rex hic de inimicis triumphet. Ibidem autem Rex delineatur, qualem hic repræsentamus. Hæc omnia Haroldo competunt, neque alteri

vient à Harold, & semble ne pouvoir convenir à un autre. Il est assis sur un trône couvert d'un long coussin rond, semblable à plusieurs autres que nous avons vûs ci-devant. Il tient d'une main une enseigne militaire, & de l'autre un sceptre, sur le haut duquel est un oiseau. Sa couronne a des ornemens singuliers. A chacun de ses deux côtez est un Saint qui porte le nimbe ou le cercle lumineux, & lui donne sa benediction.

A côté de ces monumens sont quatre figures. Les deux d'enhaut sont du Roi Guillaume le Conquerant & de Mathilde sa femme, & les deux de dessous apparemment de leurs deux fils Robert & Guillaume le Roux. Ces figures étoient peintes sur le mur en dehors d'une chapelle qui répondoit à une grande salle faite au tems de la fondation du Monastere, où il y avoit une cheminée de grandeur énorme toute de pierre de taille du haut en bas. Cette salle a servi long-tems de dortoir aux Religieux. Ce n'est que de nos jours & depuis vingt ans qu'on a fait bâtir un nouveau dortoir. Tout a été changé : mais on eut soin de faire dessiner ces peintures à fresque, & c'est sur ce dessein qu'on a gravé ces images. Le Roi Guillaume dont les pieds sont posez sur un chien, a une couronne ornée de trefles, & tient un sceptre dont le bout est un lis bien formé. La Reine Mathilde sa femme a un sceptre & une couronne de même, & ses pieds sont posez sur un lion.

Leurs deux fils qui sont au-dessous d'eux ont les pieds posez, l'un qui paroît être l'aîné Robert, sur un chien, & le plus jeune Guillaume le Roux, sur un monstre. L'aîné porte un bonnet assez semblable à ceux que portent ci-dessus Harold & ses compagnons. Les deux freres tiennent chacun un oiseau, l'un sur la main droite, & l'autre sur la gauche. Ils ont chacun un gand seulement à la main qui soutient l'oiseau. Le plus jeune qui le tient sur la gauche, lui donne à manger de sa main droite. Nous avons souvent dit que cet oiseau sur le poing étoit cette marque de noblesse que les grands Seigneurs & les Princes se faisoient un honneur de porter.

L'autre figure du Roi Guillaume qui paroît ici en habit court, a passé dans l'Abbayie de S. Etienne de Caën pour être du tems du Roi Guillaume. Mais l'habit marque qu'il faut qu'elle ait été faite plus de trois cens ans après. Les quatre précédentes ont tout l'air d'être originales.

competere posse videntur. Sedet in solio : pulvillus autem oblongus ipsi substernitur, similis aliis bene multis quos ante vidimus. Manu tenet altera vexillum, altera sceptrum, cui insidet avis. Corona ejus non vulgari ornatur modo : ad singula ejus latera singuli Sancti sunt, nimbum gestantes, qui benedictionem suam illi impertiunt.

Ad latus præcedentium schematum quatuor imagines sunt. Duæ superiores sunt Willelmi Regis & Mathildis. Inferiores vero videntur esse Roberti primogeniti eorum & Willelmi Rufi secundi ipsorum filii. Hæ imagines depictæ erant in exteriori facie muri Capellæ veteris, quæ juncta erat aulæ maximæ structæ ipso tempore fundationis Monasterii, ubi caminus erat ingens ex lapidibus magnis ab imo ad summum constructus. Hæc aula diu dormitorium Monachorum fuit ; sed a viginti circiter annis novum dormitorium adornatum fuit. Omnia deinceps mutata sunt ; sed picturas hasce depingi in tabulis curavere Monachi nostri, ad quarum fidem hæc edidimus. Willelmus Rex, cujus pedes canis dorso nituntur, coronam habet ornatam trifoliis, sceptrumque tenet, quod lilio terminatur. Mathildis vero Regina supra leonem stat, coronam & sceptrum gestat ejusdem formæ.

Duo ipsorum filii infra positi stant, Robertus primogenitus canem, Willelmus junior monstrum calcat. Pileum habet Robertus, similem iis quos Haroldus Comes & socii supra gestant. Ambo fratres avem suam singuli tenent ; alter dextera, alter sinistra manu nixam. Singuli quoque manicam habent in illa tantum manu quæ avem sustinet. Junior qui sinistra fert avem, dextera cibum ipsi porrigit. Sæpe diximus aves illas ut nobilitatis signum a proceribus & Principibus honoris causa gestatas fuisse.

Altera Willelmi Regis imago, ubi ille breviori tectus veste repræsentatur, in Monasterio sancti Stephani Cadomensis ipso Willelmi ævo facta existimabatur. Verum ex ipsa veste & ex cultu plusquam trecentis post Willelmi obitum annis facta judicatur. Quatuor vero præcedentes, ut diximus, ipsius Willelmi tempore factæ jure putantur.

Fin du premier Tome.

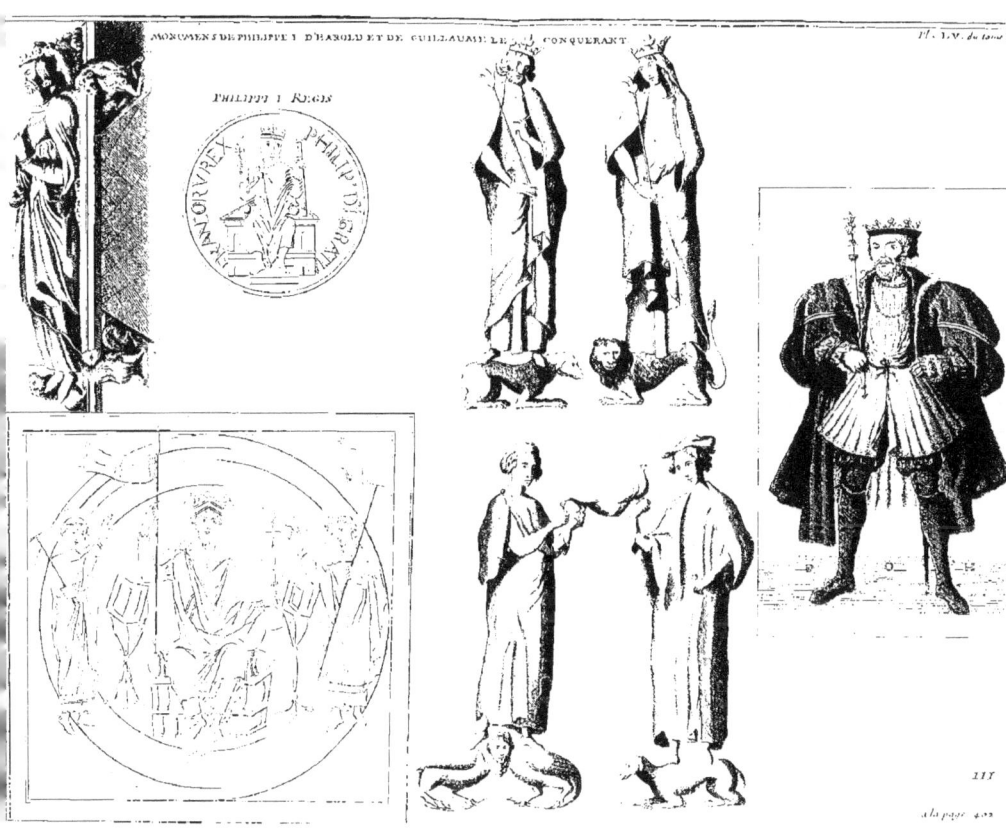

TABLE DES MATIERES.

TABLE
DES MATIERES.

A

ADAL'OALDE Roi des Lombards. Son histoire paroît fabuleuse, *page* 146
Adalsinde femme du Comte Vulfoalde. Sa figure, 348
Adelbert Comte de Perigord. Sa réponse à Hugues Capet, 353
Adele de Vermandois. Sa figure, 349
Agon Roi de Lombardie éteint pour une somme le tribut qu'il paioit tous les ans aux Rois de France, 145
Agricola ôté du Patriciat de la Bourgogne, 59
Aimard Evêque du Pui se croise pour la Guerre sainte, 385
Alain Duc des Bretons défait les Normans, 315
Alaric Roi des Gots ou Visigots, 16. Son entrevûë avec Clovis, 23. Il est défait & tué de la propre main de Clovis, 24
Alboflede sœur de Clovis, 19
Alethée Patrice : sa temerité. Il est tué par ordre de Clotaire II. 143
Alexis Comnene demande secours contre les Turcs, 384. arrête Hugues frere du Roi Philippe, 387. exige le serment de fidelité des Croisez, 387,388. fait attaquer l'armée de Raimond Comte de Toulouse, 388. se saisit de Nicée, 389. veut secourir Antioche, 392, 393
Amalaberge femme d'Hermanfroi Roi de Turinge, 29
Amalaric fils d'Alaric Roi des Visigots s'enfuit de la bataille de Vouglé, 24. est Roi des Visigots après son pere : épouse Clotilde fille de Clovis, 28. est tué par les François, 34
Amalasonte fille de Theodoric & d'Anaflede sœur du grand Clovis épouse Eutharic. Theodahat la fait mourir, 41
Amat Patrice défait & tué, 65
Amiravisi Sultan de Babylone défait par l'armée des Croisez, 396
Ampsivariens, peuples compris sous le nom de François, 3
Anaflede ou Audeflede sœur du grand Clovis, femme de Theodoric Roi des Ostrogots, 41
Anastase Empereur envoie à Clovis les Codiciles du Consulat, 24
Angrivariens, peuples compris sous le nom de François, 3
Anne veuve d'Henri I. se remarie, 369
Antioche assiegée par les Croisez, 391. prise par escalade, *Là-même*.
Apollinaire conduit les Auvergnats à la bataille de Vouglé, 24. Achete l'Evêché de Clermont, 24
Aragise Duc de Benevent, 214
Arbogaste François occupe les premieres Charges de l'Empire, 5
Arboriques ; leur histoire selon Procope, 19, 20. sont apparemment les Armoricains ou Bretons, *Là-même*.
Arbres mis dans les peintures & dans les bas reliefs,

pour séparer les actions, 375
Atidius sage Conseiller de Gondebaud Roi des Bourguignons, 21
Arnoul & Pepin se mettent du côté de Clotaire, 141
Arnoul bâtard de Carloman élû Roi de Germanie, 313. taille en pieces cent mille Normans, 315. meurt, 317
Arnoul Comte de Flandres fait massacrer en trahison Guillaume Duc de Normandie, 331, 332
Arnoul Archevêque de Rheims mis en prison, 352. déposé & remis dans son siege, 353
Artaud Archevêque de Rheims obligé d'abdiquer, se dédit de son abdication, 330. maintenu dans son Archevêché de Rheims, 335
Ascaric Roi des François, 5
Aschila mere de Theodemer Roi des François, 5
Astolphe Roi des Lombards, qui ravageoit & tyrannisoit les Terres du S. Siege, est deux fois vaincu par Pepin, 196, 197
Athec Roi des François, 5
Attuariens, peuples compris sous le nom de François, 3
Audeflede. *Voyez* Anaflede.
Audoucre femme de Chilperic repudiée, 61. Meurt d'un cruel supplice, 81
S. Avite convertit le Roi Gondebaud Arien, 23
Austrechilde femme du Roi Gontran meurt, & demande qu'on fasse mourir les Medecins qui l'avoient traitée, 80

B

BADERIC frere d'Hermanfroi, Roi de Turinge, 29. défait & tué, 30
Bague du Roi Childeric avec sa figure, 11
Barcelonne pris, 226
Basine quitte Bisin Roi de Thuringe son mari, pour aller épouser Childeric, 9
Basine fille de Chilperic deshonorée par les gens de Fredegonde, 81. est Religieuse à Poitiers, suit la revolte de Crodielde & rentre au Monastere, 124, 125
Bathilde femme de Clovis II. Ses vertus. Elle eut trois fils, 170
Baudouin Comte de Flandres enleve Judith fille de Charles le Chauve, 288
Baudouin Comte de Flandres, tuteur des enfans d'Henri I. 369. gouverne sagement sous Philippe I. 370. domte les Gascons, 371. meurt, 379
Baudouin frere de Godefroi de Bouillon se détache de l'armée des Croisez, & prend Edesse & Samosate, 390. élû Roi de Jerusalem en la place de son frere, 397
Baudon François occupa les premieres Charges de l'Empire, 5
Bera Comte de Barcelonne se bat en duel, 248
Bernard fils de Pepin envoié par Charlemagne en Italie, 238
Bernard Roi d'Italie se révolte contre Louis le Dé-

TABLE DES MATIERES.

bonnaire, qui lui fait crever les yeux, il en meurt de déplaisir, 145
Bernard soupçonné de commerce avec l'Imperatrice Judith, 257. Executé à mort, 282
Berthaire tué par son frere Hermanfroi Roi de Turinge, 29
Berthaire Maire du Palais de Neustrie, défait par Pepin de Herstal, 179. Il meurt, là-même.
Berthe ou Adelberge fille du Roi Cherebert & d'Ingoberge, mariée au Roi de Kent, 120
Bertoalde Maire du Palais de Theodoric, homme de vertu & de merite, est à charge à Brunehaut, 135. Il est tué, 136
Bertrade femme de Pepin le Bref, sa statuë, 272
Bertrade mariée à Philippe I. 383. excommuniée avec lui, 384. veut faire tuer Loüis le Gros, 399
Beaurain, la Ville & le Château, 377
Bilichilde & Brunehaut se chantent mille injures, 139
Bilichilde femme de Childeric II. enceinte, est tuée par Bodilon, 173. Son tombeau découvert à saint Germain des Prez, 173, 174, 175
Bisin Roi de Thuringe, 8, 9
Bodilon tuë Childeric II. sa femme & son fils, 173
Boemond Prince de Tarente, a des intelligences dans Antioche, 391. prend la ville par escalade; est fait Prince d'Antioche, là même.
Bonice François, 5
Boson se fait couronner Roi d'une partie de la Bourgogne & de la Provence, 298
Bretons depuis la mort de Clovis furent toujours sous la domination des François. 46
Les Bretons font des courses sur les Terres du Roi Gontran, 119
Bructeres, peuples compris sous le nom de François, 3
Brunehaut fille d'Athanagilde Roi d'Espagne, épouse Sigebert, 62. Envoiée en exil à Rouen, se marie avec Merouée fils de Chilperic, 70. fait mourir Vintrion, 133. chassée de l'Austrasie, 133, 134. fait mourir par ses intrigues le Patrice Egila, 135. Brunehaut abandonnée des Austrasiens, est prise par Clotaire qui la fait mourir d'un cruel supplice, 141, 142
Bucelin envoié par Theodebert en Italie, fait plusieurs conquêtes, & périt enfin, 43
Burgundofarons, les Seigneurs de Bourgogne, 144

C

Abrieres lieu du Languedoc, 38
Calices d'or en grand nombre, 34
Canaon Comte des Bretons, tuë trois de ses freres, 46
Cataric Roi des François & son fils saisis par Clovis, qui les fait mourir, 16
Carcassonne assiegé par Thierri fils de Clovis, qui leve le siege, 24
Carietton François a occupé les premieres Charges de l'Empire, 5
Carloman fils de Charles Martel, a pour sa part l'Austrasie, 187
Carloman & Pepin domtent Hunaud Duc d'Aquitaine, les Allemans & les Bavarois, 188. & plusieurs autres peuples, 189
Carloman avec son fils Drogon, se retire & se fait Moine, 190. sa statuë, 272
Carloman sur un sceau, 273
Carloman fils de Pepin, couronné à Soissons, 203. il meurt, 205
Carloman frere de Louis III. succede à son frere, marche contre les Normans & compose avec eux, 300. est blessé à la chasse & meurt, 300. sa statuë, 306, 307
Carloman Roi de Baviere, fils de Louis le Germanique, 293
Cartere Evêque de Perigueux, accusé d'avoir mal parlé de Chilperic, 85

Celse fait Patrice de Bourgogne, 59. avide d'acquerir du bien, 60
Chamaves, peuples compris sous le nom de François, 3
Le Champ de Mars & le Champ de Mai chez les François, 17
Charibert Roi d'Aquitaine, 150. Meurt, 152
Charlemagne Patrice representé assis, 274
Charlemagne couronné à Noion, 203. fait la guerre à Hunaud, 204. repudie Himiltrude, & épouse la fille de Didier Roi des Lombards, 204. fait la guerre en Saxe, & prend le fort d'Eresbourg, 205. repudie la fille de Didier, & fait la guerre au mème Didier, 204, 205. Il prend Pavie & amene Didier prisonnier en France, 206. fait la guerre en Saxe, son armée reçoit un petit échec, 207. passe en Italie, défait & prend Rargaud rebelle, & lui fait couper la tête, 207. revient en Saxe & domte les Saxons, 208. passe en Espagne & y fait des conquêtes, 208, 209. échec reçû à son retour, 209. revient à Herstal & de-là à Compiegne, 209.
Charlemagne revient en Saxe, & va à Rome, 210. reçoit de Tassillon le serment de fidelité, 210. 211. se retire dans les Gaules. là-même. retourne en Saxe & fait couper la tête à 4500 Saxons, 212. gagne deux batailles contre les Saxons revoltez, 212. Epouse Fastrade, 212. retourne en Saxe, reçoit Vitikinde & Albion qui se font Chrétiens, 213. conjuration contre lui: les conjurez sont punis. Il domte les Bretons, 214. il va à Rome, & s'empare du Duché de Benevent, 214. traite du mariage de Rotrude sa fille avec l'Empereur Constantin 214. 215. Tassillon lui prête serment de fidelité: mais convaincu de crime de leze-Majesté, il est dépoüillé de son Duché & fait Moine, 216. Charlemagne subjugue les Vilses, 217. sa grande expedition contre les Huns, 218. il découvre une conjuration faite contre lui par Pepin son fils, & le punit, 219. veut joindre le Danube au Rhin par un canal, 219. fait la guerre aux Saxons revoltez, 220. envoie Louis son fils en Espagne, 221.
Charlemagne se rend en Saxe, 222. reçoit plusieurs Ambassades, 222. 223. reçoit le Pape Leon III, 224. va visiter les bords de l'Ocean, 223. se rend à Rome, 224. est declaré Empereur par le Pape Leon III. & reconnu tel par le peuple, 225. reçoit plusieurs Ambassades à Pavie, 226. reçoit des propositions de mariage de la part d'Irene, & y consent, 227. transporte les Saxons de de-là l'Elbe dans un autre pays, 228. est visité par le Pape Leon III. 228. Charlemagne reçoit visite des Ducs de Venise, 229. reçoit de grands presens du Roi de Perse, 230. 231. fait tenir une Conference avec les Ambassadeurs de Godefroi Roi de Danemarc, 233. se prepare à une expedition contre lui, 234. reçoit plusieurs Ambassades, 235. fait la paix avec le Roi de Danemarc, 235. rétablit le phare de Boulogne, 236. reçoit des Ambassadeurs de l'Empereur Michel, qui l'appellent Empereur & Βασιλεὺς, 237. envoie Bernard fils de Pepin en Italie 237. s'assocje à l'Empire Louis son fils, 238. meurt, 239. son éloge, là-même.
Charlemagne d'Aix-la-Chapelle, en deux statuës, dont l'une a des boutons, 276. Statuë de sa tombe, 276. Charlemagne Empereur representé deux fois en mosaïque, 275. Charlemagne dans six seaux, 273. 274. Sa figure faite au 13. siecle, 277
Charles Martel fils de Pepin de Herstal & d'Alpaïde, 180.
Charles Martel gardé par Plectrude, s'échappe, 181. est battu la premiere fois par Rainfroi, & le défait ensuite, 181. met en fuite l'armée d'Eude, 185. qui fait sa paix avec lui, & lui rend le Roi Chilperic, 184. Charles domte les Saxons, 184. épouse Sonichilde, 184. met en fuite Eude qui appelle

TABLE DES MATIERES.

appelle les Sarrasins, & se rejoint avec Charles qui gagne la victoire sur Abderame, 184. Autres victoires, il domte les Frisons & les Saxons, 185. prend Avignon, 185. 186. assiege Narbonne, défait les Sarrasins, 186. se rend maître de la Provence. reçoit du Pape Gregoire III. les clefs du sepulcre de S. Pierre, 186. partage le Roiaume entre ses fils, & meurt, 187. Sa statuë, 272

Charles fils de Charlemagne, défait les Saxons, 213. fait la guerre aux Esclavons Bohemiens, 229. & aux Sorabes, 230

Charles dit le Chauve, naît, 252

Charles le Chauve & Louis le Germanique, donnent bataille à Lotaire, à Fontenai, 179. ils font un traité ensemble, 280

Charles le Chauve, quelle fut sa part par le traité fait avec Lotaire, 281. il épouse Hermentrude, 282. battu par Nominoé, 283. prend Pepin & l'enferme, 285. Les Aquitains mécontens de Charles, 285. Charles haï & méprisé de ses sujets qui veulent se donner à Louis le Germaniqque, 286. 287. Charles n'éloigne les Normans que par de grosses sommes d'argent, 288

Charles le Chauve se saisit de la Lorraine, épouse Richilde, 290. il partage la Lorraine avec Louis le Germanique, 291. il se saisit de la Bourgogne, donne le Comté de Vienne à Boson frere de sa femme, & le fait Duc d'Aquitaine, 291. fait crever les yeux à son fils Carloman, là-même. il est couronné Empereur, 292. couronné Roi de Lombardie, là-même. veut s'emparer des Etats de Louis le Germanique, mais il est battu, 293. veut bâtir une grande ville à Compiegne, 293. passe en Italie, tombe malade, & empoisonné par son Medecin il meurt, 294. 295. fort pernicieux à l'Etat, 295.

Charles le Chauve, peint sur un Manuscrit, 302, souvent à la tête des Bibles, 304

Charles le Gras Roi de la Suaube, de l'Alsace, &c. 293. fait Empereur, 298. 299. marche contre les Normans avec une puissante armée, & les fait retirer moiennant de l'argent, 300

Charles le Gros réunit toute la Monarchie Françoise, 307. contre la foi donnée il fait tuer Godefroi Duc de Frise, & creve les yeux à Hugues, 307. Fait un traité honteux avec les Normans, pour faire lever le siege de Paris, 313. accuse sa femme Richarde d'adultere, & fait connoître sa foiblesse, est abandonné & meurt, 313

Charles dit le Simple, élû Roi, 316

Charles le Simple se fait des ennemis, 318. fait bâtir un grand pont sur la Seine, 321. se rend maître de la Lorraine, 321. on conspire contre lui, 321. il fait un traité avec Henri l'oiseleur, 321. va attaquer Robert qui est tué, & Charles perd la bataille 322. 323. Il est trahi par Herbert Comte de Vermandois, qui le retient prisonnier, 323. il meurt en prison, 325.

Charles fils de Lotaire Roi de Provence & d'une partie de la Bourgogne, 286. il meurt, 290

Charles frere du Roi Lotaire, reçoit la Lorraine d'Othon II. & lui en fait hommage, 344

Charles Duc de Lorraine, frere du Roi Lotaire, fait la guerre à Hugues Capet, 351. il est pris & enfermé à Orleans, 352

Chatres peuples compris sous le nom de François, 3
Chauces peuples compris sous le nom de François, 3
Chaussure de Clovis singuliere, 53
Cherebert Roi de Paris, 59. répudie Ingonberge, & prend plusieurs femmes, 60. il est excommunié & meurt, 61
Cherebert est mort à Paris, & doit avoir été enterré à S. Vincent ou S. Germain des Prez, 158
Cherusces peuples compris sous le nom de François, 3
Chevaux enterrez avec leurs maîtres chez les anciens François, 14
Cheval de cent ans, 326
Chiflet (Jean Jacques) fait la description du tombeau de Childeric, 10
Childebert fils de Clovis Roi de Paris, 28. entre en Auvergne & prend Clermont, 33. fait la guerre à Amalaric Roi des Visigots, qui est tué, 33
Childebert & Clotaire prennent la Bourgogne, & en chassent Godemer, 34
Childebert & Clotaire font mourir deux fils de Clodomir leur frere, 37
Childebert & Theodebert font la guerre à Clotaire, 39. qui échappe de leurs mains par miracle, 39.
Childebert & Clotaire portent la guerre en Espagne, 40
Childebert fonde l'Eglise de S. Vincent aujourd'hui S. Germain des Prez, 40
Childebert & Clotaire menacent Theodahat Roi des Ostrogots, qui leur donne une somme d'argent, 41
Childebert prend les armes contre Clotaire; il meurt, 48
Childebert, Sa statuë au portail de S. Germain des Prez, 54
Childebert Roi d'Austrasie, fils de Sigebert, se ligue avec Chilperic contre Gontran, 83. fait une expedition en Lombardie, 91. envoie des Ambassadeurs à Gontran, qui sont rejettez & chassez, 97. 98. envoie une armée en Italie qui n'y fait rien, 108. Envoie une autre armée en Italie, qui est défaite & taillée en pieces, 110
Childebert veut aller faire la guerre en Italie. Les Lombards lui demandent la paix & l'obtiennent, 111. il fait regler le cens & les tributs, 121. Conspiration contre Childebert, 123
Childebert envoie trois Ambassadeurs à Constantinople, dont deux sont massacrez à Carthage, 125. fait contre les Lombards en Italie une expedition qui n'eut pas grand succés, 126. 127. se saisit des Etats du Roi Gontran, 132. fait attaquer les Bretons, qui se défendent bien, & les Varnes qui sont défaits, 132. il meurt, 133
Childebert fils de Theodoric s'enfuit pour échapper à Clotaire, 142
Childebert II. Roi de France, 180
Childebrand frere de Charles Martel, 185
Childeric Roi des François chassé par ses sujets & rétabli depuis, 8, 9. fait la guerre à Orleans & prend Angers, 9. son sepulcre trouvé à Tournai, 10. description de ce tombeau, 10, 11, 12. & suiv.
Childeric I. representé sur sa bague, 11
Childeric II. premierement Roi d'Austrasie, 172. est fait Roi de Neustrie malgré Ebroin, là-même. Tué par Bodilon, qu'il avoit fait fustiger, 173. son tombeau découvert à S. Germain des Prez, 173, 174, 175
Childeric III. Roi de France, 189. degradé & envoié au Monastere de S. Bertin, 191
Chilon & les François assiegent Nantes, 27
Chilperic se saisit de Paris d'où il est chassé par ses trois freres; est fait Roi de Soissons, 59. il répudie Audouere, 61. épouse Galsuinthe sœur de Brunehaut : il la fait étrangler, 63
Chilperic fait la guerre à son frere Sigebert, 67. fait la guerre aux Bretons, 77. met de grands impôts dans ses Etats, 78, des fleaux du Ciel l'obligent de les ôter, 79
Chilperic écrit un livre de Theologie contenant les erreurs de Sabellius, 81. ajoute quelques lettres à l'alphabet, 81, 82. fait la guerre à Gontran son frere, 85
Chilperic & Childebert font la guerre à Gontran qui bat les troupes de Chilperic, ce qui produit la paix, 88
Chilperic assassiné, 92. Son portrait, 92, 93
Chilperic. Son tombeau à S. Germain des Prez a été

Tome I. Fff

TABLE DES MATIERES.

refait, 160

Chilperic II. dans les maillots quand son pere Childeric II. fut tué, 173

Chilperic II. Roi de France, 182. il meurt, 184

Chlodion le Chevelu Roi des François prend Cambrai, 7

Clades glandolaria, maladie contagieuse, 134

Claude Romain de nation, fait Maire du Palais de Theodoric, 137

Clochilaïque Roi Danois fait une descente dans les Gaules : est défait & tué, 29

Clodebert fils de Chilperic mort jeune, 79

Cloderic fils de Sigebert Roi de Cologne, se trouve à la bataille de Vouglé, 24. fait tuer son pere, & est tué lui-même par les gens de Clovis, 25, 26

Clodomir fils de Clovis Roi d'Orleans, 28. donne bataille aux Bourguignons : il est tué, & les Bourguignons défaits, 31. sa statuë au Portail de saint Germain des Prez, 54

Closinde fille de Clotaire mariée à Alboin Roi des Lombards, 46

Clotaire fils de Clovis, Roi de Soissons, 28. tuë deux fils de Clodomir son frere, 37. sauvé par miracle des mains de Childebert & de Theodebert, 40. veut lever le tiers du revenu des Eglises : il casse depuis cette Ordonnance, 45

Clotaire a plusieurs femmes à la fois & grand nombre d'enfans, 46. fait la guerre aux Saxons revoltez : divers succès de cette guerre : Clotaire meurt, 49. Sa statue au portail de S. Germain des Prez, 55

Clotaire II. malade à l'extremité revient en santé, 128, 129. défait Vintrion Chef de l'armée de Childebert, 132. son armée combat à Latofao contre celle de Theodebert & Theodoric, 133

Clotaire défait par Theodebert & Theodoric, est reduit aux conditions qu'ils veulent, 134. il se fait, contre le Traité, de plusieurs villes & villages, 136. son armée est défaite par Theodoric, *là-méme*, il réunit la Monarchie des François, 141, 142, 143. Caractere de Clotaire, 143

Clotaire pour une somme d'argent remet le tribut annuel aux Rois des Lombards, 145. fait la guerre en Saxe, 150. Meurt, *là-méme*.

Clotaire III. a regné quinze ans complets, 171, 172

Clotilde épouse Clovis, 17, 18. fait son possible pour convertir à la foi le Roi son mari, 18. Clotilde après la mort de son mari, se retire à Tours, 28. Sa statuë au portail de S. Germain des Prez, 53

Clotilde fille de Clovis épouse Amalaric Roi des Visigots, 28. maltraitée par Amalaric, delivrée par son frere, elle meurt en chemin, 34

Cloud ou Clodoald fils de Clodomir sauvé du massacre de ses freres; 37

Clovis I. succede à son pere ; fait la guerre à Siagre, & le défait, 16. rend un vase pris à S. Remi & comment, 16, 17. subjugue les Turingiens, 17. épouse Clotilde, 17, 18. donne bataille aux Allemans, *là-méme*. se convertit à la Foi, 18, 19

Clovis fait la guerre à Gondebaud Roi des Bourguignons, 20, 21. son entrevue avec Alaric Roi des Gots, 23. il lui fait la guerre, le défait & le tue, 24. prend plusieurs villes, *là-méme*. reçoit de l'Empereur Anastase les Codicilles du Consulat; est déclaré Consul & Auguste, 24, 25. établit son siege à Paris, 25. fait tuer Cloderic, qui avoit fait mourir son pere : il se saisit du Roiaume de Cologne, 25, 26. se saisit de Cararic autre Roi des François, le fait mourir & son fils aussi, 26. Clovis tuë Ragnacaire Roi de Cambrai, & s'empare de son Roiaume, 26. 27. fait aussi tuer son frere Rignomer, 27. fait mourir d'autres petits Rois ses parens, *là-méme*. Sa mort, 28

Clovis : sa statue au portail de S. Germain des Prez, 52. sa chaussure singuliere, 53

Clovis fils de Chilperic chassé de la Touraine & de Bourdeaux, 67. tué par ordre de Fredegonde, 81

Clovis II. Roi de France, 165. épouse Bathilde dont il eut trois fils : il meurt jeune, 170

Clovis III. Roi de France, 180

S. Colomban maltraité & chassé par Theodoric, par l'intrigue de Brunehaud, 139

Concile d'Aix-la-Chapelle sur la procession du Saint Esprit, 233

Conobre Comte des Bretons donne bataille à Clotaire. Il est défait & tué, 48

Constance Reine femme de Robert, 356. ses violences, 360. son humeur insupportable, 361. elle veut faire détrôner Henri son fils, 363. meurt, *là-même*. Sa statue, 369

Corbaram ou Corbagat met en péril l'armée des Chrétiens, 392. est défait, *là-même*.

Corbe fils de Theodoric tué par ordre de Clotaire, 142

Cornes qui servoient pour boire, 375

Couronnes radiales des Rois au portail de Chartres, 57

Couronne de Clotaire surhaussée de deux étoiles, l'une dans l'autre, 58

Couronne ornée d'étoiles, 159. Couronne des Patrices, 274. *Voiez* le Traité des Couronnes dans le Discours Préliminaire.

Cramne envoié par son pere en Auvergne, y fait de grandes violences, se ligue avec Childebert contre son pere, 47. prend Châlon, 48. se reconcilie avec son pere, & se révolte de nouveau : il est défait, pris & tué, *là-même*.

Crodielde fille du Roi Cherebert, cause un grand scandale au Monastere de Poitiers : emmene un grand nombre de Religieuses ; rentre & veut faire tuer l'Abbesse, 123, 124, 125. est excommuniée, & quitte le Monastere, 125

Croisade. Premiere Croisade, 384 *& les suivantes*.

Cryftal. *Voyez* Globe de Cryftal.

Cunibert Évêque de Cologne, gouvernoit l'Etat sous Sigebert avec Pepin, 165

D

DAGOBERT fait Roi d'Austrasie par Clotaire son pere, 145. fait tuer Crodoalde, 146. s'attire d'abord l'amour & l'estime de ses Sujets : il change après de mœurs & de conduite, 151, 152. son incontinence, 152. il envoie des Ambassadeurs à l'Empereur Heraclius, *là-méme*. fait la guerre à Samon Roi des Vinides, avec un succès peu avantageux, 153. fait tuer neuf mille Bulgares, ausquels il avoit donné retraite, 154. envoie du secours au Roi d'Espagne, 155. sa guerre contre les Vinides, *là-méme*. il établit Sigebert son fils Roi d'Austrasie, *là-méme*. fait le partage de ses Etats entre Sigebert & Clovis, 156

Dagobert épouse Gomatrude, 148. il fait la guerre en Saxe, 149

Dagobert envoie une grande armée contre les Gascons qui sont domtez, 156. Dagobert reçoit Judicaël Roi des Bretons, qui venoit lui faire satisfaction pour sa nation : il meurt, 157. Sa statue originale & du tems, 162. Son Seau & son Monogramme, *là-méme*. Sa statue à l'Eglise de saint Pierre & saint Paul d'Erford, 162, 163. Son histoire fabuleuse, representée sur son tombeau ou mausolée, 164, 165

Dagobert fils de Sigebert envoié en Ecosse par Grimoald, 170. fait Roi d'Austrasie, 172. est tué dans une révolte ; est reconnu Saint : ses reliques à Mons, 177

Dagobert II. Roi de France, 180, 181

Dagobert fils de Childeric II. encore enfant, est tué par Bodilon, 173. son tombeau découvert dans l'Eglise de S. Germain des Prez, 173, 174, 175

Dentelin Duché, 140, 141

Deuterie concubine, & depuis épouse de Theode-

TABLE DES MATIERES.

bert, 38. fait périr sa fille, & est repudiée, 39
Didier Roi des Lombards défait par Charlemagne qui l'amene prisonnier en France, 206
Didier Duc rentre en grace avec Gontran, 110. fait une expédition en Septimanie où il est tué, 116
Didier Evêque de Vienne déposé au Concile de Châlon & envoié en exil, 135. martyrisé par ordre de Theodoric, 138
Drogon Duc de Champagne, fils de Pepin de Herstal, 180
Les Duchez & les Comtez deviennent hereditaires, 314

E

EBerulfe accusé d'avoir assassiné Chilperic, se retire à S. Martin de Tours, où il est tué, 100
Eble Abbé de S. Germain défend bien Paris assiegé par les Normans, 308 & suiv.
Ebon Archevêque de Rheims, déposé. 265
Ebroin Maire du Palais chassé & envoié à Luxeüil, 172
Ebroin sorti de Luxeüil veut établir un nouveau Roi: fait tuer Leudese Maire du Palais, 176. & S. Leger, 177. commet plusieurs violences, défait une armée, & est enfin tué, 178
Ecuiers enterrez avec leurs Maîtres chez les peuples barbares, 14
Ecuiets representez avec Lotaire, 302
Ecuiers de Charles le Chauve portent l'ancien habit militaire des Romains, 303
Edouard Roi d'Angleterre fait son testament en faveur de Guillaume Duc de Normandie, 372
Edouard Roi d'Angleterre: son trône & sa couronne, 373
Ega Maire du Palais sous Clovis II. ses vertus, 165
Egila Patrice, mis à mort par l'intrigue de Brunehaut, 135
Eginard député par Charlemagne au Pape Leon III. 230
Emme femme du Roi Lotaire soupçonnée d'avoir fait empoisonner son mari, 344. est emprisonnée elle-même par Charles de Lorraine son beau-frere, 345. Sa figure, 346, 347
Ennode & Berulfe soupçonnez d'avoir enlevé les tresors de Sigebert, punis, 110
Epée de Charlemagne, 277
Erchinoald Maire du palais de Neustrie : ses vertus, 166
Ermenfroi tuë le Comte Enulfe, 166
Escarbot dans les Monumens de Childeric, 15
Eticho Duc : sa figure, 347
Etienne II. (mettez Etienne V.) vient en France, 243
Etienne Comte de Chartres quitte l'armée des Croisez, 393
Eude Duc d'Aquitaine défait les Sarrasins qui assiegeoient Touloufe, 181. appelle Abderame & se tourne contre lui, 184. meurt, 185
Eude fils de Robert le Fort, défend bien Paris assiegé par les Normans, 308, 309. élu Roi de France, défait les Normans, 314. fait la guerre en Aquitaine, 315. meurt, 317. Sa statuë & ses sceaux, 307
Eude Comte de Champagne fait la guerre à l'Empereur Conrad, 364. est tué, 365
Eudelane établi Duc de la Transjurane, 145
Eusebe marchand Syrien, obtient l'Evêché de Paris, par presens, & met un Clergé Syrien à Paris, 131.

F

FAmine horrible, 361
Farron ami de Ragnacaire Roi de Cambrai, 26, 27
Fastrade femme de Charlemagne, 212
Felix d'Urgel ; son erreur condamnée, 318, 319
Flaocat Maire du Palais de Bourgogne, 168. ennemi de Villebaud Patrice, 168. cherche à le faire mourir, & en vient à bout, 168, 169. & meurt bientôt après, 169
Fleaux sur la France du tems de Chilperic, 78, 79.
Foulques Archevêque de Rheims, massacré par Vincmar, 319
Franc, signification de ce mot, 5
Francs ou François, leur origine, 1, 2, 3. peuples compris sous le nom de François, 3. leurs irruptions, 4. redoutables aux Romains, 4, 5
Francisque, hache d'armes des François, 13
Fredegonde fait assassiner Sigebert, 69. après la mort de Chilperic se réfugie à l'Eglise de Paris, 94. exilée à Vaudreuil veut faire assassiner Brunehaut, 99. veut faire assassiner Childebert & Brunehaut, 111. fait tuer Pretextat, 113. veut faire tuer le Roi Gontran, 71. appellée par Gontran l'ennemie de Dieu & des hommes, 120. veut tuer sa fille Rigonte, 122. 123. envoie une autre fois des assassins pour tuer Childebert, 129. fait tuer trois François de Tournai, & a bien de la peine à échapper, 131. contribuë au gain de la bataille donnée par Clotaire à l'armée de Childebert, 132. se saisit de Paris, 133. meurt, là-même. Sa tombe à S. Germain des Prez est originale & faite de son tems, 160, 161.

G

GAgan, nom commun aux Rois des Huns, 64
Gaifre Duc d'Aquitaine, soutient une longue guerre contre Pepin, 198. 199. &c. perd ses Etats, & est enfin tué par les siens, 203
Gallomagne Referendaire, 123
Galsuinthe sœur de Brunehaut, femme de Chilperic, étranglée par ordre de son mari, 63
Gand des Grands Seigneurs pour soutenir l'épervier, 347. 401.
Les Gascons font des incursions, 116. défaits par les troupes de Theodebert & Theodoric, 135. défont l'arriere-garde de Charlemagne, 209. domtez par l'armée de Louis le Debonnaire, 142
Gefroi Martel Comte d'Anjou, se rend maître de Tours, 366
Genebaud Roi des François, frere de Marcomir, 5
Genialis Duc des Gascons, 135
Genobaudes Roi des François, 5
Gerberge femme de Carloman. Sa statuë, 272
Gerbert Archevêque de Reims, depuis Pape sous le nom de Silvestre II. son histoire, 352. fut Precepteur du Roi Robert, 354
S. Germain excommunie le Roi Cherebert, 61
Gilles Maître de la Milice Romaine, établi Roi des François en la place de Childeric, 8, 9.
Gilles Evêque de Reims, poursuivi à coup de pierres, 89
Gilles Archevêque de Reims, jugé & deposé pour ses crimes, 119, 130
Gisemer supplante son pere, est fait Maire du Palais de Neustrie, & meurt, 178
Givald fils de Sigivald, sauvé par Theodebert, 38
Globes de crystal dans le tombeau de Childeric & dans un autre tombeau, 15
Godefroi Roi de Danemarc, fait la guerre aux Abotrites, 231. tué par un de ses Gardes, 235
Godefroi de Boüillon se croise pour la guerre sainte, 385. élû Roi de Jerusalem, 396. meurt, 397
Godegisele pere de Clotilde, 17
Godegisele Roi des Bourguignons, fait la guerre à son frere, 20. Il est tué, 21, 22
Godemer Roi des Bourguignons, défait par les François, 31
Godescalc foüetté dans un Concile, & obligé de brûler ses écrits, 284
Godin fils de Varnacaire, tué par l'ordre de Clotaire, 148, 149
Goisvinthe femme de Leovichilde, persecute les Catholiques & sa belle-fille Ingonde, 80

TABLE DES MATIERES.

Gondebaud qui se disoit fils de Clotaire I. son histoire. Il vient de Constantinople à Marseille, 86. soutenu de Mommole, de Didier & d'autres, il est inauguré Roi, 96. va à Toulouse & puis à Bourdeaux, 101. 102. envoie des Ambassadeurs à Gontran qui les fait mettre à la question, 102. 103. se retire dans la capitale du Comminge, y est assiegé & livré par Mommole, il est massacré, 102, 103, 104, 105

Gondebaud Roi des Bourguignons, 17. battu & assiegé par Clovis, 20, 21. fait sa paix avec lui, 21. prend Vienne où Godegisele son frere est tué, 22. Il quitte l'Arianisme, 23.

Godeberge Reine de Lombardie, son histoire, 147. 154

Gondioche Roi des Bourguignons, 17

Gondulfe se saisit de Marseille pour le Roi Childebert, 84

Gontaire fils de Clodomir tué par Clotaire son oncle, 37

Gontran Roi d'Orleans, 59. a successivement plusieurs femmes, 60. fait tuer deux hommes qui parloient mal de sa femme, 73. à la priere de sa femme mourante fait tuer deux Medecins qui l'avoient traitée, 80. bat les troupes de Chilperic, ce qui produit la paix, 88

Gontran & Childebert se liguent contre Chilperic, 90

Gontran vient à Paris après la mort de Chilperic, 94. il refuse de livrer Fredegonde à Childebert, qui la vouloit faire mourir, 95. il craint qu'on ne l'assassine, 95, 96. fait rendre les biens enlevez par Childeric, 99. envoie Fredegonde en exil, là-même. envoie une grande armée contre Gondebaud, 101. fait chercher les corps de Clovis & de Merouée fils de Chilperic, & les fait enterrer, 107. craint qu'on n'attente sur sa vie, 107, 108. envoie en Septimanie une armée pour y faire la guerre aux Gots: le succès de l'entreprise est très-malheureux, 111, 112. rejette les propositions de paix du Roi d'Espagne, 115, 116. découvre une autre conspiration contre sa vie, 116

Gontran fort pieux, on lui attribuë des miracles, 120. fait porter la guerre en Septimanie, son expedition est très-malheureuse, 121. envoie contre les Bretons une armée qui eut un mauvais succès par l'intrigue de Fredegonde, 127. il fait mourir un Garde-Chasse & deux autres hommes pour un leger sujet, 128. leve des fonts le Roi Clotaire II. 131, 132. il meurt, 132

Gontran-Boson va pour prendre Mommole, 87. s'offre de se battre en duel contre celui qui l'accuseroit; c'est la premiere fois qu'il est parlé de duel dans l'histoire de France, 98. tué, 117, 118

Gozlin Evêque de Paris, défend la ville assiegée par les Normans, 308

Gregoire de Tours accusé d'avoir mal parlé de Fredegonde, 82. envoié par Gontran pour terminer quelque different entre lui & Childebert son neveu, 119, 120

Grimoald Maire du Palais d'Austrasie, fait adopter son fils par Sigebert: il est mis en prison, où il finit sa vie, 170

Grimoald fils de Pepin & de Herstal, Maire du Palais de Childebert II. 180. tué, 181

Grippon fils de Charles Martel, 184. en guerre contre ses freres, il fait revolter la Saxe & d'autres peuples. Pepin le poursuit; il s'enfuit en Baviere & de-là en Aquitaine, 190. est pris & bien traité par son frere, 191. est tué en allant en Italie, 194

Gui Comte de Ponthieu prend Harold, 376, 377, 378. & le rend à Guillaume Duc de Normandie, 379

Guillaume Duc d'Aquitaine, ne veut pas reconnoitre Hugues Capet, 351

Guillaume Duc d'Aquitaine: son irruption en Espagne, 371

Guillaume Duc de Gascogne défait les Normans, 352, 353

Guillaume Duc de Normandie massacré en trahison par le Comte de Flandres, 331, 332

Guillaume le bâtard fort traversé dans sa jeunesse, 364, 365. fait vigoureusement la guerre au Roi Henri I. 367, 368. Edouard Roi d'Angleterre le déclare son successeur, 372. demande Harold à Gui de Ponthieu qui le tenoit prisonnier, & il lui est rendu, 379. défait Harold, & est couronné Roi d'Angleterre, là-même. fait la guerre en Bretagne, 381. saccage Mante & meurt, 382. Sa figure deux fois, 402

Guillaume le Roux Roi d'Angleterre repoussé vivement par Louis le Gros, 397. Sa figure, 402

H

Hache mise anciennement sous la tête des morts, 15

Hache d'armes des François appellée Francisque, 13

Haganon favori de Charles le Simple, la cause ou le pretexte de sa perte, 322

Harold ou Harald envoié par Edouard Roi d'Angleterre à Guillaume Duc de Normandie, 372. est pris par Gui Comte de Ponthieu, 376, 377, 378. est rendu à Guillaume Duc de Normandie, 379. couronné Roi, il fait la guerre à Guillaume le bâtard, est tué, 379. Sa figure dans un Manuscrit, 401

Haste *Hasta*, marque de Roiauté chez les François, 11

Halie Comte du Maine, sa figure, 349

Henri I. nommé Roi par son pere, 361, traversé par sa mere, qui le veut détrôner, 363. domte son frere Eude revolté, 365. bat le Comte de Champagne, là-même. rase le Château de Tuillieres, & le rebâtit, là-même. combat pour Guillaume le bâtard & remporte la victoire, 367. fait la guerre au même Guillaume avec mauvais succès, 367, 368. son entrevue avec l'Empereur, là-même. sa mort, sa statue, 369

Henri Duc de Saxe jette du secours dans Paris assiegé par les Normans. Il vient secourir Paris une autre fois, & est tué, 312

Herbert Comte de Vermandois trahit Charles le Simple & le retient prisonnier, 323. sa mort est remarquable, 332

Hermanfroi Roi de Turinge, 29, 30

Hermengarde femme de Louis le Débonnaire meurt à Angers, 245

Hermenegilde: son histoire en abregé, 80

Hildebrand Duc de Spolete, 209, 216

Hildegarde femme de Charlemagne, 212

Hilperic: son tombeau découvert à saint Germain des Prez, 175, 176

Himiltrude repudiée par Charlemagne, 104

Hincmar Archevêque de Rheims representé avec Charles le Chauve, 305

Hommage prêté à un Roi par un Seigneur, 349

Hongrois font des courses en Italie & en France, 324

Horloge singuliere, 231

Hugues l'Abbé fait un grand carnage de Normans, 301

Hugues le Grand épouse Hadvige sœur du Roi Othon, 328. retient le Roi Louis d'Outremer prisonnier, 333. meurt, 339

Hugues Capet se fait déclarer Roi, 350. & fait couronner Robert son fils, là-même; fait la guerre à Charles Duc de Lorraine, & le prend, là-même. fait la guerre à Guillaume Duc d'Aquitaine, 351.

Hugues Capet meurt: son éloge, 353. Sa figure, 369

TABLE DES MATIERES.

Hugues fils aîné de Robert déclaré Roi du vivant de son pere, 356. obligé de s'enfuir de la Cour, 360. revenu à la Cour, meurt avant son pere, 361

Hunaud Duc d'Aquitaine, fils d'Eudes, 185. se retire dans un Monastere, & laisse son Duché à Gaiffre son fils, 189. pris par Charlemagne & enfermé dans le Château de Fronsac, 204. lapidé à Pavie, 206

Huns domtez & leur payis pillé par Charlemagne, 218

Huns défaits par les Bavarois, 216

I

JEAN VIII. vient en France & tient un Concile à Troie, 296

Jerusalem assiegé & pris, 394, 395

Ingoberge femme du Roi Chereberr meurt en odeur de sainteté, 120

Ingomer premier fils de Clovis & de Clotilde meurt après le batême, 18

Ingonde femme d'Hermenegilde persecutée pour la Foi Catholique, 80. meurt en Afrique, 110

Injuriosus Evêque de Tours, 45

Inscriptions sépulcrales mises au dedans des tombeaux, 159

Irene Imperatrice veut se marier avec Charlemagne, 222

Judicaël Roi des Bretons vient à la Cour du Roi Dagobert pour faire la paix, 157

Judith seconde femme de Louis le Debonnaire, 246. meurt, 282

Judith fille de Charles le Chauve mariée à Eardulfe Roi des Anglois Occidentaux, 287. enlevée par Baudouin, 288

Juifs obligez de sortir de Clermont en Auvergne, 71

Justinien se fait appeller Francique, ou vainqueur des François, 44

L

LAc de Geneve formé par la chûte d'une montagne, 61

Lance : le fer de la lance qui perça le côté de Notre Seigneur, trouvé à Antioche, 393

Lanthilde sœur de Clovis, 19

S. Leger Evêque d'Autun, Ebroin le fait tuer, 177. sa figure faite presque de son tems, 348

Leon III. Pape fort maltraité par ses ennemis va trouver Charlemagne en Saxe, 223

Leubovere Abbesse de Poitiers succede à sainte Radegonde : grande révolte contre elle, 124, 125

Leudaste accusé Gregoire de Tours d'avoir mal parlé de Fredegonde, & est massacré par les gens de cette Princesse, 82

Leudegisile assiege Gondebaud dans une ville du Comminge, qui lui est livré par Mommole, 103, 104, 105

Leudemond Evêque de Sion, 143

Leuthaire Duc des Allemans, 166

Liudevite se révolte contre Louis le Debonnaire, 246. il est tué, 251

Lombards cedent au Roi Gontran Aoust & Suse, 61

Lombards tributaires des François, 144

Lotaire épouse Hermengarde, 249. va en Italie où le Pape Pascal lui met le diademe Imperial, 250. tient son pere comme captif, 261. son pere délivré marche contre lui. Lotaire prend Châlon sur Sône, 264. demande pardon à son pere, & est envoié en Italie, 264. veut opprimer ses deux freres Louis & Charles pour se rendre maître de tout l'Empire, 278. leur donne bataille à Fontenai & la perd, 279, 280. fait plusieurs mouvemens inutiles, 279, 280. fait un partage avec ses freres, 281. se fait Moine & meurt, 286

Lotaire Emperteur représenté dans une peinture, 301. & dans des seaux, 306

Lotaire Roi de Lorraine répudie Thietberge & épouse Valdrade : grande affaire & qui dure long-tems, 289. sa mort, 290

Lotaire couronné Roi de France, 338. donne à Hugues le Grand la Bourgogne & l'Aquitaine, là-même ; fait la guerre en Aquitaine avec peu de succès, là-même ; va joindre Brunon Archevêque de Cologne son oncle, 339. veut se saisir de Richard Duc de Normandie. qui lui échappe, 340. assiste à la proclamation d'Othon son oncle, qui est fait Empereur, 341. épouse Emme, 342

Lotaire demande à Othon II. la Lorraine, & à son refus il envahit Aix-la-Chapelle. Othon s'étant avancé jusqu'à Paris, Lotaire met son armée en déroute, 343. il lui donne la Lorraine en fief, 343, 344. fait couronner Roi son fils Louis, 344. meurt non sans soupçon de poison ; là-même ; sa figure à Rheims & dans une miniature, 348

Louis le Debonnaire envoié en Espagne par son pere, 221. assiege & prend Barcelonne, 228, 229. assiege Tortose, 232. il est associé par son pere à l'Empire, 238. il craint Vala son parent, 239. il remedie au scandale que la conduite de ses sœurs causoit à la Cour, 239, 240. reconnu une seconde fois Empereur, 240. reçoit bien Heriold Prince de Danemarc qui s'étoit refugié auprès de lui, 241. rend aux Saxons & aux Frisons le droit de succeder à leurs peres, que leur avoit ôté Charlemagne, là-même ; reduit les Gascons à l'obeïssance, 242. reçoit le Pape Etienne à Rheims, 242, 243. il est blessé à la chûte d'un portique, 244. tâche de reformer le Clergé, là-même ; déclare son fils Lotaire Empereur, là-même ; apprend la revolte de Bernard Roi d'Italie & arme contre lui, 245. Bernard étant venu lui demander pardon, il lui fait crever les yeux, là-même ; châtie les Bretons qui s'étoient revoltez, là-même ; reçoit plusieurs ambassades, 246. épouse Judith, là-même ; envoie Lotaire en Italie, 250. va avec une armée en Bretagne, & châtie les Bretons, 252, 253. envoie une armée contre Aizon qui s'étoit revolté en Espagne, 254, 255. punit les Chefs qui n'avoient pas fait leur devoir, 255. découvre une conspiration qui se tramoit contre lui, 257. Pepin son fils est à la tête des Conjurez, qui font prendre le voile à Judith, 258

Louis le Debonnaire se remet sur pied & tombe dans de nouveaux embarras, 258, 259. est obligé d'aller trouver ses fils, 260. Lotaire le tient comme prisonnier, là-même ; on l'oblige à déposer l'Empire, 261. un puissant parti se met sur pied pour le délivrer, & attire à soi Louis le Germanique & Pepin, 262. il est rétabli & marche contre Lotaire, 264. Lotaire vient lui demander pardon, & il l'envoie en Italie, là-même ; fait déposer Ebon Archevêque de Rheims, 265. il veut gagner Lotaire, 266. il partage ses Etats entre ses quatre fils, 268. fait venir Lotaire pour le porter à proteger Charles, 269. & fait le partage de l'Empire, 269. il va en Aquitaine, 270. marche contre son fils Louis qui s'étoit revolté : il meurt, 271. sa statue, 277

Louis le Germanique & Charles le Chauve donnent bataille à Lotaire & la gagnent, 279

Louis le Germanique, quelle fut sa part dans le Traité fait avec Lotaire, 281. il meurt, 293

Louis fils de l'Empereur Lotaire est Empereur après lui, 286. il meurt, 292

Louis Roi de la France Orientale fils de Louis le Germanique, 293. défait les Normans, 298

Louis le Begue succede à son pere Charles le Chauve, 295. couronné & sacré par le Pape Jean VIII. 296. partage la Lorraine avec Louis Roi de Germanie,

Tome I.   G g g

TABLE DES MATIERES.

296. il meurt, *là-même.*
Louis & Carloman Rois de France partagent le Roiaume : Louis à la Neuftrie, & Carloman l'Aquitaine & la Bourgogne, 297. Louis cede sa part de la Lorraine à Louis Roi de Germanie, 297. défait les Normans, 298
Louis & Carloman font la guerre à Hugues qui vouloit s'emparer de la Lorraine, & à Boson, 298. Louis étend sur le carreau neuf mille Normans, 299. Il meurt, 300
Louis & Carloman : leurs statues, 306
Louis d'Outremer s'éloigne d'Hugues le Grand, 328. prend plusieurs places, 328, 329. se rend maître de la Lorraine ; cela lui suscite des ennemis dans son Roiaume, 330. après un échec il va à Vienne & de-là à Rouen, 331
Louis d'Outremer prend sous sa tutelle le jeune Richard Duc de Normandie, à qui il veut faire brûler les jarrets, 333. il est défait & pris, *là-même*; il est delivré, 334. vient au Concile d'Ingelheim, 335. prend Laon, 336. va en Aquitaine, *là-même*; meurt, 337. sa figure à Rheims, 346
Louis V. empoisonné par sa femme, meurt, 345. sa figure, 346
Louis fils de Boson déclaré Roi d'Arles, 314
Louis fils de Philippe I. se défend bien contre Guillaume le Roux Roi d'Angleterre, 397. domte plusieurs petits tyrans, 398. épouse Luciane, ce mariage est depuis déclaré nul, 399
Lovolautre, forteresse d'Auvergne, 35
Loup Centule Gascon envoié en exil, 246
Luitgarde femme de Charlemagne meurt, 223
Luxe des Ecclesiastiques du tems de Louis le Debonnaire, 244

M

MACLIAVE Comte Breton : son histoire, 46. il est tué par Bodique, 73
Mailles : hommes maillez de pied en cap, 370
Main qui descend du ciel sur la tête de Charlemagne, 174
Main du ciel qui descend sur Charles le Chauve, 302, 303
Main de Justice dans le seau d'Hugues Capet, 369
Maires du Palais se rendent maîtres des Rois, 179
Manichéens en France, 358
Marcomir Roi des François fils de Priam, 6. pris & envoié en exil, *là-même.*
Marlegia en Alsace, 129
Mathilde, femme de Guillaume le Conquerant : sa figure, 402
Maures battus, 231
Maurice Empereur donne satisfaction à Childebert sur le meurtre de ses Ambassadeurs, 127
Médailles d'or de l'Empereur Tibere prédécesseur de Maurice, pesant une livre, 83
Mellobaude vaillant Roi des François, 5
Meroliac forteresse d'Auvergne, 35
Merovée Roi des François : son histoire, 8
Merouée fils de Chilperic épouse Brunehaut sa tante, 70. est exclus de la couronne par son pere, & fait Prêtre : il s'enfuit & se tue enfin lui-même, 72, 73
Merovée fils de Theodebert tué par ordre de Theodoric, 141
Merovée fils de Theodoric, garenti de la mort par Clotaire, 142
Mets, siege des Rois d'Austrasie, 28
Mommole (Eunius) fait Comte & puis Patrice, 64, 65. ses victoires contre les Lombards & contre les Saxons, 65, 66. autres victoires, 67
Mommole défait Didier, 71. quitte le service de Gontran & s'enferme dans Avignon, 83. fait couronner Gondebaud, est tué par ordre du Roi Gontran, 105

Mommole Prefet accusé de maleficres, tourmenté de divers supplices, 89, 90
Monnoies Romaines en usage parmi les anciens François, 15
Monnoies ou médailles d'or trouvées au sepulcre de Childeric, 10
Munderic se déclare Roi, & est tué, 35

N

NANTILDE femme de Dagobert, representée sur le tombeau de son mari, 165. Gouverne l'Etat sous son fils Clovis, *là-même.*
Nicephore Empereur d'Orient envoie des Ambassadeurs à Charlemagne, 227
Nimbe à la tête de nos Rois de la premiere race, 52. *Voiez le Discours Preliminaire.*
Nominoé Roi des Bretons fait des progrés, 281. défait Charles le Chauve, 283. prend Rennes & meurt peu après, 284
Normans commencent leurs courses, 248
Normans pendant les divisions des trois freres désolent la France, 281
Normans prennent & saccagent Nantes, 283. prennent Rouen, montent à Paris, saccagent Melun, 283. prennent Bourdeaux, 284. brûlent Paris, 287, 288
Normans entrent par le Rhône, & ravagent les bords du fleuve, 288
Normans assiegent Paris, 307, 308. leur descente en Aquitaine, 358

O

ODILIE, fille du Duc Eticho reconnuë pour Sainte, 347, 348
Ogive mere de Louis d'Outremer, 327. se remarie fort vieille, 336
Orgues envoiées par Constantin Copronyme à Pepin, les premieres qu'on ait vûës en France, 198
Orleans, siege des Rois, 28
Othon I. vient en Bourgogne avec une grande armée, 331. vient en France avec une grande armée, & se retire avec perte, 334. est couronné Empereur, 341
Othon II. mis en fuite par Lotaire, 343. défait sur mer & pris par les Grecs, 344
Othon fils du Roi Lotaire fut Chanoine de Rheims : sa figure, 347

P

PARIS consumé par un incendie, 113, 114. Paris : sa prérogative sur les autres villes de France, siege des Rois, 28, 62
Paris assiegé par les Normans se défend très-bien pendant long-temps, 308, 309, &c. assaut general, 309
Parmes, espece de bouclier fort large, 64. *Voiez le Discours Preliminaire.*
Parthenius qui levoit les tributs du tems de Theodebert, lapidé, 45
Patrice, distinction des Patrices honoraires, d'avec les Patrices en exercice, 275
Patriciat de la Bourgogne, 59
Pepin le vieux Maire du Palais d'Austrasie, gouvernoit l'Etat sous Sigebert, 165
Pepin de Heristal, 176. défait le Roi Thierri & Berthaire Maire du Palais, 179. défait Ratbod Duc des Frisons, 180. meurt, 181
Pepin le Bref reçoit de son pere la Neustrie, la Bourgogne & la Provence, 187. poursuit son frere Grippon : domte les Saxons & les Bavarois, 190. prend Grippon & le traite bien : se fait déclarer Roi, 191
Pepin fait une expedition dans la Septimanie, 194, 195. domte les Saxons, 195. est visité par le Pape

TABLE DES MATIERES.

Etienne, *là-même* ; passe en Italie pour faire la guerre à Astolphe Roi des Lombards, *là-même* ; le défait & le reduit à faire un traité, 196. Astolphe ne tenant point son traité, il repasse les monts & le réduit, 196, 197

Pepin tuë un lion pour faire voir sa force à ceux qui le méprisoient, 197. domte les Saxons, fait la guerre à Gaiffre Duc d'Aquitaine, 198. désole l'Auvergne, 199. prend Bourges, *là-même* ; remporte plusieurs autres avantages contre lui, 200. reçoit Remistan oncle de Gaiffre & lui donne des terres, 200, 201. fait pendre Remistan qui s'étoit tourné du côté de Gaiffre, 202. se rend maître de toute l'Aquitaine, 203. tombe malade, partage ses Etats entre ses deux fils Charles & Carloman, & meurt, *là-même*.

Pepin le Bref : sa statuë, 272

Pepin le Bref, ou quelqu'un de ses fils ou petit-fils representé sur le trône, 273. Seau de Pepin où il est couronné de pampres, *là-même*. Pepin appellé *Imperator*, 272

Pepin fils de Charlemagne conspire contre son pere, 219

Pepin autre fils de Charlemagne fait la guerre aux Huns, 221. & depuis en Italie, 227. subjugue Venise, 234. meurt, 235

Pepin fils de Pepin se joint avec les Normans : est chassé par les Aquitains, 284. livré à Charles le Chauve, 285

Persecution en Espagne contre les Catholiques, 80

Pharamond premier Roi des François, dont on ne sait que le nom, 7

Philippe I. fait la guerre en Flandres avec peu de succés, 380. ses violences, 381. répudie Berthe, 382, 383. épouse Bertrade, 383. est excommunié, 383, 384. Il meurt & est enterré à saint Benoît sur Loire, 400. son tombeau & sa figure, 401

Point : trois points après chaque mot anciennement, 373

Poitiers se range par force sous l'obéissance de Gontran, 97

Portail de l'Eglise de saint Germain des Prez est de la premiere fondation, 50, 51

Pretextat Archevêque de Rouen, accusé de plusieurs crimes au Concile de Paris, se défend bien de tous, & mal conseillé se confesse enfin coupable quoiqu'innocent : il est envoié en exil, 74, 75, 76. Il est rétabli malgré Fredegonde, 98, 99

Pretextat tué par ordre de Fredegonde, 113

Priam Roi des François selon Prosper, 5

Procope peu sûr dans ce qu'il dit des François & de leurs voisins, 20, 21

Prodiges rapportez par Gregoire de Tours, 109

Protade fait Duc de la Transjurane soupçonné de trop de familiarité avec Brunehaut, 135. est fait Maire du Palais de Theodoric, 136. Il est massacré, 137

Q

QUINTIEN Evêque de Rhodez fait Evêque de Clermont, 29
Quintrion. *Voiez* Vintrion.

R

RADEGONDE épouse Clotaire, qui fait tuer son frere ; elle se fait Religieuse, 32

Radulfe ou Raoul Duc de Thuringe remporte plusieurs victoires contre les Vinides & devient insolent, 156. se revolte contre le Roi Sigebert, 166. l'oblige de se retirer avec son armée, 167

Ragnacaire Roi de Cambrai pris & tué par Clovis, 26, 27

Ragnemode Evêque de Paris, meurt, 131

Rainfroi Maire du Palais, 181. bat Charles Martel, est ensuite défait par lui, 181

Raoul Duc de Bourgogne élû Roi de France, 323. conquiert une partie de la Lorraine, 324. réduit le Duc d'Aquitaine, *là-même* ; défait les Normans, 325, 326. fait la guerre à Herbert Comte de Vermandois, 326. fait une entrevûe, où trois Rois se trouvent, 327. il meurt, *là-même*.

Raoul petit-fils d'Hugues l'Abbé se fait Roi de la Bourgogne Transjurane, 314

Raoul II. Roi de la Bourgogne Transjurane fait Roi d'Italie, 324

Ratbod Duc des Frisons défait par Pepin de Herstal, 180

Rauchinge conspire contre le Roi Childebert. Il est tué, 117

Recarede fait des courses sur les Etats de Gontran avec quelque succés, 113. envoie des Ambassadeurs à Gontran & à Childebert. Gontran rejette l'Ambassade : Childebert la reçoit, 119

Regaïse Roi des François, 5

Reine au pied d'oie, appellé la *Reine Pedauque*, 192. Origine de cette fable, 193

Remi Archevêque de Rheims, 16, 17. batise Clovis & un grand nombre de François, 19

Remistan oncle de Gaiffre Duc d'Aquitaine se donne à Pepin qui lui fait de grands avantages, 200, 201. se tourne contre Pepin, & est pendu par son ordre, 202

Remulfe fils du Duc Loup mis en la place de Gilles Archevêque de Rheims, 130

Rheims : siege des Rois d'Austrasie, 28

Richard Duc de Normandie fait venir des troupes de Danemarc, & oblige le Roi Lotaire de faire la paix, 342

Richard Duc de Normandie fait venir deux Rois du Nord en France avec des troupes, 359

Richarde femme de Charles le Chauve accusée à tort d'adultere, 313

Richilde seconde femme de Charles le Chauve, 290. representée sur une pierre gravée, 306

Rigonte envoiée en Espagne pour épouser le fils du Roi Leovigilde, avec des préparatifs & des richesses extraordinaires : 91, 92

Rigonte presque étranglée par Fredegonde sa mere, 122, 123

Robert le Fort établi Duc Gouverneur du Païs entre la Seine & la Loire, fait de grands exploits, 288. appellé Duc, & Marquis & Comte, 290. est tué, *là-même*.

Robert fils de Robert le Fort se fait couronner Roi, 322. est tué dans une bataille, 322, 323

Robert fils d'Hugues Capet couronné Roi six mois après son pere, 350

Robert Roi de France : ses belles qualitez, 354. Il est obligé de repudier sa femme Berthe, 354, 355. assiege & prend Melun, 355. fait la guerre en Bourgogne, 355, 356. épouse Constance, 356. sainte vie de Robert, *là-même* ; sa guerre contre le Comte de Sens, 357. il associe à la Couronne Hugues son fils, 357, 358. son entrevûe avec l'Empereur Henri, 359, 360. meurt, 362

Robert Roi de France : ses deux statuës, 369

Robert Duc de Bourgogne, fils du Roi Robert ; son seau, 370

Robert Duc de Normandie meurt en pelerinage, 384

Robert fils de Guillaume le bâtard Duc de Normandie se croise, 385. sa valeur, 397. sa figure, 402

Rois du grand Portail de S. Denis, sont de la premiere race : conjecture sur ces Rois, 194

Rollon Chef des Normans prend Rouen, 319. est battu à Chartres, s'établit à Rouen, *là-même* ; se fait Chretien, est fort religieux, 320. fait hommage à Charles le Simple, & reçoit la souveraineté de la Bretagne dont il se met en possession, 320, 321.

TABLE DES MATIERES.

S

SAGITTAIRE Evêque de mauvaise vie, 76. maſ-
ſacré, 105
Saliens, peuples compris ſous le nom de François, 3
Salomon Roi de Bretagne : ſon hiſtoire, 192
Salone & Sagittaire Evêques vont à la guerre contre
la diſcipline de leur tems, 65
Salone & Sagittaire freres Eveques de vie ſcandaleu-
ſe, 76. degradez de l'Epiſcopat, 77
Samon François de nation eſt fait Roi des Vinides, 146
Sanche Mitarra fait Duc des Gaſcons, 291
Saxons venans d'Italie défaits par Mommole retour-
nent en leur païs, 66
Saxons pluſieurs fois domtez par Charlemagne, 205, 206, 207. & ſuiv. conduits par Vitikind, ils dé-
font une armée de Charlemagne, 211, 212
Saxons défaits par Thraſicon Duc des Abotrites, 222
Sceptre de Lotaire ſemble une haſte Romaine, 302
Sceptres des Rois de France, 302. *Voiez le Diſcours Préliminaire.*
Seaux de quelques Rois de la premiere race, 191
Sicambres, peuples François, 3
Sigebert Roi d'Auſtraſie, 59. fait la guerre aux Huns
& domte Chilperic, 59. fait une autre expedition
contre les Huns, 63. épouſe Brunehaut fille d'A-
thanagilde Roi d'Eſpagne, 62. fait la guerre à Gon-
tran : ſon armée eſt défaite, 64. Sigebert marche
contre Chilperic qui demande la paix & l'obtient,
68. Chilperic rompt la paix : Sigebert l'aſſiege à
Tournai & eſt aſſaſſiné, 68, 69
Sigebert : ſon tombeau & ſa ſtatuë à S. Medard de
Soiſſons, 159
Sigebert fils de Theodoric tué par ordre de Clotaire, 142
Sigebert fils de Dagobert établi Roi d'Auſtraſie, 155.
marche avec une armée contre Raoul Duc de Thuringe, & eſt obligé de ſe retirer, 167. adopte le
fils de Grimoald, 170. il a depuis un fils qui fut
nommé Dagobert. Il meurt & eſt reconnu pour
Saint, *là-même.*
Sigeric étranglé par ſon pere Sigiſmond, 30
Sigiſmond Roi de Bourgogne tuë ſon fils Sigeric & en
fait penitence, 30. il eſt vaincu & pris par Clodo-
mir qui le fait mourir, 31
Sigivald parent du Roi Thierri, puni du Ciel à cauſe
de ſes impietez, 36. tué par ordre de Thierri, 38
Silvain pere & fils François, ont occupé les premieres
Charges de l'Empire, 5
Soiſſons, ſiege des Rois, 28
Sonnegiſile Comte de l'Etable, 123. confeſſe dans
les tourmens qu'il a trempé à la mort du Roi Chil-
peric, 119
Soucoupe d'une Reine, 348, 349
Statues des Rois du troiſiéme portail de Notre-Dame
de Paris ſont de l'ancienne Egliſe, 55, 56. Celles
du portail de l'Egliſe Cathedrale de Chartres ſont
auſſi de l'ancienne Egliſe, 56, 57
Statuës de nos Rois avec le nimbe au Cloître de S. De-
nys, 57, 58
Statuë de Childebert faite au commencement du on-
ziéme ſiecle, 58
Statuë de Clotaire à S. Medard de Soiſſons, *là-même.*
Statuë aſſiſe de Pepin à Fulde, 272
Statuë aſſiſe de Carloman à Fulde, 272
Suger Abbé peint de ſon tems ſur des vitres, 277
Sunnon Roi des François frere de Marcomir, 6. tué,
là-même.
Syriens negotians en France, 106

T

TABLETTES du Roi Childeric, 13
Tancrede va à la premiere Croiſade, 385

Taſſillon Duc de Baviere prête ſerment de fidelité à
Charlemagne, 210, 211. convaincu du crime de
leze-Majeſté eſt dépouillé de ſon Duché & fait
Moine, 216
Tencteres, peuples compris ſous le nom de François, 3
Tête de bœuf d'or dans les monumens de Childeric, 11
Theodahat Roi des Oſtrogots fait mourir Amalaſon-
te, 41
Theodebalde ſuccede à Theodebert ſon pere au Roiaume d'Auſtraſie, 45. épouſe Valdetrade : meurt, 47
Theodebert ſuccede à ſon pere malgré Childebert &
Clotaire, 38. Childebert le prend depuis en affec-
tion, 39. il défait les Danois, 29. fait une expedition contre les Gots, 38. épouſe Viſigarde fille
de Vaccon Roi des Lombards, 38. ſon expedition
en Italie, 42, 43. ſe prepare à porter la guerre à
Conſtantinople, 43, 44. Il meurt, 45
Theodebert fils de Chilperic défait Gondebaud General de Sigebert, fait de grands ravages, & eſt enfin défait & tué, 68, 69
Theodebert & Theodoric défont l'armée de Clotaire,
& le réduiſent aux conditions qu'ils veulent, 134
Theodebert envoie des Ambaſſadeurs à l'Empereur,
s'offrant de faire la guerre au Cagan des Abares, 134, 135
Theodebert fait un traité avec Clotaire, 136. fait
mourir Biliſchilde ſa femme, 140. Il eſt défait deux
fois par ſon frere Theodoric, pris & tué, 140, 141
Theodemer Roi des François, 5
Theodoald fils de Clodomir tué par Clotaire ſon
oncle, 37
Theodore Evêque de Marſeille maltraité, 86. perſe-
cuté de nouveau, 108
Theodoric Roi des Oſtrogots en Italie tâche de détourner Clovis de faire la guerre à Alaric, 23. il
meurt, 41
Theodoric frere de Theodebert épouſe Ermenberge
fille de Vitteric Roi d'Eſpagne, & la répudie, 138.
défait l'armée de Clotaire, & prend ſon fils Merovée priſonnier, 136
Theodoric par l'intrigue de Brunehaut chaſſe S. Colomban, 139. défait deux fois Theodebert, le
prend & le fait mourir, 139, 140, 141. meurt, 141
Theudechilde femme de Cherebert confinée dans un
Monaſtere, 61, 62
Theudefroi Duc de la Tranſjurane, 152
Theudoald fils de Grimoald Maire du Palais, 181
Thierri fils de Clovis prend pluſieurs villes, leve le
ſiege de Carcaſſonne, 24. eſt fait Roi d'Auſtraſie,
28. va au ſecours d'Hermanfroi Roi de Thuringe,
30. Thierri joint avec Clotaire fait la guerre aux
Thuringiens, les défait, 32. il veut faire tuer ſon
frere Clotaire, 33. Thierri fait tuer Hermanfroi,
Roi de Thuringe, *là-même*; ſaccage l'Auvergne,
34, 35. fait avec Childebert un traité mal gardé,
36. meurt, 38. ſa ſtatuë au Portail de S. Germain
des Prez, 54
Thierri I. Roi, 176, 178
Thierri II. dit *de Chelles*, fait Roi de France, 184
meurt, 186
Thraſicon Duc des Abotrites fait la guerre aux Vilſes,
233. tué par trahiſon, 234
Tolbiac lieu où Clovis donna la bataille contre les Alle-
mans, 18
Tours exemt de tribut en conſideration de S. Mar-
tin, 121
Treſors enterrez avec les morts du tems des anciens
François, 109
Τυμβώρυχοι, voleurs de tombeaux, punis, 11
Tutold, nain, 378

VAIFAR,

TABLE DES MATIERES.

V

Vaifar. *Voyez* Gaiffre.
Vala craint par Louis le Debonnaire, 239. Vala vient à la Cour donner des avis à l'Empereur, qui sont mal reçûs, 257
Valdetrade femme de Theodebalde Roi d'Austrasie, 46
Vandalmare Duc de la Transjurane, 132
Varadon élû Maire du Palais de Neustrie, supplanté par son fils, 178
Varnacaire Maire du Palais de Theodoric meurt, & laisse ses biens aux pauvres, 134
Varnacaire autre Maire du Palais se met du parti de Clotaire, 142
Varnacaire fait Maire du Palais de Bourgogne, 143
Villebaud Patrice de Bourgogne est défait & tué par les embuches de Flaocat, 168, 169
Vilhaire & Beat Ducs des Venitiens vont voir Charlemagne, 229
Vilses, peuples subjuguez par Charlemagne, 217
Vinides peuples : leur histoire, 146
Vintrion Chef de l'armée de Childebert défait par Clotaire, 132. tué par les menées de Brunehaut, 133
Visigarde fille de Vaccon Roi des Lombards épouse Theodebert, 38
Vitigés s'accommode avec Childebert, Clotaire & Theodebert en leur cedant la Provence, 41
Vitixind fait revolter les Saxons, & gagne une bataille contre les François & puis s'enfuit, 212. lui & Albion se font Chrétiens, 213
Vivien Abbé Commendataire de S. Martin de Tours, 303
Ultrogothe femme du Roi Childebert : sa statue au Portail de S. Germain des Prez, 55
Voleurs de tombeaux punis, 11. châtiez selon les Loix Saliques, *là-même.*
Vouglé lieu où Clovis donna bataille à Alaric, 24
Urbain II. Pape, auteur de la prèmiere Croisade, 384
Ursion & Bertefroi prennent les armes contre Loup Duc de Champagne, 83. revoltez contre Childebert, sont défaits & tuez, 118
Usipetes, peuples compris sous le nom de François, 3
Utton tué par Leuthaire Duc des Allemans, 166
Vulfe Patrice tué par l'intrigue de Brunehaut, 137, 138
Vulfoade Maire du Palais se met du parti de Dagobert Roi d'Austrasie, 176
Vulfoade Comte : sa figure, 348

Z

Zaman Sarrazin qui assiegeoit Toulouse défait & tué, 182
Zuentibolde Roi de Lorraine dans son seau, 307
Zuentibolde fait la guerre au Duc Regnier sans succès, 316
Zuentibolde fait Roi de Lorraine, 316. assiege Laon & leve le siege, 317. se gouverne mal : est tué, 318

Tome I. Hhh

INDEX.

INDEX.

A

ADALOALDI Langobardorum Regis historia, 146. *quæ in falsi suspicionem cadit.*
Adalindæ uxoris Vulfoaldi schema, 348
Adelæ Veromanduensis schema, 349
Adelberti Comitis Petragoricensis ad Hugonem Capetum responsio, 353
Ademarus Episcopus Aniciensis crucem assumit ad bellum sacrum, 386
Ægidius magister militiæ Romanæ, Rex Francorum in Childerici locum constitutus, 8, 9
Ægidius Episcopus Rhemensis lapidibus impetitus fugit, 89. in judicio ob scelera deponitur, 129, 130
Ago Rex Langobardiæ summâ pecuniâ vectigalia annua Regi Francorum solvenda redimit, 145
Agricola a Patriciatu Burgundiæ removetur, 59
Aistulfus Rex Langobardorum bis superatur a Pipino, 196, 197
Alanus Dux Britonum Normannos vincit, 315
Alaricus Visigothorum Rex, 16
Alaricus Rex Gothorum, seu Visigothorum Chlodoveum convenit, 23. ab illo vincitur & occiditur, 24
Albofledis soror Chlodovei, 19
Aletheus Patricius: ejus temeritas: jussu Chlotarii occiditur, 143
Alexius Comnenus auxilium petiit contra Turcas, 384
Alexius Comnenus Hugonem Philippi Regis fratrem detinet, 387. sacramentum fidei a Cruce-signatis exigit, *ibidem*; exercitum Raimundi Comitis Tolosani invadi curat, 387. Nicæam accipit, 389. in urbe Antiochia obsessis opem ferre vult, 392, 393
Amalaberga uxor Hermanfridi Thuringiæ Regis, 29
Amalaricus Alarici Gothorum Regis filius ex Vogladiensi pugna fugit, 24. Chlotildem Chlodovei filiam ducit uxorem, 28. occiditur a Francis, 34
Amalasuntha filia Theodorici & Anasledis Chlodovei sororis Eutharico nubit: a Theodahato occiditur, 41
Amatus Patricius a Langobardis victus & interfectus, 65
Amiravisius Babyloniæ Ægyptiacæ Sultanus a Godefrido Bullionio victus & fugatus, 396
Ampsivarii Franci erant, 3
Anastasia vel Audefledis Chlodovei soror, & uxor Theodorici Ostrogothorum Regis, 41
Anastasius Imperator Chlodoveo codicillos Consulatus mittit, 24
Angrivarii populi in Francorum gente comprehensi, 3
Anna Henrici I. defuncti uxor, alteri nubit, 369
Annulus Childerici cum ejus schemate, 11
Antiochia a Cruce-signatis obsessa, 391. scalis admotis capta, *ibid*.
Apollinarius in Vogladiensi pugna Arvernos ducit, 24
Apollinarius Arvernorum Episcopatum emit, 29
Aragisus Dux Beneventanus, 214
Arbogastes Francus prima Imperii munia occupavit, 5
Arbores in picturis & anaglyphis ad separandas actiones positæ, 375
Arboricorum historia ex Procopio ad Armoricos pertinere videtur, 19, 20
Aridius vir sapiens Gundobado Burgundionum Regi a Consiliis, 21
Arnulfus & Pipinus ad partes Chlotarii II. transeunt, 141
Arnulfus Carlomanni filius nothus, Rex Germaniæ electus, 313
Arnulfus Rex Germaniæ Normannos ad centum millia delet, 315. Imperator moritur, 317
Arnulfus Comes Flandriæ Guillelmum Normanniæ Ducem trucidat, 331, 332
Arnulfus Archiepiscopus Rhemensis in carcerem trusus, 352. depositus & in sedem restitutus, 353
Artaldus Archiepiscopus Rhemensis electus, 326. abdicare coactus, ab abdicatione postea desistit, 330
Ascaricus Rex Francorum, 5
Aschila mater Theodemeris, 5
Athec Rex Francorum, 5
Attuarii populi in Francorum gente comprehensi, 3
Audefledis, *V.* Anasledis.
Audouera a Chilperico repudiatur, 62. immani supplicio perit, 81
Sanctus Avitus Gundobadum Burgundionum Regem ad fidem convertit, 23
Aurelianum sedes Regum, 28
Austrechildis uxor Guntchramni moriens postulat occidi medicos suos, 80

B

BADERICUS frater Hermanfridi Thuringiæ Regis, victus & occisus, 29
Balduinus Comes Flandriæ Juditham filiam Caroli Calvi abripit, 288
Balduinus sub Philippo juvene regnum sapienter moderatur, 370. Vascones domat, 371. moritur, 379
Balduinus frater Godefridi Bullionii ab exercitu Cruce-signatorum sejunctus, Edessam & Samosatam capit, 390. Rex Jerosolymæ, fratre mortuo, deligitur, 396
Balduinus Hanoviæ Comes: quomodo perierit ignoratur, 393
Basina Bisinum Regem Thuringiæ relinquit ut Childerico nubat, 9
Basina Chilperici filia *delusa a pueris* Fredegundis, 81. Chrodieldem rebellem sequitur, & postea in Monasterium redit, 124, 125
Bathildis uxor Chlodovei II. pia & Sancta, tres filios peperit, 170
Baudo Francus prima Imperii munia occupavit, 5
Belrem oppidum & castellum, 377
Bera Comes Barcinonensis duello pugnat, 248
Bernardus filius Pipini a Carolo Magno in Italiam missus, 238
Bernardus Italiæ Rex rebellat, &a Ludovico Pio oculorum amissione plectitur, & ex dolore nimio moritur, 245
Bernardus Comes in suspicionem adulterii vocatur cum Judithâ Imperatrice, 257. occiditur, 282
Bertha sive Adelberga Chereberti & Ingobergæ filia, Regi Cantiæ nupta, 110
Bertharius a fratre suo Hermanfrido Thuringiæ Rege

INDEX.

occisus, 29
Berthacius Major-domus Neustriæ a Pipino victus, 179. moritur, *ibid.*
Bertoaldus Major Palatii Theoderici vir probus & strenuus Brunechildi invisus, 135
Bertoaldus occisus, 136
Bertradæ uxoris Pipini Brevis statua, 272
Bertrada Philippo Regi nubit, 383. cum illo *excommunicatur*, 384. Ludovicum Philippi Regis filium perimere conatur, 399
Bilichildis uxor Childerici II. prægnans occiditur a Bodilone, 173
Bilichildis uxoris Childerici II. sepulcrum detectum fuit in Ecclesia S. Germani a Pratis, 173, 174, 175
Bisinus Thuringorum Rex, 8, 9
Bodilo Childericum II. occidit, uxoremque & filium, 173
Boemundus Princeps Tarentinus crucem accipit ad bellum sacrum, 386
Boemundus Alexio Comneno formidolosus, 387. in urbe Antiochia viros sibi fidos habet, 391. urbem scalis admotis capit, Antiochiæ Princeps factus, *ibid.*
Bonitius Francus prima Imperii munia occupaverat, 5
Boso partis cujusdam Burgundiæ atque Provinciæ se Regem coronari curat, 298
Britones a morte Chlodovei semper Francis paruerunt, 46
Britones Guntchramni regiones devastant, 119
Brucleri populi in Francorum gente comprehensi, 3
Brunechildis filia Athanagildi Hispaniæ Regis Sigiberti uxor, 61. Rothomagum in exsilium missa, Meroveo Chilperici filio nubit, 70. Vintrionem occidi curat, 133. ex Austrasia ejecta, 133, 134. ejus arte Egila Patricius occiditur, 135. ab Austrasiis rejecta, a Chlotario capitur, qui illam immani supplicio afficit & perimit, 141, 142
Bucelinus a Theodeberto in Italiam missus, multa acquirit, & postea perit, 43
Burgundofarones, primores Burgundiæ, 144

C

CALAMITATES in Gallia Chilperici ævo, 78, 79
Calcei Chlodovei singulares, 53
Campus Martius & Campus Madius apud Francos, 17
Caput bovis aurei in Monumentis Childerici, 11
Caricrto Francus prima Imperii munia occupavit, 5
Carlomannus filius Caroli Martelli Austrasiam accipit, 187
Carlomannus & Pipinus fratres Hunaldum Aquitaniæ Ducem domant, itemque Alamannos & Bavaros, 188. aliosque populos, 189
Carlomannus & Drogo filius Monachi efficiuntur, 190
Carlomanni statua sedens Fuldæ, 272. Carlomannus in sigillo, 273
Carlomannus Pipini filius apud Suessionas coronatur, 203. moritur, 205
Carlomannus fratri Ludovico III. succedit, cum Normannis paciscitur, 300. in venatu vulneratus moritur, *ibid.*
Carlomanni Regis fratris Ludovici statua, 307
Carlomannus Rex Baioariæ filius Ludovici Germanici, 293
Carolus Martellus filius Pipini de Heristallio & Alpaidis, 180
Carolus Martellus a Plectrude detentus evadit, 181, primo vincitur a Raganfrido, posteaque illum profligat, 182. exercitum Odonis fugat, 183. qui pacem cum illo facit & Chilpericum ipsi tradit, 184. Carolus Saxones domat. Sonichildem ducit uxorem, 184. Odonem fugat; is Saracenos advocat, & postea cum Carolo jungitur, qui Abderamum vincit, *ibid.* Frisones & Saxones domat, 185. Avenionem capit, 186. Narbonam obsidet, Saracenos profligat, *ibid.* Provinciam capit: Claves sepulcri sancti Petri a Gregorio III. accipit, 186. inter filios regna dividit & moritur, 187
Caroli Martelli statua, 272
Carolus Magnus Novioduni coronatus, 203. Hunaldum bello impetit, 204. Himiltrudem repudiat & filiam Desiderii Langobardorum Regis ducit uxorem, *ibid*; movet in Saxoniam & Eresburgum capit, 205. Desiderii filiam repudiat & patri bellum infert, 204, 205; Ticinum capit & Desiderium captivum in Franciam ducit, 206. in Saxoniam movet, ubi aliquid damni exercitui ipsius infertur, 207. Italiam petit, & Ratgaudo rebelli capto caput præcidi jubet, *ibid.* ad exercitum suum redit & Saxones domat, 208. movet in Hispaniam, ubi urbes aliquot sibi subjicit, 209. in reditu aliquid damni accipit, *ibid.* Heristallium venit, inde Compendium, *ibid.*
Carolus Magnus in Saxoniam venit, & Romam petit, 210. A Tassillone sacramentum fidei accipit, 210, 211. In Gallias redit, 211. In Saxoniam movet, & 4500. Saxonibus capita præcidi jubet, 211. rebelles Saxonas bis profligat, *ibid.* Frastradam ducit uxorem, *ibid.* in Saxoniam redit, 213. conjurantes contra se plectit; Britonas domat, 214. Romam petit & Spoletæ Ducatum sibi subjicit, *ibid.* de connubio Rotrudis filiæ suæ cum Constantino paciscitur 214, 215. Tassillonem ob læsam majestatem in Monasterium includit, 216. Vilsos sibi subjicit, 217. expeditionem magnam contra Hunnos suscipit, 218. Pipinum filium contra se conjurantem plectit, 219. Danubium Rheno jungere tentat, *ibid.* rebelles Saxonas domat, 220. Ludovicum filium in Hispaniam mittit, 221
Carolus Magnus Saxoniam petit, 222. Leonem III. recipit, 224. Oceani perlustrato littore Romam se confert, *ibid.* Imperator declaratur a Leone III. acclamante populo, 225. connubio sibi jungi postulanti Irenæ Imperatrici annuit, 227. Saxones Transalbinos in aliam regionem transfert, 228. invisitur a Leone III. Papa, *ibid.* & a Venetis Ducibus, 229. a Rege Persarum munera magna accipit, 230, 231. congressum & colloquium cum Oratoribus Daniæ Regis admittit, 233. expeditionem contra illum parat, 234. pacem cum Rege Daniæ facit, 236. Bononiæ pharum restaurat, *ibid.* Oratores recipit Michaelis Imperatoris a quibus Imperator & Βασιλεὺς appellatur, 237. Bernardum Pipini filium mittit in Italiam, *ibid.* Ludovicum filium Imperatorem declarat, 238. moritur: ejus encomium, 239
Carolus Magnus Imperator bis repræsentatus in musivis, 275
Caroli Magni statuæ Aquisgrani, 276
Carolus Magnus in sex sigillis, 273, 274. Carolus Magnus Patricius repræsentatus, 274
Carolus Magnus decimo-tertio sæculo factus, 277
Carolus filius Caroli Magni Saxones vincit, 213. alia bella gerit, 129, 130
Carolus Calvus nascitur, 252
Carolus Calvus quam regni portionem habuerit, 281. Hermentrudem ducit uxorem, 282. a Nominoe victus, 283. Pipinum capit & in arcta custodia ponit, 285. Aquitani ipsi infensi, *ibid.* apud subditos suos odio habetur ac despicitur, qui Ludovicum Germanicum advocant, 287. nonnisi vi pecuniæ Normannos amovet, 288
Carolus Calvus Lotharingiam occupat. Richildem ducit uxorem, 290. Lotharingiam partitur cum Ludovico Germanico, 291. Burgundiam occupat, *ibid.* Viennæ Comitatum dat Bosoni uxoris suæ fratri quem Ducem Aquitaniæ constituit, *ibid.* Carlomannum filium oculorum lumine privat, 291. Imperator coronatur, 292. & Rex Langobardiæ, *ibid.*

INDEX.

Ludovici Germanici regnum invadere tentat: sed fugatur, 293. urbem magnam Compendii vult construere, *ibid.* in Italiam transit: ægrotat, a Medico suo venenatum poculum sorbet & moritur, 294, 295. regnum labefactat, 295
Carolus Calvus in codice depictus, 302
Carolus Calvus sæpe in fronte bibliorum depictus, 304
Carolus Crassus Rex Suaviæ, Alsatiæ, &c. 293
Carolus Crassus Imperator coronatur, 298, 299. in Normannos cum grandi exercitu movet, & pactione pecuniæ cum illis rem componit, 300. totam Monarchiam Francicam occupat, 307. contra fidem datam Godefridum Frisiæ Ducem vita, Hugonem oculis privat, 307
Carolus Crassus Normannos pactione pecuniæ turpiter amovet ab obsidione Lutetiæ, 313. uxorem Richardam adulterii accusat, & imbecillitatem suam probans ab omnibus deseritur & moritur, 313
Carolus Simplex dictus in Regem electus, 316. inimicos sibi parat, 318. Lotharingiam occupat, 321. adversus illum conspiratur, cum Henrico Aucupe pacta init, *ibid.*
Carolus Simplex Robertum aggreditur, quem occidit, sed Carolus vincitur, 322. 323, ab Heriberto Veromanduensi proditur, qui ipsum in custodia detinet, 323
Carolus Simplex in carcere moritur, 325
Carolus filius Lotharii Imperatoris Rex Provinciæ & partis Burgundiæ 286
Carolus Rex Provinciæ moritur, 290
Carolus Lotharii frater Lotharingiam accipit ab Othone II. ipsique hominium præstat, 344
Carolus Dux Lotharingiæ frater Lotharii bellum gerit contra Hugonem Capetum, 351. captus & Aureliani in carcere positus est, *ibid.*
Carterius Episcopus Petragoricensis accusatus quod male de Chilperico loquutus sit, 85
Celsus Patricius Burgundiæ factus, 59. prædia abripit, 60
Chamavi populi in Francorum gente comprehensi, 3
Chanao Britonum Comes tres fratres occidit, 46
Chararicus Rex Francorum cum filio, jubente Chlodoveo occiditur, 26
Charibertus Rex Aquitaniæ, 150. moritur, 152
Chatti populi in Francorum gente comprehensi, 3
Chauci populi in Francorum gente comprehensi, 3
Cherebertus Rex Parisiorum, 59
Cherebertus seu Charibertus Ingobergam repudiat, 60. excommunicatur & moritur, 61
Cherebertus Lutetiæ mortuus est, & in Ecclesia sancti Vincentii, ut credimus, sepultus, 158
Cherusci populi in Francorum gente comprehensi, 3
Chiffletius (Joan. Jacob) Childerici sepulcrum describit, 10
Childebertus Chlodovei filius Rex Parisiorum, 28 Arvernos invadit & Clarum-montem capit, 133
Childebertus bellum infert Amalarico Visigothorum Regi, qui ociditur, 33
Childebertus & Chlotarius Burgundiam capiunt, pulso Godemaro, 34
Childebertus & Clotarius duos Chlodomeris fratris sui filios occidunt, 37
Childebertus & Theodebertus Chlotarium bello impetunt, qui divina ope servatur, 39
Childebertus & Chlotarius bellum in Hispaniam inferunt, 40
Childebertus Ecclesiam S. Vincentii hodie S. Germani a Pratis ædificat. 40
Childebertus & Chlotarius Theodobato minas intentant, qui ipsos pecuniæ summa placat, 41
Childebertus Chlotarium bello impetit; & moritur, 48
Childeberti statua in ostio sancti Germani a Pratis, 54

Childeberti statua ineunte undecimo sæculo facta. 58
Childebertus filius Sigiberti cum Chilperico adversus Guntchramnum fœdus init, 83
Childeberti expeditio in Langobardiam, 91
Childebertus nuncios ad Guntchramnum mittit, qui pelluntur ac rejiciuntur, 97, 98
Childebertus exercitum mittit in Italiam irrito conatu, 108. iterum exercitum mittit qui profligatur & deletur, 120. expeditionem parat in Italiam, Langobardi pacem petunt & impetrant ab illo, 121. censum & tributa in ordinem revocat, *ibid.* conspirationem contra se factam detegit, 123. Oratores tres Constantinopolin mittit, quorum duo Carthagine trucidantur, 125. expeditionem contra Langobardos parat, non tam fausto exitu, 126, 127. Guntchramni regnum occupat, 132. Britonas invadi curat, qui strenue obsistunt, & Varnos qui vincuntur, 132. moritur, 133
Childebertus Theoderici filius e manibus Chlotarii II. elapsus, 142
Childebertus II. rex Francorum, 180
Childebrandus frater Caroli Martelli, 185
Childericus rex Francorum a subditis pulsus & postea restitutus, 8, 9
Childericus Aureliani bellum gerit, & Andegavum capit, 9. ejus sepulcrum Tornaci repertum, 10. istius sepulcri descriptio, 11, 12, &c.
Childericus in annulo suo repræsentatus, 11
Childericus II. primo rex Austrasiæ, 172. deinde rex Neustriæ factus invito Ebroino, 172. a Bodilone occiditur, 173
Childericus II. ejus sepulcrum detectum fuit in Ecclesia sancti Germani a Pratis, 173, 174, 175
Childericus III. rex Francorum, 189. e regno deturbatus in Monasterium sancti Bertini mittitur, 191
Chillo & Franci Namnetum urbem obsident, 77
ChilpericusLutetiam Parisiorum occupat, & a fratribus inde pulsus Rex Suessionensis constituitur, 59. Audoueram repudiat, 62. Galsuintham Brunechildis sororem ducit, quam strangulari curat, 63. Chilpericus Sigibertum fratrem bello impetit, 67
Chilpericus bellum infert Britonibus, 77. ingentia imponit vectigalia, 78. ipsaque ob immissas calamitates tolli jubet, 79. librum scribit ubi Sabellii hæresin renovat, 81. alphabeto aliquot literas adjicit, 81, 82. bellum gerit contra Guntchramnum fratrem, 85
Chilpericus & Childebertus bellum inferunt Guntchramno, qui Chilperici copias cædit, 88
Chilpericus occiditur, 92. mores illius, 92, 93
Chilperici sepulcrum in Ecclesia sancti Germani a Pratis restitutum fuit, 160
Chilpericus II. in cunis erat cum pater suus Childericus II. occisus est, 173
Chilpericus II. rex Francorum, 182. moritur, 184
Chirotheca. *Vide* Manica,
Chlochilaïcus rex Danorum in Gallias exscensum facit, vincitur & occiditur, 29
Chlodobertus filius Chilperici infans moritur, 79
Chlodericus filius Sigiberti Coloniæ Regis in Vogladiensi pugna cum Chlodoveo decertat, 24
Chlodericus patrem interfici curat, ipseque Chlodoveo jubente occiditur, 25, 26
Chlodio rex Francorum Cameracum capit, 7.
Chlodoaldus filius Chlodomeris a cæde fratrum ereptus, 37
Chlodomeres filius Chlodovei rex Aurelianensis, 28. pugnat cum Burgundionibus, ipse occiditur & Burgundiones vincuntur, 31
Chlodomeris statua in ostio sancti Germani a Pratis 54
Chlodoveus patri Childerico succedit; bellum infert Siagrio, quem vincit, 16. Urceum captum sancto Remigio reddit, 16, 17. Thuringos sibi subjicit, 17. Chlotildem ducit uxorem, 17, 18. cum Alamannis

INDEX.

mannis pugnat, 18. Fidem Christianam amplectitur, 18, 19
Chlodoveus bello impetit Gundobadum regem Burgundionum, 20, 21. Alaricum regem Gothorum adit, 23. cum illo pugnat ipsumque occidit, multasque urbes capit 24. codicillos Consulares ab Anastasio Imperatore accipit, & Consul Augustusque declaratur, 24, 25. Chlodericum parricidam occidi curat, & regnum Coloniæ assequitur, 25, 26. Chararicum alium Francorum Regem apprehendit & cum filio interfici curat, 26. Ragnacharium Cameracensem Regem occidit, & regnum ejus occupat, 27. Rignomerem etiam occidit, aliosque Reges cognatos suos, 27. ipse moritur, 28
Chlodovei statua in ostio sancti Germani a Pratis, 52. calcei ejus singulares, 53
Chlodoveus filius Chilperici, ex Turonia & Burdegala pulsus, 67. jubente Fredegunde occisus, 81
Chlodoveus II. Rex Francorum, 165. Bathildem ducit uxorem, ex qua tres suscepit filios; juvenis moritur, 170
Chlodoveus III. Rex Francorum, 180
Chlosinda filia Chlotarii Alboini Langobardorum Regis uxor, 46
Chlotarius Chlodovei filius Rex Suessionensis, 28. duos fratris sui filios occidit, 37. divina ope eripitur ad angustias redactus, 39, 40. tertiam Ecclesiæ bonorum partem exigit, sed a proposito desistit, 45. plures simul uxores habet, & multos filios, 46. Chramnum filium occidi jubet, 48. vario eventu Saxones bello impetit, & moritur, 49
Chlotarii statua in ostio sancti Germani a Pratis, 55
Chlotarius II. extrema laborat ægritudine & convalescit, 129. Chlotarii II. exercitus in loco *Latofao* dicto contra exercitum Theodeberti & Theoderici pugnat, 133. Chlotarius Vintrionem Childeberti exercitus ducem profligat, 132. Chlotarius a Theodeberto & Theoderico victus, 134
Chlotarius II. contra pacta inita multas urbes & vicos occupat, a Theoderico profligatur, 136
Chlotarius II. Monarchiam Francicam totam obtinet 141, 142, 143, ejus mores, 143
Chlotarius II. vectigalia annua Langobardorum pro pecuniæ summa cedit, 145
Chlotarius II. bellum in Saxonia gerit, 150. moritur, ibid.
Chlotarius III. quindecim annis plenis regnavit, 171, 172
Chlotildis uxor Chlodovei, 17, 18. nihil non agit ut Regem conjugem ad fidem convertat, 18
Chlotildis post mortem Chlodovei ad Turones concedit, 28
Chlotildis statua in ostio sancti Germani a Pratis, 53
Chlotildis Chlodovei filia Amalarico Visigothorum Regi connubio jungitur, 28
Chlotildis Chlodovei filiæ mors, 34
Chonober Comes Britonum pugnam committit cum Chlotario, vincitur & occiditur, 48
Chramnus a Chlotario patre ad Arvernos missus violenter se gerit, & contra patrem cum Childeberto paciscitur, 47. Cabilonem capit, 48. cum patre reconciliatur, & denuo rebellis vincitur occiditurque, 48
Chrodieldis Chereberti filia ingentes turbas movet in Monasterio Pictaviensi; Moniales multas extra Monasterium ducit; redit & Abbatissam occidi vult, 123, 124, 125. *excommunicatur* & Monasterium deserit, 125
Chunibertus Episcopus Coloniæ sub Sigiberto cum Pipino Seniore minister, 165
Clades glandolaria, morbus, 134
Claudius Romanus Major-domus Theoderici, 137

Sanctus Columbanus arte Brunechildis a Theoderico pulsus, 139
Concilium Aquisgrani circa processionem Spiritus sancti, 233
Constantia Roberti Regis uxor, 356. quam procax & immanis, 360
Constantiæ Reginæ sævus animus, 361. Henricum filium e Regio solio vult decutere, 363. moritur, ibid.
Constantiæ Reginæ statua, 369
Corbaramus seu Corbigatus exercitum Christianorum in periculum conjicit, 392. vincitur, 393, 394
Corbus Theoderici filius jussu Chlotarii occisus, 142
Cornu signum bellicum, 395
Cornu pro poculis adhibitum, 375
Corona Patriciorum, 274
Corona Chlotarii duplici stella ornata, 58
Corona stellis ornata, 159
Coronæ radiatæ Regum in ostio Ecclesiæ Carnotensis, 57
Cruciata prima, 384
Crystallus. *Vide* Globus Cryftalli.

D

DAGOBERTUS rex Austrasiæ factus, 145 Crodoaldum interfici curat 146. Gomatrudem ducit uxorem, 148. bellum in Saxonia movet, 149
Dagobertus sibi statim amorem subditorum conciliat: sed postea mores mutat, 151, 152. ejus incontinentia, 152. oratores mittit ad Heraclium Imperatorem, 152. bellum infert Samoni Vinidorum regi, cum non tam fausto exitu, 153. novem mille Bulgaros contra fidem occidi jubet, 154. Hispaniæ regi auxilium mittit, 155. bellum denuo contra Vinidos gerit; Sigibertum filium regem Austrasiæ constituit, 155. Regna dividit Sigibertum inter & Chlodoveum, 156
Dagobertus exercitum mittit contra Vascones qui domantur, 156. Judicaelem excipit. Moritur, 157.
Dagoberti statua ipsius ævo facta, 161. sigillum & monogramma, 162. Statua in ostio Ecclesiæ sanctorum Petri & Pauli Erfordiensis, 162, 163. historia fabulosa in ejus mausoleo exhibita, 164, 165
Dagobertus filius Sigiberti in Scotiam missus a Grimoaldo, 170. Rex Austrasiæ factus, 172. occiditur: sanctus habetur: ejus reliquiæ Montibus in Hannonia, 177
Dagobertus infans filius Childerici II. occisus a Bodilone, 173. ejus sepulcrum detectum in Ecclesia sancti Germani a Pratis, 173, 174, 175
Dagobertus II. rex Francorum, 180, 181
Dentelini Ducatus, 140, 141
Desiderius in gratiam redit cum Guntchramno, 110. expeditionem in Septimaniam suscipit, ubi occiditur, 110.
Desiderius rex Langobardorum, victus a Carolo magno, qui victum illum ducit in Franciam, 206
Desiderius Episcopus Viennensis depositus in Concilio Cabilonensi & in exilium missus, 135
Sanctus Desiderius Martyrio affectus jussu Theoderici, 138
Deuteria concubina postea uxor Theodeberti, 38
Deuteria filiam suam perimit, & repudiatur, 39
Drogo Dux Campaniæ filius Pipini de Heristallio, 180
Ducatus & Comitatus hereditarii efficiuntur, 314

E

EBERULFUS accusatus quod Chilpericum occidisset, ad sanctum Martinum Turonensem confugit, ubi occiditur, 100

INDEX.

Ebo Arch. Rhemensis deponitur, 265
Ebolus Abbas sancti Germani Lutetiam contra Normannos defendit, 308
Ebroinus Major-domus, pulsus & Lexovium missus, 172
Ebroinus Lexovio egressus, novum constituere Regem satagit. Leudesium occidi curat & Sanctum Leodegarium, 177. multa violenter agit, exercitum profligat, & tandem occiditur, 178
Eduardus rex Angliæ testamento suo Willelmum Normanniæ ducem successorem deligit, 372
Eduardi Angliæ regis solium & corona, 373
Ega Major-domus sub Chlodoveo II. ejus probitas, 165
Egila Patricius Brunechildis artibus occisus, 135
Eginardus a Carolo magno ad Leonem III. Papam missus, 230
Emma uxor Lotharii in suspicionem venit quod Lotharium veneno sustulerit, 344. in carcerem trusa a Carolo Lotharingiæ Duce 345. ejus schema, 346, 347
Ennodius & Berulfus in suspicionem veniunt quod thesauros Sigiberti suffurati sint & puniuntur, 110
Equi sepulti cum dominis suis apud priscos Francor, 14
Equus centum annorum, 326
Equisones cum dominis sepulti apud Barbaros, 14
Erchinoaldus Major-domus Neustriæ vir probus, 166
Ermenfridus Enulfum comitem occidit, 166
Eticho Dux, ejus schema, 347
Eudelanus Dux Transjuranæ effectus, 144
Eusebius mercator Syrus Episcopatum Parisiensem muneribus obtinet, & Clericum Syriacum Lutetiæ constituit, 131

F

Fames horrenda, 361
Fastrada uxor Caroli Magni, 212
Felicis Urgellitani error condemnatur, 218, 219
Flaocatus Major-domus Burgundiæ, Villibaldo patricio infestus illum interfici curat, 168, 169. & paulopost moritur, 169
Franci nominis significatio, 3
Francorum origo, 1, 2, 3. qui populi Francorum nomine vocarentur, 3
Francorum quantæ incursiones, 4. formidabiles erant Romanis, 4, 5.
Franci ante Arelatem victi, 25
Francisca bipennis seu securis Francorum, 13
Fredegundis opera Sigibertus occiditur, 69
Fredegundis post Chilperici mortem in Ecclesiam Parisiensem confugit, 94. Fredegundis exsulans Brunechildi necem parat, 99. Fredegundis jussu occiditur Prætextatus, ipsaque Guntchramnum de medio tollere conatur, 115
Fredegundis a Guntchramno inimica Dei & hominum vocatur, 120
Fredegundis ad occidendos Childebertum & Brunechildem sicarios mittit, 111
Fredegundis filiam suam Rigunthem occidere tentat, 122, 123
Fredegundis alios sicarios mittit qui Childebertum perimant, 129. tres Francos Tornacenses occidi curat, ipsaque vix elabitur, 131
Fredegundis opera victoriam Chlotarius II. de exercitu Childeberti retulit, 132
Fredegundis Lutetiam occupat, 133. motitur, ibid.
Fredegundis lapis sepulcralis ipsius ævo apparatus, 160, 161.
Fulco Arch. Rhemensis a Vincmaro occisus, 319

G

Gaganus commune nomen Regibus Hunnorum, 64
Gallomagnus Referendarius, 123
Galsuintha Brunechildis soror uxor Chilperici, ejus jussu strangulata, 65
Genialis Dux Vasconum, 135
Genobaudes Rex Francorum, 5. frater Marcomiri, 6
Gerbergæ uxoris Carlomanni statua, 272
Gerbertus Archiepiscopus Rhemensis, deinde Ravennatensis, postea Papa nomine Silvestri II. 352, Præceptor fuerat Roberti Regis, 354
S. Germanus Cherebertum *excommunicat*, 61
Gislemerus patrem supplantat, sitque Major-domus in Neustria : moritur, 178
Givaldus filius Sigivaldi a Theodeberto ereptus, 38
Gladius Caroli Magni, 277
Globus crystalli in sepulcro Childerici & in alio, 15
Godefridus Rex Daniæ Abotritos bello impetit, 231. ab uno satellitum suorum occisus, 235.
Godefridus Bullionius crucem accipit ad bellum sacrum, 385. Rex Jerosolymæ deligitur, 396. moritur, 397
Godegiselus pater Chlotildis Chlodovei uxoris, 17
Godegiselus Rex Burgundionum fratrem suum bello impetit, 20. & occiditur, 21, 22
Godemarus Rex Burgundionum vincitur a Francis, 31
Godescalcus in Concilio damnatus & scripta sua comburere coactus, 284
Godinus jussu Chlotarii II. occisus, 148, 149
Gofridus Martellus Comes Andegavensis Turonum urbem capit, 366
Goisvintha uxor Leovichildi Catholicos & nurum suam Ingundem persequitur, 80
Gozlinus Episcopus Parisiensis urbem contra Normannos defendit, 308
Gregorius Turonensis accusatur quod male de Fredegunde loquutus sit, 82
Gregorius Turonensis a Guntchramno ad Childebertum missus, ut lites quasdam inter ambos componeret, 120
Grimoaldus Major-domus Austrasiæ filium suum a Sigiberto adoptari curat. In carcere vitam finit, 170
Grimoaldus Major-domus Childeberti II. filius Pipini, 180. occiditur, 181
Grippo filius Caroli Martelli, 184. fratribus bellum infert, 187. capitur, ibid. Saxonas aliosque populos ad rebellandum inducit. In Baioariam, indeque in Aquitaniam fugit, 190, a fratre captus humaniter excipitur, 191. in Italiam fugiens occiditur, 194
Gualterius *Sans avoir*, id est, inops, Cruce-signatorum Dux, 385. profligatur & cæditur, 386
Guillelmus Dux Aquitaniæ Hugonem Capetum non vult pro Rege habere, 351
Guillelmus Dux Vasconiæ Normannos profligat, 352, 353
Guillelmus Dux Normanniæ per Arnulfi proditionem occisus, 331, 332
Guillelmus nothus Dux Normanniæ in juventute a multis exagitatur, 364. bellum contra Henricum I. strenue gerit, 367, 368. Illius schema bis, 402
Guillelmus Rufus filius Guillelmi nothi a Ludovico postea Rege Francorum strenue depellitur, 397. ejus schema, 402
Gundobaldus Rex Burgundionum, 17
Gundebergæ Langobardorum Reginæ historia, 147. varii eventus, 154
Gundeuchus Rex Burgundionum, 17
Gundobadus Rex Burgundionum, a Chlodoveo obsessus & victus, 20. pacem cum illo facit, 21. Viennam capit ubi Gundegiselus frater ejus occiditur, 22. Arianismum abjicit, 23
Gundovaldi qui se Chlotarii I. filium dicebat historia; Constantinopoli Massiliam venit, 86. faventibus Mummolo, Desiderio & aliis Rex inauguratur, 96. Tolosam se confert, inde Burdegalam, 101, 102. nuncios mittit ad Guntchramnum, qui illos

INDEX.

tormentis applicat, 102, 103. ad Convenarum urbem se confert, ubi obsessus a Mummolo traditur & occiditur, 102, 103, 104, 105
Gundulfus Massiliam pro Childeberto Rege occupat, 84
Guntharius filius Chlodomeris a Chlotario patruo occisus, 37
Guntchramnus Rex Aurelianensis, 59
Guntchramnus Rex sanctus plures habuit uxores, 60. viros duos qui uxori suæ detraxerant, occidi jubet, 73. rogante uxore sua moriente, duos ipsius Medicos occidi imperat, 80
Guntchramnus Chilperici copias cædit, unde pax sequitur, 88
Guntchramnus & Childebertus fœdus ineunt contra Chilpericum, 90. post Chilperici mortem Lutetiam venit, 94. Childeberti nuncios Fredegundem ad necem postulantes rejicit, 95. ne ipse occidatur timet, 95, 96. bona per Chilpericum sublata restitui jubet, 99. Fredegundem in exsilium mittit, *ibid.* magnum mittit exercitum contra Gundovaldum, 101. corpora Chlodovei & Merovei filiorum Chilperici exquiri jubet & sepeliri, 107. timet ipse sibi 107. 108. in Septimaniam exercitum mittit, infelici admodum exitu, 111, 112. pacem cum Hispaniæ Rege facere non curat, 115, 116. Guntchramnus aliam contra se conspirationem deprehendit, 116. piissimus miracula edidisse narratur, 120. bellum in Septimaniam inferri curat, infausto exitu, 121. Guntchramnus contra Britonas exercitum mittit qui Fredegundis artibus male rem gerit, 127. custodem silvæ duosque alios levi de causa perimi curat, 128. Chlotarium II. ex sacro fonte suscipit, 131. 132. moritur, 132
Guntchramnus-Boso Mummolum capturus movet, 87
Guntchramnus-Boso duellum contra accusatorem offert. Hac prima vice duellum in historia Francica memoratur, 98
Guntchramnus-Boso occiditur, 117, 118

H

HAGANO a Carolo Simplice dilectus vel causa vel obtentus perniciei Regi est, 321
Hamati homines ad bellum, 370
Haroldus seu Haraldus ab Eduardo Angliæ Rege ad Willelmum Normanniæ Ducem mittitur, 372. a Widone Pontivi Comite capitur, 376, 377. 378. Willelmo Normanniæ Duci redditur, 379. Haroldus Rex Angliæ coronatur bellum contra Willelmum gerit & occiditur, 379. ejus schema, 401
Hasta, regni nota & tessera apud Francos, 11
Heliæ Comitis Cenomanensis schema, 349
Henricus Dux Saxoniæ ad opem ferendam Lutetiæ obsessæ venit, 311. secundo etiam venit, & occiditur, 317
Henricus I. a patre Rex coronatus, 361. Henricus a matre exagitatus, quæ illum e solio Regio decutere vult, 363. Henricus I. Odonem fratrem rebellem subigit, 355. Comitem Campaniæ arterit, 365. Tegularias castrum diruit & postea restaurat, 365. pro Guillelmo pugnat & vincit, 367. Guillelmum bello impetit infausto exitu, *ibid.* Imperatorem adit, 368. moritur, *ibid.*
Henrici I. statua, 369
Heribertus Veromanduensis Carolum Simplicem prodit & captivum detinet, 323
Heribertus Comes Veromanduensis moritur, 322
Hermanfridus Thuringiæ Rex, 29, 30
Hermenegildi historia compendio, 80
Hermingardis uxor Ludovici Pii moritur, 245
Hildebrandus Dux Spoletanus, 209, 216
Hildegardis uxor Caroli Magni moritur, 212
Hilperici sepulcrum detectum, 175, 176
Hincmarus Archiepiscopus Rhemensis cum Carolo Calvo exhibitus, 305

Hominii præstiti schema, 348, 349
Horologium singulare, 231
Hugo Abbas magnam Normannorum stragem facit, 301
Hugo Magnus Hadvigam uxorem ducit, sororem Othonis Regis, 328. Ludovicum Regem sub custodia per annum tenet, 334. moritur, 339
Hugo Capetus Rex declaratur, 350. Robertum filium coronari curat, *ibid.* bellum suscipit contra Guillelmum Aquitaniæ Ducem, 351. moritur, 353. laudes ejus, *ibid.*
Hugonis Capeti statua, 369
Hugo primogenitus Roberti Regis, Rex declaratus vivente Patre, 356. a Regia aufugere cogitur, 360. ad regiam reversus superstite patre moritur, 361
Hugo Magnus Philippi Regis frater crucem accipit ad bellum sacrum, 385. ab Alexio Comneno detentus Godefridi Bullionii opera liberatur, 387
Hunaldus Dux Aquitaniæ filius Odonis, 185. in Monasterium se recipit & Ducatum Vaifario filio relinquit, 189. a Carolo Magno captus & sub arcta custodia positus, 204. Ticini lapidatur, 106
Hungarorum incursiones in Italiam & in Franciam, 324
Hunni a Baioariis victi, 216
Hunni domiti & eorum regio vastata a Carolo Magno, 218

I

JEROSOLYMA a Cruce-signatis obsessa & capta, 394, 395
Ingoberga Chereberti uxor pia & sancta moritur, 120
Ingomeres primus natus Chlodovei & Chlotildis post acceptum baptisma moritur, 18
Ingundis soror Childeberti, uxor Hermenegildi in Africa moritur, 110
Injuriosus Episcopus Turonensis, 45
Inscriptiones sepulcrales intra sepulcra positæ, 159
Joannes VIII. in Franciam venit & Trecis Concilium celebrat, 296
Irene Imperatrix vult connubio jungi cum Carolo Magno, 222
Judæi ex Arvernis pulsi, 71
Judicaël Rex Britonum Dagobertum adit pacis causa, 157
Juditha Ludovici Pii secunda uxor, mater Caroli Calvi, 246. moritur, 282
Juditha filia Caroli Calvi Eardulfo Anglorum Occidentalium Regi nubit, 287. post Balduino, 288
Justinianus se Francicum seu Francorum victorem appellat, 44

L

LAcus Genevæ montis lapsu formatur, 61
Lanceæ D. N. Jesu Christi ferrum Antiochiæ repertum, 393
Langobardi Augustam & Sigusium Guntchramno concedunt, 67
Langobardi Francorum vectigales, 144
Lanthildis soror Chlodovei, 19
Leo III. Papa ab inimicis male acceptus Carolum Magnum adit in Saxonia versantem, 223. illum Imperatorem & Augustum proclamat, 225
S. Leodegarius Episc. Augustodunensis, martyrio coronatur, 177. ejus schema, 348
Leubovera Pictaviensis Abbatissa S. Radegundi succedit, Mauca contra illam rebellio, 124, 125
Leudastes accusat Gregorium Turonensem quod male de Fredegunde loquutus sit; a servis Fredegundis trucidatur, 82
Leudegisilus Gundovaldum obsidet in urbe Convenarum, obsessus ille proditur a Mummolo, 103, 104, 105
Leudemundus Episcopus Seduni, 143

INDEX.

Leutharius Dux Alamannorum, 166
Liudevitus contra Ludovicum pium rebellat, 247. occiditur, 251
Lotharius Hermengardem uxorem ducit, 249. in Italiam se confert, 250
Lotharius patrem quasi captivum tenet, 161. Cabilonem capit, 264. a Patre veniam petit & in Italiam mittitur, ibid. fratres Ludovicum & Carolum opprimere tentat ut totum Imperium obtineat, 278. pugnam cum illis Fontenaci committit & vincitur, 279. multa incassum movet, 279, 280. cum fratribus regna partitur, 281. Monachum se constituit & moritur, 286. in pictura quadam repræsentatur, 301
Lotharius Imperator in sigillis exhibitus, 306
Lotharius filius Lotharii Imperatoris rex Lotharingiæ factus, 286
Lotharius Rex Lotharingiæ Thetbergam repudiat & Valdetradam ducit, quod negotium diu agitatur, 289. moritur, 290
Lotharius Rex filius Ludovici Ultramarini coronatur, Hugoni magno Burgundiam & Aquitaniam dat, 328. in Aquitania non fausto exitu bellum gerit, ibid. Ricardum Normanniæ Ducem vult apprehendere, at is elabitur, 340. Emmam ducit uxorem, 342
Lotharius ab Othone II. Lotharingiam petit, quo negante Aquisgranum invadit. Otho cum magno exercitu Lutetiam usque venit, sed profligatus recedit, 343. Lotharius ipsi Lotharingiam in beneficium dat, 343, 344. filium suum Ludovicum coronari curat: moriturque non sine veneni suspicione, ibid.
Lotharii Regis schema, 346
Lovolautrum munitissimus locus in Arvernis, 35
Ludovicus pius a Patre in Hispaniam missus, 221. Dertosam obsidet, 232. Barcinonem obsidet & capit, 228, 229
Ludovicus pius a Patre Imperator declaratus, 238. Valam timet cognatum suum, 239. sororum libidine partam famam tollere curat, 239, 240. denuo Imperator declaratur, 240. Herioldum Danorum principem ad se confugientem benigne recipit, 241. Saxonibus & Frisonibus jus succedendi parentibus suis, quod abstulerat Carolus Magnus, restituit, 241. Vasconces domat, 242. a Stephano V. Papa invisitur, 242, 243. porticu ruente vulneratur, 244. Clerum reformare tentat, ibid. Lotharium filium Imperatorem declarat, ibid. Bernardum Italiæ Regem oculorum amissione plectit, 245. rebelles Britones castigat, 245. Juditham ducit uxorem, 246. Lotharium in Italiam mitit, 250. cum exercitu movet in Britanniam Armoricam, quam subigit, 252, 253. Contra Aizonem in Hispania rebellem exercitum mittit, 254, 255.
Ludovicus pius Duces qui male rem gesserant in ordinem redigit, 255. Conspirationem contra se factam detegit, 257. a Pipino Juditha velum Monialium accipere cogitur, 258. Ludovicus Pius his superatis in novas incidit difficultates, 258, 259. filios adire cogitur, 260. Lotharius ipsum quasi captivum detinet, ibid. Imperium deponere cogitur, 261. multi ad illum restituendum conveniunt, ac Ludovicum Germanicum, Pipinumque ad se trahunt, 262. restitutus contra Lotharium movet, 264. Lotharium veniam postulantem in Italiam mittit, ibid. Ebonem Archiepiscopum Rhemensem deponi curat, 265. Lotharium allicere tentat, 266. regna inter quatuor filios dividit, 268. Lotharium advocat, 269. in Aquitaniam movet, 270. contra Ludovicum rebellem filium pergit; moritur, 271.
Ludovici Pii statua, 277
Ludovicus Germanicus & Carolus Calvus pugnant Fontenaci contra Lotharium ipsumque vincunt, 279. pactum ambo ineunt, 280
Ludovici Germanici portio in divisione facta cum Lothario, 281
Ludovicus Germanicus moritur, 293
Ludovicus Lotharii Imperatoris filius, post ejus mortem Imperator, 286. moritur, 292
Ludovicus Rex Franciæ Occidentalis, filius Ludovici Germanici, 293
Ludovicus Rex Germaniæ Normannos profligat, 198
Ludovicus Balbus Carolo Calvo patri succedit, 295. coronatur & sacratur a Joanne VIII. 296. Lotharingiam partitur cum Ludovico Germaniæ Rege & moritur, 296
Ludovicus & Carlomannus Reges Franciæ regnum partiuntur: Ludovicus Neustriam, Carlomannus Aquitaniam & Burgundiam habet, 297. Ludovicus partem suam Lotharingiæ Ludovico Regi Germaniæ concedit, ibid. Normannos vincit, 298
Ludovicus & Carlomannus Hugonem qui Lotharingiam occupare studebat, bello impetunt, itemque Bosonem, 298
Ludovici & Carlomanni statuæ, 306
Ludovicus Rex Franciæ 9000. Normannos perimit, 299
Ludovicus IV. Ultramarinus coronatur, 327, 328. Hugonem magnum deserit, 328. multa capit munita loca, 328, 329. Lotharingiam occupat, 330. 331. amissis copiis Viennam, postea Rothomagum venit, 333. tutandum suscipit Normanniæ Ducem puerum Normanniæ Ducem, 333. ipse dolo capitur, ibid. Laudunum capit, in Aquitaniam movet, 336. moritur, 337. Ludovici Ultramarini schema, 346
Ludovicus V. ab uxore sua veneno sublatus moritur, 345
Ludovici V. schema, 346
Ludovicus Bosonis filius Rex Arelatensis declaratus, 314
Ludovicus postea Francorum Rex Grossus dictus, Guillelmum Angliæ Regem strenue depellit, 397. tyrannos multos domat, 398. Lucianam ducit uxorem, quæ postea repudiatur, 399
Luitgardis Caroli Magni uxor moritur, 223
Lupus Centulus Vasco in exsilium missus, 246
Lutetia Parisiorum quam cæteris Franciæ urbibus præstiterit, 28
Lutetia quanti fieret, 62
Lutetia incendio consumta, 113, 114
Lutetia a Normannis obsessa diu obsidentium impetum propulsat, 308, 309. oppugnatio generalis, 309

M

MACHLIAVI Britonum Comitis historia, 46
Machliavus Comes Brito a Bodico occisus, 73
Majores-domus Regibus imperant, 179
Manica vulgo Gaud, quo usu, 347. ad accipitrem gestandum, 401
Manichæi in Francia, 358
Manus de cælo descendens supra caput Caroli Magni, 274
Manus de cælo descendens in Carolum Calvum, 302, 303
Manus Justitiæ in sigillo Hugonis Capeti, 7
Marcomirus Rex Francorum Priami filius captus & in exsilium missus, 6
Marlegia in Alsatia, 119
Mathildis uxoris Guillelmi Nothi schema, 402
Mauritius Imperator Childebertum pro occisis Oratoribus placat, 127
Mauri profligati, 231
Mellobaudes Rex Francorum fortissimus, 5
Meroliacum munitissimus locus in Arvernis, 35
Meroveus Rex Francorum: ejus historia, 8
Meroveus filius Chilperici Brunechildem amitam ducit uxorem, 70. e regno exclusus & Presbyter factus fugit, seque ipsum perimit, 72, 73

Meroveus

INDEX.

Meroveus Theodeberti filius jussu Theoderici occisus, 141
Meroveus Theoderici filius a nece per Chlotarium II. ereptus, 142
Metensis urbs, sedes Regum Austrasiorum, 28
Monetæ seu numismata in Childerici sepulcro reperta, 10
Monetæ Romanæ in usu apud Francos, 15
Mummolus (Ennius) primo Comes, deinde Patricius factus, 64, 65. ejus victoriæ contra Langobardos & Saxones, 65, 66. aliæ victoriæ, 67. Desiderium Ducem vincit, 71. a Guntchramno descisit & intra Avenionem se recipit, 78. Gundovaldum in Regem eligi curat, 96
Mummolus jussu Guntchramni Regis occisus, 105
Mummolus Præfectus de maleficiis accusatus, tormentis cruciatur, 89, 90
Mundericus sese Regem declarat, & occiditur, 35

N

NANTHILDIS sive Nanthechildis, in sepulcro Dagoberti exhibita, 165. sub filio Chlodoveo regnum administrat, ibid.
Nicæa a Cruce-signatis capta, 383
Nicephorus Imperator Orientis Oratores mittit ad Carolum Magnum, 227
Nimbus in capite Regum nostrorum primæ stirpis, 52. *Vide Dissertationem præliminarem.*
Nominoe Rex Britonum Carolum Calvum vincit, Rhedonas capit & paulo post moritur, 284
Normanni incursiones facere incipiunt sub Ludovico Pio, 248
Normanni dum tres fratres sese bello impetunt, Franciam depopulantur, 282
Normanni Namnetum urbem capiunt & diripiunt, 283. Rothomagum capiunt, Lutetiam veniunt, Milodunum depopulantur, ibid. Burdegalam capiunt, 284. Lutetiam incendunt, 287, 288
Normanni per Rhodanum ingressi, oras fluminis depopulantur, 288
Normanni Lutetiam obsident, 308
Normanni in Aquitaniam exscensum faciunt, 358
Nummi perforati olim, 14
Nummi aurei Tiberii Imperatoris Mauricii decessoris, pondere singuli unius libræ, 83

O

ODILIA filia Etichonis Ducis sancta habetur, 308
Odo Dux Aquitaniæ Saracenos Tolosam obsidentes profligat, 182. Abderamum advocat, & contra illum convertitur, 184. moritur, 185
Odo Comes Lutetiam contra Normannos strenue defendit, 308, 309. Rex Franciæ electus Normannos devincit, 314. in Aquitania bellum gerit, 315. moritur, 317
Odonis Franciæ Regis statua & sigilla, 307
Odo Campaniæ Comes Conradum Imperatorem bello impetit, 364. occiditur, 365
Ogiva mater Ludovici Ultramarini, 327. vetula sese connubio jungit Comiti Veromanduensi, 336
Ostium majus Ecclesiæ S. Germani a Pratis priscæ structuræ est, 50, 51
Otho I. in Burgundiam cum magno exercitu venit, 331. cum ingenti exercitu in Franciam venit, & multis suorum amissis recedit, 334. Imperator coronatur,
Otho II. in Franciam ingressus fugatur,
Otho II. in navali pugna victus & captus a Græcis, 344
Otho filius Lotharii Regis, Canonicus Rhemensis: ejus schema, 347

P

PARMA genus clipeorum latissimum, 64. *Vide Præliminarem Disquisitionem.*
Parthenius tributorum exactor lapidatur, 45
Parthi nomen datur omnibus Orientis infidelibus, 389, 390
Patriciatus Burgundiæ, 59
Patriciorum distinctio honorarios inter & exercentes, 275
Persequutio in Hispania contra Catholicos, 80
Petrus Eremita ad bellum sacrum Principes hortatur, 285
Pharamundus primus Rex Francorum, cujus nomen tantum scimus, 7
Philippus I. bellum in Flandria gerit non fausto exitu, 380. ejus violenta gesta, 381
Philippus I. Bertham repudiat, 382. Bertradem ducit uxorem, 383. *excommunicatur*, 383, 384. moritur & in Ecclesia S. Benedicti ad Ligerim sepelitur, 400. ejus schema, 401
Pictavorum urbs vi ad Guntchramni partes transit, 97
Pipinus Senior Major-domus Austrasiæ, sub Sigiberto minister, 165
Pipinus de Heristallio, 178. Theodoricum Regem & Bertharium Majorem-domus vincit, 179. Radbodum Frisonum Ducem profligat, 180. moritur, 181
Pipinus Brevis dictus a patre accipit Neustriam, Burgundiam & Provinciam, 187. Gripponem fratrem insequitur; Saxonas & Bavaros domat, 191. captum Gripponem humaniter excipit: se Regem promulgari curat, 191
Pipini expeditio in Septimaniam, 194. Pipinus Saxones domat, 195. a Stephano Papa invisitur, ibid. in Italiam transit ut bellum inferat Aistulfo Langobardorum Regi, ibid. ipsum vincit & ad pacis conditiones redigit, 196. Aistulfo conditiones non servante, iterum montes superat, illumque reducit, 196, 197
Pipinus Saxones vincit & bellum infert Vaifario Aquitaniæ Duci, 198. Arvernos devastat: Brituricas capit, 199. alia multa fortiter agit, 200. Remistanum Vaifarii patruum perhumaniter excipit, ipsi terras attribuit, 201. ipsumque ad Vaifarium deficientem suspendi jubet, 202. Aquitaniam totam acquirit, 203. in morbum incidit: regna inter Carolum & Carlomannum partitur, & moritur, ibid.
Pipini Brevis statua, 272
Pipinus Brevis aut aliquis ex filiis vel nepotibus in solio sedens, 273, sigillum Pipini, ubi ipse pampinis coronatur, ibid. Pipinus Imperator vocatus, ibid. Pipini statua sedens Fuldæ, 272
Pipinus Caroli Magni filius contra patrem conspirat, 219
Pipinus alius Caroli Magni filius Hunnos bello impetit, 221. in Italia bellum gerit, 227. Pipinus Venetias subigit, 234. moritur, 235
Pipinus Ludovici Pii filius contra patrem arma sumit, 257, 258. moritur, 269
Pipinus Pipini filius cum Normannis jungitur ab Aquitanis pulsus, 284. Carolo Calvo traditur, 285
Prætextatus de pluribus accusatus sese purgat; ex pravo consilio se sontem, insons licet, fatetur & in exsilium mittitur, 74, 75, 76
Prætextatus restituitur frustra obnitente Fredegunde, 98, 99. ipsius jussu occiditur, 113
Priamus Rex Francorum secundum Prosperum, 5
Procopius non omnino credendus in iis quæ de Francis & eorum vicinis dicit, 20, 21
Prodigia a Gregorio Turonensi enarrata, 109

INDEX.

Protadius Dux Transjuranæ creatus, in suspicionem venit nimiæ cum Brunechilde familiaritatis, 135. Major-domus Theoderici efficitur, 136. occiditur, 137

Puncta tria olim post singula verba, 173

Q

QUINTIANUS Episcopus Ruthenensis, fit Episcopus Arvernorum, 29
Quintrio. *Vide* Vintrio.

R

RADEGUNDIS nubit Chlotario, qui fratrem uxoris interficit, ipsaque Monialium habitum assumit, 32
Radulfus Dux Thuringiæ Vinidos vincit, hincque petulantior efficitur, 156. contra Sigibertum Regem rebellat, 166. ipsumque cum exercitu recessere compellit, 167
Radulfus Dux Burgundiæ Rex Franciæ electus, 323. partem Lotharingiæ acquirit, Aquitaniæ Ducem in ordinem redigit, 324. Normannos ad unum concidit, 325, 326. Heribertum Veromanduensem bello impetit, 326. cum duobus Regibus colloquitur, 327. moritur, *ibid.*
Radulfus Hugonis Abbatis nepos se Burgundiæ Transjuranæ Regem constituit, 314
Radulfus II. Rex Burgundiæ Transjuranæ Rex Italiæ efficitur, 324
Raganfridus Major-domus Carolum Martellum fugat, 181. & postea ab illo vincitur, 182
Ragnacharius Rex Cameracensis captus a Chlodoveo occiditur, 26, 27
Ragnemodus Episcopus Parisiensis moritur, 131
Raimundus Comes Tolosanus crucem accipit ad bellum sacrum, 385
Rauchingus in Childebertum conspirat & occiditur, 117
Recaredus incursionibus quasdam Guntchramni terras infestat, 113. Oratores Childeberto & Guntchramno mittit: Guntchramnus rejicit, Childebertus admittit, 119, 120
Regina Pede anserino, sive Regina *Pedauca*, 192. hujus fabulæ origo exquiritur, 193
Remigius Archiepiscopus Rhemensis, 16, 17. Chlodoveum & multos Francos baptizat, 19
Remistanus Vaifarii Aquitaniæ Ducis patruus. Pipino se dedit, qui multa ipsi confert, 201. contra Pipinum rebellat & ejus jussu suspenditur, 202
Remulfus filius Lupi Ducis, Ægidio Rhemensi Archiepiscopo substituitur, 130
Richarda uxor Caroli Crassi adulterii falso accusatur, 313
Richardus Dux Normanniæ ex Dania copias evocat, & Lotharium ad pacem faciendam compellit, 342
Richardus alius Normanniæ Dux, Reges ex Septentrione advocat cum copiis, 359
Richildis secunda uxor Caroli Calvi, 290
Richildis uxor Caroli Calvi in gemma, 306
Rigunthis in Hispaniam missa cum apparatu & divitiis immensis, ut filio Leovigildi Regis nuberet, 91, 92. a Fredegunde matre pene strangulatur, 122, 123
Robertus Fortis dictus, Dux constituitur regionis Sequanam inter & Ligerim: multa fortiter agit, 288. Dux, Marchio & Comes dictus, 290. occiditur, *ibid.*
Robertus filius Roberti Fortis se Regem coronari curat, 322. in pugna occiditur, 322, 323
Robertus Hugonis Capeti filius sex mensibus postquam pater coronatus fuerat, ipse coronatur, 350
Robertus Rex Francorum: ejus mores optimi, 354. Bertham uxorem repudiare coactus, 354, 355. Milodunum obsidet & capit, 355, in Burgundia bellum gerit, 355, 356. Constantiam ducit uxorem, 356. sanctam ducit vitam, *ibid.* bellum habet contra Comitem Senonensem, 357. Hugonem filium Regem declarat, 357, 358. cum Henrico Imperatore amicitiam præsens jungit, 359, 360. moritur, 361
Roberti Regis statuæ duæ, 369
Roberti Ducis Burgundiæ sigillum, 370
Robertus II. Dux Normanniæ in peregrinatione moritur, 384
Robertus III. Dux Normanniæ crucem accipit ad bellum sacrum, 385. ejus schema, 402
Robertus Comes Flandrensis crucem accipit ad bellum sacrum, 385
Rollo Dux Normannorum Rothomagum capit, 319. apud Carnotenses vincitur, *ibid.* Rothomagi sedem figit, *ibid.* Christianus efficitur & pius evadit, 320. Carolo Simplici hominium præstat, & ab eo Britanniæ dominium accipit, quod & occupat, *ibid.* moritur, 321

S

SAGITTARIUS Episcopus trucidatus, 105
Salii Franci erant, 3
Salomonis Regis Britanniæ historia, 292
Salonius & Sagittarius ad bellum procedunt contra disciplinam illius temporis, 65
Salonius & Sagittarius fratres Episcopi scelesti, 76. ab Episcopatu dejiciuntur, 77
Samo Francus Rex Vinidorum factus, 146
Sancius Mitarra Dux Vasconum, 291
Saxones ex Italia venientes, a Mummolo victi, in patriam redeunt, 66
Saxones sæpe domiti & profligati a Carolo Magno, 205, 206, 107 & *seqq.* a Vitixindo ducti, exercitum quemdam Caroli Magni profligant, 211, 212
Saxones profligati a Thrasicone Abotritorum Duce, 222
Scarabæus in Monumentis Childerici, 15
Sceptrum Lotharii hastam Romanam refert, 302. De Sceptris vide in *Disquisitione Præliminari.*
Scutifeti prope Lotharium exhibiti, 302
Scutiferi Caroli Calvi cum veste militari Romana, 303
Securis seu bipennis apud Francos Francisca vocata, 13
Sicambri Franci erant, 3
Sigibertus Rex Austrasiæ, bellum cum Hunnis gerit & Chilpericum profligat, 59, Brunechildem ducit uxorem filiam Athanagildi Hispaniæ Regis, 62
Sigiberti alia expeditio contra Hunnos, 63
Sigibertus contra Guntchramnum mittit exercitum, qui profligatur, 64. contra Chilpericum movet, qui pacem petit & obtinet, 68. Chilperico bellum denuo inferente, Sigibertus illum Tornaci obsidet, & a sicariis occiditur, 68, 69. ejus sepulcrum & statua in Ecclesia S. Medardi Suessionensis, 159
Sigibertus Dagoberti filius Rex Austrasiæ, 155. movet contra Radulfum Thuringiæ Ducem, & recedere compellitur, 167. Grimoaldi filium adoptat, 170. postea filium suscipit nomine Dagobertum: moritur & sanctus habetur, 170
Sigibertus filius Theoderici jussu Chlotarii occisus, 142
Sigilla quædam Regum primæ stirpis, 191
Sigimundus Burgundiæ Rex, filium Sigiricum occidit; quam culpam pœnitentia expiat, 30. victus & captus Chlodomere jubente occiditur, 31
Sigiricus a patre Sigimundo strangulatur, 30
Sigivaldus Theoderici cognatus, ob impietatem a Deo plexus, 36. jussu Theoderici occisus, 38
Silvanus pater & Silvanus filius prima Imperii munia

INDEX.

occuparunt, 5
Solimanus Turcarum Sultanus primum Cruce-signatorum exercitum fudit, 386. Solimanus a Cruce-signatis profligatus, 388. ejus castra capta sunt, 390
Statuæ tertiæ portæ in Cathedrali Parisiensi, priscæ Ecclesiæ fuere, 55, 56
Statuæ ostii majoris Ecclesiæ Carnotensis, priscæ Ecclesiæ fuere, 56, 57
Statuæ Regum cum nimbo in claustro San-dionysiano, 57, 58
Statuæ Regum in majori ostio San-dionysiano primæ stirpis sunt. Hac de re conjectura, 194
Stephanus V. in Franciam venit, 243
Stephanus Comes Carnotensis crucem accipit ad bellum sacrum, 385. Cruce-signatorum exercitum deserit, 193
Suessionum urbs sedes Regum, 28
Sugerius Abbas in vitreis depictus, 277
Sunnegisilus Comes stabuli, 113
Sunnegisilus in tormentis fatetur, se Chilperici neci operam dedisse, 129
Sunno Rex Francorum frater Marcomiri occisus, 61
Syri negociatores in Francia, 106

T

TABELLÆ Childerici Regis, 13
Tassillo ob læsam-majestatem Ducatu spoliatus, in Monasterium includitur, 216
Tencteri Franci erant, 3
Theodabaldus Rex Ostrogothorum Amalasuntam occidit, 41
Theodebaldus Theodeberto patri succedit, 45
Theodebaldus Austrasiæ Rex Valdetradam ducit uxorem, 46, moritur, 47
Theodebertus Theodorici filius, Danos profligat, 19. uxorem ducit Viligardem filiam Vacconis Langobardorum Regis, 38. Theodorico successit invitis Childeberto & Chlotario, ibid. Childebertus postea erga illum bene affectus, 39. Theodebertus expeditionem suscipit contra Gothos, 38. Theodeberti expeditio in Italiam, 42, 43. Theodebertus dum expeditionem parat Constantinopolitanam moritur, 43, 44, 45
Theodebertus & Theodericus Chlotarium II. vincunt, 134
Theodebertus cum Chlotario paciscitur, 136. Oratores mittit ad Imperatorem, 134
Theodebertus bis victus a Theoderico captus & occisus, 140, 141
Theodebertus filius Chilperici Gundobaldum Sigiberti Ducem profligat, prædas agit & mala infert; demum vincitur & occiditur, 68, 69
Theodemeres Rex Francorum, 5
Theodoaldus filius Chlodomeris a Chlotario patruo occisus, 37
Theodoricus Chlodovei filius multas urbes capit & Carcassonæ obsidionem solvit, 14
Theodoricus Chlodovei filius Rex Austrasiæ, 28. auxilium præstat Hermanfrido Thuringiæ Regi, 30. cum Chlotario junctus Thuringos expugnat, 32. Chlotarium vult interficere, 33. Hermanfridum Regem Thuringiæ interfici curat, ibid. Arvernos depopulatur, 34, 35. cum Childeberto paciscitur, sed pactum male servatur, 36. moritur, 38
Theodorici statua in ostio sancti Germani a Pratis, 54
Theodericus sive Theoricus exercitum Chlotarii profligat, & Meroveum filium ejus capit, 136. Ermenbergam filiam Vitterici Regis Hispaniæ ducit, ipsamque repudiat, 138. arte Brunechildis sanctum Columbanum expellit, 139. Theodebertum capit & interfici curat, 139, 140, 141. Theodoricus moritur, 141

Theodoricus Rex Francorum, 176, 178
Theodoricus II. Rex Francorum, 184. moritur, 186
Theodoricus Rex Ostrogothorum in Italia, Chlodoveum avertere conatur ne bellum inferat Alarico, 23
Theodoricus Rex Ostrogothorum moritur, 41
Theodorus Episcopus Massiliensis vexatus, 84, 86
Theodorus Episcopus Massiliensis denuo vexatus, 108
Thesauri olim cum corporibus Francorum sepulti, 109
Theudechildis uxor Chereberti in Monasterium inclusa, 61, 62
Theudefridus Dux Transjuranæ, 132
Theudoaldus filius Grimoaldi Majoris-domus, 181
Thrasico Dux Abotritorum Vilsos bello impetit, 233. per proditionem occisus, 234
Tolbiacum, locus ubi Chlodoveus pugnam contra Alamannos commisit, 18
Τυμβωρύχοι, sepulcrorum effossores plexi, 11. etiam secundum leges Salicas, ibid.
Turoldus pumilio, 378
Turonum urbs in honorem sancti Martini a tributis eximebatur, 121

V

VAIFARIUS seu Waifarius diuturnum bellum contra Pipinum sustinet, 198, 199. regiones omnes suas amittit & interficitur, 203
Valam Ludovicus Pius metuit, 239
Vala Imperatorem adit, ipsique invisus est, 257
Valdetrada uxor Theodebaldi Austrasiæ Regis, 46
Vandalmarus Dux Transjuranæ, 132
Varado Major-domus in Neustria, a filio supplantatus, 178
Varnacharius Major-domus ad Chlotarii partes transit, 142
Varnacharius Major-domus Burgundiæ efficitur, 143
Varnacharius Major Palatii Theodorici moritur & bona sua pauperibus relinquit, 134
Vas Reginæ cujusdam, 348, 349
Vascones vicinis infesti, 116
Vascones ab exercitu Theodeberti & Theoderici profligati, 135
Vascones postrema Caroli-Magni agmina trucidant, 209
Vascones a Ludovico Pio domiti, 241
Vilharius & Beatus Duces Venetorum Carolum Magnum invisunt, 229
Villibaldus Burgundiæ Patricius Flaochati insidiis occisus, 168, 169
Vilsi a Carolo Magno subacti, 217
Vinidi populi, quinam, 146
Vintrio Childeberti exercitus Dux, a Chlotario II. victus, 132
Visigardis filia Vacconis Langobardorum Regis in uxorem ducitur a Theodeberto, 38
Vitiges ut pacem habeat cum Childeberto, Chlotario & Theodeberto, Provinciam ipsis concedit, 41
Vitixindus Saxones ad rebellionem concitat, Francorum exercitum profligat & postea fugit, 212. cum Albione Christianam fidem suscipit, 213
Vivianus Abbas *Commendatarius* sancti Martini Turonensis, 303
Ultrogothæ uxoris Childeberti Regis statua in ostio sancti Germani a Pratis, 55
Urbanus II. Papa *Cruciatam* primam indicit, 384
Ursio & Berthefredus armantur contra Lupum Campaniæ Ducem, 83
Ursio & Berthefredus Childeberto rebelles occiduntur, 118
Usipetes Franci erant, 3

INDEX.

Utto a Leuthario Alamannorum Duce occisus, 166

Waifarius. *Vide* Vaifarius.

Wido Pontivi Comes Haroldum capit, 376, 377, 378

Wido Pontivi Comes Haroldum Willelmo Normanniæ Duci reddit, 379

Willelmus Normanniæ Dux ab Eduardo Angliæ Rege successor deligitur, 372. Haroldum a Widone captum petit & recipit, 379. Haroldum vincit & Rex Angliæ coronatur, *ibid*. Willelmus nothus in Armorica bellum gerit : 381. Meduntam devastat & moritur; 382

Willelmus Dux Aquitaniæ in Hispaniam irrumpit, 371

Willelmus. *Vide* Guillelmus.

Vulfoaldus Major-domus ad partes Dagoberti Austrasiæ Registransit, 176

Vulfoaldi Comitis schema, 348

Vulfus Patricius arte Brunechildis occisus, 137, 138

Z

ZAMAN Saracenus qui Tolosam obsidebat, victus est, cæsusque, 182

Zuentiboldus Rex Lotharingiæ factus Laudunum obsidet, & obsidionem solvit, 317

Zuentiboldus inconsulte agens occiditur, 318

Zuentiboldus Rex Lotharingiæ in sigillo exhibitus, 107

FIN DES TABLES.

Fautes à corriger.

Page 172, *ligne* 4, âgée *lisez*, âgé
Page 243, *six lignes avant la fin*, Etienne II. *lisez* Etienne V.

BIBLIOTHEQUE
PALAIS-COMPIÈGNE

De l'Imprimerie de CLAUDE SIMON.

www.ingramcontent.com/pod-product-compliance
Lightning Source LLC
Chambersburg PA
CBHW071609230426
43669CB00012B/1889